Martin Monsch

Hochfrequenzhandel

Band 126

Schweizer Schriften zum Finanzmarktrecht

Herausgegeben von
Prof. Dr. Dieter Zobl
Prof. Dr. Rolf H. Weber
Prof. Dr. Rolf Sethe

Martin Monsch

Hochfrequenzhandel

Eine rechtsökonomische Analyse des Phänomens sowie eine rechtsdogmatische Betrachtung des schweizerischen Aufsichtsrechts unter funktionaler Berücksichtigung des europäischen Rechts

Schulthess § 2018

Abdruck der der Rechtswissenschaftlichen Fakultät
der Universität Zürich vorgelegten Dissertation

Bibliografische Information der Deutschen Nationalbibliothek
Die Deutsche Nationalbibliothek verzeichnet diese Publikation in der Deutschen Nationalbibliografie; detaillierte bibliografische Daten sind im Internet über http://dnb.d-nb.de abrufbar.

Alle Rechte, auch die des Nachdrucks von Auszügen, vorbehalten. Jede Verwertung ist ohne Zustimmung des Verlages unzulässig. Dies gilt insbesondere für Vervielfältigungen, Übersetzungen, Mikroverfilmungen und die Einspeicherung und Verarbeitung in elektronische Systeme.

© Schulthess Juristische Medien AG, Zürich · Basel · Genf 2018
    ISBN 978-3-7255-7797-2

www.schulthess.com

Für meine Eltern
und Camilla

Dank

Einige Personen haben im Rahmen des Entstehungsprozesses dieser Arbeit eine bedeutende Rolle gespielt, wofür ich Ihnen sehr dankbar bin. Mein grösster Dank gilt meinem Doktorvater Prof. Dr. Hans Caspar von der Crone. Seine Anregungen und Ideen waren während meiner Assistenzzeit stets eine Inspiration, wovon etwa der gewählte rechtsökonomische Ansatz zeugt. Prof. Dr. Rolf Sethe danke ich herzlich für seine Bereitschaft zur Erstellung des Zweitgutachtens; zudem wurde das Dissertationsvorhaben grosszügigerweise durch den Universitären Forschungsschwerpunkt Finanzmarktregulierung unterstützt. Danken möchte ich auch Prof. Dr. Franca Contratto. Ihre Publikation und ihr Vortrag zum Hochfrequenzhandel waren für die Themenwahl und damit das Entstehen dieser Arbeit mitentscheidend – gewissermassen ein Trigger, der eine Kettenreaktion auslöste. Ferner gilt mein Dank Prof. Dr. Andreas Thier, dessen grundlegende Fragen mich zum Ausbau des zweiten Teils dieser Arbeit bewegten.

Danken möchte ich weiter meinen Kolleginnen und Kollegen am Lehrstuhl für die vielen anregenden fachlichen Diskussionen sowie auch für die gute Zeit. Besonders danke ich Dr. Felix Buff, Olivier Baum und Merens Cahannes für die kritische Durchsicht einzelner Teile des Manuskripts sowie Dr. Yves Mauchle für die wertvollen Diskurse zum Thema und dessen Vortrag zum Hochfrequenzhandel, der mich bei meiner Themenwahl ebenfalls mitbeeinflusste.

Herzlich danken möchte ich auch meinen Eltern, die mich bei meinem Projekt stets voll unterstützten und mir an Wochenenden Zuflucht in Davos gewährten. Vor allem danke ich meinem Vater Dr. phil. II Martin Monsch für die Übernahme der Herkulesarbeit der Durchsicht des gesamten Manuskripts.

Schliesslich danke ich herzlich all meinen weiteren Freunden, die mich immer wieder aus der Parallelwelt des Hochfrequenzhandels befreiten. Ganz besonders gilt mein Dank in dieser Hinsicht Camilla.

Entwicklungen und Literatur wurden bis November 2017 berücksichtigt.

Zürich, im Januar 2018   Martin Monsch

Inhaltsübersicht

Inhaltsübersicht IX
Inhaltsverzeichnis XI

Einleitung 1

Teil 1 Grundlagen des Hochfrequenzhandels 7

§ 1   Hochfrequenzhandel 9
§ 2   Marktmikrostruktur 15
§ 3   Handelsstrategien 61
§ 4   Kapitalmarkt im Wandel 99

Teil 2 Rechtliche und ökonomische Regulierungsvorgaben .. 103

§ 5   Regulierungskompetenz, Wirtschaftsfreiheit und Risikovorsorge 105
§ 6   Regulierungsziele: Wohlfahrt und Kapitalmarktfunktionen 143
§ 7   Zielrealisierung: Selbststeuerung, Marktversagen und Regulierung . 171
§ 8   Ökonomische Kontrolle über das Finanzmarktrecht 189

Teil 3 Ökonomische Analyse des Hochfrequenzhandels 193

§ 9   Marktqualität 195
§ 10 Marktversagen 279
§ 11 Systemische Risiken 339
§ 12 Regulierungsinstrumente 401

Teil 4   Institutsregulierung 483

§ 13   Europäische Rechtsquellen und Definitionen 485
§ 14   Institutionelle Erfassung von Hochfrequenzhändlern 509
§ 15   Allgemeine Institutspflichten und Erforderlichkeit derselben 543
§ 16   Pflichten bei algorithmischem Handel 591

Teil 5   Handelsplatzregulierung 651

§ 17   Handelsplatzkategorien 653
§ 18   Internationale Empfehlungen 665
§ 19   Gewährleistung eines geordneten Handels 669
§ 20   Leerverkäufe 709

Teil 6   Marktregulierung 719

§ 21   Marktmanipulation 721
§ 22   Insiderhandel 781
§ 23   Marktaufsicht 857

Schlussbetrachtung 867

Literaturverzeichnis 881

Materialienverzeichnis 937

Abkürzungsverzeichnis 953

Stichwortverzeichnis 969

Inhaltsverzeichnis

Inhaltsübersicht IX
Inhaltsverzeichnis XI

Einleitung 1
   I.   Untersuchungsgegenstand 1
   II.   Forschungsstand 2
   III. Fragestellung und Methode 4
   IV. Aufbau 5

Teil 1   Grundlagen des Hochfrequenzhandels 7

§ 1   Hochfrequenzhandel 9
   I.   Definition 9
   II.   Akteure 11
   III. Marktanteil 12

§ 2   Marktmikrostruktur 15
   I.   Handelssysteme 15
       1. Kategorisierung von Handelssystemen 15
       2. Dark Pools 17
           a) Definition 17
           b) Erscheinungsformen 18
                aa) Exogene oder endogene Preisbestimmung 18
                bb) Broker Crossing Network 19
                cc) Kontinuierliches oder periodisches Matching 20
                dd) Transparenzgrade 21
                ee) Dark Trade über Börsen 22
           c) Marktanteil 23
           d) Beweggründe für den Handel in Dark Pools 25
           e) Kontroverse 26
           f) Bedeutung für den Hochfrequenzhandel 29
       3. Smart-Order-Routing 29
   II.   Matchingmechanismen 30
       1. Kontinuierliche und periodische Doppelauktion 30

Inhaltsverzeichnis

	2.	Preis-Zeit-Priorität		31
	3.	Pro-rata-Ausführung		31
III.	Besonderheiten der Regulation NMS			33
	1.	Locked & Crossed Markets		33
	2.	Order Protection Rule		33
	3.	Security Information Processor		34
	4.	Kontroverse		35
IV.	Auftragstypen			36
	1.	Klassische Aufträge		37
		a)	Limit-Order	37
		b)	Market-Order	37
		c)	Marketable Order	38
	2.	Auftragszusätze		38
		a)	Intermarket-Sweep-Order (ISO)	38
		b)	Gültigkeitsdauer: Immediate-or-Cancel und Fill-or-Kill	39
		c)	Mindestausführgrössen	40
		d)	Post-only	40
	3.	Umgang mit geschlossenen und überkreuzten Märkten		41
		a)	Marktübergreifend	41
			aa) Bats: Display-Price-Sliding-, Price-Adjust- und Cancel-Back-Optionen	41
			bb) Nasdaq: Price-to-comply- und Price-to-display-Orders	42
		b)	Marktintern	44
		c)	Hide-not-slide-Orders	44
		d)	Kontroverse	45
			aa) Auftragstypen zum Vordrängen	45
			bb) Fehlende Legitimation nach der Preis-Zeit-Priorität	46
			cc) Verantwortung des US-Regulators	47
	4.	Bedingte Aufträge		47
		a)	Peg-Orders	48
		b)	Stop-Orders	48
		c)	Anfälligkeit gegenüber manipulativen Praktiken	49
	5.	Dark Orders		49
		a)	Iceberg-Orders	49
		b)	Reserve-Orders	50
		c)	Hidden oder Non-displayed Orders	50
		d)	Dark Midpoint-Peg-Orders	50
V.	Gebührenmodelle			51
	1.	Transaktionsgebühren		51

		a)	Maker-Taker-Modell	51
		b)	Taker-Maker-Modell	53
		c)	Nullsummenhypothese	55
		d)	Probleme	55
			aa) US-rechtsspezifische Probleme	56
			bb) Agency-Problematiken	57
			cc) Komplexität	58
	2.	Weitere Gebühren		58
	3.	Alternative Finanzierung		59

§ 3 Handelsstrategien ... 61

I. Hochfrequenzhandelsstrategien ... 61
   1. Market-Making ... 61
      a) Begriff ... 61
      b) Entwicklung ... 61
      c) Geschäftsmodell ... 63
      d) Kontroverse ... 65
         aa) Spread-Scalping und Rebate-Arbitrage ... 65
         bb) Liquiditätskrisen ... 67
   2. Direktionale Strategien ... 67
      a) Begriff ... 67
      b) Formen ... 68
         aa) Fehlbewertung und News-Trading ... 68
         bb) Momentum-Strategien ... 70
   3. Arbitrage ... 70
      a) Deterministische Arbitrage ... 70
      b) Linked Arbitrage ... 72
      c) Statistische Arbitrage ... 73
      d) Latency-Arbitrage ... 74
      e) Kontroverse ... 74
   4. Antizipierende Strategien (elektronisches Frontrunning) ... 76
      a) Begriff ... 76
      b) Vorgehensweise ... 77
         aa) Transparente Ausführungsalgorithmen ... 77
         bb) Iceberg-Aufträge ... 79
         cc) Identifikation von Marktteilnehmern ... 79
         dd) Kommissionen und Routing-Verhalten ... 80
         ee) Sweep Risk und Order Book Fade ... 80
      c) Informationssuche in Dark Pools ... 82
         aa) Liquidity-Detection durch Ping Orders ... 82
         bb) Auftragsausführung in Dark Pools ... 83

Inhaltsverzeichnis

		cc)	Phishing in Dark Pools	84
		d)	Weitere Praktiken	85
			aa) Flash-Trading	85
			bb) Quote-Matching	87
			cc) Snake-Trading	87
	5.	Gemischte Strategien		88
	6.	Manipulative Praktiken		88
		a)	Spoofing und Layering	89
		b)	Quote-Stuffing	90
		c)	Momentum-Ignition	90
		d)	Smoking	91
		e)	Pump-and-dump und Bear-Raid	91
II.	Weitere Formen algorithmischen Handels			92
	1.	Ausführungsalgorithmen		92
	2.	Hedging und Portfoliorebalancierung		93
	3.	Automatisierung von Handelsstrategien		93
	4.	Selbstlernende Maschinen		94
III.	Automatisierung und Heterogenität			94
IV.	Geeignete Märkte			95
	1.	Passive Strategien		96
	2.	Aggressive Strategien		96
	3.	Manipulative Praktiken		97
V.	Kosten			97

§ 4 Kapitalmarkt im Wandel **99**
I. Substitution des Menschen durch Maschinen 99
II. Von der Börse zum Börsennetzwerk 100
III. Verschmelzen von Börsen und Banken 101
IV. Komplexität 101

Teil 2 Rechtliche und ökonomische Regulierungsvorgaben .. 103

§ 5 Regulierungskompetenz, Wirtschaftsfreiheit und Risikovorsorge 105
I. Kompetenz zur Regulierung des Hochfrequenzhandels 105
   1. Bank- und Börsenwesen 105
   2. Finanzdienstleistungen 107
   3. Integrale Betrachtung 107

	4. Weitere Bestimmungen 108
II.	Wirtschaftsfreiheit als Regulierungsschranke 108
	1. Funktionen 108
	2. Schutzbereich 109
	3. Beschränkungen 110
	4. Bedeutung für den Hochfrequenzhandel 112
III.	Beweisregeln für Beschränkungen der Wirtschaftsfreiheit 113
	1. Problemstellung 113
	2. Zwischen Normativität und Faktizität 113
	a) Verhältnismässigkeit als normatives Prinzip 113
	b) Empirischer Nachweis von Rechtstatsachen 114
	c) Singuläre und generische Tatsachen 114
	d) Analoge Anwendung von Beweisregeln für Rechtstatsachen 115
	3. Beweismass 116
	4. Beweislast 119
	a) In dubio pro libertate 119
	aa) Prinzip 119
	bb) Begründung 120
	cc) Kritik an der Beweislastregel in dubio pro libertate 120
	aaa) Beschränkung der Freiheit und der Grundrechte Dritter 121
	bbb) Beschränkung der gesetzgeberischen Gestaltungsfreiheit 122
	ccc) Risikopräferenzen als politische Entscheidungen 123
	b) In dubio pro auctoritate und in dubio pro securitate 123
	c) Vermutung der Verfassungsmässigkeit von Gesetzen 125
	d) Differenzierung je nach Grundrecht 126
	e) Synthese 126
IV.	Vorsorgeprinzip 128
	1. Kontextualisierung 128
	2. Inhalt 128
	3. Entscheidungsregel für den Fall der Ungewissheit 129
	4. Legalität des Vorsorgeprinzips 130
	a) Beschränkungen der Wirtschaftsfreiheit 130
	b) Rechtliche Grundlagen 131
	aa) Umweltrecht 131
	bb) Finanzmarktrecht 132
	c) Risikominimierung als öffentliches Interesse 133
	aa) Ausgangslage 133

				bb) Polizeirechtsdogmatik 133

- bb) Polizeirechtsdogmatik 133
- cc) Gefahr und Risiko 134
- dd) Keine Gefahr im polizeirechtlichen Sinne als Regulierungsvoraussetzung 136
- ee) Ergebnis 137
- d) Kosten-Nutzen-Analyse zur Beurteilung der Verhältnismässigkeit 138
- e) Ergebnis 139
- 5. Pilotprogramme als Regulierungsmodell 140

V. Ergebnisse 141

§ 6 Regulierungsziele: Wohlfahrt und Kapitalmarktfunktionen 143

I. Wohlfahrtsökonomie 143
  1. Wirtschaftsideologischer Konsens 143
  2. Utilitarismus 145
     a) Grundsätzliches 145
     b) Individueller Nutzen und Nutzenfunktion 146
     c) Wohlfahrtsfunktion 147
     d) Kritik 148
        aa) Gleichsetzung von Nutzen und Präferenzen 148
        bb) Kardinalisierung und Nutzenvergleich 148
        cc) Individual- und Naturrechte 150
  3. Alternative Modelle 152
     a) Egalitärer Liberalismus 152
     b) Libertarismus 153

II. Regulierungsziele des Finanzmarktrechts 154
  1. Zweckbestimmungen für eine funktionale Perspektive 154
  2. Zweckbestimmungen der Finanzmarktgesetze 156
  3. Funktionsschutz, Individualschutz und Systemschutz 157
  4. Anlegerschutz und Verhältnis zum Funktionsschutz 158
  5. Paternalismus des Anlegerschutzes 159

III. Funktionen der Finanz- und Kapitalmärkte 160
  1. Marktfunktion 161
     a) Koordinationsfunktion 161
     b) Preisbildungsfunktion 161
     c) Allokationsfunktion 162
     d) Rolle der Transaktionskosten 162
  2. Bewertungsfunktion 163
  3. Transformationsfunktionen 164

	a) Losgrössentransformation	164
	b) Fristen- und Liquiditätstransformation	165
	c) Risikotransformation	165
	d) Ausstiegsrecht	166
IV.	Subsidiarität von Banken und Kapitalmärkten	166
V.	Ergebnisse	168
	1. Wohlfahrtsökonomie	168
	2. Regulierungsziele	168
	3. Funktionen der Finanz- und Kapitalmärkte	169
	4. Regulierungsvoraussetzungen und Kriterien	170

§ 7 Zielrealisierung: Selbststeuerung, Marktversagen und Regulierung. 171

I.	Effizienzkriterien und Selbststeuerung	171
	1. Paretokriterium und Wohlfahrtstheoreme	171
	2. Kaldor-Hicks-Kriterium und das Coase-Theorem	172
	3. Rechtliche Bedeutung von Pareto- und Kaldor-Hicks-Kriterium bei der Beschränkung von Grundrechten	173
II.	Marktversagen	174
	1. Begriff	174
	2. Erscheinungsformen	174
	3. Externe Effekte im Besonderen	175
	a) Begriff	175
	b) Beispiele für marktinterne und marktexterne externe Effekte	176
	c) Qualifikation als Marktversagen und Internalisierung	176
	d) Reziprozität des Problems (Coase-Theorem)	177
	e) Cheapest Cost-Avoider	178
III.	Marktqualitätsparameter	179
	1. Informationseffizienz, Marktliquidität und Volatilität	179
	2. Verhältnis zu den externen Effekten	180
	3. Verhältnis zu den systemische Risiken	180
IV.	Regulierungsfolgen- und Kosten-Nutzen-Analyse	181
	1. Begriffe	181
	2. Rechtliche Dimension	182
	3. Staatsversagen	183
	4. Organisationsversagen	184
	5. Bedeutung desselben für die Regulierungsfolgenanalyse	185
V.	Ergebnisse	186

Inhaltsverzeichnis

§ 8	Ökonomische Kontrolle über das Finanzmarktrecht	189

Teil 3 Ökonomische Analyse des Hochfrequenzhandels ... 193

§ 9 Marktqualität ... 195
I. Preisbildung ... 195
    1. Befürchtungen ... 195
    2. Ökonomische Grundlagen ... 197
        a) Effizienzbegriffe ... 197
        b) Markteffizienzhypothese ... 198
        c) Relativierung der Markteffizienzhypothese ... 200
        d) Arbitrage ... 202
        e) Risikoprämien ... 202
        f) Bemessung der Bewertungseffizienz ... 204
    3. Hochfrequenzhandel ... 204
        a) Modelle ... 204
        b) Empirische Erkenntnisse ... 206
        c) Würdigung ... 209
    4. Dark Pools ... 211
        a) Modelle ... 211
        b) Empirische Erkenntnisse ... 213
        c) Würdigung ... 215
II. Liquidität ... 216
    1. Befürchtungen ... 216
    2. Ökonomische Grundlagen ... 218
        a) Begriff und Bedeutung der Liquidität ... 218
        b) Bemessung der Liquidität ... 219
            aa) Handelsvolumen ... 219
            bb) Ausführungszeit ... 220
            cc) Transaktionskosten ... 221
                aaa) Begriff ... 221
                bbb) Aufgliederung ... 221
                ccc) Konkretisierung der Illiquiditätskosten ... 222
                ddd) Statistik ... 225
            dd) Amihud-Massstab ... 225
            ee) Weitere Indikatoren ... 226
    3. Hochfrequenzhandel ... 227
        a) Modelle ... 227
            aa) Ausführungszeit und Handelsvolumen ... 227
            bb) Spread ... 227

				aaa) Informationsrisiken (Adverse Selektion)	227

- aaa) Informationsrisiken (Adverse Selektion) 227
- bbb) Auftragsverarbeitungskosten 228
- ccc) Slippage 230
- cc) Markttiefe 231
- dd) Resilienz 232
- b) Empirische Erkenntnisse 232
  - aa) Ausführungszeit und Handelsvolumen 232
  - bb) Spread 233
    - aaa) Quotierte und effektive Spreads 233
    - bbb) Realisierte Spreads 235
  - cc) Markttiefe 236
  - dd) Resilienz 237
- c) Würdigung 238
  - aa) Spread 238
  - bb) Markttiefe 240
  - cc) Resilienz 241
  - dd) Triebwerkhypothese 241
- 4. Dark Pools 242
  - a) Modelle 242
    - aa) Liquidität der Börsen 242
    - bb) Liquidität in Dark Pools und Verhältnis zur Liquidität der Börsen 243
    - cc) Liquidität des Gesamtmarkts 245
    - dd) Broker-ID 246
  - b) Empirische Studien 247
    - aa) Liquidität der Börsen 247
    - bb) Liquidität in Dark Pools und Verhältnis zur Liquidität der Börsen 248
    - cc) Liquidität des Gesamtmarkts 250
    - dd) Auswirkungen der Fragmentierung 250
    - ee) Broker-ID 251
  - c) Würdigung 251
    - aa) Auswirkungen von Dark Pools auf die Liquidität 251
    - bb) Fehlerquellen 252
    - cc) Besondere Attraktivität von Dark Pools für durchschnittlich liquide Titel 253
    - dd) Fragwürdigkeit der Bereitstellung von Liquidität zum Spread-Mittelpunkt 253
    - ee) Abhängigkeit der Auswirkungen der Broker-ID auf die Liquidität 254

III. Volatilität 254
  1. Befürchtungen 254

Inhaltsverzeichnis

	2. Ökonomische Grundlagen	256
	a) Volatilität als Risikomass	256
	b) Gründe für eine Risikoprämie	257
	c) Volatilität und Spread	258
	d) Effiziente und transitorische Volatilität	259
	e) Langfristige und kurzzeitige Volatilität	259
	3. Hochfrequenzhandel	260
	a) Modelle	260
	b) Empirische Erkenntnisse	262
	c) Würdigung	264
	4. Dark Pools	265
	a) Modelle	265
	b) Empirische Erkenntnisse	267
	c) Würdigung	268
	aa) Informationsorientierte Modelle	268
	bb) Liquiditätsorientierte Modelle	269
	cc) Reduzierter Handel in Dark Pools bei erhöhter Volatilität als natürliche Schranke	270
IV.	Ergebnisse	270
	1. Hochfrequenzhandel	271
	a) Preisbildung	271
	b) Liquidität	272
	aa) Spread	272
	bb) Markttiefe	272
	cc) Resilienz	273
	dd) Triebwerkhypothese	273
	c) Volatilität	274
	2. Dark Pools	275
	a) Preisbildung	275
	b) Liquidität	276
	c) Volatilität	277

§ 10 Marktversagen **279**

I. Geschwindigkeitswettlauf 279
    1. Geschichte eines Wettlaufs zur Herbeiführung und Ausnutzung von Informationsasymmetrien 279
        a) Getreide für Rhodos 280
        b) Die Revolutionsschuld der USA (Funding Act of 1790)................280
        c) Die Brieftauben des Hauses Rothschild 281
        d) Entmaterialisierung und Demokratisierung von Information............282
        e) Hochfrequenzhandel und der neue Wettlauf 283

			f)	Reise zum Mittelpunkt der Erde 284
			g)	Erkenntnisse 284
		2.	\multicolumn{2}{l	}{Geografie des Geschwindigkeitswettlaufs .... 285}
			a)	Verbindungen zwischen Handelsplätzen 285

- f) Reise zum Mittelpunkt der Erde 284
- g) Erkenntnisse 284
- 2. Geografie des Geschwindigkeitswettlaufs 285
  - a) Verbindungen zwischen Handelsplätzen 285
    - aa) Europa und die Schweiz 285
    - bb) Arbitrage zwischen Aktien- und Derivatebörsen 287
  - b) Co-Location 287
  - c) Sponsored Access 288
  - d) Erkenntnisse 289
- 3. Analyse des Geschwindigkeitswettlaufs 290
  - a) Spieltheoretische Überlegungen 290
    - aa) Gefangenendilemma 290
    - bb) Hochfrequenzhändler im Gefangenendilemma 290
    - cc) Wohlfahrtseffekte des Gefangenendilemmas 291
      - aaa) Wettbewerb als positives Gefangenendilemma 291
      - bbb) Geschwindigkeitswettlauf als Arms-Race und Nullsummenspiel 292
      - ccc) Wer trägt die Kosten des Geschwindigkeitswettlaufs? 292
  - b) Kosten-Nutzen-Analyse 293
    - aa) Nutzen 293
      - aaa) Schnellere Preisfindung 293
      - bbb) Positive externe Effekte 293
      - ccc) Ausschaltung menschlicher Spekulanten 294
    - bb) Kosten 294
      - aaa) Marktqualität und Transaktionskosten 294
      - bbb) Gefahr oligopolistischer Strukturen 295
      - ccc) Operative oder systemische Risiken 296
- 4. Ergebnisse 296

II. Informationsasymmetrien 298
- 1. Begriff 298
- 2. Ökonomische Grundlagen 298
  - a) Informationsasymmetrie als Marktversagen 299
    - aa) Erscheinungsformen 299
    - bb) Voraussetzungen der adversen Selektion 300
    - cc) Wertpapierhandel 300
    - dd) Ergebnis 301
  - b) Informationsasymmetrien als Rechtswirklichkeit 302
    - aa) Beschränkte Rationalität und Transaktionskosten 302
    - bb) Information als Vertragsgegenstand und Informationsparadoxon 302
    - cc) Nutzung von Spezialistenwissen als Vertragszweck 303

XXI

			dd)	Erlangung von Information als Vertragszweck	303
			ee)	Ergebnis	303
		c)	Informationsproduktion und Informationsrenditen		304
			aa)	Unterinvestitionshypothese	304
			bb)	Anreize zur Informationsproduktion	304
			cc)	Cheapest Cost-Avoider	305
			dd)	Kategorisierung von Informationen	305
				aaa) Vorwissen und Entdeckungen	305
				bbb) Produktive und redistributive Information	307
				ccc) Käufer- und Verkäuferwissen	309
				ddd) Zufallsinformationen	310
		d)	Preise als konsolidierte Information (Signalfunktion)		310
			aa)	Preise als Signale	310
			bb)	Preisfindung als kollektive Vernunft	310
			cc)	Der Nutzen der Informationsarbitrage	311
			dd)	Würdigung	311
		e)	Vertrauen und Reputation		312
		f)	Thesenbildung		314
	3.	Informationsasymmetrien beim Hochfrequenzhandel			315
		a)	Kleininvestor und Hochfrequenzhändler		315
		b)	Market-Maker und Hochfrequenzhändler		319
		c)	Block-Trader und Hochfrequenzhändler		321
	4.	Ergebnisse und Thesen			323
III.	Agency-Problematik				324
	1.	Grundlagen			324
	2.	Hochfrequenzhändler als Agenten			325
	3.	Ausführende Finanzdienstleister als Agenten			326
IV.	Fragmentierung, Free Riding und Ungleichbehandlung				327
	1.	Überfragmentierung			327
		a)	Fragmentierung als Folge des Hochfrequenzhandels		327
			aa)	Neue Handelsplätze	327
			bb)	Handel in Dark Pools	329
		b)	Bewertung der Fragmentierung		329
	2.	Free Riding			331
	3.	Ungleichbehandlung			332
V.	Komplexität				333
	1.	Komplexität als Folge des Hochfrequenzhandels			333
	2.	Komplexitätskosten			333
	3.	Bewertung der Komplexität			333

VI.	Externe Effekte	335
VII.	Ergebnisse	335
	1. Geschwindigkeitswettlauf und Informationsasymmetrien	335
	2. Agency-Problematik	337
	3. Fragmentierung, Free Riding und Ungleichbehandlung	337
	4. Komplexität	338

§ 11 Systemische Risiken 339

I.	Theoretische Grundlagen	339
	1. Begriff des systemischen Risikos	339
	2. Verlauf der Systemkrise	341
	a) Initialereignis	341
	b) Korrelierende Risiken, Contagion und Feedback-Loops	342
	c) Funktionsausfall und Substitutionskosten	343
	3. Institutionen und Kapitalmärkte	344
	4. Risikobeherrschung	346
II.	Rechtliche Erfassung systemischer Risiken	347
	1. Legaldefinitionen	347
	a) Allgemein	347
	b) Systemrelevante Finanzmarktinfrastrukturen	348
	c) Systemrelevante Banken	349
	2. Allgemeine rechtliche Folgen der Systemrelevanz	349
	3. Mikro- und makroprudentielle Regulierung	350
III.	Risikoidentifikation	351
IV.	Risikobewertung	351
	1. Operationelle Risiken	352
	a) Begriff	352
	b) Hochfrequenzhandel als Quelle operationeller Risiken	352
	c) Operationelle Risiken als systemisches Risiko?	354
	d) Regulierungsbedürftigkeit	355
	e) Ergebnis	356
	2. Gegenparteirisiken	357
	a) Begriff	357
	b) Hochfrequenzhändler als Gegenparteirisiko	358
	c) Gegenparteirisiko als systemisches Risiko?	359
	aa) Systemrelevante Banken als Hochfrequenzhändler	359
	bb) Hochfrequenzhändler im engeren Sinne	360
	aaa) Handel ohne zentrale Gegenpartei	361

XXIII

			bbb) Handel über eine zentrale Gegenpartei	361
		d)	Ergebnisse	368
	3.	Marktrisiken		370
		a)	Begriff	370
		b)	Mögliche Risiken des Hochfrequenzhandels	371
			aa) Erhebliche Preisveränderungen	371
			bb) Ursachen der Preisveränderungen	371
			cc) Ursachen des Flash-Crashs vom 6. Mai 2010	373
			aaa) Algorithmisches Verkaufsprogramm mit PVol-Strategie	373
			bbb) Antizipierende Strategien von Hochfrequenzhändlern	373
			ccc) Liquidität und Risiko	375
			ddd) Herdenverhalten und Momentum-Ignition	377
			eee) Stop-Loss-Aufträge	378
			fff) Spoofing und Layering	380
			ggg) Zusammenfassung	380
		c)	Marktrisiken als systemisches Risiko?	381
			aa) Keine Systemkrise durch den Flash-Crash	381
			bb) Höhere Frequenz von Extremereignissen	382
			cc) Informationseffizienz und Volatilität	384
			dd) Stop-Loss-Aufträge und Ausführungsalgorithmen	385
		d)	Ergebnis	386
	4.	Liquiditätsrisiken		388
		a)	Begriff	388
		b)	Hochfrequenzhandel als Quelle von Liquiditätsrisiken	389
		c)	Liquiditätsrisiko als systemisches Risiko?	390
		d)	Ergebnis	391
	5.	Marktintegritätsrisiken		392
		a)	Begriff	392
		b)	Hochfrequenzhandel als Marktintegritätsrisiko	393
		c)	Marktintegritätsrisiken als systemisches Risiko?	395
		d)	Ergebnis	395
V.	Ergebnisse			396

§ 12 Regulierungsinstrumente 401

I.	Rechtliche Dimension der Regulierungsfolgenanalyse		401
II.	Marktversagen		402
	1. Geschwindigkeitswettlauf und Informationsasymmetrien		402
		a) Symmetrische Verzögerung (Speed Bump)	402
		b) Asymmetrische Verzögerung	403
		c) Frequent Double Batch Auction	405

			aa) Marktmodell	405
			bb) Auswirkungen auf die Marktqualität	406
			cc) Auswirkungen auf operationelle Risiken	407
			dd) Bewertung durch die Europäische Kommission	408
			ee) Ergebnis	409
		d)	Frequent Randomized Pro-Rata Sealed Bid Call Auctions	410
		e)	Willensmängel	410
			aa) Der Grundlagenirrtum im Besonderen	411
			bb) Ökonomische Betrachtung	411
			cc) Börsenordnung als Rahmenordnung für Willensmängel	412
		f)	Ergebnis	413
	2.	Agency-Problematik		414
		a)	Kontrollwirkung durch Vertrauen und Reputation	414
		b)	Vereinfachung der rationalen Entscheidungsfindung	415
			aa) Transparenz über Ausführungsqualität	415
			bb) Berechnung der Ausführungsqualität	415
			cc) Kosten	416
		c)	Keine Transparenz in Dark Pools	416
		d)	Gewinnbeteiligung	417
		e)	Technische Anpassungen	417
			aa) Order Protection Rule und Trade-through-Schutz	418
			bb) Zentralisiertes Auftragsbuch (CLOB)	419
			aaa) Grundkonzept	419
			bbb) Technische Einzelheiten	419
			ccc) Probleme	420
			ddd) Zusammenfassung	421
		f)	Ergebnis	421
	3.	Komplexität		422
	4.	Funktionstransparenz		423
	5.	Ungleichbehandlung		424
III.	Systemische Risiken			424
	1.	Operationelle Risiken		424
	2.	Gegenparteirisiken		425
	3.	Marktrisiken		426
		a)	Technische Instrumente zur Marktintervention	427
			aa) Formen	427
			aaa) Circuit-Breakers (Handelsunterbrüche)	427
			bbb) Preislimits	427
			ccc) Protection Points	428
			ddd) Änderung des Marktmodells	428
			bb) Analyse der Regulierungsfolgen	429

```
                    aaa) Circuit-Breakers im Allgemeinen ........................................ 429
                    bbb) Preislimits im Besonderen .................................................. 433
           b) Transaktionssteuern ................................................................................ 434
               aa) Hintergrund ................................................................................... 434
               bb) Auswirkungen auf die Marktqualität ........................................ 435
                    aaa) Argumente für die Transaktionssteuer ......................... 435
                    bbb) Argumente gegen die Transaktionssteuer ..................... 437
                    ccc) Empirische Studien ........................................................ 440
               cc) Auswirkungen auf den Hochfrequenzhandel ............................ 444
                    aaa) Aggressive und passive Strategien .................................. 444
                    bbb) Antizipierende Strategien und manipulative Praktiken ...... 444
               dd) Aspekte einer Implementierung ................................................. 446
                    aaa) Steueranknüpfung ........................................................... 446
                    bbb) Steuersubjekte ................................................................. 446
                    ccc) Regulierungsarbitrage ..................................................... 447
               ee) Ergebnisse ..................................................................................... 447
           c) Ergebnisse ............................................................................................... 449
   4. Liquiditätsrisiken ............................................................................................... 450
       a) Market-Making-Verpflichtung ............................................................... 450
           aa) Hintergrund ........................................................................................ 450
           bb) Analyse der Regulierungsfolgen .................................................... 451
                aaa) Generelle Anreize zur Bereitstellung von Liquidität ......... 451
                bbb) Milde Variante .................................................................. 452
                ccc) Strenge Variante ................................................................ 452
                ddd) Wettbewerb bei der Liquiditätsbereitstellung ................... 453
           cc) Ergebnis ............................................................................................ 454
       b) Mindesthaltedauer .................................................................................. 455
           aa) Hintergrund ........................................................................................ 455
           bb) Folgen für die Liquidität .................................................................. 455
           cc) Liquiditätsrisiken .............................................................................. 456
           dd) Operationelle Risiken und Marktintegrität .................................. 458
           ee) Geschwindigkeitswettlauf .............................................................. 459
           ff) Ergebnis ............................................................................................ 460
       c) Stornierungsgebühren ............................................................................. 460
       d) Ergebnis und Alternativvorschlag ......................................................... 462
   5. Marktintegritätsrisiken ..................................................................................... 463
       a) Order-to-Transaction-Ratio ................................................................... 463
           aa) Hintergrund ........................................................................................ 463
           bb) Analyse der Folgen .......................................................................... 463
                aaa) Folgen für antizipierende Strategien und manipulative
                     Praktiken .............................................................................. 463
                bbb) Folgen für das Market-Making und die Liquidität ............. 465
```

			ccc)	Folgen für operationelle Risiken 467
			ddd)	Weitere Auswirkungen 468
		cc)	Ergebnis 468
	b)	Tick-Size 469
		aa)	Begriff 469
		bb)	Regulierungszweck 469
		cc)	Folgen der Mindest-Tick-Size... 470
			aaa)	Auswirkungen auf die Liquidität 470
			bbb)	Auswirkungen auf die Biodiversität der Händler 471
			ccc)	Auswirkungen auf den Handel in Dark Pools 472
			ddd)	Operationelle Risiken 473
		dd)	Ergebnis 473
	c)	Flash-Order-Verbot 474
	d)	Informationspflicht über die Funktionsweise der Algorithmen......... 475
	e)	Ergebnis 476
IV.	Ergebnisse 477
	1.	Geschwindigkeitswettlauf und Informationsasymmetrien 477
	2.	Agency-Problematiken 477
	3.	Komplexität, Transparenz und Gleichbehandlung................................. 478
	4.	Operationelle Risiken und Gegenparteirisiken 479
	5.	Marktrisiken 480
	6.	Liquiditätsrisiken 480
	7.	Marktintegritätsrisiken 481

Teil 4   Institutsregulierung 483

§ 13 Europäische Rechtsquellen und Definitionen 485

I.	Rechtsquellen..485
	1. Wertpapierfirmen und -märkte (MiFID II, MiFIR, EMIR) 485
	2. Kreditinstitute (CRD IV, CRR und RRD) 487
	3. Investmentfonds (UCITS & AIFMD)... 488
	4. Marktmissbrauch (MAR & CRIM-MAD).. 488
	5. Weitere Erlasse.. 489
	a) Benchmark-Verordnung... 490
	b) Leerverkaufsverordnung.. 490
II.	Definitionen 490
	1. Algorithmischer Handel 491
	a) Begriffsmerkmale 491

Inhaltsverzeichnis

		aa)	Handel mit einem Finanzinstrument	491
		bb)	Auftragsparameter	492
		cc)	Automatische Bestimmung durch Computeralgorithmus	493
	b)	Algorithmen für Anlageentscheidungen und solche für die Auftragsausführung		494
	c)	Ausnahmen und Einzelfragen		495
		aa)	Automated-Order-Routing und Smart-Order-Routing	495
		bb)	Bedingte Aufträge	496
		cc)	Automatisierte Anlageberatung (Robo-Advice)	498
		dd)	Weitere Ausnahmen	499
2.	Hochfrequente algorithmische Handelstechnik			499
	a)	Algorithmische Handelstechnik		499
	b)	Infrastruktur zur Minimierung von Latenzen		500
	c)	Handelsentscheidungen durch das System ohne menschliche Intervention		501
	d)	Hohes untertägiges Mitteilungsaufkommen		501
		aa)	Anzahl Mitteilungen	502
		bb)	Zu berücksichtigende Mitteilungen	502
		cc)	Informationspflicht für Handelsplätze	504
3.	Direkter elektronischer Zugang			504
	a)	Legaldefinition und Bedeutung für den Hochfrequenzhandel		504
	b)	Präzisierungen der Definition		504
	c)	Unterformen: direkter Marktzugang und geförderter Zugang		506
	d)	Mitglieder, Teilnehmer und Kunden von Handelsplätzen		507
4.	Marktteilnehmer			508

§ 14 Institutionelle Erfassung von Hochfrequenzhändlern ... 509

I. Allgemeine Vorbemerkungen ... 509
II. Erfassung als Wertpapierfirma nach EU-Recht ... 509

1.	Zugang zu Handelsplätzen			509
	a)	Geregelte Märkte und MTF		510
	b)	OTF		511
	c)	Systematische Internalisierer		511
	d)	Fazit		511
2.	Begriffe für Wertpapierfirmen			512
	a)	MiFID II und MiFIR		512
		aa)	Definition	512
		bb)	Handel für eigene Rechnung	512
			aaa) Grundsatz	512
			bbb) Natürliche Personen	512
			ccc) Ausnahmen vom Geltungsbereich von MiFID II	513

				ddd) Kreditinstitute	514
				eee) Teilnehmer von OTF	515
			cc)	Handel für fremde Rechnung	516
				aaa) Handel in eigenem Namen für Rechnung Dritter	516
				bbb) Gruppeninterne Wertpapierdienstleistungen	517
			dd)	Ausnahmen nach Art. 3 MiFID II	518
			ee)	Keine extensive Auslegung oder Lückenfüllung	519
			ff)	Zwischenfazit	520
		b)	CRR und CRD IV		521
			aa)	Kreditinstitute	521
			bb)	Lokale Firmen	521
			cc)	Weitere ausgenommene Firmen	523
		c)	Fazit		523
	III.	Erfassung als Effektenhändler nach schweizerischem Recht			524
		1. Aktuelles Recht (BEHG & FinfraG)			524
		a)	Zugang zum Handelsplatz		524
			aa)	Ausgangslage	524
			bb)	Begriff des Teilnehmers	524
			cc)	Hochfrequenzhandel durch indirekte Teilnehmer	525
			dd)	Fazit	527
		b)	Definition des Effektenhändlers		527
			aa)	Persönlicher Anwendungsbereich	528
			bb)	Erfasste Tätigkeiten	528
				aaa) Eigenhändler	528
				bbb) Market-Maker	530
				ccc) Kundenhändler	532
			cc)	Gewerbsmässigkeit	533
			dd)	Fazit und Würdigung	534
		2. Zukünftiges Recht (FINIG)			536
	IV.	Erfassung als anderes Institut			538
	V.	Ergebnisse			539

§ 15 Allgemeine Institutspflichten und Erforderlichkeit derselben 543

I.	Europa			543
	1. Zulassungsvoraussetzungen für Wertpapierfirmen			543
	a)	Überblick		543
	b)	Persönliche Anforderungen an das Leitungsorgan		544
	c)	Governance-Regelungen		545
		aa)	Allgemeine Anforderungen	546
		bb)	Bestimmungen zum Leitungsorgan	546

Inhaltsverzeichnis

        d) Persönliche Anforderungen an Aktionäre und Gesellschafter
           mit qualifizierten Beteiligungen 548
        e) Mitteilungspflichten 548
        f) Anlegerentschädigungssystem 549
        g) Anfangskapital 549
        h) Organisatorische Anforderungen 549
        i) Entzug der Bewilligung 550
    2. Allgemeine Pflichten für Wertpapierfirmen 551
        a) Überblick 551
        b) Eigenmittelanforderungen 552
        c) Überwachung von Grosskrediten 553
        d) Forderungen aus übertragenen Kreditrisiken 554
        e) Liquiditätsanforderungen 554
        f) Verschuldungsquote 555
        g) Risikomanagement 555
        h) Überwachung der Governance-Regeln 556
II. Schweiz 556
    1. Bewilligungsvoraussetzungen 556
        a) Börsengesetz 556
           aa) Übersicht 556
           bb) Organisation 557
               aaa) Beschreibung des Geschäftsbereichs 557
               bbb) Funktionentrennung 558
               ccc) Risikomanagement und Kontrolle 559
               ddd) Ort der Leitung 563
               eee) Wegleitung der Finma 564
               fff) Marktverhaltensregeln 565
           cc) Mindestkapital und Sicherheitsleistung 565
           dd) Fachkenntnisse und Gewähr 565
           ee) Businessplan und Budget 566
           ff) Prüfgesellschaften 567
           gg) Zusatzerfordernisse 567
        b) SIX 567
    2. Effektenhändler- und Teilnehmerpflichten 568
        a) Effektenhändlerpflichten 568
           aa) Veränderungen der Bewilligungsvoraussetzungen sowie
               weitere Genehmigungsvorbehalte und Meldepflichten 568
           bb) Journalführungspflicht 569
           cc) Abschlussmeldung 571
           dd) Verhaltensregeln 573
           ee) Eigenmittel 574
           ff) Rechnungslegung 575

			gg) Prüfung	576
		b)	Teilnehmerpflichten	576
			aa) Definition des Teilnehmers	576
			bb) Grundsatz der Selbstregulierung	577
			cc) Aufzeichnungs- und Meldepflicht	577
			dd) Algorithmischer Handel und Hochfrequenzhandel	577
			ee) Teilnehmer mit einer besonderen Funktion	577
			ff) Teilnehmer von zentralen Gegenparteien und Zentralverwahrern	578
		c)	Pflichten für sämtliche Beaufsichtigten	578
	3.	FINIG & FIDLEG		580
		a)	Zulassungsvoraussetzungen	580
		b)	Institutspflichten	581
			aa) E-FINIG	581
			bb) E-FIDLEG	582
III.	Kritische Würdigung			583
	1.	Nutzen		583
	2.	Kosten		585
	3.	Fazit		587
IV.	Erforderlichkeit der Erfassung von Hochfrequenzhändlern			588

§ 16 Pflichten bei algorithmischem Handel 591

I.	Rechtsgrundlagen			591
II.	Anwendungsbereiche			593
	1.	Europa		593
	2.	Schweiz		594
		a)	Handelsplatzteilnehmer	594
		b)	Algorithmischer Handel	595
III.	Die einzelnen Pflichten			597
	1.	Informations- und Dokumentationspflichten		597
		a)	Pflicht zur Meldung des algorithmischen Handels	598
		b)	Auftragsspezifische Informationspflichten	598
			aa) Kennzeichnung der Aufträge (Flagging)	599
			bb) Bezeichnung der verwendeten Algorithmen	600
			cc) Zuordnung	600
			aaa) Regulierungszweck	600
			bbb) Keine systematisch-teleologische Reduktion	601
			ccc) Anwendungsbereich mit Bezug auf Kunden	602
	c)	Besondere Aufzeichnungs- und Meldepflicht	604
			aa) Aufzeichnungs- und Aufbewahrungspflicht	604

			bb)	Abschlussmeldung	605
		d)	\multicolumn{2}{l}{Pflicht zur Dokumentation der algorithmischen Handelsstrategien}	607
		e)	\multicolumn{2}{l}{Auskunftspflichten}	608
	2.	\multicolumn{3}{l}{Besondere Organisationsvorschriften}	609
		a)	\multicolumn{2}{l}{Übersicht}	609
		b)	\multicolumn{2}{l}{Risikomanagement}	610
			aa)	Belastbarkeit der Systeme	610
				aaa) Jährliche Selbstbeurteilung und Validierung	610
				bbb) Stresstests	611
				ccc) Umgang mit wesentlichen Änderungen	612
			bb)	Handelsschwellen und Handelsobergrenzen	612
			cc)	Algo-Tests	612
				aaa) Entwicklungs- und Testverfahren	613
				bbb) Konformitätstests im Besonderen	614
				ccc) Testumgebung	615
				ddd) Bescheinigung für Handelsplätze	616
		c)	\multicolumn{2}{l}{Geordneter Handel}	616
			aa)	Rechtsvergleich	616
			bb)	Vermeidung von Störungen auf dem Handelsplatz	617
			cc)	Verhinderung von Marktmissbrauch	620
			dd)	Gesetzgeberisches Versehen hinsichtlich der weiteren Vorkehrungen	623
		d)	\multicolumn{2}{l}{Mittel zur Sicherstellung des Risikomanagements und des geordneten Handels}	624
	3.	\multicolumn{3}{l}{Pflichten bei Verfolgung von Market-Making-Strategien}	624
		a)	\multicolumn{2}{l}{Allgemeine Verpflichtungen und Rechtsgrundlagen}	624
		b)	\multicolumn{2}{l}{Definition der Market-Making-Strategie}	625
		c)	\multicolumn{2}{l}{Institutspflichten gemäss Art. 17 Abs. 3 MiFID II}	626
		d)	\multicolumn{2}{l}{Inhalt der Market-Making-Vereinbarungen}	627
		e)	\multicolumn{2}{l}{Zweck und kritische Würdigung}	627
	4.	\multicolumn{3}{l}{Pflichten bei Gewährung eines direkten elektronischen Zugangs}	629
		a)	\multicolumn{2}{l}{Konstituierung als Wertpapierfirma oder Kreditinstitut}	629
		b)	\multicolumn{2}{l}{Richtlinien, Verfahren und schriftliche Kundenvereinbarung}	630
		c)	\multicolumn{2}{l}{Meldepflicht gegenüber Behörden und Genehmigung durch den Handelsplatz}	630
		d)	\multicolumn{2}{l}{Sicherstellung der Compliance durch DEA-Kunden und Risikokontrollen}	631
			aa)	Prüfung und Überprüfung der Eignung von DEA-Kunden	631
			bb)	Einrichtung von Handels- und Kreditschwellen	632
			cc)	Überwachung des Auftragsflusses der DEA-Kunden und Risikokontrollen	632

		e)	Pflicht zu Aufzeichnung, Auskunft und Informationsaustausch 634
		f)	Implizite Pflichten nach schweizerischem Recht 634
			aa) Pflichten gemäss Art. 31 Abs. 1 FinfraV 635
			bb) Pflichten gemäss Art. 31 Abs. 2 FinfraV 635
			cc) Fazit 638
	5.	Besondere europäische Vorgaben 639
		a)	Besondere Organisationsvorschriften 639
		b)	Besondere Vorgaben für das Clearing 639
IV.	Legalität von Art. 31 FinfraV 640
	1.	Legalitätsprinzip 640
	2.	Erfordernis des Rechtssatzes und der Gesetzesform 641
		a)	Allgemeine Bedeutung der Erfordernisse 641
		b)	Bedeutsamkeit des Eingriffs nach Art. 164 BV 641
		c)	Prüfung der vier Kriterien 642
	3.	Vollzugskompetenz 644
	4.	Fazit 647
V.	Kritische Würdigung 647
	1.	Erforderlichkeit und Detaillierungsgrad 647
	2.	Vernachlässigung des Wesentlichen 647
	3.	Ungeeignete Regulierungsinstrumente 648
	4.	Mangelhafte Regulierungstechnik 649
	5.	Rechtsstaats- und Demokratiedefizit 649

Teil 5 Handelsplatzregulierung 651

§ 17 Handelsplatzkategorien 653

I.	Europa 653
	1. Geregelte Märkte und multilaterale Handelssysteme 653
	2. Organisierte Handelssysteme 655
	3. Systematische Internalisierer 656
	4. Eigenhandel und Matched Principal Trading 656
II.	Schweiz 657
	1. Formen und Rechtsvergleich 657
	2. Börsen und multilaterale Handelssysteme 658
	a) Definitionen 658
	b) Multilateraler Handel und nichtdiskretionäre Regeln 658
	c) Kotierung 659

XXXIII

Inhaltsverzeichnis

	3.	Organisierte Handelssysteme	660
	4.	Weitere Finanzmarktinfrastrukturen	661
		a) Zentrale Gegenparteien	661
		b) Zentralverwahrer	662
		c) Transaktionsregister	662
		d) Zahlungssysteme	663

§ 18 Internationale Empfehlungen 665
I. Empfehlungen zur Marktintegrität und -effizienz 665
II. Richtlinien für verdeckte Liquidität.. 665
III. Richtlinien für Finanzmarktinfrastrukturen 666
IV. Empfehlungen zu Veränderungen in der Marktstruktur 667

§ 19 Gewährleistung eines geordneten Handels 669
I. Rechtsgrundlagen 669
II. Regulierungsziele 670
III. Anwendungsbereiche 671
IV. Die einzelnen Pflichten 672
    1. Transparenz über die Funktionsweise 672
    2. Operationelle Risiken 675
       a) Belastbare Systeme und Notfallvorkehrungen 675
           aa) Allgemeine Vorgaben 675
           bb) Präzisierungen der Europäischen Kommission 676
                aaa) Prüfung der Mitglieder 676
                bbb) Prüfung der Handelssysteme 677
                ccc) Überwachungs- und Überprüfungspflichten 677
                ddd) Notfallvorkehrungen und Notfallplan 678
                eee) Mitteilungsmaxima und Verteilung
                     auf verschiedene Gateways 678
                fff) Sicherheit und Zugangsbeschränkungen 679
           cc) Präzisierungen in der
                Finanzmarktinfrastrukturverordnung 679
                aaa) Verlangsamung des Auftragsaufkommens 679
                bbb) Kapazitätsgebühren 680
       b) Preislimits und Handelsunterbrüche 682
           aa) Rechtsgrundlagen 682
           bb) Regulierungsziel und kritische Würdigung 683
           cc) Preislimits im Besonderen 684
           dd) Keine Anwendung von Art. 33 FinfraG 685
       c) Stornierungs- und Änderungsmöglichkeit (Mistrades) 685

		d) Regelmässige Prüfung 686
	3.	Marktintegrität und Liquidität 687
		a) Order-to-Transaction-Ratio... 687
		aa) OTR als Handelsplatzpflicht 687
		bb) Europäische Präzisierungen 687
		cc) Regulierungsziele und kritische Würdigung.................... 688
		b) Mindest-Tick-Size 689
		aa) Mindest-Tick-Size als Handelsplatzpflicht 689
		bb) Europäische Präzisierungen 689
		cc) Regulierungsziele und kritische Würdigung.................... 690
		c) Market-Maker-Vereinbarungen 692
		aa) Abschluss von Market-Making-Vereinbarungen 692
		bb) Durchsetzung der Market-Making-Vereinbarungen 692
		cc) Weitere Vorgaben nach europäischem Recht 693
		aaa) Market-Making-Systeme und Informationspflichten 693
		bbb) Market-Making-Systeme nur für illiquide Märkte 693
		ccc) Ungeschickte Begriffsverwendung 694
	4.	Beaufsichtigung der Teilnehmer 694
	5.	Weitere europäische Vorgaben und Rechtsvergleich 696
		a) Informationspflichten 696
		b) Selbstbeurteilung 696
		c) Direkter elektronischer Zugang 697
		d) Kollokationsdienste und Gebührenstrukturen 698
		aa) Europäische Vorgaben... 698
		bb) Gleichbehandlung und Transparenz als Schweizerische Vorgaben 701
V.	Kritische Würdigung...703
	1.	Transparenz über die Funktionsweise 703
	2.	Operationelle Risiken... 704
	3.	Marktintegrität und Liquidität 705
	4.	Beaufsichtigung... 705
	5.	Weitere europäische Vorgaben 706
	6.	Eine Regulierung nach Beseitigung des Marktversagens........................ 706

§ 20	Leerverkäufe 709
I.	Hintergrund 709
II.	Bedeutung für den Hochfrequenzhandel 709
III.	Definition des Leerverkaufs 710
IV.	Pflichten 711

	1.	Transparenzvorschriften	712
	2.	Verbot und Beschränkung ungedeckter Leerverkäufe	712
	3.	Ausnahmen und Eingriffsbefugnisse der Behörden	713
V.	Kritische Würdigung		714
	1.	Höhere Transaktionskosten für Investoren	714
	2.	Förderung von Spekulationsblasen	715
	3.	Bekämpfung von Symptomen	715
	4.	Leerverkaufsprivileg für Grossbanken	716

Teil 6 Marktregulierung 719

§ 21 Marktmanipulation 721

- I. Rechtsgrundlagen 721
- II. Geschütztes Rechtsgut 722
  - 1. Funktionsschutz und Anlegerschutz 722
  - 2. Wohlfahrtsökonomische Aspekte 722
  - 3. Vermögensschutz 723
    - a) Schutzzwecknormen 724
    - b) Historische Auslegungsmethode 725
    - c) Stoffgleichheit 726
    - d) Zusammenfassung und Würdigung 726
- III. Anwendungsbereich 727
  - 1. Persönlicher Anwendungsbereich 727
  - 2. Sachlicher Anwendungsbereich 728
    - a) Allgemeiner Anwendungsbereich 728
    - b) Erweiterter Anwendungsbereich für Beaufsichtigte 729
    - c) Einzelfragen 730
      - aa) Verbundene Finanzinstrumente 730
      - bb) Waren 730
- IV. Tatbestand 731
  - 1. Übersicht 731
  - 2. Öffentliche Verbreitung von Informationen 732
    - a) Aufträge und Transaktionen als Information 732
    - b) Begriff der Information 732
    - c) Öffentliches Verbreiten der Information 733
  - 3. Falsche oder irreführende Signale für das Angebot, die Nachfrage oder den Kurs von Effekten 735

				a)	Signal für das Angebot, die Nachfrage oder den Kurs 735
					aa) Anwendung des Reasonable-Investor-Tests............................. 735
					bb) Verknüpfung mit dem Kriterium der Erheblichkeit 736
					cc) Auslegung des Begriffs der Erheblichkeit 736
					aaa) Sprachgebrauch und subjektiv-historische Auslegung........ 736
					bbb) Relativierung der subjektiv-historischen Auslegung.......... 737
					ccc) Europarechtskonforme Auslegung...................................... 738
					ddd) Relativierung des deutschen Wortlauts des Schweizer Rechts 739
					eee) Fazit.. 739
					dd) Signifikanz von Information als Kern des Marktmissbrauchs... 739
				b)	Falsch oder irreführend 740
					aa) Präzisierungen nach der Botschaft... 740
					bb) Kritik an der Perspektive eines verständigen Anlegers 740
					cc) Präzisierung für den Auftragstatbestand................................... 741
			4.	Subjektiver Tatbestand 742
				a)	Ausgangslage... 742
				b)	Verschuldensbegriff... 743
					aa) Privatrechtlicher und strafrechtlicher Verschuldensbegriff 743
					bb) Wissens- und Willenskomponente des Vorsatzes 743
					cc) Zur Fahrlässigkeit 744
					aaa) Fahrlässigkeit im Privatrecht 744
					bbb) Fahrlässigkeit im Strafrecht 745
					ccc) Würdigung 746
				c)	Fazit... 747
			5.	Ausnahmen (Safe Harbours) 747
			6.	Ergebnisse zum Tatbestand 748
	V.	Unterschiede zum Straftatbestand 749
	VI.	Einzelne Praktiken 751
			1.	Allgemeine Bemerkungen zum algorithmischen Handel 751
			2.	Spoofing und Layering... 752
				a)	Begriff.. 752
				b)	Aufsichtsrecht... 753
				c)	Strafrecht... 754
				d)	Würdigung 754
			3.	Quote-Stuffing... 756
				a)	Begriff.. 756
				b)	Aufsichtsrecht... 757
				c)	Strafrecht... 757
				d)	Würdigung 758

Inhaltsverzeichnis

    4. Momentum-Ignition 758
        a) Begriff 758
        b) Aufsichtsrecht 758
        c) Strafrecht 759
        d) Würdigung 759
    5. Smoking 760
        a) Begriff 760
        b) Aufsichtsrecht 760
        c) Strafrecht 761
        d) Würdigung 761
    6. Elektronisches Frontrunning 761
        a) Begriff 761
        b) Anfangsverdacht 762
        c) Aufsichtsrecht 763
            aa) Aktiver Handel 763
            bb) Rückzug von Aufträgen 764
        d) Strafrecht 765
        e) Fazit und Würdigung 766
    7. Pinging, Liquidity-Detection und Phishing 767
        a) Begriffe 767
        b) Aufsichtsrecht 768
            aa) Sachlicher Anwendungsbereich 768
            bb) Auftragsinformation und Signal 768
            cc) Falsch oder irreführend 769
            dd) Subjektiver Tatbestand 770
        c) Strafrecht 771
        d) Fazit und Würdigung 771
    8. Camouflage-Praktiken 773
        a) Begriff 773
        b) Anfangsverdacht 773
        c) Aufsichtsrecht 773
        d) Strafrecht 774
        e) Fazit 774
    9. Fehlerhafte Algorithmen 775
    10. High-Frequency-Spam 776
VII. Ergebnisse 777
    1. Erfassung einzelner Praktiken 777
    2. Keine verhaltenssteuernden Sanktionen 777
    3. Tatbestandsübersicht 778
    4. Perspektivenwechsel vom Anleger zum Markt 779

	5. Erkenntnisse zu einzelnen Tatbestandselementen	780

§ 22 Insiderhandel 781

I.	Rechtsgrundlagen				781
II.	Geschütztes Rechtsgut				782
	1.	Regulierungsziele und Schutznormcharakter			782
	2.	Ökonomische Erwägungen			783
		a)	Allgemeine Bemerkungen		783
		b)	Moral Hazard		783
		c)	Informationseffizienz		784
		d)	Marktliquidität: Risikominimierung und Wettbewerbsschutz		784
		e)	Fazit		785
III.	Tatbestand				786
	1.	Übersicht			786
	2.	Insiderinformation			786
		a)	Sachlicher Anwendungsbereich		786
		b)	Informationsbegriff		787
			aa)	Umstrittene Reichweite des Begriffs der Information	787
			bb)	Grammatikalische Auslegung	789
			cc)	Historische Auslegung	789
			dd)	Europarechtskonforme Auslegung	794
			ee)	Systematische Auslegung	795
			ff)	Teleologische und ökonomische Auslegung	796
				aaa) Ökonomische Betrachtungsweise	796
				bbb) Insiderhandel und Ad-hoc-Publizität	797
				ccc) Ergebnis der teleologischen Auslegung	799
			gg)	Verfassungs- und EMRK-konforme Auslegung	799
				aaa) Das Prinzip «keine Strafe ohne Gesetz»	799
				bbb) Würdigung des Straftatbestandes	801
				ccc) Würdigung des Aufsichtstatbestandes	802
				ddd) Ergebnis der verfassungs- und EMRK-konformen Auslegung	803
			hh)	Auslegungsergebnis	803
		c)	Vertraulichkeit		803
			aa)	Ausgangslage	803
			bb)	Würdigung	805
			cc)	Konzeptbildung	806
			dd)	Strafrechtliches Bestimmtheitsgebot	808
			ee)	Informationsbarrieren	809
		d)	Kursrelevanz		809
		e)	Kein Emittenten- oder Wertpapierbezug und keine Präzision		810

XXXIX

           f) Ergebnisse zur Insiderinformation 810
       3. Insiderhandlung 811
           a) Allgemeines 811
           b) Ausnutzen 811
           c) Verbundene Finanzinstrumente 812
           d) Stornieren von Aufträgen 813
               aa) Grundsatz 813
               bb) Besondere Fälle 815
               cc) Fazit 815
           e) Ändern von Aufträgen 816
       4. Subjektiver Tatbestand 816
       5. Ausnahmetatbestände 817
   IV. Unterschiede zur Insiderstrafnorm 817
       1. Übersicht 817
       2. Subjektiver Tatbestand 819
           a) Grundsätzliches 819
           b) Wissensseite des Vorsatzes 819
           c) Willensseite des Vorsatzes 822
           d) Fazit 823
   V. Verhältnis zum Berufsgeheimnis 823
       1. Täterkreis: Geheimnisträger und weitere Personen 824
       2. Tatobjekt: Berufsgeheimnis 825
       3. Tathandlungen 826
           a) Offenbaren 826
           b) Verleiten 827
           c) Ausnutzen 827
       4. Konkurrenz 828
       5. Fazit 829
   VI. Sachverhalte 830
       1. Allgemeiner Hinweis 830
       2. Frontrunning, Parallelrunning und Afterrunning 831
           a) Begriffe 831
           b) Allgemeine rechtliche Erfassung 831
               aa) Frontrunning 831
               bb) Parallel- und Afterrunning 832
           c) Frontrunning als Insiderhandel 833
       3. Elektronisches Frontrunning 834
       4. Anschlüsse (Co-Location) 835

			a)	Insidertatbestand	836
			b)	Gleichbehandlungsgrundsatz	837
			c)	Fazit	837
		5.	Market-Maker		838
			a)	Keine Ausnahme für Market-Maker	838
			b)	Zulässigkeit des Abschaltens eines algorithmischen Market-Makers	840
		6.	Dark Orders		841
			a)	Berufsgeheimnis	841
			b)	Frontrunning und Insiderhandel	842
			c)	Fazit	843
		7.	Flash-Orders		843
			a)	Berufsgeheimnis	844
			b)	Insiderinformation	845
			c)	Fazit	846
		8.	Pinging, Liquidity-Detection und Phishing		846
		9.	Intransparente Funktionsweise von Handelsplätzen		848
			a)	Hintergrund	848
			b)	Erfassung	848
			c)	Fazit	850
		10.	Vorgehensweisen bei Block-Transaktionen		850
VII.	Ergebnisse				851
	1.	Vom Mythos der Chancengleichheit der Anleger zum Wettbewerbsschutz als Normziel			851
	2.	Vom Mythos des Bezugs zur Unternehmenstätigkeit			852
	3.	Die Relativität der Vertraulichkeit			853
	4.	Erfassung einzelner Sachverhalte			853
		a)	Keine Erfassung des elektronischen Frontrunnings		853
		b)	Mindestanforderungen an Co-Location-Anschlüsse		854
		c)	Kein Insiderhandelsprivileg für Market-Maker		854
		d)	Zulässigkeit der Auftragsstornierung und des Abschaltens algorithmischer Market-Maker		854
		e)	Insiderhandlungen im Zusammenhang mit Dark Orders		855
		f)	Differenzierte Beurteilung von Flash-Orders		855
		g)	Keine Erfassung von Pinging-Praktiken		856
		h)	Kein Insiderhandel bei Verwendung vertraulicher Informationen über die Funktionsweise von Handelsplattformen		856

§ 23 Marktaufsicht 857

I. Pfeiler der schweizerischen Marktaufsicht 857

Inhaltsverzeichnis

		1.	Marktverhaltensregeln	857
			a) Übersicht	857
			b) Rechtsgrundlagen und Geltungsbereich	857
			c) Organisationsvorgaben	858
		2.	Handelsüberwachung durch die Handelsplätze	859
		3.	Aufsichtsinstrumente der Finma	860
	II.	Empfehlungen der IOSCO		861
	III.	Kritische Würdigung		862
		1.	Interessenkonflikte bei Handelsplätzen	862
		2.	Unzureichende Daten	862
			a) Unzureichende Zuordnung der Aufträge	862
			b) Unzureichender Datenaustausch	863
			c) Synchronisierung der Uhren	863
		3.	Unzureichende Aufsichtsinstrumente	864
	IV.	Elemente einer funktionierenden Marktaufsicht		864

Schlussbetrachtung 867

	I.	Kapitalmarkt im Umbruch		867
		1.	Digitale Revolution und soziale Umschichtung	867
		2.	Altbewährte Strategien und neue Möglichkeiten	867
		3.	Oligopolisierung von Information	867
	II.	Ökonomische Folgen des Hochfrequenzhandels		868
		1.	Wohlfahrtsgewinn und Marktversagen	868
			a) Wohlfahrtsfördernde Aspekte des algorithmischen Handels	868
			b) Der Geschwindigkeitswettlauf als Marktversagen	868
			c) Die Investoren tragen die Kosten des Wettlaufs	869
		2.	Marktsegmentierung und Informationsrenditen	869
			a) Marktsegmentierungshypothese	869
			b) Zwischen Fama und Grossman-Stiglitz	870
		3.	Geschwindigkeit und Rationalität	870
			a) Beschränkte Rationalität und Flash-Crashes	870
			b) Triebwerkhypothese	871
		4.	Der Mensch als systemisches Risiko	871
	III.	Regulierung und Regulierungsversagen		872
		1.	Allgemeine Kritikpunkte	872
		2.	Institutsregulierung	873

		a)	Keine zwingende institutionelle Erfassung von Hochfrequenzhändlern 873
		b)	Indirekte Beaufsichtigung durch Handelsplatzteilnehmer 873
		c)	Keine generelle Erforderlichkeit einer direkten Aufsicht 874
		d)	Der Staat als algorithmischer Händler 874
	3.	Handelsplatzregulierung 875	
		a)	Fragwürdiger Regulierungseifer nach Beseitigung des Hauptmarktversagens 875
		b)	Negative externe Effekte bei operativen Störungen 875
		c)	Transparenz über die Funktionsweise 876
		d)	Leerverkaufsregulierung 876
	4.	Marktregulierung 876	
		a)	Prinzipien und Mythen 876
		b)	Einzelne Praktiken und Sachverhalte 877
		c)	Fehlen verhaltenssteuernder Sanktionen 878

IV. Verzögerung von Market-Orders als Lösungsvorschlag 878

Literaturverzeichnis 881

Materialienverzeichnis 937

Abkürzungsverzeichnis 953
Allgemein 953
Zeitschriften und Schriftenreihen 958
Regularien 960

Stichwortverzeichnis 969

Einleitung

I. Untersuchungsgegenstand

Untersuchungsgegenstand ist mit dem Hochfrequenzhandel ein Phänomen, das die Finanzmärkte seit den 1990er Jahren grundlegend veränderte. Maschinen verdrängten die Menschen im Zuge der digitalen Revolution zunehmend, und der Börsenhandel erreichte neue, unbekannte Geschwindigkeitssphären, die für den Menschen unerreichbar sind. Der Aufschwung des maschinellen und vollautonomen Handels im Milli- und Mikrosekundenbereich erweckte wenig erstaunlich Skepsis bei einigen Marktbeobachtern und Investoren, die negative Effekte auf die Marktqualität, höhere Transaktionskosten für institutionelle Anleger und gar systemische Risiken befürchteten.[1] *Charlie Munger*, langjähriger Geschäftspartner von *Warren Buffett*, etwa hielt mit Bezug auf den Hochfrequenzhandel pointiert fest: «*It's the functional equivalent of letting rats into a granary.*»[2] Um antizipierenden Handelsstrategien von Hochfrequenzhändlern zu entgehen, suchten Investoren zunehmend sogenannte Dark Pools auf.[3] Der wachsende Marktanteil dieser intransparenten Handelsplattformen sorgte für zusätzliches Unbehagen bei einigen Marktbeobachtern.[4] So gerieten Hochfrequenzhandel und Dark Pools zunehmend ins Visier der Regulatoren, namentlich in den USA, Deutschland und der EU.

In der Schweiz schaffte erstmals die Finma im August 2013 im Rundschreiben zu den Marktverhaltensregeln besondere Organisationspflichten für Beaufsichtigte, die algorithmischen Handel betreiben.[5] Der Bundesrat nahm seinerseits in der Botschaft zum Finanzmarktinfrastrukturgesetz (FinfraG) ausdrücklich Bezug zum Hochfrequenzhandel, als er ausführte, mit dem Gesetz werde die Grundlage geschaffen, um den Hochfrequenzhandel zu regeln und nötigenfalls einzuschränken.[6] Des Weiteren fügte er an, dass mit den Transparenzvorschriften für multilaterale und organisierte Handelssysteme auch die Problematik der Dark Pools angegangen werde.[7] Im Gesetz selbst sucht man die Begriffe algorithmischer Handel, Hochfrequenzhandel oder hochfrequente algorithmische Technik allerdings vergeblich, anders als in den revidierten europäischen Erlas-

---

[1] Hinten 195 ff., 339 ff.
[2] Siehe das Interview von CNBC, abrufbar unter *www.cnbc.com/2014/05/05/buffett-gates-and-munger-criticize-high-frequency-trading.html*.
[3] Hinten 17 ff.
[4] Zum Marktanteil hinten 23 ff.
[5] Hinten 600, 607, 620 f, 636 f.
[6] *Botschaft FinfraG 2014*, 7499.
[7] *Botschaft FinfraG 2014*, 7499.

sen der *markets in financial instruments directive* (MiFID II) und der Marktmissbrauchsverordnung (*market abuse regulation*; MAR). Erst die Finanzmarktinfrastrukturverordnung (FinfraV) vom 25. November 2015 knüpft explizit Rechtsfolgen an den algorithmischen Handel.[8] Die Verordnung ist seit dem 1. Januar 2016 in Kraft; die für den Hochfrequenzhandel in erster Linie bedeutsamen Bestimmungen (Art. 30 Abs. 2 und 3 sowie Art. 31 FinfraV) mussten die Marktteilnehmer und Handelsplätze jedoch erst ab dem 1. Januar 2018 erfüllen (Art. 129 Abs. 1 FinfraV). Der Zeitpunkt erschien entsprechend ideal für eine rechtsökonomische und rechtsdogmatische Auseinandersetzung mit dem Hochfrequenzhandel.

II. Forschungsstand

Die rechtliche Erfassung des Hochfrequenzhandels in der Schweiz wurde bisher nur wenig untersucht. *Rioult/Zweifel* und *V. Müller* widmeten je ein Kapital in ihren Publikationen zu den Regulierungsansätzen in der Schweiz, *Leisinger* kommentierte Art. 30 FinfraG, und *Contratto* untersuchte den Hochfrequenzhandel auf systemische Risiken hin.[9] Kurze Hinweise finden sich auch bei *Lorez* im Kontext des Insiderhandels, bei *Portmann* im Zusammenhang mit der Best Execution und bei *Peyer*.[10] Nach Abschluss dieser Arbeit hat sich ausserdem *Humbel* mit der Erforderlichkeit der Regulierung des Hochfrequenzhandels befasst und die neuen schweizerischen Regeln in der Finanzmarktinfrastrukturverordnung kritisch gewürdigt.[11] Abgesehen davon untersuchte *Kianička* elektronische Willenserklärungen und Agenten, und *Baisch/Baumann/Weber* sowie *Th. Hochstrasser* beleuchteten Dark Pools.[12] Allgemeine Ausführungen zu Dark Pools finden sich ferner auch bei *S. Bühler* und *Nobel/Zimmermann*.[13]

Selbst die Erfassung des Hochfrequenzhandels auf europäischer Ebene wurde soweit ersichtlich erst beschränkt von der Lehre aufbereitet.[14] Abgesehen von der Dissertation von *Zickert* finden sich Grundzüge wiederum bei *Rioult/Zweifel* und *V. Müller* sowie bei *Temporale, Moloney, Sève, Bonneau* und

---

8   Siehe insb. Art. 31 FinfraV.
9   *Rioult/Zweifel* (2014), 93 ff.; *V. Müller* (2014), 392 ff.; *Leisinger* (2017); *Contratto* (2014).
10 *Lorez* (2013), 198 f., 203 f.; *Portmann* (2013), 10 f.; *Peyer* (2010), 783.
11 *Humbel* (2017), 355 ff.
12 *Kianička* (2012); *Baisch/Baumann/Weber* (2014), 197 f.; *Th. Hochstrasser* (2016), 311 ff.
13 *S. Bühler* (2016), N 4, 306, 378; *Nobel/Zimmermann* (2011), 520 ff.
14 *Zickert* (2016).

Leis.[15] Kurze Hinweise im Zusammenhang mit dem Marktmissbrauch finden sich ausserdem etwa bei *Alexander* (2012), *Alexander/Schmidt*, *Alexander* (2014) und *Teigelack*.[16] *Geier/Schmitt* schliesslich wiesen auf die Ausdehnung des Anwendungsbereichs von MiFID II und MiFIR auf den Hochfrequenzhandel hin.[17] Mit Bezug auf die Handelssysteme hat *Podewils* Wertpapier-Auftragsausführungssysteme einer vertieften Untersuchung unterzogen.[18] Zu den Dark Pools finden sich wiederum Ausführungen bei *Baisch/Baumann/Weber*,[19] und *Mattig* setzte sich mit den latenzminimierenden Infrastrukturen an Börsen und multilateralen Handelssystemen nach europäischem und deutschem Recht auseinander.[20] Die rechtlichen Rahmenbedingungen des Hochfrequenzhandels in Deutschland hat vor allem *Löper* untersucht.[21] Hinsichtlich der Rechtslage in Deutschland sind ausserdem etwa die Aufsätze von *Schultheiß*, *Jaskulla* (2013), *Kobbach* und *Kindermann/Coridaß* von Interesse.[22] Mit der Erfassung von Hochfrequenzhandelspraktiken durch die deutschen Marktmissbrauchstatbestände setzte sich *Kasiske* in einem Zeitschriftenaufsatz auseinander,[23] und zur Angemessenheit und Grenzen börslicher Mistrade-Regeln in Zeiten des Hochfrequenzhandels am Beispiel der Eurex Deutschland schrieb *Jaskulla* (2012).[24] Insgesamt ist jedoch die juristische Literatur zum Hochfrequenzhandel sehr überschaubar. Die meisten Informationen enthalten die Rechtsquellen selbst, auf europäischer Ebene vor allem MiFID II und die neue Marktmissbrauchsverordnung (MAR), auf deutscher Ebene das Gesetz zur Vermeidung von Gefahren und Missbräuchen im Hochfrequenzhandel (Hochfrequenzhandelsgesetz).

Im Unterschied zur rechtlichen Literatur ist die ökonomische Literatur zum Hochfrequenzhandel reichhaltig. Insbesondere existiert eine Vielzahl von Modellen und empirischen Studien zu den Auswirkungen des Hochfrequenzhan-

---

[15] *Rioult/Zweifel* (2014), 84 ff.; *V. Müller* (2014), 390 ff.; *Temporale* (2015), *Moloney* (2014), 170, 349 f., 515, 518, 525 ff., 744; *Sève* (2013), 631 ff., 704 ff.; *Bonneau* (2012), N 310, 495 ff.; *Leis* (2012), 36 ff., 67 ff.
[16] *Alexander* (2012), 33 ff.; *Alexander/Schmidt* (2012), 51 f.; *Alexander* (2014), 292 ff., 297 f., 298 ff.; *Teigelack* (2014), N 48 f.
[17] *Geier/Schmitt* (2013), 917 f.
[18] *Podewils* (2007).
[19] *Baisch/Baumann/Weber* (2014), 185 ff.
[20] *Mattig* (2014).
[21] *Löper* (2015).
[22] *Schultheiß* (2013); *Jaskulla* (2013); *Kobbach* (2013); *Kindermann/Coridaß* (2014).
[23] *Kasiske* (2014).
[24] *Jaskulla* (2012).

dels auf die Marktqualität.[25] Ausserdem wurden einige mögliche regulatorische Massnahmen in der ökonomischen Literatur diskutiert.[26]

III. Fragestellung und Methode

Primäres Ziel des Dissertationsprojekts ist die Beantwortung der Fragen, wie der Hochfrequenzhandel in der Schweiz aufsichtsrechtlich reguliert ist, ob regulatorischer Handelsbedarf besteht und wenn ja, welche Massnahmen angezeigt sind. Die rechtspolitische Frage nach dem regulatorische Handlungsbedarf soll anhand der Regulierungsziele sowie anhand der Folgen des Hochfrequenzhandels und der verschiedenen Regulierungsinstrumente beantwortet werden. Als Erkenntnisquellen dienen dabei in erster Linie die ökonomischen Modelle und empirischen Studien, die in grosser Anzahl vorhanden sind, sodass ein Grossteil der Arbeit rechtsökonomischer Natur ist. Hergeleitet und gerechtfertigt wird dieser rechtsökonomische Ansatz im zweiten Teil dieser Arbeit zu den rechtlichen und ökonomischen Regulierungsvorgaben. Abgesehen davon wird das europäische Recht bei der Auslegung des schweizerischen Rechts sowie im Rahmen einer funktionalen Rechtsvergleichung berücksichtigt.

Zur Beantwortung der primären Forschungsfragen stellen sich entsprechend der gewählten Methode die folgenden Einzelfragen:
- Wodurch zeichnen sich Hochfrequenzhändler aus und welche Handelsstrategien verfolgen sie?
- Welche Auswirkungen hat der Hochfrequenzhandel auf die Marktteilnehmer sowie den Kapitalmarkt?
- Welche Auswirkungen haben die von Hochfrequenzhändlern verfolgten Handelsstrategien auf die Marktqualität und die Wohlfahrt?
- Liegen Fälle von Marktversagen vor?
- Bestehen systemische Risiken?
- Welche Massnahmen sind geeignet, um die Marktqualität zu verbessern und allfälligen systemischen Risiken zu begegnen?
- Wie wird der Hochfrequenzhandel aufsichtsrechtlich erfasst?
- Müssen sich Hochfrequenzhändler zwingend als Effektenhändler (CH-Recht) beziehungsweise Wertpapierfirma (EU-Recht) konstituieren?
- Ist die direkte Beaufsichtigung von Hochfrequenzhändlern erforderlich?
- Welche Institutspflichten bestehen bei algorithmischem Handel?
- Welche Pflichten treffen die Handelsplätze in diesem Zusammenhang?
- Erscheinen diese Pflichten mit Blick auf die Regulierungsziele sinnvoll oder besteht regulatorischer Handlungsbedarf?

---

[25] Hierzu hinten 195 ff.
[26] Hinten 401 ff.

- Sind mit dem Hochfrequenzhandel in Verbindung stehende Praktiken und weitere Sachverhalte von den Marktmissbrauchstatbeständen erfasst?
- Falls ja, ist die Marktaufsicht über Hochfrequenzhändler effektiv oder besteht auch in dieser Hinsicht regulatorischer Handlungsbedarf?
- Falls nein, sollten die Praktiken oder Sachverhalte erfasst werden?

IV. Aufbau

Die Arbeit wird in sechs Teile gegliedert. Der erste Teil ist den Grundlagen des Hochfrequenzhandels gewidmet, was gleich noch weiter erörtert wird. Gegenstand des zweiten Teils sind die für die Regulierung des Hochfrequenzhandels bedeutsamen Rahmenbedingungen: Ausgehend von der Regulierungskompetenz werden mit den Regulierungszielen und der Zielrealisierung primär rechtspolitische und rechtsökonomische Themen untersucht, bevor im abschliessenden Kapitel Kopplungsstellen zwischen dem Recht und der Ökonomie aufgezeigt werden. Im dritten und umfangreichsten Teil wird der Hochfrequenzhandel einer ökonomischen Analyse unterzogen: Die Auswirkungen des Hochfrequenzhandels auf die Marktqualität sollen untersucht, Marktversagensformen und systemischen Risiken identifiziert, und Regulierungsinstrumente zur Bewältigung der identifizierten Probleme geprüft werden. In den Teilen 4 bis 6 wird schliesslich die aktuelle Regulierung analysiert und kritisch gewürdigt: in Teil 4 die Institutsregulierung, in Teil 5 die Handelsplatzregulierung und in Teil 6 die Marktregulierung. Themen sind etwa die Pflichten algorithmischer Händler, die für den algorithmischen Handel bedeutsamen Handelsplatzpflichten sowie die Erfassung von Handelspraktiken und weiteren mit dem Hochfrequenzhandel in Verbindung stehenden Sachverhalten durch die Marktmissbrauchsnormen. Zum Schluss soll versucht werden, die grundsätzlichen Erkenntnisse der Arbeit auf einer höheren Betrachtungsebene darzustellen und zu würdigen.

Teil 1   Grundlagen des Hochfrequenzhandels

In diesem ersten Teil sollen die Grundlagen des Hochfrequenzhandels erarbeitet werden. Nach einleitenden allgemeinen Bemerkungen zum Hochfrequenzhandel (Kapitel 1) wird der Blick zunächst auf die für den Hochfrequenzhandel bedeutenden Aspekte der Marktmikrostruktur gerichtet (Kapitel 2). Anschliessend werden die Handelsstrategien, die von Hochfrequenzhändlern verfolgt werden, genauer betrachtet (Kapitel 3), und schliesslich soll versucht werden, von einer etwas höheren Betrachtungsebene die grundlegenden Veränderungen zu identifizieren, die der Kapitalmarkt in den letzten Jahren durchlebte.

§ 1 Hochfrequenzhandel

I. Definition

Als Hochfrequenzhandel oder *high-frequency trading* (HFT) werden Handelspraktiken bezeichnet, die von Reaktionen im Milli- und Mikrosekundenbereich abhängen und bei denen daher die einzelnen Auftragsparameter durch Computerprogramme bestimmt werden.[1] Der Hochfrequenzhandel ist damit zwangsläufig eine Form des algorithmischen Handels; eine einheitliche Definition konnte sich bisher allerdings nicht durchsetzen. Während das schweizerische Recht keine Legaldefinition des Hochfrequenzhandels kennt, nennt der europäische Regulator drei Kennzeichen, die eine hochfrequente algorithmische Handelstechnik ausmachen: (1) eine Infrastruktur zur Minimierung von Latenzen (Co-Location, Proximity-Hosting oder direkter elektronischer Hochgeschwindigkeitszugang), (2) das vollautonome Erzeugen und Stornieren von Aufträgen durch Computerprogramme sowie (3) ein hohes untertägiges Mitteilungsaufkommen in Form von Aufträgen, Quotes oder Stornierungen (Art. 4 Abs. 1 Nr. 40 MiFID II).[2] Nebst den Kriterien gemäss MiFID II ist weiter typisch, dass Hochfrequenzhändler auf eigene Rechnung handeln, einen hohen Anteil der Aufträge stornieren, auf sehr liquiden Märkten handeln, die Handelstage in der Regel ohne signifikante Positionen beenden und einen gewöhnlich kleinen Profit pro Transaktion generieren.[3] Der kleine Profit pro Transaktion wird durch eine

---

[1] Vgl. *CESR Technical Advice MiFID 2010*, Nr. 201 (40); *Joint Report «Flash Crash» 2010*, 45; *Goldstein/Kumar/Graves* (2014), 178; *Pasquale* (2015), 2090 ff.; *Bodie/Kane/Marcus* (2014), 72; *G. Ye* (2011), 3 f. m.w.H.; für ausführlichere Definitionen siehe *Esma Guidelines «Systems and Controls» 2011*, 58 Fn. 4, *Zickert* (2016), 5, *Aldridge* (2013), 32 ff.; *Harris* (2015), 39 unterscheidet *low-latency trader* von Hochfrequenzhändlern anhand der Haltedauer von Wertpapieren.

[2] Der Wortlaut der Bestimmung wird nicht exakt wiedergegeben, sondern wurde bereits interpretiert; die Esma wollte ihrerseits zunächst den Begriff weiter verfeinern, verzichtete aber darauf, siehe *Esma Consultation Paper MiFID II/MiFIR 2014*, Nr. 5.1.1 ff. (230 ff.); *Esma Report Draft RTS & ITS 2015*, Nr. 3.1.1 (194); zur Rechtslage in Deutschland *Löper* (2015), 53 ff.; zum Begriff der hochfrequenten algorithmischen Handelstechnik im Detail hinten 499 ff.

[3] Hierzu *IOSCO Report «Technological Impact on Market Integrity and Efficiency» 2011*, 22 ff.; *UK Regulierungsfolgenanalyse MiFID II 2012*, 16 f.; *SEC Concept Release on Equity Market Structure 2010*, 3606; *Joint Report «Flash Crash» 2010*, 45; *CESR Technical Advice MiFID 2010*, Nr. 201 (40); *Goldstein/Kumar/Graves* (2014), 178 ff.; *Hagströmer/Nordén* (2013), 742, 749; *Gomber/Arndt/Lutat/Uhle* (2011), 14 f.; *Cvitanic/Kirilenko* (2010), 2; *Farmer/Skouras* (2012b), 10; *Löper* (2015), 30 ff.; die niedrigen Positionen sind

grosse Anzahl Transaktionen wettgemacht.[4] Allgemein kann auch festgehalten werden, dass die Geschwindigkeit der Informationsverarbeitung entscheidend für die Erzielung einer Überrendite ist, egal ob Hochfrequenzhändler gestützt auf Handelsinformationen oder fundamentale Informationen handeln.[5] Von den genannten Kriterien erscheinen jedoch lediglich der vollautomatische Handel sowie die Infrastruktur zur Minimierung von Latenzen zwingend, wie sich anhand der verfolgten Handelsstrategien im Kapitel 3 zeigen wird.[6] Eine Definition, die den Hochfrequenzhandel auch vom Handeln auf eigene Rechnung abhängig macht, ist für Rechtszwecke zu eng, da Händler die Bestimmung einfach umgehen können.

Der algorithmische Handel ist der europäischen Legaldefinition folgend dadurch gekennzeichnet, dass Computerprogramme einzelne Auftragsparameter (Zeitpunkt, Preis, Volumen etc.) automatisch bestimmen (Art. 4 Abs. 1 Nr. 39 MiFID II).[7] Während sämtliche Hochfrequenzhändler algorithmischen Handel betreiben, sind umgekehrt nicht alle Marktteilnehmer, die algorithmischen Handel betreiben, auch Hochfrequenzhändler.[8] Algorithmen werden etwa auch bei der Ausführung von Grossaufträgen sowie zur Rebalancierung von Portfolios verwendet, ohne dass dabei Höchstgeschwindigkeiten erforderlich wären.[9] Die Definition des algorithmischen Handels ist für das schweizerische Recht von grösserer Bedeutung als die Definition des Hochfrequenzhandels, da das schweizerische Recht im Unterschied zum europäischen Recht lediglich Rechtsfolgen an den algorithmischen Handel knüpft. Im Einzelnen bestehen Abgrenzungsschwierigkeiten zwischen dem algorithmischen Handel und dem manuellen Handel, vor allem bei bedingten Aufträgen und Order-Routing-Systemen. Diese Probleme werden im Kapitel 13 (Europäische Rechtsquellen und Definitionen) im Detail untersucht.[10]

---

dabei Teil des Risikomanagements, siehe *www.tradebotsystems.com/about.asp*; zu den Inventarrisiken hinten 63 f.

[4] *Goldstein/Kumar/Graves* (2014), 179; *Bodie/Kane/Marcus* (2014), 72.
[5] *Baron/Brogaard/Kirilenko* (2014), 4.
[6] Hinten 61 ff.
[7] Siehe auch die Definitionen bei *Gomber/Arndt/Lutat/Uhle* (2011), 13 ff.; *Bodie/Kane/Marcus* (2014), 72; hierzu im Detail hinten 491 ff.
[8] Bspw. *Esma Consultation Paper MiFID II/MiFIR 2014*, Nr. 5.1.3 (230).
[9] Hierzu *IOSCO Report «Technological Impact on Market Integrity and Efficiency» 2011*, 22; *Biais/Foucault* (2014), 6; hinten 92 f.
[10] Hinten 495 ff.

II. Akteure

Es können vier verschiedene Typen von Hochfrequenzhändlern unterschieden werden: unabhängige Eigenhändler, Eigenhandel-Desks von Broker-Dealern[11], Hedgefonds und Investmentbanken.[12] Insgesamt dürfte es sich um eine kleine Anzahl Investmentbanken, etwa 100 Hedgefonds und hunderte der spezialisierten Eigenhändler (*prop shops*) handeln.[13] Hochfrequenzhändler sind somit überwiegend Eigenhändler, was der Hochfrequenzhändler Tradebot auf seiner Homepage klar zum Ausdruck bringt, indem er festhält:

> We do not have customers. We do not give investment advice. We do not sell or rent our trading models.[14]

Die bedeutende Anzahl Hedgefonds wie Citadel, Renaissance oder Worldquant zeigt aber, dass Hochfrequenzhändler auch für Kunden handeln.[15] Ferner können Investmentbanken und Broker-Dealer ihre Kunden (sowie auch das Finanzsystem) durch den risikobehafteten Eigenhandel potenziell indirekt gefährden. Ob, und wenn ja, inwieweit solche risikobehafteten Geschäfte daher für diese besonderen Händlertypen unterbunden werden sollen, dürfte weitgehend gleich zu beantworten sein wie die Frage, ob diese Händler allgemein als Eigenhändler tätig sein dürfen, und wenn ja, unter welchen Bedingungen. Im Vordergrund dieser Arbeit steht demgegenüber die Frage, wie sich das Verhalten der Hochfrequenzhändler auf die Märkte und die übrigen Investoren auswirkt.

Anzumerken ist in dieser Hinsicht, dass der Hochfrequenzhandel der Banken durch die *Volcker Rule* und Eigenhandelsverbote in anderen Ländern eingeschränkt worden sein dürfte.[16] Ausgenommen sind allerdings sowohl in den USA als auch etwa in Deutschland nebst Sicherungsgeschäften auch Market-

---

[11] Broker-Dealer sind Wertpapierfirmen, die auf fremde Rechnung (Broker) und auf eigene Rechnung handeln (Dealer), siehe bspw. *SEC Broker-Dealer Registration Guide 2016*.
[12] Vgl. *Goldstein/Kumar/Graves* (2014), 183 f.; *Sornette/von der Becke* (2011), 9; *Iati, Partner of The TABB Group* (2009); *Zickert* (2016), 27; zur Tätigkeit von Investmentbanken auch *Esma Report HFT 2014*, 11, 15.
[13] Siehe *Iati, Partner of The TABB Group* (2009) und *Sornette/von der Becke* (2011), 9; *Malinova/Park/Riordan* (2013), 13 charakterisieren in ihrem Datensatz für den kanadischen Markt 101 Händler als Hochfrequenzhändler, von denen aber nur etwa 80 jeden Monat aktiv seien.
[14] Abrufbar unter *www.tradebotsystems.com/about.asp*.
[15] Für Citadel siehe *Burton* (2014); für Renaissance *Goldstein/Kumar/Graves* (2014), 183.
[16] Siehe § 619 des *Dodd-Frank Wall Street Reform and Consumer Protection Act* (Dodd-Frank Act) zur Ergänzung des *Bank Company Act* von 1956 (12 USC 1841 ff.); *D. Schäfer* (2014); siehe auch Art. 3 Abs. 2 Satz 2 Nr. 1 und Nr. 3 KWG für Deutschland.

Making-Tätigkeiten.17 Wie noch zu zeigen sein wird, dürften sich viele Tätigkeiten von Hochfrequenzhändlern im weiteren Sinne als Market-Making-Tätigkeiten qualifizieren lassen, sodass Banken ein bedeutender Bereich des Hochfrequenzhandels weiterhin offensteht.

Spezialisierte Hochfrequenzhändler sind etwa die aus der Fusion von Getco und Knight Capital entstandene KCG Holdings, Tradebot Systems, Virtu Financial, Allston Trading, Hudson River Trading, Tower Research, Chopper Trading, Jump Trading, Ketchum Trading, Madyson Tyler, Sun Trading, XR Trading, DRW Trading, GSA Capital Partners, Maven Securities, Two Sigma International, IMC, Spot Trading, Renaissance, Citadel, Worldquant sowie früher auch Automated Trading Desk (ATD).

III. Marktanteil

Die Zahlen zum Marktanteil von Hochfrequenzhändlern divergieren teilweise stark. Insgesamt dürfte der Marktanteil in den USA bei etwa 50 Prozent des Handelsvolumens für Eigenkapitalinstrumente und bei etwa 60 Prozent für Futures liegen.18 Auf europäischen Eigenkapitalmärkten liegt der Marktanteil vage

---

[17] Siehe ebenfalls Art. 3 Abs. 2 Satz 2 Nr. 3 sowie Satz 3 Nr. 1 KWG; § 619(d)(2)(B) und (C) Dodd-Frank Act.

[18] Nach einer Statistik der TABB Group – zitiert nach *Meyer/Massoudi* (2015) – betrug der Marktanteil des Hochfrequenzhandels in US-Futures-Märkten im Jahr 2014 exakt 60 Prozent, während er in US-Eigenkapitalmärkten bei schätzungsweise 48.5 Prozent lag; *Carrion* (2013), 681 gibt an, dass die von ihm identifizierten Hochfrequenzhändler an 68.3 Prozent des Handelsvolumens beteiligt gewesen seien; *Brogaard* (2010), 2 kam zum Schluss, dass Hochfrequenzhändler an 77 Prozent aller Transaktionen beteiligt waren; sie würden für 50.4 Prozent der Transaktionen Liquidität entziehen und für 51.4 Prozent aller Transaktionen Liquidität bereitstellen; *X. F. Zhang* (2010), 3 f. schätzte, dass der Hochfrequenzhandel im Jahr 2009 78 Prozent des gesamten Handelsvolumens ausmachte; *Kirilenko/Kyle/Samadi/Tuzun* (2017), 993, 995 kamen bei der Untersuchung des Flash-Crashs vom 6. Mai 2010 zum Schluss, dass bei aggressiven Käufen zwischen dem 3. und 5. Mai 2010 Hochfrequenzhändler zu 34.04 Prozent auf der aggressiven Seite und zu 34.33 Prozent auf der passiven Seite standen (25); ähnlich sind die Zahlen bei aggressiven Verkäufen; dabei standen Hochfrequenzhändler bei 34.17 Prozent der Verkäufe auf der aggressiven Seite und bei 34.45 Prozent auf der passiven Seite (26); während des Flash-Crashs sank die Partizipation der Hochfrequenzhändler auf etwa 30 bis 31 Prozent auf der passiven Marktseite sowie 26 bis 27 Prozent auf der aggressiven Marktseite (37); *Aldridge* (2013), 13 kommt demgegenüber zum Schluss, dass der Marktanteil des Hochfrequenzhandels überschätzt werde; nach einer von ihr getätigten Studie liegt derselbe zwischen 2009 und 2012 abgesehen von einigen Ausreissern erstaunlich konstant bei etwa 20 Prozent des Handels; siehe

zwischen 25 und 45 Prozent.[19] Interessanterweise deuten die Statistiken auf einen rückläufigen Marktanteil des Hochfrequenzhandels hin. Betrug er gemäss TABB Group in US-Eigenkapitalmärkten im Jahr 2009 noch 61 Prozent, lag er im Jahr 2014 nur noch bei geschätzten 48.5 Prozent.[20] Zudem ist gemäss Rosenblatt Securities auch die Profitabilität stark zurückgegangen von beinahe USD 5 Mrd. im Jahr 2009 auf 1.25 Mrd. im Jahr 2012.[21] Grund für diesen starken Rückgang dürfte hauptsächlich der verstärkte Wettbewerb sowie die erhöhten Kosten für Infrastrukturen zur Minimierung von Latenzen sein.[22] Möglicherweise waren für den Rückgang der Profitabilität aber auch das verbesserte Orderroutingverhalten von Brokern und Handelsplätzen verantwortlich.[23]

---

auch die Übersicht bei *Zickert* (2016), 26; für den kanadischen Markt siehe *Malinova/Park* (2015b), 4, 17.

[19] Nach einer Statistik der TABB Group, ist der Marktanteil nach fast 40 Prozent im Jahr 2010 auf etwa 25 Prozent im Jahr 2014 gesunken, siehe die Grafik, abrufbar bei *Massoudi/Stafford* (2014); gemäss *Esma Report HFT 2014*, 11 betrug der Marktanteil am Handelsvolumen nach dem Kriterium der Auftragsdauer 43 Prozent, wobei spezialisierte Hochfrequenzhändler 24 Prozent ausmachten und die Investmentbanken für den Unterschied verantwortlich sind; gemäss *EC Regulierungsfolgeabschätzung MiFID II 2011*, 94 variiert der Marktanteil je nach Handelsplatz zwischen 13 und 40 Prozent; siehe auch *CESR Technical Advice MiFID 2010*, Nr. 201 (40).

[20] Siehe die Statistik der TABB Group, zitiert nach *Meyer/Massoudi* (2015); siehe auch *Popper* (2012c); *Goldstein/Kumar/Graves* (2014), 183.

[21] *Automated Trader* (2013); *Popper* (2012c).

[22] Vgl. *Goldstein/Kumar/Graves* (2014), 183; *Automated Trader* (2013).

[23] Mehr dazu hinten 29 f., 33 f., 92 f.

§ 2 Marktmikrostruktur

Für das bessere Verständnis der von Hochfrequenzhändlern verfolgten Strategien, zur besseren Abschätzung der ökonomischen Folgen des Hochfrequenzhandels sowie zur Erarbeitung von Anpassungsvorschlägen erscheinen einige Grundlagen zur Marktmikrostruktur bedeutsam. In diesem Kapitel werden daher Handelssysteme, Matchingmechanismen, Auftragstypen, Gebührenmodelle sowie für den Hochfrequenzhandel relevante Besonderheiten des US-Rechts kurz erläutert. Teilweise wird dabei bereits auf Kontroversen hingewiesen, teilweise aber auch erst in den nachfolgenden Kapiteln auf die Erläuterungen in diesem Kapitel Bezug genommen.

I. Handelssysteme

1. Kategorisierung von Handelssystemen

Handelssysteme können anhand verschiedener Kriterien unterschieden werden: der Art der Intermediatisierung (multilateraler Handel oder bilateraler Handel), dem Ermessen bei der Zusammenführung von Aufträgen (diskretionärer und nichtdiskretionärer Handel) sowie der Möglichkeit einer Kotierung von Effekten. Des Weiteren existieren kontinuierliche und periodische Systeme, Systeme mit oder ohne Dealer als Eigenhändler, Systeme mit endogener oder exogener Preisbestimmung sowie transparente und opake Systeme. Das europäische Recht hat einige dieser Kriterien verwendet, um zwischen geregelten Märkten, multilateralen Handelssystemen (MTF), organisierten Handelssystemen (OTF) und systematischen Internalisierern (SI) zu unterscheiden.[1] Das schweizerische Recht folgt im Wesentlichen der europäischen Terminologie, nennt die geregelten Märkte aber weiterhin Börsen und kennt keine systematischen Internalisierer.[2] Dafür definiert es den Begriff des organisierten Handelssystems weiter als der europäische Regulator.[3] Das US-amerikanische Recht kennt neben nationalen Wertpapierbörsen (*national securities exchanges*) insbesondere alternative Handelssysteme (*alternative trading systems*; ATS) und elektronische Kommunikationsnetzwerke (*electronic communications network*; ECN).[4] ECN sind eine Untergruppe von ATS, die sich dadurch auszeichnen, dass sie Aufträge an das

---

[1] Siehe Art. 4 Abs. 1 Nr. 20–23 MiFID II; hinten 653 ff.
[2] Siehe Art. 26 und Art. 42 FinfraG; hinten 657 ff.
[3] Hierzu im Detail hinten 657.
[4] Siehe Rule 600(b)(2), (23) und (45) Reg NMS [17 CFR 242.600]; Rule 300(a) Reg ATS [17 CFR 242.300].

konsolidierte Auftragsbuch übermitteln und sich dadurch von Dark Pools unterscheiden.[5]

Die Anzahl Handelsplattformen ist in den letzten Jahren stark gestiegen. In den USA existierten zum Zeitpunkt der letzten Aktualisierung der Arbeit 21 Börsen (*National Securities Exchanges*; zuzüglich 3 Futures-Börsen) und 35 alternative Handelssysteme, wobei der Marktanteil der alternativen Handelssysteme bei etwa 12 Prozent lag.[6] Die Esma listete 150 regulierte Märkte, 211 multilaterale Handelssysteme, 29 systematische Internalisierer und 34 zentrale Gegenparteien.[7] Nebst diesen Handelsplattformen werden Wertpapiere auch *over the counter* (OTC) gehandelt, wobei systematische Internalisierer zu diesem OTC-Bereich gezählt werden.[8]

Die europäische und schweizerische Terminologie wird im Kapitel 17 (Handelsplatzkategorien) weiter erörtert.[9] Die in diesem Abschnitt behandelten Themen betreffen in der Regel sämtliche dieser Handelsplatztypen und sind nur teilweise für die rechtliche Abgrenzung derselben von Bedeutung. Bei den nachfolgend behandelten Dark Pools etwa handelt es sich vorwiegend um alternative Handelssysteme (bzw. MTF und OTF), aber auch geregelte Märkte (bzw. Börsen) können im Rahmen der vorgesehenen Ausnahmen von der Vorhandelstransparenz als Dark Pools qualifizieren.[10] Umgekehrt muss die Vorhandelstransparenz bei alternativen Handelssystemen nicht fehlen. Für multilaterale Handelssysteme und organisierte Handelssysteme ist sowohl auf schweizerischer Ebene als auch auf europäischer Ebene die Vorhandelstransparenz grundsätzlich vorgeschrieben.[11]

---

[5] *SEC Description of ECNs 2013*; *SEC Concept Release on Equity Market Structure 2010*, 3599.
[6] Zu den ATS https://otctransparency.finra.org; zu den nationalen Wertpapierbörsen www.sec.gov/divisions/marketreg/mrexchanges.shtml; zum Marktanteil *Tuttle* (2013), 7; siehe auch *Biais/Foucault* (2014), 1; *Menkveld/Yueshen/Zhu* (2017), 503 f.; *SEC Concept Release on Equity Market Structure 2010*, 3597 ff.
[7] Die Anzahl ist verfügbar in der MiFID-Database unter www.esma.europa.eu/databases-library/registers-and-data.
[8] Vgl. *SEC Concept Release on Equity Market Structure 2010*, 3599 f.
[9] Hinten 653 ff.
[10] Zu den Ausnahmen von der Vorhandelstransparenz nach CH-Recht siehe Art. 27 Abs. 4 FinfraV.
[11] Für die EU siehe Art. 3 und Art. 8 MiFIR; für die Schweiz Art. 29 FinfraG i. V. m. Art. 27 FinfraV und Art. 46 Abs. 3 FinfraG i. V. m. Art. 42 FinfraV.

2. Dark Pools

a) Definition

Als Dark Pools werden Handelsplattformen oder Strukturen innerhalb derselben bezeichnet, die durch eine fehlende oder eingeschränkte Handelstransparenz gekennzeichnet sind.[12] Im Vordergrund steht dabei die Vorhandelstransparenz, das heisst die Transparenz des Auftragsbuches über die aktuellen Geld- und Briefkurse sowie die Tiefe der Handelspositionen.[13] Davon zu unterscheiden ist die Nachhandelstransparenz (auch Handelspublizität), die Informationen zu den über die Handelsplattform getätigten Abschlüsse zum Gegenstand hat.[14] Betreiber von Dark Pools sind Banken, Broker sowie mehr oder weniger unabhängige traditionelle und neue Handelsplätze.[15]

Während der Begriff *Dark Pool* lediglich für intransparente Handelsplattformen verwendet wird, bezeichnet der Begriff *Dark Trade* den intransparenten Handel als solchen, das heisst auch Geschäfte, die ausserhalb der Handelsplätze getätigt werden.[16] Zwischen transparenten Handelsplätzen und Dark Pools existieren hybride Systeme, bei denen transparente Aufträge mit nicht-transparenten Aufträgen (auch *Dark Orders*) ausgeführt werden.[17] Nicht angezeigte Liquidität wird insbesondere auf an sich transparenten Handelsplätzen auch als *Dark Liquidity* bezeichnet.[18]

---

[12] *Banks* (2014), 3; *Foley/Malinova/Park* (2013), 1; *SEC Concept Release on Equity Market Structure 2010*, 3599; vgl. *IOSCO Consultation Report «Dark Liquidity» 2010*, 4; *Buti/Rindi/Werner* (2017), 244; *Baisch/Baumann/Weber* (2014), 183 f.

[13] *EC Review MiFID 2010*, 9 Fn. 19; *Tuttle* (2013), 1 Fn. 2; *H. Zhu* (2014), 747; *Alexander/Schmidt* (2012), 51; *Degryse/de Jong/van Kervel* (2015), 1588; über die genaue Erörterung der «*anonymous, nondisplayed trading liquidity*» indirekt auch *Banks* (2014), 3; zum Begriff der Vorhandelstransparenz insb. Art. 29 Abs. 1 FinfraG; *Watter/Kägi* (2011), N 35, 45 zu Art. 5 aBEHG.

[14] Insb. Art. 29 Abs. 2 FinfraG; *Watter/Kägi* (2011), N 35, 45 zu Art. 5 aBEHG.

[15] Zu den von Banken betriebenen Dark Pools zählen namentlich die Plattformen UBS ATS der UBS und Crossfinder der Credit Suisse; zu den «dunklen» Auftragsbüchern von Bats Europe siehe http://markets.cboe.com/europe/equities/market_statistics/dark_pool_reporting/?mkt=bxe; zu den weiteren Akteuren zählen etwa der Broker ITG (Posit) und Liquidnet.

[16] *Degryse/de Jong/van Kervel* (2015), 1589; vgl. *Foley/Putniņš* (2016), 459; *Foley/Malinova/Park* (2013), 1.

[17] Vgl. *Foley/Putniņš* (2016), 459; *Foley/Malinova/Park* (2013), 1; zum Begriff der Dark Order *EC Review MiFID 2010*, 22 Fn. 63; *IOSCO Consultation Report «Dark Liquidity» 2010*, 4.

[18] *SEC Concept Release on Equity Market Structure 2010*, 3612.

b) Erscheinungsformen

aa) Exogene oder endogene Preisbestimmung

Dark Pools können unterteilt werden in Systeme mit exogener Preisbestimmung (auch Referenzkurssysteme) und Systeme mit endogener Preisbestimmung. Bei Systemen mit exogener Preisbestimmung dient typischerweise der Mittelwert zwischen den Geld- und Briefkursen einer Börse (Spread-Midpoint) als Referenzkurs, zu dem das System Aufträge zusammenführt.[19] Dark Pools mit endogener Preisbestimmung verfügen demgegenüber über ein eigenes Auftragsbuch und funktionieren damit grundsätzlich gleich wie traditionelle Handelsplätze, ausser dass die Aufträge nicht angezeigt werden.[20] Im Unterschied zu Referenzkurssystemen sind Dark Pools mit endogener Preisbestimmung in Europa und der Schweiz nur noch unter eingeschränkten Voraussetzungen zulässig.[21]

Eng verknüpft mit der Unterscheidung zwischen Dark Pools mit exogener und endogener Preisbestimmung ist die Unterscheidung zwischen Plattformen, die sämtliche Aufträge zum selben Preis zusammenführen, und Plattformen, die den Handel zu einem beliebigen Preis zulassen.[22] Erstere werden auch als einseitig bezeichnet, da Liquidität grundsätzlich nur einseitig vorhanden sein kann, letztere als zweiseitig.[23] Die Abgrenzung von einseitigen und zweiseitigen Dark Pools ist grundsätzlich überzeugend. Allerdings kann Liquidität auch in Märkten mit einem einzigen Preis zweiseitig vorhanden sein, wenn die Aufträge mit einer Mindestausführungsgrösse verbunden werden. Durch Mindestausführgrössen können Händler Pinging-Praktiken von Hochfrequenzhändlern entge-

---

[19] Vgl. *H. Zhu* (2014), 747, 753; *Foley/Putniņš* (2016), 457 ff., 459; *Shorter/Miller* (2014b), 9, die diese Dark Pool als einseitig bezeichnen; *Buti/Rindi/Werner* (2017), 244; *IOSCO Consultation Report «Dark Liquidity»* 2010, 12, wonach abgesehen vom Spread-Midpoint auch die besten Geld- oder Briefkurse oder eine Volumen- oder Zeitgewichtung vorgenommen wird (*volume-weighted spread* oder *time-weighted average price*).

[20] *H. Zhu* (2014), 753; *Foley/Putniņš* (2016), 457, die von einem *dark limit order market* sprechen.

[21] Für Referenzkurssysteme siehe Art. 27 Abs. 4 lit. a FinfraV; Dark Pools mit endogener Preisbestimmung sind namentlich bei Blockaufträgen zulässig (siehe Art. 29 Abs. 3 lit. b FinfraG und Art. 27 Abs. 4 lit. d FinfraV).

[22] *Foley/Putniņš* (2016), 457; *Shorter/Miller* (2014b), 9; zum Midpoint-Matching auch *Kwan/Masulis/McInish* (2015), 332; aufgrund des *Trade-through*-Verbots ist allerdings in den USA der Preis nicht beliebig; zum *Trade-through*-Verbot hinten 33 f.

[23] *Foley/Putniņš* (2016), 457; *Shorter/Miller* (2014b), 9.

hen; die Händler müssen aber zugleich auch auf Liquidität verzichten.[24] Ping-Aufträge werden im Kapitel 3 (Handelsstrategien) noch ausführlich erläutert.[25]

Abgesehen von den Kennzeichnungsmerkmalen können drei wesentliche Unterschiede zwischen einseitigen und zweiseitigen Dark Pools ausgemacht werden. Erstens ist die Ausführwahrscheinlichkeit in einseitigen Dark Pools relativ gering, da Liquidität nur einseitig vorliegt und die Bereitstellung derselben mangels Spread weniger attraktiv ist.[26] Betroffen sind insbesondere informierte Händler, die sich regelmässig auf einer Marktseite anhäufen.[27] Zweitens können (Hochfrequenz-)Händler einem einseitigen System einfacher relevante Marktinformationen entziehen, da jeweils ein einziger kleiner Auftrag zur Ermittlung der Auftragslage genügt, während in zweiseitigen Dark Pools eine grössere Anzahl Aufträge erforderlich ist.[28] Drittens sind einseitige Dark Pools als Referenzkurssysteme anfälliger gegenüber Kursmanipulationen am Referenzmarkt.[29] Um dieses Risiko zu minimieren, wählen die Systeme teilweise den Midpoint zu einem zufälligen späteren Zeitpunkt.[30]

bb) *Broker Crossing Network*

Als *broker crossing network* (BCN; auch Crossing-System) wird ein Handelssystem bezeichnet, mit dem ein Broker Kundenaufträge zusammenführt.[31] Der Begriff wird allerdings nicht einheitlich verwendet. Traditionell bezeichnete er ein System, über das Käufer und Verkäufer direkt miteinander handeln können.[32] Dadurch wurde das Crossing-System vom Dealer-Markt unterschieden, bei dem ein oder mehrere Market-Maker als Intermediäre agieren.[33] Heute ist die Intermediatisierung durch den Plattformbetreiber und Hochfrequenzhändler in Crossing-Systemen allerdings typisch, sodass diese traditionelle Abgrenzung nicht mehr zeitgemäss erscheint.[34] Ebenfalls kaum geeignet ist das von der SEC

---

24 Die SIX bewarb ihren Dark Pool SLS einst mit solchen Minimum-fill-Orders auf *www.six-swiss-exchange.com/participants/trading/ote/sls.html*.
25 Hinten 82 ff.
26 *Shorter/Miller* (2014b), 9; *Foley/Putniņš* (2016), 457, 459.
27 *Foley/Putniņš* (2016), 457.
28 *Foley/Putniņš* (2016), 460; *Shorter/Miller* (2014b), 9; mehr zum Pinging hinten 82 ff.
29 *Degryse/van Achter/Wuyts* (2006), 3 ff.; *Shorter/Miller* (2014b), 7; *Podewils* (2007), 27.
30 *Degryse/van Achter/Wuyts* (2006), 5, wonach damals ein zufälliger Zeitpunkt innerhalb der nächsten 5 bis 7 Minuten massgebend war; auch *Podewils* (2007), 27.
31 Vgl. *Degryse/van Achter/Wuyts* (2006), 1; *Baisch/Baumann/Weber* (2014), 184 Fn. 8, 187.
32 *Hendershott/Mendelson* (2000), 2071 f.; *Ready* (2014), 4.
33 *Hendershott/Mendelson* (2000), 2071 f.; vgl. *Ready* (2014), 4.
34 Vgl. *Ready* (2014), 4; zum Eigenhandel durch den Plattformbetreiber siehe *SEC Concept Release on Equity Market Structure 2010*, 3599 f.; *EC Review MiFID 2010*, 11; *Buti/Rin-*

herangezogene Definitionsmerkmal, wonach Crossing-Systeme typischerweise einen Referenzkurs verwendeten; Crossing-Systeme können soweit rechtlich zulässig durchaus auch zweiseitig ausgestaltet sein.[35]

Die Europäische Kommission bezeichnete das Broker-Crossing-System als Mischung zwischen einem multilateralen Handelssystem und einem Mechanismus, der auf die (bestmögliche) Ausführung von Kundenaufträgen abzielt.[36] Mit dem organisierten Handelssystem (*organised trading facility*; OTF) schaffte sie eine Handelsplatzkategorie, die auf die Erfassung der unter MiFID noch nicht (vollständig) erfassten Broker-Crossing-Systeme abzielte.[37] Das Crossing-System kann jedoch je nach Ausgestaltung auch als multilaterales Handelssystem (*multilateral trading facility*; MTF) oder als systematischer Internalisierer (SI) erfasst sein. Zum multilateralen Handelssystem wird das Crossing-System nach dem Willen der Kommission, sobald nicht einzig der Betreiber die Aufträge in das System führt, sondern auch Dritte.[38] Zum systematischen Internalisierer wird der Betreiber eines Crossing-Systems, wenn er «*in organisierter Weise häufig in erheblichem Umfang [...] auf eigene Rechnung*» handelt (und das System nicht als multilateral zu qualifizieren ist, siehe Art. 4 Abs. 1 Nr. 20 MiFID II). Das Crossing-System kann somit keiner einzelnen rechtlichen Kategorie des europäischen Rechts zugeordnet werden. Die Einzelheiten dieser regulatorischen Kategorisierung werden im Kapitel 17 (Handelsplatzkategorien) im Detail erläutert.[39]

cc)   Kontinuierliches oder periodisches Matching

Ferner kann unterschieden werden zwischen kontinuierlichen Dark Pools (*continuous dark pool*; CDP), die Aufträge während der Handelszeiten jederzeit zusammenführen, und periodischen Dark Pools (*periodic dark pool*; PDP), die Aufträge in Intervallen zusammenführen.[40] Für den Hochfrequenzhandel ist diese Unterscheidung von Bedeutung, da einige Ökonomen einen Wechsel von einem kontinuierlichen zu einem periodischen System befürworten, weil sie sich

---

di/Werner (2017), 244; vgl.; *Hendershott/Mendelson* (2000), 2072; zur Intermediatisierung durch Hochfrequenzhändler hinten 61 ff.

[35]   *SEC Final Rule Reg ATS 1998*, 70849 Fn. 37; dem folgend *Degryse/van Achter/Wuyts* (2006), 1; *Podewils* (2007), 26.
[36]   *EC Review MiFID 2010*, 11.
[37]   *EC Review MiFID 2010*, 9; nach der schweizerischen Terminologie ist ein OTF allerdings kein Handelsplatz; mehr dazu hinten 657 ff.
[38]   *EC Review MiFID 2010*, 11; zum Begriff des MTF Art. 4 Abs. 1 Nr. 21 MiFID II.
[39]   Hinten 653 ff.
[40]   *Buti/Rindi/Werner* (2017), 248, 259, 261; siehe auch *IOSCO Consultation Report «Dark Liquidity»* 2010, 12.

dadurch eine Eindämmung des Geschwindigkeitswettlaufs erhoffen.[41] Eine vertiefte Auseinandersetzung mit der periodischen Doppelauktion folgt daher weiter hinten im Kapitel 12 (Regulierungsinstrumente).[42]

dd)   Transparenzgrade

Schliesslich ist bedeutsam, dass nicht der gesamte Bereich, der als Dark Trade bezeichnet wird, gleich intransparent ist. Zwar mögen die Aufträge für das Publikum nicht zugänglich sein, doch dem Handelspartner wird der Auftrag beispielsweise in Upstairs-Märkten durchaus bekanntgegeben.[43] In solchen Märkten kennt der Handelspartner im Unterschied zu Handelsplätzen mit gegebener Vorhandelstransparenz häufig auch die Identität der Geschäftspartner.[44] Es ist also zwischen der Transparenz gegenüber dem Publikum und der Transparenz gegenüber potenziellen Geschäftspartnern zu unterscheiden.

Hinsichtlich der Transparenz gegenüber Geschäftspartnern ist anzumerken, dass institutionelle Investoren gerade an einem anonymen Handel interessiert sind, da sie so die Beeinflussung der Preise durch ihre Aufträge minimieren können.[45] Selbst die Broker-ID kann Informationen zur Kundschaft vermitteln und damit zum Risiko, das von den Aufträgen dieser Broker ausgeht.[46] Geht von diesen Aufträgen ein grösseres Risiko aus, ziehen Bereitsteller von Liquidität Aufträge zurück und andere Händler spekulieren auf eine Marktbeeinflussung, wodurch die Ausführungsqualität sowie eine allfällige Informationsrendite des Investors beeinträchtigt werden.[47] Verantwortlich für die verstärkte Beeinflussung des Preises sind in erster Linie Hochfrequenzhändler, was im Kapitel 3 (Handelsstrategien) im Detail erläutert wird.[48] Ermöglicht wird der vollanonyme Handel durch zentrale Gegenparteien, die den Handelsteilnehmern die Erfüllung der Liefer- und Zahlungsverpflichtung garantieren, sodass dem eigentlichen Han-

---

[41]   Etwa *Budish/Cramton/Shim* (2015), 1594 ff.; *Jovanovic/Menkveld* (2016), 4; *Menkveld* (2014), 10 f.; *Wah/Wellman* (2013), 868 ff.; ähnlich *Farmer/Skouras* (2012b), 13 ff., 17.
[42]   Hinten 405 ff.
[43]   Zum Upstairs-Markt *Keim/Madhavan* (1996); *Linnainmaa/Saar* (2012), 1414 f.; *IOSCO Consultation Report «Dark Liquidity» 2010*, 4 Fn. 4.
[44]   Vgl. *Linnainmaa/Saar* (2012), 1414 f.; allgemein zum Upstairs-Trading *IOSCO Consultation Report «Dark Liquidity» 2010*, 4 Fn. 4.
[45]   Vgl. *Linnainmaa/Saar* (2012), 1415.
[46]   *Linnainmaa/Saar* (2012), 1415, zu den Risiken, denen sich Bereitsteller von Liquidität ausgesetzt sehen, im Detail hinten 63 ff.
[47]   Zu diesen Mechanismen im Detail hinten 76 ff.; zu Informationsrenditen hinten 209, 271, 304 ff.
[48]   Hinten 76 ff.

delspartner keine Bedeutung zukommt, solange die zentrale Gegenpartei ordnungsgemäss arbeitet.[49]

ee)   Dark Trade über Börsen

Auf die zunehmende Konkurrenz durch alternative Handelssysteme mit eingeschränkter Vorhandelstransparenz reagierten die traditionellen Börsen, indem sie selbst verdeckte Aufträge anboten. In den USA wird denn auch teilweise bemängelt, dass sich der Fokus des Regulators bisher vor allem auf die Crossing-Systeme gerichtet habe, während der Dark Trade in Börsen von vergleichbarer oder noch grösserer Bedeutung sei.[50] Nach Schätzungen würden etwa 20 Prozent oder mehr Marketable Orders gegen verdeckte Aufträge ausgeführt.[51]

Abgesehen von verdeckten Aufträgen bieten die traditionellen Börsen auch Strukturen im Sinne eigentlicher Dark Pools an. Die SIX etwa unterhält mit der *SIX Swiss Exchange at Midpoint* (SwissAtMid) und dem in Kooperation mit dem Dark-Pool-Betreiber Liquidnet betriebenen *SIX Swiss Exchange Liquidnet Service* (SLS) zwei entsprechende Plattformen.[52] In Anlehnung an den ausserbörslichen Handel *over the counter* (OTC) sprach sie zumindest anfangs von Over-the-Exchange-, also OTE-Dienstleistungen.[53] Geregelt hat die SIX diese Handelsstrukturen in der Weisung 5 (Handel ohne Vorhandelstransparenz). Das Matching erfolgt bei beiden Strukturen stets zum Midpoint-Preis, also dem Mittelwert zwischen dem höchsten platzierten Kaufpreis und dem tiefsten Verkaufspreis (Spread).[54] Die Nachhandelstransparenz ist generell gewährleistet, da die SIX keine verzögerte Publikation zulässt.[55]

Ähnliche *midpoint dark order books* bietet die als multilaterales Handelssystem (MTF) entstandene und seit dem seit Mai 2013 als geregelter Markt registrierte Cboe Europe (früher Bats Europe) an.[56] Einen etwas anderen Weg wählte die London Stock Exchange (LSE), die zunächst zusammen mit Lehman Brothers die Baikal MTF aufbaute, deren Name einen sehr tiefen Dark Pool mit viel Liquidität suggeriert.[57] Dem war jedoch offenbar nicht so, weshalb die LSE im

---

[49] Zu den zentralen Gegenparteien im Detail hinten 361 ff.
[50] *Bloomfield/O'Hara/Saar* (2015), 2228.
[51] *Bloomfield/O'Hara/Saar* (2015), 2228.
[52] Siehe *www.six-swiss-exchange.com/participants/trading/ote/sls_de.html*.
[53] Die Weisung 5 der SIX (Handel ohne Vorhandelstransparenz) hatte früher diesen Namen.
[54] Nr. 8.2.2 und 12.2.1 SIX-Weisung 5.
[55] Nr. 2.10 SIX-Weisung 5.
[56] Siehe *http://markets.cboe.com/europe/equities/trading/order_books*, wobei zwischen den Plattformen BXE und CXE unterschieden wird.
[57] *LSE Creation Baikal 2008.*

Dezember 2009 eine Mehrheitsbeteiligung an der zunächst von Investmentbanken gegründeten Handelsplattform Turquoise erlangte und mit dieser die Baikal MTF absorbierte.[58]

c) Marktanteil

Die Statistiken zum Marktanteil von Dark Pools divergieren teilweise stark, wofür verschiedene Ursachen verantwortlich sein dürften. Erstens sind Dark Pools wie erwähnt nicht mit dem Dark Trade gleichzusetzen. Zweitens können unterschiedliche Grundgesamtheiten gewählt werden, die entweder den Handel ausserhalb der (transparenten oder nicht transparenten) Auftragsbücher erfassen oder nicht. Drittens können Abschlussmeldungen von OTC-Geschäften an mehrere Handelsplätze erfolgen, sodass die Gefahr besteht, dass der Marktanteil des OTC-Handels zu hoch eingeschätzt wird.[59] Viertens fehlt es bei alternativen Handelssystemen nicht immer an der Vorhandelstransparenz, während dieselbe bei den traditionellen Börsen ebenfalls nicht immer gegeben ist. Fünftens werden viele Geschäfte über die Börse, aber ausserhalb des (transparenten oder nicht transparenten) Auftragsbuchs abgeschlossen, und sechstens werden teilweise auch Dark Orders mit angezeigten Aufträgen zusammengeführt.

In den USA betrug der Anteil des nicht transparenten Handelsvolumens bei Eigenkapitalinstrumenten im zweiten Quartal 2017 nach einer Marktstrukturstudie der TABB Group 44.9 Prozent.[60] 32.1 Prozent dieses Handelsvolumens war zurückzuführen auf den Handel mit Retail-Kunden (Retail-Wholesalers), 26.9 Prozent auf alternative Handelssysteme (Dark ATS'), 18.7 Prozent auf den nicht transparenten Handel über Börsen und die restlichen 22.3 Prozent hauptsächlich auf systematische Internalisierer (Single-Dealer-Plattformen; SDPs).[61] In Europa liegt der Marktanteil der nicht transparenten Auftragsbücher bei den bedeutendsten Aktienindizes zwischen 7 und 12 Prozent des gesamten Handelsvolumens.[62] Allerdings wird bei diesen Zahlen der gesamte Handel fern von den

---

[58] *LSE Media Release «Acquisition of Turquoise»* 2009; *Grant* (2009).
[59] Hierzu *AFME Market Analysis OTC 2011*.
[60] *TABB Equity Digest 2/2017*; siehe auch die Statistiken der Rosenblatt Securities LLC unter www.rblt.com/letThereBeLight.aspx?year=2016, die sich allerdings nur auf den Anteil von Dark ATS am Gesamthandelsvolumen beziehen; *SEC Concept Release on Equity Market Structure 2010*, 3599, wonach der Marktanteil des Handels über Broker-Dealer bezüglich NMS-Aktien bei 17.5 Prozent lag und der Marktanteil von Dark Pools bei 7.9 Prozent; unberücksichtigt bleibt dabei aber der intransparente Handel über die Börsen (und ECN).
[61] *TABB Equity Digest 2/2017*.
[62] Siehe http://markets.cboe.com/europe/equities/market_share/index/all; danach liegt der Marktanteil bei SMI-Aktien bei etwa 7 Prozent des Handelsvolumens; *Rosenblatt Dark*

Handelsplätzen (früher auch ausserbörslicher Handel oder OTC-Handel), ebenso wie der Handel über die Handelsplätze ausserhalb des (transparenten oder nicht transparenten) Auftragsbuchs nicht erfasst.[63]

Nach aktuellen Statistiken der Finra ist die Handelsplattform *UBS ATS* die aktuell grösste alternative Handelsplattform in den USA.[64] Auf den Plätzen zwei und drei folgen der frühere Marktleader *Crossfinder* der Credit Suisse und *SuperX* der Deutschen Bank.[65] Die *Investors Exchange* (IEX), die früher als alternatives Handelssystem registriert war, hat mittlerweile trotz des erbitterten Widerstandes der etablierten Börsen die Zulassung als *National Exchange* erlangt.[66] Der Aufschwung von IEX dürfte zumindest teilweise auf die grosse Propagandawirkung des kontroversen Romans *Flash Boys* von *Michael Lewis* zurückzuführen sein, denn in diesem spielt der Gründer der IEX *Brad Katsuyama* eine zentrale Rolle.[67] Bats, das *Better Alternative Trading System* (heute Teil von Cboe), machte diesen Schritt zur *National Exchange* bereits im Jahr 2008, sodass der Name Bats alsdann irreführend war.[68] Sowohl Bats als auch IEX sind keine Dark Pools im klassischen Sinne, da sie sowohl angezeigte als auch nicht angezeigte Aufträge kennen.[69]

In Europa existieren namentlich die folgenden Dark Pools: das Dark Book von Cboe Europe, UBS MTF, Turqoise, ITG Posit, Instinet BlockMatch, Sigma X MTF, Liquidnet sowie das in Partnerschaft von SIX und Liquidnet angebotene

---

Liquidity Tracker 2015 schätzen den Marktanteil auf etwa 10 bis 11 Prozent, wenn Crossing-Systeme von Brokern berücksichtigt würden.

[63] Gemäss *AFME Market Analysis OTC 2011* lag der Marktanteil des OTC-Handels bei etwa 16 Prozent und nicht wie teilweise angegeben bei 40 Prozent; zu den 40 Prozent siehe bspw. *Gomber/Arndt/Lutat/Uhle* (2011), 11; nach den Statistiken der SIX wurde vom gesamten Handelsvolumen im November 2016 76.8 Prozent des Handelsvolumens über die Auftragsbücher ausgeführt, siehe *SIX Statistischer Monatsbericht November 2016*, 3, 5.

[64] *Finra ATS Data 2017*.

[65] *Finra ATS Data 2017*.

[66] Zur Zulassung als National Exchange *www.sec.gov/news/pressrelease/2016-123.html*; siehe die unzähligen Kommentare auf der Homepage der SEC unter *www.sec.gov/comments/10-222/10-222.shtml*; andere Hochfrequenzhändler wie Virtu Financial unterstützten das Begehren; zur von IEX implementierten symmetrischen Verzögerung von Aufträgen hinten 402 f.

[67] *Lewis* (2014).

[68] Zu solchen Problemen hält Art. 16 FinfraG für das schweizerische Recht fest, dass die Bezeichnung der Finanzmarktinfrastruktur nicht zur Verwechslung oder Täuschung Anlass geben darf; Art. 148 FinfraG sieht für den Fall der Verletzung dieser Pflicht eine Busse von bis zu CHF 500 000 vor.

[69] *IEX Form ATS 2017*, 9 f.; *Bats Statistik Ordertypen 2016*.

SLS.[70] Letzteres konnte indes bisher keine grossen Marktanteile gewinnen, was die SIX mitunter damit begründet, dass Banken ihre eigenen Dark Pools bevorzugten.[71] Die UBS bewirbt die Plattform UBS MTF als «100 % Dark».[72]

d) Beweggründe für den Handel in Dark Pools

Investoren suchen Dark Pools primär aus drei Gründen auf: um ihre Ausführungsqualität zu verbessern und die Transaktionskosten zu minimieren, um allfällige Informationsrenditen zu steigern und um sich ein Bild von der Auftragslage in Dark Pools zu machen. Für institutionelle Investoren liegt dabei die Verbesserung der Ausführungsqualität im Vordergrund.[73] Market-Maker im Allgemeinen und Hochfrequenzhändler im Besonderen reagieren äusserst sensitiv auf Handelsinformationen und spüren Verhaltensmuster auf, die auf einen Grossauftrag hindeuten.[74] Identifizieren sie einen Grossauftrag, ziehen Bereitsteller von Liquidität ihre Aufträge zurück und direktional agierende Hochfrequenzhändler spekulieren auf eine Kursveränderung zuungunsten des Investors, was sich negativ auf dessen Ausführungsqualität auswirkt.[75] Intelligente elektronische (Hochfrequenz-)Händler haben entsprechend das Bedürfnis nach Handelsstrukturen verstärkt, bei denen die Aufträge nicht offengelegt werden müssen.[76] Dark Pools sind folglich vor allem für institutionelle Investoren attraktiv, da diese die Effektenkurse durch ihre Blockaufträge stärker beeinflussen als Kleininvestoren.[77] Von einem Blockauftrag wird in der Regel gesprochen, wenn mehr als 1 000 Aktien zugleich ge- oder verkauft werden sollen.[78] Während solche Blöcke früher meist über sogenannte Block-Broker in Upstairs-Märkten ausgeführt wurden, findet der Blockhandel heute weitgehend über Dark Pools statt, in denen eine grössere – wenngleich nicht vollständige – Anonymität er-

---

[70] Zum SLS *www.six-swiss-exchange.com/participants/trading/ote/sls.html*.
[71] Interview mit SIX Group CEO *Dr. Urs Rüegsegger* bei Gomez (2014).
[72] Siehe *www.ubs.com/microsites/electronic-trading/en/equities/unique-liquidity.html#mtf*.
[73] Vgl. *Banks* (2014), 3 ff., 6 f.; *H. Zhu* (2014), 751 ff.; *Podewils* (2007), 35 ff.; *IOSCO Principles for Dark Liquidity 2011*, 11 f.; *SEC Concept Release on Equity Market Structure 2010*, 3599; *EC Review MiFID 2010*, 22.
[74] Hierzu hinten 76 ff.
[75] Hinten 76 ff.
[76] Siehe bspw. *Stiglitz* (2014), 8.
[77] Vgl. *Podewils* (2007), 35 ff.; *Banks* (2014), 6, 131 f.; *H. Zhu* (2014), 751 ff.; allerdings ist zu beachten, dass sich auch Grossinvestoren als Kleininvestoren zu tarnen versuchen, was sich ebenfalls negativ auf die Ausführungsqualität der Kleininvestoren auswirken kann.
[78] *Bodie/Kane/Marcus* (2014), 73; vgl. *Banks* (2014), 6, der von «*several thousand shares*» spricht.

reicht werden kann.[79] Dies gilt zumindest dann, wenn die Aufträge mit einer Mindestausführgrösse verbunden werden und der Plattformbetreiber integer ist.[80]

In unternehmensinternen Crossing-Systemen können Broker nicht nur die Ausführungsqualität ihrer Kunden verbessern, sondern zusätzlich auch Handelsplatzgebühren sparen.[81] Zudem können je nach Ausgestaltung des Systems auch Market-Maker und Hochfrequenzhändler als Intermediäre vermieden werden.[82] Ferner setzten alternative Handelsplätze die traditionellen Börsen in der Vergangenheit durch niedrige Transaktionsgebühren stark unter Druck, was zu generell niedrigeren Transaktionskosten führte.[83] Dieser Effekt ist allerdings keine Folge der fehlenden Transparenz, sondern eine Folge der grösseren Anzahl Handelsplätze. Die fehlende Transparenz führt nämlich im Gegenteil dazu, dass sich eine Handelsplattform nicht über den Verkauf von Auftragsdaten finanzieren kann und daher eher Transaktionsgebühren erheben muss, was sich auch negativ auf die expliziten Transaktionskosten auswirken kann.[84] So können einerseits die expliziten Transaktionskosten (Gebühren) in Dark Pools höher sein, während die impliziten Transaktionskosten (Ausführungsqualität i.e.S.) tiefer sind.[85]

e) Kontroverse

Die Markttransparenz wird gemeinhin als wichtiges Instrument für den Schutz von Investoren, die Integrität der Finanzmärkte und die Reduktion von Informationsasymmetrien betrachtet.[86] Interessanterweise suchen tendenziell uninformierte Investoren jedoch gerade intransparente Märkte auf, um ihre Ausführungsqualität zu verbessern. Sie suchen den Schutz der Intransparenz, um den

---

[79] Vgl. *Banks* (2014), 36 f., 131 f.; *IOSCO Principles for Dark Liquidity 2011*, 11; *IOSCO Consultation Report «Dark Liquidity» 2010*, 10; zum Upstairs-Markt auch *Keim/Madhavan* (1996), die ein signifikantes Durchsickern von Information (*information leakage*) in Upstairs-Märkten feststellten; *Linnainmaa/Saar* (2012), 1414 f.

[80] Mit einer Mindestausführgrösse kann man Pinging-Praktiken begegnen; hierzu hinten 40, 82 ff.

[81] *H. Zhu* (2014), 753; *Eng/Frank/Lyn* (2014), 44; *Salmon* (2010), 37.

[82] Hochfrequenzhändler handeln grundsätzlich auch in Dark Pools; Investoren können jedoch Mindestausführgrössen verwenden, wodurch sie Intermediäre und die Dissemination von Auftragsinformationen weitgehend vermeiden können; hierzu hinten 40, 82 ff.

[83] *Degryse* (2009), 95 ff. und *Chesini* (2010), 167, jeweils m.w.H.

[84] Zur fehlenden Möglichkeit des Verkaufs von Auftragsdaten hinten 841 ff.; zur Unterscheidung von expliziten und impliziten Transaktionskosten hinten 221 f.

[85] Zu den expliziten und impliziten Transaktionskosten hinten 221 f.

[86] Bspw. *Lorez* (2013), 14.

anderen Händlern ihre Handelsabsichten zu verbergen. Insofern nutzen sie die Informationsasymmetrie zu ihren Gunsten.

Die fehlende Auftragspublizität ist kein neues Phänomen.[87] Namentlich in Upstairs-Märkten fehlte die Vorhandelstransparenz schon früher, ebenso wie die Gefahr des Frontrunnings durch potenzielle Handelspartner.[88] Bevor Informationen durch elektronische Medien verbreitet werden konnten, war die Vorhandelstransparenz zwangsläufig geografisch eingeschränkt, sodass die flächenübergreifende Auftragspublizität im Grunde genommen als Novum betrachtet werden kann. Ausserhalb der Finanzmärkte ist die Auftragspublizität im Übrigen noch heute kaum gegeben. Ungeachtet dessen schenkten die Regulatoren in den letzten Jahren der Vorhandelstransparenz an den Finanzmärkten grosse Beachtung.

Tatsächlich eher neueren Datums sind elektronische Plattformen, die auf die Vorhandelstransparenz verzichten. Diese Plattformen unterscheiden sich grundsätzlich von früheren Formen fehlender Auftragspublizität, da ein viel höherer Grad an Intransparenz erreicht wird. So erfährt in einem echten Dark Pool kein anderer Marktteilnehmer (und keine andere Person) von einem gestellten Auftrag, es sei denn, er nimmt ihn ganz oder teilweise durch einen komplementären Auftrag an.[89] Möglicherweise hat diese gesteigert Intransparenz dazu geführt, dass Dark Pools mehr als die früheren Upstairs-Märkten zu Kontroversen zwischen Ökonomen, Regulatoren und den übrigen Marktbeobachtern führten.

Als Probleme von Dark Pools werden namentlich angeführt: negative Auswirkungen auf die Preisfindungsqualität, eine Verminderung der Liquidität sowie eine Beeinträchtigung der Fairness und Integrität der Märkte.[90] Ob die Befürchtungen hinsichtlich der Marktqualitätsparameter der Preisfindungsqualität und der Liquidität berechtigt sind, wird im Kapitel 9 (Marktqualität) untersucht.[91]

---

[87] Hierzu *SEC Concept Release on Equity Market Structure 2010*, 3612; *IOSCO Consultation Report «Dark Liquidity» 2010*, 4 f.; *Bloomfield/O'Hara/Saar* (2015), 2228.

[88] Zur Problematik des Durchsickern von Informationen *Keim/Madhavan* (1996); dabei handelt es sich allerdings nicht um Frontrunning i.e.S.; zum Frontrunning hinten 831 ff.

[89] Zum Pinging hinten 82 ff., 767 ff., 846 f.

[90] Insb. *IOSCO Principles for Dark Liquidity 2011*, 19 ff.; zur Liquidität auch *Buti/Rindi/Werner* (2017), 261; *Bloomfield/O'Hara/Saar* (2015), 2228; *Biais/Woolley* (2011), 14; *Eng/Frank/Lyn* (2014), 48; *M. Ye* (2011), 2, 5; zur Preisfindungsqualität *EC Review MiFID 2010*, 22; *Eng/Frank/Lyn* (2014), 48; *Baisch/Baumann/Weber* (2014), 193; *Pragma Securities* (2012), 1 f.; *Bloomfield/O'Hara/Saar* (2015), 2228; siehe auch *H. Zhu* (2014), 747 f., der allerdings zum Ergebnis kommt, dass Dark Pools zu einer Konzentrierung informierter Händler an den Börsen führen und dadurch die Preisfindungsqualität verbessern; zur Marktintegrität auch *Tuttle* (2013), 10; vgl. auch *Ready* (2014), 4.

[91] Hinten 211 ff. und 242 ff.

Zur Marktintegrität und Fairness führte die Internationale Organisation der Wertpapieraufsichtsbehörden (*International Organization of Securities Commissions*; IOSCO) im Jahr 2011 drei Probleme an: den fairen Zugang zum Markt, den fairen Zugang zu Informationen sowie die Transparenz über die Funktionsweise der Handelsplattformen.[92] Bei Investoren hat nebst der Intransparenz über die Funktionsweise allerdings vor allem der Hochfrequenzhandel in Dark Pools durch Ping-Aufträge und Phishing-Praktiken für Unstimmung gesorgt.[93] Gemäss *Tuttle* von der SEC werden nur 0.69 Prozent der Aktienorders in Dark ATS vollständig ausgeführt und 1.11 Prozent teilweise.[94] Zugleich habe die durchschnittliche Grösse der Transaktionen in Dark Pools in den letzten Jahren stark abgenommen, sodass die Ansicht kaum noch gestützt werde, dass diese Plattformen auf den Blockhandel spezialisiert seien.[95] Die Feststellungen deuten auf einen hohen Anteil an Hochfrequenzhandel in Dark Pools hin. Schliesslich erscheint ebenfalls nicht unproblematisch, wenn Betreiber von Crossing-Systemen Kundenaufträge gegen eigene Bestände ausführen. So sind Broker nach Auftrags- und Finanzmarktrecht grundsätzlich nicht nur zur bestmöglichen Ausführung ihrer Kundenaufträge verpflichtet, sondern auch zum Schutz ihrer Kunden vor allfälligen Interessenkonflikten.[96]

Einige der genannten (tatsächlichen oder möglichen) Probleme ging der europäische Regulator in der MiFID II und der schweizerische Regulator im Finanzmarktinfrastrukturgesetz an. Als wohl grösstes Problem im Zusammenhang mit Dark Pools kristallisierte sich der dritte von der IOSCO genannte Punkt heraus: die fehlende Transparenz über die Funktionsweise. So räumten Dark-Pool-Betreiber Hochfrequenzhändlern in der Vergangenheit besondere geheime Vorteile ein und priesen ihre Systeme mit falschen Angaben an. Die SEC führte deswegen zahlreiche Verfahren gegen Dark-Pool-Betreiber, namentlich gegen die Cre-

---

[92] *IOSCO Principles for Dark Liquidity 2011*, 20 ff.; zum Marktzugang siehe auch *Podewils* (2007), 53 f.
[93] Zu Ping-Aufträgen und Phishing-Praktiken hinten 82 ff., 767 ff., 846 f.
[94] *Tuttle* (2013), 12; hinsichtlich der Beteiligung des Hochfrequenzhandels *Ready* (2014), 4.
[95] *Tuttle* (2013), 10 kam zum Schluss, dass die aggregierte Handelsgrösse (*trade size*) in Dark Pools kaum grösser sei als auf transparenten Märkten; vgl. auch *Nimalendran/Ray* (2014), 235 f., die feststellten, dass sich die durchschnittliche Grösse der Transaktionen in den letzten Jahren stark verkleinerte und bei den meisten Transaktionen weniger als 1 000 Aktien gehandelt werden.
[96] Allgemein zur Problematik und zu Interessenkonflikten *Podewils* (2007), 50 ff.; siehe insb. Art. 11 Abs. 1 lit. b und lit. c BEHG; zu Agency-Problematiken hinten 324 ff. 414 ff.; zum Frontrunning hinten 831 ff.

dit Suisse (Crossfinder und Light Pool), UBS (UBS ATS), Barclays (LX), ITG (Posit) und Bats Trading (EDGA und EDGX).[97]

f) Bedeutung für den Hochfrequenzhandel

Dark Pools sind wie teilweise bereits angesprochen primär aus drei Gründen für den Hochfrequenzhandel von Bedeutung. Erstens spüren Hochfrequenzhändler Handelsabsichten von institutionellen Investoren auf und sind dadurch mitverantwortlich dafür, dass Investoren Dark Pools aufsuchen.[98] Der Anstieg des Marktanteils von Dark Pools kann daher als mittelbare Folge des Hochfrequenzhandels betrachtet werden, weshalb die Auswirkungen des intransparenten Handels auf die Marktqualität im Kapitel 9 (Marktqualität) untersucht werden.[99] Zweitens handeln Hochfrequenzhändler auch in Dark Pools und versuchen diesen durch Pinging-Praktiken Informationen zur Auftragslage zu entziehen.[100] Drittens hat sich in den USA gezeigt, dass Handelsplätze Hochfrequenzhändlern regelmässig privilegierte Informationen zur Funktionsweise der Dark Pools zukommen liessen und diesen zuungunsten der übrigen Marktteilnehmer besondere Auftragstypen zur Verfügung stellten, die ihnen einen Vorteil bei der Preiszeitpriorität gewährten.[101]

3. Smart-Order-Routing

Mit der steigenden Anzahl Handelsplätze stellte sich für Marktteilnehmer zunehmend die Frage, wie sie Aufträge am besten ausführen können. Sie entwickelten daher Methoden zur automatisierten Ausführung der Aufträge, die als Smart-Order-Routing (SOR) bekannt sind.[102] Dabei werden Handelsinformationen von verschiedenen Handelsplätzen gesammelt, ausgewertet und darauf basierend Aufträge platziert.[103] Die hierfür verwendeten Algorithmen haben schon

---

[97] Siehe *SEC Order agst. CS Crossfinder 2016*; *SEC Order agst. CS Light Pool 2016*; *SEC Order agst. UBS ATS 2015*; *SEC Order agst. Barclays LX 2016*; *SEC Order agst. ITG Posit 2015*; *SEC Order agst. Direct Edge 2015*.
[98] Zum antizipierenden Handel hinten 76 ff.
[99] Hinten 211 ff., 242 ff. und 265 ff.
[100] Hinten 82 ff.; zur Zulässigkeit nach den Marktmissbrauchstatbeständen hinten 767 ff., 846 f.
[101] Zu den Ordertypen PPP der UBS und Hide-not-slide von Direct Edge hinten 44 ff., 673 f.
[102] Siehe bspw. *Ende/Gomber/Lutat* (2009); *Morgan* (2011); *SEC Concept Release on Equity Market Structure 2010*, 3602; vgl. *H. Zhu* (2014), 749 Fn. 4; *Gomolka* (2011), 62 ff.; *Podewils* (2007), 162 f.; *IOSCO Report «Changes in Market Structure» 2013*, 22.
[103] Siehe insb. *Ende/Gomber/Lutat* (2009), 198.

seit einiger Zeit die Fähigkeit, Liquidität auch in Dark Pools aufzuspüren.[104] Bei der Ausführung werden Grossaufträge mitunter in kleinere Aufträge gestückelt, wobei zwei Ziele verfolgt werden: die Liquidität auf verschiedenen Handelsplätzen soll erreicht und die Beeinflussung der Preise durch die eigenen Aufträge minimiert werden.[105]

Mit dem Smart-Order-Routing sind allerdings auch Risiken verbunden, sodass diese Methoden nicht immer den Zweck erfüllen, für den sie eigentlich bestimmt sind. Feedback- und Informationsverarbeitungsprozesse des Smart-Order-Routings benötigen Zeit, sodass nicht feststeht, dass die Auftragslage an den verschiedenen Märkten zum Zeitpunkt der Ausführung der Aufträge noch dieselbe ist wie zum Zeitpunkt der Informationssammlung. Hinzu kommt, dass Hochfrequenzhändler Order-Routing-Prozesse kennen und Grossaufträge aufspüren. Entdecken sie einen Grossauftrag, so stornieren sie ihre Limit-Orders und spekulieren auf Preisveränderungen, sodass sich die Ausführungsqualität des Investors bei einfach zu durchschauenden Smart-Order-Routern verschlechtern kann.[106]

II. Matchingmechanismen

1. Kontinuierliche und periodische Doppelauktion

Die meisten Handelsplätze führen Aufträge nach dem Modell einer kontinuierlichen Doppelauktion zusammen und verfügen über ein Auftragsbuch (*limit order book*; LOB), in das sämtliche Limit-Orders aufgenommen werden.[107] Unterbreitet ein Marktteilnehmer eine Market-Order (oder eine ausführbare Marketable Order)[108], wird diese mit der besten korrespondierenden Limit-Order zusammengeführt und letztere aus dem Auftragsbuch entfernt.[109] Zwischen den besten Limit-Orders für den Kauf (Bid) und den Verkauf (Ask) von Wertpapieren öffnet sich dabei der Bid-Ask-Spread (auch nur Spread oder Geld-Brief-

---

[104] *Morgan* (2011), 84; *SEC Concept Release on Equity Market Structure 2010*, 3602; *Salmon* (2010), 35; vgl. auch *Arnuk/Saluzzi* (2012), 164 ff.
[105] Vgl. *SEC Concept Release on Equity Market Structure 2010*, 3602; *Ende/Gomber/Lutat* (2009), 197 f.; *Morgan* (2011), 86 f.
[106] Hierzu hinten 76 ff.
[107] *Aldridge* (2013), 60; *Cartea/Jaimungal/Penalva* (2015), 9 f., 14 ff.; zu den Einzelheiten bei der SIX siehe Nr. 14 SIX-Weisung 3 (Handel); zu den Limit-Orders sogleich 37.
[108] Zur Marketable Order hinten 38.
[109] *Aldridge* (2013), 60; *Farmer/Skouras* (2012b), 3; vgl. *Zobl/Kramer* (2004), N 911.

Spanne).[110] Werden nicht sämtliche Aufträge angezeigt, so kann der scheinbar vorhandene Spread vom tatsächlichen Spread abweichen.[111] Die kontinuierliche Doppelauktion ist nicht zwingend. Wie bei den Dark Pools erwähnt finden sich auch periodische Systeme, die Aufträge in einem bestimmten Zeitrhythmus zusammenführen.[112]

2. Preis-Zeit-Priorität

Beim Zusammenführen der Aufträge, dem Matching, wenden die meisten Handelsplätze die Regel der Preis-Zeit-Priorität an.[113] Nach dieser Regel werden die Limit-Orders zunächst nach ihrem Preis und bei gleichem Preis nach dem Zeitpunkt der Aufnahme ins Auftragsbuch ausgeführt.[114] Die Zeitpriorität ist dabei insbesondere bei einer grösseren Tick-Size (minimale Preisveränderungsgrösse) sehr bedeutsam, da sich lange Kolonnen mit Limit-Orders bilden können.[115] Aufgrund der grossen Bedeutung minimaler Geschwindigkeitsvorsprünge ist auch die Preis-Zeit-Priorität im Zusammenhang mit dem Hochfrequenzhandel in Kritik geraten.[116]

3. Pro-rata-Ausführung

Nicht alle Handelsplätze folgen dem Modell der Preis-Zeit-Priorität. Die Chicago Mercantile Exchange (CME), die bedeutendste Terminbörse der Welt, etwa kennt eine Vielzahl unterschiedlicher Matching-Algorithmen und mitunter auch ein Pro-rata-System.[117] Bei einem Pro-rata-System werden mehrere oder sämtliche Limit-Orders mit dem besten Preis partiell ausgeführt, wenn eine Market-Order eintrifft.[118] Abgesehen von der CME finden sich Pro-rata-Systeme bei der

---

[110] Zum Spread im Detail *Stoll* (1978), 1150; *Stoll* (1989), 115; *Huang/Stoll* (1997), 995; *Campbell/Lo/MacKinlay* (1997), 103; *Foucault/Pagano/Röell* (2013), 87 ff., insb. 120 ff.; zu den Komponenten hinten 63 ff., 227 ff.
[111] Siehe hierzu *Bloomfield/O'Hara/Saar* (2015), 2230 f.
[112] Siehe bspw. *Podewils* (2007), 20.
[113] *Podewils* (2007), 20; *Aldridge* (2013), 63; zur SIX siehe Nr. 14.5 SIX-Weisung 3.
[114] *Podewils* (2007), 20 Fn. 1; *Aldridge* (2013), 63.
[115] Hierzu *Yao/Ye* (2015), 3; *Bodek/Shaw* (2012), 1 f., 5; zur Tick-Size hinten 469 ff.
[116] Siehe *Farmer/Skouras* (2012b), 3; *Budish/Cramton/Shim* (2014), 420; hinten 405 ff.
[117] Zur Funktionsweise der Matching-Algorithmen siehe *www.cmegroup.com/confluence/display/EPICSANDBOX/Matching+Algorithms*.
[118] Hierzu *Farmer/Skouras* (2012b), 14; *Budish/Cramton/Shim* (2014), 420; *Cartea/Jaimungal/Penalva* (2015), 10 f.

ebenfalls zur CME Group angehörenden Chicago Board Options Exchange (Cboe) sowie teilweise auch bei der Eurex.[119]

Bei einer Pro-rata-Ausführung kommt der Geschwindigkeit der Händler eine geringere Bedeutung zu.[120] Das Marktmodell birgt jedoch andere Probleme. Händler geben tendenziell zu hohe Limit-Orders ein, um mit der partiellen Ausführung die volle Ausführung zu erreichen.[121] Dies zeigt sich an hohen Stornierungsraten.[122] Erhöht der Händler die Limit-Orders, so sieht er sich allerdings nicht nur einem *Overtrading*-Risiko, sondern auch erhöhten Informationsrisiken (*adverse selection risks*) ausgesetzt.[123] Ausserdem kann er den Marktpreis zu seinen Ungunsten bewegen,[124] und schliesslich könnte das Unterbreiten zu grosser Aufträge auch als manipulativ im Sinne des Marktmanipulationstatbestandes qualifiziert werden, da dadurch ein falsches Signal zur Auftragslage verbreitet wird.[125]

Zwar erscheint zunächst richtig, dass ein Handelsplatz mit einem Pro-rata-System die Liquidität des Handelsplatzes erhöhen kann, wenn Händler zu grosse Aufträge platzieren.[126] Die Liquidität scheint dann aber höher, als sie es tatsächlich ist, werden die Aufträge doch nach Ausführung der anvisierten Menge wieder storniert. Auch besteht nicht wie bei der Preis-Zeit-Priorität ein Anreiz, Aufträge für eine lange Zeit im Auftragsbuch zu belassen, sodass sich ein Wechsel zu einem Pro-rata-System auch negativ auf die Liquidität auswirken kann.[127]

Pro-rata-Ausführung und Preis-Zeit-Priorität können durchaus kombiniert werden, indem etwa den ersten preisverbessernden Aufträgen Privilegien bei der Ausführung eingeräumt werden. Auch können Aufträge, die in einem bestimmten Zeitraum gesetzt werden, gleich behandelt werden.[128] Vor allem die Kombi-

---

119 *Cboe Circular RG15-050*, 2; für die Eurex *www.eurexchange.com/exchange-de/handel/marktmodell/matching-prinzipien*.
120 Siehe etwa *Farmer/Skouras* (2012b), 3; *Budish/Cramton/Shim* (2014), 420; hinten 405 ff.
121 *Aldridge* (2013), 64; *Field/Large* (2012), 20.
122 *Field/Large* (2012), 20.
123 *Guilbaud/Pham* (2015), 571 ff.; zur adversen Selektion hinten 63 ff., 227 f., 299 ff.
124 Dieser Umstand wird gerade bei den manipulativen Praktiken *Spoofing* und *Layering* ausgenutzt; zum *Spoofing* und *Layering* hinten 89 f., 752 ff.
125 Zum Tatbestand der Marktmanipulation im Detail hinten 731 ff.
126 So *Aldridge* (2013), 64.
127 Vgl. *Budish/Cramton/Shim* (2014), 420, die daher ein gemischtes System vorschlagen; siehe auch *Aldridge* (2013), 64; *Farmer/Skouras* (2012b), 14.
128 So etwa der Vorschlag bei *Budish/Cramton/Shim* (2014), 420; die CME kennt im Übrigen auch Market-Maker-Privilegien, siehe den Verweis unter Fn. 117.

nation von Pro-rata-Ausführung und Preis-Zeit-Priorität ist als Massnahme gegen den Geschwindigkeitswettlauf von Interesse.[129]

III. Besonderheiten der Regulation NMS

Für das Verständnis der Auftragstypen und der Handelsstrategien der Hochfrequenzhändler sind drei Besonderheiten der US-amerikanischen *Regulation National Market System* (Reg NMS) bedeutsam: das Verbot von geschlossenen und überkreuzten Märkten, die *Order Protection Rule* und die Vorschrift zur konsolidierten Verbreitung von Handelsinformationen über sogenannte *Security Information Processors* (SIPs).

1. Locked & Crossed Markets

In den USA sind geschlossene und überkreuzte Märkte (*locked* und *crossed markets*) unzulässig (17 CFR 242.610[d]). Geschlossen ist ein Markt, wenn Kauf- und Verkaufsaufträge zum selben Preis im Auftragsbuch stehen, sodass sich kein Spread bildet.[130] Ein überkreuzter Markt liegt vor, wenn Käufer einer Effekte höhere Preise anbieten als Verkäufer verlangen.[131] Von besonderer Bedeutung ist, dass dieses Verbot nicht nur innerhalb eines jeden Handelsplatzes gilt, sondern marktübergreifend unter Berücksichtigung sämtlicher Handelsplätze, auf denen Aufträge nach der *Order Protection Rule* geschützt sind.[132] Die Handelsplätze müssen entsprechend sicherstellen, dass eingehende Aufträge weder handelsplatzintern noch handelsplatzübergreifend zu geschlossenen oder überkreuzten Märkten führen.

2. Order Protection Rule

Nach der eng mit dem Verbot von geschlossenen und überkreuzten Märkten verknüpften *Order Protection Rule* (17 CFR 242.611) müssen Handelsplätze «Trade-throughs» bei bedeutenden Aktien (NMS stocks) verhindern (lit. a). Als *Trade-through* gelten Transaktionen, die ausserhalb des konsolidierten Spreads der geschützten Kauf- und Verkaufsaufträge (*National Best Bid or Offer*; NBBO) vereinbart werden.[133] Geschützt sind die besten elektronischen Aufträge

---

[129] Zu den verschiedenen geprüften Modellen hinten 405 ff.
[130] *Shkilko/B. van Ness/R. van Ness* (2008), 309; *Battalio/Hatch/Jennings* (2004), 943.
[131] *Shkilko/B. van Ness/R. van Ness* (2008), 309; *Battalio/Hatch/Jennings* (2004), 943.
[132] Siehe 17 CFR 242.610(d)(1)(i) und (3) i.V.m. 17 CFR 242.611.
[133] Vgl. 17 CFR 242.600(77); *SEC Memo Rule 611 2015*, 3; *Hendershott/Jones* (2005), 2; vgl. *Kohler/von Wyss* (2012).

(*automated quotations*), die von einem elektronischen Handelssystem (*automated trading center*) angezeigt und über die konsolidierten Dataticker verbreitet werden.[134] Auch die *Order Protection Rule* schützt Aufträge nicht nur innerhalb desselben Handelsplatzes, sondern marktübergreifend.[135] Handelsplätze dürfen demzufolge Market-Orders grundsätzlich nicht ausführen, wenn sie über keine geschützten Limit-Orders verfügen, sondern müssen sie an andere Handelsplätze weiterleiten.[136] Die *Order Protection Rule* kennt jedoch einige Ausnahmen, namentlich für sogenannte Intermarket-Sweep-Orders (ISOs), die im nachfolgenden Oberabschnitt IV (Auftragstypen) erläutert werden.[137]

Die *Order Protection Rule* verfolgt primär das Ziel, die beste Ausführung von Aufträgen (Best-Execution-Verpflichtung) in einem fragmentierten Markt sicherzustellen.[138] Zugleich soll sie einen Anreiz für angezeigte Aufträge schaffen, da nur diese Aufträge geschützt werden.[139] Verdeckte Aufträge (Dark Orders) sind demgegenüber nicht geschützt.[140]

3. Security Information Processor

Die Regulation NMS sieht weiter vor, dass die transparenten Marktinformationen von verschiedenen Handelsplätzen konsolidiert in sogenannten *Security Information Processors* (SIPs) angezeigt werden (17 CFR 242.603).[141] Der Regulator schien grundsätzlich davon auszugehen, dass diesen SIPs die *National Best Bid or Offer* (NBBO) zur Ausführung von Aufträgen entnommen werden kann.[142] Da die SIPs jedoch langsam sind, verwenden geschwindigkeitssensitive Händler und Handelsplätze in der Regel Direktdaten der (anderen) Handelsplätze und nicht die SIPs.[143]

---

134 Siehe 17 CFR 242.600(57); auch *SEC Memo Rule 611 2015*, 3 f.; zu den automatisierten Quotes 17 CFR 242.600(3); zu *Automated Trading Center* 17 CFR 242.600(4).
135 Vgl. *SEC Memo Rule 611 2015*, 3.
136 *SEC Memo Rule 611 2015*, 37505; hierfür verlangen sie Routing-Gebühren, siehe hinten 35 f., 52.
137 Siehe 17 CFR 242.611(b) allgemein für Ausnahmen und 17 CFR 242.611(b)(5) für ISOs; zu ISOs hinten 38 f., 80 ff.
138 *SEC Memo Rule 611 2015*, 5 ff.; *SEC Final Rule Reg NMS 2005*, 37537.
139 *SEC Memo Rule 611 2015*, 6; *SEC Final Rule Reg NMS 2005*, 37516.
140 Hierzu auch *SEC Memo Rule 611 2015*, 3 f.; *Banks* (2014), 10; hinten 49 ff.
141 Zur juristischen Definition 15 USC 78c (22)(A).
142 So stellt es auch *Aldridge* (2013), 69 dar.
143 *Ding/Hanna/Hendershott* (2014), 314 f., obwohl die direkten Zugänge zu den Handelsplätzen bedeutend teurer sind; siehe aber zur Kontroverse zu den Direct-Edge-Plattformen *MacIntosh* (2015), 138 und *Wah/Wellman* (2013), 856 f.; sogleich 35 f., 44 ff.

4. Kontroverse

Die *Order Protection Rule* und die SIPs bezwecken wie erwähnt in erster Linie den Schutz der Investoren in einem fragmentierten Markt.[144] Ob sie dieses Ziel erreichen, ist derweil fraglich. Negativ kann sich für Investoren etwa auswirken, wenn Handelsplätze für die Weiterleitung von Aufträgen veraltete Informationen verwenden. Eine Fernsehdebatte mit *Brad Katsuyama* und *William O'Brien* im Jahr 2014 hat in diesem Zusammenhang Aufsehen erregt.[145] *Katsuyama* nahm im kontroversen Roman *Flash Boys* von *Michael Lewis* eine bedeutende Rolle als Informationsquelle ein und wird dort als einsamer Kämpfer für einen fairen Börsenhandel dargestellt.[146] Nach seiner Tätigkeit als *Global Head of Electronic Sales and Trading* für die Investmentbank RBC Capital Markets der Royal Bank of Canada gründete er die Handelsplattform IEX (*Investors Exchange*), die seit der Gründung einen beeindruckenden Aufstieg erlebt.[147] *O'Brien* war zum Zeitpunkt der Debatte Präsident von Bats Global Markets und vormals CEO von Direct Edge.[148] Während des Gesprächs erklärte *O'Brien* auf Frage von *Katsuyama*, die Direct-Edge-Handelsplätze (EDGA und EGX) von Bats würden Hochgeschwindigkeitsdaten verwenden.[149] Unter dem Druck der New Yorker Staatsanwaltschaft musste *O'Brien* später allerdings zugeben, dass die Plattformen EDGA und EDGX – im Unterschied zu BZX und BYX – den langsamen SIP verwendeten.[150] *Ding/Hann/Hendershott* untersuchten die SIPs und fanden 55 000 Preisdislokationen der Apple-Aktie im Verlaufe eines Handelstages von oft mehr als USD 0.10.[151] Die Verzögerung beträgt dabei in der Regel 0.5 bis 3 Millisekunden, in seltenen Fällen bis zu 10 Millisekunden gegenüber der synthetischen NBBO.[152]

Verwenden Handelsplätze veraltete Marktdaten für ihre Routing-Entscheidungen, kann sich dies aus drei Gründen negativ auf die Ausführungsqualität der Marktteilnehmer auswirken: Erstens dürften sich die Routing-Entscheidungen regelmässig als falsch erweisen und die für die Routing-Entscheidung ursächlichen Aufträge an den Zielhandelsplätzen in der Zwischenzeit nicht mehr vorhanden sein,[153] zweitens erheben Handelsplätze Routing-Gebühren, die sich

---

[144] Vorn 33 f.
[145] *Patterson* (2014).
[146] *Lewis* (2014), passim.
[147] Zu *Brad Katsuyama* siehe *www.iextrading.com/about*; zur IEX vorn 24.
[148] *Patterson* (2014).
[149] *Patterson* (2014).
[150] *Patterson* (2014); siehe auch *Arnuk/Saluzzi* (2012), 30 f., 134.
[151] *Ding/Hanna/Hendershott* (2014), 321.
[152] *Ding/Hanna/Hendershott* (2014), 320.
[153] *Wah/Wellman* (2013), 860 ff.; *Ding/Hanna/Hendershott* (2014), 315.

ebenfalls negativ auf die Ausführungsqualität auswirken,[154] und drittens können sich Hochfrequenzhändler ein schnelleres Bild von der Marktlage verschaffen, wodurch sie bereits im Voraus wissen, ob und wohin Aufträge geleitet werden.[155] Noch problematischer ist allerdings, wenn Referenzkurs-Handelssysteme Aufträge gestützt auf veraltete Daten zusammenführen, dadurch einen falschen Preis verwenden und für Hochfrequenzhändler Arbitragemöglichkeiten eröffnen.[156] Der naheliegende Umstand, dass Hochfrequenzhändler ihre schnelleren Daten nutzten, um auf langsameren Handelsplätzen zu handeln, wird von verschiedenen Autoren bestätigt.[157]

Selbst wenn die Handelsplätze nicht den SIP, sondern schnellere Direktdaten verwenden, dürften sie noch immer langsamer sein als Hochfrequenzhändler, sodass die mangelhafte Ausführung allein dadurch kaum behoben werden kann. Hierfür wäre eine symmetrische oder asymmetrische Verzögerung der Dissemination von Informationen oder des Matchings erforderlich. Diese Massnahmen werden im Kapitel 12 (Regulierungsinstrumente) erläutert.[158] Auch kann letztlich bei einem Modell der Preis-Zeit-Priorität aufgrund der unvermeidbaren Verzögerungen bei der Informationsübermittlung und -verarbeitung nie sichergestellt werden, dass Aufträge optimal weitergeleitet werden. Die *Order Protection Rule* erscheint daher grundsätzlich fragwürdig.[159] Tendenziell dürften Broker besser geeignet sein, die Ausführungsqualität ihrer Kunden zu optimieren. In diesem Zusammenhang auftretende Agency-Problematiken werden im Kapitel 10 (Marktversagen) analysiert.[160]

IV. Auftragstypen

In den letzten Jahren schafften Handelsplätze einige neue Auftragstypen, was erheblich zur Komplexität des Börsenhandels beigetragen hat. Nicht nur drängten Hochfrequenzhändler und Investoren die Handelsplätze zu diesen neuen Auftragstypen, auch das Recht kann vor allem in den USA als Mitursache für

---

[154] Zu den Routing-Gebühren siehe auch hinten 52.
[155] Vgl. *Ding/Hanna/Hendershott* (2014), 315; *Pasquale* (2015), 2093; *MacIntosh* (2015), 138.
[156] So der Vorwurf bei *Arnuk/Saluzzi* (2012), 134, wonach (zumindest damals) die meisten Dark Pools zur Zusammenführung von Aufträgen den SIP verwendet hätten.
[157] *Ding/Hanna/Hendershott* (2014); *Patterson* (2014), der auf *Dave Lauer* verweist, einem früheren Hochfrequenzhändler sowie Mitbegründer und CTO der KOR Group.
[158] Hinten 402 ff.
[159] Hierzu auch hinten 418 f.
[160] Hinten 324 ff.

die neuen Auftragstypen betrachtet werden.[161] Nachfolgend werden einige dieser Auftragstypen kurz beschrieben.

1. Klassische Aufträge

a) Limit-Order

Die Limit-Order (auch limitierter Auftrag) ist die Grundform eines Auftrags beim Marktmodell einer kontinuierlichen Doppelauktion mit einem Auftragsbuch (*limit order book*; LOB).[162] Der Händler gibt einen Preis an, zu welchem er bereit ist, Effekten zu kaufen oder zu verkaufen. Zu diesem Preis wird der Auftrag in das Auftragsbuch aufgenommen.[163]

b) Market-Order

Mit einer Market-Order (auch unlimitierter Auftrag) erklärt ein Händler, dass er ein Wertpapier zum bestmöglichen Preis kaufen oder verkaufen möchte.[164] Dabei wird im Unterschied zur Limit-Order einfach kein Preis angegeben.[165] Da eine Market-Order grundsätzlich bis zur vollständigen Ausführung mit Limit-Orders zusammengeführt wird, birgt sie gewisse Risiken für den Händler. Ist ein Verkaufsauftrag im Verhältnis zur Liquidität des Marktes zu gross, kann es sein, dass selbst Aufträge noch bedient werden, die weit entfernt vom Marktpreis liegen. Wird die Liquidität überstrapaziert, kann dadurch wie durch ein Fat-finger Trade im engeren Sinne ein Flash-Crash bewirkt werden, was sich wiederum negativ auf Händler auswirkt, die sogenannte Stop-Orders verwenden.[166] Allerdings haben Handelsplätze Schutzmechanismen wie Reasonability-Limits und Protection-Points implementiert, die solch extreme Kursbewegungen durch eine zu grosse Market-Order verhindern sollten.[167]

---

[161] So boten die Handelsplätze insbesondere immer mehr bedingte und verdeckte Aufträge an, siehe *Banks* (2014), 51.

[162] Hierzu vorn 30 f.

[163] Siehe bspw. *Cartea/Jaimungal/Penalva* (2015), 9; im Detail muss darüber hinaus folgende Informationen angegeben werden: Identifikation des Teilnehmers und des Händlers, Bezeichnung der Geschäftsart (Kauf oder Verkauf), Menge, Identifikation des Auftrasbuchs (ISIN, Handelswährung und Handelsplatz), Trading Capacity (Kundengeschäft oder Eigengeschäft) sowie die Dauer der Gültigkeit (www.six-swiss-exchange.com/participants/trading/on_order/normal_order_de.html).

[164] Bspw. *Cartea/Jaimungal/Penalva* (2015), 9.

[165] Da mit einer Market-Order die im Auftragsbuch platzierten Limit-Orders angenommen werden, ist zur Limit-Order komplementär.

[166] Zum Flash-Crash hinten 373 ff.; zu den Stop-Orders hinten 378 f.

[167] Zu *reasonability limits* und *protection points* hinten 427 f.

c) Marketable Order

Als Marketable Order wird eine Limit-Order bezeichnet, die auf eine Limit-Order der Marktgegenseite stösst und dadurch direkt wie eine Market-Order ausgelöst wird.[168] Sie kann dadurch als Mischform zwischen einer Market- und einer Limit-Order betrachtet werden. Indem ein Händler eine Marketable Order und nicht eine Market-Order verwendet, kann er die unkontrollierte Ausführung des Auftrags verhindern.[169]

2. Auftragszusätze

Aufträge können mit Gültigkeitsbedingungen verknüpft werden. Von besonderem Interesse sind hier Intermarket-Sweep-Orders (ISOs), Regeln zur Gültigkeitsdauer wie *immediate-or-cancel* (IOC) und *fill-or-kill* (FOK), Mindestausführgrössen sowie die *Post-only*-Spezifikation.

a) Intermarket-Sweep-Order (ISO)

Die Intermarket-Sweep-Order (ISO) ist eine besondere Marketable Order, die von einem Handelsplatz in den USA nicht nach der *Order Protection Rule* weitergeleitet wird.[170] Nach der *Order Protection Rule* müsste der Handelsplatz wie erwähnt prüfen, ob er über eine NBBO verfügt.[171] Davon kann er aber absehen, wenn Händler eine Intermarket-Sweep-Order verwenden.[172] Händler können so verhindern, dass Handelsplätze Aufträge gestützt auf veraltete Informationen weiterleiten und dafür Routing-Gebühren in Rechnung stellen.[173] Intermarket-Sweep-Orders sind daher in den USA von grosser Bedeutung. So stellten *Chakravarty et al.* fest, dass in ihrem Datenset 46 Prozent der Transaktionen und 41 Prozent des Handelsvolumens auf Intermarket-Sweep-Orders zurückzuführen waren.[174] Zudem führen sie diese Aufträge vor allem auf informierte Händler zu-

---

[168] Vgl. *Litzenberger/Castura/Gorelick* (2012), 64 f.
[169] Siehe *Zubulake/Lee* (2011), 78, wonach institutionelle Investoren keine reinen Market-Orders verwenden würden.
[170] Siehe bspw. *Nasdaq OMX Order Types 2014*, 1, wonach der Händler bestätigt, dass er die Aufträge an anderen Handelsplätzen überprüft hat; *Nasdaq Equity Rules 2017*, Rule 4703 (j); ähnlich *Bats Order Type Guide*, 33; *Chakravarty/Jain/Upson/Wood* (2012), 415 f.; siehe auch 17 CFR 242.600(30) und 17 CFR 242.611(a)(5); für weitere Ausnahmen siehe *Zickert* (2016), 62 ff.
[171] Zur *Order Protection Rule* vorn 33 f.
[172] 17 CFR 242.611(a)(5); *Nasdaq Equity Rules 2017*, Rule 4703(j).
[173] Zu den Routing-Gebühren vorn 35 f., und hinten 52.
[174] *Chakravarty/Jain/Upson/Wood* (2012), 415 f., wobei das Datenset allerdings noch aus den Jahren 2007 und 2008 stammt.

rück, was sie aus kleineren realisierten Spreads schliessen.[175] Intermarket-Sweep-Orders sind im Zusammenhang mit dem Risikomanagement der Bereitsteller von Liquidität sowie den antizipierenden Handelsstrategien von Hochfrequenzhändlern von Bedeutung, weshalb dieser Auftragstypus weiter hinten wieder aufgegriffen wird.[176]

b) Gültigkeitsdauer: Immediate-or-Cancel und Fill-or-Kill

Mit der Platzierung eines Auftrags kann ein Händler angeben, wie lange ein Auftrag gültig sein soll (*Time-in-Force*-Regel). Üblich sind etwa die Zusätze *good-till-cancel*, *good-till-day*, *at-the-opening*, *at-the-close* sowie *immediate-or-cancel* (IOC) und *fill-or-kill* (FOK).[177] Von besonderem Interesse sind die letztgenannten zwei Auftragstypen, die auch die SIX kennt. Ein IOC-Auftrag wird nach der Weisung 3 (Handel) der SIX sofort, vollständig oder soweit wie möglich ausgeführt und nicht ausgeführte Teile des Auftrags ohne Aufnahme ins Auftragsbuch gelöscht.[178] Der FOK-Auftrag wird demgegenüber sofort, vollständig oder gar nicht ausgeführt, ebenfalls ohne Aufnahme ins Auftragsbuch.[179] Der FOK-Auftrag unterscheidet sich entsprechend vom IOC-Auftrag lediglich dadurch, dass keine teilweise Ausführung vorgenommen wird. Bedeutsam an den Definitionen ist, dass die Aufträge nach der Definition der SIX nicht ins Auftragsbuch aufgenommen werden, sodass Investoren davon ausgehen dürfen, dass andere Händler von den nicht ausgeführten Teilen der Aufträge nicht erfahren. Limitierte IOC- und FOK-Aufträge können Investoren folglich dazu dienen, die Ausführungsqualität zu verbessern und die Transaktionskosten zu minimieren. Dies gilt zumindest dann, wenn FOK-Aufträge Hochfrequenzhändlern tatsächlich nicht angezeigt werden.[180] Zugleich eignen sie sich jedoch auch für Arbitrage- und Pinging-Strategien.[181] So ist etwa denkbar, dass mit diesen Auftragstypen Iceberg-Aufträge aufgespürt werden.[182] Die mittlerweile von der

---

[175] *Chakravarty/Jain/Upson/Wood* (2012), 416; zu realisierten Spreads hinten 222.
[176] Hinten 76 ff., 80 ff.
[177] Siehe bspw. *www.six-swiss-exchange.com/participants/trading/on_order/order_validity_de.html*; *Nasdaq OMX Order Types 2014*, 3; *Bats BZX Rules 2017*, Rule 11.9(b)(1) und (6); *Nasdaq Equity Rules 2017*, Rule 4703(a); *Durbin* (2010), 27; *Cartea/Jaimungal/Penalva* (2015), 12 f.
[178] Siehe Nr. 5.1.3 lit. g (1) der SIX-Weisung 3 (Handel); siehe auch *Cartea/Jaimungal/Penalva* (2015), 13, wonach IOC- und FOK-Aufträge nur zum besten Preis ausgeführt werden.
[179] Siehe Nr. 5.1.3 lit. g (2) SIX-Weisung 3.
[180] Zu dieser Frage hinten 86.
[181] Zur Verwendung für Arbitragestrategien *UK Regulierungsfolgenanalyse MiFID II 2012*, 29; zur Arbitrage und zum Pinging im Detail hinten 70 ff., 82 ff., 767 ff., 846 f.
[182] Allgemein zum Aufspüren von Iceberg-Aufträgen *Durbin* (2010), 66 ff.; zu Iceberg-Aufträgen hinten 49.

SIX Swiss Exchange AG absorbierte SIX Structured Products Exchange AG (Scoach Schweiz AG) führte auf den 1. April 2013 progressive und prohibitive Gebühren für IOC- und FOK-Aufträge sowie Replikationen davon ein.[183] Nur die ersten 500 solcher Aufträge waren demnach gebührenfrei, die Aufträge 501 bis 1500 kosteten CHF 1.00 und ab dann CHF 3.00 pro Auftrag.[184] Als Replikationen galten in diesem Zusammenhang Aufträge, die innerhalb einer Sekunde storniert werden.[185]

c) Mindestausführgrössen

In den Dark Pools der SIX, SwissAtMid und SLS, können sogenannte Minimum-fill-Orders verwendet werden, bei denen eine Mindestauftragsgrösse angegeben wird.[186] Die Minimum-fill-Order gleicht dadurch einem FOK-Auftrag, allerdings mit dem bedeutenden Unterschied, dass der Auftrag über eine längere Zeit verdeckt im Auftragsbuch verbleiben kann. Wird ein Auftrag nur ganz oder ab einer gewissen Mindestgrösse ausgeführt, kann dieser nicht durch kleine Ping-Aufträge von Hochfrequenzhändlern aufgespürt werden, sodass antizipierende Strategien durch Hochfrequenzhändler erschwert werden.[187] Zugleich bleibt er aber auch Liquiditätssuchenden verborgen.[188]

d) Post-only

Die direkte Ausführung einer Limit-Order als Marketable Order kann unerwünscht sein. Dies gilt insbesondere dann, wenn Limit-Orders von niedrigeren Gebühren oder Prämien profitieren.[189] Um zu verhindern, dass eine Limit-Order als Market-Order ausgeführt wird, können Händler in den USA Aufträge mit dem Zusatz *post-only* verbinden.[190] Post-only-Aufträge führen dort allerdings zu Problemen, weil überkreuzte und selbst geschlossene Märkte (*crossed and locked markets*) nach US-amerikanischem Recht wie erwähnt unzulässig sind.[191] Handelsplätze müssen entsprechend Vorkehrungen treffen, um geschlossene und überkreuzte Märkte zu verhindern.

---

[183] *SIX Mitteilung Nr. 09/2013.*
[184] Vormals Nr. 3.4 Scoach-Weisung 7 (Gebühren und Kosten); *SIX Mitteilung Nr. 09/2013.*
[185] *SIX Mitteilung Nr. 09/2013.*
[186] Siehe Nr. 2.6 Abs. 1 lit. e SIX-Weisung 5 (Handel ohne Vorhandelstransparenz); siehe auch *Nasdaq Equity Rules 2017*, Rule 4703(e).
[187] Zu Ping Orders und dem elektronischen Frontrunning hinten 76 ff., 82 ff., 761 ff., 834 f.
[188] Zur Liquidity-Detection hinten 82 ff., 767 ff.
[189] Siehe hierzu das Maker-Taker-Modell hinten 51 ff.
[190] Siehe *Nasdaq OMX Price Sliding 2012*, 1; *Bats BZX Rules 2017*, Rules 11.9(c)(6) und 11.9(g)(1)(D).
[191] Siehe Reg NMS 242.610(d); vorn 33 f.

3. Umgang mit geschlossenen und überkreuzten Märkten

Verschiedene Handelsplätze haben unterschiedliche Regeln für den Umgang mit geschlossenen und überkreuzten Märkten durch Post-only-Aufträge und ähnliche Auftragstypen eingeführt. Dabei unterscheiden sie in der Regel, ob der eingegebene Auftrag einen geschützten Auftrag eines anderen Handelsplatzes oder einen geschützten (oder nicht geschützten) Auftrag desselben Handelsplatzes berührt oder überkreuzt. Nachfolgend werden die von Bats (heute Teil von Cboe) und Nasdaq implementierten Systeme kurz erläutert.

a) Marktübergreifend

aa) Bats: Display-Price-Sliding-, Price-Adjust- und Cancel-Back-Optionen

Die Bats-Handelsplätze kennen für den Schutz von Aufträgen anderer Handelsplätze die Funktionen *display price sliding*, *price adjust* und *cancel back*.[192]

Nach der Display-Price-Sliding-Regel wird ein Auftrag beim nächsten zulässigen Notierungssprung (Tick) angezeigt.[193] Registriert wird der Auftrag demgegenüber zu dem Preis, zu dem der Markt geschlossen würde (*locking price*); führt das eingegebene Limit zu einem überkreuzten Markt, wird also nicht nur der angezeigte Preis, sondern teilweise auch der Registrierungspreis zurückversetzt.[194] Angegebener Preis, Registrierungspreis und angezeigter Preis können daher verschieden sein. Der im Vergleich zum angezeigten Preis höhere Registrierungspreis ist bei der Preis-Zeit-Priorität von Bedeutung.[195] Der neuere Auftrag kann so gegenüber bereits früher zum selben angezeigten Preis gesetzten Limit-Orders aufgrund des besseren Registrierungspreises Priorität erlangen.[196] Verschiebt sich nun die NBBO in einer Weise, dass der Registrierungspreis wieder frei wird, so wird der Auftrag zum Registrierungspreis angezeigt und erhält einen neuen Zeitstempel.[197] Im Verhältnis zu anderen Price-Sliding-Aufträgen, ist für die Ausführung nach der Preis-Zeit-Priorität jedoch der Zeitpunkt der ursprünglichen Unterbreitung massgebend.[198] Grundsätzlich wird der angezeigte

---

[192] *Bats Order Type Guide*, 35 ff.; *Bats EDGX Rules 2016*, Rule 11.6(b) und (l)(1).
[193] *Bats BZX Rules 2017*, Rule 11.9(g)(1)(A); vgl. *Bats Order Type Guide*, 36 ff.
[194] Vgl. *Bats BZX Rules 2017*, 11.9(g)(1)(A); *Bats Order Type Guide*, 38.
[195] Siehe *SEC Medienmitteilung «Charges agst. Direct Edge» 2015*, N 19; siehe auch *Bats BZX Rules 2017*, Rule 11.12(a).
[196] *SEC Order agst. Direct Edge 2015*, N 19, 25.
[197] *Bats BZX Rules 2017*, Rule 11.9(g)(1)(B); *Bats Order Type Guide*, 36 ff.
[198] *Bats BZX Rules 2017*, Rule 11.9(g)(1)(B).

Preis nach der Auftragseingabe nur einmal angepasst.[199] Die Display-Price-Sliding-Regel mit einmaliger Anpassung ist auf den Bats-Handelsplätzen als Standardvorgabe eingestellt.[200] Händler können jedoch die Option wählen, dass der Preis mehrmals angepasst wird (*multiple display price sliding*).[201]

Nach der Price-Adjust-Regel wird ein Auftrag auf den nächsten zulässigen Notierungssprung (Tick) verschoben, sodass dem Auftrag im Vergleich zu den bereits dort gesetzten Limit-Orders keine Priorität zukommen dürfte.[202] Wird die ursprünglich angegebene Preisstelle wieder frei, so wird der Auftrag mit einem neuen Zeitstempel auf diese zurückversetzt.[203] Im Vergleich zu anderen Price-Adjust-Aufträgen bleibt jedoch für die Preis-Zeit-Priorität die ursprüngliche Unterbreitung der Aufträge massgebend.[204] Wiederum kann ein Händler die Option wählen, dass der Auftrag mehrfach angepasst wird (*multiple price adjust*).[205]

Wählt ein Händler den Zusatz *cancel back*, so wird ein Post-only-Auftrag storniert, wenn er zum angegebenen Preis einen geschützten Auftrag eines anderen Handelsplatzes berühren oder überkreuzen würde.[206] Wie noch zu zeigen sein wird, können Post-only-Aufträge aber unter Umständen auf demselben Markt dennoch als Marketable Order ausgeführt werden.[207]

bb) *Nasdaq: Price-to-comply- und Price-to-display-Orders*

Führt ein Post-only-Auftrag bei Nasdaq dazu, dass ein geschützter Auftrag auf einem anderen Handelsplatz verletzt würde, so wird der Post-only-Auftrag als sogenannter Price-to-comply- oder Price-to-display-Auftrag behandelt.[208] Ob Aufträge als Price-to-comply- oder als Price-to-display-Aufträge behandelt werden, hängt davon ab, ob sie anonym oder von Market-Makern mit einer Teilnehmer-ID (MPID; *market participant identifier*) unterbreitet werden: auf anonyme Aufträge wird der Price-to-comply-Mechanismus angewendet, auf Market-Maker-Aufträge der Price-to-display-Mechanismus.[209]

---

[199] *Bats BZX Rules 2017*, Rule 11.9(g)(1)(C).
[200] *Bats Order Type Guide*, 36; *Bats BZX Rules 2017*, Rule 11.9(g)(1)(C).
[201] *Bats Order Type Guide*, 40 f.; *Bats BZX Rules 2017*, Rule 11.9(g)(1)(C).
[202] *Bats BZX Rules 2017*, Rule 11.9(g)(2)(A).
[203] *Bats BZX Rules 2017*, Rule 11.9(g)(2)(B).
[204] *Bats BZX Rules 2017*, Rule 11.9(g)(2)(B).
[205] *Bats Order Type Guide*, 42, 44; *Bats BZX Rules 2017*, Rule 11.9(g)(2)(C).
[206] *Bats EDGX Rules 2016*, Rule 11.6(b); *Bats Order Type Guide*, 45.
[207] Vgl. *Bats BZX Rules 2017*, Rule 11.9(c)(6); *Bats Order Type Guide*, 45; hinten 44.
[208] *Nasdaq Post-only Order 2014*, 1; *Nasdaq OMX Order Types 2014*, 1; *Nasdaq Equity Rules 2017*, Rule 4702(b)(4)(A).
[209] *Nasdaq OMX Order Types 2014*, 2; *Nasdaq Equity Rules 2017*, Rule 4702(b)(2)(A).

Der Price-to-comply-Mechanismus von Nasdaq funktioniert grundsätzlich gleich wie die Display-Price-Sliding-Regel von Bats.[210] Ein Auftrag wird zum sogenannten Locking-Preis registriert und ein Notierungssprung (Tick) entfernt angezeigt.[211] Wie sich der Auftrag nachfolgend verhält, hängt vom verwendeten Eingabeprotokoll ab. Verwendet der Händler ein RASH-, QIX- oder FIX-Protokoll, so wird der Preis jeweils unter Vergabe eines neuen Zeitstempels angepasst, wenn eine Tick-Stelle näher zum ursprünglich eingegebenen Preis frei wird.[212] Nutzt ein Händler demgegenüber ein OUCH- oder FLITE-Protokoll, verbleibt der Auftrag nach der Standardregel anders als ein Display-Price-Sliding-Auftrag von Bats als verdeckter Auftrag im Auftragsbuch, sodass er zwar den früheren Zeitstempel beibehält, aber als nicht angezeigter Auftrag niedriger priorisiert wird als angezeigte Aufträge.[213] Händler könne allerdings wählen, dass die Aufträge in diesem Fall storniert oder zum früheren Locking-Preis mit einem neuen Zeitstempel angezeigt werden.[214]

Der Price-to-display-Mechanismus für Market-Maker-Aufträge funktioniert zunächst gleich wie der Price-adjust-Mechanismus von Bats.[215] Der Auftrag wird auf den nächsten zulässigen Notierungssprung (Tick) verschoben.[216] Wie sich der Auftrag nachfolgend verhält, hängt wiederum vom verwendeten Eingabeprotokoll ab. Verwendet der Händler ein RASH-, QIX- oder FIX-Protokoll, so wird der Preis jeweils ähnlich wie beim Price-to-comply-Mechanismus unter Vergabe eines neuen Zeitstempels angepasst, wenn ein Notierungssprung näher zum ursprünglich eingegebenen Preis frei wird.[217] Verwendet ein Händler demgegenüber ein OUCH- oder FLITE-Protokoll, hat er die Wahl, den Auftrag entweder an derselben Stelle im Auftragsbuch zu belassen oder zu stornieren; einen Preisanpassungsmechanismus steht ihm demgegenüber nicht zur Verfügung.[218]

---

[210] Vorn 41 f.
[211] *Nasdaq Equity Rules 2017*, Rule 4702(b)(4)(A); *Nasdaq OMX Order Types 2014*, 1.
[212] *Nasdaq Equity Rules 2017*, Rule 4702(b)(2)(B).
[213] *Nasdaq OMX Order Types 2014*, 1; zur Priorität *Nasdaq Equity Rules 2017*, Rule 4757 (a)(1)(B) und (C).
[214] *Nasdaq Equity Rules 2017*, Rule 4702(b)(4)(B), wonach Besonderheiten zu beachten sind je nach Protokoll, das verwendet wird; *Nasdaq OMX Order Types 2014*, 1.
[215] Zum Price-Adjust-Mechanismus von Bats vorn 42.
[216] *Nasdaq Equity Rules 2017*, Rule 4702(b)(2)(A).
[217] *Nasdaq Equity Rules 2017*, Rule 4702(b)(2)(B).
[218] *Nasdaq Equity Rules 2017*, Rule 4702(b)(2)(B).

b) Marktintern

Führt ein Post-only-Auftrag auf demselben Handelsplatz zu einem geschlossenen oder überkreuzten Markt, so wird er gewöhnlich nach denselben Regeln verschoben, wie wenn ein geschützter Auftrag eines anderen Handelsplatzes den Post-only-Auftrag zu diesem Preis nicht zulassen würde.[219] Dennoch als Marketable Orders ausgeführt wird der Auftrag demgegenüber, wenn er unter Berücksichtigung der Prämien und Gebühren gleich gut oder besser als Market-Order ausgeführt wird als zum eingegebenen Preis als Limit-Order.[220] Gemäss SEC wünschte ein Hochfrequenzhändler diese Regel.[221]

c) Hide-not-slide-Orders

Einer Untersuchung der SEC zufolge führte der von Bats Trading und später von der Cboe absorbierte Handelsplatzbetreiber Direct Edge im Jahr 2009 auf Vorschlag eines Hochfrequenzhändlers den Auftragstypen *hide not slide* ein.[222] Der Hochfrequenzhändler störte sich an der Price-Sliding-Funktion von Direct Edge, da Limit-Orders bei jeder Verschiebung einen neuen Zeitstempel erhielten und dadurch ihre Priorität gegenüber späteren, zum Locking-Preis gesetzten Aufträgen verloren.[223] Er wünschte daher einen Auftragstypen, der nicht verschoben, sondern verdeckt wird und an derselben Stelle mit dem alten Zeitstempel wieder erscheint.[224] Direct Edge führte in der Folge den Hide-not-slide-Auftragstypen ein, der beim *Locking*-Preis verdeckt und zum nächsten zulässigen Preis angezeigt wird.[225] Beim angezeigten Preis verfügte der Auftrag aufgrund des aggressiveren registrierten Preises über Priorität gegenüber früher zu diesem Preis gesetzten Aufträgen.[226] Der Hide-not-slide-Mechanismus entspricht also weitgehend dem heute von den Bats- beziehungsweise Cboe-Handelsplätzen als

---

[219] Vgl. *Nasdaq Post-only Order 2014*, 1; *Nasdaq OMX Price Sliding 2012*, 1; im Detail *Nasdaq Equity Rules 2017*, Rule 4702(b)(4)(A); *Bats BZX Rules 2017*, Rule 11.9(c)(6).
[220] Hierzu *Nasdaq Post-only Order 2014*, 1; *Nasdaq OMX Price Sliding 2012*, 1; *Nasdaq Equity Rules 2017*, Rule 4702(b)(4)(A), wonach USD 0.01 als Richtwert für Aktien herangezogen wird, die höher als USD 1.00 bewertet sind; siehe auch *Bats BZX Rules 2017*, Rule 11.9(c)(6), wonach allerdings *Post-only*-Aufträge bei Wertpapierpreisen unter USD 1.00 generell als Marketable Orders ausgeführt werden; vgl. *SEC Order agst. Direct Edge 2015*, N 33 f.
[221] Siehe *SEC Order agst. Direct Edge 2015*, N 33.
[222] *SEC Order agst. Direct Edge 2015*, N 21 ff.
[223] *SEC Order agst. Direct Edge 2015*, N 21 f.
[224] *SEC Order agst. Direct Edge 2015*, N 23.
[225] *SEC Order agst. Direct Edge 2015*, N 24.
[226] *SEC Order agst. Direct Edge 2015*, N 25.

Standard implementierten Display-Price-Sliding-Mechanismus.[227] Damals war der Hide-not-slide-Mechanismus demgegenüber noch nicht der Standard, sodass Händler bei Verwendung dieser Aufträge einen grösseren Vorteil bei der Preis-Zeit-Priorität erlangen konnten.[228] Für den Fall der Einführung des neuen Auftragstypen stellte der Hochfrequenzhändler Direct Edge in Aussicht, dass er das Auftragsvolumen von 4–5 Mio. Aufträgen auf täglich 12–15 Mio. erhöhe.[229] Direct Edge führte in der Folge diesen neuen Hide-not-slide-Auftragstypen ein und passte ihn später an, ohne dies vollständig und akkurat in den Handelsregeln zu beschreiben.[230] Die Anpassungen erfolgten wiederum auf Druck von Hochfrequenzhändlern, die darauf pochten, dass Hide-not-slide-Aufträge gegenüber Midpoint-match-Aufträgen Priorität erhielten.[231] Die SEC war allerdings nicht allzu sehr an der Ausgestaltung der Auftragstypen interessiert, sondern vielmehr an der mangelhaften Transparenz über die Funktionsweise derselben.[232] Zur Beilegung der Angelegenheit einigten sich die SEC und Bats Global Markets auf eine Busse von USD 14 Mio.[233]

d) Kontroverse

aa) Auftragstypen zum Vordrängen

Der für das Wall Street Journal arbeitende Journalist *Scott Patterson* wies in seinem Buch *Dark Pools* aus dem Jahr 2012 mitunter auf die Problematik der hier beschriebenen Auftragstypen hin.[234] Als Perspektive wählte er jene seines nicht besonders schutzwürdigen Hauptinformanten *Haim Bodek*, dem Gründer der Trading Machines LLC.[235] *Bodek* musste ab dem Jahr 2009 feststellen, dass seine Aufträge nicht mehr wie gewünscht ausgeführt wurden, was mitunter zu hohen nicht abgesicherten Handelspositionen und rückgängigen Renditen führte.[236] Nach Angaben von *Patterson* fand *Bodek* erst im Dezember 2009 bei einem Gespräch mit einem Börsenmitarbeiter im Rahmen eines informellen Anlasses eine Antwort auf sein Problem.[237] Der Börsenmitarbeiter fragte ihn dabei, welche

---

[227] Zum Display-Price-Sliding-Mechanismus vorn 41 f.
[228] Vgl. *SEC Order agst. Direct Edge 2015*, N 25.
[229] *SEC Order agst. Direct Edge 2015*, N 23.
[230] *SEC Order agst. Direct Edge 2015*, N 28 ff., N 36 ff.; *SEC Order agst. Direct Edge 2015*, N 36 ff.
[231] *SEC Order agst. Direct Edge 2015*, N 32.
[232] *SEC Order agst. Direct Edge 2015*, N 66 ff.
[233] *SEC Medienmitteilung «Charges agst. Direct Edge» 2015*.
[234] *Patterson* (2012), 47 ff.; vgl. *Bodek/Shaw* (2012), 5.
[235] Hinsichtlich der Rolle als Informanten *Patterson* (2012), 345.
[236] *Patterson* (2012), 13 ff.
[237] Siehe *Patterson* (2012), 47 ff.

Aufträge er verwende.[238] Auf die Antwort von *Bodek*, er verwende Limit-Orders, habe der Börsenmitarbeiter entgegnet:

> You can't use those [...] You have to use other orders. Those limit orders are going to get run over.[239]

Weiter hinten in seinem Buch führte *Patterson* aus:

> The special order types that gave Bodek the most trouble – the kind the exchange rep told him about – allowed high-frequency traders to post orders that remained hidden at a specific price point at the front of the trading queue when the market was moving, while at the same time pushing other traders back.[240]

Angesichts der in diesem Abschnitt erläuterten Auftragstypen und Preis-Sliding-Mechanismen sowie der Ausführungen der SEC zu den Hide-not-slide-Aufträgen erscheinen die Ausführungen von *Patterson* nachvollziehbar. *Kwan/Masulis/McInish* (2015) haben aufgezeigt, dass der Spread heute in vielen Fällen durch die Tick-Size (Geld-Brief-Spanne) vorgegeben wird.[241] Dadurch wird auch die Bedeutung dieser Preis-Sliding-Mechanismen deutlich. Gewöhnliche Limit-Orders können durch *Post-only-Display-Price-Sliding*-Aufträge überholt werden und dürften daher in den USA meist nur dann ausgeführt werden, wenn sie fehlplatziert sind.[242]

bb) Fehlende Legitimation nach der Preis-Zeit-Priorität

Die Priorität von später gesetzten Aufträgen, die letztlich zum selben Preis angezeigt und ausgeführt werden, lässt sich sachlich kaum rechtfertigen. Wer einen *Post-only-multiple-Display-Price-Sliding*-Auftrag verwendet, dürfte dabei primär die Ausführungspriorität im Auge haben und nicht den Willen kundtun, zu einem besseren Preis als die anderen Händler handeln zu wollen. Die europäischen Regulatoren sollten entsprechend darauf achten, dass sie komplexe Systeme ähnlich wie in den USA verhindern, bei denen Handelsplätze hochspezialisierten Händlern spezifische Vorteile einräumen, die sich nicht mit sachlichen Gründen rechtfertigen lassen und von denen die übrigen Händler aufgrund der Komplexität keine Kenntnis nehmen. Rechtlicher Anknüpfungspunkt für solche Regeln kann das Gleichbehandlungsgebot sein, zu dem sämtliche Finanzmarkt-

---

[238] *Patterson* (2012), 47.
[239] *Patterson* (2012), 47 f.
[240] *Patterson* (2012), 50.
[241] *Kwan/Masulis/McInish* (2015), 331; implizit auch *Gai/Yao/Ye* (2013), 5.
[242] Vgl. *Bodek/Shaw* (2012), 5.

infrastrukturen verpflichtet sind.[243] Ergänzend kann die Verpflichtung der Handelsplätze zur Gewährleistung eines geordneten Handels herangezogen werden.[244]

cc) *Verantwortung des US-Regulators*

Handelsplätze und Hochfrequenzhändler haben bei der Schaffung dieser zweifelhaften Auftragstypen sicherlich kooperiert. Verantwortlich dafür kann aber auch der US-amerikanische Gesetzgeber gemacht werden. Das Verbot von geschlossenen und überkreuzten Märkten hat erst zusammen mit Post-only-Aufträgen zur Einführung von Preis-Sliding-Mechanismen geführt. Post-only-Aufträge existieren primär aufgrund der Maker-Taker-Gebührenmodelle, die wiederum ihre Existenz vor allem der *Order Protection Rule* verdanken.[245] Ferner kann auch die Mindest-Tick-Size als Mitursache betrachtet werden, da diese den Spread in vielen Fällen künstlich begrenzt, weshalb sich lange Kolonnen mit Limit-Orders bilden und der Preis-Zeit-Priorität eine solch überragende Bedeutung zukommt.[246] Dabei könnten Regulatoren gerade durch standardisierte Regeln einen bedeutenden Beitrag zur Reduktion der Komplexität leisten, führt die Komplexität doch nicht nur zu zweifelhaften Privilegien für einzelne Hochfrequenzhändler, sondern allgemein zu hohen Kosten für die Marktteilnehmer und Aufsichtsbehörden. Die Reduktion der Komplexität wird daher in den Kapiteln 10 (Marktversagen) und 12 (Regulierungsinstrumente) ein Ziel sein.[247]

4. Bedingte Aufträge

Nebst den klassischen Aufträgen mit den unterschiedlichen Auftragszusätzen bieten Broker und teilweise auch Handelsplätze bedingte Aufträge an.[248] Die wohl bedeutendsten bedingten Aufträge sind die Peg-Orders und die Stop-Orders.

---

[243] Zur Gleichbehandlungspflicht hinten 701 f.
[244] Zur Pflicht zur Gewährung eines geordneten Handels hinten 669 ff.
[245] Hierzu hinten 51 ff.
[246] Zur Mindest-Tick-Size hinten 469 ff., 689 ff.
[247] Hinten 333 f., 422 f.
[248] Eine grosse Anzahl Auftragstypen offeriert bspw. Interactive Brokers, siehe *www.interactivebrokers.com/en/index.php?f=4985*; zu den Handelsplätzen siehe insb. den *Bats Order Type Guide*, 25 ff.; zur Discretionary Peg-Order der IEX *www.iextrading.com/trading/dpeg*.

a) Peg-Orders

Als Peg-Orders werden Aufträge bezeichnet, die an einen Basiswert gebunden werden und sich entsprechend mit diesem bewegen.[249] Diverse unterschiedliche Basiswerte sind denkbar. Nasdaq und die Bats- beziehungsweise Cboe-Handelsplätze etwa kennen als Grundformen Primary Pegs, Market-Pegs und Midpoint-Pegs.[250] Sämtliche Peg-Orders orientieren sich an den marktübergreifend besten Kauf- oder Verkaufsaufträgen (NBBO).[251] Primary Pegs werden an die Aufträge derselben Marktseite gebunden, Market-Pegs an die Aufträge der Marktgegenseite und Midpoint-Pegs – *nomen est omen* – an den Mittelpunkt zwischen Kauf- und Verkaufsaufträgen.[252]

Investoren können durch Peg-Orders die Ausführungswahrscheinlichkeit ihrer Aufträge und möglicherweise auch die Ausführungsqualität verbessern.[253] Problematisch ist es allerdings, wenn die Peg-Aufträge verzögert an den Basiswert angepasst werden. Dadurch sind die Peg-Aufträge häufig fehlplatziert, und es ergeben sich Arbitragemöglichkeiten für Hochfrequenzhändler. Das Risiko besteht, dass Peg-Aufträge stets dann ausgeführt werden, wenn sie fehlplatziert sind, sodass sie sich kaum positiv auf die Ausführungsqualität auswirken dürften. Wie erwähnt sind Handelsplätze selbst bei Verwendung von Direktdaten kaum in der Lage, die Peg-Aufträge ausreichend schnell anzupassen.[254] Nur eine symmetrische oder asymmetrische Verzögerung könnte Abhilfe schaffen, da sie dem Handelsplatz ausreichend Zeit für die Berechnung geben.[255]

b) Stop-Orders

Mit Stop-Orders (auch Stop-Loss-Orders oder Stop-Loss-Aufträge) beauftragt ein Kunde seinen Broker, Wertpapiere zu verkaufen, wenn der Kurs unter eine gewisse Schwelle sinkt.[256] Die klassischen Stop-Orders sind Market-Orders, aber auch Stop-Limit-Orders werden angeboten.[257] Zur Begrenzung des möglichen

---

249 Bspw. *Banks* (2014), 44 f.
250 Siehe *Nasdaq Equity Rules 2017*, Rule 4703(d) Nr. 4703(d); *Nasdaq OMX Order Types 2014*, 2; *Bats Order Type Guide*, 25 ff., auch für zusätzliche Formen.
251 *Bats Order Type Guide*, 25.
252 *Nasdaq OMX Order Types 2014*, 2; *Bats Order Type Guide*, 25 ff.; siehe auch *Banks* (2014), 44.
253 Siehe allerdings zur Privilegierung von Hide-not-Slide-Aufträgen vorn 44 f.
254 Vorn 35 f.
255 Hinten 402 ff.
256 *Bodie/Kane/Marcus* (2014), 66; *Banks* (2014), 40; *Zubulake/Lee* (2011), 78; zu ausgelösten Stop-Loss-Orders während des Flash-Crashs hinten 378 f.
257 *Bats Order Type Guide*, 16; auch *Banks* (2014), 40, 43.

Verlustes sind Stop-Orders bei Retail-Kunden weit verbreitet. Diese weite Verbreitung ist aufgrund der damit verbundenen Markt- und Liquiditätsrisiken problematisch, was im Kapitel 11 (Systemische Risiken) näher analysiert wird.[258] Auch besteht die Gefahr, dass die Aufträge weit entfernt vom angegebenen Limit ausgeführt werden, wie sich beim Flash-Crash vom 6. Mai 2010 oder bei der Aufgabe des Mindestkurses durch die Schweizerische Nationalbank zeigte.[259]

c) Anfälligkeit gegenüber manipulativen Praktiken

Bedingte Aufträge wie Peg-Orders und Stop-Orders haben gemein, dass sie anfällig sind gegenüber manipulativen Praktiken. Peg-Aufträge etwa können einfach beeinflusst werden, indem Aufträge innerhalb des Spreads gesetzt werden, wenn auch nur für eine sehr kurze Zeit. Stop-Loss-Aufträge können durch simulierte Transaktionen ausgelöst werden, bei denen die Schwellen überschritten werden, die zur Auslösung der Aufträge führen.[260] In diesem Zusammenhang wird auch von *Momentum-Ignition*-Praktiken gesprochen, die im Kapitel 3 (Handelsstrategien) weiter erläutert werden.[261]

5. Dark Orders

a) Iceberg-Orders

Zur Abwicklung grosser Aufträge bietet die SIX wie andere Handelsplätze auch sogenannte Iceberg-Aufträge an.[262] Dabei wird jeweils nur ein Teil des Gesamtauftrags im Auftragsbuch publiziert. Wird der Teil ausgeführt, so wird eine weitere Tranche im Auftragsbuch publiziert.[263] Vom Gesamtauftrag ist also stets nur die Spitze des Eisbergs sichtbar. Grundsätzlich kann ein Effektenhändler eine solche Strategie von sich aus verfolgen. Da die nicht angezeigten Teile des Auftrags nicht ausgeführt werden können, handelt es sich bei Iceberg-Aufträgen nicht um echte Dark Orders.

---

[258] Hinten 370 ff., 388 ff.
[259] Hierzu hinten 378 f.
[260] Vgl. *Aldridge* (2013), 222; siehe auch *Finma Untersuchung Devisenhandel UBS 2014*, 2, 12, wo allerdings die Bezeichnung «*jamming*» und nicht «*momentum ignition*» verwendet wird.
[261] Hinten 90 f., 758 ff.
[262] Zum Ganzen Nr. 5.1.2 Abs. 3 der SIX-Weisung 3 (Handel); für die deutsche Börse *Xetra Marktmodell Aktien 2015*, 13 f.; *LSE Trading System Guide 2016*, 38; siehe auch *Durbin* (2010), 54 f.
[263] Nr. 5.1.2 Abs. 3 der SIX-Weisung 3; *Xetra Marktmodell Aktien 2015*, 13 f.

b) Reserve-Orders

Ähnlich wie Iceberg-Aufträge funktionieren die in den USA gebräuchlichen Reserve-Orders, die ebenfalls nur teilweise angezeigt werden.[264] Im Unterschied zu den in Europa angebotenen Iceberg-Aufträgen haben die anderen Marktteilnehmer allerdings vollumfänglich Zugang zu diesen Reserve-Orders.[265] Auf den Bats-Handelsplätzen steht dem nicht angezeigten Teil der Reserve-Orders jedoch eine niedrigere Priorität zu als den angezeigten und den übrigen verdeckten Aufträgen.[266]

c) Hidden oder Non-displayed Orders

Verdeckte Limit-Orders (auch *Hidden* oder *Non-displayed Orders*) sind Dark Orders im engeren Sinne und werden von vielen amerikanischen und europäischen Handelsplätzen angeboten.[267] Die europäischen Handelsplätze verlangen zur Einhaltung der MiFID-Vorgaben allerdings stets eine Mindestgrösse.[268] Die SIX kennt soweit ersichtlich aktuell keine verdeckten Limit-Orders in diesem Sinne.

d) Dark Midpoint-Peg-Orders

In vielen Dark Pools werden Aufträge wie bereits erwähnt zum Mittelpunkt des Spreads zusammengeführt.[269] Bei den Aufträgen, die hierfür verwendet werden, handelt es sich genau genommen um Dark Midpoint-Peg-Orders.[270] Nasdaq etwa kennt darüber hinaus auch Midpoint-Peg-post-only-Orders, die nur als Limit-Orders ausgeführt werden.[271] Bei Dark Midpoint-Peg-Orders bestehen dieselben Probleme wie allgemein bei Peg-Orders. So besteht insbesondere die Gefahr, dass die Aufträge gestützt auf veraltete Informationen zusammengeführt

---

[264] *Nasdaq OMX Order Types 2014*, 2; *Bats BZX Rules 2017*, Rule 11.9(c)(1); *Bats Order Type Guide*, 17.

[265] *Nasdaq OMX Order Types 2014*, 2; *Bats BZX Rules 2017*, Rule 11.9(c)(1); *Bats Order Type Guide*, 17.

[266] *Bats Order Type Guide*, 17.

[267] Siehe bspw. in den USA *Nasdaq OMX Order Types 2014*, 2; *Nasdaq Equity Rules*, Rule 4702(b)(3)(A); in Europa *LSE Trading System Guide 2016*, 38; *Xetra Marktmodell Aktien 2015*, 16; *Bats Europe FIX Specification 2016*, 5.

[268] Siehe *LSE Trading System Guide 2016*, 38; *Xetra Marktmodell Aktien 2015*, 16; *Bats Europe FIX Specification 2016*, 5.

[269] Vorn 18 f.

[270] Siehe bspw. *LSE Trading System Guide 2016*, 38; *Bats Europe FIX Specification 2016*, 5; *Xetra Marktmodell Aktien 2015*, 15; zu den Midpoint-Pegs vorn 48.

[271] Siehe *Nasdaq Equity Rules 2017*, Rule 4702(b)(5).

werden, was Hochfrequenzhändler durch Arbitragetransaktionen ausnutzen können.[272]

V. Gebührenmodelle

1. Transaktionsgebühren

Für den Hochfrequenzhandel schliesslich ebenfalls zentral sind die Transaktionsgebühren, die Handelsplätze auf sämtliche Abschlüsse erheben. Die SIX unterscheidet zwischen einer fixen Transaktionsgebühr und einer variablen Ad-valorem-Gebühr, die vom Umsatz und der Art der Ausführung abhängt.[273] Bei der Art der Ausführung unterscheidet die SIX weiter wie international üblich zwischen Bereitstellern von Liquidität (Maker; Poster) und Händlern, die dem Markt Liquidität entziehen (Taker; Aggressor).[274] In dieser Hinsicht haben sich in den letzten Jahren das sogenannte Maker-Taker-Modell und das Taker-Maker-Modell etabliert.

a) Maker-Taker-Modell

Als Maker-Taker-Modell wird die asymmetrische Gebührenstruktur eines Handelsplatzes bezeichnet, die lediglich Gebühren für Liquiditätsentzieher (Taker) vorsieht, während Bereitsteller von Liquidität (Maker) einen Geldbetrag für jeden Abschluss erhalten (auch *liquidity rebate*).[275] Die Taker-Gebühr ist dabei traditionell etwas höher als die Maker-Entschädigung, sodass für den Handelsplatz unter dem Strich ein Nettomittelzufluss resultiert.[276] In den USA ist dies in jüngster Zeit allerdings nicht mehr immer der Fall.[277]

---

[272] So schon vorn 48.
[273] Siehe Nr. 7.2 und 7.3 SIX-GebO Handel.
[274] Nr. 7.3 Abs. 2 SIX- GebO Handel.
[275] Zum M-T-Modell *SEC Concept Release on Equity Market Structure 2010*, 3598 f.; *Harris* (2015), 67 ff.; *Foucault* (2012a), 5 ff.; *Angel/Harris/Spatt* (2011), 6 f., 39 ff.; *O'Donoghue* (2015), 1; *McGowan* (2010), N 26; *Colliard/Foucault* (2012), 3408 ff.; *Malinova/Park* (2015a), 510; *Riordan/Park* (2012), 3; *Aldridge* (2013), 69 f.; *Rojček/Ziegler* (2016), 2; zur Entwicklung auch *Patterson* (2012), 42 ff., 158 ff.; hinten 61 ff. und 65 ff.
[276] Siehe bspw. *NYSE Fees 2017*, 3 f.; für Kunden der Tiers 2 und 3 auch *NYSE Arca Fees 2017*, 3, 5; für Kunden des Tier 1 sind die Maker-Entschädigungen bei Arca demgegenüber höher (*NYSE Arca Fees 2017*, 1); *SEC Concept Release on Equity Market Structure 2010*, 3599; *O'Donoghue* (2015), 1; so auch *Patterson* (2012), 42.
[277] Hierzu sogleich 52 f.

§ 2 Marktmikrostruktur

Mit dem Maker-Taker-Modell versuchen Handelsplätze Liquidität anzuziehen.[278] Bei gegebener Rationalität der Marktteilnehmer dürfte die asymmetrische Gebührenverteilung allerdings nicht von Bedeutung sein, sondern lediglich die Summe von Taker-Gebühr und (negativer) Maker-Entschädigung, was gleich noch weiter erläutert wird.[279] Die Rationalität der Marktteilnehmer ist jedoch mitunter aufgrund von Agency-Problematiken nicht immer gegeben und wird zudem durch die bereits erläuterte *Order Protection Rule* verzerrt, da diese die Handelsplätze dazu verpflichtet, Market-Orders an einen anderen Handelsplatz weiterzuleiten, wenn sie über keine *National Best Bid or Offer* (NBBO) verfügen.[280] Die angezeigten Spreads von Maker-Taker-Handelsplätzen sind kleiner als bei symmetrischer Gebührenlast, sodass sie eher über eine NBBO verfügen und andere Handelsplätze daher eingehende Market-Orders häufiger zu Maker-Taker-Handelsplätzen weiterleiten müssen.[281] Die kleineren angezeigten Spreads bedeuten jedoch nicht, dass die Ausführungsqualität an diesen Handelsplätzen besser wäre; sowohl Taker-, Routing- und andere Gebühren als auch andere bei der Ausführung von Aufträgen zu berücksichtigende Aspekte bleiben bei der Weiterleitung von Aufträgen nach der *Order Protection Rule* unberücksichtigt.[282]

Das Maker-Taker-Modell ist heute in den USA führend und wird mitunter von der NYSE, NYSE Arca, Nasdaq, Nasdaq PHLX, Bats BZX und Bats EDGX verwendet.[283] Dabei fällt auf, dass die Maker-Prämien und Taker-Gebühren in vielen Fällen gleich hoch sind und die Maker-Prämien teilweise gar höher. Auf Bats BZX etwa erhalten die bedeutendsten Bereitsteller von Liquidität eine im Vergleich zur Taker-Grundgebühr von USD 0.0030 höhere Entschädigung von USD 0.0031 oder USD 0.0032 und *Lead Market-Maker* (LMM) erhalten gar eine Entschädigung von bis zu USD 0.0045, während sie lediglich USD 0.0025 bezahlen müssen, wenn sie dem Markt Liquidität entziehen.[284] Ebenfalls regelmässig eine höhere Entschädigung von USD 0.0032 oder USD 0.0034 erhalten

---

278 *Malinova/Park* (2015a), 510; *Angel/Harris/Spatt* (2011), 40; *Aldridge* (2013), 69 f.; *McGowan* (2010), N 26; siehe auch hinten 65 ff.
279 Hinten 55.
280 *Foucault* (2012a), 14 f. m.w.H.; *Angel/Harris/Spatt* (2011), 39 ff.; *Aldridge* (2013), 69; für Grundzüge der Regelung in den USA vorn 33 ff.
281 *Foucault* (2012a), 14 f.; *Angel/Harris/Spatt* (2011), 40 f.
282 Zu den Routinggebühren und -prämien *NYSE Fees 2017*, 5; *NYSE Arca Fees 2017*, 1 ff.; *Bats BYX Fees 2017*; *Bats BZX Fees 2017*; *Nasdaq Fees*; *Nasdaq BX Fees*; zur verkürzten Betrachtungsweise hinten 55.
283 *NYSE Fees 2017*, 3 f.; *NYSE Arca Fees 2017*, 1, 3, 5; *Nasdaq PHLX Fees 2016*, B.I.; *Bats BZX Fees 2017*; *Bats EDGX Fees 2017*.
284 *Bats BZX Fees 2017*, LMM Rates und Fn. 1; *NYSE Arca Fees 2017*, 15 f.

Händler für Liquidität bereitstellende Retail-Aufträge.[285] Im Detail sind die Gebührensysteme allerdings sehr komplex und Gebühren und Prämien hängen stark davon ab, welcher Auftragstypus verwendet wird und an welchen Handelsplatz die Aufträge nach der *Order Protection Rule* weitergeleitet werden.[286] Die SIX erhebt sowohl bei Blue-Chip-Aktien als auch bei Mid- und Small-Cap-Aktien ebenfalls nur von Liquiditätsentziehern Ad-valorem-Gebühren.[287] Eine Prämie für Bereitsteller von Liquidität geht derzeit nicht aus der Gebührenordnung der SIX hervor.[288]

b) Taker-Maker-Modell

Nebst dem Maker-Taker-Modell kennen einzelne Handelsplätze auch ein Taker-Maker-Modell, bei dem Gebühren von Bereitstellern von Liquidität erhoben werden und Liquiditätsentziehern entrichtet werden.[289] Aufgrund der entgegengesetzten Gebührenstruktur werden Taker-Maker-Handelsplätze auch als *Inverted Exchanges* bezeichnet.[290] Zu den *Inverted Exchanges* gehören mitunter die Bats BYX (nicht zu verwechseln mit der grösseren Bats BZX, welche ein Maker-Taker-Modell verwendet), die Bats EDGA sowie die Boston Exchange (Nasdaq BX).[291] Die Bats BYX etwa verlangt von Bereitstellern von Liquidität standardmässig USD 0.0018 pro Aktie und bezahlt Liquiditätsentziehern eine Prämie von USD 0.0010.[292] Noch teurer sind *Retail Price Improving Orders*, die

---

285 So etwa *Bats BZX Fees 2017*, Fee Codes and Associated Fees und Fn. 11; *Nasdaq Equity Rules 2017*, Rule 7018(a)(1).

286 Siehe insb. *Bats BZX Fees 2017*, Fee Codes and Associated Fees; *Nasdaq Equity Rules 2017*, Rule 7018.

287 Anhang A Nr. 1.2 und Anhang B Nr. 1.2 SIX-GebO Handel; bei Blue-Chip-Aktien beträgt die Ad-valorem-Gebühr beim Handel standardmässig für Poster (also Maker) CHF 0 sowie für Aggressoren (also Taker) 0.65 Basispunkte, siehe Anhang A Nr. 1.2.1.1 SIX-GebO Handel.

288 Allerdings gab *Christian Katz*, damaliger CEO der SIX Swiss Exchange, gegenüber der NZZ an, die SIX habe Mitte 2014 finanzielle Anreize für Market-Maker geschaffen, während des gesamten Tages gute Preise zu stellen, siehe *Rasch* (2015b).

289 *SEC Memo «Maker-Taker Fees» 2015*, 2 Fn. 2; *SEC Concept Release on Equity Market Structure 2010*, 3599; *Kissell* (2014), 56; *Harris* (2015), 70 f.; *Aldridge* (2013), 69 f.; *O'Donoghue* (2015), 41.

290 *SEC Memo «Maker-Taker Fees» 2015*, 2 Fn. 2; *SEC Concept Release on Equity Market Structure 2010*, 3599; *Aldridge* (2013), 69 f.; *O'Donoghue* (2015), 41.

291 Siehe *Bats BYX Fees 2017*; *Bats EDGA Fees 2017*, allerdings nur für Titel über USD 1.00; *Nasdaq BX Fees*.

292 *Bats BYX Fees 2017*, Standard Rates.

Liquidität bereitstellen mit USD 0.0025, als ob NBBOs unerwünscht wären.[293] Ähnlich sind die Gebühren an der Boston Exchange.[294]

Durch das Taker-Maker-Modell werden Market-Orders angezogen. Das Modell wirft allerdings die Frage auf, wer zur Bereitstellung von Liquidität auf einem solchen Markt bereit ist, an dem er keine Prämie erhält, sondern im Gegensatz zu anderen Handelsplätzen dafür bezahlen muss. Ein möglicher Grund liegt in der paradoxen Schwierigkeit, liquide Aktien zu handeln.[295] Händler führen dies darauf zurück, dass eine unverhältnismässig grosse Anzahl Aufträge zur Bereitstellung von Liquidität konkurrieren, wodurch sich im Vergleich zur Anzahl eingehender Market-Orders unverhältnismässig lange Kolonnen bilden.[296] Dadurch würden sich immer mehr direktional agierende Händler gezwungen sehen, den Spread zu überqueren.[297] Im Vergleich zu den mit der Überquerung des Spreads verbundenen Kosten kann die Bereitstellung von Liquidität auf einem Markt, der hierfür eine Gebühr verlangt, noch immer günstiger sein, wenn dafür die Ausführungswahrscheinlichkeit steigt.[298] Werden darüber hinaus primär Market-Orders von Retail-Kunden angezogen, kann dadurch das Informationsrisiko (*adverse selection risk*) minimiert werden.[299]

Die Wahrscheinlichkeit, dass eine Inverted Exchange über eine NBBO verfügt, ist aufgrund des gewählten Systems klein. Gemäss *Aldridge* liegt sie bei den erwähnten Handelsplätzen Bats BYX, Bats EDGA und Nasdaq BX zwischen 20 und 40 Prozent.[300] Es besteht daher eine grosse Gefahr, dass eine Market-Order auf den erwähnten Märkten nicht ausgeführt werden kann und daher von diesen unter Verrechnung von Routing-Gebühren weitergeleitet wird. Dies können Händler wie erwähnt zwar verhindern, indem sie Intermarket-Sweep-Orders (ISOs) verwenden.[301] Allerdings gewähren die Handelsplätze Bats BYX und Bats EDGA keine Entschädigung, wenn eine ISO verwendet wird, sondern verrechnen eine relativ hohe Gebühr.[302] Hochfrequenzhändler dürften wie erwähnt vorab wissen, auf welche Daten die Handelsplätze Routing-Entscheidungen stüt-

---

[293] *Bats BYX Fees 2017*, Fee Codes and Associated Fees; dies könnte daran liegen, dass das Geschäftsmodell auf Routing-Gebühren beruht.
[294] *Nasdaq BX Fees*.
[295] *Kissell* (2014), 56; *Pragma Securities* (2012), 2.
[296] *Pragma Securities* (2012), 2; vgl. *Yao/Ye* (2015), 3.
[297] *Pragma Securities* (2012), 2.
[298] So auch *Kissell* (2014), 56.
[299] Zur adversen Selektion hinten 63 ff., 227 f., 299 ff.
[300] *Aldridge* (2013), 72.
[301] Vorn 38 f. und hinten 80 ff.
[302] Bei Bats BYX beträgt sie USD 0.0033 pro Aktie (*Bats BYX Fees 2017*); bei Bats EDGA beträgt sie USD 0.0032 pro Aktie (über USD 1.00), siehe *Bats EDGA Fees 2017*.

zen.[303] Nur sie dürften daher in der Lage sein, die Weiterleitung von Aufträgen zu verhindern, indem sie Marketable Orders (IOC oder FOK) verwenden.

c) Nullsummenhypothese

Auf den ersten Blick erscheint das Maker-Taker-System attraktiv, da Händler zur Bereitstellung von Liquidität stimuliert werden. Nach der wohl von *Angel/Harris/Spatt* aufgestellten Nullsummenhypothese wird der ökonomische Spread durch dieses Gebührenmodell jedoch nicht verändert.[304] Der ökonomische Spread setzt sich zusammen aus dem quotierten Spread und der doppelten Zugangsgebühr, das heisst dem doppelten Preis für Market-Orders.[305] In kompetitiven Märkten müsste dieser ökonomische Spread bei gleicher Summe von Taker-Gebühr und (negativer) Maker-Entschädigung konstant sein.[306] Mit anderen Worten führt eine höhere Maker-Entschädigung bei gleicher Gebührensumme zwar zu einer Verringerung der angezeigten Spreads, sie führt aber nicht zu geringeren Transaktionskosten für Liquiditätsentzieher oder zu erhöhten Einnahmen für Bereitsteller von Liquidität.[307] Diese Nullsummenhypothese formalisierten *Colliard/Foucault* in einem Modell, und *Malinova/Park* konnten sie empirisch stützen.[308] Aus regulatorischer Sicht kann aus der Nullsummenhypothese abgeleitet werden, dass sowohl Maker-Taker-Gebührenmodelle als auch Taker-Maker-Gebührenmodelle bei Rationalität der Marktteilnehmer keinen ökonomischen Zweck erfüllen und daher nicht schutzwürdig sind.

d) Probleme

Bei der Erörterung der Beweggründe für ein Maker-Taker- oder ein Taker-Maker-Modell wurden mit diesen asymmetrischen Gebührenmodellen verbundene

---

[303] Vorn 35 f.
[304] *Angel/Harris/Spatt* (2011), 40; vgl. auch *Colliard/Foucault* (2012), 3392; *Foucault* (2012a), 11 ff.; *Riordan/Park* (2012), 6; vgl. *Harris* (2015), 70; a.M. wohl *Humbel* (2017), 359 f.
[305] *Angel/Harris/Spatt* (2011), 40; vgl. auch *Colliard/Foucault* (2012), 3392; *Foucault* (2012a), 9, 11 ff. und *Riordan/Park* (2012), 6, die den *cum fee bid-ask spread* verwenden und vom *raw bid-ask spread* abgrenzen; vgl. hinten 222; zur Abgrenzung von expliziten und impliziten Transaktionskosten hinten 221 f.
[306] *Angel/Harris/Spatt* (2011), 40.
[307] Vgl. *Colliard/Foucault* (2012), 3392; *O'Donoghue* (2015), 14 f., 33, 37; allerdings führt das Maker-Taker-Modell zu einem künstlich breiten ökonomischen Spread, da die Summe zwischen Taker-Gebühr, Maker-Entschädigung und Mindest-Tick-Size nicht unterschritten werden kann (auch weil ein geschlossener Markt durch *Post-only*-Aufträge nach US-amerikanischem Recht wie erwähnt unzulässig ist).
[308] *Colliard/Foucault* (2012), 3392; *Malinova/Park* (2015a), 528, 534; hierzu auch *Foucault* (2012a), 11 ff.; *Riordan/Park* (2012), 6 f.

Probleme bereits teilweise angeschnitten. Zur besseren Übersicht werden sie hier nochmals kondensiert aufgeführt.

aa)   US-rechtsspezifische Probleme

Zunächst sind die Gebührenmodelle mit US-rechtsspezifischen Problemen verknüpft. Diesbezüglich erscheint vor allem problematisch, dass die *Order Protection Rule* die besten quotierten Aufträge unabhängig vom Gebührensystem schützt. Diese Regel schafft damit einen Anreiz für ein Maker-Taker-Modell, da der Handelsplatz trotz gleichem ökonomischen Spread eine scheinbar bessere Ausführungsqualität aufweist. Taker-Gebühren bleiben demgegenüber für die Bereitsteller von Liquidität und damit auch für die *Order Protection Rule* unerheblich, sodass die Regel auch zur Ausführung von Aufträgen an Handelsplätzen mit hohen Gebühren führen kann. Mit anderen Worten wird durch diese gut gemeinte Best-Execution-Regel gerade nicht die bestmögliche Ausführung der Aufträge gewährleistet.

Immerhin sind die Börsengebühren in den USA bei Aktien mit einem Wert über einem Dollar (17 CFR 242.610[c][1]) auf USD 0.003 pro Aktie beschränkt, sodass auch die Maker-Prämien gewöhnlich nicht höher ausfallen. Die Summe zwischen Maker-Prämien und Taker-Gebühren ist dadurch immer noch kleiner als die Mindest-Tick-Size für Aktien dieser Grössenordnung, die seit der Dezimalisierung für Aktien mit einem Wert von mehr als USD 1.00 mindestens USD 0.01 beträgt (Reg NMS 242.612[a]).[309] Routing-Entscheidungen müssten sich entsprechend trotz Routing-Gebühren positiv für den Marktteilnehmer auszahlen, wenn am Zielhandelsplatz tatsächlich Aufträge zum erwarteten Preis vorliegen.[310]

Noch immer mit Blick auf das US-amerikanische Recht erscheint weiter problematisch, dass der Handel mit Preisunterschieden von weniger als einem Penny durch die verschiedenen Gebührensysteme ermöglicht wird.[311] Hierfür müssen die Händler nur zwischen den verschiedenen Handelsplätzen wechseln. Der Handel im Sub-Penny-Bereich ist in den USA durch die sogenannte *Sub-Penny Rule* an sich verboten (17 CFR 242.612). Eine Mindest-Tick-Size im Allgemeinen und die *Sub-Penny Rule* im Besonderen können entsprechend durch die beschriebenen asymmetrischen Gebührensysteme umgangen werden.

---

[309]   Bemerkenswert ist, dass die SIX für Blue-Chip-Aktien mit einem Wert von CHF 1 bis CHF 4.999 über eine Tick-Size von lediglich CHF 0.001 und für Aktien mit einem Wert von CHF 5 bis CHF 9.995 über eine Tick-Size von lediglich CHF 0.005 verfügt, siehe *SIX Tick Sizes 2016*, 1.
[310]   Zum Problem der verzögerten Berechnung der NBBO vorn 35 f.
[311]   So *Harris* (2015), 70.

bb) Agency-Problematiken

Die asymmetrischen Gebührensysteme sind weiter problematisch, weil sie potenziell Agency-Problematiken verschärfen. Broker werden dazu verleitet, Kundenaufträge an die Handelsplätze zu leiten, an denen sie die höchsten Entschädigungen erhalten.[312] Diese Entschädigungen dürften sie regelmässig für sich behalten und die Kunden hiervon keine Kenntnis erlangen.[313] Zielen Broker auf die Entschädigungen ab und leiten sie diese nicht an ihre Kunden weiter, so dürfte der Broker die Kundenaufträge häufig nicht bestmöglich ausführen, da die Entschädigungen wie erwähnt im ökonomischen Spread enthalten sein müssten. Der Kunde trägt mit anderen Worten versteckte Transaktionskosten und der Broker verletzt potenziell seine Sorgfalts- und Treuepflicht.[314] Nach Schweizerischem Recht dürfte diese Praxis ohne gültige gegenteilige Abrede ausserdem nach der Rechtsprechung des Bundesgerichts zu den Retrozessionen zu einem Erstattungsanspruch in entsprechender Höhe führen.[315]

Zielen Broker auf die höchsten Entschädigungen ab, kann sich dies zusätzlich negativ auf die Ausführungsqualität der Kundenaufträge auswirken, da das Verhalten der Broker für Hochfrequenzhändler einfach durchschaubar wird. *Michael Lewis* wies in seinem umstrittenen Roman *Flash Boys* auf diesen kontroversen Aspekt hin. Ihm zufolge würden Hochfrequenzhändler auf den Bats-Handelsplätzen auf Neuigkeiten warten, die sie für den Handel auf den anderen Plattformen nutzen könnten.[316] Entdecken Hochfrequenzhändler Grossaufträge, so antizipieren sie die damit verbundene Beeinflussung des Preises, ziehen Aufträge auf den anderen Plattformen zurück und handeln an den Derivatebörsen gegen den Investor, sodass sich dessen Transaktionskosten zusätzlich erhöhen.[317]

Verflechtungen zwischen Bats und Direct Edge zum Hochfrequenzhandel waren zumindest in den Anfängen der Handelsplattformen unverkennbar. So ist *Dave Cummings* nicht nur Eigentümer, Chairman und CEO des bedeutenden Hochfrequenzhändlers Tradebot Systems, sondern auch Begründer und früherer CEO von Bats Trading, einem der führenden Betreiber von Handelsplätzen

---

312 Hierzu *Angel/Harris/Spatt* (2011), 40 ff.; siehe auch *Malinova/Park* (2015a), 534, wonach Handelsplätze mit einem Maker-Taker-System von Brokern profitieren, deren Kunden nicht von den Maker-Entschädigungen profitieren; *Harris* (2015), 68 f.
313 Vgl. *Angel/Harris/Spatt* (2011), 41; siehe auch *Malinova/Park* (2015a), 534.
314 Hierzu hinten 573 f.
315 Zur Bundesgerichtspraxis zu den Retrozessionen siehe BGE 132 III 460 E. 4.1; ergänzend zum Verzicht BGE 137 III 393 E. 2.1 und E. 2.2 sowie zu den Retrozessionen im Konzern BGE 138 E. 4, E. 5 und E. 8.
316 *Lewis* (2014), 73 ff.
317 Hierzu hinten 76 ff., 80 ff.

weltweit.³¹⁸ Ebenfalls wesentlich mit dem Hochfrequenzhandel verknüpft sind die von Bats und später von der Cboe übernommenen Direct-Edge-Handelsplattformen, denn Knight Capital war wesentlich am Aufbau von Direct Edge beteiligt.³¹⁹ Zumindest in einer Untersuchung kam die SEC ausserdem zum Schluss, die Plattformen EDGA und EDGX Auftragstypen auf Druck von Hochfrequenzhändlern einführten und nur gewissen (Hochfrequenz-)Händlern Informationen zu diesen Auftragstypen zur Verfügung stellten.³²⁰

Die hier dargestellten Agency-Problematiken werden im Kapitel 10 (Marktversagen) nebst anderen Agency-Problematiken wieder aufgegriffen, und im Kapitel 12 (Regulierungsinstrumente) wird nach Lösungen zur Reduktion der identifizierten Agency-Problematiken gesucht.³²¹

cc)   Komplexität

Schliesslich führen die komplexen Gebührenstrukturen der Handelsplätze zu intransparenten Transaktionskosten für die Marktteilnehmer, wovon Hochfrequenzhändler als Spezialisten der Marktmikrostruktur profitieren können.³²² Die Komplexität führt zu höheren Suchkosten und einer verminderten Rationalität der Marktteilnehmer, was ebenfalls im Kapitel 10 (Marktversagen) berücksichtigt wird.³²³

2.   Weitere Gebühren

Neben den Transaktionsgebühren sowie den Emissionsgebühren³²⁴ erhebt die SIX wie andere Handelsplätze eine Reihe weiterer Gebühren. Hierzu zählen zunächst Teilnahmegebühren und Anschlussgebühren.³²⁵ Hinzu kommen Meldegebühren, die auf die obligatorischen Meldungen der Effektenhändler erhoben werden.³²⁶ Des Weiteren werden ausserordentliche Gebühren erhoben für die

---

[318]   *CFTC Views of Dave Cummings 2010*; http://tradebot.com/board-of-directors.asp; Inhaber von Bats Global Markets bzw. Cboe Global markets sind allerdings heute neben Tradebot Systems eine Reihe weiterer Finanzmarktakteure, siehe *www.nasdaq.com/symbol/cboe/institutional-holdings*.
[319]   *Bunge/Tadena* (2013), wonach Knight Capital im Jahr 2005 das Handelssystem Attain ECN kaufte und in Direct Edge umbenannte; *Popper* (2012b).
[320]   *SEC Order agst. Direct Edge 2015*, N 42 ff., N 69.
[321]   Hinten 324 ff., 414 ff.
[322]   *Angel/Harris/Spatt* (2011), 42 f.
[323]   Hinten 333 f.
[324]   Siehe bspw. Nr. 6 SIX-GebO Handel.
[325]   Siehe bspw. Nr. 3 und 4 SIX-GebO Handel.
[326]   *SIX Meldereglement 2017*, Nr. 8.

V. Gebührenmodelle

Überwachung, Untersuchungen, Mistrades und Stornierungen von Abschlüssen und Abschlussmeldungen, und schliesslich existieren Kapazitätsgebühren.[327]

Von besonderer Bedeutung für den Hochfrequenzhandel sind die Anschluss- und die Kapazitätsgebühren. Die SIX unterscheidet wie andere Handelsplätze zwischen einer Vielzahl unterschiedlicher Anschlüsse, die sich durch ihre Geschwindigkeit und Bandbreite unterscheiden. Als Standard verfügt sie über Direktanbindungen via Managed und Leased Lines, bei denen sie nicht weniger als 14 verschiedene Anbindungsvarianten mit unterschiedlicher Bandbreite unterscheidet.[328] Hinzu kommen Proximity- und Co-Location-Services.[329] Letztere gewähren die schnellste Anbindung an die Börse und sind damit für Hochfrequenzhändler unabdingbar.[330] Ein Anschluss selbst enthält bereits ein technisches Kapazitätslimit. Die SIX behält sich allerdings vor, zur Sicherung ihrer Handelssysteme weitere Kapazitätsgebühren zu erheben.[331] Hierzu zählen QPS-Kapazitätsgebühren (*Quotes per Second*), FTPS-Kapazitätsgebühren (*FIX Transactions per Second*) sowie OTPS-Kapazitätsgebühren (*OUCH Transactions per Second*).[332]

3. Alternative Finanzierung

Angesichts anderweitiger Finanzierungsmöglichkeiten erscheinen Transaktionsgebühren nicht zwingend. Dies zeigen bereits die Anschlussgebühren, die sich als ertragsreiche alternative Einnahmequelle entwickelt haben. Nebst dem Anschluss ist das Geschäft mit Finanzinformationen von grosser Bedeutung. Der Wert der eigenen Handelsinformationen nimmt mit dem Marktanteil zu. Es kann daher wirtschaftlich geboten sein, zur Maximierung des Gesamtprofits auf Transaktionsgebühren gänzlich zu verzichten, ganz im Sinne des Informationszeitalters und der grossen Internetfirmen, die ihre Erträge nicht mit Gebühren, sondern mit Daten generieren. Die Bedeutung der Geschäftssparte *Finanzinformation* zeigt sich auch am Geschäftsbericht der SIX. Demnach betrug der Betriebsertrag der Sparte *Swiss Exchange* im Jahr 2015 CHF 207.4 Mio., jener der Sparte *Securities Services* CHF 353.9 Mio. und jener der Sparte *Financial Information* CHF 389.0 Mio.[333]

---

[327] Nr. 5 und 10 SIX-GebO Handel.
[328] Anhang L Nr. 1 SIX-GebO Handel.
[329] Anhang L Nr. 2 und 3 SIX-GebO Handel.
[330] Zur Co-Location hinten 287 f., 698 ff.
[331] Nr. 10 SIX-GebO Handel; hierzu hinten 680 f.
[332] Nr. 10.1–10.3 SIX-GebO Handel.
[333] *SIX Geschäftsbericht 2015*, 11, 15, 17.

§ 3 Handelsstrategien

I. Hochfrequenzhandelsstrategien

Die von Hochfrequenzhändlern verfolgten Strategien sind relativ vielfältig. Nachfolgend wird zwischen Market-Making-Strategien, direktionalen Strategien, Arbitragestrategien, antizipierenden Strategien und manipulativen Praktiken unterschieden.[1]

1. Market-Making

a) Begriff

Market-Maker sind gemäss Art. 3 Abs. 4 BEHV Effektenhändler, die gewerbsmässig für eigene Rechnung kurzfristig mit Effekten handeln und öffentlich dauernd oder auf Anfrage Kurse für einzelne Effekten stellen. Ähnlich bezeichnet Art. 4 Abs. 1 Nr. 7 MiFID II als Market-Maker eine Person, die an den Finanzmärkten auf kontinuierlicher Basis ihre Bereitschaft anzeigt, durch den An- und Verkauf von Finanzinstrumenten unter Einsatz des eigenen Kapitals Handel für eigene Rechnung zu von ihr gestellten Kursen zu betreiben. Beide Definitionen verlangen somit den Handel für eigene Rechnung. Funktional betrachtet ist dieses Kriterium jedoch nicht entscheidend, sondern lediglich die weitgehend kontinuierliche, meist zweiseitige Bereitstellung von Liquidität.[2]

b) Entwicklung

Seit den 1990er Jahren ersetzten Computer zunehmend die menschlichen Market-Maker. *Prof. David Whitcomb* gab an, die Liquiditätskrise beim Black Monday von 1987, als Market-Maker die Telefonhörer nicht abnahmen, habe ihn zur

---

[1] In der *UK Regulierungsfolgenanalyse MiFID II 2012*, 25 ff. wird lediglich zwischen verschiedenen Arbitragestrategien, direktionalen Strategien, Market-Making, Kombinationen und Pinging-Praktiken unterschieden; der *IOSCO Report «Technological Impact on Market Integrity and Efficiency» 2011*, 24 f. unterscheidet lediglich zwischen Market-Making-, Arbitrage- und direktionalen Strategien; *Zickert* (2016), 7 ff. unterscheidet zwischen dem Market-Making sowie der Arbitrage, und *Litzenberger/Castura/Gorelick* (2012), 64 f. unterscheiden zwischen dem Market-Making und direktionale Strategien; vgl. auch *Humbel (2017)*, 355 ff., *Löper* (2015), 60 ff.

[2] Zum Market-Making bspw. *Cartea/Jaimungal/Penalva* (2015), 8 f., 20 ff., 246 ff.; *Gomber/Arndt/Lutat/Uhle* (2011), 16 ff.; *UK Regulierungsfolgenanalyse MiFID II 2012*, 35 f.; *SEC Concept Release on Equity Market Structure 2010*, 3607 f.

§ 3 Handelsstrategien

Gründung von Automated Trading Desk (ATD) veranlasst.[3] Während der 1990er Jahre sahen sich menschliche Market-Maker zunehmend dem Problem ausgesetzt, dass schnelle Händler ihre fehlplatzierten Quotes auflasen und zu ihren Ungunsten Arbitrage-Transaktionen tätigten.[4] Damals wurden die Effekten allerdings noch in Achteln gehandelt, was das menschliche Market-Making weiterhin zuliess. Auch konnten Marktteilnehmer auf Nasdaq noch nicht frei mit Market-Makern konkurrieren.[5] Im Jahr 1994 fanden *William Christie* und *Paul Schultz* in einer berühmten, im *Journal of Finance* publizierten Studie heraus, dass Nasdaq-Market-Maker keine ungeraden Achtel für ihre Quotes verwendeten.[6] Sie vermuteten Preisabsprachen zwischen den auf Nasdaq tätigen Market-Maker, und tatsächlich erklärten sich letztere vier Jahre später im Rahmen einer Class-Action ohne explizite Schuldanerkennung zur Zahlung von USD 910 Mio. bereit.[7] Ausserdem implementierte die SEC im Jahr 1997 Reformen, dank denen die Marktteilnehmer in der Folge direkt mit Nasdaq-Market-Makern konkurrieren konnten (auch *Order-Handling Rules*).[8] *Barclay et al.* untersuchten die Auswirkungen dieser Massnahmen und kamen zum Schluss, dass diese die quotierten und effektiven Spreads um 30 Prozent reduzierten.[9] Ein weiterer Meilenstein für den elektronischen Handel war die im Jahr 1998 implementierte Regulation ATS, die mitunter den Wettbewerb zwischen den Handelsplätzen verschärfte.[10] Nach der Dezimalisierung im Jahr 2000 wurde das Market-Making dann endgültig von den Computern übernommen, da sie für diese Tätigkeit schlicht besser geeignet sind.[11] Anfangs noch simpel wurden die Strategien stetig verfeinert und aus automatisierten Market-Makern wurden intelligente Market-Maker mit ausgefeiltem Risikomanagement, die bei immer höherer Geschwindigkeit sensitiv auf Handelsinformationen und fundamentale Daten reagieren.[12]

---

[3] Siehe hierzu *Whitcomb* (2002); weitere Ausführungen früher auf *www.atdesk.com*.
[4] Anschaulich *Patterson* (2012), 84 ff.
[5] Zur Abgrenzung von Nasdaq als Dealer-Markt und der NYSE als Auktionsmarkt siehe *Bodie/Kane/Marcus* (2014), 64, 66 f.; *Huang/Stoll* (1996), 313 f.; *Christie/Schultz* (1994), 1841.
[6] *Christie/Schultz* (1994); siehe auch *Huang/Stoll* (1996), wonach Spreads auf Nasdaq doppelt so gross waren wie an der NYSE.
[7] *Geisst* (2012), 362 f.; *The Economist* (1998).
[8] *Barclay et al.* (1999), 2, 4 ff.; siehe auch *The Economist* (1998) sowie anschaulich *Patterson* (2012), 128 ff.
[9] *Barclay et al.* (1999), 32.
[10] Siehe *Goldstein/Kumar/Graves* (2014), 182; *Shorter/Miller* (2014a), 8; *Ciallella* (2015), 97.
[11] Vgl. *McGowan* (2010), N 12; *Arnuk/Saluzzi* (2012), 72 ff.
[12] Vgl. *UK Regulierungsfolgenanalyse MiFID II 2012*, 35 f.; *IOSCO Report «Technological Impact on Market Integrity and Efficiency» 2011*, 24; *Cartea/Jaimungal/Penalva* (2015), 246 ff.; *Aldridge* (2013), 189 ff., 204 ff.; *Weller* (2013), 1 ff.; siehe auch *Carrion* (2013), 681;

Heute dürften daher in liquiden Märkten nur noch Hochfrequenzhändler als Market-Maker gewinnbringend agieren können.[13] Unter den verbliebenen sechs Designated-Market-Maker-Firmen (früher Specialists) an der NYSE figurieren heute mit der KCG, Virtu Financial und IMC drei klassische Hochfrequenzhändler.[14] Als sogenannte Supplemental-Liquidity-Provider agieren ferner auch Hudson River Trading, Latour Trading (Tochtergesellschaft von Tower Research), Tradebot und Citadel.[15] *Hagströmer/Nordén* untersuchten die Nasdaq OMX Stockholm und führten zwischen 63 und 72 Prozent des Hochfrequenzhandels auf Market-Making-Aktivitäten zurück.[16]

c) Geschäftsmodell

Das Geschäftsmodell des Market-Makings umfasst Einnahmen aus dem Spread und den sogenannten *liquidity rebates*.[17] Dabei handelt es sich um die erwähnten Rückvergütungen, die Bereitsteller von Liquidität (Maker) bei einem Maker-Taker-Modell erhalten und die vorwiegend über die Gebühren für Liquiditätsentzieher (Taker) finanziert werden.[18] Mit dem Market-Making sind allerdings auch Kosten und Risiken verbunden, für die der Spread und die Market-Making-Entschädigungen kompensieren müssen. *Stoll* folgend wird der Spread gewöhnlich in drei Komponenten aufgeteilt: Auftragsverarbeitungskosten (*order-processing costs*), Inventarkosten (*inventory costs*) und Informationsrisikokosten (*adverse selection costs*).[19] Als Auftragsverarbeitungskosten werden Transakti-

---

Gerig/Michayluk (2014), 1 f.; *Gomber/Arndt/Lutat/Uhle* (2011), 16 ff.; *Jovanovic/Menkveld* (2016), 1 ff.

[13] Vgl. SEC Concept Release on Equity Market Structure 2010, 3607 f.; *Weller* (2013), 1 ff.; *Carrion* (2013), 681; *Aït-Sahalia/Saglam* (2016), 2; *Aït-Sahalia/Saglam* (2014), 1; *Gerig/Michayluk* (2014), 1.

[14] Bis vor Kurzem verfügbar unter *www.nyse.com/markets/nyse/membership-types*.

[15] *Ibid.*

[16] *Hagströmer/Nordén* (2013), 741 f.; dabei kommen sie zum interessanten Schluss, dass Hochfrequenzhändler, die Market-Making-Strategien verfolgen, schneller seien als opportunistische Hochfrequenzhändler, was sie durch den harten Wettbewerb erklären.

[17] *Goldstein/Kumar/Graves* (2014), 185 f.; *Ciallella* (2015), 100; SEC Concept Release on Equity Market Structure 2010, 3607; SEC Order agst. Direct Edge 2015, N 22; IOSCO Report «Technological Impact on Market Integrity and Efficiency» 2011, 24; so ausdrücklich durch einen Hochfrequenzhändler kundgetan im Verfahren gegen Bats, siehe SEC Order agst. Direct Edge 2015, N 22; IOSCO Report «Technological Impact on Market Integrity and Efficiency» 2011, 24.

[18] Zum Maker-Taker-Modell vorn 51 ff.

[19] *Stoll* (1978), 1150; *Stoll* (1989), 115; *Huang/Stoll* (1997), 995; *Campbell/Lo/MacKinlay* (1997), 103; *Foucault/Pagano/Röell* (2013), 87 ff., insb. 120 ff.; ähnlich schon *Glosten* (1987), 1293; *Easley/O'Hara* (1987), 70; *Bagehot* (1971), 13 f.; zu den Inventarkosten siehe *Amihud/Mendelson* (1980), 33 f., 50 f.; *Demsetz* (1968), 35 ff., 40 ff.; zur adversen Selekti-

onskosten bezeichnet wie Handelsgebühren, Clearing- und Settlementgebühren sowie Informationsbeschaffungs- und Informationsverarbeitungskosten.[20] Inventarkosten werden aus dem Risiko abgeleitet, dass sich die Kurse der inventarisierten Effekten negativ entwickeln.[21] Als Informationsrisiko wird schliesslich die Gefahr bezeichnet, gegen einen informierten Marktteilnehmer zu handeln.[22] Das Market-Making kann durch die Reduktion dieser Kosten optimiert werden, sodass der Grundsatz gilt: Je tiefer die Kosten, desto kleiner sind die Spreads, die ein Market-Maker anbieten kann.

Hochfrequenzhändler haben das mit dem Market-Making verbundene Kostenmanagement optimiert. Durch die Automatisierung der Arbeitsprozesse konnten sie die Auftragsverarbeitungskosten stark minimieren. Die Inventarrisiken reduzierten sie, indem sie nur ein geringes Inventar halten.[23] Die Informationsrisiken wiederum können Hochfrequenzhändler durch die schnellstmögliche Analyse von Handelsdaten und fundamentalen Informationen verringern.[24] Stellen Hochfrequenzhändler im Rahmen ihres Risikomanagements einen Preisdruck fest, stornieren sie ihre Aufträge auf der betroffenen Marktseite oder stellen sie zumindest zurück.[25] Auf Market-Making-Aktivitäten spezialisierte Hochfrequenzhändler reagieren daher sehr sensitiv auf Handelsinformationen, was sich in einem hohen Verhältnis von stornierten Aufträgen zu Transaktionen äussert.[26] Mit Blick auf die Auftragsverarbeitungskosten ist allerdings anzufügen,

---

on siehe *Copeland/Galai* (1983), 1457 f.; *Glosten/Milgrom* (1985), 72; *Easley/O'Hara* (1987), 70; *Huang/Stoll* (1997), 1030 kamen bei Daten aus dem Jahr 1992 zum Ergebnis, dass die Auftragsverarbeitungskosten 61.8 Prozent, die Inventarkosten 28.7 Prozent und die adverse Selektion 9.6 Prozent des Spreads ausmachen; *George/Kaul/Nimalendran* (1991), 625 erhielten ähnliche Resultate.

[20] Ähnlich *Foucault/Pagano/Röell* (2013), 101; *George/Kaul/Nimalendran* (1991), 625 bezeichnen sie als Entgelt für die Dienstleistung von Liquiditätsprovidern; zu den Informationskosten *Ruffner* (2000), 363 f.; *Zobl/Kramer* (2004), N 16.

[21] *Foucault/Pagano/Röell* (2013), 106; *Aldridge* (2013), 191; vgl. *Stoll* (1978), 1148.

[22] *Glosten/Milgrom* (1985), 72; *Easley/O'Hara* (1987), 70.

[23] Vorn 9; zu den Auswirkungen des Inventars auf das Market-Making auch *Cartea/Jaimungal/Penalva* (2015), 246 ff.

[24] Vgl. UK Regulierungsfolgenanalyse MiFID II 2012, 35 f.; IOSCO Report «Technological Impact on Market Integrity and Efficiency» 2011, 24; *Narang* (2014), 41 f.; auch *Aldridge* (2013), 189 ff., 204 ff.; *Weller* (2013), 1 ff.; *Carrion* (2013), 681; *Gerig/Michayluk* (2014), 1 f.; *Gomber/Arndt/Lutat/Uhle* (2011), 16 ff.; www.imc.com/eu/about-us#what-we-do; zur Berücksichtigung harter Informationen *Jovanovic/Menkveld* (2016), 3; hierzu auch hinten 68 ff.

[25] Vgl. *Bodek/Shaw* (2012), 4; IOSCO Report «Technological Impact on Market Integrity and Efficiency» 2011, 24.

[26] Vgl. IOSCO Report «Technological Impact on Market Integrity and Efficiency» 2011, 24; *Levine* (2015); zu den fragwürdigen Order-to-Transaction-Ratios hinten 463 ff., 687 ff.

dass die Infrastrukturkosten für den schnellstmöglichen Zugang zu Handelsinformationen beträchtlich sind.[27] Es stellt sich daher für einen Market-Maker stets die Frage, wie weit es sich für ihn auszahlt, sich am Geschwindigkeitswettlauf zu beteiligen. Während die Auftragsverarbeitungskosten wachsen, werden die Informationsrisiken reduziert, sodass sich bei einer bestimmten Investitionsgrenze ein Optimum bildet.

Sind Hochfrequenzhändler in der Lage, sich abzeichnende Kursbewegungen im Voraus zu erkennen, können sie diese Information selbstredend auch für direktionale Strategien verwenden und mitunter dem Markt auch durch Market(able)-Orders Liquidität entziehen, indem sie die fehlplatzierten Aufträge langsamer Händler auflesen.[28] Es ist daher nicht erstaunlich, dass viele Hochfrequenzhändler gemischte Strategien verfolgen.[29] Teilweise wird auch dafür gehalten, das Market-Making dürfe nicht mit der Bereitstellung von Liquidität gleichgesetzt werden und könne auch den Entzug von Liquidität beinhalten.[30]

d) Kontroverse

Market-Making-Tätigkeiten von Hochfrequenzhändlern haben zu verschiedenen Kontroversen geführt. Nachfolgend werden diese unter den Titeln Spread-Scalping und Rebate-Arbitrage sowie Liquiditätskrisen diskutiert.

aa) *Spread-Scalping und Rebate-Arbitrage*

Teilweise wird Hochfrequenzhändlern vorgeworfen, sie würden Spread-Scalping betreiben, indem sie den Spread monopolisieren.[31] Dadurch könnten die übrigen Händler nicht mehr mit Limit-Orders handeln, sondern müssten den Spread überqueren.[32] Ein ähnlicher Vorwurf lautet, Hochfrequenzhändler würden durch Rebate-Arbitrage (auch Rebate-Capture) die von den Handelsplätzen nach dem Maker-Taker-Modell ausbezahlten Entschädigungen vereinnahmen.[33] Dabei stellten sie dem Markt keine Liquidität im eigentlichen Sinne zur Verfü-

---

27 Hierzu hinten 285 ff.
28 Hierzu *Durbin* (2010), 58 f.; zu den direktionalen Strategien hinten 67 ff.
29 *Baron/Brogaard/Kirilenko* (2014), 12 konnten 18 aggressive, 28 passive und 39 gemischte Hochfrequenzhändler identifizieren; siehe auch *Weller* (2013), 2, wonach Hochfrequenzhändler zwischen der Bereitstellung von Liquidität und dem aggressiven Handel alternieren; *Cartea/Jaimungal/Penalva* (2015), 8 f.
30 *Cartea/Jaimungal/Penalva* (2015), 9; zu den Legaldefinitionen vorn 61, 530 ff.
31 Vgl. *Bodek/Shaw* (2012); *Aldridge* (2013), 219.
32 Vgl. *Bodek/Shaw* (2012); *Aldridge* (2013), 219; *Pragma Securities* (2012), 2.
33 *Arnuk/Saluzzi* (2012), 26 ff.; *McGowan* (2010), N 26; *Lewis* (2014), 170 ff., 172; vgl. *Brown* (2010), 114 zum Maker-Taker-Modell vorn 51 ff.

gung, sondern würden sich lediglich zwischen andere Händler platzieren, die sonst direkt miteinander handelten.³⁴ Spread-Scalping und Rebate-Arbitrage sind vergleichbar, da sich der ökonomische Spread wie erwähnt aus der Sicht der Bereitsteller von Liquidität aus den quotierten Spreads und den *liquidity rebates* zusammensetzt.³⁵

Die Vorwürfe erscheinen auf den ersten Blick kaum gerechtfertigt. Spread-Scalping und Rebate-Arbitrage beschreiben nichts anderes als das Geschäftsmodell des Market-Makings. Der intensive Wettbewerb um den Spread und die *liquidity rebates* gewährleistet gerade sehr kleine (quotierte) Spreads. Problematisch ist allerdings, wenn Handelsplätze einzelnen Händlern besondere Vorteile bei der Preis-Zeit-Priorität einräumen und dies den anderen Händlern nicht kommunizieren, sodass deren Limit-Orders nur zu ungünstigen Zeitpunkten ausgeführt werden. Solch besondere Vorteile zeigten sich namentlich bei den Preis-Sliding-Mechanismen, für die allerdings der US-amerikanische Gesetzgeber mitverantwortlich ist.³⁶ Ein anderes Beispiel bietet die UBS, die in ihrem Dark Pool *UBS ATS* sogenannte PrimaryPegPlus-Aufträge einführte, durch die sich Händler einen Vorteil bei der Preis-Zeit-Priorität im Subpenny-Bereich erkaufen konnten.³⁷ Auch zeigten etliche Verfahren in den USA, dass Handelsplätze die Marktteilnehmer in der Vergangenheit nur mangelhaft über die Funktionsweise ihrer Handelssysteme informierten.³⁸ Nach geltendem Recht verletzen Handelsplätze dadurch nicht nur ihre Transparenz- und möglicherweise auch ihre Gleichbehandlungspflicht (Art. 18 Abs. 1 und Art. 34 Abs. 1 FinfraG), in qualifizierten Fällen können sie auch den Betrugstatbestand (Art. 146 StGB) erfüllen.³⁹ Ferner kann allein schon die Komplexität der Regeln eine rationale Ausführung der Aufträge erschweren, wovon einzelne Spezialisten profitieren. Sorgt nicht der Wettbewerb zwischen verschiedenen Handelsplätzen und Brokern für Abhilfe, besteht hier durchaus ein möglicher Ansatzpunkt zur Regulierung durch Erlass standardisierter Regeln.⁴⁰ Soweit ersichtlich kennt die SIX allerdings keine besonderen Auftragstypen, die gewissen Händlern erlauben, Limit-Order-Kolonnen zu überspringen. Auch ist anzufügen, dass sich Hochfrequenzhändler ohnehin allein durch ihre Geschwindigkeit Positionen weit vorn

---

34 *Lewis* (2014), 172.
35 Hierzu vorn 63 ff.
36 Vorn 41 ff.
37 Hierzu *SEC Order agst. UBS ATS 2015*, N 14 ff.
38 Siehe *SEC Order agst. CS Crossfinder 2016*; *SEC Order agst. CS Light Pool 2016*; *SEC Order agst. UBS ATS 2015*; *SEC Order agst. Barclays LX 2016*; *SEC Order agst. ITG Posit 2015*; *SEC Order agst. Direct Edge 2015*; zu den Verfahren auch hinten 423 f. und 672 ff.
39 Hinten 672 ff., 701 f.
40 Hierzu hinten 422 f.

in diesen Limit-Order-Kolonnen sichern können. Dieser Umstand ist eng mit der Preis-Zeit-Priorität verknüpft und wird im Kapitel 10 (Markversagen) im Zusammenhang mit dem Geschwindigkeitswettlauf und Informationsasymmetrien sowie im Kapitel 12 (Regulierungsinstrumente) weiter analysiert.[41]

bb) *Liquiditätskrisen*

Teilweise wird Hochfrequenzhändlern auch vorgeworfen, sie würden Market-Making-Strategien verfolgen, ohne sich als Market-Maker zu registrieren und sich zur kontinuierlichen Bereitstellung von Liquidität zu verpflichten.[42] Der europäische Gesetzgeber verpflichtete daher Hochfrequenzhändler, die eine Market-Making-Strategie verfolgen, zur kontinuierlichen Bereitstellung von Liquidität (Art. 17 Abs. 3 lit. a MiFID II), und der schweizerische Gesetzgeber schreibt vor, dass Handelsplätze mit solchen Teilnehmern eine schriftliche Vereinbarung treffen müssen (Art. 30 Abs. 3 FinfraV). Diese Verpflichtungen sowie die Frage, ob sie für das Erreichen eines Regulierungsziels geeignet und erforderlich sind, werden im Detail in den Kapiteln 12 (Regulierungsinstrumente) und 19 (Gewährleistung eines geordneten Handels) im Detail erläutert.[43]

2. Direktionale Strategien

a) Begriff

Eine direktionale Strategie verfolgt ein Händler, wenn er Preisbewegungen vorauszusehen versucht und entsprechend der Voraussage Wertpapiere kauft oder verkauft.[44] Die Voraussage muss nicht immer richtig sein; es genügt, wenn seine Einschätzung in etwas mehr als der Hälfte der Fälle zutrifft.[45] Damit sich eine solche Strategie auszahlen kann, müssen die Transaktionskosten allerdings genügend tief sein.[46] Direktional agierende Händler verwenden daher regelmässig Derivate, bei denen die Transaktionskosten im Verhältnis zu Preisbewegungen erheblich geringer sind.

---

[41] Hinten 279 ff., 298 ff., 402 ff.
[42] *EC Regulierungsfolgenabschätzung MiFID II 2011*, 25, 95; siehe auch *IOSCO Report «Technological Impact on Market Integrity and Efficiency»* 2011, 24; *Bodie/Kane/Marcus* (2014), 72; *Bodek/Shaw* (2012), 3.
[43] Zur Eignung und Erforderlichkeit hinten 450 ff.; zur Verpflichtung selbst hinten 624 ff.
[44] Bspw. *UK Regulierungsfolgenanalyse MiFID II 2012*, 31 ff.; vgl. *Durbin* (2010), 89 f.; *SEC Concept Release on Equity Market Structure 2010*, 3608 ff.; die von der SEC aufgelisteten antizipierenden Strategien und Momentum-Ignition-Praktiken werden hinten erläutert, siehe 76 ff. und 90 f.
[45] *Durbin* (2010), 89.
[46] Vgl. *UK Regulierungsfolgenanalyse MiFID II 2012*, 31.

b)   Formen

Die direktionalen Strategien können unterteilt werden in Strategien, die eine zwischenzeitliche Fehlbewertung ausnutzen, und in Momentum-Strategien.[47]

aa)   *Fehlbewertung und News-Trading*

Eine Fehlbewertung im engeren Sinne liegt vor, wenn der Kurs eines Wertpapiers nicht die mit der Anlage verbundenen Renditeerwartungen und Risiken widerspiegelt.[48] Eine Fehlbewertung im weiteren Sinne kann sich ergeben, wenn ein Missverhältnis zwischen Angebot und Nachfrage besteht.[49] Nach der Markteffizienzhypothese in ihrer mittelstrengen Form ist eine Überrendite auf Basis aktueller Informationen grundsätzlich nicht möglich, sodass Händler nur eine Überrendite erzielen können, wenn sie schneller als die anderen Händler auf neue Informationen reagieren.[50] Zwischenzeitliche Fehlbewertungen können sich daher vor allem durch neue bewertungsrelevante Informationen oder neue Handelsinformationen ergeben.[51] Als News-Trading (auch *event-driven strategies* oder *event arbitrage*) wird dabei in der Regel lediglich der auf bewertungsrelevanten Informationen basierende Handel bezeichnet.[52] Bewertungsrelevant sind beispielsweise eine Zinsentscheidung einer Nationalbank, neuentdeckte Erdölvorkommen oder aber ein Geschäftsbericht, der die Erwartungen übersteigt. News-Trading wurde seit der Antike betrieben; neueren Datums ist lediglich die Verwendung von Computerprogrammen zu diesem Zweck.[53]

Medienunternehmen stellen algorithmischen Händlern maschinenlesbare Nachrichtendienstleistungen zur Verfügung, um News-Trading-Strategien zu vereinfachen.[54] Algorithmen interpretieren jedoch auch die menschliche Sprache, so-

---

[47]   *Litzenberger/Castura/Gorelick* (2012), 65; siehe auch *Durbin* (2010), 87 ff., 89 f.
[48]   Hierzu im Detail hinten 197 ff.
[49]   Kurzfristig kann der Preisdruck durch Missverhältnisse zwischen Angebot und Nachfrage grösser sein als der Preisdruck durch bewertungsrelevante Informationen; zu direktionalen Strategien in diesem Zusammenhang siehe bspw. *Kearns/Nevmyvaka* (2013), 9 ff.
[50]   Siehe bspw. *Hirschey* (2016), 32 ff.; *Foucault/Hombert/Roşu* (2016); siehe auch *Riordan/Storkenmaier/Wagener/S. S. Zhang* (2013), 1157 f., nach denen sich die Informationsasymmetrie im Bereich der Medieninformationen erhöht.
[51]   *Brogaard/Hendershott/Riordan* (2014), 2270; vgl. *Harris* (2015), 38; *Foucault/Hombert/Roşu* (2016), 335 f.; *S. S. Zhang* (2013), 13 ff.; *Durbin* (2010), 87 ff., 91.
[52]   Vgl. *Jiang/Lo/Valente* (2014), 2 f.; *Harris* (2015), 39 f.; *Aldridge* (2013), 27; *Cliff* (2011), 48 f.; *Akyıldırım/Altarovici/Ekinci* (2015), 305 ff.
[53]   Zur Geschichte des News-Tradings hinten 279 ff.
[54]   Siehe bspw. http://financial.thomsonreuters.com/en/products/infrastructure/trading-infrastructure/elektron-enterprise-data-management/market-data-feeds.html; *Allen/McAleer/Singh* (2015), 328; *Harris* (2015), 39; *S. S. Zhang* (2013), 22; *Cliff* (2011), 49; siehe auch *Al-*

I. Hochfrequenzhandelsstrategien

dass die Grenzen zwischen menschlicher Sprache und Programmiersprache verschwimmen. In diesem Zusammenhang wird vom *natural language processing* (NLP) gesprochen.[55] Die Geschwindigkeit und Deutlichkeit der dadurch bewirkten Reaktionen des Markts zeigten sich eindrücklich am sogenannten *Tweet Crash* vom 23. April 2013, als ein Hacker über den Twitteraccount von Associated Press (AP) die Nachricht einer Explosion im Weissen Haus verbreitete und der Dow Jones Index innert Sekunden um 150 Punkte einstürzte.[56] Kurz darauf erholten sich die Kurse ebenso schnell wieder, nachdem AP die Öffentlichkeit über die Sachlage aufklärte.[57]

Die Rolle algorithmischer Händler beim News-Trading zeigt sich durch eine erhöhte Aktivität, wenn viele neue Informationen den Markt erreichen.[58] Dabei reagieren direktionale Hochfrequenzhändler vor allem mit aggressiven Aufträgen.[59] Daher ist es für Market-Maker sehr bedeutsam, dass sie schneller reagieren und ihre Limit-Orders stornieren oder aber zumindest die Spreads verbreitern.[60] Aufgrund des von bedeutenden Medieninformationen ausgehenden erhöhten Risikos reduziert sich die Liquidität kurz vor und nach den Mitteilungen.[61] Market-Maker müssen erhöhte Risiken wie erwähnt durch erhöhte Spreads kompensieren.[62] Dennoch gewichten etwa *Jiang/Lo/Valente* von der Bank of Canada den negativen Einfluss des Hochfrequenzhandels auf die Liquidität im Zusammenhang mit Medienereignissen höher als den positiven Einfluss auf die Preisfindungsqualität.[63] Problematisch erscheint in diesem Zusammenhang vor allem, dass sich Marktteilnehmer im Rahmen ihres Risikomanagements vor dem Hin-

---

dridge (2013), 174 ff.; *IOSCO Report «Technological Impact on Market Integrity and Efficiency» 2011*, 25.

[55] Zum NLP *Davda/Mittal* (2008); *Kelly* (2007), 38; *Giffords* (2007), 101 ff.; *Kearns/Nevmyvaka* (2013), 4; *Harris* (2015), 40; siehe allerdings *S. S. Zhang* (2013), wonach weiche Informationen nicht primär von Hochfrequenzhändlern verarbeitet werden; sie verwendet allerdings Daten aus den Jahren 2008 und 2009; ähnlich *Cole/Daigle/B. van Ness/R. van Ness* (2015), 269 gestützt auf Daten aus denselben Jahren; *Cliff* (2011), 49 geht davon aus, dass menschliche Händler bald kaum mehr Möglichkeiten haben, auf News zu reagieren.

[56] Siehe hierzu *O'Hara* (2014), 21; *Bunge* (2013).

[57] Siehe hierzu *O'Hara* (2014), 21; *Bunge* (2013).

[58] *Jovanovic/Menkveld* (2016), 4; siehe auch *Brogaard/Hendershott/Riordan* (2014), 2296 ff.; *Riordan/Storkenmaier/Wagener/ S. S. Zhang* (2013), 1158; *Gresser* (2016), 210 f.

[59] *Foucault/Hombert/Roşu* (2016), 336, 338; siehe auch *Harris* (2015), 39, wonach die Händler Marketable Orders verwenden; *Gross-Klussmann/Hautsch* (2011).

[60] Vgl. *Durbin* (2010), 88; *Harris* (2015), 40 f.

[61] *Jiang/Lo/Valente* (2014), 20; siehe allerdings *Riordan/Storkenmaier/Wagener/ S. S. Zhang* (2013), 1158, wonach sich die Liquidität lediglich bei negativen Neuigkeiten reduziert; siehe auch *Ho/Shi/Zhang* (2015), 378, wonach News die Volatilität erhöhen.

[62] Vorn 63 ff.

[63] *Jiang/Lo/Valente* (2014), 20.

tergrund stochastischer Modelle schwer mit der Vorstellung zu tun scheinen, dass Wertpapierpreise sprunghaft auf neue Informationen reagieren. Sogenannte *fat tails* werden beklagt, welche für eine breite Verteilung möglicher zukünftiger Wertpapierpreise stehen.[64] Mit dem Hochfrequenzhandel in Verbindung gebrachte Markt- und Liquiditätsrisiken werden daher im Kapitel 11 (Systemische Risiken) untersucht.[65]

bb) Momentum-Strategien

Bei Momentum-Strategien versuchen Händler, von Markttrends zu profitieren, indem sie in einem steigenden Markt Wertpapiere kaufen und in einem sinkenden Markt Wertpapiere verkaufen.[66] Momentum-Strategien mögen teilweise erfolgreich sein, stehen aber in einem offensichtlichen Widerspruch zur Markteffizienzhypothese (in ihrer mittelstrengen Form), nach der Preise stets die bewertungsrelevanten Informationen widerspiegeln und daher sprunghaft auf neue Informationen reagieren sollten.[67] Der Hochfrequenzhandel dürfte auch immer mehr zu solch sprunghaften Reaktionen führen, sodass Investoren nicht mehr in der Lage sind, bei einem fallenden Markt abzuspringen.[68]

3. Arbitrage

Arbitrage-Strategien werden besonders mit Hochfrequenzhändlern in Verbindung gebracht.[69] Dabei kann unterschieden werden zwischen der deterministischen Arbitrage, der Linked Arbitrage, der statistischen Arbitrage und der Latency-Arbitrage. Bereits in einem anderen Kontext erläutert wurden die Rebate-Arbitrage und die Event-Arbitrage.[70]

a) Deterministische Arbitrage

Als deterministische Arbitrage (auch *pure arbitrage*, *true arbitrage* oder Arbitrage im engeren Sinne) werden Handelsstrategien bezeichnet, bei denen Fehlbewertungen für einen (praktisch) risikolosen Gewinn ohne Nettoinvestition aus-

---

[64] Siehe etwa *Haldane* (2011), 1, 6 ff.; zur Rationalität einer sprunghaften Veränderung von Wertpapierpreisen siehe die die einleuchtende Grafik bei *Aldridge* (2013), 106.
[65] Hinten 370 ff., 388 ff.
[66] *Litzenberger/Castura/Gorelick* (2012), 65; *Durbin* (2010), 90; *Jegadeesh/Titman* (2001), 699.
[67] Zur Markteffizienzhypothese hinten 198 ff.
[68] Siehe hierzu hinten 386.
[69] Siehe bspw. *UK Regulierungsfolgenanalyse MiFID II 2012*, 27 ff., 35; *Harris* (2015), 31 ff.; *Durbin* (2010), 71 ff.
[70] Vorn 65 ff., 68.

I. Hochfrequenzhandelsstrategien

genutzt werden.[71] Diese Form der Arbitrage setzt grundsätzlich voraus, dass ein Gut (Wertpapiere oder Waren) auf verschiedenen Märkten zu unterschiedlichen Preisen gehandelt wird.[72] Kann ein Gut auf einem Markt günstiger gekauft und auf einem anderen Markt teurer verkauft werden, resultiert ein praktisch risikoloser Gewinn, sofern die Preisdifferenz grösser ist als die anfallenden Transaktionskosten.[73] Gänzlich risikolos ist allerdings keine Arbitragestrategie: Selbst Hochfrequenzhändler tragen das Risiko, dass sich die Marktlage verändert hat, wenn ihre Aufträge bei den Handelsplätzen eintreffen, sodass nur einer der Aufträge ausgeführt wird.[74] Das aufgrund der Transaktionskosten existierende Preisband, innerhalb desselben keine Arbitrage möglich ist, wird No-Arbitrage-Band genannt.[75] Dieses ist allerdings vor allem in den USA sehr klein.

Ein Händler kann eine Arbitrage-Strategie aggressiv nur durch Marketable Orders, passiv nur durch Limit-Orders oder gemischt durch Limit und Marketable Orders verfolgen.[76] Die aggressive Strategie ist mit dem geringsten Risiko verbunden; solche Arbitragemöglichkeiten ergeben sich jedoch eher selten und die Gewinne dürften grundsätzlich den schnellsten Händlern vorbehalten sein.[77] Als Marketable Orders kommen vor allem Aufträge der Typen *immediate-or-cancel* (IOC) oder *fill-or-kill* (FOK) infrage.[78] Die rein passive Arbitrage-Strategie gleicht stark einer Market-Making-Strategie und ist entsprechend mit höheren Risiken verbunden.[79] Werden Limit-Orders verwendet, kommt der Position derselben in den Limit-Order-Kolonnen eine besondere Bedeutung zu.[80] Bei einer gemischten Strategie platziert der Händler seine Limit-Orders auf eine Weise, die eine Arbitragetransaktion durch eine Marketable Order auf einem ande-

---

[71] *Bodie/Kane/Marcus* (2014), 328; *Wang/Zheng* (2015), 38; *Kaufman* (2013), 572; teilweise wird die Arbitrage allgemeiner als Strategie des Unterschieds bezeichnet, siehe *Ghemawat* (2003), 78.
[72] *UK Regulierungsfolgenanalyse MiFID II 2012*, 27 ff.; *IOSCO Report «Technological Impact on Market Integrity and Efficiency»* 2011, 25; *Fabozzi/Modigliani* (2009), 104; *Wah/Wellman* (2013), 855 f.; *Wang/Zheng* (2015), 38; *Narang* (2014), 43; vgl. *Budish/Cramton/Shim* (2015), 1549 ff.
[73] *Fabozzi/Modigliani* (2009), 104; *Bodie/Kane/Marcus* (2014), 328; *Durbin* (2010), 71 f.
[74] Werden beide Aufträge nicht ausgeführt, ist dies weniger problematisch.
[75] *Fabozzi/Modigliani* (2009), 282; *Redhead* (2008), 584; vgl. *UK Regulierungsfolgenanalyse MiFID II 2012*, 28.
[76] *UK Regulierungsfolgenanalyse MiFID II 2012*, 27 ff.; *Harris* (2015), 41 ff. m.w.H.
[77] *Harris* (2015), 41; siehe allerdings *Budish/Cramton/Shim* (2015), 1552 f., wonach Arbitragemöglichkeiten bei einem kontinuierlichen Markt eine Konstante darstellen.
[78] *UK Regulierungsfolgenanalyse MiFID II 2012*, 29; zu den Auftragstypen vorn 39 f.
[79] Vgl. *Harris* (2015), 42 f.; zu den Risiken des Market-Making vorn 63 ff.
[80] Hierzu *UK Regulierungsfolgenanalyse MiFID II 2012*, 29; *Bodek/Shaw* (2012), 2; siehe auch *Yao/Ye* (2015), 3; *Pragma Securities* (2012), 2.

ren Markt zulässt.[81] Die verschiedenen Positionen in einem Arbitrage-Portfolio werden *legs* genannt.[82]

b) Linked Arbitrage

Als Linked Arbitrage (auch Arbitrage bei gekoppelten Wertpapieren) können Strategien bezeichnet werden, bei denen Preisabweichungen zwischen miteinander logisch verknüpften Wertpapieren (oder zwischen Wertpapieren und Warenkursen) ausgenutzt werden.[83] Ein enger logischer Zusammenhang besteht etwa zwischen Derivaten wie Futures, Optionen oder Swaps und deren Basiswerten (Aktien, Bonds oder Waren).[84] Studien haben gezeigt, dass Futures-Märkte tendenziell schneller neue Informationen verarbeiten als die Kassamärkte, wenngleich dieser Effekt nicht unidirektional ist.[85] Eine andere Form der Linked Arbitrage ist die Index-Arbitrage.[86] Bei dieser nutzt der Händler Preisdivergenzen zwischen einem Index (bspw. ein Index-ETF) und dessen Komponenten.[87] Ähnliche Arbitragegelegenheiten ergeben sich auch zwischen anderen Fonds und deren Bestandteilen. Die Arbitrage bei gekoppelten Wertpapieren wird für (praktisch) risikolos erachtet und entsprechend teilweise unter der Arbitrage im engeren Sinne geführt.[88]

Die Bedeutung der Arbitrage bei gekoppelten Wertpapieren zeigt sich eindrücklich anhand der Hochgeschwindigkeitsverbindungen über Mikrowellentürme, die zwischen verschiedenen Handelsplätzen entstanden sind.[89] Von besonderer Bedeutung ist dabei die Verbindung zwischen Chicago und dem Raum New York, da sich die Zugänge zu den grössten Aktienbörsen in New Jersey[90] befin-

---

[81] Vgl. *Harris* (2015), 41 f.
[82] Bspw. *Harris* (2015), 41; *UK Regulierungsfolgenanalyse MiFID II 2012*, 27; *MacIntosh* (2013), 7.
[83] Siehe *UK Regulierungsfolgenanalyse MiFID II 2012*, 30 f.
[84] Für das Verhältnis zwischen Aktienmärkten und Terminmärkten siehe *de Jong/Donders* (1998); für Futures im Speziellen siehe *K. Chan* (1992); *Kawaller/Koch/Koch* (1993); allgemein für verschiedene Verknüpfungen *Durbin* (2010), 74 ff.
[85] *Kawaller/Koch/Koch* (1987), 1327; *Stoll/Whaley* (1990), 466; *K. Chan* (1992), 150; *de Jong/Donders* (1998), 357 siehe auch *Aldridge* (2013), 172.
[86] *S. S. Zhang* (2013), 1; *Aldridge* (2013), 164; a. M. *Bodie/Kane/Marcus* (2014), 930, die die Index-Arbitrage zur Arbitrage i.e.S. zählen.
[87] *Bodie/Kane/Marcus* (2014), 809 und 930; *S. S. Zhang* (2013), 1; *Durbin* (2010), 73 f.; siehe auch *Budish/Cramton/Shim* (2015), 1549 ff.
[88] *Bodie/Kane/Marcus* (2014), 930; *Fabozzi/Modigliani* (2009), 282; kritisch *Jarrow/Protter* (2012), 2.
[89] Hierzu hinten 285 ff.
[90] Dies gilt nicht nur für Bats, sondern auch für die NYSE und Nasdaq: Bats hat den Sitz in Lenexa, Kansas; die Handelsplattformen BZX, BYX, EDGA, EDGX und BZX Options

den, während der grösste Terminmarkt der Welt (CME und CBOT) in Chicago liegt.[91]

c) Statistische Arbitrage

Als statistische Arbitrage (StatArb) wird eine Handelsstrategie bezeichnet, die darauf abzielt, Fehlbewertungen von Effekten im Vergleich zu statistisch ermittelten Werten auszunutzen.[92] Grundlage dieser Handelsstrategie bilden statistisch beständige Erscheinungen, die sich auf ineffiziente Abweichungen von fundamentalen Werten oder rein statistische Indikatoren stützen können.[93] So bestehen etwa starke statistische Korrelationen zwischen gewissen Wertpapieren, zwischen Wertpapieren und Waren oder auch zwischen verschiedenen Währungen.[94] Der Ausdruck statistische Arbitrage ist insofern etwas irreführend, als darauf basierende Gewinne nicht risikofrei sind.[95]

Das wohl einfachste Beispiel statistischer Arbitrage ist das Pairs-Trading, bei dem Wertpapiere verglichen werden, die sich gewöhnlich gleich (oder gemäss einem gewissen Korrelationsfaktor) entwickeln.[96] Diese Korrelation kann sich beispielsweise aus einer Abhängigkeit von Weltmarktpreisen wie dem Ölpreis oder dem Verhältnis zwischen Devisenkursen und den Renditeerwartungen einzelner Unternehmen ergeben.[97] Ein anderes Beispiel ist die Risk-Arbitrage, bei der es sich auf den ersten Blick um ein eigentliches Oxymoron handelt.[98] Gemeint sind die sich bei Anwendung klassischer Preismodelle wie des CAPM und darauf aufbauender Modelle ergebenden Arbitragemöglichkeiten.[99]

Exchange befinden sich jedoch in Secaucus NJ (*Bats Connectivity Manual 2016*, 4); der Zugang zu Nasdaq liegt in Carteret NJ (*Nasdaq Access 2016*, 1); der Zugang zur NYSE liegt in Mahwah NJ (*www.nyse.com/connectivity/colo*).

[91] Zur Bedeutung der Verbindung zwischen Chicago und New York bspw. *Cookson* (2013); *FIA Annual Volume Survey 2015*, 20; hinten 287.
[92] *Bodie/Kane/Marcus* (2014), 930; *S. S. Zhang* (2013), 1; *Miao* (2014), 96.
[93] *Aldridge* (2013), 163 f.
[94] *Aldridge* (2013), 36; zu den Währungen *Moldenhauer* (2011).
[95] *Cartea/Jaimungal/Penalva* (2015), 273.
[96] *Cartea/Jaimungal/Penalva* (2015), 273; *Bodie/Kane/Marcus* (2014), 930; *Aldridge* (2013), 165 f.; siehe auch *Budish/Cramton/Shim* (2015), 1549 ff.; teilweise wird der Begriff des Pairs-Trading allerdings auch anders im Sinne einer gemischten determinstischen Handelsstrategie (*long-short strategy*) verwendet, siehe *Dunis/Giorgioni/Laws/Rudy* (2014), 36; *Miao* (2014), 97.
[97] Siehe auch das Beispiel der Preise für Maissirup und die Aktienwerte von Süssgetränkeproduzenten bei *Buchanan* (2015), 162.
[98] *Fabozzi/Modigliani* (2009), 88 und 105 ff.; *G. Ye* (2011), 8.
[99] *Aldridge* (2013), 187 ff.; zum CAPM und weiteren Bewertungsmodellen *Bodie/Kane/Marcus* (2014), 291 ff.

§ 3 Handelsstrategien

Für die statistische Arbitrage gilt wie bei sämtlichen Handelsstrategien: je verbreiteter eine profitable Handelsstrategie, desto grösser ist die Bedeutung der Geschwindigkeit. Der Hochfrequenzhandel betrifft in erster Linie die Ebene der Implikation einer Strategie; Algorithmen werden aber auch zur Aufdeckung von Regelmässigkeiten verwendet.[100] Zur Überprüfung ihrer Modelle verwenden Hochfrequenzhändler riesige historische Datenmengen. So enthielt etwas das Datensystem von Citadel schon vor einigen Jahren 100-mal so viele Informationen wie die Library of Congress.[101]

d) Latency-Arbitrage

Aufgrund der Bedeutung der Geschwindigkeit für Überrenditen finden sich teilweise auch die Begriffe der Latency-Arbitrage oder der Slow-Market-Arbitrage.[102] Die Begriffe werden allerdings nicht einheitlich verwendet und teilweise lediglich im Zusammenhang mit antizipierenden Strategien benutzt.[103] Hochfrequenzhändler können wie erwähnt durch eine schnellere Berechnung der NBBOs fehlplatzierte Aufträge auflesen, wenn beispielsweise ein Handelsplatz Peg-Orders langsamer anpasst oder Aufträge gestützt auf veraltete Informationen an andere Handelsplätze weiterleitet.[104] Ausgehend vom allgemeinen Bedeutungsgehalt des Begriffs der Latenz sollten jedoch sämtliche Strategien als Latency-Arbitrage bezeichnet werden, die Überrenditen aus einer relativ zu anderen Marktteilnehmern erhöhten Geschwindigkeit generieren.[105]

e) Kontroverse

Teilweise wird kritisiert, Arbitragestrategien würden den Händlern Informationsrisikokosten (*adverse selection costs*) auferlegen, ohne die Marktqualität zu verbessern.[106] Dem kann entgegengehalten werden, dass Arbitrageure dazu führen, dass sich kaum Preisdifferenzen auf den verschiedenen Märkten ergeben und praktisch keine Arbitrage möglich ist, sodass die Informationsrisikokosten

---

[100] Zu selbstlernenden Maschinen *Harris* (2015), 51 f.; *Kearns/Nevmyvaka* (2013), 1; hinten 94; siehe auch die Unterscheidung zwischen dem computergestützten und dem computergenerierten Handel bei *Contratto* (2014), 145.
[101] Entscheid 1-09-2828 *Citadel vs. Teza* des Illinois Appellate Court v. 24. Februar 2010, 3.
[102] Siehe bspw. *Gomber/Arndt/Lutat/Uhle* (2011), 29 f.; *Aldridge* (2013), 35; *Wah/Wellman* (2013), 855 f.; *MacIntosh* (2015), 138 f.; *Arnuk/Saluzzi* (2012), 30 ff.
[103] Bspw. *MacIntosh* (2015), 138; *Pasquale* (2015), 2093; *Arnuk/Saluzzi* (2012), 30 ff.
[104] Vgl. *MacIntosh* (2015), 138; *Wah/Wellman* (2013), 856, 859 ff.; *Pasquale* (2015), 2093; *Gomber/Arndt/Lutat/Uhle* (2011), 29 f.; vorn 33 f., 48.
[105] Vgl. *Wah/Wellman* (2013), 856.
[106] So *Wah/Wellman* (2013), 857, 865 ff.; *MacIntosh* (2015), 139.

gerade minimiert werden.¹⁰⁷ Trotz Fragmentierung besteht also ein einheitlicher Markt mit einem einzigen Preis (Law of one Price), in dem Hochfrequenzhändler Liquidität von einem Markt auf den anderen transferieren, wie sich etwa beim Flash-Crash vom 6. Mai 2010 zeigte.¹⁰⁸ Dadurch dürfte für die meisten Händler relativ unerheblich sein, welchen Handelsplatz sie aufsuchen, sodass sie auch von geringeren Suchkosten, trotz Fragmentierung, profitieren können. Mit Bezug auf die Rechtslage in der Schweiz hält die Finma im Rundschreiben 2013/8 zu den Marktverhaltensregeln denn auch ausdrücklich fest, dass das parallele Stellen von Kauf- und Verkaufsaufträgen in denselben oder verschiedenen Finanzinstrumenten (an verschiedenen Handelsplätzen) zum Zwecke der Arbitrage zulässig sei.¹⁰⁹ Ob ein Markt zwingend Arbitrage-Gelegenheiten zulassen muss oder ob eine andere Ausgestaltung der Marktmikrostruktur die Marktqualität steigern kann, wird in den Kapiteln 10 (Marktversagen) und 12 (Regulierungsinstrumente) untersucht.¹¹⁰

Unabhängig von der allgemeinen Frage nach dem Nutzen von Arbitragestrategien ist es fragwürdig, wenn Handelsplätze Peg-Orders anbieten und sich Arbitragegelegenheiten nur deshalb ergeben, weil sie die Aufträge zu langsam anpassen. Sind Handelsplätze und Broker nicht in der Lage, ihre Peg-Orders beispielsweise durch Verzögerung der übrigen Aufträge ausreichend schnell an die Marktlage anzupassen, dürfte sich eine Offenlegungspflicht aus der Transparenzpflicht für Handelsplätze (Art. 28 Abs. 1 FinfraG i. V. m. Art. 27 Abs. 4, Art. 30 und Art. 45 FinfraG sowie Art. 24 Abs. 1 lit. a, Art. 30 Abs. 1 und Art. 40 FinfraV), den Verhaltensregeln für Effektenhändler (Art. 11 BEHG) und der auftragsrechtlichen Sorgfalts- und Treuepflicht (Art. 398 Abs. 2 OR) ergeben.¹¹¹ Die Pflicht der Handelsplätze zur Transparenz über die Funktionsweise ihrer Handelssysteme wird im Kapitel 19 (Gewährleistung eines geordneten Handels) im Detail erläutert und gewürdigt.¹¹²

---

107 Zur Synchronisierung der Preise bspw. *Durbin* (2010), 72; *Gerig* (2012); *Buchanan* (2015), 162.
108 Siehe *Aldridge* (2013), 219; zum Liquiditätstransfer beim Flash-Crash hinten 374, 386; siehe allerdings *Budish/Cramton/Shim* (2015), 1552 f.
109 FINMA-RS 2013/8, N 33.
110 Hinten 311 f., 402 ff.
111 Diese Aussage hört sich auf den ersten Blick widersprüchlich an, ist sie aber nicht; zur symmetrischen und asymmetrischen Verzögerung siehe hinten 402 ff.
112 Hinten 672 ff.

4. Antizipierende Strategien (elektronisches Frontrunning)

Mehr noch als die bisher erwähnten Strategien stossen antizipierende Strategien von Hochfrequenzhändlern auf Kritik.[113] In diesem Abschnitt sollen einige Aspekte dieser Handelsstrategien beleuchtet werden.

a) Begriff

Als antizipierende Strategie wird bezeichnet, wenn (Hochfrequenz-)Händler grosse Aufträge von institutionellen Investoren aufspüren und sich den von diesen Aufträgen ausgehenden Preisdruck zunutze machen.[114] Hierfür scannen sie die Märkte mit Computerprogrammen nach Anzeichen für Grossaufträge.[115] Zwar stückeln institutionelle Investoren ihre Aufträge oder verwenden besondere Auftragstypen, um die Kurse nicht zu stark zu beeinflussen.[116] Dabei lassen sie sich allerdings teilweise einfach durchschauen, sodass Hochfrequenzhändler die Grossaufträge dennoch antizipieren können.[117] *Hirschey* und *van Kervel/ Menkveld* untersuchten, ob Hochfrequenzhändler das Verhalten anderer Marktteilnehmer antizipieren und kamen zu einem positiven Befund.[118]

Teilweise wird für antizipierende Strategien von Hochfrequenzhändlern auch der Begriff des «elektronischen Frontrunnings» verwendet.[119] Beim klassischen Frontrunning nutzt ein Broker das Wissen über grosse bevorstehende Kundenaufträge, indem er vorab für eigene (oder fremde) Rechnung handelt.[120] Dadurch verletzt er verschiedene Rechtsnormen, was im Kapitel 22 (Insiderhandel) gezeigt wird.[121] Das elektronische Frontrunning ist dem klassischen Frontrunning insofern ähnlich, als Hochfrequenzhändler ebenfalls das Wissen über bevorstehende Grossaufträge zu ihren Gunsten nutzen, wodurch Investoren höhere Transaktionskosten tragen. Das elektronische Frontrunning weist jedoch den bedeutenden Unterschied zum klassischen Frontrunning auf, dass Hochfre-

---

[113] Bspw. *Warren Buffet* in *Crippen* (2014); sein langjähriger Geschäftspartner *Charlie Munger* in *Toscano* (2013); *Lewis* (2014), 95.
[114] Bspw. *SEC Concept Release on Equity Market Structure 2010*, 3609; *X. F. Zhang* (2010), 8 f.; *Miller/Shorter* (2016), 5 f.; siehe auch *Malinova/Park* (2015b), 3.
[115] Vgl. *SEC Concept Release on Equity Market Structure 2010*, 3609; *Harris* (2015), 10, 43 ff.; *Miller/Shorter* (2016), 5 f.
[116] Bspw. *Aldridge* (2013), 266 ff.; *Harris* (2015), 48 f.; *Durbin* (2010), 54 ff.
[117] Hierzu sogleich 77 f.
[118] *Hirschey* (2016); *van Kervel/Menkveld* (2016); zu einem negativen Befund kam demgegenüber *Brogaard* (2010), 21.
[119] Siehe *X. F. Zhang* (2010), 8 f.; *Harris* (2015), 10, 43 ff. vgl. *Durbin* (2010), 65 f.
[120] *Pflaum* (2013), 271; *M. K. Weber* (2013), 129; *A. Wyss* (2000), 237; *Koenig* (2006), 215 f.
[121] Hinten 831 ff.

quenzhändler in aller Regel kein Sonderwissen aus einer besonderen Kundenbeziehung zum Investor ausnutzen, sondern (mehr oder weniger) allgemein zugängliche Daten verwenden.[122]

b) Vorgehensweise

Zur Frage, wie Hochfrequenzhändler Grossaufträge aufspüren, finden sich in der Literatur nur wenige Hinweise. Die Art und Weise, wie institutionelle Investoren Grossaufträge ausführen, dürfte dennoch gewisse Aussagen zur Vorgehensweise von Hochfrequenzhändlern erlauben.

aa) *Transparente Ausführungsalgorithmen*

Wollen institutionelle Investoren ein grosses Wertpapierpaket kaufen oder verkaufen, so stückeln sie wie erwähnt ihre Aufträge, damit sie die Liquidität nicht überstrapazieren und die Kurse so wenig wie möglich beeinflussen.[123] Hierfür verwenden sie teilweise Ausführungsalgorithmen vom Typus Percent-of-Volume (auch POV oder PVol).[124] Macht ein Händler Gebrauch von einem PVol-Algorithmus, nennt er in der Regel einen Anteil am Gesamthandelsvolumen von beispielsweise 10 Prozent, an dem sich der Algorithmus bei der Platzierung von Aufträgen orientieren soll.[125] Ähnlich funktionieren Volume-Weighted-Average-Price-Algorithmen (VWAP), die sich allerdings im Unterschied zu PVol-Algorithmen auf (historische) Durchschnittspreise stützen.[126] Solche PVol- und VWAP-Algorithmen dürften Hochfrequenzhändler leicht aufspüren können, wie die zwei folgenden Beispiele anschaulich zeigen.

Am 18. Januar 2008 wurde der Geschäftsleitung der Société Générale bekannt, dass einer ihrer Händler, Jérôme Kerviel, mit Derivategeschäften Buchverluste in der Höhe von EUR 1.5 Mrd. akkumuliert hatte.[127] In der Folge versuchte die

---

[122] *Angel/Harris/Spatt* (2011), 7, 48 ff. sind beunruhigt mit Bezug auf klassische Frontrunning-Aktiviväten in verknüpften Finanzinstrumenten; solche Verhaltensweisen fallen jedoch unter dieselben Bestimmungen wie Frontrunning-Aktivitäten im selben Wertpapier, hierzu hinten 831 ff.
[123] Vorn 29 f.
[124] Siehe bspw. die Beschreibung der PVol-Algorithmen durch *Interactive Brokers* unter *www.interactivebrokers.com/en/index.php?f=1123*.
[125] *Ibid*; *Natixis on Algorithmic Trading*, 9.
[126] *Natixis on Algorithmic Trading*, 5 f., 9; zu den VWAP- und TWAP-Algorithmen *Banks* (2014), 137 f., 141; zur PVol-Strategie siehe die Beschreibung von *Interactive Brokers* unter *www.interactivebrokers.com/en/index.php?f=1123*; zur zulässigen Verwendung von VWAP-Algorithmen FINMA-RS 2013/8, N 39.
[127] Zum Ganzen *Foucault/Pagano/Röell* (2013), 132 f.; *Beder/Marshall* (2011), 385 ff.; *Fraser/Simkins/Narvaez* (2015), 466 ff.

Bank, die angehäuften Positionen rückgängig zu machen und verwendete hierfür eine auf 10 Prozent limitierte PVol-Strategie.[128] Aufgrund fallender Kurse stiegen die Verluste in den folgenden Tagen auf die enorme Summe von EUR 4.82 Mrd., also um mehr als ein Dreifaches.[129] Es wird davon ausgegangen, dass die Société Générale mit ihrer Handelsstrategie den Preissturz zumindest mitbeeinflusste.[130]

Ein anderes Beispiel ist der Flash-Crash vom 6. Mai 2010. An diesem Tag brach der Dow Jones kurzzeitig um über 9 Prozent im Vergleich zum Vorabend ein und erholte sich innert kurzer Zeit auf ein Minus von 4.26 Prozent und bis am Ende des Handelstages auf ein Minus von 3.20 Prozent.[131] Einzelne Aktien wurden dabei zu offensichtlich irrational tiefen Preisen gehandelt. Eine Aktie wurde beispielsweise zwischenzeitlich zu einem Penny gehandelt, obwohl deren Kurs sowohl am Anfang als auch am Ende des Handelstages USD 40 betrug.[132] Insgesamt wurden mehr als 20 000 Transaktionen zu Preisen ausgeführt, die mehr als 60 Prozent von den kurz davor geltenden Kursen abwichen.[133] Als Auslöser identifizierte die SEC ein algorithmisches Verkaufsprogramm eines Investmentfonds von 75 000 E-Mini-Kontrakten mit einem Wert von etwa USD 4.1 Mrd.[134] Der Investmentfonds verwendete hier ebenfalls eine PVol-Strategie mit einem angepeilten Anteil am Handelsvolumen von 9 Prozent; ein preisliches oder zeitliches Limit setzte er nicht.[135] Die starken Kursveränderungen nutzten in der Folge Cross-Market-Arbitrageure, wodurch die Aktienmärkte ebenfalls einbrachen.[136]

Diese zwei Extrembeispiele können als starke Indizien dafür gewertet werden, dass Hochfrequenzhändler solche Verkaufsprogramme aufspüren und gestützt darauf handeln. Eine unregelmässige Platzierung der Aufträge dürfte antizipierende Strategien erschweren. Eine einfache Zufallsfunktion führt allerdings zu seltsamen Auftragsgrössen, sodass wohl auch ein solcher PVol-Algorithmus einfach aufgespürt werden kann.

---

[128] *Foucault/Pagano/Röell* (2013), 132 f.; *Beder/Marshall* (2011), 388.
[129] *Foucault/Pagano/Röell* (2013), 132; *Beder/Marshall* (2011), 388.
[130] *Foucault/Pagano/Röell* (2013), 132 f.
[131] *Schapiro, Chairman of the SEC* (2010), 2; *Joint Report «Flash Crash» 2010*, 1 ff.
[132] *Schapiro, Chairman of the SEC* (2010), 2; *Joint Report «Flash Crash» 2010*, 5.
[133] *Joint Report «Flash Crash» 2010*, 1; siehe auch *Kirilenko/Kyle/Samadi/Tuzun* (2017), 968 f.
[134] Die SEC spricht von einem «*mutual fund complex*», *Joint Report «Flash Crash» 2010*, 2.
[135] *Joint Report «Flash Crash» 2010*, 2.
[136] *Joint Report «Flash Crash» 2010*, 3.

bb) Iceberg-Aufträge

Auf eine ähnliche Art und Weise dürften intelligente Händler auch Iceberg- und Reserve-Aufträge aufspüren können. Bei diesen wird wie im Kapitel 2 (Marktmikrostruktur) erläutert stets nach Ausführung eines Teils des Auftrags ein weiterer Teil sichtbar.[137] Einem Hochfrequenzhändler dürfte eine solche Regelmässigkeit nicht verborgen bleiben.[138] Allein eine Zufallsfunktion dürfte auch hier den Iceberg-Auftrag für Hochfrequenzhändler kaum weniger sichtbar machen. Zeitliche Verzögerungen und handelsübliche Auftragsgrössen erscheinen angezeigt. Möglicherweise zeigt ein Händler aber gerade, dass er einen grossen Auftrag platziert und informiert ist, wenn er solche typischen Auftragsgrössen verwendet. *O'Hara/Yao/Ye* zeigten auf, dass Odd Lots einen Einfluss von 39 Prozent auf die Preisfindung haben und Round Lots einen Einfluss von 50 Prozent.[139] Als Odd Lots wird der Handel mit weniger als 100 Aktien bezeichnet und als Round Lots der Handel mit genau 100 Aktien.[140] 89 Prozent der Preisfindung findet mit anderen Worten heute über kleine Handelsblöcke statt. Dieser Umstand dürfte mit der verbreiteten Praxis der Auftragsstückelung zusammenhängen und relativiert zugleich die Effektivität derselben.[141]

cc) Identifikation von Marktteilnehmern

Einfacher noch als über das Routingverhalten können Hochfrequenzhändler die zu erwartende Beeinflussung der Preise sowie die Risiken einschätzen, wenn sie Aufträge einem bestimmten Marktteilnehmer zuordnen können. Auch eine Broker-ID ist dabei von Bedeutung, da diese Informationen zur Kundschaft und damit auch zum Preisbeeinflussungspotenzial vermittelt.[142] Gemäss *Michael Lewis* identifizieren Hochfrequenzhändler einzelne Broker durch die Zeitdifferenzen, mit denen deren Aufträge bei den verschiedenen Handelsplätzen eintreffen.[143] Sendet ein Marktteilnehmer Aufträge gleichzeitig an verschiedene Handelsplätze, treffen diese an den verschiedenen Handelsplätzen je nach Standort des Brokers mit unterschiedlichen Verzögerungen ein, sodass der Marktteilnehmer identifiziert werden kann. Hochfrequenzhändler können so nicht nur die zu

---

137 Vorn 49.
138 Siehe *Durbin* (2010), 66 ff.
139 *O'Hara/Yao/Ye* (2014), 2232.
140 In den USA besteht das Problem, dass diese Odd Lots, die traditionell von Retail-Händlern kamen und nur einen sehr geringen Einfluss auf die Preisfindung hatten, im konsolidierten Band nicht angezeigt werden und somit für viele Händler unsichtbar sind, siehe *O'Hara/Yao/Ye* (2014), 2232 f.
141 Teilw. implizit *O'Hara/Yao/Ye* (2014), 2199 f.
142 *Linnainmaa/Saar* (2012), 1415; vorn 21.
143 *Lewis* (2014), 74.

erwartende Beeinflussung des Preises und das Informationsrisiko bemessen, sondern auch das Routing-Verhalten der Broker nachzeichnen.[144] Es versteht sich allerdings von selbst, dass sich institutionelle Investoren und Hochfrequenzhändler gerne selbst als Retail-Investoren tarnen.[145] Ausserdem ist anzunehmen, dass Broker ihr Verhalten in der Zwischenzeit angepasst haben.

dd)   *Kommissionen und Routing-Verhalten*

Ebenfalls für antizipierende Strategien von Bedeutung sind die Kommissionen, die Handelsplätze den Händlern nach den verbreiteten Gebührenmodellen (Maker-Taker- und Taker-Maker-Modell) auszahlen.[146] Diese Kommissionen beeinflussen das Routingverhalten der Marktteilnehmer im Allgemeinen und der Broker im Besonderen. Hochfrequenzhändler dürften nach dem Routingverhalten verschiedene Händlerkategorien wie Retail-Investoren, institutionelle Investoren und informierte Hochfrequenzhändler unterscheiden können. Diese Unterscheidung ist insofern von Bedeutung, als institutionelle Investoren und andere Hochfrequenzhändler die Kurse stärker beeinflussen. Eine grössere (permanente) Beeinflussung des Preises bedeutet für Market-Maker auch ein grösseres Informationsrisiko (*adverse selection costs*).[147] Durch die Identifikation der Händler können Market-Maker ihre Risiken und dadurch auch den Spread minimieren.[148] Direktional agierende Hochfrequenzhändler können versuchen, die zu erwartende Beeinflussung der Preise zu ihren Gunsten auszunutzen.

ee)   *Sweep Risk und Order Book Fade*

Als *ordre book fade* wird bezeichnet, wenn Limit-Orders aus den Auftragsbüchern plötzlich verschwinden, sobald ein Marktteilnehmer Aufträge stellt.[149] Die Aussage von *Bill Gates* «It doesn't seem like it's much value-added because when you really need the liquidity it's not guaranteed to be there» kann in diesen Zusammenhang gestellt werden.[150] Der *order book fade* ist sowohl auf derselben Plattform als auch auf anderen Plattformen zu beobachten. Auf derselben Plattform beispielsweise können sämtliche Verkaufsaufträge zum Preis von CHF 100.50 storniert werden, wenn jene zum Preis von CHF 100.– angenom-

---

[144]   *Lewis* (2014), 74.
[145]   Vgl. *S. Li* (2013), 7; *Teall* (2013), 125.
[146]   Zu den Gebührenmodellen vorn 51 ff.
[147]   Vgl. *MacIntosh* (2015), 139; zu den Informationsrisikokosten vorn 63 ff.
[148]   Zum Verhältnis zwischen Risiken und Spread vorn 63 ff.
[149]   *CS Analysis HFT 2012*, 4; siehe auch *MacIntosh* (2015), 140; *Malinova/Park* (2015b), 3.
[150]   Siehe *Crippen* (2014).

men werden und der Preis steigt überproportional.[151] Die Stornierung von Aufträgen kann ein Händler verhindern, indem er aggressivere Aufträge stellt (Limit-Sweep-Taktik).[152] Als Nachteil bringt diese Handelsstrategie mit sich, dass der Händler nicht in gleicher Weise wie bei weniger aggressiven Strategien von Iceberg-Liquidität profitieren kann.[153]

Erstaunlicher ist es für einen Investor, wenn er Market(able)-Orders an verschiedene Handelsplätze gleichzeitig sendet und diese dennoch weitgehend ins Leere greifen.[154] Dies lässt sich damit erklären, dass die Aufträge bei Gebrauch der gewöhnlichen elektronischen Netzwerke stark verzögert werden und zu unterschiedlichen Zeitpunkten bei den verschiedenen Handelsplätzen eintreffen. Hochfrequenzhändler sind daher dank schnelleren Datenverbindungen in der Lage, ihre Limit-Orders von anderen Handelsplätzen abzuziehen, wenn eine risikobehaftete Market(able)-Order auf einem Handelsplatz eintrifft – dies noch bevor die Market(able)-Orders des Investors auch diese anderen Handelsplätze erreichen.[155] Damit ein Investor in den USA überhaupt Market(able)-Orders an verschiedene Handelsplätze gleichzeitig senden kann, ohne dass diese möglicherweise nach der *Order Protection Rule* weitergeleitet werden, muss er wie erwähnt sogenannte Intermarket-Sweep-Orders (ISOs) verwenden.[156] Da ISOs hauptsächlich von institutionellen Investoren und informierten Händlern stammen und diese regelmäßig gleich mehrere Ebenen aus den Auftragsbüchern entfernen, bilden sie ein erhöhtes Risiko für Market-Maker.[157] Es wird daher in diesem Zusammenhang auch vom *sweep risk* gesprochen.[158] Dies erklärt, weshalb Hochfrequenzhändler Limit-Orders auf den anderen Handelsplätzen stornieren, wenn eine ISO auf einem Handelsplatz eintrifft. Denkbar ist auch, dass Hochfrequenzhändler vorhandene Limit-Orders durch Market(able)-Orders aggressiv entfernen.

Als naheliegende Lösung für Investoren bietet sich an, die ISOs so zu verzögern, dass sie bei allen Handelsplattformen zur selben Zeit ankommen. Genau einen solchen Mechanismus hat die Bank of Canada mit dem Order-Routing-Mecha-

---

[151] *CS Analysis HFT 2012*, 4; *Moosa/Ramiah* (2015), 26; dies entspricht im Wesentlichen auch dem Problem, das *Michael Lewis* als Brad's (*Brad Katsuyama*) Problem beschreibt, siehe *Lewis* (2014), 30 ff.
[152] *CS Analysis HFT 2012*, 5.
[153] *Ibid.*
[154] Vgl. *CS Analysis HFT 2012*, 5; die Beobachtungen entsprechen den Schilderungen von *Brad Katsuyama* in *Lewis* (2014), 30 ff.
[155] Vgl. *Lewis* (2014), 30 ff.; *CS Analysis HFT 2012*, 5; *Bodek/Shaw* (2012), 3.
[156] Zu ISOs vorn 38 f.
[157] Hierzu *Bodek/Shaw* (2012), 3.
[158] So *Bodek/Shaw* (2012), 3; *Patterson* (2012), 55.

nismus *Thor* entwickelt.[159] Problematisch ist in dieser Hinsicht, dass die Royal Bank of Canada diesen Mechanismus patentieren liess.[160] Es stellt sich daher die Frage, ob dieses Patent gültig ist und Händler nicht von sich aus eine entsprechende Strategie verfolgen dürfen. Die Frage, wann Software-Patente zugelassen werden sollen, ist eines der grössten und komplexesten sowie weitgehend ungelösten Probleme des Immaterialgüterrechts.[161] Nach der auch für die Schweiz massgeblichen europäischen Rechtslage sind Software «als solche» und Handelsstrategien nach Art. 52 Abs. 2 lit. c des europäischen Patentübereinkommens (EPÜ) grundsätzlich nicht patentierbar. Dennoch hat sich eine reichhaltige Praxis zu sogenannten computerimplementierten Erfindungen gebildet.[162] Ohne hier das Patent der Royal Bank of Canada genauer überprüfen zu wollen, kann festgehalten werden, dass ein Ausschliesslichkeitsrecht für eine Handelsstrategie wie *Thor* äusserst fragwürdig erscheint. Das Patent würde verhindern, dass Broker rational auf die Strategien der Hochfrequenzhändler reagieren.

c) Informationssuche in Dark Pools

aa) Liquidity-Detection durch Ping Orders

Dark Pools sind wie erwähnt nur beschränkt in der Lage, die Dissemination von Auftragsinformationen zu verhindern.[163] (Hochfrequenz-)Händler nutzen im Rahmen der Liquidity-Detection sogenannte Ping Orders, um sich ein Bild von der Auftragslage in Dark Pools zu verschaffen.[164] Ping Orders sind kleine Aufträge, die Händler in einer Weise platzieren, die dem Abtasten im Dunkeln gleicht. Werden die Ping Orders nicht sofort ausgeführt, storniert sie der Händ-

---

[159] Siehe *RBC Press Release «Thor» 2013*; siehe auch *Lewis* (2014), 48 ff.
[160] US-Patent Nr. 8 489 747 vom 16. Juli 2013, *Synchronized processing of data by networked computing resources*; siehe auch *RBC Press Release «Thor» 2013*.
[161] Zur europäischen Rechtslage siehe *EPA* (2013).
[162] Siehe bspw. *Thouvenin* (2010); *Moglia* (2011), 48 ff.; «Opinion» G 3/08 des Europäischen Patentamts (EPA) vom 12. Mai 2010 E. 10.13 und E. 10.13.1; siehe auch die Entscheidungen des EPA T 154/04 vom 15. November 2006 E. 15; T 258/03 vom 21. April 2004 E. 5.3; T 641/00 vom 26. September 2002 Headnote 1 E. 6 und E. 7.
[163] Vorn 29.
[164] Siehe *Esma Leitlinien «Systeme und Kontrollen» 2012*, 21; *UK Regulierungsfolgenanalyse MiFID II 2012*, 38 f.; *Banks* (2014), 150; *Ciallella* (2015), 101; *Salmon* (2010), 35; *Gomber/Arndt/Lutat/Uhle* (2011), 28 f.; in *IOSCO Report «Technological Impact on Market Integrity and Efficiency» 2011*, 25 wird die Liquidity-Detection als direktionale Strategie bezeichnet, was in dieser allgemeinen Form unpräzise ist; teilweise wird die Liquidity-Detection auch mit Phishing-Praktiken gleichgesetzt, etwa bei *Shorter/Miller* (2014a), 12 f. und *Lhabitant/Gregoriou* (2015), 162), was ebenfalls unpräzise ist; vorn 82 ff.

ler umgehend.¹⁶⁵ Werden sie demgegenüber ausgeführt, erhält der Hochfrequenzhändler eine wertvolle Information darüber, zu welchem Preis andere Händler bereit sind zu handeln.¹⁶⁶ Einer Blackbox können also durchaus Informationen entzogen werden, indem mit ihr interagiert wird.

Für Pinging-Zwecke eignen sich vor allem FOK- und IOC-Aufträge oder Replikate davon.¹⁶⁷ Denkbar sind in den USA ausserdem auch *Post-only*-Aufträge, sofern diese zurückverschoben werden, wenn sie auf verdeckte Limit-Orders treffen.¹⁶⁸ In diesem Fall muss der Händler für die Informationen nicht einmal den Preis einer Transaktion bezahlen. Ein effektives Mittel gegen Ping Orders sind Mindestausführgrössen, wie sie auch die SIX in ihren Dark Pools anbietet.¹⁶⁹ Da Ping Orders nicht primär ausgeführt werden sollen, sondern auf die Beschaffung von Informationen abzielen, werden sie in den Kapiteln 21 (Marktmanipulation) und 22 (Insiderhandel) auf ihre Zulässigkeit hin überprüft.¹⁷⁰

bb) *Auftragsausführung in Dark Pools*

Die erlangten Informationen können Händler für unterschiedliche Zwecke verwenden. Legitim erscheint, wenn sie diese Informationen zur Ausführung von Aufträgen im Allgemeinen und von Kundenaufträgen im Besonderen nutzen.¹⁷¹ In diesen Fällen treffen die Marktteilnehmer grundsätzlich eine Entscheidung zur Transaktion, bevor sie in Dark Pools nach Liquidität suchen. Zur Ausführung von Kundenaufträgen bieten Banken komplexe Algorithmen mit Anti-Gaming-Mechanismen an, die mitunter auch darauf ausgerichtet sind, toxische Pools zu identifizieren und zu meiden.¹⁷² Für diese Algorithmen verwende(te)n die Banken Bezeichnungen wie *Ambush* (Bank of America), *Nightowl* (Morgan Stanley), *Guerilla* (Credit Suisse), *Nighthawk* (Instinet), *Raider* (ITG), *Dagger*

---

165 Vgl. *SEC Concept Release on Equity Market Structure 2010*, 3607 Fn. 69; *Ciallella* (2015), 101; *Clark-Joseph* (2013); *X. F. Zhang* (2010), 9; *Brown* (2010), 113; *Cvitanic/Kirilenko* (2010), 2.
166 *Brown* (2010), 113 m.w.H.; *Shorter/Miller* (2014a), 12 f.; *H. Zhu* (2014), 749 Fn. 3; vgl. *UK Regulierungsfolgenanalyse MiFID II 2012*, 39.
167 *UK Regulierungsfolgenanalyse MiFID II 2012*, 39; *SEC Concept Release on Equity Market Structure 2010*, 3607 Fn. 69; *Cartea/Penalva* (2011), 15; zu diesen Auftragstypen vorn 39 f.
168 Zu *Post-only*-Aufträgen vorn 40.
169 Nr. 2.6 Abs. 1 lit. e SIX-Weisung 5 (Handel ohne Vorhandelstransparenz); dies gilt zumindest dann, wenn sich geschlossene und überkreuzte in verschiedenen Segmenten bilden dürfen; zu den Mindestausführgrössen *Banks* (2014), 151; vorn 40.
170 Hinten 767 ff., 846 f.
171 Vgl. *UK Regulierungsfolgenanalyse MiFID II 2012*, 39.
172 *Banks* (2014), 143.

(Citibank), *Swoop* (UBS), *Hydra* (Barclays) oder *Stealth* (Deutsche Bank).[173] Einige Verfahren gegen Betreiber von Dark Pools in den USA deuten allerdings darauf hin, dass Banken allem Anschein nach die Interessen ihrer Kunden nicht immer bestmöglich wahrten.[174]

cc)   *Phishing in Dark Pools*

Als Phishing bezeichnet die Esma die zweistufige Vorgehensweise, bei der Händler in einem ersten Schritt Aufträge mit dem Zweck stellen, (verdeckte) Aufträge von anderen Händlern aufzudecken, um dann in einem zweiten Schritt die erlangten Informationen (für eigene oder fremde Zwecke) auszunutzen.[175] Dabei dürfte die Esma kaum die Nutzung zur Ausführung von Aufträgen vor Augen haben, sondern die Nutzung zur Erzielung einer Überrendite. Es versteht sich, dass Händler aus den extrahierten Informationen einen Preisdruck ableiten können. Gestützt darauf können sie direktionale Strategien auf Derivatemärkten verfolgen oder aber beim Market-Making die eigenen Aufträge entsprechend dem Preisdruck neu positionieren.[176] Im Grunde genommen ist das Phishing damit eine Sonderform des elektronischen Frontrunnings, bei der Informationen aus Dark Pools mitberücksichtigt werden. Ein Händler kann allerdings auch bloss entgegengesetzte Dark Orders aufspüren und sie wie ein Market-Maker vermitteln. *Clark-Joseph* hat die Praktiken von Hochfrequenzhändlern untersucht und kam zum Schluss, dass Hochfrequenzhändler, die von ihren aggressiven Strategien profitieren, zunächst kleine aggressive Aufträge auslösen, mit denen sie Verluste erleiden.[177] Dies legt nahe, dass die kleinen aggressiven Aufträge allein der Information dienen. Ob Phishing-Praktiken gegen den Tatbestand der Marktmanipulation oder des Insiderhandels verstossen, wird in den Kapiteln 21 und 22 geprüft.[178]

---

173   Hierzu *Banks* (2014), 143.
174   Siehe *SEC Order agst. CS Crossfinder 2016*; *SEC Order agst. CS Light Pool 2016*; *SEC Order agst. UBS ATS 2015*; *SEC Order agst. Barclays LX 2016*; *SEC Order agst. ITG Posit 2015*; *SEC Order agst. Direct Edge 2015*.
175   *Esma Technical Advice «Market Abuse» 2015*, Empfehlung Nr. 6 lit. d (S. 16), Annex II N 66, Annex III N 30 f.; *Banks* (2014), 150 spricht in diesem Zusammenhang von einer Gaming-Strategie.
176   Vgl. *UK Regulierungsfolgenanalyse MiFID II 2012*, 38 f.; *SEC Concept Release on Equity Market Structure 2010*, 3607 Fn. 69, 3609; *Shorter/Miller* (2014a), 12 f.
177   *Clark-Joseph* (2013), 1, 3; kritisch *M. Ye* (2011), 8, nach dem Gaming-Strategien unter linearen Strategien nicht optimal sind, selbst wenn die Liquidität im Crossing-Network sehr hoch ist.
178   Zur Legalität des Pingings hinten 767 ff., 846 f.

d) Weitere Praktiken

aa) Flash-Trading

Flash-Orders sind Aufträge, die Handelsplätze einem in der Regel eingeschränkten Teilnehmerkreis für wenige Millisekunden zeigen, wenn die Aufträge nicht direkt als Marketable Orders (zur NBBO) ausgeführt werden können.[179] Während der kurzen Zeitspanne können Hochfrequenzhändler entscheiden, ob sie einen korrespondierenden Auftrag stellen, sodass die Flash-Order direkt ausgeführt werden kann (und nicht vom Handelsplatz nach der *Order Protection Rule* weitergeleitet werden muss).[180] Auf Flash-Orders können aufgrund der kurzen Disseminationsdauer realistischerweise bloss Algorithmen reagieren.[181] Grundsätzlich kann es sich bei Flash-Orders um Limit-Orders oder Marketable Orders handeln.[182] In der Regel handelt es sich aber um Marketable Orders, sodass Hochfrequenzhändler eine korrespondierende Limit-Order nachliefern können.[183] Die Rollen zwischen Limit-Order und Marketable Order werden hier also vertauscht. Die Flash-Orders finden in den USA eine Lücke in der Regulation NMS. Gemäss Rule 602(a)(1)(i)(A) müssen an einer Börse kommunizierte Aufträge nicht generell der Öffentlichkeit über einen SIP zugänglich gemacht werden, wenn sie sofort ausgeführt oder storniert werden.[184]

Flash-Orders sind vor allem aus zwei Gründen umstritten.[185] Erstens bilden Flash-Orders für Hochfrequenzhändler eine wertvolle Information, dies insbesondere dann, wenn die Aufträge von den Handelsplätzen wie in den USA nach der *Order Protection Rule* weitergeleitet werden, wenn kein Hochfrequenzhändler sie annimmt.[186] Flash-Orders ermöglichen dadurch antizipierende Verhaltensweisen, was sich negativ auf die Ausführungsqualität des Investors auswirken kann. Zweitens erreichen die Flash-Orders nur einen beschränkten Teilnehmerkreis und führen daher zu einem zweigeteilten Markt mit informierten

---

[179] *Harris/Namvar* (2011), 1; *SEC Proposed Rule re Flash Orders 2009*, 48632 f., 48635.
[180] *SEC Proposed Rule re Flash Orders 2009*, 48633 f.; *Foucault/Pagano/Röell* (2013), 212; vgl. *Aldridge* (2013), 69.
[181] *SEC Proposed Rule re Flash Orders 2009*, 48634; *Foucault/Pagano/Röell* (2013), 212.
[182] *SEC Proposed Rule re Flash Orders 2009*, 48632 f.
[183] *SEC Proposed Rule re Flash Orders 2009*, 48633 f.; *Foucault/Pagano/Röell* (2013), 212.
[184] Siehe die Erläuterungen in *SEC Proposed Rule re Flash Orders 2009*, 48634 f.; *Markham* (2015), 323.
[185] Hierzu *Harris/Namvar* (2011), 7 ff.
[186] Vgl. *SEC Proposed Rule re Flash Orders 2009*, 48636; *Harris/Namvar* (2011), 2, 7 f.; auch *Cartea/Penalva* (2011), 17; *Banks* (2014), 48.

und weniger informierten Teilnehmern.[187] Im Kapitel 22 (Insiderhandel) soll daher geprüft werden, ob Flash-Order-Informationen Insiderinformationen oder Geschäftsgeheimnisse darstellen.[188] Die SEC empfahl im Jahr 2009 die Abschaffung von Flash-Orders, woraufhin Handelsplatzbetreiber wie Nasdaq und Bats sowie später auch Direct Edge diese freiwillig abschafften.[189] Demgegenüber kennt beispielsweise die International Securities Exchange (ISE) noch heute Flash-Orders und bezahlt Händlern, die auf eine Flash-Order eingehen, grundsätzlich USD 0.05.[190]

Flash-Orders waren in der Schweiz bisher kein Thema. Die Aufträge *immediate-or-cancel* (IOC) sowie *fill-or-kill* (FOK) werden gemäss SIX ohne Aufnahme ins Auftragsbuch gelöscht.[191] Denkbar wäre allerdings, dass Marktteilnehmer mit einem Co-Location-Anschluss bei der SIX mit dem *ITCH Market Data Interface* (IMI) über das Auftragsbuch hinausgehende Informationen erhalten. Mit dem IMI verfügen Teilnehmer über einen direkten Anschluss an die On-Book-Matcher-Partition.[192] Der On-Book-Matcher führt Aufträge und Quotes nach den Matchingregeln zusammen und muss daher Kenntnis von IOC- sowie FOK-Aufträgen haben.[193] Es stellt sich also die Frage, ob Hochfrequenzhändler über das IMI und den On-Book-Matcher von IOC- und FOK-Aufträgen erfahren, obwohl Investoren mitgeteilt wird, dass diese Aufträge nicht ins Auftragsbuch aufgenommen werden. Falls ja, stellt sich die weitere Frage, ob Hochfrequenzhändler auf diese IOC- und FOK-Aufträge reagieren können. Wäre dem so, wären IOC- und FOK-Aufträge an der SIX letztlich nichts anderes als Flash-Orders. Die SIX hat entsprechende Fragen nicht beantwortet. Festgehalten werden kann jedenfalls, dass Investoren, die IOC- oder FOK-Aufträge verwenden, nicht davon ausgehen müssen, dass Hochfrequenzhändler davon Kenntnis erlangen.

---

[187] *Harris/Namvar* (2011), 8 f.; *SEC Proposed Rule re Flash Orders 2009*, 48636; siehe auch *Banks* (2014), 48.
[188] Hinten 843 ff.
[189] *SEC Proposed Rule re Flash Orders 2009*, 48632 ff.; *Banks* (2014), 48; *Bunge* (2011).
[190] *ISE Fees 2017*, 16.
[191] Nr. 5.1.3 lit. g (1) und (2) SIX-Weisung 3 (Handel).
[192] Informationen hierzu auf der Website der SIX www.six-swiss-exchange.com/market_data/data_services/connectivity/itch_mdi_de.html.
[193] Zur Definition des On Book Matchers www.six-swiss-exchange.com/knowhow/glossary_de.html?id=On-Book+Matcher.

I. Hochfrequenzhandelsstrategien

bb) Quote-Matching

Verschiedene Autoren beschreiben eine Hochfrequenzhandelsstrategie, die sie Quote-Matching nennen.[194] Dabei spürt ein Händler in einem ersten Schritt wie bei den anderen antizipierenden Strategien einen grösseren Auftrag eines institutionellen Investors auf.[195] In einem zweiten Schritt platziert er Limit-Orders zum selben Preis auf Parallelmärkten oder zu einem leicht besseren Preis auf demselben Markt.[196] Genau genommen ist wie gezeigt nach den Preis-Sliding-Mechanismen in den USA selbst auf demselben Markt nicht zwingend ein besserer Preis erforderlich, um eine höhere Ausführungspriorität zu erlangen.[197] Auf diese Weise versucht der Hochfrequenzhändler, vor dem institutionellen Investor eine Position aufzubauen, um vom Preisdruck des Grossauftrags zu profitieren.[198] Zugleich dient ihm der Grossauftrag zur Absicherung seiner Position, sofern er dem institutionellen Investor die erlangten Positionen bei fallenden Kursen verkaufen kann.[199] Den Grossauftrag nutzt der Hochfrequenzhändler mit anderen Worten als Hedging-Mechanismus. Quote-Matching-Strategien können – sofern machbar – die Transaktionskosten von institutionellen Investoren erhöhen und dürften grundsätzlich gleich wie die anderen antizipierenden Strategien zu würdigen sein.[200]

cc) Snake-Trading

Als Snake-Trading werden Praktiken bezeichnet, bei denen Händler in einem ersten Schritt Auftragsbücher, in denen keine Limit-Orders existieren, nach Market-Orders durchsuchen.[201] Finden sie solche Market-Orders, setzen sie korrespondierende Limit-Orders, die massgeblich von marktkonformen Preisen abweichen.[202] Diese Handelsstrategie kann grundsätzlich nur in weniger liquiden

---

[194] So etwa *Harris* (2015), 10 f.; *MacIntosh* (2013), 10; *Angel/Harris/Spatt* (2011), 25 f.; kritisch zur Machbarkeit *Aldridge* (2013), 221, die allerdings davon ausgeht, dass Hochfrequenzhändler grosse Aufträge aufgrund der Anonymität des Handels nicht identifizieren können; die vorangehenden Ausführungen legen jedoch durchaus nahe, dass Hochfrequenzhändler in der Lage sind, grosse Aufträge trotz Stückelung und Anonymisierung aufzudecken.
[195] *Harris* (2015), 11; *MacIntosh* (2013), 10; *Angel/Harris/Spatt* (2011), 25.
[196] *Harris* (2015), 11; *MacIntosh* (2013), 10; *Angel/Harris/Spatt* (2011), 25.
[197] Vorn 41 ff.
[198] *MacIntosh* (2013), 10; vgl. *Aldridge* (2013), 221.
[199] *Harris* (2015), 10 f., der die Limit-Orders der institutionellen Investoren als Optionen qualifiziert; *MacIntosh* (2013), 10; *Angel/Harris/Spatt* (2011), 25 f.
[200] Hierzu hinten 321 ff., 766 f., 771 f.
[201] EBK-Mitteilung «Snake Trader» 1998, 2.
[202] EBK-Mitteilung «Snake Trader» 1998, 2; vgl. EB EBK-RS 08/1, 7, wonach es sich um die Praxis handelt, einseitig leere Auftragsbücher abzuräumen.

Märkten angewendet werden und zeigt sich daher vor allem bei Optionen.[203] Einst wurde diese Verhaltensweise durch die EBK verboten, weil sie ihrer Ansicht nach gegen Treu und Glauben verstiess.[204] Ein ausdrückliches Verbot findet sich demgegenüber in den aktuellen Marktverhaltensregeln der Finma nicht mehr.[205]

5. Gemischte Strategien

Die verschiedenen Strategien schliessen einander gegenseitig nicht aus. Ein Händler kann beispielsweise grundsätzlich eine Market-Making-Strategie verfolgen, Arbitrage-Gelegenheiten ausnutzen und zur Minimierung der mit der Bereitstellung von Liquidität verbundenen Risiken nach neuen fundamentalen Informationen sowie nach grossen Aufträgen suchen, um die eigenen Aufträge entsprechend anzupassen.[206] Stellt der Market-Maker dabei fehlplatzierte Aufträge fest, spricht auch nichts dagegen, wenn er diese aufliest, also direktional handelt. *Baron/Brogaard/Kirilenko* haben die Mikrokultur der Hochfrequenzhändler untersucht und konnten 18 aggressive, 28 passive und 39 gemischte Hochfrequenzhändler identifizieren.[207] Es gibt also durchaus Spezialisten, aber zugleich auch Allrounder.[208] Die Wahl zwischen Limit-Orders und Market-Orders hängt dabei stark von der informierten Konkurrenz ab. Eine grössere Konkurrenz führt grundsätzlich zu einem aggressiveren Handel mit Market-Orders beziehungsweise Marketable Orders.[209] Bei Verwendung von Limit-Orders können jedoch schon geringere Differenzen für Arbitrage-Strategien ausgenutzt werden.[210]

6. Manipulative Praktiken

Schliesslich werden gewisse manipulative Praktiken mit dem Hochfrequenzhandel in Verbindung gebracht. Diese sind unter den Bezeichnungen Spoofing und Layering, Quote-Stuffing, Momentum-Ignition und Smoking bekannt. Teilweise werden Hochfrequenzhändlern ferner auch Pump-and-Dump-Praktiken nachgesagt. Ob all diese Praktiken von den geltenden Tatbeständen der Markt-

---

[203] *EBK-Mitteilung «Snake Trader» 1998*, 2.
[204] EBK-RS 08/1, N 43; *EB EBK-RS 08/1*, 7.
[205] Vgl. FINMA-RS 2013/8.
[206] Siehe auch *UK Regulierungsfolgenanalyse MiFID II 2012*, 36 ff.
[207] *Baron/Brogaard/Kirilenko* (2014), 12.
[208] Zur Spezialisierung *Baron/Brogaard/Kirilenko* (2014), 4 f., 11 f.
[209] Auf diese einleuchtende Aussage deuten auch die Ergebnisse von *Breckenfelder* (2013), 3.
[210] Hierzu vorn 71.

und Kursmanipulation (Art. 143 und Art. 155 FinfraG) erfasst sind, wird im Kapitel 21 geprüft.[211]

a) Spoofing und Layering

Beim Spoofing platzieren Händler Aufträge mit dem Ziel, den Anschein eines Marktungleichgewichts zu erwecken, um den Preis zu beeinflussen und Geschäfte auf der anderen Marktseite zu tätigen.[212] In der Regel werden dabei die zur Täuschung verwendeten Limit-Orders etwas abseits der besten Aufträge gesetzt, damit sie nach dem gewünschten Geschäftsabschluss wieder storniert werden können.[213] Als Layering wird gewöhnlich die Unterform des Spoofings bezeichnet, bei der die Limit-Orders einer Marktseite überlagert werden.[214] SEC, Esma sowie die Finma verwenden die Begriffe indes synonym.[215] Die unscharfe Verwendung der Begriffe erscheint insofern von eingeschränkter Bedeutung, als eine gleiche Behandlung der Praktiken aufgrund gleicher Mittel und Ziele angezeigt ist.

Die einseitige Platzierung von Aufträgen und die Überlagerung des Auftragsbuches können selbstverständlich durchaus legitim sein, wenn ein Händler beabsichtigt, ein grosses Wertpapierpaket zu kaufen oder zu verkaufen. Auch kann ein Market-Maker gestützt auf seine aktuellen Inventar- und Informationsrisiken sowie der Preis-Zeit-Priorität das Auftragsbuch einseitig überlagern und dann die Aufträge wieder stornieren, wenn eine andere Auftragsplatzierung rational erscheint.[216] Zeigen Händler und Market-Maker ihre Absichten indes so offen, beeinflussen sie die Preise zu ihren Ungunsten, was die Erläuterungen zu

---

[211] Hinten 751 ff.
[212] *Esma Leitlinien «Systeme und Kontrollen» 2012*, 21; FINMA-RS 2013/8, N 30; *V. Müller* (2014), 393; *Biais/Woolley* (2012), 34; vgl. *IOSCO Report «Technological Impact on Market Integrity and Efficiency» 2011*, 30 Fn. 49; *EB FINMA-RS 2013/8*, 11; zum Einfluss der Ungleichgewichte siehe *Cao/Hansch/Wang* (2009), 16.
[213] *Esma Leitlinien «Systeme und Kontrollen» 2012*, 21; FINMA-RS 2013/8, N 30; *V. Müller* (2014), 393; *CS Analysis HFT 2012*, 4; *Biais/Woolley* (2011), 9; so machte es auch Sarao, der die Aufträge nach *CFTC Complaint Sarao 2015*, 2 jeweils mind. 3 oder 4 Preisschritte von den besten Aufträge entfernt im Auftragsbuch platzierten; im Fall von Fall von Sarao wurden die Aufträge in mehr als 99 Prozent der Fälle storniert, bevor es zum Abschluss kam.
[214] *CS Analysis HFT 2012*, 4; *Gomber/Arndt/Lutat/Uhle* (2011), 48 Fn. 50; *Aldridge* (2013), 222 ff.; *V. Müller* (2014), 393; *CFTC Complaint Sarao 2015*, 2; vgl. *IOSCO Report «Technological Impact on Market Integrity and Efficiency» 2011*, 30 Fn. 49.
[215] *SEC Order Layering II 2014*, N 3; *SEC Order Layering I 2012*, N 2; siehe auch *Esma Leitlinien «Systeme und Kontrollen» 2012*, 21; FINMA-RS 2013/8, N 30.
[216] *Aldridge* (2013), 222.

den antizipierenden Verhaltensweisen hinreichend klar zum Ausdruck gebracht haben dürften.[217]

b)   Quote-Stuffing

Als Quote-Stuffing wird die Verhaltensweise bezeichnet, bei der Händler die Märkte mit Aufträgen und Auftragsstornierungen mit dem Ziel überfluten, andere Marktteilnehmer (sowie die Handelssysteme der Handelsplätze) zu verlangsamen und die eigene Handelsstrategie zu verschleiern.[218] Wie bei Spoofing-Praktiken werden die gesetzten Aufträge so schnell wieder storniert, dass sie nicht ausgeführt werden.[219] Demgegenüber zielen Quote-Stuffing-Praktiken nicht zwingend auf die Beeinflussung der Preise ab.[220] Händler etwa können den negativen Einfluss eigener Aufträge auf die Kurse durch die Überinformation minimieren und dadurch die Ausführungsqualität verbessern oder antizipierende Strategien schneller als andere Hochfrequenzhändler verfolgen.[221] Abgesehen vom Problem der Täuschung anderer Marktteilnehmer gefährden Quote-Stuffing-Praktiken durch das hohe Mitteilungsvolumen die ordentliche Funktionsweise der Handelssysteme.[222]

c)   Momentum-Ignition

Als Momentum-Ignition werden Praktiken bezeichnet, die darauf abzielen, Preisbewegungen auszulösen oder zu verschärfen.[223] Andere Teilnehmer sollen zum Kauf oder Verkauf von Wertpapieren veranlasst werden, damit der manipulierende Händler von der Preisbewegung profitieren kann.[224] Vor allem bedingte Aufträge sind anfällig für solche Praktiken. Stop-Loss-Aufträge beispielsweise können ausgelöst werden, die Investoren zur Begrenzung der Verluste

---

[217] Vorn 76 ff.
[218] *EB FINMA-RS 2013/8*, 11 und 18; *Esma Technical Advice «Market Abuse» 2015*, Advice Nr. 9 lit. e (9), Analysis Nr. 25 (13); *Esma Leitlinien «Systeme und Kontrollen» 2012*, 21; *Biais/Woolley* (2011), 8; *Aldridge* (2013), 223; *V. Müller* (2014), 394, der auf weitere Zwecke hinweist; vgl. *Biais/Woolley* (2012), 34; allgemeiner *Eggington/B. van Ness/R. van Ness* (2016), 1.
[219] *Diaz/Theodoulidis* (2012), 4; vgl. *Eggington/B. van Ness/R. van Ness* (2016), 1.
[220] So aber *Hanslin* (2016), 55 Fn. 96, wonach das Quote-Stuffing zu einer Senkung der Preise führen soll.
[221] Vgl. *Aldridge* (2013), 223; für weitere Zwecke *V. Müller* (2014), 394.
[222] *Diaz/Theodoulidis* (2012), 4; vgl. *Aldridge* (2013), 223.
[223] *EB FINMA-RS 2013/8*, 11; *Esma Leitlinien «Systeme und Kontrollen» 2012*, 21; *IOSCO Report «Technological Impact on Market Integrity and Efficiency» 2011*, 30 Fn. 49; *SEC Concept Release on Equity Market Structure 2010*, 3609; *Miller/Shorter* (2016), 5.
[224] *Esma Leitlinien «Systeme und Kontrollen» 2012*, 21; vgl. *V. Müller* (2014), 393 f.

setzen.[225] Potenzielle Ziele sind ferner auch die erwähnten PVol-Aufträge, die sich am Handelsvolumen orientieren. Antizipierende Strategien und Momentum-Ignition-Praktiken liegen hier nahe beieinander. So können PVol-Aufträge etwa durch antizipierende Strategien ausgelöst werden, ohne dass dies das primäre Ziel wäre. Möglicherweise führte ein solcher Mechanismus zum Flash-Crash vom 6. Mai 2010.[226]

d) Smoking

Beim Smoking setzen Hochfrequenzhändler zunächst verlockende Limit-Orders, um andere Händler zum Platzieren von Market(able)-Orders zu verleiten.[227] In der Folge werden die Aufträge storniert, sodass die Market-Orders auf zuvor zu einem schlechteren Preis gesetzte Aufträge treffen.[228] Smoking-Strategien dürften vor allem auf automatisierte Ausführungsprogramme gerichtet sein, die durch die Limit-Orders ausgelöst werden.[229] Hochfrequenzhändler können in der Folge die Aufträge mit einer Geschwindigkeit stornieren, die es keinem Marktteilnehmer erlaubt, die gesetzten Aufträge anzunehmen.

e) Pump-and-dump und Bear-Raid

Teilweise werden auch Pump-and-dump- sowie Bear-Raid-Praktiken mit dem Hochfrequenzhandel in Verbindung gebracht.[230] Bei einer Pump-and-Dump-Strategie kauft ein Händler viele Wertpapiere, um so den Wert des Wertpapiers künstlich zu erhöhen und die Titel zum erhöhten Preis wieder zu verkaufen.[231] Als Bear-Raid-Strategie wird die spiegelbildliche Alternative bezeichnet, bei der ein Händler den Preis eines Wertpapiers durch Verkäufe senkt, nur um dann die Wertpapiere zu einem tieferen Preis wieder zu kaufen.[232] Üblicherweise werden dabei die Wertpapiere nach dem Kauf beworben oder aber schlechtgeredet, um

---

[225] *SEC Concept Release on Equity Market Structure 2010*, 3609; *Aldridge* (2013), 222; *Miller/Shorter* (2016), 5; siehe auch *Finma Untersuchung Devisenhandel UBS 2014*, 2, 12, wo allerdings von «*jamming*» und nicht von «*momentum ignition*» die Rede ist; zu den Stop-Loss-Aufträgen vorn 48 f.
[226] Zum Flash-Crash hinten 373 ff.
[227] *Biais/Woolley* (2011), 8; *Biais/Woolley* (2012), 34; *Lu* (2012), 20; *Löper* (2015), 70.
[228] *Lu* (2012), 20; vgl. *Biais/Woolley* (2011), 8.
[229] *Lu* (2012), 20.
[230] So *Cumming* (2014); *Aldridge* (2013), 224; *Kumar* (2015), 8.
[231] *Aldridge* (2013), 224; *SEC Complaint «Pump-and-Dump I» 2014*, N 2 f.; *SEC Complaint «Pump-and-Dump II» 2014*, N 1.
[232] *Aldridge* (2013), 224.

die gewünschte Preisbeeinflussung zu erreichen.²³³ Ob die Strategie ohne eine solche Kommunikation machbar ist, erscheint insofern fraglich, als Händler durch ihre Transaktionen den Preis stets beeinflussen und fundamentale Händler den Preis zum Equilibrium hintreiben müssten. Die SEC sieht in den falschen Information denn auch einen Teil der Pump-and-Dump-Strategie.²³⁴ Insofern weisen Pump-and-Dump- sowie Bear-Raid-Praktiken soweit ersichtlich keinen besonders engen Bezug zum Hochfrequenzhandel auf.

II. Weitere Formen algorithmischen Handels

Einleitend wurde bereits darauf hingewiesen, dass der Hochfrequenzhandel lediglich einen Teilbestandteil des algorithmischen Handels bildet. Nachfolgend werden weitere Formen algorithmischen Handels kurz erläutert.

1. Ausführungsalgorithmen

Eine bedeutende Funktion erfüllen Algorithmen namentlich bei der Ausführung von Aufträgen. Durch die Automatisierung kann nicht nur der mit der Ausführung verbundene Arbeitsaufwand, sondern auch die Marktbeeinflussung minimiert werden.²³⁵ Algorithmen wie der PVol-Algorithmus stückeln einen grossen Auftrag daher wie erwähnt in viele kleinere Aufträge.²³⁶ Weitere in diesem Zusammenhang stehende Algorithmen sind: TWAP (*time-weighted average price*), VWAP (*volume-weighted average price*), FLOAT (Peg-Order-Strategie), Liquidity-Mapping und Smart-Order-Routing (suchen nach Liquidität und führen Aufträge basierend darauf aus), Dark/Sniffer (versuchen, Liquidität in Dark Pools und/oder andere Algorithmen aufzuspüren), Benchmarking, Flexible (handelt empirisch und passt sich je nach Handelserfolg an) oder Pattern-Recognition (sucht nach Regelmässigkeiten im Handel).²³⁷ Ferner bieten Broker komplexere Algorithmen an, wie sie im Abschnitt zur Auftragsausführung in Dark Pools angeführt wurden.²³⁸

---

[233] SEC Complaint «Pump-and-Dump I» 2014, N 3; SEC Complaint «Pump-and-Dump II» 2014, N 2.
[234] SEC Description of Pump-and-Dumps 2013.
[235] Hierzu *Aldridge* (2013), 266 ff.; *Harris* (2015), 48 ff.
[236] *Harris* (2015), 48 ff.; vorn 77 f.
[237] Siehe *Banks* (2014), 141 f.; *Harris* (2015), 48 ff.; siehe auch *Natixis on Algorithmic Trading*; für die Credit Suisse https://www.credit-suisse.com/sites/aes/en.html; für die UBS www.ubs.com/microsites/electronic-trading/en/equities/algorithmic-trading.html?campID=Display-homebanner-US-ENG-DES-Home-MPU-algo-Static.
[238] Vorn 83 f.

Nach dem *ITG Global Cost Review* betrugen die mit dieser Ausführung zusammenhängenden Implementation-Shortfall-Kosten in den USA im 4. Quartal 2015 42.0 Basispunkte (inkl. Broker-Kosten von 16.5 Basispunkten), während die Kosten für Börsengebühren lediglich 5.1 Basispunkte betrugen.[239] In Europa zeichnete sich ein ähnliches Bild.[240] Mit anderen Worten sind die mit der Beeinflussung des Preises verbundenen Kosten höher als Börsengebühren und Brokerkommissionen zusammen, was die Bedeutung dieses Transaktionskostenbestandteils eindrücklich aufzeigt.

2. Hedging und Portfoliorebalancierung

Nebst der Ausführung von Aufträgen werden Algorithmen namentlich zum Zweck der automatisierten Absicherung von Positionen (Hedging) und zur Rebalancierung von Portfolios verwendet.[241] Rohstoffhändler etwa können durch die automatisierte Absicherung Planungssicherheit zu niedrigen Kosten gewinnen.[242] Für Portfolios gilt, dass sich die optimale Zusammenstellung aufgrund sich ändernder Wertpapierpreise stetig ändert, sodass eine periodische Anpassung angezeigt erscheinen kann, sofern die Transaktionskosten ausreichend tief sind.[243]

3. Automatisierung von Handelsstrategien

Ferner kann jede funktionierende Handelsstrategie zur Senkung der Kosten automatisiert werden. Solange kein anderer Händler dieselbe Strategie verfolgt, ist die relative Geschwindigkeit von eingeschränkter Bedeutung, sodass die Strategie nicht notwendigerweise Hochgeschwindigkeitsinfrastrukturen erfordert. Es versteht sich von selbst, dass Händler, die solche Möglichkeiten gefunden haben, kaum darüber berichten.

---

[239] *ITG Global Cost Review Q4/2015*, 4.
[240] *ITG Global Cost Review Q4/2015*, 11, 20.
[241] Für Hedging-Algorithmen bspw. *Aydin* (2012); *Chaudhuri/Freund/Hsu* (2010); *Rustem/Howe* (2002), 179 ff.; *Mulvey/Vladimirou* (1991), 399 ff.; zur Rebalancierung von Portfolios bspw. www.quantly.com/portfolio-rebalancing.php; https://intelligent.schwab.com; grundlegend *Bodie/Kane/Marcus* (2014), 49, 205 ff., 539 ff.; *Cover* (1991), 1 ff.; *Markowitz* (1952), 77 ff.
[242] Vgl. *Bodie/Kane/Marcus* (2014), 781 ff.
[243] *Bodie/Kane/Marcus* (2014), 49, 205 ff., 539 ff.

4. Selbstlernende Maschinen

Besonderes Interesse erwecken selbstlernende Maschinen, wurde autonomes Lernen doch lange Zeit als spezifisch menschliche Eigenschaft betrachtet. Selbstlernende Maschinen werden einerseits im Rahmen der statistischen Arbitrage eingesetzt, um in sehr grossen Datenmengen (Big Data) empirisch Regelmässigkeiten zu identifizieren.[244] Gestützt darauf werden neue Modelle für den Wertpapierhandel entwickelt und implementiert.[245] Andererseits können Computerprogramme auch selbst durch abgeschlossene Transaktionen Erfahrungen für die Zukunft sammeln und so ihr Verhalten adaptiv verbessern.[246] Selbstlernende Maschinen sind vielfältiger einsetzbar als traditionelle Maschinen und dürften letztlich den Menschen in einem noch viel grösseren Ausmass verdrängen, als bisherige Maschinen hierzu in der Lage waren. Ausserdem werden Maschinen dadurch fähig, Innovationen hervorzubringen, sodass selbstlernende Maschinen sicherlich als grosse Chance betrachtet werden können. Zugleich besteht allerdings die Gefahr, dass dem Menschen die Kontrolle entgleitet. Gerade mit Bezug auf das Risikomanagement, aber auch mit Bezug auf marktmissbräuchliche Verhaltensweisen gelten Mindestanforderungen, die es in diesem Zusammenhang zu beachten gilt.[247]

III. Automatisierung und Heterogenität

Die meisten der erwähnten Hochfrequenzhandelsstrategien und algorithmischen Handelsformen sind keine Neuerscheinungen, sondern existierten in einer langsameren Form schon früher.[248] Dies gilt selbst für Flash-Orders, die auf eine Praxis der 1970er Jahre zurückgeführt werden können, als Floor-Broker neue Aufträge zunächst ausriefen, bevor sie die Aufträge ins System eingaben.[249]

---

[244] *Harris* (2015), 51 f.; *Kearns/Nevmyvaka* (2013), 1; zur statistischen Arbitrage vorn 73 f.
[245] *Harris* (2015), 52, der meint, dass diese Systeme häufig nicht auf erhöhte Volatilität vorbereitet seien, weshalb sie bei erhöhter Volatilität abgeschaltet würden; *Kearns/Nevmyvaka* (2013), 1.
[246] Zum überwachten und unüberwachten Machine Learning *Aldridge* (2013), 229; siehe auch www.ubs.com/microsites/electronic-trading/en/equities/algorithmic-trading.html?campID =Display-homebanner-US-ENG-DES-Home-MPU-algo-Static; dort hält die UBS fest: «UBS algorithms are ‹smarter› than industry predecessors – more self-adaptive. Rather than simply targeting a benchmark, they target our client's objectives and mimic their trading style.»
[247] Hierzu hinten 559 ff., 719 ff., 857 ff.
[248] Siehe *Aldridge* (2013), 231; vgl. *Harris* (2015), 57.
[249] *SEC Proposed Rule re Flash Orders 2009*, 48632, 48634; *Banks* (2014), 47 f.

Dadurch erhofften sie sich zusätzliches Kaufinteresse für kurzlebige Aufträge.[250] Die Zeit war ebenfalls schon früher ein wichtiger Faktor, sodass sich der Hochfrequenzhandel zu einem grossen Teil auf die Automatisierung und Beschleunigung von bereits früher verfolgten Handelsstrategien beschränkt.[251] Festzuhalten ist aber ebenfalls, dass Maschinen Market-Making-, News-Trading-, Arbitrage- und antizipierende Strategien um ein Vielfaches schneller und rationaler verfolgen können. Gerade die Begünstigung von antizipierenden Strategien könnte sich insgesamt negativ auf die Transaktionskosten institutioneller Investoren auswirken. Ob dies tatsächlich der Fall ist, wird in den Kapiteln 9 (Marktqualität) und 10 (Marktversagen) untersucht.[252]

Die aufgeführten Strategien zeigen ausserdem, dass Hochfrequenzhändler eine heterogene Gruppe bilden. Das Spektrum reicht von simplen Mechanismen zu komplexen Entscheidungsprozessen. Die dauernde Anpassung an sich ständig wandelnde Märkte hat Algorithmen zudem sehr komplex werden lassen, sodass sie nur schwer analysiert werden können.[253] Studien, die den Einfluss des Hochfrequenzhandels an sich auf ökonomische Faktoren hin untersuchen, sind daher nur von eingeschränkter Aussagekraft.[254] Von Bedeutung sind vielmehr auch die Folgen der einzelnen Strategien, die sich zwar schwerlich für eine empirische Untersuchung isolieren lassen, aber dafür einer theoretischen Analyse besser zugänglich sind als die heterogene Gesamtheit.

IV. Geeignete Märkte

Einleitend wurde festgehalten, dass Hochfrequenzhändler vor allem auf (sehr) liquiden Märkten handeln.[255] Vereinzelt wird auch eine erhöhte Volatilität als Voraussetzung für Hochfrequenzhandelsstrategien betrachtet.[256] Diese Voraussetzung ist jedoch umstritten, wird Hochfrequenzhändlern doch gerade vorgeworfen, sich bei hoher Volatilität von den Märkten zurückzuziehen.[257] Generell

---

250 *SEC Proposed Rule re Flash Orders 2009*, 48632, 48634; *Banks* (2014), 47 f.
251 Zur Bedeutung der Zeit früher *Wah/Wellman* (2013), 855; hinten 279 ff.; zur Automatisierung *Kindermann/Coridaß* (2014), 178 f.; *Aldridge* (2013), 231, die festhält: «*HFT is little more than automation of traditional trading processes and should be regulated as such.*»
252 Hinten 195 ff., 279 ff., 321 ff.
253 *Altunata/Rakhlin/Waelbroeck* (2010), 18 f.
254 So auch *Hagströmer/Nordén* (2013), 743.
255 Vorn 9 f.
256 *Aldridge* (2013), 152; für weitere Voraussetzungen siehe *UK Regulierungsfolgenanalyse MiFID II 2012*, 17 f.
257 *Haldane* (2011), 6, 14; *Weller* (2013), 22; *Sornette/von der Becke* (2011), 7 f.; *Biais/Woolley* (2011), 14; *Cartea/Penalva* (2011), 10 f.; *Buchanan* (2015), 162; *Aebersold Szalay* (2013); *Stiglitz* (2014), 10; ähnlich *Brown* (2010), 113; hinten 216 ff.

ist zu unterscheiden, ob Hochfrequenzhändler die Strategien passiv mit Limit-Orders oder aggressiv mit Marketable Orders verfolgen.

1. Passive Strategien

Hochfrequenzhändler, die automatisierte Market-Making- und passive News-Trading-Strategien verfolgen, dürften diese Tätigkeiten auch dann ausführen können, wenn Liquidität und Volatilität relativ gering sind. Haben sich solche Strategien einmal auf liquiden Märkten bewährt, können diese mit eingeschränktem zusätzlichem Kostenaufwand auch auf weniger liquiden Märkten eingesetzt werden.[258] Insofern erscheint die Hypothese naheliegend, dass intelligente automatisierte Market-Maker-Systeme im Sinne eines positiven externen Effekts letztlich zu einer Verringerung der Transaktionskosten auch in weniger liquiden Märkten führen. Für einen risikoadäquaten Umgang mit der Volatilität müssen die Systeme der Market-Maker ausreichend intelligent sein, eine Voraussetzung, die mittlerweile erfüllt sein dürfte.[259] Die Auswirkungen des Hochfrequenzhandels auf die Marktliquidität werden im Kapitel 9 (Marktqualität) im Detail untersucht.[260]

2. Aggressive Strategien

Für aggressive News-Trading-, Arbitrage- und antizipierende Strategien sind die Marktliquidität und Volatilität von grösserer Bedeutung. Genau genommen ist das Verhältnis der Transaktionskosten zur Volatilität massgebend. Für eine News-Trading-Strategie mit Marketable Orders muss der aus der – rationalen oder exzessiven – Preisabweichung resultierende Gewinn grösser sein als die anfallenden Roundtrip-Transaktionskosten (inkl. der eigenen Market-Impact-Kosten). Dasselbe gilt für eine aggressive Arbitragestrategie, die einen Preis auf einem Parallelmarkt erfordert, der ausserhalb des No-Arbitrage-Bandes liegt.[261] Aggressive antizipierende Strategien wiederum hängen vom Verhältnis zwischen den Transaktionskosten zur erwarteten Beeinflussung des Preises durch den antizipierten Grossauftrag ab. Relativiert werden diese Voraussetzungen dadurch,

---

[258] *Lo/MacKinlay* (1990), 177 f. stellten fest, dass in Large-Cap-Aktien Preisanpassungen schneller erfolgen als in Small-Cap-Aktien; es ist kaum denkbar, dass Hochfrequenzhändler heute noch solche Arbitragemöglichkeiten ausser Acht lassen; siehe auch *Aldridge* (2013), 170.
[259] Ereignisse wie der Flash-Crash vom 6. Mai 2010 zeigten die Gelegenheiten auf, sodass im Nachhinein sämtliche Marktteilnehmer gerne dem Markt Liquidität zu diesem Zeitpunkt Liquidität zur Verfügung gestellt hätten.
[260] Hinten 216 ff.
[261] Zum No-Arbitrage-Band vorn 71.

dass das Verhältnis der Transaktionskosten zur Volatilität durch den Handel mit Futures, Optionen oder Swaps stark reduziert werden kann.

3. Manipulative Praktiken

Manipulative Praktiken folgen eigenen Regeln, werden aber grundsätzlich durch liquidere Märkte begünstigt. Spoofing- und Layering-Praktiken etwa sind darauf angewiesen, dass der Markt sehr sensitiv auf ein Marktungleichgewicht reagiert. Es werden also risikobewusste Market-Maker oder aber zumindest direktionale Händler vorausgesetzt, die ein solches Ungleichgewicht erkennen und gestützt darauf handeln. Zugleich müssen die Transaktionskosten zumindest in den Derivatemärkten ausreichend tief sein, damit der Händler die Preisreaktion ausnutzen kann. Im Kapitel 12 werden verschiedene Regulierungsinstrumente auf ihren Einfluss auf manipulative Praktiken und Ping Orders hin überprüft, sodass dort weitere Ausführungen zur Thematik folgen.[262]

V. Kosten

Von besonderer Bedeutung für Hochfrequenzhandelsstrategien sind die Kosten für die Softwareentwicklung und -lizenzen, Kosten für die ganze Infrastruktur inklusive Hardware im engeren Sinne, Anschlusskosten an die Handelsplätze (Co-Location) sowie Kosten für die Informationsübertragung (namentlich zwischen verschiedenen Handelsplätzen) sowie für das Risikomanagement.[263] Hinzu kommen die üblichen Handelskosten, namentlich Transaktions-, Clearing- und Settlementgebühren der Handelsplätze sowie auch Illiquiditätskosten für die Überschreitung des Spreads bei aggressiven direktionalen Strategien.[264] Die Anzahl Mitarbeiter ist üblicherweise im Verhältnis zum generierten Handelsvolumen gering, dafür aber hochqualifiziert. Der Hochfrequenzhändler Tradebot, der regelmässig für substanzielle Handelsvolumen an den US-Handelsplätzen sorgt, etwa gibt an, lediglich über 70 Mitarbeiter zu verfügen.[265]

---

[262] Hinten 463 ff.
[263] Bspw. *Aldridge* (2013), 151, 153 ff.; zur Co-Location hinten 287 f., 698 ff.; zur Vernetzung der Handelsplätze durch Hochgeschwindigkeitsleitungen hinten 285 ff.
[264] Zu den Börsengebühren vorn 51 ff.; allgemein zu den Transaktionskosten hinten 221 ff.
[265] Abrufbar unter *www.tradebot.com/about.asp*.

/ # § 4 Kapitalmarkt im Wandel

In diesem letzten Kapitel des ersten Teils soll versucht werden, grundsätzliche Veränderungen zu identifizieren, die der Kapitalmarkt in den letzten Jahren erlebte.

I. Substitution des Menschen durch Maschinen

Das Wort FinTech ist zurzeit in aller Munde und Startups sagen den traditionellen Finanzdienstleistern den Kampf an.[1] Gleichsam zeigt der algorithmische Handel deutlich, dass der Finanzmarkt einen starken Automatisierungsprozess durchlebt; Menschen werden durch leistungsfähigere, schnellere und günstigere Maschinen substituiert, und Banken können sich diesem Prozess nicht entziehen. Market-Maker wurden relativ früh ersetzt, andere Finanzberufe wie Finanzanalysten dürften erst jetzt zunehmend von Computern ersetzt werden, und teilweise sind auch bereits Rechtsanwälte betroffen.[2] Dieser bedeutende Umbruch wird digitale Revolution (auch dritte industrielle Revolution) bezeichnet.[3] Für Betroffene ist der Automatisierungsprozess stets eine schmerzhafte Erfahrung, heute nicht anders als im 18. Jahrhundert. Wohlfahrtsökonomisch ist es jedoch grundsätzlich erwünscht, wenn leistungsfähigere und rationalere Maschinen die Funktionen des Kapitalmarkts übernehmen und viele Arbeitskräfte frei werden für Funktionen, die noch nicht von Maschinen erfüllt werden können.[4] Hält der Automatisierungsprozess an – und davon ist auszugehen –, ist allerdings kaum ein Arbeiter von der Konkurrenz der Maschinen gefeit. Selbst soziale Funktionen werden derzeit ausgehend von Japan durch Roboter erschlossen.[5] Der Kapitalismus als Wirtschaftsform dürfte daher früher oder später eine Rechtfertigungskrise erleben, wenn Maschinen selbst sämtliche Grundbedürfnisse befriedigen, sich selbst warten, reproduzieren und weiterent-

---

1 Hierzu *Weber/Baumann* (2015); *Graf/Mayer* (2016), 470 ff.
2 Siehe hierzu *Markoff* (2011); *Fleckner* (2015), 620.
3 *The Economist* (2014); *Frey/Osborne* (2013), insb. 11 ff.; die Industrie 4.0 knüpft hier an; dieser Begriff steht für die Verknüpfung von realer und virtueller Welt; siehe bspw. das Projekt des deutschen Bundesministeriums für Bildung und Forschung, abrufbar unter *www.bmbf.de/de/zukunftsprojekt-industrie-4-0-848.html*.
4 Zur Wohlfahrtsökonomie hinten 143 ff.
5 Allerdings können auch soziale Funktionen von Maschinen übernommen werden, wie Roboter in Gesundheits- und Kinderbetreuungsbereichen zeigen; als Beispiel für einen Roboter, der Emotionen von Menschen erkennen können soll, siehe bspw. *www.ald.soft bankrobotics.com/en/cool-robots/pepper*.

wickeln, da sie Menschen dadurch weitgehend nutzlos machen und sich kapitalistische Anreizsysteme nur noch schwerlich rechtfertigen lassen.[6]

II. Von der Börse zum Börsennetzwerk

Hinsichtlich der Wertpapiermärkte lässt sich ein Wandel von der Börse zu einem Börsennetzwerk mit unzähligen Knoten beobachten. Neue Börsen und eine Vielzahl alternativer Handelsplattformen sind entstanden, auf denen vielfach Titel gehandelt werden, die nicht am gleichen Handelsplatz kotiert wurden. Für diese Titel bildet der einzelne Handelsplatz entsprechend weniger einen abgeschlossenen Marktplatz, sondern vielmehr ein Tor zu einem grösseren Gesamtmarkt. Durch handelsplatzübergreifende Arbitragestrategien bewirtschaften Hochfrequenzhändler dieses System, koordinieren Angebot und Nachfrage und führen so zur näherungsweisen Einhaltung des *Law of one price*.[7] Dies bedeutet, dass die Preise an sämtlichen Handelsplätzen praktisch übereinstimmen. Hochfrequenzhändler können insofern als dezentrale Intelligenz betrachtet werden, die die verschiedenen Handelsplätze zusammenhalten und so ein homogenes System trotz Fragmentierung gewährleisten.[8] Zugleich übernehmen Hochfrequenzhändler, wie noch zu zeigen sein wird, eine bedeutende Rolle bei der Zuführung von Liquidität zu neuen Handelsplätzen und damit auch für die Konkurrenz zwischen verschiedenen Handelsplätzen.[9] Die verstärkte Konkurrenz wiederum kann als entscheidender Vorteil der Marktfragmentierung betrachtet werden.[10] Fraglich ist mit Blick auf die neue Realität, weshalb weiterhin einzelne Handelsplätze für die Kotierung von Wertpapieren und die Überwachung von Kotierungspflichten und Marktverhaltensregeln zuständig bleiben. Diese Aufgaben könnten vielmehr ausgelagert werden, wodurch nicht nur Interessenkonflikte unterbunden, sondern auch Marktverzerrungen durch Ungleichbehandlung direkter Konkurrenten vermieden würden.[11]

---

6   Zum Kapitalismus bspw. *The Economist* (2014); zu lernenden und sich selbst reproduzierenden Maschinen grundlegend *Wiener* (1961), 169 ff.
7   Zur Synchronisierung der Preise bspw. *Gerig* (2012); *Buchanan* (2015), 162; *Durbin* (2010), 72.
8   Vgl. hierzu *Samuelson/Nordhaus* (2010), 40 f.; *von der Crone* (1993), 41; *Hayek* (1952), 76, 103 ff., 115, der von der «kollektiven Vernunft» spricht; mehr dazu hinten 310.
9   Zur Rolle der Hochfrequenzhändler beim Entstehen neuer Handelsplätze hinten 327 ff.
10 Siehe bspw. *Podewils* (2007), 44.
11 Zur Ungleichbehandlung direkter Konkurrenten hinten 332; zur Marktaufsicht hinten 857 ff.

III. Verschmelzen von Börsen und Banken

Bezogen auf die Wertpapiermärkte fällt weiter auf, dass die neuen alternativen Handelsplätze meist von Banken (oder Hochfrequenzhändlern) geschaffen wurden.[12] Banken erfüllen dadurch jene Funktion, die traditionell in erster Linie Börsen übernahmen. In den letzten Jahren gerieten diese von Banken betriebenen Crossing-Networks weltweit auf den Radar der Regulatoren, sodass sie nun einem ähnlichen Regime unterliegen wie Börsen, was angesichts der weitgehend identischen Strukturen und Funktionen auch gerechtfertigt erscheint.[13] Die Funktionsübernahme durch Banken wird jedoch teilweise noch immer für problematisch erachtet, da Banken Kundenaufträge in der Regel prioritär in die eigenen Handelsplätze leiten.[14] Das neue Verhältnis der Konkurrenz zwischen Banken und Börsen erscheint insofern bemerkenswert, als Banken einst die Schweizer Börsen als Konsortium gründeten und das Aktionariat der SIX Group noch heute praktisch ausschliesslich aus Banken besteht.[15] Banken konkurrieren also über die eigenen Handelsplätze indirekt mit sich selbst.

Der Verschmelzungsprozess zwischen Banken und Kapitalmärkten dürfte in Zukunft noch verstärkt werden, da sämtliche Bankprozesse aufgrund des Konkurrenzdrucks zunehmend digitalisiert werden müssen und Banken nicht nur spezifisch bezogen auf die alternativen Handelssysteme, sondern auch generell dieselben Funktionen erfüllen wie Kapitalmärkte.[16] Für das Risikomanagement der Banken könnte sich dieser Annäherungsprozess durchaus positiv auswirken, wenn sie dadurch stärker als Vermittler zwischen Kapitalgebern und Kapitalnehmern agieren und weniger Kreditrisiken tragen.[17] Dies bedeutet jedoch nichts anderes, als dass die Bankkunden die Risiken unmittelbarer tragen und Banken durch Kapitalmärkte weitgehend verdrängt werden könnten.

IV. Komplexität

Schliesslich zeigt sich ein Bild zunehmender Komplexität. Händler können zwischen einer Vielzahl von Handelsplätzen auswählen, die unterschiedliche Marktmodelle verwenden, eine Vielzahl komplexer Gebührenstrukturen imple-

---

12 Hierzu vorn 17.
13 In den USA insbesondere mit der Regulation ATS, in Europa mit MiFID und vor allem MiFID II und MiFIR und in der Schweiz mit dem FinfraG.
14 *Biais/Woolley* (2011), 15; zu Interessenkonflikten von Handelsplatzbetreibern vorn 44 f.
15 Zur Aktionärsstruktur der SIX Group siehe *www.six-group.com/about/de/home/corporate/organization/shareholders.html*.
16 Hinten 166 f.
17 Zu Kreditrisiken hinten 357 ff., 425 f.

mentiert haben und eine Vielzahl von Auftragstypen anbieten.[18] Von der Gesamtheit dieser Komplexität wurde hier nur die Spitze des Eisbergs dargestellt. Insbesondere existieren unzählige weitere Auftragstypen, die hier nicht alle im Detail aufgeführt werden konnten.[19] Der Hochfrequenzhandel kann für diese Entwicklung mitverantwortlich gemacht werden, aber auch die Regulatoren leisteten einen erheblichen Beitrag. Dies gilt insbesondere für das US-amerikanische Recht, wo wie gezeigt die Regulation NMS im Allgemeinen und die *Order Protection Rule* im Besonderen einige Besonderheiten mit sich brachten.[20] Zurzeit können nur noch Computerprogramme all diese Parameter, die es für die Wahl eines Handelsplatzes und eines spezifischen Auftragstypen zu berücksichtigen gilt, rational verarbeiten. Gerade in den USA haben Händler aufgrund dieser Komplexität kein einfaches Leben. Verwenden sie Limit-Orders, werden diese nur dann ausgeführt, wenn sie fehlplatziert sind.[21] Verwenden sie Market-Orders, so werden diese von einem Handelsplatz zum anderen unter Verrechnung von Routing-Gebühren weitergereicht, ohne dass sichergestellt wäre, dass dieses Routing-Verhalten gerechtfertigt ist.[22] Verwenden sie aber ISO-Aufträge, um dieses Routing-Verhalten zu verhindern, ziehen die Bereitsteller von Liquidität ihre Limit-Orders aufgrund des *sweep risk* zurück.[23] Verzögern sie die Aufträge, damit sie an den verschiedenen Handelsplätzen zum selben Zeitpunkt antreffen und die Bereitsteller von Liquidität ihre Aufträge nicht zurückziehen können, verletzen sie möglicherweise ein Patent.[24]

---

18 Vgl. *IOSCO Report «Technological Impact on Market Integrity and Efficiency»* 2011, 26.
19 Siehe bspw. *Bats BZX Rules 2017*, Rule 11.9, wo viele verschiedene Auftragstypen beschrieben werden.
20 Zu den Besonderheiten der Regulation NMS vorn 33 ff.
21 Hierzu vorn 45 f.
22 Hierzu vorn 35 f.
23 Zum *sweep risk* vorn 80 ff.
24 Zum Patent *Thor* der Royal Bank of Canada vorn 81 f.

Teil 2   Rechtliche und ökonomische Regulierungsvorgaben

Dieser zweite Teil der Dissertation ist der Erarbeitung der verfassungsrechtlichen und rechtsökonomischen Vorgaben gewidmet, an denen sich eine Regulierung des Hochfrequenzhandels zu orientieren hat. In einem ersten Schritt sollen hierzu die Regulierungskompetenz, die Regulierungsschranken sowie das Vorsorgeprinzip erörtert und dogmatische Unklarheiten beseitigt werden (Kapitel 5). In einem zweiten Kapitel werden die verfassungs- und finanzmarktrechtlichen Regulierungsziele betrachtet und in einen wohlfahrtsökonomischen und funktionsbezogenen Kontext gestellt, um Kriterien für eine allfällige Regulierung des Hochfrequenzhandels zu ermitteln (Kapitel 6). In einem dritten Kapitel soll die Realisierung der dargelegten Regulierungsziele genauer betrachtet und der Markt sowie die regulatorische Intervention als mögliche Realisierungswege einander gegenübergestellt werden (Kapitel 7), bevor in einem vierten Kapitel rückblickend die These der ökonomischen Kontrolle über das Finanzmarktrecht nach geltendem Recht erläutert wird (Kapitel 8). Ziel des gesamten Teils ist es, Kopplungsstellen zwischen dem Recht und der Wirtschaft als Subsysteme der Gesellschaft aufzuzeigen.

§ 5 Regulierungskompetenz, Wirtschaftsfreiheit und Risikovorsorge

I. Kompetenz zur Regulierung des Hochfrequenzhandels

Gemäss Art. 98 Abs. 1 BV erlässt der Bund Vorschriften über das Banken- und Börsenwesen.[1] Ausserdem kann er gemäss Art. 98 Abs. 2 BV Vorschriften über Finanzdienstleistungen in anderen Bereichen erlassen. Nachfolgend soll geprüft werden, ob diese Bestimmungen den Bund zur Regulierung von Hochfrequenzhändlern und alternativen Handelsplattformen legitimieren.

1. Bank- und Börsenwesen

Unbestritten ist, dass der Begriff des «Bankenwesens» (bzw. Bankwesens) das Einlagen- und Kreditgeschäft sowie das Zahlungswesen als Kernbereiche der Banktätigkeit umfasst.[2] Darüber hinaus befürwortet ein Teil der Lehre, dass auch Effektenhandel und Devisengeschäfte dem Bankwesen zugeordnet werden können.[3] Der Bundesrat vertrat bei der Schaffung des Börsengesetzes (BEHG) im Jahr 1993 gar die Ansicht, selbst das Börsenwesen könne *«ohne Zweifel im weitesten Sinn als Teil des ‹Bankwesens› verstanden werden».*[4] Diese weite Auslegung dürfte allerdings darauf zurückzuführen sein, dass eine ausdrückliche verfassungsrechtliche Kompetenz zur Regulierung der Börsen erst mit der Bundesverfassung vom 18. April 1999 geschaffen wurde.[5] Unproblematisch erscheint die Erfassung des von Banken angebotenen Wertpapierhandels *over the counter* (OTC).[6] Eine generelle Subsumtion des Börsenwesens unter den Begriff des Bankwesens lässt sich angesichts des Bedeutungsgehalts der Begriffe demgegen-

---

[1] Dabei trägt der Gesetzgeber gemäss dem zweiten Teilsatz der besonderen Aufgabe und Stellung der Kantonalbanken Rechnung.
[2] Hierzu *Hettich* (2014), N 8 ff. zu Art. 98 BV; *Rhinow/Schmid/Biaggini/Uhlmann* (2011), § 35 N 22; *Contratto* (2006), 100; *Nobel* (2010a), § 8 N 46 ff.; *Kilgus* (2007), N 65 ff.
[3] *Rhinow/Schmid/Biaggini/Uhlmann* (2011), § 35 N 22; *Contratto* (2006), 100; *Botschaft BV 1996*, 305 Fn. 381; tendentiell a.M. *Hettich* (2014), N 8 ff. zu Art. 98 BV sowie *Kilgus* (2007), N 65 ff.
[4] *Botschaft BEHG 1993*, 1439; siehe auch *Rhinow/Schmid/Biaggini/Uhlmann* (2011), § 35 N 22; vgl. *Hettich* (2014), N 8 zu Art. 98 BV.
[5] Siehe *Botschaft BV 1996*, 305, wonach das Börsenwesen in der damaligen Verfassung nicht explizit erwähnt war (vgl. Art. 31bis aBV), aber anerkanntermassen einer gesamtschweizerischen Regelung bedürfe.
[6] Allgemein zum OTC-Handel insb. *S. Bühler* (2016).

§ 5 Regulierungskompetenz, Wirtschaftsfreiheit und Risikovorsorge

über schlecht rechtfertigen. Im Rahmen der subjektiv-historischen Auslegung ist allerdings zu berücksichtigen, dass der Bundesrat in der Botschaft zur neuen Bundesverfassung vom 20. November 1996 ausdrücklich bestätigte, dass der Wertpapierhandel generell zum Bankwesen zu zählen sei.[7] Angesichts dessen dürfte die Bundeskompetenz zur Regulierung des Bankwesens gemäss Art. 98 Abs. 1 BV wohl auch allgemein den Wertpapierhandel erfassen.[8]

Grundsätzlich naheliegender erscheint eine Regulierung des Wertpapierhandels gestützt auf die Bundeskompetenz zur Regulierung des Börsenwesens.[9] Gemäss Art. 26 lit. b FinfraG ist eine Börse eine Einrichtung zum multilateralen Handel von Effekten, an der Effekten kotiert werden und die den gleichzeitigen Austausch von Angeboten unter mehreren Teilnehmern sowie den Vertragsschluss nach nichtdiskretionären Regeln bezweckt. Börsenwesen und Effektenhandel sind also definitionsgemäss miteinander verknüpft. Zumindest der Handel mit kotierten Effekten ist entsprechend zweifellos Teil des Börsenwesens.[10] Demgegenüber ist fraglich, ob auch der Handel mit nicht kotierten Wertpapieren vom Begriff des Börsenwesens erfasst ist. Nicht kotierte Titel können über multilaterale Handelssysteme (MTF), organisierte Handelssysteme (OTF) oder auch ausserhalb derselben gehandelt werden.[11] Für die Erfassung von MTFs und OTFs spricht, dass diese Handelsplattformen kaum anders als traditionelle Börsen funktionieren.[12] Hinzu kommt, dass es schon früher bilateral (im weiteren Sinne) ausgestaltete Dealer-Märkte gab, die damals trotz der bilateralen Funktionsweise als Börsen galten; Nasdaq ist ein prominentes Beispiel hierfür.[13] Ferner verwendet Art. 94 Abs. 1 BV den im Vergleich zum Begriff der Börse weiteren Begriff des Börsenwesens. Insgesamt erscheint daher eine Subsumtion des Handels über MTF und OTF unter den Begriff des Börsenwesens angezeigt. Die Erfassung weiterer Wertpapiergeschäfte, die ausserhalb einer Handelseinrichtung getätigt werden, kann demgegenüber schwerlich begründet werden. Wird eine weite Auslegung des Begriffs des Bankwesens wie vorn aufgrund der Botschaft zur Bundesverfassung von 1996 vertreten bejaht, ist die Erfassung solcher Geschäfte

---

7   *Botschaft BV 1996*, 305 Fn. 381.
8   Grundsätzlich ähnlich mit Bezug auf Derivate *Contratto* (2006), 100 ff.
9   So mit Bezug auf den Effektenhandel auch *Hettich* (2014), N 13 zu Art. 98 BV.
10 Siehe allerdings *Contratto* (2006), 101, die nicht die Kotierung genügen lässt, sondern den börslichen Handel verlangt.
11 Zu den Handelsplattformen vorn 15 ff. und hinten 653 ff.; die Schweiz hat im Unterschied zur EU namentlich keine allgemeine Plattformhandelsplicht eingeführt; zu dieser hinten 551.
12 Zur genauen Unterscheidung hinten 653 ff.
13 Zur Unterscheidung von Dealermärkten und Auktionsmärkten vorn 19; heute sind bilaterale Handelssysteme nach schweizerischem Recht als OTF erfasst und nach europäischem Recht als systematische Internalisierer; hierzu hinten 653 ff.

durch den Begriff des Börsenwesens allerdings rechtlich von untergeordneter Bedeutung. Hinzu kommt, dass die Frage auch faktisch für Hochfrequenzhändler nicht von Bedeutung sein dürfte, da diese kaum ausserhalb liquider Handelsplattformen handeln.[14]

Mit Blick auf Hochfrequenzhändler erscheint ferner bedeutsam, dass diese durch Market-Making-, News-Trading- und Arbitragestrategien wichtige Börsenfunktionen erfüllen. Sie vermitteln zwischen Angebot und Nachfrage, führen den Märkten Liquidität zu, sorgen für einheitliche Kurse in einem fragmentierten Markt und speisen neue Informationen in die Kurse ein. Der Hochfrequenzhandel kann also als wesentlicher Funktionsträger in einem fragmentierten Börsennetzwerk betrachtet werden, sodass eine Zuordnung zum Börsenwesen umso mehr gerechtfertigt erscheint.[15]

2. Finanzdienstleistungen

Gemäss Art. 98 Abs. 2 BV kann der Bund auch Vorschriften über Finanzdienstleistungen in anderen Bereichen erlassen. Nach Ansicht des Bundesrates bestand eine Kompetenz hierzu schon früher, sodass die Bestimmung lediglich der Klarheit dienen sollte.[16] Da Hochfrequenzhändler durch Market-Making-, News-Trading- und Arbitragestrategien wichtige Börsenfunktionen erfüllen, können diese Tätigkeiten wohl auch im weiteren Sinne als Finanzdienstleistungen qualifiziert werden. Nicht zwingend erscheint, dass die Finanzdienstleistung Teil einer besonderen vertraglichen Vereinbarung zwischen dem Funktionsträger und dem Nutzniesser[17] ist.

3. Integrale Betrachtung

Art. 98 BV ist Ausdruck des bis vor wenigen Jahren verfolgten sektoralen Ansatzes der Finanzmarktregulierung, wonach für Banken, Börsen, kollektive Kapitalanlagen und Versicherungen je eigene Gesetze geschaffen wurden.[18] Mit dem Finanzmarktaufsichtsgesetz (FINMAG) wurde zumindest auf einer aufsichtsrechtlichen Ebene ein Rahmen um diese verschiedenen Sektoren gelegt. Finanzmarktinfrastrukturgesetz (FinfraG) sowie die Entwürfe zu Finanzinstitutsgesetz (FINIG) und Finanzdienstleistungsgesetz (FIDLEG) transformieren den sektoralen Ansatz zurzeit noch stärker in eine integrale Finanzmarktregu-

---

14 Hierzu vorn 9.
15 Siehe hierzu vorn 100.
16 *Botschaft BV 1996*, 305.
17 Der Begriff wird hier unabhängig vom Rechtsinstitut der Nutzniessung verwendet.
18 Vgl. hierzu *Rhinow/Schmid/Biaggini/Uhlmann* (2011), 23.

lierung. Art. 94 BV ist zwar nicht Ausdruck einer solch integralen Sichtweise, dürfte diesem Wandel jedoch grundsätzlich nicht entgegenstehen. Die Entstehungsgeschichte der Bestimmung deutet vielmehr darauf hin, dass der Gesetzgeber mit Art. 98 BV eine allgemeine Bundeskompetenz für die Finanzmarktregulierung schaffen wollte.[19]

4. Weitere Bestimmungen

Abgesehen von Art. 98 BV wäre eine Regulierung des Hochfrequenzhandels gestützt auf Art. 95 Abs. 1 BV denkbar. Nach dieser Generalklausel ist der Bund zum Erlass von Vorschriften über die Ausübung der privatwirtschaftlichen Erwerbstätigkeit legitimiert. Ferner kann der Bund Bestimmungen zum Schutz eines funktionierenden und lauteren Wettbewerb (Art. 96 BV) sowie zum Schutz der Konsumentinnen und Konsumenten (Art. 97 BV) erlassen. Inwieweit Privatanleger Konsumenten darstellen ist allerdings nicht restlos geklärt, dürfte aber grundsätzlich vom Geschäftsvolumen abhängen.[20]

II. Wirtschaftsfreiheit als Regulierungsschranke

1. Funktionen

Die Wirtschaftsfreiheit erfüllt eine individualrechtliche, eine ordnungspolitische und eine bundesstaatliche (auch binnenmarktbezogene) Funktion: Auf der individualrechtlichen Ebene begründet sie einen einklagbaren Schutz des Individuums vor staatlichen Eingriffen, auf der ordnungspolitischen Ebene ist sie Teil des wirtschaftsideologischen Konsenses in der Schweiz zu einer liberalen und wettbewerbsorientierten Wirtschaftsordnung und auf der bundesstaatlichen Ebene soll sie die interkantonale freie Zirkulation von Erwerbstätigen, Gütern, Dienstleistungen und Kapital sowie die Schaffung und Erhaltung eines einheitlichen Wirtschaftsgebiets sicherstellen.[21] Während sich die individualrechtliche Funktion primär aus Art. 27 i. V. m. Art. 36 BV ergibt, ist Art. 94 BV Ausdruck

---

19 Vgl. *Botschaft BV 1996*, 305.
20 Hierzu BGE 132 III 268 E. 2.2.3, wonach auf das Geschäftsvolumen abzustellen ist; *Schaller* (2013), N 173; *Gut* (2014), 89; *Maurenbrecher/Eckert* (2015), 374; *Thouvenin* (2013), N 79 ff. zu Art. 8 UWG.
21 Hierzu *Rhinow/Schmid/Biaggini/Uhlmann* (2011), § 5 N 1 f., N 18 ff., die weiter auch noch mit Blick auf Art. 94 Abs. 4 BV eine demokratische Funktion ausmachen; siehe auch *Vallender/Hettich/Lehne* (2006), § 5 N 3 ff. und *Müller/Schefer* (2008), 1045 ff., die die ordnungspolitische Funktion eine institutionelle Garantie nennen; *Vallender* (2014a), N 4 f. zu Art. 27 BV.

der ordnungspolitischen Funktion.[22] Allerdings ist die Einhaltung der Vorgaben von Art. 94 BV auch stets bei der Frage nach der Zulässigkeit von individualrechtlichen Eingriffen zu prüfen.[23] Die erläuterte Kompetenz des Bundes zum Erlass von finanzmarktrechtlichen Bestimmungen (Art. 98 BV) reduziert weder den Anwendungsbereich noch die Voraussetzungen für Einschränkungen der Wirtschaftsfreiheit.[24] Im Finanzmarktrecht wird dem Grundsatz der Wirtschaftsfreiheit nochmals in Art. 7 Abs. 2 FINMAG Nachdruck verliehen, wonach die Finma nur reguliert, soweit dies mit Blick auf die Aufsichtsziele nötig ist.[25]

2. Schutzbereich

In sachlicher Hinsicht schützt die Wirtschaftsfreiheit allgemein jede gewerbsmässig ausgeübte privatwirtschaftliche Tätigkeit, die der Erzielung eines Gewinns oder Erwerbseinkommens dient.[26] Teilgehalte sind namentlich die Freiheit der Berufswahl, die Freiheit der Berufsausübung, der freie Marktzugang, die Werbefreiheit sowie das Verbot der Ungleichbehandlung direkter Konkurrenten.[27] In persönlicher Hinsicht schützt die Wirtschaftsfreiheit primär natürliche und juristische Personen mit Wohnsitz beziehungsweise Sitz in der Schweiz.[28] Ausländische natürliche Personen können sich nach der Rechtsprechung des Bundesgerichts ebenfalls auf die Wirtschaftsfreiheit berufen, sofern sie über eine Niederlassungsbewilligung oder einen gesetzlichen oder – beispielsweise nach dem Personenfreizügigkeitsabkommen mit der EU – staatsvertraglichen Anspruch auf eine Aufenthaltsbewilligung verfügen.[29] Ähnlich können sich juristische Personen mit Sitz im Ausland auf die Wirtschaftsfreiheit berufen, soweit sie

---

[22] Siehe insb. BGE 138 I 378 E. 6.1; *Vallender* (2014b), N 4 zu Art. 94 BV.
[23] Hierzu sogleich 110 f.
[24] *Vallender/Hettich/Lehne* (2006), § 18 N 4; *Hettich* (2014), N 5 zu Art. 98 BV.
[25] Zu den Aufsichtszielen hinten 132 f., 154 ff.
[26] BGE 132 I 282 E. 3.2; 125 I 276 E. 3a; 118 Ia 175 E. 1; *Rhinow/Schmid/Biaggini/Uhlmann* (2011), § 5 N 28 ff.; *Vallender/Hettich/Lehne* (2006), § 5 N 22 ff.; siehe auch *Müller/Schefer* (2008), 1053 f.; *Hänni/Stöckli* (2013), N 38 ff.
[27] Art. 27 Abs. 2 BV, wonach die dortige Auflistung (freie Berufswahl und Ausübung sowie freier Zugang) nicht abschliessend ist; BGE 138 I 378 E. 6.1; 136 I 29 E. 3.2; *Vallender/Hettich/Lehne* (2006), § 5 N 27 ff.; auch *Rhinow/Schmid/Biaggini/Uhlmann* (2011), § 5 N 33 ff.; *Müller/Schefer* (2008), 1054 ff.; *Hänni/Stöckli* (2013), N 43 ff.
[28] *Müller/Schefer* (2008), 1064, die festhalten, dass spezifisch menschenrechtliche Ausprägungen wie die Freiheit der Berufswahl nur natürlichen Personen zustehen; *Hänni/Stöckli* (2013), N 58.
[29] BGE 131 I 223 E. 1.1; 123 I 19 E. 2; *Vallender* (2014a), N 47 zu Art. 27 BV; *Müller/Schefer* (2008), 1064; *Hänni/Stöckli* (2013), N 58.

einen staatsvertraglichen Anspruch auf wirtschaftliche Betätigung in der Schweiz haben.[30]

3. Beschränkungen

Tangiert eine staatliche Massnahme den Schutzbereich der Wirtschaftsfreiheit, ist zu prüfen, ob die Beschränkung den Kriterien nach Art. 94 BV und Art. 36 BV genügt. Es empfiehlt sich daher eine zweistufige Vorgehensweise, bei der in der Regel in einem ersten Schritt die Vereinbarkeit mit Art. 94 BV geprüft wird.[31]

Nach Art. 94 Abs. 4 BV sind Abweichungen vom Grundsatz der Wirtschaftsfreiheit nur zulässig, wenn sie in der Bundesverfassung vorgesehen oder durch kantonale Regalrechte begründet sind. In diesem Verfassungsvorbehalt wird eine demokratische Dimension des Grundsatzes der Wirtschaftsfreiheit gesehen.[32] Da das Bundesgericht bekanntlich neuere Bundesgesetze gestützt auf Art. 190 BV regelmässig selbst bei Unvereinbarkeit mit der Verfassung anwendet, gilt neben dem Verfassungsvorbehalt de facto auch ein (Bundes-)gesetzesvorbehalt, zumal die Wirtschaftsfreiheit nicht durch die Europäische Menschenrechtskonvention (EMRK) geschützt ist.[33]

Art. 94 Abs. 4 BV wird in Lehre und Rechtsprechung nicht so restriktiv interpretiert, wie man die Bestimmung auf den ersten Blick verstehen könnte, denn es wird lediglich auf einer höheren Kontrollebene zwischen grundsatzkonformen und grundsatzwidrigen Massnahmen unterschieden und nur für grundsatzwidrige Massnahmen eine Grundlage in der Bundesverfassung oder kantonalen Regalrechten gefordert.[34] Als grundsatzwidrig gelten bei dieser Prüfung lediglich Massnahmen, die gegen den Wettbewerb gerichtet sind, indem sie etwa diesen behindern, um gewisse Gewerbezweige oder Bewirtschaftungsformen zu

---

[30] BGE 131 I 223 E. 1.1; Art. 5 Abs. 1 FZA etwa gewährt einen Anspruch auf Erbringung von maximal 90 Arbeitstagen pro Kalenderjahr im Hoheitsgebiet einer anderen Vertragspartei; vgl. *Vallender* (2014a), N 51 ff. zu Art. 27 BV.

[31] BGE 131 I 223 E. 4.2–4.3; *Rhinow/Schmid/Biaggini/Uhlmann* (2011), § 5 N 80 ff, 83; *Müller/Schefer* (2008), 1067 ff.; vgl. auch *Vallender/Hettich/Lehne* (2006), § 5 N 75 ff.

[32] Siehe etwa *Vallender/Hettich/Lehne* (2006), § 5 N 83; *Rhinow/Schmid/Biaggini/Uhlmann* (2011), § 5 N 21 ff.

[33] Zur allseits kritisierten Massgeblichkeitsregel etwa BGE 140 I 353 E. 4.1; 129 II 249 E. 5.4; *Hangartner/Looser* (2014), N 1 ff., 4, 6 ff. zu Art. 190 BV; auch *Häfelin/Müller/Uhlmann* (2016), N 196; zur Überprüfung auf die Vereinbarkeit mit der EMRK BGE 139 I 16 E. 5; 136 II 120 E. 3.5.3.

[34] Vgl. *Hänni/Stöckli* (2013), N 63.

sichern oder zu begünstigen.[35] Insofern stellt Art. 94 Abs. 4 BV eine negative Wettbewerbsgarantie dar.[36] Als Beispiele für grundsatzwidrige Massnahmen werden namentlich zahlenmässige Begrenzungen von Gewerbetreibenden zum Schutz bestehender Anbieter vor Konkurrenz oder andere struktur- und standespolitisch motivierte Eingriffe in Form von Investitionshilfen, Preisregulierungen und Kontingentierungen genannt.[37] Grundsatzkonform sind demgegenüber nach Lehre und Rechtsprechung polizeilich motivierte Eingriffe zum Schutz der öffentlichen Ordnung, Gesundheit, Sittlichkeit, Sicherheit sowie von Treu und Glauben im Geschäftsverkehr.[38] Ferner hat das Bundesgericht auch gewisse sozialpolitische Ziele genügen lassen.[39] Ob eine Massnahme grundsatzkonform oder grundsatzwidrig ist, beurteilt sich entsprechend massgeblich nach dem Eingriffsmotiv.[40]

Grundsatzkonforme Massnahmen sind nicht per se zulässig. Vielmehr müssen sie den allgemeinen Schranken für staatliche Eingriffe nach Art. 36 BV genügen, das heisst, sie bedürfen einer ausreichenden gesetzlichen Grundlage (Abs. 1), müssen einem öffentlichen Interesse oder dem Schutz von Grundrechten Dritter dienen (Abs. 2), verhältnismässig sein (Abs. 3) und den Kerngehalt der Grundrechte wahren (Abs. 4).[41] Als öffentliche Interessen stehen bei der Finanzmarktregulierung die gebietsspezifischen Regulierungsziele (Funktions-, System- und Individualschutz) im Vordergrund.[42] Das Kriterium der Verhältnismässigkeit verlangt, dass die Massnahme zur Verwirklichung des im öffentlichen Interesse liegenden Ziels geeignet, erforderlich und für den oder die Betroffenen zumut-

---

[35] BGer 2P.306/2001 vom 17. Mai 2002 E. 2.2; BGE 131 I 223 E. 4.2; siehe auch BGE 132 I 97 E. 2.1, wo das Bundesgericht allerdings nicht sauber zwischen Art. 94 Abs. 4 BV und Art. 36 BV unterschied; im Detail *Vallender/Hettich/Lehne* (2006), § 5 N 82 ff.; *Hänni/Stöckli* (2013), N 63, 73.
[36] *Vallender/Hettich/Lehne* (2006), § 5 N 85.
[37] *Hänni/Stöckli* (2013), N 73.
[38] BGE 131 I 223 E. 4.2; 125 I 335 E. 2a; *Vallender/Hettich/Lehne* (2006), § 5 N 77, die ferner auf den Schutz von Grundrechten Dritter (Art. 36 Abs. 2 BV) hinweisen.
[39] BGE 97 I 499 E. 4c; hierzu auch *Vallender/Hettich/Lehne* (2006), § 5 N 78 ff.
[40] *Rhinow/Schmid/Biaggini/Uhlmann* (2011), § 5 N 92.
[41] *Müller/Schefer* (2008), 1074; *Rhinow/Schmid/Biaggini/Uhlmann* (2011), § 5 N 100; siehe auch BGE 131 I 223 E. 4.3; allgemein zu Einschränkungen nach Art. 36 BV bspw. *Schweizer* (2014), N 14 ff. zu Art. 36 BV.
[42] Siehe BGE 135 II 356 E. 3.1, wo das BGer festhält: «*Bei der Wahl des geeigneten Mittels haben die EBK bzw. die FINMA im Rahmen der allgemeinen Verwaltungsgrundsätze (Willkürverbot, Rechtsgleichheits- und Verhältnismässigkeitsgebot, Treu und Glauben) in erster Linie den Hauptzwecken der finanzmarktrechtlichen Gesetzgebung, dem Schutz der Gläubiger bzw. Anleger einerseits und der Lauterkeit des Kaptialmarkts andererseits, Rechnung zu tragen (Anleger- und Funktionsschutz)*»; hierzu hinten 154 ff.

bar ist.[43] Geeignet ist die Massnahme, wenn sie den im öffentlichen Interesse liegenden Zweck fördert.[44] Erforderlich ist sie, wenn das Ziel mit keinem weniger schweren Grundrechtseingriff erreicht werden kann.[45] Zur Beurteilung des Kriteriums der Zumutbarkeit ist eine Interessenabwägung zwischen den öffentlichen Interessen und den Interessen der in ihren Individualrechten beschränkten Individuen vorzunehmen.[46]

4. Bedeutung für den Hochfrequenzhandel

Für die Regulierung des Hochfrequenzhandels ist die Wirtschaftsfreiheit in verschiedenerlei Hinsicht von Bedeutung. Erstens fällt die gewerbsmässige Tätigkeit als Hochfrequenzhändler grundsätzlich in den Schutzbereich der Wirtschaftsfreiheit, sodass gegen den Hochfrequenzhändler gerichtete regulatorische Massnahmen einem öffentlichen Interesse dienen und verhältnismässig sein müssen. Die Prüfung der Eignung verschiedener Massnahmen ist Gegenstand des Kapitels 12 (Regulierungsinstrumente). Zweitens rechtfertige *Contratto* gegen den Hochfrequenzhandel gerichtete regulatorische Massnahmen mit dem Vorsorgeprinzip.[47] Das Vorsorgeprinzip lässt sich möglicherweise nicht mit der Wirtschaftsfreiheit vereinbaren, was *Contratto* durchaus bewusst war.[48] In den nächsten zwei Abschnitten wird daher geprüft, ob sich Massnahmen gestützt auf das Vorsorgeprinzip rechtfertigen lassen. Drittens sind im Zusammenhang mit der Regulierung des Hochfrequenzhandels auch grundsatzwidrige Massnahmen denkbar. Grundsatzwidrig wären etwa Massnahmen, die systematisch gegen die Automatisierung im Finanzbereich und die Konkurrenz durch Maschinen gerichtet sind, um ineffiziente Finanzmarktteilnehmer zu schützen. Die Vereinbarkeit regulatorischer Massnahmen mit der Wirtschaftsfreiheit ist im vorliegenden Zusammenhang von besonderer Bedeutung, da der Hochfrequenzhandel primär über die Finanzmarktinfrastrukturverordnung (FinfraV) reguliert wird. Als Verordnung wird dieser Erlass vom Bundesgericht auf seine Vereinbarkeit mit der Wirtschaftsfreiheit hin überprüft.

---

[43] Zum Kriterium der Verhältnismässigkeit etwa *Hofstetter* (2014), N 107, 235 ff.; *Schweizer* (2014), N 27 ff. zu Art. 36 BV.

[44] Bspw. BGE 130 II 425 E. 5.2; *Häfelin/Müller/Uhlmann* (2016), N 522; *Schweizer* (2014), N 38 zu Art. 36 BV; *Hofstetter* (2014), N 235 ff.

[45] BGE 136 I 87 E. 3.2; 132 I 49 E. 7.2; *Häfelin/Müller/Uhlmann* (2016), N 527 ff.; *Hofstetter* (2014), N 251 ff.; *Schweizer* (2014), N 39 zu Art. 36 BV.

[46] *Hofstetter* (2014), N 267 ff.; *Häfelin/Müller/Uhlmann* (2016), N 555 ff.

[47] *Contratto* (2014), 154; zum Vorsorgeprinzip hinten 128 ff.

[48] *Contratto* (2014), 154 Fn. 128.

III. Beweisregeln für Beschränkungen der Wirtschaftsfreiheit

1. Problemstellung

Für die Auseinandersetzung mit dem Vorsorgeprinzip erscheint die Vorfrage bedeutsam, welchen Massstab die Gerichte bei der Beurteilung der Eignung und Erforderlichkeit einer regulatorischen Massnahme anwenden (Beweismass). Verknüpft damit stellt sich die weitere Frage, wie das Gericht zu urteilen hat, wenn es die Eignung einer Massnahme zwar für möglich hält, aber nicht als erwiesen erachtet (Beweislast). Die Folgen des fehlenden Beweises könnte einerseits diejenige Person tragen, die eine Verletzung ihrer Rechte geltend macht, oder aber der Staat, der mit den Massnahmen die Individualrechte beschränkt.

2. Zwischen Normativität und Faktizität

a) Verhältnismässigkeit als normatives Prinzip

Der Verhältnismässigkeit wird gemeinhin der Charakter eines normativen Prinzips oder eines normativen Grundsatzes zugeschrieben.[49] Folglich stellt die Verhältnismässigkeit von Grundrechtsbeschränkungen eine Rechtsfrage dar, die das Bundesgericht mit voller Kognition überprüft.[50] Als Rechtsfrage ist die Verhältnismässigkeit dem Beweis nach der etablierten Prozessrechtsdogmatik nicht zugänglich; bekanntlich sind nur (streitige) rechtserhebliche Tatsachen zu beweisen.[51] Zwar stellt namentlich der Ablauf einer Polizeikontrolle eine (allenfalls rechtserhebliche) Tatsache dar, nicht aber die Eignung, Erforderlichkeit und Zumutbarkeit einer regulatorischen Massnahme.[52]

---

[49] Zur Qualifikation als normatives Prinzip *Hofstetter* (2014), N 73 ff. und *M. Müller* (2013), 14 ff.; zur Qualifikation als Rechtsgrundsatz *Lerche* (1961), 316 (allerdings mit der Einschränkung «*sofern sie überhaupt gelten*»); siehe auch *Kokott* (1992), 50.

[50] Zur Notwendigkeit als Rechtsfrage *Lerche* (1961), 322 ff., nach dem aber die Notwendigkeit des Eingreifens eine Rechtsfrage darstellt; zur Eignung als Rechtsfrage *Jakobs* (1985), 63; zur Überprüfung durch das Bundesgericht bspw. BGE 140 II 194 E. 5.8.2; zur eingeschränkten Kognition bei der Überprüfung kantonaler Akte gestützt auf den allgemeinen Verhältnismässigkeitsgrundsatz (Art. 5 Abs. 2 BV) siehe BGE 134 I 153 E. 4.2.

[51] Siehe *Kiener/Rütsche/Kuhn* (2012), N 653 ff.; *Ch. Auer* (2008), N 1 f. zu Art. 12 VwVG; *Gygi* (1983), 272 ff.; *Lardelli* (2014), N 2 zu Art. 8 ZGB.

[52] Zur verwaltungsrechtlichen Qualifikation von Polizeikontrollen als Realakt bspw. *Häfelin/Müller/Uhlmann* (2016), N 1409; *Kiener/Rütsche/Kuhn* (2012), N 347; zur Beweislast für Grundrechtsbeschränkungen nach deutschem Recht *Vierhaus* (2011), N 362; *Held* (1984), 171 ff.

b) Empirischer Nachweis von Rechtstatsachen

Ungeachtet der rechtsdogmatischen und bundesgerichtlichen Qualifikation als Rechtsfrage dürfte gerade die Eignung einer Massnahme vielfach einer empirischen Überprüfung zugänglich sein. Dies gilt insbesondere für finanzmarktrechtliche Massnahmen, die eine Verbesserung der Marktqualität bezwecken. *Kokott*, Generalanwältin am Gerichtshof der Europäischen Union und ehemalige Direktorin des Instituts für Europäisches und Internationales Wirtschaftsrecht an der Universität St. Gallen, wies in ihrer Habilitation darauf hin, dass die Grenzen zwischen Fakten und Wertung bei der Eignung und Erforderlichkeit grundrechtstangierender Massnahmen schwimmend sein könnten.[53] Selbst Fürsprecher der normativen Natur der Verhältnismässigkeit anerkennen, dass die Beurteilung der Eignung einer Massnahme eine fachspezifische (objektive) Wirkungsanalyse und -prognose voraussetzt.[54] Neben der Eignung verlangen aber auch die Erforderlichkeit und die Güterabwägung (Zumutbarkeit) empirische Prognosen.[55] So sind bei der Erforderlichkeit die Folgen verschiedener Massnahmen zu vergleichen, und die Zumutbarkeit einer Massnahme hängt wesentlich von der Eignung derselben ab. Gewiss kommt bei der Zumutbarkeit und teilweise bereits bei der Erforderlichkeit ein zusätzliches Wertungselement hinzu, da sich verschiedene Güter oftmals nicht einfach durch Kardinalisierung vergleichen lassen (Inkommensurabilitätskritik).[56] Die Eignung einer Massnahme und teilweise auch die Erforderlichkeit werden daher auch als objektivierte Kriterien der Verhältnismässigkeit bezeichnet, während der Zumutbarkeit (zumindest zu einem beträchtlichen Teil) eine subjektive Natur zugeschrieben wird.[57]

c) Singuläre und generische Tatsachen

Die Unterscheidung zwischen objektiven und subjektiven Rechtsfragen deutet auf eine fehlende Trennschärfe zwischen Tatsachen und Rechtsfragen hin, impliziert doch allein der Begriff der Objektivität eine tatsachenbezogene Aussage.[58] Angesichts der fehlenden Trennschärfe erstaunt nicht, dass die deutsche Lehre beeinflusst von US-amerikanischen Vorbildern zunehmend zwischen sin-

---

53 *Kokott* (1992), 48.
54 *M. Müller* (2013), 29, der weiter festhält, dass subjektive Wertungen in dieser Phase der Prüfung keine grosse Rolle spielen oder zumindest nicht spielen sollten; siehe auch *Müller/Uhlmann* (2013), N 285.
55 *Petersen* (2015), 78 ff. m.w.H.; siehe auch *M. Müller* (2013), 29 ff.; *Kokott* (1992), 48.
56 Zur Inkommensurabilitätskritik *Petersen* (2015), 57 ff.; u.U. sind schon bei der Erforderlichkeitsprüfung Wertungen vorzunehmen; siehe auch *M. Müller* (2013), 30 f.
57 *Hofstetter* (2014), N 233 m.w.H.; *M. Müller* (2013), 29 f.
58 Das Tor zur erkenntnistheoretischen Frage nach der Möglichkeit objektiver Aussagen soll hier nicht geöffnet werden.

gulären Tatsachen (auch adjudikative oder Einzeltatsachen) und generischen Tatsachen (auch legislative Tatsachen oder *legislative facts*) unterscheidet.[59] Während sich singuläre Tatsachen auf den spezifischen Fall beziehen, betreffen generische Tatsachen eine ganze Klasse von Ereignissen.[60] Beispiel für eine singuläre Tatsache wäre etwa der natürliche Kausalzusammenhang zwischen einer konkreten Handlung und einem Schaden. Demgegenüber werden namentlich die Auswirkungen von Gesetzesnormen den generischen Tatsachen zugeordnet, da sie eine unbestimmte Anzahl Fälle regeln.[61] Daneben dürfte es sich auch bei der Adäquanz eines Kausalverlaufs um eine generische Tatsache handeln, stellt sich doch die Frage, ob ein Ereignis nach dem gewöhnlichen Lauf der Dinge und der allgemeinen Lebenserfahrung geeignet ist, einen Erfolg in der Art des eingetretenen hervorzurufen.[62] Bei generischen Tatsachen handelt es sich somit um Sachverhalte, die in der schweizerischen Lehre und Rechtsprechung traditionell als (objektivierte) Rechtsfragen qualifiziert werden.[63] Das Bundesgericht hat in diesem Zusammenhang auch schon von Erfahrungssätzen gesprochen und diese als Rechtsfragen qualifiziert, da sie wie Rechtssätze Massstab für die Beurteilung von Tatsachen bildeten.[64] In Anlehnung an die Rechtssoziologie können generische Tatsachen den Rechtstatsachen zugeordnet werden.

d) Analoge Anwendung von Beweisregeln für Rechtstatsachen

Bei der Qualifikation von Rechtstatsachen als Rechtsfragen dürfte ein Bedürfnis nach voller gerichtlicher Kognition mitursächlich gewesen sein. Diese volle Kognition erscheint vor allem deshalb gerechtfertigt, weil Rechtstatsachen und Gesetzesnormen eine unbestimmte Anzahl Rechtsadressaten gleichermassen betreffen, sodass eine einheitliche Rechtsanwendung nur durch die volle Kognition des Bundesgerichts gewährleistet werden kann. Dennoch stellt sich die bedeutsame Frage, wie die Gerichte empirische Erkenntnisse der Natur-, Sozial- und Wirtschaftswissenschaften im Rahmen ihrer Rechtsprechung zu berücksichtigen haben. In der schweizerischen Rechtsdogmatik findet sich etwa der Standpunkt, dass die Beantwortung der Eignungsfrage bei divergierenden wissenschaftlichen Auffassungen massgeblich von der subjektiven Bewertung des Prüfenden – also

---

[59] *Petersen* (2015), 78; *Zierke* (2015), 39 ff.; *Kokott* (1992), 40 ff.; die Unterscheidung geht zurück auf *Davis* (1942), 402 ff.
[60] *Petersen* (2015), 78; *Zierke* (2015), 39; *Kokott* (1992), 40 f.
[61] *Petersen* (2015), 78; ähnlich *Zierke* (2015), 40; *Kokott* (1992), 41 f., 48.
[62] Bspw. BGE 137 V 446 E. 7.3; 129 V 177 E. 3.2; 122 V 415 E. 2a; 121 V 45 E. 3a.
[63] Für den adäquaten Kausalzusammenhang BGE 132 III 715 E. 2.2; 123 III 110 E. 3; 107 II 269 E. 2b, E. 3; *Kessler* (2015), N 16 zu Art. 41 OR; *Oftinger/Stark* (1995), § 3 N 18.
[64] BGE 107 II 269 E. 2b; siehe auch *Gygi* (1983), 275; *J. Müller* (1992), 60 ff., der zwischen wissenschaftlichen Erkenntnissen und Erfahrungssätzen unterscheidet.

der Richterinnen und Richter – abhänge.⁶⁵ Hin und wieder wird auch festgehalten, das Kriterium der Eignung schütze lediglich vor eklatanten gesetzgeberischen Fehlgriffen.⁶⁶ Demgegenüber wies *Kokott* in ihrer Habilitation zu Recht darauf hin, dass die Behandlung legislativer Tatsachen als reine Rechtsfragen ohne Anwendung von Beweisregeln mit einer gewissen Gefahr (arbiträrer) gerichtlicher Rechtsschöpfung verbunden ist.⁶⁷ Sie schliesst:

> In Rechtsstreitigkeiten, die die Grundrechte betreffen, nehmen Rechtsfortbildungstatsachen (legislative oder allgemeine Tatsachen) gegenüber historischen Einzeltatsachen (adjudikative Tatsachen) weitaus mehr Gewicht ein. Die herkömmlichen Beweislastregeln haben sich aber im Hinblick auf die letztgenannten Einzeltatsachen entwickelt. Gleichwohl muß es auch im öffentlichen Recht eine Verteilung des Nichtaufklärbarkeitsrisikos bzw. der objektiven Beweislast geben.⁶⁸

Für die gerichtliche Würdigung von Rechtstatsachen erscheint folglich eine Berücksichtigung der Beweisrechtsdogmatik angezeigt, obwohl es sich hierbei um Rechtsfragen handelt.

3. Beweismass

Vielfach existieren unterschiedliche wissenschaftliche Auffassungen zu den Auswirkungen eines Phänomens oder einer regulatorischen Massnahme. Dies gilt auch für den Hochfrequenzhandel und gegen ihn gerichtete Massnahmen.⁶⁹ Es stellt sich daher die Frage, wann ein Gericht eine Rechtstatsache wie die Eignung einer regulatorischen Massnahme als erwiesen erachtet. Zwar gilt im öffentlichen Recht das Untersuchungsprinzip (auch Untersuchungsgrundsatz), wonach die Verwaltungs- und Justizbehörden den Sachverhalt von Amtes wegen abklären; dies ändert jedoch nichts daran, dass Beweisregeln für die Verwaltungsbehörden und Gerichte von Bedeutung sind.⁷⁰ Auch gilt das Prinzip der

---

65 So wortnah *M. Müller* (2013), 30; ähnlich *Müller/Uhlmann* (2013), N 285, wonach die Prüfung der Notwendigkeit der Regulierung ein auf unsicheren Prognosen beruhender, wesentlich von politischen Wertungen geprägter Abwägungsprozess ist.
66 So etwa *Poledna* (1994), N 150; ähnlich *Hettich* (2014), N 483; siehe auch *Häfelin/Müller/Uhlmann* (2016), N 522, die auf die in dieser Hinsicht grosszügige Rechtsprechung hinwiesen.
67 *Kokott* (1992), 46 f., 50.
68 *Kokott* (1992), 60.
69 Siehe hierzu die Kapitel 9 bis 12.
70 Vgl. etwa Art. 12 VwVG; BGE 135 II 161 E. 3; 117 V 153 E. 3b; *Häfelin/Müller/Uhlmann* (2016), N 988; *Kiener/Rütsche/Kuhn* (2012), N 92 ff., 653 ff.

freien Beweiswürdigung (Art. 19 VwVG i.V.m. Art. 40 BZP).[71] Dies bedeutet jedoch nicht, dass die Gerichte Beweise nach Belieben gewichten dürfen; vielmehr sind sie verpflichtet, die Bewertung im Einklang mit den Denk- und Naturgesetzen sowie dem gesicherten Erfahrungswissen vorzunehmen.[72] Als Regelbeweismass wird auch im öffentlichen Recht in Anlehnung an das Privatrecht verlangt, dass das Gericht nach objektiven Gesichtspunkten vom Vorliegen einer Tatsache überzeugt ist und ihm allfällige Zweifel unerheblich erscheinen.[73] Im Unterschied zu diesem Regelbeweismass genügt nach der bundesgerichtlichen Rechtsprechung für Kausalverläufe eine überwiegende Wahrscheinlichkeit, soweit sich ein direkter Beweis aufgrund der Natur der Sache nicht führen lässt oder die Beweisführung unzumutbar erscheint.[74] Das Bundesgericht will dadurch verhindern, dass die Rechtsdurchsetzung an Beweisschwierigkeiten scheitert, die typischerweise bei bestimmten Sachverhalten auftreten.[75] Bei der Verhältnismässigkeit einer regulatorischen Massnahme sind ebensolche Kausalverläufe und Prognosen von Bedeutung, sodass bei analoger Anwendung der privatrechtlichen Beweisregeln eine überwiegende Wahrscheinlichkeit für die empirischen Grundlagen zur Beurteilung von Eignung, Erforderlichkeit und Zumutbarkeit einer Massnahme ausreichen müsste.[76]

Ausnahmsweise ist ein höheres Beweismass anzuwenden, wenn Grundrechtseingriffen strafrechtlicher Charakter zukommt.[77] Die strafrechtliche Natur beurteilt sich gemäss Bundesgericht in Anlehnung an die Rechtsprechung des EGMR nach drei alternativen Kriterien (Engel-Kriterien): (1) der Zuordnung nach dem innerstaatlichen Recht, (2) der wahren Natur des Tatbestands unter Berücksich-

---

[71] Hierzu *Kiener/Rütsche/Kuhn* (2012), N 706 ff.
[72] *Hasenböhler* (2016), N 7 zu Art. 157 ZPO; *Guyan* (2013), N 3 zu Art. 157 ZPO.
[73] Bspw. BGE 133 III 153 E. 3.3; 130 III 321 E. 3.2; *Kiener/Rütsche/Kuhn* (2012), N 711; *Lardelli* (2014), N 17 zu Art. 8 ZGB; *Jucker* (2015), N 142; siehe auch BGE 137 III 255 E. 4.1.2, wo das Bundesgericht selbst eine hohe Wahrscheinlichkeit für die Gläubigerstellung genügen liess.
[74] Etwa BGE 141 V 93 E. 8.1; 133 III 153 E. 3.3; 124 III 155 E. 3d; 113 Ib 420 E. 3; 107 II 269 E. 1b; *Jucker* (2015), N 143, 147, 206 ff.; *Hettich* (2014), N 502; *Kokott* (1992), 30 ff.; siehe auch *Lardelli* (2014), N 18 zu Art. 8 ZGB m.w.H., wonach dieser Massstab eine Wahrscheinlichkeit von mindestens 75 Prozent verlangt; teilweise spricht die Lehre von einer hohen Wahrscheinlichkeit, da sie den Begriff überwiegend für irreführend erachtet, siehe *Guyan* (2013), N 7 zu Art. 157 ZPO; siehe ferner Art. 42 Abs. 2 OR zur Bezifferung des Schadens; siehe auch *Zierke* (2015), 39.
[75] BGE 137 III 255 E. 4.1.2; 130 III 321 E. 3.2; 128 III 271 E. 2b/aa.
[76] Ähnlich *Hettich* (2014), N 502.
[77] Zum höheren Beweismass im Vergleich zum Privatrecht *Heizmann* (2015), N 769; siehe allerdings *Kiener/Rütsche/Kuhn* (2012), N 712, wonach der volle Beweis als Regelbeweismass dem strafrechtlichen Massstab entspricht.

tigung von Art und Zielen der Sanktion sowie (3) der Schwere der Sanktion.[78] Strafrechtlicher Charakter kommt nach diesen Kriterien nicht nur Freiheitsstrafen zu, die insbesondere die Bewegungsfreiheit (Art. 10 Abs. 2 BV) tangieren; auch Berufsverboten (insb. Art. 33 FINMAG), die primär die Wirtschaftsfreiheit (Art. 27 Abs. 2 BV) tangieren, dürfte aufgrund der Eingriffsschwere strafrechtlicher Charakter zugeschrieben werden.[79] Das Bundesgericht ist dieser Ansicht in einem kürzlich ergangenen Entscheid allerdings nicht gefolgt.[80] Für Grundrechtsbeschränkungen mit strafrechtlichem Charakter verlangen die Unschuldsvermutung und der Grundsatz *in dubio pro reo*, dass keine unüberwindlichen Zweifel an der Erfüllung der tatsächlichen Voraussetzungen der angeklagten Tat bestehen, ansonsten das Gericht von der für die beschuldigte Person günstigeren Sachlage ausgeht (Art. 10 Abs. 3 StPO; vgl. Art. 32 Abs. 1 BV und Art. 6 Nr. 2 EMRK).[81] Diesem Grundsatz kommt eine Beweismass- und eine Beweislastfunktion zu, weshalb er auch im nächsten Abschnitt von Bedeutung ist.[82]

Das schweizerische Bundesgericht hat in der Vergangenheit auch schon eine geringe Wahrscheinlichkeit der Eignung einer Verwaltungsmassnahme genügen lassen. In einem Entscheid aus dem Jahr 2009 etwa hielt es fest, das Verfassungsrecht setze unter anderem voraus, dass die angeordnete Massnahme «*mit einer minimalen Wahrscheinlichkeit nach wie vor geeignet erscheint, ihren Zweck zu erfüllen*».[83] Zwar wurde im zitierten Fall die Eignung der Massnahme (Festhaltung) ohnehin verneint, weil eine zwangsweise Rückschaffung nach Marokko nicht möglich war.[84] Die fehlende Relevanz für die Entscheidung ändert jedoch nichts daran, dass eine minimale Wahrscheinlichkeit der Eignung einer Mass-

---

78 EGMR *Engel u. a. gegen die Niederlande*, 5100–5102/71 vom 23. November 1976, §§ 80–85; BGE 128 I 346 E. 2.2; vgl. *Peukert* (2009), N 26 zu Art. 6 EMRK; *Hänni/Stöckli* (2013), N 553; *Monsch/von der Crone* (2015), 657 f.
79 *Graf* (2014), 1201 f. m. w. H.; *Monsch/von der Crone* (2015), 658; offenlassend *Hsu/Bahar/Flühmann* (2011), N 10 zu Art. 33 FINMAG; siehe auch BGer 1P.102/2000 vom 11. August 2000 E. 1c/aa und BGE 125 I 104 E. 2a zu Disziplinarmassnahmen; zum Warnungsentzug des Führerausweises BGE 121 II 22 E. 3 f.
80 BGE 142 II 243 E. 3.4.
81 Siehe auch *Kiener/Rütsche/Kuhn* (2012), N 712, wonach der volle Beweis als Regelbeweismass dem strafrechtlichen Massstab entspricht.
82 Siehe *Heizmann* (2015), N 767; *Vest* (2014), N 18 f. zu Art. 32 BV; a. M. wohl *J. Müller* (1992), 99 f., der zur Qualifikation als reine Beweislastregel tendiert; unabhängig von der strafrechtlichen Natur werden die Präzision einer Massnahme und das Beweismass von der Intensität der Beeinträchtigung abhängig gemacht, siehe *Schefer* (2006), 29 f. m. w. H.
83 BGE 135 II 105 E. 2.3.3; siehe auch BGE 128 I 295 E. 5b/cc; 124 I 85 E. 3b, wonach an die Kriterien der Geeignetheit und Erforderlichkeit keine strengen Massstäbe angelegt werden; kritisch zu diesem negativen Umkehrschluss *Hofstetter* (2014), N 241.
84 BGE 135 II 105 E. 2.3.1.

nahme als Massstab zu niedrig erscheint. Bei analoger Anwendung der privatrechtlichen Beweisregeln wäre zumindest eine überwiegende Wahrscheinlichkeit der Eignung zu fordern. Wie im Oberabschnitt zum Vorsorgeprinzip noch zu zeigen sein wird, kann immerhin die Minimierung von Risiken zum öffentlichen Ziel erklärt werden, sodass eine Eignung schneller überwiegend wahrscheinlich ist.[85] Die Minimierung des Risikos, dass die auszuschaffende Person vor einer tatsächlich vollziehbaren Ausschaffung untertaucht, wäre etwa als öffentliches Ziel mit Blick auf den zitierten Bundesgerichtsentscheid denkbar (vgl. Art. 76 AuG). Im Übrigen ist festzuhalten, dass ein Gericht die Zumutbarkeit eines Eingriffs regelmässig verneinen dürfte, wenn eine Massnahme nur mit einer minimalen Wahrscheinlichkeit geeignet erscheint, einen öffentlichen Zweck zu erfüllen.

4. Beweislast

Kann weder die Eignung einer Massnahme noch deren Untauglichkeit festgestellt werden, stellt sich die weitere Frage, wie ein Gericht in diesem Fall zu entscheiden hat. Diese Frage entspricht im Wesentlichen der Frage nach der materiellen Beweislast bei fehlender Klarheit über die Eignung einer Massnahme.

a) In dubio pro libertate

aa) Prinzip

Ausgehend vom Verständnis der Grundrechte als Abwehrrechte trägt der Staat die Beweislast für die Eignung und Erforderlichkeit grundrechtsbeschränkender Massnahmen.[86] Diese Beweislastregel ist auch unter dem latinisierten Ausdruck *in dubio pro libertate* bekannt.[87] Eine Grundrechtsbeschränkung sollte demnach nur möglich sein, wenn sie auf einer ausreichend sicheren Tatsachengrundlage beruht.[88] Ausländische Verfassungsgerichte haben diese Beweislastregel auch schon angewendet und bei Unklarheit über die Eignung und Erforderlichkeit einer Massnahme gegen den Staat entschieden.[89]

---

[85] Hinten 133 ff.
[86] *Hettich* (2014), N 496; *Calliess* (2009), 43; *Gusy* (2004), 181.
[87] *Petersen* (2015), 87; *Thiel* (2011), 180; *Kokott* (1992), 84 ff.; *Held* (1984), 172; *Berg* (1980), 233; *Badura* (1967), 403 Fn. 118; siehe auch *Di Fabio* (1994), 51.
[88] *Petersen* (2015), 87; vgl. *Kokott* (1992), 84 f.
[89] So *Petersen* (2015), 87, der Beispiele aus Deutschland und Kanada anführt.

bb) Begründung

Für die Anwendung des Grundsatzes *in dubio pro libertate* spricht in erster Linie, dass diese Regel einen effektiven Grundrechtsschutz gewährleistet, indem die Ungewissheit nicht zulasten der in ihren Grundrechten beschränkten Person geht. Bestärkt wird die Auferlegung der Beweislast auf den Staat durch die Regel-Ausnahme-Beweisregel, wonach zwischen rechtserzeugenden Tatsachen einerseits und rechtsvernichtenden sowie rechtshindernden Tatsachen andererseits zu unterscheiden ist.[90] Die für eine Beschränkung von Grundrechten relevanten Tatsachen dürften grundsätzlich für den konkreten Fall als rechtsvernichtend qualifiziert werden und wären daher vom Staat zu beweisen.[91] Als weitere Gründe für den Grundsatz *in dubio pro libertate* sprechen das Machtgefälle zwischen dem Staat und dem Individuum sowie meist – wenngleich nicht immer – auch die kontroverse Sphärentheorie, wonach die Beweislast derjenigen Partei auferlegt werden soll, die aufgrund ihrer Nähe zum Beweisgegenstand eine bessere Aufklärungsmöglichkeit hat.[92] Dem Staat dürfte der Beweis der für die Eignung massgeblichen Tatsachen allein schon aufgrund der verfügbaren Ressourcen in der Regel einfacher fallen als dem in seinen Grundrechten beschränkten Individuum der Beweis des Gegenteils.[93]

cc) Kritik an der Beweislastregel in dubio pro libertate

Die Auferlegung der Beweislast auf den Staat wird aus verschiedenen Gründen kritisiert. So wird argumentiert, der verstärkte Schutz der Freiheit des einen Individuums beschränke zugleich die Freiheit anderer Individuen.[94] Ausserdem wird geltend gemacht, die Regel beschneide den Gesetzgeber über das gebotene Mass in seiner Gestaltungsfreiheit[95], und schliesslich wird angeführt, gesell-

---

[90] Siehe Art. 8 ZGB; *Lardelli* (2014), N 42 ff. zu Art. 8 ZGB; *Kokott* (1992), 80 ff.
[91] Der Begriff der rechtsvernichtenden Tatsache erscheint insofern nicht hundertprozentig zutreffend, als das Grundrecht weiterhin besteht; rechtshindernd im Sinne einer negativen Voraussetzung, die dem Entstehen einer Berechtigung von Anfang an entgegen steht, sind die für die Beschränkung wesentlichen Tatsachen jedoch sicher nicht; vgl. *Lardelli* (2014), N 56 zu Art. 8 ZGB.
[92] Zur Sphärentheorie *Calliess* (2009), 44; *Cherng* (2001), 246; *Nierhaus* (1989), 430 ff., 446; siehe auch *Berg* (1980), 212 f.; im Zusammenhang mit dem Vorsorgeprinzip wird aus der Sphärentheorie allerdings das Gegenteil abgeleitet, hierzu hinten 124.
[93] Hinzu kommt, dass es sich hierbei um negative Tatsachen handelt; dieser Umstand ist jedoch nicht für die Beweislast massgebend, siehe *Staehelin/Staehelin/Grolimund* (2013), § 18 N 61; *Lardelli* (2014), N 72 zu Art. 8 ZGB.
[94] *Petersen* (2015), 88; *Di Fabio* (1994), 39 f.; siehe auch *Kokott* (1992), 85, die unter Berücksichtigung der Rechtsprechung des Bundesverfassungsgerichts das Bild des der Gemeinschaft verpflichteten Individuums hervorhebt.
[95] *Badura* (1967), 403 Fn. 118; siehe auch *Kokott* (1992), 50 f.

schaftliche Risikopräferenzen seien als politische Entscheidungen dem Gesetzgeber vorbehalten.[96]

aaa) Beschränkung der Freiheit und der Grundrechte Dritter

Der erste Kritikpunkt erscheint zunächst bis zu einem gewissen Grad überzeugend, sofern die staatlichen Massnahmen den Schutz von Grundrechten Dritter bezwecken (siehe Art. 36 Abs. 2 BV). Ein Gedankenspiel lässt eine Beweislastregel zuungunsten des Adressaten der Massnahme gestützt auf den Grundrechtsschutz Dritter jedoch dennoch fragwürdig erscheinen. Wird nämlich der Staat zur Seite gedacht, so müsste der Dritte gegenüber dem Adressaten der Massnahme ausservertraglich ebenfalls darlegen und beweisen können, dass dieser in seine absolut geschützten Rechte eingegriffen oder eine Schutznorm verletzt hat. Sachliche Gründe für eine beweisrechtliche Privilegierung des indirekten Schutzes des Dritten durch den Staat gegenüber der direkten Geltendmachung ausservertraglicher Ansprüche sind nicht ersichtlich, sofern der Adressat der Massnahme nicht infolge indirekter Drittwirkung selbst an die Grundrechte gebunden ist.[97]

Gegen den Hochfrequenzhandel gerichtete Massnahmen dürften im Übrigen kaum den Schutz der Freiheit und der Grundrechte Dritter bezwecken. Geschützt werden höchstens Vermögensinteressen anderer Investoren. Dieser Vermögensschutz ist grundsätzlich legitim mit Blick auf die Regulierungsziele des Finanzmarktrechts, lässt jedoch eine Umkehr der Beweislast für staatliche Massnahmen ebenfalls nicht gerechtfertigt erscheinen.[98] Konkret mit Blick auf den Hochfrequenzhandel würde die Anwendung des Grundsatzes *in dubio pro libertate* bedeuten, dass Verwaltungsbehörden Hochfrequenzhändlern keine Pflichten auferlegen dürfen, sofern nicht überwiegend wahrscheinlich erscheint, dass diese Massnahmen legitime Vermögensinteressen anderer Investoren schützen. Andernfalls wären die Pflichten infolge Verstosses gegen die Wirtschaftsfreiheit unbeachtlich.

Teilweise werden kollektive Interessen mit den individuellen Freiheiten anderer gleichgesetzt.[99] *Di Fabio*, ehemaliger Richter am deutschen Bundesverfassungsgericht und Professor an der Universität Bonn, stand in seiner Habilitation zu Risikoentscheidungen im Rechtsstaat einer solchen Gleichstellung der Staatsinteressen mit den individuellen Freiheiten anderer zu Recht kritisch gegenüber, da an die Stelle der dogmatisch kontrollierten Prüfungsabfolge für Grundrechts-

---

96 *Petersen* (2015), 88.
97 Dieser spezifische Fall wäre jedoch noch genauer zu untersuchen.
98 Zu den Regulierungszielen hinten 154 ff.
99 Hierzu *Di Fabio* (1994), 39 f.; vgl. *Petersen* (2015), 88.

beschränkungen eine schwer fassbare «dialogische» treten müsste.[100] Kurz gesagt, der Grundrechtsschutz würde zu stark begrenzt.

bbb)   Beschränkung der gesetzgeberischen Gestaltungsfreiheit

Der zweite Kritikpunkt, wonach der Gesetzgeber bei einer Beweislastverteilung zugunsten des Individuums zu stark in seiner Entscheidungsfreiheit begrenzt würde, erscheint zumindest teilweise berechtigt. Der volle Nachweis der Eignung einer Massnahme dürfte häufig schwierig zu erbringen sein, sodass der Gesetzgeber in seiner Gestaltungsfreiheit stark eingeschränkt werden könnte, wenn Gerichte seine Massnahmen bei fehlendem Nachweis der Eignung aufheben.[101] Dies gilt insbesondere dann, wenn noch kein anderer Staat eine ähnliche Norm implementiert hat, sodass sie einer empirischen Überprüfung nicht zugänglich ist. Allerdings existieren mit Experimentiergesetzen und Pilotprogrammen, wie sie beispielsweise in den USA eingesetzt werden, legislatorische Mittel, die den Nachweis der Eignung einer Massnahme bezwecken.[102] Nach der Implementierung dürfte die Norm jeweils einfacher überprüft werden können, sofern die Auswirkungen der spezifischen Norm isoliert werden können. Die Schweiz ist insofern in einer privilegierten Situation, als die meisten diskutierten rechtlichen Massnahmen gerade im Finanzmarktrecht schon im Ausland implementiert wurden, sodass empirische Studien zu den Massnahmen existieren, auf die sich eine gerichtliche Beurteilung der Massnahmen stützen kann.

Trotz der privilegierten Situation der Schweiz und der Möglichkeit von befristeten Experimentiergesetzen, rechtfertigt das Argument der Beschränkung der gesetzgeberischen Gestaltungsfreiheit eine Unterscheidung von materiellen Gesetzen und exekutiven Erlassen. Gewaltenteilungs- und Demokratieüberlegungen dürften es rechtfertigen, dass Gerichte die Eignung gesetzgeberischer Massnahmen nur zurückhaltend beurteilen und daher die Beweislast dem Individuum auferlegt wird.[103] Selbst bei Annahme der Eignung können die Gerichte dann noch immer die Erforderlichkeit und Zumutbarkeit einer Massnahme verneinen. Die Verfassungsgerichtsbarkeit ist in der Schweiz jedoch wie erwähnt ohnehin eingeschränkt, sodass der Beweislast für Grundrechtsbeschränkungen auf Bundesgesetzesebene nur bei gleichzeitiger Beschränkung von Konventionsrechten eine Bedeutung zukommt.[104] Bei Verordnungen und Verwaltungsmassnahmen

---

100   *Di Fabio* (1994), 40.
101   *Badura* (1967), 403 Fn. 118; siehe auch *Kokott* (1992), 50 f.; *Petersen* (2015), 88.
102   Siehe insb. das Pilotprogramm für Tick-Sizes *SEC Order «Tick Size Pilot» 2015; Finra Tick Size Pilot Plan 2014.*
103   Siehe *Kokott* (1992), 50 f.; *Petersen* (2015), 88; *Badura* (1967), 403 Fn. 118.
104   Zur allseits kritisierten Massgeblichkeitsregel bspw. BGE 140 I 353 E. 4.1; 129 II 249 E. 5.4; *Hangartner/Looser* (2014), N 1 ff., 4, 6 ff. zu Art. 190 BV; *Häfelin/Müller/Uhl-*

können Gewaltenteilungs- und Demokratieüberlegungen demgegenüber nicht überzeugend zur Begründung einer Umkehr der Beweislast angebracht werden. Die Beweislast müsste entsprechend nach dem Grundsatz *in dubio pro libertate* beim Staat verbleiben. Immerhin stehen Bundesrat und Finma bei Unsicherheit die Initiierung einer entsprechenden Gesetzesbestimmung oder aber die Regulierungsinstrumente der befristeten Experimentierverordnungen beziehungsweise Pilotprogramme offen, sofern diese zur Informationsgewinnung geeignet, erforderlich und zumutbar sind. Diese Erlassform kann daher auch dann gerechtfertigt sein, wenn die Eignung der konkreten Massnahmen in der Sache (noch) zweifelhaft erscheint.

ccc) Risikopräferenzen als politische Entscheidungen

Als dritter Kritikpunkt wird angeführt, die Entscheidung über gesellschaftliche Risikopräferenzen stelle eine politische Entscheidung dar, sodass dem Gesetzgeber keine grundsätzliche Beweislast für Grundrechtsbeschränkungen auferlegt werden könne.[105] Dieser dritte Kritikpunkt ist stark mit dem zweiten Kritikpunkt verknüpft, sodass grundsätzlich auf die Ausführungen dort verwiesen werden kann. Gesondert aufgeführt wurde dieser Kritikpunkt vor allem deshalb, weil er mit den Risikopräferenzen ein Element in den Zusammenhang der Beweislast stellt, das vor allem im nächsten Oberabschnitt IV zum Vorsorgeprinzip von Bedeutung sein wird.[106]

b) In dubio pro auctoritate und in dubio pro securitate

Das staatsfreundliche Gegenstück zum Grundsatz *in dubio pro libertate* ist der Grundsatz *in dubio pro auctoritate*.[107] In expliziter oder impliziter Anlehnung an diesen Grundsatz findet sich in der Lehre die Ansicht, das Kriterium der Eignung (zumindest bei Prognosen) solle nur Massnahmen ausschliessen, die eindeutig zweckuntauglich sind.[108] In diesem Sinne hielt schon *Chief Justice Tilghman* im Jahr 1811 fest: «[A]n act of the legislature is not to be declared void unless the violation of the constitution is so manifest as to leave no room for reason-

---

      mann (2016), N 196; zur Überprüfung nach der EMRK siehe BGE 139 I 16 E. 5; 136 II 120 E. 3.5.3; vorn 110.
105 *Petersen* (2015), 88.
106 Hinten 128 ff.
107 Zum Grundsatz in *dubio pro auctoritate Kokott* (1992), 86 ff.
108 Gestützt auf die Rechtsprechung des deutschen Bundesverfassungsgerichts *Jakobs* (1985), 62 f. m. w. H., insbesondere zur Rechtslage, wenn die fehlende Eignung zwar nicht *ex ante*, aber *ex post* feststeht; ähnlich BGE 135 II 105 E.2.3.3; 128 I 295 E. 5b/cc; 124 I 85 E. 3b; kritisch *Hofstetter* (2014), N 241.

able doubt.»[109] Gemäss *Poledna* soll das Kriterium der Eignung nur vor eklatanten gesetzgeberischen Fehlgriffen schützen.[110] Diese Ansicht läuft letztlich darauf hinaus, dass die in ihren Grundrechten beschränkte Person die Beweislast für das Fehlen der Eignung einer Massnahme trägt.[111] Vergleichbar mit dem Grundsatz *in dubio pro auctoritate* ist der präventionsstaatliche Grundsatz *in dubio pro securitate*, der im nachfolgenden Oberabschnitt zum Vorsorgeprinzip von Bedeutung ist.[112] Ein kategorischer Gegensatz zwischen Freiheit und Sicherheit wird derweil heute als überholt betrachtet.[113]

Begründet wird die Beweislastverteilung zulasten des Individuums nebst den zum Grundsatz *in dubio pro libertate* angebrachten Kritikpunkten unter anderem mit der ebenfalls bereits erwähnten kontroversen Sphärentheorie, wonach die Beweislast derjenigen Partei auferlegt werden soll, die aufgrund ihrer Nähe zum Beweisgegenstand eine bessere Aufklärungsmöglichkeit hat.[114] Die Sphärentheorie wurde bereits als Argument zur Auferlegung der Beweislast auf den Staat aufgeführt, sodass hier scheinbar ein Widerspruch entsteht.[115] Der Grund hierfür liegt darin, dass die Auferlegung der Beweislast nach der Sphärentheorie je nach Situation divergieren kann. Zwar dürfte der Staat die Auswirkungen seiner regulatorischen Massnahmen regelmässig besser abschätzen können; gerade Entwickler neuer Technologien und Chemikalien dürften demgegenüber jedoch regelmässig einen grösseren Sachverstand hinsichtlich der konkreten Auswirkungen der Technologien beziehungsweise der Chemikalien oder Medikamente verfügen.

Vehement gegen eine Auferlegung der Beweislast auf den Staat sprach sich *Berg* in seiner Habilitation *Die verwaltungsrechtliche Entscheidung bei ungewissem*

---

109 Siehe *Thayer* (1893), 140; das Orignalzitat stammt demnach aus *Com. v. Smith*, 4 Bin. 117 (1811); siehe auch *Kokott* (1992), 54; mit der Voraussetzung, dass keine vernünftigen Zweifel bestehen dürfen, geht *Tilghman* allerdings noch weiter, als die vorn (116 ff.) für das Beweismass geforderte überwiegende Wahrscheinlichkeit bei Kausalverläufen und Prognosen.
110 *Poledna* (1994), N 150.
111 Siehe hierzu *Hettich* (2014), N 497, wonach der Risikoverursacher den Unschädlichkeitsnachweis erbringen muss; konkreter mit Bezug auf das Vorsorgeprinzip *Marti* (2011), 257; *Griffel* (2015), 25.
112 Zum Grundsatz *in dubio pro securitate Di Fabio* (1994), 51; *Calliess* (2009), 45; siehe auch *Griffel* (2015), 24; hinten 128 ff.
113 Hierzu *Thiel* (2011), 180; vgl. *Di Fabio* (1994), 35 ff.
114 *Calliess* (2009), 44; *Cherng* (2001), 246; *Nierhaus* (1989), 430 ff., 446; vgl. auch *Berg* (1980), 212 f.
115 Vorn 120.

Sachverhalt aus.[116] Ihm zufolge ist die mögliche Gefährdung von Leben und Gesundheit anderer grundsätzlich nicht zu tolerieren.[117] So dürften Zweifel an der Eignung eines Kraftfahrers niemals zulasten der Allgemeinheit gehen.[118] Gleiches gelte auch für die Neuentwicklung von Lebensmittelzusätzen, Medikamenten, technischen Geräten und Verfahren sowie für eine Ölpipeline, die möglicherweise die Trinkwasserversorgung gefährde.[119] Auf den ersten Blick erscheinen die Argumente überzeugend. Auf einer höheren Betrachtungsebene kann sich der Staat aber auch hier die Reduktion der Toten im Strassenverkehr, den Schutz der Gesundheit vor neuen Wirkstoffen und die Sicherstellung der Trinkwasserversorgung zum Ziel machen. Ein Fahrverbot für möglicherweise nicht geeignete Kraftfahrer, eine Prüfungspflicht für Medikamente oder aber ein Verbot zum Bau der Ölpipeline wären dann durchaus geeignete Instrumente zur Sicherstellung dieser Ziele.

c) Vermutung der Verfassungsmässigkeit von Gesetzen

Als Zwischenlösung zwischen den Grundsätzen *in dubio pro libertate* und *in dubio pro auctoritate* findet sich vor allem in den USA und teilweise auch in Deutschland die Rechtsfigur einer Vermutung der Verfassungsmässigkeit von Gesetzen (im formellen Sinn).[120] Mit dem Konstrukt einer Vermutung wird versucht, der Gewaltenteilung und der Bedeutung eines effektiven Grundrechtsschutzes gleichermassen Rechnung zu tragen.[121] Gerechtfertigt wird die Vermutung nebst der demokratischen Legitimation des parlamentarischen Gesetzgebers auch damit, dass der Gesetzgeber über bessere Möglichkeiten der Tatsachenfeststellung verfüge als die Gerichte.[122] Von der Natur her entspricht diese Vermutung einer Rechtsvermutung, da von einer Vermutungsbasis (Vorliegen eines Gesetzes) auf eine Rechtsfolge (Verfassungsmässigkeit) geschlossen wird.[123] Solche Rechtsvermutungen können ihre Grundlage grundsätzlich in einer Rechtsnorm, im Gewohnheitsrecht oder im Richterrecht haben (Art. 1 Abs. 2

---

[116] *Berg* (1980), 233 ff.; siehe demgegenüber *Hettich* (2014), N 497, wonach sich die Rationalität von Risikobegrenzungsmassnahmen bei Unwissenheit nicht oder nur beschränkt dargelegt werden könne, was sich zugunsten des Risikoverursachers auswirken müsste.
[117] *Berg* (1980), 233.
[118] *Berg* (1980), 234.
[119] *Ibid.*
[120] *Kokott* (1992), 52 ff.; siehe auch *Calliess* (2009), 46 ff. sowie die ähnliche Lösung von *Petersen* (2015), 88 ff., der gesetzgeberische Entscheidungsspielräume konstruiert.
[121] *Kokott* (1992), 56.
[122] *Kokott* (1992), 57 ff. m. w. H.
[123] Hierzu *Walter* (2012), N 404 ff. zu Art. 8 ZGB; *Groner* (2011), 95 f.; *Staehelin/Staehelin/Grolimund* (2013), § 18 N 54 f.; *Lardelli* (2014), N 68 zu Art. 8 ZGB; *Guyan* (2013), N 13 zu Art. 157 ZPO.

ZGB).[124] Ist die Vermutungsbasis erfüllt, so trägt der Vermutungsgegner die Beweislast hinsichtlich der Sachumstände der Vermutungsfolge.[125] Der Vermutungsgegner kann jedoch nebst dem Beweis des Gegenteils auch bloss Zweifel an der Vermutungsbasis erwecken (Gegenbeweis).[126] Da die Vermutungsbasis im vorliegenden Zusammenhang lediglich der Umstand ist, dass es sich beim fraglichen Erlass um ein Gesetz im formellen Sinn handelt, sind in aller Regel kaum Zweifel an der Vermutungsbasis denkbar. Die vorgeschlagene Vermutung bewirkt folglich de facto eine Auferlegung der Beweislast auf das Individuum bei Gesetzen im formellen Sinn.

d)   Differenzierung je nach Grundrecht

Schliesslich wird vertreten, der Staat solle lediglich bei besonders schützenswerten Grundrechten die Beweislast tragen.[127] Dadurch würde eine Zweiteilung in besonders schützenswerte Grundrechte und weniger schützenswerte Grundrechte stattfinden. Die Wirtschaftsfreiheit dürfte (grundsätzlich) kaum zu den besonders schützenswerten Grundrechten zählen, wird sie doch auch nicht durch die europäische Menschenrechtskonvention geschützt. Die Differenzierung zwischen besonders schützenswerten und weniger schützenswerten Grundrechten weist den Makel auf, dass für jedes Grundrecht einzeln ermittelt werden muss, ob dieses besonders schützenswert ist oder nicht. Immerhin könnte in dieser Hinsicht argumentiert werden, dass die strafrechtliche Natur gewisser Grundrechtseingriffe ohnehin bereits zu einer Zweiteilung führt.[128] Hinzu kommt aber, dass sowohl der deutsche Begriff der Grundrechte als auch der amerikanische Begriff *fundamental rights* zum Ausdruck bringen, dass es sich hierbei stets um besonders schützenswerte Individualrechte handelt. So erscheint die Unterscheidung in besonders schützenswerte und weniger schützenswerte Grundrechte zwar durchaus nachvollziehbar, aber letztlich doch nicht vollends überzeugend.

e)   Synthese

Aufgrund von Gewaltenteilungs- und Demokratieüberlegungen erscheint eine Unterscheidung zwischen demokratisch legitimierten Gesetzen einerseits und Verordnungen sowie Verwaltungshandlungen andererseits für die Zuordnung

---

124 *Groner* (2011), 95; *Meier* (2010), 280 f.
125 *Walter* (2012), N 412 zu Art. 8 ZGB; *Groner* (2011), 96; siehe auch *Staehelin/Staehelin/Grolimund* (2013), § 18 N 52.
126 *Groner* (2011), 96; *Walter* (2012), N 415 ff. zu Art. 8 ZGB; *Lardelli* (2014), N 67 zu Art. 8 ZGB; siehe auch BGE 141 III 7 E. 4.3 zum zweideutigen Besitz.
127 *Kokott* (1992), 62.
128 Hierzu vorn 117 f.

der Beweislast bei generischen Tatsachen angezeigt. Die Beweislast für die Eignung von Gesetzen würde demnach das Individuum tragen, die Beweislast für die Eignung von Verordnungen und Verwaltungshandlungen der Staat, sofern sich diese nicht direkt auf einen Wertungsentscheid in der Verfassung oder einem Gesetz im formellen Sinne stützen lassen. Die Auferlegung der Beweislast für die Eignung von Verordnungen und Verwaltungshandlungen auf den Staat lässt sich in erster Linie mit dem Ziel der Gewährleistung eines effektiven Grundrechtsschutzes rechtfertigen. Dieser würde zu stark geschwächt, wenn nicht grundsätzlich der Staat die Beweislast dafür trägt, dass seine Massnahmen geeignet sind, einem öffentlichen Interesse zu dienen. Gerade bei schwierig zu beweisenden legislativen Tatsachen würden sonst die Grundrechte als Grundfeste einer freiheitlichen Gesellschaft untergraben. Hinzu kommt, dass auch das Machtgefälle zwischen Staat und Individuum und die Regelbeweislastverteilung den Grundsatz «*im Zweifel für das Individuum*» für Verwaltungsentscheide und Verordnungen unterstützen. Im Übrigen steht es nach dieser hier vorgeschlagenen Ordnung dem materiellen Gesetzgeber jederzeit frei, eine Entscheidung über einen unsicheren Sachverhalts zu treffen.

Mit Blick auf die Schweiz ist die hier vorgeschlagene Beweislastverteilung insofern zu präzisieren, als das Bundesgericht bekanntlich nach wie vor neuere Bundesgesetze gestützt auf Art. 190 BV regelmässig selbst bei Unvereinbarkeit mit der Verfassung anwendet.[129] Demgegenüber überprüft das Bundesgericht kantonale Gesetze grundsätzlich auf ihre Vereinbarkeit mit der Verfassung hin. Dies gilt generell auch für die Verhältnismässigkeit von Grundrechtsbeschränkungen, nicht aber für den allgemeinen Grundsatz der Verhältnismässigkeit (Art. 5 Abs. 2 BV), hinsichtlich dessen sich das Bundesgericht auf eine Willkürüberprüfung beschränkt.[130] Das Bundesgericht hat mit anderen Worten auch schon demokratische und föderale Überlegungen bei der Überprüfung von kantonalen Gesetzen in die Beurteilung mit einfliessen lassen, allerdings nur im Zusammenhang mit dem allgemeinen Grundsatz der Verhältnismässigkeit, nicht aber bei Beschränkungen von Grundrechten nach Art. 36 BV. Die Ausführungen vorn, wonach eine Auferlegung der Beweislast auf das Individuum bei Gesetzen aufgrund von Gewaltenteilungs- und Demokratieüberlegungen angemessen erscheint, überzeugen grundsätzlich auch für kantonale Gesetze. Wäre dem nicht so, so würde eine legislatorische Risikoentscheidung in sämtlichen Bereichen

---

[129] Zur allseits kritisierten Massgeblichkeitsregel bspw. BGE 140 I 353 E. 4.1; 129 II 249 E. 5.4; *Hangartner/Looser* (2014), N 1 ff., 4, 6 ff. zu Art. 190 BV; *Häfelin/Müller/Uhlmann* (2016), N 196; zur Überprüfung nach der EMRK BGE 139 I 16 E. 5; 136 II 120 E. 3.5.3; vorn 110.

[130] Zur Prüfung durch das Bundesgericht bspw. BGE 140 II 194 E. 5.8.2; zur eingeschränkten Kognition bei der Überprüfung kantonaler Akte gestützt auf den allgemeinen Verhältnismässigkeitsgrundsatz (Art. 5 Abs. 2 BV) siehe BGE 134 I 153 E. 4.2.

ausgeschlossen, die in den Kompetenzbereich der Kantone fallen. Der damit einhergehenden Gefahr für die Individualrechte kann das Bundesgericht jedoch noch immer dadurch begegnen, dass es Massnahmen trotz fingierter Eignung für nicht erforderlich oder für die Betroffenen nicht zumutbar erklärt.

IV. Vorsorgeprinzip

1. Kontextualisierung

Eine Verbindung zwischen dem Hochfrequenzhandel und dem umweltrechtlichen Vorsorgeprinzip schaffte *Contratto*, als sie den Hochfrequenzhandel auf systemische Risiken hin untersuchte und unter Berücksichtigung verschiedener ökonomischer Studien zum Schluss kam, dass die Herbeiführung systemischer Ereignisse durch Hochfrequenzhändler plausibel sei, ein strikter wissenschaftlicher Beweis aber noch ausstehe.[131] Sie folgerte daraus, dass sich der Nachweis der Notwendigkeit einer staatlichen Intervention zumindest zum damaligen Zeitpunkt schwierig erbringen lasse, und warf daher die grundlegende Frage auf, ob den Staat analog zum im Umweltrecht anerkannten Vorsorgeprinzip trotz Ungewissheit eine Pflicht zu umfassender Risikovorsorge zum Schutz der Finanzstabilität treffe.[132] Gestützt auf entsprechende Ansichten in Deutschland und den USA kam sie im Wesentlichen aus zwei Gründen zum Schluss, dass eine Anwendung des Vorsorgeprinzips für Finanzmarktregulierungsfragen gerechtfertigt sei: Erstens zeigten sich im Finanzmarkt- und Umweltrecht ähnliche Herausforderungen mit komplexen neuen Technologien, und zweitens trage der Staat hinsichtlich der Finanzstabilität eine Schutzpflicht und müsse wie bei öffentlichen Gütern eine Übernutzung und Unterproduktion verhindern.[133]

2. Inhalt

Das umweltrechtliche Vorsorgeprinzip (auch *precautionary principle*) legitimiert (bzw. verpflichtet) den Staat zur präventiven Risikovorsorge selbst bei Ungewissheit über Kausalverläufe, um langfristig drohende, schwerwiegende oder ir-

---

[131] *Contratto* (2014), 152, 154; gestützt auf *Sornette/von der Becke* (2011), 5 ff., 12, 18; *Cliff/Northrop* (2012), 32 ff., 40 zitieren; *Chaboud/Chiquoine/Hjalmarsson/Vega* (2014), 2047; *Johnson et al.* (2013), 3 ff.; *Zigrand/Shin/Beunza* (2011), 4.
[132] *Contratto* (2014), 154.
[133] *Contratto* (2013), 155; zustimmend *Humbel* (2017), 365; für Deutschland *Calliess* (2012), 136 ff.; für die USA *Crotty/Epstein* (2009), 90 f.; *Omarova* (2012), 83 f., 110 ff., 140; *Allen* (2013), 195 ff.; siehe auch *Rhinow/Schmid/Biaggini/Uhlmann* (2011), § 40 N 10, denen zufolge das Vorsorgeprinzip im gesamten Wirtschaftsverwaltungsrecht bedeutsam ist.

reversible Schäden zu vermeiden.[134] Es findet sich etwa im Prinzip 15 der Erklärung von Rio über Umwelt und Entwicklung (*Rio Declaration on Environment and Development*) oder im von der Schweiz ratifizierte Rahmenabkommen der Vereinten Nationen über Klimaveränderungen (*United Nations Framework Convention on Climate Change*) von New York (Klima-Konvention).[135] Art. 3 Nr. 3 der Klima-Konvention lautet wie folgt:

> The Parties should take precautionary measures to anticipate, prevent or minimize the causes of climate change and mitigate its adverse effects. Where there are threats of serious or irreversible damage, lack of full scientific certainty should not be used as a reason for postponing such measures, taking into account that policies and measures to deal with climate change should be cost-effective so as to ensure global benefits at the lowest possible cost.

3. Entscheidungsregel für den Fall der Ungewissheit

Für das Vorsorgeprinzip kennzeichnend ist, dass Massnahmen bei einem grossen Schadenspotenzial selbst dann vorgesehen werden sollen, wenn eine wissenschaftliche Gewissheit über die Schädlichkeit fehlt.[136] Es ist mit anderen Worten eine Entscheidungsregel für den Fall der Ungewissheit und Ausdruck des bereits erwähnten Grundsatzes *in dubio pro securitate*.[137] Ohne das Element der wissenschaftlichen Ungewissheit würde sich das Vorsorgeprinzip (*precautionary principle*) mit dem Präventionsprinzip (*prevention principle*) decken.[138]

Mit dem Vorsorgeprinzip verbunden sind regelmässig Forderungen nach einer Beweislastumkehr, einem Vorrang der schlechten Prognose oder einem Verzicht auf besonders riskante Technologien.[139] Vor allem aufgrund dieser zusätzlichen

---

[134] *Rippe* (2002), 2; *Hettich* (2014), N 170; *Contratto* (2014), 154; vgl. *Marti* (2011), 21 ff.

[135] Siehe *Rio-Deklaration 1992*, Principle 15: «*In order to protect the environment, the precautionary approach shall be widely applied by States according to their capabilities. Where there are threats of serious or irreversible damage, lack of full scientific certainty shall not be used as a reason for postponing cost-effective measures to prevent environmental degradation.*»

[136] *Marti* (2011), 58 ff.; *Griffel* (2015), 24; *Calliess* (2009), 32.

[137] Hierzu *Griffel* (2015), 24; zum Grundsatz *in dubio pro securitate* auch *Di Fabio* (1994), 51; *Calliess* (2009), 45.

[138] *Marti* (2011), 60; *Griffel* (2015), 23; vgl. *Wagner Pfeifer* (2009), N 41; zur Prävention im Finanzmarktrecht *Andreotti/Schmidiger* (2017), 180 ff.

[139] *Rippe* (2002), 2; zur Umkehr der Beweislast auch *Griffel* (2015), 25; *Contratto* (2014), 154 Fn. 131; *Hettich* (2014), N 172, 398, 497; zum Vorrang der pessimistischen Prognose auch *Marti* (2011), 22; siehe auch *Di Fabio* (1994), 451 f., wonach an die Stelle eines erfahrungs-

Forderungen ist das Vorsorgeprinzip kontrovers. Zugunsten des Vorsorgeprinzips kann festgehalten werden, dass es dem Gesetzgeber und den Vollzugsbehörden einen grösseren Ermessensspielraum für Handlungsoptionen zur Risikovorsorge einräumt.[140] Die Verrechtlichung politischer Entscheidungen wird nicht nur von der rechten Ratsseite befürchtet.[141] Umgekehrt dürfte vom Vorsorgeprinzip eine grosse Gefahr für den Individualrechtsschutz ausgehen.[142] Kann der Staat in die Grundrechte eingreifen, ohne den Nachweis der Eignung einer Massnahme erbringen zu müssen, besteht eine erhebliche Gefahr einer Aushöhlung des Grundrechtsschutzes.[143] Eine zu strenge Anwendung des Vorsorgeprinzips gefährdet ferner auch Innovationen, wenn stets der Risikoverursacher beweisen muss, dass eine neue Technologie oder ein neues Produkt ungefährlich ist.[144] Während also Umweltschützer und Beamte im Vorsorgeprinzip ein vielversprechendes Mittel für Staatseingriffe sehen, befürchten Wirtschafts- und Wissenschaftskreise einen gefährlichen innovationsfeindlichen Hebel.[145]

4. Legalität des Vorsorgeprinzips

a) Beschränkungen der Wirtschaftsfreiheit

In rechtlicher Hinsicht könnte vor allem die Wirtschaftsfreiheit der Zulässigkeit des Vorsorgeprinzips entgegenstehen, sind (grundsatzkonforme) Beschränkungen der Wirtschaftsfreiheit nach Art. 36 BV doch wie in Oberabschnitt II (Wirtschaftsfreiheit als Regulierungsschranke) erwähnt nur zulässig, wenn sie geeignet, erforderlich und verhältnismässig sind.[146] Diese Kriterien beruhen wie im Oberabschnitt III (Beweisregeln für Beschränkungen der Wirtschaftsfreiheit) gezeigt massgeblich auf generischen Tatsachen, die einer empirischen Überprüfung zugänglich sind.[147] Gemäss den Ergebnissen des vorangehenden Oberabschnitts trägt das Individuum zwar die Beweislast für die fehlende Eignung von Gesetzen; die Beweislast für die Eignung von Verordnungen und Verwaltungshandlungen aber trägt der Staat, sofern sich diese nicht direkt auf einen Wer-

---

gestützten Kausalzusammenhangs ein Möglichkeitszusammenhang getreten ist und der Zusammenhang damit nur noch vertretbar sein müsse.
140 *Herdegen* (2003), 25; *Hettich* (2014), N 172.
141 Siehe *Herdegen* (2003), 25 f.
142 So auch *Thiel* (2011), 68.
143 Hierzu schon vorn 120.
144 In diesem Sinne *Calliess* (2009), 46; kritisch hinsichtlich einer starken Position des Vorsorgeprinzips auch *Marti* (2011), 22; vgl. *Rippe* (2002), 2; *Thiel* (2011), 84 ff.
145 *Rippe* (2002), 2; *Thiel* (2011), 84 ff.; kritisch auch *Marti* (2011), 22.
146 Vorn 110 ff.
147 Vorn 110 ff., 114.

tungsentscheid in der Verfassung oder einem Gesetz im formellen Sinne stützen lassen.[148] Die Risikovorsorge bei Ungewissheit auf Gesetzesebene wäre demzufolge nicht von vornherein unzulässig; auf Verordnungs- und Verwaltungsebene müsste der Staat demgegenüber die Schädlichkeit überwiegend wahrscheinlich erscheinen lassen, damit eine Massnahme für geeignet erachtet werden kann, den Schaden abzuwenden, sofern nicht Abweichungen nach dem Vorsorgeprinzip zulässig sind.[149]

b) Rechtliche Grundlagen

Angesichts des potenziellen Konflikts mit dem Grundsatz der Verhältnismässigkeit stellt sich die Frage, ob besondere rechtliche Vorgaben im Umwelt- und Finanzmarktrecht die Anwendung des Vorsorgeprinzips als Entscheidungsregel für den Fall der Ungewissheit zulassen.

aa) *Umweltrecht*

Abgesehen von der bereits zitierten Klima-Konvention kann das Vorsorgeprinzip im Umweltrecht namentlich aus Art. 74 BV sowie aus Art. 1 Abs. 2 und Art. 11 Abs. 2 USG (Umweltschutzgesetz) abgeleitet werden.[150] Gemäss Art. 74 Abs. 1 BV erlässt der Bund Vorschriften über den Schutz des Menschen und seiner natürlichen Umwelt vor schädlichen oder lästigen Einwirkungen, und gemäss Art. 74 Abs. 2 Satz 1 BV sorgt er dafür, dass solche Einwirkungen vermieden werden. Art. 74 BV enthält damit zwar keine ausdrückliche Ermächtigung des Bundes zum Erlass von Normen bei wissenschaftlicher Ungewissheit über die Schädlichkeit von Einwirkungen; immerhin wies der Bundesrat aber in der Botschaft zur totalrevidierten Bundesverfassung vom 20. November 1996 in diesem Zusammenhang ausdrücklich auf das umweltrechtliche Vorsorgeprinzip hin.[151] Wird zudem in zeitlicher Hinsicht berücksichtigt, dass die Klima-Konvention für die Schweiz am 21. März 1994 in Kraft trat und die Deklaration von Rio aus dem Jahr 1992 weltweite Beachtung fand, kann der Ungewissheitsfaktor wohl mit etwas Wohlwollen in die Verfassungsbestimmung zum Umweltrecht hineininterpretiert werden.[152]

Explizitere Grundlagen für das Vorsorgeprinzip finden sich im Umweltschutzgesetz. Gemäss Art. 1 Abs. 2 USG sind im Sinne der Vorsorge Einwirkungen, die schädlich oder lästig werden könnten, frühzeitig zu begrenzen. Aus dem in

---

[148] Vorn 126 ff.
[149] Zum Beweismass der überwiegenden Wahrscheinlichkeit vorn 116 ff.
[150] BGE 124 II 219 E. 8a; *Hettich* (2014), N 170; *Rippe* (2002), 3 f.
[151] *Botschaft BV 1996*, 245.
[152] Siehe hierzu auch *Marti* (2011), 147 ff.

dieser Bestimmung verwendeten Konjunktiv II wird abgeleitet, dass die Möglichkeit einer Schädigung genügt.[153] Art. 11 Abs. 2 USG sieht ausserdem vor, dass Emissionen (Luftverunreinigungen, Lärm, Erschütterungen und Strahlen) im Rahmen der Vorsorge so weit zu begrenzen sind, als dies technisch und betrieblich möglich und wirtschaftlich tragbar ist. Im Umweltrecht ist anerkannt, dass gestützt auf diese Bestimmungen Massnahmen über das aus wissenschaftlicher Sicht Erforderliche hinausgehen können.[154] Gemäss Bundesgericht schafft das Vorsorgeprinzip mitunter eine Sicherheitsmarge, welche Unsicherheiten über längerfristige Wirkungen von Umweltbelastungen berücksichtigt.[155] Bei wissenschaftlich nachgewiesener Schädlichkeitsschwelle etwa kann demnach die Verbreitung einer Substanz durch Schaffung einer Pufferzone auch unterhalb dieser Schwelle verboten werden. Herangezogen wird das Vorsorgeprinzip aber auch, wenn wissenschaftliche Beweise keine eindeutigen Schlüsse zulassen.[156] Vorausgesetzt wird in diesen Fällen in der Lehre als Vorsorgeanlass ein abstraktes Besorgnispotenzial aufgrund einer vorläufigen und objektiven wissenschaftlichen Risikobewertung.[157] Für das Besorgnispotenzial wird dabei regelmässig ein Risiko irreversibler oder zumindest ernsthafter (Umwelt-)Schäden verlangt.[158] Erst durch diesen Vorsorgeanlass erscheinen die mit den vorsorglichen Massnahmen verbundenen Kosten und Beschränkungen von Grundfreiheiten gerechtfertigt, denn auch im Umweltrecht müssen Eingriffe in die Wirtschaftsfreiheit und andere Grundrechte verhältnismässig sein.[159] Eignung und Erforderlichkeit einer Massnahme müssen sich jedoch nach dem Vorsorgeprinzip nicht zwingend auf gesicherte wissenschaftliche Erkenntnisse stützen können.[160]

bb)   *Finanzmarktrecht*

Für das Finanzmarktrecht findet sich im Unterschied zum Umweltrecht weder auf der Verfassungsebene noch auf der Gesetzesebene eine rechtliche Grundlage für ein Vorsorgeprinzip. Art. 94 BV betont nachdrücklich die Bedeutung der Wirtschaftsfreiheit und Art. 98 BV beschränkt sich wie im Oberabschnitt I (Kompetenz zur Regulierung des Hochfrequenzhandels) erwähnt auf eine allgemeine Kompetenzzuweisung des Bundes für die Regulierung des Banken- und Börsenwesens sowie von weiteren Finanzdienstleistungen, die den Anwen-

---

153 *Rippe* (2002), 3.
154 BGE 124 II 219 E. 8; *Hettich* (2014), N 171; *Griffel* (2015), 24; *Marti* (2011), 58 ff.
155 BGE 124 II 219 E. 8a; *Griffel* (2015), 24 f.; siehe auch *Thiel* (2011), 82 f.
156 *Marti* (2011), 58 ff.; *Griffel* (2015), 24; *Calliess* (2009), 32.
157 *Calliess* (2009), 32; *Hettich* (2014), Fn. 549; *Thiel* (2011), 67 f.; siehe auch *Marti* (2011), 57 f.; *Rippe* (2002), 2; *Contratto* (2014), 154.
158 *Marti* (2011), 57 f.; *Rippe* (2002), 2; *Hettich* (2014), N 170; *Contratto* (2014), 154.
159 Siehe insb. BGE II 33 E. 5.3 ff.; *Wagner Pfeifer* (2009), N 43; *Griffel* (2015), 27.
160 BGE 125 I 182 E. 2c/bb; *Wagner Pfeifer* (2009), N 43.

dungsbereich der Wirtschaftsfreiheit in keiner Weise beschränkt.[161] Dem Grundsatz der Erforderlichkeit wird ausserdem in Art. 7 Abs. 2 FINMAG nochmals Nachdruck verliehen, wo festgehalten wird, dass die Finma nur soweit reguliert, als dies mit Blick auf die Aufsichtsziele nötig ist.[162] Funktions-, System- und Individualschutz als finanzmarktrechtliche Regulierungs- und Aufsichtsziele legitimieren zwar als öffentliche Interessen zu Beschränkungen der Wirtschaftsfreiheit nach Art. 36 BV; die Massnahmen müssen jedoch mit Blick auf das verfolgte Ziel noch immer geeignet, erforderlich und für die Betroffenen zumutbar sein.[163]

c) Risikominimierung als öffentliches Interesse

aa) Ausgangslage

Die uneingeschränkte Anwendung des Grundsatzes der Wirtschaftsfreiheit bedeutet nicht, dass die Risikominimierung durch das Finanzmarktrecht kein legitimes öffentliches Interesse zur Beschränkung der Wirtschaftsfreiheit wäre. Im Rahmen des nach Art. 36 und Art. 94 BV Zulässigen kann die Wirtschaftsfreiheit zur Risikominimierung durchaus beschränkt werden. Das Finanzmarktinfrastrukturgesetz, das Nationalbankgesetz und das Bankengesetz bezwecken mitunter die Gewährleistung der Stabilität des Finanzsystems sowie den Schutz systemisch bedeutsamer Finanzmarktinfrastrukturen und -institute.[164] Dies bedeutet auch, dass der Regulator durch verhältnismässige Eingriffe in die Wirtschaftsfreiheit das Risiko systemischer Krisen als Regulierungsziel verfolgen kann. Regulierungsinstrumente können darauf ausgerichtet sein, die Eintrittswahrscheinlichkeit systemischer Krisen zu vermindern, ebenso wie den mittleren Schaden einer Systemkrise zu reduzieren. Sie müssen aber zur Minimierung des Risikos geeignet, erforderlich und auch für die Betroffenen zumutbar sein.

bb) Polizeirechtsdogmatik

Der Regulierung gestützt auf das öffentliche Interesse der Risikominimierung entgegenstehen könnte die polizeirechtliche Dogmatik, werden Bewilligungen für Finanzinstitute im Verwaltungsrecht doch gemeinhin als Polizeierlaubnis qualifiziert.[165] Eine Polizeierlaubnis dient polizeilichen Interessen und damit der

---

[161] Hierzu vorn 109 ff.
[162] Hierzu schon vorn 109 ff.
[163] Zu den Regulierungszielen hinten 154 ff.
[164] Siehe insb. Art. 1 Abs. 2 und Art. 22 ff. FinfraG, Art. 5 Abs. 2 lit. e und Art. 16a ff. NBG sowie Art. 7 ff. BankG.
[165] Siehe *Häfelin/Müller/Uhlmann* (2016), N 2652 für die Bewilligung als Bank oder Versicherung; *Vallender/Hettich/Lehne* (2006), § 11 N 44 für den Betrieb einer Börse und Effektenhandel; siehe auch *Poledna* (1994), N 213.

(auch präventiven) Gefahrenabwehr.[166] Bei polizeilichen Massnahmen wird der Grundsatz der Verhältnismässigkeit nach der etablierten Verwaltungsrechtsdogmatik durch das Störerprinzip konkretisiert, wonach sich polizeiliche Massnahmen nur gegen den Störer, das heisst nicht gegen bloss mittelbare oder potenzielle Verursacher, richten dürfen.[167] Als polizeierhebliche Ursachen kommen demzufolge nur Handlungen (oder Zustände) in Betracht, die die Grenze zur Gefahr überschritten haben.[168] Eine Verbindung zwischen der Gefahrenabwehr und der Polizeierlaubnis im hier dargelegten Sinne machen etwas *Vallender/Hettich/Lehne*. Ihnen zufolge verlangt der Grundsatz der Verhältnismässigkeit, dass Berufsausübungsbewilligungen für das Erreichen des Ziels der Gefahrenabwehr geeignet, erforderlich und für die Betroffenen zumutbar sein müssen.[169] So entsprach es denn auch einer Zeit lang der Rechtsprechung des Bundesgerichts, dass Kantone die Ausübung gewisser Tätigkeiten nur dann vom Besitze eines Fähigkeitsausweises abhängig machen konnten, wenn die fragliche Tätigkeit Gefahren für das Publikum mit sich bringt, die nur durch besonders befähigte Personen in erheblichem Masse vermindert werden können.[170]

cc)   Gefahr und Risiko

Gefahr und Risiko werden als Rechtsbegriffe vielfach unterschiedlich verstanden. Die Rechtsdogmatik und teilweise implizit auch das Bundesgericht verlangen für den Begriff der Gefahr eine grössere Unmittelbarkeit als für den Begriff des Risikos.[171] Eine Gefahr im polizeirechtlichen Sinne liegt demnach nur vor, wenn eine Ausgangslage bei ungehindertem Ablauf des Geschehens mit hinreichender Sicherheit zu einem Schaden an einem polizeilich geschützten Rechtsgut führt.[172]

---

[166]   Hierzu *Häfelin/Müller/Uhlmann* (2016), N 2590, 2650; *Vallender/Hettich/Lehne* (2006), § 11 N 26, 35, 40; zur präventiven Gefahrenabwehr auch BGer 2A.493/2000 vom 2. März 2001 E. 6b; *Marti* (2011), 17; vgl. auch BGE 103 Ib 227 E. 6.

[167]   *Häfelin/Müller/Uhlmann* (2016), N 2608; hierzu im Kontext des Vorsorgeprinzips auch *Wagner Pfeifer* (2009), N 40.

[168]   *Häfelin/Müller/Uhlmann* (2016), N 2608; siehe auch BGE 131 II 743 E. 3.2; 118 Ib 407 E. 4c; 114 Ib 44 E. 2a.

[169]   *Vallender/Hettich/Lehne* (2006), § 11 N 40.

[170]   BGE 125 I 335 E. 3b; 112 Ia 322 E. 4b; 103 Ia 259 E. 2a; 100 Ia 169 E. 3a.

[171]   Zur Unmittelbarkeitstheorie BGE 131 II 743 E. 3.2; 102 Ib 203 E. 5c; zur Auseinandersetzung mit den Begriffen *Gefahr* und *Risiko Seiler* (1997), 38 ff.; *Marti* (2011), 15 ff.; *Rhinow/Schmid/Biaggini/Uhlmann* (2011), § 40 N 6 ff.; *Di Fabio* (1994), 55; demgegenüber stellen Rechtsprechung und Lehre für die Umschreibung des Verursacherbegriffs weitgehend auf den polizeirechtlichen Störerbegriff ab, hierzu BGE 139 II 106 E. 3.1.1 ff.

[172]   *Hettich* (2014), N 74; vgl. *Seiler* (1997), 45 f.; *Marti* (2011), 16; *Di Fabio* (1994), 55.

Immerhin ist auch im Polizei- und Gefahrenrecht anerkannt, dass die öffentliche Ordnung nicht nur repressiv durch Massnahmen gegen «Störer», sondern auch präventiv zur Abwehr von Gefährdungen zu schützen ist.[173] Die polizeirechtliche Eingriffsschwelle hängt dabei sowohl von der Eintrittswahrscheinlichkeit als auch von der zu erwartenden Schadenshöhe ab: Bei einem höheren Schadenspotenzial genügt bereits eine geringere Eintrittswahrscheinlichkeit.[174] Dennoch ist der in diesem Sinne verstandene Gefahrenbegriff klar enger als der Begriff des Risikos.[175] So wird Störer im polizeirechtlichen Sinne nicht jeder, der eine riskante Tätigkeit ausübt, und der Begriff des Risikos kann auch ein Nutzenpotenzial enthalten.[176]

Beim Begriff des Risikos ist weiter zu differenzieren zwischen kalkulierten Risiken als Voraussetzung für präventive Massnahmen (Präventionsprinzip) und beschränkt kalkulierten Risiken für vorsorgliche Massnahmen (Vorsorgeprinzip). Zu Recht bemerkt *Hettich*, dass der Risikobegriff in der deutschen Dogmatik hauptsächlich daran krankt, dass er die Abgrenzung gegenüber der Gefahr (tiefere Eintrittswahrscheinlichkeit) und das Element der Ungewissheit zugleich zu erfassen versucht.[177] Risiken mit bekannter (kleiner) Eintrittswahrscheinlichkeit und Risiken mit unbekannter Eintrittswahrscheinlichkeit sind regulatorisch anders zu erfassen.[178]

Zusammenfassend sind folglich drei Elemente voneinander zu unterscheiden: die Gefahr als Voraussetzung für polizeiliche Massnahmen, das kalkulierte Risiko als Voraussetzung für präventive Massnahmen (Präventionsprinzip) und das beschränkt kalkulierte Risiko für vorsorgliche Massnahmen (Vorsorgeprinzip).

---

[173] *Wagner Pfeifer* (2009), N 40; zum Übergang von der Gefahrenabwehr als Funktion des Nachtwächterstaats zur Risikovorsorge durch den Präventionsstaats siehe *Hettich* (2014), N 91 ff.

[174] *Hettich* (2014), N 74; *Seiler* (1997), 46 bezeichnet mit dem Begriff der Gefahrenschwelle diejenige Wahrscheinlichkeit, von welcher an ein Risiko eine Gefahr im rechtlichen Sinne darstellt; siehe auch *Rhinow/Schmid/Biaggini/Uhlmann* (2011), § 40 N 7, nach denen als Risiko das Produkt von Schädigungswahrscheinlichkeit und Ausmass der möglichen Schädigung gilt.

[175] Hierzu etwa *Hettich* (2014), N 75; *Rhinow/Schmid/Biaggini/Uhlmann* (2011), N 8; *Marti* (2011), 15 ff.; *Seiler* (1997), 38 ff.

[176] Zur fehlenden Qualifikation als Störer *Hettich* (2014), N 78; zum Nutzenpotenzial *Di Fabio* (1994), 55.

[177] *Hettich* (2014), N 77.

[178] Gl. M. *Hettich* (2014), N 77.

dd) Keine Gefahr im polizeirechtlichen Sinne als Regulierungsvoraussetzung

Die Unterscheidung zwischen der Gefahr und dem Risiko wirft die Frage auf, ob tatsächlich eine Gefahr im polizeirechtlichen Sinne für die Bewilligung von Tätigkeiten vorauszusetzen ist. Das Bundesgericht verwendete den Gefahrenbegriff möglicherweise, ohne sich der dargestellten Dreiteilung gänzlich bewusst gewesen zu sein, wird die Gefahr und das Risiko doch im gewöhnlichen Sprachgebrauch weitgehend gleich verwendet.[179] *Di Fabio* wies gar auf den interessanten Umstand hin, dass teilweise die Gefahr als «unbestimmte, unwägbare, dunkle Schadensmöglichkeit» definiert werde, während als Risiko lediglich die kalkulierbare Schadensmöglichkeit bezeichnet werde – die Gefahr wäre in diesem Sinne der allgemeinere Begriff und nicht das Risiko.[180] Bemerkenswert erscheint weiter, dass sich die bundesgerichtliche Rechtsprechung zur Gefahrenabwehr als Bewilligungsvoraussetzung für eine Polizeierlaubnis aus einer älteren Rechtsprechung entwickelte, in deren Rahmen das Bundesgericht gewerbepolizeiliche Gründe mit den Gründen des öffentlichen Wohls gleichsetzte.[181] Angesichts dieser utilitaristischen Verwendung des Gefahrenbegriffs sollte der später vom Bundesgericht verwendete Gefahrenbegriff nicht überinterpretiert werden. In neuerer Zeit hielt das Bundesgericht bei der Überprüfung von Bewilligungspflichten denn auch nicht konsequent an der Gefahrenabwehr im engeren Sinne als Voraussetzung fest. Im Jahr 2001 etwa liess es hinsichtlich der Bewilligung zur Ausübung einer (selbstständigen nichtärztlichen) psychotherapeutischen Tätigkeit das öffentliche Interesse an einem wirksamen Gesundheitsschutz ausreichen und gestand den Kantonen diesbezüglich einen weiten Gestaltungsspielraum zu.[182]

Der von *Vallender/Hettich/Lehne* verwendete Gefahrenbegriff als Voraussetzung für ein Verbot mit Erlaubnisvorbehalt dürfte wohl ebenfalls zu relativieren sein. Soweit ersichtlich wiederholte *Hettich* diese Forderung in seiner Habilitation zur kooperativen Risikovorsorge nicht.[183] Vielmehr hielt er fest, dass die Wirtschaftsfreiheit zur Risikovorsorge eingeschränkt werden könne.[184] Dabei konstatierte er eine teilweise Loslösung des Präventionsstaats von den Schranken des demokratischen Rechtsstaats, und folgerte, diesem Prozess könne nur durch Öffnung der verwaltungsrechtlichen Dogmatik begegnet werden, bei-

---

179 Zu den Ansichten des Bundesgerichts und von *Vallender/Hettich/Lehne* vorn 133 f.
180 *Di Fabio* (1994), 55.
181 BGE 83 I 250 E. 2; 79 I 117 E. 1.
182 BGE 128 I 92 E. 2c.
183 Hettich (2014), N 155, 284, 286, 288.
184 Hettich (2014), N 155, 288; siehe auch *Rhinow/Schmid/Biaggini/Uhlmann* (2011), § 40 N 10.

spielsweise durch prozedurale Regeln der Rechtssetzung.[185] Andere Autoren verlangen ebenfalls nicht explizit eine Gefahr im hier dargelegten strengen Sinne für eine Polizeierlaubnis.[186] Mit Blick auf Art. 36 BV sowie den allgemeinen Grundsatz der Verhältnismässigkeit ist auch nicht vollends überzeugend, weshalb legitime Interessen der Risikoprävention nicht als öffentliche Interessen genügen sollten. Zwar erscheint ein eingegrenzter Gefahrenbegriff als Handlungsschwelle für polizeiliche Massnahmen und zur Auferlegung der Kosten für dieselben durchaus angezeigt, nicht aber für gesetzgeberische Entscheidungen der Risikovorsorge. Polizeiliche Interessen lassen sich im Übrigen häufig kaum von anderen, nicht-polizeilichen Interessen abgrenzen.[187] Der Übergang vom Nachtwächterstaat, der sich auf die Abwehr von Gefahren beschränkt, zum Präventionsstaat, der proaktiv vor Risiken schützt, ist denn auch mit Blick auf die Rechtswirklichkeit faktisch längst vollzogen.[188]

ee)   Ergebnis

Im Ergebnis dürfte die Risikominimierung als öffentliches Interesse zur Regulierung im Allgemeinen und für ein Verbot mit Erlaubnisvorbehalt für Finanzmarktakteure im Besonderen genügen. Obwohl solche Berufsbewilligungen für Finanzmarktakteure gewöhnlich als Polizeierlaubnis qualifiziert werden, ist keine Gefahr im polizeirechtlichen Sinne zu fordern. Vielmehr genügt auch die legitime Risikominimierung als öffentliches Interesse.

---

[185]   *Hettich* (2014), N 511, 648 f.
[186]   Siehe bspw. *Poledna* (1994), 127, nach dem die generelle Einschränkbarkeit der Grundrechte ein weitgehendes Bewilligungs- bzw. Konzessionssystem erlaube und nur in wenigen, auf präventive Massnahmen besonders sensibel reagierende Grundrechtsbereiche a priori ausgeschlossen sei (insb. hinsichtlich der Verbreitung von Meinungen); *Rhinow/Schmid/Biaggini/Uhlmann* (2011), § 16 N 17 ff., wonach das Bewilligungserfordernis gewöhnlich der «*Gefahrenabwehr* bzw. der *präventiven Kontrolle*» diene und mittels Polizeierlaubnis eine unter Bewilligungspflicht stehende Tätigkeit nur dann zugelassen werde, wenn feststeht, das die öffentliche Ordnungs als Polizeigut nicht gefährdet ist; *Häfelin/Müller/Uhlmann* (2016), N 2674, die lediglich die Beachtung des Gesetzeszwecks und der öffentlichen Interessen im Rahmen der Voraussetzungen für eine Polizeierlaubnis explizit fordern.
[187]   *Poledna* (1994), N 121, 124; ähnlich *Häfelin/Müller/Uhlmann* (2016), N 2589.
[188]   Zum Präventionsstaat *Hettich* (2014), N 91 ff.; *Di Fabio* (1994), 445 ff.; zur Abgrenzung von Gefahrenabwehr und Vorsorge auch *Thiel* (2011), 91 ff.

d) Kosten-Nutzen-Analyse zur Beurteilung
der Verhältnismässigkeit

Die zulässige Form der staatlichen Risikovorsorge verlangt zwar die Eignung von Massnahmen zur Risikobeschränkung; auch diese Form grundsätzlich zulässiger Vorsorge läuft jedoch Gefahr, technische Innovationen vorab zu verhindern und Grundrechte übermässig zu beschränken. Daher kommt dem Kriterium der Beurteilung der Zumutbarkeit von Grundrechtsbeschränkungen im Zusammenhang mit der staatlichen Risikovorsorge eine besondere Bedeutung zu. *Guido Calabresi*, ehemaliger Dekan der Yale Law School, Richter am *U.S. Court of Appeals for the Second Circuit* und einer der berühmtesten Vertreter des Law-and-Economics-Forschungszweigs, betonte in seinem berühmten Aufsatz *The Decision for Accidents: An Approach to Nonfault Allocation of Costs* besonders deutlich, dass die Gesellschaft Unfälle nicht um jeden Preis zu verhindern versucht.[189] Vielmehr entscheide sie sich für Unfälle, wenn sie Motorfahrzeuge, Tunnels (aufgrund des Tunnelbaus) oder Feuerwerk erlaube, da aus einer statistischen Sicht für all diese Objekte mit Gewissheit gesagt werden könne, dass sie Tote und Verletzte verursachen.[190] Für das Erreichen der Ziele der Risikominimierung und des Gesundheitsschutzes wäre folglich ein Verbot dieser Tätigkeiten eine wohl geeignete Massnahme, während zugleich gerade bei einem Motorfahrzeugverbot der Eingriff in die Bewegungs- und Wirtschaftsfreiheit erheblich wäre.

Wie weit Gerichte gestützt auf die staatliche Pflicht zur Verhältnismässigkeit von Grundrechtsbeschränkungen Parlamente und Verwaltungsbehörden zurückbinden sollen, ist bestimmt keine einfache Frage. Als Orientierungshilfe dürfte allerdings zumindest für Wirtschaftsgrundrechte eine Kosten-Nutzen-Analyse hilfreich sein, soweit eine Normenkontrolle mit Blick auf Art. 190 BV überhaupt in Betracht zu ziehen ist.[191] Eine staatliche Massnahme erschiene gestützt auf eine Kosten-Nutzen-Analyse grundsätzlich nur dann verhältnismässig, wenn die Kosten der Schutzmassnahmen im Vergleich zu der durch die Schutzmassnahmen bewirkten Schadensminderung geringer sind.[192] Die Wahrscheinlichkeitsverteilung verschiedener Zustände wäre hierfür zu gewichten und darüber hinaus wohl sogenannte Fat Tails (breite Wahrscheinlichkeitsverteilung) aufgrund des abnehmenden Grenznutzens sowie der Bedeutung der Planungssicherheit zusätzlich angemessen zu berücksichtigen. Eine geringere Eintrittswahrscheinlichkeit kann für einen Eingriff also dann genügen, wenn das Scha-

---

[189] *Calabresi* (1965), 716 ff.; siehe auch *Calabresi* (1970), 17 f.
[190] *Calabresi* (1965), 716 f.
[191] Zur Kosten-Nutzen-Analyse hinten 181 ff.
[192] Vgl. *Marti* (2011), 22, der diese Position als schwache Variante des Prinzips bezeichnet.

denspotenzial besonders gross ist. Bei einer solchen Kosten-Nutzen-Analyse kommt folglich langfristig drohenden, schwerwiegenden oder irreversiblen Schäden eine grosse Bedeutung zu. Gerade irreversible Schäden der Umwelt können schwerlich quantifiziert werden und schwerwiegenden Schäden dürfte im Rahmen einer solchen Kosten-Nutzen-Analyse zumindest ein grosses Gewicht zukommen.

Das Verhältnis zwischen der Kosten-Nutzen-Analyse und der Verhältnismässigkeit veranschaulicht das umweltrechtliche Beispiel der Treibhausgasemissionen. Die erhöhte Wahrscheinlichkeit einer Kausalität zwischen einer (nicht nachhaltigen) Emission und der Erwärmung der Atmosphäre weist aufgrund der mit der Erwärmung verbundenen Erhöhung des Wasserspiegels der Weltmeere ein sehr grosses Schadenspotenzial auf in Anbetracht des Umstandes, dass ein Grossteil der Weltbevölkerung in unmittelbarer Meeresnähe wohnt und arbeitet. Die Begrenzung der Emission erscheint dann angesichts des grossen Schadenspotenzials im Sinne einer Kosten-Nutzen-Analyse schnell rational und damit eine Begrenzung der Wirtschaftsfreiheit auch zumutbar.

Das Beispiel der Treibhausgasemissionen zeigt, dass sich das Vorsorgeprinzip aus einer höheren Betrachtungsweise nicht von den allgemeinen Regeln für Grundrechtsbeschränkungen unterscheiden dürfte, soweit als Vorsorgeanlass ein erhöhtes Besorgnispotenzial gestützt auf eine vorläufige und objektive wissenschaftliche Risikobewertung und die Möglichkeit irreversibler oder zumindest ernsthafter Schäden verlangt wird. Die Massnahme muss in diesem Fall lediglich zur Minimierung dieses Risikos geeignet, erforderlich und für die Betroffenen zumutbar sein, wofür allerdings wiederum nur die Verwaltungsbehörden, nicht aber die materiellen Gesetzgeber die Beweislast tragen. Zur Begrenzung eines Risikos ist eine Massnahme relativ schnell geeignet, können Unsicherheitsfaktoren doch häufig von der Eignung in das Regulierungsziel verschoben werden. So kann etwa wie erwähnt die Eignung eines Kraftfahrers oder die Gefährlichkeit einer Chemikalie zweifelhaft erscheinen, während eine Umkehr der Beweislast hinsichtlich dieser Tatsachen durch ein Verbot mit Erlaubnisvorbehalt geeignet erscheint, die Gesundheit und das Leben einer Vielzahl von Personen zu schützen.

e) Ergebnis

Zusammenfassend ist festzuhalten, dass eine verfassungsrechtliche Grundlage für die Anwendung des Vorsorgeprinzips im Finanzmarktrecht fehlt. Dies bedeutet, dass die allgemeinen Regeln für Beschränkungen der Grundrechte zur Anwendung gelangen, die im vorangehenden Oberabschnitt III (Beweisregeln für Beschränkungen der Wirtschaftsfreiheit) entwickelt wurden. Demnach müssen der Bundesrat und die Finanzmarktaufsichtsbehörden im Finanzmarktrecht stets mit überwiegender Wahrscheinlichkeit (Beweismass für Kausalverläufe und Prognosen) nachweisen können, dass die Wirtschaftsfreiheit beschränkende Massnahmen geeignet sind, den verfolgten, im öffentlichen Interesse liegenden Zweck zu erreichen.

Kontraintuitiv hat die weitere Auseinandersetzung zum Ergebnis geführt, dass gestützt auf das Vorsorgeprinzip getroffene Entscheidungen dennoch mit den allgemeinen Regeln für Beschränkungen der Wirtschaftsfreiheit vereinbar sein dürften. Dies gilt zumindest dann, wenn als Vorsorgeanlass ein erhöhtes Besorgnispotenzial gestützt auf eine vorläufige und objektive wissenschaftliche Risikobewertung und die Möglichkeit irreversibler oder zumindest ernsthafter Schäden verlangt wird. Bei einem hohen Schadenspotenzial erscheint aus dem Blickwinkel einer Kosten-Nutzen-Analyse eine Beschränkung des Risikos durch regulatorische Massnahmen relativ schnell rational. Für das Kriterium der Eignung muss lediglich noch überwiegend wahrscheinlich sein, dass die Massnahmen einen Beitrag zur Reduktion des Risikos leisten.

Die Risikominimierung wurde grundsätzlich als legitimes öffentliches Interesse für Grundrechtsbeschränkungen anerkannt. Abgelehnt wurde die Anwendung des engen Gefahrenbegriffs der Polizeirechtsdogmatik. Wird die Risikominimierung als legitimes Regulierungsziel anerkannt, dürfte sich ein bei der Eignung einer Massnahme vorhandener Unsicherheitsfaktor vielfach ins Regulierungsziel verschieben lassen, sodass eine Grundrechtsbeschränkung mit Blick auf den Grundsatz der Verhältnismässigkeit gerechtfertigt erscheint. Bleibt dennoch ungewiss, ob eine Massnahme zur Risikominimierung geeignet ist, so kann noch immer der materielle Gesetzgeber Risikoentscheidungen treffen. In diesen Fällen tritt für die generischen Tatsachen nach den Ergebnissen zu den Beweisregeln eine Umkehr der Beweislast ein, sofern die Massnahmen überhaupt vom Bundesgericht umgestossen werden können.

5. Pilotprogramme als Regulierungsmodell

Soweit nach dem Vorsorgeprinzip modifizierte Beweisregeln zur Anwendung gelangen sollen, ist das Prinzip vergleichbar mit den vorsorglichen Massnahmen des Zivilprozessrechts, für die ein Gesuchsteller seinen Anspruch sowie die Nachteilsprognose im Sinne eines nicht leicht wieder gutzumachenden Nachteils nicht beweisen, sondern lediglich glaubhaft machen muss (vgl. Art. 261 Abs. 1 ZPO). Ausgehend von diesem privatrechtlichen Prinzip erscheint das Konzept eines Vorsorgegesetzes interessant.[193] Ein solches Vorsorgegesetz könnte ebenfalls im Falle der Gefahr eines nicht leicht wieder gutzumachenden Nachteils er-

---

[193] *Hettich* (2014), N 81 spricht von «Trial and Error»-Gesetzen.

lassen werden, damit in der Zwischenzeit wissenschaftliche Untersuchungen durchgeführt werden können. In Anwendung des Verhältnismässigkeits- und Subsidiaritätsprinzips wären Vorsorgegesetze allerdings bis zum Abschluss wissenschaftlicher Untersuchungen zu befristen.

V. Ergebnisse

Der Bund ist verfassungsrechtlich grundsätzlich gestützt auf Art. 98 BV zur Regulierung des Hochfrequenzhandels legitimiert, muss aber namentlich die Wirtschaftsfreiheit (Art. 27 i.V.m. Art. 94 BV) wahren. Nach Art. 94 Abs. 4 BV grundsatzkonforme Beschränkungen der Wirtschaftsfreiheit bedürfen gemäss Art. 36 BV einer ausreichenden gesetzlichen Grundlage (Abs. 1), sie müssen einem öffentlichen Interesse oder dem Schutz von Grundrechten Dritter dienen (Abs. 2), verhältnismässig sein (Abs. 3) und den Kerngehalt der Grundrechte wahren (Abs. 4). Der Grundsatz der Verhältnismässigkeit verlangt, dass die Massnahme zur Verwirklichung des im öffentlichen Interesse liegenden Ziels geeignet, erforderlich und für den oder die Betroffenen zumutbar ist.

Die Kriterien der Verhältnismässigkeit sind zwar Rechtsfragen, beruhen jedoch auf sogenannten generischen Tatsachen (auch Legislativtatsachen oder *legislative facts*), die einer empirischen Überprüfung zugänglich sind. Zur Begrenzung der gerichtlichen Rechtsschöpfung erscheint bei der Berücksichtigung generischer Tatsachen grundsätzlich die analoge Anwendung von Beweisregeln angezeigt. Dabei sind allerdings Gewaltenteilungs- und Demokratieüberlegungen sowie die beschränkte Normenkontrolle des Bundesgerichts gestützt auf Art. 190 BV zu berücksichtigen. Als allgemeine Regel erscheint für die Auferlegung der Beweislast entsprechend angezeigt, zwischen demokratisch legitimierten Gesetzen einerseits und Verordnungen sowie Verwaltungshandlungen andererseits zu unterscheiden. Die Beweislast für die Eignung von Gesetzen würde demnach das Individuum tragen, die Beweislast für die Eignung von Verordnungen und Verwaltungshandlungen der Staat, sofern sich diese nicht direkt auf einen Wertungsentscheid in der Verfassung oder einem Gesetz im formellen Sinne stützen lassen.

Der Hochfrequenzhandel wird hauptsächlich durch die Finanzmarktinfrastrukturverordnung (FinfraV) reguliert. Verordnungsbestimmungen überprüft das Bundesgericht mit voller Kognition auf ihre Vereinbarkeit mit der Wirtschaftsfreiheit hin. Dabei trägt der Staat bei einer Verordnung nach den soeben dargelegten Beweisregeln die Beweislast namentlich dafür, dass die Bestimmungen zur Erfüllung der angestrebten Zwecke geeignet sind. Für das Beweismass der Eignung ist grundsätzlich wie allgemein bei Kausalverläufen und Prognosen eine überwiegende (oder zumindest hohe) Wahrscheinlichkeit zu fordern. Kann der

Staat den Beweis der Eignung von Verordnungsbestimmungen nicht erbringen, sind diese gestützt auf Art. 27 i.V.m. Art. 94 und Art. 36 BV unbeachtlich.

Das Finanzmarktrecht lässt zwar grundsätzlich die Unsicherheit von Kausalverläufen auf Verordnungsstufe im Unterschied zum Vorsorgeprinzip im Umweltrecht nicht genügen; auch die Risikominimierung kann jedoch ein legitimes öffentliches Interesse darstellen. Dadurch wird letztlich ein Unsicherheitsfaktor von der Eignung einer Massnahme zum Ziel hin verschoben. So dürften gestützt auf das Vorsorgeprinzip getroffene Entscheidungen kontraintuitiv dennoch selbst nach den allgemeinen Regeln zulässig sein. Dies gilt zumindest dann, wenn als Vorsorgeanlass ein erhöhtes Besorgnispotenzial gestützt auf eine vorläufige und objektive wissenschaftliche Risikobewertung und die Möglichkeit irreversibler oder zumindest ernsthafter Schäden verlangt wird. Bei einem hohen Schadenspotenzial erscheint aus dem Blickwinkel einer Kosten-Nutzen-Analyse eine Beschränkung des Risikos durch regulatorische Massnahmen relativ schnell rational.

Die Reduktion von operationellen Risiken, Gegenparteirisiken, Markt- oder Liquiditätsrisiken im Finanzmarkt kann so grundsätzlich zumindest in rechtlicher Hinsicht gerechtfertigt sein, wenn dadurch systemische Risiken minimiert, die Funktionalität erhöht oder Investoren geschützt werden. Gerade systemische Risiken, die Gegenstand des Kapitels 11 sind, tragen die Gefahr eines ernsthaften Schadens für die Volkswirtschaft für den Fall der Risikoverwirklichung in sich. Eine regulatorische Massnahme muss aber zumindest auf Verordnungsebene noch immer mit einer überwiegenden Wahrscheinlichkeit geeignet sein, zumindest dieses Risiko zu minimieren, und darüber hinaus auch erforderlich und für die Betroffenen zumutbar erscheinen.

§ 6 Regulierungsziele: Wohlfahrt und Kapitalmarktfunktionen

Vorrangiges Ziel dieser Dissertation ist die Beantwortung der Frage nach der Regulierungsbedürftigkeit des Hochfrequenzhandels, sodass eine Auseinandersetzung mit den Regulierungszielen auf der Hand liegt. In einem ersten Schritt werden hierzu ausgehend vom in der Verfassung verankerten wirtschaftsideologischen Konsens verschiedene Wohlfahrtstheorien betrachtet. In einem zweiten Schritt sollen die finanzmarktrechtlichen Regulierungsziele Funktionsschutz, Systemschutz und Individualschutz erläutert werden, da diese konkretere Orientierungspunkte für die Regulierung bieten. Damit der Funktionsschutz als Regulierungsziel keine abstrakte Grösse bleibt, werden sodann in einem dritten und vierten Schritt die Kapitalmarktfunktionen und Substitutionsmechanismen genauer betrachtet. Mit Blick auf das Leitthema dieses zweiten Teils soll stets auch versucht werden, Kopplungsmechanismen zwischen den gesellschaftlichen Subsystemen der Wirtschaft und des Rechts aufzuzeigen.

I. Wohlfahrtsökonomie

1. Wirtschaftsideologischer Konsens

Den Kern des wirtschaftsideologischen Konsenses in der Schweiz bildet Art. 2 BV. Im ersten Absatz dieser Bestimmung findet sich ein Bekenntnis zu einer liberalen Ordnung in persönlicher und wirtschaftlicher Hinsicht (Art. 2 Abs. 1 BV). Konkretisiert wird diese Ordnung durch die diversen Freiheitsrechte (Art. 10 und 13 ff. BV), wobei in wirtschaftsliberaler Hinsicht die Wirtschaftsfreiheit (Art. 27 und 94 BV) und die Eigentumsgarantie (Art. 26 BV) im Zentrum stehen. Relativiert wird der wirtschaftsliberale Ansatz durch den zweiten Absatz vom Art. 2 BV, in dem sich der schweizerische Verfassungsgeber ausdrücklich zur Förderung der gemeinsamen Wohlfahrt als Ziel des schweizerischen Bundesstaats bekennt (siehe auch Art. 94 Abs. 2 BV), wobei der Interpretationsspielraum hinsichtlich der Bedeutung des Begriffs der gemeinsamen Wohlfahrt allerdings gross ist.[1] Des Weiteren bezweckt der schweizerische Bundesstaat die Gewährleistung einer möglichst grossen Chancengleichheit (Art. 2 Abs. 3 BV) und er setzt sich für die dauerhafte Erhaltung der natürlichen Lebengrundlagen sowie für eine friedliche und gerechte internationale Ordnung ein (Art. 2 Abs. 4 BV). Ergänzt wird der Zweckartikel in sozialpolitischer Hinsicht vor allem durch die Sozialziele (Art. 41 BV).

---

[1] Hierzu sogleich 144, 145 ff.

§ 6 Regulierungsziele: Wohlfahrt und Kapitalmarktfunktionen

In Art. 2 BV sind verschiedene wirtschaftspolitische Konzepte verborgen. Art. 2 Abs. 1 BV kann verbunden mit der Wirtschaftsfreiheit (Art. 27 i.V.m. Art. 94 BV) als Bekenntnis zum Markt als Allokationsmechanismus verstanden werden.[2] Mit dem Schutz der Freiheit und der Rechte der Bürger sowie der Wahrung der Unabhängigkeit und Sicherheit des Landes enthält die Bestimmung zudem Forderungen, die für den auf die Gefahrenabwehr limitierten Nachtwächterstaat des 19. Jahrhunderts typisch waren.[3] Demgegenüber ist die in Art. 2 Abs. 2 BV verankerte Förderung der gemeinsamen Wohlfahrt als Gesellschaftsziel das politische Programm des Wohlfahrtsstaats, der sich zu weiter gehenden Interventionen legitimiert sieht.[4] Die Chancengleichheit (Art. 2 Abs. 3 i.V.m. Art. 11, Art. 19 und Art. 61a ff. BV) wiederum soll die freie Entfaltungsmöglichkeit jedes einzelnen sicherstellen und wird gewöhnlich als liberales Gegenstück zur sozialistischen Ergebnisgleichheit betrachtet.[5] Zugleich ist sie aber ebenfalls zentraler Bestandteil des hauptsächlich von *Rawls* und Sozialwahlüberlegungen geprägten, in den USA verbreiteten egalitären Liberalismus.[6] Stärker noch mit dem Konzept des Sozialstaates sind die Sozialziele in Art. 41 BV sowie das Recht auf Hilfe in Notlagen (Art. 12 BV) verbunden.[7] Wohlfahrtsstaat und Sozialstaat sind derweil semantisch eng miteinander verwandt und werden vielfach synonym verwendet.[8] In der Botschaft zur Bundesverfassung machte der Bundesrat allerdings klar, dass mit Art. 2 Abs. 2 BV auch die Förderung des wissenschaftlichen, wirtschaftlichen und zivilisatorischen Fortschritts angesprochen seien.[9] Demgegenüber bezweckt der Sozialstaat in erster Linie die Befriedigung der grundlegenden Bedürfnisse der Menschen und ist eher enger zu verstehen als der Wohlfahrtsstaat, der sich zu umfassenderen Eingriffen legitimiert sieht.[10]

Aus den im Zweckartikel statuierten Zielen können weder Handlungskompetenzen oder Gesetzgebungsaufträge noch verfassungsrechtliche Rechte abgelei-

---

[2] Im Zusammenhang mit der Wirtschaftsfreiheit auch *Botschaft BV 1996*, 294; *von der Crone/Maurer/Hoffmann* (2011), 534; *Kilgus* (2007), N 361.
[3] BGE 131 V 9 E. 3.5.1.2; vgl. *Rhinow/Schmid/Biaggini/Uhlmann* (2011), § 1 N 2; *Samuelson/Nordhaus* (2010), 40.
[4] *Samuelson/Nordhaus* (2010), 40; siehe auch *Botschaft BV 1996*, 127.
[5] Vgl. *Meulemann* (2004), 116 ff.; *Kistner* (2015), 131 f.; BGE 123 I 152 E. 5b.
[6] Hinten 152 f.
[7] *Häfelin/Haller/Keller/Thurnherr* (2016), N 186; *Bigler-Eggenberger/Schweizer* (2014), N 8 zu Art. 41 BV; siehe auch *Rhinow/Schmid/Biaggini/Uhlmann* (2011), § 11 N 1 ff.
[8] Siehe etwa *Heinig* (2008), 50 ff.; *Rhinow/Schmid/Biaggini/Uhlmann* (2011), § 11 N 2 weisen denn auch Art. 2 Abs. 2 und Art. 2 Abs. 3 BV der Sozialverfassung zu; ähnlich *Häfelin/Haller/Keller/Thurnherr* (2016), N 186; gemäss *Botschaft BV 1996*, 127 enthält Art. 2 Abs. 2 BV ein grundsätzliches Bekenntnis zum Sozialstaat.
[9] Botschaft BV 1996, 127.
[10] *Heinig* (2008), 50 ff.; dies zeigen auch die in Art. 41 BV aufgelisteten Sozialziele.

tet werden.¹¹ Ihnen kommt jedoch immerhin als Handlungsrichtlinie und Auslegungshilfe eine normative Funktion zu, sodass sich auch die Regulierung des Hochfrequenzhandels danach zu richten hat.¹² Für die Sozialziele hält die Bundesverfassung ausdrücklich fest, dass aus ihnen keine unmittelbaren Ansprüche auf staatliche Leistungen abgeleitet werden können (Art. 41 Abs. 4 BV). Im Gegensatz zum Zweckartikel werden die Sozialziele aber zumindest teilweise als Gesetzgebungsauftrag verstanden.¹³

Im Sinne eines Gesamtbildes wird der schweizerischen Bundesverfassung ein wettbewerbsorientierter, freiheitlicher und zugleich sozialverpflichteter Charakter zugestanden.¹⁴ Der Staat soll die Befriedigung der Grundbedürfnisse sicherstellen und für eine möglichst grosse Chancengleichheit sorgen. Ausserhalb dieses sozialen Kerns folgt der schweizerische Verfassungsgeber einer liberalen Philosophie, bei der Eingriffe dem Grundsatz der Subsidiarität folgend durch Wohlfahrtsüberlegungen gerechtfertigt werden müssen. Die Stärke des liberalen Konzepts kann dabei primär darin gesehen werden, dass sich der Staat den Antrieb des Einzelnen und die damit verbundene dezentrale Intelligenz zunutze machen kann.¹⁵

2. Utilitarismus

a) Grundsätzliches

Das bundesstaatliche Ziel der Wohlfahrtsförderung ist eng verknüpft mit dem vor allem mit *Bentham* und *Mill* in Verbindung gebrachten Utilitarismus, der den Vorrang des Gemeinwohls gegenüber den Individualinteressen zum Kern einer normativen Forderung machte.¹⁶ Für die Bedeutung dieser Forderung ist die Frage zentral, wie das Gemeinwohl als Gesellschaftsziel definiert wird.¹⁷ Damit verbunden stellt sich die weitere Frage nach dem Verhältnis zwischen dem Gemeinwohl und den Individualinteressen. Mit der Wohlfahrtsökonomie hat sich ein Teilbereich der Volkswirtschaftslehre entwickelt, der sich diesen Themen widmet.¹⁸

---

11 *Ehrenzeller* (2014), N 11 zu Art. 2 BV.
12 *Ehrenzeller* (2014), N 10 f. zu Art. 2 BV; vgl. *Vallender* (2014b), N 10 f. zu Art. 94 BV.
13 *Bigler-Eggenberger/Schweizer* (2014), N 9 zu Art. 41 BV.
14 *Rhinow/Schmid/Biaggini/Uhlmann* (2011), § 4 N 31.
15 Vgl. hierzu *Samuelson/Nordhaus* (2010), 40 f.; *von der Crone* (1993), 41; *Hayek* (1952), 76, 103 ff., 115, der von der «kollektiven Vernunft» spricht; mehr dazu hinten 310.
16 *Bentham* (1823); *Mill* (1863); vgl. auch *Sidgwick* (1907), 411 ff.; *Rawls* (1971), 22 ff.; *Posner* (1979), 103 ff.; zur Vorgeschichte *Kley* (2004), 57 ff.
17 *Schäfer/Ott* (2012), 11.
18 Vgl. *Mankiw* (2015a), 136; siehe auch *Samuelson/Nordhaus* (2010), 40.

§ 6 Regulierungsziele: Wohlfahrt und Kapitalmarktfunktionen

Bentham definierte das Gemeinwohl als Summe der Individualinteressen.[19] Ausgehend von dieser Definition erscheint der liberale Leitsatz schlüssig, dass die Individuen dem Gemeinwohl grundsätzlich am besten dienen, wenn sie ihre eigenen Interessen verfolgen.[20] Allerdings behauptete nicht einmal der Begründer der klassischen Volkswirtschaftslehre *Adam Smith*, dass Individuen dem Gemeinwohl ausnahmslos am besten dienen, wenn sie ihre eigenen Interessen verfolgen; er hielt lediglich fest, dass dem häufig so sei.[21] Eine staatliche Intervention kann demnach also durchaus gerechtfertigt sein, wenn die Individualinteressen und die gesellschaftlichen Interessen divergieren.[22]

b) Individueller Nutzen und Nutzenfunktion

Wird das Gemeinwohl *Bentham* folgend als Summe der Individualinteressen beziehungsweise der individuellen Nutzen verstanden, stellt sich die Frage, wie dieser individuelle Nutzen definiert und quantifiziert werden kann. Genau diese Frage bereitet den Ökonomen seit jeher Probleme. Beschrieben die Utilitaristen des 19. Jahrhunderts den individuellen Nutzen noch vage als Vorteil, Vergnügen oder Glück, wird er heute eher mit den Konsumentenpräferenzen gleichgesetzt.[23] Nutzenfunktionen werden verwendet, die Güterbündeln unterschiedliche Werte zuweisen, die für unterschiedliche Präferenzen stehen.[24] Während bei ordinalen Nutzenfunktionen lediglich die Reihenfolge der Präferenz massgeblich ist, zielen kardinale Nutzenfunktionen auf die Quantifizierung des Nutzens unabhängig von der Reihenfolge ab.[25] Ökonomen ziehen heute ordinale Nutzenfunktionen kardinalen Nutzenfunktionen in der Regel vor.[26] Immerhin werden kardinale Nutzenfunktionen aber für das Verhalten von Personen bei Ungewissheit verwendet.[27]

---

[19] *Bentham* (1823), 4.
[20] Dieser Leitsatz geht zurück auf *Smith* (1776), IV.2.9.
[21] *Smith* (1776), IV.2.9.
[22] Hierzu insb. *Pigou* (1946), Part II, Chap. IX; dann kann von einem Marktversagen gesprochen werden, hierzu hinten 174 ff., 279 ff.
[23] Zum alten Begriffsverständnis *Bentham* (1823), 3 f.; *Sidgwick* (1907), 411; *Posner* (2014), 14; zum neueren Begriffsverständnis *Varian* (2014), 54 f.; vgl. *Samuelson/Nordhaus* (2010), 84.
[24] *Varian* (2014), 55.
[25] *Varian* (2014), 55, 57.
[26] *Samuelson/Nordhaus* (2010), 89; *Varian* (2014), 55 ff.; *von der Crone* (1993), 12; *Schäfer/Ott* (2012), 28.
[27] *Samuelson/Nordhaus* (2010), 89, 211 ff.

Als Grenznutzen wird derjenige Nutzen bezeichnet, der bei Hinzufügen einer Einheit eines Gutes zu einem Bestand desselben Gutes gewonnen wird.[28] Dieser Grenznutzen nimmt mit der zunehmenden Menge des Gutes in aller Regel ab.[29] Eine erste Wohnung bringt einem Individuum grundsätzlich einen grösseren Nutzen als eine zweite Wohnung, ebenso wie ein erstes Auto in aller Regel einen grösseren Nutzen bringt als ein zweites Auto. Die Theorie des abnehmenden Grenznutzens hat weitreichende Folgen für die Sozialpolitik, da sie eine Umverteilung von Gütern angezeigt erscheinen lässt.[30] Der utilitaristischen Umverteilung sind jedoch insofern Grenzen gesetzt, als sie sich negativ auf die individuellen Anreize zur Erfüllung gesellschaftlicher Funktionen auswirkt.[31] Abgesehen von ihrer allgemeinen Bedeutung ist die Theorie insbesondere auch für die Finanzmärkte von besonderem Interesse, da sie die Risikoaversion von Anlegern rational erscheinen lässt; eine sichere Million hat demzufolge also einen höheren Nutzen als eine zehnprozentige Chance auf 10 Millionen, obwohl die gewichteten Erwartungswerte identisch sind.[32]

c) Wohlfahrtsfunktion

Aus den individuellen Nutzenfunktionen können durch Aggregation Wohlfahrtsfunktionen gebildet werden, indem etwa im Sinne von *Bentham* die Summe der individuellen Nutzenfunktionen verwendet wird.[33] Eine solche Vorgehensweise ist jedoch zumindest bei ordinalen Nutzenfunktionen arbiträr, da erstens schon die Zuweisung des ordinalen Werts arbiträr ist und zweitens nicht begründet werden kann, weshalb gerade die Summe gewählt werden soll.[34] Dasselbe dürfte auch gelten, wenn ein gewichtetes Mittel oder eine Minimax-Funktion im Rawl'schen Sinne gewählt wird, bei der es nur auf die Stellung des am schlechtesten gestellten Individuums ankommt.[35] Der bedeutende Ökonom *Kenneth Arrow* stellte sich in seiner Doktorarbeit die Aufgabe, eine soziale Wohlfahrtsfunktion zu finden, die wenige elementare Bedingungen erfüllt.[36]

---

[28] *Varian* (2014), 65; *Mankiw* (2015a), 443; *Schäfer/Ott* (2012), 46; *Posner* (2014), 13; grundlegend *Gossen* (1854), 4 f.; siehe auch BGE 133 I 206 E. 7.3, 8.1 und 9.3, wo das Bundesgericht zum Schluss kam, dass eine degressive Einkommenssteuer gegen den in Art. 127 Abs. 3 BV verankerten Grundsatz der Besteuerung nach der wirtschaftlichen Leistungsfähigkeit verstösst.
[29] *Samuelson/Nordhaus* (2010), 84 f.; *Mankiw* (2015a), 443; *Posner* (2014), 13.
[30] Siehe auch hinten 152 f.
[31] Siehe etwa *Posner* (2014), 438.
[32] Hierzu inkl. Beispiel *Posner* (2014), 13 f.
[33] *Varian* (2014), 653 ff.; *Arrow* (1963), 4; vgl. *Bentham* (1823), 4.
[34] *Varian* (2014), 654.
[35] Vgl. *Varian* (2014), 654 f.; hierzu hinten 152 f.
[36] *Arrow* (1963), 1 ff., 97 ff.; vgl. *Schäfer/Ott* (2012), 29 f.

Dabei scheiterte er und wurde dennoch berühmt, da er für ordinale Nutzenfunktionen bewies, dass das Problem unlösbar ist.[37] Diese Erkenntnis wird heute als Arrow-Unmöglichkeitstheorem bezeichnet, einem zentralen Aspekt der Sozialwahltheorie (*social choice theory*) und der eng mit dieser verbundenen neuen politischen Ökonomie (*public choice theory*).[38]

d) Kritik

Verschiedene Aspekte utilitaristischer Theorien werden kritisiert. Hierzu zählen namentlich die Gleichsetzung von Nutzen und Präferenzen, die Möglichkeit einer Kardinalisierung und eines interpersonellen Nutzenvergleichs sowie der mangelhafte Schutz von Individualrechten.

aa) Gleichsetzung von Nutzen und Präferenzen

Die Utilitaristen des 19. Jahrhunderts beschrieben den individuellen Nutzen wie erläutert noch vage als Vorteil, Vergnügen oder Glück, während er heute eher mit den Konsumentenpräferenzen gleichgesetzt wird.[39] Diese subjektivistische Gleichsetzung wird jedoch mit Blick auf Wohlfahrtsfunktionen insofern kritisiert, als sie das Problem in sich trägt, dass die individuellen Präferenzen moralisch fragwürdig sein können.[40] Setzt sich der kollektive Nutzen lediglich aus diesen individuellen Bestandteilen zusammen, enthält auch dieser die moralisch fragwürdigen Präferenzen.

bb) Kardinalisierung und Nutzenvergleich

Die Möglichkeit einer Kardinalisierung des Nutzens wird heute mehrheitlich abgelehnt, ebenso wie die Möglichkeit eines interpersonellen Nutzenvergleichs.[41] Kardinalisierung und Vergleichbarkeit hängen dabei eng miteinander zusammen, denn eine Quantifizierung des Nutzens – also ein Umrechnen in dieselbe Einheit – macht verschiedene soziale Zustände erst miteinander ver-

---

37 *Arrow* (1963), 97 ff., 100.
38 Zum Unmöglichkeitstheorem *Mankiw* (2015a), 468 f.; zur Sozialwahltheorie bspw. *Schäfer/Ott* (2012), 11 f., 29 ff.; zur neuen politischen Ökonomie bspw. *Samuelson/Nordhaus* (2010), 308 f.
39 Zum alten Begriffsverständnis *Bentham* (1823), 3 f.; *Sidgwick* (1907), 411; *Posner* (2014), 14; zum neueren Begriffsverständnis *Varian* (2014), 54 f.; vgl. *Samuelson/Nordhaus* (2010), 84.
40 Hierzu *Schäfer/Ott* (2012), 38; *Kaplow/Shavell* (2002), 418 ff.
41 *Robbins* (1932), 124; *Coleman* (1988), 96; *von der Crone* (1993), 12; *Samuelson/Nordhaus* (2010), 89; *Varian* (2014), 55 ff.; *von der Crone* (1993), 12; *Schäfer/Ott* (2012), 28; siehe auch *Petersen* (2015), 57 ff. zur Inkommensurabilitätskritik.

gleichbar. Werden etwa ordinale Rangfolgen bei kollektiven Mehrheitswahlen miteinander verglichen, kann Zustand A Zustand B vorzuziehen sein, Zustand B Zustand C und Zustand C Zustand A, sodass das Abstimmungsergebnis von der Reihenfolge der Abstimmung abhängt (Abstimmungsparadoxon).[42] Dieses Problem besteht nicht, wenn kardinale Nutzenfunktionen verwendet werden. Die Kritik an der Kardinalisierung richtet sich hauptsächlich gegen die Möglichkeit des Umrechnens des individuellen Nutzens in ein generelles Vergleichsmass.[43] Ausserdem wird auf die Theorie des abnehmenden Grenznutzens verwiesen, nach der der Nutzen eines Gutes variabel ist und daher einen objektiven interpersonellen Nutzenvergleich nicht zulasse.[44] Weitgehend anerkannt ist immerhin, dass ein Wohlfahrtsoptimum stets paretoeffizient sein muss, da sonst ein Individuum besser gestellt werden könnte, ohne dass ein anderes Individuum schlechter gestellt werden müsste.[45]

Wird der individuelle Nutzen gleichgesetzt mit den individuellen Präferenzen, dürfte für eine Quantifizierung des Nutzens in erster Linie die Zahlungsbereitschaft infrage kommen.[46] Die Zahlungsbereitschaft bringt den individuellen Grenznutzen zum Ausdruck, den eine Person einer zusätzlichen Einheit eines Guts zuweist.[47] So kann die Zahlungsbereitschaft für einen ersten Laib Brot bei Person A am Grössten sein, für den zweiten Laib bei der Person B und für den dritten Laib bei der Person C. Der Nutzen der Einheit eines Gutes ist damit zwar variabel, ebenso wie die Zuordnung; dies bedeutet jedoch nicht, dass nicht verschiedene Güterverteilungen als Zustände durch die Zahlungsbereitschaft quantifiziert und miteinander verglichen werden könnten. Dabei sollten aber dynamische Komponenten wie Anreize nicht vergessen werden. Problematisch erscheint die Zahlungsbereitschaft als Kriterium zur Quantifizierung des Nutzens, da sie von den verfügbaren Mitteln abhängt. Gerade wenn keine verfügbaren Mittel vorhanden sind, wird die Zahlungsbereitschaft als Kriterium fragwürdig, da ohne verfügbare Mittel auch die Frage nach der Zahlungsbereitschaft schlecht beantwortet werden kann. Dennoch könnte der Nutzen eines Gutes

---

[42] Zu diesem Problem der Mehrheitswahl *Varian* (2014), 651 ff.; *Schäfer/Ott* (2012), 31; grundlegend *Arrow* (1963), 3.
[43] Vgl. *Robbins* (1932), 122 ff.; *Coleman* (1988), 96.
[44] *von der Crone* (1993), 12; vgl. *Coleman* (1988), 95 ff., 105, wonach daher lediglich das Pareto-Kriterium, nicht aber das Kaldor-Hicks-Kriterium eine positive Veränderung des Gesamtnutzens sicherstellt; ähnlich schon *Arrow* (1963), 10.
[45] *Varian* (2014), 655 f.; *Coleman* (1988), 105; vgl. *Schäfer/Ott* (2012), 29; zur Kritik am Paretokriterium siehe allerdings *Kaplow/Shavell* (2003), 342 ff., 351; *Calabresi* (1991), 1211 ff.; *Sen* (1970), 152 ff., 157.
[46] Vgl. *von der Crone* (1993), 10; *Posner* (2014), 13 ff.
[47] Vgl. *Posner* (2014), 13 ff., 16; a. M. *Varian* (2014), 57 f.; kritisch auch *von der Crone* (1993), 10, 12.

mit Blick auf die Bedürfnisbefriedigung sehr gross sein, wie etwa das Beispiel der Nahrung für den Verhungernden zeigt.

Abgesehen von solchen Problemen, die durch Individualrechte, das Strafrecht und soziale Korrektive behoben werden können, dürfte zumindest im Wirtschaftsrecht im Allgemeinen und dem Finanzmarktrecht im Besonderen die Quantifizierung des Nutzens durch die Zahlungsbereitschaft dennoch wenig problematisch erscheinen. Der abnehmende Grenznutzen dürfte zudem bei der Bewertung kaum zur Geltung kommen. So mögen Investoren zwar unterschiedliche Anlagehorizonte und unterschiedliche Risikopräferenzen haben; grundsätzlich dürften sie aber alle hauptsächlich finanzielle Interessen verfolgen, sodass eine Quantifizierung des Nutzens von Anlagen und Portfolios mit einem Geldbetrag unter Berücksichtigung des zukünftigen Cashflows (Erwartungswert und Dividenden) sowie der Risiken weitgehend konsensfähig erscheint. Eine Verbesserung der Marktqualitätskriterien sowie eine Reduktion der Transaktionskosten erscheinen daher durchaus aus einer allgemeinen Perspektive erwünscht.[48]

cc) *Individual- und Naturrechte*

Als weiterer Kritikpunkt wird angeführt, dass eine rein utilitaristische Rechtsphilosophie nicht vereinbar erscheint mit der Idee eines überpositiven Naturrechts und Individualrechte daher gefährdet sind.[49] Tatsächlich sprachen sich sowohl *Bentham* als auch *Mill* gegen naturrechtliche Konzepte aus.[50] Naturrechtliche Normen müssten allerdings in aller Regel einer utilitaristischen Begründung standhalten. Zum Beweis des Gegenteils wurde in der Literatur häufig als Beispiel vorgebracht, dass die Verurteilung von Unschuldigen das allgemeine Sicherheitsgefühl erhöhe und sich die Verurteilung daher utilitaristisch rechtfer-

---

[48] Hierzu hinten 171 ff.
[49] *Kley* (2004), 63; zu den Bedenken hinsichtlich der Individualrechte etwa *von der Crone* (1993), 9; *Coleman* (1988), 96; *Rawls* (1971), 26; ähnlich schon *Sidgwick* (1907), 416 f.; überdeutlich machten die Gefahren die mit dem Nationalsozialismus in Verbindung gebrachten *Binding/Hoche* (1922), 55, als sie ausführten: «Die Frage, ob der für diese Kategorien von Ballastexistenzen notwendige Aufwand nach allen Richtungen hin gerechtfertigt sei, war in den verflossenen Zeiten des Wohlstandes nicht dringend; jetzt ist es anders geworden, und wir müssen uns ernstlich mit ihr beschäftigen. Unsere Lage ist wie die der Teilnehmer an einer schwierigen Expedition, bei welcher die größtmögliche Leistungsfähigkeit Aller die unerläßliche Voraussetzung für das Gelingen der Unternehmung bedeutet, und bei der kein Platz ist für halbe, Viertels und Achtels-Kräfte. Unsere deutsche Aufgabe wird für lange Zeit sein: eine bis zum höchsten gesteigerte Zusammenfassung aller Möglichkeiten, ein freimachen jeder verfügbaren Leistungsfähigkeit für fördernder Zwecke».
[50] Hierzu *Kley* (2004), 59 f. m.w.H.

tigen lasse.⁵¹ Dem widersprach schon *Mill* mit der Begründung, dass sich dann jeder der Gefahr der Bestrafung trotz Unschuld ausgesetzt sehe, sodass dadurch die Wirkung der Strafe eingeschränkt werde.⁵² Ergänzend kann festgehalten werden, dass fraglich erscheint, ob das Sicherheitsgefühl steigt, wenn sich jeder der Gefahr einer ungerechtfertigten Strafe ausgesetzt sieht. Im Übrigen dürften Menschenrechte den Individuen einen grossen Nutzen bringen, sodass eine utilitaristische Begründung derselben auf der Hand liegt. Insgesamt kann denn auch davon ausgegangen werden, dass schon *Mill* den Menschenrechtsschutz für gerechtfertigt hielt.⁵³ Im Grunde genommen vertrat bereits *Marcus Tullius Cicero* ähnliches, als er ausführte:

> Es soll also dabei bleiben, dass niemals nützlich sein kann, was unmoralisch ist, nicht einmal dann, wenn man bekommen kann, was man für nützlich hält; denn genau das, was unmoralisch ist, für nützlich zu halten, ist ein großes Unglück. […] Aber wie ich oben gesagt habe, gibt es oft Fälle, wo der Nutzen (utilitas) im Gegensatz zur Moral (honestas) zu stehen scheint, so dass man klären muss, ob der Gegensatz zur Moral unüberbrückbar ist oder Nutzen und Moral zu vereinbaren sind.⁵⁴

Die Naturrechte bringen der Gesellschaft und seinen Individuen sicherlich einen grossen Nutzen; eine Quantifizierung des Nutzens durch die Zahlungsbereitschaft fällt jedoch ausser Betracht. Die grosse Gefahr einer solchen Quantifizierung von Menschenrechten oder dem Gleichheitsprinzip dürfte auf der Hand liegen. Erklärt werden kann sie wohl damit, dass der gesellschaftliche Wert dieser Rechte gerade darin besteht, dass sie sämtliche Menschen unabhängig von ihren Möglichkeiten gleichermassen schützen sollen und das Kriterium der Zahlungsbereitschaft Ungleichheiten schafft. Ausserdem erscheint mit Blick auf Individualrechte wie die Menschenwürde die Einsicht bedeutsam, dass die Gesellschaft die Veräusserung bestimmter Güter nicht zulässt. Zusammenfassend kann somit festgehalten werden, dass sich Naturrechte zwar problemlos utilitaristisch begründen lassen dürften; eine Quantifizierung über die Zahlungsbereitschaft jedoch ausser Betracht fällt und naturrechtliche Regeln insofern angezeigt erscheinen, als sie einem kurzsichtigen Utilitarismus vorbeugen können.

---

51   *Kley* (2004), 64 f.
52   *Mill* (1862), Buch V, Kap. IV, § 4, Abs. 8.
53   So auch *Kley* (2004), 65.
54   Cicero (44 v.Chr.), III, N 49 f., zitierte Übersetzung von *Rainer Nickel*.

3. Alternative Modelle

a) Egalitärer Liberalismus

Der vor allem mit *Rawls* in Verbindung gebrachte egalitäre Liberalismus geht weiter als der Utilitarismus im dargestellten Sinn. Nach *Rawls* muss eine Ungleichbehandlung den grössten Vorteil für die am wenigsten bevorteilten Individuen der Gesellschaft bringen («*difference Principle*» oder «*maximin criterion*»).[55] In diese Richtung geht die Präambel der schweizerischen Bundesverfassung, wonach sich die Stärke des Volkes am Wohl der Schwachen misst.[56] Der Präambel kommt jedoch nach der herrschenden Ansicht kaum eine normative Bedeutung zu.[57]

Zur Begründung der Maximin-Regel verwendet *Rawls* nichts anderes als das Pareto-Kriterium und wendet es auf eine Ausgangssituation mit einer gleichmässigen Verteilung von Gütern an.[58] Dieses Kriterium verbindet er mit sozialwahltheoretischen Überlegungen in dieser Situation.[59] Er stellt sich die Frage, auf welche Grundsätze sich Menschen in einer Ausgangsposition einigen würden, in der alle gleich sind.[60] Daraus leitete er zwei Grundprinzipien ab, die er bis zu seinem Tod präzisierte. Erstens habe jede Person einen Anspruch auf die gleichen Grundfreiheiten, sofern diese mit jenen aller vereinbar sind; zweitens müssen Ungleichheiten zwei Bedingen erfüllen: Sie müssen mit Ämtern und Positionen verbunden sein, die allen offenstehen, und sie müssen den am wenigsten begünstigten Angehörigen der Gesellschaft den grössten Vorteil bringen.[61]

Nicht unumstösslich erscheint das Axiom, dass risikoaverse Gesellschaftsmitglieder in einer Ausgangsposition vor der Geburt und ohne Kenntnis der sozialen Situation der Eltern unlimitiert eine Verbesserung der Position der Ärmsten vertreten würden, da sich dann die geleistete Arbeit nur noch beschränkt aus-

---

[55] *Rawls* (1971), 60 ff.
[56] Ausserdem sind das Recht auf Hilfe in Notlagen (Art. 12 BV) und die Sozialziele (Art. 41 BV) sowie noch allgemeiner das Recht auf Menschenwürde (Art. 7 BV) darauf ausgerichtet, die Befriedigung der grundlegendsten Bedürfnisse sicherzustellen; der Präambel selbst wird kaum eine normative Funktion zugestanden.
[57] *Reich* (2012), 372 Fn. 83 m.w.H.; demgegenüber will *Ehrenzeller* (2014), N 11 ff. zu Präambel der BV der Präambel entgegen den Materialien eine stärkere rechtliche Bedeutung zukommen lassen.
[58] *Rawls* (1971), 118 ff.
[59] Zur Sozialwahl bspw. *von der Crone* (1993), 12 f.; *Schäfer/Ott* (2012), 11 f.; grundlegend *Arrow* (1963), 1 ff.
[60] *Rawls* (1971), 41 f., 118 ff.
[61] *Rawls* (2001), 42 ff.

zahlt.⁶² Weitgehend konsensfähig dürfte demgegenüber in dieser Situation mit Blick auf dynamische Freiheiten die von *Rawls* ebenfalls hervorgehobene und auch in Art. 2 Abs. 3 BV verankerte Chancengleichheit sein, die namentlich den generellen Zugang zu Nahrung, Bildung und medizinischen Einrichtungen während der Jugendjahre gebietet.⁶³ Im Übrigen zielt aber auch die Rawl'sche Wohlfahrtsfunktion nicht auf die gänzliche Umverteilung von Einkommen und Vermögen im Sinne der Ergebnisgleichheit ab, da der mit der Umverteilung einhergehende Anreizverlust dazu führen kann, dass letztlich alle schlechter gestellt sind als die am wenigsten bevorteilten Individuen in einem System ohne Ergebnisgleichheit.⁶⁴

b) Libertarismus

Die Vertreter einer libertären Gesellschaftsordnung befürworten eine Reduktion der Staatsaufgaben auf die Gefahrenabwehr ganz im Sinne des Nachtwächterstaates des 19. Jahrhunderts.⁶⁵ Zentral heben sie dabei die Maxime der Handlungsfreiheit hervor; Einschränkungen in dieselbe werden lediglich im Rahmen des Nichtaggressionsprinzips geduldet, wonach jede Person so lange eigene Entscheidungen fällen darf, als sie keine Aggressionen gegen andere Personen und deren Güter begeht.⁶⁶ Da Aggressionen anhand der Property Rights beurteilt werden, messen rechts-libertäre Autoren diesen regelmässig eine besondere Bedeutung zu.⁶⁷ Bedeutendes Kennzeichen der libertären Ideologie ist der Umstand, dass das Nichtaggressionsprinzip nicht nur gegen andere Mitbürger, sondern konsequent auch gegen den Staat gerichtet wird.⁶⁸ Eine staatliche Umverteilung ist nach Ansicht der Vertreter einer libertären Marktordnung folglich ausgeschlossen.⁶⁹

Die Ursprünge der rechts-libertären Strömung des 20. Jahrhunderts können in der neoliberalen österreichischen Schule der Nationalökonomie gefunden werden. *Hayek*, einer der bedeutendsten Vertreter dieser Schule, betonte die Bedeutung der generellen (rechtlichen) Gleichbehandlung durch den Staat.⁷⁰ Eine Un-

---

62 Vgl. *Mankiw* (2015a), 423.
63 Zur Chancengleichheit *Rawls* (1971), 83 ff.
64 *Rawls* (1971), 61 f.; *Mankiw* (2015a), 423.
65 Zum Nachtwächterstaat vorn 144.
66 *Rothbard* (1982), 45 ff.; *O'Neill* (2012), 46; *Kinsella* (2004), 55 ff.; die Regel geht wohl auf *Spencer* (1895), N 273 zurück; sie kann als rudimentäre Form des kategorischen Imperativs von Kant betrachtet werden, vgl. *Kant* (1786), 33 und *Hazlitt* (1964), 248 f.
67 Hierzu bspw. *Rothbard* (1982), 49; *Kinsella* (2003), 11 ff.
68 *Rothbard* (1982), 161 ff.; *O'Neill* (2012), 46.
69 Für eine Kurzzusammenfassung siehe *Mankiw* (2015a), 423 f.
70 *Hayek* (1960), 87.

gleichbehandlung zur Erzielung von Ergebnisgleichheit sei aufgrund der Diversität der Menschen nicht gerechtfertigt und mit einer freiheitlichen Gesellschaftsordnung nicht vereinbar.[71] Im Übrigen sei es eine inquisitorische Anmassung des Staates, unterschiedliche Menschen danach zu beurteilen, wie sie von ihren Talenten Gebrauch machen.[72] Aufbauend darauf kulminiert der Libertarismus in den anarchokapitalistischen Ideologien von *Nozick* und *Rothbard*.[73] Letzterer etwa bezeichnete die Einberufung ins Militär oder als Geschworener als Form der Sklaverei zu einem Dumping-Preis und zu den Steuern führt er aus: «*Taxation is theft, purely and simply, even though it is theft on a grand and colossal scale which no acknowledged criminals could hope to match.*»[74] Anzumerken ist, dass die genannten Autoren den Begriff des Anarchokapitalismus selbst geprägt haben.[75]

Das libertäre Nichtaggressionsprinzip ist mit dem Besitzesschutz (Art. 926 ff. ZGB) sowie den strafrechtlichen Sanktionen gegenüber Privaten und der Eigentumsgarantie (Art. 26 BV) gegenüber dem Staat durchaus umgesetzt. Die schweizerische Verfassung enthält aber offensichtlich kein libertäres Konzept, was neben dem Zweckartikel (Art. 2 BV), dem Recht auf Hilfe in Notlagen (Art. 12 BV) und den Sozialzielen (Art. 41 BV) namentlich durch die staatliche Kompetenzordnung (Art. 54 ff. BV) zum Ausdruck gebracht wird.[76]

II. Regulierungsziele des Finanzmarktrechts

1. Zweckbestimmungen für eine funktionale Perspektive

Zweckbestimmungen sind heute integraler Bestandteil eines jeden neuen Finanzmarktgesetzes. Sie dienen nicht nur als Orientierungspunkte für Regulatoren und Aufsichtsbehörden sowie als potenzielle öffentliche Interessen für Grundrechtsbeschränkungen, sondern vor allem auch als bedeutende Richtlinie für die subjektiv-historische, teleologische und funktionale Auslegung der Gesetzesbestimmungen.[77] Die funktionale Auslegung wird von der teleologischen

---

[71] *Hayek* (1960), 87 f.
[72] *Hayek* (1960), 97.
[73] *Nozick* (1974); insb. *Rothbard* (1982).
[74] *Rothbard* (1982), 83, 162.
[75] Bei *Nozick* (1974) ist die aus seiner Sicht vorgesehene Rolle des Staates bereits im Titel *Anarchy, State, and Utopia* enthalten; *Rothbard* (1982), 90 Fn. 10, 232.
[76] Von einer Sozialverfassung sprechen daher *Rhinow/Schmid/Biaggini/Uhlmann* (2011), § 11.
[77] Für die Auslegung etwa *Schluep* (1994), 175; *Werlen* (1994), 95 ff.; *S. Bühler* (2016), N 282; zu den öffentliche Interessen bei der Beschränkung von Grundrechten vorn 110 ff.

Auslegung mitunter anhand der Zweckferne unterschieden: demnach orientiert sich die teleologische Auslegung am nahen Normzweck, während bei der funktionalen Auslegung auch Fernziele berücksichtigt werden.[78] Vereinzelt wird das funktionale Auslegungselement auch dadurch gekennzeichnet, dass normfremde Zwecke bei der Auslegung mitberücksichtigt werden.[79]

Die Methode der Auslegung erfüllt den Zweck, den Bedeutungsinhalt einer Rechtsnorm zu ermitteln.[80] Während mit Blick auf diese Funktion der Auslegung die Berücksichtigung des Fernzwecks einer Norm grundsätzlich noch vereinbar ist, lässt sich die Berücksichtigung normfremder Zwecke nur noch schwerlich rechtfertigen.[81] Der Raum für eine vom materiellen Gesetzgeber unabhängige freie Rechtsschöpfung durch die Gerichte erschiene zu gross und dadurch nicht nur die Rechtssicherheit, sondern auch die Demokratie gefährdet. Unter systematisch-teleologischen Gesichtspunkten aber dürfte die in einer Zweckbestimmung zum Ausdruck gebrachte Funktion eines Gesetzes grundsätzlich als Fernzweck der einzelnen Gesetzesbestimmungen betrachtet werden, sodass eine Berücksichtigung im Rahmen der Auslegung nicht nur gerechtfertigt, sondern angezeigt ist.[82] Da die Zweckbestimmungen so Teil sämtlicher Gesetzesbestimmungen werden, können sie mehr noch als ein nicht positivierter Zweck in den Worten *Rhudolf von Jherings* als *Schöpfer des gesamten Rechts* betrachtet werden.[83] Zugleich dürften sämtliche Gesetzesnormen auch noch einen Tropfen der im vorangehenden Oberabschnitt I (Wohlfahrtsökonomie) dargestellten wohlfahrtsökonomischen Grundkonsenses enthalten, sodass sich die Auslegung in beschränktem Masse auch danach richten kann.[84]

---

78 *Werlen* (1994), 96 f.; *S. Bühler* (2016), N 281 ff.; siehe auch *Dédeyan* (2015), 36 ff.; *Sethe* (2011), 1240 setzt sie mit der wirtschaftlichen Betrachtungsweise gleich.

79 *Schluep* (1994), 174.

80 Siehe etwa *Häfelin/Haller/Keller/Thurnherr* (2016), N 80; *Larenz/Canaris* (1995), 133 ff.; siehe auch *Bydlinski* (1991), 428 ff.; *E. Kramer* (2016), 57 ff.

81 Ähnlich hinsichtlich der Berücksichtigung normfremder Zwecke *Häfelin/Haller/Keller/ Thurnherr* (2016), N 122, die festhalten: «unzulässig ist es, normfremde Zwecke in die Norm hineinzulegen»; siehe auch *E. Kramer* (2016), 169 ff. zu den dogmengeschichtlichen Grundlagen der teleologischen Auslegung.

82 Zur systematische-teleologischen Auslegung etwa *Bydlinski* (1991), 455: «*In systematisch-teleologischem Vergleich mit sachnahen anderen Normen, deren Inhalt und Zweck bereits geklärt, vielleicht sogar unbestritten ist, lassen sich daher bestimmte denkmögliche Zwecke und damit Auslegungshypothesen der auszulegenden Norm bestätigen oder eliminieren.*»; siehe auch *Larenz/Canaris* (1995), 153 ff.

83 *von Jhering* (1904), V: «*Der Grundgedanke des gegenwärtigen Werkes besteht darin, daß der Zweck der Schöpfer des gesamten Rechts ist, daß es keinen Rechtssatz gibt, der nicht einem Zweck, d. i. einem praktischen Motiv seinen Ursprung verdankt.*»

84 Vorn 143 ff.

Eine normativ-begriffliche Unterscheidung zwischen der Funktion und dem Zweck einer Norm erscheint fraglich, soweit mit dem Begriff der Funktion gleichwohl Ziele in Verbindung gebracht werden.[85] Zwar kann der Begriff der Funktion als Fernzweck verstanden auch bloss einen Teilbereich des Zwecks einer Norm ausmachen; eine gleiche Interpretation ist jedoch ebenfalls denkbar. Zusätzlich zur Frage nach dem Normziel enthält der Begriff der Funktion (im Sinne von «Funktionsweise») gewiss stärker als der Begriff des Zwecks die Frage nach dem Wie, also die Frage, ob eine Norm geeignet ist, den ihr zugeordneten Zweck zu erfüllen. Diese Frage kann allerdings auch bei einer teleologischen Auslegung nicht ausser Acht gelassen werden. Insgesamt dürfte der Begriff der funktionalen Auslegung daher kaum einen Gewinn bringen. Interessanterweise finden sich denn auch in den Standardwerken zur Methodenlehre von *Bydlinski*, *E. Kramer* oder *Larenz/Canaris* keine Ausführungen zu einer funktionalen Auslegungsmethode.[86]

Immerhin kann die Unterscheidung zwischen dem Nahzweck und dem Fernzweck einer Norm hilfreich sein. So ist etwa denkbar, dass der Nahzweck einer Norm zu dem aus Verfassung und Zweckbestimmungen abgeleiteten Fernzweck der Norm in Konflikt steht. Wollte der Gesetzgeber subjektiv-historisch einen mit dem allgemeinen Gesetzeszweck und dem verfassungsrechtlichen Grundkonsens im Konflikt stehenden Zweck verfolgen, so dürfte sich im Rahmen der Auslegung der subjektiv-historisch ermittelte Nahzweck einer Norm schwerlich durch den Fernzweck verdrängen lassen. Lässt sich dieser Konflikt auch nicht durch eine verfassungskonforme Auslegung beheben, kann eine Überprüfung einzig noch auf der Ebene der Normenkontrolle erfolgen.[87] Eine ungleich grössere Bedeutung dürfte den Fernzwecken demgegenüber zukommen, wenn der Nahzweck einer Norm unklar ist. Die bewusste Unterscheidung von Nah- und Fernzweck kann also im Rahmen einer systematisch-teleologischen Auslegung mehr Klarheit bringen, lässt innerhalb des Methodenpluralismus eine gewisse Prinzipienbildung zu und dürfte dadurch im Rahmen der systematisch-teleologischen Auslegung eine bewusstere Entscheidungsfindung ermöglichen.

2. Zweckbestimmungen der Finanzmarktgesetze

Die Zweckbestimmungen der verschiedenen Erlasse sind oft ähnlich, aber doch nicht ganz deckungsgleich. Die Finanzmarktaufsicht etwa bezweckt gemäss Art. 5 FINMAG den Schutz der Gläubiger, Anleger, Versicherten sowie den

---

[85] So etwa bei *Dédeyan* (2015), 36.
[86] Siehe *Bydlinski* (1991); *E. Kramer* (2016); *Larenz/Canaris* (1995).
[87] Zu den Grenzen der verfassungskonformen Auslegung in der Schweiz etwa *Häfelin/Haller/Keller/Thurnherr* (2016), N 154 ff.; vgl. *Bydlinski* (1991), 456 f.

II. Regulierungsziele des Finanzmarktrechts

Schutz der Funktionsfähigkeit der Finanzmärkte nach Massgabe der Finanzmarktgesetze. Indirekt soll sie damit auch zur Stärkung des Ansehens und der Wettbewerbsfähigkeit des Finanzplatzes Schweiz beitragen (Art. 5 Satz 2 FINMAG). Das Finanzmarktinfrastrukturgesetz bezweckt gemäss Art. 1 Abs. 2 FinfraG die Gewährleistung der Funktionsfähigkeit und der Transparenz der Effekten- und Derivatemärkte, der Stabilität des Finanzsystems, des Schutzes der Finanzmarktteilnehmer sowie der Gleichbehandlung der Anleger. Ähnliche Zweckbestimmungen finden sich in Art. 1 des Kollektivanlagengesetzes (KAG), Art. 1 des Börsengesetzes (BEHG) Art. 1 Abs. 2 des Entwurfs für ein Finanzinstitutsgesetz (E-FINIG) sowie in Art. 1 Abs. 1 des Entwurfs für ein Finanzdienstleistungsgesetz (E-FIDLEG). Sowohl das FIDLEG als auch das Börsengesetz in der aktuellen Fassung sind jedoch ganz auf den Anleger- beziehungsweise Kundenschutz ausgerichtet. Dies mag für das Börsengesetz erstaunen, liegt aber daran, dass die funktionsrelevanten Teile desselben auf den 1. Januar 2016 hin in das Finanzmarktinfrastrukturgesetz überführt wurden.[88] Ganz auf den Schutz der Stabilität des Finanzsystems ausgerichtet ist demgegenüber das Nationalbankgesetz (Art. 5 Abs. 2 lit. e und Art. 19 ff. NBG).

3. Funktionsschutz, Individualschutz und Systemschutz

Die Zweckbestimmungen der verschiedenen Erlasse sind Ausdruck der verbreiteten Dichotomie der Kapitalmarktregulierungsziele in den Funktionsschutz und den Individualschutz (als Anleger-, Gläubiger- und Versichertenschutz).[89] Teilweise werden der Systemschutz als drittes und der Reputationsschutz als viertes Schutzziel gesondert aufgeführt.[90] Beide Schutzziele können aber wohl auch dem Funktionsschutz im weiteren Sinne zugeordnet werden.[91] Dieser Ansicht folgend umfasst der Funktionsschutz den Systemschutz, den Schutz eines operationellen und effizienten Marktes sowie den Vertrauensschutz als Teilaspekte.[92] Die Besonderheiten systemischer Risiken rechtfertigen dennoch eine gesonderte Betrachtung. Der Reputationsschutz weist ebenfalls einige Besonderheiten auf, dürfte aber in aller Regel positiv mit dem Funktionsschutz im enge-

---

[88] Allerdings begründet die Finma die Qualifikation von Eigenhändlern ab einem Umsatz von CHF 5 Mrd. als Effektenhändler mit Systemschutzüberlegungen, hierzu hinten 529.
[89] Bspw. *Kilgus* (2007), N 390; *Abegg* (2017), N 165 ff.; *Nobel* (2010a), § 1 N 96 ff.; *Waschkeit* (2007), 80 ff.; vgl. auch *Andreotti/Schmidiger* (2017), 280 f.
[90] Für den Systemschutz insb. *Nobel* (2010b), 450, wonach Systemschutz und Funktionsschutz allerdings eng zusammenhängen; siehe auch *Hettich* (2013), 397; *Zwahlen* (2010), 12.
[91] Gl. M. *Hettich* (2013), 2; *Hettich* (2014), N 3 zu Art. 98 BV; *Kaufmann* (2009), 423; implizit *Emmenegger* (2004), 139.
[92] *Hettich* (2013), 2; vgl. *Winzeler* (2000), 35 ff.; *Nobel* (2010a), § 7 N 72; *derselbe* (2010b), 450; *Bahar/Stupp* (2013), N 1 zu Art. 1 BankG.

ren Sinne und dem Individualschutz korrelieren, hängt die ordentliche Funktionsweise der Finanzmärkte doch vom Marktvertrauen ab und umgekehrt das Marktvertrauen von der ordentlichen Funktionsweise der Finanzmärkte sowie von einem angemessenen Individualschutz.[93] Im Übrigen ist das Marktvertrauen auch eng mit dem Systemschutz verknüpft, was sich insbesondere bei Bank-Runs und der hier gerade aufgezeigte Wechselwirkung zwischen Reputations- und Funktionsschutz zeigt, die Rückkopplungsschleifen (Feedback Loops) bewirken kann.[94]

Der Funktionsschutz als Ziel dürfte definitionsgemäss ein Marktversagen für regulatorische Interventionen voraussetzen, ansonsten die Märkte von sich aus den Funktionsschutz gewährleisten.[95] Die Funktionen des Finanz- und Kapitalmarkts, die es zu schützen gilt, werden sogleich im nachfolgenden Oberabschnitt III (Funktionen der Finanz- und Kapitalmärkte) erläutert und das Marktversagen als ökonomische Regulierungsvoraussetzung im nachfolgenden Kapitel 7 zur Zielrealisierung.[96] Systemischen Risiken ist das ganze Kapitel 11 gewidmet, sodass dort die Charakteristiken systemischer Krisen und Möglichkeiten des rechtlichen Umgangs erläutert werden.[97] Damit verbleibt an dieser Stelle lediglich der Individualschutz im Sinne eines Anleger-, Gläubiger- und Versichertenschutzes.

4. Anlegerschutz und Verhältnis zum Funktionsschutz

Als Legitimationsgründe anlegerschutzorientierter Regulierung werden namentlich Informationsasymmetrien, Agency-Problematiken, negative Externalitäten, Interessenkonflikte und *«unredliches Verhalten»* genannt.[98] Ebenfalls eng verknüpft ist sie mit der nicht immer gewährleisteten Informationseffizienz der Märkte, wie wiederholte Blasenphänomene in der Vergangenheit zeigten.[99] Es handelt sich mit anderen Worten bei den Rechtfertigungsgründen für regulatorische Interventionen im Zeichen des Anlegerschutzes nicht anders als beim Funktionsschutz vorwiegend um Fälle von Marktversagen.[100] Unabhängig davon konvergieren Funktionsschutz und Individualschutz aufgrund des Abhängig-

---

93 Ähnlich *Werlen* (1994), 50 f., der von einer Korrelation mit dem Institutsschutz spricht.
94 Zu systemischen Risiken im Detail hinten 339 ff.
95 Zum Marktversagen hinten 174 ff., 279 ff.
96 Hinten 160 ff., 174 ff.
97 Hinten 339 ff.
98 Siehe etwa *Kilgus* (2007), N 391; *Contratto* (2006), 76 ff.; *Sethe* (2005), 108 ff.; *Kumpan* (2006), 58 ff.; zu Prinzipal-Agenten-Problemen *Linder-Lehmann* (2001).
99 Zur Geschichte solcher Blasen *Thier* (2013), 26 ff.; siehe auch *Contratto* (2006), 76 ff.; zur Markteffizienzhypothese hinten 198 ff.
100 Zum Marktversagen hinten 174 ff., 279 ff.

keitsverhältnisses in der Regel zueinander, sodass sich Individual- und Funktionsschutznormen meist lediglich in der Zielhierarchie unterscheiden dürften.[101] Aus einer Funktionsschutzperspektive ist der Individualschutz grundsätzlich ein dem Funktionsschutz vorgelagertes Ziel, das heisst ein Mittel zum Zweck, und der Anleger damit nicht primär Schutzobjekt, sondern Funktionsträger.[102] Aus einer Anlegerschutzperspektive gewährleistet umgekehrt der Funktionsschutz den Schutz der Anleger und ist damit Mittel zum Zweck.[103]

5. Paternalismus des Anlegerschutzes

In der Lehre wird die Ansicht vertreten, dass der Anlegerschutz in jüngerer Zeit zunehmend paternalistische Züge angenommen hat.[104] Den Gesetzgebern ging es verstärkt darum, den geschäftlich und rechtlich unerfahrenen, intellektuell überforderten Anleger vor allzu riskanten Investitionen und damit vor sich selbst zu schützen.[105] Dieser Paternalismus kommt auch im Entwurf zum Finanzdienstleistungsgesetz (E-FIDLEG), namentlich bei der Informationspflicht (Art. 9 f. E-FIDLEG) sowie der Angemessenheits- und Eignungsprüfung (Art. 11 E-FIDLEG), zum Ausdruck. Teilweise dürften sich entsprechende Pflichten allerdings schon nach aktuellem Recht aus der auftragsrechtlichen Sorgfalts- und Treuepflicht (Art. 398 Abs. 2 OR) sowie für Effektenhändler aus den für diese massgeblichen Verhaltensregeln (Art. 11 BEHG) ableiten lassen (*Know your Customer Rule*).[106]

Wie weit der Staat Individuen vor sich selbst schützen oder einem Prinzip der Selbstverantwortung folgen soll, ist eine zentrale und kontroverse politische Frage. Im Rahmen der Sozialversicherungen hat der Schweizerische Bundesstaat allerdings längst ein paternalistisches System aufgebaut. Dieses erscheint für einen Sozialstaat auch fast zwingend, will er individuelle Notlagen verhindern und gleichzeitig die Kosten der Unterstützung zumindest teilweise in dem Sinne in-

---

[101] Zur Wechselwirkung *Burg* (2013), N 21, der in Fn. 35 auf Ausnahmefälle hinweist, wenn in einem Bankenkonkurs Einschnitte in die Rechte der Gläubiger gemacht werden; *Koenig* (2006), 91; zur Zielhierarchie *Zobl/Kramer* (2004), N 31; vgl. auch *Kumpan* (2006), 51.
[102] *Werlen* (1994), 49 f.; *Ruffner* (2000), 86; *Zobl/Kramer* (2004), N 31; *Burg* (2013), N 21; vgl. BGE 137 II 431 E. 4.1, wonach die Gefahrenabwehr und die Funktionsfähigkeit der Märkte bzw. das wirtschaftliche Gleichgewicht eng zusammenhängen; ablehnend mit Bezug auf das Mittel zum Zweck *Koenig* (2006), 90; zu den Funktionen des Kapitalmarkts hinten 160 ff.
[103] Mehr dazu hinten 179 f.
[104] *Contratto* (2013), 49, 64 ff.; *Kilgus* (2007), N 391; siehe auch *R. H. Weber* (1986), 124.
[105] Stark angelehnt an den Wortlaut bei *Contratto* (2013), 67; ähnlich schon *Werlen* (1994), 40; vgl. *Kilgus* (2007), N 391.
[106] *Trautmann/von der Crone* (2013), 133 ff.

ternalisieren, dass die Personen in der Notlage für sich selbst aufkommen. Systemrelevante Finanzinstitute erleben zurzeit einen ähnlichen Übergang in ein paternalistisches System und auch die Kosten der Systemkrisen sollen durch Abgaben internalisiert werden.[107] Mit Blick auf das Finanzmarktrecht sollte allerdings nicht vergessen werden, dass etwa das Spielbankengesetz einen Schutz vor der eigenen Risikobereitschaft schon seit geraumer Zeit kennt. Gemäss Art. 2 Abs. 1 lit. c SBG bezweckt das Spielbankengesetz, sozialschädliche Auswirkungen des Spielbetriebs vorzubeugen und Art. 22 Abs. 1 SBG sieht vor, dass Spielbanken Personen vom Spielbetrieb ausschliessen, von denen sie aufgrund eigener Wahrnehmung in der Spielbank oder aufgrund Meldungen Dritter weiss oder annehmen muss, dass sie (a) überschuldet sind oder ihren finanziellen Verpflichtungen nicht nachkommen, (b) Spieleinsätze riskieren, die in keinem Verhältnis zu ihrem Einkommen und ihrem Vermögen stehen oder (c) den geordneten Spielbetrieb beeinträchtigen. Das Spielbankengesetz erfüllt also mit Blick auf den Schutz der Individuen vor allzu risikoreichem Verhalten ganz ähnliche Ziele wie das neuere Finanzmarktrecht und zeigt damit auch mögliche Alternativen zur Regelung in Art. 9 ff. E-FIDLEG auf.

Bedeutsam erscheint, dass selbst der Schutz des Individuums vor der eigenen Irrationalität in den Kontext des Marktversagens gestellt werden kann, geht die klassische Ökonomik doch bei der Betrachtung von Entscheidungen vom Modell eines rational entscheidenden Agenten aus (*homo oeconomicus* und *rational choice theory*).[108] Abgesehen von der Beeinträchtigung der Informationseffizienz der Märkte durch irrationale Marktteilnehmer kann der Schutz vor der eigenen Irrationalität auch problemlos in den Kontext der Informationsasymmetrien und Agency-Problematiken gestellt werden. Der Anlegerschutz wird folglich gemeinsam mit dem Funktionsschutz primär in den Kapiteln 9 (Marktqualität), 10 (Marktversagen) und 11 (Systemische Risiken) untersucht.[109]

III. Funktionen der Finanz- und Kapitalmärkte

Während der Funktionsschutz stets als Regulierungsziel aufgeführt wird, findet eine Auseinandersetzung mit den ökonomischen Funktionen der Finanz- und Kapitalmärkte nur selten statt. Dabei geben diese ökonomischen Funktionen dem normativen Begriff «Funktionsschutz» erst seinen Inhalt und ermöglichen damit auch erst die Beantwortung der Frage, ob ein Regulierungsinstrument ge-

---

[107] Siehe die Ausführungen zu Transaktionssteuern hinten 434 ff.
[108] *Kilgus* (2007), N 395 f. stellt das irrationale Handeln ebenfalls in den Kontext des Marktversagens; zum Begriff des *homo oeconomicus Pareto* (1906), I.21 ff.; ähnlich schon *Mill* (1836), V.38.
[109] Hinten 279 ff.

eignet ist, dem Funktionsschutz als Regulierungsziel zu dienen.[110] Nachfolgend werden daher die Funktionen der Finanz- und Kapitalmärkte kurz erläutert.

1. Marktfunktion

a) Koordinationsfunktion

Finanz- und Kapitalmärkte erfüllen wie alle anderen Märkte in erster Linie den Zweck, Angebot und Nachfrage für bestimmte Wirtschaftsgüter – hier Kapital und Finanzprodukte – zusammenzuführen (Koordinationsfunktion).[111] Während früher ein direkter persönlicher Austausch zwischen Anbietern und Nachfragern auf Marktplätzen und Präsenzbörsen stattfand, haben deren Funktion heute elektronische Handelsplattformen und Kommunikationsnetzwerke übernommen.[112] Zur Vereinfachung der Koordination und der Reduktion von Komplexität, Risiken und Transaktionskosten können Märkte eine Auswahl bezüglich Teilnehmern oder Produkten treffen, sodass sie verbunden mit der Koordinationsfunktion auch eine Selektionsfunktion erfüllen.[113] Gerade die Selektion in persönlicher Hinsicht hat schon für Diskussionen gesorgt: Teilweise wird sie für notwendig erachtet (vgl. Art. 34 Abs. 2 FinfraG), teilweise aber auch gestützt auf Demokratie- und Wettbewerbsüberlegungen kritisiert.[114]

b) Preisbildungsfunktion

Durch die Kommunikation zwischen Anbietern und Nachfragern werden die Preise für Finanzanlagen gebildet.[115] Entsprechend ist die Preisbildungsfunktion eng mit der Koordinationsfunktion verknüpft. Ist der Markt transparent, liquid, kompetitiv und diskriminierungsfrei, nähert er sich dem Idealmodell des vollkommenen Marktes mit einem einheitlichen Preis (Jevons Gesetz oder *Law of One Price*).[116] Widerspiegeln die Preise zudem sämtliche öffentlich verfügbaren Informationen, so sind die Preise informationseffizient im Sinne der Markteffizienzhypothese in ihrer mittelstrengen Form.[117] Diese Informationseffizienz der Preisbildung ist ein bedeutender Parameter der Marktqualität und wird daher im

---

110 Vgl. *S. Bühler* (2016), N 284.
111 *Hartmann-Wendels/Pfingsten/M. Weber* (2015), 5; *Benicke* (2006), 75.
112 Zu den alternativen Handelsplattformen vorn 15 ff.
113 Vgl. *Hartmann-Wendels/Pfingsten/M. Weber* (2015), 4.
114 Hierzu hinten 166 f.
115 *Fabozzi/Modigliani* (2009), 9.
116 *Bodie/Kane/Marcus* (2014), 328; *Varian* (2014), 203; hierzu hinten 195 ff.
117 Hierzu hinten 197 ff.

§ 6 Regulierungsziele: Wohlfahrt und Kapitalmarktfunktionen

Kapitel 9 (Marktqualität) genauer erörtert, bevor die Auswirkungen des Hochfrequenzhandels auf die Preisbildung untersucht werden.[118]

c) Allokationsfunktion

Eine vorrangige Funktion der Finanzmärkte ist sodann die Herbeiführung von Allokationseffizienz. In allokationseffizienten Märkten fliesst das Kapital denjenigen Unternehmen zu, die unter Berücksichtigung der Risiken die höchsten Erträge erwirtschaften.[119] Die Allokationsfunktion ist damit in erster Linie eine Funktion des Primärmarktes, denn nur auf diesem fliesst den Unternehmen auch tatsächlich Kapital zu; indirekt leistet aber auch der Sekundärmarkt durch das Ausstiegsrecht einen wichtigen Beitrag zur leichteren Kapitalaufnahme.[120] Erreicht wird die Allokationseffizienz durch den Wettbewerb um das Kapital. Dieses ist für Unternehmen mehr wert, die Kapital produktiver einzusetzen wissen. Produktivere Unternehmen sind ausserdem in der Lage, einen höheren Zins für das Kapital zu bezahlen und bieten ein geringeres Ausfallrisiko.[121] Die Allokationseffizienz ist damit eng mit dem mikroökonomischen Bedürfnis von Unternehmen nach einer günstigen Finanzierung verknüpft und müsste zur gesamtgesellschaftlichen Wohlfahrt beitragen.[122]

d) Rolle der Transaktionskosten

Die Transaktionskosten sind Dreh- und Angelpunkt der vorgenannten drei Funktionen. Als Teil der Koordinationsfunktion erfüllen Finanzmärkte den Zweck, Such- und Informationskosten für Transaktionen zu minimieren.[123] Gleichzeitig minimiert auch die Preisbildungsfunktion die Transaktionskosten, soweit Investoren in die Informationseffizienz der Preise vertrauen und von einer umständlichen quantitativen Analyse absehen können.[124] Die mit der Koordinations- und Preisbildungsfunktion einhergehende Senkung der Transaktionskosten ist wiederum eine Voraussetzung für die Allokationseffizienz der Märkte, da Transaktionskosten verhindern, dass Kapital ungehindert dorthin fliesst, wo die höchste Rendite zu erwarten ist, was *Ronald Coase* in seinen be-

---

118 Hinten 195 ff.
119 *Fabozzi/Modigliani* (2009), 9; *Benicke* (2006), 76; *Ruffner* (2000), 369; *Kumpan* (2006), 47 f.; siehe auch für Banken *Emch/Renz/Arpagaus* (2011), N 43; zur Pareto-Effizienz siehe etwa *Varian* (2014), 15 f.; hinten 171 f.; zur Allokationseffizienz hinten 197 f.
120 Sogleich 163 f., 166 f.
121 Vgl. *Fabozzi/Modigliani* (2009), 9; *Benicke* (2006), 76.
122 *Benicke* (2006), 75 f.
123 Vorn 161.
124 Vgl. *Waschkeit* (2007), 80; zu den Informationskosten *Ruffner* (2000), 363; *Zobl/Kramer* (2004), N 16; hinten 198 ff.

rühmten Aufsätzen *The Nature of the Firm* und *The Problem of Social Costs* zeigte.[125]

2. Bewertungsfunktion

Mit der Markt- und Preisbildungsfunktion verbunden ist eine Bewertungsfunktion.[126] Der Aktienkurs eines Unternehmens ist Ausdruck des Wertes, der dem Unternehmen von den Marktteilnehmern zugeschrieben wird. Im Sinne von *Hayek* transportiert der Kurs somit als Signal den Wert des Unternehmens.[127] Durch die Überlagerung des Wissens einzelner besteht demnach eine «*kollektive Vernunft*», die sich im Preis als Symbol der Informationsübermittlung äussert.[128] Die direkte Folge ist die gewöhnlich auf *Fama* zurückgeführte Markteffizienzhypothese.[129] Die Bedeutung derselben geht weit über die Bewertungsfunktion des Finanz- und Kapitalmarkts hinaus. Sie impliziert, dass ein Investor durch die Marktpreise weitgehend informiert wird, er einen angemessenen Preis erhält, die anderen Händler nicht besser informiert sind und bereits ab einem geringen Finanzknowhow eine Intermediation kaum angezeigt erscheint.

Das Recht macht sich die Bewertungsfunktion des Finanz- und Kapitalmarktes verschiedentlich zunutze. So stellen in der Schweiz namentlich verschiedene Bestimmungen im Obligationenrecht darauf ab, ob eine Sache einen Börsen- oder Marktpreis aufweist. Nach Art. 93 Abs. 2 OR ist in diesem Fall keine öffentliche Versteigerung erforderlich. Art. 212 Abs. 1 OR stellt beim Kaufvertrag eine Vermutung für den mittleren Marktpreis auf, wenn der Käufer fest bestellt hat, ohne den Preis zu nennen. Werden bei einem Darlehen an Geldes statt Wertpapiere oder Waren gegeben, so gilt als Darlehenssumme nach Art. 317 Abs. 1 OR der Kurswert oder der Marktpreis, den diese Papiere oder Waren zurzeit und am Orte der Hingabe hatten.[130] Bei der Kommission ist nach Art. 436 Abs. 1 OR der Eintritt des Kommissionärs als Eigenhändler zulässig bei Waren, Wechseln und anderen Wertpapieren, die einen Börsen- oder Marktpreis haben.[131] Schliesslich sind Börsenkurse und Marktpreise vor allem im Rahmen der Rechnungslegung von Bedeutung, denn nach Art. 960a Abs. 1 OR dürfen Aktiven bei der Ersterfassung höchstens zu den Anschaffungs- oder

---

[125] *Coase* (1937), 386 ff.; *Coase* (1960), 1 ff.; hierzu hinten 177 f.; siehe auch *Sethe* (2005), 109.
[126] Hierzu *Benicke* (2006), 76, der die Bewertungsfunktion allerdings als Aspekt der Allokationsfunktion betrachtet.
[127] *Hayek* (1952), 115; ausführlich *Fleischer* (2001), 95 ff.
[128] *Hayek* (1952), 76, 95 ff.; vgl. *Fleischer* (2001), 95 ff.
[129] Hierzu hinten 198 ff.
[130] Nach Art. 317 Abs. 2 OR ist eine gegenteilige Übereinkunft gar nichtig.
[131] Nach Art. 436 Abs. 2 OR kommt dann dem Börsen- oder Marktpreis ebenfalls eine Bewertungsfunktion zu.

Herstellungskosten bewertet werden, und eine Aufwertung ist in der Folgebewertung nach Art. 960a Abs. 2 OR grundsätzlich unzulässig. Gemäss Art. 960b OR gilt jedoch eine gewichtige Ausnahme für Aktiven mit beobachtbaren Marktpreisen (insb. Börsenkurse). Das Recht macht sich somit die Bewertungsfunktion des Finanz- und Kapitalmarktes kaum weniger als die Investoren zunutze, sodass die Bewertungsfunktion auch zu einem effizienteren Recht beitragen kann. Ausserdem macht dieses Beispiel mit Blick auf das Leitthema dieses zweiten Teils Schnittstellen zwischen dem Recht und der Ökonomie deutlich.

3. Transformationsfunktionen

Finanz- und Kapitalmärkte erfüllen sodann verschiedene Transformationsfunktionen: die Losgrössen-, Fristen- und Risikotransformation.[132] Teilweise werden darüber hinaus weitere Transformationsfunktionen identifiziert.[133]

a)   Losgrössentransformation

Über den Finanz- und Kapitalmarkt findet ein Austausch von Kapital statt von Personen (bzw. Unternehmen) mit überschüssigem Kapital zu Personen, die Kapital benötigen.[134] Gewöhnlich unterscheiden sich die einzelnen Investitionsvolumen der Kapitalgeber (Investoren) sowie die Kapitalbedürfnisse der Kapitalnehmer (Unternehmen). Die Losgrössentransformation ermöglicht durch die Bündelung und Stückelung von Investitionskapital die Befriedigung sowohl der Bedürfnisse der Investoren als auch jener der Unternehmen.[135] Es wird also eine betragliche Kongruenz zwischen den unterschiedlichen Bedürfnissen geschaffen.[136] Zur Bündelung von Investitionskapital dienen Finanzierungspools wie Banken, Anlagefonds und gewisse Finanzprodukte. Eine Stückelung der Finanzierungsbedürfnisse erfolgt durch die Ausgabe von Eigenkapital in Aktien sowie von Fremdkapital in Anleihen (Bonds). Die Losgrössentransformation steht dabei in einem direkten Zusammenhang zur Risikotransformation, da die Diversifikation eines Anlegerportfolios zu einer kleineren Stückelung des Investitionskapitals führt.

---

[132]   Bspw. *Senk* (2014), 35; *Krotsch* (2006), 12 f.; *Benicke* (2006), 77 ff.; *Sethe* (2005), 119 ff.
[133]   So differenziert etwa *Hofmann* (2009), 9 weiter zwischen der Informationsbedarfstransformation, der räumlichen und zeitlichen Transformation sowie der Elastizitäts- und Währungstransformation.
[134]   *Fabozzi/Modigliani* (2009), 5; *Zobl/Kramer* (2004), N 1; *Krotsch* (2006), 13; *Dietrich/Bienert* (2017), N 93.
[135]   Hierzu etwa *Hartmann-Wendels/Pfingsten/M. Weber* (2015), 5; *Senk* (2014), 35; *Hofmann* (2009), 9; *Benicke* (2006), 78; *Krotsch* (2006), 13; *Sethe* (2005), 120; *Hettich* (2014), N 9 zu Art. 98 BV.
[136]   *Hofmann* (2009), 9.

III. Funktionen der Finanz- und Kapitalmärkte

b) Fristen- und Liquiditätstransformation

Über die Fristentransformation (auch Liquiditätstransformation) ermöglicht der Finanzmarkt Investoren und Schuldnern, ihre unterschiedlichen Laufzeitinteressen aufeinander abzustimmen.[137] In der Regel sind Investoren an kürzeren Laufristen interessiert als Kapital aufnehmende Unternehmen, aber auch das Gegenteil kann eintreffen.[138] Zentral ist diese Funktion bei Banken, die traditionell langfristige Hypotheken mehrheitlich über kurzfristig fällige Depositeneinlagen finanzieren.[139] Aber auch der Kapitalmarkt bietet die Möglichkeit der Fristentransformation. So kann ein Investor beispielsweise einen Bond mit einer Laufrist von 10 Jahren nach einem Jahr verkaufen. Die Fristentransformation wird hier also primär durch das Zusammenspiel zwischen Primärmarkt und Sekundärmarkt gewährleistet.[140] Bei Banken rückte die Funktion der Fristentransformation aufgrund der Liquiditätsprobleme während der Finanzkrise und der mit dem nachfolgenden Tiefzinsumfeld verbundenen Zinsänderungsrisiken ins Zentrum des Interesses.[141]

c) Risikotransformation

Neben der Losgrössentransformation und der Fristentransformation erfüllen Finanz- und Kapitalmärkte auch die Funktion der Risikotransformation. Diese gewährleistet die Befriedigung der unterschiedlichen Risikopräferenzen von Kapitalgebern und Kapitalnehmern.[142] Über Finanzmärkte kann das Kapital in einer Weise umgelagert werden, sodass das mit dem Sachvermögen verbundene Risiko hinsichtlich des zukünftigen Cashflows auf die verschiedenen Kapitalgeber verteilt wird.[143] Auch muss ein Unternehmer mit einer Geschäftsidee dadurch nicht zwingend selbst sein gesamtes Vermögen investieren, sondern kann (Eigen- oder Fremd-)Kapital zur Umsetzung der Idee aufnehmen. Umgekehrt können risikoaverse Anleger ihre Investitionen im Sinne der Portfoliotheorie diversifizieren.[144] Ferner werden für risikoaverse Investoren diverse Finanzin-

---

[137] Etwa *Hartmann-Wendels/Pfingsten/M. Weber* (2015), 5; *Senk* (2014), 35; *Dietrich/Bienert* (2017), N 93; *Sethe* (2005), 120; *Hettich* (2014), N 9 zu Art. 98 BV.
[138] *Hartmann-Wendels/Pfingsten/M. Weber* (2015), 5.
[139] Hierzu *SNB Bericht zur Finanzstabilität 2013*, 19; *Dietrich/Bienert* (2017), N 94.
[140] *Hartmann-Wendels/Pfingsten/M. Weber* (2015), 6.
[141] Hierzu *SNB Bericht zur Finanzstabilität 2013*, 19; *SNB Bericht zur Finanzstabilität 2011*, 22; *Dietrich/Bienert* (2017), N 94 ff.; siehe auch hinten 344 f.
[142] *Hartmann-Wendels/Pfingsten/M. Weber* (2015), 7; *Sethe* (2005), 120 ff.; *Hettich* (2014), N 9 zu Art. 98 BV.
[143] *Fabozzi/Modigliani* (2009), 5; *Senk* (2014), 35; *Krotsch* (2006), 12.
[144] *Hartmann-Wendels/Pfingsten/M. Weber* (2015), 7; grundlegend *Markowitz* (1952); im Detail *Bodie/Kane/Marcus* (2014), 117 ff.

strumente angeboten wie Optionen oder variabel verzinste Anleihen mit Zinsuntergrenze (Floor), Zinsobergrenze (Cap) oder eingeschränkter Zinsbandbreite (Collar), wobei allerdings die Emittentenrisiken nicht vergessen werden sollten.[145] Schliesslich können sich Unternehmen auf dem Kapitalmarkt beispielsweise über Futures vor Preisveränderungen absichern, wodurch sie an Planungssicherheit gewinnen und geringere Liquiditätspuffer benötigen.[146]

d) Ausstiegsrecht

Verbunden mit den Funktionen der Fristen- und Risikotransformation ist der Mechanismus des Ausstiegsrechts, den Finanzmärkte Investoren zur Verfügung stellen. Gemeint ist damit, dass ein Investor seine Eigen- und Fremdkapitalpositionen auf Finanzmärkten jederzeit verkaufen kann.[147] Die Lock-in-Risiken werden dadurch reduziert, was den Investoren einen kürzeren Anlagehorizont erlaubt.[148] Zwar erfolgt die Kapitalallokation und Finanzierung von Unternehmen in erster Linie über den Primärmarkt; das Ausstiegsrecht wirkt sich als zentrale Funktion des Sekundärmarktes jedoch dennoch positiv auf die Kapitalaufnahme aus, da Investoren aufgrund der niedrigeren Lock-in-Risiken eher zur Investition bereit sind und geringere Renditen akzeptieren. Der Ausstiegsmechanismus ist entsprechend nicht nur mit den Transformationsfunktionen, sondern auch mit den Marktfunktionen, der Marktliquidität und den Transaktionskosten eng verknüpft.[149]

IV. Subsidiarität von Banken und Kapitalmärkten

Die gemeinsame Erörterung hat gezeigt, dass sich die Funktionen von Banken und Kapitalmärkten zu einem wesentlichen Teil überschneiden. Unternehmen können sich sowohl über Banken als auch über Kapitalmärkte finanzieren und Investoren können sowohl über Banken als auch über Kapitalmärkte eine Kapitalrendite erlangen – zumindest soweit keine Negativzinsen berechnet werden. Erfüllen verschiedene Funktionsträger dieselbe Funktion, sind sie substituierbar. Für die Regulierung sind solche Substitutionsmechanismen aus primär zwei Gründen von grosser Bedeutung: Erstens können Substitutionsmechanismen die Folgen des Funktionsausfalls eines Funktionsträgers reduzieren und zweitens werden Marktteilnehmer Regulierungskosten stets durch Regulierungsarbitrage ausweichen.

---

145 *Hartmann-Wendels/Pfingsten/M. Weber* (2015), 9.
146 Zum Hedging vorn 93.
147 *Fabozzi/Modigliani* (2009), 9; siehe auch *Ruffner* (2000), 195 ff.
148 Zu Lock-in-Effekten etwa *Schäfer/Ott* (2012), 80 f.; *Williamson* (1985), 52 ff.
149 Zur Marktliquidität und dem Verhältnis zu den Transaktionskosten hinten 216 ff., 221 ff.

IV. Subsidiarität von Banken und Kapitalmärkten

Banken erfüllen allerdings grundsätzlich keine von den Kapitalmärkten unabhängige Funktion. Vielmehr nehmen sie im Wesentlichen die Rolle eines Intermediärs zwischen Kapitalgebern und Kapitalsuchenden ein. Finden sich Unternehmen und Investoren direkt, benötigen sie grundsätzlich keine Finanzintermediäre, es sei denn, sie werden rechtlich zur Intermediation gezwungen.[150] Der direkte Zugang zu Kapitalmärkten lässt Banken damit entbehrlich erscheinen, woran das mit *Bill Gates* in Verbindung gebrachte Zitat erinnert: «*Banking is necessary, banks ar not.*»[151]

Die Einschränkung des Zugangs zu Handelsplätzen auf Finanzintermediäre sowie eine Plattformhandelspflicht können den direkten Kontakt zwischen Unternehmen und Investoren unterbinden. Daher wird teilweise der Ruf nach einer Demokratisierung des Finanzkapitalismus laut, der den direkten Zugang sämtlicher Akteure zu einem Handelsplatz fordert.[152] Abgesehen von der relativen Öffnung des Teilnehmerkreises in Art. 34 Abs. 2 FinfraG ist die Tendenz jedoch gerade gegenläufig. Mit dem Finanzmarktinfrastrukturgesetz wurde der Kreis der regulierten Handelssysteme um multilaterale und organisierte Handelssysteme erweitert, wodurch zusätzliche Handelsplattformen reguliert werden, da nach alter Rechtslage trotz offener Definitionen kaum Börsen oder börsenähnliche Einrichtungen angenommen wurden.[153] Für OTC-Derivate besteht zudem neu eine Pflicht zur Abwicklung der Geschäfte über eine zentrale Gegenpartei (Art. 97 FinfraG), im Unterschied zur europäischen Rechtslage jedoch nicht für Aktien.[154] Es besteht also eine starke Tendenz zur Intermediatisierung.

Der beschränkte Teilnehmerkreis von Handelsplätzen wird im Wesentlichen über das Risikomanagement der zentralen Gegenparteien gerechtfertigt.[155] Der Intermediatisierung kommt demnach im Wesentlichen die Funktion der Absicherung der zentralen Gegenparteien vor Risiken zu.[156] Durch die Zusicherung der Erfüllungs- und Lieferverpflichtungen dürfte die zentrale Gegenpartei allerdings letztlich trotz Intermediatisierung einen Beitrag zur Reduktion von Transaktionskosten und -risiken leisten. Dies zeigt sich auch daran, dass auf liquiden Märkten ein natürliches Bedürfnis nach einer zentralen Gegenpartei besteht.[157]

---

[150] Vgl. *Hettich* (2013), 392; *Dietrich/Bienert* (2017), N 89.
[151] *Swoboda* (2000), 5.
[152] *Shiller* (2012), 4 ff., 43 f., 209 ff.; vgl. *Hettich* (2013), 392.
[153] Siehe Art. 2 lit. b aBEHG.
[154] Zur Plattformhandelspflicht in Europa hinten 551.
[155] Hierzu hinten 363 f.
[156] Zu Funktion und Risiken der zentralen Gegenparteien hinten 361 ff.
[157] Hierzu hinten 361.

V. Ergebnisse

1. Wohlfahrtsökonomie

Den Kern des wirtschaftsideologischen Konsenses in der Schweiz bildet der Zweckartikel (Art. 2 BV), in dem verschiedene wirtschaftspolitische Konzepte verborgen sind. Aus den im Zweckartikel statuierten Zielen können zwar weder Handlungskompetenzen oder Gesetzgebungsaufträge noch verfassungsrechtliche Rechte abgeleitet werden; ihnen kommt jedoch immerhin als Handlungsrichtlinie und Auslegungshilfe eine normative Funktion zu, sodass sich auch die Regulierung des Hochfrequenzhandels danach zu richten hat. Ferner kann der Zweckartikel auch bei der Beurteilung von Grundrechtsbeschränkungen bei der Frage nach der Legitimität eines öffentlichen Interesses von Bedeutung sein.

Im Sinne eines Gesamtbildes kann der schweizerischen Bundesverfassung ein wettbewerbsorientierter, freiheitlicher und zugleich sozialverpflichteter Charakter zugestanden werden. Das in Art. 2 Abs. 2 BV verankerte gesellschaftliche Ziel der Förderung der gemeinsamen Wohlfahrt ist eng verknüpft mit dem Utilitarismus des 19. Jahrhunderts, der die Steigerung des Gemeinwohls zum Kern einer normativen Forderung machte. Aus einer ökonomischen Sicht sind mit dem Utilitarismus allerdings Probleme bei der Bildung der individuellen Nutzen- und gesamtgesellschaftlichen Wohlfahrtsfunktionen verbunden. Kritisiert werden vor allem die neuere Gleichsetzung des individuellen Nutzens mit den individuellen Präferenzen, die Möglichkeit einer Kardinalisierung und Vergleichbarkeit der individuellen Nutzen sowie die Gefährdung des Individualschutzes und der Naturrechte. Lediglich das Kriterium der Paretoeffizienz ist weitgehend anerkannt, da sonst ein Individuum besser gestellt werden könnte, ohne dass ein anderes Individuum schlechter gestellt werden müsste.

Die Kritik an der Kardinalisierung des individuellen Nutzens über die Zahlungsbereitschaft wurde gerade etwa im Bereich der Naturrechte für grundsätzlich gerechtfertigt erachtet. Zugleich wurde aber ebenfalls festgestellt, dass diese Form der Kardinalisierung in gewissen Bereichen wie dem Wirtschaftsrecht im Allgemeinen und dem Finanzmarktrecht im Besonderen weniger problematisch sein dürfte und eine Verbesserung der Marktqualitätskriterien sowie eine Reduktion der Transaktionskosten durchaus aus einer allgemeinen Perspektive wünschenswert erscheint.

2. Regulierungsziele

Bei den Regulierungszielen wurde grundsätzlich unterschieden zwischen dem Funktionsschutz, dem Individualschutz und dem Systemschutz. Dabei wurde vertreten, dass der Systemschutz dem Funktionsschutz zugeordnet werden kann, Besonderheiten aber eine getrennte Untersuchung angezeigt erscheinen lassen. In normativer Hinsicht wurde festgehalten, dass die Regulierungsziele nicht nur als Orientierungspunkte für Regulatoren und Aufsichtsbehörden sowie als potenzielle öffentliche Interessen für Grundrechtsbeschränkungen, sondern vor allem auch als bedeutende Richtlinie für die subjektiv-historische, teleologische und funktionale Auslegung der Gesetzesbestimmungen dienen.

Die Auseinandersetzung mit der teleologischen und funktionalen Auslegung zeigte, dass die funktionale Auslegung tendenziell als Teilbereich der teleologischen Auslegung betrachtet werden kann, sich diese zwei Auslegungsmethoden allerdings nur schwerlich trennscharf abgrenzen lassen, weshalb wohl auf den Begriff der funktionalen Auslegung verzichtet werden sollte. Immerhin wurde aber eine Unterscheidung von Nah- und Fernzwecken für sinnvoll erachtet, da diese im Rahmen einer systematisch-teleologischen Auslegung mehr Klarheit bringt, innerhalb des Methodenpluralismus eine gewisse Prinzipienbildung zulässt und dadurch im Rahmen der systematisch-teleologischen Auslegung eine bewusstere Entscheidungsfindung ermöglicht.

Bei Betrachtung der Legitimationsgründe anlegerschutzorientierter Regulierung wurde festgestellt, dass es sich dabei nicht anders als beim Funktionsschutz primär um Fälle von Marktversagen handelt. Genannt werden namentlich Informationsasymmetrien, Agency-Problematiken, negative Externalitäten, Interessenkonflikte und «unredliches Verhalten» sowie mit der fehlenden Informationseffizienz der Märkte verbundene Blasen. Selbst der Schutz des Individuums vor der eigenen Irrationalität kann in den Kontext des Marktversagens gestellt werden, geht die klassische Ökonomik doch bei der Betrachtung von Entscheidungen vom Modell eines rational entscheidenden Agenten aus (*homo oeconomicus* und *rational choice theory*). Ebenfalls wurde festgestellt, dass Funktions- und Individualschutz unabhängig vom Gleichlauf der Ziele aufgrund des Abhängigkeitsverhältnisses zueinander in der Regel konvergieren, sodass sich Individual- und Funktionsschutznormen meist lediglich in der Zielhierarchie unterscheiden dürften. Der Anlegerschutz wird folglich gemeinsam mit dem Funktionsschutz primär in den Kapiteln 9 (Marktqualität), 10 (Marktversagen) und 11 (Systemische Risiken) berücksichtigt.

3. Funktionen der Finanz- und Kapitalmärkte

Zur Konkretisierung des Funktionsschutzes wurden die Funktionen der Finanz- und Kapitalmärkte genauer untersucht, denn diese ökonomischen Funktionen geben dem normativen Begriff «Funktionsschutz» erst seinen Inhalt und ermöglichen damit auch erst die Beantwortung der Frage, ob ein Regulierungsinstrument geeignet ist, dem Funktionsschutz als Regulierungsziel zu dienen. Den ökonomischen Funktionen kommt dadurch zugleich auch eine bedeutende normative Rolle bei der Beurteilung der Verhältnismässigkeit von Grundrechtsbeschränkungen im Finanzmarktrecht zu.

Bei den Funktionen der Finanzmärkte wurde der ökonomischen Literatur folgend unterschieden zwischen der Marktfunktion, der Bewertungsfunktion sowie den Transformationsfunktionen. Die Marktfunktion wurde weiter aufgegliedert in eine Koordinationsfunktion, eine Preisbildungsfunktion sowie eine Allokationsfunktion und bei den Transformationsfunktionen wurde weiter unterschieden zwischen der Losgrössentransformation, der Fristen- und Liquiditätstransformation sowie der Risikotransformation. Zentral für die meisten dieser Funktionen sind die Transaktionskosten sowie das eng damit verknüpfte Ausstiegsrecht. Tiefe Transaktionskosten und eine hohe Marktliquidität verbessern nicht nur die Kapitalallokation, sondern auch die Kapitalaufnahme durch Unternehmen, die Fristen- und Liquiditätsfunktion sowie die Risikotransformationsfunktion. Ebenfalls von Bedeutung für die Preisbildungs- und Allokationsfunktion sowie die Risikotransformation ist die Informationseffizienz und Volatilität der Portfoliorenditen.

Aufgrund der ökonomischen Natur der im Finanzmarktrecht verfolgten Ziele, erscheinen ökonomische Studien zur Beurteilung von Streitfragen vor allem im Bereich der Verhältnismässigkeit einer Beschränkung der Wirtschaftsfreiheit von grosser Bedeutung. Da es den juristisch ausgebildeten Richtern regelmässig an einer zusätzlichen ökonomischen Ausbildung fehlen dürfte, erscheint das Beiziehen von Ökonomen für die Beurteilung ökonomisch geprägter Rechtsfragen angezeigt.

4. Regulierungsvoraussetzungen und Kriterien

Im Sinne einer Zusammenfassung der Ergebnisse können als Kriterien für eine Regulierung in Übereinstimmung mit dem in der Verfassung verankerten sozialvertraglichen Konsens sowie den Regulierungszielen Funktionsschutz, Individualschutz und Systemschutz die folgenden Prinzipien für die Finanzmarktregulierung abgeleitet werden: das (Pareto-)Effizienzkriterium als Leitlinie, ein Marktversagen als Regulierungsvoraussetzung sowie eine primäre Beurteilung der Regulierung anhand der Marktqualitätsparameter im Allgemeinen sowie der Transaktionskosten im Besonderen. Konkret verlangt das Regulierungsziel Funktionsschutz damit, dass die Transaktionskosten und die Marktvolatilität möglichst gering und die Informationseffizienz der Preise sowie die Marktliquidität möglichst hoch sind. Die Verbesserung dieser Marktqualitätsparameter steigert im Übrigen grundsätzlich gleichzeitig auch den Individual- und Systemschutz.

§ 7 Zielrealisierung: Selbststeuerung, Marktversagen und Regulierung

Im vorangehenden Kapitel wurden die Regulierungsziele untersucht und die dabei massgebenden Kriterien für die Finanzmarktregulierung identifiziert. In diesem Kapitel soll der Blick nun auf die Zielrealisierung, also auf den Weg zum Ziel gerichtet werden, wobei die im vorangehenden Kapitel ausgemachten Kriterien etwas näher beleuchtet werden. Der Aufbau folgt dabei der folgenden Gliederung: Zunächst werden die Pareto-Effizienz sowie das Kaldor-Hicks-Kriterium erläutert, ebenso wie die Rolle des Marktes bei der Erfüllung dieser Kriterien; sodann werden die Natur und Erscheinungsformen von Marktversagen beschrieben, bevor in einem dritten Schritt die Marktqualitätskriterien kurz dargestellt werden und schliesslich die mit der Bekämpfung von Marktversagen verbundene Regulierungsfolgenabschätzung einer genaueren Betrachtung unterzogen wird.

I. Effizienzkriterien und Selbststeuerung

1. Paretokriterium und Wohlfahrtstheoreme

Zur Bewertung verschiedener Zustände ist bis heute das Pareto-Kriterium weitgehend anerkannt.[1] Eine Transformation in einen anderen Zustand ist demnach geboten, wenn mindestens eine Person bessergestellt wird, ohne dass gleichzeitig eine andere Person schlechter gestellt werden muss (Pareto-Superiorität).[2] Ist keine solche Transformation möglich, wird der Zustand als paretoeffizient bezeichnet.[3] In Abwesenheit von Faktoren wie Neid dürfte grundsätzlich niemand gegen eine Transformation in einen paretosuperioren Zustand opponieren. Gegen den Faktor Neid und für eine gewisse Solidarität kann die Wiederholung von Abstimmungen wirken, da jede Person irgendwann betroffen sein kann. Spieltheoretisch stellt diese Wiederholung von Abstimmungen ein wiederholtes Spiel (*repeated game*) dar.[4]

---

[1] *Varian* (2014), 655 f.; *Coleman* (1988), 105; vgl. *Schäfer/Ott* (2012), 29; zur Kritik am Paretokriterium siehe jedoch *Kaplow/Shavell* (2003), 342 ff., 351; *Calabresi* (1991), 1211 ff.; *Sen* (1970), 152 ff., 157.
[2] *Posner* (2014), 14; *Schäfer/Ott* (2012), 13; *Rawls* (1971), 67.
[3] *Samuelson/Nordhaus* (2010), 160; *Rawls* (1971), 67; vgl. *Schäfer/Ott* (2012), 14 ff.; grundlegend *Pareto* (1906), VI.32 ff.
[4] Zum *repeated game* bspw. *Holler/Illing* (2009), 19 ff., 129 ff.

Gemäss dem ersten Wohlfahrtstheorem ist bei vollkommenem Wettbewerb in Abwesenheit von Transaktionskosten jedes Marktgleichgewicht ein Paretooptimum.[5] Dies bedeutet, dass der Markt grundsätzlich von sich aus ein Pareto-Optimum erreicht. Das zweite Wohlfahrtstheorem besagt spiegelbildlich zum ersten Wohlfahrtstheorem, dass es sich bei jeder paretooptimalen Allokation um ein Marktgleichgewicht handelt, das durch Veränderung der Ausgangssituation erreicht werden kann.[6] Der Gesetzgeber kann also durch einmalige Interventionen bei der Ausgangssituation andere Paretooptima herbeiführen. Diese Vorgehensweise hat für den Gesetzgeber den Vorteil, dass er nur einen Eingriff vorzunehmen hat und das Optimum dann von sich aus erreicht wird. Er kann sich also die dezentrale Intelligenz der Märkte zunutze machen und braucht sich nicht um die Kontrolle und Durchsetzung zu kümmern, wodurch er die als Staatsversagen bezeichneten Kosten stark reduzieren kann.[7] Allerdings gibt es viele paretooptimalen Zustände wie etwa auch die Situation, dass nur eine Person über das gesamte Vermögen verfügt.[8] Folglich kann das Paretokriterium nicht allein zur Beurteilung der für die soziale Wohlfahrt optimalen Zustände dienen.[9]

2. Kaldor-Hicks-Kriterium und das Coase-Theorem

Nach dem Kaldor-Hicks-Kriterium ist ein Zustand effizienter, wenn die positiven Effekte für die einen Wirtschaftssubjekte gegenüber den negativen Effekten für andere Wirtschaftssubjekte überwiegen, sodass die profitierenden Parteien die benachteiligten Dritten für ihre Nachteile voll kompensieren würden.[10] Pareto-Superiorität würde nur vorliegen, wenn eine solche Kompensation auch tatsächlich stattfindet.[11] Soweit kein Ausgleich erfolgt, setzt das Kaldor-Hicks-Kriterium die Möglichkeit eines interpersonellen Nutzenvergleichs voraus.[12] Führt eine Zustandsänderung dazu, dass ein Millionär um CHF 20 reicher wird, während ein Bettler eine Einbusse von CHF 15 erleidet, so kann das Kaldor-Hicks-Kriterium eine solche Zustandsänderung angezeigt erscheinen lassen, soweit nur die absoluten Werte miteinander verglichen werden. Mit Verweis auf das Gesetz des abnehmenden Grenznutzens wird das Kaldor-Hicks-Kriterium denn auch

---

5   *Blaug* (2007), 185; *Arrow/Debreu* (1954), 265.
6   *Blaug* (2007), 185; *Arrow/Debreu* (1954), 265.
7   Vorn 100, 145; zum Staatsversagen hinten 183 f.
8   So insb. *Rawls* (1971), 70; *Dédeyan* (2015), 104.
9   *Rawls* (1971), 71.
10 *Hicks* (1939), 711; *Kaldor* (1939), 551 Fn. 1; vgl. *Posner* (2014), 14; *Schäfer/Ott* (2012), 20; kritisch zum Kaldor-Hicks-Kriterium mit Verweis auf die Eigentumsfreiheit *von der Crone* (1993), 15, 80.
11 *Posner* (2014), 14.
12 Siehe etwa *Coleman* (1988), 104.

kritisiert.[13] Zwar wäre denkbar, dass der abnehmende Grenznutzen bei den individuellen Nutzenfunktionen berücksichtigt wird, sodass Zustandsänderung unter Berücksichtigung desselben verglichen werden können; dann aber wäre unter Umständen keine Kompensation der Benachteiligten durch die Bevorteilten mehr möglich.

Zumindest wenn eine Kompensation stattfindet, erscheint das Kaldor-Hicks-Kriterium auf den ersten Blick wenig problematisch, da dadurch ein paretosuperiorer Zustand erreicht werden kann. Allerdings können von solchen Kompensationszahlungen Fehlanreize ausgehen, sodass Marktteilnehmer ihre Handlungen gerade auf die Zahlungen ausrichten, ohne dass die Handlungen zu einem nach dem Kaldor-Hicks-Kriterium effizienteren Zustand führen würden.[14] Immerhin können Marktteilnehmer nach dem Coase-Theorem unabhängig von der Entschädigungsverpflichtung eine effiziente Lösung finden, was allerdings eine Verhandlungsposition der Betroffenen voraussetzt.[15]

3. Rechtliche Bedeutung von Pareto- und Kaldor-Hicks-Kriterium bei der Beschränkung von Grundrechten

Ein bedeutender rechtlicher Anwendungsfall für das Pareto-Kriterium ist die Voraussetzung der Erforderlichkeit für Grundrechtsbeschränkungen.[16] Demnach sind Eingriffe in Grundrechte nur zulässig, wenn keine mildere Massnahme existiert, mit der das verfolgte Ziel ebenso effektiv erreicht werden kann.[17] In einer modifizierten Form kann das Kaldor-Hicks-Kriterium wohl ebenfalls im Rahmen der Prüfung der Erforderlichkeit einer Grundrechtsbeschränkung zur Anwendung gelangen, da das Kriterium stets bedeutet, dass durch den Ausgleich der Nachteile durch die Bevorteilten ein paretosuperiorer Zustand herbeigeführt werden kann. Sowohl das Pareto-Kriterium als auch das Kaldor-Hicks-Kriterium erhalten so eine rechtliche Dimension, dies insbesondere in der Schweiz unter dem Regime der Wirtschaftsfreiheit.

---

[13] Wohl implizit gestützt auf den abnehmenden Grenznutzen *Coleman* (1988), 104 f.; siehe auch *von der Crone* (1993), 12.
[14] Zur Möglichkeit von Fehlanreizen *Schäfer/Ott* (2012), 20; grundlegend zur Kompensation externer Effekte *Pigou* (1946), Part II, Chap. IX, § 13.
[15] *Coase* (1960), 6 ff.
[16] *Petersen* (2015), 54 m. w. H.
[17] *Schweizer* (2014), N 39 zu Art. 36 BV; *Petersen* (2015), 54.

II. Marktversagen

1. Begriff

Ausgehend von der in der Verfassung verankerten liberalen und utilitaristischen Grundordnung, dem ersten Wohlfahrtstheorem und den finanzmarktrechtlichen Regulierungszielen setzen Eingriffe des Staates in der Schweiz grundsätzlich ein Marktversagen oder zumindest das Risiko eines Marktversagens voraus.[18] Als Marktversagen werden Konstellationen bezeichnet, bei denen die individuelle Nutzenmaximierung nicht zu einer Steigerung des Gemeinwohls führt.[19] Zwar entspricht es in wohlfahrtsökonomischer Hinsicht der in der Schweiz vorherrschenden liberalen Überzeugung, dass die Individuen dem Gemeinwohl in der Regel am besten dienen, wenn sie ihre eigenen Interessen verfolgen.[20] Heute ist jedoch wie bereits angesprochen praktisch unumstritten, dass diese Annahme nicht immer zutrifft.[21]

2. Erscheinungsformen

Erscheinungsformen von Marktversagen sind vielfältig: unvollkommener Wettbewerb (insb. durch Marktmacht), öffentliche Güter, opportunistisches Verhalten im Austauschverhältnis bei asymmetrischer Information und spezifischen Investitionen, externe Effekte, mikro- und makroökonomische Instabilitäten sowie Transaktionskosten werden angeführt.[22] Die mit Marktmacht verbunde-

---

[18] *Kilgus* (2007), N 368; grundsätzlich auch *Hettich* (2014), N 218 ff., der allerdings ebenfalls festhält, dass der Gesetzgeber bei seinen Interventionen nicht an die ökonomische Theorie gebunden ist; siehe auch *Vallender/Hettich/Lehne* (2006), § 10 N 9 ff.; *Dédeyan* (2015), 98 ff., insb. 104: «Mit dem Dogma, dass nur reguliert werden darf, wenn Marktversagen bewiesen ist, kommt Regulierung ausserdem regelmässig zu spät und koppelt sich an einen wissenschaftstheoretisch uneinlösbaren Anspruch wissenschaftlicher Beweisbarkeit des Regulierungsbedarfs», zur Gleichgewichtskritik 131 ff. sowie zur Selbstorganisation als alternatives Paradigma 165 ff.; systemische Risiken können im weiteren Sinne ebenfalls als Marktversagen betrachtet werden; zum ersten Wohlfahrtstheorem vorn 172.

[19] *Bator* (1958), 351; oft wird ein Marktversagen dadurch definiert, dass keine effiziente Allokation von Produktionsfaktoren resultiert, so bspw. *Mankiw* (2015a), 12; ähnlich *Cooter/Ulen* (2012), 38.

[20] Zum verfassungsrechtlichen Rahmen vorn 143 ff.; hierzu wird wie erwähnt gewöhnlich die Metapher der unsichtbaren Hand angeführt, *Smith* (1776), IV.2.9.; siehe auch das erste Wohlfahrtstheorem vorn 172.

[21] Vorn 146.

[22] *Schäfer/Ott* (2012), 78 ff.; *Mankiw* (2015a), 12; *Samuelson/Nordhaus* (2010), 35 ff.; *Cooter/Ulen* (2012), 38 ff.; *von der Crone/Maurer/Hoffmann* (2011), 534 f.; *Zwahlen* (2010), 11.

nen Ineffizienzen und Kostensteigerungen für die Handelspartner und Konsumenten dürften hinreichend bekannt sein. Als öffentliche Güter werden Güter wie Leuchttürme oder Erfindungen bezeichnet, die (ohne rechtliche Instrumente) durch Nichtausschliessbarkeit und Nichtrivalität im Gebrauch gekennzeichnet sind.[23] Kann der rational agierende Produzent von den Profitierenden kein Nutzungsentgelt verlangen, wird er keine solchen Güter produzieren.[24] Als opportunistisches Verhalten definierte *Williamson* listiges eigennütziges Verhalten.[25] Solches Verhalten kann bei Informationsasymmetrien zu Informationsrisikokosten (*adverse selection costs*) und bei Fehlanreizen zu einem Moral Hazard führen.[26] Spezifische Investitionen wiederum können einen Lock-in-Effekt zur Folge haben, sodass eine Partei in einem Dauervertragsverhältnis *ex post* ausgebeutet werden kann.[27] Dem können Marktteilnehmer allerdings entgegenwirken, indem sie vom Vertragspartner eine Entschädigung für spezifische Investitionen verlangen. Als mikroökonomische Instabilitäten werden auf einzelnen Märkten auftretende Volatilitätszyklen bezeichnet, die aufgrund des verzögerten Verhaltens von Marktteilnehmern auf Preise auftreten; reagieren etwa Bauern auf tiefe oder hohe Preise zeitlich verzögert, so können langfristige Volatilitätszyklen entstehen.[28] Makroökonomische Instabilitäten betreffen das gesamte Wirtschaftssystem und werden durch Arbeitslosigkeit und Unterauslastung indiziert.[29] Seit *Keynes* werden staatliche Konjunktur- und Beschäftigungsprogramme mit solchen makroökonomischen Instabilitäten gerechtfertigt.[30]

3. Externe Effekte im Besonderen

a) Begriff

Als externe Effekte werden gewöhnlich die nicht kompensierten (positiven oder negativen) Auswirkungen von Verhaltensweisen auf nicht direkt involvierte Dritte bezeichnet.[31] In der Literatur finden sich jedoch unterschiedliche Definitionen. Teilweise wird eine subjektive Sicht eingenommen und als externe Effekte jene Auswirkungen bezeichnet, die in die rein gewinnorientierte Entschei-

---

23 *Samuelson/Nordhaus* (2010), 36; *Schäfer/Ott* (2012), 79; *Cooter/Ulen* (2012), 40.
24 *Samuelson/Nordhaus* (2010), 36 f.; *Schäfer/Ott* (2012), 79; *Cooter/Ulen* (2012), 40 f.
25 *Williamson* (1985), 47.
26 *Schäfer/Ott* (2012), 80; *Williamson* (1985), 47 ff.
27 *Schäfer/Ott* (2012), 80 f.; *Williamson* (1985), 52 ff.
28 Hierzu *Schäfer/Ott* (2012), 81.
29 *Mankiw* (2016), 281 ff.; *Schäfer/Ott* (2012), 81.
30 *Keynes* (1936), 249 ff.; siehe auch *Mankiw* (2016), 284 ff.
31 Siehe etwa *Pigou* (1946), Part II, Chap. IX, § 1, § 3; *Coase* (1960), 29; *Varian* (2014), 663 f.; *Samuelson/Nordhaus* (2010), 36.

§ 7 Zielrealisierung: Selbststeuerung, Marktversagen und Regulierung

dungsfindung eines Marktteilnehmers nicht einbezogen werden.[32] Teilweise wird eine objektive Sicht eingenommen und zu den externen Effekten bloss jene Auswirkungen gezählt, die ausserhalb des relevanten Marktes eintreten.[33] Diese objektive Sichtweise berücksichtigt, dass ein Vertragsabschluss stets andere Marktteilnehmer beeinflusst, die in einem Wettbewerbsverhältnis zu einer der Vertragsparteien stehen, dieser Wettbewerb jedoch gerade mit Blick auf die effiziente Ressourcenallokation sowie die soziale Wohlfahrt erwünscht ist.[34]

b)   Beispiele für marktinterne und marktexterne externe Effekte

Klassisches Beispiel für einen negativen externen Effekt, der Auswirkungen ausserhalb des relevanten Marktes zeigt, ist die Umweltverschmutzung. Diese kann Gesundheitskosten, den Rückgang von Tourismus- und Fischereierträgen oder gar den Anstieg des Meeresspiegels verursachen. Hat nicht der Verursacher der Umweltverschmutzung für diese Kosten aufzukommen, so entsprechen die Produktionskosten nicht den sozialen Kosten, die die Gesellschaft zu tragen hat. Eine mit Blick auf die soziale Wohlfahrt unerwünschte Ressourcenallokation kann die Folge sein.[35] Ein Beispiel für einen negativen externen Effekt, der sich innerhalb des relevanten Marktes auswirkt und sich grundsätzlich positiv auf das Gemeinwohl auswirkt, ist der Wettbewerb. Während der Wettbewerb bei Wettbewerbern zu Gewinneinbussen führt, profitiert die Gesamtheit in aller Regel von diesem Konkurrenzdruck.[36]

Für die Auswirkungen des Hochfrequenzhandels auf die soziale Wohlfahrt bedeutet dies, dass nicht primär die Kosten massgebend sind, die Hochfrequenzhändler konkurrierenden Händlergruppen auferlegen, sondern der Gesamteffekt des Hochfrequenzhandels auf die Marktqualitätsparameter im Allgemeinen und die Transaktionskosten im Besonderen. Allerdings lassen sich grundsätzlich nur marktinterne externe Effekte anhand der Marktqualitätsparameter bemessen, nicht aber nicht kompensierte marktexterne externe Effekte, die Auswirkungen ausserhalb des Finanzmarktes zeigen.

c)   Qualifikation als Marktversagen und Internalisierung

Als Marktversagen werden die Externalitäten qualifiziert, weil sie ein Funktionsdefizit bewirken, da der Handelnde die Möglichkeiten alternativer Ressourcenverwendung durch Dritte nicht in seinem Kosten-Nutzen-Kalkül berück-

---

32   *Posner* (2014), 72; *Samuelson/Nordhaus* (2010), 36.
33   *Posner* (2014), 73; *Samuelson/Nordhaus* (2010), 36.
34   Vgl. *Schäfer/Ott* (2012), 424.
35   Hierzu bspw. *Varian* (2014), 674; *Pigou* (1946), Part II, Chap. IX.
36   Hierzu *Posner* (2014), 8.

sichtigt.³⁷ Von einer Internalisierung externer Effekte wird gesprochen, wenn die sozialen Kosten in die Entscheidungsfindung des Verursachers miteinbezogen werden.³⁸ Eine solche Wirkung zeigen Haftungsnormen oder die von *Pigou* in *The Economics of Welfare* vorgeschlagene und nach ihm benannte Steuer, die darauf abzielt, dass die sozialen und privaten Grenzkosten übereinstimmen.³⁹

d) Reziprozität des Problems (Coase-Theorem)

Coase wies in seinem berühmten Aufsatz *The Problem of Social Cost* auf die reziproke Natur externer Effekte hin und zeigte, dass mit dem Ausgleich von externen Effekten durch eine Haftungsregelung gleichermassen unerwünschte Anreize verbunden sein können.⁴⁰ Die Parteien könnten aber bei optimalen Marktkonditionen unabhängig von der Haftungsregelung eine ressourceneffiziente Lösung finden.⁴¹ Wichtig ist nach diesem nach *Coase* benannten Theorem nicht, wie die Rechte – beispielsweise auf Schadenersatz – zugeteilt sind, aber dass sie klar zugewiesen sind, damit die Parteien einfacher verhandeln können.⁴² Im Jahr 1991 erhielt *Coase* in erster Linie aufgrund dieser Erkenntnisse den Nobel-Gedächtnispreis in Wirtschaftswissenschaften.⁴³

Parteiautonome Lösungen für externe Effekte werden dadurch erschwert, dass mit dem Handel Kosten und Organisationsprobleme verbunden sind. Dem war sich *Coase* als Vater der Transaktionskostenökonomik durchaus bewusst, setzte er doch gerade voraus, dass keine Transaktionskosten bestehen.⁴⁴ Er hielt denn auch fest, dass aufgrund der Realitätsferne der Annahme in vielen Fällen die Gründung einer Gesellschaft⁴⁵ oder ein staatlicher Eingriff sinnvoll seien.⁴⁶ Abgesehen von den Transaktionskosten und Organisationsschwierigkeiten bei einer Vielzahl von Geschädigten erscheint auch fraglich, ob Entschädigungen für den Verzicht auf schädliche Tätigkeiten angesichts der Vielzahl potenziell denkbarer Tätigkeiten und der Vielzahl potenziell zu entschädigender Personen die

---

37 *Ruffner* (2000), 20.
38 *Fritsch* (2014), 99.
39 *Pigou* (1946), Part II, Chap. IX, § 13; *Fritsch* (2014), 108.
40 *Coase* (1960), 2, 5; siehe auch *Ruffner* (2000), 17 f.; *Schäfer/Ott* (2012), 20.
41 *Coase* (1960), 6 ff.; siehe auch *Dédeyan* (2015), 98 f.; *Heinemann* (2015), 22 ff.; *Ruffner* (2000), 20.
42 *Coase* (1960), 8, 19; siehe auch *Ruffner* (2000), 20 f.
43 Vgl. *www.nobelprize.org/nobel_prizes/economic-sciences/laureates/1991/coase-facts.html*.
44 *Coase* (1960), 10; vgl. *Coase* (1937); *McKean* (1970), 34 ff.
45 Zum Verhältnis zwischen den Transaktionkosten und der Gründung einer Gesellschaft hinten 184 f.
46 *Coase* (1960), 15 ff.; siehe auch *McKean* (1970), 34 ff.; *Calabresi* (1970), 135 ff.; *Ruffner* (2000), 16 f., 20.

soziale Wohlfahrt tatsächlich nicht beeinträchtigen. Sämtliche Personen würden dann darauf abzielen, Renten für den Verzicht auf schädliche Tätigkeiten zu generieren, anstatt dass sie Entschädigungen für Tätigkeiten suchen, die einen gesellschaftlichen Nutzen bringen. Sämtliche Grundeigentümer könnten denn auch geltend machen, sie würden eine Fabrik betreiben, wenn sie nicht dafür entschädigt werden, es nicht zu tun. Ein auf die gemeinsame Wohlfahrt gerichtetes Rechtssystem sollte grundsätzlich darauf ausgerichtet sein, dass die Leistung hinsichtlich des Gemeinwohls vergütet wird und nicht das Absehen von der Verrichtung von Arbeit. Angesichts dessen erscheint in rechtlicher Hinsicht der Schutz und Schadensausgleich durch den Besitzesschutz (Art. 926 ff. ZGB), das ausservertragliche Haftpflichtrecht (Art. 41 ff. OR) und die Eigentumsgarantie (Art. 26 BV) gerechtfertigt.

Gewiss kann wie von Coase gezeigt auch eine Entschädigung mit Anreizproblemen verbunden sein. Betroffene können zu Handlungen veranlasst werden, die gesamtgesellschaftlich nicht erwünscht sind. Entschädigt beispielsweise der Staat bedingungslos sämtliche Schafzüchter für jedes von einem Wolf gerissene Schaf, besteht kaum ein Anreiz für den Einsatz von Herdenschutzhunden. Aus einer utilitaristischen Sicht ist es daher wichtig, Anreizeffekte, die mit der Regulierung von externen Effekten einhergehen, mitzuberücksichtigen. Diese Rolle kann namentlich eine Schadenminderungspflicht erfüllen.

e)   Cheapest Cost-Avoider

Ausgehend von den Arbeiten von *Coase* entwickelten *McKean* und *Calabresi* den für die ökonomische Analyse des Rechts zentralen Grundsatz, dass die Kosten zu demjenigen transferiert werden sollten, der die Kosten mit dem geringsten Aufwand verhindern kann.[47] Dieser *Cheapest Cost-Avoider* kann sowohl der rechtliche Verursacher eines externen Effekts oder der Geschädigte sein.[48] Bei vollkommener Rationalität der Beteiligten und Abwesenheit von Transaktionskosten würde dieser *Cheapest Cost-Avoider* automatisch die Kosten aufwenden und allenfalls eine sichernde Dienstleistung erbringen, vorausgesetzt die Kosten für die Dienstleistung sind geringer als die Kosten für die anderen Parteien.[49] Faktoren wie Irrationalität, Informationsasymmetrien und Transaktionskosten bewirkten aber aus der Sicht der Vertreter dieses Cheapest-Cost-Avoider-An-

---

[47] *McKean* (1970), 30 f., 34 ff., 43 ff., der von der Partei spricht, die den grössten komparativen Vorteil von Sicherheitsmassnahmen hat; *Calabresi* (1970), 135 ff.
[48] *McKean* (1970), 43; *Calabresi* (1970), 140 ff.
[49] Vgl. *McKean* (1970), 43; *Calabresi* (1970), 135.

satzes, dass eine originäre Zuteilung der Kosten beispielsweise in der Form einer Haftungsregelung durchaus Sinn macht.[50]

III. Marktqualitätsparameter

1. Informationseffizienz, Marktliquidität und Volatilität

Mit Bezug auf das Marktversagen hielt der berühmte Ökonom *Kenneth Arrow* fest: «[...] *market failure is not absolute; it is better to consider a broader category, that of transaction costs, which in general impede and in particular cases completely block the formation of markets.*»[51] Nach *Arrow* ist das Marktversagen also relativer Natur und die Transaktionskosten könnten als Massstab zur Bewertung desselben dienen. Heute wird die Marktqualität von Ökonomen in der Regel anhand der Kriterien der Preisbildungsqualität (Informationseffizienz), der Marktliquidität sowie der Volatilität beurteilt.[52] Diese Marktqualitätsparameter können als erweiterter Massstab zur Beurteilung von Marktversagen betrachtet werden. Grundsätzlich gilt also: je besser die Marktqualitätsparameter, desto geringer das Marktversagen.

Bei den Marktqualitätsparametern kommen der Funktionsschutz als Regulierungsziel und das Marktversagen als Regulierungsvoraussetzung auf denselben Nenner. Abgesehen vom Funktionsschutz sind informationseffiziente, liquide und nicht-volatile Märkte auch aus einer Anlegerschutzperspektive aus verschiedenen Gründen wünschenswert.[53] Informationseffiziente Märkte bewirken, dass der Anleger ohne Informationskosten den Preis bezahlt, der der Renditeerwartung sowie den Risiken entspricht. Er trägt also niedrige Informationsbeschaffungs- und -verarbeitungskosten und zugleich auch ein niedriges Risiko, einen zu hohen Preis zu bezahlen. Eine hohe Marktliquidität ist durch geringe Spreads sowie eine grosse Markttiefe charakterisiert und reduziert dadurch die Transaktionskosten der Investoren zusätzlich.[54] Jede Reduktion der Transaktionskosten dürfte ausserdem die Pareto-Effizienz einer Gesellschaft erhöhen.[55] Ist schliesslich auch die Marktvolatilität gering, so tragen die Investoren wie bei informationseffizienten Kursen nur geringe Risiken. Aufgrund des abnehmen-

---

[50] Bezogen auf die Transaktionskosten teilweise unter Einbezug von Informationskosten *McKean* (1970), 44 ff.; *Calabresi* (1970), 136 ff.; im Grundsatz bereits *Coase* (1960), 15 ff.
[51] *Arrow* (1969), 48.
[52] Zu den Kriterien im Detail hinten 195 ff.
[53] Zu den Marktqualitätskritierien hinten 195 ff.
[54] Hierzu im Detail hinten 216 ff., 221 ff.
[55] *Hummler* (2015), 43 mit Verweis auf den berühmten Aufsatz *The Problem of Social Cost* von *Coase* (1960).

den Grenznutzens von Geld sowie der Bedeutung der Planungssicherheit erscheint diese Risikoaversion rational, sodass der Investor von der tiefen Volatilität profitiert.[56] Der Anlagewert wird also durch die niedrige Volatilität gesteigert, wodurch sich auch die Kapitalaufnahme für Unternehmen vereinfacht.[57]

2. Verhältnis zu den externen Effekten

Nicht alle Formen des Marktversagens lassen sich anhand der Marktqualitätsparameter und der Transaktionskosten bemessen. Namentlich nicht kompensierte externe Effekte, die Dritte ausserhalb des untersuchten Marktes treffen, dürften sich grundsätzlich nicht auf die Marktqualitätsparameter auswirken.[58] Nur wenn diese externen Effekte internalisiert werden und in die Entscheidungsfindung der Marktteilnehmer einfliessen, werden die Marktqualitätsparameter wiederum aussagekräftig.[59] Externe Effekte gebieten daher eine gewisse Vorsicht vor einer vorschnellen Beurteilung von Finanzmarktphänomenen über die Marktqualitätsparameter. Dies ändert jedoch nichts daran, dass die Marktqualitätsparameter ein guter Ausgangspunkt zur Bewertung von Marktversagen ist.

3. Verhältnis zu den systemische Risiken

Das Verhältnis zwischen den systemischen Risiken und der Marktqualität ist vielschichtig. Vor einer Systemkrise müssen sich systemische Risiken nicht zwingend direkt auf die Marktqualität auswirken. Spätestens zum Zeitpunkt der Krise ist jedoch grundsätzlich eine massive Verschlechterung der Marktqualität zu erwarten.[60] Umgekehrt kann eine mangelhafte Marktqualität eine Quelle systemischer Risiken sein. Die Blasenbildung etwa setzt eine mangelhafte Informationseffizienz voraus, sodass in diesem Fall die Risikoverwirklichung sogar zu einer verbesserten Informationseffizienz und damit zu einer Verbesserung der Marktqualität führen kann. Eine erhöhte Volatilität wiederum kann Feedback-Loops bewirken und so eine Systemkrise in Gang setzen. Systemische Risiken können jedoch auch in Faktoren wie etwa der fehlenden Substituierbarkeit von systemrelevanten Funktionsträgern (Finanzmarktinfrastrukturen oder Banken) liegen, die kaum mit den Marktqualitätsparametern zusammenhängen.[61] Vor der Systemkrise müssen die Marktqualitätsparameter in diesem Fall nicht beein-

---

56 Zur Rationalität der Risikoaversion vorn 147 und hinten 257 f.
57 Zum Verhältnis zwischen der Portfoliovolatilität und den Anlagewerten sowie der Kapitalaufnahme hinten 202 ff., 256 ff.
58 Siehe aber zum Coase-Theorem vorn 177 f.
59 Zur Internalisierung von externen Effekten *Pigou* (1946), Part II, Chap. IX, § 13.
60 Zu den systemischen Risiken im Detail hinten 339 ff.
61 Zur Substituierbarkeit bei systemischen Risiken hinten 343 f.

trächtigt sein. Der Blick auf systemische Risiken zeigt also wie schon der Blick auf externe Effekte, dass sich die Regulierungsbedürftigkeit eines Phänomens nicht einzig anhand der Marktqualitätsparameter beurteilen lässt.

IV. Regulierungsfolgen- und Kosten-Nutzen-Analyse

1. Begriffe

Identifiziert der Regulator ein Marktversagen und entscheidet er sich für eine regulatorische Intervention, können die Folgen sowohl für die Privaten als auch für den Staat vielfältig sein. Regulierungsfolgenanalysen (und Regulierungsfolgenabschätzungen; RFA) versuchen, diese Auswirkungen aufzuzeigen.[62] Im Vordergrund steht dabei die Frage, ob die Rechtsnormen den verfolgten Zweck erfüllen, sodass von einer Wirksamkeitskontrolle gesprochen werden kann.[63] Die Wirksamkeitskontrolle ist jedoch nicht das einzige Ziel; vielmehr sollen auch die Auswirkungen auf die Gesamtwirtschaft sowie auf einzelne gesellschaftliche Gruppen ermittelt werden.[64] Während die Auswirkungen eines Erlasses oder einer Bestimmung den Gegenstand der Regulierungsfolgenanalyse im engeren Sinne bildet, werden teilweise auch die Notwendigkeit und Möglichkeit staatlichen Handelns, alternative Regelungen sowie die Zweckmässigkeit im Vollzug als Bestandteile einer Regulierungsfolgenanalyse betrachtet.[65]

Von der Regulierungsfolgenanalyse wird die Kosten-Nutzen-Analyse (*Cost-Benefit Analysis*; CBA) unterschieden. Öffentlich-rechtliche Kosten-Nutzen-Analysen zielen darauf ab, die positiven und negativen Folgen von Rechtssätzen oder rechtsanwenden Verwaltungsakten zu quantifizieren und einander gegenüberzustellen.[66] Soweit die Kosten-Nutzen-Analyse Regulierungsfolgen zum Gegenstand hat, kann sie als Teilbestandteil der Regulierungsfolgenanalyse betrachtet werden, sind Kosten und Nutzen einer regulatorischen Intervention doch ebenfalls Regulierungsfolgen. Das Ergebnis dieser Quantifizierung erlaubt

---

[62] Siehe etwa *R. H. Weber* (2015), 459 ff.; *Müller/Uhlmann* (2013), N 77 ff.; *Zwahlen* (2010), 13; *Kilgus* (2007), N 482 ff.; für ein Beispiel *Regulierungsfolgenabschätzung FIDLEG/ FINIG 2015*.

[63] *Kilgus* (2007), N 482 ff.; siehe auch *Müller/Uhlmann* (2013), N 77 ff.

[64] *R. H. Weber* (2015), 461; *Zwahlen* (2010), 35; *WBF Handbuch Regulierungsfolgen 2013*, 2; *BR Richtlinien Regulierungsfolgen 1999*, Nr. 3.

[65] *R. H. Weber* (2015), 461; *Zwahlen* (2010), 35; *WBF Handbuch Regulierungsfolgen 2013*, 2; *BR Richtlinien Regulierungsfolgen 1999*, Nr. 3.

[66] *Kilgus* (2007), N 511 ff.; *Zwahlen* (2010), 13 ff.; *R. H. Weber* (2015), 463 ff.; vgl. *Hettich* (2014), N 64 ff.; *BR Richtlinien Regulierungsfolgen 1999*, Nr. 2; siehe auch *Posner* (2014), 513 ff. zum unterschiedlichen Gebrauch des Begriffs der Kosten-Nutzen-Analyse.

einen Vergleich verschiedener Regulierungszustände nach dem Kaldor-Hicks-Kriterium.[67] Wohl aufgrund dieser Vergleichsmöglichkeit ist die Kosten-Nutzen-Analyse stärker mit wirtschaftspolitischen Forderungen verbunden als die Regulierungsfolgenanalyse im Allgemeinen. Quantifizierung und Nutzenvergleich sind jedoch wie im Zusammenhang mit dem Utilitarismus erläutert mit Vorsicht zu würdigen, weil sich gewisse Kosten und Nutzen nur schwerlich quantifizieren lassen und bei einer Kosten-Nutzen-Analyse der abnehmende Grenznutzen meist – wenngleich nicht zwingend – unberücksichtigt bleibt.[68]

2. Rechtliche Dimension

Gemäss Art. 170 BV sorgt die Bundesversammlung dafür, dass die Massnahmen des Bundes auf ihre Wirksamkeit hin überprüft werden.[69] Die Verfassung enthält damit einen Auftrag für die Bundesversammlung zur Durchführung von Wirksamkeitskontrollen.[70] Der Bundesrat hat im Jahr 1999 seinerseits Richtlinien erlassen für die Darstellung der volkswirtschaftlichen Auswirkungen von Vorlagen des Bundes.[71] Demnach soll eine Regulierungsfolgenanalyse stets vorgenommen werden (a) bei Anträgen auf Erlass rechtsetzender Akte (Gesetze und Verordnungen), also namentlich in Botschaften, und (b) im Falle grosser wirtschaftlicher Bedeutung auch bei Anträgen an den Bundesrat zu rechtsanwendenden Akten wie dem Bau einer Eisenbahn-Neubaustrecke.[72] Die Finma wiederholt eine entsprechende Verpflichtung zur Durchführung einer Folgenabschätzung sowie einer Kosten-Nutzen-Analyse in ihren Leitlinien zur Finanzmarktregulierung.[73] Nichtsdestotrotz wurden bis heute nur wenige Regulierungsfolgen- und Kosten-Nutzen-Analysen erstellt, was mitunter an innen- und aussenpolitischen Sachzwängen sowie dem mit solchen Analysen verbundenen Aufwand liegen dürfte.[74] Immerhin gab das Staatssekretariat für Internationale Finanzfragen (SIF) entsprechende Analysen zur Überprüfung der Vorentwürfe zum FIDLEG und zum FINIG in Auftrag.[75]

---

[67] *Schäfer/Ott* (2012), 22; zum Kaldor-Hicks-Kriterium vorn 172 f.
[68] Zur Schwierigkeit der Quantifizierung auch *Kilgus* (2007), N 511; *Posner* (2014), 515; vorn 148 ff.
[69] Siehe auf Gesetzesebene auch Art. 141 Abs. 2 lit. d, f und g ParlG.
[70] Hierzu *Müller/Uhlmann* (2013), N 79, wonach nicht nur eine nachträgliche, sondern auch eine prospektive Evaluationsfunktion damit verbunden sei; *Kilgus* (2007), N 492.
[71] *BR Richtlinien Regulierungsfolgen 1999*.
[72] *BR Richtlinien Regulierungsfolgen 1999*, Nr. 2.
[73] *Finma Regulierungsleitlinien 2013*, Nr. 8 und 9.
[74] *R. H. Weber* (2015), 461.
[75] Siehe *Regulierungsfolgenabschätzung FIDLEG/FINIG 2015*; *Regulierungskostenanalyse FIDLEG 2015*; *Regulierungskostenanalyse FINIG 2014*.

IV. Regulierungsfolgen- und Kosten-Nutzen-Analyse

Ungeachtet der Rolle im Gesetzgebungsprozess sind Regulierungsfolgen- und Kosten-Nutzen-Analysen bedeutsam für die Prüfung der Verhältnismässigkeit von Grundrechtsbeschränkungen nach Art. 36 BV, geben sie doch eine Antwort auf die Frage, ob ein Regulierungsinstrument für die Realisierung des Regulierungszwecks geeignet sowie erforderlich ist und für die Betroffenen auch zumutbar erscheint. Der Bundesrat hielt selbst in der Botschaft zum Finanzmarktaufsichtsgesetz im Zusammenhang mit den von der Finma zu berücksichtigenden Grundsätzen der Finanzmarktregulierung (Art. 7 FINMAG) fest:

> Der Bundesrat ist der Auffassung, dass in Zukunft Kosten-Nutzen-Überlegungen systematisch in die Beurteilung von Regulierungsprojekten einfliessen müssen. Damit können die Entscheidgrundlagen zur Beurteilung von Eignung, Erforderlichkeit und Verhältnismässigkeit vertieft werden. Dies erlaubt, das richtige Mass an Regulierung für eine konkrete Problemstellung zu finden.[76]

Der Bundesrat verknüpft hier also selbst die ökonomische Kosten-Nutzen-Analyse mit der Verhältnismässigkeitsprüfung. Konsequent zu Ende gedacht bedeutet dies, dass Rechtssätze bei einem negativen Ergebnis der Kosten-Nutzen-Analyse regelmässig gegen die Wirtschaftsfreiheit verstossen und damit unbeachtlich sind, sofern sich das Bundesgericht nach Massgabe von Art. 190 BV zur Aufhebung der Geltungskraft befugt sieht.[77] Ob sich der Bundesrat der Bedeutung seiner Ausführungen in ihrer ganzen Tragweite bewusst war, ist nicht ersichtlich; sie decken sich jedoch gänzlich mit den Ausführungen zu den generischen Tatsachen im Kapitel 5 (Regulierungskompetenz, Wirtschaftsfreiheit und Risikovorsorge).[78] Dort wurde die Beweislast für den Nachweis generischer Tatsachen wie der Frage der Eignung einer Gesetzesbestimmung dem Bundesrat und der Finma auferlegt, sofern die Bestimmung nicht direkt auf einer Wertungsentscheidung in einem Gesetz oder der Verfassung beruht.[79]

3. Staatsversagen

Das Vorliegen eines Marktversagens ist in einer liberalen Rechtsordnung zentrale Bedingung für einen staatlichen Eingriff; die Kosten-Nutzen-Analyse macht jedoch deutlich, dass allein ein Marktversagen noch keine staatliche Intervention rechtfertigt.[80] Staatliche Eingriffe verursachen ebenfalls Kosten, die gemeinhin

---

[76] *Botschaft FINMAG 2006*, 2843; siehe auch *R. H. Weber* (2015), 463.
[77] Zu Art. 190 BV vorn 110.
[78] Vorn 114 f.
[79] Vorn 126 ff.
[80] So schon *Coase* (1960), 18.

als Staatsversagen bezeichnet werden und dem Marktversagen gegenüberzustellen sind.[81] Nur wenn die Kosten des Marktversagens höher sind als die Kosten, die durch die staatliche Intervention verursacht werden, erscheint eine staatliche Intervention angezeigt.[82] Letztlich handelt es sich selbst bei den Kosten für Regulierungsfolgenanalysen um Staatsversagen, die bei dieser Kosten-Nutzen-Abwägung zu berücksichtigen sind. Vor allem aufgrund der Kosten, die mit staatlichen Eingriffen verbunden sind, erscheint es sinnvoll, dass sich der Staat bei der Regulierung von Marktversagen die mit dem individuellen Streben verbundene dezentrale Intelligenz zunutze macht.[83] Kann sich der Staat durch eine entsprechende Gestaltung des Systems die Motivation des Einzelnen zunutze machen, so erlaubt ihm dies eine Reduktion der Regulierungskosten, insbesondere im Zusammenhang mit der Kontrolle und Durchsetzung.

4. Organisationsversagen

Als Organisationsversagen werden die (Transaktions-)Kosten bezeichnet, die mit der unternehmensinternen Organisation zusammenhängen.[84] In den Blickwinkel der Ökonomen rückten diese Kosten die Vertreter der neueren Institutionen- sowie der Transaktionskostenökonomik.[85] *Williamson* etwa bemängelte, dass Unternehmen zu sehr bloss auf ihre Produktionsfunktion reduziert und deren innere Strukturen vernachlässigt worden seien.[86] Eine bedeutende Rolle bei der Schaffung eines Bewusstseins für das Verhältnis der inneren Organisationsstrukturen von Unternehmen zu den Transaktionskosten schaffte *Coase*, der in seinem ersten berühmten Aufsatz *The Nature of the Firm* die Frage aufwarf, weshalb Organisationen entstehen, wenn sich doch die Koordination aus dem Preisbildungsmechanismus ergibt.[87] Hierzu führte er aus: «*The main reason why it is profitable to establish a firm would seem to be that there is a cost of using the*

---

[81] Bspw. *Winston* (2006), 2 f.; *Datta-Chaudhuri* (1990), 25; *R. H. Weber* (1986), 35 f. mit einer anschaulichen Grafik; vgl. *Coase* (1960), 17 f.

[82] Bspw. *von der Crone/Maurer/Hoffmann* (2011), 536, die dieses Kriterium im Rahmen der Verhältnismässigkeit prüfen; so ausdrücklich Art. 7 Abs. 2 lit. a FINMAG.

[83] Vgl. hierzu *Samuelson/Nordhaus* (2010), 40 f.; *von der Crone* (1993), 41; *Hayek* (1952), 76, 103 ff., 115, der von der «kollektiven Vernunft» spricht; mehr dazu hinten 310.

[84] *Dédeyan* (2015), 107; *Williamson* (1996), 17 bezeichnet diese spezifische Form als «*hierarchical failure*» und meint, dass das Studium dieses hierarchischen Versagens völlig unterentwickelt sei.

[85] Zur Transaktionskostenökonomik insb. *Williamson* (1985), 16, 386 ff.; teilweise wird auch von der Transaktionskostentheorie gesprochen, siehe *Williamson* (1996), 25; bei den anderen Punkten handelt es sich Wesentlichen um die Methodik.

[86] *Williamson* (1985), 15 ff.

[87] *Coase* (1937), 388; der zweite Aufsatz ist *The Problem of Social Cost*, siehe *Coase* (1960).

price mechanism.»⁸⁸ Diese Transaktionskosten, die bei der Preisfindung und dem Aushandeln von Verträgen entstehen, könnten durch die Internalisierung der Produktion in Unternehmen stark reduziert werden und eine Menge von Verträgen durch einen einzigen (Arbeits- oder Gesellschafts-)Vertrag ersetzt werden.⁸⁹ Als Gleichgewichtsgrösse des Unternehmens bezeichnet er den Punkt, bei dem die im Zusammenhang mit der Organisation anfallenden Grenzkosten gleich gross sind, wie wenn die Transaktion auf dem Markt ausgeführt wird.⁹⁰

5. Bedeutung desselben für die Regulierungsfolgenanalyse

Neben dem Marktversagen und dem Staatsversagen ist das Organisationsversagen ebenfalls von Bedeutung bei der Regulierungsfolgenanalyse. Hinsichtlich des Marktversagens wies *Williamson* darauf hin, dass die Transaktionskosten durch die Internalisierung von Arbeitsprozessen in Unternehmen gemindert werden können.⁹¹ Wird ein Gegenstand aufgrund der Höhe der (externen) Transaktionskosten selbst produziert, so ist der mit dem Marktversagen verbundene Schaden nicht so gross, wie er auf den ersten Blick scheint. Eine Regulierung kann daher nur scheinbar geboten sein, wenn das mit der Regulierung verbundene Staatsversagen geringer ist als das (externe) Marktversagen, aber immer noch höher als das Organisationsversagen. Dies soll aber nicht darüber hinwegtäuschen, dass möglicherweise viele Unternehmen eine Funktion internalisieren, die effizienter von einem Dritten erfüllt werden könnte, sodass letztlich die Kapitalallokation beeinträchtigt wird. Daher können Massnahmen zur Senkung der Transaktionskosten dennoch angezeigt sein.⁹²

Umgekehrt ist das Organisationsversagen auch insofern von Bedeutung für die Regulierungsfolgenanalyse, als Marktteilnehmer Regulierungskosten durch Substitution ausweichen können. Erhöhte Transaktionskosten etwa können sie vermeiden, indem sie Produkte selbst herstellen und Handlungen selbst vornehmen, anstatt sie auf dem Markt einzukaufen. Eine Umsatzsteuer begünstigt daher die Bildung von juristischen Personen.⁹³ Demgegenüber können Markt-

---

88 *Coase* (1937), 390.
89 *Coase* (1937), 391.
90 *Coase* (1937), 394.
91 *Williamson* (1971), 114; vgl. *Coase* (1937), 390 f.; *derselbe* (1960), 16 ff.; *Arrow* (1969), 48; wenn hier von der Internalisierung von Transaktionen in die eigene Organisation gesprochen wird, ist dies nicht zu verwechseln mit der Internalisierung von externen Effekten in das Wirtschaftskalkül des Verursachers, hierzu vorn 176 f.
92 Vgl. *Williamson* (1985), 17.
93 *Coase* (1937), 393; grundsätzlich zum Verhältnis zwischen den Transaktionskosten und der Gründung von Organisationen auch *Coase* (1960), 15 ff.; zur Steuerungswirkung des

teilnehmer Organisationskosten weniger einfach durch Benutzung des Marktes ausweichen, sofern die anderen Produzenten oder Dienstleister dieselben Organisationskosten tragen.

Schliesslich erscheint im Zusammenhang mit dem Organisationsversagen von Bedeutung, dass das Rechtssystem oft bei der Interaktion eines Rechtssubjekts mit seiner Umwelt anknüpft. Dies gilt namentlich für das Vertrags- und Steuerrecht. Durch die Bildung einer Gesellschaft wird die Grenze zwischen System und Umwelt verschoben und mit der Gesellschaft ein komplexeres Handlungssystem im systemtheoretischen Sinne umgrenzt.[94] Die Umwelt des einzelnen Rechtssubjekts wird mit anderen Worten durch die Gesellschaft inkorporiert, sodass die Gesellschaft als Rechtsgebilde zu einer Reduktion der Komplexität führt. Das ändert allerdings, wie die Vertreter der neuen Institutionenökonomik gezeigt haben, nichts daran, dass der innere Aufbau der Gesellschaft aufgrund der Produktionskosten und des damit verbundenen Organisationsversagens für die Effizienz des Marktes von grosser Bedeutung ist.[95]

V. Ergebnisse

In diesem Kapitel wurde untersucht, wie die im vorangehenden Kapitel definierten Ziele am besten erreicht werden können. Dabei erscheint als Ausgangspunkt die Einsicht grundlegend, dass der Markt das Ziel der Paretoeffizienz nach dem ersten Wohlfahrtstheorem bei vollkommenem Wettbewerb und Abwesenheit von Transaktionskosten grundsätzlich von sich aus erreicht. Für die Regulierung ist diese Erkenntnis in zweierlei Hinsicht bedeutsam: Erstens erhöht sie die Bedeutung der Reduktion der Transaktionskosten als Regulierungszwischenziel und zweitens lässt sie eine regulatorische Intervention grundsätzlich nur bei einem Marktversagen angezeigt erscheinen.

Erscheinungsformen von Marktversagen sind vielfältig: unvollkommener Wettbewerb (insb. durch Marktmacht), öffentliche Güter, opportunistisches Verhalten im Austauschverhältnis bei asymmetrischer Information und spezifischen Investitionen, externe Effekte sowie mikro- und makroökonomische Instabilitäten sind Beispiele. Mit Blick auf diese Erscheinungsformen überzeugt die Ansicht des berühmten Ökonomen *Kenneth Arrow*, dass das Marktversagen nicht absoluter, sondern relativer Natur ist. Bemessen lässt es sich grundsätzlich am

---

Rechts aufgrund des Vorliegens von Transaktionskosten siehe auch *Ruffner* (2000), 16 f.; zur Wüdigung der Transaktionssteuer im Detail hinten 434 ff.

[94] Zum Modell des Handlungssystems *Ropohl* (2009), 89 ff.; zu System und Umwelt *Luhmann* (1991), 242 ff.

[95] Vgl. *Williamson* (1981), 548 f., 551; *Williamson* (1985), 15 f.

besten durch die Marktqualitätsparameter (Informationseffizienz, Liquidität und Volatilität) sowie die Transaktionskosten. Allerdings zeigen sich nicht alle Formen von Marktversagen in der Marktqualität, was etwa die Unterscheidung zwischen marktinternen und marktexternen externen Effekten demonstriert: Während marktinterne externe Effekte grundsätzlich anhand der Marktqualitätsparameter beurteilt werden können, gilt dasselbe nicht für die marktexternen externen Effekte, sofern diese nicht durch Haftungsnormen oder Steuern internalisiert werden. Ebenfalls komplex ist das Verhältnis zwischen den Marktqualitätsparametern und den systemischen Risiken. So kann zwar eine mangelhafte Marktqualität wie die fehlende Informationseffizienz von Wertpapierpreisen eine Quelle systemischer Risiken sein und eine erhöhte Volatilität kann Feedback-Loops zur Folge haben; vor einer Systemkrise müssen sich systemische Risiken allerdings nicht zwingend direkt in der Marktqualität äussern. Auch dürfte sich die Marktqualität regelmässig zum Zeitpunkt der Systemkrise massiv verschlechtern; Kursstürze können jedoch im Falle der Blasenbildung auch eine Verbesserung der Informationseffizienz der Kurse zur Folge haben. Der Blick auf marktexterne externe Effekte und systemische Risiken zeigt also, dass sich die Regulierungsbedürftigkeit eines Finanzmarktphänomens wie dem Hochfrequenzhandel nicht einzig anhand der Marktqualitätsparameter beurteilen lässt. Hinsichtlich der Unterscheidung von marktinternen und marktexternen externen Effekten wird allerdings noch zu zeigen sein, dass es sich bei den mit dem Hochfrequenzhandel in Verbindung gebrachten Effekten primär um marktinterne externe Effekte handelt, die sich über die Marktqualitätsparameter beurteilen lassen.[96]

Liegt ein Fall von Marktversagen vor und ist eine mögliche regulatorische Intervention zur Bekämpfung des Marktversagens gefunden, so nimmt der rationale Regulator eine Regulierungsfolgenanalyse vor. Dabei ist die Unterscheidung zwischen drei Formen von Systemversagen bedeutsam: Marktversagen, Staatsversagen und Organisationsversagen. Während sich das Marktversagen in erster Linie bei der Benutzung des Marktmechanismus zeigt, äussert sich das Staatsversagen in den Regulierungskosten und das Organisationsversagen in den operativen Kosten in Unternehmen. Regulierungskosten können dabei nicht nur beim Staat anfallen, sondern auch bei den Privaten, wobei wie bei externen Effekten die Gefahr besteht, dass der Staat die Kosten für Private bei der Entscheidungsfindung nicht angemessen berücksichtigt. Durch Kosten-Nutzen-Analysen werden sämtliche mit der Regulierung verbundenen Kosten quantifiziert. Dadurch leisten die Analysen eine Entscheidungshilfe für die Frage, ob die Änderung des Regulierungszustandes angezeigt ist, und machen im Übrigen deutlich, dass ein Marktversagen allein keine regulatorische Intervention rechtfertigt: Nur

---

[96] Hinten 335.

wenn die durch die Regulierung bewirkte Reduktion der mit dem Marktversagen verbundenen Kosten die Regulierungskosten übersteigt, ist die staatliche Intervention angezeigt. Allerdings sind Kosten-Nutzen-Analysen wie im Zusammenhang mit dem Utilitarismus erläutert mit Vorsicht zu würdigen, weil sich gewisse Kosten und Nutzen nur schwerlich quantifizieren lassen und bei einer Kosten-Nutzen-Analyse der abnehmende Grenznutzen meist – wenngleich nicht zwingend – unberücksichtigt bleibt.[97]

Die auf *Coase* zurückgeführte Kategorie des Organisationsversagens ist für Kosten-Nutzen-Analysen aus verschiedenen Gründen von Bedeutung. *Williamson* fasste den Wert der Ausführungen von *Coase* wie folgt zusammen: «*Coase proposed that firms and markets be considered alternative means of organization*».[98] Sind Markt und Firmen alternative Organisationsformen, so sind sie auch substituierbar. Die Substituierbarkeit bedeutet wiederum zweierlei. Erstens sind die mit dem Marktversagen verbundenen Kosten allenfalls nicht so hoch, wie sie auf den ersten Blick scheinen, da die Kosten bei einer Integration in ein Unternehmen geringer sein können.[99] Zweitens besteht aufgrund der Substituierbarkeit die Möglichkeit der Regulierungsarbitrage, indem etwa Transaktionen bei erhöhten Transaktionskosten in die Unternehmensorganisation internalisiert werden. Umgekehrt kann bei erhöhten Organisationskosten innerhalb einer Unternehmung ein Anreiz zur Benutzung des Marktes bestehen, sofern die anderen Unternehmen nicht dieselben Organisationskosten tragen.

Die Ergebnisse dieses Kapitels sind zentral für die nachfolgende ökonomische Betrachtung des Hochfrequenzhandels. Die Folgen des Hochfrequenzhandels werden dort zunächst anhand der Marktqualitätsparameter beurteilt. Sodann wird nach verschiedenen Marktversagensformen und systemischen Risiken gesucht, bevor schliesslich Regulierungsinstrumente zur Bekämpfung der identifizierten Probleme auf ihre Folgen hin analysiert werden.

---

[97] Vorn 148 ff.
[98] Damit werden die Kosten des Organisationsversagens angesprochen; *Williamson* (1985), 4.
[99] Vgl. hierzu *Williamson* (1985), 114.

§ 8 Ökonomische Kontrolle über das Finanzmarktrecht

In diesem zweiten Teil haben sich verschiedene bedeutende Schnittstellen zwischen dem Recht und der Wirtschaft als Subsysteme der Gesellschaft gezeigt.[1] Von zentraler Bedeutung sind vor allem zwei dieser Schnittstellen: die Regulierungsziele und das Erfordernis der Verhältnismässigkeit von Grundrechtsbeschränkungen. Hinsichtlich der Regulierungsziele zeigte sich eine Fremdreferenz auf ökonomische Prinzipien und Zusammenhänge sowohl beim Zweckartikel der Bundesverfassung (Art. 2 BV) als auch bei den Finanzmarktregulierungszielen (Funktionsschutz, Individualschutz und Systemschutz).[2] Besonders deutlich ist diese Kopplung zwischen dem Recht und der Ökonomie beim Funktionsschutz, sind die Funktionen des Finanzmarktes doch in erster Linie ökonomischer Natur, aber auch der Individualschutz und der Systemschutz sind eng mit ökonomischen Fragen verknüpft.[3] In normativer Hinsicht dienen die Regulierungsziele nicht nur als Orientierungspunkte für Regulatoren und Aufsichtsbehörden, sondern vor allem auch als bedeutende Richtlinie für die subjektiv-historische und systematisch-teleologische (auch funktionale) Auslegung der Gesetzesbestimmungen, sodass die Regulierungsziele grundsätzlich als Teil sämtlicher Normen betrachtet werden können.[4] Ist der Zweck der Schöpfer des Rechts und ist der Zweck zumindest im Finanzmarktrecht ökonomischer Natur, so kann in Anlehnung an *Jhering* gesagt werden, dass die Ökonomie der Schöpfer des Finanzmarktrechts ist.[5]

Die ökonomische Natur der zweiten zentralen Schnittstelle zwischen dem Recht und der Wirtschaft, dem Erfordernis der Verhältnismässigkeit von Grundrechtsbeschränkungen, zeigt sich vor allem bei der Wirtschaftsfreiheit.[6] Für Beschränkungen der Wirtschaftsfreiheit infrage kommende öffentliche Interessen sind im Finanzmarktrecht wiederum in erster Linie die Schutzziele der Finanzmarktgesetzgebung, die wie gezeigt primär durch ökonomische Prinzipien und Zusammenhänge konkretisiert werden.[7] Vielleicht noch bedeutender ist aber, dass das

---

[1] Zum Recht und der Wirtschaft als Subsysteme der Gesellschaft bspw. *Luhmann* (1993), 55; *derselbe* (1988), 231 f.
[2] Vorn 144 f., 154 ff.
[3] Vorn 160 ff.
[4] Vorn 154 ff.
[5] *von Jhering* (1904), V: «*Der Grundgedanke des gegenwärtigen Werkes besteht darin, daß der Zweck der Schöpfer des gesamten Rechts ist, daß es keinen Rechtssatz gibt, der nicht einem Zweck, d. i. einem praktischen Motiv seinen Ursprung verdankt.*»
[6] Vorn 108 ff.
[7] Vorn 132 f., 154 ff.

Prinzip der Verhältnismässigkeit die Regulatoren in ihrer Wahl von Massnahmen beschränkt, da die Massnahmen über das Prinzip der Verhältnismässigkeit einer Rationalitätskontrolle unterzogen werden können.[8] Kriterien der Verhältnismässigkeit sind bekanntlich die Eignung, Erforderlichkeit und Zumutbarkeit von staatlichen Massnahmen.[9] Diese Kriterien sind zwar Rechtsfragen, beruhen jedoch auf generischen Tatsachen (auch Legislativtatsachen oder *legislative facts*), die einer empirischen Überprüfung zugänglich sind.[10] Die Frage, ob ein Rechtssatz die Marktqualität verbessert oder verschlechtert, etwa kann durch empirische Studien überprüft werden. Zur Begrenzung der gerichtlichen Rechtsschöpfung wurde bei der Berücksichtigung generischer Tatsachen *Kokott* folgend grundsätzlich die analoge Anwendung von Beweisregeln befürwortet.[11] Regulierungsfolgenanalysen im Allgemeinen und Wirksamkeitskontrollen sowie Kosten-Nutzen-Analysen im Besonderen erscheinen folglich für komplexere Wirkungszusammenhänge unumgänglich.[12]

Die zwei dargelegten Schnittstellen manifestieren eine ökonomische Kontrolle über das Finanzmarktrecht. Diese ökonomische Kontrolle ist gleich wie die Reichtumsmaximierung kein dem Recht übergeordnetes, also überpositives Ordnungsprinzip, das sich utilitaristisch oder sozialwahltheoretisch (im Sinne einer hypothetischen Entscheidungssituation) herleiten liesse.[13] Vielmehr kann diese Kontrolle grösstenteils über die gezeigten Schnittstellen als tatsächlich selbst gewählt betrachtet werden – eine selbstgewählte Unterwerfung des Rechts unter die Ökonomik. Diese selbst gewählte Unterwerfung sollte nicht etwa als selbstverschuldete Unmündigkeit des Rechts im Kant'schen Sinne verstanden werden, sondern ist vielmehr als organisatorisch intelligente Delegation zu betrachten.[14] Nur soweit dem Prinzip der Verhältnismässigkeit eine naturrechtliche Dimension zugestanden wird, kann der ökonomischen Kontrolle des Rechts

---

8   Siehe insb. *Petersen* (2015).
9   Vorn 111 f.
10 Vorn 114 f.
11 *Kokott* (1992), 60; vorn 113 ff., 126 ff.
12 Zur Regulierungsfolgenanalyse vorn 181 ff.
13 Für die Reichtumsmaximierung ebenso *von der Crone* (1993), 33 ff., 40.
14 *Kant* (1784), 481 zum Gehalt der Aufklärung: «*Aufklärung ist der Ausgang des Menschen aus seiner selbst verschuldeten Unmündigkeit. Unmündigkeit ist das Unvermögen, sich seines Verstandes ohne Leitung eines anderen zu bedienen. Selbstverschuldet ist diese Unmündigkeit, wenn die Ursache derselben nicht am Mangel des Verstandes, sondern der Entschließung und des Muthes liegt, sich seiner ohne Leitung eines anderen zu bedienen.*»; siehe auch *Dédeyan* (2015), 53 ff., der einen Weg von der Inter- zur Transdisziplinarität im Recht beschreibt und sich für die Bildung transdiszipliner Modelle ausspricht.

wie dem Prinzip der Verhältnismässigkeit im Allgemeinen im Sinne einer Rationalitätskontrolle überpositiver Charakter zukommen.[15]

Nicht alle Juristen begrüssen diese Kopplung von Rechtsnormen mit ökonomischen Prinzipien. *Meßerschmidt* etwa bezeichnete das Verhältnismässigkeitsprinzip als «*trojanisches Pferd*» der Wirkungsanalyse.[16] Letztlich erscheint jedoch die Einsicht überzeugend, dass die gesellschaftlichen Subsysteme des Rechts und der Wirtschaft keine rein selbstreferenziellen Systeme sind.[17] Selbst *Luhmann* musste dies eingestehen, als er in seine Gesellschaftstheorie einen Kopplungsmechanismus einführte.[18] Der operationellen Geschlossenheit der Systeme, auf der seine Theorie massgeblich beruht, stellte er die strukturelle Kopplung im Sinne einer kognitiven Offenheit der Systeme gegenüber.[19] Das Recht lebt von dieser strukturellen Kopplung, also von Referenznormen, die Erkenntnisse anderer Subsysteme beiziehen. So ist etwa die Integration in der Schweiz als Voraussetzung für die erleichterte Einbürgerung nach Art. 26 Abs. 1 lit. a BüG soziologischer Natur. Teilweise positiviert der Gesetzgeber auch Erkenntnisse anderer Fachbereiche, was sich etwa an den Begriffsbestimmungen im Fernmeldegesetz (FMG) und im Bundesgesetz über Radio und Fernsehen (RTVG) zeigt (Art. 3 FMG; Art. 2 RTVG). Im Wirtschaftsrecht im Allgemeinen und dem Finanzmarktrecht im Besonderen stehen Verweise zum Subsystem Wirtschaft im Vordergrund. In der zu starken Abgrenzung vernetzter Systeme besteht die Gefahr einer kurzsichtigen systemtheoretischen Perspektive, die die engen Verflechtungen der verschiedenen Subsysteme der Gesellschaft ausser Acht lässt. Autopoiesis[20] und Selbstreferenz im systemtheoretischen Sinne können dann weniger als wegweisendes Modell, sondern eher als Kritik an der zeitgenössischen Rechtsdogmatik begriffen werden.

---

15   Zur Verhältnismässigkeit als Rationalitätskontrolle *Petersen* (2015).
16   *Meßerschmidt* (2012), Abstract.
17   Zur systemtheoretischen Selbstreferenz *Luhmann* (1991), 593 ff.
18   *Luhmann* (1993), 440 ff.
19   *Ibid*.
20   Zum Begriff der Autopoiesis bspw. *Luhmann* (1991), 57 ff.; *Luhmann* (1993), 45 ff.

Teil 3 Ökonomische Analyse des Hochfrequenzhandels

In diesem dritten und zugleich gewichtigsten Teil der Dissertation folgt eine ökonomische Betrachtung des Hochfrequenzhandels in vier Kapiteln. In Kapitel 9 werden die Auswirkungen des Hochfrequenzhandels auf die Marktqualität anhand der reichhaltigen ökonomischen Studien untersucht. Die Kapitel 10 und 11 sind der Identifikation und Bewertung von Marktversagensformen und systemischen Risiken gewidmet und in Kapitel 12 folgt schliesslich eine Evaluation von Regulierungsinstrumenten, die zur Bewältigung der identifizierten Probleme infrage kommen.

§ 9 Marktqualität

Nachfolgend wird der Einfluss des Hochfrequenzhandels auf die verschiedenen Marktqualitätsparameter untersucht. Zu diesen Parametern zählen die Preisbildungsqualität, die Marktliquidität und die Marktvolatilität.[1] Da der Handel in Dark Pools zumindest bis zu einem gewissen Grad ebenfalls als Folge des Hochfrequenzhandels betrachtet werden kann, soll auch nach den Auswirkungen von Dark Pools auf die Marktqualität gesucht werden.[2] Bemerkenswert ist, dass der Europäische Gesetzgeber den Hochfrequenzhandel nicht primär aufgrund seiner Auswirkungen auf die Marktqualität regulierte, sondern hierfür vielmehr eine Reihe potenzieller Risiken anführte, die mit dem algorithmischen Handel im Allgemeinen sowie mit dem Hochfrequenzhandel im Besonderen verbunden seien.[3] Entsprechend hielt er in Erwägungsgrund 62 zur revidierten Richtlinie über Märkte für Finanzinstrumente (MiFID II) fest: «*Die Handelstechnologie hat Vorteile für den Markt und die Marktteilnehmer im Allgemeinen gebracht, etwa eine größere Beteiligung an den Märkten, erhöhte Liquidität, engere Spreads, verringerte kurzfristige Volatilität und die Mittel, mit denen die Ausführung von Kundenaufträgen verbessert wird.*» Dieser Standpunkt ist jedoch nicht unumstritten.

I. Preisbildung

1. Befürchtungen

Verschiedene Exponenten von Politik und Wirtschaft haben die Befürchtung geäussert, dass sich Hochfrequenzhandel und Dark Pools negativ auf die Preisbildung auswirken. Der New Yorker Generalstaatsanwalt *Schneiderman* etwa führte aus, dass Hochfrequenzhändlern der Wahrheitsgehalt von Informationen und die langfristige Kursentwicklung gleichgültig seien, da sie einzig interessiere, was den Markt bewege und jederzeit abspringen könnten, worin ein grundlegender Unterschied zum traditionellen Insiderhandel zu erblicken sei.[4] Die

---

[1] Hierzu vorn 179 ff.
[2] Zu den Auswirkungen des Hochfrequenzhandels auf den Handel in Dark Pools vorn 25 f.
[3] Dies ergibt sich ebenfalls aus Erwägungsgrund 62 zu MiFID II; vgl. hinten 339 ff.
[4] Rede von *Atty. Gen. Schneiderman* mit dem Titel *High-Frequency Trading & Insider Trading 2.0* vom 18. März 2014, abrufbar unter https://ag.ny.gov/press-release/ag-schneiderman-calls-new-efforts-eliminate-unfair-advantages-provided-trading-venues; siehe auch auch *IOSCO Report «Technological Impact on Market Integrity and Efficiency»* 2011, 28, wonach die Skepsis auf der sehr kurzfristigen Natur der Handelsstrategien der Hochfrequenzhändler beruhe.

IOSCO befürchtet gar, dass Hochfrequenzhändler den Marktpreis aktiv vom informationseffizienten Preis wegbewegen.[5] Rückhalt finden diese Befürchtungen teilweise in Marktmikrostrukturmodellen, die Informationsasymmetrien, Investitionsrisiken und Auftragsverarbeitungskosten (*order processing costs*) als wichtige Ursachen für Friktionen identifizieren.[6] Es erscheint allerdings fraglich, inwieweit Informationsasymmetrien in einem Markt mit mehreren informierten Händlern die Preisbildungsfunktion beeinträchtigen können, da in solchen Märkten ein starker Druck hin zu effizienten Preisen besteht.[7] Die Auswirkungen des Hochfrequenzhandels auf die Preisfindungsqualität bedürfen daher einer genaueren Betrachtung.

Grösser noch als gegenüber dem Hochfrequenzhandel ist die Skepsis gegenüber Dark Pools. Europäische Kommission und die Internationale Organisation der Wertpapieraufsichtsbehörden (IOSCO) gehen davon aus, dass sich Dark Pools negativ auf die Preisbildung auswirken.[8] Diese Ansicht wird von einigen Ökonomen und vielen Marktinsidern geteilt.[9] So glaubten nach einer Umfrage des CFA Institute aus dem Jahr 2009 etwa 70 Prozent der befragten Finanzanalysten, Portfoliomanager und anderen Finanzspezialisten, dass Dark Pools für die Preisfindung und Volatilität problematisch seien.[10] Zurückhaltender hat sich bisher die SEC geäussert. Im Jahr 2010 bezeichnete sie die Auswirkungen der nicht angezeigten Liquidität auf die Preisbildung lediglich als wichtige regulatorische Frage.[11] Im Jahr 2013 ging dann aber auch sie nach Durchsicht der Literatur von einem eher negativen Einfluss auf die Preisfindung aus.[12] Der Bundesrat hielt seinerseits in der Botschaft zum Finanzmarktinfrastrukturgesetz fest, die Transparenz erleichtere die Preisbildung.[13] Je vollständiger und besser verfügbar Informationen seien, desto effizienter sei auch der Preisbildungsprozess und

---

5   *IOSCO Report «Technological Impact on Market Integrity and Efficiency» 2011*, 28.
6   *Carrion* (2013), 682.
7   Hierzu hinten 310 ff., 323.
8   *EC Review MiFID 2010*, 22; *IOSCO Principles for Dark Liquidity 2011*, 20 f.; so auch *Baisch/Baumann/Weber* (2014), 198.
9   Zu den Ökonomen *Biais/Woolley* (2011), 14; *Eng/Frank/Lyn* (2014), 48; *M. Ye* (2011), 2, 5; siehe auch *Boulatov/George* (2013), 2096, wonach viele Händler nicht angezeigte Aufträge gegenüber angezeigten Aufträgen bevorzugten, sodass die Befürchtung eines Abwärtswettlaufs (*race to the bottom*) hin zu nicht angezeigten Aufträge nicht völlig unbegründet sei.
10 *CFA Institute* (2009), 19.
11 *SEC Concept Release on Equity Market Structure 2010*, 3612 f.
12 *SEC Literature Review on Market Fragmentation 2013*, 10 ff.
13 *Botschaft FinfraG 2014*, 7532.

desto grösser das Vertrauen der Öffentlichkeit in die Fairness und Funktionsfähigkeit des Effektenmarkts.[14]

2. Ökonomische Grundlagen

a) Effizienzbegriffe

Die Qualität der Preisbildung ist eng mit den Effizienzbegriffen verknüpft. Diesbezüglich wird in der Lehre zwischen der Informationseffizienz, der Allokationseffizienz, der Bewertungseffizienz, der operationellen Effizienz sowie der institutionellen Effizienz unterschieden. Als *informationseffizient* werden Marktpreise bezeichnet, wenn sie sämtliche bewertungsrelevanten Informationen enthalten.[15] Bei Rationalität der Marktteilnehmer müssten diese Marktpreise auch *bewertungseffizient* sein, das heisst, sie müssten die Renditeerwartungen wiedergeben.[16] *Allokationseffizient* ist ein Markt, wenn die Mittel dorthin fliessen, wo sie unter Berücksichtigung der Risiken die höchsten Erträge abwerfen.[17] *Operationell-effizient* ist er, wenn die Transaktionshindernisse auf ein Minimum reduziert sind.[18] Nebst den Kosten für die Benutzung der Infrastruktur von Märkten wie den erwähnten Handelssystemen gehören hierzu insbesondere die Kosten für die Informationsbeschaffung, die Überprüfung der Information sowie die Informationsverarbeitung.[19] Teilweise wird von dieser operationellen Effizienz schliesslich die *institutionelle Effizienz* unterschieden, die die effiziente Funktionsweise von Systemen, die die allgemeinen Funktionsvoraussetzungen eines Markts sichern, zum Gegenstand hat.[20]

Informationseffizienz, Bewertungseffizienz und Allokationseffizienz laufen weitgehend parallel. Wenn nachfolgend der Begriff der Informationseffizienz verwendet wird, ist damit die Bewertungseffizienz mitumfasst. Die Gleichsetzung von Informations- und Allokationseffizienz wird jedoch teilweise für problematisch erachtet.[21] Marktpreise würden fast nur zum Zeitpunkt der seltenen Eigenkapitalemissionen allokative Effekte entfalten und hätten auch dann nur einen begrenzten Einfluss.[22] Demgegenüber seien die Marktpreise bei der

---

14 Botschaft FinfraG, 7532.
15 *Fama* (1970), 383 und 388.
16 *Fabozzi/Modigliani* (2009), 135; *Fama* (1970), 384.
17 *Werlen* (1994), 15; *Zobl/Kramer* (2004), N 13; *Waschkeit* (2007), 81; vorn 162.
18 *Fabozzi/Modigliani* (2009), 135; *Werlen* (1994), 14 f.; *Zobl/Kramer* (2004), N 16; *Waschkeit* (2007), 81.
19 *Ruffner* (2000), 363 f.; *Zobl/Kramer* (2004), N 16.
20 *Werlen* (1994), 14; *Zobl/Kramer* (2004), N 17; *Waschkeit* (2007), 80 f.
21 Vgl. *Ruffner* (2000), 352 ff., 429.
22 *Ruffner* (2000), 353; *Stout* (1988), 645 ff.

Erwirtschaftung von Eigenmitteln (im Sinne von Gewinnreserven) unerheblich und bei der Aufnahme von Fremdkapital bloss von untergeordneter Bedeutung.[23] Die Marktpreise und die Bereitschaft eines Fremdkapitalgebers sowie dessen geforderte Zinsen seien lediglich durch ähnliche Gründe motiviert.[24] Die Kritikpunkte erscheinen grundsätzlich überzeugend; wird jedoch lediglich der Sekundärmarkt betrachtet und dessen primäre Funktion als Ausstiegsrecht, so reicht die Kategorie der Informationseffizienz grundsätzlich aus.

Die Unterscheidung von operationeller und institutioneller Effizienz erscheint für die vorliegenden Fragen ebenfalls entbehrlich, da sich die Begriffe kaum trennscharf voneinander abgrenzen lassen und sich beide Aspekte in den Transaktionskosten äussern.[25] Bezogen auf den Sekundärmarkt verbleiben somit bloss die Informationseffizienz und die operationelle Effizienz als Kategorien. Auch diese zwei Effizienzbegriffe sind insofern miteinander verknüpft, als die Informationseffizienz die Informationsbeschaffungs-, -überprüfungs- und -verarbeitungskosten der Investoren reduziert und dadurch die operationelle Effizienz erhöht, soweit diese im weiteren Sinne anhand der Transaktionskosten bemessen wird.[26] Gegenstand dieses Kapitels ist jedoch lediglich die Informationseffizienz.

b) Markteffizienzhypothese

Als Markteffizienzhypothese (*efficient markets hypothesis*) wird in ihrer mittelstrengen Form die Annahme bezeichnet, dass die Marktpreise der Wertpapiere bereits alle öffentlich zugänglichen Informationen enthalten, mitunter auch jene über die zukünftige Entwicklung eines Unternehmens.[27] Diese mittel-strenge Form umfasst die schwache Form der Hypothese, die besagt, dass die gesamte vergangene Preisentwicklung bereits im aktuellen Kurs enthalten ist, sodass sich die Kurse (abgesehen von einer Durchschnittsrendite) zufällig entwickeln, also einem sogenannten Random Walk folgen.[28] Dieser Random Walk ist demnach nicht etwa eine Folge von Noise-Tradern, sondern die logische Konsequenz der Rationalität der Preise.[29] In ihrer strengen Form besagt die Hypothese schliesslich, dass die Marktpreise nicht nur die öffentlich zugänglichen Informationen, sondern sämtliche bewertungsrelevanten Informationen enthalten, also auch

---

[23] *Stout* (1988), 648 ff.
[24] *Stout* (1988), 648.
[25] Die Unterscheidung findet sich auch nicht bei *Fabozzi/Modigliani* (2009), 135.
[26] Vorn 162.
[27] Grundlegend *Fama* (1970), 383, 388, 414; siehe auch *Dédeyan* (2015), 113 f.; *Lorez* (2013), 12 ff.; *Werlen* (1994), 18 ff.
[28] Grundlegend *Fama* (1970), 383, 389 ff.; siehe bspw. auch *Bodie/Kane/Marcus* (2014), 353 f. und *Dédeyan* (2015), 113; zum Random Walk *Bodie/Kane/Marcus* (2014), 350 ff.
[29] A. M. *Kyle* (1985), 1331.

private Informationen.³⁰ Selbst *Fama*, auf den die Markteffizienzhypothese in der Regel zurückgeführt wird, glaubte nicht daran, dass diese strenge Form der Hypothese den tatsächlichen Gegebenheiten entspricht, sondern verstand sie bloss als Orientierungswert (*benchmark*).³¹

Für das Investitionsverhalten bedeutet die Markteffizienzhypothese, dass die Renditeerwartungen verschiedener Aktien bei gleichen Risiken identisch sind und somit keine Überrendite zulassen.³² Die Erwartung, dass der Preis einer Aktie in Zukunft steigen wird, führt demnach nicht zu einer zukünftigen Preissteigerung, sondern zu einem sofortigen Preisschub.³³ Während sich nach der Hypothese in ihrer schwachen Form lediglich technische Analysen nicht auszahlen, gilt dasselbe der mittel-strengen Form zufolge auch für fundamentale Analysen, sofern sich diese auf öffentlich zugängliche Informationen beschränken.³⁴ Ausgehend von der strengen Form würde sich schliesslich nicht einmal der Insiderhandel auszahlen.³⁵ Widerspiegelt der Marktpreis stets den funktionalen Wert einer Anlage, so dürften nur Änderungen der Marktinformationen, also neue Informationen zu Kursänderungen führen.³⁶ Nur bei neuen Informationen können Händler hoffen, dass sie die Informationen schneller als andere Händler verarbeiten und fehlplatzierte Aufträge (*Stale Quotes*) auflesen können.³⁷ Allerdings müssen Menschen in Anwesenheit von algorithmischen Händlern grundsätzlich davon ausgehen, dass sie Computern in der Regel unterlegen sind.³⁸ Ein rationaler menschlicher Investor dürfte daher abgesehen von der gelegentlichen risikogetriebenen Rebalancierung von Portfolios kaum auf Änderungen der Informationslage reagieren. Auch allgemein kann gesagt werden, dass aktive Handelsstrategien, die auf eine Überrendite abzielen, regelmässig versagen dürften und einzig Transaktionskosten zur Folge haben.³⁹ Der rationale Investor, der weder über Insiderinformationen verfügt noch besonders schnell ist oder eine Market-Making-Strategie verfolgt, verhält sich daher grundsätzlich passiv.⁴⁰

---

30 Grundlegend *Fama* (1970), 383, 414; siehe bspw. auch *Bodie/Kane/Marcus* (2014), 354; *Dédeyan* (2015), 113.
31 *Fama* (1970), 414.
32 *Bodie/Kane/Marcus* (2014), 350.
33 *Ibid.*
34 Vgl. *Bodie/Kane/Marcus* (2014), 354 ff.
35 Grundlegend *Fama* (1970), 383, 414; siehe bspw. auch *Bodie/Kane/Marcus* (2014), 354.
36 *Bodie/Kane/Marcus* (2014), 350; *Dédeyan* (2015), 113.
37 Zu den *Stale Quotes* hinten 227 f.
38 Zum algorithmischen News-Trading vorn 68 ff.
39 *Fabozzi/Modigliani* (2009), 136.
40 *Ibid.*

Hinsichtlich der Unternehmenspolitik kann aus der Markteffizienzhypothese abgeleitet werden, dass sich eine kurzfristige Strategie nicht positiv auf den Investor mit einem kurzfristigen Anlagehorizont auswirken dürfte, da sich eine dadurch allenfalls verursachte langfristig negative Renditeerwartung bereits auf den aktuellen Preis auswirkt.[41] Für das Finanzmarkt- und Aktienrecht sind damit zwei Implikationen verbunden: Erstens haben Investoren mit einem kurzfristigen Anlagehorizont grundsätzlich genau dasselbe Interesse an einer langfristigen Unternehmenspolitik wie Investoren mit einem langfristigen Anlagehorizont; zweitens sind Shareholder grundsätzlich stärker als Stakeholder am langfristigen Gedeih eines Unternehmens interessiert, da sie seltener von Fehlanreizen geleitet werden (Problematik des Moral Hazard).

c) Relativierung der Markteffizienzhypothese

Unter Ökonomen ist weitgehend anerkannt, dass Kapitalmärkte grundsätzlich einen hohen Grad an Bewertungseffizienz aufweisen und die Markteffizienzhypothese in ihrer mittel-strengen Form sich meist weitgehend bewahrheitet.[42] Einschränkungen der Effizienz der Kapitalmärkte, wie sie etwa Noise-Trader und kurzsichtige Investoren (Myopia-Effekte) verursachen können, sind allerdings ebenfalls grundsätzlich anerkannt.[43] So sind aktuelle Gewinne leicht beobachtbar, während zukünftige Gewinne unsicher sind, sodass sich eine kurzfristige Unternehmenspolitik allenfalls tatsächlich temporär positiv auf den Aktienkurs auswirken kann.[44] Auch hat das nach der Entwicklung des Aktienkurses entlohnte Management einen starken Anreiz, die Lage der Gesellschaft zu positiv darzustellen, sodass die Informationseffizienz beeinträchtigt wird.[45]

Der Akzeptanz der Markteffizienzhypothese zu schaffen machten vor allem in regelmässigen Abständen auftretende Kursstürze wie etwa jene aus den Jahren 1987 und 2007/2008, die Dotcom-Blase um die Jahrtausendwende oder der mit dem Hochfrequenzhandel in Verbindung gebrachte Flash-Crash vom 6. Mai 2010, denn bei Betrachtung solcher Ereignisse lässt sich die Effizienz der Kapi-

---

41 Etwa *Ruffner* (2000), 352, 384, allerdings gleichzeitig relativierend mit Verweis auf Myopiamodelle; siehe insb. auch S. 387, wonach aktuelle Gewinne leicht beobachtbar sind, während zukünftige Gewinne unsicher sind; sogleich c).
42 *Bodie/Kane/Marcus* (2014), 380; *Black* (1986), 533, wonach die Märkte in mindestens 90 Prozent der Fälle informationseffizient sind; *Fama* (1970), 414 f.; siehe ausserdem *Ruffner* (2000), 393 f., der allerdings zur Vorsicht mahnt.
43 Bspw. *Ruffner* (2000), 352, 373 ff. und 383 ff.; zum Noise *Black* (1986).
44 *Ruffner* (2000), 387 f.
45 *Stein* (1989), 659; *Ruffner* (2000), 388 f.

talmärkte nur schwer verteidigen.[46] *Minsky* formulierte unter Verweis auf solche Extremereignisse gar eine Finanzinstabilitätshypothese, nach der Crashes natürlich auftreten.[47] Hält diese Hypothese einer empirischen Überprüfung stand, so ist dies vor allem für den regulatorischen Umgang mit systemischen Risiken von Bedeutung.[48] Eine anlegerschutzorientierte Regulierung mag sich allenfalls ebenfalls gestützt darauf rechtfertigen; dabei gilt es jedoch zu berücksichtigen, dass die Intermediäre selbst in aller Regel keine Kenntnis von einer bevorstehenden starken Kursbewegung haben dürften. Die hier dargestellten Extremereignisse im Allgemeinen und der Flash-Crash im Besonderen werden bei den im Kapitel 11 (Systemische Risiken) diskutierten Marktrisiken genauer untersucht.[49]

Abgesehen von solchen Extremereignissen ist im Zusammenhang mit dem Hochfrequenzhandel das Grossman-Stiglitz-Paradoxon von besonderem Interesse. Dieses besagt, dass die Märkte unmöglich vollkommen informationseffizient sein können, weil die Informationseffizienz massgeblich von den Anreizen zur Informationsproduktion abhängt.[50] Aufgrund des abnehmenden Anreizes zur Informationsbeschaffung, -kontrolle und -verarbeitung bei zunehmender Effizienz der Kapitalmärkte, müsste sich also ein Gleichgewicht bei einem relativen Grad an Bewertungseffizienz bilden.[51] Daraus lässt sich ableiten, dass die Effizienz der Kapitalmärkte wesentlich von den Informationskosten abhängt.[52] Ausgehend davon wäre anzunehmen, dass Informationstechnologien im Allgemeinen und der algorithmische Handel im Besonderen aufgrund der Reduktion der Informationskosten zur Effizienz der Kapitalmärkte beitragen. Ist ein Markt operationell effizient, so sind allerdings tendenziell auch die Kosten für kurzfristige Arbitrage tief, wodurch wiederum myopisches Verhalten und erhöhte Volatilität die Folge sein können.[53]

Ein Aspekt, dem in der Literatur soweit ersichtlich kaum Beachtung geschenkt wird, ist der Einfluss niedriger Renditeerwartungen auf Kursbewegungen. Liegen die Renditeerwartungen im niedrigen Prozentbereich, so kann schon eine um 0.5 Prozent reduzierte Renditeerwartung einen sehr grossen Einfluss auf den

---

[46] Siehe etwa *Krugman* (2009); *Ruffner* (2000), 391 ff., der als weiteres Beispiel den vorübergehenden Höhenflug des Dollars Mitte der 1980er Jahre nennt; siehe auch *Bodie/Kane/Marcus* (2014), 374 f., die mitunter auch auf die Tulpenblase im 17. Jahrhundert hinweisen.
[47] *Minsky* (1992).
[48] Zu den systemischen Risiken hinten 339 ff.
[49] Hinten 370 ff.
[50] *Grossman/Stiglitz* (1980), 393; zu Informationsproduktion und -renditen weiterführend hinten 304 ff.
[51] *Grossman/Stiglitz* (1980), 393; *Ruffner* (2000), 365 f.
[52] *Grossman/Stiglitz* (1980), 394; *Ruffner* (2000), 366.
[53] *Ruffner* (2000), 434.

Wertpapierkurs haben. Dies bedeutet wiederum zweierlei: Erstens kann aus der Markteffizienzhypothese keine Kursstabilität abgeleitet werden und zweitens dürften von der Nationalbank niedrig gehaltene Referenzzinsen das Risiko grosser Kursbewegungen erhöhen. Der informationseffiziente Kurs einer Aktie eines gewinnbringenden Unternehmens etwa liegt im Vergleich zu einem unverzinslichen Darlehen im Unendlichen, sofern identische Risiken angenommen werden. Diese Annahme mag realitätsfern scheinen, dürfte aber den Zusammenhang zwischen dem Niedrigzinsumfeld und den starken Kursbewegungen aufzeigen.

d) Arbitrage

Als *Arbitrage* wird wie im Kapitel 3 (Handelsstrategien) erläutert das Ausnutzen von Fehlbewertungen für einen (praktisch) risikolosen Gewinn bezeichnet.[54] Da Arbitrage-Strategien für einheitliche Preise über verschiedene Handelsplattformen hinweg und für konsistente Preise bei miteinander logisch verbundenen Wertpapieren sorgen, tragen sie zur Informationseffizienz der Kapitalmärkte bei und erscheinen daher aus einer ökonomischen Sicht grundsätzlich erwünscht.[55] Eines der grundlegendsten Prinzipien der Kapitalmarkttheorie besagt, dass gut funktionierende Märkte die Möglichkeit der Arbitrage stets eliminieren, und die Arbitragepreistheorie geht genau von dieser Grundannahme aus (*no-arbitrage condition*).[56] Zumindest aber kann gesagt werden, dass stets ein starker Druck hin zur Beseitigung von Arbitragegelegenheiten und hin zu einheitlichen Märkten besteht.[57] Damit Arbitrageure für einheitliche Preise sorgen können, müssen die Transaktionskosten und damit das No-Arbitrage-Band allerdings gering sein.[58]

e) Risikoprämien

Anhand der Wahrscheinlichkeitsverteilung des Erwartungswerts eines Anlagewertes kann dessen gewichteter Erwartungswert ermittelt werden, aus dem sich die Renditeerwartung ableiten lässt.[59] Für die Bewertung eines Anlagewertes ist die Renditeerwartung jedoch nicht allein ausschlaggebend, da Risikoprämien ebenfalls zu berücksichtigen sind.[60] Die Marktvolatilität führt zu einer breiteren Wahrscheinlichkeitsverteilung der Renditeerwartungen und bildet damit das

---

[54] Vorn 70 f.
[55] Zu den Arbitrage-Strategien im Einzelnen vorn 70 ff.
[56] *Bodie/Kane/Marcus* (2014), 324, 327; *Varian* (2014), 205.
[57] Hierzu *Bodie/Kane/Marcus* (2014), 324; *Varian* (2014), 205.
[58] Zum No-Arbitrage-Band vorn 71.
[59] Zum Erwartungswert der Renditen und der Wahrscheinlichkeitsverteilung *Bodie/Kane/Marcus* (2014), 130 ff, 135 ff.
[60] Zu Risiko und Ungewissheit *von der Crone* (1993), m. w. H.

traditionelle Risikomass, das etwa im klassischen *Capital Asset Pricing Model* (CAPM) verwendet wird.[61] Nach der Portfoliotheorie ist eine Risikoprämie allerdings lediglich für das nach der Diversifikation verbleibende systematische Risiko (oder Marktrisiko) zu leisten, nicht aber für die Wahrscheinlichkeitsverteilung einer einzelnen Anlage.[62] Die Verwendung der Volatilität als Risikomass ist im Übrigen nicht unumstritten, was im Oberabschnitt III (Volatilität) noch weiter erläutert wird.[63] Beim CAPM handelt es sich um ein Ein-Faktor-Modell, da nur das mit der Wahrscheinlichkeitsverteilung verbundene Risiko berücksichtigt wird.[64] Demgegenüber berücksichtigt etwa das Dreifaktorenmodell von *Fama/French* zwei weitere Faktoren, da die Autoren empirisch feststellten, dass Small Caps sowie Aktien mit einem tiefen Marktwert-zu-Buchwert-Verhältnis höhere Renditen abwerfen.[65]

Neben dem Einfluss eines Titels auf die Marktvolatilität rechtfertigt auch die Illiquidität eines Titels eine Risikoprämie.[66] Die Illiquidität äussert sich in höheren Transaktionskosten, sodass Titel länger gehalten werden müssen, bis sie Renditen abwerfen. Investierte Mittel können folglich nicht gleich günstig für unvorhergesehene Bedürfnisse verwendet werden. Höhere Renditen bei illiquiden Titeln konnten *Amihud/Mendelson* (1986), *Brennan/Subrahmanyam* (1996), *Brennan/Chordia/Subrahmanyam* (1998), *Datar/Naik/Radcliffe* (1998) und *Amihud* (2002) nachweisen, sodass illiquidere Titel gerade für langfristige Anleger attraktiv erscheinen.[67] Ebenfalls einen Einfluss auf den Preis hat gemäss *Easley/Hvidkjaer/O'Hara* (2002) das Risiko informationsbasierten Handels. Sie kamen zum Schluss, dass eine höhere Wahrscheinlichkeit informationsbasierten Handels sich positiv auf die Renditen auswirkt.[68] Dies bedeutet, dass Investoren diese Titel aufgrund des Risikos niedriger bewerten. Ein empirischer Nachweis steht allerdings soweit ersichtlich noch aus. Da Insider zu effizienteren Marktpreisen

---

[61] Zum CAPM *Sharpe* (1964); *Lintner* (1965); *Black* (1972); zu Wahrscheinlichkeitsverteilung und Risikomass im Speziellen *Sharpe* (1964), 427 f.; *Black* (1972), 444.

[62] *Fabozzi/Modigliani* (2009), 172; *Bodie/Kane/Marcus* (2014), 10, 134; diese Erkenntnis geht zurück auf *Markowitz* (1952), 79, der darauf hinwies, dass die Diversifikation die Varianz nicht gänzlich zu eliminieren vermöge.

[63] Hinten 256 ff.

[64] *Fabozzi/Modigliani* (2009), 180; *Merton* entwickelte gestützt darauf ein Multifaktoren-CAPM, bei dem er den Nutzen mit der Lebenserwartung eines Investors in Relation setzte, *Merton* (1973), 687 f.

[65] *Fama/French* (1992), 428 f.

[66] Vgl. *Amihud* (2002), 31; siehe auch *Varian* (2014), 205.

[67] *Amihud/Mendelson* (1986), 224; *Brennan/Subrahmanyam* (1996), 463, die das Dreifaktorenmodell von *Fama/French* verwendeten; *Brennan/Chordia/Subrahmanyam* (1998), 371; *Datar/Naik/Radcliffe* (1998), 216; *Amihud* (2002), 31.

[68] *Easley/Hvidkjaer/O'Hara* (2002), 2187; siehe auch *Amihud* (2002), 34.

führen können und damit gleichzeitig Risiken minimieren, ist der Effekt umstritten.[69]

f) Bemessung der Bewertungseffizienz

Zur Bemessung der Bewertungseffizienz werden verschiedene Kriterien angewendet: die absolute Autokorrelation von Midquote-Renditen, Midquote-Variance-Ratios, (Hochfrequenz-)Standardabweichungen sowie kurzzeitige Renditeerwartungen basierend auf verzögerte Marktrenditen.[70] Sämtliche Kriterien sind insofern in ihrer Aussagekraft begrenzt, als sie sich nicht direkt auf fundamentale Informationen stützen.[71] Dies dürfte am Aufwand und der Vielzahl massgeblicher Faktoren liegen, die bei Fundamentalanalysen zu berücksichtigen sind. Angesichts des Umstandes, dass Ökonomen die Informationseffizienz kaum anhand von fundamentalen Informationen beurteilen, erscheint Vorsicht bei der Würdigung der empirischen Studien angezeigt.

3. Hochfrequenzhandel

a) Modelle

Die meisten Modelle gehen davon aus, dass der Hochfrequenzhandel einen positiven Einfluss auf die Bewertungseffizienz hat. *Cvitanić/Kirilenko* (2010) kamen in einem deterministischen Modell von Hochfrequenzhändlern zum Schluss, dass sich die Transaktionspreise auf die Marktmitte hin konzentrieren.[72] Dies würde bedeuten, dass langsame Händler unter Anwesenheit von Hochfrequenzhändlern angemessenere Preise bezahlen. *Roşu* (2016b) führte aus, dass der Wettbewerb zwischen schnellen informierten Händlern dazu führe, dass diese dem Publikum ihre Informationen im Preis offenlegen und die Bewertungseffizienz äusserst hoch ist.[73] Selbst *Wah/Wellman* (2013), die sich ansonsten sehr kritisch zum Hochfrequenzhandel äusserten, stellten fest, dass der Hochfrequenzhandel die Preisfindung verbessere.[74]

Einen positiven Einfluss des Hochfrequenzhandels auf die Informationseffizienz implizieren auch die Resultate von *Biais/Woolley* (2011), nach denen Market-Orders von Hochfrequenzhändlern mehr Informationen enthalten als menschli-

---

69 *Easley/Hvidkjaer/O'Hara* (2002), 2187; *Wang* (1993), 250.
70 Hierzu etwa *Foley/Putniņš* (2016), 464.
71 *Krugman* (2009).
72 *Cvitanic/Kirilenko* (2010), 3, 21.
73 *Roşu* (2016b), 46.
74 *Wah/Wellman* (2013), 867.

I. Preisbildung

che Market-Orders.[75] *Foucault/Hombert/Roşu* (2016) relativierten insofern, als aggressive Aufträge ihrem Modell zufolge mehr Information hinsichtlich der kurzfristigen Preisentwicklung und weniger hinsichtlich der mittelfristigen Preisentwicklung enthalten.[76] Dennoch würden Hochfrequenzhändler einen grossen Teil ihrer Profite aus dem Handel auf längerfristige Preisveränderungen machen (z. B. ein Tag) und so einen Beitrag zur effizienten Preisfindung leisten.[77] Zu diesen informationsbezogenen Resultaten passen auch die Ergebnisse von *S. Li* (2013), die den Wettbewerb zwischen informierten Händlern untersuchte.[78] Ihr zufolge gehen Market-Maker davon aus, dass nicht alle Händler informiert sind; umgekehrt könnten sich informierte Händler unter den nicht informierten Händlern tarnen, sodass deren Preisbeeinflussung begrenzt sei und die Renditen positiv seien.[79] Je mehr informierte Händler sich im Markt befinden, desto aggressiver müssten die informierten Händler jedoch handeln und desto kleiner seien ihre Renditen.[80]

Bedeutsam für die Informationseffizienz der Preise ist ferner die Rolle der Hochfrequenzhändler als Market-Maker. Schon *Biais/Hombert/Weill* (2010) kamen in einer theoretischen Analyse zur Erkenntnis, dass Algorithmen eine nützlich Rolle bei der Vereinfachung des Market-Making einnehmen.[81] Das dadurch bewirkte Gleichgewicht würde stets paretodominieren gegenüber der Situation, dass nur Limit-Orders gesetzt werden können, wobei sie allerdings einräumen, dass sie Informationsrisikokosten (*adverse selection costs*) im Modell nicht berücksichtigten.[82] *Gerig/Michayluk* (2014) untersuchten die Rolle der Hochfrequenzhändler als neue Market-Maker weiter und gingen dabei davon aus, dass traditionelle Market-Maker die Aufträge bloss anhand der Handelsinformationen (Orderflow) der gehandelten Effekte setzen, während automatisierte Hochfrequenzhändler zusätzliche Handelsinformationen berücksichtigen.[83] Wenig erstaunlich kamen sie zum Schluss, dass die Preise durch die Hochfrequenzhändler als intelligentere Market-Maker effizienter werden.[84]

---

75 *Biais/Woolley* (2011), 9.
76 *Foucault/Hombert/Roşu* (2016), 339.
77 *Foucault/Hombert/Roşu* (2016), 335, 348, 364, die festhalten, dass ihr Modell die Resultate der empirischen Studien von *Carrion* (2013) und *Baron/Brogaard/Kirilenko* (2014) erkläre; siehe *Carrion* (2013), 696; *Baron/Brogaard/Kirilenko* (2014), 27.
78 *S. Li* (2013), 4 f.
79 *S. Li* (2013), 7; siehe auch *Teall* (2013), 125.
80 *S. Li* (2013), 7.
81 *Biais/Hombert/Weill* (2010), 34.
82 *Ibid.*
83 *Gerig/Michayluk* (2014), 1 f.
84 *Gerig/Michayluk* (2014), 2.

Einen negativen Einfluss des Hochfrequenzhandels auf die Bewertungseffizienz vermuten demgegenüber Nobelgedächtnispreisträger *Stiglitz* (2014), *Jarrow/Protter* (2011) sowie potenziell auch *Hirschey* (2016).[85] Nach *Stiglitz* (2014) reduziert der Hochfrequenzhandel die Informationsrenditen derjenigen Händler, die sich bewertungsrelevante Informationen mühsam beschafft haben, sodass die Informationsproduktion weniger attraktiv sei: «*These market players can be thought of as stealing the information rents that otherwise would have gone to those who had invested in information.*»[86] Der Konnex zum Grossman-Stiglitz-Paradoxon, wonach Marktpreise aufgrund der sonst fehlenden Anreize zur Informationsproduktion stets nur relativ effizient sein können, erscheint evident.[87] *Jarrow/Protter* (2011) führten aus, dass Hochfrequenzhändler Markttendenzen und somit Fehlbewertungen kreieren könnten, die sie zu ihren Gunsten ausnutzten.[88] Dies begründeten sie einerseits mit der nach unten geneigten Nachfragekurve für Aktien und andererseits mit der unterschiedlichen Geschwindigkeit von Händlern bei der Durchführung von Transaktionen.[89] *Hirschey* (2016) hielt fest, dass der Hochfrequenzhandel – soweit er das Verhalten von anderen Marktteilnehmern antizipiere – die Bewertungseffizienz kurzzeitig reduziere, es sei denn, es handle sich beim anderen Marktteilnehmer um einen informierten Händler.[90] Gleich wie *Stiglitz* kam daher auch *Hirschey* zum Schluss, dass Hochfrequenzhändler die Anreize für fundamentale Untersuchungen reduzierten und deshalb die Gefahr bestehe, dass diese nicht mehr getätigt würden.[91] Entsprechend sei bei der Beurteilung, ob Hochfrequenzhändler die Preise effizienter machen, die Quelle ihrer Information bedeutsam: Nähmen sie lediglich eine Preisänderung vorweg, die ein informierte Händler mühsam berechnet hat, so werde der wohlfahrtsmaximierende Effekt des Hochfrequenzhandels bei der Preisfindung relativiert.[92]

b) Empirische Erkenntnisse

Die Mehrheit der empirischen Studien kam zum Ergebnis, dass Hochfrequenzhändler einen stärkeren permanenten Einfluss auf die Kurse haben und zu effizienteren Preisen führen, so *Brogaard* (2010), *Hendershott/Riordan* (2011), *Hendershott/Jones/Menkveld* (2011), *Riordan/Storkenmaier* (2012), *Carrion* (2013),

---

[85] *Jarrow/Protter* (2012); *Hirschey* (2016).
[86] *Stiglitz* (2014), 7; siehe damit verbunden auch das Grossman-Stiglitz-Paradoxon in *Grossman/Stiglitz* (1980) vorn 201 sowie hinten 304 ff.
[87] Vorn 201.
[88] *Jarrow/Protter* (2012), 1250022-2.
[89] Ibid.
[90] *Hirschey* (2016), 1 f.
[91] *Hirschey* (2016), 2, 6 f.
[92] *Hirschey* (2016), 7; weiterführend hinten 304 ff.

I. Preisbildung

Brogaard/Hendershott/Riordan (2014) und *Boehmer/Fong/Wu* (2015).[93] *Hendershott/Riordan* (2011) etwa stellten fest, dass algorithmische Händler, die Liquidität entziehen, einen um 20 Prozent grösseren Einfluss auf den Preis haben als menschliche Händler.[94] *Hendershott/Jones/Menkveld* (2011) kamen ihrerseits zum Ergebnis, dass der algorithmische Handel zu einer stärkeren Preisfindung ohne Handel führe, was impliziere, dass Quotes informativer würden.[95] Zum selben Ergebnis kamen auch *Riordan/Storkenmaier* (2012), die ein im Jahr 2007 vorgenommenes Technikupdate an der Deutschen Börse untersuchten, durch das die Systemlatenz von 50 auf 10 Millisekunden reduziert wurde.[96] Dabei stellten sie fest, dass die Quotes nach dem Technikupdate eine um 90 Prozent höhere Beteiligung an der Preisfindung hatten als noch vor demselben.[97] *Boehmer/Fong/Wu* (2015) stellten zudem bei einer empirischen Studie von weltweit 42 Kapitalmärkten zwischen 2001 und 2011 fest, dass die Preisfindung erstaunlich konsistent über alle Märkte hinweg beschleunigt wurde.[98] *Brogaard/Hendershott/Riordan* (2014) kamen etwas konkreter zum Ergebnis, dass die Richtung des Hochfrequenzhandels mit Medieninformationen, marktweiten Preisentwicklungen und Ungleichgewichten im Auftragsbuch korrelierte.[99] Ausserdem würden Hochfrequenzhändler nicht nur an gewöhnlichen, sondern auch an volatilen Tagen gegen zwischenzeitliche Fehlbewertungen zum Marktgleichgewicht hin handeln.[100] Der Informationsvorsprung sei ausreichend rentabel, um durch liquiditätsentziehende Aufträge den Bid-Ask-Spread zu überspringen und die Gebühren auf sich zu nehmen.[101] Konsistent mit *Foucault/Hombert/Roşu* (2013) hätten sie festgestellt, dass Hochfrequenzhändler Preisänderungen um etwa drei bis vier Sekunden vorhersehen könnten.[102]

Während sich *Biais/Woolley* (2011) zur möglichen Verbreitung von manipulativen Praktiken durch den Hochfrequenzhandel äusserte, untersuchten *Cumming/Zhan/Aitken* (2013) manipulative Dislokationen am Ende des Handelstages.[103] Der Anreiz für Manipulationen solcher Art ist deshalb so gross, weil die-

---

93 *Brogaard* (2010), 46 ff.; *Hendershott/Riordan* (2011), 3 f.; *Hendershott/Jones/Menkveld* (2011), 3; *Riordan/Storkenmaier* (2012), 421; *Carrion* (2013), 680 f.; *Brogaard/Hendershott/Riordan* (2014), 2267 ff.; *Boehmer/Fong/Wu* (2015), 2 f., 37.
94 *Hendershott/Riordan* (2011), 3 f.
95 *Hendershott/Jones/Menkveld* (2011), 3.
96 *Riordan/Storkenmaier* (2012), 421.
97 *Riordan/Storkenmaier* (2012), 419.
98 *Boehmer/Fong/Wu* (2015), 2 f., 37.
99 *Brogaard/Hendershott/Riordan* (2014), 2267.
100 *Brogaard/Hendershott/Riordan* (2014), 2267 ff.
101 *Brogaard/Hendershott/Riordan* (2014), 2269.
102 *Brogaard/Hendershott/Riordan* (2014), 2270; vgl. *Foucault/Hombert/Roşu* (2016), 335 ff.
103 *Cumming/Zhan/Aitken* (2013); *Biais/Woolley* (2011), 8 f.

ser Preis für eine Vielzahl von Berechnungen verwendet wird, nicht zuletzt auch für die Broker-Bewertung.[104] *Cumming/Zhan/Aitken* (2013) konnten nun nachweisen, dass die Anwesenheit von Hochfrequenzhändlern die Häufigkeit und den Grad solcher Dislokationen um mehr als 20 Prozent (bzgl. Tagen) beziehungsweise um etwa 50 Prozent (bzgl. Handelswert) reduzierte.[105] Der Effekt, den der Hochfrequenzhandel in dieser Beziehung erziele, sei grösser als jener von Handelsvorschriften zur Eindämmung der Häufigkeit und des Grades von solchen Dislokationen, Aufsicht und Enforcement.[106]

Zu gemischten Resultaten hinsichtlich der Informationseffizienz der Preise kamen demgegenüber *Chaboud/Chiquoine/Hjalmarsson/Vega* (2014).[107] Zunächst stellten sie wenig überraschend fest, dass algorithmische Händler die Möglichkeiten triangulärer Arbitrage auf den Devisenmärkten stark reduzierten, wodurch sich die Bewertungseffizienz verbessere.[108] Allerdings stellten sie auch exzessive Volatilität fest, die stärker mit liquiditätsbereitstellenden Hochfrequenzhändlern zusammenhänge.[109] Sie mutmassten, dies liege möglicherweise daran, dass algorithmische Quotes schneller neue Information wiedergeben.[110] Sofern diese exzessive Volatilität auf bewertungsrelevanten Informationen gründet, kann sie auch als effiziente oder gutartige Volatilität bezeichnet werden.[111]

Kritische Resultate hinsichtlich der Bewertungseffizienz erhielten *X. F. Zhang* (2010) und *Hendershott/Menkveld* (2014).[112] *X. F. Zhang* (2010) kam zum Ergebnis, dass der Hochfrequenzhandel nicht in der Lage sei, Informationen über fundamentale Firmendaten in die Kurse einzuspeisen, und dass Hochfrequenzhändler übertrieben auf Informationen reagierten.[113] *Hendershott/Menkveld* (2014) untersuchten die transitorische Volatilität durch den durch die Nachfrage generierten Preisdruck (*price pressures*) und kamen zum Schluss, dass die täglichen Preisveränderungen stärker durch den mit diesem Preisdruck verursachten Noise als durch bewertungsrelevante Informationen getrieben ist.[114]

---

104 *Cumming/Zhan/Aitken* (2013), 2; *Comerton-Forde/Putniņš* (2011), 136 m. w. H.
105 *Cumming/Zhan/Aitken* (2013), 3.
106 *Cumming/Zhan/Aitken* (2013), 4.
107 *Chaboud/Chiquoine/Hjalmarsson/Vega* (2014).
108 *Chaboud/Chiquoine/Hjalmarsson/Vega* (2014), 2075.
109 *Ibid.*
110 *Ibid.*
111 Hierzu hinten 259.
112 *X. F. Zhang* (2010); *Hendershott/Menkveld* (2014).
113 *X. F. Zhang* (2010), 3.
114 *Hendershott/Menkveld* (2014), 421.

c) Würdigung

Maschinen werden teilweise auf uninformierte Bereitsteller von Liquidität reduziert, deren einziger Vorteil gegenüber den Menschen in der Geschwindigkeit liegt.[115] Dem dürfte anfangs tatsächlich so gewesen sein; neuere Studien wie etwa jene von *Hendershott/Jones/Menkveld* (2011) und *Brogaard/Hendershott/Riordan* (2014) deuten demgegenüber darauf hin, dass diese Ansicht verkürzt ist.[116] Die Mehrheit der Modelle und empirischen Studien finden denn auch einen positiven Einfluss des Hochfrequenzhandels auf die Informationseffizienz der Kapitalmärkte. Neue Informationen dürften schneller und präziser in die Kurse eingespeist werden und Hochfrequenzhändler sorgen durch ständige Arbitrage trotz Fragmentierung für einheitliche Märkte.[117]

Die schnellere Preisfindung im Mikrosekundenbereich wirft die Frage auf, ob diese Beschleunigung für die Volkswirtschaft einen Nutzen bringt. Diese Frage wird im Kapitel 10 (Marktversagen) im Abschnitt zu den Informationsasymmetrien noch thematisiert.[118] Abgesehen davon kann als Kehrseite der schnelleren Preisfindung die Reduktion der Informationsrenditen für fundamentale Analysen betrachtet werden. Sofern Hochfrequenzhändler nicht selbst fundamentale Parameter verwenden und News-Trading betreiben, sondern einzig antizipierende Strategien gestützt auf Handelsinformationen verfolgen, kann sich dieser Umstand negativ auf die Preiseffizienz auswirken.[119] Ein Einpendeln des Preises bei einem etwas weniger informationseffizienten Preis wäre nach dem Grossman-Stiglitz-Paradoxon zu befürchten.[120] Die Notwendigkeit von Informationsrenditen für die Informationseffizienz der Preise wird hinten im Kapitel 10 (Marktversagen) unter Hinweis auf Market-Making-Strategien allerdings relativiert.[121] Ausserdem wurden die Kosten für fundamentale quantitative Analysen durch Computer stark reduziert, was wiederum zur Informationseffizienz beitragen und einen negativen Effekt aufgrund der niedrigeren Informationsrendite wettmachen dürfte.

---

115 *Cvitanic/Kirilenko* (2010), 2.
116 *Hendershott/Jones/Menkveld* (2011), 3; *Brogaard/Hendershott/Riordan* (2014), 2267.
117 Siehe hierzu auch vorn 100.
118 Hinten 293, 305 ff.
119 Siehe auch *Gresser* (2016), 210, der ausführt: «*Im Hochfrequenzhandel sind [...] weniger langfristige fundamentale Einschätzungen entscheidend, sondern kurzfristig und unerwartet eintretende Events, die aufgrund der technologischen Überlegenheit mithilfe der Informationsdatenfeed genutzt werden können.*»
120 Zum Grossman-Stiglitz-Paradoxon vorn 201 sowie hinten 304 ff.
121 Hinten 314 f., 336 f.

Der Konkurrenzdruck durch andere Hochfrequenzhändler erscheint grundsätzlich zu gross, als dass Hochfrequenzhändler abgesehen von Spoofing-Praktiken systematisch (und legal) Fehlbewertungen kreieren und zu ihren Gunsten ausnutzen könnten, würde dies doch durch andere informierte Händler sofort ausgenutzt.[122] Interessant ist denn auch der Nachweis von *Cumming/Zhan/Aitken* (2013), dass die Anwesenheit von Hochfrequenzhändlern die Häufigkeit und den Grad von manipulativen Preisdislokationen am Ende der Handelstage um mehr als 20 Prozent (bzgl. Tagen) beziehungsweise um etwa 50 Prozent (bzgl. Handelswert) reduzierte.[123] Allerdings können Hochfrequenzhändler den von institutionellen Investoren ausgehenden Preisdruck durch antizipierende Strategien zu ihren Gunsten ausnutzen, da zunächst meist unklar sein dürfte, ob dieser Preisdruck lediglich transitorischer oder permanenter Natur ist.[124] Eine erhöhte, handelsgetriebene und damit grundsätzlich nicht effiziente Volatilität ist zu erwarten, worauf etwa die Studien von *Hirschey* (2016), *Chaboud/Chiquoine/Hjalmarsson/Vega* (2014) und *Hendershott/Menkveld* (2014) hindeuten.[125] Dieser Aspekt wird allerdings in den Oberabschnitten II (Liquidität) und III (Volatilität) noch genauer erörtert.[126]

Abschliessend erscheint der Hinweis auf die eingeschränkte Aussagekraft der angeführten empirischen Studien angezeigt. Nobelgedächtnispreisträger *Paul Krugman* hielt in einem Artikel im *New York Times Magazine* im Jahr 2009 überzeugend fest:

> Finance economists rarely asked the seemingly obvious (though not easily answered) question of whether asset prices made sense given real-world fundamentals like earnings. Instead, they asked only whether asset prices made sense given other asset prices. Larry Summers, now the top economic adviser in the Obama administration, once mocked finance professors with a parable about «ketchup economists» who «have shown that two-quart bottles of ketchup invariably sell for exactly twice as much as one-quart bottles of ketchup,» and conclude from this that the ketchup market is perfectly efficient.[127]

Diese Kritik erscheint auch bei Betrachtung der empirischen Studien zu den Auswirkungen des Hochfrequenzhandels auf die Informationseffizienz gerecht-

---

[122] Zum Spoofing vorn 89 f. und hinten 752 ff.
[123] *Cumming/Zhan/Aitken* (2013), 3.
[124] Zu den antizipierenden Strategien vorn 76 ff.; zur Würdigung hinten 321 ff., 766 f., 771 f.
[125] *Hirschey* (2016), 1 f.; *Chaboud/Chiquoine/Hjalmarsson/Vega* (2014), 2075; *Hendershott/Menkveld* (2014), 421.
[126] Hinten 216 ff., 259.
[127] *Krugman* (2009).

fertigt. Diese Studien mögen zwar zum Schluss kommen, dass Kurse einem Random Walk folgen, schneller auf neue fundamentale Informationen reagieren und durch Hochfrequenzhändler eher permanent beeinflusst werden, sodass Hochfrequenzhändler als informierte Händler charakterisiert werden können; damit beantworten sie die Frage nach der Informationseffizienz der Preise jedoch nicht direkt.

4. Dark Pools

Bei der ökonomischen Würdigung von alternativen Handelsplattformen sind drei Faktoren auseinanderzuhalten: die Fragmentierung, die Internalisierung und die Transparenzordnung. Gleichwohl werden diese Faktoren nicht immer sauber getrennt und beispielsweise Effekte der Fragmentierung zugeordnet, die ihre Ursache in der Transparenzordnung haben. Allerdings zeichnet sich ein Grossteil der alternativen Handelssysteme gerade durch die fehlende Transparenz aus, sodass die Verbindung der Transparenz mit der Fragmentierung nicht jeglicher Berechtigung entbehrt.[128] Die Fragmentierung an sich hat aufgrund der Hochfrequenzhändler, die sämtliche Preisdifferenzen durch Arbitrage innert Millisekunden eliminieren, kaum einen Einfluss auf die Preisfindungsqualität.[129] Die Konkurrenz zwischen den verschiedenen Handelsplätzen führt zudem zu niedrigen Transaktionskosten und somit zu einem schmalen No-Arbitrage-Band.[130] Demgegenüber ist der Einfluss der fehlenden Transparenz auf die Preisfindungsqualität zu untersuchen.

a) Modelle

Die Intuition lässt einen negativen Einfluss von Dark Pools auf die Preisfindungsqualität vermuten. *Hendershott/Mendelson* (2000) und *M. Ye* (2011) kamen denn auch intuitionsgemäss zum Schluss, dass Crossing-Systeme den Anteil an informierten Händlern in transparenten Dealer-Märkten reduzieren und dadurch auch die Preisfindungsqualität.[131]

Der negative Effekt auf die Preisfindung wird bereits von den vorgenannten Autoren selbst relativiert. *Hendershott/Mendelson* (2000) führten aus, dass Dealer aufgrund des sich aus der Subsidiarität des Dealer-Marktes ergebenden höheren Risikos effizientere Preise setzen müssten und *M. Ye* (2011) hielt fest, dass der informierte Handel in Crossing-Systemen die Ausführungswahrscheinlichkeit

---

[128] Hierzu vorn 17 ff.
[129] Vgl. *O'Hara/Ye* (2011), 472, die sogar einen positiven Einfluss feststellten.
[130] Zum No-Arbitrage-Band vorn 71.
[131] *Hendershott/Mendelson* (2000), 2104; *M. Ye* (2011), 39.

reduziere, wodurch die Wettbewerbsfähigkeit des Crossing-Systemen beeinträchtigt werde.[132] Wird die Ausführungswahrscheinlichkeit in Crossing-Systemen reduziert, so müsste dies umgekehrt dazu führen, dass informierte Händler transparente Handelsplätze wählen. *H. Zhu* (2014) und mit ihm *Degryse/de Jong/van Kervel* (2015) kamen daher zum Schluss, dass Dark Pools zu einer Konzentration von preisrelevanten Informationen an den Börsen (bzw. den preistransparenten Handelsplätzen) führen und dadurch die Preisbildung insgesamt verbessern.[133] Zu einem positiven Urteil kamen auch *Boulatov/George* (2013), in deren Modell verdeckte Aufträge einen verstärkten Wettbewerb unter Bereitstellern von Liquidität und dadurch auch effizientere Preise zur Folge haben.[134]

Unbestritten sein dürfte, dass die effiziente Preisfindung erfordert, dass transparente Märkte zumindest nicht vollständig durch intransparente Märkte verdrängt werden. *Daniëls/Dönges/Heinemann* (2013) untersuchten entsprechend die Frage, ob intransparente Handelsplätze Dealer-Märkte verdrängen oder mit ihnen koexistieren.[135] Zwar würden Dealer-Märkte den Vorteil der Ausführungssicherheit mit sich bringen, Crossing-Systeme seien dafür aber kostengünstiger.[136] Nur geschwindigkeitssensitive Händler würden daher auf den transparenten Dealer-Märkten handeln, während geduldige Händler ihre Transaktionen über Crossing-Systeme abwickelten.[137] Der mit dem Spread verbundene Kostenaufschlag in Dealer-Märkten könne als Versicherung betrachtet werden gegenüber dem im Crossing-System bestehenden Ausführungsrisiko.[138] Die Autoren kamen zum Schluss, dass ein koexistierendes Gleichgewicht bestehe, der Marktanteil des Crossing-Systems sich allerdings mit zunehmender Liquidität vergrössere.[139] In einem ähnlichen Sinne stellten *Menkveld/Yueshen/Zhu* (2017) die Hypothese auf, dass Investoren transparente und intransparente Plattformen nach den Kosten (*price impact* und *information leakage*) sowie der Unmittelbarkeit sortieren: Zuoberst wären demnach die Plattformen mit den niedrigsten Kosten und Unmittelbarkeit, zuunterst jene mit den höchsten Kosten und Unmittelbarkeit.[140] Normalerweise würden sie die Plattform mit den niedrigeren Kosten und Unmittelbarkeit bevorzugen, jedoch mit zunehmender Dringlich-

---

[132] *Hendershott/Mendelson* (2000), 2104; *M. Ye* (2011), 39.
[133] *H. Zhu* (2014), 747; *Degryse/de Jong/van Kervel* (2015), 1592.
[134] *Boulatov/George* (2013), 2098.
[135] *Daniëls/Dönges/Heinemann* (2013), 42.
[136] *Ibid.*
[137] *Ibid.*
[138] *Daniëls/Dönges/Heinemann* (2013), 53.
[139] *Ibid.*
[140] *Menkveld/Yueshen/Zhu* (2017), 504 f.

keit zu den anderen Plattformen wechseln.[141] Konkret seien dadurch einseitige Dark Pools zuoberst, die weiteren Dark Pools in der Mitte und die transparenten Handelsplätze zuunterst einzuordnen.[142] *Linnainmaa/Saar* (2012) untersuchten den Informationsgehalt der Broker-ID und erstellten verschiedene Investorengruppen, denen sie Broker zuordneten.[143] Dabei stellten sie ein starkes, von den Brokergruppen ausgehendes Signal fest, was nahelege, dass Marktteilnehmer die Broker-ID nutzten, um informierte Händler von Noise-Tradern zu unterscheiden.[144] Dies führe dazu, dass bei Verbergen der Broker-ID die Bewertungseffizienz zugunsten der Liquidität abnehme, da sich das Wissen informierter Händler weniger schnell im Preis widerspiegle.[145]

Neutrale Ergebnisse erhielten *Bloomfield/O'Hara/Saar* (2015) und *Gozluklu* (2016), die zum Schluss kamen, dass dunkle Liquidität keinen beziehungsweise kaum einen Einfluss auf die Bewertungseffizienz habe.[146] *Bloomfield/O'Hara/Saar* (2015) hielten fest, dass die Handelsstrategien der Marktteilnehmer viel stärker beeinflusst würden als der Markt selbst.[147] Zwar würden sowohl informierte Händler als auch Liquidity-Trader die nicht angezeigten Aufträge gegenüber den angezeigten Aufträgen bevorzugen, Liquidity-Trader aber in opaken Märkten aggressiver handeln, während informierte Händler ihren Informationssprung durch passive Limit-Orders länger auszunutzen versuchten.[148] Auf einem transparenteren Markt würde sich demgegenüber der Wettbewerb zwischen informierten Händlern intensivieren, was sie zu einer aggressiveren Handelsstrategie veranlasse.[149]

b) Empirische Erkenntnisse

Jiang/McInish/Upson (2012) und *Comerton-Forde/Putniņš* (2015) bestätigen die Annahme von *H. Zhu* (2014) und *Degryse/de Jong/van Kervel* (2015), dass Dark Orders grundsätzlich weniger informiert sind als transparente Aufträge.[150] Während *Jiang/McInish/Upson* (2012) daraus schliessen, dass intransparente Handelsplätze aufgrund der Konzentration informierter Händler an der Börse zu ei-

---

141 *Ibid.*
142 *Menkveld/Yueshen/Zhu* (2017), 504 f.
143 *Linnainmaa/Saar* (2012).
144 *Linnainmaa/Saar* (2012), 1417, 1428.
145 *Linnainmaa/Saar* (2012), 1418.
146 *Bloomfield/O'Hara/Saar* (2015), 2230; *Gozluklu* (2016), 92 f., 113.
147 *Bloomfield/O'Hara/Saar* (2015), 2230.
148 *Ibid.*
149 *Ibid.*
150 *Jiang/McInish/Upson* (2012), 2; *Comerton-Forde/Putniņš* (2015), 70 f.; vgl. *H. Zhu* (2014), 747; *Degryse/de Jong/van Kervel* (2015), 1592.

ner Verbesserung der Preisfindung führen, geben *Comerton-Forde/Putniņš* (2015) zu bedenken, dass dadurch der Anreiz für intensive Finanzanalysen reduziert und die Informationsrisiken (adverse Selektion) auf den transparenten Märkten erhöht würden, wodurch sich der Spread erweitere.[151] Letztere stellten zudem fest, dass sich der Dark Trade und der Block-Trade unterschiedlich auf die Informationseffizienz auswirken: Der Dark Trade habe in einem kleinen Umfang keinen oder sogar einen positiven Einfluss auf die Preisfindung, während der Einfluss negativ sei ab einem Marktanteil von 10 Prozent am Dollarvolumen;[152] Demgegenüber seien die Auswirkungen von Block-Trades auf die Informationseffizienz bis zu einem Wert von etwa 40 Prozent des Handelsvolumens positiv.[153] *Buti/Rindi/Werner* (2011b) kamen zum Ergebnis, dass Dark Pools zu einer geringeren kurzfristigen Volatilität führten, woraus sie eine Verbesserung der Preiseffizienz ableiteten.[154] Allerdings würden andere Faktoren (Autokorrelation und *variance ratio*) nahelegen, dass die Aktivität in Dark Pools mit nicht effizienten Preisen verbunden sei.[155] *Foley/Putniņš* (2016) kamen zum Schluss, dass der zweiseitige Dark Trade mit endogener Preisbestimmung – nicht aber einseitige Dark Pools mit exogener Preisbestimmung – zur Effizienz des Kapitalmarkts beitrage.[156] Sie untersuchten die Einführung von Regeln für minimale Preisschritte in Kanada, die zu einem Einbruch des Dark Trades um einen Drittel führte, und stellten fest, dass sich die Kurse weniger zufällig entwickelten, wie es bei informationeller Effizienz zu erwarten wäre.[157] Allerdings fügten die Autoren an, dass es möglich sei, dass die Effekte nicht linear seien und die Effekte ab einem gewissen Umfang des Dark Trades – wie die Ergebnisse von *Comerton-Forde/Putniņš* (2015) nahelegen – einen negativen Einfluss auf die Marktqualität hätten.[158] Ausserdem hätten sie auch den Einfluss von systematischen Internalisierern nicht untersucht.[159]

In das Bild, wonach Händler nur noch bei Fehlbewertungen die transparenten Märkte aufsuchen, passt auch das von *Menkveld/Yueshen/Zhu* (2017) propagierte Dreistufenmodell zur Rangordnung von Handelsplätzen, wonach die Marktteilnehmer den Handelsplatz abhängig von der Dringlichkeit wählen.[160] Ihre Hypothese bekräftigen sie mit einer empirischen Studie. Dabei stellten sie

---

[151] *Jiang/McInish/Upson* (2012), 3, 5; *Comerton-Forde/Putniņš* (2015), 70 f.
[152] *Comerton-Forde/Putniņš* (2015), 88.
[153] *Ibid.*
[154] *Buti/Rindi/Werner* (2011b), 28.
[155] *Ibid.*
[156] *Foley/Putniņš* (2016), 457.
[157] *Foley/Putniņš* (2016), 464, 471, 478 f.
[158] *Foley/Putniņš* (2016), 479; vgl. *Comerton-Forde/Putniņš* (2015), 88.
[159] *Ibid.*
[160] *Menkveld/Yueshen/Zhu* (2017), 504 f.

fest, dass der Marktanteil von einseitigen Dark Pools in der Minute nach der Bekanntgabe makroökonomisch bedeutsamer Daten um 38.5 Prozent tiefer ist als gewöhnlich und jener der zweiseitigen Dark Pools um 22.7 Prozent abnimmt, während der Marktanteil der transparenten Handelsplätze um 9.1 Prozent steigt.[161]

c) Würdigung

Bei der Beurteilung von alternativen Handelsplattformen sind die Faktoren der Fragmentierung, Internalisierung und Transparenzordnung auseinanderzuhalten. Die Fragmentierung dürfte kaum einen Einfluss auf die Preisfindung haben, da der Aktienmarkt aufgrund der Hochfrequenzhändler als Arbitrageure trotz der räumlichen Fragmentierung virtuell vereinigt ist, es sich also um einen Markt mit vielen Eingangstüren handelt.[162] Der Wettbewerb unter den Handelsplätzen und die dadurch induzierten tiefen Transaktionskosten führen zudem zu einem dünnen No-Arbitrage-Band.[163] In einem von Hochfrequenzhändlern effizient bewirtschafteten System hat jeder, der sich in der Nähe eines einzelnen Handelsplatzes befindet, den Zugriff auf das Gesamtsystem und somit einen schnelleren Zugang, als wenn er sich entscheidet, über das langsame öffentliche Netzwerk über einen weit entfernten Handelsplatz mit den dort kotierten Titeln zu handeln. Das Gleiche müsste nicht nur für den Zugang von Teilnehmern, sondern auch für das Einspeisen von bewertungsrelevanten Informationen in Kurse gelten. Insofern könnte sich die Fragmentierung auch abgesehen von den durch den Wettbewerb reduzierten Transaktionskosten positiv auf die Bewertungseffizienz auswirken.

Der Einfluss der Transparenzordnung auf die Preisfindungsqualität ist nicht restlos geklärt. Die empirischen Studien scheinen dem vereinzelt in Modellen zu findenden Schluss, dass Dark Pools zu einer Verschlechterung der Preisfindungsqualität führen, eher zu widersprechen. Dieses auf den ersten Blick kontraintuitive Ergebnis wird in der Regel damit begründet, dass Noise-Trader in Dark Pools handelten und sich der informierte Handel auf die transparenten Handelsplätze konzentriere.[164] Verfehlt wäre sicher die Ansicht, dass informierte Händler Dark Pools meiden, denn es kann davon ausgegangen werden, dass informierte Händler Liquidität in Dark Pools konsumieren, bevor oder gleichzeitig mit der Reaktion an den transparenten Handelsplätzen.[165] Während ein Ungleichgewicht von Aufträgen an Börsen zu einer Beeinflussung des Preises führt,

---

[161] *Menkveld/Yueshen/Zhu* (2017), 506.
[162] *O'Hara/Ye* (2011), 472; vorn 100.
[163] Zum No-Arbitrage-Band vorn 71.
[164] Vorn 211 ff.
[165] Zum Hochfrequenzhandel in Dark Pools vorn 29, 82 ff.

wird in Dark Pools zunächst lediglich die Ausführwahrscheinlichkeit reduziert.[166] Dadurch könnte sich die Preisfindung leicht verlangsamen. Aufgrund des Wettbewerbsdrucks zwischen informierten Händlern haben diese wohl kaum eine andere Wahl, als dennoch ziemlich aggressiv mit ihren Informationen zu handeln, sodass Dark Pools bis zu einem relativ hohen Marktanteil kaum einen Einfluss auf die Preisbildungsqualität haben dürften. Wird davon ausgegangen, dass der Handel letztlich stets zu ineffizienter Volatilität durch Preisdruck (*price pressures*) führt, können Dark Pools die Preisbildungsqualität auch positiv beeinflussen und dadurch den negativen diesbezüglichen Effekt des Hochfrequenzhandels kompensieren.[167] Ausserdem kann die Vergrösserung der Informationsrendite Anreize für fundamentale Analysen schaffen, wodurch die langsamere Preisfindung wiederum einen positiven Effekt auf die Bewertungseffizienz haben könnte. Eine gewisse Gefahr kann in der Annahme gesehen werden, dass der Dark Trade weniger informiert sei als der transparente Handel. Wenn informierte Händler in Dark Pools im Sinne der im Abschnitt zur Liquidity-Detection ausgeführten Handelsstrategie Informationen sammeln, stellen sie nicht informierte Aufträge, denn sie wollen dem Pool ja gerade Information entziehen.[168]

Insgesamt dürften Dark Pools, sofern der Marktanteil nicht zu stark steigt, kaum einen Einfluss auf die Preisfindungsqualität haben. Aufgrund des Bedürfnisses nach einem transparenten Handel ist zudem auch nicht davon auszugehen, dass intransparente Handelsplätze transparente Handelsplätze vollständig verdrängen könnten. Ferner haben transparente Märkte insofern einen natürlichen Vorteil gegenüber Dark Pools, als sie aus Handelsinformationen mehr Profit schlagen können.[169] Die mit Dark Pools verbundenen Befürchtungen hinsichtlich der Preisfindungsqualität der Kapitalmärkte erscheinen daher kontraintuitiv nicht so gross, wie sie auf den ersten Blick scheinen.

II. Liquidität

1. Befürchtungen

Verschiedene Marktteilnehmer haben die Befürchtung geäussert, dass Hochfrequenzhandel und Dark Pools die Liquidität des Finanzmarkts beeinträchtigten. Den Hochfrequenzhandel machen sie dafür verantwortlich, dass sie keine gros-

---

[166] *M. Ye* (2011), 5.
[167] Zum nachfrageinduzierten Preisdruck siehe *Hendershott/Menkveld* (2014).
[168] Vorn 82 ff.
[169] Hierzu hinten 331 f.

sen Aufträge mehr ausführen könnten.¹⁷⁰ Zwar würden Hochfrequenzhändler das Handelsvolumen steigern; die Liquidität nehme dadurch aber nur scheinbar zu, da sich die Hochfrequenzhändler lediglich als Mittelsmänner zwischen verschiedene Händler positionierten.¹⁷¹ Entsprechend hielt etwa *Warren Buffett* fest: «*It's not a liquidity provider; it may create more volume but that's not the same as being a liquidity provider.*»¹⁷² Andere Investoren und Händler machen Hochfrequenzhändler gar für erhöhte Transaktionskosten verantwortlich und bemängeln, dass sie keine andere Wahl mehr hätten, als den Spread zu bezahlen, da das Platzieren von Limit-Orders bei Anwesenheit von Hochfrequenzhändlern mit erheblichen Informationsrisiken (*adverse selection risk*) verbunden sei.¹⁷³ Ferner wird beanstandet, dass sich Hochfrequenzhändler auf die liquidesten Titel konzentrierten, wo kein Bedarf nach zusätzlicher Liquidität bestehe.¹⁷⁴ Schliesslich kritisieren diverse Autoren, dass sich Hochfrequenzhändler in Krisenzeiten vom Markt zurückzögen und von der Bereitstellung von Liquidität absehen würden.¹⁷⁵

Während die Wirkungszusammenhänge zwischen dem Hochfrequenzhandel und der Marktliquidität komplex sind, dürften negative Auswirkungen von Dark Pools auf die Marktliquidität grundsätzlich erwartet werden.¹⁷⁶ Dies gilt zumindest dann, wenn lediglich die transparenten Handelsplätze betrachtet werden. Die Argumentation liegt auf der Hand: Die Liquidität der transparenten Märkte wird durch die Verlagerung von Handelsvolumen in Dark Pools reduziert. Teilweise wird indes gar befürchtet, dass der Dark Trade nicht nur die Liquidität der transparenten Handelsplätze, sondern selbst die Liquidität des Gesamtmarktes beeinträchtige.¹⁷⁷ Bei genauerer Betrachtung sind die Auswirkungen von Dark Pools auf die Liquidität jedoch ebenfalls nicht von vornherein eindeutig: So kann das Handelsvolumen wohl als Indiz für die Liquidität dienen, massgebend sind aber – wie noch zu zeigen sein wird – in erster Linie die Trans-

---

170 *Hendershott/Jones/Menkveld* (2011), 31.
171 *Biais/Woolley* (2011), 14; *Cartea/Penalva* (2011), 10 f.; ähnlich *Brown* (2010), 113; *Kindermann/Coridaß* (2014), 179.
172 Siehe *www.cnbc.com/2014/05/05/buffett-gates-and-munger-criticize-high-frequency-trading.html*.
173 *Biais/Woolley* (2011), 9, 15; *Cartea/Penalva* (2011), 11; zur Überquerung des Spread auch *Pragma Securities* (2012), 2.
174 *Aldridge* (2013), 152.
175 *Haldane* (2011), 6, 14; *Weller* (2013), 22; *Sornette/von der Becke* (2011), 7 f.; *Biais/Woolley* (2011), 14; *Cartea/Penalva* (2011), 10 f.; *Buchanan* (2015), 162; *Aebersold Szalay* (2013); *Stiglitz* (2014), 10; ähnlich *Brown* (2010), 113; hierzu hinten 388 ff., 450 ff.
176 *Eng/Frank/Lyn* (2014), 48; *Baisch/Baumann/Weber* (2014), 193; *Pragma Securities* (2012), 1 f.
177 Siehe *Bloomfield/O'Hara/Saar* (2015), 2228, die diese Ansicht allerdings nicht teilen.

aktionskosten.[178] Dies bedeutet, dass ein Markt liquid sein kann, ohne dass Transaktionen getätigt werden; die Möglichkeit zum Handel allein reicht aus.[179] Die Verschiebung von Handelsvolumen in Dark Pools muss folglich die transparenten Märkte nicht zwingend illiquider machen.

2. Ökonomische Grundlagen

a) Begriff und Bedeutung der Liquidität

Bei der Liquidität ist zu unterscheiden zwischen der Marktliquidität und der Schuldnerliquidität. Die Marktliquidität kann definiert werden als Möglichkeit, Transaktionen innert kurzer Zeit und zu niedrigen Kosten durchzuführen.[180] Als Schuldnerliquidität wird die Fähigkeit (oder aus der Gläubigerperspektive auch die Bereitschaft) eines Schuldners bezeichnet, einer kurzfristigen Verpflichtung nachzukommen.[181] In diesem Abschnitt interessiert die Marktliquidität, die allerdings bis zu einem gewissen Grad mit der Schuldnerliquidität zusammenhängt.

Der vollkommene Markt ist als Modellfall unbeschränkt liquid, sodass Händler Transaktionen stets unmittelbar ausführen können und dabei den Preis nicht beeinflussen.[182] Der bewertungseffiziente Preis einer Anlage würde sich einzig anhand der zu erwartenden Renditen und Risiken bestimmen und bliebe durch Angebot und Nachfrage unbeeinflusst.[183] Kapitalmärkte sind jedoch nicht unbeschränkt liquid. Gerade Händler, die mit grösseren Volumen handeln, beeinflussen dadurch den Preis der Wertpapiere teilweise erheblich, was institutionelle Investoren allerdings soweit möglich zu verhindern versuchen.[184] Die kurzfristige Beeinflussung der Preise dürfte dabei grundsätzlich stärker sein als die langfristige Beeinflussung; wird der Preis durch Händler permanent beeinflusst, deu-

---

[178] Hinten 221 ff.
[179] Hierzu sogleich 2a).
[180] *Foucault/Pagano/Röell* (2013), 2; *Samuelson/Nordhaus* (2010), 288; vgl. *Mankiw* (2015a), 611.
[181] In diesem Sinne wird der Begriff in der Liquiditätsverordnung sowie in der FINMA-RS 2015/2 (Liquidiätsrisiken Banken) verwendet; zu Liquiditätsrisiken der Finanzmarktinfrastrukturen im Sinne der Schuldnerliquidität *L. Staehelin*(2012), 22; *Oleschak* (2009), 6; *Haene* (2009), 6; hinten 362 f.
[182] *Samuelson/Nordhaus* (2010), 64.
[183] Zur Bewertung vorn 197 ff., 202 ff.
[184] Hierzu vorn 25 f.

tet dies auf einen informierten Händler hin.¹⁸⁵ Da die Illiquidität als Risiko abzugelten ist und illiquidere Wertpapiere länger gehalten werden müssen, bis sie profitabel sind, wirkt sich die Liquidität nicht nur auf die Transaktionskosten, sondern direkt auf die Wertpapierkurse aus.¹⁸⁶

b) Bemessung der Liquidität

Zur Bemessung der Liquidität werden das Handelsvolumen, die Ausführungszeit, transaktionskostenbezogene Parameter, der Amihud-Massstab sowie weitere Indizien herangezogen. Wie nachfolgend zu zeigen sein wird, sind allerdings nicht all diese Parameter gleich aussagekräftig.

aa) Handelsvolumen

Ein hohes Handelsvolumen ist aus vier Gründen ein gutes Indiz für einen liquiden Markt. Erstens impliziert es, dass Händler zu jeder Zeit einen Abnehmer finden, wodurch die mit Limit-Orders verbundenen Wartekosten reduziert werden.¹⁸⁷ Zweitens erhöht es die Aussagekraft der Marktpreise und reduziert dadurch die mit der Bereitstellung von Liquidität verbundenen Risiken. Drittens profitieren Market-Maker von positiven Skaleneffekten, was wiederum die Transaktionskosten reduzieren müsste, und viertens kann ein hohes Handelsvolumen umgekehrt eine Folge niedriger Transaktionskosten sein, da sich eine hohe Anzahl Transaktionen nur bei niedrigen Transaktionskosten auszahlen kann und ein kleineres No-Arbitrage-Band häufiger Möglichkeiten zur Arbitrage eröffnet.¹⁸⁸

Die Aussagekraft des Handelsvolumens ist allerdings wie bereits angedeutet beschränkt. So führten etwa *Cartea/Penalva* (2011) oder auch *Biais/Woolley* (2011) aus, dass Hochfrequenzhändler die Liquidität trotz eines höheren Handelsvolumens nicht erhöhen, da sie lediglich als Agenten zwischen Niederfrequenzhändlern und Market-Makern wirkten.¹⁸⁹ Die Aussagekraft des Handelsvolumens ist aber auch deshalb beschränkt, weil das Handelsvolumen in einem vollkommenen Markt kleiner ist als in einem unvollkommenen Markt, da die Bereitsteller von Liquidität in einem vollkommenen Markt die effiziente Bewer-

---

185 *Brogaard* (2010), 46 ff.; *Hendershott/Riordan* (2011), 3 f.; *Hendershott/Jones/Menkveld* (2011), 3; *Riordan/Storkenmaier* (2012), 421; *Carrion* (2013), 680 f.; *Boehmer/Fong/Wu* (2015), 2 f., 37; *Brogaard/Hendershott/Riordan* (2014), 2267 ff.
186 Zur Prämie für die Illiquidität *Amihud* (2002), 31; vorn 203.
187 Hierzu *Demsetz* (1968), 41.
188 Zu den Transaktionskosten *Williamson* (1985), 60 f.; zum No-Arbitrage-Band vorn 71.
189 *Cartea/Penalva* (2011), 11, 44; *Biais/Woolley* (2011), 14; ähnlich *Brown* (2010), 113.

tung stets von sich aus vornehmen.[190] Ein weniger grosses Handelsvolumen muss folglich nicht bedeuten, dass der Markt weniger liquid wäre. Im Gegenteil: Market-Maker können die Liquidität günstiger zur Verfügung stellen, wenn sie sich nicht dem Risiko ausgesetzt sehen, dass sogenannte Sniper schneller auf neue Informationen reagieren können als sie.[191] Ein Marktteilnehmer kann dann möglicherweise genauso schnell seine Position verkaufen und bezahlt trotz tieferem Handelsvolumen tiefere Transaktionskosten. Insgesamt ist daher festzuhalten, dass das Handelsvolumen ein Indiz für einen liquiden Markt bilden kann, für eine aussagekräftige Betrachtung aber zu ungenau ist.

bb) Ausführungszeit

Das Kriterium der Ausführungszeit als Liquiditätsmass ergibt sich direkt aus der Definition der Marktliquidität, wurde diese doch definiert als Möglichkeit, Transaktionen innert kurzer Zeit und zu niedrigen Kosten durchzuführen.[192] Die Ausführungszeit ist allerdings keine absolute Grösse, sondern steht in einem engen Verhältnis zu den Transaktionskosten. Existieren zweiseitig Angebote, so erreicht ein Händler eine Verkürzung der Ausführungszeit, indem er den Spread und die mit dem Pricetaking verbundenen zusätzlichen Börsengebühren[193] bezahlt; die expliziten Transaktionskosten nehmen also mit der Verkürzung der Ausführungszeit zu. Stellt der Händler demgegenüber eine Limit-Order, muss er warten, bis ein anderer Händler sein Angebot annimmt. Die expliziten Transaktionskosten sind dann kleiner, aber allenfalls die impliziten Transaktionskosten höher.[194] Implizite Transaktionskosten zeigen sich etwa darin, dass kein anderer Händler auf das Angebot eingeht, dass die Limit-Orders den Marktpreis negativ beeinflussen und der Investor bessere Angebote unterbreiten muss, oder dass neue Informationen den Markt erreichen, auf die der Investor weniger schnell als andere Händler reagieren kann, sodass er eine Transaktion zu einem für ihn unvorteilhaften Preis tätigt.[195] Ob eine Transaktion eine Sekunde früher oder später ausgeführt wird, ist für den langfristigen Investor – im Gegensatz zu geschwindigkeitssensitiven Händlern – grundsätzlich von untergeordneter Bedeutung. Aufgrund der impliziten Transaktionskosten ist aber dennoch fraglich, ob ein Händler durch Limit-Orders eine bessere Ausführungsqualität erreichen kann. Auf grundsätzlich liquiden Märkten erscheinen folglich zumindest für

---

[190] *Biais/Hombert/Weill* (2010), 1, 4.
[191] Zum News-Trading vorn 68 ff.
[192] Vorn 218.
[193] Zum gebräuchlichen Maker-Taker-Modell vorn 51 ff.
[194] Zu expliziten und impliziten Transaktionskosten hinten 221 f.
[195] Zu den Bestandteilen des Spreads hinten 222 f.; siehe auch die Ausführungen zum sogenannten *order book fade* vorn 80 ff.

mittel- bis langfristige Investoren die Transaktionskosten das weit bessere Liquiditätsmass als die Ausführungszeit.

cc) *Transaktionskosten*

aaa) *Begriff*

Als Transaktionskosten werden die Kosten bezeichnet, die bei der Übertragung von Handlungsrechten (Property Rights) an Rechtsobjekten anfallen.[196] *Arrow* definierte sie als *costs of running the economic system* und *Williamson* vergleicht sie mit den Friktionen in physikalischen Systemen.[197] Unterschieden werden die Transaktionskosten von den Produktionskosten.[198] Allerdings stehen der Einkauf eines Gutes und die Produktion desselben in einer Make-or-Buy-Entscheidung als Alternative zur Verfügung, wie *Coase* in seinem ersten berühmten Artikel *The Nature of the Firm* anschaulich darlegte.[199] Operationelle Effizienz, Liquidität, Transaktionskosten, Marktversagen und auch das Organisationsversagen sind entsprechend eng miteinander verknüpft.

bbb) *Aufgliederung*

Bezogen auf Finanztransaktionen werden teilweise explizite und implizite Transaktionskosten unterschieden.[200] Vorgezogen wird hier die Unterscheidung zwischen expliziten operationellen Kosten, Illiquiditätskosten und Informationskosten. Beispiele für *explizite operationelle Kosten* sind Handels-, Clearing- und Settlementgebühren der Handelsplattformbetreiber, Broker-Kommissionen sowie Transaktionssteuern.[201] *Illiquiditätskosten* ergeben sich aus der Illiquidität des Marktes und hängen direkt mit der Unmittelbarkeit der Ausführung sowie der Marktgegenseite zusammen, wodurch Illiquiditätskosten auch Zeit-, Spiel- und Risikokosten sind. Zu den *Informationskosten* zählen Informationsbeschaffungs-, -überprüfungs- und -verarbeitungskosten.[202] Informationskosten können bei Finanzanalysen sowie der Verarbeitung von neuen fundamentalen Informationen anfallen, ebenso wie bei der Suche des Handelsplatzes mit den besten Konditionen sowie bei der Analyse des Verhaltens anderer Marktteilnehmer und der Ausrichtung des eigenen Verhaltens danach. Zusammenfassend hängen operationelle Kosten mit dem Markt, Illiquiditätskosten mit der Marktgegenseite

---

[196] Ähnlich bspw. *Schäfer/Ott* (2012), 73.
[197] *Arrow* (1969), 48; *Williamson* (1985), 19.
[198] So bspw. *Williamson* (1985), 18.
[199] *Coase* (1937), 388 ff.; zum Markt- und Organisationsversagen siehe vorn 174 ff., 184 f.
[200] So *Foucault/Pagano/Röell* (2013), 47; *Aldridge* (2013), 101 ff.
[201] Siehe bspw. *Aldridge* (2013), 99 ff.
[202] Zu den Informationskosten *Ruffner* (2000), 363 f.; *Zobl/Kramer* (2004), N 16; vorn 201.

und Informationskosten mit der eigenen Entscheidungsfindung zusammen, wobei die Entscheidungsfindung allerdings vom Markt und der Marktgegenseite getrieben ist.

ccc) *Konkretisierung der Illiquiditätskosten*

Ausgehend von einem dynamischen Verständnis der Transaktionskosten werden die Illiquiditätskosten nach *Back* und *Kyle* anhand von drei Kriterien bemessen: dem Spread, der Markttiefe und der Resilienz (*resiliency*; Rückfederung).[203] Teilweise werden ferner mit der verzögerten Ausführung verbundene Wartekosten als vierte Kategorie aufgeführt.[204]

(1) Spread

Beim Spread wird unterschieden zwischen dem quotierten, dem effektiven und dem realisierten Spread.[205] Als quotierter Spread wird die Differenz zwischen den besten (angezeigten) Kauf- und Verkaufsaufträgen (Bid und Ask) bezeichnet.[206] Der effektive Half-Spread besteht in der Differenz zwischen dem Mittelpunkt (Midpoint) der besten quotierten (das heisst sich im Auftragsbuch befindlichen) Kauf- und Verkaufsaufträge sowie dem tatsächlichen Transaktionspreis bei Verwendung einer Market-Order.[207] Diese Berechnung kann als Massstab für die Beeinflussung des Preises durch eine Transaktion verwendet werden (auch Slippage-Effekt).[208] Der realisierte Half-Spread wird anhand der Differenz zwischen dem Transaktionspreis bei Verwendung einer Market-Order und den Midquotes um in der Regel 5 oder 30 Minuten nach der Transaktion bestimmt.[209] Mit ihm kann bemessen werden, ob sich der Preis nach Abschluss der Transaktion zugunsten oder zuungunsten eines Investors, der eine Market-Order unterbreitete, entwickelte.[210] Ebenso wird damit der Profit des Bereitstellers von Liquidität quantifiziert, wenn er seine Position zu einem späteren Zeitpunkt zum Midpoint rückabwickelt.[211]

---

[203] *Black* (1971), 30; *Kyle* (1985), 1316 f.; *Roşu* (2016a), 5.
[204] So bspw. *Foucault/Pagano/Röell* (2013), 47.
[205] Zur Unterscheidung *Stoll* (1989), 115; *Foucault/Pagano/Röell* (2013), 49 ff.; *Hendershott/Jones/Menkveld* (2011), 7 ff.; *Foley/Putniņš* (2016), 464.
[206] Bspw. *Stoll* (1989), 115; *Foucault/Pagano/Röell* (2013), 49; *Foley/Putniņš* (2016), 464.
[207] *Foucault/Pagano/Röell* (2013), 50; *Hendershott/Jones/Menkveld* (2011), 8 ff.; etwas anders *Stoll* (1989), 115.
[208] *Foucault/Pagano/Röell* (2013), 51.
[209] *Hendershott/Jones/Menkveld* (2011), 11; nach Rule 605 Reg NMS werden die Quotes 5 Minuten nach der Transaktion als Referenzgrösse gewählt; vgl. *SEC Concept Release on Equity Market Structure 2010*, 3604.
[210] *SEC Concept Release on Equity Market Structure 2010*, 3604.
[211] *Foucault/Pagano/Röell* (2013), 54.

Bei der Erläuterung der Market-Making-Strategien wurde bereits darauf hingewiesen, dass der Spread gewöhnlich *Stoll* folgend in drei Komponenten aufgeteilt wird: Auftragsverarbeitungskosten (*order-processing costs*), Inventarkosten (*inventory costs*) und Informationsrisikokosten (*adverse selection costs*).[212] Aufgrund der Bedeutung dieser drei Kriterien werden sie hier nochmals erläutert. Als Auftragsverarbeitungskosten werden die mit einer Transaktion verbundenen Kosten bezeichnet wie Handelsgebühren, Clearing- und Settlementgebühren sowie Informationsbeschaffungs- und -verarbeitungskosten.[213] Mit den Inventarkosten wird die Entschädigung für das mit dem Inventar verbundene Risiko bezeichnet, dass neue Informationen über die fundamentalen Werte verfügbar werden.[214] Ein Bereitsteller von Liquidität verlangt hierfür eine Risikoprämie und passt seine Aufträge je nach Inventar an.[215] Inventarkosten sind entsprechend auch eng mit dem Portfolio der Bereitsteller von Liquidität verknüpft. Ungleichgewichte in den Positionen, die durch den Handel entstehen, sind mit Risiken verbunden, die wegdiversifiziert werden könnten.[216] Um diese Ungleichgewichte auszugleichen werden nach dem *inventory cost model* Bid- und Ask-Preise angepasst.[217] Als Informationsrisikokosten (*adverse selection costs*) werden schliesslich die Kosten bezeichnet, die Bereitstellern von Liquidität erwachsen, die mit informierten Händlern handeln.[218]

(2) Markttiefe

Als Markttiefe wird die Fähigkeit eines Marktes bezeichnet, Aufträge ohne (grosse) Beeinflussung des Preises zu absorbieren.[219] In einem tiefen Markt haben grössere Aufträge kaum einen grösseren Einfluss auf den Marktpreis als

---

[212] *Stoll* (1978), 1150; *Stoll* (1989), 115; *Huang/Stoll* (1997), 995; *Campbell/Lo/MacKinlay* (1997), 103; *Foucault/Pagano/Röell* (2013), 87 ff., insb. 120 ff.; ähnlich schon *Glosten* (1987), 1293; *Easley/O'Hara* (1987), 70; *Bagehot* (1971), 13 f.; zu den Inventarkosten siehe *Amihud/Mendelson* (1980), 33 f., 50 f.; *Demsetz* (1968), 35 ff., 40 ff.; zur adversen Selektion siehe etwa *Copeland/Galai* (1983), 1457 f.; *Glosten/Milgrom* (1985), 72; *Easley/O'Hara* (1987), 70; gemäss *Huang/Stoll* (1997), 1030 kamen bei Daten aus dem Jahr 1992 zum Schluss, dass die Auftragsverarbeitungskosten 61.8 Prozent, die Inventarkosten 28.7 Prozent und die adverse Selektion 9.6 Prozent des Spreads ausmachen; *George/Kaul/Nimalendran* (1991), 625 erhielten ähnliche Resultate.

[213] Ähnlich *Foucault/Pagano/Röell* (2013), 101; *George/Kaul/Nimalendran* (1991), 625 bezeichnen sie als Entgelt für die Dienstleistung von Liquiditätsprovidern; zu den Informationskosten *Ruffner* (2000), 363 f.; *Zobl/Kramer* (2004), N 16.

[214] *Foucault/Pagano/Röell* (2013), 106; *Aldridge* (2013), 191; vgl. *Stoll* (1978), 1148.

[215] *Foucault/Pagano/Röell* (2013), 106; *Stoll* (1978), 1136.

[216] *Huang/Stoll* (1997), 997; *Ho/Stoll* (1983), 1058 f.; ähnlich schon *Stoll* (1978), 1150.

[217] *Stoll* (1989), 116 f.

[218] *Glosten/Milgrom* (1985), 72; *Easley/O'Hara* (1987), 70.

[219] *Kyle* (1985), 1330; *von Wyss* (2004), 5.

kleinere Aufträge.[220]. Gewöhnlich wird die Markttiefe anhand der Preisbeeinflussung (*price impact*) durch Market-Orders bemessen.[221] Sie hängt damit eng mit dem effektiven Half-Spread zusammen, der anhand der Differenz zwischen dem Ausführungspreis und dem Mittelpreis (Midpoint-Preis) kurz zuvor bestimmt wird.[222] Üblicherweise beeinflussen grössere Aufträge die Preise stärker als kleine Aufträge; die Preise können aber auch durch kleine Aufträge stark beeinflusst werden, wenn Bereitsteller von Liquidität grössere Gesamtaufträge antizipieren und Limit-Orders vor der Ausführung der Market-Order zurückziehen.[223] Abgesehen von der direkten Bemessung kann die Markttiefe über die Order-Ratio, das Handelsvolumen oder die Flow-Ratio näherungsweise bewertet werden.[224]

(3) Resilienz

Als Resilienz (*resiliency*) wird im Zusammenhang mit der Marktliquidität die Geschwindigkeit bezeichnet, mit der sich die Kurse nach liquiditätsentziehenden Schocks erholen.[225] Die Resilienz trägt dem Umstand Rechnung, dass Märkte zur Überreaktion tendieren und die temporäre Preisbeeinflussung üblicherweise grösser ist als die permanente Preisbeeinflussung.[226] Die Resilienz hängt entsprechend eng mit dem realisierten Spread zusammen.[227]

(4) Wartekosten

Die Wartekosten (*waiting* oder *delay cost*) werden anhand der Differenz zwischen den Mittelpreisen (Midquotes) zum Ausführungs- und zum Unterbreitungszeitpunkt berechnet.[228] Wartekosten sind primär bei der Unterbreitung von Limit-Orders von Bedeutung; allerdings wird die vollkommene Unmittelbarkeit auch bei Market-Orders nicht erreicht, da die Übermittlung des Ausführungsbefehls beziehungsweise der Ausführungsinformation Zeit benötigt. Sowohl von Market-Orders als auch von Limit-Orders geht eine Signalwirkung für andere Händler aus; bei Market-Orders ist die permanente Beeinflussung der Preise jedoch etwa viermal höher als bei Limit-Orders.[229]

---

[220] *Foucault/Pagano/Röell* (2013), 133.
[221] *Huang/Stoll* (2001), 508; *von Wyss* (2004), 6.
[222] Zur Definition des effektiven Spreads *Foucault/Pagano/Röell* (2013), 50, vgl. 47.
[223] Zu antizipierenden Handelsstrategien vorn 76 ff.; würdigend hinten 321 ff., 766 f., 771 f.
[224] Hierzu *von Wyss* (2004), 5.
[225] *Kyle* (1985), 1316 f.
[226] *Aldridge* (2013), 108.
[227] Zum realisierten Spread vorn 222.
[228] *Foucault/Pagano/Röell* (2013), 47.
[229] Zur Signalwirkung bspw. *Aldridge* (2013), 105; zur Preisbeeinflussung *Hautsch/Ruihong* (2012).

II. Liquidität

ddd) *Statistik*

Bei Betrachtung der Statistiken ist auffallend, dass implizite Illiquiditätskosten und insbesondere Wartekosten stärker ins Gewicht fallen als explizite operationelle Kosten. Nach dem ITG Global Cost Review betrugen die mit der Auftragsausführung zusammenhängenden Implementation-Shortfall-Kosten in den USA im 4. Quartal 2015 wie im Zusammenhang mit dem Market-Making bereits erwähnt 42.0 Basispunkte (inkl. Broker-Kosten von 16.5 Basispunkten), während die Kosten für Börsengebühren lediglich 5.1 Basispunkte betrugen.[230] Bemerkenswert ist dabei, dass die Statistik Brokerkommissionen als Teil der IS-Kosten auflistet. Diese Auflistung erscheint insofern sinnvoll, als die IS-Kosten von der Ausführungsqualität des Brokers abhängen, sodass durch die Berücksichtigung der Brokerkommissionen die Vergleichbarkeit erhöht werden kann. Zwar sind die IS-Kosten seit 2009 eher rückläufig; dies ist im Wesentlichen aber auf reduzierte Brokerkommissionen zurückzuführen.[231]

dd) *Amihud-Massstab*

Häufig werden zur Messung der Liquidität die Regeln von *Amihud* (2002) angewendet.[232] Demnach berechnet sich die Illiquidität nach der folgenden Formel:[233]

$$ILLIQ_{iy} = \frac{1}{D_{iy}} \sum_{t=1}^{D_{iy}} \frac{|R_{iyd}|}{VOLD_{ivyd}}$$

Die Illiquidität entspricht demnach dem durchschnittlichen Verhältnis zwischen der Rendite der Aktie i am Tag d im Jahr y zum entsprechenden Handelsvolumen in Dollars an diesem Tag während der Anzahl Tage D_{iy}. Mit der Formel soll gemäss *Amihud* die mittlere tägliche Preisbeeinflussung durch Handelsinformationen (Orderflow) berechnet werden.[234] Zudem verwendet er hier die Risikoprämie für illiquide Titel, um Rückschlüsse auf die Liquidität zu ziehen.[235] *Amihud* stellte klar, dass es exaktere Massstäbe zur Messung der Illiquidität gebe wie quotierte und effektive Spreads, die Beeinflussung des Preises durch einzelne

---

[230] *ITG Global Cost Review Q4/2015*, 4.
[231] Siehe *ITG Global Cost Review Q4/2015*, 4, wonach die Kosten allerdings in den letzten zwei Quartalen wieder angestiegen sind.
[232] *Amihud* (2002), 32.
[233] *Amihud* (2002), 34.
[234] *Ibid*.
[235] *Amihud* (2002), 32; vorn 203.

Transaktionen oder die Wahrscheinlichkeit informationsbasierten Handels, seine Formel aber den Vorteil aufweise, dass sie mit einfach zugänglichen Daten funktioniere.[236]

Zuletzt ist der Amihud-Massstab in Kritik geraten.[237] Da sich nach der Formel anders als von *Amihud* behauptet nicht die tägliche Preisbeeinflussung berechnen lässt und die Formel daher einer theoretischen Begründung nicht standhält, erscheint die Kritik berechtigt. Der Massstab dürfte sich im Wesentlichen nach dem Handelsvolumen richten, wo die Unterschiede viel grösser sind als bei den Renditen.[238] Minime Änderungen der Rendite stehen sehr grossen Unterschieden der Handelsvolumen gegenüber, sodass die Rendite letztlich kaum einen Einfluss auf das Ergebnis haben dürfte. Es scheint daher so, als ob der Amihud-Massstab kaum brauchbar ist, was insofern erstaunt, als er in unzähligen Studien seither angewendet wurde.

ee)   Weitere Indikatoren

Als weitere Indikatoren für die Marktliquidität werden verwendet: volumengewichtete Durchschnittspreise (*volume-weighted average price*; VWAP) und der Roll-Massstab der Illiquidität.[239] Zur Ermittlung des VWAP wird das Handelsvolumen in Dollar durch die Anzahl gehandelter Aktien geteilt.[240] Der Anleger kann so ohne genauere Auftragsdaten die Leistung seines Brokers mit anderen Transaktionen vergleichen und erhält eine Mischung aus effektiven und realisierten Spreads als Referenzgrösse.[241] *Roll* entwickelte eine Methode, um den Spread einzig anhand der Abschlusspreise zu bestimmen.[242] Er nutzte hierfür den *bid-ask bounce*, womit der Umstand bezeichnet wird, dass die Abschlusspreise zwischen den Bid- und Ask-Werten hin- und herspringen.[243]

---

[236] *Ibid.*
[237] *Chordia/Huh/Subrahmanyam* (2009), 3630; *Lou/Shu* (2016), 1 ff.
[238] Vgl. *Lou/Shu* (2016), 2 ff.
[239] *Foucault/Pagano/Röell* (2013), 55 ff.
[240] *Foucault/Pagano/Röell* (2013), 56.
[241] *Ibid.*
[242] *Roll* (1984).
[243] *Roll* (1984), 1136; vgl. *Foucault/Pagano/Röell* (2013), 59 ff.

3. Hochfrequenzhandel

a) Modelle

aa) Ausführungszeit und Handelsvolumen

Ausführungszeit und Handelsvolumen sind wie dargelegt Liquiditätsindikatoren mit beschränkter Aussagekraft.[244] Mit Bezug auf die Ausführungszeit können Hochfrequenzhändler den Modellen von *Wah/Wellman* (2013) und *Biais/Foucault/Moinas* (2015) zufolge bei der Suche nach einer Gegenpartei helfen, und sie verkürzen die Ausführungszeit um – für den Menschen nicht wahrnehmbare – 30 Millisekunden.[245] Hinsichtlich der Auswirkungen des Hochfrequenzhandels auf das Handelsvolumen erwarten *Gerig/Michayluk* (2014) und *Roşu* (2016b) wenig überraschend eine Steigerung desselben mit der Anzahl schneller Händler.[246] Der Wettbewerb zwinge Hochfrequenzhändler zum aggressiven Handel, wodurch sie auch mehr Information in den Markt brächten.[247]

bb) Spread

Von den verschiedenen Komponenten des Spreads sind für den Hochfrequenzhandel die Informationsrisiken, die Auftragsverarbeitungskosten und der Slippage-Effekt von Bedeutung.

aaa) Informationsrisiken (Adverse Selektion)

Einige Ökonomen sind der Überzeugung, dass Hochfrequenzhändler den Bereitstellern von Liquidität Informationsrisikokosten (*adverse selection costs*) auferlegen und dadurch den Spread vergrössern, so etwa *Biais/Woolley* (2011), *Cartea/Penalva* (2011), *Hendershott/Riordan* (2013), *Wah/Wellman* (2013), *Biais/Foucault/Moinas* (2015), *Budish/Cramton/Shim* (2015) und *Foucault/Hombert/Roşu* (2016).[248] Informationsrisikokosten tragen Bereitsteller von Liquidität, wenn liquiditätsentziehende Hochfrequenzhändler bewertungsrelevante Informationen schneller verarbeiten als sie.[249] Sind diese liquiditätsentziehenden Hochfrequenzhändler schneller, können sie die überholten Quotes (auch *Stale*

---

[244] Vorn 219 ff.
[245] *Biais/Foucault/Moinas* (2015), 292 f., 304; *Wah/Wellman* (2013), 866 f.
[246] *Gerig/Michayluk* (2014), 2; *Roşu* (2016b), 4, 26.
[247] *Roşu* (2016b), 26.
[248] *Biais/Woolley* (2011), 10; *Cartea/Penalva* (2011), 19; auch *Hendershott/Riordan* (2013), 1021; *Wah/Wellman* (2013), 867; *Biais/Foucault/Moinas* (2015), 307, 309 f.; *Budish/Cramton/Shim* (2015), 1587 f.; *Foucault/Hombert/Roşu* (2016), 339, 362.
[249] *Foucault/Hombert/Roşu* (2016), 339; *Biais/Woolley* (2011), 10.

Quotes) zulasten der Bereitsteller von Liquidität auflesen. Umgekehrt sehen sich Bereitsteller von Liquidität stets dem Risiko neuer Information ausgesetzt, was sie mit einem grösseren Spread kompensieren müssen.[250]

Insgesamt leicht positive Resultate hinsichtlich der Informationsrisiken erhielten demgegenüber *Gerig/Michayluk* (2014) und *Jovanovic/Menkveld* (2016).[251] *Gerig/Michayluk* (2014) unterschieden zwischen Liquidity-Tradern und informierten Händlern. Während erstere von niedrigeren Transaktionskosten profitieren könnten, würden automatisierte Market-Maker zu einer Erhöhung der Transaktionskosten für informierte Händler führen, weil dieselben anders als traditionelle Market-Maker zwischen nicht informierten und informierten Händlern unterscheiden könnten.[252] Bei elastischer Nachfrage würden automatisierte Market-Maker die Transaktionskosten indes insgesamt reduzieren.[253] Gemäss *Jovanovic/Menkveld* (2016) berücksichtigen Hochfrequenzhändler harte Informationen, sodass sie sich niedrigeren Informationsrisiken ausgesetzt sähen und der Spread reduziert werde.[254] Umgekehrt sähen sich aber die anderen Händler einer erhöhten Gefahr ausgesetzt, dass ihre fehlplatzierten Aufträge (*Stale Quotes*) aufgelesen würden.[255] Investoren könnten so zwar von einem geringeren Spread profitieren, würden aber aufgrund der Snipinggefahr effektiv daran gehindert, durch Bereitstellung von Liquidität den Spread zu verdienen.[256] *Jovanovic/Menkveld* bestätigen also die eingangs geäusserte entsprechende Befürchtung.[257] Insgesamt zeigt ihr Modell einen moderaten Wohlfahrtsgewinn von höchstens einem Prozent, woraus sie schliessen, dass die Verkleinerung der Spreads und die Erhöhung der Handelsvolumen nicht überinterpretiert werden dürften.[258]

bbb)   *Auftragsverarbeitungskosten*

Neben den Informationsrisikokosten sind die Auftragsverarbeitungskosten von Bedeutung für die Spreads. Die Informationssuche, -akquisition und -verarbeitung kosten Geld, insbesondere wenn die Geschwindigkeit dieser Prozesse von Bedeutung ist. Wohl unbestritten ist, dass die Informationstechnologie die Auf-

---

[250] *Easley/López de Prado/O'Hara* (2012), 1458 bezeichnen den Handel als toxisch, wenn sich Market-Maker erhöhten Informationsrisiken ausgesetzt sehen und präsentieren ein Verfahren, um die Toxizität des Handels zu messen.
[251] *Gerig/Michayluk* (2014), 2; *Jovanovic/Menkveld* (2016), 3 f.
[252] *Gerig/Michayluk* (2014), 2.
[253] *Ibid.*
[254] *Jovanovic/Menkveld* (2016), 3.
[255] *Jovanovic/Menkveld* (2016), 4.
[256] *Ibid.*
[257] Vorn 216 ff.
[258] *Jovanovic/Menkveld* (2016), 4.

tragsverarbeitungskosten stark gesenkt hat. Zum gleichen Preis kann eine viel grössere Informationsmenge innert viel kürzerer Zeit verarbeitet werden. *Hendershott/Riordan* (2013) hielten entsprechend fest, dass Computer die Überwachungskosten reduzieren und damit den Wettbewerb zur Bereitstellung von Liquidität fördern.[259] Ähnlich stellten *Aït-Sahalia/Saglam* (2014) fest, dass ein besserer technologischer Zugang zu Signalen für Hochfrequenzhändler in der Market-Maker-Rolle die Bereitstellung von Liquidität induziere und zu grösseren Stornierungsraten führe, und selbst *Budish/Cramton/Shim* (2015), die sich kritisch zum Geschwindigkeitswettlauf äusserten, führten an, dass die Informationstechnologie an sich zweifellos einen positiven Einfluss auf die Liquidität bewirkt habe.[260]

Allerdings nehmen die Auftragsverarbeitungskosten nicht nur für liquiditätsbereitstellende Händler, sondern auch für liquiditätsentziehende Händler ab. Gemäss *Biais/Foucault/Moinas* (2015) und *Budish/Cramton/Shim* (2015) führen die Informationsrisiken neben den direkten Kosten zu einem Geschwindigkeitswettlauf zwischen Market-Makern und deterministischen Hochfrequenzhändlern (Snipern), der zu einer Reduktion der sozialen Wohlfahrt führe.[261] *Budish/Cramton/Shim* (2015) zufolge handelt es sich hierbei um ein klassisches Gefangenendilemma: Während die Sniper in Geschwindigkeit investierten, um *Stale Quotes* aufzulesen, investierten Market-Maker mit dem gegenteiligen Ziel.[262] Zwar sei es also im Interesse jedes einzelnen Händlers, in die Geschwindigkeit zu investieren; die Händler wären indes kollektiv besser gestellt, wenn sie sich darauf einigen könnten, von Investitionen in die Geschwindigkeit abzusehen.[263] Der Geschwindigkeitswettlauf werde zudem kein Ende finden, sondern stelle eine Gleichgewichtskonstante dar.[264] Entsprechend führe zwar nicht der Hochfrequenzhandel, aber das mit diesem verbundene Sniping und Wettrüsten zu einer Verbreiterung der Spreads.[265] *Biais/Foucault/Moinas* (2015) wiesen darauf hin, dass Hochfrequenzhändler keine Anreize dafür hätten, diese Kosten zu internalisieren, was Abweichungen zwischen privat und sozial optimalen Investitionen in Hochfrequenzhandelstechnologien bewirken könne.[266]

---

259 *Hendershott/Riordan* (2013), 1021.
260 *Aït-Sahalia/Saglam* (2014), 2; *Budish/Cramton/Shim* (2015), 1539 f.; siehe allerdings *Roşu* (2016b), 28, wonach die Liquidität durch die grössere Signalpräzision reduziert werde.
261 *Biais/Foucault/Moinas* (2015), 303 ff., 309 f.; *Budish/Cramton/Shim* (2015), 1555.
262 *Budish/Cramton/Shim* (2015), 1555.
263 *Ibid.*
264 *Ibid*; a.M. *Aldridge* (2013), 219.
265 *Budish/Cramton/Shim* (2015), 1554 f. Fn. 5.
266 *Biais/Foucault/Moinas* (2015), 293.

Pagnotta/Philippon (2013) führten aus, dass Investitionen von Handelsplätzen in die Geschwindigkeit nur bis zu einer gewissen Schwelle die soziale Wohlfahrt erhöhen; werde diese Schwelle überschritten, verringere sich die soziale Wohlfahrt.[267] Die Studie ist insofern interessant, als sie aufzeigt, dass mit der technologischen Entwicklung die Eintrittsschranken nicht nur für Hochfrequenzhändler erhöht werden, sondern auch für Handelsplätze.[268] In *Pagnotta/Philippon* (2016) kamen die Autoren dann allerdings zum gegenteiligen Befund, dass eine Mindest- und nicht eine Maximalgeschwindigkeit notwendig sei.[269]

ccc) *Slippage*

Gemäss *Roşu* (2016a) enthält der Spread neben den Auftragsverarbeitungskosten, den Inventarkosten und den Informationsrisikokosten (*adverse selection costs*) eine Slippage-Komponente.[270] Als Slippage definiert er den Verfall des Informationsvorteils mit der Zeit bei Verwendung von Limit-Orders in der Gegenwart von anderen informierten Händlern.[271] Informierten Händlern würden durch Slippage endogene Wartekosten erwachsen, wenn andere informierte Händler in die Richtung des fundamentalen Werts handelten.[272] Anders als vorn, wo der Slippage-Effekt mit Market-Orders in Verbindung gebracht wurde, setzt *Roşu* diesen Effekt also mit den Wartekosten informierter Händler gleich.[273] Entsprechend hielt er auch fest, dass Market-Orders im Unterschied zu Limit-Orders keine Slippage-Komponente enthielten, sodass diese Komponente die Wahl zwischen Limit und Market-Orders leite: Entweder verliere der Händler den Bid-Ask-Spread oder erleide Slippage-Kosten.[274] Bei intensiverem Wettbewerb dürften informierte Händler daher aggressiver handeln und mehr Market-Orders verwenden. Erstaunlicherweise kam *Roşu* (2016a) dennoch zum Schluss, dass der Spread mit der Erhöhung der Anzahl informierter Händler abnimmt, was er damit begründete, dass sich der Preisdruck hin zum fundamentalen Wert vergrössere.[275]

---

[267] *Pagnotta/Philippon* (2013), 7.
[268] *Ibid.*
[269] *Pagnotta/Philippon* (2016), 3, 27 f.
[270] *Roşu* (2016a), 4 f., 30 ff.
[271] *Roşu* (2016a), 4.
[272] *Ibid.*
[273] Siehe vorn 222.
[274] *Roşu* (2016a), 4 f.
[275] *Roşu* (2016a), 39 f., 43.

cc) Markttiefe

Die Markttiefe ist der zweite wichtige Liquiditätsindikator neben dem Spread. Gemäss *Cartea/Penalva* (2011) und *Budish/Cramton/Shim* (2015) führen die Informationsrisiken (adverse Selektion) nicht nur zu einer Vergrösserung der Spreads, sondern auch zu einer Verringerung der Markttiefe.[276] *Cartea/Penalva* (2011) hielten fest, dass sich die Auswirkungen von Aufträgen auf die Preise generell erhöhten und dieser Effekt mit der Grösse der Transaktion noch zusätzlich verstärkt werde.[277] *Budish/Cramton/Shim* (2015) legten darüber hinaus überzeugend dar, dass die Informationsrisiken Kosten verursachten, die mit der Zahl der Limit-Orders linear zunähmen, während sich die Profite nicht in gleichem Masse erhöhten, da nur einige Investoren am Handel im grösseren Umfang interessiert seien.[278] Wird die Markttiefe nach dem Kriterium der Preisbeeinflussung beurteilt, führen Aufträge bei geringer Markttiefe zu grösseren Fehlbewertungen. Vor diesem Hintergrund ist allenfalls der Schluss von *Jarrow/Protter* (2011) zu verstehen, dass Hochfrequenzhändler aussergewöhnliche Renditen erzielten, indem sie Volatilität und Fehlbewertungen auf Kosten der gewöhnlichen Händler kreierten.[279]

Einen starken Zusammenhang zur Markttiefe weist der antizipierende Handel auf. *Hirschey* (2016) etwa hielt fest, dass informierte Händler nur (noch) wenige Aktien handeln könnten, bevor sich der Preis an ihre Informationen anpasse;[280] die Preisbeeinflussung (*price impact*) wird also durch den antizipierenden Handel erhöht und die Informationsrenditen reduziert, während aber die Preise (zumindest in einem ersten Schritt) effizienter werden. So kann auch gesagt werden, dass der antizipierende Handel die Transaktionskosten für informierte Händler erhöht. Wenn Bereitsteller von Liquidität Aufträge gestützt auf antizipierende Strategien Limit-Orders zurückziehen, kommt es zum erwähnten *order book fade*.[281]

Im Unterschied zur Mehrheit der Ökonomen kam *Roşu* (2016b) in seinem Modell eher überrascht zum Schluss, dass sich die Liquidität zusammen mit der Anzahl an schnellen informierten Händlern erhöht.[282] Da der aggressive Handel durch schnelle informierte Händler zu einer starken Erhöhung des Handelsvolumens führe, nehme der Einfluss einer Einheit pro Gesamtvolumen trotz In-

---

[276] *Cartea/Penalva* (2011), 10 f.; *Budish/Cramton/Shim* (2015), 1617.
[277] *Cartea/Penalva* (2011), 10 f.
[278] *Budish/Cramton/Shim* (2015), 1554.
[279] *Jarrow/Protter* (2012), 1250022-2.
[280] *Hirschey* (2016), 6 f.
[281] Vorn 80 ff.
[282] *Roşu* (2016b), 1, 26 f., 39 f., 43.

formationsrisiken (adverse Selektion) ab, was mit den empirischen Studien von *X. F. Zhang* (2010), *Hendershott/Jones/Menkveld* (2011), *Boehmer/Fong/Wu* (2015) konsistent sei.[283] Aufgrund der schwachen Beeinflussung der Preise könnten die schnellen Händler noch aggressiver handeln, was dazu führe, dass der Marktanteil von informierten Händlern im Gleichgewicht das Gesamthandelsvolumen dominiere.[284] Dieses Ergebnis steht in einem gewissen Gegensatz zu den Resultaten von *S. Li* (2013) von der SEC, die den unvollkommenen Wettbewerb zwischen einigen informierten Händlern untersuchte und zum Schluss kam, dass weder der informierte Handel noch der Liquiditätshandel (Handel durch Liquidity-Trader) in einem kontinuierlichen Markt dominiere, da sich der informierte Handel zusammen mit dem Liquiditätshandel reduziere.[285]

dd) Resilienz

Hinsichtlich der Resilienz (*resiliency*; Rückfederung) hält *Roşu* (2016a) dafür, dass informierte Händler einen positiven Einfluss auf die Rückfederung nach liquiditätsentziehenden Schocks hätten, da ein grösserer Wettbewerb zwischen informierten Händlern den Preis schnell zum fundamentalen Wert hintreibe.[286] Im Unterschied zur klassischen Theorie kam er gestützt darauf zum Schluss, dass der negative statische Effekt der Informationsrisiken auf den Spread durch die erhöhte Resilienz mehr als ausgeglichen werde und der negative Effekt auf die Markttiefe gemessen an der Preisbeeinflussung durch Aufträge genau ausgeglichen werde.[287] Zusammengefasst sieht *Roşu* (2016a) entsprechend einen insgesamt positiven Einfluss des informierten Handels auf die Liquidität.[288] Aufgegliedert findet er einen leicht positiven Effekt auf den Spread, keinen Effekt auf die Markttiefe und einen stark positiven Effekt auf die Resilienz.[289]

b)   Empirische Erkenntnisse

aa)   Ausführungszeit und Handelsvolumen

Auf einen positiven Einfluss des Hochfrequenzhandels auf die Liquidität deuten die Reduktion der Ausführungszeit sowie das erhöhte Handelsvolumen hin. So hat sich die Ausführungszeit an der New Yorker Börse von 10.1 Sekunden im

---

283   *Roşu* (2016b), 4, 27; *X. F. Zhang* (2010); *Hendershott/Jones/Menkveld* (2011); *Boehmer/Fong/Wu* (2015).
284   *Roşu* (2016b), 46.
285   *S. Li* (2013), 4 f.
286   *Roşu* (2016a), 5.
287   *Roşu* (2016a), 3 ff.
288   Zur klassischen Theorie *Kyle* (1985), 1329 f.; *Glosten/Milgrom* (1985), 97 f.
289   *Roşu* (2016a), 5, 43.

Januar 2005 auf 0.7 Sekunden im Jahr 2009 reduziert, während sich das Handelsvolumen von täglich 2.1 Mrd. auf 5.9 Mrd. Aktien erhöhte.[290] Gleichwohl können Ausführungszeit und Handelsvolumen wie erwähnt nur beschränkt zur Bewertung der Liquidität beigezogen werden. Massgebend sind in erster Linie der Spread, die Markttiefe sowie die Resilienz.[291]

bb) *Spread*

aaa) *Quotierte und effektive Spreads*

Den empirischen Studien von *Hendershott/Jones/Menkveld* (2011), *Riordan/ Storkenmaier* (2012), *Hasbrouck/Saar* (2013), *Menkveld* (2013) und *Jovanovic/ Menkveld* (2016) zufolge verkleinert der Hochfrequenzhandel die quotierten und effektiven Spreads, was auf einen positiven Einfluss des Hochfrequenzhandels auf die Liquidität hindeutet.[292] Gemäss *Jovanovic/Menkveld* (2016) werden die Informationsrisikokosten durch den Hochfrequenzhandel um 23 Prozent reduziert, was sie damit begründen, dass sich Hochfrequenzhändler bei der Bereitstellung von Liquidität kleineren Informationsrisiken ausgesetzt sähen.[293] Insgesamt betrage der Wohlfahrtsgewinn aber höchstens 1 Prozent, da Investoren zwar von einem geringeren Spread profitieren könnten, selbst aber aufgrund der Snipinggefahr effektiv daran gehindert würden, den Spread zu verdienen.[294] Positiv können auch die Ergebnisse von *Malinova/Park/Riordan* (2013) gewertet werden.[295] Sie untersuchten eine Änderung der Gebühren für Börseninformationen und stellten fest, dass diese zu einer signifikanten Reduktion der Marktaktivität von Hochfrequenzhändlern sowie zu einer Erhöhung der Spreads um 9 Prozent führte.[296] *Hendershott/Jones/Menkveld* (2011) und *Riordan/Storkenmaier* (2012) kamen zwar zu grundsätzlich positiven, aber widersprüchlichen Ergebnissen: Während *Hendershott/Jones/Menkveld* (2011) nur eine signifikante Reduktion der quotierten und effektiven Spreads bei Aktien mit grosser Marktkapitalisierung fanden, profitieren *Riordan/Storkenmaier* (2012) zufolge vor allem Aktien mit kleinerer und mittlerer Marktkapitalisierung von kleineren

---

290 *SEC Concept Release on Equity Market Structure 2010*, 3595 f.; siehe auch *Jovanovic/ Menkveld* (2016), 4, 30, wonach der Hochfrequenzhandel eine Erhöhung der Handelsfrequenz um 17 Prozent zur Folge habe.
291 Vorn 222 ff.
292 *Hendershott/Jones/Menkveld* (2011), 3, 30 f.; *Riordan/Storkenmaier* (2012), 435; *Hasbrouck/Saar* (2013), 648; *Menkveld* (2013), 714; *Jovanovic/Menkveld* (2016), 4, 30.
293 *Jovanovic/Menkveld* (2016), 3 f., 30.
294 *Jovanovic/Menkveld* (2016), 4.
295 *Malinova/Park/Riordan* (2013).
296 *Malinova/Park/Riordan* (2013), 1.

Spreads.²⁹⁷ Zudem nehme die Liquidität an handelsintensiven Tagen weniger ab, was sie mit der besseren Informationsverarbeitung in Verbindung brachten.²⁹⁸ Eher positiv zu werten sind ferner die Resultate von *Hendershott/Riordan* (2013) und *Carrion* (2013), wonach Hochfrequenzhändler die Volatilität des Spreads reduzierten.²⁹⁹ Ihnen zufolge konsumieren algorithmische Händler Liquidität, wenn Spreads klein sind, und stellen sie bereit, wenn Spreads breiter sind.³⁰⁰ *Menkveld* (2013) untersuchte die Handelsaktivität eines grossen Hochfrequenzhändlers nach dem Eintritt von Chi-X als neuer Handelsplatz in den europäischen Markt und stellte fest, dass sich mit der schlagartigen Erhöhung des Marktanteils von Chi-X von 1–2 Prozent auf eine zweistellige Zahl die Spreads um 50 Prozent verkleinerten.³⁰¹ Die Studie demonstriert eindrücklich die ausserordentliche Bedeutung dieses Hochfrequenzhändlers für die Wettbewerbsfähigkeit der Handelsplattform und den Wettbewerb zwischen verschiedenen Handelsplattformen sowie auch die Marktmacht desselben, wirkte derselbe Hochfrequenzhändler *Menkveld* zufolge doch sowohl auf Chi-X als auch auf Euronext bei vier von fünf Transaktionen auf der passiven Seite mit.³⁰²

Negative Resultate erhielten demgegenüber *Chaboud/Chiquoine/Hjalmarsson/Vega* (2014) und *Foucault/Kozhan/Tham* (2016).³⁰³ Gemäss *Chaboud/Chiquoine/Hjalmarsson/Vega* (2014) erhöhen Hochfrequenzhändler die Informationsrisiken für menschliche Händler.³⁰⁴ Gemäss *Foucault/Kozhan/Tham* (2016) wiederum würden Arbitragemöglichkeiten den Spread erweitern und dadurch die Liquidität verringern, was sie damit begründen, dass sich die Bereitsteller von Liquidität dem Risiko ausgesetzt sähen, dass ihre fehlplatzierten Aufträge (*Stale Quotes*) von schnelleren Händlern aufgelesen würden.³⁰⁵

Gemischte Ergebnisse erhielten *Boehmer/Fong/Wu* (2015), die den Effekt der Einführung von Co-Location-Einrichtungen untersuchten.³⁰⁶ Während sie wie *Hendershott/Jones/Menkveld* (2011) eine Verkleinerung der Spreads bei Aktien mit grosser Marktkapitalisierung feststellten, fanden sie entgegen der Resultate

---

297 Bzgl. Titel *Hendershott/Jones/Menkveld* (2011), 3; *Riordan/Storkenmaier* (2012), 435.
298 *Riordan/Storkenmaier* (2012), 434.
299 *Hendershott/Riordan* (2013), 1020; *Carrion* (2013), 680.
300 *Hendershott/Riordan* (2013), 1020; *Carrion* (2013), 680; zu den ansonsten unterschiedlichen Betrachtungen des Hochfrequenzhandels siehe *Baron/Brogaard/Kirilenko* (2014), 4.
301 *Menkveld* (2013), 714.
302 *Menkveld* (2013), 736.
303 *Chaboud/Chiquoine/Hjalmarsson/Vega* (2014), 2075; *Foucault/Kozhan/Tham* (2016), 36.
304 *Chaboud/Chiquoine/Hjalmarsson/Vega* (2014), 2075; mit Verweis auf die Modelle von *Biais/Foucault/Moinas* (2015) und *Martinez/Roşu* (2011).
305 *Foucault/Kozhan/Tham* (2016), 36.
306 Zu Co-Location-Einrichtungen hinten 287 f., 698 ff.

II. Liquidität

von *Riordan/Storkenmaier* (2012) grössere Spreads für das gemessen an der Marktkapitalisierung unterste Drittel der Aktien.[307] Hinsichtlich der Informationsrisiken (*adverse selection costs*) erhielt auch *Carrion* (2013) gemischte Resultate.[308] *Brogaard/Hendershott/Hunt/Ysusi* (2014) untersuchten, ob sich Technikupdates an der London Stock Exchange, die zu einer höheren Aktivität von Hochfrequenzhändlern führten, negativ auf die Kosten von institutionellen Händlern auswirkten.[309] Während sie einen Zusammenhang zwischen den Technikupdates und der Aktivität von Hochfrequenzhändlern fanden, stellten sie jedoch keine Veränderung der Ausführungskosten fest.[310] Sicher aber seien die Kosten seit den frühen 2000er Jahre gesunken, während die Beteiligung von Hochfrequenzhändlern stark gestiegen sei.[311] *Gai/Yao/Ye* (2013) kamen zum Schluss, dass sich sowohl quotierte als auch effektive Spreads nicht in signifikanter Weise durch durch den Hochfrequenzhandel begünstigte technologische Verbesserungen veränderten.[312]

bbb) Realisierte Spreads

Die Auswirkungen des Hochfrequenzhandels auf die quotierten und effektiven Spreads müssen nicht mit den Auswirkungen auf die realisierten Spreads übereinstimmen. Sowohl *Hendershott/Jones/Menkveld* (2011) als auch *Riordan/ Storkenmaier* (2012) kamen diesbezüglich zum Schluss, dass der Hochfrequenzhandel zwar zu geringeren quotierten und effektiven Spreads führt, er aber die realisierten Spreads vergrössert.[313] *Riordan/Storkenmaier* (2012) erhielten gar eine Vergrösserung des realisierten Spreads um ein Vierfaches, was sie mit dem fehlenden Wettbewerb zwischen Bereitstellern von Liquidität begründeten.[314] Dieses alarmierenden Ergebnis könnte ferner auf antizipierenden Handelsstrategien der Hochfrequenzhändler zurückzuführen sein, aber auch eine bessere Resilienz kann zu grösseren realisierten Spreads führen, sodass die Resultate nicht zwingend nur negativ sein müssen. *Hendershott/Jones/Menkveld* (2011) beschwichtigen ihrerseits, dass die Erhöhung temporärer Natur sein dürfte.[315]

---

[307] *Boehmer/Fong/Wu* (2015), 23; vgl. *Hendershott/Jones/Menkveld* (2011), 3; *Riordan/Storkenmaier* (2012), 435.
[308] *Carrion* (2013), 681.
[309] *Brogaard/Hendershott/Hunt/Ysusi* (2014), 345.
[310] *Brogaard/Hendershott/Hunt/Ysusi* (2014), 368.
[311] *Ibid.*
[312] *Gai/Yao/Ye* (2013), 6.
[313] *Hendershott/Jones/Menkveld* (2011), 3 f., 9 f., 23 mit Bezug auf Titel mit grosser Marktkapitalisierung; *Riordan/Storkenmaier* (2012), 424, 435.
[314] *Riordan/Storkenmaier* (2012), 435.
[315] *Hendershott/Jones/Menkveld* (2011), 23.

cc)   Markttiefe

Die Markttiefe wird wie im Abschnitt 2 (Ökonomische Grundlagen) erläutert gewöhnlich nach Massgabe der Beeinflussung der Kurse durch Market-Orders bemessen.[316] Der empirischen Studie von *Hasbrouck/Saar* (2013) zufolge vergrössern Hochfrequenzhändler die Markttiefe, und zwar grundsätzlich auch bei fallenden Preisen.[317] *Brogaard/Hendershott/Riordan* (2014) bestätigten, dass Hochfrequenzhändler dem Markt auch an volatilen Tagen Liquidität bereitstellten und schon *Brogaard* (2010) fand keine Hinweise dafür, dass sich Hochfrequenzhändler in Krisenzeiten vom Markt zurückgezogen hätten.[318] Gemäss *Boehmer/Fong/Wu* (2015) sind die positiven Effekte des Hochfrequenzhandels auf die Liquidität allerdings an volatilen Tagen kleiner.[319]

Andere Indizien könnten dafür sprechen, dass der Hochfrequenzhandel die Markttiefe reduziert. Die durchschnittliche Transaktionsgrösse ist in den USA von Januar 2005 bis im Jahr 2009 von 724 Aktien auf 268 Aktien geradezu eingebrochen, was auf eine stärkere Beeinflussung der Kurse durch grössere Aufträge hindeuten könnte.[320] *Gai/Yao/Ye* (2013) fanden einen leicht negativen Effekt von technischen Verbesserungen bei den Handelsplattformen auf die Markttiefe, allerdings lediglich bei Aufträgen, die 10 Cents von den besten Aufträgen entfernt waren. *Breckenfelder* (2013) untersuchte den Einfluss des Wettbewerbs zwischen Hochfrequenzhändlern auf die Marktqualität und kam zum eher erstaunlichen Ergebnis, dass dieser Wettbewerb die Liquidität signifikant reduziert.[321] Er stützte die Ergebnisse allerdings auf den Amihud-Massstab, der in der Lehre zunehmend kritisiert wird.[322] Interessant ist immerhin die Feststellung, dass sich das Verhältnis des liquiditätskonsumierenden Hochfrequenzhandels zum gesamten Hochfrequenzhandel durch den Wettbewerb von 30 auf 60 Prozent erhöht habe, während sich das Gesamtvolumen selbst nicht in signifi-

---

316 Vorn 223 f.
317 *Hasbrouck/Saar* (2013), 648, 677.
318 *Brogaard/Hendershott/Riordan* (2014), 2268; *Brogaard* (2010), 2; im Gegenteil setzt *Aldridge* (2013), 152 gerade eine genügende Volatilität voraus für die erfolgreiche Implementierung von Hochfrequenzhandelsstrategien; anders die Befürchtung von *Aebersold Szalay* (2013).
319 *Boehmer/Fong/Wu* (2015), 26 ff., 30.
320 *SEC Concept Release on Equity Market Structure 2010*, 3595 f.
321 Sowohl gemessen anhand der Kriterien der Illiquidität von *Amihud* (2002) als auch anhand von Preisbeeinflussungsfaktoren, siehe *Breckenfelder* (2013), 3.
322 *Breckenfelder* (2013), 3; dabei stellte er eine Erhöhung der Preisbeeinflussung um 22 Prozent sowie eine Reduktion der 60-Minuten-Liquidität um 15 Prozent und der 5-Minuten-Liquidität um 9 Prozent fest; siehe hierzu auch *Amihud* (2002), 33 ff. sowie kritisch vorn 225 f.

kanter Weise veränderte.[323] Damit bestätigt er, dass die Konkurrenz zwischen Hochfrequenzhändlern dieselben zum aggressiveren Handel zwingt.[324]

Bemerkenswert ist ferner die Studie von *Baron/Brogaard/Kirilenko* (2014), in der die Autoren zwischen unterschiedlichen Kategorien von Hochfrequenzhändlern unterschieden und zum Schluss kamen, dass auf liquiditätsentziehende Strategien spezialisierte Hochfrequenzhändler substanziell mehr einnähmen als solche, die liquiditätsbereitstellende (passive) Strategien verfolgten.[325] Der durchschnittliche aggressive Hochfrequenzhändler habe ein auf das Jahr hochgerechnetes Alpha von 90.67 Prozent realisiert, während passive Hochfrequenzhändler durchschnittlich lediglich ein Alpha von 23.22 Prozent erreichten.[326] Dementsprechend bestehe ein grosser Anreiz, dem Markt Liquidität zu entziehen und bei einem Geschwindigkeitsvorsprung liquiditätsentziehende Strategien zu verfolgen, anstatt dem Markt Liquidität zur Verfügung zu stellen. Interessant sind auch die Beobachtungen, dass aggressive Hochfrequenzhändler ihre Profite im Unterschied zu passiven Hochfrequenzhändlern auf längere Zeitspannen hin erzielten (allerdings immer noch *intraday*) und aggressive Hochfrequenzhändler 45 Prozent ihrer Profite aus dem Handel mit anderen Hochfrequenzhändlern generierten.[327] In einem gewissen Gegensatz hierzu stehen die Resultate von *Brogaard* (2010) und *Hendershott/Riordan* (2011), die praktisch ein Gleichgewicht zwischen liquiditätsbereitstellenden Hochfrequenzhändlern und liquiditätsentziehenden Hochfrequenzhändlern bei etwa 50 Prozent des Handelsvolumens feststellten.[328] Dies würde nicht nur bedeuten, dass weder der liquiditätsbereitstellende Hochfrequenzhandel noch der liquiditätsentziehende Handel überwiegt, sondern auch die von *Jovanovic/Menkveld* (2016) erörterte Funktion der Hochfrequenzhändler als Mittelsmänner indizieren.[329]

dd) Resilienz

Soweit ersichtlich existieren noch keine empirischen Studien zur Resilienz. Im Flash-Crash vom 6. Mai 2010 kann allerdings ein eindrucksvolles Beispiel für ei-

---

[323] *Breckenfelder* (2013), 3.
[324] *Gai/Yao/Ye* (2013), 23, 44.
[325] *Baron/Brogaard/Kirilenko* (2014), 3.
[326] *Baron/Brogaard/Kirilenko* (2014), 4 f.
[327] *Baron/Brogaard/Kirilenko* (2014), 5 durch Spektralanalyse nach *Hasbrouck/Sofianos* (1993).
[328] Nach *Brogaard* (2010), 11 stellten Hochfrequenzhändler bei 51.4 Prozent aller Transaktionen Liquidität bereit, während sie bei 50.4 Prozent der Transaktionen dem Mark Liquidität entzogen; bei *Hendershott/Riordan* (2011), 3 f. sind es 50 Prozent bzw. 52 Prozent mit einem leichten Übergewicht zugunsten der liquiditätsentziehenden Aufträge.
[329] *Jovanovic/Menkveld* (2016).

ne starke Rückfederung nach einem liquiditätsentziehenden Schock erblickt werden.[330]

c) Würdigung

Die Auswirkungen des Hochfrequenzhandels auf die Liquidität sind nicht restlos geklärt. Während beim Spread zu differenzieren ist und die Auswirkungen auf die Markttiefe weitgehend unklar sind, spricht einiges für eine bessere Resilienz (Rückfederung nach liquiditätsentziehenden Schocks).

aa)   Spread

Beim Spread ist zu unterscheiden zwischen dem quotierten, dem effektiven und dem realisierten Spread. Bemerkenswert ist, dass viele ökonomische Modelle einen negativen Einfluss des Hochfrequenzhandels auf den Spread erwarten, die empirischen Studien aber darauf hindeuten, dass der Hochfrequenzhandel zumindest die quotierten und effektiven Spreads verkleinert. Dies dürfte im Wesentlichen daran liegen, dass Hochfrequenzhändler die mit der Bereitstellung von Liquidität verbundenen Kosten stark minimieren und die Risiken weit besser managen können als andere Händler. Diese Kosten und Risiken sind es, die in einem kompetitiven Markt den Spread bestimmen; *Stoll* folgend werden sie gewöhnlich in drei Komponenten aufgeteilt: Auftragsverarbeitungskosten (*order-processing costs*), Inventarkosten (*inventory costs*) und Informationsrisikokosten (*adverse selection costs*).[331] Die Automatisierung der Arbeitsprozesse dürfte nun – wie im ersten Teil bei den Market-Making-Strategien erläutert – die Auftragsverarbeitungskosten stark reduziert haben: Die Inventarrisiken können Hochfrequenzhändler durch ein geringes Inventar niedrig halten und die Informationsrisiken minimieren sie durch die schnellstmögliche Analyse von Handelsdaten und fundamentalen Informationen, wobei in dieser Beziehung auch antizipierende Strategien eine bedeutende Rolle spielen.[332] Zwar dürften umgekehrt Hochfrequenzhändler, die als liquiditätsentziehende News-Trader oder Arbitrageure agieren, die Informationsrisiken erhöhen; diese Risiken bestanden allerdings schon vor dem Auftreten algorithmischer Hochfrequenzhändler, sodass aufgrund des besseren Risikomanagements durch liquiditätsbereitstellende Hochfrequenzhändler dennoch eine Reduktion der Auftragsverarbeitungskos-

---

[330] Zum Flash-Crash hinten 373 ff.
[331] Hierzu vorn 63 ff., 227 ff.
[332] Vgl. *UK Regulierungsfolgenanalyse MiFID II 2012*, 35 f.; *IOSCO Report «Technological Impact on Market Integrity and Efficiency»* 2011, 24; *Aldridge* (2013), 189 ff., 204 ff.; *Weller* (2013), 1 ff.; siehe auch *Carrion* (2013), 681; *Gerig/Michayluk* (2014), 1 f.; *Gomber/Arndt/Lutat/Uhle* (2011), 16 ff.; www.imc.com/eu/about-us; zur Berücksichtigung harter Informationen *Jovanovic/Menkveld* (2016), 3; vorn 61 ff.

ten und Informationsrisiken erwartet werden kann. Auftragsverarbeitungskosten und Informationsrisiken stehen allerdings in einem Verhältnis der Wechselwirkung zu einander: Durch Investitionen in die Geschwindigkeit (und Erhöhung der Auftragsverarbeitungskosten) können Hochfrequenzhändler die mit der Bereitstellung von Liquidität verbundenen Informationsrisiken minimieren.

Bemerkenswert und zugleich alarmierend erscheint nun aber, dass zwei empirische Studien darauf hindeuten, dass der Hochfrequenzhandel die realisierten Spreads vergrössert, wobei eine der Studien eine Vergrösserung um ein Vierfaches (!) feststellte.[333] Der realisierte Half-Spread wird anhand der Differenz zwischen dem Transaktionspreis bei Verwendung einer Market-Order und den Mittelpreisen (Midquotes) 5 oder 30 Minuten nach der Transaktion bestimmt.[334] Der realisierte Spread ist also letztlich der Spread, der für die Investoren zählt. Eine Vergrösserung der realisierten Spreads kann verschiedene Gründe haben. Möglicherweise müssen antizipierende Strategien, das ausgeklügelte Risikomanagement von Bereitstellern von Liquidität oder ein mangelhafter Wettbewerb zwischen liquiditätsbereitstellenden Hochfrequenzhändlern dafür verantwortlich gemacht werden. Der realisierte Spread korreliert aber auch stark positiv mit einer grösseren Resilienz und einer geringeren Markttiefe. Die geringere Markttiefe führt dazu, dass die Kurse stärker durch Aufträge beeinflusst werden und die grössere Resilienz hat zur Folge, dass die Kurse schneller wieder zum ursprünglichen Niveau hingetrieben werden, sodass sich die Differenz zwischen dem Ausführungspreis und dem Kursmittelpunkt nach der Ausführung vergrössert. Da für Kleinanleger grundsätzlich der quotierte Spread ausschlaggebend ist,[335] dürften diese vom Hochfrequenzhandel profitieren. Demgegenüber kann sich dieser angesichts vergrösserter realisierter Spreads negativ für Grossanleger auswirken. Jedenfalls erscheinen weitere Untersuchungen zu den Auswirkungen des Hochfrequenzhandels auf die realisierten Spreads angezeigt.

Ebenfalls alarmierend ist die Studie von *Baron/Brogaard/Kirilenko* (2014), nach der liquiditätsentziehende Strategien lukrativer zu sein scheinen, sodass zu befürchten ist, dass die schnellsten Hochfrequenzhändler sich auf liquiditätsentziehende Praktiken spezialisiert haben.[336] Relativiert wird diese Studie allerdings durch andere Untersuchungen, die auf ein Gleichgewicht zwischen liquiditätsbereitstellenden und liquiditätsentziehenden Strategien hindeuten.[337] An den Re-

---

[333] Vorn 235.
[334] Vorn 222.
[335] Hierzu *Foucault/Pagano/Röell* (2013), 50.
[336] *Baron/Brogaard/Kirilenko* (2014), 3.
[337] Nach *Brogaard* (2010), 11 stellten Hochfrequenzhändler bei 51.4 Prozent aller Transaktionen Liquidität bereit, während sie bei 50.4 Prozent der Transaktionen dem Mark Liqui-

gulator gerichtet erscheint jedenfalls wichtig, dass der Wettbewerb zwischen Hochfrequenzhändlern tatsächlich zu einem Wettbewerb zwischen Bereitstellern von Liquidität führt.[338]

bb)   Markttiefe

Hinsichtlich der Auswirkungen des Hochfrequenzhandels auf die Markttiefe sind die ökonomischen Modelle und empirischen Studien bislang unschlüssig. Tendenziell deuten sie aber auf neutrale Auswirkungen hin. Überzeugend erscheint grundsätzlich die These von *Budish/Cramton/Shim* (2015), dass die Informationsrisiken Kosten verursachen, die mit der Zahl der Limit-Orders linear zunähmen, während sich die Profite nicht in gleichem Masse erhöhten, da nur einige Investoren am Handel im grösseren Umfang interessiert seien.[339] Allerdings gilt diese Aussage unabhängig vom Auftreten von Hochfrequenzhändlern, da sich Bereitsteller von Liquidität schon früher Informationsrisiken ausgesetzt sahen. Immerhin kann aus der Studie aber abgeleitet werden, dass eine Minimierung dieser Informationsrisiken die Markttiefe erhöhen müsste.[340]

Wenngleich die Markttiefe durch den Hochfrequenzhandel aus einer statischen Sicht nicht merklich abnimmt, könnten Blockaufträge unter Berücksichtigung des Slippage-Effekts die Kurse dennoch stärker beeinflussen als früher.[341] Auf Market-Making-Aktivitäten spezialisierte Hochfrequenzhändler reagieren wie gezeigt sehr sensitiv auf Handelsinformationen, was sich in einem hohen Verhältnis von stornierten Aufträgen zu Transaktionen äussert.[342] Diese Sensitivität kann mit den vorn dargelegten antizipierenden Handelsstrategien verbunden sein, sie ist aber auch ein Sicherheitsmechanismus gegenüber Informationsrisiken und müsste damit zu geringeren Spreads führen; die Sensitivität ist also keineswegs (nur) negativ zu bewerten.[343] Ausserdem können Block-Trader durch einen aggressiveren Handel das Verschwinden der Aufträge (*order book fade*)

---

dität entzogen; bei *Hendershott/Riordan* (2011), 3 f. sind es 50 Prozent bzw. 52 Prozent mit einem leichten Übergewicht zugunsten der liquiditätsentziehenden Aufträge.

[338] *Breckenfelder* (2013), 7; siehe hierzu den Vorschlag der asymmetrischen Verzögerung hinten 403 ff., 413.

[339] *Budish/Cramton/Shim* (2015), 1554.

[340] Dies könnte ebenfalls mit einer asymmetrischen Verzögerung erreicht werden; hierzu hinten 403 ff., 413.

[341] Zum Slippage-Effekt vorn 222, 230.

[342] Vgl. *IOSCO Report «Technological Impact on Market Integrity and Efficiency» 2011*, 24; *Levine* (2015); zu den fragwürdigen Order-to-Transaction-Ratios hinten 463 ff., 687 ff.

[343] Zu den antizipierenden Strategien vorn 76 ff.; zur Würdigung hinten 321 ff., 766 f., 771 f.

verhindern; sie müssen dann aber auf Liquidität aus Iceberg-Aufträgen und den Rückfederungseffekt (Resilienz) verzichten.[344]

Im Übrigen verdient eine geringere Markttiefe nicht zwingend nur eine negative Bewertung, denn sie kann auch eine Folge rationaler Preise sein. Sind die Preise rational und ist die irrationale Volatilität gering, so dürften Aufträge mit einer gewissen Distanz zu den besten Angeboten nur dann ausgeführt werden, wenn sich die Informationslage verändert. Dann aber besteht ein grosses Risiko, dass weit vom Kurs entfernt gesetzte Aufträge nachträglich fehlplatziert sind und von Hochfrequenzhändlern als sogenannte *Stale Quote* aufgelesen werden.[345] Es gilt also: Je rationaler die Kurse und je geringer die irrationale Volatilität desto irrationaler erscheint auch das Platzieren von Aufträgen mit einer relativ grossen Distanz zu den besten Aufträgen.

cc) Resilienz

Als Resilienz (*resiliency*) wird im Zusammenhang mit der Marktliquidität die Geschwindigkeit bezeichnet, mit der sich Preise nach liquiditätsentziehenden Schocks erholen.[346] Gestützt auf das Modell von *Roşu* (2016a) kann wohl davon ausgegangen werden, dass Hochfrequenzhändler als informierte Händler einen positiven Einfluss auf diese Rückfederung haben.[347] Hochfrequenzhändler werden in der Regel als informierte Händler qualifiziert, weil sie Handelsinformationen und fundamentale Informationen grundsätzlich weit schneller verarbeiten können als menschliche Händler.[348] Eine starke Rückfederung zeigte sich denn auch etwa beim Flash-Crash vom 6. Mai 2010.[349] Bestätigt sich eine stärkere Resilienz, erschiene eine stärkere zeitliche Stückelung der Aufträge durch Investoren angezeigt.

dd) Triebwerkhypothese

Markttiefe und Resilienz zeigen, wie der Handelsdruck transitorische Volatilität verursacht. Angesichts dieser Volatilität erscheint die Hypothese angezeigt, dass intelligente liquiditätsbereitstellende Hochfrequenzhändler über verschiedene «Gänge» verfügen. Für den Umgang mit neuen Informationen dürfte zunächst eine unmittelbare Reaktion erforderlich sein, um den Informationsrisiken angemessen zu begegnen. Auf eine erhöhte Rationalität muss bei einer solchen Re-

---

344 Zur Limit-Sweep-Taktik *CS Analysis HFT 2012*, 5; vorn 80 f.
345 Zum Begriff der Stale Quote vorn 227 f.
346 Vorn 224.
347 *Roşu* (2016a), 5, 43.
348 Zur Qualifikation von Hochfrequenzhändlern als informierte Händler vorn 206 f., 231 f.
349 Zum Flash-Crash hinten 373 ff.

flexreaktion wohl verzichtet werden, da die Informationsverarbeitung Zeit kostet.[350] Als Folge dieser Reflexreaktion sind Stornierungen von Limit-Orders zu erwarten, um das Risiko fehlplatzierter Limit-Orders (*Stale Quotes*) zu minimieren, was auch Phänomene wie Flash-Crashes einfach erklärt. Erst in einem zweiten Schritt dürfte der intelligente Hochfrequenzhändler die Information rationaler verarbeiten, nach möglichen Gründen für einen gestiegenen Preisdruck suchen und den neuen (oder allenfalls auch alten) Gleichgewichtspreis ermitteln. Komplette intelligente Hochfrequenzhändler müssen verschiedene unterschiedlich komplexe Algorithmen also sinnvollerweise parallel schalten, um mit neuen Informationen sachgerecht umgehen zu können.

4. Dark Pools

a) Modelle

Bei der Beurteilung der Auswirkungen von Dark Pools auf die Liquidität ist zu unterscheiden zwischen den Auswirkungen auf die Liquidität der Börsen (bzw. der transparenten Handelsplätze), den Auswirkungen auf die Liquidität in Dark Pools, dem Verhältnis zwischen der Liquidität der transparenten Handelsplätzen und jener in Dark Pools sowie den Auswirkungen von Dark Pools auf die Liquidität insgesamt. Dieser letzte Punkt dürfte unter dem Strich vor allem ausschlaggebend sein für die Bewertung von Dark Pools. Die Liquidität von Dark Pools und das Verhältnis zwischen Börsen und Dark Pools ist indes massgebend für das Verhalten der Marktteilnehmer sowie die Frage, ob ein System das andere verdrängt, und die Liquidität der Börsen ist für Marktteilnehmer von Bedeutung, die keinen Zugang zu Dark Pools haben.

aa) Liquidität der Börsen

Die Liquidität der Börsen wird durch den Handel in Dark Pools wenig erstaunlich nach verschiedenen Studien beeinträchtigt. *Hendershott/Mendelson* (2000) etwa erwarten aufgrund der Subsidiarität der transparenten Handelsplätze einen grösseren Spread, gemäss *Buti/Rindi/Werner* (2011a) reduzieren Dark Pools die Markttiefe der transparenten Handelsplätze, und *H. Zhu* (2014) sowie *Buti/Rindi/Werner* (2017) verweisen auf beide Effekte.[351] Marktteilnehmer, die keinen

---

[350] Weiterführend hinten 333 f.
[351] *Hendershott/Mendelson* (2000), 2104; *Buti/Rindi/Werner* (2011a), 5 f.; *H. Zhu* (2014), 749, 747, der dies mit der Konzentration von informierten Händlern an der Börse und der damit verbundenen grösseren adversen Selektion begründet; *Buti/Rindi/Werner* (2017), 261.

Zugang zu Dark Pools haben, also namentlich kleine Händler, würden demnach benachteiligt.[352]

bb) *Liquidität in Dark Pools und Verhältnis zur Liquidität der Börsen*

Für die Liquidität sämtlicher Handelsplattformen sind der Netzwerkeffekt sowie der Effekt der kritischen Masse (*critical-mass effect*) von zentraler Bedeutung. Handelsplattformen profitieren grundsätzlich von einer positiven Liquiditätsexternalität, wonach eine Steigerung des Handelsvolumens die Liquidität zugunsten des gesamten Handels erhöht und dadurch zusätzliche Liquidität anzieht (Netzwerkeffekt).[353] Zugleich muss die Handelsplattform eine genügende Anzahl Aufträge anziehen, damit sie von Händlern aufgesucht wird (Effekt der kritischen Masse).[354] Wie gezeigt können Hochfrequenzhändler (zweiseitige) Handelsplätze allerdings vom ersten Tag an mit ausreichend Liquidität versorgen und dadurch sowohl den Netzwerkeffekt als auch den Effekt der kritischen Masse entschärfen.[355] Einseitigen Dark Pools dürften diese Effekte demgegenüber grössere Schwierigkeiten bereiten, da sie erstens (abgesehen von der Informationsausforschung und bei grosser Tick-Size) für Market-Making-Strategien weniger attraktiv sind und zweitens die Ausführungswahrscheinlichkeit aufgrund der Einseitigkeit per se tiefer ist.[356]

Erreicht der Dark Pool die kritische Masse, sind die Transaktionskosten für die Beurteilung der Liquidität von grösserer Bedeutung.[357] Angesichts des Netzwerkeffekts erstaunt es nicht, dass *Buti/Rindi/Werner* (2011a) und *Daniëls/Dönges/Heinemann* (2013) zum Schluss kamen, dass die Aktivität in Dark Pools relativ gesehen grösser ist bei liquiden Titeln mit kleinen Spreads, grosser Markttiefe und grosser Tick-Size.[358] Allerdings sind umgekehrt auch die mit einem Midpoint-Crossing[359] verbundenen Einsparungen grösser, wenn der Spread gross ist. *Ray* (2010) kam denn auch zum (teilweise) gegenteiligen Schluss, dass mit der Vergrösserung des Spreads die Nutzung von Crossing-Systemen zunächst zunehme, bevor sie wieder abnehme.[360] Die Wahl hänge davon ab, ob die

---

352 *Buti/Rindi/Werner* (2017), 261.
353 *Hendershott/Mendelson* (2000), 2073.
354 *Ibid.*
355 Vorn 234 und hinten 327 ff.
356 Zur Unterscheidung von Dark Pools mit exogener und endogener Preisbestimmung vorn 18 f.; zur Informationsausforschung durch Pinging vorn 82 ff.
357 Vorn 221 ff.
358 *Buti/Rindi/Werner* (2011a), 5, hinsichtlich der Tick-Size einzig sie; *Daniëls/Dönges/Heinemann* (2013), 53.
359 Zusammenführung von Aufträgen zum Spread-Mittelpunkt.
360 *Ray* (2010), 2.

Anonymitätsvorteile und Einsparungen bei den Transaktionskosten grösser seien als die einem Crossing-Network inhärenten Risiken, die in der längeren Ausführungszeit, der geringeren Ausführungswahrscheinlichkeit und der Gefahr des «Gamings» liegen würden.[361] Als Gaming bezeichnete er das Problem, dass der Spread-Mittelpunkt substanzieller beeinflusst (also manipuliert) werden kann bei einem grossen Spread, sodass nicht nur die Beeinflussungswahrscheinlichkeit, sondern auch die Schadenshöhe im Falle einer Beeinflussung zunehmen.[362] Interessant wären demnach einseitige Dark Pools vor allem für durchschnittlich liquide Titel.

Ferner sind die Transaktionskosten eng mit der Marktliquidität verknüpft. Potenziell sind diese in brokerinternen Dark Pools geringer, da der Händler nur den Broker und nicht auch Börsengebühren und den Spread bezahlen muss. Darüber hinaus kann die Beeinflussung des Preises reduziert werden, was insbesondere für Blocktransaktionen interessant ist.[363] Den Vorteilen von Dark Pools ist allerdings entgegenzugehalten, dass ein in einem solchen Pool zum Spread-Mittelpunkt platzierter Auftrag grundsätzlich nicht ausreichend für die mit der Bereitstellung von Liquidität verbundenen Risiken entschädigen dürfte. Ausserdem haben transparente Handelsplätze insofern einen natürlichen Vorteil gegenüber Dark Pools, als sie die Handelsinformationen verwerten und daher potenziell günstigere Transaktionsgebühren anbieten können.[364] Ferner dürften Informationsrisiken in Dark Pools kaum kleiner sein als auf transparenten Märkten, da informierte Händler auch in Dark Pools handeln.[365] Nicht nur lesen sie fehlplatzierte Aufträge auf; sie machen sich auch die weniger starke Beeinflussung der Wertpapierkurse in Dark Pools zunutze, um ihre Informationsrenditen zu maximieren; entsprechend dürften sie grundsätzlich zunächst (oder gleichzeitig) den Dark Pools Liquidität entziehen, bevor sie auf die transparenten Handelsplätze wechseln.[366] Im Übrigen entlocken sie durch Liquidity-Detection-Strategien und Pinging-Praktiken auch Dark Pools Informationen zur Auftrags-

---

[361] *Ray* (2010), 3; zum Gaming vgl. *M. Ye* (2011), 8.
[362] Dabei dürfte es sich um einen Fall der Marktmanipulation handeln; hierzu hinten 721 ff.
[363] *Ray* (2010), 2; *Jiang/McInish/Upson* (2012), 7; *Hendershott/Mendelson* (2000), 2104 etwa halten fest, dass Crossing-Systeme die Informationsrisiken zunächst verringern könnten; allerdings würden sich die Renditen aus langlebiger Information vergrössern, sodass deren Produktion intensiviert und die Informationsrisiken erhöht würden – immerhin zugunsten effizienterer Preise; insgesamt lassen sie offen, ob daher Crossing-Systeme die soziale Wohlfahrt erhöhen.
[364] Hinten 331 f.
[365] *Gozluklu* (2016), 92 f.; *Moinas* (2010), 3; *Ray* (2010), 1; zum Hochfrequenzhandel in Dark Pools vorn 29, 82 ff.
[366] *Altunata/Rakhlin/Waelbroeck* (2010), 18; *Moinas* (2010), 3; *Ray* (2010), 1; siehe auch das Dreistufenmodell von *Menkveld/Yueshen/Zhu* (2017), 504 f.

lage, sodass Grossaufträge von institutionellen Investoren nicht sicher unentdeckt bleiben.[367]

cc)   Liquidität des Gesamtmarkts

Erstaunlicherweise erwartet mit *Moinas* (2010), *Boulatov/George* (2013) und *Buti/Rindi/Werner* (2017) die Mehrzahl der Ökonomen einen insgesamt positiven Einfluss einer eingeschränkten Handelstransparenz auf die soziale Wohlfahrt.[368] Gemäss *Buti/Rindi/Werner* (2017), die sich ansonsten kritisch äusserten, überwiegen die positiven Effekte für grosse Händler in liquiden Märkten gegenüber den Nachteilen für kleine Händler,[369] und *Moinas* (2010) sowie *Boulatov/George* (2013) kamen zum Schluss, dass Märkte ohne Vorhandelstransparenz Händler zur Bereitstellung von mehr Liquidität veranlassten, woraus eine grössere Markttiefe und mehr Wettbewerb zwischen Bereitstellern von Liquidität resultierten.[370] Dieses Ergebnis stützte letztlich auch *Gozluklu* (2016), der zwischen drei Situationen unterschied: der Situation mit symmetrischer Informationsverteilung, der Situation mit einem monopolistischen Insider und der Situation mit zwei Insidern.[371] Bei symmetrischer Information würden bei Einführung verdeckter Aufträge die quotierten und realisierten Spreads reduziert.[372] Bei asymmetrischer Information mit einem Insider veränderten sich die Spreads demgegenüber grundsätzlich nicht; nur vor und nach der öffentlichen Bekanntgabe neuer bewertungsrelevanter Informationen würden die Spreads ebenfalls reduziert, was mitunter auf aggressivere verdeckte Limit-Orders des informierten Händlers zurückzuführen sei, der diese Aufträge verwendet, um seine Informationsrendite zu erhöhen.[373] In der dritten und realistischsten Variante vergrössern mehrere Insider die Markttiefe, ohne den Spread zu beeinflussen, sodass die Rendite der Liquidity-Trader kaum beeinflusst werde.[374] *Degryse/van Achter/Wuyts* (2009) erwarten in ihrem Modell ein erhöhtes Gesamthandelsvolumen, was ebenfalls auf eine Steigerung der Gesamtmarktliquidität hindeuten könnte: Crossing-Systeme zögen nicht nur Aufträge vom Dealer-Markt ab, sondern kreierten auch Aufträge, indem Investoren angezogen würden, die sonst vom Handel absehen würden.[375]

---

367   Zur Liquidity-Detection und zum Pinging vorn 82 ff.
368   *Moinas* (2010), 3; *Boulatov/George* (2013), 2120; *Buti/Rindi/Werner* (2017), 258.
369   *Buti/Rindi/Werner* (2017), 258.
370   *Moinas* (2010), 3; *Boulatov/George* (2013), 2097.
371   *Gozluklu* (2016), 92.
372   *Gozluklu* (2016), 109; zur Tick-Size hinten 469 ff., 689 ff.
373   *Gozluklu* (2016), 109 f.
374   *Gozluklu* (2016), 112.
375   *Degryse/van Achter/Wuyts* (2009), 333 f.

Bloomfield/O'Hara/Saar (2015) kamen bei ihrem Modell demgegenüber zum Schluss, dass der Dark Trade kaum einen Einfluss auf den tatsächlichen Spread habe.[376] Als tatsächlichen Spread (*true bid-ask-spread*) bezeichneten sie denjenigen Spread, der sich bei Berücksichtigung von angezeigten und verdeckten Aufträgen bildet; die Berücksichtigung der nicht angezeigten Aufträge ist dabei insofern von grosser Bedeutung, als gemäss *Bloomfield/O'Hara/Saar* (2015) die angezeigten Spreads in (teilweise) dunklen Märkten doppelt so gross wie die tatsächlichen Spreads sind.[377] Sie wiesen entsprechend ihre Wissenschaftlerkollegen darauf hin, dass die sichtbaren Daten von den für die Liquidität massgeblichen Daten abweichen.[378] *Hendershott/Mendelson* (2000) kamen in diesem Zusammenhang zum Schluss, dass die Renditen aus langlebiger Information vergrössert werden könnten, sodass deren Produktion intensiviert und die adverse Selektion (Informationsrisiko) erhöht werde.[379] Auch Sie liessen daher offen, ob Crossing-Systeme die soziale Wohlfahrt erhöhen.[380]

Die Reduktion der Illiquiditätskosten durch Dark Pools muss sich nicht zwingend positiv auf die gesamten Transaktionskosten der Investoren auswirken. *Biais/Foucault/Moinas* (2015) hielten dafür, dass fragmentierte Märkte den Investoren Suchkosten auferlegten und Transaktionen verspätet oder gar nicht durchgeführt würden.[381] Diese Kosten, die sich aus einer unvollständigen Ausführung ergeben, werden Clean-up-Kosten genannt und machen gemäss *Chiyachantana/Jain* (2009) beinahe einen Drittel der Transaktionskosten aus.[382]

dd)   Broker-ID

Eine Spezialfrage ist der Einfluss der Anzeige der Broker-ID. Verschiedene empirische Studien weisen eine erhöhte Liquidität nach für den Fall, dass die Broker-ID nicht angezeigt wird.[383] *Linnainmaa/Saar* (2012) erklärten dies damit, dass die Händler schlechter zwischen informierten und nicht informierten Händlern unterscheiden könnten und daher informierte Händler länger in der Lage seien, auf Kosten der Bewertungseffizienz ihren Informationsvorsprung auszunutzen.[384] Die grössere Liquidität würde somit den uninformierten Händ-

---

[376] *Bloomfield/O'Hara/Saar* (2015), 2230.
[377] *Bloomfield/O'Hara/Saar* (2015), 2230, 2251.
[378] *Bloomfield/O'Hara/Saar* (2015), 2265.
[379] *Hendershott/Mendelson* (2000), 2104.
[380] *Ibid.*
[381] *Biais/Foucault* (2014), 1.
[382] *Chiyachantana/Jain* (2009), 3 ff.
[383] Hinten 251.
[384] *Linnainmaa/Saar* (2012), 1418.

ler schädigen, sodass unklar sei, ob die Gesellschaft als Ganze davon profitiere.[385] Die Ausführungen zur Broker-ID im einleitenden Teil dieser Arbeit hätten zunächst eher das Gegenteil vermuten lassen, was hinten im Rahmen der Würdigung der Resultate noch weiter erläutert wird.[386]

b) Empirische Studien

aa) Liquidität der Börsen

D. Weaver (2014) und *Nimalendran/Ray* (2014) bestätigen einen negativen Effekt von Dark Pools auf die Liquidität der transparenten Handelsplätze.[387] *D. Weaver* (2014) kam zum Schluss, dass Dark Pools von Brokern, die zur Internalisierung von Kundenaufträgen bestimmt sind, zu weiteren quotierten, effektiven und realisierten Spreads sowie zu einer reduzierten Markttiefe an der NYSE führen, was sich in einer grösseren Beeinflussung des Preises sowie erhöhter Volatilität äussere.[388] Dasselbe müsse jedoch nicht für andere Dark Pools gelten.[389] Nach *Nimalendran/Ray* (2014) vergrösserten sich die quotierten Spreads und die Preisbeeinflussungswerte an der Börse nach Transaktionen über Crossing Networks.[390] Die Vergrösserung des Spreads betrage 10 Prozent, und die Effekte seien am grössten bei weniger liquiden Aktien und wenn die Händler algorithmische Strategien verwendeten.[391]

Eine positive Wirkung des Dark Trade auf die Liquidität der transparenten Handelsplätze fanden demgegenüber *Buti/Rindi/Werner* (2011b) und *Foley/Putniņš* (2016), letztere indes nur für den zweiseitigen Dark Trade, nicht aber für den einseitigen Dark Trade zum Spread-Mittelpunkt.[392] *Foley/Putniņš* (2016) untersuchten die Einführung von minimalen Preisverbesserungsregeln in Kanada und in Australien, die in beiden Ländern zu einem Einbruch des Dark Trade

---

385 *Linnainmaa/Saar* (2012), 1418.
386 Vorn 21 f., hinten 254.
387 *D. Weaver* (2014), 2 ff.; *Nimalendran/Ray* (2014), 232; vgl. auch *Hendershott/Mendelson* (2000), 2104; *Buti/Rindi/Werner* (2011a), 5 f.; *H. Zhu* (2014), 749, 747, der dies mit der Konzentration von informierten Händlern an der Börse und der damit verbundenen grösseren adversen Selektion begründet; *Buti/Rindi/Werner* (2017), 245 f.
388 *D. Weaver* (2014), 2 ff., 7 ff., 27 f. mit einer Zusammenfassung der Studien zu den Auswirkungen der Internalisierung.
389 *D. Weaver* (2014), 10.
390 *Nimalendran/Ray* (2014), 232, wobei anzumerken ist, dass sie die Begriffe *Crossing Network* und *Dark Pool* synonym verwenden.
391 *Nimalendran/Ray* (2014), 232.
392 *Buti/Rindi/Werner* (2011b), 28; *Foley/Putniņš* (2016), 457.

um über einen Drittel führten.[393] Als Auswirkungen dieser Regeln fanden sie einen negativen Effekt auf die (angezeigten und landesweiten) quotierten, effektiven und realisierten Spreads sowie tendenziell auch einen leicht negativen Effekt auf die Markttiefe.[394] Die Auswirkungen könnten allerdings auch bloss mit der spezifischen Regel zusammenhängen und müssen nicht zwingend bedeuten, dass sich der Dark Trade positiv auf die Marktqualität der transparenten Märkte auswirkt. *Buti/Rindi/Werner* (2011b) stellten fest, dass die Aktivität in Dark Pools zwar zu einem geringeren Handelsvolumen an den Börsen, aber auch zu kleineren Spreads und einer grösseren Markttiefe führten.[395] Die Aktivität in Dark Pools sei signifikant höher an Tagen mit grossem Handelsvolumen, kleinen Spreads, grosser Markttiefe und kleinen Auftragsungleichgewichten.[396] Auch bei dieser Studie scheint die Verknüpfung von Ursache und Wirkung nicht über jeden Zweifel erhaben. Plausibel wäre eher, dass bei grösserer Liquidität, aufgrund der Netzwerkeffekte mehr Händler Dark Pools aufsuchen und nicht umgekehrt.

bb) *Liquidität in Dark Pools und Verhältnis zur Liquidität der Börsen*

Die empirischen Resultate zur Frage, wann Dark Pools im Vergleich zu den Börsen aufgesucht werden, erscheinen bemerkenswert. *Ready* (2014) stellte in Übereinstimmung mit *Buti/Rindi/Werner* (2011a), nicht aber mit *Hendershott/ Mendelson* (2000) und *Degryse/van Achter/Wuyts* (2009) bei den untersuchten Dark Pools einen kleineren Anteil an institutionellem Aktienvolumen bei Aktien mit einem grösseren relativen Spread fest.[397] Gleichzeitig sei der Gebrauch von Dark Pools aber auch geringer bei Aktien mit dem kleinsten Spread.[398] Ohne auf *Ray* (2010) Bezug zu nehmen, bestätigt er damit dessen These, dass Dark Pools vor allem für durchschnittlich liquide Titel interessant sind.[399] Im Unterschied zu *Buti/Rindi/Werner* (2011b) und *Ready* (2014) sowie entgegen der Annahmen von *Buti/Rindi/Werner* (2017) und teilweise auch *Ray* (2011) finden *Jiang/McInish/Upson* (2012) keine Belege dafür, dass der Spread an der Börse mit dem ausserbörslichen Handelsvolumen positiv korreliert.[400] Allerdings nehme das ausserbörsliche Handelsvolumen mit der Geschwindigkeit der Märkte und

---

[393] *Foley/Putniņš* (2016), 457.
[394] *Ibid.*
[395] *Buti/Rindi/Werner* (2011b), 28.
[396] *Buti/Rindi/Werner* (2011b), 9 f.
[397] *Ready* (2014), 9; *Degryse/van Achter/Wuyts* (2009); *Hendershott/Mendelson* (2000); *Buti/ Rindi/Werner* (2011a).
[398] *Ready* (2014), 10.
[399] *Ray* (2010).
[400] *Jiang/McInish/Upson* (2012), 4; *Buti/Rindi/Werner* (2011b), 9 f.; *Ready* (2014), 9; *Buti/ Rindi/Werner* (2017), 246, 261; *Ray* (2010), 2.

II. Liquidität

der Reduktion der Volatilität zu.[401] Die Wahrscheinlichkeit, zum Spread-Mittelpunkt zu handeln, sei in alternativen Handelssystemen bedeutend grösser als in Börsen.[402] Ausserdem seien die effektiven Spreads, die Preisbeeinflussung und die Autokorrelation geringer bei ausserbörslichen Transaktionen.[403] Ihre Resultate würden die Annahme von *Easley/O'Hara* (1987) bestätigen, dass Spreads kleiner sein müssen, wenn Market-Maker zwischen informierten und nicht informierten Händlern unterscheiden können und dass nicht informierte Aufträge den ausserbörslichen Handel dominieren.[404]

Ready (2010) stellte fest, dass institutionelle Aufträge in Aktien mit mehr adverser Selektion (Informationsrisiken) weniger zu den untersuchten Dark Pools gesendet würden, was mit *H. Zhu* (2014), nicht aber mit *M. Ye* (2011) konsistent ist.[405] *Altunata/Rakhlin/Waelbroeck* (2010) kommen in einem Experiment zum Schluss, dass beim Gebrauch von Dark Pools die mit Informationsrisiken verbundenen Kosten beinahe so hoch sind wie die opportunistischen Einsparungen.[406] Allerdings könnten die Kosten durch gewisse Strategien beträchtlich reduziert werden.[407] Ihre Ergebnisse würden zeigen, dass Händler in Dark Pools Informationsrisiken besonders stark ausgesetzt seien, da Arbitrageure Dark Pools zuerst aufsuchten, bevor sie zu den transparenten Märkten wechselten.[408]

Boni/Brown/Leach (2013) untersuchten die Frage, ob Dark Pools, die gewisse Händlertypen wie Broker und Hochfrequenzhändler vom Handel ausschliessen, einen positiven Einfluss auf die Ausführungsqualität haben.[409] Die Frage ist insofern von Bedeutung, als einerseits bei Handelsplätzen der diskriminierungsfreie Zugang oft propagiert wird und andererseits institutionelle Investoren Hochfrequenzhändlern ausweichen wollen, wenn sie Dark Pools aufsuchen.[410] Wie vorweg angenommen kamen sie zum Schluss, dass die Diskriminierung den Ausführungsfussabdruck reduziert und insgesamt die Ausführungsqualität für grosse Transaktionen erhöht.[411] So würde die Autokorrelation von Renditen sinken, das Vorhandelsvolumen sei geringer, die Volatilität nehme weniger zu und es gebe frühere Ausführungen innerhalb des Handelstages sowie mehr Anhäufun-

---

[401] *Jiang/McInish/Upson* (2012), 4.
[402] *Jiang/McInish/Upson* (2012), 11 f.
[403] *Jiang/McInish/Upson* (2012), 4
[404] *Ibid*; siehe auch *Easley/O'Hara* (1987), 69 ff.
[405] *Ready* (2014), 7 f.; *M. Ye* (2011); *H. Zhu* (2014).
[406] *Altunata/Rakhlin/Waelbroeck* (2010), 19.
[407] *Ibid*.
[408] *Altunata/Rakhlin/Waelbroeck* (2010), 18, 27.
[409] *Boni/Brown/Leach* (2013).
[410] Zum Gleichbehandlungsgrundsatz Art. 34 Abs. 1 FinfraG; hinten 701 f.
[411] *Boni/Brown/Leach* (2013), 30.

gen von grossen Transaktionen während des Handelstages.⁴¹² Ihre Resultate würden indirekt implizieren, dass grosse Transaktionsausführungen in gewissen Dark Pools ausgenutzt würden, was zu signifikanten sozialen Kosten führen könne.⁴¹³

cc)   *Liquidität des Gesamtmarkts*

Degryse/de Jong/van Kervel (2015) berücksichtigten neben der Liquidität in transparenten Handelsplätzen auch die Liquidität in Dark Pools und unterschieden zwischen der globalen Liquidität, der lokalen Liquidität und der Liquidität des besten Marktes.⁴¹⁴ Die globale Liquidität sei für Händler relevant, die Smart-Order-Routing-Technologien anwenden, die lokale Liquidität für Händler, die nur auf dem traditionellen Markt handeln und die Liquidität des besten Marktes für die Ausführung von Kundenaufträge im Sinne der Best-Execution-Regel, die in Europa flexibler gehandhabt werde als in den USA.⁴¹⁵ Während *Degryse/de Jong/van Kervel* (2015) für die transparenten Handelsplätze Marktdaten verwendeten, stellten sie für die Liquidität in Dark Pools Hochrechnungen an.⁴¹⁶ Dabei kamen sie zum Schluss, dass sich die Fragmentierung positiv auf die globale Liquidität auswirkt, während der Effekt des Dark Trade negativ ist; die Markttiefe pro Standardabweichung werde um 7 Prozent reduziert.⁴¹⁷ Sie schliessen, dass die Ergebnisse zeigen würden, dass sich die Liquidität nicht bloss in intransparente Plattformen verschiebe, sondern insgesamt abnehme.⁴¹⁸

dd)   *Auswirkungen der Fragmentierung*

Die Auswirkungen der Vorhandelstransparenz sind von den Auswirkungen der Fragmentierung zu unterscheiden. Sowohl *O'Hara/Ye* (2011) als auch *Degryse/de Jong/van Kervel* (2015) erhielten das eher kontraintuitive Ergebnis, dass sich die Fragmentierung positiv auf die Liquidität auswirke.⁴¹⁹ *O'Hara/Ye* (2011) wiesen positive Auswirkungen lediglich für weniger gehandelte Aktien nach, was sie auf einen intensiveren Wettbewerb zurückführen.⁴²⁰ Gemäss *Degryse/de Jong/van Kervel* (2015) erhöht die transparente Fragmentierung die

---

412   *Boni/Brown/Leach* (2013), 30.
413   *Ibid.*
414   *Degryse/de Jong/van Kervel* (2015), 1589.
415   *Ibid*; zur *Order Protection Rule* und dessen Problemen vorn 33 ff.
416   *Degryse/de Jong/van Kervel* (2015), 1590.
417   *Ibid.*
418   *Degryse/de Jong/van Kervel* (2015), 1591.
419   *O'Hara/Ye* (2011), 472; *Degryse/de Jong/van Kervel* (2015), 1590 f.
420   *O'Hara/Ye* (2011), 472.

konsolidierte Markttiefe um 49 Prozent im Vergleich zu einem konzentrierten Markt, während sich die tiefere, weiter vom Spreadmittelpunkt entfernt liegende Liquidität nur um 25 Prozent verbessere.[421] Demgegenüber würde die lokale Markttiefe um 5 bis 10 Prozent abnehmen und die Liquidität des besten Marktes konstant bleiben.[422]

ee)   Broker-ID

Die Spezialfrage, welchen Einfluss das Verbergen der Broker-ID auf die Liquidität hat, beantworten verschiedene Studien positiv: Nicht angezeigte Broker-IDs würden zu engeren Spreads, grösserer Markttiefe und grösserer Handelsaktivität führen.[423]

c)   Würdigung

aa)   Auswirkungen von Dark Pools auf die Liquidität

Während die ökonomischen Studien für einen liquiditätssteigernden Effekt der Fragmentierung sprechen, sind die Auswirkungen der fehlenden Vorhandelstransparenz nicht eindeutig und teilweise widersprüchlich. Zumindest eine Abnahme der Liquidität auf den transparenten Handelsplätzen wäre zu erwarten, wenn sich der Handel in Dark Pools verlagert, aber selbst ein solcher Effekt ist bislang nicht zweifelsfrei erstellt. Dies dürfte in erster Linie daran liegen, dass sich die Liquidität nicht primär anhand des Handelsvolumens bestimmt, sondern anhand der Risiken, denen sich Bereitsteller von Liquidität ausgesetzt sehen, wenn sie Limit-Orders verwenden. Dark Pools würden die Liquidität der transparenten Handelsplätze aus diesem Blickwinkel lediglich dann beeinträchtigen, wenn sie vor allem uninformierte Aufträge anziehen und sich dadurch der informierte Handel auf die transparenten Handelsplätze konzentriert.[424] Dieser Effekt ist jedoch keineswegs unumstritten, da informierte Händler Dark Pools genauso aufsuchen, um ihre Informationsrenditen zu erhöhen und Handelsinformationen zu gewinnen.[425] Auch wäre bei einer Konzentration des informierten Handels auf die transparenten Handelsplätze eine erhöhte Informationseffizienz zu erwarten und uninformierte Händler, die Dark Pools aufsuchen, dürfte

---

[421]   *Degryse/de Jong/van Kervel* (2015), 1590 f.
[422]   *Degryse/de Jong/van Kervel* (2015), 1591.
[423]   *Comerton-Forde/Frino/Mollica* (2005), 538; *Foucault/Moinas/Theissen* (2007), 1740; *Frino/Gerace/Lepone* (2008), 572.
[424]   Vgl. *Jiang/McInish/Upson* (2012), 4; siehe auch *Easley/O'Hara* (1987), 69 ff.
[425]   Zur Steigerung der Informationsrenditen in Dark Pools *Altunata/Rakhlin/Waelbroeck* (2010), 18; *Moinas* (2010), 3; *Ray* (2010), 1; siehe auch das Dreistufenmodell von *Menkveld/Yueshen/Zhu* (2017), 504 f.; zum Hochfrequenzhandel in Dark Pools vorn 29, 82 ff.

dann die Liquidität der transparenten Handelsplätze ohnehin kaum interessieren.

In erster Linie sind für die Beurteilung der Auswirkungen von Dark Pools auf die Liquidität jedoch nicht die Auswirkungen auf die Liquidität der transparenten Handelsplätze entscheidend, sondern vielmehr jene auf die Liquidität des Gesamtmarktes unter Berücksichtigung der nicht angezeigten Liquidität. Die ökonomischen Modelle lassen einen eher positiven Einfluss von Dark Pools auf den Gesamtmarkt vermuten, da die Konkurrenz zwischen Bereitstellern von Liquidität erhöht werde und Händler aufgrund tieferer Transaktionskosten erst durch Dark Pools zum Handel animiert würden.[426] Andere Autoren wie *Bloomfield/O'Hara/Saar* (2015) erwarten demgegenüber kaum einen Effekt auf die Markttiefe und *Degryse/de Jong/van Kervel* (2015) stellten in ihrer empirischen Studie gar einen negativen Effekt auf die Markttiefe des Gesamtmarkts fest.[427] Allerdings verfügten sie nicht über Dark-Pool-Daten, sondern mussten mit Hochrechnungen arbeiten, die sie aus den effektiven Spreads von Dark Trades ableiteten. Dennoch muss festgehalten werden, dass die Auswirkungen des Dark Trade auf die Gesamtliquidität bis heute weitgehend unklar sind, die für die Liquidität in erster Linie massgebenden Risiken jedoch kaum einen Effekt vermuten lassen und tiefere Transaktionskosten in Dark Pools eher eine Erhöhung der Gesamtmarktliquidität durch den Handel mit fehlender Vorhandelstransparenz implizieren. Jedenfalls erscheint der Nachweis für eine Beeinträchtigung der Liquidität des Gesamtmarkts durch Dark Pools nicht erbracht, sodass sich eine Regulierung gestützt darauf schwerlich rechtfertigen lässt.

bb)   Fehlerquellen

Fehlerquellen bei der Beurteilung der Liquidität existieren viele. So besteht etwa die Gefahr, die nicht angezeigte Liquidität in diese Analyse nicht miteinzubeziehen, eben gerade weil sie für den Aussenstehenden nicht ohne Weiteres ersichtlich ist. Die Konsequenzen sind gross: Gemäss *Bloomfield/O'Hara/Saar* (2015) sind die angezeigten Spreads in teilweise dunklen Märkten doppelt so gross wie die tatsächlichen Spreads, bei denen auch die nicht angezeigte Liquidität berücksichtigt wird.[428] Ein anderes Problem dürfte darin liegen, dass die Gebührenordnungen der Handelsplätze regelmässig unberücksichtigt bleiben. Diesbezüglich wurde im Kapitel 2 (Marktmikrostruktur) dargelegt, dass sich Spreads nicht ohne Berücksichtigung der unterschiedlichen Gebührenmodelle der Handelsplätze beurteilen lassen, da beispielsweise das Maker-Taker-Modell die quotierten

---

[426] So *Moinas* (2010), 3; *Boulatov/George* (2013), 2120; zur Kreierung von Aufträgen durch Dark Pools *Degryse/van Achter/Wuyts* (2009), 333 f.; vorn 245.
[427] *Degryse/de Jong/van Kervel* (2015), 1591.
[428] *Bloomfield/O'Hara/Saar* (2015), 2231.

Spreads, nicht aber die ökonomischen Spreads künstlich verkleinert.[429] Schliesslich wird auch der dogmatisch fragwürdige Amihud-Massstab zur Beurteilung der Liquidität regelmässig angewendet.[430]

cc) *Besondere Attraktivität von Dark Pools für durchschnittlich liquide Titel*

Hinsichtlich des Marktanteils von Dark Pools erscheinen die Ausführungen von *Ray* (2010) plausibel, wonach einseitige Dark Pools vor allem für durchschnittlich liquide Titel interessant sind.[431] Eine gewisse Liquidität müssen einseitige Dark Pools aufgrund des Netzwerkeffekts sowie des Effekts der kritischen Masse erreichen, damit die Ausführungswahrscheinlichkeit für Aufträge ausreichend gross ist.[432] Gleichzeitig sind aber bei einem Zusammenführen von Aufträgen zum Spread-Mittelpunkt die möglichen Einsparungen grösser bei nicht liquiden Titeln. *Ready* (2014) bestätigt das Modell von *Ray* (2010), offenbar ohne dessen Ausführungen zu kennen, was zusätzlich für dessen Modell spricht.[433] Vielleicht auch deshalb finden andere Ökonomen unterschiedliche Resultate. Für zweiseitige (transparenten oder intransparenten) Handelsplätze gelten nicht dieselben Regeln, da sie für Market-Making-Tätigkeiten attraktiver sind, sodass Hochfrequenzhändler eine Handelsplattform vom ersten Tag an mit ausreichend Liquidität versorgen können.

dd) *Fragwürdigkeit der Bereitstellung von Liquidität zum Spread-Mittelpunkt*

Viele Händler versuchen, durch Limit-Orders oder aber zumindest durch den Handel zum Spread-Mittelpreis in Dark Pools ihre Ausführungsqualität zu verbessern. Dabei stellt sich allerdings stets die Frage, ob der Händler, wenn er einen solchen Auftrag platziert, für seine Risiken ausreichend entschädigt wird. Platziert ein Händler einen Auftrag zum Spread-Mittelpunkt und wird dieser Auftrag nicht unmittelbar ausgeführt, sieht sich der Händler grundsätzlich denselben Informationsrisiken ausgesetzt, wie wenn er eine Limit-Order verwenden würde. Die Bindung an den Referenzkurs dürfte ihn hiervor ähnlich wenig wie Peg-Orders schützen.[434] Verändert sich die Informationslage, so kann ein Hochfrequenzhändler auch diese Mittelpreis-Liquidität einfach durch grosse Aufträge auflesen.

---

[429] Hierzu vorn 51 ff., 55.
[430] Zur Kritik am Amihud-Massstab vorn 225 f.
[431] *Ray* (2010), 2; vorn 243 f.
[432] Vorn 243 f.
[433] *Ready* (2014), 9 f.; vorn 248 f.
[434] Zu Peg-Orders vorn 48, 50 f.

*ee)	Abhängigkeit der Auswirkungen der Broker-ID auf die Liquidität*

Eine Spezialfrage ist schliesslich, welche Auswirkungen das Anzeigen der Broker-ID auf die Liquidität hat. Verschiedene empirische Studien kamen zum Schluss, dass das Anzeigen die Marktqualität beeinträchtigt.[435] *Linnainmaa/Saar* (2012) erklärten dies damit, dass die Händler bei verborgener Broker-ID schlechter zwischen informierten und uninformierten Händlern unterscheiden könnten und daher informierte Händler länger in der Lage seien, auf Kosten der Bewertungseffizienz ihren Informationsvorsprung auszunutzen.[436] Die Ausführungen zur Broker-ID im einleitenden Teil dieser Arbeit hätten zunächst eher das Gegenteil, das heisst eine höhere Liquidität bei angezeigter Broker-ID vermuten lassen.[437] Hochfrequenzhändler können aus der Broker-ID Informationsrisiken ableiten, sodass sie sich bei angezeigter Broker-ID geringeren Risiken ausgesetzt sehen und daher Liquidität zu kleineren Spreads anbieten können müssten. Allerdings können Hochfrequenzhändler so auch Blockaufträge von institutionellen Investoren antizipieren, was sich negativ auf deren Ausführungsqualität auswirkt.[438] Haben institutionelle Investoren die Auswahl zwischen einem Handelsplatz mit angezeigter Broker-ID und einem anderen Handelsplatz mit verborgener Broker-ID, dürften sie daher letzteren wählen. So könnten die Auswirkungen der Anzeige der Broker-ID lediglich deshalb negativ sein, weil Investoren zwischen verschiedenen Handelsplätzen auswählen können. Würde demgegenüber auf allen Handelsplätzen die Broker-ID angezeigt, so wäre eine Reduktion der Spreads aufgrund verminderter Informationsrisiken zu erwarten, ebenso wie erhöhte Transaktionskosten für institutionelle Investoren.

## III.	Volatilität

### 1.	Befürchtungen

Verbreitet ist die Befürchtung, dass der Hochfrequenzhandel zu einer Steigerung der Volatilität der Märkte führt. Zur Begründung werden etwa kurzfristige Momentumstrategien, das elektronische Frontrunning oder der *hot potato effect* genannt.[439] Als elektronisches Frontrunning wird die im Kapitel 3 erläuterte

---

[435]	*Comerton-Forde/Frino/Mollica* (2005), 538; *Foucault/Moinas/Theissen* (2007), 1740; *Frino/Gerace/Lepone* (2008), 572.
[436]	*Linnainmaa/Saar* (2012), 1418.
[437]	Vorn 21 f.
[438]	Zum antizipierenden Handel vorn 76 ff.; zur Würdigung hinten 321 ff., 766 f., 771 f.
[439]	So bspw. *X. F. Zhang* (2010), 7 ff.; zum *hot potato effect* Joint Report «Flash Crash» 2010, 3, 15; siehe auch *Bodie/Kane/Marcus* (2014), 72, 74; *Kindermann/Coridaß* (2014), 178; Erwägungsgrund 62 zu MiFID II; *Kalss/Oppitz/Zollner* (2015), § 2 N 80; *Löper* (2015), 144 ff.

Handelsstrategie bezeichnet, bei der Hochfrequenzhändler Grossaufträge von Investoren zunächst aufspüren und dann den von den Grossaufträgen ausgehenden Preisdruck ausnutzen.[440] Einen *hot potato effect* glaubten CFTC und SEC beim Flash-Crash vom 6. Mai 2010 entdeckt zu haben, als sich Hochfrequenzhändler gegenseitig Titel zugeschoben hätten.[441] Bei diesem Marktereignis brach der Dow Jones Index kurzzeitig um über 9 Prozent im Vergleich zum Vorabend ein, erholte sich aber innert kurzer Zeit wieder auf ein Minus von 4.26 Prozent und bis am Ende des Handelstages auf ein Minus von 3.20 Prozent.[442] Einzelne Aktien wurden im Verlaufe des Crashs zu klar irrational tiefen Preisen gehandelt: Eine Aktie etwa, die den Handelstag sowohl zu einem Preis von USD 40 begann als auch zu diesem Wert schloss, wurde zwischenzeitlich zu einem Penny gehandelt.[443] Die Zusammenhänge beim Flash-Crash waren allerdings vielschichtig und werden hinten im Kapitel 11 (Systemische Risiken) im Abschnitt zu den Marktrisiken noch im Detail analysiert.[444] Der europäische Gesetzgeber schien sich nicht richtig entscheiden zu können, ob nun der Hochfrequenzhandel die Volatilität erhöht oder reduziert. In Erwägungsgrund 62 zu MiFID II erwähnt er zunächst – wie bereits einleitend erwähnt – eine verringerte kurzfristige Volatilität ausdrücklich als Vorteil der Handelstechnologie. Noch immer in Erwägungsgrund 62 hielt er dann aber fest, dass das Risiko bestehe, dass algorithmische Handelssysteme auf andere Marktereignisse überreagierten, was die Volatilität verschärfen könne, wenn es schon vorher ein Marktproblem gegeben habe. Umso mehr verdienen die Auswirkungen des Hochfrequenzhandels auf die Volatilität eine genaueren Betrachtung.

Der Einfluss von Dark Pools auf die Volatilität stand bisher weniger im Fokus von Medien und Ökonomen. Auf den ersten Blick scheinen Händler bei erhöhter Volatilität zu den transparenten Handelsplätzen zu wechseln und letztere entsprechend von einer höheren Volatilität zu profitieren.[445] Umgekehrt würde dies bedeuten, dass Dark Pools gerade eine tiefe Volatilität voraussetzen. Sollten Dark Pools die Volatilität hemmen, kann auch dieser Effekt problematisch sein, da mit einer Reduktion der rationalen Volatilität weniger effiziente Preise verbunden sind. *Edwards* hielt diesbezüglich fest: «*Too little volatility is equally bad, although this concept does not seem to have generated enough interest to have been given the label of 'deficient volatility'.*»[446] Neben den Auswirkungen

---

[440] Siehe *Harris* (2015), 10, 43 ff.; *X. F. Zhang* (2010), 8 f.; vgl. *Durbin* (2010), 65 f.; vorn 76 ff.
[441] *Joint Report «Flash Crash» 2010*, 3, 15; vgl. *Kirilenko/Kyle/Samadi/Tuzun* (2014), 16 f., 43; *X. F. Zhang* (2010), 16; *Sornette/von der Becke* (2011), 11; *Contratto* (2014), 151.
[442] *Schapiro, Chairman of the SEC* (2010), 2.
[443] *Schapiro, Chairman of the SEC* (2010), 2; *Joint Report «Flash Crash» 2010*, 5.
[444] Hinten 373 ff.
[445] *Demos/Makan* (2011).
[446] *Edwards* (1988b), 423; vgl. *Fabozzi/Modigliani* (2009), 210.

des Hochfrequenzhandels auf die Volatilität soll daher das Wirkungsverhältnis zwischen Dark Pools und der Volatilität untersucht werden.

2. Ökonomische Grundlagen

a) Volatilität als Risikomass

Während der Begriff der Volatilität in der Statistik allgemein Schwankungen von Zeitreihen bezeichnet, wird er in der Finanzmarkttheorie meist auf Schwankungen der Renditen (nicht der Kurse) einer Finanzanlage bezogen.[447] Bemessen anhand der Standardabweichung der Renditen stellt die Volatilität das klassische Mass zur Beschreibung des mit einer Finanzanlage verbundenen Risikos dar.[448] Nach der Portfoliotheorie ist jedoch wie bereits im Oberabschnitt I (Preisfindung) angedeutet nicht die Volatilität einer einzelnen Aktie massgebend, sondern jene des Portfolios.[449] Risikoprämien für einzelne Aktien werden daher nach dem CAPM anhand des Beitrags derselben zur Portfoliovolatilität bestimmt.[450]

Hinsichtlich der Volatilität eines einzelnen Titels ist zu unterscheiden zwischen firmenspezifischen (unsystematischen) Risiken und Marktrisiken (auch systematische Risiken): während firmenspezifische Risiken durch Diversifikation eliminiert werden können, verbleiben Marktrisiken trotz Diversifikation bestehen.[451] Der griechische Buchstabe Beta (β) steht für die Sensitivität, mit der die Bewertung eines Unternehmens auf makroökonomische Schocks reagiert, und gibt damit dem mit einer spezifischen Anlage verbundenen systematischen Risiko einen Wert.[452] Aktien mit einem Beta über 1 bewegen sich stärker mit Marktbewegungen als Aktien mit einem Beta unter 1, sodass Aktien mit einem höheren Beta die Volatilität des Marktportfolios erhöhen und demzufolge niedriger zu bewerten sind.[453] Entscheidend ist, dass für die Varianz des Marktportfolios die Varianz eines einzelnen Titels nicht ausschlaggebend ist, da sich der Einfluss derselben mit der Anzahl Titel Null nähert; der Beitrag einer einzelnen Aktie zur Varianz

---

[447] Etwa *Auer/Rottmann* (2015), 56; *Bodie/Kane/Marcus* (2014), 132 ff.
[448] Bspw. *Auer/Rottmann* (2015), 56; *Bodie/Kane/Marcus* (2014), 10, 129, 132 ff.
[449] *Bodie/Kane/Marcus* (2014), 10, 294 ff.; implizit schon *Markowitz* (1952), 77 ff., 79; vorn 202 f.
[450] *Bodie/Kane/Marcus* (2014), 295; vgl. *Sharpe* (1964), 436 ff., 441 f.
[451] *Fabozzi/Modigliani* (2009), 172; *Bodie/Kane/Marcus* (2014), 10, 206; schon *Sharpe* (1964), 436 ff., 439; diese Erkenntnis geht zurück auf *Markowitz* (1952), 79, der darauf hinwies, dass Diversifikation die Varianz nicht gänzlich zu eliminieren vermag.
[452] *Bodie/Kane/Marcus* (2014), 258 ff., 297; *Sharpe* (1964), 439 f.
[453] Etwa *Bodie/Kane/Marcus* (2014), 297.

eines Portfolios besteht daher lediglich in der gewichteten Summe der durch Beta ausgedrückten Kovarianzen.[454]

Zusammenfassend kann erstens festgehalten werden, dass nach der Portfoliotheorie nicht die Volatilität der Renditen einer einzelnen Aktie eine Risikoprämie verdient, sondern die Portfoliovolatilität. Zweitens erscheint bedeutsam, dass sich der Beitrag der einzelnen Aktien zur Marktportfoliovolatilität in der gewichteten Summe der durch Beta ausgedrückten Kovarianzen erschöpft.

b)   Gründe für eine Risikoprämie

Die Gleichsetzung von Portfoliovolatilität und Risiko wird vielfach axiomatisch vorweggenommen. Derweil ist keineswegs auf den ersten Blick ersichtlich, weshalb die Volatilität eine Risikoprämie verdient. Für einen risikoneutralen Investor wäre einzig die Rendite im Sinne eines gewichteten Erwartungswerts einer Anlage (inkl. Dividenden) massgebend.[455] Wird dieser Erwartungswert gewichtet, sind darin allfällige negative Entwicklungen bereits berücksichtigt wie etwa das Ausfallrisiko eines griechischen Bonds. Die Volatilität allein dürfte also nur dann eine Risikoprämie rechtfertigen, wenn der abnehmende Grenznutzen von Geld, die Planungssicherheit und Liquiditätsüberlegungen berücksichtigt werden.[456] Der Regel des abnehmenden Grenznutzens folgend fallen Verluste – wie im Rahmen der wohlfahrtsökonomischen Erwägungen erwähnt – stärker ins Gewicht als Gewinne und die Verbreiterung der Wahrscheinlichkeitsverteilung der Renditen führt zu einer erhöhten Gefahr, schnell Liquidität bereitstellen zu müssen, sodass andere Anlageentscheidungen direkt beeinflusst werden.[457] Um diese Liquidität bereitstellen zu können, muss ein Investor möglicherweise andere Titel verkaufen, die er längerfristig angelegt hat. Illiquide Titel werfen tendenziell eine höhere Rendite ab, sodass sie für langfristige Investoren attraktiv sind.[458] Sieht sich nun ein Investor aufgrund einer erhöhten Portfoliovolatilität veranlasst, eine in einem illiquiden Titel mit einem langen Anlagehorizont aufgebaut Position verfrüht zu erhöhten Transaktionskosten zu verkaufen, wird dadurch auch seine Gesamtrendite belastet. Ausgehend vom abnehmenden

---

[454]   Hierzu *Bodie/Kane/Marcus* (2014), 209, 295 f.
[455]   Zum risikoneutralen Investor etwa *Bodie/Kane/Marcus* (2014), 172; zum gewichteten Erwartungswert vorn 202.
[456]   Zur Annahme der Risikoaversion *Sharpe* (1964), 427 f.; *Black* (1972), 444; zur Rationalität der Risikoaversion aufgrund des abnehmenden Grenznutzens von Geld *Demsetz* (1969), 6; *Posner* (2014), 13; *von der Crone* (1993), 36.
[457]   Zum abnehmenden Grenznutzen vorn 147; zu Liquiditätsrisiken hinten 388 ff.
[458]   Vorn 203.

Grenznutzen von Geld und Liquiditätsüberlegungen erscheint ein risikoaverses Anlegerverhalten also durchaus rational.[459]

Selbst wenn die (Portfolio-)Volatilität grundsätzlich als Risikomass akzeptiert wird, sollte diese Gleichsetzung von Volatilität und Risiko mit Vorsicht erfolgen. Irreführend kann die Volatilität als Risikomass insbesondere dann sein, wenn die Währung als Referenzgrösse volatil ist. Dies zeigte sich besonders eindrücklich, als die schweizerische Nationalbank am 15. Januar 2015 den Mindestkurs zum Euro aufgab und der SMI um zwischenzeitlich fast 14 Prozent und bis am Ende des Handelstages um knapp 9 Prozent einstürzte. Hierfür dürfte in erster Linie weniger die Wettbewerbsfähigkeit Schweizer Unternehmen, sondern vielmehr der Umstand massgebend gewesen sein, dass die meisten SMI-Unternehmen ihre Renditen hauptsächlich im Ausland in anderen Währungen generieren, sodass ihr Wert bei einer Aufwertung des Schweizer Frankens lediglich in Schweizer Franken sinkt, nicht aber in US-Dollars oder Euros.[460]

c) Volatilität und Spread

Trotz der Portfoliotheorie ist die Volatilität eines einzelnen Titels nicht gänzlich irrelevant für die Preisfindung, da sie den Spread und damit die Liquidität des Titels beeinflusst. Mit einer grösseren Volatilität steigen die Informationsrisiken (*adverse selection risk*) für die Bereitsteller von Liquidität, was sie mit einem grösseren Spread abgelten müssen.[461] Folglich erhöht die Volatilität der einzelnen Titel auch die Transaktionskosten der Investoren und reduziert dadurch letztlich auch den Anlagewert.[462] Dieser Umstand bleibt allerdings etwa beim CAPM unberücksichtigt.

---

[459] Vgl. *Demsetz* (1969), 6; *von der Crone* (1993), 36; *Samuelson/Nordhaus* (2010), 215.
[460] Siehe hierzu auch *Buffett* (2015), 18, der in seinem jährlichen Brief an die Aktionäre von Berkshire Hathaway festhielt: «*There is an important message for investors in that disparate performance between stocks and dollars. [...] Stock prices will always be far more volatile than cash-equivalent holdings. Over the long term, however, currency-denominated instruments are riskier investments – far riskier investments – than widely-diversified stock portfolios that are bought over time and that are owned in a manner invoking only token fees and commissions.*»
[461] *Hagströmer/Nordén* (2013), 769; *Boehmer/Fong/Wu* (2015), 3; *Altunata/Rakhlin/Waelbroeck* (2010), 17.
[462] Zur Risikoprämie wegen Illiquidität vorn 203.

III. Volatilität

d) Effiziente und transitorische Volatilität

Hinsichtlich Preisbildungsqualität ist zu unterscheiden zwischen effizienter und transitorischer Volatilität.[463] Effiziente Volatilität wird dadurch verursacht, dass Preise unverzüglich auf neue bewertungsrelevante Informationen reagieren; demgegenüber weichen die Kurse im Falle transitorischer Volatilität vorübergehend von den informationseffizienten Werten ab.[464] Während effiziente Volatilität mit Blick auf die Preisfindungsqualität der Märkte grundsätzlich erwünscht oder zumindest notwendig erscheint, gilt dasselbe nicht gleichermassen für die transitorische Volatilität, die tendenziell als Zeichen verminderter Marktqualität gedeutet werden kann.[465] Eine mögliche Ursache für transitorische Volatilität ist der mit Aufträgen verbundene Handelsdruck (*price pressures*), der die Marktliquidität überstrapaziert und durch antizipierende Handelsstrategien von Hochfrequenzhändlern möglicherweise verstärkt wird.[466] Überschiessen Preise bei neuen (negativen) Informationen nach unten, ist dies allerdings entgegen einer verbreiteten Ansicht bis zu einem gewissen Grad rational, da die Unsicherheit bei Risikoaversion per se die Preise drückt. In Zeiten erhöhter Unsicherheit bilden sich denn auch regelmässig Volatilitätscluster.[467] Unterschieden werden kann die effiziente Volatilität von der transitorischen Volatilität einerseits durch die Analyse von fundamentalen Ereignissen und andererseits anhand der Frage, ob Aufträge die Kurse permanent oder lediglich vorübergehend beeinflussen. Sofern die Aufträge die Kurse nur vorübergehend beeinflussen, führen sie definitionsgemäss zu transitorischer Volatilität. Beeinflussen sie die Preise permanent, deutet dies auf informierte Aufträge und damit auf effiziente Volatilität hin.[468]

e) Langfristige und kurzzeitige Volatilität

Eng verknüpft mit der Unterscheidung zwischen effizienter und transitorischer Volatilität ist schliesslich die Unterscheidung zwischen langfristiger und kurzzeitiger Volatilität.[469] Während die kurzzeitige Volatilität als Zeichen einer ver-

---

463 Hierzu *Hendershott/Menkveld* (2014), 405 f.
464 Siehe hierzu die Ausführungen zur Informationseffizienz vorn 179, 197 f.
465 So auch *SEC Concept Release on Equity Market Structure 2010*, 3604 bezüglich der kurzzeitigen Volatilität.
466 Zu den *price pressures Hendershott/Menkveld* (2014); zum antizipierenden Handel *Hirschey* (2016); vorn 76 ff.; zur Würdigung hinten 321 ff., 766 f., 771 f.
467 Siehe etwa *Auer/Rottmann* (2015), 611.
468 Zur Identifikation des informierten Handels anhand des Kriteriums der permanenten Beeinflussung des Preises vorn 206 f.
469 Vgl. hierzu *SEC Concept Release on Equity Market Structure 2010*, 3604, wo die SEC ihren Fokus auf die kurzzeitige Volatilität legte.

minderten Marktqualität gewertet werden kann, ist bei langfristiger Volatilität die Wahrscheinlichkeit grösser, dass sie mit fundamentalen Informationen zusammenhängt.[470] Volatilität im Millisekundenbereich kommt darüber hinaus insofern eine zusätzliche Bedeutung zu, als sie den Informationswert von öffentlich angezeigten Preisen beeinträchtigt.[471] Das Ausführungsrisiko wird für den Marktteilnehmer insbesondere dann erhöht, wenn er eine Market-Order aufgibt. Schliesslich senkt vor allem die kurzzeitige, irrationale Volatilität auch das Vertrauen der Investoren in die Kapitalmärkte.[472]

3. Hochfrequenzhandel

a) Modelle

Verschiedene Ökonomen haben die Auswirkungen des Hochfrequenzhandels auf die Volatilität modellhaft untersucht. Dem Modell von *Biais/Hombert/Weill* (2010) zufolge beschleunigen algorithmische Händler Preisanpassungen, ohne notwendigerweise Überreaktionen auszulösen.[473] Demgegenüber erwarten diverse andere Ökonomen, dass der Hochfrequenzhandel die Volatilität erhöht. Gemäss *S. Li* (2013) und *Roşu* (2016b) führt der Wettbewerb zwischen Hochfrequenzhändlern zur Erhöhung des Marktanteils derselben sowie zur Steigerung des Handelsvolumens, wodurch die Volatilität induziert werde.[474] *Roşu* (2016b) stellte diesem Effekt eine verringerte Beeinflussung der Preise gegenüber, kam aber unter dem Strich zum Schluss, dass der volatilitätserhöhende Effekt stärker ins Gewicht fällt.[475] *Jarrow/Protter* (2011) zufolge kreieren Hochfrequenzhändler gar Markttendenzen, die sie zu ihren Gunsten ausnutzten.[476] Einen volatilitätserhöhenden Effekt erwarten ferner auch *Cartea/Penalva* (2011), allerdings nur auf der Mikroebene, sodass er nicht zu zusätzlichen Risiken führe, aber die Transaktionskosten erhöhe.[477] *Aït-Sahalia/Saglam* (2014) wiesen schliesslich darauf hin, dass eine höhere Volatilität schnelle Händler dazu veranlassen könne, weniger Liquidität bereitzustellen.[478] Eine erhöhte Volatilität

---

[470] So *SEC Concept Release on Equity Market Structure 2010*, 3604.
[471] *Hasbrouck* (2015), 2.
[472] Zum Risiko und Vertrauensverlust *Edwards* (1988a), 64; *Fabozzi/Modigliani* (2009), 210.
[473] *Biais/Hombert/Weill* (2010), 4.
[474] *S. Li* (2013), 41; *Roşu* (2016b), 4, 27.
[475] *Roşu* (2016b), 27; siehe auch die empirischen Studien von *Boehmer/Fong/Wu* (2015) und *X. F. Zhang* (2010).
[476] *Jarrow/Protter* (2012), 1250022-2.
[477] *Cartea/Penalva* (2011), 38 f.
[478] *Aït-Sahalia/Saglam* (2014), 2.

könnte so in einem volatilitätsverstärkenden Kreislauf münden, sodass Volatilitäts-Cluster und Ereignisse wie Flash-Crashes nachvollziehbar erscheinen.

Martinez/Roşu (2011) und *Foucault/Hombert/Roşu* (2016) konzentrierten sich auf die Auswirkungen von informierten Händlern auf die Volatilität.[479] Gewöhnlich werden heute Hochfrequenzhändler als informierte Händler betrachtet, da ihre Aufträge die Kurse vergleichswese eher permanent beeinflussen.[480] In den klassischen Modellen von *Kyle* (1985), *Back* (1992) und *Back/Cao/Willard* (2000) verursachen bloss Noise-Trader Volatilität, während informierte Händler mit einer Drift-Komponente hin zum bewertungseffizienten Preis zur Preisfindung beitragen.[481] Im Unterschied dazu erhöhen informierte Händler im Modell von *Martinez/Roşu* (2011) unter gewissen Bedingungen die (irrationale) Volatilität.[482] Dies begründen die Autoren damit, dass informierte Händler nicht unbedingt so schnell wie möglich auf Veränderungen der fundamentalen Werte reagierten, sondern auch stochastische Signale berücksichtigten.[483] Gestützt darauf erstellten *Foucault/Hombert/Roşu* (2016) ein Modell, in dem Hochfrequenzhändler zur (irrationalen) Volatilität beitragen, wenn das letzte Signal positiv ist und die Hochfrequenzhändler daher einen Aufwärtstrend erwarten, obwohl die Wertpapiere bereits überbewertet sind (und sich die informierten Händler dessen bewusst sind).[484] Das Gleiche dürfte entsprechend für den genau gegenteiligen Fall gelten, dass Hochfrequenzhändler ein negatives Signal bei bestehender Unterbewertung wahrnehmen. Die kurzfristige Erwartung entspricht in diesen Fällen nicht der mittelfristigen Erwartung, eine Situation, die selbstverständlich nur in nicht vollständig informationseffizienten Märkten denkbar ist.[485]

Weller (2013) erhält in seinem Modell gemischte Resultate zum Einfluss des Hochfrequenzhandels auf die Volatilität.[486] Ihm zufolge würden Hochfrequenzhändler bei geringen Stresssituationen eine stabilisierende Rolle spielen, während sie die Märkte bei grösseren Stresssituationen zusätzlich destabilisierten.[487] *Wah/Wellman* (2013) und *Gerig/Michayluk* (2014) erwarten schliesslich einen neutralen Einfluss des Hochfrequenzhandels auf die Volatilität.[488] Gemäss *Wah/Wellman* (2013) ist der Einfluss des Hochfrequenzhandels auf die Volatilität nicht

---

[479] *Martinez/Roşu* (2011), 2 f.; *Foucault/Hombert/Roşu* (2016), 337.
[480] Vorn 206 f.
[481] *Kyle* (1985), 1330; *Back* (1993), 387 ff.; *Back/Cao/Willard* (2000), 2177.
[482] *Martinez/Roşu* (2011), 2 f.
[483] *Martinez/Roşu* (2011), 3.
[484] *Foucault/Hombert/Roşu* (2016), 337.
[485] Zur Markteffizienzhypothese vorn 198 ff.
[486] *Weller* (2013).
[487] *Weller* (2013), 22; damit bestätigt er die weit verbreitete Ansicht.
[488] *Wah/Wellman* (2013), 867; *Gerig/Michayluk* (2014), 2.

statistisch signifikant, und *Gerig/Michayluk* (2014) stellten keine Beeinflussung der Volatilität durch automatisierte Market-Maker fest.[489]

b) Empirische Erkenntnisse

Verschiedene Ökonomen untersuchten die Auswirkungen des Hochfrequenzhandels auf die Volatilität empirisch. Positive Auswirkungen fanden *Brogaard* (2010), *Hagströmer/Norden* (2013), *Brogaard/Hendershott/Riordan* (2014), *Chaboud/Chiquoine/Hjalmarsson/Vega* (2014), *Brogaard et al.* (2016) und teilweise auch *Hasbrouck/Saar* (2013).[490] *Hagströmer/Norden* (2013) stellten fest, dass Hochfrequenzhändler, die als Market-Maker agieren – was bei den meisten der Fall sei – die Intraday-Volatilität verringerten, und gemäss *Brogaard/Hendershott/Riordan* (2014) handelten auch direktionale Hochfrequenzhändler gegen vorübergehende Intraday-Volatilität.[491] *Chaboud/Chiquoine/Hjalmarsson/ Vega* (2014) stellten eine Reduktion exzessiver Volatilität fest, was sie mit der schnelleren Wiedergabe von Informationen durch algorithmische Quotes begründeten,[492] und *Brogaard et al.* (2016) untersuchten eine Vielzahl extremer Kursbewegungen und kamen zum Schluss, dass Hochfrequenzhändler in diesen Phasen grundsätzlich einen stabilisierenden Effekt auf die Marktliquidität ausübten, indem sie netto mehr Liquidität bereitstellten und die anderen Händler netto mehr konsumierten.[493] Auch *Brogaard* (2010) und *Hasbrouck/Saar* (2013) wiesen einen volatilitätshemmenden Effekt des Hochfrequenzhandels auf die Volatilität nach.[494] *Brogaard* (2010) kam allerdings zum Schluss, dass der Hochfrequenzhandel die Preisbeeinflussung durch Grossaufträge verstärkt, und *Hasbrouck/Saar* (2013) wiesen auf die Möglichkeit hin, dass der Hochfrequenzhandel in gewissen Fällen wie beim Flash-Crash vom 6. Mai 2010 extreme Marktsituationen verstärken könne, wenn wenige grosse Akteure beiseiteträten und niemand übrig bleibe, der Limit-Orders setze.[495] Diesen Flash-Crash untersuchten CFTC und SEC mit dem Ergebnis, dass ein algorithmisches Verkaufsprogramm und nicht der Hochfrequenzhandel Auslöser des Crashs war.[496] Den Resultaten

---

[489] *Wah/Wellman* (2013), 867; *Gerig/Michayluk* (2014), 2.
[490] *Brogaard* (2010), 2; *Hagströmer/Nordén* (2013), 741; auch *Brogaard/Hendershott/Riordan* (2014), 2271; *Chaboud/Chiquoine/Hjalmarsson/Vega* (2014), 2075; *Brogaard et al.* (2016), 10 f.; *Hasbrouck/Saar* (2013), 677.
[491] *Hagströmer/Nordén* (2013), 741; *Brogaard/Hendershott/Riordan* (2014), 2271.
[492] *Chaboud/Chiquoine/Hjalmarsson/Vega* (2014), 2075.
[493] *Brogaard et al.* (2016), 2 f., 10 f., die allerdings ebenfalls Ergebnisse dafür erhielten, dass der Konsum von Liquidität dann grösser ist, wenn mehr als nur eine Aktie gleichzeitig eine extreme Kursbewegung erlebt.
[494] *Brogaard* (2010), 2; *Hasbrouck/Saar* (2013), 677.
[495] *Ibid.*
[496] *Joint Report «Flash Crash» 2010*, 2; siehe hinten 373 ff.

von *Kirilenko/Kyle/Samadi/Tuzun* (2017) zufolge verstärkten Hochfrequenzhändler diesen aber wohl, indem die letzten bestehenden Aufträge im Auftragsbuch in Antizipation der Preisveränderung aufkauften.[497]

Neben *Kirilenko/Kyle/Samadi/Tuzun* (2017) fanden einige weitere Autoren negative Auswirkungen des Hochfrequenzhandels auf die Volatilität. *X. F. Zhang* (2010) stellte eine generelle Erhöhung der Volatilität durch den Hochfrequenzhandel fest.[498] Die Korrelation sei grösser bei hoher Marktkapitalisierung, grösserer institutioneller Beteiligung sowie Marktunsicherheit.[499] *Breckenfelder* (2013) zufolge erhöhte der Wettbewerb zwischen Hochfrequenzhändlern auf Nasdaq OMX Schweden die stündliche Volatilität um 20 Prozent, die 5-minütige Volatilität um 9 Prozent und die maximale Intraday-Volatilität um 14 Prozent, während sich die Interday-Volatilität nicht signifikant veränderte.[500] Nach *Boehmer/Fong/Wu* (2015) führten die mit dem Hochfrequenzhandel zusammen auftretenden Co-Location-Einrichtungen zu einer erhöhten Volatilität, was weder mit einer besseren Preisfindung zusammenhänge noch mit dem Eintritt von algorithmischen Händlern in bereits volatile Märkte zu tun habe.[501] Einen Zusammenhang zwischen technologischen Verbesserungen und einer erhöhten kurzzeitigen Volatilität fanden ferner auch *Gai/Yao/Ye* (2013).[502]

Abgesehen von den absoluten Auswirkungen auf die Volatilität erscheinen verschiedene weitere Studien von Interesse. Gemäss *Dichev/K. Huang/Zhou* (2012) führt die Handelsaktivität in Übereinstimmung mit den Modellen von *S. Li* (2013) und *Roşu* (2016b) per se zu mehr Volatilität.[503] Dieses Ergebnis wird auch durch die Studien von *Hendershott/Menkveld* (2014) und *Hasbrouck* (2015) gestützt.[504] *Hendershott/Menkveld* (2014) stellten fest, dass die täglichen Preisveränderungen stärker mit dem Preisdruck von Aufträgen (*price pressures*) zusammenhängen als mit bewertungsrelevanten Informationen, und *Hasbrouck* (2015) entdeckte bei ansonsten flachen Kursen Intervalle von sehr kurzfristiger einseitiger Volatilität, bei der sich die Geld- und Briefkurse (Bid und Ask) unabhängig voneinander bewegten.[505] Die Resultate von *Hasbrouck* (2015) werden jedoch dadurch relativiert, dass der Hochfrequenzhandel den Studien von *Hendershott/Riordan* (2013) und *Carrion* (2013) zufolge die Volatilität des Spreads re-

---

[497] *Kirilenko/Kyle/Samadi/Tuzun* (2017), 971 f., 992 ff.
[498] *X. F. Zhang* (2010), 2 f.
[499] *X. F. Zhang* (2010), 3.
[500] *Breckenfelder* (2013), 3.
[501] *Boehmer/Fong/Wu* (2015), 2 f.
[502] *Gai/Yao/Ye* (2013), 25, 45.
[503] *Dichev/Huang/Zhou* (2012), 1; *S. Li* (2013), 41; *Roşu* (2016b), 27.
[504] *Hendershott/Menkveld* (2014), 421; *Hasbrouck* (2015), 1, 30 ff.
[505] *Ibid.*

duziert.⁵⁰⁶ Von Interesse ist schliesslich die Studie von *Brogaard* (2010), nach der sich der Hochfrequenzhandel unterschiedlich auf verschiedene Investorengruppen auswirkt.⁵⁰⁷ Während seiner Studie zufolge der Handel mit 1 000 Aktien den Preis in Anwesenheit von Hochfrequenzhändlern um zusätzliche USD 0.056 beeinflusst, wird der Preis beim Handel mit 100 Aktien gar um USD 0.013 weniger beeinflusst als ohne Hochfrequenzhändler, sodass *Brogaard* (2010) unter dem Strich einen insgesamt positiven Effekt des Hochfrequenzhandels auf die Volatilität fand.⁵⁰⁸

c) Würdigung

Die ökonomischen Studien lassen keine definitive Antwort auf die Frage zu, ob der Hochfrequenzhandel die Volatilität erhöht, reduziert oder gar nicht beeinflusst. Während die Mehrheit der Modelle eine Erhöhung der Volatilität erwarten lässt, sind die empirischen Resultate uneinheitlich. Handelt es sich bei Hochfrequenzhändlern wie meist angenommen um informierte Händler, müssten sie die irrationale Volatilität nach den klassischen Modellen grundsätzlich verringern und es wäre ein starker Druck hin zum fundamentalen Equilibrium zu erwarten.⁵⁰⁹ Allerdings können kurzfristige Signale und die mittelfristige Preiserwartungen in unvollkommenen Märkten voneinander abweichen, sodass informierte Händler die Volatilität in gewissen Situationen auch verstärken können.⁵¹⁰ Solche Strategien dürften jedoch stets andere, uninformierte Händler voraussetzen, ansonsten sie sich nicht auszahlen.

Bei der Beurteilung der Auswirkungen des Hochfrequenzhandels auf die Volatilität dürfte es hilfreich sein, wenn man sich die Market-Making-Strategien von Hochfrequenzhändlern vor Augen führt. Im ersten Teil dieser Arbeit wurde darauf hingewiesen, dass Hochfrequenzhändler dieses Market-Making perfektionieren und zur Minimierung ihrer Risiken sehr sensitiv auf Auftragsinformationen reagieren.⁵¹¹ Diese Sensitivität dürfte grundsätzlich zu kleineren quotierten Spreads führen, lässt aber in Verbindung mit antizipierenden Strategien eine verstärkte Volatilität bei gegebenem Preisdruck erwarten.

Als Folge des sensitiven Risikomanagement und der mit diesem verbundenen antizipierenden Strategien wäre ausserdem zu erwarten, dass Hochfrequenzhändler zu einer Zweiteilung des Marktes führen mit unterschiedlichen Spreads

---

506 *Hendershott/Riordan* (2013), 1020; *Carrion* (2013), 680.
507 *Brogaard* (2010).
508 *Brogaard* (2010), 2.
509 *Kyle* (1985), 1330; *Back* (1993), 387 ff.; *Back/Cao/Willard* (2000), 2177.
510 *Foucault/Hombert/Roşu* (2016), 337; *Martinez/Roşu* (2011), 2 f.
511 Vorn 61 ff.

für Kleininvestoren und institutionelle Anleger (Marktsegmentierungshypothese). Hierauf deutet denn auch die Studie von *Brogaard* (2010), wonach der Handel mit 1 000 Aktien den Preis in Anwesenheit von Hochfrequenzhändlern um zusätzliche USD 0.056 beeinflusst, während der Preis beim Handel mit 100 Aktien um USD 0.013 weniger beeinflusst wird.[512] Die Studie lässt also eine kurzzeitige, durch Grossaufträge getriebene Volatilität als Folge des Hochfrequenzhandels erwarten. Damit einhergehen würde ein Wechselspiel zwischen angemessenen Spreads für Kleininvestoren und angemessenen Spreads für Grossinvestoren, sodass beide Kategorien von Investoren einen ihrem Risiko angemessenen Spread erhalten. Schliesslich geht von Grossaufträgen wie im ersten Teil erläutert auch ein erhöhtes Risiko für Bereitsteller von Liquidität aus, sodass diese Volatilität auch nicht irrational erschiene.[513] Vielmehr wäre diese kurzzeitige Volatilität in erster Linie Ausdruck der Zweiteilung des Marktes und dürfte entsprechend von grösserer Bedeutung sein für die Transaktionskosten als für die Anlegerrisiken.[514] Im Übrigen erscheint auch der Umstand bedeutsam, dass verschiedene Studien aufzeigen, dass der Handel per se zu einer erhöhten Volatilität führt.[515]

Abgesehen von dieser kurzzeitigen handelsgetriebenen Volatilität deuten Studien vereinzelt darauf hin, dass Hochfrequenzhändler bei geringen Stresssituationen eine stabilisierende Rolle spielen, während sie die Märkte bei grösseren Stresssituationen zusätzlich destabilisierten.[516] Die Marktrisiken werden im Kapitel 11 (Systemische Risiken) noch genauer beleuchtet, sodass in dieser Hinsicht auf die dortigen Ausführungen verwiesen wird.[517]

4. Dark Pools

a) Modelle

Die Auswirkungen des Dark Trade auf die Volatilität wurde soweit ersichtlich bislang kaum theoretisch untersucht. Nach dem informationsbasierten Modell von *M. Ye* (2011) verringern Crossing-Systeme die Volatilität, dies allerdings auf Kosten der Geschwindigkeit, mit der neue Informationen durch die Kurse wie-

---

[512] *Brogaard* (2010), 2; siehe auch *Cartea/Penalva* (2011), 38 f.
[513] Siehe hierzu die Ausführungen zum *sweep risk* vorn 80 ff.
[514] Ähnlich *Cartea/Penalva* (2011), 38 f.
[515] *Dichev/Huang/Zhou* (2012), 1; *S. Li* (2013), 41; *Roşu* (2016b), 27; ähnlich *Hendershott/Menkveld* (2014), 421; *Hasbrouck* (2015), 1.
[516] So *Weller* (2013), 22; darauf könnte auch die Rolle der Hochfrequenzhändler während des Flash-Crashs gemäss *Joint Report «Flash Crash» 2010*, 45 ff. und *Kirilenko/Kyle/Samadi/Tuzun* (2017), 971 f., 992 ff. hindeuten.
[517] Hinten 370 ff.

dergegeben werden.[518] Ob Dark Pools die Preisfindung tatsächlich verlangsamen, ist jedoch wie im Oberabschnitt I (Preisfindung) erläutert umstritten, da einige Autoren eine Konzentration des informierten Handels auf die transparenten Handelsplätze annehmen.[519] Insgesamt wurde geschlossen, dass Dark Pools – zumindest soweit ihr Marktanteil nicht zu stark steigt – kaum einen Einfluss auf die Preisfindung haben dürften.[520] Demzufolge wäre gestützt auf ein informationsbasiertes Modell auch kaum ein Effekt auf die Volatilität zu erwarten. Ein liquiditätsbasiertes Modell könnte im Übrigen zu einem entgegengesetzten Resultat kommen. So räumte auch *M. Ye* (2011) ein, dass Crossing-Systeme möglicherweise die Markttiefe der Börsen beeinträchtigten, sodass ein gleich grosser Auftrag die Kurse stärker beeinflussen könnte.[521] Allerdings sind wie im Oberabschnitt II (Liquidität) erläutert auch die Auswirkungen von Dark Pools auf die Liquidität bis heute weitgehend unklar.[522]

Aufschlussreich für die Auswirkungen des Dark Trade auf die Volatilität könnte die entgegengesetzte Frage sein, welche Auswirkungen die Volatilität auf den Dark Trade zeigt. Während *M. Ye* (2011) gestützt auf sein informationsbasiertes Modell eine Erhöhung des Marktanteils von Crossing-Systemen mit zunehmender Volatilität erwartet, wirkt sich eine höhere Volatilität *Daniëls/Dönges/Heinemann* (2013) zufolge negativ auf den Marktanteil von Crossing-Systemen aus.[523] *Daniëls/Dönges/Heinemann* (2013) begründeten dies mit den Geschwindigkeitspräferenzen bei erhöhter Volatilität und der geringeren Ausführungswahrscheinlichkeit von Limit-Orders in Crossing-Systemen.[524] Eine andere Erklärung hierfür bieten könnte der Blick auf die Ausführungen von *Altunata/Rakhlin/Waelbroeck* (2010), die auf die erhöhten Informationsrisiken (*adverse selection*) in volatilen Märkten hinwiesen.[525] Nach deren Experiment sind die Informationsrisikokosten (*adverse selection costs*) in Dark Pools generell beinahe so hoch wie die opportunistischen Einsparungen.[526] Steigen nun die Kosten in volatilen Märkten zusätzlich an, dürften sich Dark Pools wohl ab einem gewissen Punkt nicht mehr lohnen und ein kleinerer Marktanteil von Crossing-Systemen in volatilen Märkten erscheint die logische Folge. Zwar sind auch die opportunistischen Einsparungen in volatilen Märkten grösser, da sich mit der Volatilität die Informationsrisiken und Spreads in transparenten Märkten ebenso

---

[518] *M. Ye* (2011), 29.
[519] Vorn 211 ff.
[520] Vorn 215 f.
[521] *M. Ye* (2011), 29; siehe auch *Degryse/de Jong/van Kervel* (2015), 1610.
[522] Vorn 242 ff.
[523] *M. Ye* (2011), 7; *Daniëls/Dönges/Heinemann* (2013), 42.
[524] *Daniëls/Dönges/Heinemann* (2013), 42, 51, 53.
[525] *Altunata/Rakhlin/Waelbroeck* (2010), 17.
[526] *Altunata/Rakhlin/Waelbroeck* (2010), 19.

vergrössern; aufgrund der niedrigeren Ausführungswahrscheinlichkeit und der grundsätzlich längeren Ausführungsdauer dürften Dark Pools aber besonders von den Informationsrisiken betroffen sein.

b) Empirische Erkenntnisse

Bei den alternativen Handelssystemen ist für die Beurteilung von Ursache-Wirkung-Zusammenhängen wie im Oberabschnitt I (Preisfindung) erwähnt zu unterscheiden zwischen der Vorhandelstransparenz (Dark Pools), der Internalisierung und der Fragmentierung.[527] Während Dark Pools einer empirischen Studie von *Buti/Rindi/Werner* (2011b) zufolge die Volatilität reduzierten, erhöht die direkte und indirekte Internalisierung gemäss *D. Weaver* (2014) die Volatilität, was er auf eine geringere Markttiefe zurückführte.[528] Für Dark Pools ist die Studie von *D. Weaver* (2014) insofern von Bedeutung, als diese oft der indirekten Internalisierung dienen.[529] Hinsichtlich der Fragmentierung fanden *O'Hara/Ye* (2011) schliesslich einen negativen Einfluss auf die kurzzeitige Volatilität, obwohl sie mit der Fragmentierung eine Verbesserung der Bewertungseffizienz assoziierten.[530]

Die umgekehrte Frage, welche Auswirkungen die Volatilität auf den Handel in Dark Pools hat, untersuchten *Buti/Rindi/Werner* (2011b), *Jiang/McInish/Upson* (2012) sowie *Ready* (2010 und 2014).[531] Während noch *Ready* (2010) entgegen seiner zunächst aufgestellten Hypothese zum Ergebnis kam, dass Aktien mit höherer Volatilität eher in Dark Pools geleitet werden, erhielten spätere Studien gegenteilige Resultate.[532] Gemäss *Buti/Rindi/Werner* (2011b) ist die Aktivität in Dark Pools signifikant geringer bei Aktien mit hoher Volatilität, und *Ready* (2014), der die Volatilität in eine Orderflow-Komponente und eine News-Komponente aufgliederte, kam im Jahr 2014 anders noch als im Jahr 2010 zum Schluss, dass institutionelle Investoren Aktien mit höheren Informationsrisiken (*adverse selection*) seltener in den untersuchten Dark Pools handelten.[533] *Jiang/McInish/Upson* (2012) zufolge sendeten gerade uninformierte Händler bei hoher Volatilität vermehrt Aufträge an die Börsen, was sie darauf zurückführten, dass die Händler dadurch die mit der geringen Ausführungswahrscheinlichkeit zusammenhängenden Opportunitätskosten zu minimieren versuchten.[534] Bei höhe-

---

[527] Vorn 211.
[528] *Buti/Rindi/Werner* (2011b), 28; *D. Weaver* (2014), 4, 26, 28.
[529] *D. Weaver* (2014), 2, 12.
[530] *O'Hara/Ye* (2011), 472.
[531] *Buti/Rindi/Werner* (2011b); *Jiang/McInish/Upson* (2012); *Ready* (2010); *derselbe* (2014).
[532] *Ready* (2010), 40.
[533] *Buti/Rindi/Werner* (2011b), 9; *Ready* (2014), 7, 10.
[534] *Jiang/McInish/Upson* (2012), 4.

rer Volatilität würden sie der Geschwindigkeit eine grössere Bedeutung zumessen und daher Dealer-Märkte wählen, in denen die Ausführung sichergestellt ist.535 Die Begründung weist Parallelen auf zu den Modellen von *Hendershott/ Mendelson* (2000), *Daniëls/Dönges/Heinemann* (2013) und *Menkveld/Yueshen/ Zhu* (2017).536 *Hendershott/Mendelson* (2000) unterschieden zwischen Händlern mit hohen Liquiditäts- beziehungsweise Geschwindigkeitspräferenzen (*high-liquidity-preference trader*) und Händlern mit niedrigen Liquiditätspräferenzen (*low-liquidity-preference trader*), im Modell von *Daniëls/Dönges/Heinemann* (2013) handeln nur geschwindigkeitssensitive Händler auf den Dealer-Märkten, und gemäss *Menkveld/Yueshen/Zhu* (2017) listen Händler die Handelsplattformen nach den Kosten und der Unmittelbarkeit auf, mit den Midpoint-Dark-Pools am einen Ende der Kosten-Unmittelbarkeits-Skala und den transparenten Dealer-Märkten am anderen Ende derselben.537

c) Würdigung

Die existierenden ökonomischen Modelle und empirischen Studien lassen keine definitive Antwort auf die Frage zu, wie sich der Handel in Dark Pools auf die Volatilität auswirkt. Immerhin lässt sich aber festhalten, dass die Auswirkungen von Dark Pools auf die Volatilität wesentlich von den Auswirkungen auf die Informationsverarbeitung und die Liquidität abhängen. Entsprechend ist auch zwischen informationsorientierten und liquiditätsorientierten Modellen zu unterscheiden.

aa) *Informationsorientierte Modelle*

Bei informationsorientierten Modellen hängt die Volatilität wesentlich davon ab, wie sich Dark Pools auf die Verarbeitung neuer Informationen auswirken. Verlangsamen Dark Pools diesen Informationsverarbeitungsprozess, so dürfte auch die Volatilität abnehmen. Wird dadurch gleichzeitig die Preisbildung beeinträchtigt, so erschiene der Nutzen der reduzierten Volatilität allerdings fragwürdig. Für die Bewertung von Dark Pools dürfte daher die Unterscheidung zwischen der grundsätzlich erwünschten – oder zumindest notwendigen – effizienten Volatilität und der unerwünschten transitorischen Volatilität sein.538 Diese zwei Volatilitätskategorien stehen in einem direkten Zusammenhang zur Unterscheidung von Handelsinformationen und fundamentalen Informationen: Während

---

535 *Daniëls/Dönges/Heinemann* (2013), 42.
536 *Hendershott/Mendelson* (2000), 2088 f.; *Daniëls/Dönges/Heinemann* (2013), 42; *Menkveld/Yueshen/Zhu* (2017), 504 f.
537 *Hendershott/Mendelson* (2000), 2088 f.; *Daniëls/Dönges/Heinemann* (2013), 42; *Menkveld/Yueshen/Zhu* (2017), 504 f.
538 Zu dieser Unterscheidung vorn 259.

fundamentale Informationen die effiziente Volatilität beeinflussen, treiben uninformierte Aufträge die transitorische Volatilität.[539]

Wird ein uninformierter Grossauftrag mit einer Mindestausführungsgrösse in einem Dark Pools zum Spread-Mittelpunkt platziert, so wird er unter Umständen nicht von Hochfrequenzhändlern entdeckt und beeinflusst dadurch auch nicht die Wertpapierpreise. Erreicht zu einem späteren Zeitpunkt ein entgegengesetzter Auftrag denselben Dark Pool, so dürfte der daraus resultierende Abschluss kaum einen Einfluss auf den Kurs des gehandelten Wertpapiers haben. Gäben sie demgegenüber ihre Aufträge auf den transparenten Märkten ein, würden sie dadurch zweimal eine beträchtliche transitorische Volatilität bewirken. Demzufolge wäre also zu erwarten, dass Dark Pools die handelsgetriebene transitorische Volatilität reduzieren.

Während eine Reduktion der transitorischen Volatilität grundsätzlich erstrebenswert erscheint, wäre eine Beeinträchtigung der Inkorporation von fundamentalen Informationen kritisch. Allerdings wurde im Oberabschnitt zur Preisbildung der Schluss gezogen, dass Dark Pools die Informationseffizienz der Märkte – zumindest solange ihr Marktanteil nicht zu gross wird – kaum beeinträchtigen dürften. Selbst wenn Dark Pools die Preisbildung um wenige Millisekunden verlangsamen sollten, dürfte der Volkswirtschaft daraus im Übrigen kaum ein Schaden erwachsen.[540]

Zusammenfassend wäre aus einer Informationsperspektive zu erwarten, dass Dark Pools die (eher unerwünschte) handelsgetriebene transitorische Volatilität reduzieren, während sie die effiziente, durch fundamentale Parameter getriebene Volatilität kaum beeinträchtigen dürften.

bb) *Liquiditätsorientierte Modelle*

Im Unterschied zu den informationsorientierten Modellen sind für liquiditätsorientierte Modelle die Auswirkungen von Dark Pools auf die Markttiefe ausschlaggebend. Die Markttiefe wird in der Regel anhand der Preisbeeinflussung durch Market-Orders bemessen.[541] Beeinträchtigt der Dark Trade also die Liquidität, so wäre eine erhöhte handelsgetriebene Volatilität zu befürchten. Die im vorangehenden Oberabschnitt II (Liquidität) beigezogenen ökonomischen Studien deuten jedoch darauf hin, dass der Dark Trade die Liquidität kaum beeinträchtigt.[542] Dieses Ergebnis erscheint kontraintuitiv, lässt sich aber wohl

---

[539] Vorn 259.
[540] Vorn 211 ff.
[541] Vorn 223 f.
[542] Vorn 242 ff.

dadurch begründen, dass sich die Liquidität primär anhand des Spreads, der Markttiefe sowie der Resilienz beurteilt und diese Parameter in erster Linie nicht mit dem Handelsvolumen, sondern mit den Risiken zusammenhängen, denen sich Bereitsteller von Liquidität ausgesetzt sehen.[543] Daher sind in einem liquiditätsorientierten Modell kaum Auswirkungen von Dark Pools auf die Volatilität zu erwarten. Insgesamt muss jedoch eingeräumt werden, dass die Auswirkungen des Dark Trade auf die Liquidität nicht restlos geklärt sind.

cc) *Reduzierter Handel in Dark Pools bei erhöhter Volatilität als natürliche Schranke*

Schliesslich erscheint für die Auswirkungen des Dark Trade auf die Volatilität die umgekehrte Frage aufschlussreich, wie sich die Volatilität auf den Dark Trade auswirkt. Die Mehrheit der empirischen Studien kam in dieser Hinsicht zum Ergebnis, dass eine erhöhte Volatilität den Marktanteil von Dark Pools reduziert.[544] Mögliche Gründe hierfür sind die gesteigerten Geschwindigkeitspräferenzen der Händler bei erhöhter Volatilität, die geringere Ausführungswahrscheinlichkeit in Dark Pools sowie die Informationsrisiken (*adverse selection*), die in Dark Pools aufgrund der niedrigeren Ausführungswahrscheinlichkeit und der grundsätzlich längeren Ausführungsdauer mit der Volatilität überproportional zunehmen dürften. Suchen Händler ab einer gewissen Volatilität die transparenten Handelsplätze auf, bedeutet dies, dass auch die Auswirkungen von Dark Pools auf die Volatilität natürlich begrenzt sind. Selbst wenn der Dark Trade die Volatilität erhöhen sollte, wäre die mögliche Erhöhung also dadurch begrenzt, dass die Händler ab einer gewissen Volatilität zu den transparenten Handelsplätzen wechseln – ein Volatilitätsequilibrium könnte sich bilden. Allerdings deutet wie soeben erläutert ohnehin mehr darauf hin, dass Dark Pools die Volatilität reduzieren und nicht erhöhen.

IV. Ergebnisse

In diesem Kapitel wurden die Auswirkungen von Hochfrequenzhandel und Dark Pools auf die Preisbildung, Liquidität und Volatilität untersucht. Nachfolgend folgt eine Auswahl der Ergebnisse. Ausführlichere Erörterungen finden sich bei den Würdigungen innerhalb des Kapitels.

---

[543] Vorn 219 ff.
[544] Vorn 267 f.

IV. Ergebnisse

1. Hochfrequenzhandel

a) Preisbildung

Die Mehrheit der Modelle und empirischen Studien finden einen positiven Einfluss des Hochfrequenzhandels auf die Informationseffizienz der Kapitalmärkte. Neue Informationen dürften schneller und präziser in Kurse eingespeist werden, und Hochfrequenzhändler sorgen durch ständige Arbitrage trotz Fragmentierung für einheitliche Märkte. Diese Schlussfolgerung sollte jedoch aus drei Gründen relativiert werden. Erstens ist fragwürdig, ob eine schnellere Preisfindung im Milli- oder Mikrosekundenbereich der Volkswirtschaft einen Nutzen bringt.[545] Zweitens untersuchen die Autoren ökonomischer Studien in der Regel nicht die Übereinstimmung der Preise nach fundamentalen Kriterien, sondern prüfen lediglich, ob die Kurse einem Random Walk folgen, schneller auf neue fundamentale Informationen reagieren und durch Hochfrequenzhändler eher permanent beeinflusst werden. Drittens dürfte die Preisbildungsqualität mittelfristig vom Verhältnis zwischen den Kosten für fundamentale Analysen zu den Informationsrenditen abhängen. Antizipierende Strategien reduzieren die Informationsrenditen anderer Händler und könnten daher mittelfristig die Informationseffizienz beeinträchtigen. Allerdings können Hochfrequenzhändler durch die Automatisierung von Bewertungsprozessen auch die Kosten für fundamentale quantitative Analysen beträchtlich reduzieren, was sich wiederum positiv auf die Informationseffizienz auswirken müsste. Im Übrigen wird die Notwendigkeit von Informationsrenditen für die Informationseffizienz der Preise im nachfolgenden Kapitel 10 (Marktversagen) unter Hinweis auf Market-Making-Strategien relativiert.[546]

Teilweise wird befürchtet, dass Hochfrequenzhändler Fehlbewertungen kreierten, um diese dann auszunutzen. Abgesehen von Spoofing-Praktiken dürfte der Konkurrenzdruck allerdings zu gross sein, als dass Hochfrequenzhändler solche Strategien verfolgen könnten.[547] Immerhin dürften Hochfrequenzhändler den von institutionellen Investoren ausgehenden Handelsdruck durch antizipierende Strategien ausnutzen, und dieser Handelsdruck kann zwischenzeitlich stärker sein als der fundamentale Preisdruck, sodass der Hochfrequenzhandel zu temporären Fehlbewertungen beitragen kann.[548]

---

[545] Diese Frage wird im Kapitel 10 (Marktversagen) im Abschnitt zu den Informationsasymmetrien noch thematisiert; hinten 293, 305 ff.
[546] Hinten 314 f., 336 f.
[547] Zum Spoofing vorn 89 f. und hinten 752 ff.
[548] Zu dieser These vorn 261.

b) Liquidität

Die Auswirkungen des Hochfrequenzhandels auf die Liquidität sind nicht restlos geklärt. Während beim Spread zu differenzieren ist und die Auswirkungen auf die Markttiefe weitgehend unklar sind, spricht einiges für eine bessere Resilienz (Rückfederung nach liquiditätsentziehenden Schocks).

aa) Spread

Beim Spread ist zu unterscheiden zwischen dem quotierten, dem effektiven und dem realisierten Spread. Während einige ökonomische Modelle einen negativen Einfluss des Hochfrequenzhandels auf den Spread erwarten, deuten die empirischen Studien darauf hin, dass der Hochfrequenzhandel zumindest die quotierten und effektiven Spreads verkleinert. Dies dürfte im Wesentlichen daran liegen, dass Hochfrequenzhändler die mit der Bereitstellung von Liquidität verbundenen Kosten stark minimieren und die Risiken weit besser managen können als andere Händler.[549] Aufhorchen lässt allerdings, dass zwei empirische Studien darauf hindeuten, dass der Hochfrequenzhandel die realisierten Spreads vergrössert, wobei eine der Studien eine Vergrösserung um ein Vierfaches (!) feststellte.[550] Eine allfällige Vergrösserung der realisierten Spreads ist möglicherweise bloss die Folge einer verbesserten Resilienz (Federwirkung nach liquiditätsentziehenden Schocks); denkbar ist jedoch auch, dass antizipierende Strategien, das ausgeklügelte Risikomanagement von Bereitstellern von Liquidität, ein mangelhafter Wettbewerb zwischen liquiditätsbereitstellenden Hochfrequenzhändlern oder eine geringere Markttiefe dafür verantwortlich gemacht werden müssen. Weitere Untersuchungen erscheinen daher angezeigt.

bb) Markttiefe

Die Auswirkungen des Hochfrequenzhandels auf die Markttiefe sind bislang nicht restlos geklärt. Existierende Studien deuten aber tendenziell auf neutrale Auswirkungen hin. Überzeugend erscheint grundsätzlich die These von *Budish/Cramton/Shim* (2015), dass die Informationsrisiken Kosten verursachen, die mit der Zahl der Limit-Orders linear zunehmen, während sich die Profite nicht in gleichem Masse erhöhen, da nur einige Investoren am Handel im grösseren Umfang interessiert sind.[551] Allerdings dürfte die These unabhängig vom Auftreten von Hochfrequenzhändlern gelten, da sich Bereitsteller von Liquidität schon früher Informationsrisiken ausgesetzt sahen. Immerhin kann aus der Studie aber abgeleitet werden, dass eine Minimierung dieser Informationsrisiken die

---

[549] Mehr im Detail vorn 238 ff.
[550] Vorn 235.
[551] *Budish/Cramton/Shim* (2015), 1554.

Markttiefe erhöhen müsste.[552] Wenngleich die Markttiefe durch den Hochfrequenzhandel aus einer statischen Sicht nicht merklich abnimmt, könnten Blockaufträge unter Berücksichtigung des Slippage-Effekts die Kurse aufgrund der grossen Sensitivität der Market-Maker dennoch stärker beeinflussen als früher.[553] Diese Sensitivität kann von den dargelegten antizipierenden Handelsstrategien herrühren, sie ist aber auch ein Sicherheitsmechanismus gegenüber Informationsrisiken und müsste daher zu geringeren Spreads führen; die Sensitivität ist also keineswegs (nur) negativ zu bewerten.[554] Im Übrigen verdient auch eine geringere Markttiefe nicht zwingend nur eine negative Bewertung, denn es gilt: Je rationaler die Kurse und je geringer die irrationale Volatilität, desto irrationaler erscheint auch das Platzieren von Aufträgen mit einer relativ grossen Distanz zu den besten Aufträgen, da diese Aufträge dann lediglich zur Unzeit ausgeführt würden.

cc) Resilienz

Als (Markt-)Resilienz (*resiliency*) wird im Zusammenhang mit der Marktliquidität die Geschwindigkeit bezeichnet, mit der sich Kurse nach liquiditätsentziehenden Schocks erholen.[555] Gestützt auf das Modell von *Roşu* (2016a) kann wohl davon ausgegangen werden, dass Hochfrequenzhändler als informierte Händler einen positiven Einfluss auf diese Rückfederung haben.[556] Eine starke Rückfederung zeigte sich denn auch etwa beim Flash-Crash vom 6. Mai 2010.[557] Bestätigt sich eine stärkere Resilienz, erschiene eine stärkere zeitliche Stückelung der Aufträge durch Investoren angezeigt.

dd) Triebwerkhypothese

Markttiefe und Resilienz zeigen, wie der Handelsdruck transitorische Volatilität verursacht. Angesichts dieser transitorischen Volatilität erscheint die Hypothese angezeigt, dass intelligente Liquidität bereitstellende Hochfrequenzhändler über verschiedene «Gänge» verfügen. Für den Umgang mit neuen Informationen dürfte zunächst eine unmittelbare Reaktion erforderlich sein, um den Informationsrisiken angemessen zu begegnen. Auf eine erhöhte Rationalität muss bei einer solchen Reflexreaktion wohl verzichtet werden, da die Informationsverarbeitung Zeit kostet.[558] Stornierungen von Limit-Orders sind zu erwarten, um das

---

552 Eine asymmetrische Verzögerung dürfte hierzu ebenso geeignet sein; hierzu hinten 403 ff.
553 Zum Slippage-Effekt vorn 222, 230.
554 Zu den antizipierenden Strategien vorn 76 ff.; zur Würdigung hinten 321 ff., 766 f., 771 f.
555 Vorn 224.
556 *Roşu* (2016b), 5, 43.
557 Zum Flash-Crash hinten 373 ff.
558 Weiterführend vorn 241 f. und hinten 333 f.

Risiko fehlplatzierter Limit-Orders (*Stale Quotes*) zu minimieren, was auch Phänomene wie Flash-Crashes einfach erklärt. Erst in einem zweiten Schritt dürfte der intelligente Hochfrequenzhändler die Information rationaler verarbeiten, nach möglichen Gründen für einen gestiegenen Preisdruck suchen und den neuen (oder allenfalls auch alten) Gleichgewichtspreis ermitteln. Intelligente Hochfrequenzhändler müssen somit verschiedene unterschiedlich komplexe Algorithmen sinnvollerweise parallel schalten, um mit neuen Informationen sachgerecht umgehen zu können.

c) Volatilität

Die ökonomischen Studien lassen auch für die Frage, wie sich der Hochfrequenzhandel auf die Volatilität auswirkt, keine definitive Antwort zu. Während die Mehrheit der Modelle eine Erhöhung der Volatilität erwarten lässt, sind die empirischen Resultate uneinheitlich. Handelt es sich bei Hochfrequenzhändlern wie meist angenommen um informierte Händler, müssten sie die irrationale Volatilität nach den klassischen Modellen grundsätzlich verringern und es wäre ein starker Druck hin zum fundamentalen Equilibrium zu erwarten.[559] Allerdings können kurzfristige Signale und die mittelfristige Preiserwartung in unvollkommenen Märkten voneinander abweichen, sodass informierte Händler die Volatilität in gewissen Situationen auch verstärken können.[560] Solche Strategien dürften jedoch stets andere, uninformierte Händler voraussetzen, ansonsten sie sich nicht auszahlen. Bei der Beurteilung der Auswirkungen des Hochfrequenzhandels auf die Volatilität dürfte es im Übrigen hilfreich sein, wenn man sich die Market-Making-Strategien von Hochfrequenzhändlern vor Augen führt. Hochfrequenzhändler haben dieses Market-Making perfektioniert und reagieren zur Minimierung ihrer Risiken sehr sensitiv auf Auftragsinformationen.[561] Diese Sensitivität dürfte grundsätzlich zu kleineren quotierten Spreads führen, lässt aber in Verbindung mit antizipierenden Strategien eine verstärkte Volatilität bei gegebenem Preisdruck erwarten. Ein informationsorientiertes Modell lässt also eine Reduktion der Volatilität abgesehen von Ausnahmesituationen vermuten, während ein liquiditätsorientiertes Modell eher eine Erhöhung der Volatilität erwarten liesse. Vielleicht sind die empirischen Resultate auch deshalb uneinheitlich.

Abgesehen von dieser kurzzeitigen handelsgetriebenen Volatilität deuten Studien vereinzelt darauf hin, dass Hochfrequenzhändler bei geringfügigen Stresssituationen eine stabilisierende Rolle spielen, während sie die Märkte bei grösse-

---

559   *Kyle* (1985), 1330; *Back* (1993), 387 ff.; *Back/Cao/Willard* (2000), 2177.
560   *Martinez/Roşu* (2011), 2 f.; *Foucault/Hombert/Roşu* (2016), 337.
561   Vorn 61 ff.

ren Stresssituationen zusätzlich destabilisierten.[562] Die Marktrisiken werden im Kapitel 11 (Systemische Risiken) noch genauer beleuchtet, sodass in dieser Hinsicht auf die Ausführungen dort verwiesen wird.[563]

Schliesslich wurde bezogen auf das Verhältnis zwischen dem Hochfrequenzhandel und der Volatilität eine Marktsegmentierungshypothese aufgestellt. Demnach reflektiert die handelsgetriebene Volatilität in erster Linie unterschiedliche Spreads für Kleininvestoren und institutionelle Anleger, soweit Hochfrequenzhändler diese durch antizipierende Strategien voneinander unterscheiden können. Von dieser Marktsegmentierung würden Kleininvestoren profitieren, während Grossinvestoren höhere Transaktionskosten bezahlen. Letztlich erhalten jedoch beide Anlegerkategorien einen ihrem Risiko angemessenen Spread, denn von Grossaufträgen geht – wie im ersten Teil erläutert – auch ein erhöhtes Risiko für Bereitsteller von Liquidität aus, sodass diese Segmentierungsvolatilität nicht irrational erschiene.[564]

2. Dark Pools

a) Preisbildung

Bei der Beurteilung von alternativen Handelsplattformen sind die Faktoren der Fragmentierung und der Transparenzordnung auseinanderzuhalten. Die Fragmentierung dürfte kaum einen Einfluss auf die Preisfindung haben, da der Aktienmarkt aufgrund der als Arbitrageure agierenden Hochfrequenzhändler trotz der räumlichen Fragmentierung virtuell vereinigt ist, es sich also um einen Markt mit vielen Eingangstüren handelt.[565] Der Wettbewerb unter den Handelsplätzen und die dadurch induzierten tiefen Transaktionskosten führen zudem zu einem dünnen No-Arbitrage-Band, sodass eher positive Auswirkungen der Fragmentierung auf die Preisfindung zu erwarten sind.[566] Die Transparenzordnung wirft demgegenüber schwierigere Fragen auf. In ökonomischen Modellen findet sich vereinzelt die Ansicht, dass Dark Pools die Preisfindung beeinträchtigen oder zumindest verlangsamen. Die empirischen Studien scheinen diesem intuitiv überzeugenden Schluss allerdings eher zu widersprechen. Dies könnte damit zusammenhängen, dass (a) Noise-Trader in Dark Pools handeln und sich der in-

---

562 So *Weller* (2013), 22; darauf könnte auch die Rolle der Hochfrequenzhändler während des Flash-Crashs gemäss *Joint Report «Flash Crash» 2010*, 45 ff. und *Kirilenko/Kyle/Samadi/Tuzun* (2017), 971 f., 992 ff. hindeuten.
563 Hinten 370 ff.
564 Siehe hierzu die Ausführungen zum *sweep risk* vorn 80 ff.
565 *O'Hara/Ye* (2011), 472; vorn 100.
566 Zum No-Arbitrage-Band vorn 71.

formierte Handel auf die transparenten Handelsplätze konzentriert, (b) informierte Händler aufgrund des Wettbewerbsdrucks kaum eine andere Wahl haben, als dennoch ziemlich aggressiv zu handeln, und sich (c) institutionelle Investoren in Dark Pools nur beschränkt verstecken können. Andere Gründe sprechen zudem für eine Steigerung der Preisfindungsqualität durch Dark Pools: Erstens können Dark Pools die durch den Handel bewirkte ineffiziente transitorische Volatilität reduzieren, und zweitens ist denkbar, dass Dark Pools die Informationsrenditen vergrössern und dadurch zusätzliche Anreize für fundamentale Analysen schaffen. Aus diesen Gründen dürften Dark Pools – zumindest bei einem nicht allzu hohen Marktanteil – insgesamt einen neutralen bis positiven Einfluss auf die Preisfindungsqualität haben. Aufgrund des Bedürfnisses nach einem transparenten Handel und natürlicher Vorteile der transparenten Handelsplätze – zu denken ist an die Verwertung von Handelsinformationen – dürften intransparente Handelsplattformen die transparenten Handelsplätze auch nicht vollständig verdrängen können, sodass die diesbezüglichen Befürchtungen gegenüber Dark Pools kaum gerechtfertigt erscheinen.

b) Liquidität

Während die ökonomischen Studien für einen liquiditätssteigernden Effekt der Fragmentierung sprechen, sind die Auswirkungen der fehlenden Vorhandelstransparenz nicht eindeutig und teilweise widersprüchlich. Zumindest eine Abnahme der Liquidität auf den transparenten Handelsplätzen wäre zu erwarten, wenn sich der Handel in Dark Pools verlagert, aber selbst ein solcher Effekt ist bislang nicht zweifelsfrei erstellt. Dies dürfte in erster Linie daran liegen, dass sich die Liquidität nicht primär anhand des Handelsvolumens bestimmt, sondern anhand der Risiken, denen sich Bereitsteller von Liquidität ausgesetzt sehen, wenn sie Limit-Orders verwenden. Dark Pools würden die Liquidität der transparenten Handelsplätze aus diesem Blickwinkel lediglich dann beeinträchtigen, wenn sie vor allem uninformierte Aufträge anzögen und sich dadurch der informierte Handel auf die transparenten Handelsplätze konzentrierte.[567] Dieser Effekt ist jedoch umstritten, und ausserdem wäre bei einer Konzentration des informierten Handels auf die transparenten Handelsplätze eine erhöhte Informationseffizienz zu erwarten. Hinsichtlich der letztlich entscheidenden Auswirkungen von Dark Pools auf die Liquidität des Gesamtmarktes – also nicht bloss auf die Liquidität der transparenten Handelsplätze – lassen ökonomische Modelle eher einen positiven Einfluss von Dark Pools vermuten, vor allem weil einige Händler erst durch tiefere Transaktionskosten in Dark Pools zum Handel

---

[567] Vgl. *Jiang/McInish/Upson* (2012), 4; siehe auch *Easley/O'Hara* (1987), 69 ff.

animiert würden.⁵⁶⁸ Während also die für die Liquidität in erster Linie massgeblichen Risiken kaum Auswirkungen des Dark Trade auf die Gesamtmarktliquidität vermuten lassen, implizieren tiefere Transaktionskosten in Dark Pools eher eine Erhöhung derselben.

Abgesehen von den Auswirkungen von Dark Pools auf die Liquidität wurden verschiedene verwandte Aspekte untersucht. So wurde etwa auf verschiedene Fehlerquellen bei der Prüfung der Auswirkungen von Dark Pools auf die Liquidität hingewiesen.⁵⁶⁹ Auch wurde die Hypothese, dass einseitige Dark Pools vor allem für durchschnittlich liquide Titel interessant sind, aufgrund der gegenläufigen Triebfedern der möglichen opportunistischen Einsparungen und der Netzwerkeffekte bekräftigt und die Risikoangemessenheit der Bereitstellung von Liquidität zum Spread-Mittelpunkt in Dark Pools grundsätzlich infrage gestellt.⁵⁷⁰ Schliesslich wurde noch die Sonderfrage untersucht, welche Auswirkungen das Anzeigen der Broker-ID auf die Liquidität hat, und der durch verschiedene empirische Studien nachgewiesene positive Effekt des Verbergens derselben abweichend von der bestehenden Literatur in erster Linie darauf zurückgeführt, dass institutionelle Investoren zur Minimierung ihrer Transaktionskosten Handelsplätze mit verdeckter Broker-ID bevorzugen.⁵⁷¹ Zugleich wurde die Hypothese aufgestellt, dass die Liquiditätsparameter verbessert würden, wenn sämtliche Handelsplätze die Broker-ID anzeigen müssten, da dadurch die Informationsrisiken der Bereitsteller von Liquidität reduziert würden, aber die Transaktionskosten der institutionellen Investoren gleichzeitig erhöht.

c) Volatilität

Abschliessend muss konstatiert werden, dass auch die existierenden ökonomischen Modelle und empirischen Studien zu den Auswirkungen des Dark Trade auf die Volatilität keinen definitiven Schluss zulassen. Immerhin zeigen sie aber auf, dass die Volatilität primär von den Auswirkungen des Dark Trade auf die Informationsverarbeitung und die Liquidität abhängt. Verlangsamen Dark Pools den Informationsverarbeitungsprozess, so dürfte auch die Volatilität abnehmen. Diese Abnahme wäre dann grundsätzlich positiv zu bewerten, wenn sie die vor allem durch Handelsinformationen getriebene transitorische Volatilität betrifft, nicht aber wenn die durch fundamentale Informationen getriebene effiziente Volatilität reduziert wird.⁵⁷² Allerdings wurde die Hypothese aufgestellt, dass

---

568 Zur Erzeugung von Aufträgen durch Dark Pools siehe *Degryse/van Achter/Wuyts* (2009), 333 f.; siehe auch *Moinas* (2010), 3; *Boulatov/George* (2013), 2120.
569 Vorn 252 f.
570 Vorn 253.
571 Vorn 254.
572 Zu dieser Unterscheidung vorn 259.

Dark Pools lediglich die transitorische Volatilität minimieren, sodass der volatilitätshemmende Effekt aus einer informationstheoretischen Perspektive positiv erscheint. Aus einer liquiditätstheoretischen Perspektive könnten Dark Pools die transitorische Volatilität erhöhen, sofern sie die Markttiefe beeinträchtigen. In dieser Hinsicht resultierte allerdings wie erwähnt das kontraintuitive, aber letztlich überzeugende Ergebnis, dass der Dark Trade die Liquidität kaum beeinträchtigt, da diese primär von den mit der Bereitstellung von Liquidität verbundenen Risiken und nicht vom Handelsvolumen abhängt. Die liquiditätstheoretische Perspektive dürfte daher nach aktuellem Wissensstand einen neutralen Einfluss auf die Volatilität erwarten lassen und das positive Ergebnis der informationstheoretischen Betrachtung kaum relativieren.

Schliesslich wurde darauf hingewiesen, dass die Mehrheit der empirischen Studien zum Ergebnis kam, dass eine erhöhte Volatilität den Marktanteil von Dark Pools reduziert.[573] Mögliche Gründe hierfür sind die gesteigerten Geschwindigkeitspräferenzen der Händler bei erhöhter Volatilität, die geringere Ausführungswahrscheinlichkeit in Dark Pools sowie die Informationsrisiken (*adverse selection*), die in Dark Pools aufgrund der niedrigeren Ausführungswahrscheinlichkeit und der grundsätzlich längeren Ausführungsdauer mit der Volatilität überproportional zunehmen dürften. Selbst wenn also der Dark Trade die Volatilität erhöhen sollte, wäre die mögliche Erhöhung dadurch begrenzt, dass die Händler ab einer gewissen Volatilität zu den transparenten Handelsplätzen wechseln.

---

[573] Vorn 267 f.

§ 10 Marktversagen

Während im vorangehenden Kapitel die Auswirkungen des Hochfrequenzhandels auf die Marktqualität als Summe sämtlicher Aspekte betrachtet wurden, wird derselbe in diesem Kapitel spezifischer auf Marktversagensformen hin untersucht. Selbst bei einem insgesamt positiven Effekt des Hochfrequenzhandels auf die Marktqualität können sich einzelne Aspekte negativ auf dieselbe auswirken. Werden Marktversagensformen identifiziert, so kann die Marktqualität möglicherweise durch Modifikationen der Marktmikrostruktur weiter gesteigert werden. Bei der Identifikation von Marktversagen ist jedoch Vorsicht geboten, da sich Marktversagensformen wie der Geschwindigkeitswettlauf oder die mit Informationsasymmetrien verknüpfte Negativauslese in der Nähe zum funktionierenden Wettbewerb bewegen.

I. Geschwindigkeitswettlauf

Wenden verschiedene Händler dieselbe auf eine Überrendite abzielende Handelsstrategie an, ist die Geschwindigkeit relativ zu den anderen Händlern von entscheidender Bedeutung, sodass es zwischen den Händlern zum Geschwindigkeitswettlauf kommt.[1] Ausdrucksformen dieses Geschwindigkeitswettlaufs sind Hochgeschwindigkeitsverbindungen zwischen den verschiedenen Handelsplätzen sowie die von letzteren angebotenen Co-Location-Dienstleistungen.[2] Letztlich äussert sich der Geschwindigkeitswettlauf jedoch auf sämtlichen Ebenen: im Bereich der Programmierung und der Verarbeitung von Informationen, bei den elektronischen Schaltungen und selbstverständlich bei der gesamten verwendeten Hardware.

1. Geschichte eines Wettlaufs zur Herbeiführung und Ausnutzung von Informationsasymmetrien

Anders als es allenfalls der erste Blick vermuten liesse, ist der Hochfrequenzhandel kein neues Phänomen. Vielmehr kann auf eine lange Geschichte eines Wettlaufes zur Herbeiführung und Ausnutzung von Informationsasymmetrien zurückgeblickt werden.

---

[1] Zu den Handelsstrategien vorn 61 ff.
[2] Hierzu sogleich 285 ff.

a) Getreide für Rhodos

Berühmt ist das von *Marcus Tullius Cicero* aufgegriffene Beispiel des alexandrinischen Getreidehändlers, der nach Rhodos gelangte, wo zu diesem Zeitpunkt eine Hungersnot herrschte.[3] Der Händler wusste, dass sich weitere Getreideschiffe auf dem Weg nach Rhodos befanden, sodass sich die Frage stellte, ob er diese Information den Bewohnern von Rhodos preiszugeben hat. Die Mitteilung hätte selbstredend zur Folge, dass der Händler sein Getreide nur zu einem tieferen Preis anbieten kann. Das Beispiel entnahm *Cicero* einem Disput zwischen den stoischen Philosophen *Antipatros von Tarsos* und *Diogenes von Babylon*.[4] Während der Verkäufer nach *Antipatros* alles offenzulegen hat, was er weiss, ist die Aufklärungspflicht gemäss *Diogenes* im Wesentlichen auf die Angabe von Mängeln beschränkt.[5]

Zwar ging es bei diesem Beispiel nicht primär um die Herbeiführung einer Informationsasymmetrie, doch immerhin um die Ausnutzung derselben und eine leichte Modifikation des Beispiels führt den Kern des vorliegenden Problems anschaulich vor Augen. Zu denken ist an den Fall, bei dem die Meldung der Hungersnot in Rhodos nach Alexandria gelangt, woraufhin verschiedene Händler aufbrechen und sich dabei einen Wettlauf liefern, um das Getreide möglichst teuer in Rhodos verkaufen zu können. Die Frage nach der Aufklärungspflicht stellt sich auch bei dieser angepassten Variante. Bei der rechtlichen Würdigung dieses Sachverhalts wird zumindest gedanklich mitzuberücksichtigen sein, dass die Bewohner von Rhodos vom Geschwindigkeitswettlauf insofern profitieren, als sie so schneller mit Getreidelieferungen rechnen können. Der Anreiz der schnellen Getreidelieferung ist ausserdem grösser, wenn keine Auskunftspflicht besteht.[6] Geschwindigkeitswettlauf, Informationsasymmetrien, der Wettbewerb und die Bedürfnisbefriedigung sind folglich eng miteinander verknüpft. Es kann aber bereits hier die Frage aufgeworfen werden, ob die Bewohner von Rhodos von einer um nur wenige Mikrosekunden schnelleren Getreidelieferung profitieren.

b) Die Revolutionsschuld der USA (Funding Act of 1790)

Im Jahr 1790 besetzte *Alexander Hamilton* das Amt des *First Secretary of the Treasury* der Vereinigten Staaten.[7] Diese hatten ihre Unabhängigkeit vom Verei-

---

[3] *Cicero* (44 v.Chr.), III, N 50; zum selben Beispiel *H.-B. Schäfer* (1990), 127; *Fleischer* (2001), 21 ff.; *von der Crone/Wegmann* (2007), 111 ff., jeweils m.w.H.
[4] *Cicero* (44 v.Chr.), III, N 51.
[5] *Ibid.*
[6] Hierzu *H.-B. Schäfer* (1990), 127; *Fleischer* (2001), 164.
[7] Zum Beispiel *Mihm* (2014).

nigten Königreich erst kurz davor erlangt. Aufgrund der Revolution wurden viele vom *Continental Loan Office* herausgegebene Anleihen zu diesem Zeitpunkt nur zu einem Bruchteil ihres ursprünglichen Werts gehandelt, da kaum jemand mit einer Rückzahlung rechnete.[8] *Alexander Hamilton* erarbeitete jedoch einen Vorschlag, nach dem ein Umtausch dieser Papiere in Treasury Bonds der US-Regierung möglich sein sollte.[9] Diese bedeutende Nachricht sickerte in die Finanzelite New Yorks durch, worauf Spekulanten aufbrachen und auf dem Land entsprechende Wertpapiere von Ahnungslosen aufkauften.[10] *James Jackson* aus Georgia warf den Spekulanten damals im Kongress vor: «*[T]hey are as rapacious wolves seeking whom they may devour [...].*»[11] Kaum anders war der eingangs erwähnte Vorwurf von *Charlie Munger* gegenüber dem Hochfrequenzhandel: «*It's the functional equivalent of letting rats into a granary.*»[12] Die Ähnlichkeit zum modifizierten Beispiel der Hungersnot in Rhodos ist ebenfalls augenscheinlich. In beiden Beispielen bewegten sich die Spekulanten schneller, als sich die Information verbreitete, um dann von der Informationsasymmetrie zu profitieren. Die Zeiten, in denen sich Menschen schneller bewegen konnten als Informationen, waren jedoch gezählt.

c) Die Brieftauben des Hauses Rothschild

Hartnäckig hält sich das Gerücht, dass das Rothschild-Bankenimperium im Jahr 1815 Brieftauben zur Übermittlung der Information über den Ausgang der Schlacht von Waterloo nach London verwendete, um dann gestützt darauf britische Bonds zu kaufen.[13] Allerdings ist diese Darstellung gemäss dem Rothschild-Forschenden *Niall Ferguson* zweifelhaft. Ihm zufolge wurde die Nachricht um Mitternacht, dem 18. Juni 1815 in Brüssel abgeschickt und gelangte mittels Kurierdienst über Dünkirchen und bezeichnenderweise die englische Stadt Deal nach London, wo sie um Mitternacht, dem 19. Juni 1815 eintraf.[14] So waren die Rothschilds zwar tatsächlich frühzeitig informiert, aber Brieftauben dürften sie zu diesem Zeitpunkt noch nicht eingesetzt haben. Auch konnten sie aus dieser Information zwar Profit ziehen, wie nachträgliche Äusserungen nahelegen.[15] Die Nachricht des schnellen Siegs über Napoleon kam jedoch für die Familie Roth-

---

8 *Mihm* (2014).
9 Hierzu auch *Massachusetts Historical Society* (2008).
10 *Mihm* (2014).
11 *Taylor* (1950), 21.
12 Siehe *www.cnbc.com/2014/05/05/buffett-gates-and-munger-criticize-high-frequency-trading.html*; vorn 1.
13 *Mihm* (2014); *von Müller* (2015), 78; vgl. *MacIntosh* (2015), 149.
14 *Ferguson* (1998a), 98.
15 Hierzu *Ferguson* (1998a), 99 f.

schild überraschend, sodass der Sommer 1815 insgesamt kaum ein Erfolg war.[16] Ob diese Zeit ein Erfolg oder Misserfolg war, wussten bemerkenswerterweise wohl nicht einmal die Mitglieder der Familie Rothschild selbst so genau, da die Familie damals mit Blick auf die Buchführung nicht unbedingt ein gutes Beispiel für eine einwandfreie Geschäftstätigkeit bot. So schrieb *Salomon Mayer Rotschild* im September 1815 *Nathan Mayer Rothschild:* «*Work out where the family money is, my good Nathan. [...] Well, it's just absurd. God willing it will turn up when we do the spring cleaning!*»[17]

Mit Blick auf die Recherchen von *Ferguson* ist die Überbringung der Nachricht des Ausgangs der Schlacht von Waterloo nach London via Brieftauben sowie die Anhäufung ungeheurer Gewinne gestützt auf diese frühzeitige Information wohl im Reich der Legenden anzusiedeln. Belegt ist jedoch, dass die Familie Rothschild in den 1820er und 1830er Jahre über ein grosses Kommunikationssystem mit Agenten und Kurieren zwischen den verschiedenen Finanzzentren in Europa verfügte.[18] Zwar nicht im Jahr 1815, aber spätestens ab dem Jahr 1824 verwendete sie dabei auch Brieftauben für die Informationsübermittlung, und Ende der 1830er Jahren betrieb sie gemeinsam mit der bekannten britischen Tageszeitung *The Times* einen gemeinsamen Brieftaubendienst zwischen Boulogne und London.[19] Doch das Ende dieses Geschäftsmodells nahte. Verantwortlich dafür war eine Erfindung, die die Informationsübertragung revolutionierte.

d)   Entmaterialisierung und Demokratisierung von Information

Schon in den 1830er Jahren beklagte sich *James de Rothschild* gegenüber seinem Onkel *Nathan* mit Bezug auf die Telegrafie: «*Over here people are too well informed and there is therefore little opportunity to do anything.*»[20] In den 1850er Jahre hielt er dann wiederholt konsterniert fest: «*[T]he telegraph is ruining our business*»[21], und im Jahr 1851 fügte er an: «*[A]nyone can get the news*», und «*[C]rying shame the telegraph has been established.*»[22] Die Äusserungen zeigen, wie sich der Nutzen des Kommunikationsnetzwerks mit der Verfügbarkeit der Telegrafie reduzierte. Später kam die Telefonie hinzu. Informationen konnten dadurch in einer zuvor nicht vorstellbaren Geschwindigkeit übertragen werden

---

16   *Ferguson* (1998a), 99, 101.
17   *Ferguson* (1998a), 102.
18   *Ferguson* (1998a), 5, 233 f.; dabei sah sie sich allerdings zunehmender Konkurrenz ausgesetzt, siehe bspw. *Laughlin/Aguirre/Grundfest* (2014), 284 und *von Müller* (2015), 78 zum Brieftaubendienst von *Paul Reuter* zwischen Aachen und Brüssel.
19   *Ferguson* (1998a), 5, 234, 288.
20   *Ferguson* (1998a), 234.
21   *Ferguson* (1998b), 64.
22   *Ferguson* (1998b), 65.

und dieselben wurden bedeutend günstiger, sodass sich Netzwerk- und Skaleneffekte im Informationsgeschäft reduzierten. Der Kupferdraht ermöglichte mit anderen Worten ein *level playing field* und eine Demokratisierung von Information.[23] Im Zeitalter der Telefonie konnten Überrenditen lediglich noch über einen privilegierten Zugang zu Informationen erwirtschaftet werden, bis schliesslich auch der Insiderhandel verboten wurde. Abgesehen davon dürfte sich das News-Trading auf die Suche nach Informationen und Korrelationen verlagert haben. Demgegenüber bestand lange kein Bedürfnis nach einer noch schnelleren Informationsübertragung, denn angesichts der beschränkten Reaktionsgeschwindigkeit der Menschen war ein Geschwindigkeitsgewinn im niedrigen Millisekundenbereich schlicht nicht von Bedeutung. Mit der Verwendung von Maschinen änderte sich dies grundlegend.

e)   Hochfrequenzhandel und der neue Wettlauf

Im Jahr 2010 stellte *Spread Networks* für geschätzte USD 300 Mio. eine Hochgeschwindigkeitsglasfaserverbindung zwischen New York und Chicago fertig.[24] Im Unterschied zu früheren Verbindungen folgte die Verbindung einer beinahe geraden Linie, wodurch der *round trip delay* zwischen diesen Städten von 16 Millisekunden auf 13 Millisekunden reduziert werden konnte.[25] Diese 3 Millisekunden mussten also mehr als USD 300 Mio. wert sein.

Da Glas die Lichtgeschwindigkeit um etwa einen Drittel reduziert[26], wurde schon bald nach neuen Möglichkeiten gesucht, um die Latenz weiter zu verringern. Bereits im Jahr 2011 wurde mit der Installation von Mikrowellenverbindungen begonnen.[27] Im Unterschied zur Glasfaserverbindung laufen diese Verbindungen nicht unterirdisch, sondern über Mikrowellentürme, die bis zu hundert Kilometer voneinander entfernt liegen.[28] Schliesslich wurden die Mikrowellen durch Millimeterwellen und Laser ersetzt.[29] Allerdings können über Glasfasernetze grössere Datenmengen transportiert werden und die oberirdische Datenübertragung bekundet Probleme mit schlechtem Wetter.[30] Da Millimeterwellen offenbar anfällig sind auf Regen und Laser anfällig auf Nebel, bewirbt die Firma *Anova Technologies* ein System, bei dem Millimeterwellen und Laser

---

23   *Ferguson* (1998a), 5.
24   *Budish/Cramton/Shim* (2015), 1548.
25   *Ibid.*
26   *Buchanan* (2015), 161.
27   *Cookson* (2013); siehe auch *Laughlin/Aguirre/Grundfest* (2014), 284.
28   *Westbrook/Mamudi/Kishan/Leising* (2014); *Cookson* (2013).
29   *Buchanan* (2015), 161; http://anova-tech.com/sample-page/laser-wireless-connectivity.
30   *Buchanan* (2015), 162; zur Anfälligkeit auf das Wetter siehe den Verweis in der nächsten Fussnote.

kombiniert eingesetzt werden, um eine zuverlässige Datenübertragung zu gewährleisten.[31]

f) Reise zum Mittelpunkt der Erde

Andrew G. Haldane, Chefökonom der Bank of England und im Jahr 2014 vom *Times Magazine* zu einem der hundert einflussreichsten Personen der Welt gekürt, führte im Jahr 2011 in seinem Vortrag *«The Race to Zero»* aus, *«Technologists now believe the sky is the limit.»*[32] Dabei irrte er sich wahrscheinlich, führt die kürzeste Verbindung zwischen zwei Punkten auf der Erdkruste doch über das Erdinnere. Daran dürfte auch die Zeitdilatation durch Masse (bzw. Gravitation) im Sinne der Relativitätstheorie nichts ändern. Diskutiert werden daher unterirdische Korridore oder aber – wohl realistischer – die Verwendung von Neutrinos oder Gravitationswellen, die direkt durch das Erdinnere gesendet werden könnten, wodurch sich die Latenz noch einmal reduzieren würde.[33]

g) Erkenntnisse

Die historische Übersicht zeigt, dass der Geschwindigkeitswettlauf sowohl auf der technischen als auch auf der sozialen Ebene verschiedene Stadien durchlaufen hat. Auf der technischen Ebene wurde die Information zunächst verbunden mit einem Menschen oder einem Tier als Transmitter von einem Ort zum anderen übertragen, wobei Menschen Schiffe und Pferde als Hilfsmittel zur schnelleren Informationsübertragung verwendeten. Später folgte eine Loslösung und Mechanisierung der Informationsübertragung von einem lebenden Transmitter auf Signale, die via Kupferdrähte und das elektromagnetische Spektrum ausgesendet wurden.[34] Schliesslich wurden die Informationsverarbeitungsprozesse an den beiden Enden der Informationsübertragung automatisiert, wodurch wiederum die Bedeutung der Geschwindigkeit der Informationsübertragung erhöht wurde. So wurden nach den Kupferdrähten Glasfasernetze, Mikrowellen, Millimeterwellen und schliesslich Laser eingesetzt.

Auf der sozialen Ebene waren Informationen zunächst stark fragmentiert, und Informationen verbreiteten sich langsam. Anfang des 19. Jahrhunderts bildeten die Familie Rothschild und ihre Konkurrenten Kommunikationsnetzwerke, die

---

31 Siehe die anschaulichen Grafiken auf *http://anova-tech.com/sample-page/laser-wireless-connectivity*.
32 *Haldane* (2011), 1; vgl. *http://time.com/70833*.
33 *Cookson* (2013); *Buchanan* (2015), 161; *Budish/Cramton/Shim* (2015), 1548 f.
34 Interessant ist, dass dieser Prozess erst so spät erfolgte; Wissen über die akustische und optische Informationsübertragung existierten schon viel früher, was etwa Leuchttürme oder Höhenfeuer demonstrieren.

ihnen einen entscheidenden Vorteil gegenüber den anderen Händlern verschafften. Durch die Vernetzung und die mit Kurierdiensten und Brieftauben erreichte Geschwindigkeit konnten sie Informationsasymmetrien gegenüber den anderen Händlern ausnutzen. Die Herbeiführung und Ausnutzung von Informationsasymmetrien war zu diesem Zeitpunkt zwar kein neues Phänomen, aber der Prozess wurde durch die Kommunikationsnetzwerke professionalisiert. Mit der Erfindung und Verbreitung der Telegrafie nahm dieses Geschäftsmodell jedoch ein jähes Ende. Informationen waren auf einmal für sämtliche interessierten Händler zum gleichen Zeitpunkt verfügbar. Es erfolgte mit anderen Worten eine Demokratisierung der Information. Geschwindigkeitsvorteile konnten zwar ausgenutzt werden, aber die Ausnutzung erfolgte nun grundsätzlich auf einem *level playing field* Mann gegen Mann beziehungsweise (damals wohl selten) Frau gegen Frau. Abgesehen davon konnten grosse Informationsasymmetrien grundsätzlich nur noch über den privilegierten Zugang zu Informationen erreicht werden. Doch auch dieser Bereich wurde schliesslich mit der Insiderregulierung verboten. Neue Möglichkeiten ergaben sich erst mit der Automatisierung des Handels. Der Wettlauf verlagerte sich erneut auf die technischen Prozesse der Informationsübertragung und -verarbeitung. Die Situation ist dadurch wieder jener ähnlich, die am Anfang des 19. Jahrhunderts herrschte, als das Haus Rothschild ein grosses Kommunikationsnetzwerk zwischen den Finanzplätzen aufgebaut hatte und so von Informationsvorteilen beziehungsweise Informationsasymmetrien profitieren konnte. Das Rad der Zeit dürfte sich jedoch kaum zurückdrehen lassen. Angesichts der Vorteile der Automatisierung wäre dies trotz der Entdemokratisierung der Information auch nicht wünschenswert.[35]

2. Geografie des Geschwindigkeitswettlaufs

a) Verbindungen zwischen Handelsplätzen

aa) Europa und die Schweiz

Verschiedentlich wurde bereits auf die Verbindungen zwischen den Handelsplätzen in den USA hingewiesen.[36] Diesen Verbindungen gilt auch die grosse Aufmerksamkeit in den Medien und der Literatur.[37] Demgegenüber sind Informationen zu Hochgeschwindigkeitsverbindungen in Europa rar. Glücklicherweise verstecken sich Anbieter von Hochgeschwindigkeitsverbindungen nicht, da sie um potenzielle Kunden werben.

---

[35] Zur Automatisierung vorn 99 f.
[36] Vorn 72 f., 283 f.
[37] Siehe etwa *Mattig* (2014), 1940 ff.; *Lewis* (2014), 7 ff.

Ein Anbieter von Hochgeschwindigkeitsdatenverbindungen war *Perseus Telecom* mit Sitz in New York. Als die vorliegende Arbeit begonnen wurde, hatte dieser Netzwerkanbieter auf seiner Website eine frei zugängliche Weltkarte aufgeschaltet, die Informationen zu unterschiedlichen Latenzzeiten zwischen den verschiedenen Handelsplätzen enthielt.[38] *Perseus* gab mitunter an, zwischen Frankfurt und London eine Mikrowellenverbindung installiert zu haben mit Anschluss an die transatlantischen Kabel.[39] In der Zwischenzeit wurde *Perseus* von der *GTT* aufgekauft.[40] Ein anderer Anbieter auf dem europäischen Markt ist *Colt*, der ebenfalls eine Mikrowellenverbindung zwischen London und Frankfurt installiert hat.[41] Weitere Akteure in diesem Geschäft sind etwa *Quincy Data*, *McKay International* mit Sitz in Cologny bei Genf sowie die Firma *12 Horizons*.

Frankfurt wurde bereits mehrfach erwähnt. Damit stellt sich die Frage, ob die Schweiz ebenfalls an dieses Hochgeschwindigkeitsnetz angeschlossen ist. Zürich war auf der Karte von *Perseus* eingetragen, allerdings ohne Hochgeschwindigkeitsanschluss.[42] Demgegenüber gab *Colt* schon im Jahr 2012 an, die Ultra-low-latency-Verbindung zwischen London und Zürich optimiert zu haben.[43] Auf den 1. Juni 2014 hin hat schliesslich die Firma *12 Horizons* eine Mikrowellenverbindung zwischen Zürich und Frankfurt in Betrieb genommen.[44] Ergänzt hat sie diese Verbindung auf den 1. Juni 2015 um eine Verbindung zwischen Zürich und Milano.[45] Nach einigen Updates gibt *12 Horizons* seit dem 30. Oktober 2015 einen *round trip delay* zwischen Zürich und Frankfurt von 2.156 Millisekunden und zwischen Zürich und Milano von 1.568 Millisekunden an.[46] Im Gegensatz zum Eisenbahnnetzwerk ist Zürich somit an das Hochgeschwindigkeitsinformationsnetzwerk angeschlossen. Insgesamt kann damit auch gesagt werden, dass die Websuche eindeutig aufgezeigt hat, dass Hochgeschwindigkeitsverbindungen zwischen Handelsplätzen nicht nur ein US-amerikanisches, sondern auch ein europäisches und weltweites Phänomen sind.

---

[38] Siehe *http://perseus.co/global-network*.
[39] Siehe hierzu *Holley* (2014).
[40] Siehe www.gtt.net/press_release/gtt-acquires-perseus.
[41] Siehe etwa *www.colt.net/de/news/colt-first-to-offer-both-fibre-and-microwave-ultra-low-latency-services-between-london-and-frankfurt*.
[42] Vormals *http://perseus.co/global-network*.
[43] Siehe etwa www.colt.net/resources/colt-optimises-ultra-low-latency-route-from-london-to-zurich.
[44] Vormals verfügbar unter *www.12horizons.com*.
[45] *Ibid.*
[46] *Ibid.*

bb)   *Arbitrage zwischen Aktien- und Derivatebörsen*

Die Verbindung zwischen New York beziehungsweise New Jersey und Chicago ist wie bei der Erläuterung der Arbitrage-Strategien im Kapitel 3 erwähnt äusserst bedeutsam, da sich die Zugänge zu den grössten Aktienbörsen im Raum New York befinden, während die grösste Terminbörse der Welt in Chicago liegt.[47] *Budish/Cramton/Shim* erkannten, dass die Zeitdauer, während der Arbitrage zwischen E-Mini-Futures (Chicago) und den Aktien auf Standard & Poor's möglich ist, von durchschnittlich 97 Millisekunden im Jahr 2005 auf durchschnittlich 7 Millisekunden im Jahr 2011 sank.[48] Ähnliche Gründe dürften *12 Horizons* zur Hochgeschwindigkeitsverbindung zwischen Zürich und Frankfurt motiviert haben, werden doch die Futures und Optionen zu den an der SIX kotierten Aktien in Frankfurt an der Eurex gehandelt. Zugleich dürfte Frankfurt wohl zumindest zum aktuellen Zeitpunkt eine Zwischenstation zur Verbindung zwischen Zürich und London sein, wo sich mit der *Cboe Europe* und *Turquoise* die zwei Hauptkonkurrenten der SIX hinsichtlich des Handels mit an der SIX kotierten Aktien befinden.

b)   Co-Location

Für die Handelsplätze hat der Hochfrequenzhandel einen neuen Geschäftsbereich eröffnet, der als *Co-Location* Bekanntheit erlangt hat. Durch Co-Location-Dienstleistungen ermöglichen Handelsplätze ihren Teilnehmern den schnellstmöglichen Zugang zu den Servern der Börse. Ausgehend von den USA bieten heute Handelsplätze weltweit Co-Location-Dienstleistungen an.[49] Die SIX bildet in dieser Hinsicht keine Ausnahme. Von den zurzeit sieben unterschiedlichen Anbindungsmöglichkeiten bezeichnet sie zwei als Co-Location-Anschlüsse.[50] Durch die Möglichkeit der Stationierung von Servern im Equinix ZH4 Datacenter bei der Hardbrücke wird den Teilnehmern der schnellstmögliche Zugriff auf sämtliche SWXess Services mit einer Bandbreite von 10 Gbit/s zugesichert.[51] Equinix spricht von 225+ Unternehmen in Zürich, die ihre Dienstleis-

---

[47]   Hierzu vorn 72 f.
[48]   *Budish/Cramton/Shim* (2015), 1552.
[49]   Für die London Stock Exchange siehe *www.londonstockexchange.com/products-and-services/connectivity/hosting/hosting.htm*; für die Eurex in Frankfurt siehe *www.eurexchange.com/exchange-de/technologie/co-location-services*; für die Hong Kong Exchange siehe *www.hkex.com.hk/eng/prod/hosting/hostingservices.htm*; siehe auch etwa *Zickert* (2016), 110 ff.
[50]   Die Anbietungsmöglichkeiten sind abrufbar unter *www.six-swiss-exchange.com/participants/participation/connectivity/types_connectivity_de.html*.
[51]   Die Stationierung des Equinix-ZH4-Datacenters ist ersichtlich unter *http://de.equinix.ch/locations/switzerland-colocation/zurich-data-centers*.

tungen in Anspruch nehmen.[52] Ein Anbieter von Co-Location-Dienstleistungen in der Schweiz ist die in Glattbrugg niedergelassene *nexellent ag* mit dem eingängigen Werbeslogan: «*Als Kunde von nexellent fischen Sie nicht im Trüben*».[53] Der Slogan schafft einen deutlichen Bezug zu elektronischen Frontrunning- und Phishing-Strategien und bestärkt das verbreitete Misstrauen gegenüber Hochfrequenzhändlern.[54]

Das Phänomen Co-Location ist an sich nicht neu: Schon zu Zeiten der Präsenzbörsen war die Nähe zur Börse von grosser Bedeutung.[55] Die Bedeutung der Nähe zum Handelsplatz wurde wohl nur zwischenzeitlich teilweise vergessen, nachdem der Wertpapierhandel digitalisiert wurde. Neu sein dürfte hingegen das Gewerbe, welches sich auf diesen Bereich spezialisiert hat.

c) Sponsored Access

Co-Location-Dienstleistungen können nicht nur von der Finma direkt beaufsichtigte Teilnehmer der Handelsplätze nutzen.[56] Verbreitet ist, dass sogenannte *Sponsoring Participants* sogenannten *Sponsored Users* den Gebrauch ihrer Zugangsinfrastruktur erlauben. Die SIX nennt diesen Zugang *Sponsered Access*, sieht dafür eine Bewilligungspflicht vor und hat dafür eine eigene Weisung erlassen.[57] Die Bewilligung setzt mitunter eine Due-Diligence- und Eignungsprüfung des angehenden *Sponsored Users* durch den *Sponsoring Participant* sowie eine schriftliche Vereinbarung zwischen dem *Sponsoring Participant* und dem *Sponsored User* voraus.[58] Den Mindestumfang der Prüfung und der Vereinbarung hat die SIX weiter in ihrer Weisung spezifiziert.[59] Darüber hinaus stellen die SIX und der *Sponsoring Participant* die Identifikation der *Sponsored Users* sicher, und sie führen zusätzliche Risikomanagementkontrollen durch.[60] Ferner muss der *Sponsoring Participant* den *Sponsored User* überwachen.[61] Hierzu stellt die Börse dem *Sponsoring Participant* in «Echtzeit» – was auch immer das in der Welt des Hochfrequenzhandels heisst – eine «Drop-Copy» aller erfassten und

---

52 *Ibid*.
53 Vormals unter *www.nexellent.ch/de/startseite.html*.
54 Vorn 76 ff., 84.
55 Siehe hierzu *Bodie/Kane/Marcus* (2014), 73.
56 Zum Begriff des Teilnehmers hinten 524 f.
57 Siehe hierzu Nr. 5 SIX-Weisung 7 (Sponsored Access).
58 Nr. 5.2 und Nr. 5.5 SIX-Weisung 7; siehe auch *IOSCO Report «Technological Impact on Market Integrity and Efficiency»* 2011, 32, wo die IOSCO solche Risikokontrollen empfiehlt.
59 Siehe Nr. 5.2 Abs. 2 und Nr. 5.5 SIX-Weisung 7.
60 Nr. 6 und 8 SIX-Weisung 7.
61 Nr. 9 Abs. 2 SIX-Weisung 7.

gelöschten Aufträge des *Sponsored Users* zur Verfügung.[62] Schliesslich werden dem *Sponsoring Participant* besondere Auskunftspflichten auferlegt, und er muss eine Kontaktperson bezeichnen.[63] Weitere Interventionsrechte behält sich die Börse vor.[64] Die umfangreiche Regelung mag insofern erstaunen, als der *Sponsoring Participant* der Börse haftbar bleibt[65] und ein entsprechend grosses Interesse an der ordnungsgemässen Tätigkeit seiner Kunden hat, sodass er diese selbst in die Pflicht nehmen dürfte. Als einzige *Sponsoring Participants* können der Website der SIX *Merril Lynch International* und die *Credit Suisse Securities (Europe) Ltd* entnommen werden.[66]

Aus diesem Unterabschnitt mitzunehmen ist, dass nicht nur Teilnehmer der Handelsplätze als Hochfrequenzhändler auftreten können, sondern auch Kunden (*Sponsored Users*) derselben, die nicht direkt von der Finma beaufsichtigt sind. Diesen *Sponsored Access* hat die SIX allerdings im Rahmen der Selbstregulierung einem strengen Regelungsregime unterworfen.

d) Erkenntnisse

Der Geschwindigkeitswettlauf manifestiert sich vor allem in zweierlei Hinsicht: Erstens werden Handelsplätze miteinander verknüpft, sodass sich ein Hochgeschwindigkeitsnetzwerk zwischen diesen Handelsplätzen als Knotenpunkte entwickelt hat, und zweitens werden die handelnden Maschinen an diese Knotenpunkte durch Co-Location-Dienstleistungen angebunden. Bei der Suche nach Ursachen für die Verknüpfung verschiedener Handelsplätze zeigt sich, dass der Antrieb für Verknüpfungen besonders gross ist zwischen Aktien- und Derivatebörsen, wofür in erster Linie Arbitragestrategien verantwortlich sein dürften. Ausserdem hat sich gezeigt, dass der neuere Geschwindigkeitswettlauf zwar in den USA begann, mittlerweile aber ein weltweites Phänomen ist. So wurde in den vergangenen Jahren insbesondere auch Zürich an dieses Hochgeschwindigkeitsnetzwerk angeschlossen. Schliesslich ist für die Regulierung des Hochfrequenzhandels bedeutsam, dass nicht nur Teilnehmer der Handelsplätze als Hochfrequenzhändler auftreten können, sondern auch deren Kunden. Diese sogenannten *Sponsored Users* hat die SIX allerdings im Rahmen der Selbstregulierung einem strengen Regelungsregime unterworfen.

---

[62] Nr. 9 Abs. 1 SIX-Weisung 7.
[63] Nr. 10 f. SIX-Weisung 7.
[64] Nr. 12 SIX-Weisung 7; vgl. auch Nr. 13 bis 15.
[65] Nr. 3 SIX-Weisung 7.
[66] Die *Sponsoring Participants* sind ersichtlich unter *www.six-swiss-exchange.com/participants/trading/sponsored_access/sponsoring_participants_de.html*.

3. Analyse des Geschwindigkeitswettlaufs

a) Spieltheoretische Überlegungen

aa) Gefangenendilemma

Das Gefangenendilemma (*Prisoner's Dilemma*) ist die wohl berühmteste Entscheidungssituation der Spieltheorie. Das Modell sieht vor, dass zwei Gefangene, die gemeinsam ein schweres Verbrechen begangen haben, vom Staatsanwalt getrennt befragt werden. Letzterer stellt den Gefangenen die einfache binäre Wahl, das Verbrechen entweder zu gestehen oder zu leugnen. Dabei stellt er den Gefangenen die folgenden Freiheitsstrafen in Aussicht: Gestehen beide Gefangenen, werden sie zu einer Freiheitsstrafe von je drei Jahren verurteilt; verleugnen beide Gefangenen das Verbrechen, so werden sie je zu einem Jahr Freiheitsstrafe verurteilt wegen minderer Delikte; gesteht lediglich einer der Gefangenen, geht dieser als Kronzeuge straffrei aus, während der Nichtgeständige die Höchststrafe von vier Jahren erhält.[67]

Könnten die Spieler kooperieren und einen Durchsetzungsmechanismus implementieren, würden sie sich wohl darauf einigen, gemeinsam das Verbrechen zu leugnen. Ohne Kooperation und ohne Wiederholung des Spiels (*repeated game*) ist jedoch einzig ein Geständnis die rationale, dominante Strategie. Gleichgültig, wofür sich der Gefangene B entscheidet, ist der Gefangene A besser gestellt, wenn er das Verbrechen gesteht. Gesteht der Gefangene B ebenfalls, wird der Gefangene A zu einer Gefängnisstrafe von drei, anstatt vier Jahren verurteilt. Verleugnet der Gefangene B demgegenüber das Verbrechen, so geht der Gefangene A straffrei aus, anstatt zu einer Gefängnisstrafe von einem Jahr verurteilt zu werden.[68]

bb) Hochfrequenzhändler im Gefangenendilemma

Händler können aus neuen Informationen grundsätzlich nur Gewinne erzielen, wenn sie schneller als die anderen Händler agieren.[69] Den damit einhergehenden Geschwindigkeitswettlauf qualifizieren verschiedene Autoren als Gefangenendilemma.[70] Während die sogenannte Sniper in die Geschwindigkeit investierten, um fehlplatzierte Aufträge (*Stale Quotes*) aufzulesen, investierten Market-Maker

---

[67] Zum Gefangenendilemma bspw. *Tucker* (1983), 228; *Holler/Illing* (2009), 2 ff.; *Pindyck/Rubinfeld* (2013), 470 ff.; *Peterson* (2015).
[68] Hierzu *Holler/Illing* (2009), 5 ff.
[69] *Amihud/Mendelson* (1980), 50.
[70] *Budish/Cramton/Shim* (2015), 1555 f., 1591, 1605; *von Müller* (2015), 85 ff.; *von Müller* (2012), 10 f.; *Löper* (2015), 174 ff.; *Karn/Chao You/Karna* (2015), 66 f.

mit dem gegenteiligen Ziel.⁷¹ Zwar ist es also im Interesse jedes einzelnen Händlers, in die Geschwindigkeit zu investieren, die Händler wären indes kollektiv besser gestellt, wenn sie sich darauf einigen könnten, von Investitionen in die Geschwindigkeit abzusehen.⁷² Dieser Geschwindigkeitswettlauf dürfte zudem kein Ende finden, sondern eine Gleichgewichtskonstante darstellen.⁷³ Auch dürften durch das Wettrüsten die Arbitragemöglichkeiten nicht eliminiert werden.⁷⁴

cc) *Wohlfahrtseffekte des Gefangenendilemmas*

Durch Gefangenendilemmata ergeben sich also Gleichgewichte, die für die Betroffenen nicht optimal sind. Dies bedeutet jedoch nicht, dass Gefangenendilemmata zwingend gesamtwohlfahrtschädigend sind.

aaa) *Wettbewerb als positives Gefangenendilemma*

Normalerweise wird das Oligopol als Beispiel für ein Gefangenendilemma genannt.⁷⁵ Letztlich ist jedoch der Wettbewerb per se ein Gefangenendilemma.⁷⁶ So sind bei funktionierendem Wettbewerb Preissenkungen bis leicht über die Gestehungskosten aus der Sicht des einzelnen Unternehmens angezeigt. Dürften die Unternehmen demgegenüber rechtlich bindende Übereinkünfte treffen, so könnten sie ihre Erträge erhöhen, anstatt sich gegenseitig mit tiefen Preisen zu unterbieten. In der westlichen Welt – und insbesondere auch in der Schweiz – besteht heute ein weitgehender Konsens darüber, dass der Wettbewerb in aller Regel wohlfahrtsmaximierend ist.⁷⁷ Namentlich fördert der Wettbewerb die Effizienz der Unternehmen und reduziert die Preise, wovon die Marktgegenseite, namentlich Konsumenten, profitiert.

---

71 *Biais/Foucault/Moinas* (2015), 303 ff., 309 f.; *Budish/Cramton/Shim* (2015), 1555.
72 *Budish/Cramton/Shim* (2015), 1555; ähnlich *Farmer/Skouras* (2012b), 6.
73 *Budish/Cramton/Shim* (2015), 1552 führten aus, dass die Profitabilität der Indexarbitrage zwischen Futures und dem untersuchten Aktienindex zwischen 2005 und 2011 erstaunlich konstant bei 0.08 Indexpunkten pro gehandelter Einheit gelegen habe; *Baron/Brogaard/Kirilenko* (2014), 6 finden keinen Rückgang der Profitabilität in ihrer Stichprobe; nach *Biais/Foucault/Moinas* (2015), 303 ff., 309 f. können die Investitionen in schnelle Technologie zu hoch sein, wenn Händler selbst entscheiden, wie schnell sie handeln; a. M. *Aldridge* (2013), 219; vgl. auch *Glode/Green/Lowery* (2002), 1723 f.
74 *Budish/Cramton/Shim* (2015), 1552.
75 Hierzu bspw. *Pindyck/Rubinfeld* (2013), 472 ff.; die Konkurrenten finden sich dabei im Nash-Gleichgewicht.
76 Vgl. *Eicke* (2009), 106; *Pindyck/Rubinfeld* (2013), 472 ff.
77 Hierzu bspw. *Hettich* (2003), N 673 ff.; dieser wirtschaftsliberale Konsens ist auch in der Bundesverfassung enthalten, siehe vorn 143 ff.

bbb) Geschwindigkeitswettlauf als Arms-Race und Nullsummenspiel

Ein anderes Gefangenendilemma ist das Wettrüsten (*Arms-Race*).[78] So hat jeder einzelne Staat ein Sicherheitsinteresse daran, über stärkere militärische Ressourcen als die anderen Staaten zu verfügen. Im Unterschied zum Wettbewerb wird das Wettrüsten – zumindest ab einem gewissen Level – grundsätzlich für wohlfahrtsschädigend erachtet.[79] Versuchen sich die Staaten mit ihren Waffenarsenalen gegenseitig zu überbieten, nehmen die Investitionen in die Rüstungsindustrie kein Ende und die Sicherheit dürfte eher ab- als zunehmen – einmal abgesehen von einem allfälligen Gleichgewicht des Schreckens. Verfolgen die Staaten keine imperialistischen Interessen, so müssten sie im Sinne der Wohlfahrt grundsätzlich an einer gemeinsamen Limitierung der Aufrüstung interessiert sein.

Verschiedene Autoren qualifizieren den Geschwindigkeitswettlauf als Wettrüsten mit negativen Auswirkungen auf die Wohlfahrt.[80] Tatsächlich lässt sich theoretisch kaum begründen, wie die enormen Investitionen in minime Geschwindigkeitsgewinne die sozialen Kosten rechtfertigen lassen.[81] Letztlich sind die aus Arbitragestrategien resultierenden Gewinne relativer Natur: des einen Gewinne sind des anderen Verluste.[82] Dies gilt bei effizienten Märkten stets für Strategien, die auf eine Überrendite abzielen. Damit aber handelt es sich beim Geschwindigkeitswettlauf um ein Nullsummenspiel.[83] Genauer gesagt handelt es sich sogar um ein Negativsummenspiel (*negative sum game*), da Ressourcen benötigt werden, um das Spiel zu gewinnen.[84]

ccc) Wer trägt die Kosten des Geschwindigkeitswettlaufs?

Ist der Geschwindigkeitswettlauf ein Null- beziehungsweise Negativsummenspiel, so drängt sich die Frage auf, wer denn die Kosten des Wettlaufs trägt. Da Arbitrageure investieren, um fehlplatzierte Limit-Orders aufzulesen, tragen die Kosten zunächst insbesondere die Market-Maker. Dies gilt grundsätzlich auch dann, wenn die Händler gemischte Strategien verfolgen. In diesen Fällen liest der

---

[78] So *Mankiw* (2015b), 356.
[79] Hierzu bspw. *Isard/Anderton* (1992), 250.
[80] *Budish/Cramton/Shim* (2015); *Farmer/Skouras* (2012b), 12; *European Financial Stability Report 2013*, 135; *Karn/Chao You/Karna* (2015), 66 f.; *Löper* (2015), 155 ff.
[81] *Farmer/Skouras* (2012b), 8; *European Financial Stability Report 2013*, 135.
[82] *von Müller* (2015), 77, 91.
[83] *European Financial Stability Report 2013*, 129 f., 134, 136, 138 ff.; *Stiglitz* (2014), 5; *von Müller* (2015), 77, 91; *Karn/Chao You/Karna* (2015), 66; vgl. *Farmer/Skouras* (2012b), 9, nach denen es schwierig sei, theoretische Gründe dafür zu finden, dass gegenwärtige Geschwindigkeiten zu Wohlfahrtsgewinnen führen.
[84] So auch *Stiglitz* (2014), 5.

schnellste Händler sämtliche anderen Aufträge auf. Sämtliche Bereitsteller von Liquidität sind folglich betroffen. Tragen Market-Maker jedoch erhöhte Informationsrisikokosten (*adverse selection costs*), müssen sie wie im ersten Teil ausführlich erläutert einen grösseren Spread verlangen und werden vermutlich nur eine geringere Markttiefe zur Verfügung stellen.[85] Am Ende tragen die Kosten damit die Kunden der Market-Maker, sofern diese den Spread mit Market-Orders überqueren. Dennoch dürften Market-Orders regelmässig günstiger sein, da mit dem Setzen von Limit-Orders bedeutende Informationsrisiken (*adverse selection risk*) verbunden sind. Es ist davon auszugehen, dass Market-Maker diese Risiken im Vergleich zu den anderen Händlern minimieren können, sodass der Spread langsamere Investoren letztlich nicht ausreichend für die mit Limit-Orders verbundenen Risiken kompensieren dürfte.

b)   Kosten-Nutzen-Analyse

Nachfolgend werden die Kosten und Nutzen des Geschwindigkeitswettlaufs gegeneinander abgewogen.

aa)   Nutzen

aaa)   Schnellere Preisfindung

Kaum zu bestreiten ist, dass der Geschwindigkeitswettlauf grundsätzlich zu einer schnelleren Preisfindung führt, wenn Informationen schneller in die Preise inkorporiert werden. Allerdings liegt der Geschwindigkeitsgewinn im Bereich der Milli- und Mikrosekunden. Theoretisch lässt sich wie erwähnt kaum begründen, wie dieser minime Geschwindigkeitsgewinn die sozialen Kosten rechtfertigen soll.[86]

bbb)   Positive externe Effekte

Abgesehen von der schnelleren Preisfindung führt der Geschwindigkeitswettlauf zu enormen Investitionen in Informationstechnologien. Der Hochfrequenzhandel erfordert immer schnellere Rechner, Schaltungen und effiziente Programme, die Entscheidungen innert kürzester Zeit treffen. Positive externe Effekte im Bereich der Forschung sind also sehr wahrscheinlich. Des Weiteren wird Knowhow im Bereich des autonomen Lernens von Maschinen sowie der Interpretation menschlicher Sprache durch Maschinen generiert.[87] Der Wert der rein geo-

---

[85]   Vorn 63 ff.
[86]   *Farmer/Skouras* (2012b), 8; *European Financial Stability Report 2013*, 135.
[87]   Zum Machine-Learning *Aldridge* (2013), 228 f.; zu den positiven externen Effekten aus Bildung siehe *Samuelson/Nordhaus* (2010), 36.

§ 10 Marktversagen

grafischen Verkürzung ist demgegenüber nicht auf den ersten Blick ersichtlich. Eine Verbesserung der Informationsübermittlung durch Mikrowellen und Laser erscheint jedoch denkbar, ebenso wie andere Anwendungsbereiche für diese Innovationen. Allenfalls könnte der Geschwindigkeitswettbewerb auch dazu führen, dass Hochfrequenzhändler in noch unbekannte Tiefen des Erdinnern vordringen. So würde beispielsweise der direkte Weg zwischen New York und Chicago Tiefen von über 100 Kilometern erreichen, während die Kola-Bohrung, die aktuell weltweit tiefste durchgeführte Bohrung, lediglich eine Tiefe von knapp über 12 Kilometern erreicht.[88] Eine solche Bohrung mag sich unwahrscheinlich anhören, kann aber nicht ausgeschlossen werden mit Blick auf die bisherige Entwicklung und die potenziell möglichen Profite. Wahrscheinlicher und letztlich kostengünstiger erscheint jedoch eine zukünftige Informationsübertragung durch das Erdinnere mit Neutrinos oder Gravitationswellen.[89] Auch diese Form der Informationsübertragung durch die feste Masse dürfte neue Möglichkeiten eröffnen.

ccc) Ausschaltung menschlicher Spekulanten

Schliesslich kann wohl ebenfalls bis zu einem gewissen Grad positiv gewertet werden, dass menschliche Spekulanten, die keine Hochfrequenzhandelstechnologie verwenden, durch den Hochfrequenzhandel weitgehend ausgeschaltet werden. Es wird dadurch viel Energie für produktive gesellschaftliche Tätigkeiten frei, während nur noch einige wenige Finanzinformatiker zur Sicherstellung der Preisfindungsfunktionen der Finanzmärkte benötigt werden. Allerdings dürfte sich an diesem Verdrängungseffekt auch bei einer leichten Entschleunigung der Märkte nichts ändern.

bb) Kosten

aaa) Marktqualität und Transaktionskosten

Der Geschwindigkeitswettlauf ist wie gezeigt ein Null- beziehungsweise Negativsummenspiel, bei dem die Gewinne des einen Händlers sich in Verlusten des anderen Händlers äussern müssten.[90] Die Investitionen in die Geschwindigkeit müssten sich daher direkt negativ auf die Spreads sowie die Markttiefe auswir-

---

[88] Die Distanz wurde ausgehend von einer ungefähren Entfernung zwischen Chicago und New York von 1150 km und einem mittleren Erdradius von 6370 km berechnet; zum Kola-Bohrloch *Mottaghy et al.* (2005), 119 f.
[89] Zu dieser Idee vorn 284.
[90] Vorn 292.

ken.⁹¹ Die Spreads müssen schliesslich die Bereitsteller von Liquidität für ihre Informationsrisiken (*adverse selection risk*) sowie ihre Investitionen in die Geschwindigkeit entschädigen. Diese Risiken nehmen wie gezeigt linear zu und damit stärker als die Gewinnmöglichkeiten aus der Bereitstellung von Liquidität.⁹² Die empirischen Studien scheinen diese Thesen allerdings nur beschränkt zu belegen.⁹³ Dies dürfte daran liegen, dass Hochfrequenzhändler auch als Market-Maker agieren und in diesem Bereich das Risikomanagement stark verbessert haben. Ausserdem sind die Auftragsverarbeitungskosten (*order processing costs*) durch die Digitalisierung stark gesunken.⁹⁴ Schliesslich wird der positive Effekt auf die quotierten und effektiven Spreads durch möglicherweise negative Auswirkungen auf die realisierten Spreads relativiert.⁹⁵ Selbst wenn sich der Hochfrequenzhandel, wie es die Resultate nahelegen, insgesamt positiv auf die Marktqualität ausgewirkt hat, dürfte sich die Marktqualität durch die Entschleunigung des Handels weiter steigern lassen. Offensichtlich tragen die Kosten für die von Hochfrequenzhändlern getätigten Investitionen in die Geschwindigkeit letztlich die anderen Händler, wenn sie den Spread überqueren. Insgesamt ist davon auszugehen, dass auch als Hochfrequenzhändler agierende Market-Maker durch eine leichte Entschleunigung des Marktes von geringeren Risiken profitieren müssten. Die positiven Auswirkungen der Digitalisierung und der im Risikomanagement implementierten künstlichen Intelligenz würden allein durch eine leichte Entschleunigung nicht aufgegeben.

bbb)   Gefahr oligopolistischer Strukturen

Abgesehen von den direkten Auswirkungen auf die Marktqualität erhöht das Wettrüsten zwischen Market-Makern und Snipern die Markteintrittshürden.⁹⁶ Die Kosten der Beteiligung am Geschwindigkeitswettlauf sind hoch, sodass sie sich nur für eine beschränkte Zahl Marktteilnehmer auszahlen dürften. Die Kosten für die Hochgeschwindigkeitsinfrastruktur nehmen zudem nicht linear zu. Es bestehen also beträchtliche positive Skaleneffekte, die ebenfalls oligopolistische Strukturen begünstigen. Allein die Entwicklung intelligenter Programme zur Bereitstellung von Liquidität genügt damit kaum, um eine Market-Making-Strategie zu verfolgen. Aufgrund der Begünstigung oligopolistischer Strukturen

---

[91]   Gl. M. *Budish/Cramton/Shim* (2015), 1617; vgl. *Pagnotta/Philippon* (2013), 7, wonach die Investitionen in die Geschwindigkeit nur bis zu einer gewissen Schwelle die soziale Wohlfahrt erhöhen; vorn 230.
[92]   Vorn 231.
[93]   Zu den empirischen Studien vorn 232 ff.
[94]   Vgl. *Budish/Cramton/Shim* (2015), 1593 f.
[95]   Vorn 235.
[96]   *Farmer/Skouras* (2012b), 11 f.; *European Financial Stability Report 2013*, 135; siehe auch *Biais/Woolley* (2011), 11; *Humbel* (2017), 361 f.; *Contratto* (2014), 149.

könnte sich der Hochfrequenzhandel möglicherweise erst mittel- bis langfristig nachteilig auf die Marktqualität auswirken. Zudem werden antizipierende Strategien durch oligopolistische Strukturen begünstigt, da Market-Maker ihre Aufträge bei bestehendem Marktdruck weiter zurücksetzen können als in einem kompetitiven Markt. Die Anzahl Market-Maker (früher Specialists, heute DMM) an der NYSE ging tatsächlich im Verlaufe der Zeit stark zurück von 230 im Jahr 1933 auf 59 im Jahr 1983 und acht im Jahr 2001.[97] Heute existieren noch sechs designierte Market-Maker, zu denen mitunter die Hochfrequenzhändler IMC, KCG und Virtu Financial gehören.[98] Hinzu kommen allerdings ein paar weitere Bereitsteller von Liquidität (Supplemental Liquidity Provider).[99]

Die Studie von *Pagnotta/Philippon* (2013) ist insofern interessant, als sie aufzeigt, dass sich mit der technologischen Entwicklung nicht nur die Eintrittshürden für Hochfrequenzhändler erhöhen, sondern auch jene für Handelsplätze.[100] Demzufolge könnte eine Gefahr oligopolistischer Strukturen auch auf der Ebene der Handelsplätze bestehen. Allerdings wird zurzeit eher eine Überfragmentierung befürchtet, sodass die Erhöhung der Markteintrittshürden allenfalls sogar erwünscht ist.[101]

ccc) *Operative oder systemische Risiken*

Der Geschwindigkeitswettlauf kann schliesslich zu operativen Risiken bei Handelsinfrastrukturen führen, und möglicherweise ist er auch eine Quelle systemischer Risiken.[102]

4. Ergebnisse

Zusammenfassend kann damit festgehalten werden, dass sich Hochfrequenzhändler in einem Gefangenendilemma befinden. Namentlich Market-Maker wären an einer Geschwindigkeitsbegrenzung interessiert, um ihre Informationsrisiken (*adverse selection risks*) minimieren zu können. Gefangenendilemmata sind jedoch nicht zwingend wohlfahrtsminimierend. So ist nicht nur das Oligopol, sondern der Wettbewerb an sich ein Gefangenendilemma. Umgekehrt ist der Wettbewerb zwar meist, aber nicht immer wohlfahrtsmaximierend. Kosten und Nutzen des Geschwindigkeitswettlaufs sind daher genau zu analysieren.

---

97 *Hatch/Johnson* (2002), 140; *Arnuk/Saluzzi* (2012), 26.
98 Früher abrufbar unter *www.nyse.com/markets/nyse/membership-types*.
99 *Ibid.*
100 *Pagnotta/Philippon* (2013), 7; anders allerdings *dieselben* (2016), 3, 27 f.
101 Zur Überfragmentierung hinten 327 ff.
102 Hinten 339 ff.

Der Nutzen des Geschwindigkeitswettlaufs liegt primär in einer schnelleren Preisfindung, in positiven externen Effekten bei der Forschung sowie in der Ausschaltung von menschlichen Spekulanten und der damit verbundenen Bereitstellung von Humankapital für andere Tätigkeiten. Dieser letzte Effekt findet jedoch unabhängig vom Geschwindigkeitswettlauf statt, wenn kein gewinnbringender direktionaler Handel durch menschliche Spekulanten möglich ist. Soziale Kosten zugunsten einer schnelleren Preisfindung im Milli- und Mikrosekundenbereich lassen sich kaum rechtfertigen, sodass auch dieser Vorteil wegfällt. Es verbleibt damit als Nutzen der beträchtliche Forschungsanreiz als positiver externer Effekt.

Die Kosten des Geschwindigkeitswettlaufs liegen zunächst in einem höchstwahrscheinlich negativen Einfluss auf die Marktqualität. Da es sich beim Hochfrequenzhandel um ein Nullsummenspiel handelt, bei dem sich die Gewinne des einen Händlers in Kosten des anderen niederschlagen, stellt sich die Frage, wer die Kosten des Geschwindigkeitswettlaufs trägt. Die Kosten für die Steigerung der Geschwindigkeit zahlen zunächst die Market-Maker durch die Informationsrisikokomponente (*adverse selection risk*) sowie indirekt die übrigen Händler über eine verschlechterte Marktqualität. Darüber hinaus erhöht der Geschwindigkeitswettlauf die Markteintrittshürden und fördert oligopolistische Strukturen, die sich mittel- bis langfristig zusätzlich negativ auf die Marktqualität auswirken könnten. Schliesslich sind mit dem Geschwindigkeitswettlauf operative und allenfalls auch systemische Risiken verbunden, die im folgenden Kapitel untersucht werden.[103]

Insgesamt dürften die Kosten des Geschwindigkeitswettlaufs gegenüber dem unfreiwilligen positiven externen Effekt der Forschung überwiegen. Diese Bilanz lässt sich hauptsächlich deshalb ziehen, weil nur ein Teil der Aufwendungen des Geschwindigkeitswettlaufs in die Forschung fliesst. Die mit einer Entschleunigung verbundene Kostenersparnis wäre im Vergleich dazu grösser und eine Entschleunigung des Handels deshalb grundsätzlich angezeigt. Damit ist jedoch noch nicht gesagt, dass diese Entschleunigung nicht durch die Handelsplätze selbst – das heisst ohne Eingriff des Gesetzgebers – erfolgen kann. Konkrete Anpassungen der Marktmikrostruktur zur Entschleunigung des Handels werden im Kapitel 12 (Regulierungsinstrumente) geprüft.[104]

---

[103] Hinten 339 ff.
[104] Hinten 402 ff.

II. Informationsasymmetrien

Informationsasymmetrien sind zentral für die von Hochfrequenzhändlern verfolgten Handelsstrategien. Dies gilt nicht nur für Arbitrage- und News-Trading-Strategien, sondern auch für das Market-Making sowie antizipierende Strategien und manipulative Praktiken. Ein Weg zur Herbeiführung von Informationsasymmetrien ist die erhöhte Geschwindigkeit bei der Verarbeitung neuer Informationen im Vergleich zur Konkurrenz. Informationsasymmetrien hängen daher stark mit dem soeben untersuchten Geschwindigkeitswettlauf zusammen. Durch die erhöhte Geschwindigkeit werden letztlich Informationsasymmetrien geschaffen und ausgenutzt. Aufgrund des engen Zusammenhanges zwischen dem Hochfrequenzhandel und Informationsasymmetrien werden letztere im Folgenden näher untersucht.

1. Begriff

Als Informationsasymmetrien können ganz allgemein Wissensunterschiede zwischen zwei Personen bezeichnet werden.[105] Im Vertragsrecht sind vor allem Wissensunterschiede zwischen zwei (potenziellen) Vertragsparteien von Interesse. Vielfach wird dem Begriff der Informationsasymmetrie vorschnell eine negative Wertung zugewiesen. Dabei wird übersehen, dass Informationsasymmetrien nicht nur allgegenwärtig sind, sondern in einer arbeitsteiligen Gesellschaft auch erwünscht. Viele Verträge werden gerade abgeschlossen, weil eine Vertragspartei über ein grösseres Know-how hinsichtlich einer spezifischen Tätigkeit verfügt, sodass sie diese effizienter erfüllen kann.

2. Ökonomische Grundlagen

Die wohlfahrtsökonomische Bedeutung von Informationsasymmetrien hat zu einigen Kontroversen geführt. Es ist daher nicht erstaunlich, dass sich eine Vielzahl bedeutender Ökonomen des 20. Jahrhunderts mit diesem Phänomen auseinandersetzte. Bevor die spezifischen Konstellationen von Informationsasymmetrien beim Hochfrequenzhandel analysiert werden, soll daher deren ökonomische Bedeutung untersucht werden.

---

[105] Vgl. *Fleischer* (2001), 1.

a) Informationsasymmetrie als Marktversagen

aa) *Erscheinungsformen*

Informationsasymmetrien gelten als typische Ursache für Marktversagen.[106] Der vollkommene Markt setzt als Idealform die vollkommene Information der Teilnehmer voraus.[107] Sind Marktteilnehmer nicht ausreichend informiert, handeln sie nicht rational, wodurch der Wettbewerb beeinträchtigt wird. Gleichzeitig fehlt dadurch eine bedeutende Voraussetzung für die effiziente Güterallokation.[108] Informationsasymmetrien führen jedoch nicht nur zu einem irrationalen Verhalten, sondern unter gewissen Bedingungen auch zu einer Negativauslese (*adverse selection*). George A. *Akerlof* hat dies in seinem berühmten Aufsatz *The Market for «Lemons»* überzeugend erläutert.[109] In seinem einfachen Modell eines Automobilmarktes existieren (jeweils für neue Fahrzeuge und Gebrauchtwagen) zwei Kategorien von Fahrzeugen: gute (sogenannte *Peaches*) und schlechte (sogenannte *Lemons*). Nur die Verkäufer, nicht aber die Käufer, sind in der Lage, die guten und schlechten Fahrzeuge zu unterscheiden. Immerhin kennen die Käufer die Wahrscheinlichkeit, ein gutes oder schlechtes Fahrzeug zu kaufen. Ein Informationsaustausch findet annahmegemäss nicht statt.[110] Da die Käufer die guten und schlechten Fahrzeuge nicht unterscheiden können, werden diese zum selben Preis gehandelt. Als Folge davon erhalten die Besitzer von guten Fahrzeugen keinen angemessenen Preis für ihr Fahrzeug. Sie sind *locked in* und sehen daher von einem Verkauf ab, sodass es sich bei den meisten der gehandelten Fahrzeuge um *Lemons* handelt.[111] Dadurch findet auf dem Markt eine Negativauslese (*adverse selection*) statt: Die gute Qualität wird von der schlechten Qualität verdrängt.[112]

Ein weiteres typisches Beispiel für solche unvollkommenen Märkte sind Versicherungsmärkte, bei denen die Versicherer das individuelle Risiko der Versicherten nicht kennen. Da sich die Versicherung bei einem einheitlichen Preis für die guten Risiken nicht lohnt, verdrängen die schlechten Risiken die guten, sodass auch hier eine Negativauslese erfolgt.[113]

---

[106] Insb. *Fleischer* (2001), 120 ff.; *Schäfer/Ott* (2012), 80; *Cooter/Ulen* (2012), 41; auch *Ruffner* (2000), 367 f.
[107] Bspw. *Berta/Julien/Tricou* (2012), 10 f.; *Hettich* (2003), N 674.
[108] Hierzu *Loacker* (2015), 24 f.; vorn 162, 197 f.
[109] *Akerlof* (1970); vgl. *Fleischer* (2001), 121 ff.; *Loacker* (2015), 92 ff.
[110] *Akerlof* (1970), 489.
[111] *Ibid.*
[112] *Akerlof* (1970), 492; zur adversen Selektion vorn 63 ff., 227 f.
[113] Hierzu *Akerlof* (1970), 492 ff.; vgl. *Loacker* (2015), 86 ff. m.w.H., insb. auch zu umgekehrten Konstellationen sowie mit Hinweis darauf, dass der Automobilmarkt und der

bb) Voraussetzungen der adversen Selektion

Gebrauchtwagen und Versicherungsmärkte weisen die Besonderheit auf, dass Objekte beziehungsweise Risiken innerhalb von heterogenen Gattungen gehandelt werden. Die Negativauslese setzt also nicht nur (a) eine Informationsasymmetrie und (b) einen mangelhaften Informationsaustausch oder aber opportunistisches Verhalten voraus, sondern zusätzlich auch (c) eine heterogene Gattung. Die Märkte mit einer Negativauslese weisen damit ein Merkmal auf, welches sie von einem vollkommenen Markt unterscheidet, denn letzterer setzt die Homogenität der Güter voraus.[114] Teilweise wird ferner ein opportunistisches Verhalten der informierten Vertragspartei vorausgesetzt, damit eine Informationsasymmetrie zum Marktversagen führt.[115] Als opportunistisches Verhalten definierte *Williamson* listiges eigennütziges Verhalten.[116] Solches Verhalten könne bei Informationsasymmetrien zu Kosten aus adverser Selektion und bei Fehlanreizen zu einem Moral Hazard führen.[117] Das opportunistische Verhalten ersetzt die Modellannahme, dass zwischen den Käufern und Verkäufern kein Informationsaustausch stattfindet. Der Käufer kann sich nicht auf die Aussagen des Autoverkäufers verlassen, weil er sowohl die guten als auch die schlechten Fahrzeuge anpreist. Wie noch zu zeigen sein wird, existieren mit dem Vertrauen und der Reputation Mechanismen, die eine Vertragspartei von einem opportunistischen Verhalten abhalten können.[118]

cc) Wertpapierhandel

Die bereits getätigten Ausführungen haben gezeigt, dass die unvollständige Information und die adverse Selektion als Formen des Marktversagens einander nicht gleichgesetzt werden dürfen. Denkbar ist grundsätzlich, dass irrationale Marktkräfte die Informations- und Allokationseffizienz beeinträchtigen. Dies bedeutet jedoch nicht, dass auch eine Negativauslese stattfindet.

Die Negativauslese setzt wie erwähnt ein opportunistisches Verhalten des informierten Händlers sowie eine heterogene Gattung voraus. Ein Informationsaustausch findet beim Börsenhandel in aller Regel nicht statt, sodass diese Voraussetzung erfüllt ist. Im Übrigen kann den Börsenhändlern grundsätzlich auch opportunistisches Verhalten unterstellt werden. Kein Marktteilnehmer wird al-

---

Versicherungsmarkt nur beschränkt vergleichbar sind, da Versicherer mehr Möglichkeiten haben, dem Problem zu begegnen.
114 Hierzu *Berta/Julien/Tricou* (2012), 10 f.; *Hettich* (2003), N 674.
115 *Schäfer/Ott* (2012), 80.
116 *Williamson* (1985), 47.
117 *Schäfer/Ott* (2012), 80; *Williamson* (1985), 47 ff.
118 Hinten 312 f.

lerdings in dieser Hinsicht etwas anderes erwarten, wenn er eine Börse aufsucht. Das opportunistische Verhalten wird einerseits durch den Wettbewerb und andererseits durch die Anonymität des Handels geprägt, die keine Vertrauensmechanismen zwischen den Vertragsparteien wirken lassen.

Nicht erfüllt ist demgegenüber die Voraussetzung der heterogenen Gruppe. Zumindest auf einem liquiden Markt wird jedes Wertpapier mehrfach gehandelt. Es besteht damit eine Kategorie mit homogenen Produkten, sodass innerhalb dieser Kategorie keine Negativauslese erfolgen kann.

Als adverse Selektion wird im Zusammenhang mit dem Börsenhandel gemeinhin das Risiko bezeichnet, gegen einen informierten Händler zu handeln.[119] Angesichts der zusätzlichen Voraussetzungen für eine Negativauslese erscheint diese Begriffsverwendung unpräzise. Vielmehr kann die Verdrängung von uninformierten Händlern durch informierte Händler auch als positive Auslese qualifiziert werden, wenn dadurch die Informationseffizienz der Märkte gesteigert wird.

dd) *Ergebnis*

Zusammenfassend kann festgehalten werden, dass Informationsasymmetrien eine Ursache für Marktversagen sein können. So kann insbesondere die Güterallokation durch Informationsdefizite beeinträchtigt werden und unter gewissen Voraussetzungen kann darüber hinaus eine Negativauslese (*adverse selection*) erfolgen. Als Voraussetzungen für eine solche Negativauslese wurden ermittelt: (a) eine Informationsasymmetrie, (b) eine heterogene Gattung und (c) ein fehlender Informationsaustausch oder aber opportunistisches Verhalten. Diese Voraussetzungen für eine Negativauslese sind grundsätzlich trotz Informationsasymmetrien beim Wertpapierhandel nicht erfüllt, da eine Vielzahl gleicher Wertpapiere und damit homogene Gruppen existieren. Daher erscheint auch die weit verbreitete Gleichsetzung von Informationsasymmetrien und adverser Selektion falsch.[120] Ausserdem wäre die Annahme falsch, dass sich Marktteilnehmer stets opportunistisch verhalten und ihre Vertragspartner nicht aufklären. So führen Informationsasymmetrien keineswegs immer zu einem Marktversagen.

---

[119] Vorn 63 ff., 227 f.
[120] So auch *Ruffner* (2000), 367 und *Werlen* (1994), 21, 45, die festhalten, die schweizerische und deutsche Lehre suggeriere teilweise das Gegenteil.

b) Informationsasymmetrien als Rechtswirklichkeit

aa) Beschränkte Rationalität und Transaktionskosten

Die modellhafte vollständige Information, die rationales Verhalten im Sinne der klassischen Ökonomik voraussetzt, erscheint ganz generell aus zwei Gründen illusorisch:[121] Erstens ist die Kapazität des Gehirns und anderer intelligenter Strukturen beschränkt, sodass zwingend Informationslücken bestehen,[122] und zweitens sind Informationskosten typische Transaktionskosten, das heisst, die rationale Entscheidungsfindung kostet Zeit und Geld.[123] Vertragsparteien informieren sich daher stets nur bis zu einem Grad, der in einem angemessenen Verhältnis zum Vertragsinteresse steht.[124] Die fehlende Informationsbeschaffung ist damit nicht etwa irrational, wie es die klassische Ökonomik vermuten lässt. Im Gegenteil erreichen die Kosten der Informationsbeschaffung schnell ein Mass, das im Verhältnis zum Vertragsinteresse irrational erscheint. Dies gilt namentlich für Softwarelizenzverträge, die kaum ein privater Endnutzer durchliest. Die fehlende Informationsbeschaffung stellt damit ein kalkuliertes Risiko dar. Offenlegungspflichten und weitere Massnahmen zur Senkung von Informationskosten können allerdings die rationale Entscheidungsfindung begünstigen.

bb) Information als Vertragsgegenstand und Informationsparadoxon

Eine Informationsasymmetrie ist typisch, wenn Vertragsgegenstand der Austausch von Informationen ist. Informationsasymmetrien sind damit gerade charakteristisch für das Informationszeitalter. Dies gilt zumindest dann, wenn die gehandelte Information nicht durch Immaterialgüterrechte geschützt ist. Der Verkäufer ungeschützter Information wird den Käufer ungern im Vorfeld des Vertrages über die Information aufklären. Umgekehrt kann der Käufer von ungeschützter Information den Wert derselben gar nicht ermitteln, denn dafür würde er die Information vorab benötigen. Erhält er aber die Information vorab, so braucht er sie nicht mehr zu kaufen. Was hier angesprochen wird, ist auch als Arrow'sches Informationsparadoxon bekannt.[125]

---

[121] Ähnlich *Fleischer* (2001), 1.
[122] Zur Annahme der beschränkten Rationalität *Williamson* (1985), 30, 43 ff.
[123] Siehe *Schäfer/Ott* (2012), 557 f., 572, wonach aus ökonomischer Sicht ein Schutz des Käufers nur dann sinnvoll erscheint, wenn eine Asymmetrie der Informationskosten besteht; vgl. *Fleischer* (2001), 165 f.
[124] *Stigler* (1961), 213 ff.
[125] *Arrow* (1962), 615.

cc) Nutzung von Spezialistenwissen als Vertragszweck

Informationsasymmetrien sind weiter, wie bereits angesprochen, generell typisch für eine arbeitsteilige Gesellschaft mit Spezialisten. Dienstleister und Produzenten werden aufgesucht, gerade weil sie über Expertenwissen und damit über mehr Informationen verfügen. Oft kann der Kunde die Fähigkeiten des Spezialisten nicht oder nur beschränkt beurteilen. Dies gilt gleichermassen für die Fähigkeiten von Ärzten oder Anwälten. Allein diese Informationsasymmetrie muss jedoch nicht zwingend negativ sein, da namentlich allgemeine Vertrauens- und Reputationsmechanismen wirken. Wie in jedem anderen Markt gibt es auch im Bereich des Wertpapierhandels Spezialisten. Intelligente Market-Maker können die mit der Bereitstellung von Liquidität verbundenen Risiken besser einschätzen als andere Händler, sodass sie die Liquidität günstiger anbieten können: Wer den Spread überquert, entschädigt den Market-Maker letztlich für dieses spezialisierte Risikomanagement.

dd) Erlangung von Information als Vertragszweck

In gewissen Fällen besteht schliesslich der Vertragsnutzen gerade im Prozess der Erlangung der Information, sodass eine Vorabinformation unerwünscht ist. Dies gilt namentlich bei Büchern, Zeitungen und Filmen (Spoiler). Informationsasymmetrien sind aus solchen Verträgen nicht wegzudenken. Meist findet über die Reputation, Kritiken sowie die Selektion durch Buchhandlungen eine Ersatzinformation statt.

ee) Ergebnis

Informationsasymmetrien sind allgegenwärtig und damit aus der Rechtswirklichkeit nicht wegzudenken. Die beschränkte Rationalität ist dabei aufgrund der mit der Informationsbeschaffung verbundenen Transaktionskosten gerade rational. Ausserdem sind Informationsasymmetrien typisch für eine arbeitsteilige Gesellschaft mit Spezialisten. Solche Spezialisten existieren mit den intelligenten elektronischen Market-Makern auch im Börsenhandel. Als Spezialisten des Risikomanagements sind diese in der Lage, die Liquidität zu günstigeren Konditionen anzubieten. Wer also den Spread überquert, bezahlt letztlich einen Spezialisten, ähnlich wie der Kranke einen Arzt aufsucht oder der Angeklagte einen Anwalt. Diese Feststellung ist bedeutsam für die Beurteilung von Informationsasymmetrien beim Hochfrequenzhandel.

c) Informationsproduktion und Informationsrenditen

aa) Unterinvestitionshypothese

Von Bedeutung für Informationsasymmetrien ist weiter, dass wohlfahrtsökonomisch der kostenlose Austausch von Informationen nicht zwingend angezeigt ist. Müssen Akteure eine Information kostenlos preisgeben, haben sie keine Anreize zur Produktion derselben.[126] Viele Formen der Informationsproduktion sind gesamtgesellschaftlich erwünscht. Hierzu zählen namentlich Erfindungen und Innovationen sowie kreative geistige Schöpfungen.[127] Hinsichtlich dieser Informationen besteht nach herrschender Ansicht bei vollkommenem Wettbewerb eine Unterproduktion (Unterinvestitionsthese).[128] Die Unterproduktion hängt damit zusammen, dass Informationen praktisch kostenlos multiplizierbar und übertragbar sind, sodass sie, einmal verbreitet, ohne rechtliche Werkzeuge der Herrschaft unzugänglich sind. Da die Verfügbarkeit von Informationen für weitere Innovationen wiederum bedeutsam ist, besteht stets ein Zielkonflikt zwischen dem Informationsschutz und der freien Verfügbarkeit von Informationen.[129] Trotz vereinzelter Kritik ist die Unterinvestitionshypothese heute grundsätzlich anerkannt und zeigt sich auch im weltweiten Schutz von Immaterialgütern und der staatlichen Förderung der Forschung.[130]

bb) Anreize zur Informationsproduktion

Anreize zur Informationsproduktion setzen namentlich Immaterialgüterrechte, durch die gewisse informationsbezogenen Handlungen monopolisiert und den Produzenten der Information dadurch Informationsrenditen eingeräumt werden.[131] Ein gesamtgesellschaftliches Interesse an der Informationsproduktion kann allerdings auch ausserhalb der geschützten Immaterialgüterrechte bestehen. Dies gilt etwa für die Entwicklung neuer Geschäftsmodelle oder für Beiträge zur Preisfindungsqualität im Börsenhandel.[132] In die entgegengesetzte Richtung der Immaterialgüterrechte wirken Aufklärungspflichten, da der Anreiz zur Beschaffung von Informationen wesentlich davon abhängt, ob die betreffende

---

126 *Kronman* (1978), 13 f.; *Adams* (1986), 469 f.
127 Vgl. *Arrow* (1962), 616.
128 Die Unterproduktion wird darauf zurückgeführt, dass einerseits die Informationsproduktion per se mit Risiken verbunden ist und andererseits Informationen Wesensmerkmale öffentlicher Güter aufweisen; hierzu *Fleischer* (2001), 159; *Coleman* (1992), 152; *Adams* (1986), 468 ff. *Kronman* (1978), 17 Fn. 46; *Arrow* (1969), 609, 616 ff.
129 *Arrow* (1962), 616 f. m. w. H.; *Fleischer* (2001), 159.
130 So insbesondere *Hirshleifer* (1971), 561.
131 Hierzu *Coleman* (1992), 153, *Kronman* (1978), 14.
132 Ähnlich *Adams* (1986), 469 f.; zur Informations- und Allokationseffizienz vorn 162, 197 f.

Person zur Aufklärung verpflichtet ist.[133] Mit Informationsrenditen können schliesslich bei Personen mit einem privilegierten Zugang zu Informationen auch Fehlanreize verbunden sein. Unter anderem sind es solche Fehlanreize, die das Insiderhandelsverbot rechtfertigen.[134]

cc)   *Cheapest Cost-Avoider*

Basierend auf den Arbeiten von *Coase* entwickelten *McKean* und *Calabresi* den für die ökonomische Analyse des Rechts zentralen Grundsatz, dass die Kosten zu demjenigen transferiert werden sollten, der die Kosten mit dem geringsten Aufwand verhindern oder zumindest reduzieren kann.[135] Aus diesem Blickwinkel erscheint unnötig kostenintensiv, wenn sich zwei Vertragsparteien unabhängig voneinander dieselben Informationen erarbeiten, die für den Vertragsabschluss von Bedeutung sind. Effizienter wäre es, die Pflicht zur Informationsbeschaffung sowie eine Aufklärungspflicht jener Person zuzuweisen, die diese Informationen günstiger beschaffen kann.[136] Dabei wird es sich in aller Regel um den Verkäufer handeln, weshalb einzelne Autoren eine unterschiedliche Behandlung von Käufern und Verkäufern empfehlen.[137] So bedeutsam der Grundsatz des Cheapest Cost-Avoiders für die allgemeine Vertragsrechtslehre ist, für den Börsenhandel ist er kaum fruchtbar, da ein Informationsaustausch zwischen Vertragspartnern nicht realistisch ist. Viel bedeutsamer erscheint in diesem Zusammenhang die Signalfunktion der Preise.[138]

dd)   *Kategorisierung von Informationen*

aaa)   *Vorwissen und Entdeckungen*

Aufgrund der Zielkonflikte zwischen dem Informationsschutz und den Aufklärungspflichten haben verschiedene Autoren versucht, unterschiedliche Kategorien von Informationen zu unterscheiden. Bedeutsam ist die Unterscheidung

---

133 *Shavell* (1994), 20; denkbar ist wohl die Aufaddierung des Aufklärungs- und Informationswertes zum Güter- oder Dienstleistungspreis; siehe hierzu auch das Beispiel von *Cicero* vorn 280.
134 Hierzu hinten 783 f.
135 *McKean* (1970), 30 f., 34 ff., 43 ff., der jeweils noch von der Partei spricht, die den grössten komparativen Vorteil von Sicherheitsmassnahmen hat; *Calabresi* (1970), 135 ff.
136 Vgl. *Fleischer* (2001), 149 ff.; siehe auch *Ruffner* (2000), 367, wonach Offenlegungspflichten die Informationskosten senken können und die mit der Offenlegungspflicht verbundenen Kosten tiefer sein können als die Vorteile; *Loacker* (2015), 25 f.
137 Hierzu sogleich 309.
138 Hierzu hinten 310 ff.

von *Hirshleifer* in Vorwissen (*foreknowledge*) und Entdeckungen (*discovery*).[139] Als Vorwissen bezeichnet er Informationen wie die Voraussage des Wetters, also Informationen, die innert Kürze für jedermann evident sind; demgegenüber bezeichnet er als Entdeckung die zutreffende Erkenntnis von etwas möglicherweise bereits Bestehendem, das bislang versteckt war.[140] Mit Bezug auf das Vorwissen argumentiert *Hirshleifer*, die Gesellschaft profitiere im Unterschied zum spekulierenden Individuum nicht von der Verbreitung desselben;[141] das Vorwissen führe allein zur Umverteilung des Wohlstandes.[142] *Hirshleifer* und ihm folgend *Stiglitz* kommen daher hinsichtlich des Vorwissens zum Schluss, dass der Anreiz des einzelnen zur Informationsproduktion zu hoch sei: «*Thus, as under the regime of pure exchange, private foreknowledge makes possible large private profit without leading to socially useful activity.*»[143] Im Unterschied zum Vorwissen bestreitet *Hirshleifer* den grundsätzlichen sozialen Wert von Entdeckungen nicht. Allerdings argumentiert er auch mit Bezug auf Entdeckungen, dass die sozialen Kosten höher sein können als der soziale Nutzen.[144] Er begründet dies insbesondere damit, dass der private Nutzen durch vorgängige Spekulation ebenfalls erhöht werden könne, selbst wenn die Information selbst nicht geschützt sei.[145] Allerdings werden die Möglichkeiten durch das Insiderhandelsverbot reduziert.[146]

Die Äusserungen von *Hirshleifer* sind im vorliegenden Zusammenhang vor allem deshalb von Interesse, weil das Geschäftsmodell des Hochfrequenzhandels ganz wesentlich auf Vorwissen im Mikrosekundenbereich basiert. Allerdings scheinen die Schlüsse von *Hirshleifer* zum Vorwissen mit Blick auf das von ihm selbst gewählte Beispiel der Wettervorhersage fraglich, schafft die Wettervorhersage doch gerade die bedeutsame Planungssicherheit, die zu einer Verminderung von Risiken führen kann. Bergbahnen etwa können anhand von Wettervorhersagen planen, wie viele personelle Ressourcen und wie viele verderbliche Nahrungsmittel sie für das Wochenende benötigen und entsprechende Vorkehrungen treffen. Da sich die Kunden heute weitgehend auf diese Wettervorhersagen verlassen und die Tickets in der Regel auch bei schlechtem Wetter nicht günstiger sind, ist letztlich nur beschränkt relevant, ob die Wettervorhersage zutrifft.

---

[139] *Hirshleifer* (1971), 561 f.; vgl. *Fleischer* (2001), 160.
[140] *Hirshleifer* (1971), 562.
[141] *Hirshleifer* (1971), 565; ähnlich *Stiglitz* (2014), 6.
[142] So interpretiert durch *Fleischer* (2001), 160.
[143] *Hirshleifer* (1971), 567; *Stiglitz* (2014), 6.
[144] *Hirshleifer* (1971), 569 f.; ähnlich *Coleman* (1992), 151 f.
[145] *Hirshleifer* (1971), 570 f.
[146] Dies wirft die Frage auf, ob das Insiderhandelsverbot nur in gewissen Fällen greifen sollte; denkbar wäre etwa, das Verbot bei Entwicklungen zu lockern unter gleichzeitiger Beschränkung des Immaterialgüterrechtsschutzes; zum Insiderhandel hinten 781 ff.

Das Wetter kann noch so schön sein, und die Kunden bleiben dennoch aus. Ähnlich funktionieren im Übrigen auch Märkte, wo im Sinne von *Merton* wirklich wird, was auf den Märkten über jemanden gedacht wird.[147]

Das Beispiel des Wetterberichts soll nicht darüber hinwegtäuschen, dass die Unterscheidung zwischen Vorwissen und Entdeckungen interessant ist. Allerdings könnte man ausgehend vom Paradigma einer immer weiter fortschreitenden Gesellschaft jede Entdeckung als Vorwissen verstehen. Die Entdeckung unterscheidet sich dann vom Vorwissen lediglich durch den Faktor Zeit: Entdeckungen sind langfristiges Vorwissen. Von Bedeutung erscheint daher nicht primär die Unterscheidung von Vorwissen und Entdeckung, sondern das Verhältnis zwischen der Zeitdauer des Vorwissens und der Arbeitsweise der Realwirtschaft. Eine Zeitdifferenz im Mikrosekundenbereich dürfte sich – zumindest aktuell – kaum auf die Handlungen der Wirtschaftsteilnehmer in der Realwirtschaft auswirken, langfristige Finanzanalysen demgegenüber schon. Soweit ersichtlich konnte bisher niemand den gesellschaftlichen Wert einer um wenige Millisekunden schnelleren Preisfindung aufzeigen. Das Beispiel der Wettervorhersage zeigt allerdings, dass selbst relativ kurzfristiges Vorwissen durch die Schaffung von Planungssicherheit für die Realwirtschaft von Bedeutung sein kann.

bbb) Produktive und redistributive Information

Hirshleifer folgend haben Vertreter der ökonomischen Rechtstheorie mit Blick auf die Wohlfahrt zwischen erwünschten produktiven Informationen (*productive information*) und unerwünschten redistributiv wirkenden Informationen (*redistributive information*) unterschieden.[148] Demnach müsse der Staat Anreize für die Schaffung produktiver Information setzen, nicht aber für die Schaffung redistributiver Information.[149] Letztere führten zu einem Nullsummenspiel und würden damit lediglich Ressourcen verschwenden: direkt durch die Ausgaben für den relativen Vorteil und indirekt durch die Abwehrmassnahmen.[150]

Der Hochfrequenzhandel wurde im Oberabschnitt I (Geschwindigkeitswettlauf) zu einem wesentlichen Grad als Nullsummenspiel qualifiziert, das im Wesentlichen zu einer Umverteilung führt.[151] Die Ausgaben für den relativen Vor-

---

[147] Merton (1973); *Dédeyan* (2007), 8.
[148] So insb. *Cooter/Ulen* (2012), 357 f.; *Coleman* (1992), 151, der nicht von «*productive information*», sondern von «*technological information*» spricht; *H.-B. Schäfer* (1990), 117; für eine Übersicht *Fleischer* (2001), 161 ff.
[149] *Cooter/Ulen* (2012), 357; ähnlich *Coleman* (1992), 151 f.
[150] *Cooter/Ulen* (2012), 357; *Fleischer* (2001), 166.
[151] Vorn 292.

teil wären hier die Ausgaben von Arbitrageuren in die Geschwindigkeit. Die Kosten für Abwehrmassnahmen sind jene der Market-Maker, wenn sie ebenfalls in die Geschwindigkeit investieren. Angesprochen wird damit implizit nichts anderes als der erwähnte Geschwindigkeitswettlauf.[152]

Cooter/Ulen gingen in ihrem Law-and-Economics-Lehrbuch noch weiter und hielten fest: «*Contracts based upon one party's knowledge of productive information – especially if that knowledge was the result of active investment – should be enforced, whereas contracts based upon one party's knowledge of purely redistributive information or fortuitously acquired information should not be enforced.*»[153] Wird die redistributive Natur des Hochfrequenzhandels bejaht, so könnte nach diesem Prinzip die Unbeachtlichkeit einer sehr grossen Anzahl Verträge argumentiert werden, an denen Hochfrequenzhändler beteiligt sind, also die meisten Börsentransaktionen. Ausserdem kann daraus eine Aufklärungspflicht bei redistributiver Information bejaht und eine bei produktiver Information verneint werden.[154] Abgesehen davon können Informationen wohlfahrtsfördernde (Teil-)effekte aufweisen, die jedoch nicht nennenswert ins Gewicht fallen. Für solche Informationen tendiert *Fleischer* dazu, eine Aufklärungspflicht zu bejahen.[155]

Kritisiert wird die Unterscheidung zwischen produktiven und unproduktiven Informationen in verschiedenerlei Hinsicht. So wird etwa die Frage aufgeworfen, weshalb der einzelne, nicht aufgeklärte Vertragspartner den gesamtgesellschaftlichen Nutzen der Informationsproduktion finanzieren müsse.[156] Ferner wird in der Tradition von *Coase* festgehalten, dass die Rechtsordnung nur trennscharfe und vorhersehbare Abgrenzungskriterien vorsehen müsse.[157] Schliesslich wird die Befürchtung geäussert, eine wohlfahrtstheoretische Feinsteuerung und fehlende Trennschärfe würde zu hohen administrativen Folgekosten führen, die allfällige Wohlfahrtsgewinne übersteigen.[158] Bedeutsam für das Recht erscheint vor allem die Trennschärfe der Kriterien. So ist bis heute unklar, wann eine Aufklärungspflicht besteht. Die Thematik wird im Abschnitt zum Verhältnis zwischen Informationsasymmetrien und dem Irrtum aufgegriffen.[159]

---

[152] Vorn 279 ff.
[153] *Cooter/Ulen* (2012), 358.
[154] *H.-B. Schäfer* (1990), 117, 126, wonach eine Aufklärungspflicht bei redistributiver Information zu Effizienzgewinnen führe; hierzu auch *Fleischer* (2001), 161.
[155] *Fleischer* (2001), 166 f.
[156] *Fleischer* (2001), 219.
[157] *Coleman* (1992), 157 ff., 161 ff.; zum Coase-Theorem vorn 177 f.
[158] *Kull* (1992), 80.
[159] Hinten 410 ff.

ccc) Käufer- und Verkäuferwissen

Shavell und *Trebilcock* treten für eine unterschiedliche Behandlung von Käufer- und Verkäuferinteressen ein.[160] Im Ergebnis sind sich die Autoren einig, dass besser informierte Verkäufer grundsätzlich eine Aufklärungspflicht trifft, nicht aber besser informierte Käufer.[161] Dies begründen sie im Wesentlichen mit unterschiedlichen Anreizen von Käufern und Verkäufern.[162] Überzeugender erscheint in dieser Hinsicht der Cheapest-Cost-Avoider-Ansatz, wonach die Pflicht zur Informationsbeschaffung sowie eine Aufklärungspflicht jener Person zuzuweisen ist, die diese Informationen günstiger beschaffen kann.[163] Der Verkäufer ist in aller Regel besser informiert, da er von Skaleneffekten profitieren kann, häufig ein besonderes Spezialistenwissen mitbringt und sich der Vertragsgegenstand in seinem Besitz befindet. Eine Informationsbeschaffung durch den schlechter informierten Käufer erschiene daher ineffizient, was namentlich für den Kauf von Gebrauchtwagen gilt.[164]

Beim Börsenhandel kann jedoch nicht generell gesagt werden, dass der Verkäufer eines Wertpapiers besser informiert wäre als der Käufer desselben. Eher noch lassen sich Aussagen zum Angebotsunterbreiter (Limit-Order) und Angebotsannehmer (Market-Order) machen. Der Angebotsunterbreiter ist jedoch nicht mit dem Verkäufer gleichzusetzen, da es sich genauso gut um ein Kaufangebot handeln kann. Aufgrund des erforderlichen Risikomanagement müssten Unterbreiter von Limit-Orders grundsätzlich besser informiert sein als die Unterbreiter von Market-Orders. Angesichts der Geschwindigkeit des Börsenhandels ist eine Aufklärung jedoch von vornherein illusorisch und im Übrigen auch nicht angezeigt, da (a) standardisierte Produkte gehandelt werden, (b) ein Wettbewerb zwischen informierten Händlern stattfindet und dadurch die Preise eine erhöhte Signalfunktion aufweisen und (c) Insider vom Handel ausgeschlossen sind. Trotz des meist zugunsten des Angebotsunterbreiters bestehenden Informationsgefälles sprechen Argumente dafür, beim Börsenhandel dennoch denselben zu schützen und nicht den Angebotsannehmer, da sich die Reduktion der Risiken der Angebotsunterbreiter vor neuen Informationen positiv auf die Marktqualität auswirken müsste. Diese Überlegung ist bei der Evaluierung verschiedener Informationsgefälle gegenüber Hochfrequenzhändlern von grosser Bedeutung.[165]

---

160 *Shavell* (1994), 28 ff.; *Trebilcock* (1993), 106 ff.
161 *Shavell* (1994), 28, 32; *Trebilcock* (1993), 108 f., 114.
162 *Shavell* (1994), 32 sowie *Trebilcock* (1993), 108 f., 112 f., der zusätzlich auf den abnehmenden Grenznutzen hinweist; zu diesem vorn 147.
163 Zum Cheapest-Cost-Avoider-Ansatz vorn 178 f., 305.
164 Zu diesem Beispiel vorn 299.
165 Hinten 315 ff.

ddd)   Zufallsinformationen

Einige Autoren argumentieren schliesslich, dass Zufallsinformationen, die ohne Kosten gewonnen werden, nicht geschützt werden sollen.[166] Begründet wird diese Ansicht damit, dass hinsichtlich der Erlangung von Zufallsinformationen keine Anreize erforderlich seien.[167] Die Ausnahme für Zufallsinformationen wird allerdings insofern kritisiert, als die Gesellschaft auch ein Interesse an der Verbreitung solcher Zufallsinformationen hat.[168] Dies würde dann für den Schutz von Zufallsinformationen und gegen eine Aufklärungspflicht sprechen. Zufallsinformationen sind allerdings im Zusammenhang mit dem Hochfrequenzhandel kaum von Interesse.

d)   Preise als konsolidierte Information (Signalfunktion)

aa)   Preise als Signale

Einen anderen Blick auf Informationsasymmetrien eröffnet *Friedrich August von Hayek*. Zentral in *Hayeks* Werk ist die Funktion des Preismechanismus. Preise vermitteln demnach Informationen in konsolidierter Form.[169] Sie sind Symbole, die nur die wichtigste Information weitergegeben.[170] Nach dieser Ansicht würde das Preisangebot durch Anbieter ausreichend Informationen vermitteln, sodass eine besondere Aufklärungspflicht nicht erforderlich erschiene.

bb)   Preisfindung als kollektive Vernunft

Die Überlegungen von *Hayek* gehen über das einzelne Preisgebot hinaus, kommt er doch zum Schluss, dass in einem dezentralen System durch die Überlagerung des Wissens einzelner eine «*kollektive Vernunft*» besteht, die sich im Preis als Symbol äussert.[171] Diese Erkenntnis erscheint ganz wesentlich für den Handel über die Börse. Existiert eine Mehrzahl informierter Händler, so erhält der Preis der Gebote eine grosse Aussagekraft zum Wert des gehandelten Produkts. Die *kollektive Vernunft* hängt wesentlich mit der Markteffizienzhypothese zusammen.[172] *Hayek* schliesst daraus ausserdem, dass nur eine dezentral gesteuerte Wirtschaftsordnung das Wissensproblem bewältigen könne.[173]

---

[166]   Grundlegend *Kronman* (1978), 15 f.; *H.-B. Schäfer* (1990), 136; *Cooter/Ulen* (2012), 357 ff.
[167]   *Kronman* (1978), 15 f.; *H.-B. Schäfer* (1990), 136; *Cooter/Ulen* (2012), 357 ff.
[168]   *Trebilcock* (1993), 108, 113; *Fleischer* (2001), 219.
[169]   *Hayek* (1952), 115 f.
[170]   *Ibid.*
[171]   *Hayek* (1952), 76, 103 ff., 115.
[172]   Zur Markteffizienzhypothese vorn 198 ff.
[173]   *Hayek* (1952), 111 f.; vgl. *Fleischer* (2001), 97.

cc)   Der Nutzen der Informationsarbitrage

Über die Signalwirkung der Preise und die mit dem Preismechanismus verbundene kollektive Vernunft hinaus geht die österreichische Schule um *Hayek* und *Kirzner* allerdings noch weiter. *Hayek* hielt fest, die besten Gelegenheiten auszunutzen, sei gesamtgesellschaftlich ebenso wichtig, wie die letzten wissenschaftlichen Entdeckungen auszuwerten.[174] Ähnlich führte *Kirzner* aus, der Wettbewerb leite die Entdeckung von Informationen in die kürzeste Bahn.[175] Die ausgleichenden Aspekte des Marktprozesses seien damit wesentlich von dem Köder der Gewinne abhängig, die erst durch den Irrtum derer ermöglich würden, mit denen der Unternehmer Handel betreibe.[176] Dadurch verteidigen sie Gewinne, die auf Informationsvorsprüngen und Arbitragestrategien basieren.[177]

dd)   Würdigung

Die Beiträge von *Akerlof* und *Hayek* sind gleichsam bedeutsam und müssen sich in den Grundzügen auch nicht widersprechen. Während das Modell von *Akerlof* für Märkte mit Individualgütern durchaus überzeugt, erscheinen *Hayeks* Ausführungen überzeugend für Märkte für Gattungswaren, die ein Mindestmass an Liquidität und Transparenz aufweisen. Ein einmaliges Angebot enthält nur eine beschränkte Information. So bedeutet ein Verkaufsangebot, dass der Verkäufer den Wert des Verkaufsgegenstandes nicht höher einschätzt. Ein Kaufangebot bedeutet demgegenüber, dass der Käufer den Wert des Kaufgegenstandes nicht tiefer einschätzt. Durch die Überlagerung solcher Einschränkungen kann bei Anwesenheit informierter Händler auf einem ausreichend liquiden Markt mit einem Mindestmass an Transparenz tatsächlich die wesentlichste Information durch den Preismechanismus selbst erfolgen. Vielmehr als grundsätzliches Wissen hinsichtlich des Verhältnisses von Renditen und Risiken sowie der Bedeutung der Diversifikation erscheint dann wenig bedeutsam. Damit stellt sich die Frage, wer der Cheapest Cost-Avoider hinsichtlich der Vermittlung dieses Wissens ist. Wenig effizient erschiene eine Mitteilung bei jeder einzelnen Transaktion. Viel effizienter wäre eine Wissensvermittlung in der Schule sowie über die Medien.

Mit dem Verweis auf den Irrtum derer, die mit Arbitrageuren handeln, spricht *Kirzner* die bereits aufgeworfene Frage an, weshalb der einzelne, nicht aufgeklärte Vertragspartner den gesamtgesellschaftlichen Nutzen der Informations-

---

[174] *Hayek* (1952), 108.
[175] *Kirzner* (1979), 150 f.
[176] *Kirzner* (1979), 204; *Fleischer* (2001), 101 ff. m.w.H.
[177] Zur Interpretation von *Hayek* siehe *Fleischer* (2001), 97; *Kirzner* (1979), 204.

produktion finanzieren müsse.[178] Tatsächlich erscheint fraglich, ob Arbitragegeschäfte tatsächlich erforderlich sind, damit ausreichend Informationen produziert werden. Besteht ein gewisser Arbitragedruck, dürfte dies grundsätzlich ausreichen; tatsächliche Arbitragegeschäfte müssen nicht erfolgen.[179] Die Preisfindung kann so über die Bereitsteller von Liquidität erfolgen. Dies gilt insbesondere bei Vorwissen im Mikrosekundenbereich, da sich eine schnellere Preisfindung in diesem Bereich kaum positiv auf die Realwirtschaft auswirken dürfte.[180]

e) Vertrauen und Reputation

Kompensiert werden kann die Unwissenheit grundsätzlich durch einen spezialisierten Agenten oder durch Vertrauen und Reputation.[181] Dabei handelt es sich um Mechanismen zur Reduktion der Informationskosten und damit der Transaktionskosten.[182] Diese Mechanismen setzen jedoch (a) ein kontinuierliches Spiel (*repeated game*), (b) Vertrauens- und Reputationsinteressen der informierten Vertragsseite sowie (c) eine zumindest nachträgliche Information der uninformierten Vertragsseite voraus. Erfährt die uninformierte Vertragsseite nie von einer unvorteilhaften Ausführung ihrer Aufträge, wird sich die schlechte Ausführung auch nicht negativ auf ihr Vertrauen gegenüber der besser informierten Vertragspartei auswirken.

Die Voraussetzungen für den Vertrauensmechanismus dürften in der Regel erfüllt sein. Das Wirtschaftsleben ist grundsätzlich ein *repeated game*. Früher galt diese Regel nur beschränkt für Restaurationsbetriebe in Touristenzentren, wussten diese doch, dass die Gäste meist ohnehin nicht wieder kamen und von vornherein schlecht informiert sind. Durch die Bewertungsfunktion des Internets sind heute selbst Restaurationsbetriebe in Touristenzentren stärker am Aufbau einer guten Reputation interessiert. Kein Vertrauen indizierendes *repeated game* findet demgegenüber beim Börsenhandel statt. Der Grund dafür ist simpel: Börsen sind zumindest im Blue-Chip-Segment in der Regel anonyme Märkte. Ohne Kenntnis der Gegenpartei kann kein *repeated game* stattfinden. Die Anonymität schafft ausserdem ein Bedürfnis nach einer zentralen Gegenpartei.[183] Im Übrigen

---

[178] Vorn 308.
[179] Siehe auch hinten 336 f.
[180] So auch *Stiglitz* (2014), 9.
[181] Ausführlich zu Vertrauen und Reputation *von der Crone* (2000), 260 f.; *Bärtschi* (2007); *Dédeyan* (2007), 7 ff.
[182] *Stigler* (1961), 224; *Schäfer/Ott* (2012), 537; vgl. *Luhmann* (2000), 27 ff., der Vertrauen als Mechanismus zur Reduktion von Komplexität begreift; durch Informationskosten wird genau diese Komplexität vermindert.
[183] Zu den Funktionen der zentralen Gegenpartei hinten 361 ff.

II. Informationsasymmetrien

erwarten Händler nichts anderes als opportunistisches Verhalten und die Möglichkeit, Informationsasymmetrien auszunutzen, wird gerade durch die Anwesenheit einer Mehrzahl informierter Händler reduziert.

Verbunden mit dem *repeated game* haben Dienstleister im Allgemeinen und Banken im Besonderen generell ein grosses Vertrauens- und Reputationsinteresse. Finanzinstitute haben in der jüngeren Vergangenheit allerdings wiederholt eine Steuerung durch Vertrauens- und Reputationsmechanismen vermissen lassen. Beispiele hierfür sind das Market-Maker-Kartell, die Libormanipulation und die besonderen Vorteile, die Betreiber von alternativen Handelssystemen Hochfrequenzhändlern einräumten.[184] Gerade das letzte Beispiel erstaunt insofern, als alternative Handelssysteme bei einem Vertrauensverlust von Investoren kaum noch aufgesucht werden dürften. Dies gilt zumindest dann, wenn nicht gleichzeitig ein Agency-Problem vorliegt, das dazu führt, dass die Agenten Kundenaufträge trotz einer schlechteren Ausführungsqualität nach wie vor zu solchen alternativen Handelssystemen leiten.[185]

Bei der dritten Voraussetzung, der zumindest nachträglichen Information, müssen im Finanzmarkt teilweise gewisse Abstriche gemacht werden. Für viele Anleger dürfte die Bewertung der Ausführungsqualität des von ihnen gewählten Finanzinstituts nicht möglich sein, sodass sie nie von einer schlechten Ausführung erfahren. Erfährt niemand davon, so kann auch der Vertrauens- und Reputationsmechanismus nicht wirken.

Trotz aller Vorbehalte kann zumindest dem Grundsatz nach festgehalten werden, dass Vertrauens- und Reputationsmechanismen aufgrund des kontinuierlichen Spiels die Unternehmen steuern, ohne dass diese Mechanismen rechtlich normiert werden müssten. Zwar bestehen beim Börsenhandel aufgrund der Anonymität keine solchen Steuerungsmechanismen; dafür kompensiert jedoch der Wettbewerb zwischen informierten Händlern auf einem zumindest teilweise transparenten Markt, der die Möglichkeit der Ausnutzung von Informationsmechanismen auch ohne Vertrauensmechanismen auf ein Minimum beschränkt.[186]

---

[184] Zu den Verfahren, die die bevorzugte Behandlung von Hochfrequenzhändlern durch ATS zum Gegenstand hatten, vorn 66 f. und hinten 672 ff.
[185] Zu Agency-Problemen hinten 324 ff., 414 ff.
[186] Siehe *Stigler* (1961), 217, der ausführte «*With economies of scale, the competition of dealers will eliminate the profitability of quoting very high selling and very low buying prices and will render impossible some of the extreme price bids.*»

f) Thesenbildung

Aus der ökonomischen Literatur können einige bedeutsame Erkenntnisse für den rechtlichen Umgang mit Informationsasymmetrien gewonnen werden. Von Bedeutung ist vor allem die Unterscheidung zwischen Märkten für Spezieswaren und Märkten für (homogene) Gattungswaren. Bei Gattungswaren sind die Preise die Träger konsolidierter Information, ganz im Sinne von *Hayek* und der Markteffizienzhypothese – zumindest bei ausreichender Liquidität und Transparenz. Die Senkung der Informations- und Transaktionskosten erfolgt so über den Markt. Die kollektive Intelligenz des Marktes beziehungsweise eine Mehrzahl informierter Händler sind dann die Cheapest Cost-Avoider hinsichtlich der Informationskosten, sodass grundsätzlich keine Aufklärung erforderlich ist. Vielmehr erfolgt bei Gattungswaren eine ausreichende Information durch die Preise. Demgegenüber erscheint das Modell der adversen Selektion von *Akerlof* für Märkte für Spezieswaren wie Gebrauchtwagenmärkte und Versicherungsmärkte (bzgl. der versicherten Personen) nützlich. Bei solchen Märkten können Informationsasymmetrien zu einer Negativauslese (*adverse selection*) führen, bei der Güter schlechterer Qualität die Güter besserer Qualität verdrängen. Der regelmässig besser informierte Verkäufer (oder aber die zu versichernde Person) kann dieser Negativauslese durch die Aufklärung des Käufers (bzw. des Versicherers) entgegenwirken. Er ist Cheapest Cost-Avoider und kann die Informations- und damit die Transaktionskosten des Käufers (bzw. des Versicherers) senken. Damit der Käufer auf diese Aufklärung vertrauen kann und nicht unnötig Kosten aufwendet, erscheint eine Aufklärungspflicht angezeigt. Bei den Märkten, auf denen Hochfrequenzhändler aktiv sind, handelt es sich jedoch um liquide Märkte für Gattungswaren, auf denen grundsätzlich eine Mehrzahl informierter Händler aktiv ist. Die Information durch den Markt erscheint damit grundsätzlich ausreichend.

In zeitlicher Hinsicht ist die Unterscheidung von *Hirshleifer* zwischen Vorwissen und Entdeckungen für den Hochfrequenzhandel bedeutsam, da nicht ersichtlich ist, welchen sozialen Nutzen ein Vorwissen im Mikrosekundenbereich bringt. Wesentlich erscheint sodann, dass für die Herbeiführung eines informationseffizienten Marktes mit einem einheitlichen Preis keine Arbitragetransaktionen erforderlich sind; die Gefahr der Arbitrage genügt. Die Preisfindung kann über die Anbieter erfolgen, ohne dass ein Handel mit einer übervorteilten Vertragspartei stattfindet.

Von Bedeutung ist schliesslich, dass auf transparenten und liquiden Märkten für Gattungswaren wie der Börse nicht primär der Schutz der Käufer vor Verkäuferwissen, sondern der Schutz der Angebotsunterbreiter vor Angebotsannehmern angezeigt ist. Da der Wert einer schnelleren Preisfindung im Mikrosekundenbereich höchst fraglich ist, erscheint der Schutz der Bereitsteller von Liquidität vor neuer Information in diesem Zeitbereich angezeigt. Die Risiken der Market-Maker können dadurch reduziert werden, was sich in einer Verbesserung der Marktqualität und damit in generell niedrigeren Transaktionskosten äussern müsste.

3. Informationsasymmetrien beim Hochfrequenzhandel

Nachfolgend sollen die Informationsasymmetrien zwischen verschiedenen Händlergruppen genauer untersucht werden. Wie gesehen werden gewöhnlich Liquidity-Trader von informierten Händlern unterschieden und Hochfrequenzhändler den informierten Händlern zugeordnet.[187] Nachfolgend wird unterschieden zwischen (a) Kleininvestoren, bei denen es sich um sogenannte Liquidity-Trader handelt, (b) Grossinvestoren, bei denen es sich sowohl um Liquidity-Trader als auch um informierte Händler handeln kann sowie (c) Hochfrequenzhändlern, bei denen es sich grundsätzlich um informierte Händler handelt, es sei denn, sie handeln untereinander oder gegen einen informierten Grossinvestor. Entsprechend werden die folgenden Konstellationen untersucht: Informationsasymmetrien zwischen Kleininvestoren und Hochfrequenzhändlern, zwischen Market-Makern und Hochfrequenzhändlern (also zwischen Hochfrequenzhändlern untereinander) sowie zwischen Grossinvestoren beziehungsweise Block-Tradern und Hochfrequenzhändlern.

Bei sämtlichen Konstellationen ist das Risiko von Bedeutung, gegen einen informierten Händler zu handeln. Dieses Risiko wird in der ökonomischen Literatur als Risiko der adversen Selektion (*adverse selection risk*) bezeichnet.[188] Wie gezeigt führen Informationsasymmetrien nicht zwingend zu einer Negativauslese. Insbesondere für liquide Märkte, auf denen standardisierte Produkte gehandelt werden, dürfte diese Annahme in aller Regel nicht zutreffen, führt die Verdrängung von uninformierten Händlern doch im Gegenteil zu einer effizienteren Preisbildung.[189] Anstatt des Begriffs der adversen Selektion wird daher in dieser Arbeit der Begriff des Informationsrisikos verwendet.

a) Kleininvestor und Hochfrequenzhändler

Das Verhältnis zwischen dem Kleininvestor und dem Hochfrequenzhändler wird im Folgenden aus der Perspektive des Kleininvestors betrachtet. Dieser hat die Wahl zwischen Limit-Orders und Market-Orders.

---

[187] Siehe bspw. *Gerig/Michayluk* (2014); hierzu vorn 228, 231 f.
[188] Vorn 63 ff., 227 f., 299 ff.
[189] Hierzu vorn 300 f.

§ 10 Marktversagen

Verwendet der Kleininvestor Limit-Orders, trägt er das Informationsrisiko. Als uninformierter Händler kann er den Wert eines Wertpapiers nicht einschätzen. Die Einschätzung des Werts durch den Kleininvestor wäre auch nicht rational, da die Informationskosten im Vergleich zur Renditeerwartung viel zu gross wären. Sein Informationsrisiko ist nicht so gross, wie bei fehlender Beurteilungsfähigkeit des Werts der Anlage zu befürchten wäre, da eine globale Betrachtung vorzunehmen ist. Der nicht informierte Händler kann nämlich von der effizienteren Preisfindung durch im Wettbewerb miteinander stehende informierte Händler profitieren, sodass ihm Such- und Informationsverarbeitungskosten erspart bleiben. Bei Konkurrenz zwischen informierten Händlern wird darüber hinaus auch das Informationsrisiko selbst reduziert, da die Preise grundsätzlich kaum noch vom effizienten Preis abweichen dürften. Im Grunde genommen ist der Kleininvestor daher hinsichtlich bestehender Informationen ein Free Rider.[190] Ein Informationsrisiko verbleibt damit bei Verwendung von Limit-Orders primär mit Bezug auf neue Informationen mit einem negativen Einfluss auf den Kurs. Solche Informationen machen aus den gesetzten Limit-Orders fehlplatzierte Aufträge (sog. *Stale Quotes*).[191] Es stellt sich daher die Frage, ob der hin und wieder möglicherweise gewonnene Spread für dieses Risiko zu kompensieren vermag. Die Frage muss verneint werden, da davon auszugehen ist, dass professionelle, als Hochfrequenzhändler agierende Market-Maker das Informationsrisiko besser einschätzen und managen können als Kleininvestoren. Letztere sind daher nicht in der Lage mit ersteren zu konkurrieren, sodass sie der Spread nicht hinreichend für ihre Risiken entschädigen wird. Die Gefahr ist unabhängig von besonderen Regeln der Preis-Zeit-Priorität gross, dass ihre Limit-Orders stets nur ausgeführt werden, wenn sie nicht mehr der aktuellen Informationslage entsprechen, also *Stale Quotes* sind.

Verwendet der Kleininvestor demgegenüber Market-Orders, so entschädigt er einen Bereitsteller von Liquidität, beispielsweise einen Market-Maker, für das Informationsrisiko, das dieser eingeht. Da Market-Maker das Risiko besser einschätzen können als der Kleininvestor, ist die Entschädigung des Market-Makers für dieses Risiko durchaus rational für den Kleininvestor, sodass er kontraintuitiv besser gestellt sein müsste, wenn er Market-Orders verwendet, als wenn er Limit-Orders verwendet. Daran ändern auch Maker-Taker-Gebührensysteme grundsätzlich nichts, da der ökonomische Spread durch diese nicht beeinflusst werden dürfte.[192] Das Verhältnis zwischen dem Market-Maker und dem Kleininvestor ist in diesem Fall nichts anderes als ein Verhältnis zwischen einem

---

[190] Zum Free Riding hinten 331 f.
[191] Vgl. *Jovanovic/Menkveld* (2016), 4; *Biais/Foucault/Moinas* (2015) sowie *Martinez/Roşu* (2011); empirische Belege hierfür finden *Chaboud/Chiquoine/Hjalmarsson/Vega* (2014), 2075; vorn 199, 227 f.
[192] Zur Nullsummenhypothese vorn 55.

Prinzipal und einem Agenten, einem Spezialisten und seinem Kunden. Die Oligopolisierung der Bereitstellung von Liquidität ist mit anderen Worten ein Beispiel für eine arbeitsteilige Gesellschaft.

Ist das Verhältnis zwischen dem Market-Maker und dem Kleininvestor ein Verhältnis zwischen einem Spezialisten und seinem Kunden, hat der Kleininvestor ein Interesse daran, dass die Market-Maker ihre Risiken möglichst gut managen. Je besser sie die Risiken managen, desto günstiger können sie Liquidität anbieten: Der Kleininvestor profitiert damit von intelligenten Hochfrequenzhändlern, die als Market-Maker agieren.[193] Die Möglichkeiten der Hochfrequenzhändler, Kleininvestoren bei Verwendung von Market-Orders hohe Kosten aufzuerlegen, erscheinen begrenzt. Dies gilt zumindest dann, wenn Hochfrequenzhändler zu einander im Wettbewerb stehen. Hochfrequenzhändler haben schliesslich ein Interesse daran, Kleininvestoren Liquidität zur Verfügung zu stellen, da von diesem kein beziehungsweise nur ein geringes Informationsrisiko ausgeht. Hochfrequenzhändler versuchen entsprechend, Kleininvestoren und Grossinvestoren voneinander zu unterscheiden, und Kleininvestoren haben durchaus ein Interesse daran, als solche erkannt zu werden.[194] Daher versuchen Grossinvestoren auch, sich als Kleininvestoren zu tarnen.[195]

Der Kleininvestor könnte natürlich daran interessiert sein, unter Verwendung der Intelligenz der informierten Händler mit einem anderen Liquidity-Trader zu handeln. Dies könnte er namentlich in einem Dark Pool mit einem Midpoint-Referenzsystem versuchen.[196] Da solche Dark Pools keinen Spread kennen, sind sie grundsätzlich für eine Market-Making-Strategie nicht interessant, es sei denn, die Spreads auf den übrigen Märkten würden durch eine Mindest-Tick-Size künstlich gross gehalten.[197] Ausserdem entziehen Market-Maker auch diesen Märkten wie gezeigt durch Ping Orders Informationen, die sie für ihr Risikomanagement verwenden.[198] Market-Maker werden dann möglicherweise ihre auf transparenten Märkten gesetzten Aufträge zurückziehen, wenn sie Aufträge in Dark Pools aufspüren. Dennoch können solche Dark Pools für Kleininvestoren interessant sein, wenn sie zugelassen werden, und die Dark Pools die Aufträge nicht gestützt auf veraltete Informationen zusammenführen.[199] Immerhin haben sie eine beinahe fünfzigprozentige Chance, dass ihre Aufträge zu einem besseren

---

[193] So auch *Gerig/Michayluk* (2014), 2; *Jovanovic/Menkveld* (2016), 3.
[194] Siehe vorn 275.
[195] Siehe vorn 79 f.
[196] Zum Dark Pool mit einem Mid-point-Referenzsystem vorn 18.
[197] Zur Mindest-Tick-Size hinten 469 ff., 689 ff.
[198] Vorn 82 ff.
[199] Zu diesem Problem vorn 48.

Preis als bei Verwendung von Market-Orders ausgeführt werden.[200] Werden die Aufträge jedoch nicht sogleich ausgeführt, so tragen sie (zu einem schlechteren Preis) dieselben Risiken wie ein Unterbreiter von Limit-Orders, sodass wiederum die Verwendung von Market-Orders rationaler erscheint.

In der ökonomischen Literatur wurde Kritik am Hochfrequenzhandel in der Form geäussert, dass Händler keine andere Wahl mehr hätten, als den Spread zu bezahlen, da das Platzieren von Limit-Orders bei Anwesenheit von Hochfrequenzhändlern mit einem erheblichen Informationsrisiko[201] verbunden sei.[202] Erstens bestand dieses Informationsrisiko allerdings schon früher, und zweitens könnte nur ein künstlich breiter Spread Kleininvestoren angemessen für ihr Informationsrisiko entschädigen. Bei künstlich breiten Spreads ist aber das Interesse, den Spread zu überqueren, für Liquidity-Trader sehr gering. Die Wahrscheinlichkeit, gegen einen informierten Händler zu handeln, dürfte dadurch also steigen. Die Bezahlung eines intelligenten Market-Makers ist letztlich nichts anderes als die adäquate Handelsstrategie für einen uninformierten, langsamen Investor.

Zusammenfassend profitiert der Kleininvestor von der Konkurrenz zwischen informierten Hochfrequenzhändlern, die zu einer effizienten Preisfindung führen, sodass er für ihn irrational hohe Such- und Informationsverarbeitungskosten einsparen kann. Ein transparenter Markt mit mehreren informierten Händlern sowie nichtdiskretionären Regeln schützt damit vor Informationsasymmetrien. Da er nicht mit den spezialisierten Market-Makern konkurrieren kann und ihn daher der Spread nicht ausreichend für sein Informationsrisiko entschädigen dürfte, erscheint die Wahl von Market-Orders rationaler als die Wahl von Limit-Orders. Verwendet der Kleininvestor Market-Orders, so ist er grundsätzlich vor Informationsasymmetrien geschützt und kann von intelligenten Hochfrequenzhändlern mit einem guten Risikomanagement profitieren. Letztlich entschädigt er den Hochfrequenzhändler als Spezialisten für dessen Risikomanagement. Stehen Hochfrequenzhändler zueinander in einem Wettbewerbsverhältnis, so dürften die Möglichkeiten beschränkt sein, Kleininvestoren bei Verwendung von Market-Orders hohe Kosten aufzuerlegen.

---

[200] Wie erwähnt (vorn 18 f.) sind solche Märkte zweiseitig; Liquidität ist also immer nur auf einer Seite vorhanden; es besteht jedoch die Möglichkeit, dass keine oder nicht ausreichend Liquidität vorhanden ist, weshalb die Ausführungswahrscheinlichkeit lediglich bei beinahe 50 Prozent liegt.
[201] Die Autoren verwenden den Begriff der adversen Selektion, der nach hier vertretener Ansicht unzutreffend ist, da Informationsasymmetrien nicht immer zu einer Negativauslese führen; hierzu vorn 299 ff., 314.
[202] *Biais/Woolley* (2011), 15; zur Überquerung des Spreads auch *Pragma Securities* (2012), 2.

b)   Market-Maker und Hochfrequenzhändler

Market-Making in liquiden Märkten ist heute aufgrund des Konkurrenzdrucks ohne Hochfrequenzhandel kaum denkbar. Das Verhältnis zwischen Market-Makern und Hochfrequenzhändlern ist demzufolge ein Verhältnis zwischen verschiedenen Hochfrequenzhändlern. Derselbe Hochfrequenzhändler kann zudem sowohl Market-Making-Strategien als auch direktionale Strategien verfolgen und so auf beiden Seiten der getroffenen Unterscheidung stehen.[203]

Für das Geschäftsmodell des Market-Makers sind die Spreadkomponenten zentral, weshalb sie nochmals aufgeführt werden.[204] Der Spread wird gewöhnlich *Stoll* folgend in drei Komponenten aufgeteilt: Auftragsverarbeitungskosten (*order-processing costs*), Inventarkosten (*inventory costs*) und Kosten aus adverser Selektion (*adverse selection costs*).[205] Als Kosten aus adverser Selektion werden die Kosten bezeichnet, die Bereitstellern von Liquidität erwachsen, die mit informierten Händlern handeln.[206] Aus den erwähnten Gründen werden hierfür die Begriffe des Informationsrisikos sowie der Informationsrisikokosten verwendet.[207]

Bei liquiditätsentziehenden Hochfrequenzhändlern wird es sich in aller Regel um informierte Händler handeln. Betroffen sind auf der liquiditätsbereitstellenden Seite aber keineswegs nur fehlplatzierte Aufträge (*Stale Quotes*) von langsamen Händlern, sondern auch solche von Hochfrequenzhändlern beziehungsweise Market-Makern, die bewertungsrelevante Informationen langsamer verarbeiten.[208] Direktional agierende Hochfrequenzhändler verursachen den Bereitstellern von Liquidität dadurch Informationsrisikokosten (*adverse selection*

---

[203]   So konnten *Baron/Brogaard/Kirilenko* (2014), 12 nebst 18 aggressiven und 28 passiven Hochfrequenzhändlern rund 39 Händler mit gemischten Strategien identifizieren.
[204]   Siehe schon vorn 63 ff., 227 ff.
[205]   *Stoll* (1978), 1150; *Stoll* (1989), 115; *Huang/Stoll* (1997), 995; *Campbell/Lo/MacKinlay* (1997), 103; *Foucault/Pagano/Röell* (2013), 87 ff., insb. 120 ff.; ähnlich schon *Glosten* (1987), 1293; *Easley/O'Hara* (1987), 70; *Bagehot* (1971), 13 f.; zu den Inventarkosten siehe *Amihud/Mendelson* (1980), 33 f., 50 f.; *Demsetz* (1968), 35 ff., 40 ff.; zur adversen Selektion siehe *Copeland/Galai* (1983), 1457 f.; *Glosten/Milgrom* (1985), 72 und *Easley/O'Hara* (1987), 70; *Huang/Stoll* (1997), 1030 kamen bei Daten aus dem Jahr 1992 zum Ergebnis, dass die Auftragsverarbeitungskosten 61.8 Prozent, die Inventarkosten 28.7 Prozent und die adverse Selektion 9.6 Prozent des Spreads ausmachen; *George/Kaul/Nimalendran* (1991), 625 erhielten ähnliche Resultate; vorn 63 ff., 227 ff.
[206]   *Glosten/Milgrom* (1985), 72; *Easley/O'Hara* (1987), 70.
[207]   Vorn 299 ff., 301, 315 ff.
[208]   Vgl. *Foucault/Hombert/Roşu* (2016), 339; *Biais/Woolley* (2011), 10.

costs), was diese mit einem grösseren Spread kompensieren müssen.[209] Zugleich ist ein negativer Einfluss auf die Markttiefe zu erwarten, da die Informationsrisikokosten linear zunehmen und damit stärker als die möglichen Profite aus der Liquiditätsbereitstellung.[210] Arbitragestrategien sind dabei nichts anderes als eine besondere Form einer Strategie, bei der eine Informationsasymmetrie ausgenutzt wird. Auch Arbitragemöglichkeiten müssten zu einer Verringerung der Liquidität führen, da die Bereitsteller von Liquidität dieses Arbitrage- beziehungsweise Informationsrisiko kompensieren müssen.[211]

Angesichts des Informationsrisikos ist wenig erstaunlich, dass sich Hochfrequenzhändler wie gezeigt in einem Geschwindigkeitswettlauf zueinander befinden.[212] Es entstehen also nicht nur direkt Informationsrisikokosten, sondern auch indirekt Kosten aus dem Geschwindigkeitswettlauf, für die der Spread kompensieren muss.[213] Entsprechend eng hängt der Geschwindigkeitswettlauf mit der Informationsasymmetrie zusammen.[214] Letztlich haben Market-Maker die Wahl, sich am Geschwindigkeitswettlauf zu beteiligen oder aber das Risiko in Kauf zu nehmen, gegen einen informierten Händler zu handeln. Egal wofür sie sich entscheiden, die Kosten tragen letztlich die übrigen Händler, also langsame Klein- und Grossinvestoren, die aufgrund der schlechteren Liquidität höhere Transaktionskosten tragen.

Zwar scheinen die empirischen Resultate die Befürchtungen hinsichtlich des negativen Einflusses auf die Marktqualität nicht zu bestätigen.[215] Dies dürfte indes im Wesentlichen daran liegen, dass erstens Informationsrisiken auch vor dem Auftritt von Hochfrequenzhändlern im zeitgenössischen Sinne existierten[216] und zweitens Hochfrequenzhändler in der Lage sind, die Informations- und Arbitragerisiken auf der liquiditätsbereitstellenden Seite weit besser zu managen, als hierzu menschliche Market-Maker und primitive automatische Market-Maker in der Lage waren. Dieses bessere Management müsste wiederum zu einer Reduk-

---

[209] *Biais/Woolley* (2011), 10; *Cartea/Penalva* (2011), 19; auch *Hendershott/Riordan* (2013), 1021; *Wah/Wellman* (2013), 867; *Biais/Foucault/Moinas* (2015), 292 f., 297 f., 309 f.; *Budish/Cramton/Shim* (2015), 1554; *Foucault/Hombert/Roşu* (2016), 339.
[210] *Budish/Cramton/Shim* (2015), 1554; vgl. *Cartea/Penalva* (2011), 10 f.; immerhin kommt *Roşu* (2016a), 3 ff. eher überrascht zum Schluss, dass dieser Effekt mehr als kompensiert wird, was mit den Studien von *X. F. Zhang* (2010), *Hendershott/Jones/Menkveld* (2011) und *Boehmer/Fong/Wu* (2015) konsistent sei; hierzu vorn 223 f.
[211] *Foucault/Kozhan/Tham* (2016), 36.
[212] Vorn 279 ff.
[213] *Biais/Foucault/Moinas* (2015), 309 f.; *Budish/Cramton/Shim* (2015), 1554.
[214] So auch *IOSCO Report* «Challenges to Market Surveillance» 2013, 29.
[215] Hierzu vorn 232 ff.
[216] Anschaulich *Patterson* (2012), 80 ff.

tion des Spreads führen.²¹⁷ Gemäss *Jovanovic/Menkveld* werden die Kosten aus dem Informationsrisiko (*adverse selection costs*) durch den Hochfrequenzhandel um 23 Prozent reduziert.²¹⁸ Ebenso dürften die ebenfalls für den Spread massgebenden Auftragsverarbeitungskosten (*order processing costs*) durch die Digitalisierung abgesehen von den Ausgaben für den Geschwindigkeitswettlauf grundsätzlich stark gesunken sein. Zum gleichen Preis kann eine viel grössere Informationsmenge innert viel kürzerer Zeit verarbeitet werden.²¹⁹

c)   Block-Trader und Hochfrequenzhändler

Zwischen Block-Tradern und Hochfrequenzhändlern ist hinsichtlich fundamentaler Bewertungsinformationen ebenfalls eine Informationsasymmetrie zugunsten oder zuungunsten des Hochfrequenzhändlers denkbar. Da Hochfrequenzhändler auch gestützt auf fundamentale Daten handeln, dürfte tendenziell eine Informationsasymmetrie hinsichtlich dieser Daten eher zugunsten der Hochfrequenzhändler bestehen, vor allem mit Bezug auf neue Informationen. Allerdings existiert bezüglich des beabsichtigten Handelsvolumens (also Handelsinformationen) eine Informationsasymmetrie zugunsten des Block-Traders, der seine Aufträge stückelt, um die Grösse des Gesamtauftrags zu verheimlichen und so den Preis möglichst wenig zu beeinflussen. Als Market-Maker agierende Hochfrequenzhändler sehen sich also dem Risiko ausgesetzt, dass sie einem Block-Trader Liquidität bereitstellen, der gleich mehrere Ebenen aus dem Auftragsbuch entzieht. Aus der Bereitstellung der Liquidität resultiert damit zumindest kurzfristig und ohne Berücksichtigung der Resilienz²²⁰ ein Verlust. Market-Maker versuchen daher, solchen Block-Tradern keine Liquidität zur Verfügung zu stellen oder aber nur zu einem schlechteren Preis, sodass sie der Spread für die Informationsrisiken entschädigt.²²¹ In den USA ist in diesem Zusammenhang

---

217   *Jovanovic/Menkveld* (2016), 3 f., nach denen Hochfrequenzhändler unter Berücksichtigung von harter Information handeln; da die übrigen Investoren aufgrund der Snipinggefahr keine Liquidität bereitstellen könnten, würden sie jedoch effektiv daran gehindert, den Spread zu verdienen, sodass lediglich ein Wohlfahrtsgewinn von höchstens einem Prozent resultiere.
218   *Jovanovic/Menkveld* (2016), 4, 30.
219   Hierzu *Hendershott/Riordan* (2013), 1021, wonach Computer die Überwachungskosten reduzieren und damit den Wettbewerb zur Bereitstellung von Liquidität fördern; ähnlich *Aït-Sahalia/Saglam* (2014), 2; selbst die sich kritisch zum Geschwindigkeitswettlauf äussernden *Budish/Cramton/Shim* (2015), 1593 f. führen aus, dass die Informationstechnologie an sich zweifellos einen positiven Einfluss auf die Liquidität bewirkt habe; demgegenüber meint *Roşu* (2016b), 28, dass die Liquidität durch die grössere Signalpräzision reduziert werde; zur Liquidität vorn 216 ff.
220   Zum Begriff der Resilienz vorn 224.
221   Vgl. *MacIntosh* (2015), 139.

auch vom *sweep risk* die Rede, also der Gefahr, die von grossen Aufträgen ausgeht.[222] Dabei handelt es sich typischerweise um sogenannte Intermarket-Sweep-Orders (ISOs), die an verschiede Handelsplätze «gleichzeitig» gesendet werden und von den verschiedenen Handelsplätzen nicht weitergeleitet werden müssen.[223] Identifizieren Market-Maker solche Grossaufträge, so erleben die Block-Trader den erwähnten *order book fade*, wodurch ihre Transaktionskosten erhöht werden beziehungsweise der Ausführungspreis verschlechtert wird.[224]

Sind der *order book fade* und die antizipierenden Strategien also negativ zu bewerten, weil sie zu höheren Transaktionskosten für Block-Trader führen? Die Frage ist nicht so einfach, wie sie auf den ersten Blick scheinen mag. Market-Maker können durch das Aufspüren von Grossaufträgen ihre Risiken minimieren und Liquidität so günstiger zur Verfügung stellen. Profitieren von diesem besseren Risikomanagement müssten grundsätzlich Kleininvestoren, die in den Genuss von kleineren Spreads kommen. Von einem grösseren Volumen geht auch ein grösseres Risiko aus. Market-Maker sind grundsätzlich nicht an einem grossen Inventar interessiert, da mit dem Inventar Risiken und damit Kosten (*inventory costs*) verbunden sind, die nach *Stoll* ebenfalls eine Spreadkomponente darstellen.[225] Block-Trader erhalten also lediglich einen Preis, der dem mit ihrem Volumen verbundenen Risiko gerecht wird. Interessanterweise will niemand Block-Trader dazu verpflichten, ihre Handelsabsichten dem Publikum kundzugeben, obwohl die Risiken der Market-Maker dadurch minimiert würden und sie auf wesentliche Ressourcen bei der Suche nach grossen Aufträgen verzichten könnten. Nach Art. 124 Abs. 1 lit. a FinfraV sind Effektengeschäfte zur Umsetzung des eigenen Entschlusses, ein Effektengeschäft zu tätigen, ausdrücklich zulässig.[226] Zulässig ist damit mit Blick auf den Insiderhandel auch die

---

[222] *Patterson* (2012), 55; *Bodek/Shaw* (2012), 3; *Bodek* (2013).
[223] Zum Zusammenhang *Bodek/Shaw* (2012), 3; zu den ISOs vorn 38 f., 80 ff.; «gleichzeitig» wurde in Anrufezeichen gesetzt, da die Aufträge aus der Sicht des Hochfrequenzhandels normalerweise nicht zur gleichen Zeit bei den verschiedenen Handelsplätzen ankommen; hierzu vorn 81 f.
[224] Zum *order book fade* vorn 80 ff.
[225] *Stoll* (1978), 1150; *Stoll* (1989), 115; *Huang/Stoll* (1997), 995; *Campbell/Lo/MacKinlay* (1997), 103; *Foucault/Pagano/Röell* (2013), 87 ff., insb. 120 ff.; ähnlich schon *Glosten* (1987), 1293; *Easley/O'Hara* (1987), 70; *Bagehot* (1971), 13 f.; zu den Inventarkosten siehe *Amihud/Mendelson* (1980), 33 f., 50 f. sowie *Demsetz* (1968), 35 ff., 40 ff.; zur adversen Selektion siehe *Copeland/Galai* (1983), 1457 f., *Glosten/Milgrom* (1985), 72 sowie *Easley/O'Hara* (1987), 70; vorn 63 ff., 227 ff.
[226] Die Regelung entspricht Art. 55f lit. a aBEHV; die EU kennt eine entsprechende Regel beim Insidertatbestand in Art. 9 Abs. 5 MAR, wonach dieser nicht erfüllt ist, wenn eine Person ihr Wissen über den eigenen Beschluss, Finanzinstrumente zu erwerben oder zu veräussern, beim Erwerb oder der Veräusserung dieser Finanzinstrumente nutzt.

Stückelung von Grossaufträgen.[227] Den Block-Tradern steht es allerdings frei, in Dark Pools nach anderen Block-Tradern mit entgegengesetzten Handelsinteressen zu suchen. Dabei können sie Mindestausführgrössen verwenden und stellen kein Risiko für Market-Maker dar, solange sie nicht in einem späteren Zeitpunkt die Märkte aufsuchen, auf denen die Market-Maker tätig sind. Auch können Block-Trader, soweit die empirischen ökonomischen Studien zutreffen, von einer verbesserten Resilienz profitieren, da informierte Hochfrequenzhändler den Preis schnell zum fundamentalen Wert hintreiben.[228]

Nach dem Gesagten ist die Befürchtung der IOSCO, das Informationsrisiko (*adverse selection*) würde gewisse fundamentale Händler vom Handeln abhalten oder zumindest in Dark Pools drängen, mit Vorsicht zu geniessen.[229] Letztlich geht von grösseren Aufträgen auch ein grösseres Risiko aus, sodass eine Marktsegmentierung erfolgt ist, die im Interesse von Kleininvestoren sein müsste und auch von den Grossinvestoren lediglich einen Preis verlangt, der dem von ihnen ausgehenden Risiko gerecht wird.

4. Ergebnisse und Thesen

In diesem Abschnitt wurden Informationsasymmetrien zwischen verschiedenen Händlergruppen untersucht. Kontraintuitiv wurde festgestellt, dass Kleininvestoren auf einem transparenten Markt mit nichtdiskretionären Regeln, homogenen Gütern und mehreren informierten Händlern grundsätzlich von Informationsasymmetrien profitieren, da der Wettbewerb zwischen informierten Händlern zu informationseffizienten Preisen führt, sodass Kleininvestoren geringe Informationskosten und -risiken tragen. Da der Spread in einem kompetitiven Markt Kleininvestoren nicht ausreichend für die mit der Bereitstellung von Liquidität verbundenen (Informations-)Risiken zu kompensieren vermag, erscheint ausserdem – vielleicht ebenfalls kontraintuitiv – die Verwendung von Market-Orders rationaler als die Verwendung von Limit-Orders. Dadurch kompensiert ein Kleininvestor letztlich den auf das Risikomanagement spezialisierten Market-Maker für dessen Risiken, sodass das Verhältnis zwischen dem Market-Maker und dem Kleininvestor ein Verhältnis zwischen einem Spezialisten und dessen Kunden ist, bei dem der Kunde von einem besseren Risikomanagement des Spezialisten profitiert.

Im Unterschied dazu wirken sich Informationsrisiken der Market-Maker sowie der Geschwindigkeitswettlauf zwischen diesen und direktional agierenden

---

[227] Hierzu hinten 850 f.
[228] Zur verbesserten Resilienz *Roşu* (2016a), 5, 43; vorn 224, 232.
[229] *IOSCO Report «Technological Impact on Market Integrity and Efficiency» 2011*, 30.

Hochfrequenzhändlern negativ auf die Marktqualität aus. Market-Maker haben die Wahl, sich am Geschwindigkeitswettlauf zu beteiligen oder aber das Risiko einzugehen, gegen einen schnelleren, informierten Händler zu handeln. In beiden Fällen muss der Spread dafür kompensieren. Hierfür bezahlen grundsätzlich die langsamen Händler, die den Spread überqueren. Die erwähnten Kleininvestoren sind also zumindest indirekt geschädigt. Der Hochfrequenzhandel wirkt sich jedoch nicht per se negativ auf die Marktqualität aus, da Hochfrequenzhändler als Market-Maker Informationsrisiken auch weit besser managen können als traditionelle Market-Maker. Lediglich das Risiko aus neuer Information sowie der damit verbundene Geschwindigkeitswettlauf wirken sich negativ auf die Marktqualität aus. Können diese beiden Aspekte reduziert werden, wäre ein positiver Einfluss auf die Marktqualität zu erwarten, ohne dass die positiven Aspekte des Hochfrequenzhandels aufgegeben werden müssten.

Schliesslich erscheint mit Blick auf Block-Trader bedeutsam, dass hinsichtlich des geplanten Ausführungsvolumens grundsätzlich eine Informationsasymmetrie zuungunsten der Hochfrequenzhändler besteht. Die Aufspürung solch grosser Aufträge ist daher Teil des Risikomanagements von als Market-Maker agierenden Hochfrequenzhändlern. Das bessere Risikomanagement müsste zu kleineren Spreads führen, wovon wiederum Kleininvestoren profitieren würden. Letztlich findet dadurch eine Marktsegmentierung zwischen grossen und kleinen Handelsvolumen statt, da von grösseren Handelsvolumen ein grösseres Risiko ausgeht. Diese Segmentierung ist jedoch nicht unbedingt negativ zu werten, da kleine Händler ein Interesse daran haben, als solche identifiziert zu werden.

III. Agency-Problematik

1. Grundlagen

Als Agency-Problematik wird bezeichnet, wenn ein Auftragnehmer (Agent) an ihn übertragene Entscheidungskompetenzen zum Nachteil des Auftraggebers (Prinzipal) ausnutzt.[230] Das Problem ist eine Folge der divergierenden individuellen Nutzenfunktionen der Beteiligten.[231] Die Schädigung des Prinzipals setzt allerdings voraus, dass sich der Agent nicht entsprechend der auftragstypischen Treuepflicht verhält, sondern opportunistisch im Sinne von *Williamson*, das

---

[230] *Jensen/Meckling* (1976), 308 ff.; *Fama* (1980), 288 f.; *Fama/Jensen* (1983), 301 ff.; *von der Crone* (2000), 241 f.; *Burg* (2013), N 604; *Welge/Eulerich* (2014), 14 ff.; siehe auch *Kilgus* (2007), N 395.
[231] Vgl. *von der Crone* (2000), 241.

heisst listig und eigennützig.²³² Ein Agent wird seinen Auftraggeber vor allem dann schädigen, wenn (a) die Beurteilung der Leistung des Agenten durch den Prinzipal unmöglich oder mit unverhältnismässig hohen Kosten verbunden ist oder (b) der Ausstieg aus dem Vertragsverhältnis für den Prinzipal aufgrund von Lock-in-Effekten nur zu hohen Kosten möglich ist.²³³ Die Agency-Problematik ist damit eng verbunden mit Informationsasymmetrien und dem mit Lock-in-Effekten verbundenen Moral Hazard, der zur Ausbeutung des Prinzipals *ex post* führen kann.²³⁴ Gegengewichte zur asymmetrischen Information bilden wie im vorangehenden Oberabschnitt II (Informationsasymmetrien) erläutert Vertrauens- und Reputationsmechanismen.²³⁵ Unter Berücksichtigung dieser Mechanismen wird sich ein rationaler Agent nur noch dann zum Nachteil des Prinzipals verhalten, wenn die Opportunismusprämie grösser als die Vertrauens- und Reputationsprämie ist.²³⁶

2. Hochfrequenzhändler als Agenten

Hochfrequenzhändler handeln in der Regel für eigene Rechnung und sind daher typischerweise keine Agenten im klassischen Sinne.²³⁷ Immerhin können Hochfrequenzhändler als Market-Maker funktional eine Agentenrolle übernehmen, da sie als Spezialisten die mit der Bereitstellung von Liquidität verbundenen Risiken besser managen können.²³⁸ Für Investoren ist es daher rational, dieses Spezialwissen auszunutzen und Market-Orders zu verwenden.²³⁹ Diese Beziehung zwischen dem Investor und dem Market-Maker erscheint jedoch grundsätzlich unproblematisch, wenn mehrere Hochfrequenzhändler um die Bereitstellung von Liquidität konkurrieren. Zumindest bei sich deckenden Auftragsgrössen kann der Prinzipal die Agenten aufgrund der standardisierten Wertpapiere auf

---

[232] Vgl. *Kilgus* (2007), N 395; *Burg* (2013), N 606; zum opportunistischen Verhalten *Williamson* (1985), 47 ff.; vgl. *Schäfer/Ott* (2012), 80, wonach solches Verhalten bei Informationsasymmetrien zu Kosten aus adverser Selektion und bei Fehlanreizen zu einem Moral Hazard führen kann.

[233] Zu ungenügenden Informationen siehe *Welge/Eulerich* (2014), 15; zum Lock-in-Effekt durch spezifische Investitionen *Williamson* (1985), 52 ff.

[234] Vgl. *Kilgus* (2007), N 395; allgemein zum Moral Hazard *Schäfer/Ott* (2012), 163 f.; *Posner* (2014), 115.

[235] Ausführlich *von der Crone* (2000), 260 f.; siehe auch *Dédeyan* (2007); *Bärtschi* (2007); vorn 312 f.

[236] *Schäfer/Ott* (2012), 80 f., 550.

[237] Eine Ausnahme existiert für Anlagefonds, die Hochfrequenzhandel betreiben; zum Charakteristikum des Handels für eigene Rechnung siehe vorn 9; vgl. Art. 2 Abs. 1 lit. d (iii) MiFID II.

[238] Hierzu vorn 61 ff.

[239] Hierzu vorn 315 ff.

transparenten Märkten problemlos anhand der angebotenen Preise vergleichen.[240]

3. Ausführende Finanzdienstleister als Agenten

Von grösserem Interesse ist das Verhältnis zwischen Investoren und den Finanzdienstleistern, die ihre Aufträge ausführen. Diese Beziehung ist im Zusammenhang mit dem Hochfrequenzhandel von Bedeutung, da Hochfrequenzhändler bei ihren Handelsstrategien durchsichtige Verhaltensweisen von Brokern bei der Ausführung von Kundenaufträgen ausnutzen.[241] Halten sich kompetente Broker an den Best-Execution-Grundsatz, so dürften die Frontrunning-Möglichkeiten grundsätzlich gering sein.

Agency-Probleme, die durch Maker-Taker- und Taker-Maker-Gebührensysteme geschaffen werden, wurden im Kapitel 2 (Marktmikrostruktur) ausführlich erläutert und werden hier vor allem deshalb nochmals aufgegriffen, um sie in den Kontext des Marktversagens zu stellen.[242] Verzichten Kunden auf die Maker- oder Taker-Entschädigungen oder schreiben die Broker ihnen diese Entschädigungen aus anderen Gründen nicht gut, so dürften letztere geneigt sein, Kundenaufträge zu Handelsplätzen zu leiten, von denen sie eine solche Entschädigung erhalten.[243] Für den Kunden ist dieses Verhalten der Broker in dreierlei Hinsicht problematisch. Erstens müssten die Entschädigungen an die Broker im ökonomischen Spread enthalten sein, sodass sich diese direkt negativ auf die Ausführungsqualität des Kunden auswirken.[244] Zweitens wird das Routingverhalten des Brokers voraussehbar, sodass Hochfrequenzhändler Verhaltensmuster erkennen und durch elektronisches Frontrunning ausnutzen können, was sich zusätzlich negativ auf die Ausführungsqualität auswirken dürfte. Drittens – und das betrifft primär die Ausführung in den USA – besteht bei einer entsprechenden Vorgehensweise des Brokers die Gefahr, dass dessen Kundenaufträge an dem Handelsplatz, an den sie gesandt werden, aufgrund der *Order Protection Rule* nicht ausgeführt werden können.[245] Leiten die Handelsplätze dann die Aufträge – grundsätzlich gestützt auf veralteten Marktdaten[246] – an ei-

---

240 Allenfalls ist die Situation eine andere bei Ping Orders in Dark Pools; dort kann der Prinzipal allerdings Mindestausführgrössen verwenden; hierzu vorn 40, 82 ff.
241 Zum elektronischen Frontrunning vorn 76 ff.
242 Vorn 57 f., 326 f.
243 Vgl. *Foucault* (2012a), 10; *O'Donoghue* (2015), 2; diese Entschädigungen dürften grunds. gleich zu behandeln sein wie Retrozessionen; zu Maker-Taker-Systemen vorn 51 ff.
244 Hierzu vorn 55; dies gilt zumindest für einen Markt ohne Mindest-Tick-Size.
245 Zur *Order Protection Rule* vorn 33 f.
246 Informationen zur Auftragslage an einem Handelsplatz sind stets veraltet, wenn sie ein Marktteilnehmer oder ein anderer Handelsplatz erhält; dies gilt selbst dann, wenn der

nen anderen Handelsplatz weiter, entstehen dadurch zusätzliche Gebühren für die Kunden, ohne dass der Kurs zwingend besser wäre.[247]

Relativierend ist zu diesen drei Punkten anzuführen, dass Market-Maker ihre Risiken minimieren können, wenn sie das Verhalten anderer Marktteilnehmer durchschauen und Grossaufträge antizipieren. Die geringeren Risiken müssten sich grundsätzlich in kleineren Spreads äussern, wovon vor allem kleinere Investoren profitieren müssten. Diese Thematik wurde im vorangehenden Oberabschnitt II (Informationsasymmetrien) ausführlich besprochen.[248] Immerhin können Kleininvestoren indirekt geschädigt werden, wenn Pensionskassen, Fonds oder Versicherungen aufgrund von elektronischen Frontrunning-Praktiken eine geringere Rendite erwirtschaften.

IV. Fragmentierung, Free Riding und Ungleichbehandlung

1. Überfragmentierung

a) Fragmentierung als Folge des Hochfrequenzhandels

aa) Neue Handelsplätze

Zu Beginn des 21. Jahrhunderts wurden zusätzlich zu den etablierten Börsen zahlreiche Handelsplätze geschaffen. In den USA existierten zum Zeitpunkt der letzten Aktualisierung der Arbeit 21 Börsen sowie 35 alternative Handelssysteme.[249] Die Esma listete 150 regulierte Märkte, 211 multilaterale Handelssysteme, 29 systematische Internalisierer und 34 zentrale Gegenparteien.[250] Die Digitalisierung des Börsenhandels hat die Schaffung dieser Handelsplätze sicherlich begünstigt. Daneben wird aber auch dem Hochfrequenzhandel eine bedeutende Rolle bei der Schaffung der Handelsplätze zugeschrieben. *Dave Cummings*, Eigentümer, *Chairman* und CEO von Tradebot Systems etwa hat die Bats Ex-

---

Handelsplatz Direktdaten verwendet; teilweise verwendeten die Handelsplätze in der Vergangenheit den langsamen SIP, was für Schlagzeilen sorgte; hierzu *Patterson* (2014); vorn 35.

[247] Zu den Routing-Gebühren vorn 35 f., 52.
[248] Hierzu vorn 315 ff.
[249] Vorn 16.
[250] Die Anzahl ist abrufbar in der MiFID-Database unter *www.esma.europa.eu/databases-library/registers-and-data*; vorn 16.

change gegründet, und Knight Capital war wesentlich am Aufbau von Direct Edge beteiligt.[251]

Die traditionellen Handelsplätze Nasdaq und NYSE versuchten um das Jahr 2005 die unliebsame Konkurrenz durch deren Aufkauf zu beseitigen, um höhere Preise durchzusetzen.[252] Als Motivation für die Gründung von Bats gab daher *Dave Cummings* an: «*Well Nasdaq and the New York Stock Exchange bought out the first generation of ECNs. Island Instinet, Brut, and Archipelago all got acquired and there just wasn't the level of competition that we needed.*»[253] Insofern war die Schaffung neuer Handelsplätze durch *Cummings* und andere mit Blick auf einen funktionierenden Wettbewerb erwünscht. Daran ändert auch der Umstand nichts, dass *Cummings* die Handelsplattform offenbar mehr als Mittel zum Zweck sah, da er schnelle Handelssysteme mit niedrigen Gebühren zur Verfolgung der Handelsstrategien von Tradebot offenbar benötigte.

Abgesehen von den mit dem Wettbewerb verbundenen niedrigen Handelsgebühren haben Hochfrequenzhändler Interesse an einer grossen Anzahl Handelsplätze. Mit der zunehmenden Anzahl Handelsplätze entstehen zusätzliche Arbitragegelegenheiten.[254] Auch antizipierende Strategien werden begünstigt, bei denen Aufträge auf sämtlichen Märkten zurückgezogen werden, wenn Aufträge mit einer grossen Preisbeeinflussung auf einem Markt entdeckt werden.[255] Grosse Hochfrequenzhändler können zudem bei einer zunehmenden Anzahl Handelsplätze von Skaleneffekten profitieren, die ihnen einen Vorteil gegenüber kleineren Hochfrequenzhändlern einräumen, und schliesslich liegt die Schaffung von elektronischen Handelssystemen im IT-Kompetenzbereich von Hochfrequenzhändlern. Es erstaunt daher nicht, dass Hochfrequenzhändler massgeblich an der Entstehung neuer Handelsplätze beteiligt waren.

Hochfrequenzhändler spielen zudem eine bedeutende Rolle beim Gewinn von Marktanteilen durch diese neuen Handelsplätze, denn sie sind in der Lage, die Handelsplätze vom ersten Tag an konstant mit Liquidität zu versorgen. Neue Märkte können mit anderen Worten nur dank der Mitwirkung von gut vernetzten Hochfrequenzhändlern gedeihen, da sie die sonst wirkenden Netzwerkef-

---

251 Zu *Dave Cummings CFTC Views of Dave Cummings 2010*; http://tradebot.com/board-of-directors.asp; zu Direct Edge siehe *Bunge/Tadena* (2013), wonach Knight Capital im Jahr 2005 das Handelssystem Attain ECN kaufte und in Direct Edge umbenannte; *Popper* (2012b).
252 *Cummings* (2011).
253 *Ibid.*
254 Zur Latency-Arbitrage vorn 74; siehe auch *Wah/Wellman* (2013), 855.
255 Zum elektronischen Frontrunning und *order book fade* vorn 76 ff., 80 ff.

fekte massiv reduzieren.²⁵⁶ Gleichzeitig gedeihen Hochfrequenzhändler dank der Fragmentierung der Märkte.²⁵⁷ Hochfrequenzhändler und neue Märkte bilden also eine Symbiose, wodurch sie einen grossen Wettbewerbsdruck auf die bestehenden Märkte ausüben.

bb) *Handel in Dark Pools*

Nebst dem direkten Einfluss auf die Entstehung neuer Handelsplätze hat der Hochfrequenzhandel auch indirekt zur Fragmentierung der Märkte beigetragen. Indem Investoren antizipierenden Strategien von Hochfrequenzhändlern mittels verdeckter Aufträge auszuweichen versuchen, erhoffen sie sich eine bessere Ausführungsqualität.²⁵⁸ Auch deshalb sind vor allem in den USA, aber auch in Europa diverse alternative Handelssysteme geschaffen worden.²⁵⁹ Die Betreiber sind vor allem Banken, aber auch Börsen betreiben parallel zum transparenten Auftragsbuch Märkte mit eingeschränkter Vorhandelstransparenz.²⁶⁰

b) Bewertung der Fragmentierung

Die Fragmentierung der Märkte erscheint zunächst aufgrund des grösseren Wettbewerbs zwischen den Handelsplätzen erwünscht. Gerade der erwähnte Aufkauf von Konkurrenten durch die NYSE und Nasdaq sowie auch das Market-Maker-Kartell der 1990er Jahre demonstrieren die grosse Versuchung der grossen Kapitalmarktakteure, den Wettbewerb zu beseitigen.²⁶¹ Das traditionelle Verständnis eines Marktplatzes besteht allerdings darin, an einem einzigen Ort eine grosse Anzahl an Anbieter und Nachfrager zusammenzuführen.²⁶² Sind die Märkte fragmentiert, so können erhebliche Suchkosten als Transaktionskosten anfallen und Transaktionen werden verspätet oder gar nicht durchgeführt.²⁶³ Die

---

256 Vgl. *Menkveld* (2014), 337 f.
257 *Menkveld* (2014), 338; vgl. allgemein zur Symbiose von Hochfrequenzhändlern und Handelsplätzen *Farmer/Skouras* (2012b), 9.
258 Hierzu vorn 25 f.
259 Vorn 23 ff.
260 Vorn 17.
261 In den 1990er Jahren kamen die Market-Maker überein, nur ungerade Achtel zu verwenden, um die Spreads künstlich gross zu behalten, hierzu *The Economist* (1998); hinten 453 f.; zum Aufkauf von Konkurrenten soeben 328.
262 Bspw. *Mendelson* (1987), 189.
263 So *Foucault/Pagano/Röell* (2013), 239; *Biais/Foucault* (2014), 1; *Ferrarini/Saguato* (2015), 578; die mit der Nichtausführung verbundenen Kosten werden Clean-up-Kosten genannt, siehe *Chiyachantana/Jain* (2009), 3; kritisch mit Bezug auf die Marktfragmentierung auch *IOSCO Report* «Changes in Market Structure» 2013, 19, wo aber auch die positiven Ef-

Fragmentierung wirkt sich daher nicht nur positiv auf die Transaktionskosten aus. Dennoch finden die meisten Ökonomen insgesamt einen positiven Effekt der Fragmentierung auf die soziale Wohlfahrt.[264] Dies dürfte mit den heutigen Kommunikationsmedien zusammenhängen, die die Suchkosten stark minimieren. Ausserdem halten Hochfrequenzhändler das System durch Arbitragestrategien und die Verhinderung von Arbitrage zusammen und stellen sich als Mittelsmänner zwischen Anbieter und Nachfrager auf verschiedenen Märkten.[265] Sie sorgen wie Parallelimporteure für einen funktionierenden Marktmechanismus in einem fragmentierten Markt, oder, um es anders auszudrücken, der Markt ist nur scheinbar fragmentiert, und die Handelsplätze sind nichts anderes als Tore zu einem grösseren homogenen Gesamtmarkt.[266] Soweit Hochfrequenzhändler durch Liquidität bereitstellende Arbitragestrategien die Liquidität von anderen Märkten zum aufgesuchten Markt transferieren, gleicht deren Funktion derjenigen eines Luftkissens, das die Beeinflussung des Preises minimiert. Eine effizientere Bewirtschaftung des Börsennetzwerkes als durch den Hochfrequenzhandel ist kaum denkbar. Nur wenn ein Hochfrequenzhändler sämtliche Konkurrenten verdrängen könnte, würden die Handelsplätze zu Toren eines proprietären Systems des Hochfrequenzhändlers.

Aufgrund des No-Arbitrage-Bandes funktioniert die Homogenisierung des Marktes allerdings nur, wenn die Transaktionskosten sehr gering sind.[267] Sind die Transaktionskosten höher als die Preisabweichung, so ist keine Arbitrage möglich und der Händler erhält verschiedene Preise auf den unterschiedlichen Märkten. Die Aufwendung von Suchkosten kann dadurch für den Händler wiederum rational sein. Allenfalls wäre schliesslich eine Überfragmentierung denkbar. In dieser Hinsicht ist allerdings die Studie von *Pagnotta/Philippon* bemerkenswert, da sie aufzeigt, dass sich mit der technologischen Entwicklung nicht nur die Eintrittsschranken für Hochfrequenzhändler erhöhen, sondern auch jene

---

fekte hervorgehoben werden; die IOSCO empfiehlt daher in ihren Recommendations 1.1, 3 und 4 die Überwachung der Auswirkungen der Marktfragmentierung.

[264] So *O'Hara/Ye* (2011), 471 f.; *Moinas* (2010), 3; *Boulatov/George* (2013), 2120; *Buti/Rindi/Werner* (2017), 260; *Degryse/de Jong/van Kervel* (2015), 1590 f., die zwar eine Abnahme der lokalen Liquidität, aber eine starke Zunahme der konsolidierten Liquidität feststellten; siehe vorn 247 ff.

[265] Zur Funktion der Hochfrequenzhändler als Mittelsmänner *Jovanovic/Menkveld* (2016); vorn 237.

[266] Zur Synchronisierung der Preise *Gerig* (2012); *Buchanan* (2015), 162; die Parallelimporteure sind jedoch offensichtlich nur beschränkt in der Lage, für einen funktionierenden Marktmechanismus über fragmentierte Märkte hinweg zu sorgen; zum Börsennetzwerk vorn 100.

[267] Zum No-Arbitrage-Band vorn 71.

für Handelsplätze.²⁶⁸ Damit existiert ein starker Druck zur Konsolidierung. Mit Blick auf die Schweiz ist schliesslich darauf hinzuweisen, dass die SIX trotz der zunehmenden Konkurrenz aus London noch immer einen Marktanteil von knapp 70 Prozent aufweist mit Bezug auf den Handel mit an der SIX kotierten Aktien.²⁶⁹ Insofern wäre der mit einer zusätzlichen Fragmentierung einhergehende Wettbewerb erwünscht.

2. Free Riding

Dark Pools mit Referenzkurssystemen führen Aufträge gewöhnlich zum Mittelpunkt des Spreads an der Börse zusammen.²⁷⁰ Da sie von der Preisfindung an den Referenzmärkten profitieren, wird ihnen teilweise vorgeworfen, sie seien Free Rider.²⁷¹ Der Vorwurf erscheint auf den ersten Blick nicht unbegründet. Allerdings erwirtschaften transparente Handelsplätze einen wesentlichen Teil ihrer Einkünfte über den Verkauf von Handelsinformationen sowie den Zugang zu diesen Informationen.²⁷² Über die an der Börse eingegangenen Aufträge verfügt der transparente Handelsplatz ein – ebenfalls nicht unproblematisches – Informationsmonopol. Dark Pools, die ihren Teilnehmern die anonyme Ausführung zusichern, verletzen demgegenüber das Berufsgeheimnis und betreiben Frontrunning, wenn sie Auftragsinformationen verkaufen.²⁷³ Transparente Handelsplätze verfügen daher über einen natürlichen Vorteil gegenüber Dark Pools, die Aufträge gestützt auf einen Referenzkurs zusammenführen. Ferner ist denkbar, dass Börsen Dark Pools für die Verwendung der Börsendaten besondere Gebühren verrechnen. Angesichts dessen erscheint der Vorwurf des Free Ridings wenig überzeugend. Viel eher erschiene angesichts des Informationsmonopols eine restriktivere Überwachung der Tarife für Börseninformationen angezeigt. Die Schweiz kennt eine finanzmarktinfrastrukturspezifische Regelung zur Beschränkung überhöhter Preise bei den Bestimmungen zur Gewährung eines diskriminierungsfreien und offenen Zugangs zu den Finanzmarktinfrastrukturen (Art. 18 Abs. 1 FinfraG i. V. m. Art. 17 Abs. 1 FinfraV). Über diese Bestimmungen dürfte eine Tarifüberwachung insofern möglich sein, als auch für kleinere Hochfrequenzhändler der (schnellstmögliche) Zugang zu den Handelsdaten zu

---

268 *Pagnotta/Philippon* (2013), 7; anders allerdings *Pagnotta/Philippon* (2016), 3, 27 f.
269 Zum Marktanteil der SIX *http://markets.cboe.com/europe/equities/market_share/market*.
270 Zu Midpoint-Dark-Pools vorn 18; solche Systeme sind gemäss Art. 29 Abs. 3 lit. b FinfraG i. V. m. Art. 26 Abs. 4 lit. a FinfraV weiterhin zulässig.
271 So *Podewils* (2007), 47 f.; *Baisch/Baumann/Weber* (2014), 193; *Bradley* (2010); siehe auch allgemein zum Free Riding als Regulierungsgrund *R. H. Weber* (1986), 122 f.
272 Zu den Anschlussgebühren vorn 58.
273 Hierzu hinten 841 ff.

einem Preis möglich sein muss, der in einem angemessenen Verhältnis zu den wirtschaftlichen Interessen des Händlers steht.[274]

3. Ungleichbehandlung

Der verfassungsrechtliche Gleichbehandlungsgrundsatz (Art. 8 BV) gebietet, Gleiches nach Massgabe seiner Gleichheit gleich zu behandeln, Ungleiches ungleich.[275] Eine Pflicht zur Gleichbehandlung von Konkurrenten wird zudem aus der Wirtschaftsfreiheit (Art. 27 BV) abgeleitet.[276] Behandelt der Regulator Konkurrenten ungleich, so handelt es sich genau genommen um ein Staatsversagen und nicht um ein Marktversagen. Dennoch soll diese Thematik hier kurz angesprochen werden, da sie in einem engen Kontext zur Fragmentierung der Märkte und dem Free Riding steht.

Sowohl die rechtliche Qualifikation als Börse als auch jene als multilaterales Handelssystem (MTF) setzt nach der aktuellen Rechtslage einen multilateralen Handel mit Effekten nach nichtdiskretionären Regeln voraus (Art. 26 lit. b und lit. c FinfraG). Ist der Handel bilateraler Natur oder führt das Handelssystem Aufträge nach diskretionären Regeln zusammen, so wird das System als organisiertes Handelssystem (OTF) qualifiziert und auf die Handelsplattform finden weniger strenge Regeln Anwendung.[277] Auch wenn über OTF tendenziell weniger liquide Titel gehandelt werden, können diese durchaus auch zu Börsen und multilateralen Handelssystemen in Konkurrenz stehen. Es stellt sich daher die Frage, ob sich diese Privilegierung von OTF nach Massgabe von Art. 8 und 27 BV rechtfertigen lässt. Gründe sind nicht ersichtlich, weshalb der diskretionäre Handel – also der Handel bei dem Betreiber des Handelssystems ein Ermessensspielraum zukommt (Art. 22 Abs. 2 [*e contrario*] FinfraV) – weniger stark reguliert werden soll als der Handel, bei dem dem Betreiber des Handelssystems kein Ermessen zukommt. Wohl lässt sich anführen, dass dem Handelssystem bei diskretionären Regeln nur beschränkt der Charakter einer Börse zukommt und ein natürliches Bedürfnis der Marktteilnehmer nach nichtdiskretionären Regeln besteht; die Anreize des Gesetzgebers zum Betrieb von Handelsplätzen mit diskretionären Regeln erscheinen dennoch fragwürdig.[278]

---

[274] Hierzu hinten 701 f.
[275] Bspw. *Häfelin/Müller/Uhlmann* (2016), N 565 ff., 572.
[276] BGer 3C_345/2015 vom 24. November 2015 E. 4.2; BGE 140 I 218 E. 6.3, wonach der Schutz weiter geht als jener nach Art. 8 BV; *Rhinow/Schmid/Biaggini/Uhlmann* (2011), § 5 N 10, 39 ff.; *Müller/Schefer* (2008), 1056 ff.
[277] Siehe zur Qualifikation als OTF Art. 42 FinfraG und Art. 22 FinfraV.
[278] Allgemein ebenfalls kritisch zur Privilegierung von alternativen Handelssystemen *Podewils* (2007), 47.

V. Komplexität

1. Komplexität als Folge des Hochfrequenzhandels

Die Erhöhung der Komplexität als Folge des Hochfrequenzhandels wurde bereits im Kapitel 4 (Kapitalmarkt im Wandel) erläutert.[279] Die Komplexität äussert sich in der Vielzahl von Handelsplätzen, der Vielzahl unterschiedlicher Marktmodelle, der Vielzahl komplexer Gebührenordnungen sowie der Vielzahl angebotener Auftragstypen.[280] Vor allem in den USA hat darüber hinaus auch das Recht vor allem mit der *Order Protection Rule* einen erheblichen Beitrag zur Erhöhung der Komplexität geleistet.[281] In Europa und der Schweiz trägt die Order-to-Transaction-Ratio (Art. 31 Abs. 2 lit. e Nr. 1 FinfraV) zur Erhöhung der Komplexität bei, da Bereitsteller von Liquidität diese als zusätzliche Risikokomponente berücksichtigen müssen.[282]

2. Komplexitätskosten

Die Folgen der zunehmenden Komplexität sind teilweise dieselben wie diejenigen der Fragmentierung. Die Komplexität kann erhebliche Such- und damit Transaktionskosten verursachen und so die rationale Entscheidungsfindung verteuern oder für einen Menschen unmöglich machen.[283] Genau genommen ist in dieser Hinsicht die Fragmentierung ein Teilaspekt der Komplexität.

3. Bewertung der Komplexität

Grundsätzlich ist es in einem liberalen System den Privaten überlassen, komplexe Regeln vorzusehen. Den Marktteilnehmern steht es auch frei, komplexere Handelssysteme einfacheren vorzuziehen. Allerdings kann die Einführung einheitlicher Standards durch den Abbau von Komplexität wohlfahrtsökonomisch einen Mehrwert bringen. Selbst Hochfrequenzhändler könnten von einem solchen Abbau profitieren. Zwar kann die Komplexität Hochfrequenzhändlern Arbitragegelegenheiten eröffnen; letztlich verursacht sie aber auch bei Hochfre-

---

[279] IOSCO Report «Technological Impact on Market Integrity and Efficiency» 2011, 26; vorn 101 f.
[280] Teilw. IOSCO Report «Technological Impact on Market Integrity and Efficiency» 2011, 26.
[281] Vorn 33 f.
[282] Zu Order-to-Transaction-Ratios und der Kritik an derselben hinten 463 ff., 648, 687 ff.
[283] Bspw. *Gottinger* (1980), 237; zum Konzept der *bounded rationality* grundlegend *Williamson* (1985), 45 f.; vgl. *Diasakos* (2013), 1 ff.

quenzhändlern Kosten. Diese äussern sich namentlich bei der Programmierung sowie der Rechenleistung und -dauer bei der Ausführung von Aufträgen. Da die Geschwindigkeit von grosser Bedeutung ist, müssen Hochfrequenzhändler aufgrund der Komplexität allenfalls einen Rationalitätsverlust in Kauf nehmen.[284]

Für den Investor dürften die Folgen der Komplexität auf die Suchkosten grundsätzlich kaum von Bedeutung sein, da die Hochfrequenzhändler durch Market-Making und Arbitrage für eine rationale Preisfindung über die diversen Märkte und ihre besonderen Regeln hinweg sorgen. Soweit die Komplexität bei Market-Makern zu höheren Kosten führt, sind Investoren immerhin insofern indirekt betroffen, als die Market-Maker die zusätzlichen Kosten durch den Spread kompensieren müssen.

Die mit bedingten Aufträgen verbundene Komplexität ist jedoch nicht nur negativ zu bewerten. Transaktionskosten und Ausführungsrisiken können durch bedingte Aufträge minimiert werden.[285] Insgesamt kann hier keine abschliessende Antwort hinsichtlich der regulatorischen Erforderlichkeit eines Abbaus von Komplexität gegeben werden. Hierzu müssten die unterschiedlichen Auftragstypen analysiert und die Komplexitätskosten für Market-Maker quantifiziert werden. Jedenfalls erscheint eine vertieftere Auseinandersetzung mit Komplexitätskosten in der ökonomischen Theorie angezeigt. Die Verfahren gegen Handelsplätze in den USA haben im Übrigen gezeigt, dass die mangelnde Transparenz über die Funktionsweise von Auftragstypen wohl ein grösseres Problem darstellt als die Komplexität der Auftragstypen.[286]

Die Gebührensysteme der Handelsplätze führen ebenfalls zu einer erhöhten Komplexität. In dieser Hinsicht ist darauf hinzuweisen, dass Maker- oder Taker-Entschädigungen bereits im Rahmen der Agency-Problematik betrachtet und aufgrund der mit ihnen verbundenen Fehlanreize für problematisch erachtet wurden.[287] Ausserdem stellt sich bei komplexen Regeln in Gebührenordnungen stets die Frage der Einhaltung der Gleichbehandlungsverpflichtung (Art. 1 Abs. 2 FinfraG i.V.m. Art. 27 Abs. 4 und Art. 34 Abs. 1 FinfraG sowie Art. 24 Abs. 1 lit. a FinfraV). Auch dieses Problem hängt allerdings nur mittelbar mit der Komplexität zusammen.[288]

---

[284] Zu mit dem Hochfrequenzhandel verbundenen Rationalitätsproblemen vorn 241 f. und hinten 359, 450.
[285] Vorn 48.
[286] Zur Transparenz über die Funktionsweise hinten 672 ff.
[287] Vorn 51 ff., 324 ff. und hinten 414 ff.
[288] Hierzu hinten 701 f.

VI. Externe Effekte

Mit dem Hochfrequenzhandel werden verschiedene negative externe Effekte assoziiert wie instabile Märkte und technische Funktionsstörungen.[289] Nebst den direkten Auswirkungen würden diese Effekte zu einem Vertrauensverlust führen, der wiederum die Effizienz der Märkte beeinträchtige.[290] Vor diesem Hintergrund untersuchte *Contratto*, ob diese Externalitäten mit systemischen Risiken vergleichbar oder sogar mit diesen gleichzusetzen sind.[291] Ihr folgend werden diese Aspekte im Rahmen der systemischen Risiken untersucht.[292] Als externe Effekte des Hochfrequenzhandels werden des Weiteren schädigende Auswirkungen auf die Marktqualität wie eine erhöhte Volatilität, eine geringere Markttiefe und grössere Spreads bezeichnet.[293] Soweit externe Effekte die Marktqualität beeinträchtigen, wurde diese bei der Gesamtbetrachtung der Auswirkungen des Hochfrequenzhandels auf die Marktqualitätsparameter (Preisfindung, Liquidität und Volatilität) mitberücksichtigt.[294] Die Marktqualität ist wie bei der theoretischen Erörterung gezeigt grundsätzlich – das heisst abgesehen von externen Effekten ausserhalb des untersuchten Marktes – ein guter Massstab zur Bewertung von Marktversagensformen.[295]

VII. Ergebnisse

1. Geschwindigkeitswettlauf und Informationsasymmetrien

Hochfrequenzhändler befinden sich miteinander in einem wohlfahrtminimierenden Geschwindigkeitswettlauf. Zwar sind gewisse positive externe Effekte bei der Forschung anzunehmen; der Geschwindigkeitswettlauf dürfte sich je-

---

[289] *Contratto* (2014), 152.
[290] *Contratto* (2014), 152 mit Verweis auf *Teubner* (1989); ähnlich *Humbel* (2017), 360 f.; zur Bedeutung des Vertrauens als Mechanismus zur Reduktion von Komplexität und zum Systemvertrauen siehe *Luhmann* (2000), 27 ff., 60 ff.; vgl. *Arrow* (1969), 62, der auf die Transaktionskosten aufmerksam macht, die bei Abwesenheit von Vertrauen anfallen; *Banfield* (1958), 89, wonach eine erfolgreiche Organisation Vertrauen erfordert.
[291] *Contratto* (2014), 153 ff.
[292] Hinten 339 ff.
[293] *Gai/Yao/Ye* (2013), 8; *Biais/Woolley* (2011), 10; vgl. *Jovanovic/Menkveld* (2016), 4, denen zufolge der Hochfrequenzhandel zu einer Reduktion der adversen Selektion um 23 Prozent führt.
[294] Vorn 195 ff.
[295] Vorn 179 ff.

doch negativ auf die Marktqualität auswirken. Der Grund hierfür liegt in den Risiken, denen sich (Hochfrequenz-)Händler ausgesetzt sehen, die dem Markt Liquidität bereitstellen. Händler, die Market-Making-Strategien verfolgen, müssen sich entscheiden, wie weit sie sich am Geschwindigkeitswettlauf beteiligen oder aber das erhöhte Risiko in Kauf nehmen, gegen einen informierten Händler zu handeln. Sowohl für die Kosten des Geschwindigkeitswettlaufs als auch für das Risiko, gegen einen informierten Händler zu handeln, muss sie der Spread entschädigen.

Hervorzuheben ist, dass sich der Hochfrequenzhandel nicht per se negativ auf die Marktqualität auswirkt, sondern lediglich der Geschwindigkeitswettlauf. Hochfrequenzhändler sind in der Lage, mit der Bereitstellung von Liquidität verbundene Risiken weit besser und günstiger zu managen als hierzu menschliche Händler in der Lage wären. Daher dürfte sich der Hochfrequenzhandel insgesamt, wie im vorangehenden Kapitel gesehen, eher positiv auf die Marktqualität auswirken. Allerdings wird nicht das ganze Potenzial des Hochfrequenzhandels ausgeschöpft, und die Marktqualität könnte durch die Entschärfung des Geschwindigkeitswettlaufs weiter gesteigert werden. Die Überlegenheit der Hochfrequenzhändler beim Risikomanagement hat weiter zur Folge, dass der Spread langsame Händler für ihre Risiken nicht ausreichend entschädigen dürfte, wenn sie Limit-Orders verwenden. Sie müssten daher grundsätzlich besser gestellt sein, wenn sie Market-Orders verwenden. Durch die Verwendung von Market-Orders sind es letztlich aber auch sie, die den Geschwindigkeitswettlauf indirekt finanzieren, da sich die Kosten des Geschwindigkeitswettlaufs ja direkt im Spread niederschlagen. Die Thematik zeigt, wie eng der Geschwindigkeitswettlauf, Wettbewerb, Informationsasymmetrien und damit verbundene Risiken sowie die Arbeitsteilung durch Spezialisierung zusammenhängen.

Von Bedeutung für die Ergebnisse ist die Annahme, dass eine schnellere Preisfindung im Bereich weniger Millisekunden keinen realökonomischen Nutzen bringt. Ebenso bedeutsam erscheint die Erkenntnis, dass Informationsrenditen durch Arbitragegewinne für die Preisfindungsqualität nicht zwingend sind, sondern die Gefahr der Arbitrage ausreicht. Die Bereitsteller von Liquidität sehen sich allein schon durch die Gefahr der Arbitrage gezwungen, ihre Quotes anzupassen und führen so zur Preisfindung bei niedrigeren Risiken. Die Information wird mit anderen Worten nicht zur Erzielung von Informationsrenditen gewonnen, sondern zum Abbau von Informationsrisiken. Die Erkenntnis dürfte als Antwort auf die österreichische Schule sowie das Grossman-Stiglitz-Paradoxon gewertet werden.[296] Die Informationseffizienz bestimmt sich nicht nach den Informationsrenditen, sondern nach den Informationsrisikokosten (*adverse selec-*

---

[296] Zum Grossman-Stiglitz-Paradoxon vorn 201.

tion costs). Irrtümliche Transaktionen sind nicht zwingend erforderlich, aber es muss ein Risiko hierzu bestehen, das der Gesetzgeber durch die Rückabwicklung irrtümlicher Transaktionen nicht vollständig eliminieren sollte.

2. Agency-Problematik

Im Zusammenhang mit dem Hochfrequenzhandel sind weiter Agency-Problematiken zwischen Brokern und deren Kunden von Bedeutung, da Hochfrequenzhändler durchsichtige Verhaltensweisen von Brokern bei der Ausführung von Kundenaufträgen ausnutzen. Fehlanreize bei der Ausführung sind namentlich mit Maker- und Taker-Entschädigungen von Handelsplätzen verbunden, die den ökonomischen Spread unbeeinflusst lassen dürften. Diese Fehlanreize wären kaum von Bedeutung, wenn die Kunden der Broker deren Ausführungsqualität besser vergleichen und so rationalere Entscheidungen treffen könnten. Der Abbau der Agency-Problematik sollte nicht nur zu einem rationaleren Verhalten von Investoren und deren Agenten führen, sondern auch dazu, dass sich Märkte mit einer besseren Marktqualität durchsetzen, also Märkte, die den Geschwindigkeitswettlauf begrenzen.

3. Fragmentierung, Free Riding und Ungleichbehandlung

Teilweise wird eine Überfragmentierung befürchtet. Die Fragmentierung der Märkte hängt eng mit dem Hochfrequenzhandel zusammen, da Hochfrequenzhändler neue Märkte problemlos und günstig vom ersten Tag an mit Liquidität versorgen können und umgekehrt Hochfrequenzhändler bei Verfolgung von Arbitrage- und antizipierenden Strategien von einem fragmentierten Markt profitieren. Hochfrequenzhändler halten allerdings gleichzeitig die verschiedenen Märkte zusammen, indem sie als Mittelsmänner Liquidität transferieren. Ausserdem erhöhen sich mit den zunehmenden technischen Anforderungen an Handelsplätze auch die Markteintrittshürden. Im Übrigen verfügt in der Schweiz die SIX noch immer über einen Marktanteil von knapp 70 Prozent. Angesichts dessen wäre mehr Konkurrenz erwünscht.

Ebenfalls kaum von Bedeutung sein dürfte der teilweise angeführte Free-Riding-Vorwurf gegenüber Dark Pools, die Börsenkurse als Referenzkurse verwenden. Transparente Handelsplätze verfügen über etliche Möglichkeiten, von den monopolisierten Handelsinformationen zu profitieren, sodass sie einen natürlichen Vorteil gegenüber Dark Pools haben und kaum ein Free-Riding-Problem besteht. Demgegenüber erscheint die Privilegierung von OTFs gegenüber Börsen und MTFs fraglich angesichts der damit verbundenen Anreize für Handelssysteme, die Aufträge nach diskretionären Regeln ausführen.

4. Komplexität

Schliesslich führt der Hochfrequenzhandel zu einer erhöhten Komplexität durch die Vielzahl von Handelsplätzen, die Vielzahl von Marktmodellen und Gebührensystemen sowie die Vielzahl angebotener Auftragstypen. Diese Komplexität hat erhöhte Such- und damit Transaktionskosten zur Folge. Für den Investor wird auch dieses Problem durch den Hochfrequenzhandel selbst minimiert, der für eine einheitliche Preisfindung trotz Komplexität sorgt. Allerdings führt die Komplexität zu erhöhten Kosten bei den Bereitstellern von Liquidität, was sich negativ auf die Marktqualität auswirken müsste. Umgekehrt kann eine Vielzahl von Auftragstypen allenfalls auch zu einer besseren Ausführungsqualität führen, weshalb die wohlfahrtsökonomischen Folgen der Komplexität mit Bezug auf die Auftragstypen unklar sind. Hinsichtlich der Auftragstypen erscheint denn auch zum aktuellen Zeitpunkt die ausreichende Transparenz über dieselben von grösserer Bedeutung, denn daran hat es in der Vergangenheit wiederholt gefehlt. Keinen Mehrwert, sondern lediglich erhöhte Komplexitätskosten und Agency-Probleme bringt die Vielzahl komplexer Gebührensysteme. In diesem Bereich führt der Markt zu zu komplexen Systemen, sodass ein regulatorischer Eingriff angezeigt erscheint.

§ 11 Systemische Risiken

Verschiedene Autoren äusserten die Befürchtung, der Hochfrequenzhandel berge systemische Risiken.[1] In diesem Kapitel soll daher untersucht werden, ob sich dieser Verdacht erhärtet. Die Analyse beginnt mit einer theoretischen Auseinandersetzung mit systemischen Risiken. In einem zweiten Schritt werden die rechtlichen Folgen der Qualifikation als systemisches Risiko kurz dargestellt, ebenso wie die regulatorischen Konzepte und Instrumente, mit denen versucht werden kann, systemische Risiken zu bewältigen. In einem dritten Schritt werden verschiedene Risiken identifiziert, die sich als Folge des Hochfrequenzhandels akzentuieren könnten, und in einem vierten Schritt werden die identifizierten Risiken analysiert und bewertet, um schliesslich beurteilen zu können, ob die identifizierten Wirkungszusammenhänge systemische Risiken bergen.[2]

I. Theoretische Grundlagen

1. Begriff des systemischen Risikos

Der zusammengesetzte Begriff des systemischen Risikos enthält mit dem System und dem Risiko zwei Komponenten, die sich selbst schon auf einer hohen Abstraktionsebene befinden. Auf der einen Seite steht das Modell des Systems, das über seine Zustände (Parameter), die innere Struktur, die Umwelt und insbesondere die Funktion beschrieben wird.[3] Auf der anderen Seite steht der Begriff des Risikos, der eng mit der fehlenden Gewissheit über den Verlauf der Zukunft verbunden ist.[4] Im allgemeinen Sprachgebrauch wird dabei lediglich die Möglichkeit einer im Vergleich zum Erwartungswert negativen Folge als Risiko bezeichnet, während umgekehrt mögliche positive Folgen Chancen darstellen.[5]

Nicht jedes Risiko ist ein systemisches Risiko. Von einem systemischen Risiko wird allgemein nur gesprochen, wenn bei der Verwirklichung des Risikos nicht nur ein oder wenige Bestandteile, sondern das System als Ganzes und dessen

---

[1] So insb. *Contratto* (2014); *Danielsson/Zer* (2012); *Sornette/von der Becke* (2011), 12; *Leis* (2012), 58 f.; *Fleckner* (2015), 622 f.; *Löper* (2015), 151 ff.; siehe auch *IOSCO Report* «Technological Impact on Market Integrity and Efficiency» 2011, 28.

[2] Für die Hinweise und spannenden Diskussionen danke ich *Yves Mauchle*.

[3] Siehe hierzu *Luhmann* (1991), 15 ff., 30 ff., 242 ff.; *Ropohl* (2009), 71 ff.; vgl. auch *Nobel* (2010b), 449, nach dem der Begriff wörtlich «schlicht etwas Zusammengestelltes, ein Ganzes» meine.

[4] *Hettich* (2014), N 21.

[5] Zur Abgrenzung der Begriffe *Gefahr* und *Risiko* vorn 134 f.

Funktionen beeinträchtigt werden.[6] Finanzmarktbezogen wird als systemisches Risiko entsprechend die Gefahr bezeichnet, dass die Funktionen des Finanzsystems beeinträchtigt werden und daraus ein erheblicher Schaden für die Volkswirtschaft als Ganzes resultiert.[7] Stehen die Funktionen des Finanzsystems im Zentrum des systemischen Risikos, so ist der Systemschutz letztlich Bestandteil des Funktionsschutzes.[8] Funktionen sind nach Art. 8 Abs. 1 BankG systemrelevant wenn sie für die (schweizerische) Volkswirtschaft unverzichtbar und nicht kurzfristig substituierbar sind.[9] Zu diesen systemrelevanten Funktionen zählen namentlich das Einlagen- und Kreditgeschäft sowie der Zahlungsverkehr.[10]

Im vorangehenden Absatz wurde bewusst eine einfache resultat- und funktionsbezogene Definition des systemischen Risikos gewählt, um den Kern des Problems von weiteren Elementen zu befreien. Teilweise finden sich zu Recht differenziertere Definitionen, so etwa bei *Schwarcz*, der das systemische Risiko definiert als «*the risk that (i) an economic shock such as market or institutional failure triggers (through a panic or otherwise) either (X) the failure of a chain of markets or institutions or (Y) a chain of significant losses to financial institutions, (ii) resulting in increases in the cost of capital or decreases in its availability, often evidenced by substantial financial-market price volatility.*»[11] Diese Definition hat den Vorteil, dass sie Aussagen zum typischen Verlauf einer Systemkrise enthält, beginnt eine Systemkrise doch gewöhnlich mit einem Initialereignis, einem Trigger-Event, der dann durch Korrelationen und Ansteckungseffekte Kettenreaktionen auslöst, die letztlich eine Systemkrise und damit verbundene Funktionsausfälle und Schäden für die gesamte Volkswirtschaft auslösen.

---

[6] Vgl. *Kaufman* (2000), 92; *Kaufman/Scott* (2003), 371; *Alexander/Dhumale/Eatwell* (2006), 24; *Trichet* (2009); *Leis* (2012), 56 f.; *Danielsson/Zer* (2012), 3 ff.; *Mauchle* (2014), 310.

[7] Siehe *Freixas/Laeven/Peydró* (2015), 13, die das systemische Risiko wie folgt definieren: «*Systemic risk is the risk of threats to financial stability that impair the functioning of a large part of the financial system with significant adverse effects on the broader economy[.]*»; auch *Kaufman* (2000), 93; der Begriff der Gefahr wird hier nicht juristisch-technisch im Sinne der polizeirechtlichen Dogmatik verwendet; hierzu vorn 134 f.; *Mauchle* (2014), 310.

[8] Hierzu vorn 157 f.

[9] Vgl. hierzu *von der Crone/Beeler* (2012), 14 f.

[10] So Art. 8 Abs. 1 Satz 2 BankG; ähnlich *Freixas/Laeven/Peydró* (2015), 18, die dazu weiter den Bereich *risk-sharing and management* zählen; *Emmenegger* (2004), 139.

[11] *Schwarcz* (2008), 204; im Anschluss auch *Leis* (2012), 57.

2. Verlauf der Systemkrise

a) Initialereignis

Eine Systemkrise beginnt gewöhnlich mit einem Initialereignis. Mögliche Auslöser systemischer Krisen sind allerdings vielfältig. Häufig folgen Bankenkrisen auf Kursstürze nach Perioden mit irrationalen Preisentwicklungen.[12] Schon im Jahr 2003 hielt etwa *Kaufman* fest: «*Except for fraud, bank failures are almost always triggered by adverse conditions in the regional or national macroeconomies or the bursting of asset price bubbles, particularly in real estate.*»[13] Von Bedeutung ist in diesem Zusammenhang die Erkenntnis, dass Kreditblasen tendenziell zu insgesamt grösseren Schäden führen als Blasen auf Eigenkapitalmärkten wie Aktien.[14] Nebst irrationalen Preisentwicklungen können allerdings auch strukturelle Probleme wie eine inadäquate Regulierung, das übermässige Vertrauen in Märkte und Modelle, falsche Anreize (d.h. Agency-Probleme und Staatsgarantien) sowie komplexe und intransparente Finanzprodukte eine Systemkrise bewirken.[15]

Eine ideale Regulierung würde stets versuchen, Initialereignisse *ex ante* zu verhindern und strukturelle Defizite, die Systemkrisen begünstigen, zu beseitigen.[16] Allerdings besteht die Gefahr, dass sich Gesetzgeber und Unternehmer zu stark nur auf Trigger-Punkte fokussieren und daraus eine zu grosse Planungssicherheit ableiten. *Thomas Jordan* ist zuzustimmen, wenn er ausführte: «*In my opinion, there are so many possible causes of a systemic crisis that it is insufficient to focus on just one specific cause when drawing up possible regulatory solutions. It would be an illusion to think that the issue of systemic risk could be totally eliminated in the long-term with such an approach.*»[17] Dies bedeutet selbstverständlich nicht, dass nicht nach Auslösern systemischer Risiken gesucht werden soll, sondern lediglich, (a) dass Finanzinstitute so aufgestellt sein sollten, dass sie

---

[12] *Mishkin* (1991), 96; *Calomiris/Gorton* (1991), 143 *Benston/Kaufman* (1995), 28; *Kaufman* (2000), 106; vgl. *Sornette/von der Becke* (2011), 11 f.; *Zigrand/Shin/Beunza* (2011), 4.

[13] *Kaufman* (2000), 105 gestützt auf *Benston/Kaufman* (1995); er leitet daraus ab, dass Bankenkrisen regelmässig nicht aufgrund von Spillover-Effekten, sondern aufgrund des Umstandes eintreten, dass sich Banken denselben Risiken ausgesetzt sehen.

[14] So *Freixas/Laeven/Peydró* (2015), 15, die festhielten «*Episodes of deleveraging, credit crunches, and debt overhangs, such as those occurring in the 1930s, the 1997 to 1998, and 2007 to 2014 periods, have substantially stronger negative effects on the real sector than stock market-based crises, such as those in October 1987 or the dot-com bubble in 2000*»; siehe auch *Mauchle* (2014), 310 ff. zu systemischen Risiken aus dem Hypothekargeschäft.

[15] *Jordan* (2010), 2; siehe auch *Freixas/Laeven/Peydró* (2015), 15 f.

[16] *Schwarcz* (2012), 826.

[17] *Jordan* (2010), 4.

durch unvorhergesehene Ereignisse nicht in Schieflage geraten und (b) auch versucht werden sollte, die Folgen eines Initialereignisses wenn möglich zu entschärfen.

b) Korrelierende Risiken, Contagion und Feedback-Loops

Von Bedeutung beim Verlauf systemischer Krisen sind sodann typischerweise korrelierende Risiken und Verhaltensweisen während der Krise. Regelmässig betrifft ein Initialereignis wie ein Kurssturz nicht nur ein Finanzinstitut, sondern viele Finanzinstitute und weitere wirtschaftliche Akteure gleichzeitig, wodurch die Auswirkungen des Initialereignisses amplifiziert werden. Dies liegt daran, dass sich viele Akteure ähnlich verhalten und sich daher denselben nicht diversifizierten Risiken beziehungsweise Makroschocks ausgesetzt sehen.[18] Zudem sehen sich dann während der Krise viele Marktteilnehmer gleichzeitig zu Fire-Sales zu irrational tiefen Preisen gezwungen, wodurch die Krise verstärkt wird.[19] Fallen dann Finanzinstitute oder andere Kreditnehmer aus, so können dadurch weitere Wirtschaftsakteure in Schieflage geraten, die nicht direkt oder nur beschränkt vom Initialereignis betroffen sind.[20] Diese Ansteckungsgefahr (*contagion*) kann ganze Kettenreaktionen auslösen und dadurch das System als Ganzes zu Fall bringen.

Verhaltenskorrelationen und damit verbundene Kettenreaktionen sind ein wesentliches Kennzeichen systemischer Risiken.[21] Die Ansteckungsgefahr unterscheidet das systemische Risiko grundsätzlich vom idiosynkratischen Risiko, das von einzelnen Instituten ausgeht.[22] Allerdings können auch idiosynkratische Risiken durch Korrelationen und Vernetzung zu einer Systemkrise führen.[23] Be-

---

18 *Nobel* (2010b), § 1 N 90.
19 Zu den Fire-Sales bspw. *Kaufman* (2000), 81, 95; *Freixas/Laeven/Peydró* (2015), 14; *Jordan* (2010), 2; *Key Aspects of Macroprudential Policy 2013*, 7.
20 Bspw. *Freixas/Laeven/Peydró* (2015), 109 ff.; *Kaufman* (2000), 94 f., 97 ff., 103 ff.; vgl. *Emmenegger* (2004), 140; vgl. *L. Staehelin*(2012), 21; *Nobel* (2010a), § 1 N 90, wonach die Risiken namentlich aus der Übertragung von Liquiditäts- und Solvenzproblemen zwischen Finanzdienstleistern herrühren.
21 Vgl. *Kaufman* (2000), 92 f.; *Schwarcz* (2008), 198 f.; zu Korrelationen auch *Freixas/Laeven/Peydró* (2015), 14; vgl. *Key Aspects of Macroprudential Policy 2013*, 6 f.; *PFMI 2012*, Nr. 2.2 f.
22 *Freixas/Laeven/Peydró* (2015), 14; als idiosynkratische Risiken werden anlagespezifische Risiken bezeichnet, die wegdiversifiziert werden können im Gegensatz zu Marktrisiken (auch systematische Risiken), hierzu *Bodie/Kane/Marcus* (2014), 206, 325; siehe auch *Posner* (2014), 593; gewöhnlich werden in der Portfoliotheorie idiosynkratische und systematische Risiken voneinander unterschieden; systemische Risiken und systematische Risiken hängen zwar eng zusammen, sollten jedoch nicht verwechselt werden.
23 *Nobel* (2010b), 448; ähnlich *Rochet* (2010), 264.

zeichnend für die Ansteckungsgefahr sind Abhängigkeiten, die in einer spezialisierten und globalisierten Gesellschaft typisch sind.[24] Gerade Banken sind durch Interbankenverbindlichkeiten, Kredite und Zahlungssysteme besonders *interconnected*.[25]

Verwirklicht sich ein systemisches Risiko im Finanzsystem und resultieren daraus negative Folgen für die gesamte Volkswirtschaft, kann das systemische Risiko auch als Quelle potenzieller externer Effekte (Spillover-Effekte) begriffen werden.[26] *Freixas/Laeven/Peydró* bezeichnen diese Qualifikation der Ansteckungsgefahr als Schlüssel zum Verständnis systemischer Risiken.[27] Als Grundregel erscheint aus einer regulatorischen Sicht die Internalisierung solcher Externalitäten angezeigt, damit diese in das Entscheidungsverhalten der Entscheidungsträger hineinfliessen.[28]

c) Funktionsausfall und Substitutionskosten

Das Initialereignis kann einerseits beispielsweise durch den Zusammenbruch von Finanzinstituten direkt zu Funktionsausfällen führen oder aber indirekt über die Ansteckungseffekte. Dabei stehen zunächst zwar die Funktionen von Finanzinstituten und Kapitalmärkten im Vordergrund. Durch die Ansteckungseffekte können letztlich aber viele weitere Funktionen, welche durch Unternehmen der Realwirtschaft erfüllt werden, betroffen sein.

Bei der Bewertung von Risiken ist aus einer makroökonomischen Sicht die Frage nach der Substituierbarkeit von grosser Bedeutung.[29] Jedes Lebewesen erhält sich durch die Substitution seiner Individuen. Die Substitution äussert sich nicht bei der Wahrscheinlichkeit des Risikoeintritts, sondern bei der Schwere der Folgen für die Volkswirtschaft. Die Substitution selbst kann dabei durch die mit ihr verbundenen Kosten quantifiziert werden. Sind viele Wettbewerber vorhanden, die dieselbe Funktion ausüben, und können diese die Funktion eines konkursi-

---

[24] Vgl. *Kaufman* (2000), 97.
[25] *Kaufman* (2000), 97.
[26] Vgl. *Freixas/Laeven/Peydró* (2015), 14; *Kaufman* (2000), 93; *Key Aspects of Macroprudential Policy 2013*, 6 f.
[27] *Freixas/Laeven/Peydró* (2015), 14.
[28] Vgl. *Jordan* (2010), 4, wonach TBTF-Institute aufgrund der impliziten Staatsgarantie (zumindest in der Vergangenheit) nicht die gesamten Risiken trugen, die von ihnen ausgingen; grundlegend zur Internalisierung externer Effekte vorn 176 f.
[29] Abgesehen von Art. 22 Abs. 2 lit. b FinfraG und Art. 20a lit. b aNBV wies auch die Expertenkommission zur Limitierung von volkswirtschaftlichen Risiken durch Grossunternehmen auf den wesentlichen Aspekt der Substituierbarkeit von für die Volkswirtschaft unverzichtbaren Leistungen hin (*Bericht Expertenkommission «Too big to fail» 2010*, 3).

ten Marktteilnehmers einfach übernehmen, sind die Kosten der Substitution sehr gering, sofern dadurch nicht der Wettbewerb in der fraglichen Branche beeinträchtigt wird. Durch die Konzentration können sich gar Synergien beziehungsweise positive Skaleneffekte ergeben, sodass letztlich die Gesellschaft vom Ausfall des Marktteilnehmers profitiert.[30]

Die Substitutionskosten sind aber nur eine Folge des Risikoeintritts. Fällt ein Funktionsträger aus, sind damit weitere Folgen als bloss das Wegfallen der Funktion verbunden. Erstens führt der Konkurs selbst zu hohen administrativen Kosten, die grundsätzlich umso höher sind, je vernetzter die konkursite Gesellschaft ist. Zweitens sind die Veräusserungswerte von Aktiven regelmässig tiefer als deren Fortführungwerte.[31] Drittens – und das ist der wichtigste Punkt – können durch die Ansteckungseffekte andere Marktteilnehmer und Dritte wiederum in ihrer Funktion beeinträchtigt werden, sodass sie letztlich die Funktion des Konkursiten nicht übernehmen können und wiederum selbst weitere Marktteilnehmer gefährden. Die Substitutionskosten können daher viel höher sein, als sie auf den ersten Blick erscheinen.

3. Institutionen und Kapitalmärkte

Innerhalb der systemischen Risiken wird zwischen institutionellen systemischen Risiken (*institutional systemic risk*) und systemischen Marktrisiken (*market systemic risk*) unterschieden.[32] Als institutionelles systemisches Risiko wird jenes systemische Risiko bezeichnet, das von Finanzinstituten ausgeht.[33] Finanzinstitute erfüllen wesentliche Funktionen, namentlich bei der Gewährung von Krediten.[34] Der Wegfall der Funktion kann die Kapitalaufnahme für Unternehmen erschweren oder unmöglich machen.[35] Gleichzeitig kann der Ausfall eines grossen Finanzinstituts zu grossen Kreditausfällen bei anderen Finanzinstituten und Unternehmen führen und dadurch deren Überlebensfähigkeit gefährden. Damit sind wiederum korrelierende Verhaltensweisen wie Fire-Sales verbunden, sodass die Gefahr besteht, dass die Ansteckungseffekte in einen Teufelskreislauf münden. Die Empfindlichkeit von Finanzinstituten wird dabei heute vor allem auf Liquiditätsrisiken zurückgeführt, da die Kreditoren der Bank in der Regel ihre Finanzmittel kurzfristig zurückfordern können, während die Bank langfristige

---

30   Zu den Gefahren dieser positiven Skaleneffekte vorn 295 f.
31   Vgl. Art. 725 Abs. 2 OR.
32   *Schwarcz* (2008), 198 ff.
33   Hierzu *Schwarcz* (2008), 198 ff.
34   Zu den Funktionen vorn 160 ff.
35   *Schwarcz* (2008), 198.

I. Theoretische Grundlagen

Kredite gewährt (Funktion der Fristentransformation).[36] So kann ein Bank-Run zur Zahlungsunfähigkeit führen, selbst wenn die Bank an sich ausreichend kapitalisiert ist. Mit einem Bank-Run verbundene Fire-Sales können auch erst eine Unterkapitalisierung herbeiführen.[37] Wesentliche Bedeutung wird daher im Zusammenhang mit systemischen Risiken dem Vertrauen in Finanzinstitutionen und -märkte zugestanden.[38] Aufgrund des institutionellen systemischen Risikos werden systemrelevante Banken (Art. 7 ff. BankG) und Finanzmarktinfrastrukturen (Art. 22 ff. FinfraG und Art. 19 ff. NBG) strenger reguliert als andere Finanzinstitute.

Als systemisches Marktrisiko (*market systemic risk*) bezeichnet *Schwarcz* das nicht wegdiversifizierbare systemische Risiko, das mit dem Markt korreliert und sich im Wesentlichen aus irrationalen Preisen ergibt.[39] Er bringt den Begriff des systemischen Risikos damit in die Nähe des systematischen Risikos der Portoliotheorie, also des nicht wegdiversifizierbaren Risikos, das alle Marktteilnehmer gleichermassen trifft.[40] Zwar können systematische Risiken systemische Risiken bergen, die beiden Risiken sollten jedoch grundsätzlich strikt voneinander unterschieden werden.[41] Allerdings erscheint die Unterscheidung von Institutionen und Märkten grundsätzlich überzeugend, da sie klar zum Ausdruck bringt, dass unabhängig von systemrelevanten Instituten im Finanzmarkt selbst systemische Risiken lauern.

Die Märkte hängen natürlich eng mit den Instituten zusammen und sollten daher auch nicht isoliert betrachtet werden.[42] Erstens sind irrationale Entwicklungen auf den Kapitalmärkten wie Blasen und Fire-Sales typische Ursachen für Systemzusammenbrüche.[43] Kursstürze sind typische Initialereignisse, die ein Finanzinstitut in Bedrängnis bringen können.[44] Zweitens müssen Marktteilnehmer im Falle von Kursstürzen Margin-Calls bedienen und in Bedrängnis geratene Finanzinstitute sehen sich zu Fire-Sales gezwungen, die dann nur zu einem irra-

---

[36] Ich danke *Yves Mauchle* für diesen Hinweis; vgl. *Schwarcz* (2008), 199; zur Fristentransvormation vorn 165.
[37] Vgl. *Kaufman* (2000), 81.
[38] Bspw. *Emmenegger* (2004), 139 f.
[39] *Schwarcz* (2008), 200.
[40] *Schwarcz* (2008), 200, 204; ähnlich *Freixas/Laeven/Peydró* (2015), 14, die die systemischen Risiken den idiosynkratischen Risiken gegenüberstellen; zum systematischen Risiko der Portfoliotheorie bspw. *Bodie/Kane/Marcus* (2014), 206; *Posner* (2014), 593.
[41] So auch *Schwarcz* (2008), 204; siehe auch *Bodie/Kane/Marcus* (2014), 325.
[42] *Schwarcz* (2008), 202.
[43] *Jordan* (2010), 2.
[44] *Mishkin* (1991), 96; *Calomiris/Gorton* (1991), 143 *Benston/Kaufman* (1995), 28; *Kaufman* (2000), 106; vorn 341 f.

tional tiefen Preis ausgeführt werden können.[45] Drittens geraten bei Kursstürzen regelmässig viele Finanzinstitute und andere Wirtschaftssubjekte gleichzeitig in Bedrängnis. Ihr Verhalten wird entsprechend insbesondere auch mit Blick auf Fire-Sales positiv zueinander korrelieren, sodass die Krise verstärkt wird. Ausserdem geht von der Krise ein Informationssignal aus, das bewirkt, dass selbst nicht betroffene Finanzinstitute und langfristige Investoren versuchen, ihre Positionen zu verkaufen. Viertens sind Märkte und Finanzinstitute weitgehend substituierbar, da Finanzinstitute im Wesentlichen Marktfunktionen als Mittelsmänner erfüllen.[46] So können Unternehmen Kapital über Banken oder direkt über die Kapitalmärkte aufnehmen. Diese Substituierbarkeit kann die Folgen von Funktionsausfällen eindämmen. Allerdings dürften die höheren Eigenmittelvorschriften und die Verschuldungsquote (*leverage ratio*) von Basel III (zumindest kurzfristig) zu einer Reduktion und Verteuerung der Kreditvergabe geführt haben, sodass dem Kapitalmarkt eine zunehmende Bedeutung bei der Kreditvergabe zukommt.[47]

Nach der Finanzkrise lag der Fokus der Öffentlichkeit, der Forschung und der Regulatoren vor allem auf den institutionellen systemischen Risiken, also auf der Regulierung systemrelevanter Finanzinstitute. Das ist insofern verständlich, als die Staaten diese Institute während der Systemkrise stützen mussten. Aufgrund der erhöhten Risiko- und Eigenmittelvorschriften erscheint die Kapitalaufnahme über Banken für viele, vor allem kleinere Unternehmen allerdings zunehmend schwierig. Die Deintermediatisierung lässt das systemische Marktrisiko zunehmend in den Fokus rücken.[48]

4. Risikobeherrschung

Bernstein vertritt in seinem viel beachteten Werk *Against the Gods – The Remarkable Story of Risk* die These, dass die Vorstellung der Beherrschbarkeit von Risiken ein bedeutendes Merkmal der Neuzeit ist und diese sich dadurch wesentlich von der Vorzeit unterscheidet, als der Verlauf der Zukunft im Wesentlichen als gottgegeben betrachtet wurde.[49] Die Beherrschung von Risiken setzt zunächst voraus, dass für die Zukunft mögliche Zustände mit einem gewissen Erwartungswert unterschieden werden. Gewöhnlich werden die Erwartungs-

---

[45] Zu den Fire-Sales bspw. *Kaufman* (2000), 81, 95; *Freixas/Laeven/Peydró* (2015), 14; *Jordan* (2010), 2.
[46] Zu den Funktionen des Kapitalmarktes vorn 160 ff.; zu den Funktionen von Banken *Emch/Renz/Arpagaus* (2011), 41 ff.
[47] Hierzu *Hettich* (2013), 391.
[48] Ähnlich *Schwarcz* (2008), 202.
[49] *Bernstein* (1996), 1.

werte mathematisch durch eine Funktion der Wahrscheinlichkeitsverteilung ausgedrückt. Aus der Funktion können die zwei wesentlichen Bestandteile des Risikos ermittelt werden: die Eintrittswahrscheinlichkeit sowie der Erwartungswert des Schadensausmasses.[50] So kann die Schadenswahrscheinlichkeit beispielsweise aus der Perspektive eines Kaskoversicherungsunternehmens gross sein, die Schadenshöhe aber ist stets beschränkt auf den Wert des versicherten Gegenstandes. Umgekehrt ist die Wahrscheinlichkeit eines gravierenden Nuklearunfalles in der Schweiz (hoffentlich) klein. Gleichzeitig wären sehr grosse Schäden denkbar, wenn Zürich, Bern oder Basel für eine gewisse Zeit unbelebbar würden – von Menschenleben nicht zu reden. Für systemische Risiken sind dabei gerade eine relativ kleine Eintrittswahrscheinlichkeit sowie eine hohes Schadenspotenzial typisch.

II. Rechtliche Erfassung systemischer Risiken

1. Legaldefinitionen

a) Allgemein

FSB, IMF und BIS definieren das systemische Risiko als *«risk of disruption to financial services that is (i) caused by an impairment of all or parts of the financial system and (ii) has the potential to have serious negative consequences for the real economy.»*[51] Die Finma hat das systemische Risiko zunächst wie folgt definiert: *«Mit Systemrisiko oder systemischem Risiko wird die Gefahr bezeichnet, dass durch das Fehlverhalten oder den Ausfall eines Teilnehmers in einem System, hier speziell im Finanzsystem, andere Teilnehmer oder Finanzinstitute ihre Verpflichtungen ebenfalls nicht mehr erfüllen können und das System kollabiert.»*[52] Sowohl die Definition der internationalen Organisation als auch die Definition der Finma bewegen sich in der Nähe der begrifflichen Auseinandersetzung mit dem systemischen Risiko im vorangehenden Oberabschnitt I (Theoretische Grundlagen).[53] Von grösserer Bedeutung als diese allgemeinen Ausführungen sind in rechtlicher Hinsicht die Präzisierungen im Finanzmarktinfrastruktur- (FinfraG) und im Bankengesetz (BankG).

---

[50] *Hettich* (2014), N 21.
[51] *Joint Report to the G20 on SIFIs 2009*, 2.
[52] *Finma* (2009), 69.
[53] Vorn 339 f.

b) Systemrelevante Finanzmarktinfrastrukturen

Art. 22 FinfraG limitiert zunächst den Kreis potenziell systemrelevanter Finanzmarktinfrastrukturen auf zentrale Gegenparteien, Zentralverwahrer und Zahlungssysteme. Diese sind gemäss Art. 22 Abs. 1 FinfraG systemisch bedeutsam, wenn (a) ihre Nichtverfügbarkeit, namentlich aufgrund technischer oder operationeller Probleme oder finanzieller Schwierigkeiten, zu schwerwiegenden Verlusten, Liquiditätsengpässen oder operationellen Problemen bei Finanzintermediären oder anderen Finanzmarktinfrastrukturen führen oder schwerwiegende Störungen an den Finanzmärkten zur Folge haben, oder (b) Zahlungs- oder Lieferschwierigkeiten einzelner Teilnehmer über sie (die Finanzmarktinfrastrukturen) auf andere Teilnehmer oder verbundene Finanzmarktinfrastrukturen übertragen werden können und bei diesen zu schwerwiegenden Verlusten Liquiditätsengpässen oder operationellen Problemen führen oder schwerwiegende Störungen an den Finanzmärkten zur Folge haben können. Geschäftsprozesse einer Finanzmarktinfrastruktur nach Abs. 1 (zentrale Gegenparteien, Zentralverwahrer und Zahlungssysteme[54]) sind nach Art. 22 Abs. 2 FinfraG systemisch bedeutsam, wenn (a) ihre Nichtverfügbarkeit zu schwerwiegenden Verlusten, Liquiditätsengpässen oder operationellen Problemen bei Finanzintermediären oder anderen Finanzmarktinfrastrukturen führen oder schwerwiegende Störungen an den Finanzmärkten zur Folge haben können und (b) die Teilnehmer den Geschäftsprozess kurzfristig nicht substituieren können.

In den Legaldefinitionen finden sich mit den Ansteckungseffekten, den gravierenden Folgen der Nichtverfügbarkeit von Funktionen sowie der Frage nach der Substituierbarkeit derselben die Aspekte wieder, die bei der theoretischen Auseinandersetzung mit systemischen Risiken diskutiert wurden. Der Fokus der Legaldefinitionen ist jedoch stark auf operationelle Aspekte gerichtet. Dieser Fokus erscheint zwar mit Blick auf systemrelevante Finanzmarktinfrastrukturen als systemrelevante Funktionsträger durchaus begründet; die Legaldefinitionen decken sich dadurch indes nur beschränkt mit der allgemeinen Theorie zu systemischen Risiken, für die korrelierende Risiken, Ansteckungseffekte und Feedback-Loops bedeutender sind.[55]

Mit Blick auf den Hochfrequenzhandel erscheinen vor allem die folgenden Aspekte der Definitionen von besonderer Bedeutung: die technischen und operativen Probleme bei Finanzmarktinfrastrukturen und Intermediären, die mit starken Kursschwankungen verbundenen möglichen schwerwiegenden Verluste für Finanzmarktinfrastrukturen sowie die Liquiditätsengpässe.

---

54 Genau genommen handelt es sich hier bereits um einen Geschäftsprozess einer Finanzmarktinfrastruktur.
55 Vorn 342 f.

c) Systemrelevante Banken

Gemäss Art. 7 Abs. 1 BankG werden Banken, Finanzgruppen und bankdominierte Finanzkonglomerate als systemrelevante Banken qualifiziert, wenn deren Ausfall die Schweizer Volkswirtschaft und das schweizerische Finanzsystem erheblich schädigen würde. Funktionen sind nach Art. 8 Abs. 1 BankG systemrelevant, wenn sie für die schweizerische Volkswirtschaft unverzichtbar und nicht kurzfristig substituierbar sind. Als Funktionen nennt das Gesetz dabei das inländische Einlagen- und Kreditgeschäft sowie den Zahlungsverkehr. Auch diese Aspekte sind eng verknüpft mit der begrifflichen Auseinandersetzung im vorangehenden Oberabschnitt I (Theoretische Grundlagen).[56] Zwar ist der Hochfrequenzhandel als potenziell risikobehaftete Tätigkeit auch für systemrelevante Banken von Bedeutung; in diesem Kapitel wird der Fokus jedoch auf die Finanzmarktinfrastrukturen sowie die Märkte gelegt.

2. Allgemeine rechtliche Folgen der Systemrelevanz

Die Qualifikation eines Risikos als systemisches Risiko für das Finanzsystem hat nach schweizerischem Recht zur Folge, dass die Bewältigung desselben in den Aufgabenbereich der Schweizerischen Nationalbank fällt. Gemäss Art. 5 Abs. 2 lit. e NBG ist es ausdrücklich eine Aufgabe der Nationalbank, zur Stabilität des Finanzsystems beizutragen. Die Nationalbank ist es auch, die (nach Anhörung der Finma) entscheidet, ob Finanzmarktinfrastrukturen oder Banken systemrelevant sind (Art. 20 Abs. 2 FinfraG Art. 8 Abs. 3 BankG). Allerdings sind die Handlungsspielräume der Nationalbank beschränkt, Institute und deren Funktionen als systemrelevant zu qualifizieren. Potenziell systemrelevant sind nach Art. 22 Abs. 1 FinfraG und Art. 19 Abs. 1 NBG wie erwähnt lediglich zentrale Gegenparteien, Zentralverwahrer und Zahlungssysteme. Hinzu kommen systemrelevante Banken nach Art. 7 ff. BankG. Bemerkenswert ist, dass Handelsplätze nach dieser Regelung nicht ausdrücklich für systemisch bedeutsam erachtet werden. Sie unterliegen allerdings dennoch einer relativ weitgehenden Regulierung, die kaum gerechtfertigt werden könnte, wenn den Handelsplätzen nicht doch zumindest implizit eine gewisse Systemrelevanz zugeschrieben würde.

Mit Bezug auf die Aufsicht sind systemrelevante Finanzmarktinfrastrukturen im Unterschied zu gewöhnlichen Finanzmarktinfrastrukturen der Finma und SNB gleichzeitig unterstellt.[57] Die Einzelheiten sind hauptsächlich in den Art. 23 ff.

---

[56] Vorn 339 f.
[57] Siehe insb. Art. 25 und Art. 83 FinfraG; siehe auch Art. 11 Abs. 1, Art. 23 Abs. 4, Art. 24 Abs. 2 und Art. 57 Abs. 3, Art. 71 Abs. 3 und Art. 88 Abs. 2 FinfraG.

FinfraG i. V. m. Art. 20 f. FinfraV und vor allem im Nationalbankgesetz (19 ff. NBG) und in der Nationalbankenverordnung (Art. 18 ff. NBV) geregelt, so namentlich die Kriterien für die Systemrelevanz (Art. 20 NBV) sowie die sich aus der Qualifikation ergebenden besonderen Anforderungen (Art. 21a ff. NBV).[58]

3. Mikro- und makroprudentielle Regulierung

Bei der regulatorischen Bewältigung systemischer Risiken kann zwischen der mikroprudentiellen und der makroprudentiellen Perspektive unterschieden werden. Während bei der mikroprudentiellen Perspektive die Risiken der einzelnen Institute im Fokus sind, ist die makroprudentielle Perspektive auf die Risiken und Stabilität des Gesamtsystems gerichtet.[59] Besonders seit der globalen Finanzkrise rückte die makroprudentielle Perspektive in den Fokus der Regulatoren. Hinter diesem Perspektivenwechsels stand die Erkenntnis, dass die kollektive Einhaltung mikroprudentieller Regulierungsvorgaben durch Finanzmarktteilnehmer in der Krise dazu führen, dass die Krise verstärkt wird.[60] Die makroprudentielle Aufsicht wird durch das Versagen des Marktes, mit diesen Risiken umzugehen, gerechtfertigt.[61]

Wie allgemein bei Risiken kann auch die Regulierung von systemischen Risiken einerseits bei der Wahrscheinlichkeit einer systemischen Krise und andererseits bei den Folgen der Krise ansetzen.[62] Die makroprudentiellen Regulierungsinstrumente zielen vor allem darauf ab, dass Banken und Private unerwartete Schocks besser absorbieren können (Viability) und ihre Verhaltensweisen während der Krise weniger stark korrelieren.[63] Ferner sind sie aber auch auf die bessere Abwicklungsfähigkeit (Resolvability) von Finanzinstituten gerichtet.[64]

Zu makroprudentiellen Regulierungsinstrumenten gehören beispielsweise antizyklische Kapitalpuffer, Mindestliquiditätsquoten (*Liquidity Coverage Ratio* [LCR] und *Net Stable Funding Ratio* [NSFR]) und maximale Kredit- und Ver-

---

[58] Eine Delegationsbestimmung findet sich in Art. 23 Abs. 3 FinfraG; siehe nebst der Nationalbankenverordnung auch Art. 20 ff. FinfraV.
[59] Zum Ganzen *Freixas/Laeven/Peydró* (2015), 1 ff., 199 ff., 251 ff.; *Rochet* (2004), 56; *Dietrich/Bienert* (2017), N 131; *Key Aspects of Macroprudential Policy 2013*, 6 ff., die weiter die folgenden Bereich erwähnen: *Monetary Policy, Fiscal and Structural Policies, Competition Policy* sowie *Crisis Management and Resolution Policies.*
[60] *Freixas/Laeven/Peydró* (2015), 1.
[61] *Freixas/Laeven/Peydró* (2015), 257; vgl. *Key Aspects of Macroprudential Policy 2013*, 6 f.
[62] Vgl. *Freixas/Laeven/Peydró* (2015), 257; *Rochet* (2004), 56.
[63] Vgl. *Freixas/Laeven/Peydró* (2015), 1; *von der Crone/Bühler* (2014), 28 ff.
[64] Ausführlich *von der Crone/Bühler* (2014), 8 ff.; *Grünewald* (2014).

schuldungsquoten (*Loan-to-Value Ratio* [LTV]; *Debt-to-Income Ratio* [DTI]).[65] Die Überlebensfähigkeit soll ferner auch durch Bail-in-Mechanismen verbessert werden, bei denen Kredite zur Sanierung in Eigenkapital umgewandelt oder abgeschrieben werden.[66] Auf eine bessere Abwicklungsfähigkeit sind einerseits strukturelle Massnahmen wie die Begrenzung der Geschäftstätigkeit und Grösse sowie territoriale Holdingstrukturen und andererseits besondere Abwicklungsregimes gerichtet.[67]

III. Risikoidentifikation

Die IOSCO hat drei Gruppen von Risiken im Zusammenhang mit dem Hochfrequenzhandel identifiziert: Risiken für die Marktqualität[68], Risiken für die Fairness und Integrität des Marktes und Risiken für die Stabilität und Resilienz der Märkte.[69] Bei den Risiken für die Marktqualität handelt es sich jedoch mehrheitlich eher um Konstanten als um Risiken, sodass auf die Ausführungen in den vorangehenden Kapiteln 9 (Marktqualität) und 10 (Marktversagen) verwiesen werden kann. In Anlehnung an die europäischen Kapitaladäquanzerlasse (CRR und CRD IV) sowie die schweizerische Kapitalverordnungen (ERV und LiqV) erscheinen im Zusammenhang mit dem Hochfrequenzhandel operationelle Risiken, Gegenparteirisiken, Marktrisiken, Liquiditätsrisiken sowie Marktintegritätsrisiken von Interesse.[70]

IV. Risikobewertung

Nachfolgend werden die identifizierten Risiken auf ihre Ursache-Wirkungs-Zusammenhänge untersucht und auf ihre systemische Bedeutung hin bewertet. Hervorzuheben ist, dass die genannten Risiken nicht per se systemische Risiken darstellen. Systemisch bedeutsam sind sie vor allem dann, wenn sich systemisch bedeutsame Funktionsträger (Banken oder Finanzmarktinfrastrukturen) solchen

---

[65] Hierzu *Key Aspects of Macroprudential Policy 2013*, 19 ff.
[66] Zum Bail-in bspw. *Böckli/Böckli* (2015), 321 ff.; *Kuhn* (2014), 443 f.; *Grünewald* (2013), 554 ff.
[67] Hierzu *von der Crone/Bühler* (2014), 8 ff.; siehe auch *Grünewald* (2014), 32 ff. zu den Abwicklungsinstrumenten.
[68] Die IOSCO spricht von Risiken für die Markteffizienz; der Begriff Marktqualität trifft jedoch die darunter aufgeführten Risiken für die Preisfindung, Liquidität und Volatilität besser.
[69] *IOSCO Report «Technological Impact on Market Integrity and Efficiency» 2011*, 28.
[70] Siehe insb. Art. 79, 83, 85 und 86 CRD IV sowie Art. 1, 48 ff., 80 ff. und 89 ff. ERV sowie Art. 5 ff. LiqV; die Marktintegritätsrisiken wurden als eigenständige Kategorie hinzugefügt.

Risiken ausgesetzt sehen. Markt- und Liquiditätsrisiken sind ausserdem eng mit der Kategorie der systemischen Marktrisiken verknüpft.[71]

1. Operationelle Risiken

a) Begriff

Als operationelles Risiko wird das Risiko von Verlusten bezeichnet, die durch die Unangemessenheit von oder das Versagen von internen Verfahren, Menschen oder Systemen oder durch externe Ereignisse verursacht werden.[72] Ausdrücklich eingeschlossen sind Rechtsrisiken, nicht aber strategische Risiken oder Reputationsrisiken.[73]

b) Hochfrequenzhandel als Quelle operationeller Risiken

Im Zusammenhang mit dem Hochfrequenzhandel stehen operationelle Risiken im engeren Sinne im Vordergrund, das heisst Risiken, die die Funktionsweise der Handelssysteme gefährden. Dass der Hochfrequenzhandel eine Quelle operationeller Risiken für die Handelssysteme darstellt, ist allgemein anerkannt.[74] Gefährdet wird die Funktionalität der Handelssysteme namentlich durch Hardware-Fehler, dysfunktionale Algorithmen oder Hacker; aber auch allein ein hohes Mitteilungsaufkommen kann Systemüberlastungen und Systemausfälle bewirken.[75] Ein solch hohes untertägiges Mitteilungsaufkommen ist gerade kennzeichnend für den Hochfrequenzhandel. Nach *Malinova/Park/Riordan* unterbreitet der durchschnittliche liquiditätsbereitstellende Hochfrequenzhändler in Kanada 250 000 Mitteilungen pro Tag und ist an etwa 5 000 Transaktionen betei-

---

[71] Zu den systemischen Marktrisiken vorn 344 ff.
[72] Art. 4 Abs. 1 Nr. 52 CRR; Art. 89 ERV; siehe ausserdem die Definitionen bei *PFMI 2012*, Nr. 2.9 (20); *Emch/Renz/Arpagaus* (2011), N 3104 ff.; *Nobel* (2010a), § 8 N 208 ff.
[73] Art. 89 ERV; zu den Rechtsrisiken auch Art. 4 Abs. 1 Nr. 52 CRR.
[74] So *Biais/Woolley* (2011), 15; *Farmer/Skouras* (2012b), 13; *Sornette/von der Becke* (2011), 13 ff.; IOSCO Report «Technological Impact on Market Integrity and Efficiency» 2011, 31; *European Financial Stability Report 2013*, 135; *Köhler* (2014), N 292.
[75] *Biais/Woolley* (2011), 15; *Sornette/von der Becke* (2011), 13; zu Fehlern siehe etwa *SEC Order agst. Latour Trading 2015*, N 2; siehe auch den Erwägungsgrund 62 zu MiFID II: «[D]iese Handelstechnologie birgt auch eine Reihe potenzieller Risiken, wie die erhöhte Gefahr der Überlastung der Systeme von Handelsplätzen infolge grosser Mengen an Aufträgen oder das Risiko, dass der algorithmische Handel zu doppelten oder irrtümlichen Aufträgen oder sonstigen Fehlleistungen führt, so dass es zu Störungen auf dem Markt kommen kann.»

IV. Risikobewertung

ligt.⁷⁶ Weitere Statistiken legen nahe, dass nach Technikupdates der Handelsplätze in aller Regel schon am darauffolgenden Tag die neue Kapazitätsgrenze erreicht wird.⁷⁷ Auf europäischer Ebene wurde ein hohes untertägiges Mitteilungsaufkommen in Form von Aufträgen, Quotes oder Stornierungen zudem zum rechtlichen Kennzeichnungsmerkmal der hochfrequenten algorithmischen Handelstechnik gemacht (Art. 4 Abs. 1 Nr. 40 lit. c MiFID II), sodass der Hochfrequenzhandel per Definition ein hohes Mitteilungsvolumen verlangt. Vor allem die hohen Stornierungsraten haben für Diskussionen gesorgt und dazu geführt, dass in Europa und der Schweiz Mindest-Order-to-Transaction-Ratios eingeführt wurden.⁷⁸ Allerdings sind diese hohen Stornierungsraten in aller Regel nicht etwa eine Folge von Quote-Stuffing-Strategien oder manipulativen Praktiken, sondern von intelligentem Market-Making.⁷⁹

Bedeutsam erscheint die Feststellung, dass nach Technikupdates der Handelsplätze in aller Regel schon am darauffolgenden Tag die neue Kapazitätsgrenze erreicht wird. Dieser Umstand weist gewisse Parallelen zum Jevons' Paradoxon auf, wonach technische Steigerungen der Energie- und Ressourceneffizienz den Gebrauch ebenso erhöhen.⁸⁰ Aus einer mikroökonomischen Sicht bedeutet dies, dass der Grenznutzen des zusätzlichen Stellens, Abänderns und Stornierens von Aufträgen stets grösser ist, als die damit verbundenen Kosten. Dies ist nachvollziehbar, da die Grenzkosten bei einer vollständigen Automatisierung gering sind. Dies gilt insbesondere dann, wenn Handelsplätze nur Transaktionsaktionsgebühren, nicht aber Auftrags- oder Stornierungsgebühren erheben. Der Nutzen dürfte – manipulative Praktiken einmal ausgeschlossen – primär im ver-

---

76   *Malinova/Park/Riordan* (2013), 15; die Daten beziehen sich auf den Februar 2012 und betreffen den kanadischen Markt; die Daten bestätigen die für Hochfrequenzhändler ebenfalls typische hohe Stornierungsrate; siehe hierzu auch *Kang/Shin* (2012), 1, 15, 45, wonach 94 Prozent der von Hochfrequenzhändlern platzierten Limit-Orders storniert werden; bereits im Jahr 2008 wurden auf Nasdaq von im Median 34 658 Aufträgen pro Firma und Tag 31 426 storniert, siehe *Hasbrouck/Saar* (2013), 651; das Sample erfasste grundsätzlich die 500 nach der Marktkapitalisierung grössten Firmen.
77   Hierzu die Grafiken unter *www.nanex.net/Research/CQSCap/CQSCap.html*.
78   Hierzu hinten 463 ff., 687 ff.
79   So überzeugend *Malinova/Park/Riordan* (2013), 3; *Levine* (2015) etwa zeigt überzeugend auf, dass schon bei der einfachsten aller Market-Making-Strategien 50 Prozent der Aufträge storniert werden; die komplexe Verarbeitung von Neuigkeiten lässt kontinuierlich eine andere Auftragsverteilung rational erscheinen, was die stete Stornierung und Neuplatzierung von Aufträgen verlangt; siehe auch *Malinova/Park* (2015b), nach denen die Stornierungsrate direkt nach Transaktionen am höchsten ist; siehe ausserdem auch *Aït-Sahalia/Saglam* (2014), 18 ff.
80   *Jevons* (1866), VII, wo er ausführte «*It is wholly a confusion of ideas to suppose that the economical use of fuel is equivalent to a diminished consumption. The very contrary is the truth.*»

besserten Risikomanagement von Market-Makern sowie in der Verbesserung der Ausführung der eigenen Aufträge liegen. Jedenfalls zeigt dieses Jevons' Paradoxon, dass (a) von Hochfrequenzhändlern ein erhebliches operationelles Risiko ausgeht und (b) operationellen Herausforderungen nicht allein mit einer Steigerung der Leistung der Handelssysteme begegnet werden kann.

Angesichts dieser operationellen Risiken ist nicht erstaunlich, dass eine Vielzahl technischer Pannen bei Handelssystemen in den letzten Jahren auf den Hochfrequenzhandel zurückgeführt wird. Hierzu zählen namentlich die Funktionsstörungen bei den Börsengängen von *Facebook* und *Bats Global Markets*.[81] Dem operationellen Risiko kommt entsprechend nicht nur eine theoretische, sondern auch eine praktische Bedeutung zu. Darüber hinaus werden zahlreiche Extremereignisse wie Crashs im Millisekundenbereich auf den Hochfrequenzhandel zurückgeführt.[82] Solche Crashs stellen mit Blick auf die Preisbildungsfunktion in einem weiteren Sinne ebenfalls operationelle Risiken dar. Die Besonderheit dieser Ereignisse rechtfertigt jedoch einen eigenen Abschnitt, weshalb sie weiter hinten im Abschnitt 3 (Marktrisiken) behandelt werden.[83] Ausserdem stehen diese Risiken in einem engen Zusammenhang zu den Liquiditätsrisiken, die Gegenstand des Abschnitts 4 bilden.[84] Schliesslich bergen dysfunktionale Algorithmen nicht nur operationelle Risiken für Handelssysteme, sondern vor allem auch Verlustrisiken für Hochfrequenzhändler selbst. Diese werden bei der Analyse der Gegenparteirisiken im Abschnitt 2 gewürdigt.[85]

c) Operationelle Risiken als systemisches Risiko?

Der Hochfrequenzhandel birgt wie gezeigt operationelle Risiken für die Handelssysteme. Dies bedeutet jedoch nicht, dass diese operationellen Risiken systemische Risiken darstellen. Systemischer Natur wären diese operationellen Risiken lediglich, wenn sie wesentliche Funktionen des Finanzsystems gefährden und die Volkswirtschaft schädigen könnten. Typisch wären hierfür, wie erläutert, korrelierende Verhaltensweisen und Risiken sowie Ansteckungseffekte.[86] Es soll daher hier versucht werden, die potenziellen Folgen operationeller Risiken aufzuzeigen.

---

[81] *Contratto* (2014), 150.
[82] Vgl. hierzu *Contratto* (2014), 150 Fn. 75 f.; *Johnson et al.* (2013), die 18 520 Crashs und Spikes mit einer Dauer von weniger als 1500 Millisekunden identifizierten.
[83] Hinten 370 ff.
[84] Hinten 388 ff.
[85] Hinten 357 ff., 425 f.
[86] Vorn 342 f.

Als direkte Folge einer operationellen Störung ist zunächst ein Funktionsausfall des Handelsplatzes denkbar, das heisst, Transaktionen können nicht mehr über diesen Handelsplatz ausgeführt werden. Existieren verschiedene Handelsplätze, können die Handelsteilnehmer diese Funktion des Handelsplatzes allerdings problemlos substituieren, indem sie einen anderen Handelsplatz aufsuchen. Selbst ein handelsplatzübergreifender Funktionsausfall von einigen Stunden oder Tagen dürfte die Volkswirtschaft kaum nachhaltig schädigen. Die Handelszeiten der Handelsplätze sind ohnehin beschränkt, sodass es faktisch jeden Abend zu einem Funktionsausfall kommt.

Nebst dem vollkommenen Funktionsausfall ist denkbar, dass Aufträge verzögert zusammengeführt und Stornierungen fälschlicherweise nicht berücksichtigt werden. Daraus können Rechtsrisiken für die Marktteilnehmer, den Handelsplatz sowie die zentralen Gegenparteien resultieren, die jedoch begrenzt sind, wenn klar geregelt ist, dass in diesem Fall sämtliche Transaktionen storniert werden. Ferner kann das Risikomanagement der zentralen Gegenparteien beeinträchtigt werden, wenn operationelle Störungen auf dem Handelsplatz auftreten, und schliesslich können solche Probleme zu einem Vertrauensverlust bei den Marktteilnehmern führen.

Angesichts der möglichen Folgen im Falle der Verwirklichung operationeller Risiken erscheint ein systemisches Risiko grundsätzlich eher unwahrscheinlich. Dem Vertrauensfaktor sollte zwar keine untergeordnete Rolle zugemessen werden; es besteht jedoch bei Handelsplätzen keine Bank-Run-Problematik, sodass ein damit verbundenes systemisches Risiko eher überbewertet werden dürfte. Immerhin können operationelle Risiken die Risiken zentraler Gegenparteien erhöhen. Soweit systemrelevante zentrale Gegenparteien gefährdet werden, könnte von operationellen Risiken indirekt ein systemisches Risiko ausgehen. Die Risiken der zentralen Gegenpartei werden im folgenden Oberabschnitt zu den Gegenparteirisiken noch genauer beleuchtet, ebenso wie die systemische Bedeutung der zentralen Gegenparteien.[87]

d) Regulierungsbedürftigkeit

Handelsteilnehmer haben ein Bedürfnis nach stabilen Handelssystemen, da sie dadurch ihre eigenen Risiken minimieren können und auch die Handelsteilnehmer stabile Handelssysteme bevorzugen. Der Wettbewerb zwischen verschiedenen Handelsplätzen dürfte daher einen starken Marktdruck hin zu stabilen Handelsplätzen bewirken. Zwar konnte dieser Wettbewerbsdruck Störungen in der Vergangenheit nicht verhindern; allenfalls ist den Handelsplätzen aber auch

---

[87] Hinten 362 f.

eine gewisse Anpassungszeit an die neuen Gegebenheiten einzuräumen.[88] Es stellt sich somit im Sinne des Subsidiaritätsgrundsatzes die Frage, ob eine Regulierung operationeller Risiken angezeigt ist.

Für die Regulierung sprechen nebst den Risiken für zentrale Gegenparteien zwei Punkte. Erstens ist die Funktionsweise des Wettbewerbs zwischen den verschiedenen Handelsplätzen in der Schweiz nicht restlos gewährleistet. Zwar wurde der Wettbewerbsdruck in den vergangenen Jahren grösser; die SIX verfügt jedoch noch immer über einen Marktanteil knapp 70 Prozent hinsichtlich der an ihr kotierten Titel.[89] Dem kann allerdings entgegengehalten werden, dass die SIX viel in die Aufrüstung der Handelssysteme investiert hat und dabei kaum rechtliche Verpflichtungen, sondern die Bedürfnisse der Marktteilnehmer im Vordergrund standen.[90] Zweitens erscheint ein geordneter Umgang mit operationellen Problemen von allgemeinem Interesse, selbst wenn die operationellen Risiken keine systemischen Risiken darstellen. So reduzieren klare Regeln die Risiken der Marktteilnehmer wie insbesondere Rechtsrisiken. Zugleich werden auch gerichtliche Verfahrenskosten eingespart, wenn die Rechte an Wertpapieren stets klar zugeordnet werden können. Solche Folgekosten können bei operationellen Problemen von Handelsplätzen angesichts der grossen Anzahl Transaktionen beträchtlich sein, wenn die Parteien keine Einigung erzielen.

Zusammengefasst erscheinen klare Regeln zur Zuordnung von Wertpapieren bei Eintritt von operationellen Risiken trotz des eigenen Interesses der Handelsplätze an funktionierenden Handelssystemen angezeigt, da durch diese Regeln die Risiken und Risikokosten der Marktteilnehmer sowie des Rechtsstaats beträchtlich minimiert werden können.

e) Ergebnis

Im Ergebnis kann festgehalten werden, dass der Hochfrequenzhandel durch das sehr grosse Mitteilungsaufkommen operationelle Risiken birgt und in der Vergangenheit auch Funktionsstörungen bei Handelssystemen bewirkt hat. Ein systemisches Risiko für das Finanzsystem sowie die Volkswirtschaft im dargelegten

---

88   Zu den operationellen Störungen vorn 352 ff.
89   Zum Marktanteil der SIX siehe *http://markets.cboe.com/europe/equities/market_share/market*; der Marktanteil wird durch Netzwerkeffekte weiter gestärkt und gleichzeitig durch Hochfrequenzhändler als automatisierte Market-Maker wieder minimiert; hierzu vorn 327 ff.
90   Siehe zu den diversen Anbindungsmöglichkeiten *www.six-swiss-exchange.com/participants/participation/connectivity/types_connectivity_de.html* und zum Umgang mit ausserordentlichen Auftragsbuch-Situationen siehe *www.six-swiss-exchange.com/participants/trading/on_order/extraordinary_situations_de.html*.

IV. Risikobewertung

Sinne stellen diese operationellen Risiken jedoch grundsätzlich kaum dar. Allerdings können die operationellen Risiken systemrelevante Funktionsträger wie zentrale Gegenparteien gefährden und so indirekt auch das Finanzsystem.

Das schweizerische Recht anerkennt lediglich die Systemrelevanz von zentralen Gegenparteien, Zentralverwahrern und Zahlungssystemen ausdrücklich. Diese Beschränkung erscheint mit Blick auf die Funktionen der Finanzmarktinfrastrukturen zwar zunächst richtig; es wird allerdings dabei nur unzureichend berücksichtigt, dass die Arbeitsweise von zentralen Gegenparteien direkt von der Funktionsweise der Handelssysteme abhängt. Es wäre daher falsch, Handelsplätze und deren Handelssysteme, zentrale Gegenparteien und Zentralverwahrer isoliert zu betrachten. Implizit anerkennt der Gesetzgeber aber mit Blick auf die Regulierung die Systemrelevanz der Handelsplätze aufgrund der operationellen Risiken, die diese für zentrale Gegenparteien bergen.

Unabhängig von der Qualifikation als systemisches Risiko erscheint eine klare Regelung hinsichtlich der Eigentumsrechte bei operationellen Unregelmässigkeiten angezeigt, da durch eine solche Regelung die Rechtsrisiken der Marktteilnehmer minimiert und erhebliche Kosten gespart werden können. Eine entsprechende Regelung besteht allerdings bereits mit Art. 30 Abs. 2 lit. f FinfraV, wonach Handelsplätze in der Lage sein müssen, in Ausnahmefällen jedes Geschäft zu stornieren, zu ändern oder zu berichtigen.

2. Gegenparteirisiken

a) Begriff

Als Gegenparteirisiko (auch Ausfall- oder Kreditrisiko) wird das Verlustrisiko bezeichnet, das sich daraus ergibt, dass eine Gegenpartei ihre vertraglich vereinbarten Verpflichtungen nicht erfüllt.[91] Nebst den Kreditrisiken im engeren Sinne zählen zu den Gegenparteirisiken auch Emittentenrisiken und Besicherungsrisiken.[92] Gegenparteirisiken hängen im Übrigen stets eng mit den operationellen Risiken sowie den Marktrisiken zusammen. Operationelle Fehlleistungen etwa

---

[91] So bspw. in Art. 48 lit. a ERV; vgl. *Emch/Renz/Arpagaus* (2011), N 3071; *Nobel* (2010a), § 8 N 176; *L. Staehelin*(2012), 21 f.; siehe auch *Aldridge* (2013), 250.

[92] Zum Verhältnis zwischen Gegenpartei- und Marktrisiken *Emch/Renz/Arpagaus* (2011), N 3067; gemäss Art. 48 lit. b ERV wird als Kreditrisiko auch das Risiko bezeichnet, dass sich der Wert von Finanzinstrumenten vermindert, die von einer Drittpartei ausgegeben wurden, namentlich von Beteiligungstiteln, Zinsinstrumenten oder Anteilen von kollektiven Kapitalanlagen; zu den Marktrisiken hinten 370 ff.; zu den operationellen Risiken vorn 352 ff.

können dazu führen, dass Gegenparteirisiken nicht besichert sind, und Marktbewegungen können den Ausfall von Gegenparteien und Emittenten bewirken.[93]

b) Hochfrequenzhändler als Gegenparteirisiko

Von Hochfrequenzhändlern geht aus primär zwei Gründen ein besonders hohes Gegenparteirisiko aus: erstens stellt der Hochfrequenzhandel eine besonders risikoreiche Tätigkeit dar und zweitens ist die Verlusttragfähigkeit in der Regel gering.

Das hohe Risiko demonstrierte der Hochfrequenzhändler Knight Capital eindrücklich, als er am 1. August 2012 den Markt aufgrund einer Fehlfunktion während 45 Minuten mit Aufträgen überflutete und dadurch Verluste in der Höhe von über USD 460 Millionen anhäufte (sog. *Knightmare*).[94] Knight Capital begründete den Verlust gegenüber der SEC damit, dass Programmierer eine seit dem Jahr 2003 (!) nicht mehr benutzte Code-Stelle (*Power Peg*) mit neuem Code (*Retail Liquidity Program*, RLP) ersetzen wollten.[95] Auf einem von acht Servern vergassen sie jedoch diesen Austauschvorgang, sodass anstatt des neuen Codes der alte Code reaktiviert wurde.[96] Der alte Code (*Power Peg*) enthielt eine Funktion, die die Anzahl ausgeführter Aufträge (*child orders*) zählte und die Ausführung von Aufträgen stoppte, sobald ein vorab festgelegter Gesamtauftrag (*parent order*) vollständig ausgeführt war (*Cumulative Quantity Function*).[97] Nach der Aufgabe der Power-Peg-Funktion wurde diese Zähl- und Vergleichsfunktion im Jahr 2005 in einen anderen Bereich desselben Gesamtcodes überführt.[98] Bei der versehentlichen Reaktivierung des Power-Peg-Codes am 1. August 2012 wurde daher die Ausführung von Aufträgen nach der Ausführung des Gesamtauftrags nicht gestoppt.[99] Die Konsequenzen dieser 45-minütigen Fehlfunktion waren gravierend. Knight Capital wurde an den Rand der Überlebensfähigkeit gedrängt und im Dezember 2012 von Getco übernommen.[100] Auf den Juli 2013 hin

---

[93] Zum Verhältnis zwischen Gegenparteirisiken und Marktrisiken anschaulich *Emch/Renz/Arpagaus* (2011), N 3067; hinten 370 ff.
[94] *SEC Order agst. Knight Capital 2013*; *Popper* (2012a); *Popper* (2012b); *Wah/Wellman* (2013), 855; *Buchanan* (2015), 163; *Zickert* (2016), 40 f.
[95] *SEC Order agst. Knight Capital 2013*, N 12 ff.
[96] *SEC Order agst. Knight Capital 2013*, N 15 f.
[97] *SEC Order agst. Knight Capital 2013*, N 14; zur Terminologie auch *SEC Concept Release on Equity Market Structure 2010*, 3599.
[98] *SEC Order agst. Knight Capital 2013*, N 14.
[99] *SEC Order agst. Knight Capital 2013*, N 16.
[100] Siehe http://news.kcg.com/phoenix.zhtml?c=105070&p=irol-newsArticle_print&ID=1834388; *Drew* (2012).

wurde dann durch eine Fusion der Hochfrequenzhändler die KCG Holdings gebildet.[101]

Zwar können Hochfrequenzhändler ihre Risiken durch ein geringes Inventar relativ einfach beschränken; der Fall Knight Capital zeigt jedoch eindrücklich, dass vor allem operationelle Risiken Hochfrequenzhändler dennoch gefährden können. Für eine besonders risikobehaftete Tätigkeit spricht ferner, dass Hochfrequenzhändler aufgrund des Geschwindigkeitswettlaufs geneigt sein können, auf Risikokontrollen zu verzichten.[102] Der Geschwindigkeitswettlauf kann schliesslich wie im Kapitel 9 (Marktqualität) erwähnt auch allgemein zu einer Beeinträchtigung der Rationalität führen, da Entscheidungen nicht nur für Menschen, sondern auch für Maschinen zeitintensiv sind.[103] *Farmer/Skouras* hielten hierzu fest: «*Less pressure for speed would allow the algorithms to be more complex and more diverse, and therefore (likely) more stable.*»[104]

Trotz des mit dem Hochfrequenzhandel verbundenen Risikos dürfte die Verlusttragfähigkeit von Hochfrequenzhändlern regelmässig gering sein, da diese gewöhnlich nur über eine relativ geringe Eigenkapitalbasis verfügen.[105] Bei vielen Hochfrequenzhändlern handelt es sich um relativ kleine Institute mit wenigen Angestellten.[106] Aufhorchen lässt in dieser Hinsicht, dass die SIX im Jahr 2009 die Kapitalvorschriften für Hedgefonds und Hochfrequenzhändler-Boutiquen verringerte, während sie die Geschwindigkeit ihrer Handelssysteme um das Hundertfache erhöhte.[107]

c) Gegenparteirisiko als systemisches Risiko?

aa) *Systemrelevante Banken als Hochfrequenzhändler*

Betreiben systemrelevante Banken Hochfrequenzhandel für eigene Rechnung, so kann der Hochfrequenzhandel als risikobehaftete Tätigkeit zur Entstehung von Systemkrisen beitragen. Allerdings ist der Hochfrequenzhandel lediglich eine besondere Variante des risikobehafteten Eigenhandels. Eine strengere Regulierung des Hochfrequenzhandels aufgrund von Gegenparteirisiken erscheint dabei insofern fraglich, als Hochfrequenzhändler regelmässig ein niedriges In-

---

101 *Ibid.*
102 *Farmer/Skouras* (2012b), 10; allgemein zum Risikomanagement beim Hochfrequenzhandel *Aldridge* (2013), 137 f., 149 ff.
103 Vorn 241 f., 333 f.
104 *Farmer/Skouras* (2012b), 11.
105 *Biais/Woolley* (2011), 13, 15.
106 Zu den Akteuren vorn 11 f.
107 Hierzu *www.finews.ch/news/finanzplatz/1668-christian-katz-treibt-six-voran*.

ventar halten und sich dadurch weniger stark Marktrisiken ausgesetzt sehen als Eigenhändler mit einem mittel- bis langfristigen Anlagehorizont. So waren Hochfrequenzhändler von der Finanzkrise auch kaum betroffen, was darauf hinweist, dass die mit dem Hochfrequenzhandel verbundenen Risiken aufgrund des niedrigen Inventars gerade nicht mit den übrigen Risiken korrelierten. Dies würde bedeuten, dass der Hochfrequenzhandel zur Risikodiversifikation und damit bis zu einem gewissen Grad auch zur Reduktion systemischer Risiken geeignet ist.[108] Dennoch kann der Hochfrequenzhandel gerade verbunden mit operativen Risiken erhebliche Verluste bei systemrelevanten Finanzinstituten verursachen und diese potenziell in Schieflage bringen. Angesichts der Funktion der Hochfrequenzhändler bei der Bereitstellung von Liquidität sowie der Zusammenführung der Märkte erscheint mit Blick auf den Grundsatz der Verhältnismässigkeit eine Zulassung dennoch gerechtfertigt, soweit die möglichen Verluste durch Handelsschranken in einem angemessenen Verhältnis zur Grösse des Finanzinstituts gehalten werden.

Einige Staaten kennen mittlerweile Eigenhandelsverbote für Banken. Die USA etwa haben ein entsprechendes Verbot mit der *Volcker Rule* eingeführt.[109] Deutschland kennt nebst einem allgemeinen Verbot von Eigengeschäften für systemrelevante CRR-Kreditinstitute eine besondere Regel, wonach diesen Instituten der Eigenhandel mittels einer hochfrequenten algorithmischen Handelstechnik grundsätzlich verboten ist (Art. 3 Abs. 2 Satz 2 Nr. 3 KWG).[110] Ausgenommen sind allerdings sowohl in Deutschland als auch in den USA nebst Sicherungsgeschäften auch Market-Making-Tätigkeiten.[111] Angesichts dieser Ausnahmen erscheint die Wirksamkeit der Verbote fraglich, denn Banken dürften ihre Hochfrequenzhandelsgeschäfte in aller Regel als Market-Making-Tätigkeiten qualifizieren können.

bb) *Hochfrequenzhändler im engeren Sinne*

Der Ausfall eines proprietären Hochfrequenzhändlers erscheint grundsätzlich weniger bedrohlich für das Finanzsystem sowie die Volkswirtschaft, da nur eine beschränkte Anzahl langfristiger Forderungen ungedeckt bleiben dürfte. Aufgrund der grossen Anzahl an Transaktionen verdient jedoch der laufende Handel eine genauere Betrachtung. Zur Bewertung des von Hochfrequenzhändlern dabei ausgehenden Gegenparteirisikos werden in der Folge zwei Konstellatio-

---

[108] Siehe auch das tiefe Beta von Virtu Financials gemäss *www.infinancials.com/fe-en/66100 NU/Virtu-Financial-Inc-/Beta*.
[109] Siehe § 619 Dodd-Frank Act.
[110] Zum allgemeinen Verbot Art. 3 Abs. 2 Satz 2 Nr. 1 KWG.
[111] Siehe ebenfalls Art. 3 Abs. 2 Satz 2 Nr. 3 sowie Satz 3 Nr. 1 KWG; § 619(d)(2)(B) und (C) Dodd-Frank Act.

nen unterschieden: der Handel ohne zentrale Gegenpartei und der Handel über eine zentrale Gegenpartei.

aaa) Handel ohne zentrale Gegenpartei

Fehlen Clearingmechanismen und eine zentrale Gegenpartei, so tragen die Marktteilnehmer selbst die Gegenparteirisiken. Für ein systemisches Risiko spricht dann, dass Hochfrequenzhändler als Mittelsmänner mit besonders vielen Marktteilnehmern verbunden sind; sie sind mit anderen Worten besonders *interconnected*. *Biais/Woolley* befürchten zudem, dass der Konkurs eines Hochfrequenzhändlers zu einem Dominoeffekt führen könnte, da Hochfrequenzhändler zu einem grossen Teil untereinander handeln würden.[112] Umgekehrt kann argumentiert werden, dass das von Hochfrequenzhändlern ausgehende Gegenparteirisiko durch die Vernetzung besonders gut diversifiziert ist. Hinzu kommt, dass Gegenparteirisiken und Kursänderungsrisiken praktisch vollständig durch ein Lieferung-gegen-Zahlung-System sowie Sicherheiten ausgeschaltet werden können.[113] Vor allem aber bedeutsam erscheint, dass Hochfrequenzhändler typischerweise auf sehr liquiden Märkten handeln, auf denen zur Senkung der Risiko- beziehungsweise Transaktionskosten sowie zur Schaffung eines anonymen Handels ein natürliches Bedürfnis nach einer zentralen Gegenpartei besteht.[114] Es ist daher davon auszugehen, dass dem Hochfrequenzhandel ohne zentrale Gegenpartei kaum eine praktische Bedeutung zukommt.

bbb) Handel über eine zentrale Gegenpartei

Als zentrale Gegenparteien gelten Einrichtungen, die zwischen Käufer und Verkäufer von Wertpapierhandelsgeschäften treten und die Erfüllung der gegenseitigen Zahlungs- und Wertpapierübertragungsverpflichtung zusichern.[115] Marktbeobachter und Regulatoren gehen davon aus, dass durch diese Konzentration des Gegenparteirisikos auf zentrale Gegenparteien neue systemische Risiken ge-

---

[112] *Biais/Woolley* (2011), 15.
[113] Hierzu sogleich 363 f.; siehe *Sturm/U. Thier* (2017), N 4 ff. zu Art. 48 FinfraG zu den verschiedenen vertraglichen Varianten.
[114] Hierzu *Hess* (2004), 691, der die Frage aufwirft: «*Wie kann in dieser Situation ein Börsenmitglied sein Gegenparteirisiko einschätzen?*»
[115] Bspw. *Haene/Sturm* (2009), 2; *Knott/Mills* (2002), 162; siehe auch Art. 48 FinfraG für die Legaldefinition: «*Als zentrale Gegenpartei gilt eine Einrichtung, die gestützt auf einheitliche Regeln und Verfahren zwischen Gegenparteien eines Effektengeschäfts oder eines anderen Kontrakts über Finanzinstrumente tritt und somit als Käufer für jeden Verkäufer und als Verkäufer für jeden Käufer fungiert.*»

schaffen wurden.[116] Die SNB hat denn auch die zentralen Gegenparteien SIX x-clear, die LHC-Clearnet Ltd sowie die Eurex Clearing AG für systemrelevant erklärt.[117] Zur Beurteilung des von Hochfrequenzhändlern ausgehenden Risikos für zentrale Gegenparteien sollen zunächst die Risiken der zentralen Gegenparteien genauer betrachtet werden.

(1)   Risiken der zentralen Gegenpartei

Das Gegenparteirisiko ist das geschäftsimmanente Kernrisiko einer jeden zentralen Gegenpartei und kann in zwei Hauptkomponenten aufgegliedert werden: das Erfüllungsrisiko einerseits sowie das Wiederbeschaffungs- beziehungsweise Veräusserungsrisiko andererseits. Als Erfüllungsrisiko (*principal risk*) wird das Risiko bezeichnet, dass die Gegenpartei nach der eigenen Leistung nicht erfüllt, also bereits bezahlte Titel nicht liefert oder bereits gelieferte Titel nicht bezahlt werden.[118] Neben dem Erfüllungsrisiko bestehen aufgrund der gegenseitigen Zusicherung der Leistung ein Wiederbeschaffungsrisiko (*replacement cost risk*) bei Nichterfüllung der Lieferverpflichtung eines Teilnehmers sowie ein Veräusserungsrisiko bei Nichterfüllung der Zahlungsverpflichtung eines Teilnehmers.[119] Kann ein Wertpapier nur zu höheren Kosten im Vergleich zum erhaltenen Geldbetrag beschafft oder zu einem niedrigeren Wert im Vergleich zum bezahlten Geldbetrag veräussert werden, entsteht bei der zentralen Gegenpartei ein Verlust, sofern nicht im Voraus ausreichende Sicherheiten geleistet wurden. Dieses Risiko bei Ausfall eines Teilnehmers hängt von den in der Zwischenzeit erfolgten Kursbewegungen ab und ist damit eng mit dem Marktrisiko verknüpft.[120]

Neben Gegenparteirisiken sind für zentrale Gegenparteien namentlich Liquiditätsrisiken, operationelle Risiken, Rechtsrisiken und systemische Risiken von Bedeutung.[121] Als Liquiditätsrisiko wird in diesem Zusammenhang das Risiko bezeichnet, dass ein Teilnehmer seine Liefer- oder Zahlungsverpflichtung zum

---

[116]   *PFMI 2012*, Nr. 2.1 ff. (18); *Haene/Sturm* (2009), 6; *Hess* (2004), 695; *Knott/Mills* (2002), 163; siehe auch *Hills/Rule/Parkinson/Young* (1999), 131, wonach die Konzentration der Risiken das Potenzial habe, systemische Risiken zu erhöhen oder zu senken.
[117]   Hierzu *www.snb.ch/de/iabout/finstab/finover/id/finstab_systems#t2*.
[118]   *L. Staehelin*(2012), 22; *PFMI 2012*, Nr. 2.5 (19); *Oleschak* (2009), 4; auch *Zobl/Kramer* (2004), N 1330; für das Effektenabwicklungssystem SECOM *Haene* (2009), 6; zur Konzentrierung des Erfüllungsrisikos auch *Hess* (2004), 695.
[119]   *PFMI 2012*, Nr. 2.5 (19); *Haene/Sturm* (2009), 6; *Oleschak* (2009), 4; *Hess* (2004), 695; *Hills/Rule/Parkinson/Young* (1999), 164; vgl. *ECB/CESR Standards «Clearing & Settlement» 2004*, N 83 (39); *Haene* (2009), 6.
[120]   Vgl. *Hess* (2004), 695.
[121]   Siehe *PFMI 2012*, Nr. 2.4 ff. (18 ff.), wonach weiter allgemeine Geschäftsrisiken, Aufbewahrungsrisiken sowie Investitionsrisiken aufgelistet werden; siehe auch *Sturm/U. Thier* (2017), N 15 zu Art. 48 FinfraG.

IV. Risikobewertung

Fälligkeitszeitpunkt nicht vollständig erfüllt.[122] Da zentrale Gegenparteien in der Regel keine zeitgerechte Lieferung oder Zahlung garantieren, verbleibt dieses Risiko grundsätzlich bei den Teilnehmern.[123] Operationelle Risiken liegen namentlich dann vor, wenn die Fähigkeit der zentralen Gegenpartei beeinträchtigt wird, ihre Gegenparteirisiken zu überwachen und sie daher keine Margin-Calls tätigt.[124] Rechtsrisiken[125] bestehen mit Bezug auf die Gültigkeit abgeschlossener Verträge sowie die Verwertbarkeit der hinterlegten Sicherheiten und sind insbesondere im grenzüberschreitenden Verhältnis von Bedeutung.[126] Die operationellen Risiken und Rechtsrisiken hängen damit eng mit den Gegenparteirisiken zusammen.[127] Schliesslich sind systemische Risiken auch beim Risikomanagement der zentralen Gegenparteien zu berücksichtigen.[128] Von zentralen Gegenparteien kann mit anderen Worten nicht nur eine systemische Bedeutung ausgehen, sondern sie sieht sich selbst systemischen Risiken ausgesetzt.

(2) Risikobewältigung

Das Erfüllungsrisiko kann vollständig eliminiert werden, wenn die Erfüllung der Verpflichtungen Zug um Zug, also Lieferung gegen Zahlung (auch *delivery versus payment*; DVP) erfolgt.[129] Diesen DVP-Ansatz hat die Nationalbank für systemisch bedeutsame Finanzmarktinfrastrukturen in Art. 25b NBV umgesetzt, wonach eine Abwicklung der einen Verpflichtung zur Vermeidung von Erfüllungsrisiken nur dann erfolgt, wenn auch die Abwicklung der anderen Ver-

---

[122] Aber möglicherweise später; siehe etwa *L. Staehelin*(2012), 22; *Oleschak* (2009), 6; *Haene* (2009), 6; zur Definition in einem anderen Zusammenhang hinten 388 ff.
[123] Für x-clear *Oleschak* (2009), 6; *Hess* (2004), 695; siehe allerdings *PFMI 2012*, Nr. 2.6 (19).
[124] *Oleschak* (2009), 6; grundsätzlich auch *Hills/Rule/Parkinson/Young* (1999), 165; siehe *CPSS* (2008), Nr. 5.2 (28 ff.) zu neuen Formen von Liquiditätsrisiken und operativen Risiken.
[125] Diese werden gewöhnlich ebenfalls zu den operationellen Risiken gezählt, siehe vorn 352.
[126] *PFMI 2012*, Nr. 2.4 (18 f.); *Oleschak* (2009), 6; *L. Staehelin*(2012), 22, 24 f.; grundsätzlich auch *Hills/Rule/Parkinson/Young* (1999), 165; für entsprechende Risiken im Zusammenhang mit dem Effektenabwicklungssystem SECOM siehe *Haene* (2009), 6; vgl. Art. 27 BankG und Art. 20 BEG; allgemein zu Rechtsrisiken *Kurer* (2015).
[127] Vorn 357 ff.
[128] *PFMI 2012*, Nr. 2.2.
[129] *Zobl/Kramer* (2004), N 1330; *Oleschak* (2009), 4; *L. Staehelin*(2012), 24, auch 22 f., wonach RTGS-Systeme (*Real-Time Gross Settlement*), bei denen jede Zahlung bei entsprechender Deckung sofort ausgeführt wird, gegenüber DNS-Systemen (*Designated-Time Net Settlement*), bei denen die Abwicklung erst bei Eintritt der Abwicklungsphase erfolgt, das «Kreditmoment» wegfalle; siehe auch *ECB/CESR Standards «Clearing & Settlement» 2004*, Standard 7 (12), N 83 ff. (39 f.); *CPSS* (2008), Nr. 5.1 (28); vgl. *Botschaft NBG 2002*, 6167.

pflichtung sichergestellt ist.[130] Umgesetzt wird die DVP-Abwicklung von Effektengeschäften in der Schweiz durch die technische Verbindung des Zahlungssystems SIC der SIX Interbank Clearing AG mit dem Effektenabwicklungssystem SECOM des Zentralverwahrers SIX SIS AG.[131] Erstaunlicherweise fehlt in Finanzmarktinfrastrukturgesetz und -verordnung eine entsprechende DVP-Verpflichtung.

Im Unterschied zum Erfüllungsrisiko verbleiben bei der zentralen Gegenpartei auch bei einem DVP-System das Wiederbeschaffungsrisiko für den Fall, dass ein Teilnehmer seine Lieferverpflichtung nicht erfüllt, sowie das Veräusserungsrisiko für den Fall, dass ein Teilnehmer seine Zahlungsverpflichtung nicht erfüllt.[132] Wird für die Quantifizierung der Marktrisiken ein stochastischer Prozess wie der Wiener Prozess angenommen, bei dem die Standardabweichung mit der Zeit zunimmt, so könnte das Risiko durch die Beschleunigung der Abwicklung sehr niedrig gehalten werden. Allerdings ist eine gewisse Vorsicht geboten angesichts von Marktereignissen wie Flash-Crashes, die im Abschnitt 3 (Marktrisiken) erörtert werden.[133]

Zur Bewältigung der trotz DVP-System verbleibenden Risiken sind zentrale Gegenparteien aufgrund der grossen Bedeutung für die Handelspartner zu angemessenen Sicherheiten in der Form von Ersteinschusszahlungen (*initial margins*), Nachschusszahlungen (*variation margins*) und Beiträgen an den Ausfallfonds (*default fund*) verpflichtet (Art. 49 Abs. 2 FinfraG). SIX x-clear gibt an, dass die Margins die bei einem Ausfall eines Teilnehmers entstehenden Verluste in 99 Prozent der Fälle deckten und dass Margin-Calls bei Unterdeckung innerhalb von 60 Minuten zu leisten seien.[134] Über die Sicherheiten hinaus muss die zentrale Gegenpartei über angemessene Eigenmittel verfügen und Risiken angemessen verteilen (Art. 51 FinfraG) sowie über ausreichend Liquidität verfügen (Art. 52 FinfraG). Bei Ausfall eines Teilnehmers müssen sodann gemäss Art. 53 Abs. 2 FinfraG sowie nach Art. 28b Abs. 4 NBV Mittel in der folgenden Reihenfolge verwendet werden: (a) Einschusszahlungen des ausgefallenen Teilnehmers, (b) Ausfallfondsbeiträge des ausgefallenen Teilnehmers, (c) zugeordnete Eigenmittel der zentralen Gegenpartei und schliesslich (d) Ausfallfondsbeiträge der nicht ausgefallenen Teilnehmer.[135]

---

[130] Siehe auch die Grafik in *Botschaft FinfraG 2014*, 7490.
[131] Hierzu *L. Staehelin*(2012), 24; vgl. *Zobl/Kramer* (2004), N 1330.
[132] *Oleschak* (2009), 4; vgl. *ECB/CESR Standards «Clearing & Settlement»* 2004, N 83 (39); auch *Haene/Sturm* (2009), 6, die dieses Risiko als Hauptrisikokomponente bezeichnen.
[133] Hinten 370 ff., 388 ff.
[134] *Oleschak* (2009), 5.
[135] Zu den Grundkonzepten der Risikoallokation *Hess* (2004), 696.

IV. Risikobewertung

(3)   Gefährdung und Ausfall der zentralen Gegenpartei

Die zentrale Gegenpartei sieht sich bei Ausfall eines Hochfrequenzhändlers einem erheblichen Gegenparteirisiko ausgesetzt. Das Erfüllungsrisiko kann sie jedoch durch eine DVP-Abwicklung[136] ausschalten und dem Wiederbeschaffungs- und Veräusserungsrisiko kann sie durch ein System von Sicherheiten, Ausfallfondsbeiträgen sowie der Kaskade zur Ausfallsdeckung überzeugend begegnen. Der Zusammenbruch von zentralen Gegenparteien ist entsprechend selten, kann aber vorkommen, was Beispiele aus den Jahren 1973 in Paris, 1983 in Kuala Lumpur und 1987 in Hong Kong zeigen.[137] Für den Marktteilnehmer kann der Ausfall je nach vertraglicher Ausgestaltung zur Folge haben, dass das ursprüngliche Erfüllungsrisiko wieder auflebt, falls die Transaktionen trotz des Ausfalls der zentralen Gegenpartei nicht storniert werden.[138]

Die gesetzlich vorgesehene Ausfallskaskade[139] dürfte zumindest für systemisch bedeutsame zentralen Gegenparteien implizieren, dass die Überlebensfähigkeit der zentralen Gegenpartei über der Erfüllungszusicherung steht und die zentrale Gegenpartei durch den Ausfall eines Teilnehmers grundsätzlich gar nicht gefährdet werden kann. Dies ergibt sich daraus, dass nur zugeordnete Eigenmittel in der Ausfallskaskade enthalten sind und nicht auch die übrigen Eigenmittel. Mit anderen Worten sollte vorgesehen werden, dass das Erfüllungsrisiko für die Marktteilnehmer wieder auflebt, bevor die zentrale Gegenpartei zusammenbricht, sodass der unkontrollierte Ausfall einer zentralen Gegenpartei sehr unwahrscheinlich ist. Diese Lösung erscheint überzeugend, denn der Zusammenbruch der zentralen Gegenpartei ist im Interesse keines Marktteilnehmers. Die Kompensation durch zugeordnete Eigenmittel stellt zudem sicher, dass die zentrale Gegenpartei *skin in the game* hat und das Risikomanagement nicht aufgrund von Fehlanreizen vernachlässigt. Wünschenswert wäre allerdings eine explizite Verankerung der beschränkten Haftung der zentralen Gegenpartei im Gesetz sowie den Vertragsbedingungen der zentralen Gegenpartei.

(4)   Systemische Bedeutung der zentralen Gegenpartei

Existiert eine zentrale Gegenpartei, so sind die übrigen Marktteilnehmer bei einem Ausfall eines Hochfrequenzhändlers nicht direkt betroffen, da die zentrale Gegenpartei die Erfüllung der vom Hochfrequenzhändler eingegangenen Verpflichtungen garantiert. Das Erfüllungsrisiko lebt für die Marktteilnehmer erst dann wieder auf, wenn die Ausfallskaskade der zentralen Gegenpartei erschöpft

---

136   Vorn 363 f.
137   Hierzu im Detail *Hills/Rule/Parkinson/Young* (1999), 129 f.
138   Vgl. *Hills/Rule/Parkinson/Young* (1999), 126 f.; siehe auch Art. 53 Abs. 3 FinfraG.
139   Vorn 364.

ist.[140] Die Funktion der zentralen Gegenpartei entspricht damit derjenigen eines Puffers, der die Gegenparteirisiken und damit verbundene Ansteckungseffekte für die Marktteilnehmer weitgehend eliminiert. Insofern stellt die zentrale Gegenpartei nicht primär ein systemisches Risiko dar, sondern einen Mechanismus zur Reduktion systemischer Risiken.[141] Dies demonstrierten die Regulatoren mitunter dadurch, dass sie nach der Finanzkrise für OTC-Derivate eine Pflicht zum Handel über eine zentrale Gegenpartei einführten, um systemische Risiken zu minimieren.[142] Zwar sollte folglich die zentrale Gegenpartei nicht als Quelle systemischer Risiken begriffen werden; für die Stabilität des Finanzsystems ist sie jedoch zweifelsohne von erheblicher Bedeutung, sodass für grosse zentrale Gegenparteien die Qualifikation als systemrelevante Funktionsträger durchaus gerechtfertigt erscheint.

Ist die Ausfallskaskade der zentralen Gegenpartei einmal erschöpft, könnten aufgrund der grossen Anzahl der in diesem Fall betroffenen Händler und Rechtsbeziehungen möglicherweise erhebliche Turbulenzen und Ansteckungseffekte befürchtet werden.[143] Was in diesem Fall mit den zusammengeführten (gematchten) Aufträgen geschieht, ist soweit ersichtlich nicht geregelt. Grundsätzlich erschiene ein Bestandesschutz für gematchte Aufträge angezeigt. Storniert werden sollten demgegenüber sämtliche Transaktionen (Verpflichtungsgeschäfte), an denen ausgefallene Teilnehmer beteiligt waren, damit die Erfüllungsrisiken für die Marktteilnehmer nicht wieder aufleben. Eine entsprechende gesetzliche Regelung wäre auch hier zu begrüssen.

Eine zentrale Rolle nehmen zentrale Gegenparteien ausserdem beim Verlauf einer Systemkrise ein, da deren Margin-Calls bei Kursstürzen zu Fire-Sales und dadurch zu einer Verstärkung des Crashs führen.[144] Weiteren Verkaufsdruck kann die zentrale Gegenpartei auslösen, wenn sie von ihren Verwertungsrechten im Falle des Ausfalls von Teilnehmern Gebrauch macht und Wertpapiere veräussert. Im Falle von Margin-Calls müssen Banken zudem allenfalls entscheiden, ob sie ihren Kunden zusätzliche Kredite gewähren.[145]

---

140 Vgl. *Hills/Rule/Parkinson/Young* (1999), 126 f.
141 Ähnlich *Hills/Rule/Parkinson/Young* (1999), 131, die ausführen: «*In general, there are good reasons to suppose that a central counterparty can insulate a market against crisis.*»; *PFMI 2012*, Nr. 2.2 (18).
142 Siehe Art. 97 FinfraG; Art. 4 EMIR; *Global Financial Stability Report 2010*, 92, wonach der CDS-Markt im Vordergrund stand.
143 So ähnlich *Knott/Mills* (2002), 164; *PFMI 2012*, Nr. 2.2 f. (18).
144 *PFMI 2012*, Nr. 2.2 (18); ähnlich *Knott/Mills* (2002), 164 m.w.H.; zu Fire-Sales vorn 342.
145 *Knott/Mills* (2002), 164; *Bernanke* (1990), 138 f.

(5)   Systemische Gegenparteirisiken des Hochfrequenzhandels

Aus den vorangehenden Abschnitten ergibt sich, dass zentrale Gegenparteien einen wirkungsvollen Schutz vor mit dem Handel verbundenen Gegenparteirisiken bieten. Dennoch befürchten einige Ökonomen, dass viele Hochfrequenzhändler ähnliche Strategien verfolgen und dadurch bei einem unerwarteten Ereignis gleichzeitig in Schieflage geraten könnten.[146] Eine Systemkrise könnte schliesslich dadurch bewirkt werden, dass Hochfrequenzhändler auf verschiedenen Märkten mit unterschiedlichen Clearing- und Abwicklungssystemen handelten.[147] Allerdings waren Hochfrequenzhändler wie erwähnt von der Finanzkrise kaum betroffen, was zumindest zeigt, dass die Risiken der Hochfrequenzhändler nicht unbedingt mit denjenigen der übrigen Investoren korrelieren und sie wohl primär aufgrund des geringen Inventars robust gegenüber Marktrisiken sind.[148]

Die Stabilität der zentralen Gegenparteien hängt hauptsächlich von den Wiederbeschaffungs- und Veräusserungsrisiken ab. Diese Risiken könnten ausgeschaltet werden durch einen Übergang zu einer Echtzeitabwicklung, bei der die Abwicklung Zug um Zug unmittelbar nach Abschluss des Verpflichtungsgeschäfts erfolgt. Eine solch unmittelbare Abwicklung müsste grundsätzlich beim Handel mit Bucheffekten möglich sein. Die Rolle der zentralen Gegenpartei würde dadurch stark minimiert und es könnten aufgrund der Reduktion der Risiken wohl auch Transaktionskosten eingespart werden. Insofern erschiene ein Übergang zur Echtzeitabwicklung gesamtwohlfahrtsfördernd.

Die Handelsplätze und zentralen Gegenparteien sind wohl grundsätzlich die Cheapest Cost-Avoider[149] beim Umgang mit Hochfrequenzhandelsrisiken. Zumindest in der Schweiz existieren viel weniger Handelsplätze und zentrale Gegenparteien als Hochfrequenzhändler. Solange die Handelsplätze keine Echtzeitabwicklung implementiert haben, können allerdings korrelierende Verhaltensweisen und Ausfälle von Hochfrequenzhändlern aufgrund der grossen Anzahl Transaktionen für die übrigen Marktteilnehmer Risiken bergen, wenn die Ausfallskaskade keinen genügenden Puffer bildet. Zur Erhöhung der Widerstandskraft des Gesamtsystems erscheinen daher zumindest für grosse Hochfrequenzhändler Mindestkapitalvorschriften angezeigt.[150]

---

146   *Biais/Woolley* (2011), 11; *Farmer/Skouras* (2012b), 11; *Biais/Woolley* (2012), 36; *Zigrand/Shin/Beunza* (2011), 4; zu korrelierenden Strategien auch *Chaboud/Chiquoine/Hjalmarsson/Vega* (2014), 2045.
147   *Biais/Woolley* (2011), 15.
148   Siehe vorn 359 f.
149   Zum Cheapest-Cost-Avoider-Ansatz vorn 178 f., 305.
150   Hinten 588.

(6) Winner's Curse und systemische Risiken

Aufmerksamkeit verdient schliesslich die bereits erwähnte Reduktion der Eigenmittelvorschriften für Hochfrequenzhandels-Boutiquen und Hedgefonds durch die SIX relativ kurz nach Beginn der Finanzkrise im Jahr 2009.[151] Die SIX wirft dadurch die Frage auf, ob beim Kampf der Handelsplätze um Aufträge hinsichtlich der Eigenkapitalvorschriften ein Abwärtswettlauf (*race to the bottom*) besteht. So könnten letztlich diejenigen Handelsplätze und zentralen Gegenparteien den Wettbewerb um die Liquidität gewinnen, die die Risiken des Hochfrequenzhandels zu niedrig einschätzen. Die zentralen Gegenparteien, die ihre Konkurrenten verdrängen, würden dann letztlich vom Fluch des Gewinners (*winner's curse*)[152] heimgesucht. Die Situation würde dadurch derjenigen eines wohlfahrtsmindernden Gefangenendilemmas gleichen: Die Wettbewerber können sich entweder dazu entscheiden, zu nicht risikogerechten Preisen Leistungen anzubieten, oder sie werden vom Markt verdrängt. Wenn dann später das System aufgrund der zu niedrigen Bewertung der Risiken zusammenbricht, dürfte dies für die vom Markt verdrängten Akteure kaum noch von Interesse sein. Diese Überlegungen erscheinen von erheblicher Bedeutung, nicht nur für Handelsplätze und zentrale Gegenparteien, sondern auch für systemrelevante Banken. Auch Banken können kurz- bis mittelfristig Konkurrenten vom Markt verdrängen, wenn sie die systemischen Risiken zu niedrig einschätzen und dadurch Kredite wie namentlich Hypotheken zu nicht risikogerechten Konditionen anbieten.[153]

Der Wettbewerb kann mit anderen Worten per se dazu führen, dass Wettbewerber im Allgemeinen und zentrale Gegenparteien im Besonderen die mittel- bis langfristigen Risiken zu niedrig einschätzen, ihre Konkurrenten dadurch systematisch vom Markt verdrängen und so in regelmässigen Zeitabständen Systemzusammenbrüche verursachen: Ein Zyklus von Systemzusammenbrüchen wäre die Folge. Falls sich diese Hypothese erhärten sollte, wären internationale Mindeststandards für die Anforderungen von zentralen Gegenparteien an ihre Teilnehmer angezeigt. Zur Erhöhung der Widerstandskraft der Hochfrequenzhändler sowie des Systems erscheinen daher Eigenmittelvorschriften zumindest für grosse Hochfrequenzhändler angezeigt.

d) Ergebnisse

Hochfrequenzhändler bergen aus drei Gründen ein besonders hohes Gegenparteirisiko. Erstens handelt es sich beim Hochfrequenzhandel um eine besonders

---

[151] Hierzu *www.finews.ch/news/finanzplatz/1668-christian-katz-treibt-six-voran*.
[152] Zum Winner's Curse grundlegend *Thaler* (1988).
[153] Ähnlich *Kick/Pausch/Ruprecht* (2015).

risikobehaftete Tätigkeit, wofür vor allem operationelle Risiken, aber auch der Geschwindigkeitswettlauf verantwortlich sind, zweitens ist die Verlusttragfähigkeit von Hochfrequenzhändlern regelmässig klein, und drittens ist die Anzahl abgeschlossener Transaktionen typischerweise sehr hoch.

Betreiben systemrelevante Banken Hochfrequenzhandel auf eigene Rechnung, so kann dieser Geschäftsbereich als risikobehaftete Tätigkeit ähnlich wie der Eigenhandel im Allgemeinen die Bank potenziell gefährden. Einige Staaten kennen bereits entsprechende Eigenhandelsverbote, die aber kaum wirksam sein dürften, da Ausnahmen für das Market-Making bestehen und Hochfrequenzhandelsstrategien in der Regel unter den Begriff des Market-Makings subsumiert werden können. Zumindest erscheint zum Schutz der systemrelevanten Institute angezeigt, dass die möglichen Verluste durch Handelsschranken in einem angemessenen Verhältnis zur Grösse des Finanzinstituts gehalten werden.

Bei proprietären Hochfrequenzhändlern kann grundsätzlich unterschieden werden zwischen dem Handel ohne zentrale Gegenpartei und dem Handel über eine zentrale Gegenpartei. Hochfrequenzhändler handeln grundsätzlich auf liquiden Märkten, bei denen eine zentrale Gegenpartei aufgrund der verminderten Transaktionskosten (Cheapest Cost-Avoider) allerdings einem Bedürfnis der Marktteilnehmer entspricht. Eine Pflicht für Handelsplätze zur Einrichtung einer zentralen Gegenpartei wäre demnach nicht erforderlich, würde allerdings auch nicht schaden, wenn ohnehin ein Bedürfnis besteht.

Die zentrale Gegenpartei entspricht funktional einem Puffer. Insofern stellt sie nicht primär ein systemisches Risiko dar, sondern einen Mechanismus zur Reduktion systemischer Risiken. Für die Stabilität des Finanzsystems ist sie dadurch jedoch zweifelsohne von erheblicher Bedeutung. Die zentrale Gegenpartei selbst dürfte grundsätzlich durch den Ausfall von Teilnehmern gar nicht gefährdet werden können, was durch die normierte Ausfallskaskade impliziert wird. Eine explizite Verankerung der beschränkten Haftung der zentralen Gegenpartei wäre allerdings wünschenswert.

Für die Marktteilnehmer lebt das Erfüllungsrisiko erst wieder auf, wenn die Ausfallskaskade der zentralen Gegenpartei erschöpft ist. Da die zentrale Gegenpartei durch einen Delivery-versus-Payment-Ansatz sowie ein System von Sicherheiten, Ausfallfondsbeiträgen und zugeordneten Eigenmitteln die Risiken gut managen kann, dürfte dieser Fall kaum je eintreten. Für den Risikoeintritt erschiene dennoch eine explizite Regelung eines Bestandesschutzes für die bereits gematchten Aufträge angezeigt. Storniert werden sollten demgegenüber sämtliche Transaktionen (Verpflichtungsgeschäfte), an denen ausgefallene Teilnehmer beteiligt waren, damit die Erfüllungsrisiken nicht wieder aufleben.

Das bereits bestehende Rechtsgefüge mit den zusätzlich vorgeschlagenen Ergänzungen ist sehr solide, sodass von Hochfrequenzhändlern kaum ein systemisches Gegenparteirisiko ausgehen dürfte. Ein gewisses Risiko könnte immerhin der Umstand mit sich bringen, dass viele Hochfrequenzhändler ähnliche Strategien verfolgen und dadurch bei einem unerwarteten Ereignis gleichzeitig in Schieflage geraten könnten. Mit Blick auf den Handel hätte der Zusammenbruch der Hochfrequenzhändler jedoch nach dem vorgeschlagenen System einzig zur Folge, dass allenfalls in einem Extremfall das ganze Ausfallskapital aufgebraucht wird und Transaktionen mit dem ausgefallenen Teilnehmer storniert werden müssen. Die Stornierung von Transaktionen birgt jedoch auch ein gewisses Risiko für Marktteilnehmer. So können beispielsweise Transaktionen storniert werden, die zu Sicherungszwecken abgeschlossen wurden. Wohl gänzlich ausschalten liessen sich diese Risiken durch einen Übergang zu einem System mit einer Echtzeitabwicklung.

Ferner erscheint bedeutsam, dass der Wettbewerb dazu führen kann, dass Wettbewerber im Allgemeinen und zentrale Gegenparteien im Besonderen die mittel- bis langfristigen Risiken zu niedrig einschätzen (*winner's curse*), ihre Konkurrenten dadurch systematisch vom Markt verdrängen (*adverse selection*) und so in regelmässigen Zeitabständen Systemzusammenbrüche verursachen – ein Zyklus von Systemzusammenbrüchen wäre die Folge. Erhärtet sich diese Hypothese erschienen internationale Mindeststandards für die Anforderungen von zentralen Gegenparteien an ihre Teilnehmer angezeigt.

3. Marktrisiken

a) Begriff

Als Marktrisiko kann ganz allgemein die mit der Veränderung von Marktpreisen verbundene Gefahr von Verlusten bezeichnet werden.[154] Das Marktrisiko hängt damit eng mit der Volatilität von Titeln zusammen.[155] Da Kapitalmarktakteure ihre Anlagen diversifizieren, ist die Volatilität einzelner Titel allerdings nur von beschränkter Bedeutung.[156] Im Zusammenhang mit der Portfoliotheorie wird entsprechend als Marktrisiko oder als systematisches Risiko nur das nicht weg-

---

[154] Für ähnliche Definitionen bspw. *Hess* (2004), 695; *Aldridge* (2013), 250; die Legaldefinition in Art. 81 ERV lautet wie folgt: «*Mit Marktrisiko wird die Gefahr eines Verlusts aus Wertschwankungen einer Position bezeichnet, die durch eine Veränderung der ihren Preis bestimmenden Faktoren wie Aktien- oder Rohstoffpreise, Wechselkurse und Zinssätze und deren jeweiligen Volatilitäten ausgelöst werden.*»
[155] Zur Volatilität vorn 254 ff.
[156] Hierzu vorn 256 f.

diversifizierbare Risiko bezeichnet.[157] Da irrationale Volatilität das Marktrisiko erhöhen kann und starke Kursbewegungen durch eine niedrige Liquidität begünstigt werden, hängt das Marktrisiko im Übrigen auch eng mit der Preisfindungsqualität sowie der Liquidität zusammen.[158]

b) Mögliche Risiken des Hochfrequenzhandels

aa) Erhebliche Preisveränderungen

Der Hochfrequenzhandel wird für erhebliche Preisveränderungen zumindest mitverantwortlich gemacht.[159] Auf den berühmten Flash-Crash vom 6. Mai 2010 wurde bereits im Rahmen der Auswirkungen des Hochfrequenzhandels auf die Volatilität sowie der antizipierenden Strategien von Hochfrequenzhändlern hingewiesen.[160] Erhebliche Marktbewegungen verursachte auch Knight Capital am 1. August 2012, als der Hochfrequenzhändler die bereits im Rahmen der Gegenparteirisiken erwähnten Verluste in der Höhe von mehr als USD 460 Mio. anhäufte.[161] Daneben sind einige grössere und unzählige Mini-Flash-Crashes belegt.[162] *Johnson et al.* identifizierten 18520 ultraschnelle Crashes und Spikes von einer Zeitdauer von weniger als 1500 Millisekunden mit einer Bewegung von über 0.8 Prozent des ursprünglichen Werts in ihrem Datenset mit Daten vom 3. Januar 2006 bis zum 3. Februar 2011.[163]

bb) Ursachen der Preisveränderungen

Für die konkreten Ereignisse können unterschiedliche Ursachen identifiziert werden. Die Marktbewegungen vom 1. August 2012 wurden wie erwähnt durch einen fehlerhaften Algorithmus von Knight Capital ausgelöst.[164] Die Ursachen

---

[157] Bspw. *Bodie/Kane/Marcus* (2014), 206; *Posner* (2014), 593; *Schwarcz* (2008), 200, 204; vorn 202 f., 256.
[158] Zur Preisbildungsqualität vorn 195 ff.; zur Liquidität vorn 216 ff.
[159] Siehe vorn 254 ff.
[160] Vorn 78, 254 f., 260 ff.
[161] Hierzu *SEC Order agst. Knight Capital 2013*; *Popper* (2012a); *Popper* (2012b); *Wah/Wellman* (2013), 855; vorn 357 ff.
[162] Zum Flash-Crash des Pfunds vom 7. Oktober 2016 siehe etwa *Ismail/Mnyanda* (2016); zur Treasury-Flash-Rally vom 15. Oktober 2014 *Joint Report «Treasury Flash Rally» 2015*; zu den Mini-Flash-Crashes *Johnson et al.* (2013); *Golub/Keane/Poon* (2012); *Bodek/Shaw* (2012), 5; zwei Mini-Flash-Crashes ereigneten sich bspw. am 25. November 2014, siehe *Garcia* (2014); ein anderer Flash-Crash ereignete sich am 25. September 2015, siehe *Pisani* (2015a).
[163] *Johnson et al.* (2013).
[164] Vorn 358 f.

für den Flash-Crash vom 6. Mai 2010 sind demgegenüber komplexer und werden im nachfolgenden Abschnitt ausführlich untersucht. Die Mini-Crashes von *Johnson et al.* führen *Golub/Keane/Poon* auf die Regulierung und Marktfragmentierung zurück.[165] Konkret nennen sie die aggressive Verwendung von Intermarket-Sweep-Orders sowie den mit der *Order Protection Rule* verbundenen Schutz der besten Aufträge als Ursachen für die Mini-Crashes.[166] Mit Blick auf systemische Marktrisiken sind diese Mini-Crashes wohl von beschränktem Interesse, da bereits Preisveränderungen von lediglich 0.8 Prozent als Mini-Crash qualifiziert wurden.[167]

Marktrisiken hängen mit der Portfoliovolatilität zusammen.[168] Im Kapitel 9 (Marktqualität) wurde diesbezüglich gefolgert, dass sich der Hochfrequenzhandel die Volatilität grundsätzlich eher mildert, aber auch für Extremereignisse mitursächlich sein kann, die ganze Märkte bewegen.[169] Für die Extremereignisse werden auf einer abstrakten Ebene vor allem korrelierende Verhaltensweisen im Allgemeinen und Herdenverhalten sowie Feedback-Loops im Besonderen verantwortlich gemacht.[170] Feedback-Loops werden teilweise als Hauptreiber von systemischen Finanzkrisen identifiziert.[171] Ferner werden auch die Empfindlichkeit für Informationen (*sensitivity*) sowie die diffuse Verteilung von Informationen als Risiken für die Finanzstabilität aufgeführt.[172] Schliesslich führt der Hochfrequenzhandel nach *Sornette/von der Becke* allein aufgrund der erhöhten Geschwindigkeit aller Marktprozesse zu einer Häufung extremer Ereignisse.[173]

Diese möglichen Risiken für die Systemstabilität werden weiter hinten wieder aufgegriffen bei der Frage, ob Hochfrequenzhändler nun ein systemisches Risiko darstellen.[174] Ein Aspekt soll dennoch kurz vorgegriffen werden. Hochfrequenzhändler reagieren zweifellos sensitiv auf neue Informationen, seien dies

---

[165] *Golub/Keane/Poon* (2012).
[166] *Ibid.*
[167] Ähnlich *Sornette/von der Becke* (2011), 12 f., die etwas später allerdings festhalten, dass mit Blick auf andere komplexe Systeme wie Erdbeben oder epileptische Anfälle diese kleinen Ereignisse auch nicht unberücksichtigt bleiben sollten, sondern ein Grossereignis ankündigen könnten.
[168] Vorn 370 f.
[169] Vorn 274 f.
[170] Hierzu *Farmer/Skouras* (2012b), 10 f., 16 f.; *Zigrand/Cliff/Hendershott* (2011), 8, 12, 13 ff.; *Zigrand/Shin/Beunza* (2011), 4; *Biais/Woolley* (2012), 36; *Aldridge* (2013), 234 ff.; *Rioult/Zweifel* (2014), 80 f.; *Foresight HFT Final Report 2012*, 75 ff.; zu korrelierenden Strategien *Chaboud/Chiquoine/Hjalmarsson/Vega* (2014), 2045.
[171] *Zigrand/Shin/Beunza* (2011), 4; *Danielsson/Zer* (2012), 10; *Leland* (2011), 5; vorn 342 f.
[172] *Zigrand/Cliff/Hendershott* (2011), 13 f.
[173] *Sornette/von der Becke* (2011), 14.
[174] Hinten 381 ff.

fundamentale Informationen oder Handelsinformationen.[175] Völlig neu erscheint nun, dass in dieser Empfindlichkeit ein Risiko erblickt wird, müsste die Empfindlichkeit doch die Preisfindungsqualität erhöhen und die Risiken der Bereitsteller von Wertpapieren verringern.[176]

cc)   Ursachen des Flash-Crashs vom 6. Mai 2010

Der Flash-Crash vom 6. Mai 2010 hat vor allem deshalb für einige Verunsicherung gesorgt, weil zunächst keine klare Ursache für das Extremereignis ausgemacht werden konnte. Mittlerweile ergibt sich ein facettenreiches Bild, das eine Entmystifizierung dieses Ereignisses zulässt.

aaa)   Algorithmisches Verkaufsprogramm mit PVol-Strategie

Als eigentlicher Auslöser des Flash-Crashs identifizierten die CFTC und SEC in ihrem gemeinsamen Bericht vom 30. September 2010 ein ausserordentlich grosses algorithmisches Verkaufsprogramm eines Investmentfonds über 75 000 E-Mini-Kontrakte mit einem Gesamtwert von etwa USD 4.1 Mrd.[177] Im Vergleich dazu hielten sämtliche Market-Maker während der von *Kirilenko et al.* untersuchten 4 Tage (3. bis 6. Mai 2010) zusammen nie mehr als 6 000 E-Mini-Kontrakte in ihren Beständen.[178] Das Verkaufsprogramm war mit anderen Worten mehr als zwölfmal so gross wie die Absorptionsfähigkeit der Market-Maker und überstrapazierte die Liquidität, ähnlich wie es schon vor dem vollautomatisierten Handel geschehen konnte, beispielsweise durch einen *fat-finger trade*. Hinzu kam, dass das Verkaufsprogramm den Markt zu einem Zeitpunkt traf, zu dem bereits eine erhebliche Verunsicherung herrschte.[179]

bbb)   Antizipierende Strategien von Hochfrequenzhändlern

Der Investmentfonds wollte die Marktliquidität natürlich nicht überstrapazieren. Er verfolgte daher eine Percent-of-Volume-Strategie (PVol-Strategie), die sich an 9 Prozent des Handelsvolumens orientierte.[180] Im Kapitel 3 (Hochfrequenzhandelsstrategien) wurde gezeigt, dass solche Strategien das Problem in sich tragen, dass sie sehr einfach durchschaubar sind und Hochfrequenzhändler

---

[175]   Vorn 68 ff.
[176]   Im Detail zur Preisbildung vorn 195 ff.; zur Liquidität vorn 216 ff.
[177]   *Joint Report «Flash Crash» 2010*, 2, wonach der Gesamtauftrag der grösste bis dahin im ganzen Jahr 2010 war; *Kirilenko/Kyle/Samadi/Tuzun* (2017), 968.
[178]   *Kirilenko/Kyle/Samadi/Tuzun* (2017), 971; zu den mit dem Inventar verbundenen Risiken vorn 63 f.
[179]   *Joint Report «Flash Crash» 2010*, 1 f.
[180]   *Joint Report «Flash Crash» 2010*, 2.

eine grössere Beeinflussung der Kurse erwarten, wenn sie eine solche Strategie entdecken.[181] *Kirilenko et al.* fanden nun Hinweise, die die Vermutung unterstützen, dass Hochfrequenzhändler den vom Verkaufsprogramm ausgehenden Preisdruck antizipierten, *Stale Quotes* auflasen und so ebenfalls zum Kurssturz beitrugen.[182] Bemerkenswerterweise war das Verkaufsprogramm vor allem aktiv, nachdem die Kurse bereits gefallen waren.[183] *McInish/Upson/Wood* stellten zudem fest, dass während des Flash-Crashs überproportional viele Intermarket-Sweep-Orders (ISOs) verwendet wurden.[184] Mit ISOs können Händler den Märkten Liquidität handelsplatzübergreifend entziehen, ohne dass die Handelsplätze die Aufträge nach der *Order Protection Rule* an andere Handelsplätze weiterleiten müssten, wenn sie über keine NBBO verfügen.[185] Market-Maker wiederum erkennen bei Gebrauch von ISOs wie ebenfalls im Kapitel 3 (Handelsstrategien) erwähnt das sogenannte *sweep risk*, also die Gefahr von Händlern, die dem Auftragsbuch gleich mehrere Ebenen entziehen; sie stornieren daher ihre Aufträge oder bieten die Liquidität zumindest nur zu teureren Konditionen an.[186] Selbst Hochfrequenzhändler und Market-Maker, die die PVol-Strategie nicht aufspürten, könnten daher namentlich aufgrund der verwendeten ISOs auf einen ausserordentlichen Marktdruck geschlossen haben. Schliesslich ist auch an eine Situation zu denken, bei der zum Beispiel 12 Händler einen PVol-Algorithmus von 10 Prozent gleichzeitig einsetzen, dadurch eine Rückkopplungsschleife bewirken und die Märkte unweigerlich mit Aufträgen überfluten.

Die Rolle der Hochfrequenzhändler war jedoch keineswegs nur volatilitätserhöhend. Nach dem Bericht von CFTC und SEC wurde der Verkaufsdruck zunächst absorbiert von (a) Hochfrequenzhändlern und anderen Mittelsmännern, (b) fundamentalen Käufern und (c) marktübergreifenden Arbitrageuren, die den Verkaufsdruck vom Futures-Markt auf die Aktienmärkte transferierten.[187] Mit anderen Worten hemmten Hochfrequenzhändler, die Market-Making- und Arbitrage-Strategien verfolgten, zumindest zu Beginn den Crash. CFTC und SEC zeigen damit die Puffer-Wirkung auf, die von Arbitragestrategien ausgeht.[188]

---

[181] Vorn 77 f.
[182] *Kirilenko/Kyle/Samadi/Tuzun* (2017), 971 f., 992 ff.
[183] *Sornette/von der Becke* (2011), 11.
[184] *McInish/Upson/Wood* (2014).
[185] Vorn 33 f., 38 f.
[186] Vorn 80 ff.
[187] *Joint Report «Flash Crash» 2010*, 3.
[188] Zu den Arbitrage-Strategien vorn 70 ff.

ccc) Liquidität und Risiko

Nicht alle Market-Maker und anderen Bereitsteller von Liquidität verhielten sich während des Flash-Crashs gleich: Einige verbreiterten den Spread, andere reduzierten die bereitgestellte Liquidität und eine signifikante Anzahl zog sich ganz aus dem Markt zurück.[189] Abgesehen von antizipierenden Strategien existierten weitere Gründe des Risikomanagements, die die Händler zum Rückzug von Liquidität veranlassten: operationelle Risiken, Rechtsrisiken und die mit den Marktrisiken verbundenen Inventarkosten.

(1) Operationelle Risiken

In operationeller Hinsicht ist für vollautomatisierte Händler die Integrität der Handelsdaten besonders bedeutsam.[190] Erscheint die Integrität derselben fraglich, so lösen sie Handelsstopps aus, um nicht gestützt auf falsche Informationen Transaktionen zu tätigen.[191] Veranlassen einige vollautomatisierte Händler gleichzeitig solche Handelsstopps, können sie dadurch eine Liquiditätskrise bewirken und indirekt für erhebliche Marktbewegungen mitverantwortlich sein.

Die Geschehnisse vom 6. Mai 2010 sowie die Aussagen der von CFTC und SEC befragten Hochfrequenzhändler deuten darauf hin, dass diese Form des operationellen Risikomanagements auch für den Flash-Crash mitursächlich war. Die von der NYSE betriebenen konsolidierten Datenfeeds CQS und CTS verzeichneten an jenem Tag substanzielle Verzögerungen von durchschnittlich über fünf Sekunden.[192] Zwar verwenden die geschwindigkeitssensitiven Händler aufgrund der allgemeinen Verzögerung dieser Datenfeeds Direktdaten der Handelsplätze, einige ziehen aber die konsolidierten Datenfeeds zur Überprüfung der Integrität ihrer Daten heran.[193] Händler gaben entsprechend an, dass sie die Handelstätigkeit einstellten, weil die Daten nicht übereinstimmten und sie ihnen deshalb nicht trauten.[194] Ferner war nicht nur die NYSE mit den Datenvolumen während des Flash-Crashs überfordert; auch einzelne Firmen sahen sich von der Informationsflut überwältigt und stellten daher ihre Handelstätigkeit ein.[195] Die verzögerten Datenfeeds sowie das operationelle Risikomanagement der vollautomatisierten Händler waren so mitursächlich für den Flash-Crash.

---

[189] *Joint Report «Flash Crash» 2010*, 5.
[190] *Joint Report «Flash Crash» 2010*, 35.
[191] *Ibid.*
[192] *Joint Report «Flash Crash» 2010*, 68, 77; dabei handelt es sich um Lichtjahre aus der Perspektive eines Hochfrequenzhändlers.
[193] *Joint Report «Flash Crash» 2010*, 37.
[194] *Joint Report «Flash Crash» 2010*, 36 f.
[195] *Joint Report «Flash Crash» 2010*, 36.

(2) Rechtsrisiken

Einige Händler stellten ihre Handelstätigkeit nach eigenen Angaben ein, weil sie davon ausgingen, dass die Abschlüsse bei kurzzeitigen Preisveränderungen von über 10 Prozent ohnehin storniert würden.[196] Mit anderen Worten veranlassten sie Rechtsrisiken zum Handelsstopp. Diese Besorgnis der Händler zeigt die Bedeutung klarer Regeln auf und müsste für Regulatoren daher von besonderem Interesse sein. Können Händler Transaktionen im Nachhinein beispielsweise gestützt auf den Irrtumstatbestand anfechten, so birgt die Bereitstellung von Liquidität ein erhebliches zusätzliches Risiko. Klare Regeln für die Rückabwicklung von Abschlüssen können dieses Risiko erheblich minimieren. Entsprechend sollte ein Ausschluss der obligationenrechtlichen Irrtumsanfechtung im Rahmen einer Börsenordnung möglich sein.[197] Noch effizienter erschiene es, wenn die Handelssysteme übermässig irrige Abschlüsse von vornherein gar nicht zuliessen. Weiter hinten wird mit den *reasonability limits* ein Instrument präsentiert, das zur Einschränkung solcher Rechtsrisiken geeignet erscheint.[198]

(3) Marktrisiken und Inventarkosten

Schliesslich gaben einige Händler an, dass ihre Risikoschranken erreicht worden seien und sie deshalb keine zusätzliche Liquidität mehr bereitgestellt hätten.[199] Da sich Market-Maker mit zunehmendem Inventar zunehmenden Marktrisiken ausgesetzt sehen, sind sie bestrebt, ihr Inventar möglichst gering zu halten.[200] Ausserdem müssen die Systeme von algorithmischen Teilnehmern gemäss Art. 31 Abs. 2 lit. b FinfraV nun auch von Rechts wegen Handelsschwellen und Handelsobergrenzen festsetzen.[201] Das Risikomanagement gebietet sicherlich auch ohne eine solche besondere Regel Handelsobergrenzen. Bemerkenswert ist dennoch, dass die Absorptionsfähigkeit der Market-Maker durch das Recht beschränkt wird.

Besonders hoch ist das mit dem Inventar verbundene Marktrisiko bei erhöhter Volatilität. Einige Market-Maker gaben entsprechend an, dass sie sich aufgrund der hohen Volatilität vom Markt zurückgezogen hätten.[202] Andere wiederum be-

---

196 *Joint Report «Flash Crash» 2010*, 7, 36; tatsächlich wurden lediglich Abschlüsse storniert, die zu Preisen ausgeführt wurden, die weiter als 60 Prozent vom Kurs um 14:30 Uhr abwichen; die zurückhaltende Stornierung der Abschlüsse erschien aus der Sicht vieler Marktteilnehmer bedenklich, siehe *Joint Report «Flash Crash» 2010*, 6 f.
197 Hinten 412 f.
198 Hinten 427 f.
199 *Joint Report «Flash Crash» 2010*, 36.
200 Der Spread muss entsprechend für diese Inventarrisiken kompensieren; vorn 63 f.
201 Hierzu hinten 612.
202 *Joint Report «Flash Crash» 2010*, 36.

fürchteten aufgrund des wertpapierübergreifenden Kurssturzes ein katastrophales Ereignis, von dem sie noch keine Kenntnis erlangt hatten.[203] Marktrisiken können mit anderen Worten Händler zum Rückzug von Liquidität bewegen, während Umgekehrt der Rückzug von Liquidität das Marktrisiko erhöht, da die Absorptionsfähigkeit der Märkte eingeschränkt wird. Die erhöhte Volatilität kann so einen Feedback-Loop bewirken, der zu einem Flash-Crash führt.

ddd)   Herdenverhalten und Momentum-Ignition

CFTC und SEC identifizierten ferner einen *hot potato effect* als Mitursache für den Flash-Crash: Hochfrequenzhändler hätten sich Titel gegenseitig zugeschoben.[204] Zwar wäre ein *hot potato effect* grundsätzlich bei nicht besonders raffinierten automatischen Market-Makern denkbar; die an der Studie der Behörden mitwirkenden *Kirilenko et al.* nennen einen solchen Effekt allerdings in ihrer neusten Studie zum Flash-Crash nicht mehr, wodurch der ursprüngliche Befund relativiert wird.[205]

Schieben sich Hochfrequenzhändler Titel gegenseitig zu, wäre allenfalls auch an marktmissbräuchliche Verhaltensweisen zu denken. Ein Ausführungsalgorithmus mit einer PVol-Strategie, die sich an 9 Prozent des Handelsvolumens orientiert, kann durch ein künstlich erhöhtes Handelsvolumen getriggert werden. Eine solche Strategie kann sich auszahlen, sofern die Transaktionskosten genügend tief sind – eine Voraussetzung, die in den USA erfüllt sein könnte.[206] Durch solche Scheintransaktionen geben Händler aber ein irreführendes Signal für Angebot, Nachfrage und Kurs von Effekten, weshalb die Vorgehensweise als Momentum-Ignition-Strategie in der Schweiz den Tatbestand der Marktmanipulation erfüllt.[207]

Zum Ablauf des Flash-Crashs hielten CFTC und SEC fest:

> However, between 2:41 p.m. and 2:44 p.m., HFTs aggressively sold about 2,000 E-Mini contracts in order to reduce their temporary long positions. At the same time, HFTs traded nearly 140,000 E-Mini contracts or over 33 % of the total trading volume. […] The Sell Algorithm used by the large trader responded to the increased volume by increasing the rate at

---

203   *Joint Report «Flash Crash» 2010*, 4 f.
204   *Joint Report «Flash Crash» 2010*, 3, 15; siehe auch *Kirilenko/Kyle/Samadi/Tuzun* (2014), 16 f., 43; *X. F. Zhang* (2010), 16; *Sornette/von der Becke* (2011), 11; *Contratto* (2014), 151.
205   Vgl. *Kirilenko/Kyle/Samadi/Tuzun* (2017).
206   Zu den niedrigen Transaktionskosten in den USA vorn 51 ff.
207   Allenfalls wäre auch der Straftatbestand der Kursmanipulation erfüllt; zu Momentum-Ignition-Praktiken vorn 90 f. sowie hinten 758 ff.

which it was feeding the orders into the market, even though orders that it already sent to the market were arguably not yet fully absorbed by fundamental buyers or cross-market arbitrageurs. [...] Between 2:45:27, HFTs traded over 27,000 contracts, which accounted for about 49 percent of the total trading volume, while buying only about 200 additional contracts net.[208]

Zwar kamen *Kirilenko et al.* zum Schluss, dass sich die Verhaltensmuster der aktivsten Hochfrequenzhändler während des Flash-Crashs nicht änderten.[209] Angesichts der Ausführungen von CFTC und SEC erscheint dennoch erstaunlich, dass soweit ersichtlich noch niemand die Frage untersucht hat, ob Hochfrequenzhändler allenfalls den PVol-Ausführungsalgorithmus triggerten.

eee) Stop-Loss-Aufträge

Stop-Loss-Aufträge wurden im Kapitel 2 (Marktmikrostruktur) erläutert, wobei auch auf deren weite Verbreitung hingewiesen wurde.[210] Die NZZ etwa empfiehlt: «*Nie ohne Sicherheitsgurt: Anleger könnten deutlich bessere Resultate mit ihren Investments erzielen, würden sie nicht Gewinne zu früh realisieren und Verluste zu lange aussitzen. Abhilfe verspricht der konsequente Einsatz von Stop-Loss-Aufträgen.*»[211] Üblicherweise werden die Stop-Loss-Aufträge so weit entfernt vom Marktpreis platziert, dass sie nicht durch die natürliche Volatilität ausgelöst werden.[212] Dies bedeutet jedoch gleichzeitig, dass sämtliche Stop-Loss-Aufträge bei einer ähnlichen Preisveränderung getriggert werden.

CFTC und SEC weisen nun verschiedener Stelle darauf hin, dass durch den Kurssturz während des Flash-Crashs viele Stop-Loss-Aufträge von Retail-Anlegern ausgelöst worden seien.[213] Mehr beiläufig erwähnen die Behörden auch, dass diese Stop-Loss-Aufträge einen Kurssturz bewirken könnten.[214] Der sehr starke Verkaufsdruck durch solche Aufträge habe zudem Banken dazu veranlasst, die Aufträge nicht selbst als Internalisierer anzunehmen, sondern an die Märkte zu senden.[215]

---

[208] *Joint Report «Flash Crash» 2010*, 3.
[209] *Kirilenko/Kyle/Samadi/Tuzun* (2017).
[210] Vorn 48 f.
[211] *M. Schäfer* (2013).
[212] Vgl. *M. Schäfer* (2013); *Landmesser* (2015).
[213] *Joint Report «Flash Crash» 2010*, 5, 12, 58, 65; ähnlich etwa beim Pfund-Flash-Crash, siehe *Hughes/Lewis/Martin* (2016).
[214] *Joint Report «Flash Crash» 2010*, 12; siehe auch *Hughes/Lewis/Martin* (2016).
[215] *Joint Report «Flash Crash» 2010*, 58.

Der Flash-Crash sollte mit Blick auf Stop-Loss-Aufträge das Offensichtliche sichtbar machen. Sobald eine grosse Anzahl Händler solche Stop-Loss-Aufträge verwenden, lösen sie einen Verkaufsdruck aus, der (a) die Absorptionsfähigkeit der Märkte übersteigt und (b) durch Bereitsteller von Liquidität und opportunistische Hochfrequenzhändler einfach antizipiert werden kann, sodass von vornherein keine Liquidität für diese Stop-Loss-Aufträge vorhanden ist. Die Wahrscheinlichkeit, dass die Aufträge zu einem sehr niedrigen Preis ausgeführt werden, erscheint dadurch sehr gross. So geschah es im Übrigen auch bei der Aufhebung des Mindestkurses durch die Schweizerische Nationalbank.[216] Es erscheint daher fraglich, ob ein verantwortungsbewusster Kundenberater solche Stop-Loss-Aufträge heute noch empfehlen darf. Jedenfalls kann die Praxis solcher Stop-Loss-Aufträge erheblich zu ausserordentlichen und irrationalen Kursveränderungen beitragen. Die wichtigsten US-amerikanischen Börsen die NYSE, Nasdaq und Bats (bzw. Cboe) haben Stop-Loss-Aufträge denn auch in der Zwischenzeit verboten.[217]

Im Übrigen sollten die Stop-Loss-Aufträge Erinnerungen wecken an den Crash von 1987, für den Portfolio-Versicherungen (*portfolio insurances*) als Mitursache verantwortlich gemacht werden.[218] Die Portfolio-Versicherungen sollten Investoren erlauben, im Falle eines Crashs Verluste durch den Zukauf von Futures-Kontrakten zu vermeiden.[219] Dass eine solche Strategie nicht aufgehen kann, dürfte nun auf den ersten Blick einleuchten. Die *Presidential Task Force on Market Mechanisms (Brady Commission)* kam entsprechend – zumindest im Nachhinein – nicht erstaunlich zum Schluss: «*The selling by these investors, and the prospect of further selling by them, encouraged a number of aggressive trading-oriented institutions to sell in anticipation of further market declines. [...] This selling, in turn, stimulated further reactive selling by portfolio insurers and mutual funds.*»[220] Was die Kommission beschreibt, ist eine klassische Rückkopplungsschleife (Feedback-Loop). Stop-Loss-Aufträge weisen grosse Ähnlichkeiten auf zu diesen Portfolio-Versicherungen. Stop-Loss-Aufträge können antizipiert werden und der Preisdruck von Stop-Loss-Aufträgen dürfte weitere Stop-Loss-Aufträge auslösen. Die Mechanismen, die während des Flash-Crashs spielten, erscheinen daher jenen vom Crash von 1987 sehr ähnlich.[221]

---

[216] Hierzu *Rasch* (2015a).
[217] Siehe etwa *Pisani* (2015b).
[218] Zum Ganzen *Shiller* (1988), 287 ff.; *Norris* (2012); siehe auch *Zickert* (2016), 28 ff.
[219] *Task Force «Market Mechanisms» 1988*, 7; *Shiller* (1988), 287; *Norris* (2012).
[220] *Task Force «Market Mechanisms» 1988*, V.
[221] Siehe auch *Zickert* (2016), 28 ff.

§ 11 Systemische Risiken

fff) Spoofing und Layering

Erst im Jahr 2015 wurde schliesslich ein Verfahren eingeleitet gegen *Navinder Singh Sarao* sowie dessen Firma *Nav Sarao Futures Limited Plc*.[222] Ihm wird vorgeworfen, durch manipulative Spoofing- und Layering-Praktiken massgeblichen Einfluss auf den Flash-Crash gehabt zu haben.[223] Die *Sarao* vorgeworfenen Praktiken können jedoch bestimmt nicht allein für den Flash-Crash ausschlaggebend gewesen sein, wurde doch der entsprechende Algorithmus bereits um 13:40 Uhr am 6. Mai 2010 abgeschaltet, während der eigentliche Crash erst nach 14:00 Uhr erfolgte und um 14:46 Uhr kulminierte. Immerhin könnten die Praktiken zur Verunsicherung bei Market-Makern beigetragen haben. Abgesehen von Spoofing-Praktiken wäre auch denkbar, dass Händler das Verkaufsprogramm, das sich am Transaktionsvolumen orientierte, durch simulierte Geschäfte triggerten.[224]

ggg) Zusammenfassung

Zusammengefasst können einige Ursachen für den Flash-Crash vom 6. Mai 2010 ausgemacht werden, sodass sich ein facettenreiches Bild ergibt. Auslöser war wohl ein ausserordentliches algorithmisches Verkaufsprogramm eines Investmentfonds, das die Marktliquidität überstrapazierte. Der vom Verkaufsprogramm ausgehende Preisdruck wurde dabei wohl von Hochfrequenzhändlern antizipiert. Weiter verstärkend dürfte das ausgeklügelte Risikomanagement von Hochfrequenzhändlern gewirkt haben, die dem Markt Liquidität bereitstellten. Nebst dem mit dem Verkaufsdruck einhergehenden Informationsrisiko dürften auch operationelle Risiken, Rechtsrisiken und Marktrisiken von Bedeutung gewesen sein. So war die Datenintegrität aufgrund von Verzögerungen bei den konsolidierten Datenfeeds nicht gewährleistet und Händler gingen davon aus, dass die Abschlüsse aufgrund der erheblichen Preisbewegungen ohnehin storniert würden. Ferner dürften wohl Stop-Loss-Aufträge den Preisdruck weiter verstärkt haben und schliesslich waren möglicherweise auch manipulative Verhaltensweisen mitursächlich für den Flash-Crash.

---

[222] Hierzu *CFTC Complaint Sarao 2015*; *CFTC Medienmitteilung Sarao 2015*.
[223] *CFTC Complaint Sarao 2015*, 20 f.
[224] Zu diesen Momentum-Ignition-Praktiken vorn 90 f. und hinten 758 ff.

IV. Risikobewertung

c) Marktrisiken als systemisches Risiko?

aa) *Keine Systemkrise durch den Flash-Crash*

Kursstürze waren in der Vergangenheit regelmässig die Initialereignisse, die eine systemische Finanzkrise auslösten, sodass auch ein Flash-Crash eine Systemkrise auslösen könnte.[225] Der Flash-Crash weist zudem mit korrelierenden Verhaltensweisen sowie positiven Feedback-Schleifen Charakteristika auf, die für Finanzkrisen typisch sind.[226] Nach dem Flash-Crash vom 6. Mai 2010 erholten sich die Kurse allerdings innert Minuten fast vollständig wieder, sodass letztlich festgehalten werden muss: Der Flash-Crash vom 6. Mai 2010 führte zu keiner systemischen Finanzkrise.[227] Ebenso wenig leiteten die von *Johnson et al.* identifizierten Mini-Flash-Crashes eine systemische Finanzkrise ein.[228]

Rückblickend betrachtet führte der Flash-Crash in erster Linie zu einer Umverteilung von Kapital von jenen Händlern, die während des Flash-Crashs Finanzinstrumente verkauften, zu jenen Händlern, die dieselben kauften. Bis zu einem gewissen Grad werden dadurch die Verursacher des Flash-Crashs geschädigt, was bei gegebener Lernfähigkeit der Marktteilnehmer die Wiederholungsgefahr reduzieren müsste. Allerdings verstärkten Hochfrequenzhändler den Effekt, soweit sie den Preisdruck antizipierten und später wieder Effekten kauften, sodass sie zunächst Mitverursacher des Crashs waren und danach den Preis auch wieder zum ursprünglichen Niveau hintrieben. *Danielsson/Zer* (2012) sprechen in diesem Zusammenhang von der selbstheilenden Kraft des Hochfrequenzhandels, die möglicherweise das Auftreten von (bleibenden) Marktcrashs reduziere.[229]

Selbst wenn ein Flash-Crash als Nullsummenspiel nur zu einer Umverteilung von Kapital führt, könnte er immerhin dann eine Systemkrise verursachen, wenn systemrelevante Finanzinstitute – sowie allenfalls auch systemrelevante Finanzmarktinfrastrukturen – durch den Crash Verluste anhäufen, die ihre Überlebensfähigkeit gefährden.[230] Die Eigenmittelvorschriften nach Basel III sind aller-

---

[225] Hierzu vorn 341.
[226] Vorn 342 f.
[227] So auch *Danielsson/Zer* (2012), 10, die festhalten: «After all, one of the two major event[s] caused by AT [algorithmic trading], the flash crash[,] was not systemic.»; auch Contratto (2014), 154 hielt fest, dass keines der identifizierten Ereignisse systemisches Ausmass erreichte.
[228] Gleich *Danielsson/Zer* (2012), 10 f.; zu den Mini-Flash-Crashes vorn 371.
[229] *Danielsson/Zer* (2012), 3.
[230] In diesem Kontext erlangen auch die Bedenken der IOSCO (*IOSCO Report «Technological Impact on Market Integrity and Efficiency» 2011*, 31) eine gewisse Berechtigung, hielt

dings nun stärker auf solche Marktrisiken gerichtet, da nach der Finanzkrise ein Konsens darüber bestand, dass die Marktrisiken in der Vergangenheit unterschätzt wurden.[231]

Gemäss IOSCO ist die Kehrseite konsistenter Preise durch Arbitragestrategien, dass sich extreme Preisschocks einfacher zwischen verschiedenen Handelsplätzen und unterschiedlichen Wertpapieren verbreiten.[232] Dies ist zwar richtig, kann aber kaum als Nachteil betrachtet werden. Weder erscheint ein heterogener Markt erstrebenswert, noch lässt sich in dieser Hinsicht das Rad zurückdrehen. Arbitragemöglichkeiten verschlechtern jedoch die Marktqualität und dürften für die Informationseffizienz auch nicht erforderlich sein, da allein ein Arbitragedruck dazu führt, dass die Bereitsteller von Liquidität ihre Quotes anpassen.[233] Bereits dieser Arbitragedruck führt allerdings auch ohne Transaktionen zu einer Verbreitung von Preisschocks, was sich jedoch kaum vermeiden lässt, solange die Auslöser des Preisschocks handeln. In Zukunft könnte schliesslich volatilitätsmindernd wirken, dass sich im Nachhinein bestimmt viele Händler gewünscht hätten, sie hätten dem Markt zur Zeit des Flash-Crashs Liquidität zur Verfügung gestellt und gestützt darauf Modelle implementiert.

bb) *Höhere Frequenz von Extremereignissen*

Ebenfalls ist nicht unbedingt negativ zu werten, wenn der Hochfrequenzhandel zu einer erhöhten Frequenz von Extremereignissen führt.[234] So hielt etwa *Kaufman* für Bankenkrisen fest: «*However, the more frequent are banking or currency crises, the shorter are the sorting out and liquidity problem periods likely to be as market participants are likely to become both better prepared and better informed and the briefer will any overshooting last.*»[235] Das Zitat stammt aus dem Jahr 2000 und stand in keinem Zusammenhang mit dem Hochfrequenzhandel oder der jüngsten Finanzkrise. Gerade für den Hochfrequenzhandel erscheinen die Ausführungen allerdings besonders passend. Gegenteiliger Ansicht ist wohl *Andy Haldane* von der Bank of England, wenn er ausführt: «*Flash Crashes, like car crashes, may be more severe the greater the velocity.*»[236]

---

diese doch fest, dass die mit dem Hochfrequenzhandel verbundenen Vorteile nicht auf Kosten von fragileren Marktstrukturen gehen dürften.

[231] Siehe *BIS Revision «Market Risk» 2009*, Nr. 1 ff.
[232] *IOSCO Report «Technological Impact on Market Integrity and Efficiency» 2011*, 31; ähnlich *Rioult/Zweifel* (2014), 81 f.
[233] Hierzu vorn 314, 336 f.
[234] Zur erhöhten Frequenz *Sornette/von der Becke* (2011), 311; vorn 382 ff.
[235] *Kaufman* (2000), 95.
[236] *Haldane* (2011), 14.

Während die meisten Menschen kurzfristige Zyklen problemlos meistern, tun sie sich regelmässig schwer mit langfristigen Zyklen. Ein alljährlich wiederkehrender Winter dürfte einen Mitteleuropäer kaum erstaunen, gleich wie ein Bewohner der Subtropen eine alljährliche Trockenzeit erwartet. Anders werden seltene Extremereignisse wahrgenommen. So kam es etwa im Jahr 1815 zum Ausbruch des Tambora auf der Insel Sumbawa in Indonesien, bei dem etwa 140 Gigatonnen Magma (etwa 50 km³ dichtes Gestein) ausgestossen wurden.[237] Durch den Ausbruch gelangten etwa 60 Megatonnen Schwefel bis in die Stratosphäre, wodurch das weltweite Klima beeinflusst wurde.[238] Das folgende Jahr 1816 ging in den USA und Europa in die Geschichte ein als das Jahr ohne Sommer, wofür der Ausbruch des Tambora als Hauptursache verantwortlich gemacht wird.[239] Der Vulkanausbruch führte so zu erhöhten Getreidepreisen und Hungersnöten, Epidemien und soziale Unruhen sowie politischen Umschichtungen und Wanderbewegungen in weiten Teilen der westlichen Welt.[240] Ereignisse in der Grössenordnung des Tambora kommen immer wieder vor und sind gar nicht so selten. Nach *Oppenheimer* und *Pyle* liegt die Wahrscheinlichkeit bei etwa ein- bis zweimal pro Jahrtausend.[241]

Die Schwierigkeiten mit langfristigen Risikozyklen zeigen sich auch bei der Siedlungstätigkeit im Umkreis von Vulkanen. Während Siedler generell einen gewissen Sicherheitsabstand zu Vulkanen wahren, die häufig ausbrechen, sind Siedlungen am Fusse von Vulkanen weit verbreitet, die nur selten ausbrechen. Gerade diese Vulkane sind jedoch gewöhnlich besonders explosiv. Ein gutes Beispiel ist der Vesuv, der in Zyklen von «nur» einigen tausend Jahren eine plinianische Eruption hervorbringt.[242] Noch weit gefährlicher sind die phlegräischen Felder (*Campi Flegrei*). Dabei handelt es sich um einen Supervulkan, der im Falle eines Ausbruchs weit mehr als nur die Stadt Neapel dem Erdboden gleich machen kann. Hartnäckig hält sich die These, dass der Ausbruch der phlegräischen Felder vor etwa 40 000 Jahren mitverantwortlich war für das Verschwinden des Neandertalers.[243] Damals schleuderte der Supervulkan etwa 250 bis 300 km³ vulkanische Asche in den steinzeitlichen mediterranen Himmel.[244] Während die Grössenordnung der Eruption sowie damit verbundene Klimaveränderungen allgemein anerkannt sind, ist die These mit Bezug auf den Neander-

---

[237] *Oppenheimer* (2003), 230.
[238] *Ibid.*
[239] *Oppenheimer* (2003), 230, 244.
[240] *Oppenheimer* (2003), 250 ff., 256.
[241] *Oppenheimer* (2003), 253; vgl. *Pyle* (1995).
[242] Siehe *Cioni/Bertagnini/Santacroce/Andronico* (2008), 336 f., 340.
[243] *Golovanova et al.* (2010), 655; vgl. *Fedele/Giaccio/Hajdas* (2008), 834 ff.
[244] *Costa et al.* (2012); *Lowe et al.* (2012), 13532.

taler allerdings in Fachkreisen umstritten.²⁴⁵ Bedeutsam erscheint im vorliegenden Zusammenhang lediglich, dass ein verheerender Ausbruch früher oder später wieder erfolgen wird und die Gefahr nur die wenigsten kennen – selbst von den 400 000 Menschen, die in unmittelbarer Nähe zu den phlegräischen Feldern wohnen, sind sich 70 bis 80 Prozent keiner Gefahr bewusst.²⁴⁶

Die Vulkanausbrüche demonstrieren zweierlei: Erstens sind die meisten Menschen relativ gut in der Lage, mit kurzfristigen Gefahrenzyklen umzugehen, nicht aber mit langfristigen. Dasselbe dürfte auch für Finanzmarktteilnehmer gelten, wobei der Effekt wohl zusätzlich durch Fehlanreize und Agency-Problematiken verstärkt wird.²⁴⁷ Zweitens wird durch eine erhöhte Frequenz von Vulkanausbrüchen regelmässig Druck abgebaut; Vulkane, die nur selten ausbrechen, sind demgegenüber umso explosiver, da sich Druck während einer längeren Zeit aufstauen kann. Dasselbe könnte auch für das Finanzsystem zutreffen, wenn frühere Korrekturen der Bildung von Spekulationsblasen entgegenwirken.

Damit ergeben sich für den Hochfrequenzhandel die folgenden zwei Thesen, die der Klärung durch die ökonomische Wissenschaft bedürfen: Der Hochfrequenzhandel führt zu einer Häufung von Crashs, sodass diese (a) stärker beim Risikomanagement berücksichtigt werden und (b) weniger gravierend ausfallen, weil Korrekturen früher eintreten. Mittel- bis langfristig dürften sich so nur noch geringfügige Wellenbewegungen ergeben.

cc) *Informationseffizienz und Volatilität*

Weitere Folgen extremer Marktbewegungen wie Flash-Crashs sind (offensichtlich) eine erhöhte Volatilität sowie eine (zumindest) temporäre Ineffizienz der Preise. Volatilität und Marktrisiken sind wie erwähnt eng miteinander verknüpft.²⁴⁸ Gleichzeitig muss allerdings eine erhöhte Volatilität nicht zwingend eine Erhöhung der systemischen Risiken bedeuten, da das Verhältnis zwischen Volatilität und systemischen Risiken tangential ist.²⁴⁹ Was die Preisbildungsqualität betrifft, so existierten Blasen und Börsencrashs, lange bevor der Börsenhandel Computern überlassen wurde. Ist die Annahme richtig, dass es sich bei voll-

---

245 Siehe *Lowe et al.* (2012), 13532.
246 *Kreiner* (2013).
247 Zu Agency-Problemen vorn 324 ff., 414 ff.
248 Vorn 370 f.
249 Hierzu *Danielsson/Zer* (2012), 9, wonach die Annahme nur bei einer Normalverteilung zutreffen wäre; es sei jedoch seit den Pionierarbeiten von *Mandelbrot* (1963) und *Fama* (1963) sowie *Fama* (1965) anerkannt, dass Finanzrenditen *fat tales* bildeten; ähnlich *Haldane* (2011), 6.

autonomen algorithmischen Händlern um im Vergleich zu Menschen rationalere Akteure handelt,[250] so kann die künstliche Intelligenz zumindest als Chance für insgesamt rationalere Preise betrachtet werden. Zweifellos reiten Hochfrequenzhändler auf Wellen, die von irrationalen Händlern ausgelöst werden, sodass auch in Zukunft Blasen und Crashs anzunehmen sind. Hierzu sind Hochfrequenzhändler wie bereits angedeutet jedoch nur in der Lage, sofern irrationale Akteure existieren, die irrationale Abweichungen verursachen. Erst diese können einen Auftragsdruck verursachen, der stärker ist als der Druck durch fundamentale Informationen. Handeln allein Maschinen und sind diese rational im Sinne der klassischen ökonomischen Theorie, so dürften sie jedenfalls nicht von sich aus irrationale Preisabweichungen verursachen. Es sollte daher zumindest einmal die Frage aufgeworfen werden, ob nicht eher Menschen als Maschinen eine Gefahr für die Preisfindungsqualität und ein systemisches Risiko darstellen.

dd)   *Stop-Loss-Aufträge und Ausführungsalgorithmen*

Besonders betroffen von einem Flash-Crash sind Retail-Kunden, deren Stop-Loss-Aufträge durch den Kurssturz ausgelöst werden.[251] Sämtliche Stop-Loss-Aufträge werden etwa zum gleichen Zeitpunkt getriggert, sodass ein Verkaufsdruck ausgelöst wird, der (a) die Absorptionsfähigkeit der Märkte übersteigt und (b) durch Bereitsteller von Liquidität und opportunistische Hochfrequenzhändler einfach antizipiert werden kann, sodass von vornherein keine Liquidität für diese Stop-Loss-Aufträge vorhanden ist. Die Wahrscheinlichkeit, dass die Aufträge weit unterhalb der angegebenen Grenze ausgeführt werden, erscheint dadurch sehr gross. Beim Flash-Crash vom 6. Mai 2010 verloren Kunden, deren Abschlüsse nicht storniert wurden, entsprechend viel Geld.[252]

Die systemische Bedeutung der Stop-Loss-Aufträge liegt vor allem darin, dass das Verhalten verschiedener Anleger dadurch miteinander korreliert, wodurch ein Kurssturz verstärkt wird. Erholen sich die Kurse wie beim Flash-Crash innert Minuten wieder, so dürften die Verluste zwar kaum systemrelevant sein; der Flash-Crash kann aber immerhin einen erheblichen Vertrauensverlust beim Anlegerpublikum bewirken. Es stellen sich damit vor allem Fragen des Individualschutzes.

---

250   Vorn 99 f., 206 ff.
251   Zu den Stop-Loss-Aufträgen vorn 48 f.
252   So wurden nach *Joint Report «Flash Crash» 2010*, 6 f. lediglich Abschlüsse storniert, die zu Preisen ausgeführt wurden, die mehr als 60 Prozent vom Kurs um 14:30 Uhr abwichen; die zurückhaltende Stornierung von Abschlüssen erschien aus der Sicht vieler Marktteilnehmer bedenklich.

Die Stornierung sämtlicher Stop-Loss-Transaktionen nach einem Flash-Crash erscheint kaum zielführend. Erstens sind solche Aufträge Mitverursacher des Flash-Crashs und zweitens werden Händler einfach keine Liquidität für solche Aufträge stellen, wenn sie davon ausgehen, dass die Transaktionen im Nachhinein ohnehin storniert werden. Die Liquiditätskrise würde durch eine solche Regel verschärft. Eher stellt sich die Frage, ob ein verantwortungsbewusster Kundenberater die Verwendung solcher Stop-Loss-Aufträge seinen Kunden nach guten Treuen noch empfehlen kann und darf oder ob er dadurch nach dem heutigen Erkenntnisstand nach dem Flash-Crash und der Aufhebung des Mindestkurses durch die schweizerische Nationalbank nicht seine Treue- und Sorgfaltspflicht verletzt. Gleiche Bedenken sind gegenüber PVol-Ausführungsalgorithmen angezeigt, die sich bei der Ausführung eines grösseren Auftrags am Handelsvolumen orientieren und einen starren Prozentsatz verwenden, sodass der Algorithmus von Hochfrequenzhändlern einfach aufgespürt werden kann.

Letztlich könnten Hochfrequenzhändler durch ihre Überlegenheit einen Paradigmenwechsel bewirken, der nicht unerwünscht erscheint. Investoren dürfte dadurch jegliche Illusion entzogen werden, dass sie aus einem fallenden Markt abspringen können. Dieser Umstand könnte letztlich stabilitätserhöhend wirken, da er langsamen opportunistischen Händlern entgegenwirkt, die letztlich einen Nährboden für schnelle opportunistische Händler bilden.

d) Ergebnis

Hochfrequenzhändler können die Marktrisiken sowohl erhöhen als auch reduzieren. Soweit sie Market-Making- und Arbitragestrategien verfolgen, bewirken sie grundsätzlich einen gewissen Puffer und transferieren Liquidität von einem Handelsplatz zum anderen. Als Market-Maker agierende Hochfrequenzhändler reagieren allerdings äusserst sensitiv auf Handelsinformationen, sodass sie ihre Aufträge bei hohem Preisdruck zurückziehen oder gar stornieren. Dadurch kann die Absorption des Preisdrucks in einer rationalen Weise verringert und die transitorische Volatilität erhöht werden. Dasselbe gilt für antizipierende Strategien, wenn Hochfrequenzhändler aufgrund eines bestehenden Preisdrucks die verbleibende Liquidität konsumieren, um die Wertpapiere dann zu einem niedrigeren Preis wieder zu verkaufen. Solche Strategien können sich auszahlen, wenn der transitorische Handelsdruck stärker ist als der fundamentale Preisdruck. Abgesehen von Algorithmen, die aufgrund eines operationellen Fehlers ausgelöst werden, sind Hochfrequenzhändler jedoch kaum die Auslöser des transitorischen Handelsdrucks. Dieser wird in der Regel vielmehr durch institutionelle Investoren verursacht, wenn diese die Marktliquidität überstrapazieren und einfach aufspürbare Ausführungsalgorithmen verwenden. Verstärkend können sich im Falle eines bereits eingeleiteten Kurssturzes auch Stop-Loss-Aufträge von Retail-Kunden auswirken, die regelmässig zum gleichen Zeitpunkt ausgelöst werden. Insgesamt kann festgehalten werden, dass Hochfrequenzhändler die Volatilität abgesehen von Extremereignissen wohl grundsätzlich verringern.

In der Vergangenheit waren Kursstürze regelmässig die Initialereignisse, die eine systemische Finanzkrise auslösten, sodass grundsätzlich auch ein Flash-Crash hierzu geeignet wäre. Zwar wurde dieser in erster Linie durch einen grossen Ausführungsalgorithmus ausgelöst; allem Anschein nach verstärkten Hochfrequenzhändler aber den Crash durch antizipierende Strategien sowie durch ihr sensitives Risikomanagement. Allein ein durch Handelsdruck ausgelöster Flash-Crash dürfte jedoch kaum zu einer Systemkrise führen. Vielmehr müsste sich generell die Erkenntnis durchsetzen, dass Wertpapiere überbewertet sind. Nach dem Flash-Crash vom 6. Mai 2010 erholten sich die Kurse innert Minuten fast vollständig wieder, sodass der Crash letztlich auch keine systemische Finanzkrise auslöste. Ebenso wenig leiteten die von *Johnson et al.* identifizierten Mini-Flash-Crashes eine systemische Finanzkrise ein.[253] Rückblickend betrachtet führte der Flash-Crash in erster Linie zu einer Umverteilung von Kapital von den Verursachern des Flash-Crashs zu den Bereitstellern von Liquidität während dieser Zeitspanne. Die Systemstabilität könnte ein solcher Flash-Crash lediglich dann gefährden, wenn durch die Umverteilung ein systemrelevanter Finanzmarktteilnehmer – oder mehrere Finanzteilnehmer, die zusammen systemrelevant sind – hohe Verluste erleidet, die seine Überlebensfähigkeit gefährden.

Durch die Verstärkung des transitorischen Preisdrucks sowie allein durch die erhöhte Geschwindigkeit, könnten durch den Hochfrequenzhandel Extremereignisse häufiger werden. Gleichzeitig zeigen diese Ereignisse allerdings wiederum Geschäftsmöglichkeiten auf, sodass die Erhöhung der Anzahl solcher Ereignisse keineswegs gesichert ist. Hinzu kommt, dass sich eine höhere Frequenz von Extremereignissen auch positiv auswirken kann. Wahrscheinlich erscheint, dass die höhere Frequenz dazu führt, dass Marktteilnehmer (a) im Rahmen des Risikomanagements die Marktrisiken besser berücksichtigen und (b) die Kursbewegungen weniger gravierend ausfallen, da Korrekturen früher eintreten. Insgesamt ist zudem grundsätzlich von einer Verbesserung der Preisfindungsqualität auszugehen, da es sich bei den Maschinen letztlich schlicht um rationalere Akteure handelt, die auch fundamentale Parameter und Abhängigkeiten weiter besser und schneller verarbeiten können als Menschen.

Der Flash-Crash wirft so letztlich weniger mit Blick auf den Systemschutz, sondern mehr mit Blick auf den Individualschutz Fragen auf. Während des Ereignisses wurden viele Stop-Loss-Aufträge von Retail-Kunden ausgelöst, wodurch einige hohe Verluste erlitten. Da Stop-Loss-Aufträge in der Regel gleichzeitig

---

[253] Gleich *Danielsson/Zer* (2012), 10 f.; zu den Mini-Flash-Crashes vorn 371.

getriggert werden, lösen sie ein starkes Herdenverhalten aus, sodass die Aufträge regelmässig weit unterhalb der angegebenen Grenze ausgeführt werden dürften. Es erscheint daher fraglich, ob ein verantwortungsbewusster Kundenberater die Verwendung solcher Stop-Loss-Aufträge seinen Kunden nach guten Treuen noch empfehlen kann und darf. Gleiche Bedenken gelten für PVol-Ausführungsalgorithmen, die sich bei der Ausführung eines grösseren Auftrags am Handelsvolumen orientieren und einen starren Prozentsatz verwenden.

4. Liquiditätsrisiken

a) Begriff

Bei der Liquidität ist wie im Kapitel 9 (Marktqualität) erwähnt zu unterscheiden zwischen der Marktliquidität und der Schuldnerliquidität.[254] Die Marktliquidität wird definiert als die Möglichkeit, Transaktionen innert kurzer Zeit und zu niedrigen Kosten durchzuführen.[255] Als Schuldnerliquidität wird die Fähigkeit (oder aus der Gläubigerperspektive auch die Bereitschaft) eines Schuldners bezeichnet, einer kurzfristigen Verpflichtung nachzukommen.[256] Die Schuldnerliquidität ist damit eng verknüpft mit den Gegenparteirisiken.[257] In diesem Abschnitt interessiert demgegenüber die Marktliquidität.

Als Marktliquiditätsrisiko kann das Risiko bezeichnet werden, dass eine Transaktion zu einem bestimmten Zeitpunkt nicht (oder nur zu hohen Kosten) durchgeführt werden kann.[258] Da ein Verkauf von an Börsen gehandelten Effekten beinahe immer möglich ist, steht die Gefahr im Vordergrund, dass bei Verkauf hohe (explizite oder implizite) Transaktionskosten anfallen. Implizite Transaktionskosten können namentlich darin liegen, dass ein Marktteilnehmer ein Wertpapier zu einem temporär irrational tiefen Preis verkaufen muss.[259]

---

[254] Vorn 218.
[255] *Foucault/Pagano/Röell* (2013), 2; *Samuelson/Nordhaus* (2010), 288; vgl. *Mankiw* (2015a), 611; vorn 218.
[256] In diesem Sinne wird der Begriff in der Liquiditätsverordnung und in FINMA-RS 2015/2 (Liquidätsrisiken Banken) verwendet; zu Liquiditätsrisiken für Finanzmarktinfrastrukturen im Sinne der Schuldnerliquidität *L. Staehelin*(2012), 22; *Oleschak* (2009), 6; *Haene* (2009), 6; vorn 362 f.
[257] Vorn 357 ff.
[258] Aber vielleicht später; vgl. *Nikolaou* (2009), 15; auch BIS Principles «Liquidity Risk» 2008, Nr. 1; *Aldridge* (2013), 363 f.; *Rioult/Zweifel* (2014), 80 f.
[259] Zu den Transaktionskosten vorn 221 ff.

b) Hochfrequenzhandel als Quelle von Liquiditätsrisiken

Hochfrequenzhändlern wird wie im Kapitel 9 (Marktqualität) erwähnt verschiedentlich vorgeworfen, dass sie die Liquidität nur scheinbar erhöhen; in Krisenzeiten würden sie sie zurückziehen.[260] *Bill Gates* etwa wurde im ersten Teil dieser Arbeit mit den Worten zitiert: «*It doesn't seem like it's much value-added because when you really need the liquidity it's not guaranteed to be there.*»[261] Noch weiter ging *Andy Haldane* von der *Bank of England*, der in einem Vortrag vor der *International Economic Association* in Peking festhielt: «*Far from solving the liquidity problem in situation of stress, HFT firms appear to have added to it. And far from mitigating market stress, HFT appears to have amplified it. HFT liquidity, evident in sharply lower peacetime bid-ask spreads, may be illusory. In wartime, it disappears.*»[262] Den Vortrag schliesst er mit den Worten: «*The race to zero may have contributed to those abnormalities, adding liquidity during a monsoon and absorbing it during a drought.*»[263]

Das Liquiditätsrisiko hängt eng mit dem Marktrisiko zusammen, was auch die Ausführungen von *Haldane* klar zum Ausdruck bringen – bei niedriger Liquidität reagieren Kurse stärker auf den Handelsdruck und die Volatilität erhöht sich. Diese Zusammenhänge zeigt wiederum der Flash-Crash vom 6. Mai 2010 eindrücklich. Nach dem gemeinsamen Bericht von CFTC und SEC war dieser gekennzeichnet durch Liquiditätskrisen auf dem E-Mini-Futures-Markt sowie bei einzelnen Aktien.[264] Demnach fiel die Markttiefe auf dem E-Mini-Futures-Markt zwischenzeitlich auf weniger als 1 Prozent im Vergleich zum Morgen desselben Tages.[265] Gleichzeitig fiel auch die Markttiefe auf den Aktienmärkten auf etwa 25 Prozent im Vergleich zur Markttiefe bei Handelsstart.[266] Da (echte) Aufträge in einzelnen Aktien teilweise gänzlich fehlten, wurden Transaktionen zu einem Penny oder zu USD 100 000 ausgeführt.[267] Dabei wurden sogenannte Stub-Quotes von Market-Makern ausgelöst, die diese in Erfüllung ihrer konti-

---

260 *Haldane* (2011), 6, 14; *Weller* (2013), 22; *Sornette/von der Becke* (2011), 7 f.; *Biais/Woolley* (2011), 14; *Cartea/Penalva* (2011), 10 f.; *Buchanan* (2015), 162; *Aebersold Szalay* (2013); *Stiglitz* (2014), 10; *Humbel* (2017), 358, ähnlich *Brown* (2010), 113; vorn 216 f.
261 Hierzu *www.cnbc.com/2014/05/05/buffett-gates-and-munger-criticize-high-frequency-trading.html*; vorn 80.
262 *Haldane* (2011), 6.
263 *Haldane* (2011), 14.
264 *Joint Report «Flash Crash» 2010*, 3 ff.
265 *Joint Report «Flash Crash» 2010*, 3 f.
266 *Joint Report «Flash Crash» 2010*, 4.
267 *Joint Report «Flash Crash» 2010*, 5.

nuierlichen zweiseitigen Market-Making-Verpflichtung weit entfernt von einem möglichen Marktpreis stellten.[268]

Hinsichtlich der Ursachen dieser Liquiditätskrise kann auf die Ausführungen im vorangehenden Abschnitt 3 (Marktrisiken) verwiesen werden.[269] Zusammengefasst waren wohl der durch ein algorithmisches Verkaufsprogramm initiierte Handelsdruck, das Risikomanagement der Bereitsteller von Liquidität sowie antizipierende Strategien von Hochfrequenzhändlern die Hauptursachen für die Liquiditätskrise. Zwar waren Hochfrequenzhändler demnach wie erwähnt nicht die Auslöser der Liquiditätskrise, sie trugen jedoch dazu bei, indem sie *Stale Quotes* auflasen. Insofern erscheint die Aussage der IOSCO grundsätzlich richtig, die Interaktion zwischen automatisierten Ausführungsprogrammen und algorithmischen Handelsstrategien hätten zu einem schnellen Erodieren der Liquidität geführt.[270]

c) Liquiditätsrisiko als systemisches Risiko?

Hinsichtlich der Frage, ob Hochfrequenzhändler durch die autonome Preisanpassung und damit verbundene Liquiditätsentnahme ein systemisches Risiko bergen, kann ebenfalls grundsätzlich auf die Ausführungen zu den Marktrisiken verwiesen werden.[271] Hier folgen spezifisch zur Liquidität ein paar Zusatzbemerkungen.

Die Klage institutioneller Investoren erscheint mit Blick auf Ereignisse wie den Flash-Crash auf den ersten Blick verständlich. Antizipieren Hochfrequenzhändler ein grosses Verkaufsprogramm, so können sie den Marktdruck antizipieren, *Stale Quotes* auflesen und dem institutionellen Investor die Wertpapiere zu einem schlechteren Preis verkaufen. Gleichzeitig könnte allerdings auch die Frage aufgeworfen werden, wie sich Händler, deren *Stale Quotes* aufgelesen werden, bei vollständiger Information verhalten würden. Wüssten diese vom Marktdruck, der vom Grossinvestor ausgeht, würden sie diesem die Liquidität wohl kaum zum gleichen Preis zur Verfügung stellen, sondern sich gleich wie der Hochfrequenzhändler verhalten. Grundsätzlich erhält der Grossinvestor die Liquidität somit letztlich zu dem Preis, der seinem Risiko entspricht.

Sornette/von der Becke werfen Hochfrequenzhändlern vor, sie würden aufgrund des kurzfristigen Anlagehorizonts kein Risiko absorbieren: «*[T]he utility deri-*

---

268 *Ibid.*
269 Vorn 373 ff.
270 IOSCO Report «Technological Impact on Market Integrity and Efficiency» 2011, 31 mit Verweis auf *Joint Report «Flash Crash» 2010*, 6.
271 Vorn 381 ff.

ved from liquidity provided by HFT could be argued to be lower than from other market participants. Why? Because HFT does not absorb risks. If a fundamental trader sells a position as on May 6, it can only be absorbed by counterparties wanting to be long. HFT books are flat by the end of the day.»[272] Diese Äusserungen erscheinen nicht unberechtigt. Zwar verfolgen Hochfrequenzhändler mit Blick auf Neuigkeiten durchaus Handelsstrategien, die auf fundamentalen Informationen basieren.[273] Bei bestehendem Handelsdruck, dürfte dieser jedoch zeitweilig dem fundamentalen Preisdruck vorgehen. Fundamentale Strategien mit einem mittelfristigen Zeithorizont von einigen Tagen dürften demzufolge grundsätzlich nicht zum Repertoire von Hochfrequenzhändlern gehören. Letztlich werden fundamentale Händler mit einem mittelfristigen Anlagehorizont benötigt, die aber sehr schnell reagieren müssen, damit sie den Crash abfedern können. Der Flash-Crash hat jedoch gezeigt, welche Gewinnmöglichkeiten ein solches Extremereignis für fundamentale Händler eröffnet, was diesen Händlern auch nicht entgangen sein dürfte. Im Nachhinein hätten viele Händler während des Flash-Crashs noch so gerne Liquidität günstiger zur Verfügung gestellt, was sich auf das spätere Verhalten der Investoren ausgewirkt haben dürfte. Im Übrigen zeigen die empirischen Studien nicht nur, dass Hochfrequenzhändler die Informationseffizienz der Preise wohl erhöhen, sondern auch, dass sie die ebenfalls wichtige Liquiditätskomponente der Resilienz im Sinne einer Federwirkung nach liquiditätsentziehenden Schocks verbessern.[274] Genau eine solche Federwirkung erfolgte auch beim Flash-Crash in einer eindrücklichen Weise.

Schliesslich erscheint der Hinweis nicht völlig unberechtigt, dass die Liquiditätslage im Umfeld extremer Kursbewegungen schon vor der Automatisierung des Market-Makings prekär war, als beispielsweise die Market-Maker und Broker am Black Monday von 1987 die Telefonhörer nicht abnahmen. *Prof. David Whitcomb* gab denn auch an, dass ihn diese Liquiditätskrise zur Automatisierung des Handels und zur Gründung von *Automated Trading Desk* (ATD) veranlasste.[275]

d) Ergebnis

Liquiditätsrisiken sind eng mit den Marktrisiken verknüpft, da mit einer niedrigen Liquidität in der Regel eine hohe Volatilität einhergeht und Börsencrashs in aller Regel von Liquiditätskrisen begleitet werden. Entsprechend kann grundsätzlich auf die Ausführungen zu den Marktrisiken verwiesen werden.[276]

---

272 *Sornette/von der Becke* (2011), 7.
273 Zum News-Trading vorn 68 ff.
274 Vorn 195 ff., 224, 232, 241.
275 Siehe hierzu *Whitcomb* (2002); weitere Ausführungen früher auf *www.atdesk.com*.
276 Vorn 370 ff.

Ergänzend ist festzuhalten, dass die Liquiditätskrise letztlich eine logische Folge des transitorischen Preisdrucks ist, der die Risiken bei Bereitstellung von Liquidität stark erhöht. Die Bereitsteller können sich in einer solchen Situation erhöhten Risikos entscheiden, die Spreads stark zu erweitern oder sich ganz aus dem Markt zurückzuziehen. So geschah es auch beim Flash-Crash vom 6. Mai 2010, als die Markttiefe teilweise auf unter 1 Prozent im Vergleich zum Handelsstart fiel. Der Flash-Crash hat aber grosse Gewinnmöglichkeiten für fundamentale Händler aufgezeigt, die dem Markt bei solchen Marktbewegungen Liquidität zur Verfügung stellen. Entsprechend ist zu erwarten, dass sich Händler auf die Bereitstellung von Liquidität während solcher extremen Preisbewegungen spezialisieren beziehungsweise spezialisiert haben.

Die Klagen der institutionellen Investoren, deren Aufträge von Hochfrequenzhändlern aufgespürt werden, erscheinen nur teilweise gerechtfertigt. Grundsätzlich erhalten diese Investoren die Liquidität zu dem Preis, der ihrem erhöhten Risiko entspricht. Ferner zeigt die Liquiditätskrise besser noch als die Marktrisiken auf, dass ein langsamer Anleger nicht einfach bei fallenden Kursen abspringen kann und sich ein solches Verhalten auch nicht auszahlt. Sehen dies die Anleger ein, so könnte ein Paradigmenwechsel erfolgen, der sich letztlich stabilitätserhöhend auswirken dürfte.

5. Marktintegritätsrisiken

a) Begriff

Als Marktintegritätsrisiko kann die Gefahr bezeichnet werden, dass Marktprozesse verfälscht werden oder aus anderen Gründen nicht erwartungsgemäss erfolgen. Beim Börsenhandel zählen hierzu insbesondere marktmissbräuchliche Praktiken.[277] Darüber hinaus ist aber beispielsweise auch die Gefahr erfasst, dass ein Handelsplatz Aufträge nicht erwartungsgemäss zusammenführt oder die Funktionsweise seiner Handelssysteme und Auftragstypen nicht angemessen beschreibt und dadurch gewisse Händler – wie beispielsweise Hochfrequenzhändler – in intransparenter Weise privilegiert.[278]

---

[277] Nach der Terminologie des europäischen Rechts zählen hierzu die Insider- und Manipulationstatbestände, siehe Art. 1 MAR; beachte auch den falschen Titel der deutschen Fassung der CRIM-MAD, wo von strafrechtlichen Sanktionen bei Marktmanipulation, anstatt von strafrechtlichen Sanktionen bei Marktmissbrauch gesprochen wird.
[278] Hierzu vorn 66 f., hinten 672 ff. und sogleich 393 ff.

b) Hochfrequenzhandel als Marktintegritätsrisiko

Gewisse marktmissbräuchliche Verhaltensweisen werden besonders mit dem Hochfrequenzhandel in Verbindung gebracht. Bei anderen Praktiken ist unklar, ob sie marktmissbräuchlich sind. Der gesamte vierte Teil dieser Arbeit ist diesen Praktiken gewidmet, sodass entsprechend auf die Ausführungen hinten verwiesen werden kann.[279] Abgesehen von den einzelnen Praktiken besteht allgemein die Gefahr, dass marktmissbräuchliche Verhaltensweisen von Hochfrequenzhändlern nicht aufgedeckt werden können. Die Gründe hierfür sind primär aufsichtsrechtlicher Natur und werden im Kapitel 23 (Marktaufsicht) untersucht.[280]

Abgesehen von der Gefahr marktmissbräuchlicher Praktiken führt die IOSCO die folgenden Risiken unter dem Titel der Fairness und Integrität der Kapitalmärkte auf:[281]
- *Ungleiche Ressourcen und Marktzugang:* Die IOSCO sieht zunächst in den ungleichen finanziellen Ressourcen, den hochqualifizierten Mitarbeitern und dem schnelleren Marktzugang einen unfairen Vorteil der Hochfrequenzhändler gegenüber den anderen Marktteilnehmern.[282]
- *Crowding-out-Effekt und Informationsasymmetrien:* Verbunden mit den ungleichen Möglichkeiten, Informationsasymmetrien und dem Geschwindigkeitswettlauf befürchtet die IOSCO sodann, dass langsame Händler in Dark Pools gedrängt werden und auf den transparenten Märkten nur noch eine kleine Gruppe von Teilnehmern verbleibt, sodass die Liquidität und Preisfindungsqualität der Märkte beeinträchtigt werden könnten.[283]
- *Liquidity-Detection und antizipierender Handel:* Ferner hält die IOSCO fest, dass Liquidity-Detection-Strategien und antizipierende Verhaltensweisen von Hochfrequenzhändlern das Anlegervertrauen in die Märkte minimierten.[284]
- *Interessenkonflikte bei Marktbetreibern:* Schliesslich weist die IOSCO darauf hin, dass Marktteilnehmer Interessenkonflikte bei Marktbetreibern ausgemacht hätten, an denen teilweise Hochfrequenzhändler beteiligt seien.[285]

---

[279] Hinten 719 ff.
[280] Hinten 857 ff.
[281] *IOSCO Report «Technological Impact on Market Integrity and Efficiency» 2011*, 29 ff.
[282] *IOSCO Report «Technological Impact on Market Integrity and Efficiency» 2011*, 29.
[283] *IOSCO Report «Technological Impact on Market Integrity and Efficiency» 2011*, 29 f.; ähnlich auch Erwägungsgrund 62 zu MiFID II.
[284] *IOSCO Report «Technological Impact on Market Integrity and Efficiency» 2011*, 30; sie weist aber ebenfalls darauf hin, dass grosse Händler schon immer versucht hätten, ihre Handelsabsichten vor den anderen Händlern zu verbergen und dies nunmehr mit immer sophistizierteren Systemen tun würden.
[285] *IOSCO Report «Technological Impact on Market Integrity and Efficiency» 2011*, 31.

Informationsasymmetrien zwischen verschiedenen Marktteilnehmern und der Geschwindigkeitswettlauf unter Hochfrequenzhändlern wurden im Kapitel 10 (Marktversagen) vertieft untersucht mit dem Ergebnis, dass diese Konstanten die Marktqualität unnötig verschlechtern und dadurch Investoren zusätzliche Kosten aufbürden.[286] Demgegenüber erscheint höchst fraglich, ob in der Überlegenheit der Hochfrequenzhändler ein Marktintegritätsrisiko zu sehen ist. Irrationale opportunistische Händler wird der Markt kaum vermissen und einen Investor mit langfristigem Anlagehorizont dürften letztlich vor allem die Transaktionskosten sowie die Informationseffizienz der Kurse interessieren. Das Crowding-out von langsamen opportunistischen Händlern dürfte diese Informationseffizienz gerade erhöhen, da dieser Ausscheidungsprozess zu einer Konzentration informierter Händler auf den transparenten Handelsplätzen führen müsste.[287] Schlüssig erscheint, dass auch kein negativer Einfluss von Dark Pools auf die Preisfindungsqualität und die Liquidität des Gesamtmarkts nachgewiesen werden konnte.[288] Generell muss zudem festgehalten werden, dass eine vollständige Beseitigung von Ungleichheiten illusorisch ist. Dies galt schon früher und gilt nun umso mehr im Verhältnis zwischen Menschen und Maschinen. Menschen werden hinsichtlich der Geschwindigkeit der Informationsverarbeitung nie (mehr) mit Maschinen konkurrieren können, selbst wenn sie Informationen gleichzeitig erhalten. Allerdings erscheint bedeutsam, dass Rahmenbedingungen bestehen, die einen funktionierenden Wettbewerb zwischen Maschinen begünstigen. Dabei spielen Anschluss- und Transaktionsgebühren eine bedeutende Rolle. Ausserdem schützt der Insidertatbestand nach der im Kapitel 22 (Insiderhandel) vertretenen Ansicht in erster Linie den Wettbewerb zwischen Hochfrequenzhändlern.[289]

Die allgemeine Kritik der IOSCO an der Liquidity-Detection sowie den antizipierenden Praktiken erscheint zumindest teilweise ungerechtfertigt. Liquidity-Detection bedeutet zunächst nichts anderes als das Aufspüren von Liquidität zur Ausführung von Aufträgen.[290] Antizipierende Strategien wiederum sind für Bereitsteller von Liquidität ein wichtiger Bestandteil des Risikomanagements und müssten dadurch die Marktqualität durch kleinere Spreads grundsätzlich verbessern.[291] Verständlich ist demgegenüber eine gewisse Kritik an aggressiven antizipierenden Strategien im Allgemeinen sowie an Dark-Pool-Phishing-Strate-

---

[286] Vorn 279 ff., 298 ff.
[287] So auch *H. Zhu* (2014), 747; *Degryse/de Jong/van Kervel* (2015), 1592; ähnlich *Boulatov/George* (2013), 2098.
[288] Vorn 211 ff., 242 ff.
[289] Hinten 784 f.
[290] Vorn 82 ff. und hinten 767 ff.
[291] Vorn 76 ff.

IV. Risikobewertung

gien im Besonderen.[292] Diese Praktiken werden im Teil 6 auf ihre Vereinbarkeit mit den Marktmissbrauchstatbeständen hin untersucht und gewürdigt.[293]

Die von der IOSCO nur beiläufig erwähnten Interessenkonflikte stellen demgegenüber ein echtes Marktintegritätsrisiko dar. Dies haben die etlichen Verfahren in den USA gegen Handelsplätze eindrücklich aufgezeigt.[294] Die Handelsplätze haben bei der Einräumung besonderer Vorteile für Hochfrequenzhändler verhaltenssteuernde Vertrauens- und Reputationsmechanismen vermissen lassen. Zudem werden sich die Schäden, welche die Anleger aufgrund dieser Praktiken der Handelsplätze erlitten, nur schwerlich substanziieren lassen. Die Interessenkonflikte lassen nebst der Bedeutung einer transparenten Funktionsweise vor allem die Marktüberwachung durch Handelsplätze fragwürdig erscheinen. Darüber hinaus erscheinen ausreichend hohe Bussen angezeigt, damit die gewünschte Verhaltenssteuerung erreicht werden kann.

c) Marktintegritätsrisiken als systemisches Risiko?

Marktintegritätsrisiken stellen in der Regel kaum systemische Risiken im dargelegten Sinne dar. Mittel- bis langfristig können sie jedoch das Vertrauen der Marktteilnehmer in den Kapitalmarkt erschüttern und so den Unternehmen die Kapitalaufnahme erschweren. Dadurch können Marktintegritätsrisiken durchaus die Finanzierungsfunktion der Kapitalmärkte beeinträchtigen und damit die Realwirtschaft schädigen.

d) Ergebnis

Marktintegritätsrisiken im Zusammenhang mit marktmissbräuchlichen Verhaltensweisen werden im sechsten Teil untersucht.[295] Abgesehen von solchen Praktiken führte die IOSCO unter dem Titel der Fairness und Integrität der Kapitalmärkte die folgenden Risiken auf: ungleiche Ressourcen und Marktzugang, Crowding-out-Effekt, Informationsasymmetrien, Liquidity-Detection und antizipierender Handel sowie Interessenkonflikte bei Marktbetreibern. Die undifferenzierte Kritik an der Liquidity-Detection und dem antizipierenden Handel erscheint ungerechtfertigt. Geschwindigkeitswettlauf sowie Informationsasymmetrien können sich wie ausführlich erläutert zwar negativ auf die Marktqualität auswirken; mit Blick auf die Marktintegrität erscheinen jedoch vor allem Interessenkonflikte von Handelsplätzen bedeutsam, was die etlichen Verfahren in den USA eindrücklich aufzeigen. Ansonsten ist vor allem bedeutsam, dass Rah-

---

292 Zu Pinging- und Phishing-Praktiken vorn 82 ff., 84.
293 Hinten 767 ff., 846 f.
294 Hierzu hinten 672 ff.
295 Hinten 719 ff.

menbedingungen bestehen, die einen funktionierenden Wettbewerb zwischen Maschinen begünstigen. So sollten namentlich Anschluss- und Transaktionsgebühren potenzielle Hochfrequenzhändler nicht vom Handel abhalten.

V. Ergebnisse

Der Hochfrequenzhandel kann als Quelle operationeller Risiken, Gegenparteirisiken und Marktintegritätsrisiken betrachtet werden. Operationelle Risiken gehen primär vom mit dem Hochfrequenzhandel verbundenen hohen Mitteilungsvolumen aus; davon sind vor allem die Handelssysteme der Handelsplätze betroffen, aber auch die Hochfrequenzhändler selbst und die zentralen Gegenparteien sind gefordert. Ein erhöhtes Gegenparteirisiko stellen Hochfrequenzhändler aus primär drei Gründen dar: Sie üben eine besonders risikobehaftete Tätigkeit aus, die Verlusttragfähigkeit ist regelmässig klein und die Anzahl Transaktionen hoch. Zwar können Hochfrequenzhändler diese Risiken in aller Regel durch ein niedriges Inventar gut steuern; gerade die Anfälligkeit gegenüber operationellen Risiken erhöht jedoch auch das Ausfallrisiko. Marktintegritätsrisiken birgt der Hochfrequenzhandel vor allem aufgrund gewisser Handelspraktiken und fehlerhafter Algorithmen, was allerdings im Teil 6 noch im Detail untersucht wird.[296] Ebenfalls als Marktintegritätsrisiko können Interessenkonflikte der Handelsplätze betrachtet werden, die Hochfrequenzhändlern in der Vergangenheit verschiedentlich besondere Vorteile einräumten, ohne die übrigen Teilnehmer angemessen zu informieren.

Von Hochfrequenzhändlern ausgehende operationelle Risiken, Gegenparteirisiken und Marktintegritätsrisiken gefährden nicht per se das Finanzsystem. Systemische Bedeutung erlangen sie vor allem dann, wenn sie systemrelevante Funktionsträger (Grossbanken oder Finanzmarktinfrastrukturen) gefährden. Da Hochfrequenzhändler grundsätzlich über Märkte handeln, an denen ein natürliches Bedürfnis nach einer zentralen Gegenpartei besteht, sind die von Hochfrequenzhändlern ausgehenden operationelle Risiken und Gegenparteirisiken vor allem für diese von Bedeutung. Das bereits bestehende rechtliche Gefüge mit einem Delivery-versus-Payment-Ansatz für systemisch bedeutsame zentrale Gegenparteien, einem System von Sicherheiten mit Ersteinschusszahlungen (*initial margins*), Nachschusszahlungen (*variation margins*) und Beiträgen an den Ausfallfonds (*default fund*) sowie der damit verbundenen Ausfallkaskade erscheint allerdings grundsätzlich bereits sehr solide, sodass die von Hochfrequenzhändlern ausgehenden operationellen Risiken und Gegenparteirisiken kaum eine Systemkrise bewirken, wenngleich dies auch nicht gänzlich ausgeschlossen werden

---

[296] Hinten 719 ff.

kann. Einzelne rechtliche Modifikationen werden im folgenden Kapitel 12 (Regulierungsinstrumente) dennoch vorgeschlagen, um aus einer makroprudentiellen Sicht eine (günstige) Erhöhung der Widerstandskraft des bereits bestehenden Rechtsgefüges zu erreichen.[297]

Die Auswirkungen des Hochfrequenzhandels auf Markt- und Liquiditätsrisiken ist komplex, da Hochfrequenzhändler dieselben sowohl erhöhen als auch reduzieren können. Soweit sie Market-Making- und Arbitragestrategien verfolgen, bewirken sie grundsätzlich einen gewissen Puffer und transferieren Liquidität von einem Handelsplatz zum anderen. Als Market-Maker agierende Hochfrequenzhändler reagieren allerdings äusserst sensitiv auf Handelsinformationen, sodass sie ihre Aufträge bei hohem Preisdruck zurückschieben oder gar stornieren. Dadurch kann die Absorption des Preisdrucks in einer rationalen Weise verringert und die transitorische Volatilität erhöht werden. Dasselbe gilt für antizipierende Strategien, wenn Hochfrequenzhändler aufgrund eines bestehenden Preisdrucks die verbleibende Liquidität konsumieren, um die Wertpapiere dann zu einem niedrigeren Preis wieder zu verkaufen. Abgesehen von Algorithmen, die aufgrund eines operationellen Fehlers ausgelöst werden, sind Hochfrequenzhändler jedoch kaum die Auslöser des transitorischen Handelsdrucks. Dieser wird in der Regel vielmehr durch institutionelle Investoren verursacht, wenn diese die Marktliquidität überstrapazieren und leicht aufspürbare Ausführungsalgorithmen verwenden.

In der Vergangenheit waren Kursstürze regelmässig die Initialereignisse, die eine systemische Finanzkrise auslösten, sodass grundsätzlich auch ein Flash-Crash hierzu geeignet wäre. Zwar war den existierenden Studien zufolge in erster Linie ein grosser Ausführungsalgorithmus Hauptursache des Flash-Crashs; allem Anschein nach verstärkten Hochfrequenzhändler aber den Crash durch antizipierende Strategien sowie ihr sensitives Risikomanagement. Allein ein durch Handelsdruck ausgelöster Flash-Crash dürfte jedoch kaum eine Systemkrise herbeiführen. Vielmehr müsste sich generell die Erkenntnis durchsetzen, dass Wertpapiere überbewertet sind und der Crash daher genügend lange anhalten. Nach dem Flash-Crash vom 6. Mai 2010 erholten sich die Preise demgegenüber innert Minuten fast vollständig wieder, sodass der Crash letztlich auch keine systemische Finanzkrise auslöste. Ebenso wenig leiteten die von *Johnson et al.* identifizierten Mini-Flash-Crashes eine systemische Finanzkrise ein.[298] Wahrscheinlich erscheint, dass Hochfrequenzhändler durch die Verstärkung des transitorischen Preisdrucks sowie allein schon durch die erhöhte Geschwindigkeit die Frequenz von Extremereignissen erhöht. Allerdings zeigen sie dadurch auch neue Ge-

---

[297] Hinten 425 f.
[298] Gleich *Danielsson/Zer* (2012), 10 f.; zu den Mini-Flash-Crashes vorn 371.

schäftsmöglichkeiten für fundamentale Händler auf, was die transitorische Volatilität wiederum reduzieren müsste. Vor allem aber kann sich die höhere Frequenz von Extremereignissen auch positiv auswirken, denn es erscheint wahrscheinlich, dass die höhere Frequenz dazu führt, dass Marktteilnehmer (a) im Rahmen des Risikomanagements die Marktrisiken besser berücksichtigen und (b) die Kursbewegungen weniger gravierend ausfallen, da Korrekturen früher eintreten. Insgesamt ist zudem grundsätzlich von einer Verbesserung der Preisfindungsqualität auszugehen, da es sich bei den Maschinen letztlich schlicht um rationalere Akteure handelt, die auch fundamentale Parameter und Abhängigkeiten weit besser und schneller verarbeiten können als Menschen. Zuletzt dürften von Maschinen aufgrund der höheren Rationalität (zumindest mittelfristig) geringere systemische Marktrisiken ausgehen als von Menschen. Maschinen müssen denn auch nicht perfekt sein, solange sie besser sind als Menschen. Früher oder später dürfte sich daher eher die Frage stellen, ob nicht von Menschen ein erhöhtes systemisches Risiko ausgeht. Verbunden damit dürfte sich dann die Folgefrage stellen, ob noch verantwortet werden kann, dass Menschen selbst Auto fahren und Wertpapierhandel betreiben, angesichts der gemäss WHO 1.25 Mio. Verkehrstoten pro Jahr[299] sowie den mit der menschlichen Irrationalität verbundenen systemischen Risiken. Aber auch schon heute könnten Hochfrequenzhändler durch ihre Überlegenheit einen Paradigmenwechsel bewirken, der nicht unerwünscht erscheint. Investoren dürften sie jegliche Illusion entziehen, dass sie aus einem fallenden Markt abspringen können. Dieser Umstand könnte letztlich stabilitätserhöhend wirken, da er langsamen opportunistischen Händlern entgegenwirkt, die letztlich einen Nährboden für schnelle opportunistische Händler bilden.

Die Auseinandersetzung der Verbindung des Hochfrequenzhandels mit Markt- und Liquiditätsrisiken wirft so letztlich weniger mit Blick auf den Systemschutz, sondern mehr mit Blick auf den Individualschutz Fragen auf. Während des Ereignisses wurden viele Stop-Loss-Aufträge von Retail-Kunden ausgelöst, wodurch einige hohe Verluste erlitten. Da Stop-Loss-Aufträge in der Regel gleichzeitig getriggert werden, lösen sie ein starkes Herdenverhalten aus, sodass die Aufträge regelmässig weit unterhalb der angegebenen Grenze ausgeführt werden dürften. Es erscheint daher fraglich, ob ein verantwortungsbewusster Kundenberater seinen Kunden solche Stop-Loss-Aufträge nach guten Treuen noch empfehlen kann und darf. Gleiche Bedenken gelten für PVol-Ausführungsalgorithmen, die sich bei der Ausführung eines grösseren Auftrags am Handelsvolumen orientieren und einen starren Prozentsatz verwenden.

---

[299] *WHO Report «Road Safety» 2015*, 2, 55.

V. Ergebnisse

Zum Schluss soll noch die Frage aufgeworfen werden, ob nicht der Wettbewerb möglicherweise generell dazu führt, dass Wettbewerber die mittel- bis langfristige Risiken zu niedrig einschätzen (*winner's curse*), ihre Konkurrenten dadurch systematisch vom Markt verdrängen (*adverse selection*) und so in regelmässigen Zeitabständen Systemzusammenbrüche bewirken. Ein Zyklus von Systemzusammenbrüchen wäre dann eine direkte Folge des Wettbewerbs und möglicherweise basierend darauf die bereits starke regulatorische Intervention angezeigt.

§ 12 Regulierungsinstrumente

I. Rechtliche Dimension der Regulierungsfolgenanalyse

In diesem Kapitel werden Regulierungsinstrumente analysiert, die gegen die identifizierten Marktversagensformen und (systemischen) Risiken gerichtet sind. Vorrangig setzen diese Instrumente bei der Marktmikrostruktur an, sodass traditionelle Regulierungsinstrumente des Privat-, Aufsichts- und Strafrechts nur mittelbar interessieren. Der wesentliche Vorteil systemischer Strukturvorgaben liegt darin, dass sich der Regulator die natürlichen Marktkräfte zunutze machen kann, indem er auf Trigger-Punkte einwirkt.[1] Gelingt dies, so kann diese Form der Regulierung im Wesentlichen als Hilfe zur Selbsthilfe betrachtet werden.[2]

Die Regulierungsfolgenanalyse folgt ökonomischen Modellen und empirischen Studien. Die rechtliche Bedeutung der Ergebnisse beschränkt sich allerdings nicht auf Regulierungsvorschläge. Vielmehr kann die ökonomische Analyse auch Antworten auf die Frage geben, ob ein Regulierungsinstrument geeignet und erforderlich ist, um ein Regulierungsziel zu erreichen. Die ökonomische Analyse ist dadurch von erheblicher rechtlicher Bedeutung bei der Prüfung von Eingriffen in Grundfreiheiten nach Art. 36 BV. Sind die Eignung und Erforderlichkeit eines Regulierungsinstruments nicht gegeben, wird insbesondere die Wirtschaftsfreiheit (Art. 27 i. V. m. Art. 94 BV) regelmässig verletzt sein.[3] Dies gilt vor allem dann, wenn die Massnahmen lediglich auf Verordnungsstufe vorgesehen sind, wie dies bei Art. 30 f. FinfraV der Fall ist.[4] Die Regulierungsfolgenanalyse schafft somit eine Eingriffsschranke für regulatorische Massnahmen.

Während bei der Regulierungsfolgenanalyse die Eignung eines Regulierungsinstruments im Vordergrund steht, sollte das Kriterium der Erforderlichkeit nicht vergessen werden. Marktstrukturvorgaben sind vorwiegend an Handelsplätze gerichtet, die grundsätzlich ein ausreichendes Interesse an der Implementierung von Vorgaben haben, die die Marktqualität verbessern. Funktioniert der Wettbewerb zwischen den verschiedenen Handelsplätzen, müsste sich grundsätzlich jene Marktstruktur durchsetzen, die den Investoren die beste Marktqualität bietet. Die Ergebnisse der nachfolgenden Regulierungsfolgenanalyse sind daher in erster Linie an die Handelsplätze gerichtet und als Anregungen zur Selbstregu-

---

[1] Zu den Trigger-Punkten *Kilgus* (2007), N 480; vgl. *Andreotti/Schmidiger* (2017), 298 f.
[2] *Kilgus* (2007), N 459.
[3] Allgemein zur Wirtschaftsfreiheit vorn 108 ff.
[4] Zur Beweislast bei Grundrechtsbeschränkungen vorn 126 ff.

lierung gedacht. Allerdings können die Interessen der Handelsplätze und Marktteilnehmer wie in den vorangehenden Kapiteln bereits erwähnt teilweise divergieren, sodass eine Regulierung erforderlich ist. Dies gilt insbesondere für die Transparenz über die Funktionsweise der Handelsplätze und die Agency-Probleme zwischen Brokern und ihren Kunden, die auch den Wettbewerb zwischen den Handelsplätzen verzerren. Abgesehen von der Beseitigung dieser Interessendivergenzen ist demgegenüber bedeutsam, dass den Handelsplätzen bei der Ausgestaltung ihrer Regeln ein ausreichend grosser Handlungsspielraum eingeräumt wird, sodass sie nicht durch das Recht daran gehindert werden, die für ihre Kunden vorteilhaftesten Regeln aufzustellen. Sind die regulatorischen Vorgaben nämlich zu restriktiv, kann das Recht erheblich zur Fragilität des Systems beitragen.[5]

II. Marktversagen

1. Geschwindigkeitswettlauf und Informationsasymmetrien

a) Symmetrische Verzögerung (Speed Bump)

Als Massnahme gegen den Geschwindigkeitswettlauf wird eine Verzögerung sämtlicher Aufträge (*speed bump*) von beispielsweise einem Zehntel einer Sekunde vorgeschlagen.[6] Die Verzögerung sämtlicher Aufträge führt allerdings einzig dazu, dass das Matching später erfolgt. Keinen Einfluss hat sie demgegenüber grundsätzlich auf den Geschwindigkeitswettlauf zwischen Bereitstellern von Liquidität und Liquiditätsentziehern. Erstere sehen sich bei einer symmetrischen Verzögerung den genau gleichen Informationsrisiken (*adverse selection costs*) ausgesetzt und müssen sich noch immer entscheiden, ob sie das Risiko in Kauf nehmen oder sich am Geschwindigkeitswettlauf beteiligen.[7] Reduziert werden könnten diese Risiken, indem das Stornieren von Aufträgen im Unterschied zum Setzen derselben nicht verzögert wird. Die Folgen wären dann allerdings praktisch identisch mit jenen der asymmetrischen Verzögerung, die im nachfolgenden Abschnitt behandelt wird. Die asymmetrische Verzögerung hat gegenüber der symmetrischen Verzögerung mit unmittelbarer Stornierungsmöglichkeit den Vorteil, dass sie zu einem geringeren Mitteilungsaufkommen führt und daher auch geringere operationelle Risiken birgt.

---

5 So *Bloomfield/O'Hara/Saar* (2015), 2265 f.
6 *Biais/Woolley* (2011), 16; siehe auch https://iextrading.com/trading/alerts/2016/020 und https://iextrading.com/faq.
7 Zu den Informationsrisiken vorn 63 ff., 227 f., 299 ff.

Zwar hat die symmetrische Verzögerung grundsätzlich keinen Einfluss auf den Geschwindigkeitswettlauf; das verzögerte Matching kann allerdings einen anderen Vorteil bringen, wie die Handelsplattform IEX zeigt. Diese führte eine automatische Verzögerung um 350 Mikrosekunden ein, um in der Zwischenzeit für das Matching eine unverzerrte NBBO berechnen zu können.[8] So würde es Marktteilnehmern verunmöglicht, durch ein schnelleres Bild mit anderen Händlern zu einem für letztere unvorteilhaften Preis zu handeln.[9] Namentlich Peg-Orders profitieren davon, weil sie so angepasst werden, bevor sie aufgelesen werden können.[10] Ein verzögertes Matching kann zudem bei Referenzkurssystemen sinnvoll sein, damit der Handelsplatz Aufträge nicht gestützt auf veraltete Informationen zusammenführt. Nicht geeignet ist eine solch starke Verzögerung allerdings zur Weiterleitung von Aufträgen an andere Handelsplätze im Sinne der *Order Protection Rule*, da dann wiederum die Entscheidung zur Weiterleitung von Aufträgen auf veralteten Informationen basiert.[11]

b) Asymmetrische Verzögerung

Werden nicht sämtliche Aufträge, sondern nur die Limit-Orders oder die Market-Orders verzögert, kann von einer asymmetrischen Verzögerung gesprochen werden. *Nasdaq OMX PHLX* wollte im Jahr 2012 eine solch asymmetrische Verzögerung von Market-Orders um 5 Millisekunden einführen.[12] Allerdings zog Nasdaq ein bei der SEC eingereichtes entsprechendes Begehren in der Folge zurück, nachdem die Verantwortlichen zum Schluss kam, dass die SEC das Begehren nicht bewilligen würde.[13] Bemerkenswert ist, dass Nasdaq später die symmetrische Verzögerung von Aufträgen durch die IEX bekämpfte.[14]

Zur Eindämmung des Geschwindigkeitswettlaufs zwischen Bereitstellern von Liquidität und Liquiditätsentziehern erscheint eine leichte Verzögerung von Market-Orders angezeigt. Eine solche Verzögerung kann verhindern, dass Arbitrageure *Stale Quotes* von (ebenfalls schnellen) Bereitstellern von Liquidität

---

[8] Siehe https://iextrading.com/trading/alerts/2016/020 und *https://iextrading.com/faq*; vgl. *Buchanan* (2015), 163.
[9] *Ibid.*
[10] *IEX Letter SEC re its Application 2015*, 8; siehe die mit Vorsicht zu geniessenden Ausführungen von *HRT Letter SEC re IEX 2016*, 1.
[11] Zur *Order Protection Rule* vorn 33 f.
[12] *Nasdaqs proposed delay of market orders 2012*; *Nasdaq Letter to the SEC re the application of IEX 2015*, 2 f.; siehe auch *Biais/Foucault/Moinas* (2015), 307, die auf diese Möglichkeit hinweisen.
[13] *Nasdaq Letter to the SEC re the application of IEX 2015*, 3.
[14] *Nasdaq Letter to the SEC re the application of IEX 2015*, 2; *Nasdaq Letter to the SEC re the Application of IEX 2016*.

auflesen können und sich diese geringeren Informationsrisiken (*adverse selection costs*) ausgesetzt sehen.[15] Auch ganz allgemein sehen sich die Bereitsteller von Liquidität weniger der Gefahr ausgesetzt, dass andere Händler neue Handels- und fundamentale Informationen schneller verarbeiten. Die Reduktion dieser Risiken müsste in einem kompetitiven Markt zu einer Verkleinerung der Spreads sowie zu einer Erhöhung der Markttiefe führen.[16] Zugleich dürften sich Geschwindigkeitsvorteile im Mikro- bis einstelligen Millisekundenbereich nicht mehr in gleicher Weise auszahlen, sodass der Geschwindigkeitswettlauf entschärft und auf eine rationalere Ebene verlagert wird.[17] Schliesslich würde die Preisfindung stärker durch die Bereitsteller von Liquidität und nicht durch Arbitrageure erfolgen. Zur Minimierung antizipierender Strategien wäre allerdings bedeutsam, dass die Bereitsteller von Liquidität nicht vorab von den Market-Orders erfahren.

Als Nachteile dieser asymmetrischen Verzögerung führen *Rojček/Ziegler* (2016) an, sie beeinträchtige die Preisfindungsqualität, und die Risiken derjenigen Händler würden erhöht, die Market-Orders verwenden.[18] Dem ersten Argument ist entgegenzuhalten, dass eine Verlangsamung der Preisfindung im Mikrosekundenbereich für die Volkswirtschaft kaum von Bedeutung sein dürfte und die Preisfindung einfach stärker durch die Bereitsteller von Liquidität erfolgt.[19] Ausserdem könnte die Entschleunigung wie bereits angedeutet auch zu einer rationaleren Preisfindung führen, da die Komplexität der Informationsverarbeitung aufgrund des Geschwindigkeitswettlaufs (zumindest bei der ersten Reaktion) reduziert werden muss.[20]

Gewichtiger ist der Einwand, dass die Risiken derjenigen Händler erhöht würden, die Market-Orders verwenden. Zwar ist dieser Einwand grundsätzlich richtig; ihm kann allerdings entgegengehalten werden, dass die Aufträge menschlicher Händler stets blind sind, da diese nie wissen können, ob die angezeigte Liquidität noch vorhanden ist, wenn ihre Market-Orders beim Handelsplatz eintreffen. Im Vergleich zur Reaktionszeit fällt eine Verzögerung von ein paar Millisekunden nicht ins Gewicht, sodass der menschliche Händler bei Verwendung von Market-Orders letztlich von den geringeren Spreads und der grösseren Markttiefe profitieren müsste.

---

[15] Vgl. *Harris* (2015), 72.
[16] So auch *Rojček/Ziegler* (2016), 21.
[17] Zur rationalitätsminimierenden Wirkung des Geschwindigkeitswettlaufs vorn 241 f., 333 f.
[18] *Rojček/Ziegler* (2016), 17 f., 21.
[19] Zu dieser Hypothese vorn 293, 305 ff.
[20] Vorn 241 f., 333 f., 359.

II. Marktversagen

Bedeutsam ist eine Verzögerung von ein paar Millisekunden allerdings für algorithmische Orderroutingprogramme. Letztlich wissen aber auch Computer nie sicher, ob die angezeigte Liquidität noch vorhanden ist, wenn die eigenen Aufträge beim Handelsplatz ankommen. Allzu gross dürften die aufgrund einer solchen Verzögerung notwendigen Anpassungen daher gar nicht ausfallen. Etwas erhöht wird die Komplexität, wenn nicht sämtliche Handelsplätze eine solche Verzögerung implementiert haben. Will ein Händler dann auf die Liquidität des verzögerten Handelsplatzes zugreifen und sendet er Aufträge an verschiedene Handelsplätze, so wird er auch die anderen Aufträge verzögern müssen.[21] Nur so kann er verhindern, dass sich die von den eigenen Aufträgen ausgehende Preisbeeinflussung negativ auf dem verzögerten Markt auswirkt. Im Modell von *Rojček/Ziegler* (2016) werden die Risiken für diejenigen Händler ferner zusätzlich dadurch erhöht, dass sie Marketable Orders verwenden, die als Limit-Orders im Auftragsbuch stehen bleiben, wenn sie auf keine Limit-Orders treffen.[22] Stattdessen könnten sie auch *Fill-or-kill*-Aufträge oder *Immediate-or-cancel*-Aufträge verwenden.[23]

c) Frequent Double Batch Auction

aa) Marktmodell

Eine zunehmende Anzahl Ökonomen spricht sich für eine periodische Doppelauktion im Sinne einer *frequent double batch auction* aus.[24] *Budish/Cramton/Shim* (2013) etwa betrachten die verbreitete kontinuierliche Doppelauktion (*continuous double auction*) als fehlerbehaftetes Marktmodell, in das Arbitragemöglichkeiten und der Geschwindigkeitswettlauf eingebaut seien.[25] Ähnliche Schlüsse ziehen auch *Farmer/Skouras* (2012b), *Wah/Wellman* (2013), *Menkveld* (2014) und *Jovanovic/Menkveld* (2016).[26] Die periodische Doppelauktion unterscheidet sich von der kontinuierlichen Doppelauktion grundsätzlich einzig dadurch, dass Aufträge in Intervallen von beispielsweise einer Sekunde oder alle

---

21 Die RBC hat mit dem Auftragsroutingsystem Thor ein ähnliches System patentieren lassen; die Patentierfähigkeit einer solchen Prozedur sollte jedoch einer eingehenden Prüfung unterzogen werden; Skepsis ist angezeigt.
22 *Rojček/Ziegler* (2016), 21.
23 Zu diesen Auftragstypen vorn 39 f.
24 *Budish/Cramton/Shim* (2015), 1594 ff.; *Jovanovic/Menkveld* (2016), 4; *Menkveld* (2014), 10 f.; *Wah/Wellman* (2013), 868 ff.; ähnlich *Farmer/Skouras* (2012b), 13 ff., 17.
25 *Budish/Cramton/Shim* (2015), 1617; siehe auch *European Financial Stability Report 2013*, 136 f.
26 *Farmer/Skouras* (2012b), 13 ff., 17; *Wah/Wellman* (2013), 868 ff.; *Menkveld* (2014), 10 f.; *Jovanovic/Menkveld* (2016), 4.

100 Millisekunden, also zeitdiskret und gebündelt, zusammengeführt werden.[27] Nicht ausgeführte Aufträge können für die folgenden Auktionen im System verbleiben.[28] Ausserdem sollen die Aufträge nur jeweils nach Abschluss eines jeden Intervalls angezeigt werden, damit sich die Unterbreiter der Aufträge nicht der Gefahr antizipierender Strategien ausgesetzt sehen.[29] Für das Zusammenführen der Aufträge schlagen *Budish/Cramton/Shim* (2014) ein Pro-rata-System vor; die Zeitpriorität soll jedoch im Sinne eines Anreizes für Aufträge gelten, die über mehrere Intervalle hinweg gehalten werden.[30] Sollten sich die Angebote vertikal überschneiden, sprechen sie sich für eine Ausführung zum Mittelpunkt aus.[31] Durch die Kombination all dieser Elemente handelt es sich letztlich im Wesentlichen um eine *frequent sealed pro-rata double batch auction*.

bb)   Auswirkungen auf die Marktqualität

Von der periodischen Doppelauktion versprechen sich die meisten Ökonomen durch die Senkung von Informationsrisiken (*adverse selection costs*) eine Steigerung der Marktqualität durch kleinere Spreads sowie eine grössere Markttiefe.[32] Nach *Jovanovic/Menkveld* (2016) etwa würden die Handelserträge dadurch um 10 Prozent erhöht gegenüber einem Vorteil von weniger als 1 Prozent, den Hochfrequenzhändler als Mittelsmänner brächten.[33] Zugleich dürften die Investitionen in die Geschwindigkeit geringer ausfallen, sodass der Wettbewerb von der Geschwindigkeit auf den Preis gelenkt werde.[34] Demgegenüber kommt *S. Li* (2013) von der SEC zum Schluss, dass ein weniger häufiges Zusammenführen der Aufträge nicht unbedingt alle Aspekte der Marktqualität verbessert, sondern einen eher negativen Einfluss auf die Liquidität, insbesondere die Markttiefe, habe.[35] Dies leitet sie im Wesentlichen daraus ab, dass Hochfrequenzhändler weniger Profitmöglichkeiten sehen würden und daher dem Markt weniger Liquidität zur Verfügung stellten.[36] Für die Liquidität dürften jedoch in erster Li-

---

27 Vgl. *Budish/Cramton/Shim* (2015), 1594; *Farmer/Skouras* (2012b), 14 schlagen eine Sekunde vor.
28 *Budish/Cramton/Shim* (2014), 419.
29 *Ibid*; *European Financial Stability Report 2013*, 138.
30 *Budish/Cramton/Shim* (2014), 420; zur Pro-rata-Ausführung vorn 31 ff.
31 *Ibid*.
32 *Budish/Cramton/Shim* (2015), 1586 ff., 1602, 1617; *Budish/Cramton/Shim* (2014), 418 f.; *Wah/Wellman* (2013), 868 f.; vgl. *Menkveld* (2014), 342; *Jovanovic/Menkveld* (2016), 4; *European Financial Stability Report 2013*, 138 f.
33 *Jovanovic/Menkveld* (2016), 4.
34 *Menkveld* (2014), 342; *Budish/Cramton/Shim* (2015), 1617; *Budish/Cramton/Shim* (2014), 418.
35 *S. Li* (2013), 10, 43.
36 *S. Li* (2013), 43.

nie die Risiken der Bereitsteller von Liquidität massgebend sein. Geringere Risiken müssten daher die Liquidität erhöhen und nicht etwa aufgrund (scheinbar) geringerer Profitmöglichkeiten senken. In dieser Hinsicht identifizieren *Aït-Sahalia/Saglam* (2016) allerdings erhöhte Inventarrisiken und erwarten daher eine Reduktion der Liquidität.[37] Noch ist unklar, ob der positive Effekt auf die Informationsrisiken (*adverse selection risk*) grösser ist als der allenfalls negative Effekt auf die Inventarrisiken.

Zwar müsste sich die Entschleunigung des Handels durch *frequent batch auctions* nach der Mehrheit der ökonomischen Modellen also positiv auf die Marktliquidität auswirken, da sich die Händler geringeren Risiken ausgesetzt sehen; ob sich diese Modellannahme empirisch bestätigen lässt, erscheint allerdings aus weiteren als den von *S. Li* (2013) und *Aït-Sahalia/Saglam* (2016) aufgeführten Gründen zweifelhaft. *Budish/Cramton/Shim* (2014) schlagen wie erwähnt vor, dass die Aufträge nur jeweils nach den Intervallen angezeigt werden, nicht aber innerhalb derselben.[38] Ganz wesentlich für das Risikomanagement von Bereitstellern von Liquidität ist nun aber gerade die Interpretation von Auftragsinformationen, sodass die Möglichkeiten des Risikomanagements durch das Marktmodell der *sealed frequent batch auctions* gerade reduziert werden. Je länger die Intervalle dauern, desto mehr befinden sich die Bereitsteller von Liquidität über die Angebots- und Nachfragelage im Ungewissen. Das mit dieser Ungewissheit einhergehende Risiko müssen die Bereitsteller von Liquidität wiederum durch grössere Spreads kompensieren. Werden Aufträge demgegenüber angezeigt, so dürfte sich der Geschwindigkeitswettlauf auf die letzte Zeit vor dem Ende eines jeden Intervalls konzentrieren und es erscheint fraglich, wie weit *frequent batch auction* in diesem Fall in der Lage sind, den Geschwindigkeitswettlauf zu hemmen. Insgesamt ist daher zweifelhaft, ob sich *frequent batch auctions* positiv auf die Liquidität auswirken.

cc)   Auswirkungen auf operationelle Risiken

Als Nebeneffekt dürften sich periodische Doppelauktionen tendenziell positiv auf die operationellen Risiken sowie allenfalls auch auf die Marktrisiken auswirken. So wird davon ausgegangen, dass die Periodizität das Mitteilungsaufkommen reduziert und sich die Arbeit der Handelssysteme durch das periodische Matching einfacher gestaltet.[39] Allerdings dürfte sich das ganze Mitteilungsaufkommen auf die Millisekunden vor der periodischen Zusammenführung der Aufträge konzentrieren und so die Handelssysteme dennoch stark fordern. Dies

---

37   *Aït-Sahalia/Saglam* (2016), 35 f.
38   *Budish/Cramton/Shim* (2014), 419.
39   *European Financial Stability Report 2013*, 139, wo ferner darauf hingewiesen wird, dass sich der Systemwechsel auch positiv auf die Risikokontrollen auswirken dürfte.

gilt insbesondere dann, wenn die Aufträge angezeigt werden. Investoren werden in diesem Fall Aufträge so spät wie möglich unterbreiten, damit Hochfrequenzhändler nicht vorab über ihre Aufträge informiert sind. Umgekehrt haben Hochfrequenzhändler zu einem späteren Zeitpunkt aufgrund der Sichtbarkeit der Aufträge mehr relevante Informationen zur Verfügung, sodass sie letzte Anpassungen vornehmen werden. Aber auch ohne diese Vorhandelstransparenz besteht ein Anreiz, so spät wie möglich Anpassungen vorzunehmen, um neue Informationen berücksichtigen zu können. Gilt die Regel der Preis-Zeit-Priorität bei der periodischen Doppelauktion nicht, sondern wird ein Pro-rata-System implementiert, haben Händler zudem auch nicht denselben Anreiz, ihre Aufträge früher zu setzen.

Die Marktrisiken könnten periodische Doppelauktionen in zweierlei Hinsicht reduzieren. Erstens würde die Absorptionsfähigkeit der Märkte erhöht und dadurch das Risiko extremer Volatilität reduziert, sofern die Markttiefe tatsächlich wie von den meisten Ökonomen angenommen durch die Periodizität gesteigert wird.[40] Zweitens hätten fundamentale Händler mehr Zeit einzuspringen und dem Markt bei starken Preisveränderungen Liquidität zur Verfügung zu stellen. Allerdings kann innerhalb eines Intervalls nicht ausreichend Liquidität vorhanden sein und antizipierende Strategien wären auch bei periodischen Doppelauktionen noch möglich, sodass fraglich erscheint, ob die Marktrisiken durch periodische Doppelauktionen wirklich reduziert werden.

dd) *Bewertung durch die Europäische Kommission*

Die Europäische Kommission befürchtet, dass die Liquidität für periodische Doppelauktionen während des Handelstages nicht ausreiche[41] – eine fragwürdige Hypothese. Vor allem aber wirft sie die Frage auf, weshalb das System nicht von Handelsplätzen implementiert worden sei, wenn es sich so positiv auswirke, wie dies die Befürworter erwarten[42] – eine berechtigte Frage, die aber gleichsam für alle Modifikationen gilt, die eine Verbesserung der Marktqualität bezwecken. Eine Antwort auf diese Frage findet die Kommission gleich selbst: «*When you solve an arms race, the key losers are the arms dealers and anyone who had an arms stockpile. Arms dealers in this case are the exchanges, cable, microwave providers. And who has arms stockpile are HFT firms who are presently fastest.*»[43] Sie schliesst also, dass Handelsplätze vom Geschwindigkeitswettlauf profitieren und daher kaum ein Interesse an der Einführung von periodischen Doppelauk-

---

[40] *European Financial Stability Report 2013*, 139.
[41] *European Financial Stability Report 2013*, 140.
[42] *Ibid*.
[43] *Ibid*; ähnlich *Farmer/Skouras* (2012b), 17.

tionen haben.⁴⁴ Damit hat sie wohl nicht ganz Unrecht, was sich insbesondere auch am heftigen Widerstand gegen die Zulassung der IEX-Handelsplattform als Börse in den USA zeigte.⁴⁵

Ferner weist die Kommission darauf hin, dass in den USA im Unterschied zu Europa die Einführung von periodischen Doppelauktionen nicht zulässig sei.⁴⁶ Diese Ausführungen sind insofern zu relativieren, als sowohl das europäische als auch das schweizerische Recht auf den kontinuierlichen Handel ausgerichtet ist.⁴⁷ Dies gilt insbesondere für die Vorhandelstransparenz. Zwar empfahl die Europäische Kommission in ihrem *European Financial Stability and Integration Report 2013* eine Ausnahme von der Vorhandelstransparenz für periodische Doppelauktionen.⁴⁸ Eine solche Ausnahme findet sich indes weder in Art. 4 und Art. 9 MiFIR noch in Art. 26 Abs. 4 FinfraV. Art. 3 Abs. 2 und Art. 8 Abs. 2 MiFIR sehen zudem ausdrücklich vor, dass die Vorhandelstransparenz auch für Handelssysteme mit periodischen Auktionen gilt. Allerdings soll sie nach den Bestimmungen individuell zugeschnitten werden. Eine intervallweise Einschränkung der Vorhandelstransparenz liesse sich so wohl insbesondere aufgrund der Materialien rechtfertigen. In der Schweiz müsste demgegenüber die Finanzmarktinfrastrukturverordnung gestützt auf Art. 29 Abs. 3 lit. b FinfraG vor der Einführung einer periodischen Doppelauktion mit verdeckten Aufträgen angepasst werden.

ee) Ergebnis

Die Entschleunigung des Handels und Senkung der Informationsrisiken (*adverse selection costs*) müssten sich wie im Kapitel 10 (Marktversagen) ausgeführt positiv auf die Marktqualität auswirken. Einige Ökonomen schlagen zur Entschleunigung *frequent double batch auctions* vor, bei denen die Aufträge nur nach jedem Intervall angezeigt werden. Zwar könnte so wohl tatsächlich der Geschwindigkeitswettlauf entschleunigt werden; es erscheint jedoch zweifelhaft, ob dieses Marktmodell wirklich zur Reduktion der Informationsrisiken führt, da das Risikomanagement von Bereitstellern von Liquidität zu einem wesentlichen Teil auf der Interpretation der Handelsinformationen beruht. Je grösser die Intervalle sind, desto grösser müsste daher auch die Ungewissheit über die Auftragslage und damit das Informationsrisiko sein. Das Marktmodell der *frequent batch auctions* ist jedoch durchaus interessant, und weitere ökonomische Untersuchungen sind erwünscht.

44 *European Financial Stability Report 2013*, 141.
45 Sämtliche Kommentare sind abrufbar unter *www.sec.gov/comments/10-222/10-222.shtml*.
46 *European Financial Stability Report 2013*, 140.
47 Diese zeigt sich etwa an den Regeln zur Vorhandelstransparenz.
48 *European Financial Stability Report 2013*, 141.

Die Diskussion um periodische Doppelauktionen zeigt ausserdem auf, wie unflexibel die Rechtssysteme beim Umgang mit neuen Marktmodellen geworden sind. Dies gilt für die USA, Europa und die Schweiz gleichermassen. In den USA bestehen namentlich Probleme mit der *Order Protection Rule* und dem *Trade-through*-Verbot.[49] In Europa und der Schweiz ist eine *sealed frequent batch auction* im Grundsatz nicht kompatibel mit den Regeln zur Vorhandelstransparenz. Immerhin könnten in der Schweiz gestützt auf Art. 29 Abs. 3 lit. b FinfraG Anpassungen auf Verordnungsebene vorgenommen werden, sodass eine *sealed frequent batch auction* möglich wäre.

d) Frequent Randomized Pro-Rata Sealed Bid Call Auctions

Farmer/Skouras (2012b) schlagen *frequent randomized pro rata sealed bid call auctions* vor.[50] Das System enthält fünf Komponenten: eine Doppelauktion, ein periodisches Matching (*frequent call auction*), eine Pro-rata-Ausführung, eine Zufallskomponente (*randomized*) und die periodische Dissemination von Handelsinformationen (*sealed*).[51] Das vorgeschlagene Marktmodell ist damit dem von *Budish/Cramton/Shim* (2015) vorgeschlagenen System einer *frequent sealed pro-rata double batch auction* sehr ähnlich.[52] Besonders ist, dass hinsichtlich der Intervalldauer ein Zufallsmechanismus wirken soll, um Hochfrequenzhändlern den Last-Mover-Vorteil zu nehmen.[53] Allerdings dürfte der Zufallsmechanismus bloss dazu führen, dass Hochfrequenzhändler ihre Aufträge stetig anpassen, sodass letztlich lediglich das Mitteilungsaufkommen und damit die operationellen Risiken für die Handelsplätze erhöht werden, ohne dass Hochfrequenzhändlern der Last-Mover-Vorteil genommen würde. Hinsichtlich der übrigen Komponenten kann vollumfänglich auf die Ausführungen im vorangehenden Abschnitt zu den *frequent batch auctions* verwiesen werden.

e) Willensmängel

Schliesslich soll mit der Berufung auf Willensmängel ein klassisches rechtliches Mittel für den Umgang mit Informationsasymmetrien betrachtet werden. Informationsasymmetrien und Willensmängel weisen grosse Berührungspunkte zu einander auf, liegt doch bei der Täuschung (Art. 28 OR) stets und beim Irrtum (Art. 23 ff. OR) sowie der mit den Willensmängeln verwandten Übervorteilung (Art. 21 OR) meist eine Informationsasymmetrie vor.

---

[49] *Budish/Cramton/Shim* (2014), 421 f.
[50] *Farmer/Skouras* (2012b), 17.
[51] *Farmer/Skouras* (2012b), 14 f., die allerdings nur drei Komponenten unterschieden.
[52] Hierzu vorn 405 ff.
[53] *Farmer/Skouras* (2012b), 15.

aa) Der Grundlagenirrtum im Besonderen

Ein Grundlagenirrtum (Art. 24 Abs. 1 Nr. 4 OR) setzt nach schweizerischer Lehre und Rechtsprechung (zumindest) einen Motivirrtum sowie die subjektive und objektive Wesentlichkeit desselben voraus.[54] Als Motivirrtum wird eine falsche Vorstellung über einen Sachverhalt bezeichnet.[55] Gleichgestellt wird der falschen Vorstellung die fehlende Vorstellung (*ignorantia*).[56] Subjektiv wesentlich ist der Irrtum, wenn der Irrende den Vertrag in Kenntnis der wahren Sachlage nicht oder zumindest nicht mit demselben Inhalt abgeschlossen hätte (*conditio sine qua non*).[57] Objektiv wesentlich ist er, wenn der irrtümlich vorgestellte Sachverhalt für den Irrenden nach Treu und Glauben im Geschäftsverkehr als notwendige Vertragsgrundlage betrachtet werden durfte.[58] Entscheidend ist dabei die Frage, ob eine durchschnittliche Drittperson den Vertrag in der Position des Irrenden ebenfalls nicht oder nur mit einem anderen Inhalt abgeschlossen hätte.[59] Die subjektive und objektive Wesentlichkeit sind gerade typisch für *Informationsasymmetrien*. Regelmässig hätten die schlechter informierte Vertragspartei sowie ein Dritter in der Position des Irrenden den Vertrag in Kenntnis der zusätzlichen Information nicht oder nicht zu denselben Konditionen abgeschlossen. Immerhin könnte sich nicht auf einen Irrtum berufen, wer den Vertrag in bewusster Unkenntnis abschloss oder sich über einen zukünftigen Sachverhalt wie den Kursverlauf irrte.[60]

bb) Ökonomische Betrachtung

Rasmussen/Ayres rechtfertigen den Irrtumstatbestand namentlich mit (a) der Reduktion nutzenmindernder Transaktionen, (b) der Reduktion der Informationskosten (Suchkosten) sowie (c) der Reduktion der künstlichen, mit Fluktuationen verbundenen Risiken.[61] Eine andere Ansicht vertrat *Kirzner*, nach dem die ausgleichenden Aspekte des Marktprozesses wesentlich vom Köder der Gewinne abhängen und diese Gewinne wiederum erst durch den Irrtum derjenigen

---

54 BGE 136 III 528 E. 3.4.1; 130 III 49 E. 1.3; 114 II 131 E. 2; *Koller* (2009), § 14 N 29 ff.; *Huguenin* (2014), N 507 ff, 511 f.; *Schwenzer* (2016), N 37.23 ff.
55 Bspw. *Koller* (2009), § 14 N 22; *Huguenin* (2014), N 477, 507; *Schwenzer* (2016), N 37.01; vgl. Art. 24 Abs. 1 Nr. 4 OR.
56 Bspw. *Koller* (2009), § 14 N 22; *Huguenin* (2014), N 507; *Schwenzer* (2016), N 37.01.
57 *Koller* (2009), § 14 N 30; *Huguenin* (2014), N 511; *Schwenzer* (2016), N 37.25; vgl. BGE 136 III 528 E. 3.4.1.
58 BGE 136 III 528 E. 3.4.1; 132 II 161 E. 4.1; vgl. Art. 24 Abs. 1 Nr. 4 OR.
59 *Koller* (2009), § 14 N 35; *Huguenin* (2014), N 512; *Schwenzer* (2016), N 37.26.
60 *Huguenin* (2014), N 521; *Koller* (2009), § 14 N 21.
61 *Rasmusen/Ayres* (1993), 314.

Personen ermöglicht werde, mit denen der Unternehmer Handel betreibt.[62] Nach *Kirzner* ist demnach ein Marktprozess ohne irrtümliche Transaktionen nicht denkbar.[63] Arbitrageure erfüllen nach dieser Ansicht eine wesentliche Funktion bei der Preisfindung, da sie eine Annäherung der Preise auf sämtlichen Märkten bewirken. Allerdings muss *Kirzner* entgegengehalten werden, dass auch Anbieter diese Vereinheitlichung herbeiführen können. Die Preisfindung kann mit anderen Worten auch ohne den Handel erfolgen. Allein die Gefahr der Arbitrage beziehungsweise die Gefahr einer irrtümlichen Transaktion reicht aus, dass Market-Maker die Preise anpassen und so zur Preisfindungsqualität beitragen.

cc) *Börsenordnung als Rahmenordnung für Willensmängel*

Grundsätzlich wäre anzunehmen, dass das allgemeine Irrtumsrecht auch im Börsenhandel gilt. Wäre dem allerdings so, müssten wohl jeden Tag tausende Grundlagenirrtumsfälle bejaht werden. Betroffen wären sämtliche sogenannten *Stale Quotes* («abgestandene» Limit-Orders), die bei der Ausführung nicht mehr der aktuellen Informationslage entsprechen. Hätte der Betroffene gewusst, dass es sich um eine *Stale Quote* handelt, so hätte weder er noch irgendein anderer in seiner Situation in Kenntnis dieser Sachlage den Vertrag zu diesem Preis abgeschlossen. Im Übrigen dürfte dieser Umstand für die Gegenpartei auch erkennbar sein. Das Irrtumsrecht steht generell im Konflikt mit dem Vertrauensprinzip: Ein rechtlicher (auch normativer) Konsens ist stets mit einem Erklärungsirrtum verbunden, sofern der wirkliche Wille der Parteien ermittelt werden kann.[64] Im Börsenhandel ist das Interesse an der Gültigkeit der Transaktionen aufgrund der Geschwindigkeit des Handels allerdings besonders gross. Von Bedeutung ist der Bestand der Transaktionen vor allem auch für die zentrale Gegenpartei, die sich sonst Rechtsrisiken ausgesetzt sieht.[65] Die Anwendung der allgemeinen Regeln der Vertragsanfechtung erscheinen daher im Börsenhandel unerwünscht. Dasselbe gilt im Übrigen angesichts der Geschwindigkeit und Anonymität des Börsenhandels auch für Aufklärungspflichten, einem anderen klassischen rechtlichen Mittel zur Reduktion von Informationsasymmetrien.[66]

Denkbar wäre es, der Irrtumsregelung des Obligationenrechts eine zwingende Natur zumindest teilweise abzusprechen, indem eine vom OR abweichende Irr-

---

62 *Kirzner* (1979), 204.
63 *Kirzner* (1979), 204 f.
64 Vgl. *Huguenin* (2014), N 250; *Gauch/Schluep/Schmid/Emmenegger* (2014), N 812 f.
65 Zu den Risiken der zentralen Gegenpartei hinten 362 f.
66 Klassisch im engeren Sinne; dies zeigt das von *Cicero* aufgegriffene Beispiel der Hungersnot der Rhodier vorn 280.

tumsregelung in einem Rahmenvertrag zugelassen wird.⁶⁷ Eine solch besondere Regelung erscheint insbesondere dann unproblematisch, wenn eine Instanz diese Regeln aufstellt, die bei der Aushandlung der einzelnen Verträge nicht beteiligt ist. Betreiber von Handelsplätzen, die nicht selbst über denselben handeln, sind solche Instanzen. Handelsplätze verfügen in aller Regel über besondere Regeln für Fehlabschlüsse (Mistrades).⁶⁸ Denkbar ist auch ein Vernünftigkeitsband (*reasonability limits*), das Ausführungen ausserhalb desselben im Sinne von Fat-Finger-Trades von vornherein verhindert, sodass auch keine Stornierungen erforderlich sind.⁶⁹ Die Zulässigkeit einer solchen Einschränkung der Freiheit bei der Selektion von Rechtsmitteln in einem Rahmenvertrag sollte bejaht werden, da eine solche Einschränkung erstens vom Willen der Parteien getragen sein sollte und zweitens mit Blick auf die Rechtssicherheit, die Risiken der zentralen Gegenpartei und die Funktionsfähigkeit des Börsenhandels angezeigt ist.⁷⁰

f) Ergebnis

Von den verschiedenen untersuchten Anpassungen der Marktmodelle ist die asymmetrische Verzögerung diejenige Modifikation, die den Geschwindigkeitswettlauf am vielversprechendsten hemmen und die Marktqualität am stärksten verbessern dürfte. Eine Verzögerung der Market-Orders kann verhindern, dass Arbitrageure *Stale Quotes* von (ebenfalls schnellen) Bereitstellern von Liquidität auflesen können, sodass sich letztere geringeren Informationsrisiken (*adverse selection costs*) ausgesetzt sehen. Dasselbe gilt auch für Händler, die Peg-Orders verwenden. Die asymmetrische Verzögerung müsste sich so nicht nur positiv auf die Marktqualität auswirken, sondern dürfte auch den Geschwindigkeitswettlauf hemmen, da die Bereitsteller von Liquidität stets schneller sind als die Liquiditätsentzieher, egal wie stark sich letztere bemühen. Keinen Einfluss auf den Geschwindigkeitswettlauf hat demgegenüber grundsätzlich die symmetrische Verzögerung sämtlicher Aufträge, die lediglich den Matchingprozess verzögert. Immerhin kann ein verzögertes Matching bei Referenzkurssystemen sinnvoll sein, damit der Handelsplatz Aufträge nicht gestützt auf veraltete Informationen zusammenführt.

---

67   Für das deutsche Recht befürwortend, allerdings auf Grundlage des öffentlichen Rechts *Jaskulla* (2012), 1712.
68   Für die SIX siehe *www.six-swiss-exchange.com/participants/trading/on_order/mistrades_de.html*; vgl. Art. 30 Abs. 2 lit. f, wonach Handelsplätze in Ausnahmefällen in der Lage sein müssen, jedes Geschäft zu stornieren, zu ändern oder zu berichtigen; siehe auch *Jaskulla* (2012), 1708 ff.
69   Zu Reasonability-Bändern und ähnlichen Mechanismen hinten 427 f.
70   Zu den Funktionen des Rahmenvertrages und insb. zur Einschränkung bei der Selektion *von der Crone* (1993), 237 ff.; zur Bedeutung des Funktionsschutz gerade mit Bezug auf den Grundlagenirrtum *derselbe* (1988), 49 ff., 65.

Ein Übergang zu einem periodischen Matching erscheint grundsätzlich interessant und geeignet, den Geschwindigkeitswettlauf zu hemmen. Der Übergang birgt allerdings auch zusätzliche Risiken für Bereitsteller von Liquidität. Dies gilt insbesondere dann, wenn die Aufträge innerhalb eines jeden Intervalls verdeckt bleiben. Bereitsteller von Liquidität, die sich beim Risikomanagement stark auf die Handelsinformationen stützen, sehen sich dadurch zusätzlichen Risiken ausgesetzt, was sie mit grösseren Spreads kompensieren müssen. Werden die Aufträge demgegenüber angezeigt, so dürfte der Geschwindigkeitswettlauf am Ende jedes Intervalls kulminieren. Es erscheint daher fraglich, ob sich ein periodisches Matching tatsächlich wie von einigen Ökonomen angenommen positiv auf die Marktqualität sowie die operationellen Risiken auswirkt.

Schliesslich wurde mit der Berufung auf einen Willensmangel ein klassisches rechtliches Mittel betrachtet, das zumindest teilweise ebenfalls einen Ausgleich bei Informationsasymmetrien schafft. Aufgrund der grossen Anzahl Transaktionen sowie der mit der Stornierung von Aufträgen verbundenen Kosten und Risiken für andere Marktteilnehmer und zentrale Gegenparteien wurde die Möglichkeit der Berufung auf einen Irrtum allerdings für problematisch erachtet und daher eine (eingeschränkt) dispositive Natur der Irrtumsregelung im Obligationenrecht befürwortet. Demnach sollte eine vom OR abweichende Irrtumsregelung in einem Rahmenvertrag im Sinne der Mistrade-Regeln der Handelsplätze zulässig sein.

2. Agency-Problematik

a) Kontrollwirkung durch Vertrauen und Reputation

Grundsätzlich sollte die Kontrollwirkung über Vertrauen und Reputation nicht unterschätzt werden.[71] Es hat sich allerdings in den bereits erwähnten diversen Verfahren in den USA gezeigt, dass sich Handelsplätze dennoch nicht davon abhalten liessen, Hochfrequenzhändlern zum Nachteil der anderen Investoren Vorteile einzuräumen.[72] Möglicherweise liegt die Ursache in einer Agency-Problematik innerhalb der Handelsplätze, wenn Manager hiervon durch höhere Vergütungen und Karrieremöglichkeiten profitierten. Immerhin tritt der Vertrauensschaden typischerweise zeitlich verzögert ein, sodass die fraglichen Manager ihre Opportunitätsrendite wohl maximieren konnten. Allenfalls werden die verantwortlichen Manager auch gar nie zur Rechenschaft gezogen, da der Nachweis eines Vertrauensschadens unter Anrechnung der erlangten Vorteile schwer fallen dürfte. Zusammenfassend erscheint jedenfalls die Steuerungsfunk-

---

[71] Zur Kontrollwirkung durch Vertrauen und Reputation vorn 312 f.
[72] Zu den diversen Verfahren gegen Handelsplätze vorn 66 f. und hinten 672 ff.

tion über Vertrauens- und Reputationsmechanismen sowie privatrechtliche Schadenersatzansprüche angesichts der diversen Verfahren in den USA unzureichend.

b)   Vereinfachung der rationalen Entscheidungsfindung

aa)   Transparenz über Ausführungsqualität

Die staatliche Überwachung der Best Execution ist kaum effektiv. Ebenso erscheint die Steuerungswirkung durch (drohende) Zivilprozesse eingeschränkt. Eine effektive Regulierung macht sich vielmehr die steuernden Kräfte der Märkte zunutze und setzt bei zentralen Trigger-Punkten an.[73] Vertrauen und Reputation können eine Ausgleichsfunktion bei Informationsasymmetrien bieten. Noch effektiver erscheint die gleichzeitige Vereinfachung einer rationalen Entscheidungsfindung, denn selbst geringe Suchkosten haben einen grossen Einfluss auf den Gleichgewichtspreis.[74] Aktuell erscheint die Vergleichbarkeit der verschiedenen Broker hinsichtlich der Ausführungsqualität ungenügend. Nur wenn Transparenz hierüber besteht, kann ein Investor den Broker wählen, bei dem er die günstigsten Konditionen erhält. Broker, die ihren Kunden einen guten Dienst erweisen, können von dieser Transparenz über die Ausführungsqualität nur profitieren; die Transparenz liegt damit in ihrem eigenen Interesse. Einen Nachteil erleiden lediglich jene Broker, die ihren Kunden keinen guten Dienst erweisen wollen oder hierzu nicht in der Lage sind. Die Transparenz schafft nicht nur eine Grundlage für eine rationalere Entscheidungsfindung bei der Wahl des Brokers; von ihr geht auch eine Vertrauens- und Reputationswirkung aus. Anzustreben sind entsprechend Rankings über die Ausführungsqualität. Darüber hinaus würde ein Verbot von Maker- und Taker-Entschädigungen die rationale Entscheidungsfindung der Broker vereinfachen. Diese Entschädigungen sind nach der Nullsummenhypothese insofern wertlos, als die ökonomischen Spreads unabhängig vom System dieselben sein müssten.[75]

bb)   Berechnung der Ausführungsqualität

Die Transparenz kann einerseits über allgemeine Durchschnittswerte für die Ausführungsqualität hergestellt werden und andererseits über die spezifische Information des Anlegers bei jeder Transaktion. Wichtig erscheint, dass die Bemessungskriterien sämtliche relevanten Punkte berücksichtigen. Unterschiedliche Auftragsgrössen sind zu unterscheiden und sämtliche expliziten und implizi-

---

[73] Vgl. *Kilgus* (2007), N 459, 480.
[74] *Stiglitz* (1987), 1042.
[75] Vorn 55.

ten Transaktionskosten mitzuberücksichtigen.[76] Grundsätzlich sollte der effektive ökonomische Spread herangezogen werden.[77] Der effektive Spread muss bei grossen Aufträgen, die gestückelt werden, als Vergleichswert den Kurs bei Eingabe des grossen Auftrags (*parent order*) verwenden und nicht denjenigen bei der Ausführung der kleinen Aufträge (*child orders*). Die Ausführungsqualität für jeden Teilauftrag kann sonst positiv erscheinen, obwohl die Ausführungsqualität für den Gesamtauftrag mangelhaft ist. Da Marktbeobachter in der Regel nicht über diese Information verfügen, dürfte der realisierte Spread in Marktqualitätsanalysen grundsätzlich aussagekräftiger sein als der effektive Spread.[78] Beim ökonomischen Spread sind auch die Maker- und Taker-Entschädigungen sowie die Kurse auf den verschiedenen Handelsplätzen zu berücksichtigen. Schliesslich müssen die Brokergebühren und allfällige weitere Kosten aufaddiert werden. Hervorzuheben ist, dass die Best Execution auch darin bestehen kann, beste Preise zu ignorieren, wenn die Markttiefe klein ist. Es erschiene daher kurzsichtig, ein System mit einer *Order Protection Rule* zu implementieren, wie es die USA getan hat.[79]

cc) *Kosten*

Die Herstellung von Transparenz führt zu zusätzlichen Kosten bei Brokern. Diese Kosten dürften allerdings im Vergleich zum Nutzen für den Wettbewerb unter den verschiedenen Brokern in einem hochautomatisierten Umfeld gering sein. Ist die Berechnung der Ausführungsqualität in allen Details geklärt, so kann diese Funktion grundsätzlich einfach von einer Software übernommen werden. Allenfalls ist die Software von einer Finanzmarktbehörde in Zusammenarbeit mit Finanzmarktteilnehmern in Auftrag zu geben, um eine rechtsgleiche Anwendung sicherzustellen.

c) Keine Transparenz in Dark Pools

Nicht jede Form der Transparenz wirkt sich positiv auf die Ausführungsqualität aus. Die Transparenz über die Ausführungsqualität darf daher nicht mit der Vorhandelstransparenz gleichgesetzt werden. Dark Pools und Hochfrequenzhandel sind so miteinander verknüpft, dass jede Forderung nach Transparenz – also die Trockenlegung von Dark Pools – den Hochfrequenzhändlern in die Hände spielt. Angesichts dessen stellt sich die Frage, inwieweit die Effizienz des

---

[76] Zu den impliziten Transaktionskosten *Foucault/Pagano/Röell* (2013), 49.
[77] Zum ökonomischen und effektiven Spread vorn 55, 222.
[78] Studien haben gezeigt, dass sich der Hochfrequenzhandel zwar positiv auf die quotierten und effektiven Spreads auswirkt, aber möglicherweise negativ auf die realisierten Spreads; siehe vorn 235; zu den Defintionen vorn 222.
[79] Zur *Order Protection Rule* vorn 33 f. und zur Analyse derselben hinten 418 f.

Marktes sowie der Anlegerschutz strengere Transparenzvorschriften gebieten, wird dadurch doch der Handel zum Spread-Mittelpunkt erschwert. Funktionsschutz und Anlegerschutz können zumindest kurzfristig divergieren, wenn die Vorhandelstransparenz aus Gründen des Funktionsschutzes geboten erscheint. Aufgrund des relativ stabilen Marktanteils der Dark Pools sowie der kaum signifikanten Beeinflussung der Marktqualität wird eine Verpflichtung zur Vorhandelstransparenz aus Funktionsschutzgründen allerdings nicht für zwingend erachtet. Zwar hat der Schweizerische Gesetzgeber sämtliche regulierten Handelssysteme grundsätzlich zur Vorhandelstransparenz verpflichtet.[80] Namentlich für Referenzkurssysteme mit verlässlichen Referenzkursen hat er allerdings eine Ausnahme vorgesehen (Art. 27 Abs. 4 lit. a FinfraV).

d) Gewinnbeteiligung

Eine Standardlösung für die Beseitigung von Agency-Problematiken ist die Gewinnbeteiligung. Eine solche ist grundsätzlich auch bei der Auftragsausführung denkbar, wenn eine adäquate Referenzgrösse gefunden werden kann. Was die Vermögensverwaltung betrifft, so besteht allerdings ohnehin stets die Gefahr einer zu aktiven Bewirtschaftung. Würde dieser grundsätzlich ein Wert beschieden, so erschiene eine Vergütung des Vermögensverwalters dann gerechtfertigt, wenn dieser eine im Vergleich zum Index und zur (näherungsweise) risikolosen Anlage nach Abzug seiner Kosten und unter Berücksichtigung der Risiken höhere Portfoliorendite generiert. Eine solche Beteiligung an der Überrendite führt jedoch ebenfalls zu Fehlanreizen. Ist die Performance zu 50 Prozent besser als der Index, so hat der Agent ein grosses Interesse an möglichst risikobehafteten Anlageentscheidungen, da er bei negativer Kursentwicklung ohnehin keine Entschädigung erhält. Die Risiken müssten entsprechend adäquat gewichtet werden. Zudem erschiene ein langer Referenzzeitraum angezeigt, da sich dadurch risikoreiche Anlageentscheidungen nicht in gleicher Weise rentieren. Der lange Zeitraum führt allerdings dazu, dass der Agent allenfalls schon relativ früh realisiert, dass er für gewisse Kunden, keine Entschädigung erhält, sodass er nur noch die Portfolios der anderen Kunden bewirtschaftet. Die Gewinnbeteiligung erscheint daher als Mittel gegen das vorliegende Agency-Problem fraglich.

e) Technische Anpassungen

Zur Vermeidung von Agency-Problematiken sind auch technische Systemanpassungen denkbar. Funktionieren die Handelssysteme in einer Weise, die sicherstellt, dass Aufträge stets bestmöglich ausgeführt werden, haben Agenten weniger Möglichkeiten, ihre Kunden zu schädigen. Die USA haben diesen An-

---

[80] Art. 29 Abs. 1 und Art. 46 Abs. 3 FinfraG i. V. m. Art. 27 und Art. 42 FinfraV.

satz mit der *Order Protection Rule* und dem damit verbundenen *Trade-through*-Schutz gewählt.

aa)   *Order Protection Rule und Trade-through-Schutz*

Die *Order Protection Rule* (Rule 611 Reg NMS; § 242.611) wurde im Kapitel 2 (Marktmikrostruktur) erläutert.[81] Sie verpflichtet Handelsplätze, die über keine *National Best Bid or Offer* (NBBO) verfügen, Aufträge an einen Handelsplatz mit einer NBBO weiterzuleiten und zielt damit darauf ab, die bestmögliche Ausführung der Aufträge sicherzustellen. Mit der *Order Protection Rule* ist ein *Trade-through*-Schutz verknüpft. Als *Trade-through* wird bezeichnet, wenn ein Auftrag nicht zum besten verfügbaren Preis ausgeführt wird.[82] Die verbreitete Preis-Zeit-Priorität stellt sicher, dass kein *Trade-through* innerhalb eines Handelsplatzes möglich ist. In einem fragmentierten Markt ist dies hingegen nicht sichergestellt. Die USA haben daher in Rule 611 der Reg NMS mit der NBBO ein grundsätzliches *Trade-through*-Verbot festgelegt.

Die *Order Protection Rule* und der *Trade-through*-Schutz zielen auf den Schutz von Investoren ab, hatten jedoch (zumindest bis zu einem gewissen Grad) aus vier Gründen den gegenteiligen Effekt: Erstens leiten Handelsplätze die Aufträge zwangsläufig gestützt auf veraltete Informationen weiter, zweitens haben Hochfrequenzhändler ein schnelleres Bild vom Markt als die Handelsplätze, drittens macht die Regel das Verhalten der Investoren für Hochfrequenzhändler sehr durchsichtig, sodass letztere antizipierende Strategien verfolgen können, und viertens benötigt auch die Weiterleitung der Aufträge Zeit, sodass die Wahrscheinlichkeit, dass die NBBO am anderen Handelsplatz gar nicht mehr existiert, zusätzlich vergrössert wird.[83] Die amerikanische Regel kann daher als gescheitert betrachtet werden.

Es stellt sich damit die Frage, ob die *Order Protection Rule* in einer Weise modifiziert werden kann, sodass sie ihren ursprünglichen Zweck erfüllt. In Erwägung zu ziehen wäre eine symmetrische Verzögerung sämtlicher Aufträge, damit die Handelsplätze eine zutreffende NBBO berechnen können. Allerdings kann selbst durch die symmetrische Verzögerung nicht sichergestellt werden, dass der angenommene beste Auftrag am anderen Handelsplatz noch existiert, wenn der weitergeleitete Auftrag dort ankommt. Es besteht damit noch immer die erhebliche Gefahr, dass die Aufträge beim Zielhandelsplatz nicht zum erwarteten Preis

---

[81]   Vorn 33 f.
[82]   Vgl. 17 CFR 242.600(b)(77); *SEC Memo Rule 611 2015*, 3; *Hendershott/Jones* (2005), 2; siehe auch *Kohler/von Wyss* (2012); vorn 33 f.
[83]   Zu den antizipierenden Strategien vorn 76 ff.; zur Würdigung 321 ff., 766 f., 771 f.

ausgeführt werden können und der Teilnehmer letztlich nicht von der Weiterleitung seiner Aufträge profitiert.

Kohler/von Wyss (2012) haben ausserdem untersucht, ob die Möglichkeit von *Trade-throughs* die Entstehung eines konsolidierten Markts verhindert, und kamen zum gegenteiligen Schluss.[84] Einiges deutet darauf hin, dass es gerade die Hochfrequenzhändler als Arbitrageure und Market-Marker sind, die für die effizienteste Konsolidierung in Abwesenheit von Orderrouting-Vorschriften sorgen.

bb) *Zentralisiertes Auftragsbuch (CLOB)*

aaa) *Grundkonzept*

Soll in einem fragmentierten Markt technisch sichergestellt werden, dass eine Market-Order die beste Limit-Order findet, führt kaum ein Weg an einem marktübergreifenden zentralisierten Auftragsbuch (*central limit order book*, CLOB) vorbei. Wird ein zentralisiertes Auftragsbuch im strengen Sinne eingeführt, so müssen sämtliche Handelsplattformen ihre Aufträge wiederum an dieses zentralisierte Auftragsbuch senden, wo die Aufträge nach der Preis-Zeit-Priorität ausgeführt werden.[85] Die Handelsplätze wären dann wahrhaftig nichts anderes als Tore zu einem Gesamtsystem.[86] Ein zentralisiertes Auftragsbuch wurde einst in den USA von der SEC vorgeschlagen, aber schliesslich aufgrund des Druckes der Handelsplätze und Market-Maker zugunsten des im vorangehenden Abschnitt dargestellten (und gescheiterten) Modells der *Order Protection Rule* verworfen.[87]

bbb) *Technische Einzelheiten*

Einige Punkte müssten bei der Etablierung eines zentralisierten Auftragsbuchs beachtet werden. Erstens müssten die Aufträge der näheren Handelsplätze in einer Weise verzögert werden, dass es für einen Investor unerheblich ist, welchen Handelsplatz er aufsucht. Nur so bleiben sämtliche Handelsplätze wettbewerbsfähig. Die Verzögerung würde dazu führen, dass letztlich ein System symmetri-

---

[84] *Kohler/von Wyss* (2012), 27 f.
[85] *Foucault* (2012b), 4; vgl. *Colby/Sirri* (2010), 178; als CLOB kann im Übrigen auch allgemein ein System bezeichnet werden, bei dem Quotes von Market-Makern und Aufträge von Teilnehmern gleich behandelt werden, siehe www.six-swiss-exchange.com/rule_book/04-DIR03/de/27021598100825099.html.
[86] Zu dieser Veranschaulichung vorn 100.
[87] *Foucault* (2012b), 19; *Colby/Sirri* (2010), 182; *Peake* (2007), 304 ff.

scher Verzögerung im dargelegten Sinne etabliert würde.[88] Zweitens müsste die Dissemination von Handelsinformationen wiederum über die verschiedenen Handelsplätze gleichzeitig erfolgen. Also müsste die Weiterleitung von Informationen an die näheren Handelsplätze verzögert werden, damit sämtliche Handelsplätze grundsätzlich gleich kompetitiv bleiben. Drittens müssten bei der Zusammenführung von Aufträgen konsequenterweise auch die Handels-, Clearing- und allfälligen Routinggebühren der Handelsplätze mitberücksichtigt werden. Bleiben die Gebühren unberücksichtigt, werden Maker-Taker-Systeme bevorzugt, die einen künstlich kleineren Spread aufweisen.[89] Allerdings wären Maker-Taker-Systeme und Taker-Maker-Systeme bei einem zentralisierten Auftragsbuch dann kaum möglich, wenn die Handelsplätze den Händlern keine Routing-Gebühren auferlegen dürfen.[90] Die Handelsplätze würden sonst riskieren, dass sie nur Prämien auszahlen und keine Gebühren erheben können. Jedenfalls müsste ein zentralisiertes Auftragsbuch sehr vorsichtig implementiert werden, damit die Aufträge bei Berücksichtigung der Transaktionskosten wirklich bestmöglich zusammengeführt werden und dabei gleichzeitig der Wettbewerb zwischen Handelsplattformen nicht beeinträchtigt wird.

ccc) Probleme

Selbst wenn durch ein zentralisiertes Auftragsbuch mit symmetrischer Verzögerung die beste Ausführung von Einzelaufträgen sichergestellt werden kann, bestehen weitere Probleme, die nicht ausser Acht gelassen werden sollten. So bedeutet die beste Ausführung von Einzelaufträgen nicht, dass dadurch Blockaufträge am besten ausgeführt werden.[91] Bei der Ausführung von Blockaufträgen kann es nämlich gerade sinnvoll sein, auf kleine Angebotsvolumen nicht einzugehen.

Noch bedeutsamer erscheint, dass durch das zentralisierte Auftragsbuch ein Kartell geschaffen und damit der Hauptvorteil der Fragmentierung, der Wettbewerb zwischen verschiedenen Handelsplattformen, zunichte gemacht würde. Die SEC brachte diesen Nachteil mit den folgenden Worten auf den Punkt: «*[M]andating the consolidation of order flow in a single venue would create a monopoly and thereby lose the important benefits of competition among markets.*»[92] Das Problem könnte durch ein Ausschreibungsverfahren etwas entschärft werden, bei dem der CLOB-Auftrag an den besten Bieter von Geschäftskonditionen übergeben wird. Aufgrund der einmaligen Kosten beim

---

[88] Siehe vorn 402 f.
[89] Der ökonomische Spread ist dabei derselbe, hierzu vorn 51 ff., 55.
[90] Zu den verschiedenen Gebührensysteme vorn 51 ff.
[91] Vorn 415 f.
[92] *SEC Concept Release on Equity Market Structure 2010*, 3597.

Aufbau eines Systems führt jedoch auch ein Bieterverfahren kaum zu Wettbewerbskonditionen und ist damit keineswegs perfekt.

Ferner kann gegen das zentralisierte Auftragsbuch vorgebracht werden, dass mit dem Betreiber desselben einfach ein zusätzlicher Mittelsmann geschaffen wird, den es nebst dem Broker und dem Handelsplatz zu entschädigen gilt. Kaum denkbar sind im Übrigen verschiedene CLOB-Betreiber, soll durch einen einzigen Betreiber doch gerade eine Konsolidierung erreicht werden. Zugleich würde sich bei einem zentralisierten Auftragsbuch die Frage stellen, welche Funktion die bisherigen Handelsplätze noch erfüllen. Letztlich würden diese doch durch das zentralisierte Auftragsbuch ihre Hauptfunktion, das Zusammenführen von Angebot und Nachfrage, verlieren.

Schliesslich weist ein dezentrales, fragmentiertes System gegenüber einem zentralisierten System einen weiteren, ganz wesentlichen Vorteil auf: Es ist in aller Regel stabiler. Die operationellen Risiken werden durch ein dezentrales System gesenkt, denn die einzelnen Funktionsträger bleiben funktionsfähig, wenn andere Funktionsträger ausfallen. Marktteilnehmer können den Ausfall eines Systems einfach substituieren, indem sie ein anderes Handelssystem verwenden.

ddd) Zusammenfassung

Zusammenfassend kann festgehalten werden, dass durch ein sorgfältig erarbeitetes zentralisiertes Auftragsbuch die beste Ausführung von Einzelaufträgen wohl sichergestellt werden könnte. Mit dem zentralisierten Auftragsbuch würden jedoch zugleich ein Kartell und ein weiterer Mittelsmann geschaffen, sodass kaum davon auszugehen ist, dass die Transaktionskosten der Marktteilnehmer reduziert würden. Damit würde die Implementierung eines zentralisierten Auftragsbuches höchstwahrscheinlich das eigentliche Ziel der Implementierung, die Verbesserung der Ausführungsqualität, verfehlen. Ausserdem dürfte das Gesamtsystem durch die Zentralisierung gegenüber operationellen Risiken anfälliger werden.

f) Ergebnis

Die technische Ausgestaltung von Handelsplätzen in einer Weise, die die beste Ausführung von Aufträgen sicherstellt, erscheint grundsätzlich reizvoll. Die in den USA implementierte *Order Protection Rule* ist jedoch fehlgeschlagen und kann wohl auch nicht in einer Weise modifiziert werden, dass Investoren von ihr profitieren würden. Auch ein zentralisiertes Auftragsbuch (CLOB) weist wohl mehr Nachteile als Vorteile auf. Die Agency-Problematik könnte reduziert werden, indem Transparenz über die Ausführungsqualität der verschiedenen Broker geschaffen wird. Bei der Schaffung der Transparenz ist allerdings besondere Vorsicht angezeigt, damit sämtliche wesentlichen Faktoren berücksichtigt werden und nicht Fehlanreize geschaffen werden, die zur Schädigung der Investoren führen. So muss ein Ranking zwischen verschiedenen Brokern sämtliche expliziten und impliziten Transaktionskosten für verschiedene Auftragsgrössen einbeziehen.

3. Komplexität

Bei der Auseinandersetzung mit Komplexitätskosten wurde festgehalten, dass der Hochfrequenzhandel mitverantwortlich ist für den Anstieg der Komplexität und sich diese in der Vielzahl von Handelsplätzen, der Vielzahl unterschiedlicher Marktmodelle, der Vielzahl komplexer Gebührenordnungen sowie der Vielzahl angebotener Auftragstypen äussert.[93] Ebenso wurde festgestellt, dass die Einführung einheitlicher Standards durch den Abbau von Komplexität wohlfahrtsökonomisch einen Mehrwert bringen kann.[94]

Zum Abbau von Komplexität könnte ein Verbot von Auftragstypen sowie eine Bewilligungspflicht für Auftragstypen in Erwägung gezogen werden. Ein legislatorisches Verbot für Handelsplätze wäre allerdings nicht nur kaum verhältnismässig, sondern auch nur beschränkt wirksam, da bedingte Aufträge in der Regel durch Algorithmen nachmodelliert werden können.[95] Ausserdem ist die mit besonderen Auftragstypen verbundene Komplexität nicht nur negativ zu bewerten, da Investoren Transaktionskosten und Ausführungsrisiken dadurch verringern können. Namentlich können ausreichend schnelle Peg-Orders die Informationsrisiken (*adverse selection costs*) reduzieren und die Ausführungswahrscheinlichkeit zugleich erhöhen. Schliesslich erscheint die Anzahl Auftragstypen in der Schweiz im Gegensatz zu den USA auch kein dringliches Problem, sodass der Fokus eher auf die Transparenz über die Funktionsweise der Auftragstypen gelegt werden sollte.

Auf der Ebene der Gebührensysteme ist ein Verbot von Kickbacks durch Handelsplätze in Erwägung zu ziehen, also von Maker-Taker-Systemen und Taker-Maker-Systemen. Da solche Systeme den ökonomischen Spread bei einem rationalen Verhalten der Marktteilnehmer nicht verändern, sich also nur scheinbar positiv auf die Liquidität auswirken, ist kein Nutzen dieser Gebührensysteme ersichtlich.[96] Zugleich generieren diese Gebührensysteme Agency-Problemati-

---

[93] Vorn 101 f., 333 f.
[94] Vorn 333 f.
[95] Einschränkend allerdings *Cartea/Jaimungal/Penalva* (2015), 13, da einige der Auftragstypen Änderungen auf der Ebene des Handelssystems erlauben, die nicht durch Händleralgorithmen nachgebildet werden können; zur Abgrenzung zwischen bedingten Aufträgen und dem algorithmischen Handel hinten 496 ff.
[96] Zum ökonomischen Spread vorn 55.

ken sowie Subpenny-Pricing-Möglichkeiten, die zur Umgehung der Mindest-Tick-Size führen.[97] Ebenfalls in Erwägung zu ziehen ist ein Einheitstarif für Bereitsteller von Liquidität und Liquiditätsentzieher. Eine solche Verpflichtung müsste aber wohl auf internationaler Ebene erfolgen, da Irrationalitäten auf der Ebene der Marktteilnehmer offenbar von Bedeutung sind, wenn diese Maker-Taker-Systeme Taker-Maker-Systemen vorziehen.[98] Abgesehen davon hat die Gebührenordnung in erster Linie der Gleichbehandlungspflicht der Handelsplätze zu genügen (Art. 1 Abs. 2 FinfraG i.V.m. Art. 27 Abs. 4 und Art. 34 Abs. 1 FinfraG sowie Art. 24 Abs. 1 lit. a FinfraV). Dabei handelt es sich allerdings um einen Grundsatz der relativen Gleichbehandlung.[99] Skaleneffekte werden dabei weiterhin zulässig bleiben, aber es besteht eine gruppeninterne Gleichbehandlungspflicht, das heisst, Hochfrequenzhändler mit gleichen Handelsvolumen sind gleich zu behandeln, sofern keine anderen sachlichen Gründe zur Differenzierung bestehen.[100] Zwar würde der Wettbewerb zwischen verschiedenen Marktteilnehmern von einem Einheitsansatz für ungleiche Handelsvolumen profitieren; die Möglichkeiten zur Ungleichbehandlung werden jedoch durch den Wettbewerb zwischen verschiedenen Handelsplätzen eingeschränkt.[101]

4. Funktionstransparenz

Die Aufsichts- und Strafverfahren gegen Handelsplätze in den USA haben gezeigt, dass die mangelnde Transparenz über die Funktionsweise von Auftragstypen wohl ein grösseres Problem darstellt als die Komplexität der Auftragstypen.[102] In der Schweiz ist eine Verpflichtung zur Veröffentlichung der Auftragstypen aus Art. 28 Abs. 1 FinfraG i.V.m. Art. 27 Abs. 4, Art. 30 und Art. 45 FinfraG sowie Art. 24 Abs. 1 lit. a, Art. 30 Abs. 1 und Art. 40 FinfraV abzuleiten.[103] Werden einzelnen Teilnehmern besondere Auftragstypen zur Verfügung gestellt, dürfte mit der fehlenden Veröffentlichung zudem regelmässig eine Verletzung der Gleichbehandlungspflicht der Handelsplätze (Art. 1 Abs. 2 FinfraG i.V.m. Art. 27 Abs. 4 und Art. 34 Abs. 1 FinfraG sowie Art. 24 Abs. 1 lit. a FinfraV) einhergehen. Fraglich erscheint allerdings, ob die Finma über ausrei-

---

[97] Zu den mit den Gebührensystemen verknüpften Agency-Problemen vorn 57 f., 326 f., 414 ff.; zur Tick-Size hinten 469 ff., 689 ff.
[98] In den USA ist hierfür allerdings die *Order Protection Rule* verantwortlich, die die Gebühren fälschlicherweise ausser Acht lässt, hierzu vorn 33 ff., 418 f.
[99] Hinten 701 f.
[100] Siehe für das deutsche Recht *Mattig* (2014), 1940 ff, 1943 f., 1945, bei dem das Verständnis einer Gruppe allerdings weiter ist.
[101] Siehe hierzu hinten 875.
[102] Zu den Verfahren gegen Handelsplätze in den USA vorn 66 und hinten 672 ff.
[103] Zur Pflicht zur Transparenz über die Funktionsweise von Aufträgen hinten 672 ff.

chende Sanktionsmittel verfügt, um gegen Handelsplätze vorzugehen, die gewissen Händlern – namentlich Hochfrequenzhändlern – geheime Vorteile bei der Auftragsausführung einräumen. Diese Frage wird im Kapitel 19 (Gewährleistung eines geordneten Handels) untersucht.

5. Ungleichbehandlung

Schliesslich wurde im Kapitel 10 (Markversagen) festgestellt, dass nach der aktuellen Rechtslage für organisierte Handelssysteme (OTF) weniger strenge Regeln gelten als für Börsen und multilaterale Handelssysteme (MTF).[104] Damit einher geht eine Privilegierung des diskretionären Handels – also des Handels, bei dem dem Betreiber des Handelssystems ein Ermessensspielraum zukommt (Art. 22 Abs. 2 [*e contrario*] FinfraV) – gegenüber dem Handel, bei dem dem Betreiber des Handelssystems kein Ermessen zukommt. Der Gesetzgeber schafft damit Anreize für den Handel über Handelsplattformen, die nach diskretionären Regeln funktionieren. Ob solche Anreize und die damit verbundene Ungleichbehandlung von direkten Konkurrenten angezeigt sind, erscheint fraglich. Eine grundsätzliche Überprüfung ist daher angezeigt, zumal der schweizerische Gesetzgeber in dieser Hinsicht nicht das europäische Recht übernommen hat.

III. Systemische Risiken

1. Operationelle Risiken

Operationelle Risiken sind einer der zentralen Anknüpfungspunkte bei der Regulierung des Hochfrequenzhandels. Die IOSCO empfahl im Jahr 2011, dass Handelsplätze und Mittelsmänner über angemessene Systeme und Kontrollen für eine Hochfrequenzhandelsumgebung verfügen müssen.[105] In der Schweiz existieren für Betreiber systemrelevanter Finanzmarktinfrastrukturen seit dem 10. Juni 2013 detaillierte allgemeine Vorgaben für das Management der operationellen Risiken.[106] Mit dem Finanzmarktinfrastrukturgesetz sowie der dazugehörigen Verordnung wurden auf den 1. Januar 2016 hin detaillierte operationelle Vorgaben auch für Handelsplätze und Betreiber von organisierten Handelssys-

---

[104] Vorn 332.
[105] *IOSCO Report «Technological Impact on Market Integrity and Efficiency» 2011*, 31.
[106] Siehe Art. 32 ff. NBV; eine gesetzliche Grundlage für die Bestimmungen für systemisch relevante Finanzmarktinfrastrukturen gemäss den Art. 21a ff. NBV befindet sich nunmehr in Art. 22 ff. FinfraG; siehe insb. die Delegationsnorm Art. 23 Abs. 3 FinfraG; die Nationalbank ist im Übrigen allgemein für die Überwachung von Zahlungs- und Effektenabwicklungssystemen zuständig (Art. 19 ff. NBG).

III. Systemische Risiken

temen (OTF) geschaffen, die diese bis zum 1. Januar 2018 umzusetzen hatten.[107] Gleichzeitig wurden Teilnehmern, die algorithmischen Handel betreiben, einige Pflichten auferlegt, die die Reduktion operationeller Risiken zum Ziel haben.[108] Diese Pflichten werden im Detail im Kapitel 16 (Pflichten bei algorithmischem Handel) erläutert und gewürdigt.[109] Bereits festgehalten wurde, dass im Zusammenhang mit operationellen Risiken von grösster Bedeutung ist, dass die (Forderungs-)Rechte an Wertpapieren stets zugeordnet werden können. In dieser Hinsicht ist Art. 30 Abs. 2 lit. f FinfraV von grösster Bedeutung. Nach dieser Bestimmung müssen Handelsplätze (und nach Art. 40 FinfraV auch Betreiber von OTF) in der Lage sein, in Ausnahmefällen jedes Geschäft zu stornieren, zu ändern oder zu berichtigen. Dadurch können die Risiken von zentralen Gegenparteien im Allgemeinen und jene von systemrelevanten Gegenparteien im Besonderen erheblich reduziert werden.

2. Gegenparteirisiken

Die von Hochfrequenzhändlern ausgehenden Gegenparteirisiken sind vor allem für zentrale Gegenparteien von Bedeutung.[110] Das bestehende Normengefüge adressiert diese Risiken bereits mit der DVP-Verpflichtung für systemisch bedeutende zentrale Gegenparteien, dem System von Sicherheiten sowie der Ausfallskaskade und dürfte dadurch bereits sehr solide sein.[111] Dennoch erscheint eine Regelung angezeigt für den Fall, dass die Ausfallskaskade einmal nicht zur Deckung sämtlicher Forderungen reicht. Die Haftbarkeit der zentralen Gegenpartei sollte nicht deren Überlebens- und Funktionsfähigkeit gefährden und muss daher begrenzt sein, hat an einem Ausfall der zentralen Gegenpartei doch kein Marktteilnehmer ein Interesse. Die beschränkte Haftbarkeit könnte allenfalls implizit aus Art. 28b Abs. 4 NBV für systemisch bedeutsame zentrale Gegenparteien abgeleitet werden, sofern angenommen wird, dass die für einen Ausfall zu verwendenden Mittel in dieser Bestimmung abschliessend aufgelistet sind. Art. 53 Abs. 3 FinfraG lässt die beschränkte Haftung für gewöhnliche zentrale Gegenparteien demgegenüber fraglich erscheinen, müssen diese doch nach dieser Bestimmung Regeln dafür vorsehen, wie weitere Verluste gedeckt werden, falls die Ausfallskaskade nicht ausreicht. Die beschränkte Haftbarkeit der zentralen Gegenpartei sollte daher explizit auf gesetzlicher Ebene verankert werden. Im

---

107 Siehe Art. 30 f. und Art. 45 FinfraG i. V. m. Art. 30–32, 40 f. und 129 Abs. 1 FinfraV; immerhin mussten Börsen schon nach Art. 5 aBEHG ein Reglement erlassen zur Organisation eines leistungsfähigen und transparenten Handels.
108 Siehe Art. 31 und 41 FinfraV.
109 Hinten 591 ff., 669 ff.
110 Vorn 362 f.
111 Vorn 370.

Übrigen erscheint auch systematisch fragwürdig, dass die Ausfallskaskade für zentrale Gegenparteien im Allgemeinen gesetzlich geregelt ist, während sich die Ausfallskaskade für systemisch bedeutsame zentrale Gegenparteien lediglich auf Verordnungsstufe findet.

Für den unwahrscheinlichen Fall, dass bei Ausfall von Teilnehmern die Sicherheiten, zugeordneten Eigenmittel und Ausfallfondsbeiträge nicht ausreichen, erschiene ausserdem im Rahmen von Art. 53 Abs. 3 FinfraG eine Regelung sinnvoll, nach der sämtliche nicht gedeckten Transaktionen (Verpflichtungsgeschäfte) storniert werden, an denen ausgefallene Teilnehmer beteiligt waren. Die übrigen zusammengeführten (gematchten) Aufträge sollten demgegenüber in ihrem Bestand geschützt werden, denn mit der Stornierung sind ebenfalls Risiken für die Marktteilnehmer verbunden. Dies gilt insbesondere dann, wenn die fraglichen Transaktionen Sicherungszwecken dienten.

Des Weiteren erscheint zur Stärkung der Widerstandskraft des gesamten Finanzsystems eine Qualifikation von Hochfrequenzhändlern als Effektenhändler zumindest ab einem gewissen Umfang angezeigt. Mit Eigenmittelvorschriften wird zugleich eine risikosensitivere Verhaltenssteuerung bewirkt, da die Betroffenen dadurch mehr *skin in the game* haben.[112] Ob die aktuelle Praxis der Finma hinsichtlich der Qualifikation von Personen als Effektenhändler ausreichend ist, wird hinten in den Kapiteln 14 (Institutionelle Erfassung von Hochfrequenzhändlern) und 15 (Allgemeine Institutspflichten und Erforderlichkeit derselben) untersucht.[113]

Ferner lässt die Winner's-Curse-Problematik Systemzusammenbrüche in regelmässigen Abständen wahrscheinlich erscheinen.[114] Erhärtet sich diese Hypothese, so erscheinen internationale Mindeststandards für die Anforderungen der zentralen Gegenparteien an ihre Teilnehmer zwingend.

3. Marktrisiken

Nachfolgend werden verschiedene Regulierungsinstrumente zur Minimierung von Marktrisiken untersucht. Diejenigen Instrumente, die auf die Stärkung der Liquidität abzielen und damit ebenfalls einen positiven Einfluss auf die Marktrisiken haben könnten, werden im nachfolgenden Titel zu den Liquiditätsrisiken analysiert.[115]

---

112 *Biais/Woolley* (2011), 17.
113 Siehe hinten 509 ff., 543 ff.
114 Vorn 368.
115 Hinten 450 ff.

III. Systemische Risiken

a) Technische Instrumente zur Marktintervention

aa) *Formen*

aaa) *Circuit-Breakers (Handelsunterbrüche)*

Als Circuit-Breakers werden im Kapitalmarkt gewöhnlich automatische oder diskretionäre Handelsunterbrüche bezeichnet, die durch kurzfristige erhebliche Preisbewegungen ausgelöst werden.[116] Solche Circuit-Breakers sind auf europäischer Ebene in Art. 48 Abs. 5 MiFID II und auf schweizerischer Ebene in Art. 31 FinfraV Abs. 2 lit. e FinfraV vorgesehen.[117]

bbb) *Preislimits*

Preislimits (*price limits*) funktionieren grundsätzlich ähnlich wie Circuit-Breakers und werden teilweise auch als solche bezeichnet.[118] Im Einzelnen kann zwischen *interval price limits* und *reasonability limits* unterschieden werden.

Bei *interval price limits* sind Transaktionen ausserhalb der festgelegten Preisschranken ausgeschlossen.[119] Im Unterschied zu Circuit-Breakers im engeren Sinne wird der Handel allerdings nicht generell unterbrochen, da Transaktionen innerhalb der Schranken möglich bleiben; de facto wird dennoch ein Handelsunterbruch bewirkt, wenn die Marktteilnehmer von einem Marktpreis ausserhalb der Schranken ausgehen. Fortgesetzt wird der Handel dann erst, wenn sich entweder der Marktpreis wieder in den vorgegebenen Rahmen bewegt oder ein dynamischer Rahmen hin zum Marktpreis.[120] *Interval price limits* kennen beispielsweise die Intercontinental Commodity Exchange (ICE) und die Chicago Mercantile Exchange (CME).[121]

Bei *reasonability limits* werden Aufträge ausserhalb festgelegter Schranken entweder von vornherein gar nicht vom Handelsplatz entgegengenommen oder aber sie können im Grunde genommen gleich wie bei den *interval price limits*

---

[116] Siehe bspw. Art. 48 Abs. 5 MiFID II; *EC Regulierungsfolgenabschätzung MiFID II 2011*, Nr. 2.4 (25); *UK Regulierungsfolgenanalyse MiFID II 2012*, 72.
[117] Hierzu detaillierter hinten 682 ff.
[118] Bspw. *Kim/Yang* (2004), 109; *ICE Interval Price Limits 2012*.
[119] *ICE Interval Price Limits 2012*, 3 ff.; *Aldridge* (2013), 238 f.
[120] *Ibid*.
[121] *ICE Interval Price Limits 2016*; *CME Price Limit Guide 2017*; *ICE Interval Price Limits 2012* m.w.H.

nicht ausgeführt werden, bis sich der Markt in die Nähe der Aufträge bewegt.[122] Die Zielsetzung ist bei *reasonability limits* allerdings eine andere, denn in erster Linie sollen nicht die Marktrisiken eingeschränkt, sondern *fat-finger trades* verhindert werden.[123] Eine Verpflichtung zu *reasonability limits* findet sich auf europäischer Ebene in Art. 48 Abs. 4 MiFID II und auf schweizerischer Ebene in Art. 30 Abs. 2 lit. d FinfraV. Demnach müssen Handelsplätze Aufträge ablehnen, die im Voraus festgelegte Grenzen für Volumina und Kurse überschreiten oder eindeutig irrtümlich zustande kamen. Im Unterschied zur Variante der ICE dürfen die Handelsplätze die Aufträge also von vornherein nicht akzeptieren.

ccc)   Protection Points

Mit *protection points* wird ein Maximum an Preisebenen (Tick-Ebenen) bestimmt, die eine Market-Order konsumieren kann.[124] Funktional sind *protection points* damit ebenfalls gegen *fat-finger trades* und Marktrisiken gerichtet. Mit dem verbleibenden Teil des Auftrags kann unterschiedlich umgegangen werden. Bei der CME wird er als Limit-Order platziert.[125] Denkbar wäre auch eine Stornierung des Restauftrags.

ddd)   Änderung des Marktmodells

Schliesslich kommt bei erheblichen Preisbewegungen auch eine Änderung des Marktmodells infrage. Im Vordergrund steht der Wechsel zu einer periodischen Auktion.[126] Schon *Madhavan* (1992) empfahl anstatt eines Handelsunterbruchs den Wechsel zu einer Call-Auction.[127] Insofern erscheint die Variante in § 24 Abs. 2a des deutschen Börsengesetzes (BörsG) intelligent, wonach Börsen nebst Circuit-Breakers auch die Änderung des Marktmodells vorsehen können. In einem weiteren Sinne kann eine Call-Auction wohl auch als Einschränkung des Handels im Sinne von Art. 48 Abs. 5 MiFID II und Art. 31 FinfraV Abs. 2 lit. e FinfraV verstanden werden und dürfte damit auch nach dem (zukünftigen) europäischen und schweizerischen Recht zulässig sein.[128]

---

[122]   Im letzteren Sinne *ICE RL & NCR 2016*, 7, die als Referenzkurse einen Ankerpreis (*anchor price*) verwenden, der anhand des *front contract month* ermittelt wird; die *reasonability limits* sind dabei zwei- bis achtmal grösser als die sogenannte *no cancellation range*, innerhalb derselben Abschlüsse in aller Regel nicht storniert werden.
[123]   *ICE RL & NCR 2016*, 7.
[124]   *CME Order Types*; *Aldridge* (2013), 240.
[125]   *CME Order Types*.
[126]   *Subrahmanyam* (2012), 12; *Madhavan* (1992), 627.
[127]   *Madhavan* (1992), 627.
[128]   Die Bestimmungen nach Art. 31 FinfraV waren gemäss Art. 129 Abs. 1 FinfraV bis spätestens ab dem 1. Januar 2018 zu erfüllen.

III. Systemische Risiken

bb) *Analyse der Regulierungsfolgen*

Handelsunterbrüche werden durch eine Kursabweichungsgrenze ausgelöst und *interval price limits* verhindern den Handel über eine Kursabweichungsgrenze hinweg. Aufgrund der weitgehend identischen Funktionsweise dieser zwei Instrumente, dürften auch die Folgen weitgehend übereinstimmen.[129] Daher beziehen sich die folgenden Ausführungen zunächst sowohl auf Handelsunterbrüche sowie auf Preislimits. In einem zweiten Schritt werden die Besonderheiten von Preislimits erläutert.

aaa) *Circuit-Breakers im Allgemeinen*

(1) Zweck

Circuit-Breakers erfüllen nach der Europäischen Kommission den Zweck, Geschäftsabschlüsse zu irrationalen Preisen zu verhindern und Investoren vor der Ausführung zu diesen Preisen zu schützen.[130] Gemäss CFTC und SEC sollen sie den Marktteilnehmern Zeit geben, ihre Strategien zu überdenken, Parameter von Algorithmen zu ändern und den ordnungsgemässen Handel wiederherzustellen.[131] Ausserdem sollen Circuit-Breakers Informationsasymmetrien zwischen schnellen und langsamen Händlern abbauen und Feedback-Loops unterbrechen.[132] Schliesslich bezwecken sie mittelbar auch eine Steigerung des Marktvertrauens, ob sie nun wirken oder nicht.[133] Circuit-Breakers erfüllen also nach der Vorstellung der Befürworter verschiedene Zwecke; im Vordergrund steht jedoch die Reduktion der irrationalen Volatilität und der damit verbundenen Marktrisiken.[134]

Notorische Nachteile von Circuit-Breakers sind der zwischenzeitliche Funktionsausfall des Marktes sowie die verzögerte Preisfindung bei rationalen Preisbewegungen.[135] Diese Nachteile mögen verkraftbar sein, wenn die Circuit-Breakers die angeführten Ziele erfüllen und insbesondere die irrationale Volatilität verringern.[136] Genau dieser Effekt ist allerdings unter Ökonomen umstritten.

---

[129] Das Gegenteil impliziert *UK Regulierungsfolgenanalyse MiFID II 2012*, 71 ff.
[130] *EC Regulierungsfolgenabschätzung MiFID II 2011*, Nr. 13.2 (127).
[131] *Joint Report «Flash Crash» 2010*, 6; ähnlich *Ma/Rao/Sears* (1989), 67, die von einer *cooling-off period* sprechen; *Greenwald/Stein* (1991), 457 ff., 461; *Subrahmanyam* (2012), 3 f.
[132] *Haldane* (2011), 13; *UK Regulierungsfolgenanalyse MiFID II 2012*, 73; mit Bezug auf Informationsasymmetrien ähnlich schon *Greenwald/Stein* (1991), 457 ff., 461.
[133] *UK Regulierungsfolgenanalyse MiFID II 2012*, 70; kritisch *Subrahmanyam* (2012), 7; *Ackert* (2012), 14.
[134] Allgemein zur Volatilität *Ma/Rao/Sears* (1989), 165.
[135] *Ma/Rao/Sears* (1989), 170.
[136] Die Volatilität kann durchaus rational sein, siehe *Subrahmanyam* (2012), 4; vorn 259.

(2) Magnethypothese

Nach der Magnethypothese erhöhen Circuit-Breakers die Volatilität in der Nähe der Preisschranken sowie die Wahrscheinlichkeit, dass die Preisschranken erreicht werden.[137] Zur Begründung dieses magnetischen Effekts führte *Subrahmanyam* (1994) an, Händler würden suboptimal aggressiver handeln, um den Abschluss vor dem Handelsunterbruch sicherzustellen.[138] Einige empirische Studien bestätigen diese theoretischen Überlegungen. *Ackert/Church/Jayaraman* (2001) und *Goldstein/Kavajecz* (2004) fanden einen magnetischen Effekt für die NYSE, *Cho et al.* (2003) und *Yang* (2003) für die Taiwan Stock Exchange, *Chan/Kim/Rhee* (2004) für die Kuala Lumpur Stock Exchange und *Tooma* (2011) für den ägyptischen Markt.[139]

Goldstein/Kavajecz (2004) wiesen zudem darauf hin, dass sich nicht nur die Volatilität erhöht, sondern auch die Liquiditätsparameter (Spreads und Markttiefe) kurz vor dem Handelsunterbruch verschlechtert würden.[140] Für die geringere Liquidität dürften nebst vorgezogenen Transaktionen und antizipierenden Strategien auch die mit der Bereitstellung von Liquidität verbundenen Inventarrisiken sprechen.[141] Diese Risiken steigen kurz vor einem Handelsunterbruch an, da erworbene Titel nicht beliebig wieder verkauft werden können. Wie im Kapitel 3 (Handelsstrategien) erwähnt versuchen Hochfrequenzhändler aufgrund dieser Inventarrisiken, möglichst keine Titel über das Ende des Handelstages hinaus zu halten.[142]

Mit Blick auf das eigentliche Ziel der Circuit-Breakers kann festgehalten werden, dass diese die Volatilität zumindest vor dem Unterbruch wohl verstärken und damit genau jenen Effekt haben, den Handelsplätze und Regulatoren mit diesem Instrument eigentlich bekämpfen wollen.

---

[137] *Subrahmanyam* (1994), 237, 245, 250; dieselbe Hypothese stellte bereits *Lehmann* (1989), 206 auf; siehe auch *Ma/Rao/Sears* (1989), 170.
[138] *Subrahmanyam* (1994), 245, 250; zugleich könnten wohl antizipierende Strategien verstärkend wirken.
[139] *Ackert/Church/Jayaraman* (2001), 207; *Goldstein/Kavajecz* (2004), 301, 304, 321 ff., 327 ff.; *Cho/Russell/Tiao/Tsay* (2003), 133, 135, 143 ff., 166 f.; *Yang* (2003), 144; *Chan/Kim/Rhee* (2005), 269, 272, 284 ff., 288; *Tooma* (2011), 36, 44, 48; allerdings wurde der Handel nach dem Erreichen der Grenze für den ganzen Tag eingestellt (36).
[140] *Goldstein/Kavajecz* (2004), 327.
[141] Zu den Inventarkosten vorn 63 f.
[142] Vorn 9.

(3) Abkühlungshypothese

Ein volatilitätserhöhender Effekt vor der Auslösung des Circuit-Breakers wäre wohl verkraftbar, wenn dadurch die Marktqualität nach dem Unterbruch erhöht und die irrationale Volatilität gesenkt würde, wie es die von den Regulatoren vertretene Abkühlungshypothese impliziert.[143] Jegliche Auseinandersetzung mit diesen Auswirkungen nach dem Marktunterbruch hat zu berücksichtigen, dass ein Circuit-Breaker den Markt bereits in einem Zeitpunkt erhöhter Volatilität trifft und aufgrund dessen stets auch nach dem Unterbruch eine erhöhte Volatilität zu erwarten ist.[144]

Einen stabilisierenden Effekt für die Zeit nach dem Unterbruch fanden etwa *Yang* (2003) für den taiwanesischen und *Dabrou/Silem* (2014) für den tunesischen Markt.[145] Eine kleine, aber noch immer statistisch signifikante Reduktion der Volatilität fanden auch *Goldstein/Evans/Mahoney* (1998) und *Goldstein* (2015).[146] *Lauterbach/Ben-Zion* (1993) machten zudem schwache Indikatoren dafür aus, dass ein Handelsunterbruch einen Liquiditätsengpass entschärfen kann.[147] Demgegenüber fanden *Kuhn/Kuserk/Locke* (1991), *Overdahl/McMillan* (1998) und *Veld-Merkoulova* (2003) keine Hinweise, dass ein Circuit-Breaker die Volatilität nach dem Handelsunterbruch reduziert hätte.[148] Gemäss *Lee/Ready/Seguin* (1994) und *Kim/Yang* (2004) führen Handelsunterbrüche gar zu einem erhöhten Handelsvolumen und einer erhöhten Volatilität nach Wiederaufnahme des Handels.[149] *Goldstein/Kavajecz* (2004) stellten für den Crash vom 27. Oktober 1997 fest, dass sich die Spreads und die Markttiefe auf dem elektronischen Limit-Order-Book kurz vor der Auslösung des Circuit-Breakers verschlechterten und dieser Effekt während des gesamten folgenden Tages anhielt.[150] Sie führten dies mitunter darauf zurück, dass die Händler zur traditionellen, nicht elektronischen Handelsform zurückkehrten.[151] Zumindest fraglich erscheint, ob ein entsprechender Effekt noch heute zu beobachten wäre.

Während des Flash-Crashs vom 6. Mai 2010 wurden keine systemweiten Circuit-Breakers ausgelöst, was CFTC und SEC zur Neukalibrierung derselben

---

[143] Hierzu vorn 429.
[144] *Kim/Yang* (2004), 327.
[145] *Yang* (2003), 131 ff., 136 ff., 144 *Yang* (2003), 144; *Dabrou/Silem* (2014), 54, 62, 67, 69.
[146] *Goldstein/Evans/Mahoney* (1998), 396; *Goldstein* (2015), 459.
[147] *Lauterbach/Ben-Zion* (1993), 1922.
[148] *Kuhn/Kuserk/Locke* (1991), 146; *Overdahl/McMillan* (1998), 52; auch *Veld-Merkoulova* (2003), 311, 325, 327.
[149] *Lee/Ready/Seguin* (1994), 184; *Kim/Yang* (2004), 125, 137.
[150] *Goldstein/Kavajecz* (2004), 327.
[151] *Ibid.*

veranlasste.[152] Allerdings wurde der Handel der E-Mini-Futures an der Chicago Mercantile Exchange (CME) während fünf Sekunden unterbrochen.[153] Dieser Unterbruch führte gemäss CFTC und SEC zu einer Abschwächung des Verkaufsdrucks und einem Anstieg des käuferseitigen Interesses, sodass sich wenig später die Kurse wieder erholten.[154] Der Unterbruch führte jedoch weder dazu, dass das grosse algorithmische Verkaufsprogramm, das den Flash-Crash auslöste, gestoppt worden wäre, noch dass Stop-Loss-Aufträge von Retail-Kunden nach dem Handelsunterbruch nicht mehr ausgeführt worden wären.[155] Der Verkaufsdruck wurde lediglich durch fundamentale Händler besser absorbiert.[156] Allerdings war auch nach dem Unterbruch nicht in allen Titeln ausreichend Liquidität vorhanden, sodass Transaktionen in diesen Titeln auch dann noch zu irrationalen Preisen ausgelöst wurden.[157]

Die Abkühlungshypothese erscheint grundsätzlich einleuchtend, da irrationale Preisentwicklungen stets Gewinnmöglichkeiten eröffnen. Händlern, die gestützt auf fundamentale Parameter handeln, müsste also nur die Zeit gegeben werden, diese Gewinnmöglichkeiten zu erkennen und auszunutzen, damit der Preis zum rationalen Equilibrium hin getrieben wird. Es stellt sich dann aber die Frage, weshalb sich ein solcher Abkühlungseffekt empirisch so schwierig feststellen lässt. Der Grund hierfür könnte darin liegen, dass die Marktunsicherheit aufgrund fehlender Handelsdaten zunimmt.[158] Schon im Zusammenhang mit den periodischen Doppelauktionen wurde darauf hingewiesen, dass sich die Risiken der Bereitsteller von Liquidität aufgrund der fehlenden Handelsdaten erhöhen, was sie mit breiteren Spreads kompensieren müssen.[159] Immerhin deutet das Beispiel des Flash-Crashs darauf hin, dass kurze Handelsunterbrüche in Extremsituationen geeignet sein können, einen Liquiditätsengpass zu beseitigen.

(4) Zusammenfassung

Zusammenfassend kann festgehalten werden, dass die ökonomischen Auswirkungen von Circuit-Breakers nach wie vor sehr umstritten sind. Die Regulato-

---

[152] *Joint Report «Flash Crash» 2010*, 6 f.
[153] *Joint Report «Flash Crash» 2010*, 4.
[154] *Joint Report «Flash Crash» 2010*, 4, 16.
[155] *Joint Report «Flash Crash» 2010*, 4 f., 16.
[156] Siehe *Joint Report «Flash Crash» 2010*, 16, wonach fundamentale Käufer nach dem Unterbruch innert 23 Minuten 110 000 E-Mini-Kontrakte netto kauften und Verkäufer 110 000 E-Mini-Kontrakte netto verkauften, wobei das automatische Verkaufsprogramm allein für den Verkauf von 40 000 E-Mini-Kontrakten verantwortlich war; dabei war das Handelsvolumen im Vergleich zu den drei vorangehenden Tagen zehn bzw. zwölfmal höher.
[157] *Joint Report «Flash Crash» 2010*, 5.
[158] *Veld-Merkoulova* (2003), 327.
[159] Vorn 407.

ren bezwecken primär eine Abkühlung von irrationalen Marktkräften zur Senkung der Volatilität. Zumindest in einem ersten Schritt bewirken die Preisschranken aber wohl eher einen magnetischen Effekt und damit verbunden eine erhöhte Volatilität, weil Händler Transaktionen vorziehen und Bereitsteller von Liquidität dem Markt aufgrund höherer Risiken weniger Liquidität zur Verfügung stellen. Selbst für die Zeit nach dem Handelsunterbruch wurde nur von wenigen Ökonomen eine Reduktion der Volatilität nachgewiesen. Andere wiederum stellten gar eine Zunahme der Volatilität fest. Dies könnte vor allem daran liegen, dass sich die Bereitsteller von Liquidität bei einem Handelsunterbruch mangels Handelsdaten höheren Risiken ausgesetzt sehen, weshalb sie dem Markt weniger Liquidität zur Verfügung stellen. Immerhin deutet aber der Flash-Crash darauf hin, dass Circuit-Breakers zumindest in ganz extremen Situationen angezeigt sein können, um einen Liquiditätsengpass zu beseitigen. Weitere ökonomische Untersuchungen könnten mehr Klarheit schaffen.

bbb) Preislimits im Besonderen

Preislimits im Sinne von *interval price limits* dürften grundsätzlich dieselben Folgen haben wie Circuit-Breakers im engeren Sinne.[160] Im Unterschied zu denselben kann der Handel aber innerhalb der Schranken fortgesetzt werden. Teilweise wird angegeben, Preislimits erfüllten auch den Zweck, die tägliche Haftbarkeit zu beschränken.[161] Allerdings wird die Haftung letztlich nicht betragsmässig beschränkt, wenn eine Preisanpassung bloss langsamer erfolgt und keine Liquidität zum Preis der Preisschranken vorhanden ist.

Dave Cummings, Begründer von *Bats Trading* sowie dem Hochfrequenzhändler *Tradebot Systems*, machte sich mit folgenden Worten für Preislimits stark:

> Exchanges must implement limits [...] Limits have been used successfully for years in the futures markets. There were zero broken trades on the CME on May 6th [Tag des Flash Crashs]. Limits are preferable to trading halts. Many times, trading bounces off limit and resumes as normal.[162]

Bei einer solchen Äusserung sollte nicht vergessen werden, dass Hochfrequenzhändler, die Preisbewegungen richtig antizipieren, gerade in volatilen Zeiten erhebliche Gewinne realisieren können und ihnen daher Handelsunterbrüche nicht gelegen kommen. Soweit *Cummings* festhält, die Stornierung von Aufträgen müsse verhindert werden, ist ihm allerdings zuzustimmen. Bereitsteller von

---

[160] Vorn 429 ff.
[161] UK Regulierungsfolgenanalyse MiFID II 2012, 71.
[162] CFTC Views of Dave Cummings 2010, Hervorhebungen entfernt; zur Stellung bei Tradebot Systems auch http://tradebot.com/board-of-directors.asp.

Liquidität müssen wissen, wann Transaktionen (meist lediglich Verpflichtungsgeschäfte) im Nachhinein storniert werden und wann nicht. Sonst stellen sie dem Markt bei hoher Volatilität aufgrund des Stornierungsrisikos keine Liquidität zur Verfügung, wie der Flash-Crash zeigte.[163] Noch besser ist es, wenn solche Transaktionen von vornherein nicht möglich sind, da dann (a) der Handel einfach fortgesetzt werden kann und (b) keine Kosten und Rechtsrisiken im Zusammenhang mit der Stornierung von Transaktionen entstehen. Solche Kosten und Rechtsrisiken bestehen nicht nur nach der Übertragung der Bucheffekten durch die Buchungen der Verwahrungsstelle und dem dadurch ausgelösten Gutglaubensschutz, sondern schon nach dem Verpflichtungsgeschäft.[164] Preislimits erscheinen daher angezeigt, aber nicht etwa zwingend, weil sie direkt die Marktqualität verbesserten, sondern weil sie die Rechtsrisiken der Marktteilnehmer reduzieren.

b) Transaktionssteuern

aa) Hintergrund

Finanztransaktionssteuern (*financial transaction tax*; FTT) im Allgemeinen und Wertpapiertransaktionssteuern (*securities transaction tax*; STT) im Besonderen zählen sowohl unter Politikern als auch unter Ökonomen zu den umstrittensten Regulierungsinstrumenten überhaupt.[165] Nachdem Transaktionssteuern während Jahren entweder abgeschafft oder reduziert wurden, erlebten sie nach der Finanzkrise ab 2007 eine Renaissance. Die Europäische Kommission schlug den Mitgliedstaaten am 28. September 2011 eine harmonisierte Finanztransaktionssteuer vor und erarbeitete bis zum 14. Februar 2013 einen detaillierten Entwurf für eine entsprechende Richtlinie.[166] Nach Angaben der Kommission erfüllt die Steuer primär fiskalische Zwecke: Sie soll einen Ausgleich für die Kosten schaffen, die im Rahmen der Finanzkrise Staaten und Steuerzahler trugen.[167] Darüber hinaus zielt die Steuer jedoch auch auf die Minimierung von Marktrisiken ab, indem kurzfristige Handelsstrategien unterbunden und Spekulationsblasen verhindert werden sollen.[168] Die Finanztransaktionssteuer ist mit anderen Worten direkt gegen den Hochfrequenzhandel gerichtet.

---

163 Vorn 376 f.
164 Siehe Art. 24 ff. und Art. 29 BEG; zur Stornierung im eigentlichen Sinne Art. 28 BEG.
165 Zur Typologie von FTTs *Matheson* (2010), 145 f.; zu STTs *Kupiec* (1996), 115.
166 Siehe *EC Vorschlag FTT 2013*; für weitere Informationen siehe https://ec.europa.eu/taxation_customs/taxation-financial-sector_en#fate.
167 *EC Regulierungsfolgenabschätzung FTT 2013*, 8.
168 *EC Regulierungsfolgenabschätzung FTT 2013*, 8, 11 f., 33, 38; *Matheson* (2010), 145; siehe auch *Foresight HFT Final Report 2012*, 127.

III. Systemische Risiken

Innerhalb der Europäischen Union ist die Steuer allerdings umstritten. Lediglich 10 EU-Staaten konnten sich im Dezember 2015 auf die Grundzüge einer Regelung einigen und gaben sich bis Mitte 2016 Zeit zur Erzielung einer definitiven Einigung.[169] Die fehlende Einigung soll jedoch nicht darüber hinwegtäuschen, dass viele Staaten und die meisten Finanzzentren eine Finanztransaktionssteuer kennen, so etwa das Vereinigte Königreich, Hong Kong, Singapur, China, Indien, Indonesien, Italien, Südkorea, Taiwan sowie auch die USA in der Form einer Abgabe zur Finanzierung der Aufsichtstätigkeit.[170] Zu den Staaten, die eine frühere Finanztransaktionssteuer aufhoben, gehören (ausgerechnet) Deutschland, Japan und zwischenzeitlich auch Frankreich.[171] Dies ist insofern interessant, als Deutschland und Frankreich nebst Italien und Spanien auf europäischer Ebene die gewichtigsten Befürworter der Steuerharmonisierung sind, während diese von London abgelehnt wird.[172]

Die Schweiz kennt mit der Umsatzabgabe (Art. 13 ff. StG) ebenfalls eine Finanztransaktionssteuer, ist also in dieser Hinsicht kein Steuerparadies. Um den schweizerischen Finanzplatz für ausländische Wertpapierfirmen und institutionelle Anleger attraktiv zu halten, wird die Abgabe jedoch grundsätzlich nur von inländischen Finanzinstituten erhoben (vgl. Art. 17 Abs. 1 i. V. m. Art. 13 Abs. 3 StG sowie Art. 17a und Art. 19 StG). Die Schweiz setzt damit Wertpapierhändlern den für einen Finanzplatz fragwürdigen Anreiz, das Handelsgeschäft ins Ausland zu verlagern.

bb)   Auswirkungen auf die Marktqualität

aaa)   Argumente für die Transaktionssteuer

Befürworter einer Transaktionssteuer machen wie einleitend erwähnt geltend, die Steuer verhindere Spekulationsblasen und minimiere dadurch Marktrisiken. Sie können sich dabei prominent auf *Keynes* berufen, der schon 1936 ausführte:

> We have reached the third degree where we devote our intelligences to anticipating our intelligences to anticipating what average opinion expects the average opinion to be. And there are some, I believe, who practise the fourth, fifth and higher degrees.[173]

---

169   *Strupczewski* (2015).
170   Hierzu *Matheson* (2010), 147.
171   *Matheson* (2010), 147.
172   Hierzu *Strupczewski* (2015); *Neslen* (2015).
173   *Keynes* (1936), 156.

Diese Überlegungen führten ihn zur folgenden Schlussfolgerung:

> The introduction of a substantial government transfer tax on all transactions might prove the most serviceable reform available, with a view to mitigating the predominance of speculation over enterprise in the United States.[174]

Weitere prominente Befürworter der Transaktionssteuer waren die Nobelgedächtnispreisträger *Tobin* (1978), nach dem die gleichnamige Steuer auf Währungstransaktionen benannt wurde, und *Stiglitz* (1989) sowie der ehemalige Harvard-Präsident, *Secretary of the Treasury* unter *Bill Clinton* und ökonomischer Chefberater unter *Obama* sowie Chefökonom der Weltbank *Lawrence H. Summers* in *Summers/Summers* (1989).[175] Die Ansicht beruht im Wesentlichen auf der Annahme, dass eine Verlängerung der Anlegerperspektive den Blick auf fundamentale Parameter schärft und dadurch die Preisfindungsqualität steigert und die irrationale Volatilität verringert.[176] Trifft diese Annahme zu, würden auch die Risiken der Investoren reduziert, was sich positiv auf die Marktpreise der Wertpapiere sowie die Kapitalkosten der Gesellschaften auswirken müsste.[177]

Offensichtlich, aber dennoch bedeutsam, erscheint der Hinweis, dass die Vertreter einer Finanztransaktionssteuer stets von unvollkommenen Märkten ausgehen. Ausgehend von der Markteffizienzhypothese wäre der Anlagehorizont für die Bewertung einer Anlage grundsätzlich unerheblich.[178] Sämtliche Erwartungen hinsichtlich der zukünftigen Preisentwicklung wären schon in den aktuellen Kursen inkorporiert, sodass Händler weder eine kurzfristige Volatilität hervorrufen noch auf sie spekulieren könnten. Allerdings machten der Akzeptanz der Markteffizienzhypothese die Kursstürze von 1987 und 2007/2008 sowie auch die Dotcom-Blase um die Jahrtausendwende zu schaffen. Bezeichnend erscheint, dass der Ruf nach Transaktionssteuern stets nach Kursstürzen laut wird, die sich nur schwerlich mit der Markteffizienzhypothese begründen lassen.

---

[174] *Keynes* (1936), 160.
[175] *Tobin* (1978); *Stiglitz* (1989); genauer: Alfred-Nobel-Gedächtnispreis für Wirtschaftswissenschaften; siehe auch die Fundamentalkritik beim Vater der Arbitragepreistheorie *Ross* (1989) sowie *Summers/Summers* (1989).
[176] *Stiglitz* (1989), 10, 12 ff.; siehe auch *Schwert/Seguin* (1993), 28 f.; *Tobin* (1978), 155.
[177] *Stiglitz* (1989), 10.
[178] Zur Markteffizienzhypothese vorn 198 ff.

bbb)   Argumente gegen die Transaktionssteuer

Die Gegner einer Transaktionssteuer machen in erster Linie geltend, die Steuer vermindere die Liquidität und erhöhe dadurch die Transaktionskosten. Darüber hinaus werden negative Auswirkungen auf die Wertpapierpreise sowie die Kapitalkosten der Gesellschaften befürchtet. Schliesslich gehe mit der Steuer eine Verminderung der Preisfindungsqualität auf fragmentierten Märkten sowie wie bei jeder Umsatzsteuer eine Marktverzerrung einher.

(1)   Marktliquidität und Transaktionskosten

Eine Transaktionssteuer erhöht grundsätzlich direkt den ökonomischen Spread, da der Spread die Bereitsteller von Liquidität für die mit der Transaktionssteuer verbundenen zusätzlichen Kosten entschädigen muss.[179] Soweit Bereitsteller von Liquidität die Steuer bezahlen, muss auch der Spread im engeren Sinne dafür kompensieren. Dies gilt zumindest dann, wenn die Bereitsteller von Liquidität nicht von der Transaktionssteuer befreit sind. Für eine enge Market-Maker-Ausnahme von der Transaktionssteuer machte sich auf europäischer Ebene in erster Linie Frankreich stark.[180] Existiert eine Ausnahme für Market-Maker, so stellt sich allerdings die Frage, ob der Anlagehorizont der Marktteilnehmer wirklich verlängert wird, dürften sich doch viele Hochfrequenzhandelsstrategien als Market-Making-Tätigkeiten qualifizieren lassen.[181] Auch gelten bei einer Privilegierung der Market-Maker nicht (mehr) die gleichen Wettbewerbsbedingungen für sämtliche Marktteilnehmer.

Als Folge der erhöhten Transaktionskosten dürfte das Handelsvolumen grundsätzlich abnehmen.[182] Sofern möglich, werden Marktteilnehmer auch auf ausländische Märkte, auf indirekte Anlagen (Fonds) sowie auf Derivate ausweichen, die im Verhältnis weniger stark besteuert werden.[183] Die Reduktion des Handelsvolumens dürfte sich zusätzlich negativ auf die Liquidität auswirken: Erstens werden dadurch mit der Bereitstellung von Liquidität verbundene Skaleneffekte vermindert, zweitens sind weniger Informationen für die Preisbildung vorhanden, sodass die Informationsrisiken steigen, und schliesslich dürften auch

---

179   Vgl. *Matheson* (2010), 154; *Wang/Yau* (2000), 944; zum ökonomischen Spread vorn 55.
180   Siehe *Strupczewski* (2015).
181   Vorn 61 ff.
182   *Meyer/Wagener/Weinhardt* (2015), 177, 179, 182 ff.; auch *Hanke/Huber/Kirchler/Sutter* (2010), 58; *Chou/Wang* (2006), 1209; *Westerholm* (2003), 231; *Wang/Yau* (2000), 943 f.; *Hu* (1998), 347, 358 ff., 362.
183   Vgl. *Habermeier/Kirilenko* (2003), 166, 178; *Schwert/Seguin* (1993), 27; *Olivier Baum* danke ich für den Hinweis zu den Fonds; je nach Ausgestaltung der Transaktionssteuer nützt ein Ausweichen auf eine indirekte Anlage oder auch nicht.

die Inventarrisiken zunehmen. Der negative Effekt auf die Transaktionskosten könnte also überproportional ausfallen. Gemäss *Rojček/Ziegler* (2016) sind die Auswirkungen einer Transaktionssteuer auf die Marktqualität allerdings klein.[184] Die Wohlfahrt sämtlicher Händler werde durch eine Transaktionssteuer um ziemlich genau den Betrag der Steuer reduziert, sodass eine Verteilung der Steuererträge den negativen Effekt komplett wieder ausgleichen würde.[185]

Zwei Gegebenheiten könnten den negativen Effekt auf die Marktliquidität reduzieren. Wird die Volatilität tatsächlich wie von *Keynes*, *Tobin* und *Stiglitz* etc. angenommen durch die Transaktionssteuer reduziert, würden sich die Bereitsteller von Liquidität geringeren Informations- und Inventarrisiken ausgesetzt sehen, sodass sie die Liquidität wiederum günstiger anbieten könnten. Die Auswirkungen der Transaktionssteuer auf die Volatilität sind allerdings unter Ökonomen umstritten.[186] Ziemlich sicher dürfte sich demgegenüber die mit höheren Transaktionskosten verbundene Vergrösserung des No-Arbitrage-Bandes zwischen verschiedenen Märkten positiv auf die Risiken der Bereitsteller von Liquidität auswirken, da weniger fehlplatzierte Aufträge durch schnellere Arbitrageure aufgelesen werden können.[187] Der negative Effekt auf die Marktliquidität könnte daher weniger gravierend als befürchtet ausfallen.

(2)   Wertpapierpreise und Kapitalkosten

Für einen negativen Effekt der Transaktionssteuer auf die Wertpapierpreise sprechen drei Gründe. Erstens ist unter Anwendung mikroökonomischer Prinzipien die diskontierte Steuer direkt vom Wertpapierpreis abzuziehen,[188] zweitens führen die höheren Transaktionskosten zu einem Lock-in-Effekt und damit verbunden zu höheren Inventarrisiken,[189] und drittens spricht einiges dafür, dass die Auswirkungen auf die Transaktionskosten überproportional sind. Werden die Wertpapierpreise durch die Transaktionssteuer negativ beeinflusst, so steigen dadurch indirekt auch die Kapitalkosten der Unternehmen, die bei Ausgabe von Wertpapieren weniger Mittel generieren können.[190] Gegner der Transaktionssteuer machen entsprechend geltend, dass die zentrale Funktion der Kapitalmärkte bei der Kapitalaufnahme der Unternehmen durch eine Finanztransakti-

---

[184] *Rojček/Ziegler* (2016), 20.
[185] *Ibid*.
[186] So insb. *Habermeier/Kirilenko* (2003), 178; *Wang/Yau* (2000), 943 f., 965; zu den empirischen Studien hinten 440 ff.
[187] Zum No-Arbitrage-Band vorn 71.
[188] Hierzu *Schwert/Seguin* (1993), 30.
[189] *Kupiec* (1996), 116, 122, 128.
[190] *Schwert/Seguin* (1993), 27; *Kupiec* (1996), 115 f., 128; *Matheson* (2010), 153 ff.; zu den empirischen Resultaten hinten 440 ff.

onssteuer beeinträchtigt würde.[191] Einen negativen Effekt auf die Liquidität sowie die Kapitalaufnahme nehmen im Übrigen auch *Summers/Summers* (1989) an, die eine Transaktionssteuer grundsätzlich befürworten; sie gehen allerdings davon aus, dass der positive Effekt auf die Preisfindungsqualität überwiegt.[192]

Hinsichtlich der Wertpapierpreise und Kapitalkosten sind ähnliche Einschränkungen zu machen wie bei der Marktliquidität. Wird die Volatilität durch die Transaktionssteuer reduziert, könnte sich eine Transaktionssteuer positiv auf die Marktpreise auswirken, da die Anlagerisiken der Marktteilnehmer ebenfalls reduziert würden. Wie erwähnt ist aber umstritten, ob sich die Transaktionssteuer tatsächlich positiv auf die Volatilität auswirkt, und die empirischen Resultate zeigen mehrheitlich, dass die Marktpreise negativ auf die Ankündigung von Transaktionssteuern reagieren.[193]

(3)	Preisfindungsqualität

Die erhöhten Transaktionskosten können weiter zu einer Segmentierung der Märkte führen, da sich das No-Arbitrage-Band verbreitert.[194] Zumindest diese Segmentierung dürfte sich negativ auf die Preisfindungsqualität auswirken. Damit übereinstimmend stellten *Gomber/Haferkorn/Zimmermann* (2016) empirisch eine negative Beeinflussung der Preisfindungsqualität auf dem fragmentierten europäischen Markt fest.[195] Zwar reduziert das verbreitete No-Arbitrage-Band die Risiken der Bereitsteller von Liquidität, sodass sie die Liquidität günstiger anbieten können müssten; gleichzeitig führt der uneinheitliche Preis aber auch zu höheren Suchkosten bei Marktteilnehmern, die nicht mehr davon ausgehen können, dass die Preise auf sämtlichen Märkten identisch sind. Während der negative Effekt auf die Preisfindung in fragmentierten Märkten ausser Frage stehen dürfte, sind die grundsätzlichen Auswirkungen auf die Preisfindungsqualität umstritten. Wie einleitend erwähnt machen die Befürworter der Steuer geltend, die Verlängerung der Investorenperspektive führe zu informationseffizienteren Preisen.[196]

(4)	Marktverzerrung

Schliesslich erscheint bedeutsam, dass eine Finanztransaktionssteuer wie jede Umsatzsteuer zu Verzerrungen bei der Produktion führt, da Grossunternehmen

---

191   Zu den Funktionen der Kapitalmärte vorn 160 ff.
192   *Summers/Summers* (1989), 263, 274.
193   Zu den empirischen Studien sogleich 440 ff.
194   Vgl. *Habermeier/Kirilenko* (2003), 166; zum No-Arbitrage-Band vorn 71.
195   *Gomber/Haferkorn/Zimmermann* (2016), 313, 329 ff., 334 f.
196   Vorn 435 f.

Transaktionen internalisieren können.[197] Nicht ohne Grund hat sich deswegen die Mehrwertsteuer und nicht die Umsatzsteuer etabliert.[198] Allerdings dürfte die Marktverzerrung bei einer Steuer von weniger als einem Prozent gering ausfallen.

ccc)   Empirische Studien

Nachfolgend werden die empirischen Studien zu den Auswirkungen einer Transaktionssteuer auf das Handelsvolumen, die Volatilität, die Wertpapierpreise sowie die Liquidität analysiert.

(1)   Handelsvolumen

Die empirischen Studien zu den Auswirkungen von Transaktionssteuern auf das Handelsvolumen kamen zu weitgehend übereinstimmenden Ergebnissen. *Hu* (1998), *Wang/Yau* (2000), *Westerholm* (2003), *Chou/Wang* (2006), *Baltagi/Li/Li* (2006), *Hanke et al.* (2010) und *Pomeranets/Weaver* (2013) fanden erwartungsgemäss einen negativen Einfluss einer Transaktionssteuer auf das Handelsvolumen.[199] Dasselbe gilt auch für *Becchetti/Ferrari/Trenta* (2014), *Meyer/Wagener/ Weinhardt* (2015), *Gomber/Haferkorn/Zimmermann* (2016) und *Colliard/Hoffmann* (2016) sowie die Europäische Kommission (2014), die alle die Wiedereinführung der Wertpapiertransaktionssteuer in Frankreich im Jahr 2012 untersuchten und eine Reduktion des Handelsvolumens um etwa 10 bis 20 Prozent feststellten.[200] Von den in dieser Arbeit berücksichtigen Studien fanden einzig *Rühl/Stein* (2014) keinen signifikanten Einfluss der Transaktionssteuer auf das Handelsvolumen.[201] Letztere untersuchten die Einführung einer Transaktionssteuer in Italien im März 2013. Sowohl die Ergebnisse hinsichtlich der Transaktionssteuern in Frankreich als auch in Italien sind allerdings mit Vorsicht zu würdigen, da sowohl Frankreich als auch Italien keine reinen Transaktionssteuern implementierten. Frankreich etwa schaffte eine Ausnahme für Market-Maker sowie Stornierungsgebühren ab einer bestimmten Order-to-Transaction-Ra-

---

[197]   Insb. *Coase* (1937), 393; siehe auch *Matheson* (2010), 176; vorn 185 f.
[198]   Die deutsche Umsatzsteuer ist ebenfalls eine Mehrwertsteuer.
[199]   *Hu* (1998), 347, 358 ff., 362; *Wang/Yau* (2000), 943 f.; *Westerholm* (2003), 231; *Chou/ Wang* (2006), 1209; *Baltagi/Li/Li* (2006), 393, 401 ff.; *Hanke/Huber/Kirchler/Sutter* (2010), 58; *Pomeranets/Weaver* (2013), 1, 3, 16 f., 18; *Meyer/Wagener/Weinhardt* (2015), 177, 179, 182 ff.
[200]   *Becchetti/Ferrari/Trenta* (2014), 127, 131, 139; *Meyer/Wagener/Weinhardt* (2015), 177, 179, 182 ff.; *Gomber/Haferkorn/Zimmermann* (2016), 314, 323 ff.; *Colliard/Hoffmann* (2016), 2, 15 f.; *EC Analyse FTT Frankreich 2014*, 19; siehe allerdings *Rühl/Stein* (2014), 32, die keine Reduktion des Handelsvolumens auf dem italienischen Markt feststellen konnten, nachdem dort ebenfalls eine Transaktionssteuer eingeführt wurde.
[201]   *Rühl/Stein* (2014), 32.

tio und Italien erhob Steuern auf innerhalb von 0.5 Sekunden erfolgte Auftragsstornierungen.[202] Order-to-Transaction-Ratios, Mindesthaltevorschriften und Stornierungsgebühren beeinflussen ihrerseits die Märkte erheblich und werden in den Abschnitten 4 (Liquiditätsrisiken) und 5 (Marktintegritätsrisiken) noch genauer untersucht.[203] Die neueren empirischen Studien dürften daher nicht den gesonderten Effekt einer reinen Transaktionssteuer wiedergeben, was insbesondere bei der Liquidität und Volatilität von Bedeutung ist. Hinsichtlich des Handelsvolumens erscheint der empirische Nachweis jedoch hinreichend erbracht, dass eine Transaktionssteuer das Handelsvolumen reduziert.

(2)   Volatilität

Mit Blick auf die Volatilität bestätigen die empirischen Studien mehrheitlich die Gegner einer Finanztransaktionssteuer. Soweit ersichtlich stellten lediglich *Liu/ Z. Zhu* (2009) und *Becchetti/Ferrari/Trenta* (2014) eine Reduktion der Volatilität fest.[204] *Roll* (1989), *Saporta/Kan* (1997), *Hu* (1998), *Chou/Wang* (2006) und *Gomber/Haferkorn/Zimmermann* (2016) fanden keine signifikanten Auswirkungen einer Transaktionssteuer auf die Volatilität.[205] Selbst die Europäische Kommission (2014) erhielt gemischte Resultate.[206] *Umlauf* (1993) stellte gar eher eine Zu- als eine Abnahme fest.[207] *Jones/Seguin* (1997), *Wang/Yau* (2000), *Westerholm* (2003), *Baltagi/Li/Li* (2006), *Pomeranets/Weaver* (2013) und *Rühl/Stein* (2014) bestätigten, dass das höhere Handelsvolumen auf liquideren Märkten die Volatilität nicht etwa wie von Befürwortern der Transaktionssteuer angenommen erhöht, sondern reduziert.[208] *Pomeranets/Weaver* (2013) fanden allerdings nur auf der Ebene der einzelnen Wertpapiere, nicht aber auf der Ebene der Portfolios einen negativen Effekt.[209] Gemäss *Yongyang/Zheng* (2011) wiederum führte sowohl die Erhöhung als auch die Reduktion der Transaktionssteuer auf dem chinesischen Markt zu einer erhöhten Volatilität.[210] Dies lässt sich wohl damit erklären, dass die Änderung allein eine erhöhte Verunsicherung hervor-

---

[202]   Zu den Details der Steuer *EC Analyse FTT Frankreich 2014*, 2; *Rühl/Stein* (2014), 26.
[203]   Zur Order-to-Transaction-Ratio 463 ff., zur Mindesthaltedauer 455 ff.; zu Stornierungsgebühren 460 ff.
[204]   *Liu/Zhu* (2009), 65, 67, 75 ff., 81; *Becchetti/Ferrari/Trenta* (2014), 127, 132, 139.
[205]   *Roll* (1989), 140 f., 143; *Saporta/Kan* (1997), 38, 40; *Hu* (1998), 347, 358 ff., 362; *Chou/ Wang* (2006), 1195 f., 1211 f., 1214; *Gomber/Haferkorn/Zimmermann* (2016), 314.
[206]   *EC Analyse FTT Frankreich 2014*, 12 ff.
[207]   *Umlauf* (1993), 227 f., 236, 239.
[208]   *Jones/Seguin* (1997), 736; *Wang/Yau* (2000), 943 f., 965; *Westerholm* (2003), 213, 235 f.; *Baltagi/Li/Li* (2006), 393, 403 f.; *Pomeranets/Weaver* (2013), 1 f., 12 ff., 18; *Rühl/Stein* (2014), 28 ff., 32.
[209]   *Pomeranets/Weaver* (2013), 1 f., 14 f., 18.
[210]   *Yongyang/Zheng* (2011), 40 ff.

ruft. Die Studie gebietet damit Vorsicht bei der empirischen Beurteilung von Strukturmassnahmen auf die Volatilität, da mit solchen Veränderungen stets eine gewisse Verunsicherung einhergehen dürfte. *Matheson* (2014) wies ausserdem darauf hin, dass die kurzzeitige Volatilität nicht notwendigerweise mit langfristigen Fehlbewertungen durch Blasen korrelieren muss.[211] So habe sich etwa die Volatilität im Jahr 2007 vor den Preiszerfällen auf einem historischen Minimum bewegt.[212]

(3) Wertpapierpreise

Verschiedene Ökonomen untersuchten die Auswirkungen einer Transaktionssteuer auf die Wertpapierpreise. *Umlauf* (1993) stellte fest, dass die Einführung einer Transaktionssteuer von 1 Prozent in Schweden im Jahr 1984 zu einer Reduktion der Wertpapierpreise um 5.3 Prozent führte und ein Grossteil des Handels nach London migrierte.[213] Der stark negative Einfluss erscheint insofern erstaunlich, als Arbitragemöglichkeiten bestanden. Einen negativen Einfluss der Transaktionssteuer auf die Wertpapierpreise fanden auch *Saporta/Kan* (1997), *Hu* (1998), *Swan/Westerholm* (2001) und *Bond/Hawkins/Klemm* (2005).[214] *Saporta/Kan* (1997) wiesen allerdings darauf hin, dass jeweils an denselben Tagen zugleich über das Budget informiert wurde, sodass sie die Auswirkungen der Transaktionssteuer nicht isolieren konnten.[215] *Swan/Westerholm* (2001) wiesen zudem auf das Problem hin, dass Veränderungen bei den Transaktionssteuern häufig ein Ergebnis langwieriger Debatten sind, sodass Händler in Übereinstimmung mit der Markteffizienzhypothese bereits das eine oder andere Ergebnis antizipieren.[216] Im Sinne der Markteffizienzhypothese bemerkten auch *Bond/Hawkins/Klemm* (2005), dass sie lediglich einen Effekt durch die Ankündigung fanden, nicht aber durch die Implementierung der Steuer.[217] Zwar erscheinen weitere Studien zu den Auswirkungen einer Transaktionssteuer auf die Wertpapierpreise erwünscht; insgesamt dürfen die negativen Auswirkungen auf die Preise jedoch als grundsätzlich nachgewiesen betrachtet werden. Der Einfluss dürfte mit Blick auf die Studien zudem überproportional stark ausfallen. Dies ist insofern von Bedeutung, als ein Unternehmen bei einem negativen Einfluss bei einer Emission auch weniger Kapital aufnehmen kann, sodass die Kapitalkosten bei einer negativen Beeinflussung generell steigen dürften.

---

[211] *Matheson* (2010), 160.
[212] *Matheson* (2010), 160.
[213] *Umlauf* (1993), 228 ff., 231.
[214] *Saporta/Kan* (1997), 15 f.; *Hu* (1998), 347, 356 ff., 362; *Swan/Westerholm* (2001), 37 f.; *Bond/Hawkins/Klemm* (2005), 275, 289 ff., 293.
[215] *Saporta/Kan* (1997), 16.
[216] *Swan/Westerholm* (2001), 37 f.
[217] *Bond/Hawkins/Klemm* (2005), 275.

III. Systemische Risiken

(4)   Liquidität

Schliesslich untersuchten verschiedene Ökonomen auch die Auswirkungen einer Transaktionssteuer auf die Liquidität. *Chou/Wang* (2006) und *Pomeranets/Weaver* (2013) fanden erwartungsgemäss eine Vergrösserung der Spreads und *Pomeranets/Weaver* (2013) darüber hinaus auch eine Verminderung der Markttiefe gemessen an der Preisbeeinflussung durch Aufträge.[218] Die empirischen Studien, die die Wiedereinführung einer Transaktionssteuer in Frankreich untersuchten, erhielten mehrheitlich ebenfalls negative Ergebnisse für die Liquidität. *Meyer/Wagener/Weinhardt* (2015), *Colliard/Hoffmann* (2016) und *Gomber/Haferkorn/Zimmermann* (2016) stellten eine starke Reduktion der Markttiefe fest.[219] Im Unterschied zu *Meyer/Wagener/Weinhardt* (2015) und *Colliard/Hoffmann* (2016) fanden *Gomber/Haferkorn/Zimmermann* (2016) darüber hinaus auch eine Vergrösserung der Spreads.[220] *Colliard/Hoffmann* (2016) stellten ausserdem eine signifikante Reduktion der Resilienz fest.[221] Als Resilienz wird im Zusammenhang mit der Marktliquidität, wie im Kapitel 9 (Marktqualität) erläutert, die Federwirkung bezeichnet, mit der sich Kurse nach liquiditätsentziehenden Schocks erholen.[222] *Becchetti/Ferrari/Trenta* (2014), die ebenfalls die Wiedereinführung einer Transaktionssteuer in Frankreich untersuchten, erhielten unschlüssige Resultate für die Liquidität.[223] *Rühl/Stein* (2014) untersuchten die Auswirkungen der Einführung einer Transaktionssteuer in Italien im Jahr 2013 und stellten eine Erhöhung der quotierten Spreads nach Einführung der Steuer fest.[224] Die Studien zur Wiedereinführung von Transaktionssteuern in Frankreich und Italien sind allerdings mit Vorsicht zu würdigen, da sowohl Frankreich als auch Italien keine reinen Transaktionssteuern implementierten.[225] Negative Auswirkungen auf die Spreads waren in Frankreich nicht zwingend zu erwarten, da Market-Maker von der Steuer ausgeschlossen wurden.[226] Die negative Beeinflussung der Liquidität dürfte daher vor allem auf die Gebühren ab einer gewissen Order-to-Transaction-Ratio zurückzuführen sein.[227]

---

218   *Chou/Wang* (2006), 1195 f., 1211 f., 1214; *Pomeranets/Weaver* (2013), 1, 3, 15 f., 17 f.
219   *Meyer/Wagener/Weinhardt* (2015), 177, 179, 194 ff.; *Colliard/Hoffmann* (2016), 16; *Gomber/Haferkorn/Zimmermann* (2016), 313 f., 323 ff., 334.
220   *Gomber/Haferkorn/Zimmermann* (2016), 313 f., 323 ff., 334; vgl. *Meyer/Wagener/Weinhardt* (2015), 177, 179, 194 ff.; *Colliard/Hoffmann* (2016), 16.
221   *Colliard/Hoffmann* (2016), 16.
222   Vorn 224, 232, 241.
223   *Becchetti/Ferrari/Trenta* (2014), 127, 131 f., 139.
224   *Rühl/Stein* (2014), 31 f.
225   Vorn 440 f.
226   Vorn 440 f.
227   Zu den Auswirkungen von Stornierungsgebühren und Order-to-Transaction-Ratios hinten 460 ff., 463 ff.

Zusammenfassend sind Studien rar, die die Effekte reiner Transaktionssteuern auf die Liquidität empirisch untersuchten. Die vorhandenen Studien deuten jedoch erwartungsgemäss auf eine negative Beeinflussung der Liquidität hin. Ob die Beeinträchtigung im Vergleich zur Höhe der Steuer überproportional ausfällt, ist allerdings nicht ersichtlich.

cc)   *Auswirkungen auf den Hochfrequenzhandel*

aaa)   *Aggressive und passive Strategien*

Geringe Transaktionskosten werden gemeinhin als Bedingung für den Hochfrequenzhandel betrachtet.[228] Die Auswirkungen der Transaktionskosten auf den Hochfrequenzhandel hängen jedoch stark davon ab, ob eine aggressive, liquiditätsentziehende oder eine passive Strategie verfolgt wird.[229] So können erhöhte Transaktionskosten dazu führen, dass sich nur noch passive Strategien auszahlen. Namentlich aggressive Arbitragestrategien werden gehemmt, da sich bei höheren Transaktionskosten aufgrund des verbreiterten No-Arbitrage-Bandes weniger Arbitragemöglichkeiten ergeben.[230] Ebenso dürften aggressive direktionale Strategien gehemmt werden, die bei höheren Transaktionskosten eine grössere Preisänderung verlangen, damit sich die Strategie auszahlt. Allerdings kann der Effekt der Transaktionskosten durch Hebelinstrumente stark reduziert werden, soweit diese nicht überproportional besteuert werden.

Passive Hochfrequenzhandelsstrategien dürften demgegenüber stärker durch das Handelsvolumen beeinflusst werden als durch die Transaktionskosten, da die möglichen Gewinne pro Transaktion bei Hochfrequenzhandelsstrategien regelmässig klein sind.[231] Damit sich also Hochfrequenzhandelsstrategien auszahlen, muss ein gewisses Handelsvolumen erreicht werden. Da das Handelsvolumen jedoch von den Transaktionskosten abhängt, sind letztere zumindest indirekt auch für passive Hochfrequenzhandelsstrategien von Bedeutung.

bbb)   *Antizipierende Strategien und manipulative Praktiken*

Die Europäische Kommission erwartet implizit, dass eine Transaktionssteuer antizipierende Strategien von Hochfrequenzhändlern unterbinden kann, wenn sie ausführt:

---

[228] Siehe bspw. *CESR Technical Advice MiFID 2010*, Nr. 202; *EC Regulierungsfolgenabschätzung FTT 2013*, 21; zu den Kosten der Hochfrequenzhändler auch vorn 97.
[229] Vorn 95 ff.
[230] Zum No-Arbitrage-Band vorn 71.
[231] Hierzu vorn 9 f.

> The partial crowding out of ‹spread internalisers› or high frequency traders should also help both pension funds themselves and the vehicles in which they invest to get better deals on financial markets.[232]

Dass sich diese zwei Annahmen der Kommission erfüllen, erscheint allerdings fraglich. Passive Market-Making-Strategien verfolgen Hochfrequenzhändler auch bei einem grösseren Spread und Pensionskassen dürften kaum bessere Preise erhalten. Erstens bezahlt die Pensionskasse die Transaktionssteuern und zweitens dürfte sie der Spread weiterhin kaum angemessen für die mit der Bereitstellung von Liquidität verbundenen Risiken entschädigen, sodass sie den Spread dennoch überqueren und die Market-Maker als Spezialisten entschädigen muss. Da ein negativer Einfluss der Transaktionssteuern auf die Marktliquidität zu erwarten ist, darf auch auf dieser Ebene ein zusätzlicher Anstieg der Transaktionskosten für die Pensionskassen erwartet werden.[233] Immerhin dürfte die Transaktionssteuer die Gefahr reduzieren, dass die verbleibende Liquidität durch aggressive Hochfrequenzhändler konsumiert wird, da sowohl aggressive antizipierende Strategien als auch Pinging-Praktiken verteuert werden. Entdecken Hochfrequenzhändler aber dennoch Grossaufträge oder bemerken sie Preisveränderungen auf den Derivatemärkten, werden sie als Teil ihres Risikomanagements weiterhin ihre Aufträge stornieren. Sind sie hierzu aufgrund der Transaktionssteuern weniger gut in der Lage, tragen sie höhere Risiken und werden daher den Spread verbreitern müssen. Denkbar wäre, dass die Transaktionskosten für institutionelle Investoren weniger stark zunehmen, als es die Steuer befürchten liesse. Gleichzeitig würden dadurch aber die Kleininvestoren geschädigt, da Market-Maker unabhängig vom handelspartnerspezifischen Risiko einen Einheitstarif als Spread verlangen müssen, wenn sie Grossaufträge weniger gut aufspüren können. Im Übrigen fehlen soweit ersichtlich empirische Studien, die die Thesen der Europäischen Kommission stützen würden.

Mit Blick auf manipulative Praktiken dürften Spoofing- und Layeringstrategien gehemmt werden, wenn die Transaktionssteuern auch auf den Derivatemärkten erhoben werden.[234] Zwar könnten diese noch immer zur Verbesserung der Ausführungsqualität angewandt werden; sie dürften sich aber kaum noch unabhängig davon auszahlen. Demgegenüber würden Quote-Stuffing-Strategien zur Verschleierung der eigenen Handelsstrategie sowie Smoking-Strategien durch Transaktionssteuern kaum gehemmt.[235]

---

[232] *EC Regulierungsfolgenabschätzung FTT 2013*, 38.
[233] Vorn 443 f.
[234] Zu Spoofing- und Layering-Praktiken vorn 89 f. und hinten 752 ff.
[235] Zu Quote-Stuffing- und Smoking-Praktiken vorn 90 f.

§ 12 Regulierungsinstrumente

dd)   Aspekte einer Implementierung

aaa)   Steueranknüpfung

Die Umsatzabgabe nach Art. 13 Abs. 1 StG stellt auf den Eigentumsübergang ab. Ist eine Finanztransaktionssteuer gegen den Hochfrequenzhandel gerichtet, so genügt eine Besteuerung des Eigentumsübergangs bei Wertpapieren allerdings nicht. So absurd sich dies anhören mag: Hochfrequenzhändler werden grundsätzlich gar nie Eigentümer von Wertpapieren. Nach der geltenden Praxis werden Bucheffekten jeweils erst am Abend durch Gutschrift der Verwahrungsstelle übertragen (vgl. Art. 24 ff. BEG); Hochfrequenzhändler aber halten Wertpapiere in aller Regel nicht über den Handelstag hinaus.[236] Damit eine Transaktionssteuer auch gegenüber Hochfrequenzhändlern wirksam wäre, müsste sie also entweder auf das Verpflichtungsgeschäft abstellen oder es müsste ein Systemwechsel zur Echtzeitübertragung von Bucheffekten erfolgen.

bbb)   Steuersubjekte

Neben der Frage, ob eine Transaktionssteuer erhoben werden soll, stellt sich die weitere interessante Frage, wem die Transaktionssteuer auferlegt werden soll. Die USA haben hierbei einen interessanten Ansatz gewählt und die Steuern grundsätzlich den Börsen auferlegt (Section 31[b] Securities Exchange Act). Im Sinne der Effizienz erscheint eine solche Methode durchaus geboten, da sich die Adressaten dadurch für den Regulator stark reduzieren. Entsprechend dürfte der Aufwand sowohl für den Staat als auch für die Privaten geringer ausfallen. Die Handelsplätze wiederum können die Gebühren in eine Gesamtrechnung einbeziehen, sodass sich auch die Komplexität für die Marktteilnehmer reduziert. Sofern eine Transaktionssteuer erhoben wird, wären also die Handelsplätze und Betreiber von organisierten Handelssystemen (OTF) sicherlich interessante Steuersubjekte.

Problematisch erscheint mit Blick auf die Besteuerung der Handelsplätze, dass die Schweiz im Gegensatz zur EU keine allgemeine Plattformhandelspflicht kennt, sondern lediglich eine spezifische Pflicht für OTC-Derivate.[237] Existiert keine Plattformhandelspflicht, besteht die Gefahr, dass Transaktionen nicht mehr über Handelsplätze (oder Betreiber von OTF) abgewickelt werden, wenn die Transaktionskosten aufgrund der Steuer dort höher sind. Zwar müssten die Möglichkeiten durch die neuen Handelsplatztypen reduziert worden sein; es kann aber grundsätzlich davon ausgegangen werden, dass Finanzinstitute Systeme implementieren, mit denen sie soweit möglich der Qualifikation als MTF

---

[236]   Vorn 9.
[237]   Zur Plattformhandelspflicht hinten 551.

oder OTF entgehen können. Ausserdem könnten Marktteilnehmer die Steuer allenfalls auch durch die indirekte Beteiligung mittels Fonds umgehen. Würden die Transaktionssteuern also grundsätzlich von den Handelsplätzen (und OTF-Betreiber) erhoben, so müsste zwar der Handel über die Handelsplätze von der Steuer befreit werden, nicht aber der Handel ausserhalb dieser Systeme.

ccc) Regulierungsarbitrage

Schliesslich dürfte offensichtlich sein, dass eine Finanztransaktionssteuer sinnvollerweise nur auf einer internationalen Ebene eingeführt werden kann.[238] Finanzdienstleister und Handelsplätze sind sehr mobil und werden den Steuern daher soweit möglich ausweichen, indem sie entweder in anderen Ländern oder über nicht gleich stark besteuerte Derivatemärkte handeln.[239] Selbst wenn sich eine positive Kosten-Nutzen-Bilanz der Transaktionssteuer in Zukunft noch bewahrheiten sollte, wird das Problem der Regulierungsarbitrage nur schwer vollständig zu beseitigen sein.

ee) Ergebnisse

Trotz der relativ weiten Verbreitung von Transaktionssteuern sind die ökonomischen Auswirkungen derselben noch immer umstritten und weitere ökonomische Analysen erscheinen angezeigt. Die Transaktionssteuer ist grundsätzlich reizvoll, sollte sich bewahrheiten, dass diese wie von *Keynes*, *Tobin*, *Stiglitz* etc. argumentiert tatsächlich Spekulationsblasen verhindert und dadurch Marktrisiken minimiert. Empirische Studien konnten einen solchen Effekt jedoch bis heute nicht nachweisen. Im Gegenteil finden diese Studien nicht nur einen negativen Einfluss der Steuer auf das Handelsvolumen, die Liquidität sowie die Wertpapierpreise; die Mehrheit der Studien deutet auch auf eine Erhöhung der Volatilität hin. Zwar muss die kurzfristige Volatilität nicht zwingend mit der Bildung von langfristigen Spekulationsblasen korrelieren; eine Senkung der Volatilität hätte jedoch zumindest als Indiz dafür betrachtet werden können. Auch lässt die Reduktion der Wertpapierpreise auf die Ankündigung von Transaktionssteuern hin vermuten, dass die Investoren keinen positiven Effekt auf ihre Risiken erwarten.

Mit Blick auf den Hochfrequenzhandel werden durch eine Transaktionssteuer aggressive, liquiditätsentziehende Strategien stärker gehemmt als passive Strategien. Von erheblicher Bedeutung erscheint, dass die Transaktionssteuer das No-Arbitrage-Band vergrössert, sodass sich weniger Arbitragegelegenheiten eröff-

---

238   *Hanke/Huber/Kirchler/Sutter* (2010), 58; auch *EC Regulierungsfolgenabschätzung FTT 2013*, 8 f.; *Foresight HFT Final Report 2012*, 127.
239   Vgl. *EC Regulierungsfolgenabschätzung FTT 2013*, 8 f.

nen. Dadurch werden zwar die Risiken der Bereitsteller von Liquidität reduziert; gleichzeitig wird aber auch die Preisfindungsqualität in einem fragmentierten Markt beeinträchtigt, sodass die Suchkosten der Marktteilnehmer steigen. Aggressive antizipierende Strategien könnten ebenfalls teilweise durch eine Transaktionssteuer unterbunden werden, nicht aber passive antizipierende Strategien. Liquiditätsbereitstellende Hochfrequenzhändler würden also im Rahmen ihres Risikomanagements weiterhin ihre Aufträge stornieren, wenn sie grosse Aufträge ausmachen, die die Kurse beeinflussen. Pinging-Praktiken dürften sich jedoch weniger auszahlen und daher gehemmt werden. Manipulative Praktiken könnten ebenfalls teilweise unterbunden werden. Insbesondere Spoofing- und Layeringstrategien dürften sich je nach Höhe der Steuer kaum noch auszahlen. Demgegenüber wären Quote-Stuffing- und Smoking-Praktiken kaum von einer Transaktionssteuer betroffen. Insgesamt erscheinen daher die Auswirkungen auf die Handelsstrategien teilweise erwünscht. Soweit diese Effekte die Transaktionskosten der institutionellen Investoren tatsächlich im Vergleich zur Steuer unterproportional steigen lassen, wären negative Auswirkungen auf die Transaktionskoten der Kleininvestoren zu erwarten, da Market-Maker unabhängig vom handelspartnerspezifischen Risiko einen Einheitstarif als Spread verlangen müssen, wenn sie Grossaufträge weniger gut aufspüren können.

Immerhin muss auch festgehalten werden, dass jede Steuer Nachteile birgt. Dies gilt insbesondere auch für die Einkommenssteuer, die möglicherweise grössere Fehlanreize bewirkt als eine Transaktionssteuer. Ob Transaktionssteuern im Vergleich zu anderen Steuern trotz grundsätzlich negativen Auswirkungen auf die Marktqualität zu bevorzugen wären, ist allerdings eine offene Frage und bedarf noch einer genaueren Prüfung. Letztlich dürfte die Transaktionssteuer aber vor allem daran scheitern, dass eine internationale Implementierung wenig realistisch erscheint. Die Wirksamkeit der Steuer würde jedoch stark eingeschränkt, wenn sie nicht auf einer internationalen Ebene in harmonisierter Weise eingeführt wird.

Hinsichtlich der Implementierung der Transaktionssteuer wäre von Bedeutung, dass diese beim Verpflichtungsgeschäft und nicht beim Eigentumsübergang anknüpft. Der Grund hierfür liegt darin, dass Hochfrequenzhändler grundsätzlich nie Eigentümer von Wertpapieren werden, weil sie die Wertpapiere in der Regel nicht über Nacht halten. Adressaten der Steuer sollten aus Effizienzgründen grundsätzlich nicht die Marktteilnehmer, sondern die Handelsplätze (und OTF-Betreiber) sein. Aus Arbitragegründen müsste die Steuer aber auch auf Transaktionen erhoben werden, die nicht über einen Handelsplatz (oder ein OTF) abgewickelt werden.

III. Systemische Risiken

c) Ergebnisse

Zusammenfassend existieren verschiedene Instrumente, mit denen Handelsplätze und Regulatoren versuchen, Marktrisiken zu begrenzen. Hierzu zählen Circuit-Breakers im engeren Sinne, Preislimits wie *interval price limits* und *reasonability limits*, *protection points* sowie der Übergang zu einer periodischen Auktion bei erheblichen Preisveränderungen. Keines dieser Instrumente bekämpft die Ursachen des erheblichen Marktdrucks, weshalb die Erwartungen an die Instrumente nicht zu hoch gesetzt werden sollten. Befürworter von Transaktionssteuern argumentieren, die Steuer würde Spekulationsblasen verhindern und dadurch die Ursachen der Marktrisiken bekämpfen. Allerdings deuten die empirischen Erkenntnisse eher auf eine Erhöhung der irrationalen Volatilität hin, sodass kaum Anhaltspunkte vorliegen, die einen solchen Effekt bestätigen würden.

Circuit-Breakers im engeren Sinne und Preislimits wurden bereits von etlichen Ökonomen untersucht. Die Studien haben vor allem die Magnethypothese erhärtet, wonach die Preisschranken einen magnetischen Effekt auf die Effektenkurse ausüben. Demnach würde die Volatilität zumindest in einem ersten Schritt entgegen dem verfolgten Zweck sogar erhöht. Auch konnte bisher nicht allgemein belegt werden, dass zumindest die Handelspause einen beruhigenden Effekt auf den Markt bewirkt. Die Eignung von Circuit-Breakers, die Marktrisiken zu verringern, ist folglich nicht erstellt und daher die Zulässigkeit der Massnahme mit Blick auf Art. 27 i.V.m. Art. 94 und Art. 36 BV fraglich. Immerhin war die Massnahme gemäss dem Bericht von CFTC und SEC zum Flash-Crash an jenem Handelstag in der Lage, einen Liquiditätsengpass zu entschärfen. Ferner erscheinen Preislimits vor allem angezeigt, um irrtümliche Transaktionen zu verhindern sowie um die Risiken der Marktteilnehmer vor solchen Transaktionen zu reduzieren.

Sicherlich sinnvoll sind Massnahmen wie *reasonability limits* und *protection points*, die gegen *fat-finger trades* im engeren Sinne gerichtet sind. Sie wirken damit irrigen Abschlüssen *ex ante* entgegen. Allerdings sollten die Limits nicht zu eng gewählt werden, da von fundamentalen Händlern gestellte Limit-Orders mit einer gewissen Distanz zum Marktpreis die Absorptionsfähigkeit des Marktes in volatilen Zeiten erhöhen können. Ausserdem hat sich gezeigt, dass auch Algorithmen *fat-finger trades* verursachen können. Dies gilt selbst dann, wenn sie Limit-Orders verwenden, sofern Hochfrequenzhändler erkennen, dass ein sehr grosser Auftrag dahintersteht. Von solchen *fat-finger trades* können einige externe Effekte ausgehen, was sich beispielsweise zeigt, wenn Dritte Verträge zu verfälschten Preisen abschliessen. Solche *fat-finger trades* können die Handelsplätze allerdings schlecht verhindern, weshalb sie auf der Ebene der algorithmischen Händler durch maximale Auftragsgrössen unterbunden werden müssen.

§ 12 Regulierungsinstrumente

Ferner hat sich gezeigt, dass eine erhöhte Volatilität regelmässig die Folge fehlender Liquidität ist. Ist keine Liquidität vorhanden, so ist jede Market-Order im weiteren Sinne ein *fat-finger trade*. Zwar können die Folgen durch *protection points* minimiert werden; verwenden viele Händler gleichzeitig Market-Orders, ist der Schutz jedoch begrenzt. In Erwägung gezogen werden könnte daher, dass ein Handelsunterbruch oder eine periodische Auktion nicht etwa durch eine erhöhte Volatilität, sondern durch Liquiditätsparameter ausgelöst wird.

Schliesslich kann die Entschleunigung des Handels die Marktrisiken ebenfalls einschränken, wenn Bereitsteller von Liquidität für die Entscheidung mehr Zeit haben, ob sie dem Markt Liquidität bereitstellen wollen. Ihr Entscheidungsverhalten dürfte durch den Zeitgewinn generell rationaler werden, da Rationalität Zeit kostet und der Geschwindigkeitswettlauf dazu führt, dass auf Rationalität verzichtet werden muss.[240]

4. Liquiditätsrisiken

Nachfolgend werden drei Regulierungsinstrumente betrachtet, die die Reduktion von Liquiditätsrisiken zum Ziel haben: Market-Making-Verpflichtungen, Mindesthaltevorschriften sowie Auftragsstornierungsgebühren.

a) Market-Making-Verpflichtung

aa) Hintergrund

Die Europäische Kommission liess bei der Überprüfung der MiFID verlauten, Hochfrequenzhändler hätten keine Anreize, den Markt kontinuierlich mit Liquidität zu versorgen und müssten daher wie Market-Maker dazu verpflichtet werden.[241] Entsprechend wurde auf europäischer Ebene Wertpapierfirmen, die in Verfolgung einer Market-Making-Strategie algorithmischen Handel betreiben, die Pflicht zur kontinuierlichen Bereitstellung von Liquidität auferlegt (Art. 17 Abs. 3 lit. a MiFID II). Zugleich müssen diese Händler schriftliche Vereinbarungen mit den Handelsplätzen abschliessen (lit. b) und die Bereitstellung von Liquidität durch Systeme und Risikokontrollen sicherstellen (lit. c).[242] Auf schweizerischer Ebene sind in dieser Hinsicht lediglich schriftliche Vereinbarungen mit Teilnehmern vorgesehen, die eine Market-Making-Strategie verfol-

---

[240] Zum Rationalitätsverlust aufgrund des Geschwindigkeitswettlaufs vorn 241 f., 333 f., 359.
[241] *EC Regulierungsfolgenabschätzung MiFID II 2011*, 25, 95; grundsätzlich befürwortend *Haldane* (2011), 13; zu Market-Making-Verpflichtungen bspw. Nr. 5 HR-SIX und Nr. 4 SIX-Weisung 1 (Zulassung von Teilnehmern).
[242] Hierzu im Detail hinten 624 ff.

gen (Art. 30 Abs. 3 FinfraV). Grundsätzlich neu an diesen Market-Making-Verpflichtungen ist, dass sie nicht die Unmittelbarkeit des Handels garantieren sollen, sondern darauf abzielen, Kursstürze wie einen Flash-Crash zu verhindern.[243]

bb)   Analyse der Regulierungsfolgen

aaa)   Generelle Anreize zur Bereitstellung von Liquidität

Bei der Analyse der Regulierungsfolgen erscheint zunächst von Bedeutung, dass Hochfrequenzhändler bisher vor allem auf liquiden Märkten handelten, auf denen die Unmittelbarkeit der Ausführung von Transaktionen in aller Regel gegeben ist.[244] Auf solchen Märkten haben kompetitive Hochfrequenzhändler entgegen der Ansicht der Europäischen Kommission grundsätzlich genügend Anreize, eine Market-Making-Strategie zu verfolgen und dem Markt kontinuierlich Liquidität bereitzustellen. Die Profitabilität hängt vor allem von der Grösse des Spreads sowie der Professionalität des implementierten Risikomanagements ab.[245] Die Bereitstellung von Liquidität ist grundsätzlich auch bei erhöhter Volatilität attraktiv; die Volatilität erhöht aber die mit der Bereitstellung von Liquidität verbundenen Risiken, was die Bereitsteller von Liquidität mit grösseren Spreads abgelten müssen.[246] Zwar können Liquiditätsengpässe in Extremfällen auftreten, wenn Händler aufgrund der erhöhten Volatilität aggressiver handeln oder wenn die vom Risikomanagement vorgebebenen Inventarobergrenzen erreicht werden; der allgemeine Vorwurf von Kritikern, Hochfrequenzhändler würden dem Markt nur in Friedenszeiten Liquidität bereitstellen, nicht aber in Zeiten erhöhter Volatilität,[247] erscheint angesichts der möglichen Profite in Zeiten erhöhter Volatilität durchaus fraglich.[248] Vom Markt ganz zurückziehen werden sich vor allem nicht besonders intelligente automatisierte Market-Maker, nicht aber intelligentere Hochfrequenzhändler. Dennoch sind es vor allem diese Extremsituationen, für die eine Eignung von Market-Making-Verpflichtungen in Betracht gezogen werden kann. Entsprechend ist bei der Analyse der Regulierungsfolgen zwischen einer milden und einer strengen Variante zu unterscheiden.

---

[243]   *UK Regulierungsfolgenanalyse MiFID II 2012*, 40 f.
[244]   Vorn 9, 95 ff.
[245]   Zum Geschäftsmodell des Market-Makings vorn 63 ff.
[246]   Hierzu *UK Regulierungsfolgenanalyse MiFID II 2012*, 41; vorn 258.
[247]   Bspw. *Haldane* (2011), 8 f.; *Aït-Sahalia/Saglam* (2014), 1, 29.
[248]   *Brogaard/Hendershott/Riordan* (2014), 2268; *Brogaard* (2010), 2; *Aldridge* (2013), 152 setzt gerade eine genügende Volatilität voraus für die erfolgreiche Implementierung von Hochfrequenzhandelsstrategien.

bbb) *Milde Variante*

Bei einer milden Variante dürfen Market-Maker risikoadäquate Spreads zu jeder Zeit des Handels verlangen und in ausserordentlichen Situationen davon absehen, dem Markt Liquidität zur Verfügung zu stellen. So ist Art. 17 Abs. 3 lit. a MiFID II ausgestaltet, wonach bei aussergewöhnlichen Umständen wie extremer Volatilität (vgl. Art. 17 Abs. 7 lit. c MiFID II) gerade keine Bereitstellung von Liquidität erfolgen muss. Dies bedeutet jedoch gleichzeitig, dass Market-Making-Verpflichtungen gerade in jenem Fall nicht greifen, für den sie eigentlich konzipiert sind. Eine milde Market-Making-Verpflichtung erscheint daher weder geeignet noch erforderlich zur Reduktion der Liquiditätsrisiken.[249]

Ausserdem kann die Verpflichtung zur Bereitstellung von Liquidität nicht geeignet sein, Liquiditätsrisiken zu minimieren, wenn nicht gleichzeitig ein maximaler Spread festgelegt wird oder zumindest eine prozentuale Zeitdauer, zu der ein Market-Maker dem Markt Liquidität zu den besten Preisen zur Verfügung stellen muss.[250] Besonders deutlich zeigte sich dies während des Flash-Crashs vom 6. Mai 2010, als Aufträge zu irrationalen Preisen wie einem Penny – im Vergleich zu USD 40 zum Börsenstart – und USD 100 000 ausgeführt wurden.[251] Verantwortlich dafür waren sogenannte *stub quotes*, die Market-Maker (oder Handelsplätze) weit vom Marktpreis entfernt setzen, um ihre Verpflichtung zur kontinuierlichen Setzung von zweiseitigen Quotes zu erfüllen.[252]

ccc) *Strenge Variante*

Bei der strengen Variante würden Händler auch in absoluten Extremsituationen zur zweiseitigen Bereitstellung von Liquidität zu kleinen Spreads verpflichtet. Da Liquiditätsprobleme auf grundsätzlich liquiden Märkten ausser in Extremsituationen kaum auftreten, erscheint nur eine strenge Variante potenziell geeignet, Liquiditätsrisiken zu minimieren. Gerade in diesen Extremsituationen existiert jedoch ein bedeutender Grund, weshalb die Liquidität nicht bereitgestellt wird. Die mit der Bereitstellung von Liquidität verbundenen Risiken können zu gross werden, was für traditionelle wie für zeitgenössische Market-Maker gleichermassen gilt. Rational handeln Market-Maker abgesehen von absoluten Extremsituationen grundsätzlich dann, wenn sie auf das mit der erhöhten Volatilität verbundene erhöhte Risiko mit grösseren Spreads reagieren. Eine solche Anpassung der Spreads wäre bei einer sehr strengen Variante allerdings nicht

---

[249] Siehe *UK Regulierungsfolgenanalyse MiFID II 2012*, 41, wonach eine solch reduzierte Market-Making-Verpflichtung sehr limitierte Auswirkungen auf den Markt hätte.
[250] Vgl. *D. Weaver* (2012), 12 f.
[251] *Joint Report «Flash Crash» 2010*, 5.
[252] *Joint Report «Flash Crash» 2010*, 5; zur detaillierten europäischen Regelung hinten 624 ff.

III. Systemische Risiken

möglich, sodass risikoadäquate Spreads nicht möglich wären und das Market-Making in solchen Zeiten erhebliche Verluste generieren würde.

Von Wertpapierfirmen – beziehungsweise Effektenhändlern nach schweizerischem Recht – wird gerade ein funktionierendes Risikomanagement erwartet, was diese allenfalls daran hindert, Liquidität in Zeiten extremer Volatilität bereitzustellen.[253] Die nicht mit dem Risikomanagement vereinbare Verpflichtung zur Bereitstellung von Liquidität mag Liquiditätsrisiken verringern, sie erhöht aber gleichzeitig die Gegenparteirisiken und könnte so die Widerstandskraft des Gesamtsystems minimieren.[254] Ausserdem müssen Market-Maker das erhöhte Risiko bei Extremsituationen mit grösseren Spreads zu Friedenszeiten kompensieren, sodass die Liquidität generell reduziert würde.[255] Möglicherweise würden ferner Händler vom Markt verdrängt, die auf die Bereitstellung von Liquidität in besonderen Marktsituationen spezialisiert sind.[256]

Eine strengere Ausgestaltung der Market-Making-Verpflichtung wäre ausserdem nicht unbedingt geeignet, die Liquidität in Zeiten erhöhter Unsicherheit zu verbessern. Identifizieren Marktteilnehmer einen Marktdruck, so werden es in erster Linie Hochfrequenzhändler sein, die aufgrund der Verpflichtung fehlplatzierte Quotes konsumieren. Ob die übrigen Marktteilnehmer von einer erhöhten Liquidität profitieren könnten, erscheint daher äusserst fraglich. Im Übrigen verhalten sich Märkte bei neuen Informationen immer stärker sprunghaft und nicht etwa kontinuierlich, was auf die rationalere Preisfindung zurückzuführen ist.[257]

ddd) *Wettbewerb bei der Liquiditätsbereitstellung*

Schliesslich kann auch die Frage aufgeworfen werden, weshalb nicht jeder Händler mit Market-Makern bei der Bereitstellung von Liquidität konkurrieren können soll. Die Einschränkung des Market-Maker-Feldes erinnert an das Market-Maker-Kartell bei Nasdaq in den 1990er Jahren, als noch nicht alle Händler

---

[253] Zu den Vorschriften des Risikomanagements hinten 559 ff., 610 ff.
[254] Siehe *UK Regulierungsfolgenanalyse MiFID II 2012*, 41, wo festgehalten wird: «*Making the market under adverse market conditions can involve significant risks and could result in the bankruptcy of the trading firm.*»
[255] Vgl. *UK Regulierungsfolgenanalyse MiFID II 2012*, 41 f., wo allerdings auf diesen Zusammenhang nicht explizit hingewiesen wird.
[256] Die zweite Gefahr erkannte auch die *EC Regulierungsfolgenabschätzung MiFID II 2011*, 128, wenn sie ausführte: «*A disatvantage could be that high frequency traders may refrain from participating in the markets as they would not want to take on liquidity provision obligations, especially in adverse market conditions.*»; siehe auch *UK Regulierungsfolgenanalyse MiFID II 2012*, 41.
[257] Hierzu vorn 70, 259.

mit diesen konkurrieren konnten und die Market-Maker dies zu ihren Gunsten ausnutzten, indem sie vereinbarten, keine ungeraden Achtel von Dollars zu verwenden – damals betrug die Tick-Size noch einen Achtel von einem Dollar.[258] Im Rahmen einer Class-Action erklärten sich in der Folge 30 Wertpapierfirmen zur Bezahlung einer Rekordsumme von USD 910 Mio. bereit.[259] Der Blick auf die Geschichte lässt jede Einschränkung der Konkurrenz bei der Bereitstellung von Liquidität aufgrund der Gefahr der Schaffung oligopolistischer Strukturen kritisch erscheinen.

cc)   *Ergebnis*

Market-Making-Verpflichtungen sind bei einer milden Ausgestaltung von vornherein ungeeignet, die Liquiditätsrisiken zu senken. Insgesamt dürften die Auswirkungen auf die Marktqualität allerdings gering sein. Selbst bei einer strengen Ausgestaltung der Market-Making-Verpflichtungen erscheint fraglich, ob der allgemeine Markt von der Bereitstellung von Liquidität in Extremsituationen profitieren würde, da den Investoren in der Regel Hochfrequenzhändler zuvorkommen dürften, die die Liquidität bei einem grossen Marktdruck vorabkonsumieren und den Preis damit zum Marktstimmungsequilibrium hintreiben. Sicherlich aber würden die Risiken der Bereitsteller von Liquidität dadurch stark ansteigen, was nicht mit dem erklärten Regulierungsziel der Widerstandskraft der Marktteilnehmer zu vereinbaren ist, wird doch von Wertpapierfirmen (bzw. Effektenhändlern), Banken und Anlagefonds ein adäquates Risikomanagement verlangt. Schliesslich bergen die Market-Making-Verpflichtungen mit Blick auf den Wettbewerb zwischen Bereitstellern von Liquidität auch das Risiko, dass oligopolistische Strukturen geschaffen werden, die sich nachteilig auf die Marktqualität auswirken.

Market-Making-Verpflichtungen sind daher für grundsätzlich liquide Märkte, auf denen die Unmittelbarkeit in aller Regel gewährleistet ist, abzulehnen. In der Schweiz dürften sie gegen Art. 27 i.V.m. Art. 94 und Art. 36 BV verstossen, da keine Eignung nachgewiesen werden kann, dass sie ein Regulierungsziel erfüllen. Die Verpflichtung zu Market-Making-Vereinbarungen gemäss Art. 30 Abs. 3 Satz 1 FinfraV dürfte folglich unbeachtlich sein.

---

[258]   Hierzu *The Economist* (1998).
[259]   *The Economist* (1998).

b) Mindesthaltedauer

aa) Hintergrund

Als Mindesthaltedauer (*minimum resting time*; *time-in-force*; *minimum quoting life*; MQL) wird eine Regelung bezeichnet, wonach Aufträge für eine bestimmte Dauer gehalten werden müssen, bevor sie storniert werden können.[260] Verschiedene Handelsplattformen haben von sich aus eine solche Regelung eingeführt. Die Devisenhandelsplattform der *Electronic Broking Services* (EBS) implementierte im Juni 2009 eine Mindesthaltedauer von 250 Millisekunden für den Euro-Dollar-Handel.[261] Thomson Reuters folgte mit einer analogen Regelung für den Devisenhandel und an der Eurex müssen gewöhnliche Market-Maker (*Regular Market Maker*; RMM) Angebote auf Quote-Anfragen bei gewissen Optionsgeschäften während mindestens 10 Sekunden halten.[262] Bei der Ausarbeitung der MiFID II wurde die Einführung einer Mindesthaltedauer von Aufträgen ins Auge gefasst, aber letztlich zugunsten der Mindest-Order-to-Transaction-Ratios verworfen.[263]

bb) Folgen für die Liquidität

Eine Mindesthaltedauer führt in erster Linie dazu, dass sich Bereitsteller von Liquidität erhöhten Informationsrisiken (*adverse selection costs*) ausgesetzt sehen, da sie die Aufträge bei Veränderung der Informationslage während der Mindesthaltedauer nicht stornieren können.[264] Zwar dürfte das Mitteilungsaufkommen sinken, was die Auftragsverarbeitungskosten (*order processing costs*; auch Monitoring-Kosten) reduziert, die ebenfalls eine Spread-Komponente ausmachen.[265] Gleichzeitig erhöht eine Mindesthaltedauer aber auch die Komplexität der Bereitstellung von Liquidität, sodass die Auswirkungen auf die Auftragsverarbei-

---

[260] Bspw. *UK Regulierungsfolgenanalyse MiFID II 2012*, 49; auch *EC Review MiFID 2010*, Nr. 2.3 lit. f (16); *Aït-Sahalia/Saglam* (2014), 33.
[261] Hierzu *Chaboud/Hjalmarsson/Vega* (2015), 1.
[262] Siehe *Thomson Reuters Medienmitteilung «Market Data Frequency» 2015*; *Eurex Market-Making-Programme 2015*, 2; Eurex-RS 231/15 vom 23. Dezember 2015, Attachment 2, 1, abrufbar unter www.eurexchange.com.
[263] *EC Review MiFID 2010*, 16; *EC Regulierungsfolgenabschätzung MiFID II 2011*, 25, 38, 128.
[264] Dies gilt vor allem für neue Handelsinformationen, aber auch für neue fundamentale Informationen; siehe *Farmer/Skouras* (2012a), 16 f.; vgl. *Brogaard* (2011), 11.
[265] Vgl. *Farmer/Skouras* (2012a), 15 f.; *UK Regulierungsfolgenanalyse MiFID II 2012*, 50, wonach die hohen Stornierungsraten viel Noise produzieren würden; zur Senkung des Mitteilungsaufkommens auch *Brogaard* (2011), 10; zu den Auftragsverarbeitungskosten und allgemein zu den Spreadkomponenten vorn 63 f., 227 ff.

tungs- und Rationalitätskosten insgesamt gering ausfallen dürften. Dies gilt umso mehr, als diese Kosten durch die Digitalisierung ohnehin stark minimiert werden konnten. Insgesamt ist daher davon auszugehen, dass die Erhöhung des Informationsrisikos klar überwiegt.

Das erhöhte Risiko für Bereitsteller von Liquidität wirkt sich wie im Kapitel 3 (Handelsstrategien) dargelegt direkt negativ auf die Spreads sowie die Markttiefe aus.[266] Leidtragende der verminderten Marktqualität sind in erster Linie die Investoren, die den Spread überqueren müssen und daher höhere Transaktionskosten tragen.[267] Zur Überquerung des Spreads sind grundsätzlich sämtliche Investoren verpflichtet, da sie der Spread nicht ausreichend für die mit der Bereitstellung von Liquidität verbundenen Risiken entschädigen dürfte.[268] Demgegenüber eröffnen sich zusätzliche Arbitragemöglichkeiten, sodass auf aggressive Handelsstrategien spezialisierte Hochfrequenzhändler von einer Mindesthaltedauer profitieren.[269] Das *UK Government Office for Science* schätzt, dass die mit einer Mindesthaltedauer verbundenen zusätzlichen Kosten der Unmittelbarkeit eher in den Milliarden als in den Millionen liegt.[270]

cc) *Liquiditätsrisiken*

Die Beeinträchtigung der Liquidität in Friedenszeiten wäre allenfalls in Kauf zu nehmen, wenn dadurch die Gefahr von Liquiditätskrisen vermindert und die Widerstandskraft der Märkte gesteigert würde.[271] Ein solcher Effekt wird namhaft mit der Begründung vertreten, dass Bereitsteller von Liquidität ihre Aufträge nicht gleich schnell stornieren könnten.[272] Die Liquidität wäre demnach grundsätzlich teurer, dafür aber beständiger, sodass eine Mindesthaltedauer ähnlich wirken würde wie ein antizyklischer Kapitalpuffer.[273]

---

[266] *Farmer/Skouras* (2012a), 16; für Spreads und generell für die Liquidität auch *Haldane* (2011), 14; *UK Regulierungsfolgenanalyse MiFID II 2012*, 62, *Weller* (2013), 24 und *Bernales* (2014), 43; demgegenüber finden *Rojček/Ziegler* (2016), 18 f. zwar einen negativen Einfluss auf die Markttiefe, dafür aber einen positiven Einfluss auf die Spreads; grundsätzlich einen positiven Einfluss auf die Liquidität finden *Aït-Sahalia/Saglam* (2014), 34 f., allerdings nicht bei erhöhter Volatilität; zum Verhältnis zwischen Market-Making-Risiken und Spread vorn 63 ff.
[267] Für Retail-Investoren *Farmer/Skouras* (2012a), 17.
[268] Hierzu vorn 315 ff.
[269] So auch *Farmer/Skouras* (2012a), 16 f.
[270] *UK Regulierungsfolgenanalyse MiFID II 2012*, 63.
[271] So *Aït-Sahalia/Saglam* (2014), 29; *Haldane* (2011), 14; ähnlich *Brogaard* (2011), 10, allerdings stark relativierend.
[272] In diesem Sinne *Haldane* (2011), 14.
[273] *Haldane* (2011), 14; zum Vergleich mit dem antizyklischen Kapitalpuffer *Aït-Sahalia/Saglam* (2014), 29; siehe auch *UK Regulierungsfolgenanalyse MiFID II 2012*, 50

Einiges spricht allerdings gegen eine verbesserte Liquidität in Krisenzeiten. Erstens könnten Liquiditätskrisen gerade begünstigt werden, wenn generell weniger Liquidität bereitgestellt wird.[274] Zweitens dürfte die Bereitschaft der Handelsteilnehmer sinken, dem Markt bei erhöhter Volatilität Liquidität bereitzustellen, da die Wahrscheinlichkeit einer Fehlplatzierung der Aufträge mit der Volatilität steigt.[275] *Chaboud/Hjalmarsson/Vega* (2015) bestätigten dies empirisch.[276] Drittens dürften fehlplatzierte Aufträge wie bereits erwähnt in erster Linie nicht etwa von langsamen Investoren, sondern von anderen Hochfrequenzhändlern aufgelesen werden. Denkbar ist auch, dass ein Hochfrequenzhändler selbst seine *Stale Quotes* durch Market-Orders aufliest. Zwar sollte einem solchen Verhalten ein manipulativer Charakter abgesprochen werden, da die Kurse lediglich zum Equilibrium von Angebot und Nachfrage hintreibt;[277] der *ratio legis* dürfte es dennoch widersprechen. Wird aber verhindert, dass Hochfrequenzhändler mit sich selbst kontrahieren, so werden sie noch immer gegenseitig ihre fehlplatzierten Aufträge auflesen. Insgesamt erscheint daher unwahrscheinlich, dass die Investoren von einer verbesserten Liquidität in Krisenzeiten profitieren. Ebenso unwahrscheinlich ist, dass sich die Renditen langsamer Spekulanten durch eine Mindesthaltedauer erhöhen.[278]

Immerhin dürfte eine Mindesthaltedauer einen Einfluss auf elektronische Frontrunning-Strategien haben. Antizipierende Verhaltensweisen durch Bereitsteller von Liquidität werden erschwert, da diese ihre Aufträge nur eingeschränkt stornieren können.[279] Insofern erscheint teilweise richtig, dass Market-Orders bei Implementierung einer Mindesthaltedauer weniger ins Leere greifen.[280] Dies gilt zumindest dann, wenn die Transaktionskosten so hoch sind, dass sich antizipierende Strategien durch liquiditätsentziehende Hochfrequenzhändler nicht auszahlen.[281] Sind die Transaktionskosten demgegenüber sehr niedrig, dürfte die Mindesthaltedauer bewirken, dass lediglich die eher erwünschte Form des elektronischen Frontrunnings durch Market-Maker verhindert wird, nicht aber die eher unerwünschte Form durch aggressive Hochfrequenzhändler. In diesem Zu-

---

[274] Ähnlich *Brogaard* (2011), 11 f.
[275] *Brogaard* (2011), 11 f.; *Aït-Sahalia/Saglam* (2014), 35.
[276] *Chaboud/Hjalmarsson/Vega* (2015); siehe auch *Aït-Sahalia/Saglam* (2016), 34.
[277] Vor allem der Transaktionstatbestand der Kursmanipulation erscheint problematisch, da der Straftatbestand das Tatbestandsmerkmal des falschen oder irreführenden Signals nicht ausdrücklich kennt; zur Marktmanipulation im Detail hinten 721 ff.
[278] Anders *Rojček/Ziegler* (2016), 18 f.
[279] Zum elektronischen Frontrunning vorn 76 ff.
[280] So *Farmer/Skouras* (2012a), 16; *Brogaard* (2011), 9; vgl. UK Regulierungsfolgenanalyse MiFID II 2012, 50.
[281] Auf gehebelten Märkten sind sie natürlich auch bei höheren Transaktionskosten noch möglich.

sammenhang sei daran erinnert, dass Bereitsteller von Liquidität durch antizipierende Strategien ihre Risiken minimieren können, sodass sie die Liquidität zu grundsätzlich günstigeren Konditionen anbieten können, wovon zumindest die kleinen Investoren profitieren müssten.[282]

dd)   Operationelle Risiken und Marktintegrität

Die Europäische Kommission konzentrierte sich bei der Prüfung der Mindesthaltedauer als Regulierungsinstrument nicht primär auf Liquiditätsrisiken, sondern auf operationelle Risiken und Marktintegritätsrisiken. Als Vorteile einer Mindesthaltedauer bezeichnete sie entsprechend eine Verringerung der Spannungen für IT-Systeme von Marktbetreibern, eine Reduktion des Risikos von Marktstörungen und eine Steigerung der Marktintegrität.[283] Die Mindesthaltedauer wäre demnach vor allem auf Pinging-Praktiken gerichtet gewesen, wobei die Kommission aber – anders als später die Esma – offen liess, ob es sich hierbei um manipulative Praktiken handelte.[284]

Mit Blick auf die Marktintegrität wirkt sich eine Mindesthaltedauer tatsächlich positiv auf verschiedene marktmissbräuchliche Praktiken aus. Dies gilt insbesondere für Smoking-Praktiken. Als Smoking wird die im Kapitel 3 (Handelsstrategien) erläuterte Praktik bezeichnet, bei der Hochfrequenzhändler zunächst verlockende Limit-Orders platzieren, um andere Händler zum Auslösen von Market-Orders zu verleiten.[285] In der Folge werden die Aufträge storniert, sodass die Market-Orders von automatisierten Ausführungsprogrammen auf früher zu einem schlechteren Preis gesetzte Limit-Orders treffen.[286] Solche Smoking-Praktiken würden durch eine ausreichend lange Mindesthaltedauer zumindest auf der Ebene der Ausführungsalgorithmen unterbunden. Darüber hinaus würde eine Mindesthaltedauer auch die mit Quote-Stuffing- sowie Spoofing- und Layering-Praktiken verbundenen Risiken erhöhen.[287]

---

[282]   Vorn 76 ff.
[283]   *EC Regulierungsfolgenabschätzung MiFID II 2011*, 38, 128; siehe auch *UK Regulierungsfolgenanalyse MiFID II 2012*, 50 f., wo allerdings die Erforderlichkeit einer Regulierung der operationellen Risiken infrage gestellt wird; *Farmer/Skouras* (2012a), 3.
[284]   Siehe *EC Regulierungsfolgenabschätzung MiFID II 2011*, 128; zur Frage, ob Pinging-Praktiken unter das Verbot der Marktmanipulation fallen, hinten 767 ff., 846 f.
[285]   *Biais/Woolley* (2011), 8; *Biais/Woolley* (2012), 34; *Lu* (2012), 20; vorn 91.
[286]   *Lu* (2012), 20; vgl. *Biais/Woolley* (2011), 8.
[287]   Siehe *UK Regulierungsfolgenanalyse MiFID II 2012*, 50, wo von einem eher begrenzten Einfluss einer Mindesthaltedauer ausgegangen wird; zur Erschwerung von Spoofing- und Layering-Strategien auch *Farmer/Skouras* (2012a), 16; zum Quote-Stuffing *Bernales* (2014), 43; zur Definition dieser Strategien vorn 89 f.; zur marktmissbräuchlichen Erfassung hinten 752 ff.

Der Einfluss auf antizipierende Strategien wurde aufgrund des engen Konnexes zur Liquidität bereits teilweise vorn erläutert.[288] Ergänzend ist festzuhalten, dass sich eine Mindesthaltedauer auf Ping Orders auswirkt, die bei antizipierenden Phishing-Strategien in Dark Pools verwendet werden.[289] Als Ping Orders werden, wie ebenfalls im Kapitel 3 erläutert, kleine Aufträge bezeichnet, die gesetzt werden, um nicht angezeigte Grossaufträge aufzuspüren.[290] Eine solche Praxis wird durch eine Mindesthaltedauer ebenfalls praktisch unterbunden, da sich die Risiken stark erhöhen, wenn Ping Orders nicht sofort wieder gelöscht werden können.[291] Den Effekt mögen Grossinvestoren begrüssen; zugleich würden aber auch unkontroverse Formen der Liquidity-Detection unterbunden.[292]

Die Europäische Kommission betrachtete die Folgen für die einzelnen Strategien nicht im Detail, kam aber anders als bei der Einführung einer minimalen Order-to-Transaction-Ratio zum Schluss, dass die Nachteile gegenüber den Vorteilen überwiegen.[293] Als Nachteile berücksichtigte sie dabei Opportunitätskosten für Hochfrequenzhändler, die ihre Aufträge länger halten müssen, die Schwierigkeit bei der Bestimmung der Dauer und schliesslich vor allem den negativen Einfluss auf die Markteffizienz sowie die Liquidität.[294]

ee) *Geschwindigkeitswettlauf*

Teilweise wird die Ansicht vertreten, durch eine Mindesthaltedauer könne auch der Geschwindigkeitswettlauf entschärft werden.[295] Damit verbunden wird vertreten, das geringere Mitteilungsaufkommen führe zu einer rationaleren Entscheidungsfindung.[296] Diese Annahmen dürften einer empirischen Prüfung allerdings kaum standhalten. Zwar bewirkt eine Mindesthaltedauer, dass Bereitsteller von Liquidität den Geschwindigkeitswettlauf gegen Liquiditätsentzieher nicht gewinnen können; dies bedeutet aber auch, dass liquiditätsentziehende Arbitragestrategien dadurch attraktiver werden und sich der Geschwindigkeitswettlauf zwischen aggressiven Hochfrequenzhändlern verschärft.[297]

---

288 Vorn 457 ff.
289 Vorn 82 ff. und hinten 767 ff., 846 f.
290 *Esma Leitlinien «Systeme und Kontrollen» 2012*, 21; *Clark-Joseph* (2013); *X. F. Zhang* (2010), 9; *Brown* (2010), 113; vorn 82 ff.
291 Vgl. *UK Regulierungsfolgenanalyse MiFID II 2012*, 12, 66 f.
292 Zur Liquidity-Detection vorn 82 ff.
293 *EC Regulierungsfolgenabschätzung MiFID II 2011*, 38, 128; zur ökonomischen Würdigung siehe auch *UK Regulierungsfolgenanalyse MiFID II 2012*, 49 ff.
294 *EC Regulierungsfolgenabschätzung MiFID II 2011*, 38, 128.
295 Siehe *Haldane* (2011), 14; vgl. *Farmer/Skouras* (2012a), 3.
296 So *Farmer/Skouras* (2012a), 16.
297 So grundsätzlich auch *European Financial Stability Report 2013*, 138.

ff)   Ergebnis

Insgesamt dürften die Nachteile einer Mindesthaltedauer gegenüber den Vorteilen überwiegen. Zwar ist ein positiver Effekt auf die operationellen Risiken der Handelsplätze plausibel und gewisse manipulative Praktiken könnten unterbunden oder zumindest erschwert werden; gleichzeitig dürfte die Mindesthaltedauer aber auch die Transaktionskosten der Investoren erhöhen und Liquiditätskrisen eher begünstigen als hemmen. Profiteure einer Mindesthaltedauer wären in erster Linie Hochfrequenzhändler, die aggressive Strategien verfolgen, sodass letztlich Kapital von Investoren über die Mittelsmänner zu aggressiven Hochfrequenzhändlern hin transferiert würde. Ferner wird auch der Geschwindigkeitswettlauf nicht etwa unterbunden, sondern aufgrund der erhöhten Attraktivität von aggressiven Strategien zwischen aggressiven Hochfrequenzhändlern eher verschärft. Schliesslich wäre die Implementierung von Stornierungsgebühren während einer Mindestdauer ein milderes Mittel im Vergleich zu einem Verbot von Stornierungen.[298]

c)   Stornierungsgebühren

Hillary Clinton liess im Wahlkampf verlauten, sie wolle Handelsstrategien besteuern, die stark auf Stornierungen von Aufträgen beruhen.[299] Die Auswirkungen von Stornierungsgebühren sind denjenigen einer Mindesthaltedauer grundsätzlich ähnlich. Das Mitteilungsaufkommen und damit auch die operationellen Risiken der Handelsplätze dürften sinken, dafür aber das Informationsrisiko (*adverse selection risk*) steigen, dem sich Bereitsteller von Liquidität ausgesetzt sehen.[300] Das erhöhte Informationsrisiko lässt einen negativen Einfluss auf die Spreads sowie die Markttiefe erwarten, was *Malinova/Park/Riordan* (2013) empirisch bestätigten.[301] Mehr noch als bei einer Mindesthaltedauer ist ein negativer Einfluss auf die Markttiefe zu befürchten, da Händler weniger Aufträge weit

---

[298] Vgl. *Farmer/Skouras* (2012a), 17.
[299] *Hillary Clinton* gemäss *Epstein* (2015).
[300] Zum Informationsrisiko vorn 63 ff., 227 f., 299 ff.
[301] *Malinova/Park/Riordan* (2013), 3, 7, 18 ff., 25; theoretisch finden *Rojček/Ziegler* (2016), 19 einen negativen Effekt für die Markttiefe sowie grundsätzlich auch für quotierte und effektive Spreads, wobei sie dort allerdings zwischen der symmetrischen Information und der asymmetrischen Information unterscheiden; *Bernales* (2014), 43 ff. findet einen negativen Einfluss auf die quotierten und effektiven Spreads, teilweise aber auch positive Effekte; *Friedrich/Payne* (2015), 222 finden empirisch für Order-to-Transaction-Ratios (OTRs) einen negativen Effekt für die Markttiefe; die Auswirkungen von Stornierungsgebühren dürften ähnlich sein; positive Effekte in Friedenszeiten finden *Aït-Sahalia/Saglam* (2014), 37, nicht aber bei erhöhter Volatilität.

entfernt vom Marktpreis setzen dürften.³⁰² Bei weit entfernten Limit-Orders ist die Ausführungswahrscheinlichkeit gering und damit die Wahrscheinlichkeit gross, dass sie bei Ankunft neuer Informationen fehlplatziert sein werden. Die potenziellen Kosten dürften im Vergleich zu den potenziellen Gewinnen bei weiter entfernten Limit-Orders überwiegen, wenn eine Stornierungsgebühr erhoben wird, sodass weniger solche Aufträge gesetzt werden und Händler durch Market-Orders den Preis stärker beeinflussen.³⁰³ *Rojček/Ziegler* (2016) nahmen einen Wohlfahrtsverlust selbst für den Fall an, dass die Gebühr unberücksichtigt bleibt beziehungsweise an die Händler ausgeschüttet wird.³⁰⁴ Hohe Stornierungsgebühren könnten das Market-Making sehr stark behindern. Auch dürften Liquiditätskrisen kaum gehemmt werden, da bei Stornierungsgebühren generell weniger Liquidität bereitgestellt wird und die Bereitschaft zur Bereitstellung von Liquidität bei erhöhter Volatilität zusätzlich sinken dürfte.³⁰⁵ Zugleich ist eine Beeinträchtigung der Preisfindungsqualität aufgrund der geringeren Markttiefe anzunehmen.³⁰⁶

Die Auswirkungen von Stornierungsgebühren auf manipulative Praktiken sind denjenigen einer Mindesthaltedauer ähnlich, aber nicht ganz identisch. Smoking-Praktiken werden durch Stornierungsgebühren nicht zwingend unterbunden, dafür aber teurer, sodass sie sich je nach Höhe der Stornierungsgebühr ebenfalls nicht mehr auszahlen dürften. Effektiver unterbindet eine Stornierungsgebühr dafür Quote-Stuffing- sowie Spoofing- und Layering-Praktiken, die durch eine grosse Anzahl Stornierungen gekennzeichnet sind. Die Auswirkungen auf die antizipierenden Strategien dürften mit denjenigen der Mindesthaltedauer grundsätzlich identisch sein. Antizipierende Strategien durch Bereitsteller von Liquidität werden weitgehend unterbunden, dafür aber antizipierende Strategien durch aggressive Hochfrequenzhändler begünstigt.

Im Übrigen hängen die Auswirkungen von Stornierungsgebühren wesentlich von der Höhe der Transaktionskosten ab. Sind die Stornierungsgebühren höher als die Transaktionskosten, dürfte sich das Auflesen fehlplatzierter Aufträge eher auszahlen als die Stornierung der Aufträge. Händler könnten ihre eigenen Limit-Orders so durch eine Transaktion löschen. Eine Stornierung ist demgegenüber zu erwarten, wenn die Transaktionskosten höher sind als die Stornierungsgebühren.

---

302 So auch *Aït-Sahalia/Saglam* (2016), 34.
303 Vgl. *Friedrich/Payne* (2015), 222 f.; siehe auch *Malinova/Park/Riordan* (2013), 19 f., wonach die Beeinflussung des Preises (*price impact*) um 0.8 Basispunkte stieg.
304 *Rojček/Ziegler* (2016), 19 f.
305 Vgl. *Aït-Sahalia/Saglam* (2016), 34; dieselben (2014), 35 ff.; siehe auch *Foucault* (1999), 122; *Copeland/Galai* (1983), 1468.
306 *Rojček/Ziegler* (2016), 19.

Insgesamt dürften auch bei Stornierungsgebühren aus denselben Gründen wie bei der Mindesthaltedauer die Nachteile gegenüber den Vorteilen überwiegen. In Erwägung gezogen werden könnte allenfalls eine Stornierungsgebühr auf Aufträge die sehr schnell storniert werden oder aber auf Aufträge nach Unterschreitung einer bestimmten Order-to-Transaction-Ratio. Aus den bei der Mindesthaltedauer angeführten sowie den bei der Order-to-Transaction-Ratio folgenden Gründen ist jedoch auch in dieser Hinsicht fraglich, ob die Vorteile einer Stornierungsgebühr gegenüber den Nachteilen überwiegen könnten.[307]

d) Ergebnis und Alternativvorschlag

In diesem Abschnitt wurden Market-Making-Verpflichtungen, Mindesthaltevorschriften sowie Stornierungsgebühren als Massnahmen gegen Liquiditätsrisiken geprüft. Zwar können die zwei letztgenannten Instrumente einzelne missbräuchliche Praktiken verhindern; insgesamt fällt die Regulierungsfolgenanalyse jedoch negativ aus und dies insbesondere mit Blick auf das eigentliche Ziel der Reduktion von Liquiditätsrisiken. Der Grund hierfür liegt hauptsächlich darin, dass durch die Massnahmen die Risiken der Bereitsteller von Liquidität erhöht werden, sodass sie gerade bei erhöhter Unsicherheit dem Markt weniger Liquidität bereitstellen. Die Massnahmen erscheinen daher nicht nur unnütz, sondern kontraproduktiv. Diese Erkenntnis ist jedoch für mögliche Massnahmen insofern wertvoll, als sie impliziert, dass zur Minimierung von Liquiditätsrisiken genau das Gegenteil getan werden sollte.

Als Gegenteil einer Mindesthaltevorschrift kann eine Verzögerung der Market-Orders betrachtet werden, wie sie im Abschnitt II.1 (Geschwindigkeitswettlauf und Informationsasymmetrien) vorgeschlagen wurde. Durch diese Verzögerung haben die Bereitsteller von Liquidität mehr Zeit, eine rationale Entscheidung hinsichtlich der fundamentalen Werte zu treffen, sodass sich eher ausreichend Liquidität für die Absorption des Marktdrucks finden lässt. Zugleich sehen sich die Händler geringeren Informationsrisiken ausgesetzt. Einen ähnlichen Zweck erfüllt auch der im vorangehenden Abschnitt erwähnte Vorschlag, wonach bei extremer Volatilität ein Übergang zu einer periodischen Call-Auction stattfinden sollte. Insgesamt erscheinen damit dieselben Massnahmen gegen Markt- und Liquiditätsrisiken erfolgsversprechend, die auch den Geschwindigkeitswettlauf und die Informationsasymmetrien minimieren.

---

[307] Zur Analyse von Order-to-Transaction-Ratios hinten 463 ff.

5. Marktintegritätsrisiken

Nachfolgend werden mit Blick auf Marktintegritätsrisiken die folgenden Regulierungsinstrumente geprüft: Order-to-Transaction-Ratios, eine Mindest-Tick-Size, ein Verbot von Flash-Orders sowie Informationspflichten hinsichtlich der algorithmischen Handelstätigkeit.

a) Order-to-Transaction-Ratio

aa) Hintergrund

Als Order-to-Transaction-Ratio (OTR; auch *order-to-executed-transaction ratio*, *order-to-trade ratio* oder *order-to-execution ratio*) wird das Verhältnis zwischen der Gesamtzahl der unterbreiteten Aufträge zur Anzahl ausgeführter Aufträge bezeichnet.[308] Hochfrequenzhändler weisen regelmässig eine sehr hohe Order-to-Transaction-Ratio auf, wodurch sie bei Marktbeobachtern und Regulatoren Misstrauen erweckten, die diese hohen Ratios teilweise direkt mit manipulativen oder zumindest fragwürdigen Praktiken in Verbindung brachten.[309] Auch warfen einige Exponenten Hochfrequenzhändlern vor, sie würden dem Markt keine echte Liquidität bereitstellen.[310] Sowohl der europäische Regulator als auch der schweizerische Regulator schafften in der Folge mit Art. 48 Abs. 6 MiFID II und Art. 31 Abs. 2 lit. e Nr. 1 FinfraV Grundlagen für eine maximale Order-to-Transaction-Ratio.

bb) Analyse der Folgen

aaa) Folgen für antizipierende Strategien und manipulative Praktiken

Die Europäische Kommission führte als Vorteile einer Order-to-Transaction-Ratio die Senkung operationeller Risiken sowie die Steigerung der Marktintegrität an.[311] Mit Blick auf die Marktintegrität verwies sie wie schon bei der Mindesthaltedauer explizit auf Praktiken von Hochfrequenzhändlern, die auf die Er-

---

[308] Siehe bspw. *EC Regulierungsfolgenabschätzung MiFID II 2011*, 25; vgl. *Farmer/Skouras* (2012a), 13; teilweise wird auch eine *message-to-trade ratio* in Betracht gezogen, siehe *Brogaard* (2011).
[309] Siehe *Friedrich/Payne* (2015), 219; *Epstein* (2015); *Levine* (2015); *Schultheiß* (2013), 598 f.
[310] Zu diesem Vorwurf *Levine* (2015); vorn 216 ff, 388 ff.
[311] *EC Regulierungsfolgenabschätzung MiFID II 2011*, 128 f.

forschung der Tiefe des Auftragsbuches abzielen.[312] Mit anderen Worten hatte die Kommission Pinging-Praktiken im Visier.[313]

Entsprechend dem Zweck der Bestimmung stellt sich also die Frage, ob eine Order-to-Transaction-Ratio geeignet ist, Pinging-Praktiken zu unterbinden. Die Eignung erscheint insofern zweifelhaft, als Ping Orders gerade dadurch gekennzeichnet sind, dass sie hin und wieder ausgeführt werden. Wie erwähnt trägt sowohl eine nicht ausgeführte Ping Order wie auch eine ausgeführte Ping Order eine Information zur Auftragslage.[314] Sind die Spreads nur wenige Ticks breit, so dürfte ein relativ hoher Prozentsatz der Ping Orders ausgeführt werden. In einem Dark Pool mit einem Midpoint-Matching (auch einseitige Dark Pools) dürfte es gar jede zweite Ping Order sein.[315] Im Gegensatz dazu erfordern (reine) Market-Making-Strategien wesentlich mehr Stornierungen, um die mit der Bereitstellung von Liquidität verbundenen Risiken optimal zu kontrollieren.[316] Allenfalls könnten Market-Maker also ihre Order-to-Transaction-Ratios durch kleine Ping Orders sogar verringern. Ohnehin ist fraglich, ob Pinging-Praktiken unterbunden werden sollten, werden Ping Orders doch auch für anerkanntermassen legitime Praktiken wie die (reine) Liquidity-Detection zur Ausführung von Aufträgen verwendet.[317] Ausserdem verbessern Market-Maker durch Ping Orders ihr Risikomanagement, sodass sie die Liquidität namentlich Retail-Kunden günstiger anbieten können.[318]

Gleich wie bei Ping Orders erscheint auch bei Spoofing- und Layering-Praktiken zweifelhaft, ob diese durch eine Order-to-Transaction-Ratio unterbunden werden können. Zwar sind diese Praktiken durch Auftragsstornierungen gekennzeichnet;[319] sie können aber wohl wie Pinging-Praktiken mit weit weniger Auftragsstornierungen auskommen als Market-Maker. Nicht anders dürfte die Evaluation für Smoking-Praktiken ausfallen.[320] Demgegenüber könnten Quote-Stuffing-Strategien durch Order-to-Transaction-Ratios wohl weitgehend ver-

---

[312] *EC Regulierungsfolgenabschätzung MiFID II 2011*, 129; vgl. *Schultheiß* (2013), 598 f.
[313] Und dies, obwohl sie wie erwähnt ausdrücklich offen liess, ob solche Praktiken gegen die Marktmissbrauchsrichtlinie verstossen (*EC Regulierungsfolgenabschätzung MiFID II 2011*, 128); zur marktmissbräuchlichen Erfassung hinten 767 ff., 846 f.
[314] Vorn 82 f.
[315] Zu Midpoint-Dark-Pools vorn 18.
[316] Hierzu *Levine* (2015).
[317] Zur reinen Liquidity-Detection vorn 82 ff.
[318] Vorn 84.
[319] Zu Spoofing- und Layering-Praktiken vorn 89 f. und zur marktmissbräuchlichen Erfassung derselben hinten 752 ff.
[320] Zu Smoking-Praktiken vorn 91 und zur marktmissbräuchlichen Erfassung derselben hinten 760 f.

hindert werden. Beim Quote-Stuffing werden die Märkte mit Aufträgen und Auftragsstornierungen überflutet, um andere Hochfrequenzhändler zu verlangsamen und die eigene Strategie zu verschleiern.[321] Die Strategie erfordert daher per se eine sehr grosse Anzahl Auftragsstornierungen. Allerdings gibt es keine Hinweise, dass solche Strategien weit verbreitet sind, und sie verstossen auch gegen den Tatbestand der Marktmanipulation.[322] Insofern könnte die Aufsichtsbehörde eine aussergewöhnlich hohe Order-to-Transaction-Ratio als Hinweis dafür betrachten, dass allenfalls eine manipulative Quote-Stuffing-Strategie verfolgt wurde und dann die Verhaltensweisen genauer untersuchen. Ein prospektives Verbot einer hohen Order-to-Transaction-Ratio erscheint demgegenüber kaum angezeigt.

bbb) *Folgen für das Market-Making und die Liquidität*

Die Auswirkungen von Order-to-Transaction-Ratios auf die Liquidität hängen davon ab, ob die Bereitsteller von Liquidität durch das vorgegebene Verhältnis in ihrer Tätigkeit beeinträchtigt werden. Ein zeitgenössisches Market-Making erfordert wie eingehend erläutert die stetige informations- und risikoadäquate Anpassung der Quotes und ist damit per se mit einer grossen Stornierungsrate verbunden.[323] Wird dieses optimale Risikomanagement durch die Order-to-Transaction-Ratio beeinträchtigt, dürfte sich diese wie die Mindesthaltedauer oder die Stornierungsgebühren negativ auf die Informationsrisiken der Bereitsteller von Liquidität auswirken.[324] Des Weiteren dürfte die Regel die Komplexität des Market-Makings eher steigern als reduzieren.[325] Risiken und Komplexität erhöhen die mit dem Market-Making verbundenen Kosten und lassen daher eine Verbreiterung der Spreads sowie eine Verringerung der Markttiefe befürchten.[326]

Friedrich/Payne untersuchten Order-to-Transaction-Ratios empirisch, stellten aber im Jahr 2015 – anders noch als im Jahr 2012 – keine signifikante Veränderung der Spreads fest.[327] Demgegenüber bestätigten sie einen stark negativen Ef-

---

[321] *EB FINMA-RS 2013/8*, 11 und 18; *Esma Leitlinien «Systeme und Kontrollen»* 2012, 21; *Biais/Woolley* (2011), 8; *Aldridge* (2013), 223; *V. Müller* (2014), 394, der auf weitere Zwecke hinweist; vgl. *Biais/Woolley* (2012), 34; vorn 90.
[322] Hinten 756 ff.
[323] Vorn 63 ff, 460 ff., 464.
[324] *Farmer/Skouras* (2012a), 20; zu den Auswirkungen der Mindesthaltedauer auf die Liquidität vorn 455 ff.; zu den Auswirkungen der Stornierungsgebühren auf die Liquidität vorn 460 f.
[325] In diesem Sinne *Farmer/Skouras* (2012a), 20, die von signifikanten Implementierungs- und Überwachungskosten ausgehen; *Brogaard* (2011), 14.
[326] Vgl. *Farmer/Skouras* (2012a), 20; *Brogaard* (2011), 14.
[327] *Friedrich/Payne* (2015), 214, 219; *Friedrich/Payne* (2012), 20.

fekt auf die Markttiefe, und zwar insbesondere für die weiter von den besten Quotes entfernt liegenden Ebenen.[328] Diese Feststellung stimmt mit der theoretischen Überlegung überein, wonach das hintere Auftragsbuch besonders von einer Order-to-Transaction-Ratio tangiert ist, da diese Aufträge selten ausgeführt werden und bei wesentlichen neuen Informationen dennoch storniert werden müssen.[329] Die empirischen Ergebnisse deuten nun darauf hin, dass Händler nach der Einführung einer Order-to-Transaction-Ratio auf diese Aufträge mit einer geringeren Ausführungswahrscheinlichkeit verzichten. Dünnere Märkte bergen nicht nur Liquiditätsrisiken, der Marktpreis wird auch stärker durch Aufträge beeinflusst, sodass sich die Volatilität erhöht.[330]

Ähnliche Resultate wie *Friedrich/Payne* (2015) erhielt auch der Handelsplatz EDGX von Direct Edge (nun Teil von Cboe), der auf den 1. Juni 2012 ein System mit der Bezeichnung *Message Efficiency Incentive Program* (MEIP) einführte.[331] Dieses sah vor, dass Händler geringere Entschädigungen für die Bereitstellung von Liquidität erhalten (Maker-Taker-Modell), wenn sie eine *message-to-trade ratio* von mehr als 100 zu 1 aufwiesen.[332] Nur drei Monate später gab der Handelsplatz das Modell allerdings wieder auf. Zur Begründung führte er an:

> MEIP may have unintentionally captured, and therefore disincentivized, order behavior that benefits market liquidity. For example, the MEIP potentially discourages market participants from posting multiple levels of liquidity in less actively traded securities. Thus, while the Exchange's intention was to encourage efficiency and consequently attract more liquidity, the MEIP appears to have resulted in the opposite effect.[333]

Die Wahrnehmung von Direct Edge stimmt damit genau mit den empirischen Resultaten von *Friedrich/Payne* (2015) überein. Der negative Effekt auf die Markttiefe wird also bekräftigt.

Ist die Order-to-Transaction-Ratio ausreichend gross gewählt, so dürften die Liquidität sowie die Preisfindungsqualität kaum beeinträchtigt werden. Allerdings sah die Regelung von Direct Edge eine Schwelle von 100 zu 1 vor und die italienische Regelung kannte Schwellen bei 100 zu 1, 500 zu 1 und 1 000 zu 1 mit

---

328 *Friedrich/Payne* (2015), 214, 219, 222 f.; *Friedrich/Payne* (2012), 20.
329 Siehe *UK Regulierungsfolgenanalyse MiFID II 2012*, 68 f.; *Farmer/Skouras* (2012a), 19; *Friedrich/Payne* (2015), 219; vgl. *Brogaard* (2011), 14.
330 Vgl. *Friedrich/Payne* (2015), 214, 219; *Brogaard* (2011), 14.
331 *EDGX Einführung MEIP 2012*, 35440.
332 *EDGX Aufgabe MEIP 2012*, 56907.
333 *EDGX Aufgabe MEIP 2012*, 56907; zitiert bereits bei *Friedrich/Payne* (2015), 223.

zunehmender Gebührenhöhe.[334] Die Ausführungen von Direct Edge sowie die Studie von *Friedrich/Payne* (2015) zeigen also, dass bereits ein Verhältnis von 100 zu 1 zu klein ist. Bei einem solchen Verhältnis dürfte also die Annahme der Kommission nicht zutreffen, dass Praktiken ohne nachteiligen Einfluss auf die Marktliquidität nicht unterbunden würden.[335] Zugleich dürften durch ein Verhältnis von 100 zu 1 weder Pinging-, Smoking-, Spoofing- oder Layering-Praktiken verhindert werden. Einzig Quote-Stuffing-Praktiken würden wohl erschwert.

ccc) *Folgen für operationelle Risiken*

Die Europäische Kommission führte wie erwähnt auch operationelle Risiken zur Rechtfertigung der Order-to-Transaction-Ratio an.[336] Alles andere als eine Reduktion des Mitteilungsaufkommens und damit der operationellen Risiken würde erstaunen.[337] Werden Market-Making-Strategien nicht beeinträchtigt, dürfte der Effekt auf das Mitteilungsaufkommen jedoch klein sein. Im Übrigen stellt sich die Frage, ob eine Order-to-Transaction-Ratio das richtige Mittel zur Reduktion operationeller Risiken ist. Grundsätzlich erscheint eine Internalisierung der mit dem Mitteilungsaufkommen verbundenen Kosten mit Blick auf die Anreize der Marktteilnehmer angezeigt. Auch kann vertreten werden, dass die Order-to-Transaction-Ratio je nach Ausgestaltung teilweise eine solche Internalisierung der Auftragsverarbeitungskosten bewirkt.[338] Adäquater würde eine Internalisierung operationeller Kosten allerdings erreicht, indem auf sämtliche Mitteilungen eine minimale Gebühr erhoben wird oder aber durch Kapazitätsgebühren bei erhöhtem Mitteilungsaufkommen.[339] Dabei besteht jedoch die Gefahr, dass Gebühren zu hoch angesetzt werden. Ausserdem dürften heute die operationellen Kosten im Wesentlichen durch die verschiedenen Anschlussgebühren für unterschiedliche Geschwindigkeiten und Bandbreiten abgegolten werden.[340]

Einzelne Ökonomen erwarten ferner einen leicht stabilisierenden Effekt der Order-to-Transaction-Ratios für das Auftragsbuch.[341] Dieser sei allerdings klei-

---

[334] *Friedrich/Payne* (2015), 217; *EDGX Aufgabe MEIP 2012*, 56907.
[335] *EC Regulierungsfolgenabschätzung MiFID II 2011*, 129.
[336] Vorn 463.
[337] Kontraintuitiv allerdings die Ergebnisse bei *Friedrich/Payne* (2012), 20.
[338] So *Brogaard* (2011), 13.
[339] Zu Kapazitätsgebühren vorn 58 f. und hinten 680 ff.
[340] Zu den unterschiedlichen Anschlüssen der SIX siehe *www.six-swiss-exchange.com/participants/participation/connectivity/types_connectivity_de.html*; zu den Anschlussgebühren vorn 58 f.
[341] So *Farmer/Skouras* (2012a), 19; *Brogaard* (2011), 13.

ner als bei einer Mindesthaltedauer, da Aufträge ja gerade storniert werden könnten.[342] Die fehlende oder beschränkte Möglichkeit der Stornierung dürfte jedoch kaum einen stabilisierenden Effekt haben, da Händler in diesem Fall weniger bereit sind, dem Markt in volatilen Zeiten Liquidität bereitzustellen.[343] Die zitierten Studien im vorangehenden Abschnitt zur Liquidität deuten doch stark darauf hin, dass von Order-to-Transaction-Ratios ein destabilisierender Effekt ausgeht, da die Markttiefe erheblich reduziert wird.

ddd)   Weitere Auswirkungen

Schliesslich erscheinen zwei weitere Hinweise angezeigt. Erstens könnten Hochfrequenzhändler bei genügend tiefen Transaktionskosten verleitet sein, falls nötig Transaktionen zu «kreieren», indem sie eigene Aufträge zusammenführen.[344] Dies wäre allerdings nicht unproblematisch mit Blick auf den Tatbestand der Marktmanipulation.[345] Zweitens begünstigt eine Order-to-Transaction-Ratio potenziell Händler, die gemischte Strategien verfolgen, also beispielsweise nebst einer Market-Making-Strategie auch Kundenaufträge ausführen oder aggressive Arbitragestrategien verfolgen.[346] Benachteiligt würden somit Händler, die lediglich Market-Making-Strategien verfolgen. Für diese Benachteiligung gibt es keine sachlichen Gründe, sodass die Regelung gegen das Gleichbehandlungsgebot (Art. 8 BV) sowie die aus der Wirtschaftsfreiheit (Art. 27 i.V.m. Art. 94 BV) abgeleiteten Pflicht zur Gleichbehandlung direkter Konkurrenten verstösst.

cc)   Ergebnis

Die Auswirkungen einer Order-to-Transaction-Ratio hängen wesentlich davon ab, wie streng diese ausgestaltet wird. Eine milde Regelung dürfte kaum einen Einfluss haben auf die Liquidität sowie die operationellen Risiken, manipulativen Praktiken und antizipierenden Strategien. Demgegenüber dürfte eine strenge Regelung zwar das Mitteilungsaufkommen senken und allenfalls auch gewisse manipulative Praktiken unterbinden; gleichzeitig wäre aber auch ein signifikant negativer Einfluss auf die Liquidität sowie die Liquiditätsrisiken zu erwarten. Die vorliegenden empirischen Untersuchungen deuten darauf hin, dass besonders die Markttiefe durch eine Order-to-Transaction-Ratio erheblich geschwächt wird, und zwar selbst noch bei einer Ratio von 100 zu 1. Bei einer strengen Order-to-Transaction-Ratio dürften die Auswirkungen entsprechend ähnlich sein wie bei einer Mindesthaltedauer oder einer Stornierungsgebühr.

---

342   So *Farmer/Skouras* (2012a), 19; *Brogaard* (2011), 13.
343   Vorn 455 ff., 460 ff.
344   Siehe *UK Regulierungsfolgenanalyse MiFID II 2012*, 68 f.
345   Zur Marktmanipulation hinten 721 ff.
346   Siehe *UK Regulierungsfolgenanalyse MiFID II 2012*, 68.

III. Systemische Risiken

Schliesslich ist vor allem auch problematisch, dass spezialisierte Market-Maker gegenüber Händlern benachteiligt werden, die gemischte Strategien verfolgen. Für diese Benachteiligung fehlen sachliche Gründe, weshalb die Massnahme potenziell gegen das Gleichbehandlungsgebot (Art. 8 BV) sowie die aus der Wirtschaftsfreiheit (Art. 27 i.V.m. Art. 94 BV) abgeleiteten Pflicht zur Gleichbehandlung direkter Konkurrenten verstösst. Insgesamt dürften daher auch bei Order-to-Transaction-Ratios die Nachteile klar gegenüber den Vorteilen überwiegen.[347]

b) Tick-Size

aa) Begriff

Als Tick-Size (auch Notierungssprung)[348] wird die kleinste diskrete Preiseinheit eines Handelssystems bezeichnet, zu der Aufträge gestellt werden können.[349]

bb) Regulierungszweck

Eine Mindest-Tick-Size ist sowohl im europäischen als auch im schweizerischen Recht vorgesehen (Art. 49 MiFID II; Art. 31 Abs. 2 lit. e Nr. 3 FinfraV).[350] Die Europäische Kommission hielt fest, die Mindest-Tick-Size hemme Arbitragestrategien von Hochfrequenzhändlern sowie einen nutzlosen Wettbewerb (*unsound competition*) zwischen Handelsplattformen, Liquidität durch lächerliche Unterschiede anzulocken.[351] Die Kommission impliziert damit, dass die Tick-Size bei Gewährung der Marktkräfte zu klein wird.[352] Das Eidgenössische Finanzdepartement etwa hat denn auch als Zweck der Mindest-Tick-Size die Verringerung negativer Auswirkungen auf die Marktintegrität und -liquidität bezeichnet.[353] Ungeachtet dessen könnte die Vorgabe einer Tick-Size allenfalls

---

[347] Grundsätzlich gl. M. *Farmer/Skouras* (2012a), 20, wonach die Massnahme keinen klaren wohlfahrtsökonomischen Nutzen aufweist; ähnlich *Brogaard* (2011), 15; implizit auch *Friedrich/Payne* (2015), 222 f. und *Friedrich/Payne* (2012), 19 f.
[348] Da die englische Bezeichnung auch im deutschsprachigen Raum viel gebräuchlicher ist, wird die englische Bezeichnung verwendet.
[349] Bspw. *UK Regulierungsfolgenanalyse MiFID II 2012*, 44; vgl. *EB FinfraV I 2015*, 18.
[350] Hierzu im Einzelnen hinten 689 ff.
[351] *EC Regulierungsfolgenabschätzung MiFID II 2011*, 129; siehe auch *Zickert* (2016), 93 ff.
[352] So *UK Regulierungsfolgenanalyse MiFID II 2012*, 44, wo darauf hingewiesen wird, dass die Europäische Kommission keinen Zweck und kein Marktversagen als Motivation für die Regel nennt.
[353] *EB FinfraV I 2015*, 18; seltsam ist, dass nach dem Wortlaut nur die Teilnehmer, nicht aber die Handelsplätze zur Mindestpreisänderungsgrösse verpflichtet werden; dabei dürfte es sich um ein gesetzgeberisches Versehen handeln; hierzu hinten 623 f.

auch damit begründet werden, dass sie die operationellen Risiken und die Komplexitätskosten reduziert.[354] Schliesslich könnte die Mindest-Tick-Size allgemein darauf abzielen, den Hochfrequenzhandel oder zumindest einzelne Hochfrequenzhandelsstrategien einzudämmen. Das *UK Government Office for Science* vermutet, dass die Europäische Kommission mitunter dieses Ziel verfolgte.[355]

cc) *Folgen der Mindest-Tick-Size*

aaa) *Auswirkungen auf die Liquidität*

Begründet wird die Mindest-Tick-Size in der Regel damit, dass schnelle Händler bei einer zu kleinen Tick-Size einfach vor die anderen Händler springen könnten, wodurch die Zeitpriorität zu günstig gekauft werden könne und dadurch unterminiert werde.[356] Dieses Vorspringen würde die Investoren entmutigen, dem Markt Liquidität bereitzustellen.[357] Auch wurde schon argumentiert, dass die Liquidität bei einer geringeren Tick-Size flüchtiger sei und die Händler aufgrund der unterminierten Zeitpriorität kaum Anreize hätten, Liquidität im Auftragsbuch zu belassen.[358]

Der wohlfahrtsökonomische Wert einer Mindest-Tick-Size ist jedoch keineswegs allgemein anerkannt. Gegen die Mindest-Tick-Size spricht, dass der Prozess des gegenseitigen leichten Überbietens gerade kennzeichnend ist für den Wettbewerb. Auch ist keineswegs unumstritten ist, dass eine grosse Tick-Size einen positiven Einfluss auf die Liquidität hat, wird doch gerade der Spread tendenziell künstlich vergrössert.[359] So haben *Kwan/Masulis/McInish* (2015) aufgezeigt, dass der Spread heute in vielen Fällen durch die Tick-Size vorgegeben wird.[360] Zwar macht eine grössere Tick-Size die Bereitstellung von Liquidität attraktiver und liquiditätskonsumierende Strategien teurer.[361] Bei den besten Preisen bilden sich aber lange Kolonnen und die Ausführungswahrscheinlichkeit der Aufträge wird reduziert, da Händler weniger bereit sind, den Spread zu über-

---

354 Ähnlich *UK Regulierungsfolgenanalyse MiFID II 2012*, 44.
355 *UK Regulierungsfolgenanalyse MiFID II 2012*, 44.
356 *Schwartz* (2010), 394; *UK Regulierungsfolgenanalyse MiFID II 2012*, 29; *Tiefenbrun* (2011).
357 *Schwartz* (2010), 394.
358 *Crédit Agricole Cheuvreux* (2010), 34; *Tiefenbrun* (2011).
359 Vgl. *Schwartz* (2010), 393; *Tiefenbrun* (2011).
360 *Kwan/Masulis/McInish* (2015), 331; implizit auch *Gai/Yao/Ye* (2013), 5; allerdings wird argumentiert, dass die Verkleinerung der Spreads auf Kosten der Markttiefe ging, siehe *Schwartz* (2010), 393.
361 *Hagströmer/Nordén* (2013), 769.

queren, sondern selbst versuchen, mit Limit-Orders zu handeln.[362] So wird die Markttiefe möglicherweise durch die Mindest-Tick-Size vergrössert, aber nur, weil die Händler Transaktionen nicht wie beabsichtigt abschliessen können. Nachteile birgt der grössere Spread dann vor allem für die Händler, die durch den Spread trotz der erhöhten Tick-Size nicht angemessen entschädigt werden und daher Market-Orders verwenden müssen.[363] Eine grössere Tick-Size führt ferner dazu, dass Arbitrageure Liquidität weniger effizient von einem Markt auf einen anderen Markt transferieren.[364] Arbitragemöglichkeiten dürften sich wohl weniger oft ergeben, dafür aber im Falle des Eintritts aufgrund der grösseren Tick-Size einträglicher sein.[365]

Zusammengefasst erscheint äusserst fraglich, dass die Tick-Size bei Gewährung der Marktkräfte zu klein wird und sich eine relativ grosse Tick-Size positiv auf die Liquidität auswirkt. Im Gegenteil, es deutet einiges darauf hin, dass sich eine kleine Tick-Size positiv auf die Transaktionskosten der Marktteilnehmer auswirkt und die Notierungssprünge gerade in den USA heute zu gross sind.

bbb) *Auswirkungen auf die Biodiversität der Händler*

Allgemein wird angenommen, dass kleine Tick-Sizes den Hochfrequenzhandel begünstigen.[366] In dieser Hinsicht erscheint unzweifelhaft, dass menschliche Market-Maker nach dem Übergang zur Dezimalisierung in den USA nicht mehr mit den Maschinen konkurrieren konnten.[367] Der Spread vermochte sie schlicht nicht mehr für die mit der Bereitstellung von Liquidität verbundenen Kosten und Risiken zu entschädigen. Allein dieser Digitalisierungsprozess ist jedoch sicherlich nicht negativ zu bewerten. Die Maschinen waren einfach die schnelleren, rationaleren, günstigeren und damit schlicht besseren Market-Maker, als es Menschen je waren und sein könnten.

Das *UK Government Office for Science* folgert in ihrer Regulierungsfolgenanalyse, dass eine leichte Erhöhung der Tick-Size kaum einen Einfluss auf die Handelsaktivität von Hochfrequenzhändlern hat.[368] Sogar ein gegenteiliges Ergebnis erhalten *Gai/Yao/Ye* (2013), nach denen Hochfrequenzhändler besonders aktiv sind bei Aktien, deren Spread durch die Tick-Size limitiert wird.[369] Sie schliessen

---

362 *Kwan/Masulis/McInish* (2015), 331.
363 Also für praktisch alle Händler.
364 *Tiefenbrun* (2011).
365 *UK Regulierungsfolgenanalyse MiFID II 2012*, 49.
366 So bspw. *CESR Technical Advice MiFID 2010*, Nr. 202.
367 Vgl. *McGowan* (2010), N 12.
368 *UK Regulierungsfolgenanalyse MiFID II 2012*, 48.
369 *Gai/Yao/Ye* (2013), 5.

daraus, dass eine grössere Tick-Size aufgrund des reduzierten Preiswettbewerbs zu einer Intensivierung des Geschwindigkeitswettbewerbs führt.[370] Demnach würden Hochfrequenzhändler sogar von einer etwas grösseren Tick-Size profitieren. Die These, dass der Preiswettbewerb bei einer grösseren Tick-Size einem Geschwindigkeitswettbewerb weicht, erscheint zwar sehr interessant; allerdings handeln Hochfrequenzhändler vor allem mit sehr liquiden Titeln und gerade bei diesen Titeln dürfte der Spread durch die Tick-Size limitiert werden. Insofern erscheint der Ursache-Wirkungs-Zusammenhang zwischen der Tick-Size und dem Hochfrequenzhandel nicht gesichert.

Zusammengefasst ist fraglich, ob der Hochfrequenzhandel durch eine relativ grosse Tick-Size gehemmt wird. Zwar dürften andere Händler dadurch verleitet werden, dem Markt ebenfalls Liquidität zur Verfügung zu stellen. Hochfrequenzhändler werden sich jedoch einen vorderen Platz bei der Zeitpriorität sichern, sodass die Ausführungswahrscheinlichkeit der übrigen Händler durch die Vergrösserung der Tick-Size reduziert wird und noch immer die Gefahr besteht, dass die Limit-Orders nur dann ausgeführt werden, wenn sie fehlplatziert sind.

ccc) *Auswirkungen auf den Handel in Dark Pools*

Einige Studien deuten darauf hin, dass sich der Handel bei einer Vergrösserung der Tick-Size in Dark Pools verlagert. *Buti/Rindi/Werner* (2017) etwa hielten überzeugend fest, dass eine Ausführung zum Spread-Mittelpunkt in Dark Pools bei künstlich grossen Spreads attraktiver werde.[371] *Kwan/Masulis/McInish* (2015) kamen zum Schluss, dass Händler durch den Wechsel in Dark Pools ohne minimale Tick-Size die Ausführungswahrscheinlichkeit ihrer Aufträge erhöhen können und die Wettbewerbsfähigkeit der Börse durch die Mindest-Tick-Size daher stark reduziert werde.[372] Ähnliche Resultate erhielten *Borkovec/Domowitz/Tyurin* (2011) von der ITG, die die Zusammenlegung von Aktien der *Citigroup* untersuchten und feststellten, dass der Marktanteil der alternativen Handelsplattformen durch diese Zusammenlegung signifikant gesenkt wurde.[373] In der Schweiz sind zwar gewisse Dark-Pool-Typen neu verboten; noch immer

---

[370] *Gai/Yao/Ye* (2013), 4 f., die weiter hinten (9) daher vorschlagen, dass die Tick-Size liberalisiert oder die Zeitpriorität abgeschafft werden sollte; der höhere Anteil an Hochfrequenzhändlern könnte auch daher herrühren, dass Hochfrequenzhändler allgemein liquide Titel vorziehen und Investoren bei einer grösseren Tick-Size auf Dark Pools ausweichen, siehe hinten 472 f.
[371] *Buti/Rindi/Werner* (2017), 255, 257, 259.
[372] *Kwan/Masulis/McInish* (2015), 331.
[373] *Borkovec/Domowitz/Tyurin* (2011), Table 1; siehe auch *UK Regulierungsfolgenanalyse MiFID II 2012*, 47 f., wo allerdings darauf hingewiesen wird, dass sich das Verhältnis von Ausführungen zu Stornierungen nur marginal verändert.

zulässig sind jedoch Dark Pools mit Referenzkurssystemen wie Midpoint-Dark-Pools, die Aufträge zum Mittelpunkt des Spreads zusammenführen.[374] Die Verlagerung des Handels in Dark Pools zeigt zweierlei: Erstens führt offenbar die relativ gesehen grosse Tick-Size zu gesteigerten Transaktionskosten für Investoren, und zweitens ist eine Regulierung der Tick-Size wenig wirksam, wenn Händler auf Dark Pools ausweichen und dadurch den Spread verkleinern können – eine Seite des Spreads ist dann einfach stets verdeckt.

ddd)   Operationelle Risiken

Abgesehen vom Geschwindigkeitswettlauf hat die Tick-Size einen erheblichen Einfluss auf die operationellen Risiken der Handelsplätze. Eine kleine Tick-Size führt zu einer Erhöhung der Geschwindigkeit, mit der Aufträge platziert und storniert werden.[375] Umgekehrt kann das Mitteilungsaufkommen durch eine Erhöhung der Tick-Size reduziert werden.[376] Mit der Tick-Size steht den Handelsplätzen somit ein geeignetes Instrument zur Steuerung der operationellen Risiken zur Verfügung.

dd)   Ergebnis

Zusammenfassend lässt sich eine Mindest-Tick-Size kaum ökonomisch begründen. Nicht nur erscheint mehr als fraglich, ob sich die Mindest-Tick-Size positiv auf die Liquidität auswirkt. Sie dürfte den Hochfrequenzhandel auch kaum einschränken und die übrigen Investoren dürften kaum einen Vorteil gegenüber Hochfrequenzhändlern erlangen, sodass sie noch immer den Spread überqueren müssen. Gerade in den USA dürfte die Tick-Size aktuell eher zu gross sein, sodass der Spread in vielen Fällen durch die Tick-Size vorgegeben wird. Ist dem so, wandert ein Grossteil der Liquidität in Dark Pools ab, die Aufträge zum Spread-Mittelpunkt zusammenführen. Durch eine grosse Mindest-Tick-Size wird also der Handel in Dark Pools gefördert. Insgesamt besteht weder ein Beweis noch eine überwiegende Wahrscheinlichkeit eines Marktversagens sowie eines positiven Einflusses des staatlichen Eingriffs auf die Marktliquidität, sodass eine Mindest-Tick-Size mit Blick auf Art. 27, Art. 36 und Art. 94 BV zur Verfolgung des Zwecks der Beseitigung eines Marktversagens weder geeignet noch erforderlich erscheint. Immerhin liesse sich die staatliche Vorgabe einer bestimmten Tick-Size allenfalls als Harmonisierungsmassnahme zur Reduktion

---

[374]   Zu Midpoint-Dark-Pools vorn 18.
[375]   *Schwartz* (2010), 394; *UK Regulierungsfolgenanalyse MiFID II 2012*, 48; vgl. *Hagströmer/Nordén* (2013), 769; *Budish/Cramton/Shim* (2014), 419, die darauf hinweisen, dass dieses Problem bei *Frequent Sealed Double Batch Auctions* nicht besteht.
[376]   *Hagströmer/Nordén* (2013), 769, die meinen, dadurch würden die Vorteile des Hochfrequenzhandels nicht beeinträchtigt.

der Komplexitätskosten rechtfertigen. Ausserdem führt eine erhöhte Tick-Size zur Reduktion des Mitteilungsaufkommens von Hochfrequenzhändlern, sodass den Handelsplätzen mit der Tick-Size ein wirksames Instrument zur Verfügung steht, mit dem sie die operationellen Risiken steuern können.

c) Flash-Order-Verbot

Flash-Orders wurden im ersten Teil dieser Arbeit erläutert: Es handelt sich dabei um Aufträge, die nur wenige Millisekunden im Auftragsbuch verbleiben oder gar nie offiziell in dieses aufgenommen werden, aber für Hochfrequenzhändler sichtbar sind.[377] Letztere können während dieser kurzen Zeitspanne entscheiden, ob sie die gestellten Aufträge (durch eine Limit-Order) annehmen oder nicht. Zugleich bieten Flash-Orders für Hochfrequenzhändler eine wertvolle Information zur Antizipation von Markttendenzen, insbesondere wenn die Aufträge von den Handelsplätzen wie in den USA nach der *Order Protection Rule* weitergeleitet werden, wenn kein Hochfrequenzhändler sie annimmt.[378] Für die Händler, die Flash-Orders verwenden, kann sich dies negativ auf die Ausführungsqualität auswirken.

Die SEC empfahl im Jahr 2009, wie ebenfalls bereits im ersten Teil erwähnt, die Abschaffung der Ausnahme für Flash-Orders in der Regulation NMS.[379] Nachdem die bedeutenden Handelsplatzbetreiber Nasdaq, Bats und Direct Edge in der Folge Flash-Orders beseitigten, verfolgte die SEC den Vorschlag allerdings nicht weiter.[380] Ob in der Schweiz analoge Aufträge wie Flash-Orders existieren, ist unklar. Dem Autor ist mangels Auskunft der SIX nicht bekannt, ob Hochfrequenzhändler FOK- und IOC-Aufträge sehen und allenfalls auch darauf reagieren können. Wäre dem so, würden diese Aufträge im Grunde genommen Flash-Orders darstellen.

Angel/Harris/Spatt (2011) und *Harris/Namvar* (2011) empfehlen, dass es Flash-Order-Teilnehmern in den USA grundsätzlich verboten werden sollte, innerhalb einer Sekunde nach der Kenntnisnahme der Flash-Order dem Markt auf derselben Marktseite zu einem gleich guten oder besseren Preis Liquidität zu entziehen.[381] Ausnahmen befürworten sie für Hochfrequenzhändler, die Flash-Orders annehmen, sei es die Flash-Order, die die Sperrfrist auslöste, oder aber eine neue Flash-Order.[382]

---

[377] Vorn 85 f.; siehe auch hinten 843 ff.
[378] Zur *Order Protection Rule* vorn 33 f., 418 f.
[379] *SEC Proposed Rule re Flash Orders 2009*.
[380] Vgl. *Harris/Namvar* (2011), 11; *Bunge* (2011).
[381] *Angel/Harris/Spatt* (2011), 47; *Harris/Namvar* (2011), 11.
[382] *Angel/Harris/Spatt* (2011), 47; *Harris/Namvar* (2011), 11.

III. Systemische Risiken

Die von *Angel/Harris/Spatt* (2011) und *Harris/Namvar* (2011) vorgeschlagene Regel ist klar gegen antizipierende Verhaltensweisen von Hochfrequenzhändlern gerichtet.[383] Sie erscheint allerdings kaum praktikabel, da sie bei einer grossen Anzahl Flash-Orders zu einem generellen Handelsverbot für Hochfrequenzhändler führt. Flash-Orders könnten also genauso gut generell verboten werden. Ohnehin aber erscheint nicht in erster Linie die Regulierung oder ein Verbot von Flash-Orders angezeigt. Viel bedeutsamer ist, dass die Marktteilnehmer rationale Entscheidungen treffen können. Hierfür ist erforderlich, dass die Handelsplätze Transparenz über die genaue Funktionsweise der Aufträge schaffen, also insbesondere auch darüber, ob es sich um eine Flash-Order handelt. Ist diese Transparenz vorhanden, können Marktteilnehmer selbst analysieren, wie sich die verschiedenen Aufträge auf die Ausführungsqualität auswirken, und diejenigen Aufträge wählen, mit denen sie die beste Ausführungsqualität erreichen. Die Transparenz über die Funktionsweise ist allerdings bei der SIX mangelhaft, da nicht klar ist, ob Hochfrequenzhändler solche FOK- und IOC-Aufträge sehen. Da sie einen direkten Zugang zum On-Book-Matcher haben, muss dies allerdings vermutet werden.[384]

d) Informationspflicht über die Funktionsweise der Algorithmen

Die neuen Bestimmungen in Europa und der Schweiz beinhalten unter anderem Informationspflichten der algorithmischen Händler gegenüber Handelsplätzen sowie Aufsichtsbehörden über die algorithmische Handelstätigkeit.[385] Die Kennzeichnung des algorithmischen Handels und die Information über die verfolgten Strategien erfüllen dabei primär zwei Zwecke: einen Erkenntnisgewinn bei den Regulatoren sowie die Verhinderung marktmissbräuchlicher Verhaltensweisen.[386] Konkret hielt der europäische Regulator fest:

> Damit [die] wirksame Beaufsichtigung gewährleistet ist und die zuständigen Behörden rechtzeitig geeignete Maßnahmen gegen fehlerhafte oder betrügerische algorithmische Strategien ergreifen können, sollten alle durch algorithmischen Handel generierten Aufträge gekennzeichnet werden. Anhand der Kennzeichnung werden die zuständigen Behörden Auf-

---

[383] *Harris/Namvar* (2011), 11.
[384] So schon vorn 86.
[385] Siehe insb. Art. 17 Abs. 2 und Art. 48 Abs. 10 MiFID II sowie Art. 31 Abs. 1 und Abs. 2 FinfraV; hinten 597 ff.
[386] Siehe Erwägungsgrund 67 zu MiFID II; *European Financial Stability Report 2013*, 142, wo die Europäische Kommission festhielt: «*Currently, regulators do not know which kinds of strategies are being used, by which strategy an order is generated, and members may not check what sort of strategies the persons using their systems are using and how those persons control their strategies.*»; *EC Regulierungsfolgenabschätzung MiFID II 2011*, 264.

träge, die durch verschiedene Algorithmen generiert wurden, ermitteln und voneinander unterscheiden und die von algorithmischen Händlern angewandten Strategien effizient rekonstruieren und evaluieren können. Dadurch sollte sich das Risiko verringern, dass Aufträge in nicht unzweideutiger Weise einer bestimmten algorithmischen Strategie oder einem Händler zugeordnet werden. Werden die Aufträge gekennzeichnet, können die zuständigen Behörden effizient und wirksam gegen algorithmische Handelsstrategien vorgehen, die zu missbräuchlichen Zwecken angewendet werden oder das geordnete Funktionieren des Markts gefährden.[387]

Die Pflicht zur Kennzeichnung des algorithmischen Handels lässt das Forscherherz höher schlagen. Auch kann sie möglicherweise einzelne Händler davon abhalten, manipulative Praktiken zu verfolgen. Zumindest würden diese Praktiken zusätzlich bewusste Falschangaben gegenüber den Behörden verlangen, und die Händler dürften sich nicht mehr gleichermassen anonym fühlen. Der hemmende Effekt sollte gleichzeitig wohl auch nicht überschätzt werden. So halten die Informationspflichten die Händler lediglich psychisch, nicht aber faktisch von missbräuchlichen Verhaltensweisen ab. Zugleich erscheint fraglich, inwieweit die Aufsichtsbehörden in der Lage sind, die Angaben der Händler zu ihren Algorithmen zu interpretieren. Schliesslich könnten Mitarbeiter von Behörden auch verleitet sein, die gewonnenen Informationen auszunutzen.

e) Ergebnis

Die Verhinderung manipulativer Praktiken durch systemische Vorgaben wäre grundsätzlich attraktiv. Dadurch könnten solche Verhaltensweisen effektiv verhindert werden, und Aufsichtskosten würden ebenfalls wegfallen. Systemische Vorgaben bergen jedoch die Gefahr, dass sie ein Netz aufspannen, in dem auch legitime Verhaltensweisen hängen bleiben. Ausserdem zeigt sich bei Order-to-Transaction-Ratios, Stornierungsgebühren, der Mindesthaltedauer sowie der Mindest-Tick-Size, dass quasi mit solchen systemischen Anpassungen stets eine Verschlechterung der Marktqualität einhergeht: Insbesondere die Liquidität ist regelmässig betroffen. Die Beeinträchtigung der Liquidität kann dabei für Investoren relativ schnell zusätzliche Transaktionskosten im Bereich von etlichen Milliarden pro Jahr verursachen, sodass Zurückhaltung angezeigt ist.

---

[387] Erwägungsgrund 67 zu MiFID II.

IV. Ergebnisse

In diesem Kapitel wurden verschiedene Regulierungsinstrumente zur Bekämpfung der identifizierten Marktversagen und systemischen Risiken untersucht. Nachfolgend werden die wesentlichsten Ergebnisse zusammengefasst.

1. Geschwindigkeitswettlauf und Informationsasymmetrien

Gegen den Geschwindigkeitswettlauf und Informationsasymmetrien (im Sinne von Vorwissen im Mikrosekundenbereich) wird vorrangig eine asymmetrische Verzögerung der Market-Orders vorgeschlagen. Dadurch kann verhindert werden, dass Arbitrageure *Stale Quotes* von (ebenfalls schnellen) Bereitstellern von Liquidität auflesen können, sodass sich diese geringeren Informationsrisiken (*adverse selection costs*) ausgesetzt sehen. Insgesamt sollte sich diese Massnahme positiv auf die Marktqualität sowie die Transaktionskosten der Investoren auswirken. Ebenfalls geprüft wurden verschiedene Variationen von periodischen Doppelauktionen sowie eine symmetrische Verzögerung von Aufträgen. Das periodische Matching könnte den Geschwindigkeitswettlauf ebenfalls hemmen, birgt allerdings zusätzliche Risiken für Bereitsteller von Liquidität, die sich stark auf Handelsinformationen stützen, sodass sich die Massnahme letztlich kaum positiv auf die Transaktionskosten der Marktteilnehmer auswirken dürfte. Grundsätzlich nicht geeignet zur Entschärfung des Geschwindigkeitswettlaufs ist eine symmetrische Verzögerung sämtlicher Aufträge. Die Massnahme erscheint jedoch für Referenzkurssysteme sinnvoll, damit die in einem solchen System platzierten Aufträge nicht gestützt auf veraltete Informationen zusammenführt werden. Schliesslich wurde mit der Berufung auf einen Willensmangel ein klassisches rechtliches Mittel geprüft, das zumindest teilweise ebenfalls einen Ausgleich bei Informationsasymmetrien schafft. Aufgrund der grossen Anzahl Transaktionen sowie der mit der Stornierung von Aufträgen verbundenen Kosten und Risiken für andere Marktteilnehmer und zentrale Gegenparteien wurde die Möglichkeit der Berufung auf einen Irrtum allerdings für problematisch erachtet und daher eine eingeschränkt dispositive Natur der Irrtumsregelung im Obligationenrecht befürwortet. Demnach sollte eine vom OR abweichende Irrtumsregelung in einem Rahmenvertrag im Sinne der Mistrade-Regeln der Handelsplätze zulässig sein.

2. Agency-Problematiken

Gegen Agency-Problematiken zwischen Brokern und deren Kunden wird vorrangig die Schaffung eines Rankings zur Ausführungsqualität verschiedener Broker vorgeschlagen, damit auf dieser Ebene der Wettbewerb verstärkt und ein rationales Verhalten der Investoren bei der Wahl des Brokers begünstigt wird. Bei der Schaffung des Rankings ist jedoch Vorsicht angezeigt. Sämtliche expliziten und impliziten Transaktionskosten für verschiedene Auftragsgrössen müssen berücksichtigt werden, damit keine Fehlanreize geschaffen werden, die zur Schädigung der Investoren führen. Positiv auf Agency-Problematiken dürfte sich ferner auch ein Verbot von Kickbacks durch Handelsplätze im Sinne von Maker- oder Taker-Entschädigungen auswirken. Demgegenüber erscheint die technische Ausgestaltung der Handelsplätze in einer Weise, die die beste Ausführung sicherstellt, zwar reizvoll, aber wohl illusorisch. Die *Order Protection Rule* in den USA etwa darf als fehlgeschlagen betrachtet werden, und auch ein zentralisiertes Auftragsbuch dürfte mehr Nachteile als Vorteile bringen.

3. Komplexität, Transparenz und Gleichbehandlung

Für die gestiegene Komplexität ist abgesehen vom algorithmischen Handel auch das Recht verantwortlich, dies allerdings vor allem in den USA und weniger in der Schweiz. Ein Verbot von Auftragstypen wurde grundsätzlich abgelehnt, aber die Bedeutung der Transparenz über die Funktionsweise derselben hervorgehoben. Die Fragmentierung wurde grundsätzlich positiv bewertet, und die Gebührensysteme der Handelsplätze in der Schweiz erscheinen nicht übermässig komplex, weshalb in dieser Hinsicht eine Regulierung aufgrund der Komplexitätskosten nicht angezeigt erscheint. Immerhin dürfte ein Verbot von Maker-Taker-Entschädigungen auch die Komplexitätskosten minimieren.

Die Bedeutung der Transparenz der Handelsplätze über die Funktionsweise haben die diversen Verfahren in den USA gezeigt. Die Pflicht zur Transparenz ist in der Schweiz bereits ausreichend rechtlich verankert. Allerdings ist fraglich, ob die Sanktionsmittel der Finma bei einem Verstoss gegen diese Transparenzpflicht ausreichen. Diese Frage soll weiter hinten im Kapitel 19 (Gewährleistung eines geordneten Handels) untersucht werden.[388]

Mit Blick auf die Gleichbehandlung direkter Konkurrenten zeigt die neue Regulierung der Handelssysteme bedeutsame Schwächen. So wird der diskretionäre Handel über organisierte Handelssysteme (OFT) gegenüber dem nichtdiskretionären Handel über Handelsplätze privilegiert, was sich negativ auf die Regulierungsziele des Funktions- und Anlegerschutzes auswirken könnte. Der diesbezügliche Normenkomplex sollte daher einer grundsätzlichen Überprüfung unterzogen werden.

---

[388] Hinten 674 f.

4. Operationelle Risiken und Gegenparteirisiken

Hinsichtlich der operationellen Risiken der Handelsplätze erscheint aufgrund der zentralen Gegenpartei von grosser Bedeutung, dass die (Forderungs-)Rechte an Wertpapieren stets klar zugeordnet werden können. Gemäss Art. 30 Abs. 2 lit. f FinfraV müssen Handelsplätze (und nach Art. 40 FinfraV auch Betreiber von OTF) in der Lage sein, in Ausnahmefällen jedes Geschäft zu stornieren, zu ändern oder zu berichtigen. Damit begegnet das Recht der bedeutendsten operationellen Gefahr angemessen. Die operationellen Risiken sind im Übrigen auch einer der zentralen Anknüpfungspunkte der Regulierung des algorithmischen Handels. Diese wird im Detail in den Teilen 4 (Institutsregulierung) und 5 (Handelsplatzregulierung) betrachtet und gewürdigt.[389]

Die von Hochfrequenzhändlern ausgehenden Gegenparteirisiken sind vor allem für zentrale Gegenparteien von Bedeutung. Das bestehende Normengefüge adressiert diese Risiken bereits mit der Lieferung-gegen-Zahlung-Verpflichtung für systemisch bedeutende zentrale Gegenparteien, dem System von Sicherheiten sowie der Ausfallskaskade und dürfte dadurch sehr solide sein. Dennoch erscheint eine Regelung angezeigt für den unwahrscheinlichen Fall, dass bei Ausfall von Teilnehmern die Sicherheiten, zugeordneten Eigenmittel und Ausfallfondsbeiträge nicht zur Deckung sämtlicher Forderungen ausreichen. Die beschränkte Haftbarkeit der zentralen Gegenpartei sollte daher explizit auf gesetzlicher Ebene verankert werden, da an einem Funktionsausfall und Konkurs derselben niemand ein Interesse hat. Aufgrund der zugeordneten Eigenmittel dürften mit dieser Haftungsbeschränkung kaum Fehlanreize einhergehen. Ausserdem erschiene im Rahmen von Art. 53 Abs. 3 FinfraG eine Regelung sinnvoll, nach der sämtliche nicht gedeckten Transaktionen (Verpflichtungsgeschäfte) storniert werden, an denen ausgefallene Teilnehmer beteiligt waren. Die übrigen Abschlüsse sollten demgegenüber in ihrem Bestand geschützt werden, denn mit der Stornierung sind ebenfalls Risiken für die Marktteilnehmer verbunden. Im Übrigen ist systematisch fragwürdig, dass die Ausfallskaskade für zentrale Gegenparteien im Allgemeinen gesetzlich geregelt ist, während sich die Ausfallskaskade für systemisch bedeutsame zentrale Gegenparteien lediglich auf Verordnungsstufe befindet. Schliesslich erscheint bedeutsam, dass die Vorschriften für Effektenhändler zur Stärkung der Widerstandskraft des Gesamtsystems zumindest für grössere Hochfrequenzhändler zur Anwendung gelangen. Ob die aktuelle Praxis der Finma hinsichtlich der Qualifikation von Personen als Effektenhändler ausreichend ist, wird hinten in den Kapiteln 14 (Institutionelle Erfas-

---

[389] Hinten 483 ff. und 651 ff.

sung von Hochfrequenzhändlern) und 15 (Allgemeine Institutspflichten und Erforderlichkeit derselben) untersucht.[390]

5. Marktrisiken

Zur Eindämmung der Marktrisiken wurden auf der technischen Ebene Circuit-Breakers im engeren Sinne, Preislimits wie *interval price limits* und *reasonability limits*, *protection points* sowie der Übergang zu einer periodischen Auktion bei erheblichen Preisveränderungen analysiert. Ein volatilitätsreduzierender Effekt von Circuit-Breakers und *interval price limits* ist zum heutigen Zeitpunkt trotz vieler ökonomischer Studien nicht gesichert. Empirische Studien deuten eher darauf hin, dass die Preisschranken im Sinne der Magnethypothese die Volatilität erhöhen, bevor die Preisschranken erreicht werden. Sicherlich sinnvoll erscheinen demgegenüber Massnahmen wie *reasonability limits* und *protection points*, durch die die Gefahr irrtümlicher Transaktionen im Sinne von *fat-finger trades* minimiert werden kann. Ferner wurde auch eine Transaktionssteuer zur Eindämmung der Marktrisiken geprüft. Eine Transaktionssteuer erscheint grundsätzlich verlockend, sollte sich bewahrheiten, dass diese wie von *Keynes*, *Tobin*, *Stiglitz* etc. argumentiert Spekulationsblasen verhindert und dadurch Marktrisiken minimiert. Empirische Studien konnten einen solchen Effekt jedoch bis heute nicht nachweisen. Im Gegenteil finden diese nicht nur einen negativen Einfluss der Steuer auf das Handelsvolumen, die Liquidität und die Wertpapierpreise; die Mehrheit der Studien deutet auch auf eine Erhöhung der irrationalen Volatilität hin. Zwar muss die kurzfristige Volatilität nicht zwingend mit der Bildung von langfristigen Spekulationsblasen korrelieren; eine Senkung der Volatilität hätte jedoch zumindest als Indiz dafür betrachtet werden können.

6. Liquiditätsrisiken

Zur Eindämmung von Liquiditätskrisen wurden Market-Making-Verpflichtungen, Mindesthaltevorschriften sowie Stornierungsgebühren geprüft. Zwar können die zwei letztgenannten Instrumente einzelne missbräuchliche Praktiken verhindern; insgesamt fällt die Regulierungsfolgenanalyse jedoch negativ aus und dies insbesondere mit Blick auf das eigentliche Ziel der Reduktion von Liquiditätsrisiken. Der Grund hierfür liegt hauptsächlich darin, dass die Massnahmen die Risiken der Bereitsteller von Liquidität erhöhen, sodass diese dem Markt gerade bei erhöhter Unsicherheit weniger Liquidität bereitstellen. So erscheinen die Massnahmen nicht nur unnütz, sondern kontraproduktiv. Diese Erkenntnis ist jedoch mit Blick auf mögliche Massnahmen insofern wertvoll, als

---

[390] Siehe hinten 509 ff., 543 ff.

sie impliziert, dass zur Minimierung von Liquiditätsrisiken genau das Gegenteil getan werden sollte. Als Gegenteil einer Mindesthaltevorschrift kann im Wesentlichen eine asymmetrische Verzögerung der Market-Orders betrachtet werden, wie sie zum Geschwindigkeitswettlauf und den Informationsasymmetrien vorgeschlagen wurde. Durch diese Verzögerung haben die Bereitsteller von Liquidität mehr Zeit, eine rationale Entscheidung hinsichtlich der fundamentalen Werte zu treffen, sodass sich eher ausreichend Liquidität für die Absorption des Marktdrucks finden lässt.

7. Marktintegritätsrisiken

Zur Eindämmung der Marktintegritätsrisiken wurden insbesondere Order-to-Transaction-Ratios, eine Mindest-Tick-Size, ein Verbot von Flash-Orders sowie eine Informationspflicht über die Funktionsweise von Algorithmen geprüft. Zudem wurden die Auswirkungen auf antizipierende Strategien und manipulative Praktiken auch bei Instrumenten untersucht, die vorrangig ein anderes Ziel verfolgen. Die Verhinderung manipulativer Praktiken durch systemische Vorgaben wäre grundsätzlich attraktiv. Es hat sich allerdings gezeigt, dass sich die geprüften Massnahmen meist negativ auf die Marktqualität auswirken oder kaum effektiv sind. Insbesondere die Liquidität wird regelmässig beeinträchtigt, was bei Investoren schnell zusätzliche Transaktionskosten im Bereich von etlichen Milliarden pro Jahr verursachen kann. Sämtliche vorgeschlagenen und teilweise bereits implementierten Regulierungsinstrumente zur Eindämmung von Marktintegritätsrisiken dürften daher eine negative Kosten-Nutzen-Bilanz aufweisen. Die Ergebnisse implizieren, dass keine Order-to-Transaction-Ratios festgelegt werden und sich die Finanzmarktaufsichtsbehörden auf die Marktaufsicht *ex post* konzentrieren sollten.

Teil 4   Institutsregulierung

Dieser vierte Teil der Arbeit hat die Institutsregulierung zum Gegenstand und ist damit der erste von drei primär rechtsdogmatischen Teilen. In vier Kapiteln sollen verschiedene Aspekte der Regulierung von Finanzinstituten untersucht werden, die für den Hochfrequenzhandel bedeutsam sind. Da das europäische Recht in den nachfolgenden Kapiteln jeweils im Rahmen einer funktionalen Rechtsvergleichung berücksichtigt wird, erscheinen vorab gewisse allgemeine Hinweise zum doch stark fragmentierten europäischen Finanzmarktrecht angezeigt. Das Kapitel 13 ist daher den für den Hochfrequenzhandel bedeutsamen europäischen Rechtsquellen und Legaldefinitionen gewidmet. In Kapitel 14 folgt eine Prüfung der institutionellen Erfassung von Hochfrequenzhändlern, und in Kapitel 15 sollen die mit der Qualifikation als Effektenhändler (CH-Terminologie) beziehungsweise Wertpapierfirma (EU-Terminologie) verbundenen Verpflichtungen überblicksweise aufgeführt und die rechtspolitische Frage nach der Erforderlichkeit der Qualifikation von Hochfrequenzhändlern als beaufsichtigtes Finanzinstitut beantwortet werden. In Kapitel 16 werden schliesslich die besonderen Pflichten bei algorithmischem Handel erläutert, auf ihre Legalität hin überprüft und kritisch gewürdigt.

§ 13 Europäische Rechtsquellen und Definitionen

I. Rechtsquellen

In diesem Abschnitt sollen die für den Hochfrequenzhandel bedeutsamsten europäischen Rechtsakte aufgeführt und der Regulierungsgegenstand derselben kurz dargestellt werden. Der besseren Lesbarkeit wegen wird jeweils direkt von der Verpflichtung von Finanzinstituten oder Marktteilnehmern gesprochen, selbst wenn sich die Verpflichtung aus einer an die Mitgliedstaaten adressierten Richtlinie ergibt.

1. Wertpapierfirmen und -märkte (MiFID II, MiFIR, EMIR)

Die Richtlinie über Märkte für Finanzinstrumente (*Markets in Financial Instruments Directive*; MiFID)[1] sowie deren Durchsetzungsrechtsakte sind nebst den Marktmissbrauchserlassen[2] die für den Hochfrequenzhandel bedeutendsten geltenden Rechtsquellen. Die MiFID enthält Zulassungsvoraussetzungen sowie eine Reihe von Pflichten für Wertpapierfirmen und geregelte Märkte, Anforderungen für systematische Internalisierer und Betreiber von multilateralen Handelssystemen (MTF) sowie Bestimmungen zur Aufsicht durch die zuständigen nationalen Behörden, die Esma und die Kommission. Für die Finanzmarktinfrastrukturen sind auf europäischer Ebene nebst MiFID insbesondere auch die Verordnung über OTC-Derivate, zentrale Gegenparteien und Transaktionsregister (*European Markets Infrastructure Regulation*; EMIR)[3] sowie die Verordnung über Zentralverwahrer (*Central Securities Depositories Regulation*; CSDR)[4] von Bedeutung.

Im Sommer 2014 erließ der europäische Gesetzgeber mit der Verordnung über Märkte für Finanzinstrumente (*Markets in Financial Instruments Regulation*;

---

[1] RL 2004/39/EG des Europäischen Parlaments und des Rates vom 21. April 2004, ABlEG v. 30.4.2004, L 145/1, geändert durch die Richtlinien RL 2006/31/EG vom 5. April 2006, ABlEG v. 27.4.2006, L 114/60, RL 2007/44/EG vom 5. September 2007, ABlEG v. 21.9. 2007, L 247/1, RL 2008/10/EG vom 11. März 2008, ABlEG v. 19.3.2008, L 76/33 und RL 2010/78/EU vom 24. November 2010, ABlEU v. 15.12.2010, L 331/120.
[2] Hierzu sogleich 488 f.
[3] VO 648/2012 des Europäischen Parlaments und des Rates vom 4. Juli 2012, ABlEU v. 27.7.2012, L 201/1.
[4] VO 909/2014 des Europäischen Parlaments und des Rates vom 23. Juli 2014, ABlEU v. 28.8.2014, L 257/1.

MiFIR) und einer revidierten Richtlinie zum selben Gegenstand (MIFID II) zwei Rechtsakte, die das MiFID-Regime ersetzten.[5] Art. 17 MiFID II enthält diverse Vorgaben für Wertpapierfirmen, die algorithmischen Handel betreiben, und in den Art. 48 f. MiFID II finden sich Handelsplatzpflichten, die einen geordneten Handel gewährleisten sollen und damit vor allem gegen negative Auswirkungen des algorithmischen Handels gerichtet sind. Für diese drei Bestimmungen hat die Europäische Kommission und die Esma nicht weniger als sieben technische Regulierungsstandards (*Regulatory Technical Standards*; RTS) geschaffen: In RTS 6 werden die organisatorischen Vorgaben für algorithmischen Handel betreibende Wertpapierfirmen und in RTS 7 jene für Handelsplätze präzisiert, RTS 8 betrifft allein die zu schliessenden Market-Making-Vereinbarungen und RTS 9 die Order-to-Transaction-Ratios (OTRs), RTS 10 enthält Vorgaben für Co-Location-Dienstleistungen und Gebührenordnungen, RTS 11 betrifft das Tick-Size-Regime und RTS 12 schliesslich die Handelsunterbrüche bei kurzfristigen erheblichen Preisbewegungen.[6] Ausserdem hat die Kommission delegierte Rechtsakte erlassen, von denen vor allem die delegierte Verordnung 2017/565 (in Bezug auf die organisatorischen Anforderungen an Wertpapierfirmen und die Bedingungen für die Ausübung ihrer Tätigkeit sowie in Bezug auf die Definition bestimmter Begriffe) für den Hochfrequenzhandel von Bedeutung ist, da diese Verordnung Legaldefinitionen für den algorithmischen Handel, die hochfrequente algorithmische Handelstechnik und den direkten elektronischen Zugang enthält (Art. 18 ff.).

MiFID II und MiFIR sind auf den 2. Juli 2014 in Kraft getreten.[7] Auf dieses Datum hin erlangten allerdings lediglich die institutionellen Auftragsnormen Geltung, während die übrigen Bestimmungen – also der eigentliche Gehalt der Rechtsakte – ursprünglich ab dem 3. Januar 2017 hätten gelten sollen (Art. 55 MiFIR; Art. 93 Abs. 1 MiFID II). Mit der Verordnung 2016/1033[8] und der Richtlinie 2016/1034[9] vom 23. Juni 2016 schob der Europäische Gesetzgeber die

---

[5] VO 600/2014 des Europäischen Parlaments und des Rates vom 15. Mai 2014, ABlEU v. 12.6.2014, L 173/84 (MiFIR); RL 2014/65/EU des Europäischen Parlaments und des Rates vom 15. Mai 2014, ABlEU v. 12.6.2014, L 173/349 (MiFID).

[6] Siehe hierzu den Überblick über die im Rahmen der MiFID/MiFIR erlassenen RTS und ITS, abrufbar unter *https://ec.europa.eu/info/sites/info/files/mifid-mifir-its-rts-overview-table_en.pdf*.

[7] Dies ergibt sich aus Art. 55 MiFIR und Art. 96 MiFID II; diesen Bestimmungen zufolge tritt die Verordnung am zwanzigsten Tag nach ihrer Publikation im Amtsblatt in Kraft; die Publikation der Erlasse erfolgte am 12. Juni 2014.

[8] VO 2016/1033 des Europäischen Parlaments und des Rates vom 23. Juni 2016, ABlEU v. 30.6.2016, L 175/1.

[9] RL 2016/1034 des Europäischen Parlaments und des Rates vom 23. Juni 2016, ABlEU v. 30.6.2016, L 175/8.

Geltung um ein Jahr auf, sodass das neue Regime erst seit dem 3. Januar 2018 gilt.[10] An diesen Bestimmungen hat sich der schweizerische Gesetzgeber beim Erlass des Finanzmarktinfrastrukturgesetzes (FinfraG) und der Finanzmarktinfrastrukturverordnung (FinfraV) orientiert.[11]

2. Kreditinstitute (CRD IV, CRR und RRD)

Abgesehen vom MiFID-Regime sind für die Regulierung von Finanzinstituten vor allem die Kapitaladäquanzrichtlinie (*Capital Requirements Directive*; CRD IV)[12] sowie die Kapitaladäquanzverordnung (*Capital Requirements Regulation*; CRR)[13] zentral.[14] Anders als es die Bezeichnungen vermuten liessen, regeln diese zwei Erlasse keineswegs nur die Kapitalanforderungen an Kreditinstitute, sondern auch diverse weitere Aspekte, die für die Regulierung und Aufsicht von Wertpapierfirmen von Bedeutung sind. Gegenstand der Richtlinie CRD IV sind etwa Zulassungsvoraussetzungen für Institute (d.h. Kreditinstitute und Wertpapierfirmen)[15], Bestimmungen zum Risikomanagement und zur Vergütungspolitik sowie Aufsichtsbefugnisse und -instrumente. Die Verordnung (CRR) enthält nebst den Eigenmittel- und Liquiditätsanforderungen im engeren Sinne Vorschriften zur Begrenzung von Grosskrediten, Bestimmungen zu Forderungen aus übertragbaren Kreditrisiken und zur Verschuldungsquote (*leverage ratio*) sowie Berichts- und Offenlegungspflichten. Für Wertpapierfirmen sind vor allem die Bestimmungen zu den Eigenmitteln, zur Governance (inkl. Vergütungen), zum Risikomanagement und zu den Kapital-Puffern sowie jene zur prudentiellen Aufsicht durch die zuständigen Behörden von Bedeutung.[16] Ergänzt werden CRR und CRD IV durch die *Recovery and Resolution Directive*

---

[10] Siehe die Website der EU zur Aktualisierung der Vorschriften für Märkte für Finanzinstrumente, verfügbar unter *https://ec.europa.eu/info/business-economy-euro/banking-and-finance/financial-markets/securities-markets_en*.

[11] Zur Bedeutung für den schweizerischen Gesetzgeber *Botschaft FinfraG 2014*, 7505 ff.; *EB FinfraV I 2015*, 3 ff.; zur Bedeutung für die Revision von MiFID siehe die Erwägungsgründe 59 ff. zu MiFID II.

[12] RL 2013/36/EU des Europäischen Parlaments und des Rates vom 26. Juni 2013, ABlEU v. 27.6.2013, L 176/338.

[13] RL 575/2013 des Europäischen Parlaments und des Rates vom 26. Juni 2013, ABlEU v. 27.6.2013, L 176/1.

[14] Beide Erlasse gelten im Wesentlichen seit dem 1. Januar 2014; siehe Art. 521 Abs. 2 CRR; Art. 162 Abs. 1 CRD IV.

[15] Siehe Art. 4 Abs. 1 Nr. 3 CRR und Art. 3 Abs. 1 Nr. 3 CRD IV.

[16] *Moloney* (2014), 382.

(RRD)[17], die Vorschriften und Verfahren für die Sanierung und Abwicklung von Kreditinstituten, Wertpapierfirmen sowie verwandter Institute enthält.

3. Investmentfonds (UCITS & AIFMD)

Im ersten Teil wurde darauf hingewiesen, dass einige Investmentfonds Hochfrequenzhandel betreiben.[18] Investmentfonds sind auf europäischer Ebene hauptsächlich durch die OGAW-Richtlinie (*Undertakings for the Collective Investment in Transferable Securities*; UCITS V)[19] und die AIFM-Richtlinie (*Alternative Investment Fund Manager Directive*; AIFMD)[20] sowie deren Durchführungsrechtsakte reguliert. Daneben sind namentlich die Risikokapitalfondsverordnung[21], die Verordnung über Fonds für soziales Unternehmertum[22] sowie die allgemeinen Bestimmungen in MiFID (II) von Bedeutung.[23]

4. Marktmissbrauch (MAR & CRIM-MAD)

Für den Hochfrequenzhandel ebenfalls von zentraler Bedeutung ist die Marktmissbrauchsregulierung. Unter den Begriff des Marktmissbrauchs werden Insidergeschäfte, die unrechtmässige Offenlegung von Insiderinformationen sowie die Marktmanipulation gefasst (Art. 1 MAR). Bis vor Kurzem war der Marktmissbrauch in der Marktmissbrauchsrichtlinie (MAD)[24] sowie den dazugehörigen Durchsetzungsrechtsakten und technischen Regulierungsstandards geregelt.[25] Seit dem 3. Juli 2016 gilt nun mit der Marktmissbrauchsverordnung

---

17 RL 2014/59/EU des Europäischen Parlaments und des Rates vom 15. Mai 2014, AB1EU v. 12.6.2014, L 173/190.
18 Vorn 11 f.
19 RL 2009/65/EG des Europäischen Parlaments und des Rates vom 13. Juli 2009, AB1EG v. 17.11.2009, L 302/32, geändert durch die RL 2014/91/EU des Europäischen Parlaments und des Rates vom 23. Juli 2014, AB1EU v. 28.8.2014, L 257/186.
20 RL 2011/61/EU des Europäischen Parlaments und des Rates vom 8. Juni 2011, AB1EU v. 1.7.2011, L 174/1.
21 VO 345/2013 des Europäischen Parlaments und des Rates vom 17. April 2013, AB1EU v. 25.4.2013, L 115/1.
22 VO 346/2013 des Europäischen Parlaments und des Rates vom 17. April 2013, AB1EU v. 25.4.2013, L 115/18.
23 Zu MiFID (II) vorn 485 ff.
24 RL 2003/6/EG des Europäischen Parlaments und des Rates vom 28.01.2003, AB1EG v. 12.4.2003, L 96/16, geändert durch RL 2008/26/EG des Europäischen Parlaments und des Rates vom 11.03.2008, AB1EG v. 20.3.2008, L 81/42, und die RL 2010/78/EU des Europäischen Parlaments und des Rates vom 24.11.2010, AB1EU v. 15.12.2010, L 331/120.
25 Zu den Durchführungsakten zählen die VO 2273/2003 der Kommission vom 22.12.2003 betreffend die Ausnahmeregelungen für Rückkaufprogramme und Kursstabilisierungs-

(MAR)[26] sowie der Richtlinie über strafrechtliche Sanktionen bei Marktmissbrauch[27] (CRIM-MAD; MAD II)[28] ein neues Regime.[29] Bei der Revision spielte der algorithmische Handel im Allgemeinen und der Hochfrequenzhandel im Besonderen eine Rolle.[30] Da mit der Missbrauchsregulierung Organisationspflichten verknüpft sind, erstreckt sich deren Bedeutung nicht nur auf die Marktregulierung, sondern auch auf die Instituts- und die Handelsplatzregulierung.[31]

5. Weitere Erlasse

Abgesehen von den bereits erwähnten Erlassen sind für die Finanzmarktregulierung im Allgemeinen und die Regulierung des Hochfrequenzhandels im Besonderen diverse weitere Erlasse von Bedeutung. Herausgegriffen werden sollen hier die Benchmark-Verordnung und die Leerverkaufsverordnung (Short-Selling-Verordnung). Ferner wäre etwa auch an die Transparenzrichtlinie[32] sowie die Prospektrichtlinie[33] zu denken.

---

massnahmen, ABlEG v. 22.12.2003, L 336/33, die RL 2003/124/EG der Kommission vom 22. Dezember 2003 betreffend die Begriffsbestimmung und die Veröffentlichung von Insider-Informationen und die Begriffsbestimmung der Marktmanipulation, ABlEG v. 24.12.2003, L 339/70, die RL 2003/125/EG der Kommission vom 22. Dezember 2003 betreffend die sachgerechte Darbietung von Anlageempfehlungen und die Offenlegung von Interessenkonflikten sowie die RL 2004/72/EG der Kommission vom 29. April 2004 betreffend zulässige Marktpraktiken, die Definition von Insider-Informationen in Bezug auf Warenderivate, die Erstellung von Insider-Verzeichnissen, die Meldung von Eigengeschäften und die Meldung verdächtiger Transaktionen [...], ABlEG v. 30.4.2004, L 162/70; siehe auch *Lutter/Bayer/Schmidt* (2012), § 35 N 3; Delegationsbestimmungen für technische Durchführungsstandards sind Art. 1 Abs. 1 Nr. 5 Unterabs. 2, Art. 6 Abs. 11 und Art. 8 Abs. 2 MAD.

[26] VO 596/2014 des Europäischen Parlaments und des Rates vom 16. April 2014, ABlEU v. 12.6.2014, L 173/1 (MAR).

[27] Der Titel der Richtlinie wurde fehlerhaft ins Deutsche übersetzt; so wird fälschlicherweise von strafrechtlichen Sanktionen bei Marktmanipulation gesprochen.

[28] RL 2014/57/EU des Europäischen Parlaments und des Rates vom 16. April 2014, ABlEU v. 12.6.2014, L 173/179 (CRIM-MAD).

[29] Zur Geltung Art. 37 und 39 Abs. 2 MAR und Art. 13 Abs. 1 CRIM-MAD; in Kraft traten MAR und CRIM-MAD bereits auf den 2. Juli 2014; siehe Art. 39 Abs. 1 MAR und Art. 14 CRIM-MAD, wonach die Bestimmungen am zwanzigsten Tag nach ihrer Publikation im Amtsblatt in Kraft treten; die Publikation der Erlasse erfolgte am 12.6.2014.

[30] Siehe Art. 12 Abs. 2 lit. c sowie Erwägungsgrund 38 MAR.

[31] Zu diesen Organisationspflichten hinten 620 ff., 857 ff.

[32] RL 2004/109/EG des Europäischen Parlaments und des Rates vom 15. Dezember 2004, ABlEG v. 31.12.2004, L 390/38.

[33] RL 2003/71/EC des Europäischen Parlaments und des Rates vom 4. November 2003, ABlEG v. 31.12.2003, L 345/64.

a) Benchmark-Verordnung

Auf die medienwirksamen Skandale um die Manipulation von Libor und Euribor durch mehrere Grossbanken reagierte der Europäische Gesetzgeber, indem er diese Verhaltensweisen als Tatbestände in die Marktmissbrauchsverordnung (MAR) sowie die Marktmissbrauchsrichtlinie (CRIM-MAD) aufnahm (Art. 1 Abs. 4 lit. c und Art. 5 Abs. 2 lit. d CRIM-MAD; Art. 2 Abs. 2 lit. c MAR und Art. 12 Abs. 1 lit. d MAR).[34] Als weitere Massnahme erliess er die sogenannte Benchmark-Verordnung[35], die am 30. Juni 2016 in Kraft trat und seit dem 1. Januar 2018 gilt (Art. 59 der Benchmark-Verordnung). Die Verordnung bezweckt, einen gemeinsamen Rahmen zur Sicherstellung der Genauigkeit und Integrität von Indizes zu schaffen, die als Referenzwert bei Finanzinstrumenten und Finanzkontrakten oder zur Messung der Wertentwicklung von Investmentfonds verwendet werden (Art. 1 der Benchmark-Verordnung).

b) Leerverkaufsverordnung

Mit der seit dem 1. November 2012 geltenden Leerverkaufsverordnung (*Short Selling Regulation*; SSR)[36] schaffte der europäische Gesetzgeber Transparenzvorschriften und Regeln zur Beschränkung ungedeckter Leerverkäufe.[37] Er reagierte damit auf die bei der Aufarbeitung der Finanzkrise ab 2007 vereinzelt geäusserte Befürchtung, dass Leerverkäufe Abwärtsspiralen verstärkten und daher eine Quelle systemischer Risiken darstellten.[38] Die Regulierung von Leerverkäufen wird im Kapitel 20 einer genaueren Betrachtung unterzogen und kritisch gewürdigt.[39]

II. Definitionen

MiFID II enthält Legaldefinitionen für den algorithmischen Handel, die hochfrequente algorithmische Handelstechnik sowie den direkten elektronischen Zugang. Zudem verwendet die Richtlinie in diversen Bestimmungen den Begriff

---

[34] Zum Liborskandal als Anlass siehe Erwägungsgrund 7 zur CRIM-MAD und Erwägungsgrund 44 zur MAR; zur Definition des Referenzwerts Art. 3 Abs. 1 Nr. 29 MAR.
[35] VO 2016/1011 des Europäischen Parlaments und des Rates vom 8. Juni 2016, ABlEU v. 29.6.2016, L 171/1.
[36] VO 236/2012/EU des Europäischen Parlaments und des Rates vom 14. März 2012, ABlEU v. 24.3.2012, L 86/1.
[37] Für den Geltungszeitpunkt siehe Art. 48 Abs. 2 SSR.
[38] Siehe Erwägungsgrund 1 zur Leerverkaufsverordnung; siehe auch *Schlimbach* (2015), 43 ff.; *Gruber* (2014), 1 ff., 11 ff.
[39] Hinten 709 ff.

des Marktteilnehmers. Diese vier Begriffe sollen nachfolgend erläutert werden, wobei der Fokus auf den auch für das schweizerische Recht bedeutsamen Begriff des algorithmischen Handels gelegt wird.[40] Mit ihrer delegierten Verordnung 2017/565[41] hat die Europäische Kommission die drei erstgenannten Begriffe weiter präzisiert, sodass sich die Auslegung an den massgeblichen Bestimmungen und Erwägungsgründen dieser Verordnung orientiert.

1. Algorithmischer Handel

a) Begriffsmerkmale

Als algorithmischer Handel wird der Handel mit einem Finanzinstrument bezeichnet, bei dem ein Computeralgorithmus einzelne Auftragsparameter automatisch bestimmt (vgl. Art. 4 Abs. 1 Nr. 39 MiFID II).[42] Drei, den algorithmischen Handel kennzeichnende Begriffsmerkmale können aus dieser Definition entnommen werden: (a) der Handel mit einem Finanzinstrument, (b) die Auftragsparameter und (c) die automatische Bestimmung derselben durch einen Computeralgorithmus.

aa) Handel mit einem Finanzinstrument

Das Begriffsmerkmal *Handel mit einem Finanzinstrument* enthält mit dem Handel und dem Finanzinstrument zwei präzisierungsbedürftige Teilbegriffe. Als Finanzinstrument gelten gemäss Art. 4 Abs. 1 Nr. 15 MiFID II die in Anhang I Abschnitt C genannten Instrumente, also übertragbare Wertpapiere, Geldmarktinstrumente, Anteile an Organismen für gemeinsame Anlagen, Emissionszertifikate sowie Optionen, Terminkontrakte (Futures), Swaps und diverse weitere Derivate.[43] Demgegenüber findet sich soweit ersichtlich im Unionsrecht keine Antwort auf die Frage, welche Tätigkeiten vom Begriff *Handel* erfasst sind. Die systematische Auslegungsmethode könnte bei der Präzisierung des Begriffs helfen, da erstens Legaldefinitionen für verwandte Begriffe existieren wie den Handel für eigene Rechnung (Art. 4 Abs. 1 Nr. 6 MiFID II) sowie die für die ver-

---

40 Hierzu hinten 595 ff.
41 Delegierte VO 2017/565/EU der Europäischen Kommission vom 25. April 2016 zur Ergänzung der Richtlinie 2014/65/EU des Europäischen Parlaments und des Rates in Bezug auf die organisatorischen Anforderungen an Wertpapierfirmen und die Bedingungen für die Ausübung ihrer Tätigkeit sowie in Bezug auf die Definition bestimmter Begriffe für die Zwecke der genannten Richtlinie, ABlEU v. 31.3.2017, L 87/1.
42 Von der deutschsprachigen Legaldefinition wurde hier nicht ohne Grund abgewichen, hierzu sogleich 494.
43 Für eine genaue Auflistung siehe Anhang I Abschnitt C zu MiFID II.

schiedenen Handelssysteme verwendeten Begriffe (siehe Art. 4 Abs. 1 Nr. 21 ff. MiFID II), und zweitens die in derselben Bestimmung aufgeführten Auftragsparameter als zweites Begriffsmerkmal des algorithmischen Handels Rückschlüsse auch für den Begriff des Handels zulassen. Daraus kann abgeleitet werden, dass sicherlich Aufträge aller Art vom Begriff des Handels erfasst sein dürften, die rechtlich einen Antrag oder eine Annahme darstellen.[44] Geschäftsabschlüsse sind demnach also nicht erforderlich; Anträge auf Vertragsschluss reichen aus. Der algorithmische Handel wird unter anderem ja gerade deshalb kritisiert, weil er gekennzeichnet ist durch eine grosse Anzahl stornierter Aufträge.[45]

Reichen Antrag und Annahme aus, stellt sich weiter die Frage, ob auch blosse Interessensbekundungen wie etwa Einladungen zur Offertstellung (*invitatio ad offerendum*) vom Begriff des Handels erfasst sind. Die Frage ist insofern von Bedeutung, als Handelsplätze teilweise als IOI (*Indication of Interest*) oder RFQ (*Request for Quote*) solche Einladungen zur Offertstellung als Mitteilungsart anbieten.[46] Die Legaldefinitionen zu den Handelssystemen (Art. 4 Abs. 1 Nr. 21 ff. MiFID II) implizieren eine Erfassung von solchen Interessensbekundungen, denn die Systeme sind insbesondere dadurch gekennzeichnet, dass sie die Interessen einer Vielzahl Dritter am Kauf und Verkauf von Finanzinstrumenten zusammenführen. Eine auf den Abschluss eines Vertrags gerichtete Mitteilung – also auch bloss Interessensbekundungen – dürfte aus einer systematischen Sicht entsprechend genügen, womit funktional der Vorteil einhergeht, dass es Wertpapierfirmen schwerer fallen dürfte, die Erfassung als algorithmische Händler zu umgehen.

bb) Auftragsparameter

Als zweites Begriffsmerkmal setzt die Legaldefinition des algorithmischen Handels Auftragsparameter voraus (Art. 4 Abs. 1 Nr. 39 MiFID II). Mit dem Zeitpunkt, dem Preis und der Quantität nennt die Bestimmung verschiedene Auftragsparameter ausdrücklich. Abgesehen davon sind viele weitere Auftragsparameter denkbar, denn nach dem Wortlaut der Bestimmung ist die Aufzählung nicht abschliessend.[47] Weitere Auftragsparameter sind Auftragszusätze wie etwa Time-in-Force-Regeln (Good-till-cancel, Good-till-Day, At-the-Opening, At-the-Close sowie Immediate-or-cancel oder Fill-or-kill), Mindestausführgrössen,

---

[44] Immerhin setzt das Definitionsmerkmal der Auftragsparameter implizit Aufträge voraus; weniger klar ist demgegenüber Art. 4 Abs. 1 Nr. 6 MiFID II, denn nach dem Wortlaut dieser Bestimmung müssten die Aufträge zum Abschluss von Geschäften führen.
[45] Vorn 463.
[46] Zu IOI-Mitteilungen *Banks* (2014), 50 f.; zu RFQ *Esma Report Draft RTS & ITS 2015*, Nr. 3.1.3 (195).
[47] Dies zeigt die Wortwahl «z. B.» bzw. «*such as*».

oder die besonderen Zusätze ISO und Post-only.[48] Ferner dürfte im weiteren Sinne auch die verwendete Auftragsart (Limit-Order, Market-Order, Marketable Order, Peg-Order wie Primary, Market- oder Midpoint-Peg, Stop-Order, Iceberg- oder Reserve-Orders sowie Hidden oder Non-displayed Order) zu den Auftragsparametern zu zählen sein.[49] Ausserdem sind nach Art. 4 Abs. 1 Nr. 39 MiFID II explizit auch die Entscheidung, ob überhaupt ein Auftrag eingeleitet wird, sowie die Bearbeitung des Auftrags nach der Einreichung erfasst. Mit dem Begriff der Auftragsbearbeitung dürfte unter Berücksichtigung der englischen Terminologie (*manage*) und des entsprechenden Kennzeichnungsmerkmals der hochfrequenten algorithmischen Handelstechnik[50] grundsätzlich auch die Auftragsstornierung erfasst sein. In Art. 18 der delegierten Verordnung 2017/565 präzisierte die Kommission, dass der algorithmische Handel die folgenden Phasen betreffen kann: die Einleitung, das Erzeugen, das Weiterleiten oder die Ausführung von Aufträgen oder Quotes. Für die Qualifikation als algorithmischer Handel nicht ausschlaggebend soll demgegenüber – wie noch zu zeigen sein wird – die Wahl des Handelsplatzes sein.[51]

cc)   Automatische Bestimmung durch Computeralgorithmus

Schliesslich verlangt die Legaldefinition des algorithmischen Handels als drittes Begriffsmerkmal eine automatische Bestimmung der einzelnen Auftragsparameter durch einen Computeralgorithmus. Als Algorithmen werden Verfahrensregeln zur Lösung von Problemen bezeichnet.[52] Algorithmen beschreiben die Art und Weise, wie Masse, Energie und Information (Daten und Befehle) als Inputs durch ein Handlungssystem (systemtheoretisches Modell) in einen anderen, ebenfalls durch Masse, Energie und Information beschriebenen Systemoutput überführt werden können.[53] Der Begriff Computeralgorithmus wiederum bedeutet, dass der Algorithmus nicht durch ein menschliches Handlungssystem, sondern durch ein technisches Handlungssystem (oder besser Sachsystem) implementiert wird.[54] Umgesetzt werden Computeralgorithmen durch Computerprogramme: Während Algorithmen abstrakt das Verfahren zur Problemlösung beschreiben, erhalten sie durch das in einer Programmiersprache formulierte Programm eine Form, die eine Durchführung der Verfahrensschritte durch eine

---

[48]   Zu den Auftragszusätzen im Detail vorn 38 ff.
[49]   Hierzu vorn 36 ff., 41 ff., 47 ff.
[50]   Gemäss Art. 4 Abs. 1 Nr. 40 lit. c MiFID II wird diese mitunter durch ein hohes Mitteilungsaufkommen in Form von Aufträgen, Quotes oder Stornierungen gekennzeichnet.
[51]   Hinten 495 f.
[52]   Siehe etwa *Pomberger/Dobler* (2008), 32 f., 82; *Ropohl* (2009), 51, 68, 207.
[53]   Zum Modell des Handlungssystems *Ropohl* (2009), 89 ff.; siehe insb. die Grafik auf S. 97.
[54]   Zu menschlichen Handlungssystemen und Sachsystemen *Ropohl* (2009), 107 ff., 117 ff.

Maschine ermöglicht und die je nach Programmiersprache unterschiedlich sein kann.⁵⁵

Computeralgorithmus und Automatisierung sind begrifflich eng miteinander verknüpft, impliziert der Begriff des Computeralgorithmus doch, dass die Verfahrensschritte automatisch, also ohne oder zumindest mit eingeschränktem Zutun eines Menschen (bzw. eines menschlichen Handlungssystems) durchgeführt werden. In rechtlicher Hinsicht stellt sich die Frage, welchen Grad an Automatisierung erreicht werden muss, damit eine Tätigkeit dem algorithmischen Handel zuzuordnen ist. Der deutsche Wortlaut von Art. 4 Abs. 1 Nr. 39 MiFID II könnte zunächst vermuten lassen, dass der Algorithmus sämtliche Auftragsparameter automatisch bestimmen muss, bezeichnet er doch als algorithmischen Handel den *«Handel mit einem Finanzinstrument, bei dem ein Computeralgorithmus die einzelnen Auftragsparameter automatisch bestimmt».*⁵⁶ Allerdings bezeichnet die Bestimmung sodann für den besonderen Fall der Bearbeitung des Auftrags nach seiner Einreichung auch die bloss eingeschränkte menschliche Beteiligung als Erscheinungsform des algorithmischen Handels. Die englische Fassung von MiFID II offenbart, dass die Bestimmung mangelhaft ins Deutsche übersetzt worden sein dürfte, denn sie lautet: «‹*algorithmic trading› means trading in financial instruments where a computer algorithm automatically determines individual parameters of orders [...].*»⁵⁷ In der deutschen Fassung sollte also *«die einzelnen Auftragsparameter»* mit *«einzelne Auftragsparameter»* ersetzt werden, was dann bedeutet, dass Computeralgorithmen nicht sämtliche Auftragsparameter bestimmen müssen. Vielmehr reicht es aus, wenn sie einzelne Auftragsparameter automatisch bestimmen.

b) Algorithmen für Anlageentscheidungen und solche für die Auftragsausführung

In der delegierten Verordnung 2017/589 vom 19. Juli 2016 zur Festlegung der organisatorischen Anforderungen an Wertpapierfirmen, die algorithmischen Handel betreiben (RTS 6), unterscheidet die Europäische Kommission explizit

---

⁵⁵ Zu den Unterschieden zwischen Algorithmus und Programm etwa *Pomberger/Dobler* (2008), 82; demgegenüber etwas unpräzise auch die *Esma Leitlinien «Systeme und Kontrollen» 2012*, 6, wonach ein Handelsalgorithmus Computersoftware ist, die auf der Basis von Schlüsselparametern, welche von einer Wertpapierfirma oder von einem Kunden einer Wertpapierfirma festgelegt werden, arbeitet, und die als Reaktion auf Marktdaten Aufträge generiert, welche automatisch an Handelsplattformen gesendet werden.
⁵⁶ In diesem Sinne auch *Leisinger* (2017), N 11 zu Art. 30 FinfraG für das schweizerische Recht.
⁵⁷ Bekanntlich sind auf europäischer Ebene gewisse Sprachen *«gleicher als andere»*, *Mayer* (2005), 374.

zwischen Algorithmen für Anlageentscheidungen und Algorithmen für die Auftragsausführung.[58] Für Algorithmen, die nicht zur Auftragsausführung führen, sieht sie insofern eine Erleichterung vor, als die Testanforderungen nach Art. 5 Abs. 2 bis 5 für diese nicht gelten (Art. 5 Abs. 6). Ausserdem müssen Wertpapierfirmen für wiederholte automatische Auftragsausführungen Drosselungsmechanismen vorsehen (Art. 15 Abs. 3). Die Europäische Kommission begründete diese Ungleichbehandlung damit, dass sich die Anforderungen für Handelsalgorithmen nach den potenziellen Auswirkungen dieser Algorithmen auf das insgesamt faire und ordnungsgemässe Funktionieren des Marktes richten sollten.[59] Die Kommission schätzt also die Gefahr tiefer ein, wenn Menschen algorithmische Handelsentscheidungen letztlich ausführen – selbst wenn sie die Handelsentscheidungen nicht nachvollziehen können. Für diese Einschätzung dürfte der Flash-Crash vom 6. Mai 2010 verantwortlich sein, denn dieser wurde hauptsächlich auf ein unkontrolliertes algorithmisches Verkaufsprogramm zurückgeführt.[60] Hervorzuheben ist, dass nur eine Teilgruppe der Algorithmen für Anlageentscheidungen von den Testanforderungen ausgeschlossen sind, nämlich jene, die ausschliesslich Anlageentscheidungen herbeiführen und Aufträge erzeugen, die durch nicht automatisierte Mittel mit menschlicher Beteiligung ausgeführt werden.[61] Werden algorithmische Anlageentscheidungen automatisch ausgeführt, gelten die Anforderungen gemäss Art. 5 Abs. 2 bis 5 RTS 6 auch für diese Algorithmen.

c) Ausnahmen und Einzelfragen

aa) Automated-Order-Routing und Smart-Order-Routing

Ausgeschlossen sind gemäss Art. 4 Abs. 1 Nr. 39 MiFID II Systeme, die nur zur Weiterleitung von Aufträgen zu einem oder mehreren Handelsplätzen verwendet werden. In den Erwägungsgründen zur delegierten Verordnung 2017/565 präzisierte die Europäische Kommission, dass unter diese Ausnahme lediglich sogenannte Automated-Order-Router (AOR) fallen sollen, sofern diese Geräte lediglich den Handelsplatz oder die Handelsplätze festlegen, an den oder die der Auftrag übermittelt wird, ohne dass Änderungen an einem (anderen) Parameter vorgenommen werden.[62] Demgegenüber sollten Smart-Order-Router (SOR)

---

58 Erwägungsgrund 5 zur Verordnung; im ersten Teil wurden verschiedene Hochfrequenzhandelsstrategien und weitere Formen algorithmischen Handels beschrieben, unter anderem auch Auftragsausführungsalgorithmen, siehe vorn 92 f.
59 Erwägungsgrund 6 zur Verordnung.
60 Vorn 373 f.
61 Art. 5 Abs. 6 RTS 6 [*e contrario*]; der europäische Gesetzgeber hält dies auch ausdrücklich fest in Erwägungsgrund 6 zur Verordnung.
62 Erwägungsgrund 22 zur del. VO 2017/565/EU.

vom Begriff des algorithmischen Handels erfasst werden, also Geräte, die Algorithmen für die Optimierung von Prozessen zur Auftragsausführung verwenden, welche Parameter des Auftrags festlegen und nicht bloss den Handelsplatz oder die Handelsplätze wählen, an den oder die der Auftrag übermittelt wird.[63] Soweit die Wahl des Handelsplatzes als Auftragsparameter betrachtet wird, kann die Ausnahme für Automated-Order-Router als echte Ausnahme betrachtet werden.

bb) *Bedingte Aufträge*

Fragen werfen weiter bedingte Aufträge auf. Verwendet ein Händler beispielsweise Stop-Loss-Aufträge, so könnte argumentiert werden, dass Auftragsparameter – namentlich der Zeitpunkt – vom Computeralgorithmus bestimmt werden oder dass der Computeralgorithmus die Entscheidung über das Einreichen des Auftrags autonom fällt. Bei Peg-Orders könnte zudem argumentiert werden, dass Computerprogramme auch den Preis automatisch bestimmen.

Bedingte Aufträge können sowohl von Handelsplätzen als auch von Brokern angeboten werden. Bedeutsam ist, dass die Regeln gemäss Art. 17 MiFID II nur für Wertpapierfirmen gelten, die algorithmischen Handel betreiben, und dass der algorithmische Handel eine Person nicht zwingend zur Wertpapierfirma macht.[64] Kunden von Brokern werden also allein durch das Verwenden von bedingten Aufträgen selbst dann nicht zur Wertpapierfirma, wenn die bedingten Aufträge dem algorithmischen Handel zugeordnet werden. Denkbar aber wäre, dass der Broker, der diese bedingten Aufträge anbietet und auf fremde Rechnung – aber wohl in eigenem Namen[65] – handelt, als Wertpapierfirma gilt, die algorithmischen Handel betreibt.[66]

Der allgemeine Sprachgebrauch spricht gegen eine Erfassung handelsüblicher bedingter Aufträge durch den Begriff des algorithmischen Handels. Soweit ersichtlich gibt es zudem auch keine Hinweise dafür, dass der europäische Gesetzgeber bedingte Aufträge mit dem Begriff des algorithmischen Handels erfassen wollte. Ferner dürfte es auf den ersten Blick über den mit der Regulierung des algorithmischen Handels verfolgten Zweck der Beschränkung der vom algorithmischen Handel ausgehenden Risiken hinausgehen, handelsübliche bedingte Aufträge zu erfassen.[67] Zwar kann dem entgegen gehalten werden, dass möglich-

---

63 Erwägungsgrund 22 zur del. VO 2017/565/EU; zum Smart-Order-Routing vorn 29 f.
64 Hinten 512 ff.
65 Hierzu *S. Bühler* (2016), N 594; *Zobl/Kramer* (2004), N 1216.
66 Zur Qualifikation als Wertpapierfirma hinten 512 ff.
67 Zum Zweck der Begegnung von mit dem algorithmischen Handel einhergehenden Risiken Erwägungsgrund 59 zu MiFID II.

II. Definitionen

erweise gerade von Aufträgen wie Stop-Loss-Orders die grössten Marktrisiken ausgehen könnten, da diese Aufträge ein Herdenverhalten auslösen.[68] Dennoch dürften bedingte Aufträge aufgrund des gewöhnlichen Sprachgebrauchs sowie mangels eines erkennbaren gesetzgeberischen Willens nicht generell vom Begriff des algorithmischen Handels erfasst sein.

Sind handelsübliche bedingte Aufträge nicht vom Begriff des algorithmischen Handels erfasst, so ist die Abgrenzung der Begriffe von Bedeutung. Die Suche nach geeigneten Kriterien für diese Abgrenzung zeigt sich schwieriger, als dies auf den ersten Blick zu erwarten wäre. Zwar könnte etwa argumentiert werden, dass eine Person, die bedingte Aufträge einsetzt, für einen konkreten Fall einen Willen gebildet hat; dies gilt allerdings auch für jeden Algorithmus, bei dem diese Entscheidungen vorab von einem Programmierer getroffen werden. Des Weiteren wäre denkbar, die Zuordnung zum algorithmischen Handel von der Komplexität abhängig zu machen. Mehr als ein Indikator kann die Komplexität aber wohl ebenfalls nicht sein, denn gerade Algorithmen zur Verfolgung von Arbitragestrategien müssen nicht zwingend sehr komplex sein. Ausserdem kann – wie der Flash-Crash vom 6. Mai 2010 gezeigt hat[69] – von wenig komplexen Strategien eine genauso grosse oder noch grössere Gefahr für den ordnungsgemässen Handel ausgehen als von komplexeren Algorithmen. Die Geschwindigkeit ist im Übrigen ebenfalls nicht entscheidend für die Qualifikation als algorithmischer Handel, denn der algorithmische Handel ist wie gezeigt nicht mit dem Hochfrequenzhandel gleichzusetzen.[70] Soweit die Nähe zur menschlichen Willensbildung als Kriterium für den algorithmischen Handel herangezogen wird, kann die Bedeutung der Geschwindigkeit jedoch algorithmischen Handel immerhin indizieren. Schliesslich könnte die fehlende Handelsüblichkeit von bedingten Aufträgen ein Indikator für das Vorliegen algorithmischen Handels sein, und bedingte Aufträge, die algorithmische Handelsstrategien nachbilden, dürften tendenziell vom Begriff des algorithmischen Handels erfasst sein. Allerdings bilden die meisten bedingten Aufträge letztlich Methoden nach, die zuvor von Marktteilnehmern algorithmisch angewendet wurden, sodass selbst bei einer Nachbildung algorithmischer Handelsstrategien eine Qualifikation als algorithmischer Handel nicht zwingend erscheint.

Zusammenfassend muss festgehalten werden, dass kein einzelnes Kriterium identifiziert werden konnte, mit dem sich bedingte Aufträge vom algorithmischen Handel trennscharf abgrenzen liessen, sodass die Qualifikation als algorithmischer Handel anhand verschiedener Indikatoren beurteilt werden muss: der Nähe zur Willensbildung des Anwenders, der Komplexität, der Geschwin-

---

68 Hierzu vorn 385 f.
69 Zum Flash-Crash vorn 78, 373 ff.
70 Vorn 92 ff.

digkeit, der Handelsüblichkeit des bedingten Auftrags sowie der Frage, ob der bedingte Auftrag eine algorithmische Handelsstrategie nachbildet. Grundsätzlich sollte aber eine Vermutung gegen die Erfassung sprechen und handelsübliche bedingte Aufträge wie Stop-Loss-Aufträge und Peg-Orders sollten nicht zum algorithmischen Handel gezählt werden, sofern diese Aufträge von einem Menschen platziert werden.

cc) *Automatisierte Anlageberatung (Robo-Advice)*

Auf den ersten Blick ebenfalls unklar ist, ob die automatisierte Anlageberatung (auch «Robo-Advice») vom Begriff des algorithmischen Handels erfasst ist. Darunter sind Computerprogramme zu verstehen, die gestützt auf Angaben des Kunden individualisierte Anlageempfehlungen abgeben; nicht erfasst sind demgegenüber allgemeine Anlageempfehlungen, selbst wenn diese auf Algorithmen basieren.[71] Das erste Begriffsmerkmal des algorithmischen Handels, der Handel mit einem Finanzinstrument, liegt zumindest dann vor, wenn (a) der Kunde gestützt auf die Anlageempfehlung Wertpapiere kauft oder verkauft (bzw. Handlungen vornimmt, die auf einen Kauf oder Verkauf gerichtet sind) oder (b) das Computerprogramm über die reine Anlageberatung hinaus auch Wertpapiere kauft oder verkauft.[72] Das zweite Begriffsmerkmal setzt Auftragsparameter voraus. Nebst den klassischen Parametern Zeit, Preis und Quantität zählt auch die Entscheidung, ob der Auftrag eingeleitet werden soll, ausdrücklich zu den Auftragsparametern nach Art. 4 Abs. 1 Nr. 39 MiFID II.[73] Fraglich ist demgegenüber, ob der Automatisierungsgrad im Sinne des dritten Begriffsmerkmal für die Erfassung der automatisierten Anlageberatung ausreichend ist. In dieser Hinsicht ist nochmals klarzustellen, dass hierfür – anders als es der deutsche Wortlaut impliziert – genügt, wenn Algorithmen einzelne Auftragsparameter automatisch bestimmen.[74] Bei der automatisierten Anlageberatung ist mit der Anlageentscheidung nur ein Parameter betroffen, was somit genügen würde. Allerdings verbleibt dem Anleger hinsichtlich dieses einen Parameters bei der reinen automatisierten Anlageberatung die Entscheidungsgewalt darüber, ob er der algorithmischen Anlageempfehlung folgen will oder nicht. Art. 4 Abs. 1 Nr. 39 MiFID II allein deutet daher gegen eine Erfassung der reinen automatisierten Anlageberatung. Dem widersprechen jedoch die präzisierenden Ausführungen in der delegierten Verordnung vom 19. Juli 2016 zur Festlegung der organisatorischen Anforderungen an Wertpapierfirmen, die algorithmischen Handel betrei-

---

[71] Vgl. *Weber/Baisch* (2016), 1066 f.; siehe auch die Informationen der BaFin zu Robo-Advice und Auto-Trading, verfügbar unter *www.bafin.de/DE/Aufsicht/FinTech/Anlageberatung/anlageberatung_node.html*.
[72] Zum ersten Begriffsmerkmal vorn 491 f.
[73] Vorn 492 f.
[74] Vorn 493 f.

ben (RTS 6), unterscheidet die Europäische Kommission dort doch explizit zwischen Algorithmen für Anlageentscheidungen und Algorithmen für die Auftragsausführung.[75] Bei der automatisierten Anlageberatung dürfte es sich um ebensolche Algorithmen für Anlageentscheidungen handeln, die vom Begriff des algorithmischen Handels erfasst sind, aber für die Erleichterungen gelten.[76] Diese Interpretation des Begriffs des algorithmischen Handels dürfte sich noch im Rahmen des Zulässigen bewegen. Im Übrigen begründet der algorithmische Handel allein nicht die Anwendbarkeit des umfangreichen Pflichtenkatalogs, zumindest nicht für die Kunden der automatisierten Anlageberatung.[77]

dd)   *Weitere Ausnahmen*

Abgesehen von Systemen zur Weiterleitung von Aufträgen sind nach Art. 4 Abs. 1 Nr. 39 MiFID II auch Systeme zur Bearbeitung von Aufträgen ohne Bestimmung von Auftragsparametern sowie Systeme zur Bestätigung von Aufträgen oder zur Nachhandelsbearbeitung ausgeführter Aufträge ausgeschlossen. Dabei handelt es sich allerdings um unechte Ausnahmen, da bei all diesen Systemen keine Auftragsparameter automatisch bestimmt werden. In ihrer delegierten Verordnung 2017/565 ging die Europäische Kommission im Übrigen auch nicht weiter auf diese Ausnahmen ein.

2. Hochfrequente algorithmische Handelstechnik

Eine hochfrequente algorithmische Handelstechnik setzt nach Art. 4 Abs. 1 Nr. 40 MiFID II eine algorithmische Handelstechnik mit den folgenden Kennzeichen voraus: eine Infrastruktur zur Minimierung von Latenzen bei der Auftragsübertragung, Handelsentscheidungen durch das System ohne menschliche Intervention sowie ein hohes untertägiges Mitteilungsaufkommen in Form von Aufträgen, Quotes oder Stornierungen (Art. 4 Abs. 1 Nr. 40 MIFID II).

a)   Algorithmische Handelstechnik

Der Begriff der algorithmischen Handelstechnik dürfte sich mit dem soeben definierten algorithmischen Handel gleichsetzen lassen, sodass die hochfrequente algorithmische Handelstechnik nicht nur faktisch, sondern auch begrifflich eine Unterform des algorithmischen Handels darstellt.[78] Entsprechend kann in dieser

---

[75] Erwägungsgrund 5 zur Verordnung; vorn 494 f.
[76] Vorn 494 f.
[77] Zu den Anwendungsbereichen dieser Pflichten hinten 593 ff.
[78] So auch Erwägungsgrund 23 zur del. VO 2017/565/EU.

Hinsicht auf die Ausführungen im Abschnitt 1 (Algorithmischer Handel) verwiesen werden.[79]

b) Infrastruktur zur Minimierung von Latenzen

Damit der algorithmischen Handelstechnik eine hochfrequente Natur zugesprochen werden kann, verlangt MiFID II als erstes Kennzeichen eine Infrastruktur zur Minimierung von Netzwerklatenzen und anderen Verzögerungen bei der Auftragsübertragung (Art. 4 Abs. 1 Nr. 40 lit. a MiFID II). Die Bestimmung setzt explizit eine der drei folgenden Vorrichtungen für die Eingabe algorithmischer Aufträge voraus: Co-Location, Proximity-Hosting oder direkter elektronischer Hochgeschwindigkeitszugang. Bei den bereits vorn beschriebenen Co-Location-Dienstleistungen handelt es sich um die von Handelsplätzen (oder Dritten) angebotene Option, dass Teilnehmer ihre Server in physischer Nähe zum Handelssystem des Handelsplatzes stationieren können, typischerweise in eigens dafür vorgesehenen Rechnerzentren.[80] Als Proximity-Hosting wird eine üblicherweise nicht von den Handelsplätzen selbst, sondern von Dritten angebotene Dienstleistung bezeichnet, die ebenfalls einen sehr schnellen Zugang zu den Handelssystemen der Handelsplätze ermöglichen soll, wenngleich grundsätzlich nicht dieselben Geschwindigkeiten erreicht werden wie über einen Co-Location-Zugang (Exchange Hosting).[81] Direkte elektronische Hochgeschwindigkeitszugänge wiederum sind auf den ersten Blick eine schnelle Form des in Art. 4 Abs. 1 Nr. 41 MiFID II definierten direkten elektronischen Zugangs, den Teilnehmer (bzw. Kunden) von Handelsplätzen anderen Personen gewähren, damit diese Aufträge direkt elektronisch an den Handelsplatz übermitteln können. In der Regel dürfte es sich namentlich bei den geförderten Zugängen, bei denen die Kundenaufträge zur Minimierung der Latenzen nicht zuerst über die Systeme des Handelsplatzteilnehmers geleitet werden, um direkte elektronische Hochgeschwindigkeitszugänge handeln. Das Beispiel des Proximity-Hostings zeigt jedoch, dass der Rechtsbegriff der hochfrequenten algorithmischen Handelstechnik nicht die schnellstmögliche Verbindung voraussetzt. Es ist daher denkbar, dass nebst geförderten Zugängen (*Sponsored Access*) auch auf eine hohe Geschwindigkeit ausgerichtete direkte Marktzugänge (*Direct Market Access*) als

---

[79] Vorn 491 ff.
[80] Zur Co-Location Erwägungsgrund 62 zu MiFID II; vorn 287 f. und hinten 698 ff.
[81] Siehe bspw. *www.londonstockexchange.com/products-and-services/connectivity/hosting/proximityhosting/accredited-hosting.htm* für die London Stock Exchange; oder auch *www.limebrokerage.com/services*; siehe ausserdem *Mattig* (2014), 1940 ff.; zum Angebot durch Dritte siehe ausserdem Art. 1 Abs. 1 lit. d der Verordnung vom 6. Juni 2016 für Anforderungen zur Sicherstellung gerechter und nichtdiskriminierender Kollokationsdienste und Gebührenstrukturen (RTS 10).

direkte elektronische Hochgeschwindigkeitszugänge qualifiziert werden.[82] Da die Europäische Kommission in Art. 20 der delegierten Verordnung 2017/565 ausserdem klargestellt hat, dass nur Einrichtungen als direkter elektronischer Zugang qualifiziert werden, bei denen der Kunde Ermessen bezüglich des genauen Bruchteils einer Sekunde der Auftragserfassung sowie der Dauer des Auftrags innerhalb dieses Zeitrahmens ausüben kann, dürfte es sich trotz der begrifflichen Unterschiede bei sämtlichen direkten elektronischen Zugängen um elektronische Hochgeschwindigkeitszugänge im Sinne von Art. 4 Abs. 1 Nr. 40 lit. a MiFID II handeln. Weitere Erläuterungen zu den verschiedenen Formen direkter elektronischer Zugänge finden sich im nachfolgenden Abschnitt 3 (direkten elektronischen Zugang).[83]

c) Handelsentscheidungen durch das System ohne menschliche Intervention

Als zweites Kennzeichen setzt die hochfrequente algorithmische Handelstechnik voraus, dass die Entscheidung des Systems über die Einleitung, das Erzeugen, das Weiterleiten oder die Ausführung des Auftrags ohne menschliche Intervention erfolgt. Anders als der algorithmische Handel, bei dem autonome Teilentscheidungen für die Qualifikation ausreichen, setzt die hochfrequente algorithmische Handelstechnik also eine Vollautomatisierung der Handelsstrategien voraus.[84] Der vollautonome Handel ist für den Hochfrequenzhandel allein aufgrund der erforderlichen Geschwindigkeiten faktisch zwingend. Nicht ausschlaggebend ist, dass möglicherweise ein Mensch von Zeit zu Zeit einen Kill Switch betätigt und dadurch sämtliche gesetzten Aufträge storniert.[85]

d) Hohes untertägiges Mitteilungsaufkommen

Schliesslich setzt die hochfrequente algorithmische Handelstechnik ein hohes untertägiges Mitteilungsaufkommen in Form von Aufträgen, Quotes und Stornierungen voraus (Art. 4 Abs. 1 Nr. 40 lit. c MiFID II). Diese Voraussetzung ist die einzige, die die Europäische Kommission in der delegierten Verordnung 2017/565 weiter präzisierte.

---

[82] Zu diesen unterschiedlichen Anbindungsvarianten hinten 506 f.
[83] Hinten 504 ff.
[84] Vgl. vorn 493 f.
[85] Zum Kill Switch hinten 624.

aa) Anzahl Mitteilungen

Nach Art. 19 Nr. 1 der delegierten Verordnung 2017/565 ist ein hohes untertägiges Mitteilungsaufkommen bei alternativer[86] Erfüllung einer der zwei folgenden Bedingungen zu bejahen:
– mindestens 2 Mitteilungen pro Sekunde im Durchschnitt in Bezug auf jedes einzelne Finanzinstrument, das an einem Handelsplatz gehandelt wird;
– mindestens 4 Mitteilungen pro Sekunde im Durchschnitt in Bezug auf sämtliche Finanzinstrumente, die über einen Handelsplatz gehandelt werden.

Diese absoluten Grenzwerte rechtfertigte die Europäische Kommission mit der Rechtssicherheit.[87] Nach dem Wortlaut sind stets nur die Mitteilungen massgebend, die an einen spezifischen Handelsplatz gesendet werden, das heisst, Mitteilungen an verschiedene Handelsplätze werden nicht aufaddiert. Erfüllt ein Händler an einem Handelsplatz aber diese Bedingungen, so dürfte eine natürliche Vermutung dafür sprechen, dass der Händler auch an anderen Handelsplätzen eine hochfrequente algorithmische Handelstechnik anwendet, selbst wenn die Schranken an den anderen Handelsplätzen nicht überschritten werden. Wendet ein Händler dieselben Handelsmethoden an verschiedenen Handelsplätzen an, so erschiene es widersprüchlich, wenn der Händler an einem Handelsplatz als Hochfrequenzhändler qualifiziert würde, nicht aber am anderen. Dem Händler dürften jedoch der Gegenbeweis (Umstossen der Vermutungsbasis) und der Beweis des Gegenteils offenstehen.[88] Die Vermutungsbasis etwa dürfte er allein dadurch umstossen können, indem er nachweist, dass er nicht dieselben Handelsstrategien an den verschiedenen Handelsplätzen anwendet.

bb) Zu berücksichtigende Mitteilungen

In Art. 19 Nr. 2 bis 4 der Verordnung 2017/565 präzisierte die Europäische Kommission, welche Mitteilungen bei der Berechnung des untertägigen Mitteilungsaufkommens zu berücksichtigen sind. Darin formulierte sie folgende Beschränkungen:
– Erstens sollen nur Mitteilungen auf – in Übereinstimmung mit Art. 2 Abs. 1 Nr. 17 MiFIR – liquiden Märkten berücksichtigt werden (Art. 19 Nr. 2 Satz 1); und
– zweitens sollen nur Mitteilungen für die Zwecke des Handels für eigene Rechnung in die Berechnung einbezogen werden (Art. 19 Nr. 3).

---

[86] Dies ergibt sich eindeutig aus der englischen Fassung: «any of the following».
[87] Erwägungsgrund 23 zur del. VO 2017/565/EU.
[88] Zum Gegenbeweis und dem Beweis des Gegenteils *Groner* (2011), 96; *Walter* (2012), N 415 ff. zu Art. 8 ZGB; *Lardelli* (2014), N 67 zu Art. 8 ZGB; siehe auch BGE 141 III 7 E. 4.3 zum zweideutigen Besitz.

II. Definitionen

Abgesehen davon stellte die Kommission klar, dass Market-Making-Quotes im Sinne von Art. 17 Abs. 4 MiFID II ebenfalls in die Berechnung einzubeziehen sind. Dies kann allerdings bereits direkt aus Art. 4 Abs. 1 Nr. 40 lit. c MiFID II abgeleitet werden, wonach unter anderem auch Quotes (und die Stornierung derselben) zu berücksichtigen sind. Dasselbe gilt für die weitere Präzisierung, wonach für Anbieter eines direkten elektronischen Zugangs die Mitteilungen der Kunden derselben nicht berücksichtigt werden (Art. 19 Nr. 4), ergibt sich dies doch bereits aus der zweiten soeben aufgelisteten Beschränkung, wonach in die Berechnung nur Mitteilungen für die Zwecke des Handels für eigene Rechnung einzubeziehen sind.

Leser der deutschen Fassung der Verordnung sehen sich der Gefahr ausgesetzt, dass sie vom Verordnungstext irregeleitet werden, denn der deutsche Verordnungstext besagt hinsichtlich der Beschränkung auf Mitteilungen in liquiden Märkten genau das Gegenteil, das heisst, es wären nur Mitteilungen in illiquiden Titeln zu berücksichtigen. Angesichts der Tatsache, dass die Kommission die Bestimmung damit begründete, dass die hochfrequente algorithmische Handelstechnik vorwiegend in liquiden Märkten angewendet wird, ergibt die deutsche Fassung allerdings keinen Sinn.[89] Ausserdem geht vom englischen (und französischen) Verordnungstext ein grösseres Gewicht aus und im Übrigen dürfte bei gegenteiliger Auslegung kaum je eine hochfrequente algorithmische Handelstätigkeit angenommen werden. Die deutsche Fassung ist mit anderen Worten offensichtlich fehlerhaft.

Die Beschränkung auf Mitteilungen für die Zwecke des Handels für eigene Rechnung begründete die Kommission im Wesentlichen damit, dass keine andere Handelstätigkeit als der algorithmische Hochfrequenzhandel erfasst werden soll.[90] Immerhin sollen aber gemäss Art. 19 Nr. 3 Satz 2 der Verordnung 2017/565 Umgehungstatbestände erfasst werden.[91] Als Beispiel für einen solchen Umgehungstatbestand nannte die Kommission den Handel innerhalb derselben Gruppe auf fremde Rechnung.[92] Trotz der Erfassung von Umgehungstatbeständen läuft die Beschränkung auf Mitteilungen für die Zwecke des Handels für eigene Rechnung Gefahr, dass Hochfrequenzhandelstätigkeiten im eigentlichen Sinne aufgrund der Beschränkung nicht als solche erfasst werden. So wurde zwar vorn durchaus bestätigt, dass Hochfrequenzhandel in der Regel für eigene

---

[89] Erwägungsgrund 23 zur del. VO 2017/565/EU.
[90] Erwägungsgrund 24 zur del. VO 2017/565/EU.
[91] Genauer spricht die Bestimmung von einer Berücksichtigung, wenn die Ausführungstechnik der Wertpapierfirma so strukturiert ist, dass die Ausführung für eigene Rechnung vermieden wird.
[92] Erwägungsgrund 24 zur del. VO 2017/565/EU.

Rechnung betrieben wird.[93] Dies erscheint jedoch keineswegs zwingend, sodass die Beschränkung auf den Handel für eigene Rechnung zu weit reicht.

cc) *Informationspflicht für Handelsplätze*

Abgesehen von den Präzisierungen zum hohen untertägigen Mitteilungsvolumen im Sinne von Art. 4 Abs. 1 Nr. 40 MiFID II statuiert Art. 19 der Verordnung 2017/565 eine Informationspflicht für die Handelsplätze, wonach diese den betreffenden Firmen auf Verlangen monatlich jeweils zwei Wochen nach Ende des Kalendermonats Schätzungen der durchschnittlichen Anzahl Mitteilungen pro Sekunde zur Verfügung stellen müssen (Art. 19 Nr. 5). Dabei sind jeweils sämtliche Mitteilungen der vorangehenden 12 Monate zu berücksichtigen (Art. 19 Nr. 5).

3. Direkter elektronischer Zugang

a) Legaldefinition und Bedeutung für den Hochfrequenzhandel

Als direkter elektronischer Zugang (*direct electronic access*) wird eine Regelung bezeichnet, in deren Rahmen ein Mitglied, ein Teilnehmer oder ein Kunde[94] eines Handelsplatzes (nachfolgend Teilnehmer) einer anderen Person die Nutzung seines Handelscodes gestattet, damit diese Person Aufträge in Bezug auf Finanzinstrumente elektronisch direkt an den Handelsplatz übermitteln kann (Art. 4 Abs. 1 Nr. 41 MiFID II). Direkter elektronischer Zugang und Hochfrequenzhandel sind insofern eng miteinander verknüpft, als Hochfrequenzhändler aufgrund der Bedeutung der Geschwindigkeit einen direkten Zugang zu den Handelsplätzen benötigen, um konkurrenzfähig agieren zu können. Da der Kreis der (direkten) Teilnehmer von Handelsplätzen rechtlich und faktisch begrenzt ist, haben diese ihren Kunden vermehrt solche direkten elektronischen Zugänge gewährt, damit auch diese Hochfrequenzhandelsstrategien verfolgen können.[95]

b) Präzisierungen der Definition

In der delegierten Verordnung 2017/565 präzisierte die Europäische Kommission, dass für die direkte Übermittlung an den Handelsplatz gemäss Art. 4 Abs. 1

---

[93] Vorn 9.
[94] Die Kommission scheint hier vor allem auf Kunden von OTFs, aber wohl auch MTFs Bezug zu nehmen, siehe Erwägungsgrund 27 zur del. VO 2017/565/EU; hierzu hinten 507 f.
[95] Zur rechtlichen Begrenzung siehe insb. Art. 53 Abs. 3 MiFID II und Art. 34 FinfraG; hinten 509 ff.; in der Vergangenheit waren es in der Schweiz gar nur Effektenhändler, siehe hinten 524, 576 f.

Nr. 41 MiFID II entscheidend ist, ob der Kunde Ermessen bezüglich des genauen Bruchteils einer Sekunde der Auftragserfassung sowie der Dauer des Auftrags innerhalb dieses Zeitrahmens ausüben kann (Art. 20 Nr. 1). Die Kommission wollte damit zum Ausdruck bringen, dass Vorkehrungen, bei denen Kundenaufträge mit Hilfe elektronischer Mittel durch Teilnehmer eines Handelsplatzes vermittelt werden, nicht erfasst werden.[96] Als Beispiel nannte sie in den Erwägungsgründen zur Verordnung die Online-Vermittlung (*online brokerage*).[97] Diese Präzisierung begründete die Kommission damit, dass Kunden im Falle der Auftragsvermittlung keine ausreichende Kontrolle über die Parameter der Marktzugangsregelung hätten.[98] Mit dem Kriterium des Ermessens bezüglich des genauen Bruchteils einer Sekunde zeigte sie aber letztlich auch, dass sie in erster Linie Vorkehrungen erfassen wollte, die für den Hochfrequenzhandel verwendet werden.

In Übereinstimmung mit der im vorangehenden Abschnitt erörterten Präzisierung nannte die Europäische Kommission in der delegierten Verordnung 2017/565 als weitere Ausnahme Vorkehrungen zur Optimierung von Prozessen zur Auftragsausführung, die Parameter des Auftrags festlegen (bei denen es sich nicht um den Handelsplatz oder die Handelsplätze handelt, an die der Auftrag übermittelt werden soll; Art. 20 Nr. 2). Diese Ausnahme soll nach dem zweiten Teilsatz jedoch nur greifen, falls diese Vorkehrungen in die Systeme der (direkten) Teilnehmer (bzw. Mitglieder oder Kunden) eines Handelsplatzes und nicht in jene der Kunden des Teilnehmers eingebettet sind (Art. 20 Nr. 2). Mit dieser Bestimmung wollte die Kommission zum Ausdruck bringen, dass Smart-Order-Routing-Systeme von Teilnehmern vom Anwendungsbereich des direkten elektronischen Zugangs ausgenommen sind.[99] Dies begründete sie damit, dass die Kunden in diesem Fall keine Kontrolle über den Zeitpunkt der Übermittlung des Auftrags und dessen Dauer hätten.[100] Demgegenüber können Automated-Order-Routing-Systeme vom Begriff des direkten elektronischen Zugangs erfasst sein. Bei Automated-Order-Routern handelt es sich wie erwähnt um Systeme, die lediglich den Handelsplatz oder die Handelsplätze festlegen, an den oder die der Auftrag übermittelt wird.[101] Für solche Systeme dürfte die allgemeine Voraussetzung massgebend sein, nach der ausschlaggebend ist, ob der Kunde des anbietenden Teilnehmers Ermessen bezüglich des genauen Bruchteils einer Sekunde der Auftragserfassung sowie der Dauer des Auftrags innerhalb dieses

---

[96] Erwägungsgrund 25 zur del. VO 2017/565/EU.
[97] Erwägungsgründe 25 und 26 zur del. VO 2017/565/EU.
[98] Erwägungsgrund 26 zur del. VO 2017/565/EU.
[99] Erwägungsgrund 26 zur del. VO 2017/565/EU; zum Smart-Order-Routing und zur Abgrenzung gegenüber dem Automated-Order Routing vorn 29 f., 495 f.
[100] Erwägungsgrund 26 zur del. VO 2017/565/EU.
[101] Vorn 495.

Zeitrahmens ausüben kann. Bei Market-Orders dürfte der zweite Teil der Voraussetzung (bezüglich der Dauer des Auftrags) jeweils wegfallen, da diese in aller Regel sofort ausgeführt werden und nicht storniert werden können.[102]

Im Übrigen erscheint bemerkenswert, dass die Definition des direkten elektronischen Zugangs insofern irreführend ist, als diejenigen Marktteilnehmer, die als Teilnehmer selbst über einen direkten elektronischen Zugang im faktischen Sinne verfügen, nicht unter die Definition des direkten elektronischen Zugangs im normativen Sinne fallen. Nach dem ausdrücklichem Wortlaut sind lediglich Vereinbarungen von der Definition erfasst, bei denen der Teilnehmer diesen Anschluss seinen Kunden zur Verfügung stellt (Art. 4 Abs. 1 Nr. 41 MiFID II).

c) Unterformen: direkter Marktzugang und geförderter Zugang

Als Unterformen des direkten elektronischen Zugangs (*direct electronic access*; DEA) unterscheidet MiFID II weiter zwischen dem direkten Marktzugang (*direct market access*; DMA) und dem geförderten Zugang (*Sponsored Access*; SA). Für die Abgrenzung dieser zwei Begriffe massgeblich ist gemäss Art. 4 Abs. 1 Nr. 41 MiFID II, ob der Kunde die Infrastruktur[103] des angebundenen Teilnehmers (bzw. Mitglieds oder Kunden) zur Übermittlung von Aufträgen verwendet oder nicht. Während dies beim direkten Marktzugang der Fall ist, gilt dasselbe nicht für den geförderten Zugang.[104] Ausschlaggebend dürfte die Frage sein, ob die Kundenaufträge über die internen Handelssysteme des Teilnehmers geleitet werden oder nicht.[105] Nicht entscheidend dürfte demgegenüber sein, ob der Kunde die Server des Teilnehmers verwendet, die sich im Sinne der Co-Location in einem Rechenzentrum in physischer Nähe zu den Handelssystemen der Handelsplätze befinden. Selbst bei einem geförderten Zugang dürfte ein Kunde eines Teilnehmers regelmässig dessen Server verwenden.

---

102 Zu den Auftragstypen vorn 36 ff.
103 Daneben ist von der «*Nutzung […] irgendeines Verbindungssystems*» die Rede; dieses erscheint hinreichend vom Begriff der Infrastruktur erfasst; möglicherweise wollte der Gesetzgeber verhindern, dass virtuelle Maschinen nicht davon erfasst sind.
104 In den Leitlinien der Esma präzisierte diese, beim geförderten Marktzugang (*Sponsored Access*, SA) handle es sich um eine Vereinbarung, durch die eine Wertpapierfirma, welche Mitglied/Teilnehmer oder Nutzer einer Handelsplattform ist, bestimmte Kunden die elektronische und direkte Übermittlung von Aufträgen unter der Handels-ID der Wertpapierfirma an eine bestimmte Handelsplattform gestattet, ohne dass die Aufträge die internen elektronischen Handelssysteme der Wertpapierfirma durchlaufen (*Esma Leitlinien «Systeme und Kontrollen» 2012*, 6); siehe auch die Beschreibungen unter *SIX Sponsored Access Description 2016*, Nr. 2.1.
105 Siehe *Esma Guidelines «Automated Trading» 2015*, 3 f.

Über einen geförderten Zugang können höhere Geschwindigkeiten erreicht werden, als wenn die Aufträge zuerst über die Systeme des Teilnehmers geleitet werden müssen, weshalb vor allem solche geförderten Zugänge für Hochfrequenzhändler von Interesse sind. Die SIX nennt die Anbieter solcher Zugänge *Sponsoring Participants* und die Nutzer *Sponsored Users*.[106] Werden die Aufträge nicht zuerst über die Systeme des Teilnehmers geleitet, so kann dieser keine Vorhandelskontrollen durchführen, weshalb vor allem dieser geförderte Zugang sowohl für die Marktintegrität als auch für den für die Aufträge seines Kunden verantwortlichen Teilnehmer Risiken birgt.[107]

d) Mitglieder, Teilnehmer und Kunden von Handelsplätzen

Art. 4 Abs. 1 Nr. 41 MiFID II verwendet wie viele andere Bestimmungen[108] die Begriffe der Mitglieder, Teilnehmer und Kunden von Handelsplätzen. Von diesen Personen unterscheidet die Bestimmung darüber hinaus deren Kunden, die über einen direkten elektronischen Zugang zu einem Handelsplatz verfügen. Diese Terminologie hat primär historische Gründe, denn ursprünglich deckte sich die Mitgliedschaft mit der Tätigkeit als Effektenhändler am Handelsplatz, sodass nur Mitglieder eines Handelsplatzes direkt über diesen handeln konnten.[109] Eigentümerstellung und Teilnehmerschaft bewegten sich allerdings in der Folge zunehmend auseinander, wofür nicht zuletzt die Kotierung der Eigentümeranteile der Börsen verantwortlich war.[110] Mit dem Börsengang der Handelsplätze wurde die Eigentümerstellung öffentlich zugänglich, was aber selbstverständlich nicht bedeutet hätte, dass in der Folge noch immer jeder einzelne Aktionär als Teilnehmer direkt zum Handel über den Handelsplatz zugelassen gewesen wäre.[111] Die Eigentümer waren folglich nicht mehr zwingend auch Teilnehmer und im Übrigen auch nicht alle Teilnehmer Anteilseigner.[112] Dieses Auseinanderdriften zwischen Eigentümerschaft und Teilnehmerschaft dürfte primär dafür verantwortlich gewesen sein, dass der Begriff des Teilnehmers zunehmend jenen des Mitglieds ablöste, und ist der Grund, weshalb in dieser Arbeit der Be-

---

[106] Zum *Sponsored Access* bei der SIX vorn 288 f.; Vorhandelskontrollen werden nunmehr vorgeschrieben; diese können aber auch vom Handelsplatz implementiert werden; hierzu hinten 629 ff., 633.
[107] Zu den mit dem direkten elektronischen Zugang verbundenen Risiken hinten 631 ff.
[108] Art. 1 Abs. 5, Art. 18, Art. 19, Art. 31 (wo auch von den Nutzern die Rede ist), Art. 34 Abs. 6, Art. 37 Abs. 2, Art. 38 Abs. 1, Art. 47 f., Art. 50 f., Art. 53 f., Art. 58, Art. 80 Abs. 1, Art. 86 Abs. 3 Unterabs. 2 MiFID II.
[109] *Nobel* (2010a), § 9 N 54.
[110] *Nobel* (2010a), § 9 N 54, 159 ff.
[111] *Nobel* (2010a), § 9 N 159.
[112] Vgl. *Nobel* (2010a), § 9 N 159 ff.

griff des Teilnehmers als Oberbegriff verwendet wird.[113] Mit dem Aufkommen neuer Handelsplattformen wie MTF und OTF war zudem oft nicht mehr von Teilnehmern, sondern einfach von Kunden die Rede, und mit dem Hochfrequenzhandel hatten schliesslich weitere Personen ohne Handelszulassung ein Interesse an einer direkten Anbindung an die elektronische Infrastruktur der Börse, sodass Teilnehmer ihren Kunden eine solche direkte Anbindung als Dienstleistung – oder Überlassungsvertrag – zur Verfügung stellten. MiFID II ist nun teilweise darauf ausgerichtet, auch solche Akteure stärker zu regulieren, ohne dass sie die Personen generell zur Teilnehmerschaft verpflichten würde.[114]

4. Marktteilnehmer

MiFID II verwendet an verschiedenen Stellen den Begriff des Marktteilnehmers, ohne diesen zu definieren.[115] Ganz allgemein kann der Begriff sämtliche auf dem Finanzmarkt agierende Investoren erfassen. Demgegenüber kann er auch eingegrenzter gutsbezogen, das heisst bezogen auf ein konkretes Wertpapier oder eine Wertpapierkategorie, oder handelsplatzbezogen verstanden werden. Handelsplatzbezogen wäre wiederum denkbar, dass er entweder nur diejenigen Personen erfasst, die zum direkten Handel über den Handelsplatz befugt sind, oder aber in einem weiteren Sinne auch deren Kunden. Daher muss bei jeder einzelnen Bestimmung untersucht werden, wie der Begriff des Marktteilnehmers zu verstehen ist. Grundsätzlich dürfte es sich aber um einen sehr weiten Begriff handeln, der sämtliche Personen erfasst, die am Handel auf dem vom Kontext erfassten Markt interessiert sind.

---

[113] *Nobel* (2010a), § 9 N 54, 161; siehe auch Erwägungsgrund 16 zu MiFID II, wonach die Begriffe Mitglieder und Teilnehmer synonym verwendet werden und keine Nutzer einschliessen, die lediglich über einen direkten elektronischen Zugang zu einem Handelsplatz verfügen.

[114] Vgl. Art. 2 Abs. 1 lit. d, Art. 4 Abs. 1 Nr. 40 und Nr. 41, Art. 17 Abs. 5 Unterabs. 2 und Abs. 6 sowie Art. 48 Abs. 7 MiFID II.

[115] So bspw. Art. 4 Abs. 1 Nr. 25 lit. b, Art. 28 Abs. 2, Art. 55 Abs. 1, Art. 57, Art. 65 und Art. 90 MiFID II.

§ 14 Institutionelle Erfassung von Hochfrequenzhändlern

In diesem Kapitel soll geprüft werden, ob Hochfrequenzhändler in Europa und der Schweiz institutionell erfasst sind. Im Vordergrund steht dabei die Erfassung als Wertpapierfirma in Europa und als Effektenhändler (Terminologie gemäss BEHG) beziehungsweise Wertpapierhaus (Terminologie gemäss E-FINIG) in der Schweiz.

I. Allgemeine Vorbemerkungen

Hochfrequenzhändler könnten aus zwei unterschiedlichen Gründen dazu verpflichtet sein, sich als Wertpapierfirma (bzw. als Effektenhändler) oder als anderes Finanzinstitut zu konstituieren: entweder aufgrund der Ausgestaltung des Begriffs des betreffenden Instituts oder aufgrund einer Beschränkung des Zugangs zu den Handelsplätzen. Die zweite Möglichkeit rührt daher, dass zumindest die schnellsten Hochfrequenzhändler zur Ausübung ihrer Praktiken einen direkten Zugang zur elektronischen Infrastruktur eines Handelsplatzes benötigen. Aufgrund dieser zwei Varianten wird nachfolgend sowohl im Abschnitt zur Erfassung von Hochfrequenzhändlern als Wertpapierfirma nach europäischem Recht als auch im Abschnitt zur Erfassung von Hochfrequenzhändlern als Effektenhändler nach schweizerischem Recht jeweils in einem ersten Schritt die Regulierung des Zugangs zu den Handelsplätzen untersucht, bevor in einem zweiten Schritt die massgebliche Definition (Wertpapierfirma, Effektenhändler oder Wertpapierhaus) genauer betrachtet wird. Abschliessend soll die Erfassung durch andere Finanzinstitute kurz beleuchtet werden.

II. Erfassung als Wertpapierfirma nach EU-Recht

1. Zugang zu Handelsplätzen

Anders als nach schweizerischem Recht[1] erfasst der Begriff des Handelsplatzes nach europäischem Recht geregelte Märkte, MTF und OTF (Art. 4 Abs. 1 Nr. 24 MiFID II). Nicht als Handelsplatz gelten demgegenüber systematische Internalisierer (SI). Als systematische Internalisierer werden nach der europäischen Legaldefinition Wertpapierfirmen bezeichnet, die in organisierter und sys-

---

[1] Gemäss Art. 26 lit. a FinfraG gelten in der Schweiz nur Börsen und multilaterale Handelssysteme als Handelsplätze, nicht aber organisierte Handelssysteme; hierzu hinten 657 ff.

tematischer Weise häufig in erheblichem Umfang Handel für eigene Rechnung treiben (Art. 4 Abs. 1 Nr. 20 MiFID II).² Da Hochfrequenzhändler grundsätzlich auch über systematische Internalisierer handeln können, sollen diese hier ebenfalls kurz erwähnt werden. Die Unterschiede zwischen den verschiedenen Handelsplätzen nach schweizerischer und europäischer Terminologie werden weiter hinten erläutert.³

a) Geregelte Märkte und MTF

Geregelte Märkte (Art. 53 Abs. 3 MiFID II) und multilaterale Handelssysteme (Art. 18 Abs. 3 i. V. m. Art. 19 Abs. 2 und Art. 53 Abs. 3 MiFID II) können als Mitglieder oder Teilnehmer Wertpapierfirmen, nach der Richtlinie CRD IV zugelassene Kreditinstitute sowie andere Personen zulassen, die (a) ausreichend gut beleumundet sind, (b) über ausreichende Fähigkeiten, Kompetenzen und Erfahrung in Bezug auf den Handel verfügen, (c) über die gegebenenfalls erforderlichen organisatorischen Grundlagen verfügen und (d) über ausreichende Mittel verfügen, um ihre Funktion auszuführen, wobei den etwaigen finanziellen Vorkehrungen des geregelten Marktes zur angemessenen Abrechnung der Geschäfte Rechnung zu tragen ist. Teilnehmer müssen sich also nicht zwingend als Wertpapierfirma oder Kreditinstitut konstituieren. Hinzu kommt, dass der Begriff des Teilnehmers keine Nutzer umfasst, die lediglich mittelbar über einen direkten elektronischen Zugang an die Handelsplätze angeschlossen sind.⁴ Soweit ersichtlich existieren für solche Nutzer eines direkten elektronischen Zugangs keine institutionellen Vorgaben. Dieser Offenheit gegenüber nicht direkt beaufsichtigten Händlern steht entgegen, dass die weiteren möglichen Teilnehmer immerhin gewisse Anforderungen erfüllen müssen und zur Gewährung eines direkten elektronischen Zugangs nur Wertpapierfirmen und Kreditinstitute befugt sind (Art. 48 Abs. 7 MiFID II).⁵ Ferner enthält MiFID II diverse Vorgaben für Wertpapierfirmen und Handelsplätze mit Bezug auf den direkten elektronischen Zugang und deren Nutzer, sodass letztere bis zu einem gewissen Grad indirekt beaufsichtigt werden.⁶ Zusammenfassend kann daher festgehalten werden, dass allein über den Marktzugang zu geregelten Märkten und MTF zwar nicht gewährleistet ist, dass Hochfrequenzhändler Wertpapierfirmen oder Kreditinstitute sein müssen, dass aber für Mitglieder und Teilnehmer von geregelten Märkten und MTF generell höhere Anforderungen gelten und die Nutzer eines direkten elek-

---

2 Mehr zu dieser Definition hinten 656.
3 Hinten 653 ff.
4 So ausdrücklich Erwägungsgrund 16 zu MiFID II.
5 Gemäss Art. 18 Abs. 5 MiFID II gilt Art. 48 Abs. 7 MiFID II auch für Betreiber von MTF und OTF.
6 Siehe Art. 17 Abs. 5 und Art. 48 Abs. 7 teilw. i. V. m. Art. 18 MiFID II; hinten 629 ff., 697 ff.

II. Erfassung als Wertpapierfirma nach EU-Recht

tronischen Zugangs bis zu einem gewissen Grad durch Wertpapierfirmen, Kreditinstitute und Handelsplätze indirekt beaufsichtigt werden.

b) OTF

Hinsichtlich des Zugangs zu organisierten Handelssystemen (OTF) ist einzig vorgeschrieben, dass die Betreiber derselben wie die Betreiber von geregelten Märkten und MTF transparente und nichtdiskriminierende, auf objektiven Kriterien beruhende Regeln, die den Zugang zum System regeln, festlegen, veröffentlichen, beibehalten und umsetzen müssen (Art. 18 Abs. 3 MiFID II).[7] In persönlicher Hinsicht ist der Zugang zu einem OTF demgegenüber nicht beschränkt. Weniger noch als bei den geregelten Märkten und den MTF würde sich damit eine Verpflichtung zur Konstituierung als Wertpapierfirma aus den Zugangsregeln ergeben.

c) Systematische Internalisierer

Für systematische Internalisierer sind soweit ersichtlich keine Beschränkungen der möglichen Kundschaft vorgesehen.

d) Fazit

Zusammenfassend kann festgehalten werden, dass der Kreis der Teilnehmer bei geregelten Märkten und MTF beschränkt ist, nicht aber der Kreis der möglichen Nutzer von direkten elektronischen Zugängen sowie der Kunden von OTF und systematischen Internalisierern. Allein über den Zugang zu den Handelsplätzen (und systematischen Internalisierern) ist daher nicht gewährleistet, dass Hochfrequenzhändler vom Begriff der Wertpapierfirma oder jenem eines anderen Finanzinstituts erfasst sind. Bei geregelten Märkten und MTF ist die Teilnehmerschaft immerhin beschränkt auf Wertpapierfirmen und Kreditinstitute sowie weitere Personen, die bestimmte Vorgaben erfüllen. Zudem dürfen nur Wertpapierfirmen und Kreditinstitute einen direkten elektronischen Zugang gewähren, und hinsichtlich der Nutzer desselben kann von einer indirekten Aufsicht gesprochen werden. Insofern gilt also zumindest bei geregelten Märkten und MTF ein von der Qualifikation als Wertpapierfirma unabhängiges Kontrollregime.

---

[7] Für MTF ergibt sich die Regel ebenfalls aus Art. 18 Abs. 3 MiFID II, für geregelte Märkte aus Art. 53 Abs. 1 MiFID II.

2. Begriffe für Wertpapierfirmen

Nachfolgend wird geprüft, ob Hochfrequenzhändler nach europäischem Recht per Definition als Wertpapierfirmen gelten. Da die verschiedenen Rechtsakte den Begriff der Wertpapierfirma nicht einheitlich verwenden, werden diese gesondert betrachtet.

a) MiFID II und MiFIR

aa) Definition

Als Wertpapierfirma gilt nach der Terminologie von MiFID II und MiFIR jede juristische Person, die im Rahmen ihrer beruflichen oder gewerblichen Tätigkeit gewerbsmässig eine oder mehrere Wertpapierdienstleistungen für Dritte erbringt und/oder eine oder mehrere Anlagetätigkeiten ausübt (Art. 4 Abs. 1 Nr. 1 Unterabs. 1 MiFID II; Art. 2 Abs. 1 Nr. 1 MiFIR). Umgekehrt bedarf die Erbringung von Wertpapierdienstleistungen und/oder die Ausübung von Anlagetätigkeiten als übliche berufliche oder gewerbliche Tätigkeit der vorherigen Zulassung als Wertpapierfirma nach dem ersten Kapitel des Titel IIs MiFID II (Art. 5 Abs. 1 MiFID II). Eine Liste von Wertpapierdienstleistungen und Anlagetätigkeiten findet sich im Anhang I Abschnitt A zu MiFID II.

bb) Handel für eigene Rechnung

aaa) Grundsatz

Während die hochfrequente algorithmische Handelstechnik nicht gesondert in der Liste für Wertpapierdienstleistungen und Anlagetätigkeiten (Anhang I Abschnitt A Abs. 3 MiFID II) aufgeführt ist, enthält die Liste etwa den Handel für eigene Rechnung. Dies ist insofern von Bedeutung, als Hochfrequenzhändler wie erwähnt in der Regel für eigene Rechnung handeln.[8] Da Hochfrequenzhändler im Übrigen in aller Regel im Rahmen ihrer beruflichen oder gewerblichen Tätigkeit gewerbsmässig tätig sind, dürften sie ungeachtet der Ausnahmen grundsätzlich vom Begriff der Wertpapierfirma gemäss MiFID II erfasst sein.

bbb) Natürliche Personen

Natürliche Personen sind von der allgemeinen Definition der Wertpapierfirma nicht erfasst. Die Mitgliedstaaten können aber unter gewissen Bedingungen auch Unternehmen als Wertpapierfirma zulassen, die keine juristischen Personen sind

---

8 Vorn 9.

(Art. 4 Abs. 1 Nr. 1 Unterabs. 2 MiFID II). Trotz des Begriffs des Unternehmens impliziert Art. 4 Abs. 1 Nr. 1 Unterabs. 3 MiFID II, dass es sich hierbei auch um natürliche Personen handeln kann, denn diese Bestimmung sieht zusätzliche Anforderungen vor für den Fall, dass natürliche Personen gewisse Finanzdienstleistungen erbringen. Sieht das nationale Recht keine solche Ausnahme vor und ist eine Konstituierung als Wertpapierfirma daher für natürliche Personen nicht zugänglich, so dürfen sie keine Wertpapierdienstleistungen und/oder Anlagetätigkeiten als übliche berufliche oder gewerbliche Tätigkeit erbringen beziehungsweise ausüben (Art. 5 Abs. 1 MiFID II). Die grundsätzlich fehlende Erfassung von natürlichen Personen vom Begriff der Wertpapierfirma führt also nicht zu einer Lücke für natürliche Personen, sondern zu einem Zwang zur Konstituierung als Wertpapierfirma nach Art. 5 ff. MiFID II.

ccc) *Ausnahmen vom Geltungsbereich von MiFID II*

Abgesehen von der Definition der Wertpapierfirma hängt die Erfassung von Eigenhändlern als Wertpapierfirmen nach MiFID II auch vom Geltungsbereich von MiFID II ab. Von besonderer Relevanz ist dieser Geltungsbereich für Eigenhändler, denn gemäss Art. 2 Abs. 1 lit. d MiFID II gilt die Richtlinie grundsätzlich nicht für Personen, die für eigene Rechnung Handel mit Finanzinstrumenten treiben. MiFID II enthält nun aber im Vergleich zu Art. 2 Abs. 1 lit. d MiFID stark erweiterte Einschränkungen von dieser Ausnahme, die vor allem Hochfrequenzhändler adressieren. So sind Eigenhändler dennoch erfasst, wenn sie (i) Market-Maker sind, (ii) Mitglieder oder Teilnehmer eines geregelten Marktes oder MTF sind oder einen direkten elektronischen Zugang zu einem Handelsplatz haben, (iii) eine hochfrequente algorithmische Handelstechnik anwenden oder (iv) für eigene Rechnung bei der Ausführung von Kundenaufträgen Handel treiben. Analoge Einschränkungen finden sich für Betreiber von treibhausgasemittierenden Anlagen im Sinne der Richtlinie 2003/87/EG[9] sowie für den Handel mit Warenderivaten oder Emissionszertifikaten als Nebentätigkeit (Art. 2 Abs. 1 lit. e und lit. j MiFID II). Diese Normen dürften grundsätzlich sicherstellen, dass MiFID II für Hochfrequenzhändler gilt, die gewerbsmässig als Eigenhändler agieren; demgegenüber gilt nicht generell eine Erlaubnispflicht für Personen, die algorithmischen Handel betreiben.[10] Vom Geltungsbereich von MiFID II ausgenommen sind ausserdem namentlich Versicherungsunternehmen und Unternehmen, die in der Richtlinie 2009/138/EG genannte Rückversicherungs- und Retrozessionstätigkeiten ausüben (Art. 2 Abs. 1 lit. a MiFID II) sowie Organismen für gemeinsame Anlagen und Pensionsfonds so-

---

9   RL 2003/87/EG des Europäischen Parlaments und des Rates vom 13. Oktober 2003, ABl-EG v. 25.10.2003, L 275/32.
10 Siehe auch *Geier/Schmitt* (2013), 918.

wie die Verwalter solcher Organismen (Art. 2 Abs. 1 lit. i MiFID II). Immerhin gelten die Organisationspflichten bei algorithmischem Handel gemäss Art. 17 MiFID II aber auch für Mitglieder oder Teilnehmer von geregelten Märkten und MTF, die gemäss Art. 2 Abs. 1 lit. a, e, i und j MiFID II keine Zulassung benötigen. Im Übrigen hat der Europäische Gesetzgeber mit der Richtlinie über den Versicherungsvertrieb vom 20. Januar 2016 (*Insurance Distribution Directive*; IDD)[11] die Richtlinie über Versicherungsvermittlung (*Insurance Mediation Directive*; IMD)[12] gestützt auf MiFID II revidiert.[13]

ddd) Kreditinstitute

In MiFID II wird nicht ausdrücklich festgehalten, ob die Erfassung als Kreditinstitut die Erfassung als Wertpapierfirma ausschliesst (anders Art. 4 Abs. 2 lit. a CRR). In den Erwägungsgründen zu MiFID II hielt der Europäische Gesetzgeber fest, dass nach CRD IV zugelassene Kreditinstitute keine weitere Zulassung gemäss MiFID II benötigen, um Wertpapierdienstleistungen zu erbringen oder Anlagetätigkeiten auszuüben.[14] Die zuständigen Behörden hätten jedoch vor der Erteilung der Zulassung nach CRD IV zu überprüfen, dass das Kreditinstitut die einschlägigen Bestimmungen von MiFID II einhält, bevor sie die Zulassung erteilen.[15] Entsprechend gelten gemäss Art. 1 Abs. 3 MiFID II zwar die Bestimmungen zum Zulassungsverfahren nicht für Kreditinstitute, gewisse Zulassungsbedingungen wie namentlich die Organisationspflichten bei algorithmischem Handel gemäss Art. 17 MiFID II aber schon, sofern die Kreditinstitute eine oder mehrere Wertpapierdienstleistungen erbringen und/oder Anlagetätigkeiten ausüben (und die spezifischen Voraussetzungen erfüllen; Art. 1 Abs. 3 lit. a MiFID II). In den Bestimmungen, die auf Kreditinstitute Anwendung finden, erfasst der Begriff der Wertpapierfirma folglich auch diese Kreditinstitute. Wie noch zu zeigen sein wird, grenzen die Kapitaladäquanzerlasse den Begriff der Wertpapierfirma im Unterschied zu MiFID II strikt vom Begriff des Kreditinstituts ab.[16] Zwar orientiert sich der in diesen Erlassen verwendete Begriff der Wertpapierfirma am MiFID-Regime; Art. 4 Abs. 2 Nr. 2 lit. a CRR hält jedoch ausdrücklich fest, dass der Begriff der Wertpapierfirma nach den Kapitaladäquanzerlassen – teilweise im Unterschied zum Begriff nach dem MiFID-Regime – keine Kreditinstitute erfasst.

---

11   RL 2016/97 des Europäischen Parlaments und des Rates vom 20. Januar 2016, AblEU v. 2.2.2016, L 26/19.
12   RL 2002/92/EG des Europäischen Parlaments und des Rates vom 9. Dezember 2002, AblEG v. 15.1.2003, L 9/3.
13   Hierzu *Moloney* (2014), 815 f.
14   Erwägungsgrund 38 zu MiFID II; gleich bereits Erwägungsgrund 18 zu MiFID.
15   Erwägungsgrund 38 zu MiFID II; gleich Erwägungsgrund 18 zu MiFID.
16   Hierzu hinten 521 ff.

II. Erfassung als Wertpapierfirma nach EU-Recht

eee)   Teilnehmer von OTF

Art. 2 Abs. 1 lit. d MiFID II enthält wie bereits erwähnt vier Einschränkungen zum Ausschluss von Eigenhändlern vom Geltungsbereich von MiFID II. Unter anderem gilt eine solche Einschränkung für Teilnehmer von geregelten Märkten und MTF sowie für Personen mit einem direkten Zugang zu einem Handelsplatz (Art. 2 Abs. 1 lit. d [ii]). Der europäische Gesetzgeber scheint hierbei die OTF im ersten Teilsatz vergessen zu haben, umfasst der Begriff des Handelsplatzes doch neben geregelten Märkten und MTF auch OTF. Sonst wären Teilnehmer (bzw. direkte Kunden) von OTF von dieser Einschränkung von der Ausnahme nicht erfasst, anders als Teilnehmerkunden, die über einen direkten elektronischen Zugang zum OTF verfügen.[17] Allerdings ist Art. 2 Abs. 1 lit. d MiFID II nicht die einzige Bestimmung, in der der europäische Gesetzgeber die Teilnehmer von OTF nicht erwähnt. Namentlich in Art. 1 Abs. 5 MiFID II erwähnt er ebenfalls nur Mitglieder oder Teilnehmer von geregelten Märkten und MTF und nicht auch direkte Kunden von OTF. Nach dieser Bestimmung gelten die Organisationspflichten bei algorithmischem Handel (Art. 17 Abs. 1 bis 6 MiFID II) auch für Mitglieder und Teilnehmer von geregelten Märkten und MTF, die gemäss Art. 2 Abs. 1 lit. a, e, i und j keine Zulassung gemäss MiFID II benötigen. *E contrario* würde dies bedeuten, dass die mit dem algorithmischen Handel verbundenen Organisationspflichten in den von der Bestimmung genannten Ausnahmefällen nicht für direkte Kunden von OTF gelten. Angesichts dessen kann ein Versehen mit Blick auf Art. 2 Abs. 1 lit. d MiFID II nicht mit Sicherheit bejaht werden, und aus dem Zweck der relevanten Bestimmungen lässt sich auch nicht ohne Weiteres ableiten, dass direkte Kunden von OTF zwingend erfasst sein müssten. Daher sollten Art. 1 Abs. 5 und Art. 2 Abs. 1 lit. d (ii) MiFID II wortgetreu ausgelegt werden, sodass direkte Kunden von OTF nicht zwingend vom Geltungsbereich von MiFID II erfasst sind, wenn sie für eigene Rechnung handeln. Ausserdem dürfte diese Tätigkeit dann auch nicht unter den Begriff der Anlagetätigkeit gemäss Art. 5 Abs. 1 und Anhang I Abschnitt A MiFID II fallen. Immerhin müssen Teilnehmer von OTF, die ihren Kunden einen direkten elektronischen Zugang gewähren, wie erwähnt als Wertpapierfirma oder Kreditinstitut konstituiert sein (Art. 48 Abs. 7 MiFID II i.V.m. Art. 18 Abs. 5 MiFID II).[18] Ausserdem gilt MiFID II generell für Eigenhändler, die eine hochfrequente algorithmische Handelstechnik anwenden (Art. 2 Abs. 1 lit. d [iii]). Teilnehmer von OTF, die in Anwendung sonstiger al-

---

[17]   Der Begriff des direkten elektronischen Zugangs wird in Art. 4 Abs. 1 Nr. 41 im Wesentlichen definiert als Regelung, in deren Rahmen ein Mitglied, ein Teilnehmer oder ein Kunde eines Handelsplatzes einer anderen Person die Nutzung seines Handelscodes gestattet, damit diese Person Aufträge in Bezug auf Finanzinstrumente elektronisch direkt an den Handelsplatz übermitteln kann; hierzu vorn 288 f., 504 ff.

[18]   Vorn 510 f.

gorithmischer Handelsstrategien für eigene Rechnung Handel mit Finanzinstrumenten treiben, wären demnach jedoch nicht vom Geltungsbereich von MiFID II erfasst.

cc)   Handel für fremde Rechnung

Während Hochfrequenzhändler, die für eigene Rechnung handeln und nicht als anderes Finanzinstitut beaufsichtigt sind, grundsätzlich vom Begriff der Wertpapierfirma erfasst sind, gilt dasselbe nicht gleichermassen für Hochfrequenzhändler, die für Rechnung von Kunden handeln. Erstens ist fraglich, ob der Handel in eigenem Namen für fremde Rechnung nach dem Anhang I Abschnitt A MiFID II zwingend als Wertpapierdienstleistung oder Anlagetätigkeit qualifiziert wird, sodass unsicher ist, ob Personen, die eine solche Tätigkeit ausüben unter den Begriff der Wertpapierfirma fallen, und zweitens enthält Art. 2 Abs. 1 lit. b MiFID II für die Ausnahme von innerhalb von Unternehmensgruppen erbrachten Wertpapierdienstleistungen nicht dieselben Einschränkungen (von der Ausnahme) wie für Eigenhändler. Im Übrigen werden solche Hochfrequenzhandelstätigkeiten für fremde Rechnung wie vorn erwähnt grundsätzlich nicht vom Begriff der hochfrequenten algorithmischen Handelstechnik erfasst, weil abgesehen von Umgehungstatbeständen nur Mitteilungen in die Berechnung des für die Erfassung massgeblichen Mitteilungsaufkommens einfliessen, die für eigene Rechnung getätigt werden.[19]

aaa)   Handel in eigenem Namen für Rechnung Dritter

Bei Betrachtung des Anhangs zu MiFID II ist unklar, ob der Handel in eigenem Namen, aber für Rechnung Dritter, eine Wertpapierdienstleistung darstellt, die den Händler nach Art. 5 MiFID II dazu verpflichtet, sich als Wertpapierfirma zu konstituieren. Ausdrücklich erwähnt werden lediglich die Ausführung von Aufträgen im Namen von Kunden und der Handel für eigene Rechnung (Anhang I Abschnitt A Abs. 2 und 3). Zwar könnte etwa die englische Fassung, die von der Ausführung von Aufträgen *«on behalf of clients»* spricht, möglicherweise weiter ausgelegt werden; die französische Fassung spricht aber wiederum klar von der Ausführung von Aufträgen *«au nom de clients»*. Insgesamt steht der Wortlaut von Anhang I Abschnitt A Abs. 2 und 3 MiFID II also der Erfassung des Handels in eigenem Namen, aber für Rechnung von Kunden entgegen.[20] Zwar ist denkbar, dass die weiteren Ausnahmen in Absatz 1 (Annahme und Übermittlung von Aufträgen, die ein oder mehrere Finanzinstrumente zum Ge-

---

19   Vorn 499 ff.
20   Anders wohl *Moloney* (2014), 343, die festhält: *«The classical broking, dealing, underwriting, asset management, and advice functions associated with investment firms all accordingly come within the scope of MiFID II.»*

genstand haben), Absatz 4 (Portfolio-Verwaltung) und Absatz 5 (Anlageberatung) diese Lücke zu schliessen vermögen; dies würde aber voraussetzen, dass der Begriff der Portfolio-Verwaltung sämtliche Tätigkeiten erfasst, bei denen eine Person Anlageentscheidungen für Kunden trifft und diese in eigenem Namen ausführt. Gerade der Hochfrequenzhandel für Rechnung eines Kunden lässt sich jedoch schwerlich unter den Begriff der Portfolio-Verwaltung subsumieren. Unerheblich ist im Übrigen, dass mit dieser Kundenhändlertätigkeit in der Regel die Verwahrung und Verwaltung von Finanzinstrumenten für Rechnung von Kunden einhergehen dürfte, also Tätigkeiten, die nach Anhang I Abschnitt B Abs. 1 MiFID II als Nebendienstleistung qualifiziert werden, denn diese Nebendienstleistungen zählen nicht zum exklusiven Recht von Wertpapierfirmen nach Art. 5 Abs. 1 MiFID II. Zusammenfassend dürften sich Personen, die in eigenem Namen, aber für fremde Rechnung Hochfrequenzhandel betreiben, zumindest nach dem Wortlaut von MiFID II eher nicht als Wertpapierfirma konstituieren müssen. Dies ist insofern bemerkenswert, als das schweizerische Recht mit dem Begriff des Effektenhändlers gerade solche Personen als Kundenhändler erfasst, nicht aber in fremdem Namen und für fremde Rechnung handelnde Vermögensverwalter.[21]

bbb)　*Gruppeninterne Wertpapierdienstleistungen*

Gemäss Art. 2 Abs. 1 lit. b MiFID II sind Personen, die Wertpapierdienstleistungen ausschliesslich für ihr Mutterunternehmen, ihre Tochterunternehmen oder andere Tochterunternehmen ihres Mutterunternehmens erbringen, vom Geltungsbereich der Richtlinie ausgenommen. Einschränkungen von dieser Ausnahme sind, anders als beim Eigenhandel, keine vorgesehen und ergeben sich auch nicht aus Art. 2 Abs. 1 lit. d Unterabs. 2 MiFID II.

Art. 2 Abs. 1 lit. d Unterabs. 2 MiFID II hält fest, dass die gemäss den Buchstaben a, i oder j vom Anwendungsbereich von MiFID II ausgenommenen Personen die vier Einschränkungen zur Ausnahme des Eigenhandels nicht erfüllen müssen, um von der Anwendung ausgenommen zu sein.[22] Da Buchstabe b zu gruppeninternen Wertpapierdienstleistungen nicht aufgeführt ist, könnte *e contrario* argumentiert werden, dass die vier Einschränkungen von der Ausnahme – namentlich jene für den Hochfrequenzhandel – auch für Personen gelten, die ausschliesslich gruppeninterne Dienstleistungen erbringen. Eine solche Auslegung kommt aber nicht in Betracht, weil die Bestimmung noch immer den Eigenhandel voraussetzt. Als Eigenhandel könnten Wertpapierdienstleistungen innerhalb einer Unternehmensgruppe lediglich bei Anwendung der Einheitstheo-

---

21　Siehe Art. 2 lit. d BEHG und Art. 2 Abs. 2 BEHV sowie hinten 527 ff.
22　Zu den Einschränkungen beim Eigenhandel vorn 513.

rie qualifiziert werden.[23] Die Einheitstheorie wird jedoch lediglich in Ausnahmefällen wie etwa bei der Konzernrechnungslegung angewendet. Im Übrigen zeigt auch der in Art. 2 Abs. 1 lit. b MiFID II verwendete Begriff der Wertpapierdienstleistung, dass der europäische Gesetzgeber die einzelnen Gruppengesellschaften als unabhängige Rechtssubjekte betrachtet. Dies bedeutet, dass gruppeninterne Wertpapierdienstleistungen grundsätzlich selbst dann nicht vom Geltungsbereich von MiFID II (und als Wertpapierdienstleistungen im Sinne von Art. 5 Abs. 1 und Anhang I Abschnitt A MiFID II) erfasst sein dürften, wenn es sich um Hochfrequenzhandelstätigkeiten handelt.

Immerhin hielt die Europäische Kommission in Art. 20 Nr. 2 der delegierten Verordnung 2017/565 fest, dass zur Ermittlung des für die Definition der hochfrequenten algorithmischen Handelstechnik relevanten hohen untertägigen Mitteilungsaufkommens abgesehen von Mitteilungen für die Zwecke des Handels für eigene Rechnung auch Umgehungs- beziehungsweise strukturelle Vermeidungstatbestände in die Berechnung miteinbezogen werden sollen, und in den Erwägungsgründen zu dieser Bestimmung nannte sie ausdrücklich den Fall, dass Aufträge zwischen Unternehmen derselben Gruppe übermittelt werden.[24] Dennoch kann nicht jede Wertpapierdienstleistung innerhalb einer Gruppe als Umgehungs- oder struktureller Vermeidungstatbestand betrachtet werden. Letztlich wird der Europäische Gesetzgeber daher nicht darum herumkommen, die Richtlinie erneut zu revidieren.

dd) Ausnahmen nach Art. 3 MiFID II

Nach Art. 3 MiFID II können Mitgliedstaaten fakultativ Ausnahmen beschliessen. Es stellt sich daher die Frage, ob Mitgliedstaaten Hochfrequenzhändler vom Anwendungsbereich der MiFID II ausschliessen dürfen. Erstaunlicherweise scheint es MiFID II den Mitgliedstaaten zu erlauben, eine solche Ausnahme für Hochfrequenzhändler vorzusehen. Als Eigenhändler agierende Hochfrequenzhändler erbringen keine Wertpapierdienstleistung im Sinne Art. 3 Abs. 1 lit. b MiFID II. Zwar umfasst die Liste der Wertpapierdienstleistungen und Anlagetätigkeiten in Anhang I Abschnitt A MiFID II auch den Handel für eigene Rechnung (Abs. 3). Dieser Eigenhandel ist aber den Anlagetätigkeiten und nicht den Wertpapierdienstleistungen zuzurechnen.[25] Bei Gebrauch der Ausnahme wäre

---

23 Nach der Einheitstheorie bildet der Konzern nicht nur eine wirtschaftliche, sondern auch eine rechtliche Einheit; hierzu *von der Crone* (2014), § 15 N 36; *Druey/Vogel* (1999), 7.
24 Erwägungsgrund 24 zur del. VO 2017/565/EU.
25 Zu beachten ist, dass die englische Fassung von *activities* und nicht von Anlagetätigkeiten spricht; die englische Fassung ist also weniger eindeutig als die deutsche Fassung; dennoch dürfte der Eigenhandel zu diesen *activities* gezählt werden und nicht zu den *investment services*.

demnach lediglich vorausgesetzt, dass die Hochfrequenzhändler auf nationaler Ebene zugelassen und geregelt sind (Art. 3 Abs. 1 MiFID II) und diese Regeln den Anforderungen in Art. 3 Abs. 2 MiFID II genügen. In Art. 3 MiFID II findet sich kein Verweis auf die Organisationspflichten für Wertpapierfirmen, die algorithmischen Handel betreiben, sodass zu bezweifeln ist, dass der Europäische Gesetzgeber den Mitgliedstaaten die Möglichkeit fakultativer Ausnahmen für Hochfrequenzhändler gewähren wollte. Eine wortlautgetreue Auslegung dürfte allerdings kaum einen anderen Schluss zulassen.

ee) *Keine extensive Auslegung oder Lückenfüllung*

Bei der lückenhaften Erfassung von Hochfrequenzhändlern dürfte es sich auf den ersten Blick um ein gesetzgeberisches Versehen handeln, entsprach es doch einem erklärten Ziel des europäischen Gesetzgebers, Hochfrequenzhändler und grundsätzlich auch Market-Maker generell zu erfassen.[26] Auf den zweiten Blick wird diese Annahme insofern relativiert, als der Europäische Gesetzgeber in Erwägungsgrund 63 zu MiFID II festhielt:

> Allerdings sollten nach dem Unionsrecht für den Finanzsektor zugelassene und beaufsichtigte Unternehmen, die vom Geltungsbereich dieser Richtlinie ausgenommen sind, aber dennoch algorithmische oder hochfrequente algorithmische Handelstechniken anwenden, nicht verpflichtet sein, eine Zulassung nach dieser Richtlinie zu erlangen, und nur den Maßnahmen und Kontrollen unterliegen, die darauf ausgerichtet sind, das sich aus diesen Handelsarten ergebende spezifische Risiko zu bekämpfen.

Angesichts dessen kann nicht vertreten werden, dass der europäische Gesetzgeber mit dem Begriff der Wertpapierfirma sämtliche Hochfrequenzhändler erfassen wollte. Allerdings deutet er darauf hin, dass es sich bei sämtlichen Hochfrequenzhändlern um beaufsichtigte Institute handeln sollte und er sämtlichen Hochfrequenzhändlern die spezifischen Organisationspflichten nach Art. 17 MiFID II auferlegen wollte. Denkbar wäre folglich eine extensive Auslegung

---

26　Ausdrücklich *EC Vorschlag MiFID II 2011*, 9; ähnlich Erwägungsgrund 63 zu MiFID II, wonach erstrebenswert sei, dass alle Firmen, die algorithmischen Hochfrequenzhandel betreiben, zugelassen sein müssen; ähnlich Erwägungsgrund 23 zu MiFID II: «*Um einen potenziellen Missbrauch von Ausnahmen zu vermeiden, sollten Market-Maker in Finanzinstrumenten in den Anwendungsbereich dieser Richtlinie fallen und von keinen Ausnahmen profitieren, es sei denn, es handelt sich um Market-Maker in Warenderivaten, Emissionszertifikaten oder Derivaten davon und ihre Market-Making-Tätigkeit stellt auf der Ebene der Unternehmensgruppe betrachtet eine Nebentätigkeit zu ihrer Haupttätigkeit dar und sie wenden keine hochfrequente algorithmische Handelstätigkeit an.*»; siehe auch Erwägungsgründe 18, 20, 50 und 61 ff. zu MiFID II.

oder allenfalls eine Lückenfüllung zur generellen Erfassung von Hochfrequenzhändlern als Wertpapierfirmen oder anderes beaufsichtigtes Institut gestützt auf historische und teleologische Auslegungsmethoden.

Das Unionsrecht ist grundsätzlich autonom auszulegen; die Auslegungsmethoden decken sich jedoch mit jenen, die auch in der deutschen oder schweizerischen Methodenlehre gebräuchlich sind.[27] Zwar mögen Vertreter der Lehre die teleologische oder funktionale Auslegung für dominant erachten;[28] angesichts der ohnehin schon hohen Komplexität der europäischen Finanzmarktgesetzgebung, der grossen Anzahl Fälle mangelnder Sorgfalt des europäischen Gesetzgebers, des im Einzelfall oft nicht restlos klaren Willens und Zwecks sowie der mit der Anpassung verbundenen Rechtsunsicherheit spricht allerdings vieles dafür, zumindest die Bestimmungen der Finanzmarktregulierung in aller Regel wortlautgetreu auszulegen. Abgesehen davon ist mit einer solch wortlautgetreuen Auslegung ein dringend erforderlicher Anreiz für eine qualitativ höherwertige Regulierung sowie die Überarbeitung von MiFID II verbunden.

ff)   Zwischenfazit

Zwar sieht MiFID II im Unterschied zu MiFID I vor, dass Eigenhändler, die eine hochfrequente algorithmische Handelstechnik anwenden, vom Geltungsbereich der Richtlinie grundsätzlich erfasst sind; dennoch müssen sich nach dem in diesem Abschnitt vertretenen Auslegungsergebnis auch unter dem Regime von MiFID II nicht sämtliche Hochfrequenzhändler als Wertpapierfirmen oder andere beaufsichtigte Institute konstituieren. Eine Lücke besteht etwa für auf fremde Rechnung, aber in eigenem Namen agierende Händler und für gruppeninterne Wertpapierdienstleistungen. Ausserdem können Mitgliedstaaten nach Art. 3 MiFID II zumindest vom Wortlaut her auch für Hochfrequenzhändler fakultativ Ausnahmen vorsehen, und schliesslich besteht eine grundsätzliche konzeptionelle Lücke für Hochfrequenzhändler, die für fremde Rechnung handeln. Bei einigen Lücken scheint es sich um planwidrige gesetzgeberische Versehen zu handeln. Angesichts der Anzahl Lücken, der ohnehin schon grossen Komplexität, aus Anreizüberlegungen sowie aus Gründen der Rechtssicherheit erscheint eine extensive Auslegung zur Erfassung sämtlicher Hochfrequenzhändler als beaufsichtigte Institute dennoch nicht angezeigt.

---

[27]   *Riesenhuber* (2015), § 10 N 4 ff., 12 ff.; siehe auch *von Danwitz* (2008), 166 ff., der die teleologische oder funktionale Auslegungsmethode im Zeichen des *effet utile* für dominant erachtet.

[28]   *von Danwitz* (2008), 166 ff.

b) CRR und CRD IV

Die Kapitaladäquanzverordnung (CRR) und die Kapitaladäquanzrichtlinie (CRD IV) sind für Hochfrequenzhändler unter anderem von Bedeutung, weil sie den Zugang zur Tätigkeit von Kreditinstituten und Wertpapierfirmen regeln. Hinsichtlich der Definition der Wertpapierfirma verweisen die zwei Rechtsakte grundsätzlich auf MiFID I (Art. 4 Abs. 1 Nr. 2 CRR und indirekt Art. 3 Abs. 1 Nr. 2 CRD IV). Dabei ist von einem dynamischen Verweis auszugehen, sodass seit dem Geltungs- beziehungsweise Umsetzungszeitpunkt von Art. 4 Abs. 1 Nr. 1 MiFID II die neue Definition massgebend ist. Entsprechend wirkt sich die Ausweitung des Begriffs der Wertpapierfirma mit MiFID II, namentlich mit Blick auf Einschränkungen der Ausnahmen für Hochfrequenzhändler, auch auf die Kapitaladäquanzverordnung sowie die Kapitaladäquanzrichtlinie aus. Bislang nicht regulierte Hochfrequenzhändler könnten also neu sowohl unter das Regime von MiFID/MiFIR als auch unter das Regime von CRD IV und CRR fallen. Art. 4 Abs. 1 Nr. 2 CRR nennt allerdings drei zusätzliche Ausnahmen im Vergleich zu MiFID II: (a) Kreditinstitute, (b) lokale Firmen und (c) gewisse weitere Finanzdienstleister. Der Begriff der Wertpapierfirma nach den Kapitaladäquanzerlassen ist folglich nicht mit jenem des MiFID-Regimes identisch.

aa) Kreditinstitute

Kreditinstitute, die Wertpapierdienstleistungen erbringen oder Anlagetätigkeiten ausüben, sind wie erläutert vom Begriff der Wertpapierfirma des MiFID-Regimes erfasst, sofern die Bestimmungen von MiFID II auch für Kreditinstitute gelten.[29] Insofern kann die Ausnahme für Kreditinstitute nach Art. 4 Abs. 1 Nr. 2 lit. a CRR als echte Ausnahme betrachtet werden.

bb) Lokale Firmen

Bei den lokalen Firmen handelt es sich um Firmen, die für eigene Rechnung mit dem alleinigen Ziel der Absicherung von Positionen auf Derivatemärkten tätig sind oder die für Rechnung anderer Mitglieder dieser Märkte handeln und über eine Garantie seitens der Clearingmitglieder der genannten Märkte verfügen (Art. 4 Abs. 1 Nr. 4 CRR). Da Hochfrequenzhändler nicht einzig mit dem Ziel der Absicherungen von Positionen auf Derivatemärkten tätig sind, dürfte die erste alternative Voraussetzung grundsätzlich kaum erfüllt sein. Demgegenüber könnte die zweite alternative Voraussetzung greifen, wenn Teilnehmer und Clearingmitglieder ihren Kunden einen direkten elektronischen Zugang zu einem Handelsplatz gewähren und diese Kunden für andere Mitglieder der Märk-

---

[29] Hierzu vorn 509 ff.

te handeln. Die European Banking Authority (EBA) bringt denn auch den Begriff der lokalen Firma in den Kontext des Hochfrequenzhandels. Ihr zufolge richtete sich diese Ausnahme primär an Firmen, die auf eigene Rechnung Market-Making-Strategien verfolgten und aufgrund der ursprünglich physischen Präsenz der Händler an den Börsen lokale Firmen genannt wurden.[30] Der Anwendungsbereich des Begriffs der lokalen Firma scheint jedoch eng, sodass die Ausführungen der EBA nicht zu hundert Prozent nachvollziehbar sind.

Mit Bezug auf den Begriff der lokalen Firma gelangte die an die *Futures Industry Association* angegliederte *European Principal Traders Association* (FIA EPTA) mit einem Positionspapier vom Juni 2015 an die *European Banking Authority* (EBA).[31] In erster Linie versuchte sie, eine Anpassung der Definition der lokalen Firma zu erreichen, sodass allgemein Wertpapierfirmen, die lediglich für eigene Rechnung handeln, vom Begriff der lokalen Firma erfasst würden.[32] Für die Ausdehnung des Begriffs der lokalen Firma führte sie sieben Gründe an: Erstens würden diese Eigenhändler vor allem auf transparenten Märkten agieren, zweitens vorwiegend mit sehr liquiden Titeln handeln (sodass Liquidationsrisiken gering seien), drittens die meisten Risiken in Echtzeit absichern (hedgen), viertens sehr viel kleiner sein als Banken, fünftens im Vergleich zu diesen auch viel kürzere Finanzierungs- und Risikozyklen erleben, sechstens weder Bail-in- noch Bail-out-Mechanismen erfordern und siebtens das Scheitern der Firmen lediglich die Eigentümer sowie Clearing-Organisationen und zentrale Gegenparteien betreffen.[33] Für den Fall, dass keine Anpassungen vorgenommen würden, stellte die FIA EPTA aufgrund erhöhter Kosten für Market-Maker und (anderer) Bereitsteller von Liquidität eine Beeinträchtigung der Liquidität in Aussicht, was den Zielen von MiFID II widerspreche.[34] Die FIA EPTA dürfte mit diesem Positionspapier entsprechend vor allem Interessen von Hochfrequenzhändlern vertreten haben. In ihrem Bericht über Wertpapierfirmen (Report on Investment Firms) vom Dezember 2014 hielt die EBA allerdings fest, dass diese lokalen Firmen in der Vergangenheit immer mehr gewachsen seien und durch Verwendung von Algorithmen Positionen von mehreren Milliarden aufgebaut hätten, sodass die Annahme, diese Firmen seien klein und von ihnen gehe ein geringes Risiko aus, nicht mehr zuträfen.[35] Die mit dem Hochfrequenzhandel verbundenen Risiken wurden im Kapitel 11 (Systemische Risiken) und

---

30 *EBA Report Investment Firms 2014*, 88.
31 *EPTA Position Paper «Capital Requirement» 2015*.
32 *EPTA Position Paper «Capital Requirement» 2015*, 2.
33 *EPTA Position Paper «Capital Requirement» 2015*, 1 f.
34 *EPTA Position Paper «Capital Requirement» 2015*, 2.
35 *EBA Report Investment Firms 2014*, 88 f.

12 (Regulierungsinstrumente) untersucht und eine Beaufsichtigung zumindest ab einer gewissen Grösse für angezeigt erachtet.[36]

cc) *Weitere ausgenommene Firmen*

Von dem von den Kapitaladäquanzerlassen verwendeten Begriff der Wertpapierfirma sind weiter Firmen ausgenommen, denen nicht erlaubt ist, die in Anhang I Abschnitt B Nummer 1 MiFID genannten Nebendienstleistungen zu erbringen, die lediglich eine oder mehrere der in Anhang I Abschnitt A Abs. 1, 2, 4 und 5 der Richtlinie genannten Wertpapierdienstleistungen und Anlagetätigkeiten erbringen und die weder Geld noch Wertpapiere ihrer Kunden halten dürfen (und deshalb zu keinem Zeitpunkt Schuldner dieser Kunden sind; Art. 4 Abs. 1 Nr. 2 lit. c CRR). Der Handel für eigene Rechnung ist in Anhang I Abschnitt A Nr. 3 MiFID verankert. Entsprechend können Hochfrequenzhändler zumindest dann keinen Gebrauch von dieser Ausnahme machen, wenn sie auf eigene Rechnung handeln. Denkbar ist aber etwa, dass bei der Ausführung von Aufträgen im Namen von Kunden (Anhang I Abschnitt A Abs. 2) oder bei der Portfolioverwaltung (Anhang I Abschnitt A Abs. 2) Hochfrequenzhandelsstrategien angewendet werden, ohne dass Geld oder Wertpapiere von Kunden gehalten werden.

c) Fazit

Hochfrequenzhändler dürften in der Regel sowohl als Wertpapierfirmen im Sinne von MiFID II als auch als Wertpapierfirmen im Sinne der Kapitaladäquanzerlasse gelten, sofern sie nicht als anderes, nicht vom Geltungsbereich der Erlasse erfasstes Finanzinstitut reguliert sind. Allerdings enthalten sowohl das MiFID-Regime als auch die Kapitaladäquanzerlasse Lücken. MiFID II etwa garantiert nicht, dass für fremde Rechnung, aber in eigenem Namen agierende Händler sowie gruppeninterne Wertpapierdienstleistungen erfasst sind und lässt weitere Ausnahmen durch Mitgliedstaaten nach Art. 3 zu. Die Kapitaladäquanzerlasse kennen mit Bezug auf den von ihnen verwendeten, abweichenden Begriff der Wertpapierfirma zusätzliche Ausnahmen, deren Voraussetzungen ebenfalls einzelne Hochfrequenzhändler erfüllen könnten. Zwar scheint es sich bei einigen dieser Lücken um planwidrige gesetzgeberische Versehen zu handeln; angesichts der Anzahl Lücken, der ohnehin schon grossen Komplexität, aus Anreizüberlegungen sowie aus Gründen der Rechtssicherheit erscheint eine extensive Auslegung zur Erfassung sämtlicher Hochfrequenzhändler als beaufsichtigte Institute dennoch nicht angezeigt.

---

[36] Vorn 425 f.

III. Erfassung als Effektenhändler nach schweizerischem Recht

1. Aktuelles Recht (BEHG & FinfraG)

Am Anfang dieses Kapitels wurde darauf hingewiesen, dass Hochfrequenzhändler auf zwei Arten gezwungen sein könnten, sich als Effektenhändler zu konstituieren: entweder aufgrund einer Einschränkung des Zugangs zum Handelsplatz oder weil sie von der Definition des Effektenhändlers erfasst werden.[37]

a) Zugang zum Handelsplatz

aa) Ausgangslage

Unter dem Börsengesetz wurde gemäss herrschender Lehre aus der Definition der Börse sowie aus Art. 7 aBEHG abgeleitet, dass Teilnehmer einer Börse nur Effektenhändler sein können.[38] Würden auch andere Teilnehmer zugelassen, komme nur eine Definition als börsenähnliche Einrichtung in Betracht.[39] Dementsprechend verlangte die SIX für das Recht, am Börsenhandel für eigene und fremde Rechnung teilzunehmen, eine Bewilligung als Effektenhändler oder eine Bewilligung als ausländischer Teilnehmer (Nr. 3.1 HR-SIX).

bb) Begriff des Teilnehmers

Mit dem Finanzmarktinfrastrukturgesetz (FinfraG) hat der schweizerische Gesetzgeber den Teilnehmerkreis analog zu Art. 42 MiFID erweitert.[40] Art. 34 Abs. 2 FinfraG hält nun ausdrücklich fest, dass Teilnehmer einer Börse oder eines multilateralen Handelssystems nebst Effektenhändler auch weitere nach Art. 3 FINMAG Beaufsichtigte bei Erfüllung gleichwertiger technischer und operativer Voraussetzungen, von der Finma nach Art. 40 FinfraG bewilligte ausländische Teilnehmer und die SNB sein können. Eine Definition des Begriffs des Teilnehmers findet sich in Art. 2 lit. d FinfraG. Demnach handelt es sich um

---

37 Vorn 509.
38 *Huber/Hsu* (2011), N 8 zu Art. 2 lit. d BEHG; *Nobel* (2010a), § 9 N 184 sowie N 54 zur Entwicklung von Mitgliedern zu Teilnehmern; siehe auch *Truffer* (2011), N 11 zu Art. 7 aBEHG; *R. H. Weber* (2013), N 1 zu Art. 2 BEHG; *Zobl/Kramer* (2004), N 916.
39 *Zobl/Kramer* (2004), 916.
40 Siehe *Botschaft FinfraG 2014*, 7535; vgl. *Borens/Baumann* (2017), N 3 zu Art. 34 FinfraG.

III. Erfassung als Effektenhändler nach schweizerischem Recht

Personen, die Dienstleistungen einer Finanzmarktinfrastruktur[41] direkt in Anspruch nehmen.

cc) Hochfrequenzhandel durch indirekte Teilnehmer

Allein durch die Beschränkung des Teilnehmerfeldes ist nicht sichergestellt, dass nicht auch andere Händler als Hochfrequenzhändler agieren. Dies zeigt sich bei der SIX an den Sponsored-Access-Dienstleistungen.[42] Mit einem geförderten Zugang (*Sponsored Access*; SA) ermöglicht ein Teilnehmer (*Sponsoring Participant*) seinem Kunden (*Sponsored User*), Aufträge elektronisch direkt unter der Identifikation des Teilnehmers zum Handelsplatz zu leiten, ohne dass diese die internen Handelssysteme des Teilnehmers passieren.[43] Vom geförderten Zugang unterscheidet die SIX den direkten elektronischen Zugang (*Direct Electronic Access*; DEA) und bezeichnet damit einen Anschluss, bei dem die Aufträge des Kunden durch das interne elektronische Handelssystem des Teilnehmers automatisch zur Börse weitergeleitet werden.[44] Die verwendete Terminologie ist im Vergleich zu MiFID II insofern inkohärent, als MiFID II diesen Zugang direkten Marktzugang nennt und den Begriff «direkter elektronischer Zugang» als Oberbegriff verwendet.[45]

Die SIX führt eine Liste mit *Sponsoring Participants*, die ihren Kunden einen geförderten Zugang gewähren. Aktuell ist in dieser Liste einzig *Merril Lynch International* und die *Credit Suisse Securities (Europe) Ltd* aufgeführt.[46] Für die vorliegende Frage sind diese besonderen Zugangsmöglichkeiten für Kunden von Teilnehmern insofern von Bedeutung, als sie zeigen, dass Hochfrequenzhändler nicht zwingend Teilnehmer eines Handelsplatzes sein müssen, um ihre Handelsstrategien verfolgen zu können. Daher ist allein für den direkten Zugang zum Handelsplatz auch keine Bewilligung als Effektenhändler erforderlich.

Allenfalls könnte die Frage aufgeworfen werden, ob ein *Sponsored User* durch den direkten Gebrauch der Handelsplatzinfrastruktur zum (direkten) Teilnehmer wird (oder werden müsste). Immerhin gilt als Teilnehmer jede Person, welche die Dienstleistungen einer Finanzmarktinfrastruktur direkt in Anspruch nimmt (Art. 2 lit. d FinfraG). Das Finanzmarktinfrastrukturgesetz und die Ban-

---

41 Als Finanzmarktinfrastrukturen gelten unter anderem Börsen und MTF, nicht aber OTF (Art. 2 lit. a FinfraG).
42 *SIX Sponsored Access Description 2016.*
43 *SIX Sponsored Access Description 2016*, Nr. 2.1.
44 *SIX Sponsored Access Description 2016*, Nr. 2.1.
45 Vorn 504 ff.
46 Zur Liste www.six-swiss-exchange.com/participants/trading/sponsored_access/sponsoring_participants_de.html.

525

kenverordnung kennen jedoch neben dem Begriff des Teilnehmers jenen des indirekten Teilnehmers. Als solcher gilt jede Person, welche die Dienstleistungen einer Finanzmarktinfrastruktur indirekt über einen Teilnehmer in Anspruch nimmt (Art. 2 lit. e FinfraG; Art. 2 Abs. 1 lit. n NBV).

Die Materialien zeigen, dass die Definition des indirekten Teilnehmers dem Gesetzgeber Schwierigkeiten bereitet hat. Gemäss Botschaft zum FinfraG hat der indirekte Teilnehmer keine Vertragsbeziehung zur jeweiligen Finanzmarktinfrastruktur.[47] Ausserdem hielt der Bundesrat fest, dass die Definition materiell der Bestimmung in der Nationalbankenverordnung entspreche und bei zentralen Gegenparteien insbesondere *non-clearing members* (NCM) erfasse.[48] Der Erläuterungsbericht zur Revision der Nationalbankenverordnung vom 10. Juni 2013 hält demgegenüber – im Gegensatz zu den *Principles for Financial Markets Infrastructures* (PFMI) des *Committee on Payment and Settlement* (CPSS)[49] der *Bank für Internationalen Zahlungsausgleich* (BIZ; BIS) und des technischen Komitees der IOSCO – zu Recht fest, dass ein indirekter Teilnehmer nicht über die fehlende Bindung an die Regeln der Finanzmarktinfrastruktur definiert werde.[50] Dies begründete die Nationalbank damit, dass es möglich wäre, im Kontext der Mindestanforderungen und Übertragbarkeit einen Dreiparteienvertrag zwischen einer zentralen Gegenpartei, einem direkten Teilnehmer und einem indirekten Teilnehmer aufzusetzen.[51] Die Ausführungen der Nationalbank sind wohlüberlegt und jenen von CPSS sowie der Botschaft zum FinfraG vorzuziehen. Dies bedeutet, dass eine direkte Vereinbarung eines Handelsplatzes mit einem *Sponsored User* denselben noch nicht zwingend zum Teilnehmer macht. Für die Qualifikation als indirekter Teilnehmer dürfte vielmehr massgebend sein, dass ein direkter Teilnehmer durch die Handelstätigkeit des indirekten Teilnehmers (im Sinne einer direkten Stellvertretung) vertraglich gebunden wird und dass zwischen dem direkten Teilnehmer und dem indirekten Teilnehmer eine Vertragsbeziehung besteht, ansonsten eine Qualifikation als direkter Teilnehmer in Betracht zu ziehen ist. Die SIX hält im Übrigen fest, dass sie lediglich mit dem *Sponsoring Participant* in einer rechtlichen Beziehung stehe, der *Sponsored User* aber die Regeln der SIX sowie des *Sponsoring Participant* befolgen müsse.[52] Andere Beziehungen des *Sponsored User* zur SIX (SIX Swiss

---

[47] *Botschaft FinfraG 2014*, 7514; vgl. *Borens/Baumann* (2017), N 30 zu Art. 2 lit. d und N 1 ff. zu Art. 2 lit. e FinfraG.
[48] *Botschaft FinfraG 2014*, 7514.
[49] Heute *Committee on Payments and Market Infrastructures* (CPMI).
[50] *EB NBV 2013*, 8; gemäss *PFMI 2012*, 105 Fn. 148 sind indirekte Teilnehmer nicht an die Regeln der Finanzmarktinfrastruktur gebunden, aber deren Transaktionen würden von oder durch die Finanzmarktinfrastruktur gecleart, abgewickelt und aufgezeichnet.
[51] *EB NBV 2013*, 8.
[52] *SIX Sponsored Access Description 2016*, Nr. 3.1 und 3.2.

Exchange oder SIX Exfeed Ltd) für den direkten Zugang zu Marktdaten seien hiervon getrennt.[53]

Bemerkenswert erscheint ferner, dass der Gesetzgeber bei der Schaffung des Begriffs des indirekten Teilnehmers nicht an den Hochfrequenzhandel gedacht zu haben scheint. Im Vordergrund lagen vielmehr indirekte Clearingmitglieder (*non-clearing members*) von zentralen Gegenparteien.[54] Dies verdeutlichen auch die Ausführungen von CPSS und IOSCO in ihren PFMI.[55] Gerade mit Blick auf das Management der Risiken aus indirekter Teilnahme (Art. 33 NBV) sowie der Verknüpfung zwischen Non-Clearing-Mitgliedern und *Sponsored Users* erscheint die generelle Erfassung dieser *Sponsored User* vom Begriff des indirekten Teilnehmers angezeigt.

dd) Fazit

Zusammenfassend kann festgehalten werden, dass allein durch die Beschränkung des Teilnehmerfeldes gemäss Art. 34 Abs. 2 des Finanzmarktinfrastrukturgesetzes (FinfraG) nicht sichergestellt ist, dass der Hochfrequenzhandel nur durch Effektenhändler oder andere Beaufsichtigte betrieben wird. Es existieren auch indirekte Teilnehmer, denen (direkte) Teilnehmer einen direkten Zugang zu einem Handelsplatz gewähren. Auf diese Weise können Hochfrequenzhändler, selbst wenn sie nicht Teilnehmer eines Handelsplatzes sind, mit einer genauso niedrigen Latenz wie dieselben handeln. Wie noch zu zeigen sein wird, hat der Bundesrat diesen Aspekt in Art. 31 der Finanzmarktinfrastrukturverordnung (FinfraV) nicht berücksichtigt, sodass sich mit Blick auf indirekte Teilnehmer Unklarheiten ergeben.[56]

b) Definition des Effektenhändlers

Gemäss Art. 2 lit. d BEHG sind Effektenhändler natürliche und juristische Personen und Personengesellschaften, die gewerbsmässig für eigene Rechnung zum kurzfristigen Wiederverkauf oder für Rechnung Dritter Effekten auf dem Sekundärmarkt kaufen und verkaufen, auf dem Primärmarkt öffentlich anbieten oder selbst Derivate schaffen und öffentlich anbieten (Art. 2 lit. d BEHG). Der Begriff des Effektenhändlers wird in Art. 2 f. BEHV sowie im Rundschreiben 2008/5 der Finma präzisiert.

---

[53] *SIX Sponsored Access Description 2016*, Nr. 3.2.
[54] *Botschaft FinfraG 2014*, 7514; *EB NBV 2013*, 8, 14 f.
[55] *PFMI 2012*, 105 Fn. 148.
[56] Hierzu hinten 594 f., 634 ff.

aa) Persönlicher Anwendungsbereich

In persönlicher Hinsicht erfasst der Begriff des Effektenhändlers definitionsgemäss uneingeschränkt natürliche und juristische Personen sowie Personengesellschaften, dies im Unterschied zum europäischen Recht sowie zur Regelung nach dem Entwurf zum Finanzinstitutsgesetz.[57] In persönlicher Hinsicht scheinen damit zunächst keine potenziellen Hochfrequenzhändler ausgeschlossen. Art. 2 Abs. 3 BEHV enthält jedoch eine Liste mit Ausnahmen, wonach (a) die Schweizerische Nationalbank, (b) Fondsleitungen im Sinne des Anlagefondsgesetzes, (c) Versicherungseinrichtungen im Sinne des Versicherungsaufsichtsgesetzes sowie (d) die Einrichtungen der beruflichen Vorsorge, auf welche Art. 71 BVG anwendbar ist und die einer Aufsicht unterstehen, nicht als Effektenhändler gelten. Für den Hochfrequenzhandel von Interesse sind vor allem die Fondsleitungen im Sinne des Anlagefondsgesetzes, da wie erwähnt auch Anlagefonds Hochfrequenzhandelsstrategien verfolgen.[58]

bb) Erfasste Tätigkeiten

In sachlicher Hinsicht machen verschiedene Tätigkeiten eine Person zum Effektenhändler. Art. 2 Abs. 1 und Abs. 2 sowie Art. 3 BEHV unterscheiden je nach verfolgter Tätigkeit zwischen verschiedenen Händlerkategorien: Eigenhändler, Emissionshäuser, Derivatehäuser, Market-Maker sowie Kundenhändler. Für den Hochfrequenzhandel sind vor allem die Händlerkategorien Eigenhändler, Market-Maker und Kundenhändler von Interesse.

aaa) Eigenhändler

Die Definition des Effektenhändlers im Börsengesetz nennt den Handel für eigene Rechnung zum kurzfristigen Wiederverkauf ausdrücklich als Effektenhändlertätigkeit (siehe Art. 2 lit. d BEHG). Wie bereits mehrfach erwähnt handeln Hochfrequenzhändler typischerweise – aber nicht zwingend – für eigene Rechnung.[59] Das zusätzliche Kriterium der Kurzfristigkeit bezieht sich gemäss Finma auf das mit dem Erwerb von Effekten verfolgte Ziel, nämlich deren aktive Bewirtschaftung, um innerhalb kurzer Fristen aus der Veränderung von Kursen

---

[57] Der Begriff der Wertpapierfirma erfasst nach Art. 4 Abs. 1 Nr. 1 Unterabs. 1 MiFID II grundsätzlich nur juristische Personen; unter gewissen Bedingungen können nach Unterabs. 2 f. aber auch weitere Unternehmen und natürliche Personen Wertpapierfirmen sein; zur Regelung nach dem Entwurf für ein Finanzinstitutsgesetz (FINIG) sogleich 536 ff.

[58] Vorn 11 f.

[59] Vorn 9; siehe auch Erwägungsgrund 61 zur MiFID II.

oder Zinsen Gewinne zu erzielen.⁶⁰ Zweifellos sind gerade Strategien von Hochfrequenzhändlern vielfach darauf ausgerichtet, innerhalb kurzer Fristen aus Veränderungen von Kursen oder Zinsen Gewinne und damit eine Überrendite zu erzielen. Dies gilt sowohl für Arbitrage-, News-Trading- und antizipierende Strategien. Folglich scheint das Kriterium des Handels für eigene Rechnung zum kurzfristigen Wiederverkauf gerade auf Hochfrequenzhändler zugeschnitten zu sein. Einen Sonderfall stellt das Market-Making dar, bei dem ebenfalls Profite aus dem kurzfristigen Wiederverkauf erzielt werden sollen, allerdings nicht (primär) aus sich verändernden Kursen, sondern aus dem Spread und Maker-Entschädigungen.⁶¹ Für Market-Maker besteht jedoch nach Art. 3 Abs. 4 BEHV eine eigene Händlerkategorie auf Verordnungsstufe, die unter dem nachfolgenden Titel erörtert wird.

Ausserhalb dessen, was sich aus der Legaldefinition im Gesetz ergeben würde, enthalten sowohl die Börsenverordnung als auch das Rundschreiben 2008/5 bedeutende Einschränkungen für Eigenhändler. Nach Art. 2 Abs. 1 BEHV sind Eigenhändler (sowie Emissionshäuser oder Derivatehäuser) nur dann Effektenhändler, sofern sie hauptsächlich im Finanzbereich tätig sind. Hauptsächlich bedeutet, dass die Tätigkeit im Finanzbereich gegenüber allfälligen anderen Aktivitäten deutlich überwiegen muss, wodurch vermieden werden soll, dass Industrie- und Gewerbeunternehmen aufgrund der Tätigkeit ihrer Finanzabteilungen erfasst werden.⁶² Durch diese besondere Regelung werden Hochfrequenzhändler nicht als Effektenhändler erfasst, wenn diese den Hochfrequenzhandel lediglich als Nebentätigkeit wahrnehmen oder diese Tätigkeit zumindest nicht deutlich überwiegt. Über die Verordnung hinaus hat die Finma die Voraussetzungen mit dem Rundschreiben 2008/5 weiter erhöht. Erstens gelten demnach Eigenhändler nur dann als Effektenhändler, wenn sie Effektengeschäfte im Umfang von mehr als CHF 5 Mrd. brutto pro Jahr tätigen, und zweitens hat die Finma die Definition der Gewerbsmässigkeit für Eigenhändler eingeschränkt.⁶³

Das Mindesthandelsvolumen begründete die Finma damit, dass sich eine Erfassung von Eigenhändlern nicht aus Gründen des Anlegerschutzes, sondern nur aus Gründen des Funktionsschutzes rechtfertige.⁶⁴ Diese teleologische Redukti-

---

60 FINMA-RS 2008/5 (Effektenhändlerbegriff), N 22; gemäss *Watter* (1996), 72 f. ist die Kurzfristigkeit zurückhaltend anzunehmen; nicht so nach *A. Wyss* (2000), 20, da mit der Umsatzschwelle eine genügend hohe Hürde eingeführt worden sei; eine gewisse Regelmässigkeit der Kurzfristigkeit ist aber sicher zu fordern.
61 Zum Market-Making vorn 61 ff.
62 FINMA-RS 2008/5, N 7 f.; nach FINMA-RS 2008/5, N 9 gilt eine konsolidierte Betrachtung für Konzerngesellschaften.
63 FINMA-RS 2008/5, N 23; zum Kriterium der Gewerbsmässigkeit hinten 533 f.
64 FINMA-RS 2008/5, N 23.

on der Finma überzeugt grundsätzlich, wenngleich aktuell (noch) keine rechtliche Grundlage im Gesetz oder auf Verordnungsstufe besteht, die diese Praxis legitimieren würde. Dies soll sich mit dem Finanzinstitutsgesetz ändern, dessen Art. 37 lit. b Nr. 1 E-FINIG vorsieht, dass Eigenhändler, die gewerbsmässig kurzfristig mit Effekten handeln und hauptsächlich auf dem Finanzmarkt tätig sind, namentlich dann als Wertpapierhaus gelten, wenn sie die Funktionsfähigkeit des Finanzmarkts gefährden könnten. Bemerkenswert ist, dass das Börsengesetz in seiner aktuellen Form gemäss Art. 1 Abs. 2 BEHG nur noch den Anlegerschutz und nicht mehr den Funktionsschutz bezweckt, was jedoch die teleologische Reduktion gestützt auf den Funktionsschutz dennoch zulassen sollte. Ebenfalls bemerkenswert ist, dass es gemäss Erläuterungsbericht zum Vorentwurf des Finanzmarktinfrastrukturgesetzes gar nie zu einer Unterstellung als Effektenhändler gestützt auf das Handelsvolumen kam.[65]

Für die Bemessung des Mindesthandelsvolumens ist bedeutsam, dass die Finma zur Bestimmung des Handelsvolumens auf die Verpflichtungsgeschäfte und nicht auf die Verfügungsgeschäfte abstellt.[66] Hochfrequenzhändler dürften kaum an Verfügungsgeschäften beteiligt sein, wenn sie die Wertpapiere nicht über den Handelstag hinaus halten und daher auch kaum je Eigentümer von Effekten werden.[67] Stellt die Finma lediglich auf die Verfügungsgeschäfte ab, besteht daher die Gefahr, dass auch sehr grosse Hochfrequenzhändler keine Bewilligung als Effektenhändler benötigen.

Zusammenfassend scheint das Gesetz mit dem Handel für eigene Rechnung zum kurzfristigen Wiederverkauf zunächst sämtliche, als Eigenhändler agierenden Hochfrequenzhändler zu erfassen. Bei genauerer Betrachtung bestehen allerdings auf Verordnungs- und Aufsichtsstufe Lücken, sodass Eigenhändler unter gewissen Voraussetzungen hochfrequente algorithmische Strategien verfolgen können, ohne dass sie vom Begriff des Effektenhändlers erfasst werden.

bbb) *Market-Maker*

Market-Maker sind gemäss Art. 3 Abs. 4 BEHV Effektenhändler, die gewerbsmässig für eigene Rechnung kurzfristig mit Effekten handeln und öffentlich dauernd oder auf Anfrage Kurse für einzelne Effekten stellen. Die generelle Erfassung von Market-Makern wird in der Lehre dadurch gerechtfertigt, dass eine Regulierung der Market-Maker im Unterschied zur Regulierung von Eigen-

---

[65] *EB VE-FinfraG 2013*, 72.
[66] Die Marktanteilsstatistiken vorn (12 f.) betreffen lediglich die Verpflichtungsgeschäfte.
[67] Hierzu vorn 9.

händlern im Allgemeinen nicht nur aus Gründen des Funktionsschutzes, sondern auch aus Gründen des Anlegerschutzes angezeigt erscheine.[68]

Erstes Begriffsmerkmal des Market-Makers ist der Handel für eigene Rechnung, sodass es sich beim Market-Maker um eine Unterform des Eigenhändlers handelt.[69] Die Einschränkung der Market-Maker auf Eigenhändler erscheint jedoch unsachlich, können Market-Making-Tätigkeiten doch auch für Rechnung Dritter ausgeübt werden. Mit solchen Tätigkeiten sollten grundsätzlich aus einer teleologischen Perspektive zumindest dieselben Rechtsfolgen verbunden sein. Eher noch strengere Regeln erscheinen aufgrund des Anlegerschutzes angezeigt. Ausserdem ist zu beachten, dass Market-Maker zwar als Unterform des Eigenhändlers definiert werden, bei den Voraussetzungen jedoch bedeutende Unterschiede bestehen. So ist weder eine Haupttätigkeit im Finanzbereich noch ein Mindesthandelsvolumen erforderlich und darüber hinaus gelten auch die eigenhandelsspezifischen Ausnahmen vom Begriff der Gewerbsmässigkeit nicht.[70]

Zweites Begriffsmerkmal des Market-Makers ist das öffentliche Stellen von Kursen für einzelne Effekten, dauernd oder auf Anfrage. Bei der Erörterung der Handelsstrategien von Hochfrequenzhändlern wurde darauf hingewiesen, dass einige Hochfrequenzhändler Market-Making-Strategien verfolgen.[71] Sofern diese Strategie dauernd aufrechterhalten wird, fallen entsprechend Hochfrequenzhändler unter den Begriff des Market-Makers; eine Registrierung beim Handelsplatz als Market-Maker ist für die Qualifikation als Market-Maker unter dieser Bestimmung nicht erforderlich.[72] Den Begriff der Dauerhaftigkeit präzisierte die Finma im Rundschreiben 2008/5 nicht weiter. Dauerhaft bedeutet nicht, dass die Strategie ununterbrochen verfolgt werden muss, sind Market-Maker doch regelmässig bei ausserordentlichen Umständen wie extremer Volatilität von der Pflicht befreit, Kurse zu stellen.[73] Stellt ein Händler während einer substanziellen Zeitspanne zweiseitig kompetitive Preise, so erfüllt dieser Händler Market-

---

[68] A. *Wyss* (2000), 22.
[69] Siehe Art. 3 Abs. 4 BEHV, wonach Market-Maker Effektenhändler sind, die gewerbsmässig für eigene Rechnung kurzfristig mit Effekten handeln und öffentlich dauernd oder auf Anfrage Kurse für einzelne Effekten stellen; allerdings kennt die Finma bei Eigenhändlern gerade mit Bezug auf die Gewerbsmässigkeit sowie das Mindestvolumen Einschränkungen, die für Market-Maker nicht gelten.
[70] Vgl. Art. 2 Abs. 2 BEHV; FINMA-RS 2008/5, N 17 ff. und N 39 ff.
[71] Vorn 61 ff.
[72] Siehe aber Art. 30 Abs. 3 FinfraV, wonach Handelsplätze mit Teilnehmern, die an dem Handelsplatz eine Market-Making-Strategie verfolgen, eine Vereinbarung schliessen müssen; hinten 624 ff.
[73] Siehe hierzu die ausdrückliche Regelung nach Art. 17 Abs. 3 lit. a und Art. 17 Abs. 7 Unterabs. 1 lit. d MiFID II.

Making-Funktionen.[74] In Anlehnung an das europäische Recht kann etwa ein Drittel der Handelsdauer als substanziell betrachtet werden.[75]

Drittes Begriffsmerkmal ist der kurzfristige Handel mit Effekten. Die Finma verweist zwar im Rundschreiben 2008/5 in dieser Hinsicht auf die Präzisierungen zum Eigenhandel.[76] Die dortige Präzisierung, wonach damit das Ziel verbunden sei, innerhalb kurzer Fristen aus Veränderungen von Kursen oder Zinsen Gewinne zu erzielen, passt jedoch nicht für das Market-Making, erzielen Market-Maker Gewinne doch nicht (primär) aus sich verändernden Kursen, sondern aus dem Spread und den Maker-Entschädigungen.[77] Market-Maker dürften grundsätzlich stets kurzfristig handeln, wenn sie dauerhaft kompetitive Kurse für einzelne Effekten stellen.

Market-Maker werden wie angedeutet auch dann vom Begriff des Effektenhändlers erfasst, wenn sie nicht hauptsächlich im Finanzbereich tätig sind (Art. 2 Abs. 2 BEHV). Für Market-Maker, die nicht hauptsächlich im Finanzbereich tätig sind, gilt die besondere Organisationspflicht nach Art. 19 Abs. 2 BEHV i. V. m. Art. 10 Abs. 2 lit. a BEHG, wonach diese das Effektenhandelsgeschäft rechtlich verselbständigen müssen.

ccc) *Kundenhändler*

Als Kundenhändler werden Effektenhändler definiert, die gewerbsmässig in eigenem Namen für Rechnung von Kunden mit Effekten handeln und (a) selber oder bei Dritten für diese Kunden Konten zur Abwicklung des Effektenhandels führen oder (b) Effekten dieser Kunden bei sich oder in eigenem Namen bei Dritten aufbewahren (Art. 3 Abs. 5 BEHV).[78] Für Kundenhändler gilt hinsichtlich der Haupttätigkeit die gleiche Regel wie für Market-Maker. Sie sind Effektenhändler, auch wenn sie nicht hauptsächlich im Finanzbereich tätig sind (Art. 2 Abs. 2 BEHV), und sie müssen das Effektenhandelsgeschäft verselbstän-

---

[74] Eher zu weit geht wohl die Voraussetzung nach *Wicki* (2001), 7, wonach mit dem Market-Making nicht aktiv in das Kursgefüge eingegriffen wird.
[75] Gemäss Art. 1 Abs. 1 RTS 8 zu MiFID II wird zusammengefasst vorausgesetzt, dass die Wertpapierfirma während der Hälfte der Handelstage über einen Zeitraum von einem Monat während zumindest der Hälfte der täglichen Handelszeiten mit mindestens einem Finanzinstrument handelt und feste, zeitgleiche Geld- und Briefkursofferten vergleichbarer Höhe zu wettbewerbsfähigen Preisen stellt; der europäische Wert bewegt sich also zwischen einem Viertel und der Hälfte, weshalb pragmatisch ein Drittel gewählt wurde.
[76] FINMA-RS 2008/5, N 44.
[77] Zum Market-Making vorn 624 ff.
[78] Siehe die Liste in Art. 3 Abs. 6 BEHV mit Personen, die nicht als Kunden gelten.

digen, wenn sie nicht hauptsächlich im Finanzbereich tätig sind (Art. 19 Abs. 2 BEHV i. V. m. Art. 10 Abs. 2 lit. a BEHG).

Nicht vom Begriff des Kundenhändlers erfasst sind Vermögensverwalter oder Anlageberater, die Vermögenswerte Dritter allein gestützt auf Vollmachten betreuen, also nicht in eigenem Namen, sondern im Namen der Kunden handeln.[79] Allein für die Vermögensverwaltung im Namen Dritter ist also derzeit keine Bewilligung als Effektenhändler erforderlich, wohl aber eine Bewilligung nach dem Geldwäschereigesetz (Art. 14 Abs. 1 i. V. m. Art. 3 Abs. 2 und Abs. 3 GWG).[80] Geregelt haben wollte der Gesetzgeber Kundenhändler, wenn diese Kundengelder in eigenem Namen in einem Globalkonto (Pool) bei einem Dritten (Bank) zusammenfassen und diese verwalten.[81] Vermögensverwalter, die lediglich die Gelder ihrer Kunden verwalten und keinen Bankbetrieb führen, sind auch vom Anwendungsbereich des Bankengesetzes ausgeschlossen (Art. 1 Abs. 3 lit. b BankG). Entsprechend gelten die von ihnen verwalteten Kundengelder nicht als Publikumseinlagen. Dies ist ausdrücklich in Art. 5 Abs. 3 lit. c BankV geregelt, wonach Habensaldi auf Kundenkonten von Effekten- oder Edelmetallhändlern, Vermögensverwaltern oder ähnlichen Unternehmen, die einzig der Abwicklung von Kundengeschäften dienen, nicht als Einlagen gelten, wenn dafür kein Zins bezahlt wird.[82] Folglich gelten externe Vermögensverwalter aktuell weder als Banken noch als Effektenhändler.

Der Ausschluss der externen Vermögensverwalter hat zur Folge, dass diese im Namen und für Rechnung von Kunden Hochfrequenzhandelsstrategien verfolgen können und dabei nicht vom Begriff des Effektenhändlers erfasst werden. Die externen Vermögensverwalter sollen jedoch durch das Finanzdienstleistungs- und das Finanzinstitutsgesetz (FIDLEG und FINIG) stärker reguliert werden.

cc) *Gewerbsmässigkeit*

Gemeinsam ist allen Händlerkategorien das Erfordernis der Gewerbsmässigkeit.[83] Mit diesem Erfordernis soll vermieden werden, dass nur gelegentlich im Effektenhandel tätige Gesellschaften als Effektenhändler erfasst werden.[84] Als gewerbsmässig gilt eine selbständige und unabhängige wirtschaftliche Tätigkeit,

---

[79] FINMA-RS 2008/5, N 52.
[80] *Finma FAQ Vermögensverwaltung 2009*, 1; vgl. *Burg* (2013), N 9.
[81] *EBK-JB 1997*, 120 f.; *A. Wyss* (2000), 23.
[82] Vgl. *Burg* (2013), N 68.
[83] Dies ergibt sich direkt aus Art. 2 lit. d BEHG, aber auch aus Art. 3 Abs. 1–5 BEHV sowie FINMA-RS 2008/05, N 11.
[84] *Wicki* (2001), 32.

die darauf ausgerichtet ist, regelmässige Erträge zu erzielen.[85] Die Finma machte im Rundschreiben 2008/5 allerdings besondere Ausführungen zu Eigen- und Kundenhändlern.

Die Präzisierungen der Finma zur Gewerbsmässigkeit bei Eigenhändlern werfen Fragen auf. Zunächst hält die Finma ausdrücklich fest, dass die allgemeine Definition namentlich für Eigenhändler gilt.[86] Weiter hinten präzisiert sie aber, dass natürliche und juristische Personen, die lediglich ihr eigenes Vermögen verwalten, nicht gewerbsmässig handeln, dies im Unterschied zu Investmentgesellschaften, bei denen die Verwaltung ihres Anlagevermögens eine Dienstleistung darstellt, die zugunsten der Aktionäre erbracht werde.[87] Trotz dieser Einschränkung kann Hochfrequenzhändlern, selbst wenn sie nicht als Investmentgesellschaften arbeiten, das Kriterium der Gewerbsmässigkeit kaum abgesprochen werden. Dies gilt umso mehr dann, wenn die Tätigkeit Effektengeschäfte im Umfang von mehr als CHF 5 Mrd. erfasst, denn dieser Betrag sollte die Gewerbsmässigkeit implizieren.[88] Hochfrequenzhändler handeln zudem in aller Regel aktiv mit dem Ziel, eine Überrendite zu erzielen, während der Begriff der Verwaltung des Vermögens eher auf passive Handelsstrategien hindeutet. Hochfrequenzhändler dürften daher in aller Regel das Kriterium der Gewerbsmässigkeit für Eigenhändler erfüllen.

Im Unterschied zu den Ausführungen zum Eigenhandel sind die Präzisierungen zu den Kundenhändlern hinreichend klar. Für Kundenhändler gilt das zusätzliche alternative Kriterium, wonach diese auch dann gewerbsmässig handeln, wenn sie für mehr als 20 Kunden Konten führen oder Effekten aufbewahren.[89] Dies schliesst allerdings nicht aus, dass die Gewerbsmässigkeit auch dann bejaht wird, wenn der Kundenhändler bloss die allgemeinen Kriterien der Gewerbsmässigkeit erfüllt, nicht aber dieses zusätzliche alternative Kriterium.[90]

dd) Fazit und Würdigung

Auf den ersten Blick scheint die Definition des Effektenhändlers in Art. 2 lit. d BEHG auf Hochfrequenzhändler zugeschnitten zu sein und diese uneinge-

---

[85] FINMA-RS 2008/05, N 12; *Botschaft BEHG 1993*, 1396 f.; *R. H. Weber* (2013), N 2 zu Art. 2 BEHG; vgl. Art. 2 lit. b HRegV.
[86] FINMA-RS 2008/5, N 13.
[87] FINMA-RS 2008/5, N 19 f.; siehe auch *A. Wyss* (2000), 20 Fn. 74.
[88] In dieselbe Richtung *R. H. Weber* (2013), N 13 zu Art. 2 BEHG und *A. Wyss* (2000), 19.
[89] FINMA-RS 2008/5, N 49; vgl. Art. 6 BankV, wonach auch die Empfehlung zur Entgegennahme von Publikumseinlagen darunterfällt.
[90] In FINMA-RS 2008/5, N 49 verwendet die Finma den Begriff «zudem», und in N 48 verweist sie auf N 11–13.

III. Erfassung als Effektenhändler nach schweizerischem Recht

schränkt zu erfassen. Dies gilt vor allem aufgrund der alternativen Voraussetzung des gewerbsmässigen Handels für eigene Rechnung zum kurzfristigen Wiederverkauf, denn diese Merkmale sind für den Hochfrequenzhandel typisch. Bei genauerer Betrachtung zeigen sich allerdings einige Lücken. Erstens werden in persönlicher Hinsicht keine Fondsleitungen im Sinne des Anlagefondsgesetzes erfasst (Art. 2 Abs. 3 lit. b BEHV). Zweitens setzt die Erfassung von Eigenhändlern als Effektenhändler eine hauptsächliche Tätigkeit im Finanzbereich (Art. 2 Abs. 1 BEHV) und ein Mindesthandelsvolumen von CHF 5 Mrd. voraus, ebenso wie eine Tätigkeit, die über das Verwalten des eigenen Vermögens hinausgeht.[91] Drittens sind externe Vermögensverwalter nicht erfasst, die Hochfrequenzhandelsstrategien im Namen ihrer Kunden verfolgen, und viertens gilt dasselbe zumindest vom Begriff des Effektenhändlers her selbst dann, wenn die externen Vermögensverwalter Market-Making-Strategien verfolgen, denn von der Definition des Market-Makers werden gemäss Art. 3 Abs. 4 FinfraV nur Händler erfasst, die für eigene Rechnung handeln.

Während die Ausnahme der Verwaltung des eigenen Vermögens im Falle des Hochfrequenzhandels grundsätzlich verneint werden sollte und die Fondsleitungen einem besonderen Regime unterworfen sind, bieten die übrigen Ausnahmen durchaus Raum für Hochfrequenzhändler, die sich nicht als Effektenhändler oder anderes beaufsichtigtes Institut konstituieren müssen. Dann benötigen sie aber einen direkten elektronischen Zugang über einen Teilnehmer eines Handelsplatzes, da sie nicht selbst Teilnehmer des Handelsplatzes sein können.[92] Die grundsätzlich überzeugende Voraussetzung eines Mindesthandelsvolumens von CHF 5 Mrd. ist ausserdem insofern zu präzisieren, als die Finma bei der Berechnung auf die Verpflichtungsgeschäfte und nicht auf die Verfügungsgeschäfte abstellen sollte. Da Hochfrequenzhändler Wertpapiere kaum über die Handelstage hinaus halten, dürften sie auch kaum an Verfügungsgeschäften beteiligt sein, sodass bei einem Abstellen auf die Verfügungsgeschäfte das Handelsvolumen ungleich geringer ist als bei einem Abstellen auf die Verpflichtungsgeschäfte. *De lege ferenda* erschiene aus Funktionsschutzgründen sachgemäss, das Kriterium der Gefährdung der Funktionsfähigkeit des Finanzmarktes als übergeordnetes Kriterium gesetzlich zu verankern, sodass dieses auch für die weiteren auf Verordnungs- und Richtlinienebene ausgenommenen Händler gilt und nicht bloss für Eigenhändler.

---

[91] FINMA-RS 2008/5, N 19 und 23.
[92] Zum Zugang vorn 524 ff.

2. Zukünftiges Recht (FINIG)

Mit dem Finanzinstitutsgesetz (FINIG) soll im Sinne eines integralen Regulierungsansatzes ein Rahmen für die verschiedenen Finanzinstitute geschaffen werden. Als Finanzinstitute gelten nach dem Gesetzesentwurf Vermögensverwalter, Trustees, Verwalter von Kollektivvermögen, Fondsleitungen und Wertpapierhäuser (Art. 2 Abs. 1 E-FINIG). Entgegen dem Sprachgebrauch soll der Begriff des Finanzinstituts demgegenüber anders als noch nach dem Vorentwurf (siehe Art. 2 Abs. 1 VE-FINIG) keine Banken umfassen. Ausserdem wird der Begriff des Effektenhändlers durch den Begriff des Wertpapierhauses ersetzt.[93] Als Wertpapierhaus soll nach Art. 37 E-FINIG gelten, wer (a) in eigenem Namen für Rechnung der Kunden Effekten handelt; (b) für eigene Rechnung kurzfristig mit Effekten handelt, hauptsächlich auf dem Finanzmarkt tätig ist und: (1) dadurch die Funktionsfähigkeit des Finanzmarktes gefährden könnte; (2) als Mitglied eines Handelsplatzes tätig ist; oder (c) für eigene Rechnung kurzfristig mit Effekten handelt und öffentlich dauernd oder auf Anfrage Kurse für einzelne Effekten stellt (Market-Maker).

Die vorgesehene Regelung nimmt im Wesentlichen Präzisierungen auf Gesetzesstufe vor, die bereits heute gemäss der Börsenverordnung sowie dem Finma-Rundschreiben 2008/5 gelten.[94] Entsprechend sind grundsätzlich weiterhin dieselben Lücken für Hochfrequenzhändler vorhanden, sofern sie nicht durch die Regulierung der Vermögensverwalter und Trustees (Art. 16 ff. E-FINIG) sowie die Verwalter von Kollektivvermögen (Art. 20 ff. E-FINIG) geschlossen werden. Bemerkenswert ist, dass Eigenhändler grundsätzlich nur erfasst werden sollen, wenn sie hauptsächlich auf dem Finanzmarkt tätig sind und dadurch die Funktionsfähigkeit des Finanzmarktes gefährden könnten (Art. 37 lit. b Nr. 1 E-FINIG). Hierin spiegelt sich die Argumentation der Finma für das von ihr geforderte Mindesthandelsvolumen von CHF 5 Mrd. brutto pro Jahr wider.[95] Mit derselben Argumentation könnten aber auch generell Hochfrequenzhändler erfasst werden, denn im Hochfrequenzhandel können durchaus Risiken für die Funktionsfähigkeit des Finanzmarktes erblickt werden. Zumindest operationelle Risiken sind wie im Kapitel 11 (Systemische Risiken) erläutert weitgehend unbestritten.[96] Ausserdem rechtfertige der Bundesrat die Gesetzesbestimmungen zur Sicherstellung eines geordneten Handels (Art. 30 und Art. 45 FinfraG) mit vom Hochfrequenzhandel ausgehenden Risiken und die Art. 30 f. FinfraV zielen auf

---

[93] In *Botschaft FIDLEG/FINIG 2015*, 9032 wird der Begriff des Effektenhändlers als irreführend bezeichnet.
[94] Hierzu vorn 527 ff.
[95] Hierzu vorn 529.
[96] Zu den operationellen Risiken vorn 352 ff.

die Beschränkung dieser Risiken ab.[97] Gestützt auf Art. 37 lit. b Nr. 1 E-FINIG könnte die Finma also Hochfrequenzhändler, die als Eigenhändler hauptsächlich auf dem Finanzmarkt tätig sind, zur Konstituierung als Wertpapierhaus verpflichten. Für andere Hochfrequenzhändler sieht das Gesetz demgegenüber diese Möglichkeit nicht vor, selbst wenn von diesen ebenfalls potenziell eine Gefahr für den Finanzmarkt ausgeht. Grundsätzlich sollte der Finma *de lege ferenda* die Möglichkeit eingeräumt werden, auch Händler zu erfassen, die nicht hauptsächlich im Finanzmarkt tätig sind, wenn von diesen eine Gefahr für die Funktionsfähigkeit des Finanzmarktes ausgehen könnte. Zum aktuellen Zeitpunkt ist das Gesetz nicht in der Lage, das (primäre) Ziel, den Schutz der Funktionsfähigkeit des Finanzmarktes (Art. 1 Abs. 2 E-FINIG), vollständig zu gewährleisten. Allerdings ist auch eine indirekte Aufsicht von indirekten Teilnehmern, die Hochgeschwindigkeitsstrategien verfolgen, über (direkte) Teilnehmer denkbar.[98]

Eine wesentliche Neuerung besteht weiter darin, dass Wertpapierhäuser mit Sitz in der Schweiz neu Handelsgesellschaften sein müssen (Art. 38 E-FINIG). Handelsgesellschaften sind gemäss der 3. Abteilung des OR Personengesellschaften (Kollektiv- und Kommanditgesellschaft), die Aktiengesellschaft, die Kommanditaktiengesellschaft sowie die GmbH. Natürliche Personen, Einzelunternehmen, einfache Gesellschaften, Genossenschaften sowie Vereine und Stiftungen fallen folglich ausser Betracht. Gemäss der Botschaft des Bundesrates kommt die Genossenschaft für ein Wertpapierhaus nicht infrage, da dieses im Gegensatz zur Bank das Zinsdifferenzgeschäft nicht betreiben darf.[99] Mit dem Vorbehalt der Handelsgesellschaft bleiben die begriffsbestimmenden Tätigkeiten nach Art. 37 E-FINIG Handelsgesellschaften vorbehalten. Dies kann implizit aus Art. 37, Art. 38 und Art. 5 E-FINIG sowie den Gesetzesmaterialien abgeleitet werden.[100] Demnach dürfte es dem Willen des Gesetzgebers entsprochen haben, natürliche und andere juristische Personen von diesen Tätigkeiten auszuschliessen.[101] Der Gesetzeswortlaut stützt diese Auslegung implizit, wurde die Handelsgesellschaft doch nicht zum Teil der Definition gemäss Art. 37 E-FINIG

---

[97] *Botschaft FinfraG 2014*, 7533, 7540; zu den Teilnehmer- und Handelsplatzpflichten hinten 591 ff., 669 ff.
[98] Siehe hierzu insb. hinten 629 ff., 634 ff.
[99] *Botschaft FIDLEG/FINIG 2015*, 9032; schon *EB VE-FIDLEG/FINIG 2014*, 134, jeweils mit Verweis auf Art. 40 Abs. 3 E-FINIG; allerdings können als Genossenschaft konstituierte Banken gemäss Art. 5 E-FINIG auch die Tätigkeit als Wertpapierhaus ausüben.
[100] *Botschaft FIDLEG/FINIG 2015*, 9032; *EB VE-FIDLEG/FINIG 2014*, 133 ff.
[101] *Botschaft FIDLEG/FINIG 2015*, 9032; *EB VE-FIDLEG/FINIG 2014*, 133 ff.; so halten Bundesrat und Finanzdepartement mit Verweis auf Art. 40 (V)E-FINIG fest, dass gewisse Tätigkeiten Wertpapierhäusern vorbehalten bleiben, und die Rechtsform der Handelsgesellschaft rechtfertigt das Finanzdepartement mit der Rechtssicherheit sowie der Sicherstellung der aufsichtsrechtlichen Pflichten.

gemacht. Dennoch wäre eine eindeutigere Formulierung wünschenswert, aus der klar hervorgeht, welche Tätigkeiten nur Wertpapierhäuser verrichten dürfen.[102]

Weiter bemerkenswert ist, dass Art. 5 E-FINIG eine Bewilligungskaskade enthält, wonach unter anderem die Bewilligung zur Tätigkeit als Bank auch zur Tätigkeit als Wertpapierhaus, als Verwalter von Kollektivvermögen, als Vermögensverwalter und als Trustee berechtigt und die Bewilligung zur Tätigkeit als Wertpapierhaus zur Tätigkeit als Verwalter von Kollektivvermögen, als Vermögensverwalter und als Trustee. Ferner ist anzumerken dass die Emissions- und Derivatehäuser als eigenständige Effektenhändler- beziehungsweise Wertpapierhauskategorien aufgegeben wurden. Dies begründete das Finanzdepartement damit, dass diesen Kategorien in der Praxis keine eigenständige Bedeutung zugekommen sei, da die Tätigkeitsfelder von Banken und Kundenhändlern wahrgenommen worden seien.[103] Entsprechend sollen diese Tätigkeiten gemäss Art. 11 und Art. 40 Abs. 1 lit. c und lit. d E-FINIG Banken und Wertpapierhäusern vorbehalten werden.[104]

Zusammenfassend ist festzuhalten, dass der Begriff des Effektenhändlers durch das Finanzinstitutsgesetz mit dem Begriff des Wertpapierhauses ersetzt werden soll und Wertpapierhäuser mit Sitz in der Schweiz sich gemäss Art. 38 E-FINIG als Handelsgesellschaften konstituieren müssen. Abgesehen davon übernimmt der Entwurf zum FINIG weitgehend die Praxis unter dem geltenden Recht, sodass die bestehenden Lücken für Hochfrequenzhändler aufrecht erhalten bleiben. Entsprechend werden Hochfrequenzhändler unter gewissen Umständen auch nach dem zukünftigen Recht noch immer ihre Handelsstrategien verfolgen können, ohne dass sie als Wertpapierhaus qualifiziert werden, dies in gewissen Fällen selbst dann, wenn von ihnen eine Gefahr für die Funktionsfähigkeit des Finanzmarkts ausgeht. Immerhin könnten Hochfrequenzhändler, die für eigene Rechnung mit Effekten handeln und hauptsächlich auf dem Finanzmarkt tätig sind, neu gemäss Art. 37 lit. b Nr. 1 E-FINIG gestützt auf das Argument der Gefährdung der Funktionsfähigkeit des Finanzmarktes erfasst werden.

IV. Erfassung als anderes Institut

Für proprietäre Firmen, die für eigene Rechnung Hochfrequenzhandel betreiben, ist in erster Linie die Erfassung als Wertpapierfirma (nach europäischem

---

102 Vgl. etwa Art. 5 Abs. 1 MiFID II.
103 *Botschaft FIDLEG/FINIG 2015*, 9032; *EB VE-FIDLEG/FINIG 2014*, 134.
104 So ausdrücklich *Botschaft FIDLEG/FINIG 2015*, 9032; *EB VE-FIDLEG/FINIG 2014*, 134.

Recht) beziehungsweise als Effektenhändler oder Wertpapierhaus (nach schweizerischem Recht) von Bedeutung. Bereits ganz am Anfang dieser Arbeit wurde jedoch darauf hingewiesen, dass auch andere Finanzmarktakteure wie namentlich Banken und Investmentfonds Hochfrequenzhandel betreiben.[105] Da die Tätigkeit als Hochfrequenzhändler offensichtlich weder zwingend die Definition als Bank noch jene als Verwalter kollektiver Kapitalanlagen erfüllt, erübrigt sich in dieser Hinsicht eine detaillierte Prüfung. Die Erfassung als anderes Institut ist jedoch für den Zugang zu den Handelsplätzen und damit indirekt auch für die Pflichten bei algorithmischem Handel gemäss Art. 31 FinfraV von Bedeutung. Wie bereits erwähnt wurde der Teilnehmerkreis mit dem Finanzmarktinfrastrukturgesetz analog zur europäischen Regelung ausgedehnt, sodass Teilnehmer einer Börse oder eines multilateralen Handelssystems nunmehr nebst Effektenhändlern weitere nach Art. 3 FINMAG Beaufsichtigte sein können, sofern diese gleichwertige technische und operative Voraussetzungen erfüllen, sowie von der Finma nach Art. 40 FinfraG bewilligte ausländische Teilnehmer und die SNB (Art. 34 Abs. 2 FinfraG).[106] Entsprechend können nun auch andere Beaufsichtigte direkte Teilnehmer von Handelsplätzen sein. Sowohl für Banken als auch für Verwalter kollektiver Kapitalanlagen gelten grundsätzlich analoge Pflichten wie für Effektenhändler, was durch Art. 34 Abs. 2 lit. b FinfraG für Teilnehmer von Handelsplätzen noch bestärkt wird. Ausserdem gelten die Pflichten bei algorithmischem Handel gemäss Art. 31 Abs. 2 FinfraV für sämtliche Teilnehmer von Handelsplätzen, die algorithmischen Handel betreiben und nicht (bloss) für Effektenhändler, sodass in dieser Hinsicht von untergeordneter Bedeutung sein dürfte, ob der Hochfrequenzhändler als Bank, Effektenhändler oder Verwalter kollektiver Kapitalanlagen erfasst ist.[107] Relevant sind vielmehr die Lücken der Effektenhändlerdefinition.

V. Ergebnisse

Hochfrequenzhändler könnten aus zwei Gründen dazu verpflichtet sein, sich als Wertpapierfirma (bzw. als Effektenhändler) oder als anderes Finanzinstitut zu konstituieren: entweder aufgrund der Ausgestaltung des Begriffs des betreffenden Instituts oder aufgrund einer Beschränkung des Zugangs zu den Handelsplätzen. Die zweite Möglichkeit rührt daher, dass zumindest die schnellsten Hochfrequenzhändler zur Ausübung ihrer Praktiken einen direkten Zugang zur elektronischen Infrastruktur eines Handelsplatzes benötigen. Wie sich gezeigt hat, ist weder auf europäischer noch auf schweizerischer Ebene sichergestellt,

---

[105] Vorn 11 f.
[106] Vorn 524.
[107] Zum Anwendungsbereich von Art. 31 Abs. 2 FinfraV im Detail hinten 594 ff.

dass sich Hochfrequenzhändler als Wertpapierfirmen (bzw. Effektenhändler) oder anderes Finanzinstitut konstituieren müssen.

Hinsichtlich des Zugangs zu den Handelssystemen nach MiFID II wurde festgestellt, dass der Kreis der Teilnehmer bei geregelten Märkten und multilateralen Handelssystemen (MTF) beschränkt ist, nicht aber der Kreis der möglichen Nutzer von direkten elektronischen Zugängen sowie der Kunden von organisierten Handelssystemen (OTF) und systematischen Internalisierern. Allein über den Zugang zu den Handelsplätzen (und systematischen Internalisierern) ist daher nicht gewährleistet, dass Hochfrequenzhändler vom Begriff der Wertpapierfirma oder jenem eines anderen Finanzinstituts erfasst sind. Bei geregelten Märkten und MTF ist die Teilnehmerschaft immerhin beschränkt auf Wertpapierfirmen und Kreditinstitute sowie weitere Personen, die bestimmte Vorgaben erfüllen. Zudem dürfen nur Wertpapierfirmen und Kreditinstitute einen direkten elektronischen Zugang gewähren, und hinsichtlich der Nutzer desselben kann von einer indirekten Aufsicht gesprochen werden. Insofern gilt also zumindest bei geregelten Märkten und MTF ein von der Qualifikation als Wertpapierfirma unabhängiges Kontrollregime.

Der im europäischen Recht verwendete Begriff der Wertpapierfirma dürfte Hochfrequenzhändler demgegenüber grundsätzlich sowohl in der Form von MiFID II als auch in der Form der Kapitaladäquanzerlasse erfassen, sofern sie nicht als anderes, nicht vom Geltungsbereich der Erlasse erfasstes Finanzinstitut reguliert sind. Allerdings enthalten sowohl das MiFID-Regime als auch die Kapitaladäquanzerlasse Lücken. MiFID II etwa garantiert streng genommen nicht, dass für fremde Rechnung, aber in eigenem Namen agierende Händler sowie gruppeninterne Wertpapierdienstleistungen erfasst sind, und lässt weitere Ausnahmen durch Mitgliedstaaten nach Art. 3 zu. Die Kapitaladäquanzerlasse kennen darüber hinaus zusätzliche Ausnahmen, deren Voraussetzungen ebenfalls einzelne Hochfrequenzhändler erfüllen könnten. Zwar scheint es sich bei einigen dieser Lücken um planwidrige gesetzgeberische Versehen zu handeln; angesichts der Anzahl Lücken, der ohnehin schon grossen Komplexität, aus Anreizüberlegungen sowie aus Gründen der Rechtssicherheit ist eine extensive Auslegung zur Erfassung sämtlicher Hochfrequenzhändler als beaufsichtigte Institute dennoch nicht angezeigt.

Im schweizerischen Recht wird der Zugang zu den Handelsplätzen durch Art. 34 Abs. 2 des Finanzmarktinfrastrukturgesetzes (FinfraG) beschränkt. Allein durch diese Bestimmung ist nicht sichergestellt, dass der Hochfrequenzhandel durch Effektenhändler oder andere Beaufsichtigte betrieben wird, da auch indirekte Teilnehmer mit einem direkten elektronischen Zugang Hochfrequenzhandel betreiben können. Demgegenüber scheint die Definition des Effektenhändlers in Art. 2 lit. d BEHG auf den ersten Blick auf Hochfrequenzhändler zugeschnitten zu sein. Bei genauerer Betrachtung zeigen sich allerdings auch bei dieser Definition Lücken. Erstens werden in persönlicher Hinsicht namentlich keine Fondsleitungen im Sinne des Anlagefondsgesetzes erfasst (Art. 2 Abs. 3 lit. b BEHV). Zweitens setzt die Erfassung von Eigenhändlern als Effektenhändler eine hauptsächliche Tätigkeit im Finanzbereich (Art. 2 Abs. 1 BEHV) und ein Mindesthandelsvolumen von CHF 5 Mrd. voraus, ebenso wie eine Tätigkeit, die über das Verwalten des eigenen Vermögens hinausgeht.[108] Drittens sind externe Vermögensverwalter nicht erfasst, die ebenfalls Hochfrequenzhandelsstrategien im Namen ihrer Kunden verfolgen könnten, und viertens gilt dasselbe zumindest vom Begriff des Effektenhändlers her selbst dann, wenn die externen Vermögensverwalter Market-Making-Strategien verfolgen, denn von der Definition des Market-Makers werden nach Art. 3 Abs. 4 FinfraV nur Händler erfasst, die für eigene Rechnung handeln. Während die Ausnahme der Verwaltung des eigenen Vermögens im Falle des Hochfrequenzhandels grundsätzlich verneint werden sollte und die Fondsleitungen einem besonderen Regime unterworfen sind, bieten die übrigen Ausnahmen durchaus Raum für Hochfrequenzhändler, die sich nicht als Effektenhändler oder anderes beaufsichtigtes Institut konstituieren müssen. Dann benötigen sie aber einen direkten elektronischen Zugang über einen Teilnehmer eines Handelsplatzes, da sie nicht selbst Teilnehmer des Handelsplatzes sein können. Die grundsätzlich überzeugende Voraussetzung eines Mindesthandelsvolumens von CHF 5 Mrd. ist ausserdem insofern zu präzisieren, als die Finma bei der Berechnung auf die Verpflichtungsgeschäfte und nicht auf die Verfügungsgeschäfte abstellen sollte. Da Hochfrequenzhändler Wertpapiere kaum über die Handelstage hinaus halten, dürften sie auch kaum an Verfügungsgeschäften beteiligt sein, sodass bei einem Abstellen auf die Verfügungsgeschäfte das Handelsvolumen ungleich geringer ist als bei einem Abstellen auf die Verpflichtungsgeschäfte.

De lege ferenda soll der Begriff des Effektenhändlers durch das Finanzinstitutsgesetz mit dem Begriff des Wertpapierhauses ersetzt werden, und Wertpapierhäuser mit Sitz in der Schweiz müssen sich gemäss Art. 38 E-FINIG als Handelsgesellschaften konstituieren. Abgesehen davon übernimmt der Entwurf zum FINIG weitgehend die Praxis zum geltenden Recht, sodass die bestehenden Lücken für Hochfrequenzhändler aufrecht erhalten bleiben. Entsprechend dürften Hochfrequenzhändler auch nach dem zukünftigen Recht unter gewissen Umständen noch immer ihre Handelsstrategien verfolgen, ohne dass sie als Wertpapierhaus qualifiziert werden, dies in gewissen Fällen selbst dann, wenn von ihnen eine Gefahr für die Funktionsfähigkeit des Finanzmarkts ausgeht. Immerhin könnten Hochfrequenzhändler, die für eigene Rechnung mit Effekten handeln und hauptsächlich auf dem Finanzmarkt tätig sind neu gemäss Art. 37 lit. b Nr. 1 E-FINIG gestützt auf das Argument der Gefährdung der Funktionsfähig-

---

[108] FINMA-RS 2008/5, N 19 und 23.

keit des Finanzmarktes erfasst werden. *De lege ferenda* erschiene aus Funktionsschutzgründen sachgemäss, das Kriterium der Gefährdung der Funktionsfähigkeit des Finanzmarktes als übergeordnetes Kriterium gesetzlich zu verankern, sodass dieses auch für die weiteren auf Verordnungs- und Richtlinienebene ausgenommenen Händler gilt und nicht bloss für Eigenhändler.

Für proprietäre Firmen, die für eigene Rechnung Hochfrequenzhandel betreiben, ist in erster Linie die Erfassung als Wertpapierfirma (nach europäischem Recht) beziehungsweise als Effektenhändler oder Wertpapierhaus (nach schweizerischem Recht) von Bedeutung. Bereits ganz am Anfang dieser Arbeit wurde jedoch darauf hingewiesen, dass auch andere Finanzmarktakteure wie namentlich Banken und Investmentfonds Hochfrequenzhandel betreiben. Da sowohl für Banken als auch für Verwalter kollektiver Kapitalanlagen grundsätzlich analoge Pflichten wie für Effektenhändler gelten und die Pflichten bei algorithmischem Handel gemäss Art. 31 Abs. 2 FinfraV für sämtliche Teilnehmer von Handelsplätzen gelten, die algorithmischen Handel betreiben – und nicht bloss für Effektenhändler – dürfte letztlich von untergeordneter Bedeutung sein, ob der Hochfrequenzhändler als Bank, Effektenhändler oder Verwalter kollektiver Kapitalanlagen erfasst ist. Relevant sind vielmehr die Lücken der Effektenhändlerdefinition sowie die weiter hinten zu erläuternde Frage nach dem genauen Anwendungsbereich von Art. 30 und Art. 31 FinfraV.[109]

---

[109] Hinten 594 ff., 671 f.

§ 15 Allgemeine Institutspflichten und Erforderlichkeit derselben

In diesem Kapitel folgt zunächst eine Übersicht über die Verpflichtungen der Wertpapierfirmen nach europäischem Recht und jene der Effektenhändler nach schweizerischem Recht. Diese knappe Darstellung der Institutspflichten soll einerseits der Orientierung in einem immer komplexeren Gefüge dienen, andererseits aber auch eine Grundlage für die anschliessende Beantwortung der Frage schaffen, ob und wenn ja, inwiefern diese Institutspflichten für Hochfrequenzhändler erforderlich erscheinen. Ausserdem wird die Regulierung der Wertpapierfirmen im Allgemeinen einer kritischen Würdigung unterzogen. Die Ausführungen orientieren sich an der Regulierung der Wertpapierfirmen (EU-Recht) beziehungsweise Effektenhändler (CH-Recht); für Banken und Verwalter kollektiver Kapitalanlagen gelten allerdings weitgehend ähnliche Pflichten.

I. Europa

Auf europäischer Ebene finden sich die Zulassungsvoraussetzungen für Wertpapierfirmen und ein Grossteil der operationellen Pflichten in MiFID II sowie den Kapitaladäquanzerlassen CRD IV und CRR.[1] Hochfrequenzhändler werden wie im vorangehenden Kapitel 14 (Institutionelle Erfassung) erläutert nicht nur nach MiFID II und MiFIR grundsätzlich vom Begriff der Wertpapierfirma erfasst, sondern in der Regel auch vom Begriff der Wertpapierfirma nach den Kapitaladäquanzerlassen, sodass ihnen zusätzlich die spezifischen Zulassungserfordernisse und Institutspflichten der Kapitaladäquanzerlasse obliegen, selbst wenn MiFID II nicht ohnehin auf diese Regeln verweist. Nachfolgend werden zunächst die Zulassungsvoraussetzungen und sodann die operationellen Pflichten in den Grundzügen aufgeführt.

1. Zulassungsvoraussetzungen für Wertpapierfirmen

a) Überblick

Das europäische Recht kennt in MiFID II sowie den Kapitaladäquanzerlassen die folgenden allgemeinen Zulassungsvoraussetzungen für Wertpapierfirmen:
- Persönliche Anforderungen an die Leitungsorgane (Art. 9 MiFID II i.V.m. Art. 91 CRD IV);
- Governance-Regelungen (Art. 9 MiFID II i.V.m. Art. 88 CRD IV);

---

[1] Zum Ganzen *Moloney* (2014), 355 ff.

§ 15 Allgemeine Institutspflichten und Erforderlichkeit derselben

- Persönliche Anforderungen an Anteilseigner (Art. 10 MiFID II);
- Mitgliedschaft in einem zugelassenen Anlegerentschädigungssystem nach der Anlegerentschädigungsrichtlinie[2] (Art. 14 MiFID II);
- Anfangskapitalausstattung (Art. 15 MiFID II i.V.m. dem CRR/CRD IV-Regime);
- eine Reihe von organisatorischen Anforderungen (Art. 7 Abs. 2 i.V.m. Art. 16 MiFID II).

Weitere Voraussetzungen sind für Wertpapierfirmen vorgesehen, die algorithmischen Handel (Art. 17 MiFID II), ein MTF (Art. 18 f. MiFID II) oder ein OTF (Art. 18 und 20 MiFID II) betreiben. Die besonderen, mit dem algorithmischen Handel verbundenen Pflichten werden im nachfolgenden Kapitel 16 (Pflichten bei algorithmischem Handel) eingehend erläutert.[3]

b) Persönliche Anforderungen an das Leitungsorgan

In persönlicher Hinsicht stellt Art. 9 MiFID II verschiedene Anforderungen an das Leitungsorgan von Wertpapierfirmen. Es kann zwischen Anforderungen an die einzelnen Mitglieder des Leitungsorgans und Anforderungen and das gesamte Leitungsorgan unterschieden werden.

Für die einzelnen Mitglieder des Leitungsorgans wird vorausgesetzt:
- ein guter Leumund (Art. 9 Abs. 4 MiFID II; Art. 9 Abs. 1 MiFID II i.V.m. Art. 91 Abs. 1 CRD IV);
- ausreichende Kenntnisse, Fähigkeiten und Erfahrungen (siehe Art. 9 Abs. 4 MiFID II; Art. 9 Abs. 1 MiFID II i.V.m. Art. 91 Abs. 1 CRD IV);
- ausreichend Zeit (Art. 9 Abs. 4 MiFID II; Art. 9 Abs. 1 MiFID II i.V.m. Art. 91 Abs. 2 CRD IV);
- eine Beschränkung der Anzahl Mandate (Art. 9 Abs. 1 MiFID II i.V.m. Art. 91 Abs. 3 bis 6 CRD IV);
- keine objektiven und nachweisbaren Gründe für die Gefährdung (Art. 9 Abs. 4 MiFID II):[4]

---

[2] RL 97/9/EG des Europäischen Parlaments und des Rates vom 3. März 1997, ABlEG v. 26.3.1997, L 84/22.
[3] Hinten 591 ff.
[4] Die deutsche Fassung spricht von der Geschäftsleitung; dies erscheint insofern etwas verwirrend, als die englische Fassung denselben Begriff («*management body*») wie im Titel der Bestimmung verwendet; zusätzlich verwirrend ist dies, da in Art. 9 Abs. 3 Unterabs. 4 MiFID II ebenfalls von der Geschäftsleitung die Rede ist, wo in der englischen Fassung lediglich vom «*management*» und nicht vom «*management body*» die Rede ist.

- der wirksamen, soliden und umsichtigen Führung der Firma;⁵
- von Kundeninteressen;
- der Marktintegrität;
- aufrichtiges, integres und unvoreingenommenes Handeln der Mitglieder des Leitungsorgans zur Beurteilung und Hinterfragung der Entscheidungen der Geschäftsleitung (*senior management*) sowie zur wirksamen Überwachung der Entscheidungsfindung (Art. 9 Abs. 1 MiFID II i. V. m. Art. 91 Abs. 8 CRD IV).⁶

Daneben bestehen die folgenden Anforderungen an das gesamte Leitungsorgan:
- Die Zusammensetzung spiegelt ein angemessenes Spektrum an Erfahrung wider (Art. 9 Abs. 1 MiFID II i. V. m. Art. 91 Abs. 1 CRD IV);
- die Institute müssen bei der Berufung von Mitgliedern auf eine grosse Bandbreite von Eigenschaften und Fähigkeiten achten und zu diesem Zweck eine Politik der Förderung der Diversität innerhalb des Leitungsorgans verfolgen (Art. 9 Abs. 1 MiFID II i. V. m. Art. 91 Abs. 10 CRD IV);
- das Leitungsorgan verfügt kollektiv über die zum Verständnis der Tätigkeiten der Wertpapierfirma samt seiner Hauptrisiken notwendigen Kenntnisse, Fähigkeiten und Erfahrung (Art. 9 Abs. 1 MiFID II i. V. m. Art. 91 Abs. 7 CRD IV).

Mit den persönlichen Anforderungen ist eine Meldepflicht hinsichtlich der Angaben über alle Mitglieder des Leitungsorgans, sämtlicher Veränderungen in der Mitgliedschaft sowie aller weiteren Informationen verbunden, die für die Überprüfung der Einhaltung von Art. 9 Abs. 1, 2 und 3 MiFID II erforderlich sind (Art. 9 Abs. 5 MiFID II).

c) Governance-Regelungen

Für die Zulassung als Wertpapierfirma müssen die Leitungsorgane Regelungen für die Unternehmensführung und -kontrolle treffen, die die wirksame und umsichtige Führung der Firma gewährleisten (Art. 9 Abs. 1 MiFID II i. V. m. Art. 88 CRD IV und Art. 9 Abs. 3 MiFID II).⁷ Art. 9 Abs. 1 MiFID II nimmt

---

⁵ Die englische Fassung spricht vom «*effective, sound and prudent management*»; andere Übersetzungen dieser eher weiten Begriffe wären denkbar gewesen.

⁶ Genau genommen spricht die englische Fassung im zweiten Teilsatz nur noch vom «management», während es zunächst vom «senior management» spricht; es ist nicht ganz klar, ob diese Unterscheidung von Bedeutung ist, die deutsche Fassung kennt keine solche Unterscheidung; ferner spricht die deutsche Fassung davon, die Entscheidungsfindung sei «*wirksam zu kontrollieren und zu überwachen*», und die englische Fassung verwendet die Terminologie «*to effectively oversee and monitor management decision-making*»; da die Begriffe deckungsgleich sein dürften, wurden sie mit dem Begriff «*Überwachung*» zusammengefasst.

⁷ Diese Pflicht ergibt sich an sich auch aus Art. 74 Abs. 1 CRD IV.

nicht ausdrücklich Bezug auf Art. 74 Abs. 1 CRD IV. Zumindest für Wertpapierfirmen, die als Institute im Sinne der Kapitaladäquanzerlasse gelten, ist aber auch diese Bestimmung für die interne Unternehmensführung massgebend. Wie erwähnt dürften Hochfrequenzhändler ab der Geltung von MiFID II grundsätzlich auch von der Definition der Wertpapierfirma nach der Kapitaladäquanzverordnung (Art. 4 Abs. 1 Nr. 2 CRR) erfasst sein und daher auch unter dieses Regime fallen.[8] Möglicherweise stellt die fehlende Aufführung von Art. 74 CRD IV in Art. 9 Abs. 1 MiFID II allerdings auch ein gesetzgeberisches Versehen dar, sodass die Bestimmung für sämtliche Wertpapierfirmen nach MiFID II gelten würde.

aa)   Allgemeine Anforderungen

Im Sinne allgemeiner Anforderungen müssen die Governance-Regelungen der Wertpapierfirmen die folgenden Punkte beinhalten:
– eine solide und klare Organisationsstruktur (Art. 74 Abs. 1 CRD IV);
– konkreter die Aufgabentrennung (Art. 88 Abs. 1 CRD IV; Art. 9 Abs. 3 Unterabs. 1 MiFID II); insbesondere darf der Vorsitzende des Leitungsorgans im selben Institut nicht gleichzeitig die Funktion des Geschäftsführers wahrnehmen (Art. 88 Abs. 1 Unterabs. 2 lit. e CRD IV);
– wirksame Verfahren zur Ermittlung, Steuerung, Überwachung und Meldung der tatsächlichen und potenziellen künftigen Risiken (Art. 74 Abs. 1 CRD IV);
– angemessene interne Kontrollmechanismen, einschliesslich solider Verwaltungs- und Rechnungslegungsverfahren (Art. 74 Abs. 1 CRD IV);
– Vorbeugung von Interessenkonflikten (Art. 88 Abs. 1 CRD IV; Art. 9 Abs. 3 Unterabs. 1 MiFID II);
– eine Vergütungspolitik und -praxis, die mit einem soliden und wirksamen Risikomanagement vereinbar und diesem förderlich sind (Art. 74 Abs. 1 CRD IV).

bb)   Bestimmungen zum Leitungsorgan

Die Regeln müssen sodann nach der Kapitaladäquanzrichtlinie die folgenden Pflichten des Leitungsorgans beinhalten:
– die Gesamtverantwortung des Leitungsorgans für die Wertpapierfirma, wozu die Genehmigung und Überwachung der folgenden Punkte zählt (Art. 88 Abs. 1 Unterabs. 2 lit. a CRD IV):
  – Umsetzung der strategischen Ziele;
  – Umsetzung der Risikostrategie;
  – Umsetzung der internen Führung und Kontrolle;

---

[8] Vorn 521 ff.

- die Sicherstellung der Zuverlässigkeit der Systeme für die Buchführung und Rechnungslegung inklusive finanzieller und operativer Kontrollen und Einhaltung der Rechtsvorschriften sowie der relevanten Rechnungslegungsstandards (Art. 88 Abs. 1 Unterabs. 2 lit. b CRD IV);[9]
- die Überwachung der Offenlegung[10] und Kommunikation (Art. 88 Abs. 1 Unterabs. 2 lit. c CRD IV);
- die Verantwortlichkeit für die Anwendung der Regelungen über die Unternehmensführung und -kontrolle (Art. 88 Abs. 1 CRD IV) sowie die wirksame Überwachung der Geschäftsleitung (Art. 88 Abs. 1 Unterabs. 2 lit. d CRD IV).

Die Pflichten der Kapitaladäquanzrichtlinie werden ergänzt durch zusätzliche Pflichten in MiFID II, welche der Aufnahme in die Governance-Regelungen bedürfen. Demnach müssen diese Regeln gewährleisten, dass das Leitungsorgan die folgenden Punkte festlegt, annimmt und überwacht:
- eine angemessene Firmenorganisation (siehe Art. 9 Abs. 3 Unterabs. 2 lit. a MiFID II);[11]
- die Firmenpolitik (Art. 9 Abs. 3 Unterabs. 2 lit. b MiFID II);[12]
- die Vergütungspolitik für Personen, die an der Erbringung von Dienstleistungen für Kunden beteiligt sind (Art. 9 Abs. 3 Unterabs. 2 lit. c MiFID II).

Des Weiteren muss das Leitungsorgan einen angemessenen Zugang zu den Informationen und Dokumenten haben, die für die Beaufsichtigung und Überwachung der Entscheidungsfindung erforderlich sind (Art. 9 Abs. 3 Unterabs. 4 MiFID II).

Für Institute von erheblicher Bedeutung wird zudem zwingend ein Nominierungsausschuss vorgeschrieben, der sich aus Mitgliedern des Leitungsorgans zusammensetzt, die im betreffenden Institut keine Geschäftsführungsaufgaben wahrnehmen (Art. 88 Abs. 2 CRD IV).

---

[9] De deutsche Fassung spricht von «*Rechtsvorschriften und einschlägigen Normen*», was missverständlich ist; die englische Fassung spricht von der «*compliance with the law and relevant standards*»; zu denken ist an anerkannte Rechnungslegungsstandards wie IFRS oder US GAAP.

[10] Zu denken ist insbesondere an Veröffentlichungen im Rahmen der Ad-hoc-Publizität.

[11] Zur Firmenorganisation zählen nach der Bestimmung mitunter die vom Personal geforderten Fähigkeiten, Kenntnisse und Erfahrungen, die Ressourcen, die Verfahren und die Regelung für die Erbringung von Dienstleistungen und die Ausübung von Anlagetätigkeiten, wobei die Art, der Umfang und die Komplexität ihrer Geschäfte sowie sämtliche von der Firma vorgegebenen Anforderungen zu berücksichtigen sind.

[12] Zur Firmenpolitik zählen nach der Bestimmung die Dienstleistungen, Anlagetätigkeiten, Produkte und Geschäfte im Einklang mit der Risikotoleranz der Firma und den Besonderheiten und Bedürfnissen der Kunden, allenfalls einschliesslich der Durchführung von Stresstests.

d) Persönliche Anforderungen an Aktionäre und Gesellschafter mit qualifizierten Beteiligungen

In persönlicher Hinsicht enthält MiFID II für Aktionäre und Gesellschafter mit qualifizierten Beteiligungen die folgenden Voraussetzungen:
– die Eignung derselben angesichts der Notwendigkeit, die solide und umsichtige Führung einer Wertpapierfirma zu gewährleisten (Art. 10 Abs. 1 Unterabs. 2 MiFID II);
– das Fehlen von engen Verbindungen zwischen der Wertpapierfirma und anderen natürlichen oder juristischen Personen, die die zuständige Behörde an der ordnungsgemässen Wahrnehmung ihrer Aufsichtsfunktion hindern (Art. 10 Abs. 1 Unterabs. 3 MiFID II).

Die Zulassung muss auch dann verweigert werden, wenn Rechts- oder Verwaltungsvorschriften eines Drittlandes oder Schwierigkeiten bei deren Anwendung die zuständige Behörde daran hindern, ihre Aufsichtsfunktion ordnungsgemäss wahrzunehmen (Art. 10 Abs. 2 MiFID II). Diese Bestimmung ist gerade für die Ausgestaltung des schweizerischen Rechts von Bedeutung, hat doch die Schweiz ein grosses Interesse daran, dass sich Inländer an Wertpapierfirmen im EU-Raum beteiligen können oder dass schweizerische Firmen grenzüberschreitend Wertpapierdienstleistungen erbringen können.

Gefährden Personen mit einer qualifizierten Beteiligung durch ihren Einfluss zu einem späteren Zeitpunkt die umsichtige und solide Geschäftsführung der Wertpapierfirma, ist die zuständige Behörde zur Ergreifung von Massnahmen verpflichtet, wofür ihr eine Reihe von Instrumenten zur Verfügung stehen (Art. 10 Abs. 3 MiFID II). Ferner enthält MiFID II eine Reihe von Bestimmungen zum beabsichtigten Erwerb einer qualifizierten Beteiligung (Art. 11 bis 13 MiFID II).

e) Mitteilungspflichten

Mit verschiedenen Zulassungsvoraussetzungen sind Mitteilungspflichten verknüpft, von denen MiFID II die Zulassung als Wertpapierfirma abhängig macht. Gegenstand dieser Mitteilungspflichten sind namentlich Angaben zu allen Mitgliedern des Leitungsorgans der Wertpapierfirma, zu sämtlichen Veränderungen in der Mitgliedschaft sowie zur Beurteilung, ob eine Wertpapierfirma die Governance-Regeln gemäss Art. 9 Abs. 1, 2 und 3 MiFID II erfüllt (Art. 9 Abs. 5 MiFID II). Des Weiteren wird für eine Zulassung als Wertpapierfirma vorausgesetzt, dass den zuständigen Behörden sämtliche Namen der natürlichen oder juristischen Personen, die als Anteilseigner oder Gesellschafter direkt oder indirekt qualifizierte Beteiligungen halten, sowie die Höhe der jeweiligen Beteiligungen mitgeteilt werden (Art. 10 Abs. 1 MiFID II).

f) Anlegerentschädigungssystem

Wertpapierfirmen sind in aller Regel weiter zur Mitgliedschaft in einem zugelassenen Anlegerentschädigungssystem verpflichtet (Art. 14 MiFID II i.V.m. der Richtlinie 97/9/EG). Für Wertpapierfirmen, die lediglich auf eigene Rechnung handeln, erscheint eine solche Verpflichtung grundsätzlich nicht gerechtfertigt (ausser vielleicht bei Investmentgesellschaften). Eine ausdrückliche Ausnahme für solche Fälle fehlt jedoch.

g) Anfangskapital

Wertpapierfirmen müssen sodann grundsätzlich über ein Anfangskapital in der Höhe von EUR 730 000 verfügen (Art. 15 MiFID II i.V.m. Art. 28 Abs. 2 CRD IV). Dabei wird das Anfangskapital restriktiver bemessen als das harte Kernkapital (Art. 28 Abs. 1 CRD IV i.V.m. Art. 26 CRR).[13] Wird davon ausgegangen, dass Hochfrequenzhändler für eigene Rechnung handeln, sind die Ausnahmen in Art. 29 CRD IV nicht einschlägig. Händler, die für eigene Rechnung handeln, unterliegen demnach grundsätzlich strengeren Eigenkapitalvorschriften. Lokale Firmen müssen demgegenüber bloss ein Anfangskapital von bloss EUR 50 000 aufweisen und dies auch nur unter der Voraussetzung, dass sie die Niederlassungsfreiheit in Anspruch nehmen oder Dienstleistungen gemäss Art. 31 f. MiFID erbringen (Art. 30 CRD IV).[14] Des Weiteren bestehen Ausnahmen für die im Zusammenhang mit dem Hochfrequenzhandel kaum interessierenden Firmen gemäss Art. 4 Abs. 1 Nr. 2 lit. c CRR[15], sowie für Firmen, die bereits vor dem 31. Dezember 1995 bestanden.

h) Organisatorische Anforderungen

Zu den organisatorischen Anforderungen nach Art. 16 MiFID II gehören:
- angemessene Strategien und Verfahren zur Einhaltung der Verpflichtungen gemäss MiFID II sowie der einschlägigen Vorschriften für persönliche Geschäfte bestimmter Personen (Abs. 2);
- Vorkehrungen für Interessenkonflikte (Abs. 3 Unterabs. 1);
- das Produktgenehmigungsverfahren, die regelmässige Überprüfung hinsichtlich der mit dem Produkt verbundenen Risiken und die Information der Vertreiber (Abs. 3 Unterabs. 2 bis 5);

---

13 Nach Art. 28 Abs. 1 CRD IV gehören Fonds für allgemeine Bankrisiken gemäss Art. 26 Abs. 1 lit. f CRR nicht dazu.
14 In Art. 31 MiFID ist das Recht der grenzüberschreitenden Dienstleistungserbringung geregelt, in Art. 32 MiFID die Errichtung einer Zweigniederlassung.
15 Hierzu vorn 523.

- die Informationsbeschaffung zu Produkten, die die Wertpapierfirma nicht selbst konzipiert (Abs. 3 Unterabs. 6);
- Vorkehrungen zur Gewährleistung der Kontinuität (Abs. 4);
- Vorkehrungen zur Vermeidung von unnötigen zusätzlichen Geschäftsrisiken bei Rückgriff auf Dritte (Abs. 5 Unterabs. 1);
- die Pflicht zu ordnungsgemässer Verwaltung und Buchhaltung, internen Kontrollmechanismen, effizienten Verfahren zur Risikobewertung sowie wirksamen Kontroll- und Sicherheitsmechanismen für Datenverarbeitungssysteme (Abs. 5 Unterabs. 2);
- Sicherheitsmechanismen zur Gewährleistung der Sicherheit und Authentifizierung der Informationsübermittlungswege, Minimierung des Risikos der Datenverfälschung und des unberechtigten Zugriffs sowie Verhinderung des Durchsickerns von Informationen (Abs. 5 Unterabs. 3);
- die Aufzeichnungspflicht, namentlich auch für Telefongespräche und die elektronische Kommunikation (Abs. 6 und Abs. 7);
- Vorkehrungen zum Schutz der Eigentumsrechte von Kunden an Finanzinstrumenten und zum Schutz ihrer Gelder (Abs. 8 und 9);
- ein Verbot von Finanzsicherheiten in Form von Rechtsübertragungen mit Kleinanlegern zur Besicherung oder Deckung bestehender oder künftiger, tatsächlicher, möglicher oder voraussichtlicher Verpflichtungen der Kunden (Abs. 10);
- ein angemessener Einsatz von Personal und Finanzressourcen zur Einführung der Mitglieder des Leitungsorgans in ihr Amt und deren Schulung (Art. 9 Abs. 1 MiFID II i. V. m. Art. 91 Abs. 9 CRD IV).

Diverse weitere Pflichten betreffen das Risikomanagement und die Vergütungspolitik (Art. 73 ff. CRD IV; zur Vergütung Art. 75 und Art. 92 ff. CRD IV). Ferner enthält Art. 24 MiFIR eine Generalklausel, wonach die national zuständigen Behörden die Tätigkeiten von Wertpapierfirmen überwachen, um sicherzustellen, dass diese redlich, professionell und in einer Weise handeln, die die Integrität des Marktes fördert.

i) Entzug der Bewilligung

Die Wertpapierfirma muss die Voraussetzungen für die Erstzulassung zu jeder Zeit erfüllen, was von den zuständigen nationalen Behörden regelmässig zu überprüfen ist (Art. 21 MiFID II). Sind die Voraussetzungen zu einem späteren Zeitpunkt nicht mehr erfüllt, so wird die Bewilligung entzogen (Art. 8 Abs. 1 lit. c MiFID II). Dasselbe gilt, wenn die Wertpapierfirma keinen Gebrauch von der Zulassung macht oder auf diese verzichtet, die Zulassung aufgrund falscher Erklärungen oder auf sonstige rechtswidrige Weise erhalten hat, in schwerwiegender Weise systematisch gegen die Bestimmungen zur Durchführung von

MiFID II oder MiFIR verstösst sowie bei Gegebenheit besonderer national vorgesehener Entzugsgründe (Art. 8 MiFID II).

2. Allgemeine Pflichten für Wertpapierfirmen

a) Überblick

Nebst der Verpflichtung zur fortdauernden Erfüllung der Zulassungsvoraussetzungen (Art. 21 Abs. 1 MiFID II) obliegen den Wertpapierfirmen namentlich die folgenden operationellen Pflichten:
- Pflichten bei Interessenkonflikten (Art. 23 MiFID II);
- ein Katalog von Pflichten im Zusammenhang mit dem Anlegerschutz (Art. 24 ff. MiFID II);
- die Pflicht zur Nachhandelstransparenz über ein APA für Finanzinstrumente, die an einem Handelsplatz gehandelt werden (Art. 20 f. MiFIR);
- eine Plattformhandelspflicht:[16]
  - für Aktien, die an einem geregelten Markt zugelassen sind oder an einem Handelsplatz gehandelt werden (Art. 23 MiFIR);
  - für gewisse Derivate (Art. 28 und 32 MiFIR);
- Aufzeichnungs- und Meldepflichten in Bezug auf Aufträge und Geschäfte (Art. 25 f. MiFIR);
- Governance-Regelungen (Art. 88 Abs. 1 Unterabs. 1 i.V.m. Unterabs. 3 CRD IV; Art. 9 Abs. 3 Unterabs. 3 MiFID II)
- Eigenmittelanforderungen und Kapitalpuffer (Art. 92 ff. CRR i.V.m. Art. 25 ff. CRR);
- Pflichten bei Forderungen aus übertragenen Kreditrisiken (Instrumente für den Kreditrisikotransfer; Art. 404 ff. CRR);
- Liquiditätsanforderungen (*liquidity ratio*; Art. 411 ff. CRR);
- Verschuldungsanforderungen (*leverage ratio*; Art. 427 ff. CRR);
- Offenlegungspflichten (Art. 431 ff. CRR);
- Pflichten zum Risikomanagement und Vergütungsregime (Art. 73 ff. CRD IV).

Für Wertpapierfirmen, die ein MTF oder OTF betreiben, sind wiederum besondere Pflichten vorgesehen bezüglich Transparenz, Clearing, die Aussetzung des Handels und den Ausschluss von Finanzinstrumenten (Art. 31 ff. MiFID II, Art. 3 ff., 27 und 29 MiFIR). Dasselbe gilt für Wertpapierfirmen, die als systematische Internalisierer agieren (Art. 14 f. und Art. 17 f. MiFIR). Ferner beste-

---

[16] Zur Plattformhandelspflicht siehe auch 655 f.

hen namentlich besondere Pflichten bei der Emission von Wertpapieren[17] sowie im Zusammenhang mit diversen Fonds[18].

In den folgenden Abschnitten werden einzelne dieser Pflichten, die von besonderer Relevanz für den Hochfrequenzhandel sind, überblicksweise erläutert.

b) Eigenmittelanforderungen

Die Eigenmittelanforderungen sind grundsätzlich in den Art. 92 ff. CRR geregelt, die Bestandteile der Eigenmittel aber bereits in den Art. 25 ff. CRR festgelegt. Grundsätzlich müssen Institute (Kreditinstitute und Wertpapierfirmen)[19] die folgenden Eigenmittelanforderungen erfüllen: eine harte Kernkapitalquote von 4.5 Prozent, eine Kernkapitalquote von 6 Prozent und eine Gesamtkapitalquote von 8 Prozent (Art. 92 Abs. 1 CRR). Die Quote berechnet sich jeweils nach dem Verhältnis zum Gesamtforderungsbetrag (Art. 92 Abs. 2 CRR). Hinzu kommen verschiedene Kapitalpuffer (Art. 128 ff. CRD IV).

Die Verordnung enthält in den Art. 93 ff. CRR verschiedene besondere Regelungen. Art. 93 CRR betrifft bereits bestehende Unternehmen, Art. 94 CRR Handelsbuchtätigkeiten von geringem Umfang und die Art. 95 f. CRR Wertpapierfirmen mit beschränkter Zulassung. Die Ausnahme für Handelsbuchtätigkeiten von geringem Umfang dürfte angesichts des geringen maximalen Umfangs der Handelsbuchtätigkeit von EUR 15 beziehungsweise 20 Mio. – gemessen nach den Tagespositionen und Marktwerten[20] – kaum von Interesse sein für Hochfrequenzhändler. Art. 95 CRR betrifft Wertpapierfirmen, die keine Zulassung für die Erbringung der in Anhang I Abschnitt A Nr. 3 und 6 MiFID II genannten Wertpapierdienstleistungen und Anlagetätigkeiten haben (Art. 95 Abs. 1 CRR). Dabei handelt es sich um die Tätigkeiten *Handel auf eigene Rechnung* und *Übernahme der Emission von Finanzinstrumenten und/oder Platzie-*

---

[17] Massgebend sind namentlich die Prospektrichtlinie (RL 2003/71/EG des Europäischen Parlaments und des Rates vom 4. November 2003, ABlEG v. 31.12.2003, L 345, geändert durch RL 2010/73/EU des Europäischen Parlaments und des Rates vom 24. November 2010, ABlEU v. 11.12.2010, L 327/1), die Notierungsrichtlinie (RL 2001/34/EG des Europäischen Parlaments und des Rates vom 27. Mai 2001, ABlEG v. 6.7.2001, L 184/1) und die Transparenzrichtlinie (RL 2004/109/EG des Europäischen Parlaments und des Rates vom 15. Dezember 2004, ABlEG v. 6.7.2001, L 184/1) sowie die damit verbundenen Durchführungsrechtsakte.

[18] Anlagefonds nach der OGAW-Richtlinie (RL), alternative Investmentsfonds nach der AIFM-Richtlinie, Risikokapitalfonds nach der RL 345/2013 und Soziales-Unternehmertum-Fonds nach der RL 346/2013.

[19] Siehe Art. 4 Abs. 1 Nr. 3 CRR.

[20] *EBA Q&A Small Business Derogation 2014*.

rung von Finanzinstrumenten mit fester Übernahmeverpflichtung. Da Hochfrequenzhändler in der Regel für eigene Rechnung handeln[21], dürfte auch diese besondere Bestimmung kaum von Interesse für sie sein.

Demgegenüber ist für Hochfrequenzhändler Art. 96 CRR für die Berechnung des Gesamtforderungsbetrags nach Art. 92 Abs. 3 CRR bedeutsam. Um von dieser Ausnahme profitieren zu können, müssen Wertpapierfirmen (nach der zweiten ausgenommenen Kategorie) die folgenden Voraussetzungen erfüllen:
- ein Anfangskapital in der Höhe von mindestens EUR 730 000 gemäss Art. 28 Abs. 2 CRD IV (Art. 96 Abs. 1 CRR);
- sie halten keine Kundengelder oder -wertpapiere (Art. 96 Abs. 1 lit. b Nr. i);
- sie treiben nur Handel für eigene Rechnung (ii);
- sie haben keine externen Kunden (iii);
- sie lassen ihre Geschäfte unter der Verantwortung eines Clearinghauses (Clearinginstitut) ausführen und abwickeln, wobei letzteres die Garantie dafür übernimmt (iv).

Bei der Berechnung ersetzt dann der Betrag nach Art. 97 CRR (Eigenmittel auf der Grundlage der fixen Gemeinkosten von grundsätzlich einem Viertel der im vorausgegangenen Jahr angefallenen fixen Gemeinkosten) den Betrag gemäss Art. 92 Abs. 3 lit. e CRR, der sich gemäss dem Titel III aus den Eigenmittelanforderungen für das operationelle Risiko ergeben würde (Art. 96 Abs. 2 CRR).[22]

c) Überwachung von Grosskrediten

Nach der Kapitaladäquanzrichtlinie darf ein Institut gegenüber einem Kunden oder einer Gruppe verbundener Kunden nach Berücksichtigung der Kreditrisikominderung grundsätzlich keine Risikopositionen gemäss Art. 390 CRR halten, deren Wert 25 Prozent der anrechenbaren Eigenmittel übersteigt (Art. 395 Abs. 1 CRR). Grosskredite, die zehn grössten Kredite auf konsolidierter Basis gegenüber Finanzinstituten, die zehn grössten Kredite gegenüber nichtbeaufsichtigten Finanzunternehmen sowie Überschreitungen der Obergrenze nach Art. 395 CRR sind zudem meldepflichtig (Art. 394 und Art. 396 Abs. 1 CRR). Um einen Grosskredit handelt es sich, wenn sein Wert 10 Prozent der anrechenbaren Eigenmittel des Instituts erreicht oder überschreitet (Art. 392 CRR).

Vom Anwendungsbereich der Bestimmungen zu den Grosskrediten sind Wertpapierfirmen ausgenommen, die die Kriterien nach Art. 95 Abs. 1 oder Art. 96 Abs. 1 CRR erfüllen (Art. 388 Abs. 1 CRR). Handeln Hochfrequenzhändler

---

21 Hierzu vorn 9.
22 Der Faktor 12.5 in Art. 96 Abs. 2 lit. b CRR gilt nach Art. 92 Abs. 4 lit. b CRR auch für die Eigenmittelanforderungen gemäss Art. 92 Abs. 3 lit. e CRR.

bloss auf eigene Rechnung im Sinne von Art. 96 Abs. 1 CRR und lassen sie die Geschäfte unter der Verantwortung eines Clearinghauses ausführen und abwickeln, können sie entsprechend von dieser Ausnahme profitieren.

d) Forderungen aus übertragenen Kreditrisiken

Bei der Reduktion von Risikokapital sind Instrumente für den Kreditrisikotransfer von erheblicher Bedeutung.[23] Auf diese Weise kann das Risiko auf viele Investoren verteilt werden, was gleichzeitig eine Diversifikation des Risikos ermöglicht.[24] Der Bereich der Forderungen aus übertragenen Kreditrisiken ist in Art. 404 ff. CRR geregelt. Die Bestimmungen enthalten Anforderungen an Anlegerinstitute wie eine Haltepflicht von mindestens 5 Prozent für Emittenten (Art. 405 CRR) sowie eine Sorgfaltsprüfung, wenn ein Institut ein Verbriefungsrisiko eingeht (Art. 406 CRR). Bei Verletzung der Bestimmungen werden zusätzliche Risikogewichte von 250 bis 1 250 Prozent des Risikogewichts für die einschlägigen Verbriefungspositionen nach Art. 245 Abs. 6 beziehungsweise Art. 337 Abs. 3 CRR verlangt (Art. 407 Abs. 1 CRR). Weitere Anforderungen gelten für Sponsoren und Originatoren hinsichtlich der Kreditvergabekriterien (Art. 408 CRR) sowie der Offenlegung gegenüber Anlegern (Art. 409 CRR).

e) Liquiditätsanforderungen

Die Kapitaladäquanzverordnung (CRR) enthält des Weiteren Liquiditätsdeckungsanforderungen (*liquidity coverage requirement*, *liquidity coverage ratio* oder nur *liquidity ratio*), bei denen es sich um ein Ergebnis der Basel III-Reform und damit ein Erbe der Finanzkrise handelt.[25] Demnach müssen Institute über liquide Aktiva verfügen, deren Gesamtwert die Liquiditätsabflüsse abzüglich der Liquiditätszuflüsse unter Stressbedingungen abdeckt (Art. 412 Abs. 1 CRR). Die Liquiditätsanforderungen sind auf Stressperioden von 30 Tagen angelegt (Art. 412 Abs. 1 CRR). Mit der Liquiditätsanforderung verbunden ist die Pflicht zur Sicherstellung einer stabilen Refinanzierung von langfristigen Verbindlichkeiten (Art. 413 Abs. 1 CRR). Abgesehen davon ist die Liquidität auch beim Risikomanagement von besonderer Bedeutung.[26] Erfüllt ein Institut die Anforde-

---

[23] *Radevic/Lekpek* (2010), 385 ff.; zu diesen Instrumenten zählen *ABS, Outright sale or syndication, CDOs, CLSNs and synthetic CDOs, Single-name credit derivatives and guarantees* sowie *Multi-name or basket default swaps*.
[24] *Radevic/Lekpek* (2010), 386.
[25] *Moloney* (2014), 395.
[26] Zum Liquiditätsrisiko Art. 83 Abs. 2 und Art. 86 CRD IV; bei der Vergütung Art. 76 Abs. 4 Unterabs. 2, Art. 94 Abs. 1 lit. j und lit. l (i), Art. 95 Abs. 1 CRD IV; zur Aufsicht Art. 97 Abs. 3, Art. 98 Abs. 1 lit. e und Abs. 2, Art. 104 Abs. 1 lit. j und lit. k und insb.

rungen nicht, so muss es dies anzeigen und einen Plan für die rasche Wiederherstellung der Anforderungen vorlegen (Art. 414 CRR). Ferner bestehen diverse weitere Meldepflichten (Art. 415 ff. CRR).

f) Verschuldungsquote

Neben dem Liquiditätsdeckungsverhältnis (*liquidity ratio*) ebenfalls im Zuge der Basel III-Reform eingeführt wurde eine Verschuldungsquote (*leverage ratio*). Dabei handelt es sich um den Quotienten aus der Kapitalmessgrösse (Kernkapital) eines Instituts und seiner Gesamtrisikopositionsmessgrösse (Art. 429 Abs. 2 und Abs. 3 CRR). Die Gesamtrisikopositionsmessgrösse entspricht der Summe der Risikopositionswerte aller Aktiva und ausserbilanziellen Posten, die bei der Festlegung der Kapitalmessgrösse nicht abgezogen werden (Art. 429 Abs. 4 CRR). Die Verschuldungsquote ist zu melden (Art. 430 CRR) und wird von der zuständigen Behörde bei der Überprüfung und Bewertung des Risikomanagements berücksichtigt (Art. 430 Abs. 1 CRR i. V. m. Art. 97 CRD IV).

g) Risikomanagement

Das CRR/CRD IV-Regime enthält extensive Anforderungen an interne Risikomanagementsysteme und -prozesse zusätzlich zu den bereits erwähnten Anforderungen.[27] Durch diese Regeln werden die allgemeineren Governance-Regelungen (Art. 9 Abs. 3 MiFID II; Art. 74 i. V. m. Art. 88 CRD IV) sowie die organisatorischen Anforderungen (Art. 16 MiFID II) präzisiert.[28] Die Regelungen der Institute müssen allgemein wirksame Verfahren zur Ermittlung, Steuerung, Überwachung und Meldung der tatsächlichen und potenziellen künftigen Risiken enthalten sowie über eine mit dem Risikomanagement vereinbare Vergütungspolitik und -praxis verfügen (Art. 74 Abs. 1 CRD IV). Des Weiteren müssen sie zur Beurteilung der Angemessenheit des Kapitals über solide, wirksame und umfassende Strategien und Verfahren verfügen, mit denen sie die Höhe, die Arten und die Verteilung des internen Kapitals, das sie zur quantitativen und qualitativen Absicherung ihrer aktuellen und etwaigen künftigen Risiken für angemessen halten, kontinuierlich bewerten und auf einem ausreichend hohen Stand halten können (Art. 73 Abs. 1 CRD IV). Die Vorgehensweise bei der Behandlung von Risiken wird allgemein in Art. 76 CRD IV geregelt. Art. 77–87 CRD IV betreffen spezifische Risiken.

Art. 105 CRD IV; siehe auch Art. 82 Abs. 2 CRD IV zum Risikomanagement sogleich 559 ff. sowie hinten 610 ff.

[27] Für eine Übersicht *Moloney* (2014), 385 f.

[28] *Moloney* (2014), 385; zu den organisatorische Anforderungen vorn 549 f., zu den Governance-Regelungen vorn 545 ff.

h) Überwachung der Governance-Regeln

Die Festlegung von Governance-Regelungen ist, wie die Auflistung im vorangehenden Abschnitt 1 zeigt, eine Zulassungsvoraussetzung für die Tätigkeit als Effektenhändler.[29] Das Leitungsorgan hat die Pflicht, die Einhaltung und Wirksamkeit dieser Governance-Regeln zu überwachen, regelmässig zu bewerten und zur Behebung etwaiger Defizite angemessene Schritte einzuleiten (Art. 88 Abs. 1 Unterabs. 1 und 3 CRD IV; ähnlich Art. 9 Abs. 3 Unterabs. 3 MiFID II). Zwar ist diese Pflicht als Zulassungsvoraussetzung statuiert; von der Natur her handelt es sich jedoch um eine operationelle Pflicht des Leitungsorgans einer Wertpapierfirma.

II. Schweiz

Wie im vorangehenden Oberabschnitt zum europäischen Recht werden auch in diesem Abschnitt zum schweizerischen Recht zunächst die Zulassungsvoraussetzungen für Effektenhändler aufgeführt und sodann die Pflichten erläutert. Nebst den Effektenhändlerpflichten werden aber im Unterschied zum vorangehenden Abschnitt auch Teilnehmerpflichten und Pflichten für sämtliche Beaufsichtigte sowie die Marktverhaltensregeln aufgeführt.

1. Bewilligungsvoraussetzungen

a) Börsengesetz

aa) Übersicht

Bewilligungsvoraussetzungen für die Tätigkeit als Effektenhändler sind gemäss Art. 10 Abs. 2 BEHG:
– interne Vorschriften und eine Betriebsorganisation zur Sicherstellung der Erfüllung der Effektenhändlerpflichten[30];
– das Mindestkapital oder die Leistung einer Sicherheit;
– der Nachweis der erforderlichen Fachkenntnisse durch den Gesuchsteller und seine verantwortlichen Mitarbeiter;
– die Gewähr für eine einwandfreie Geschäftstätigkeit durch den Gesuchsteller, seine verantwortlichen Mitarbeiter sowie die massgebenden Aktionäre.

---

29 Vorn 545 ff.
30 Zu den Effektenhändlerpflichten nachfolgend 568 ff.

Präzisiert werden die Voraussetzungen in den Art. 17 ff. BEHV sowie der Wegleitung der Finma für Bewilligungsgesuche von Banken und Effektenhändlern.[31] Ist ein Effektenhändler Teil einer Finanzgruppe oder eines Finanzkonglomerats, so gelten darüber hinaus die Bewilligungsvoraussetzungen des Bankengesetzes über Finanzgruppen und Finanzkonglomerate sinngemäss (Art. 10 Abs. 5 BEHG).[32] In begründeten Fällen kann die Finma Ausnahmen von gewissen Vorschriften erteilen.[33]

bb) Organisation

Präzisierend zu Art. 10 Abs. 2 lit. a BEHG müssen Effektenhändler für ein Bewilligungsgesuch nach der Börsenverordnung organisatorische Anforderungen in den folgenden Bereichen erfüllen:
– Beschreibung des Geschäftsbereichs (Art. 18 BEHV);
– Funktionentrennung (Art. 19 Abs. 1 und 2 BEHV);
– Risikomanagement (Art. 19 Abs. 3 BEHV);
– Internes Kontrollsystem (Art. 20 BEHV);
– Ort der Leitung (Art. 21 BEHV).

Weitere, sehr weit gehende Präzisierungen hat die Finma in der Wegleitung für Bewilligungsgesuche vorgenommen.

Die Vorschriften zur Organisation erfüllen im Wesentlichen den Zweck, dass Aufgaben und Kompetenzen unternehmensintern klar zugewiesen sind und Kontrollmechanismen bestehen.[34] Mit der Funktionentrennung sollen aber insbesondere auch die Missbrauchsrisiken minimiert werden.[35]

aaa) Beschreibung des Geschäftsbereichs

Effektenhändler müssen den Geschäftsbereich in den Statuten, den Gesellschafterverträgen oder Reglementen sachlich und geografisch genau angeben (Art. 18 Abs. 1 BEHV). Gemäss Art. 18 Abs. 2 BEHV müssen sie insbesondere angeben

---

31 Wegleitung «*Bewilligungsgesuche Banken und Effektenhändler*» 2012.
32 Zur Finanzgruppe siehe Art. 3c Abs. 1 BankG, zum Finanzkonglomerat Art. 3c Abs. 2 BankG; zu den Bewilligungsvoraussetzungen einer Bank im Allgemeinen siehe Art. 3 Abs. 2 BankG; zur Bewilligung von Banken, die Teil einer Finanzgruppe oder eines Finanzkonglomerats sind, siehe Art. 3b BankG, zur Gruppen- und Konglomeratsaufsicht Art. 3d f. BankG; zu den besonderen Voraussetzungen für gewisse Personen sowie die Organisation Art. 3f BankG, für zusätzlich Vorschriften durch die Finma Art. 3g BankG.
33 Siehe Art. 10bis Abs. 3 BEHG, Art. 19 Abs. 1, Art. 20 Abs. 3, Art. 22 Abs. 5 und Art. 29 Abs. 2 BEHV.
34 *A. Wyss* (2000), 45.
35 *Huber/Hsu* (2011), N 37 zu Art. 10 BEHG.

§ 15 Allgemeine Institutspflichten und Erforderlichkeit derselben

(a) mit welcher Art von Effekten sie handeln und welche anderen Geschäfte sie betreiben, (b) an welchen Märkten sie handeln und (c) für welche Art von Kunden sie handeln. Ausserdem muss der sachliche und geografische Geschäftsbereich den finanziellen Mitteln und der Betriebsorganisation entsprechen (Art. 18 Abs. 3 BEHV) und der Finma muss angegeben werden, bei welchen schweizerischen und ausländischen Börsen eine Mitgliedschaft beabsichtigt ist (Art. 18 Abs. 4 BEHV). Besondere Angaben sind ausserdem zu leisten, wenn eine Tochtergesellschaft, Zweigniederlassung oder Vertretung im Ausland geplant ist (Art. 18 Abs. 5 BEHV).

Die Finma fordert gestützt auf Art. 18 Abs. 1 BEHV einerseits eine detaillierte Beschreibung der Geschäftsaktivitäten sowie der entsprechenden Abläufe und andererseits die Statuten, Gesellschafterverträge und Reglemente, die auf die Geschäftsaktivitäten des Effektenhändlers zugeschnitten sind.[36] Des Weiteren verlangt sie nebst Angaben zu den weiteren in der Börsenverordnung erwähnten Bereichen allgemeine Angaben zum Zweck des Statuserwerbs, zur Geschichte und Tätigkeit des Mutterunternehmens inklusive finanzieller Kennzahlen sowie über bisherige Tätigkeiten bei einer Umwandlung.[37]

bbb) Funktionentrennung

Weiter müssen Effektenhändler für eine wirksame betriebsinterne Funktionentrennung zwischen dem Handel, der Vermögensverwaltung und der Abwicklung sorgen (Art. 19 Abs. 1 BEHV), und Market-Maker sowie Kundenhändler, die nicht hauptsächlich im Finanzbereich tätig sind, müssen das Effektenhandelsgeschäft auslagern (Art. 19 Abs. 2 BEHV).[38] Im Unterschied zum Bankenrecht und zum europäischen Recht ist demgegenüber grundsätzlich keine Trennung zwischen dem Organ für die Oberleitung und jenem für die Geschäftsführung erforderlich.[39] Die betriebsinterne Funktionentrennung zwischen Eigenhandel und Vermögensverwaltung ist die Grundlage für die Einhaltung der Verhaltensregeln nach Art. 11 BEHG. So müssen Informationsbarrieren (*Chinese*

---

36 *Wegleitung «Bewilligungsgesuche Banken und Effektenhändler» 2012*, Nr. 4.1 und 4.2.
37 *Wegleitung «Bewilligungsgesuche Banken und Effektenhändler» 2012*, Nr. 1.1, 1.4 und 1.5.
38 So schon vorn 532.
39 Vgl. Art. 3 Abs. 2 lit. a BankG; *Nobel* (2010a), § 9 N 110 f., wonach es sich hier gemäss Finma um einen Fall qualifizierten Schweigens handelt; eine Ausnahme bestehe bei grossen Effektenhändlern, die mit Banken in der Grösse vergleichbar sind, wo sich aus der Notwendigkeit eines genügenden internen Kontrollsystems (Art. 20 BEHV) eine entsprechende Pflicht ergebe; *Watter* (1996), 81; *Huber/Hsu* (2011), N 39 zu Art. 10 BEHG; zum europäischen Recht vorn 546.

Walls) implementiert werden, um Frontrunning zu verhindern.[40] Dies ergibt sich nach der im Kapitel 22 (Insiderhandel) vertretenen Qualifikation des Frontrunnings als Insiderhandel auch aus den Marktverhaltensregeln der Finma.[41]

Eine spezifische Bestimmung zur Funktionentrennung enthält das Finanzmarktinfrastrukturgesetz für organisierte Handelssysteme (OTF). Organisierte Handelssysteme können von Banken, Effektenhändlern und Handelsplätzen betrieben werden (Art. 43 Abs. 1 FinfraG). Betreiben sie ein solches System, müssen sie (a) dieses von den übrigen Geschäftsaktivitäten getrennt betreiben, (b) wirksame organisatorische Massnahmen zur Feststellung, Verhinderung, Beilegung und Überwachung von Interessenkonflikten treffen und (c) bei der Tätigung von Eigengeschäften über das von ihm betriebene organisierte Handelssystem sicherstellen, dass die Kundeninteressen umfassend gewahrt werden (Art. 44 FinfraG). Diese Bestimmung dürfte namentlich auf die Verhinderung klassischen Frontrunnings in diesen Handelssystemen abzielen, wozu Informationsbarrieren im Sinne der Marktverhaltensregeln unentbehrlich erscheinen, selbst wenn die massgeblichen Effekten nicht vom Anwendungsbereich des Insidertatbestandes erfasst sind.[42]

ccc) Risikomanagement und Kontrolle

Risikomanagement und Kontrolle haben sich immer mehr zu einem Schlüsselbereich des Finanzmarktaufsichtsrechts entwickelt.[43] Regeln zu diesen Bereichen finden sich nicht nur in Art. 19 f. BEHV, sondern auch in der Eigenmittelverordnung sowie in diversen Rundschreiben der Finma.[44] Von besonderer Bedeu-

---

[40] Zu den *Chinese Walls Wicki* (2001), 33 ff.; zum deutschen Recht *Ritz* (2015), N 92 zu § 14 WpHG; zu den Verhaltensregeln hinten 573 f.; zum Frontrunning hinten 831 ff.
[41] Siehe FINMA-RS 2013/8, N 49 ff.; zur Qualifikation des Frontrunnings als Insiderhandel hinten 831 ff.; zu den Organisationspflichten der Marktverhaltensregeln hinten 857 ff.
[42] Gemäss Art. 2 lit. j FinfraG müssen Insiderinformationen Effekten betreffen, die an einem Handelsplatz in der Schweiz zum Handel zugelassen sind; nach Art. 26 lit. a FinfraG sind nur Börsen und MTF vom Begriff des Handelsplatzes erfasst, nicht aber OTF.
[43] Zum Risikomanagement als Schlüsselkategorie *Winzeler* (2013), N 13 zu Art. 3 BankG.
[44] Die verschiedenen Risikokategorien werden in Art. 48 ff. ERV geregelt; von den Rundschreiben sind insb. von Bedeutung: FINMA-RS 2008/23 zur Risikoverteilung; FINMA-RS 2008/6 zu den Zinsrisiken; FINMA-RS 2017/7 zu den Kreditrisiken; FINMA-RS 2008/20 zu den Marktrisiken; FINMA-RS 2008/21 zu den operationellen Risiken; die FINMA-RS 2017/1 zur Corporate Governance bei Banken; FINMA-RS 2013/1 zu den anrechenbaren Eigenmitteln; FINMA-RS 2013/3 zum Prüfwesen; FINMA-RS 2015/1 zur Rechnungslegung; FINMA-RS 2015/3 zur *Leverage Ratio*; bei Banken kommen ferner die Richtlinien betreffend die Liquiditätsrisiken hinzu.

tung ist das seit dem 1. Juli 2017 geltende Rundschreiben 2017/1 zur Corporate Governance bei Banken, das grundsätzlich auch für Effektenhändler gilt.[45]

(1)   Zuständigkeiten

Das Oberleitungsorgan, also bei Aktiengesellschaften der Verwaltungsrat, ist nach dem Rundschreiben 2017/1 zuständig für die Genehmigung des Rahmenkonzepts für das institutsweite Risikomanagement und trägt die Verantwortung für die Reglementierung, Einrichtung und Überwachung eines wirksamen Risikomanagements sowie die Steuerung der Gesamtrisiken.[46] Ausserdem genehmigt der Verwaltungsrat die Kapital- und Liquiditätsplanung, er ist verantwortlich für die angemessene Ausstattung des Instituts mit personellen und weiteren Ressourcen (z. B. Infrastruktur, IT), er etabliert ein geeignetes Risiko- und Kontrollumfeld innerhalb des Instituts, er sorgt für ein wirksames internes Kontrollsystem (IKS), und er regelt den Umgang mit Interessenkonflikten.[47] Ferner entscheidet er insbesondere auch über die Wahl des *Chief Risk Officers* (CRO), bestellt und überwacht die interne Revision, bestimmt die aufsichtsrechtliche Prüfgesellschaft und würdigt deren Berichte.[48] Für Krisensituationen und Notfälle haben sie die Mitglieder des Oberleitungsorgans dauernd bereitzuhalten.[49]

Die Aufsichtskategorien 1–3 haben in organisatorischer Hinsicht weiter einen Prüf- und einen Risikoausschuss einzurichten, bei denen die Mehrheit der Mitglieder unabhängig sein muss.[50] Aufgaben des Risikoausschusses sind etwa die Erörterung des Rahmenkonzepts für das institutsweite Risikomanagement und die Unterbreitung der entsprechenden Empfehlungen an das gesamte Oberleitungsorgan, die Würdigung der Kapital- und Liquiditätsplanung, eine mindestens jährliche Beurteilung des Rahmenkonzepts für das institutsweite Risikomanagement und die Veranlassung der notwendigen Anpassungen, die Kontrolle, ob das Institut ein geeignetes Risikomanagement mit wirksamen Prozessen unterhält, die der jeweiligen Risikolage des Instituts gerecht werden, sowie die Überwachung der Umsetzung der Risikostrategien.[51] Aufgaben des Prüfungs-

---

45   FINMA-RS 2017/1, N 1 mit der Einschränkung nach N 8, wonach die Finma im Einzelfall Erleichterungen bewilligen oder Verschärfungen anordnen kann.
46   FINMA-RS 2017/1, N 10; dies ergibt sich im Aktienrecht auch aus Art. 716a Abs. 1 Nr. 5 OR; *von der Crone* (2004), 538 m. w. H.; siehe auch *Sethe* (2012), 358 ff. für das deutsche Recht.
47   FINMA-RS 2017/1, N 12 ff., 29.
48   FINMA-RS 2017/1, N 13 f.
49   FINMA-RS 2017/1, N 26.
50   FINMA-RS 2017/1, N 31, 33, wonach Institute der Aufsichtskat. 3 diese Ausschüsse auch in einem gemischten Ausschuss vereinen dürfen und der Präsident des Oberleitungsorgans grundsätzlich weder Mitglied noch Vorsitzender des Prüfungsausschusses sein darf.
51   FINMA-RS 2017/1, N 40 ff.

ausschusses ist mit Bezug auf das Risikomanagement insbesondere die Überwachung und Beurteilung der Wirksamkeit der internen Kontrolle und der internen Revision, soweit diese Aufgabe nicht durch den Risikoausschuss wahrgenommen wird.[52]

Für die operative Ertrags- und Risikosteuerung, einschliesslich des Bilanzstruktur- und Liquiditätsmanagements, ist die Geschäftsführung zuständig.[53] Diese ist auch verantwortlich für die Ausgestaltung sowie den Unterhalt zweckmässiger interner Prozesse, eines angemessenen Managementinformationssystems und eines internen Kontrollsystems sowie einer geeigneten Technologieinfrastruktur.[54] Ebenfalls in den Zuständigkeitsbereich der Geschäftsleitung fällt die Ausarbeitung des von der Oberleitung zu verabschiedenden Rahmenkonzepts für das institutsweite Risikomanagement.[55] Dieses Rahmenkonzept beinhaltet die Risikopolitik, die Risikotoleranz und die darauf basierenden Risikolimits in allen wesentlichen Risikokategorien.[56]

(2) Risikomanagement

Das Risikomanagement bezweckt die umfassende und systematische Steuerung und Lenkung von Risiken auf der Grundlage wirtschaftlicher und statistischer Erkenntnisse.[57] Es beinhaltet die Identifikation, Messung, Beurteilung, Steuerung und Berichterstattung über einzelne wie auch über aggregierte Risikopositionen.[58] Effektenhändler müssen zur Erfassung, Begrenzung und Überwachung der Risiken in einem Reglement oder in internen Richtlinien die Grundzüge des Risikomanagements sowie die Zuständigkeit und das Verfahren für die Bewilligung von risikobehafteten Geschäften festlegen (Art. 19 Abs. 3 BEHV).

Art. 19 Abs. 3 BEHV verweist hinsichtlich der Risiken auf Art. 26 aBEHV, der nicht mehr in der gleichen Form existiert, sodass der Verweis ins Leere greift. Art. 26 aBEHV erwähnte Markt-, Kredit-, Ausfall-, Abwicklungs-, Liquiditäts- und Imagerisiken sowie operationelle und rechtliche Risiken. Die Risikoverteilung ist nunmehr vor allem in der Eigenmittelverordnung geregelt; daneben ist die Liquiditätsverodnung von Bedeutung, und es bestehen etliche Rundschreiben der Finma zu unterschiedlichen Risiken.[59] Die Eigenmittelverordnung un-

---

52 FINMA-RS 2017/1, N 34.
53 FINMA-RS 2017/1, N 48.
54 FINMA-RS 2017/1, N 50; zum internen Kontrollsystem hinten 563.
55 FINMA-RS 2017/1, N 52.
56 FINMA-RS 2017/1, N 53; zu den Aspekten, denen dabei Rechnung zu tragen ist N 54 ff.
57 FINMA-RS 2008/24, N 126.
58 FINMA-RS 2008/24, N 81, 126.
59 Vgl. Art. 29 Abs. 1 BEHV und FINMA-RS 2017/1, N 6; zu den Rundschreiben der Finma vorn Fn. 44.

terscheidet lediglich noch zwischen Kreditrisiken (Art. 48 ff. ERV), nicht gegenparteibezogenen Risiken (Art. 78 f. ERV), Marktrisiken (Art. 80 ff. ERV) und operationellen Risiken (Art. 89 ff. ERV).[60] Die Finma hält sich auf ihrer Website jedoch an die alte Terminologie, ohne aber die Liquiditätsrisiken zu erwähnen.[61] Der Grund hierfür mag darin liegen, dass die Liquiditätsverordnung nur für Banken, nicht aber für Effektenhändler gilt, dies im Unterschied zur vorgesehenen Neuregelung im Entwurf zum Finanzinstitutsgesetz.[62] Entsprechend erschiene es zweifelhaft, die Liquiditätsvorschriften über eine Hintertür wie das Risikomanagement oder den Gewährsartikel auch auf Effektenhändler anzuwenden. Dies bedeutet wiederum nicht, dass das Liquiditätsmanagement nicht Teil der Pflichten der Verwaltungsräte nach Art. 716a OR wäre,[63] sondern nur, dass das Liquiditätsmanagement bei Effektenhändlern bis zur Einführung einer entsprechenden Bestimmung nicht aufsichtsrechtlich zu prüfen ist.

Zu den risikobehafteten Geschäften gelten nach den Erläuterungen zur Börsenverordnung namentlich Derivategeschäfte, die Organisation ausserbörslicher Märkte sowie die Teilnahme an Emissionssyndikaten.[64] Derivategeschäfte allgemein als risikobehaftet zu bezeichnen, erscheint etwas kurz gegriffen. Futures oder Optionen etwa können durchaus auch zu Hedging-Zwecken eingesetzt werden, also zur Verminderung der Risiken. Ausreichende Instruktionen und interne Bewilligungspflichten ab gewissen Limits erscheinen allerdings sicherlich auch in diesem Bereich geboten. Ausserdem hat der schweizerische Gesetzgeber in der Zwischenzeit analog zur europäischen EMIR-Verordnung in Art. 93 ff. FinfraG besondere Bestimmungen für den Handel mit Derivaten eingeführt. Für die ausserbörslichen Märkte gelten nun ebenfalls besondere Bestimmungen, wonach ein Effektenhändler gar kein multilaterales Handelssystem in derselben juristischen Person betreiben darf (Art. 10 Abs. 1 i.V.m. Art. 2 lit. a FinfraG). Immerhin zulässig ist der Betrieb eines organisierten Handelssystems (Art. 43 Abs. 1 FinfraG), sofern der Betreiber die Organisationsvorschriften gemäss Art. 44 FinfraG beachtet.[65]

---

[60] So werden die Risiken auch in Art. 1 Abs. 2 ERV zusammengefasst.
[61] Siehe *www.finma.ch/de/bewilligung/banken-und-effektenhaendler/neubewilligung/effektenhaendler*.
[62] Siehe Art. 1 Abs. 1 und Art. 2 Abs. 1 LiqV; Art. 43 Abs. 1 E-FINIG; auch FINMA-RS 2008/22 (Offenlegung Banken), N 3.1.
[63] Siehe insb. Art. 1 Abs. 1 und Art. 2 Abs. 1 LiqV; siehe auch Art. 12 BEHG, wo die Liquidität nicht erwähnt wird; im Gegensatz dazu siehe aber Art. 29a BEHV und inskünftig Art. 42 Abs. 1 E-FINIG; siehe auch Art. 716a Abs. 1 Nr. 3 OR, wonach die Finanzplanung eine unübertragbare und undentziehbare Aufgabe des Verwaltungsrates ist.
[64] *Huber/Hsu* (2011), N 42 zu Art. 10 BEHG.
[65] Vorn 559.

(3) Internes Kontrollsystem und interne Revision

Gemäss Art. 20 BEHV muss ein Effektenhändler über ein wirksames internes Kontrollsystem (IKS) verfügen und eine von der Geschäftsführung unabhängige Stelle mit der internen Revision beauftragen, die auch die Einhaltung der Verhaltensregeln nach Art. 11 Abs. 1 BEHG überprüft. Zum internen Kontrollsystem gehören in die Arbeitsprozesse integrierte Kontrollaktivitäten, geeignete Risikomanagement- und Compliance-Prozesse sowie der Grösse, Komplexität und dem Risikoprofil des Instituts entsprechend ausgestaltete Kontrollinstanzen, insbesondere eine unabhängige Risikokontrolle und Compliance-Funktion.[66] Die komplexe Zuständigkeitsordnung wurde unter Ziffer 1 erläutert.[67] Hinsichtlich der Kontrollaktivitäten dürften bei algorithmischen Händlern die Prozesse der Genehmigung neuer Handelsalgorithmen, die Handelsobergrenzen für Algorithmen, die Vor- und Nachhandelskontrollen sowie die technischen Massnahmen bei Unregelmässigkeiten des Handels wie namentlich Handelsunterbrüche im Vordergrund stehen.[68]

Jedes Institut ist weiter grundsätzlich zur Einrichtung einer internen Revision verpflichtet, die mindestens jährlich eine umfassende Risikobeurteilung durchführen muss.[69] Für die Einrichtung und Überwachung ist der Verwaltungsrat zuständig.[70] Die interne Revision ist entsprechend direkt diesem oder dem Prüfungsausschuss unterstellt.[71] Die interne Revision selbst ist umfassend in den Randziffern 82 ff. des Rundschreibens 2017/1 der Finma geregelt. Darin enthalten sind namentlich Regeln zur Einrichtung, zur Unterstellung und Organisation derselben sowie zu den Aufgaben und Verantwortlichkeiten. Die Einhaltung des Rundschreibens 2017/1 prüfen die Prüfgesellschaften gemäss Art. 17 BEHG i.V.m. Art. 18 BankG und nach Massgabe des Rundschreibens 2013/3 zum Prüfwesen.[72]

ddd) *Ort der Leitung*

Effektenhändler sind grundsätzlich zu einer Leitung von der Schweiz aus verpflichtet (Art. 21 Abs. 1 Satz 1 BEHV). Vorbehalten sind allgemeine Weisungen und Entscheidungen betreffend die Konzernüberwachung (Art. 21 Abs. 1 Satz 2

---

[66] FINMA-RS 2017/1, N 6, 60 ff., 69 ff. und 77 ff.
[67] Vorn 560 f.
[68] Zu den einzelnen Kontrollinstrumenten hinten 624.
[69] FINMA-RS 2017/1, N 82 und 92.
[70] FINMA-RS 2017/1, N 14.
[71] FINMA-RS 2017/1, N 87.
[72] Zu diesen Prüfgesellschaften siehe insb. Art. 17 BEHG, Art. 18 BankG, Art. 2 lit. a Nr. 2 und Art. 9a RAG sowie Art. 24 Abs. 1 lit. a FINMAG; hinten 567, 576.

BEHV). Die mit der Geschäftsführung des Effektenhändlers betrauten Personen müssen entsprechend an einem Ort Wohnsitz haben, wo sie die Geschäftsführung tatsächlich und verantwortlich ausüben können (Art. 21 Abs. 1 Satz 2 BEHV). Diese Bestimmung macht einen eher antiquierten Eindruck, kann die Geschäftsführung heute doch von überall tatsächlich und verantwortlich ausgeübt werden. Die Bestimmung könnte überzeugender mit dem Zugang zur Kontrolle durch die Aufsichtsbehörden begründet werden.

eee) *Wegleitung der Finma*

Die Finma hat die Voraussetzungen zu Geschäftsbereich und Organisation in der Wegleitung für Bewilligungsgesuche von Banken und Effektenhändlern präzisiert und verlangt in dieser Hinsicht namentlich (1) eine detaillierte Beschreibung der Geschäftsaktivitäten und der entsprechenden Abläufe, (2) Statuten, Gesellschaftsverträge und Reglemente, welche auf die Geschäftsaktivitäten einer Bank oder eines Effektenhändlers zugeschnitten sind, (3) ein Organigramm der Gesuchstellerin sowie (4) ergänzende Angaben zur Organisation in den Bereichen (a) Personal, (b) Infrastruktur, Logistik und Informatik, (c) Outsourcing, (d) internes Kontroll- und Risikosystem, (e) Funktionentrennung, (f) Einhaltung der Standesregeln und Sorgfaltspflicht und (g) Organisation, Kompetenzen und Tätigkeiten der internen Revision.[73]

Mit der detaillierenden Beschreibung von Geschäftsaktivitäten und der entsprechenden Abläufe verlangt die Finma viel. Denkbare gesetzliche Grundlagen wären nebst Art. 10 Abs. 2 lit. a BEHG, wonach der Gesuchsteller durch seine internen Vorschriften und seine Betriebsorganisation die Erfüllung der Pflichten aus diesem Gesetz sicherstellt, der Gewährsartikel Art. 10 Abs. 2 lit. d BEHG, wonach der Gesuchsteller, seine verantwortlichen Mitarbeiter sowie die massgebenden Aktionäre Gewähr für eine einwandfreie Geschäftstätigkeit bieten müssen. Diese Bestimmungen werden nun aber durch die Börsenverordnung präzisiert, und gemäss Art. 18 BEHV hat der Gesuchsteller nur eingeschränkte Informationen zu liefern. In den Statuten hat er etwa anzugeben, mit welcher Art von Effekten er handelt und welche anderen Geschäfte er betreibt (Art. 18 Abs. 2 lit. a BEHV). Zwar ist die Liste in Art. 18 Abs. 2 BEHV nicht abschliessend; sie gibt aber einen groben Detaillierungsgrad vor. Erfasst sind damit zwar die Angabe, mit welchen Effekten, also mitunter mit welchen Derivaten, gehandelt wird; nicht erfasst sein dürften demgegenüber die verfolgten Handelsstrategien und die Information, ob diese Handelsstrategien durch algorithmische oder hochfrequente algorithmische Techniken verfolgt werden. Entsprechende Pflichten ergeben sich nun zwar aus Art. 31 der Finanzmarktinfrastrukturver-

---

[73] *Wegleitung «Bewilligungsgesuche Banken und Effektenhändler»* 2012, Nr. 4.1-4.4.

ordnung; wie noch zu zeigen sein wird, ist allerdings auch hinsichtlich dieser Bestimmung fraglich, ob eine ausreichende gesetzliche Grundlage besteht.[74]

fff)   Marktverhaltensregeln

Die Finma hat in den Marktverhaltensregeln zur Verhinderung von Insiderhandel und Marktmanipulation spezifische Organisationspflichten für Beaufsichtigte aufgestellt. Diese werden weiter hinten in den Kapiteln 16 (Pflichten bei algorithmischem Handel) und 23 (Marktaufsicht) erörtert.[75]

cc)   Mindestkapital und Sicherheitsleistung

Das Mindestkapital beträgt für Effektenhändler CHF 1.5 Mio., es muss voll einbezahlt sein und allfällige Sacheinlagen durch eine Prüfgesellschaft geprüft (Art. 22 Abs. 1 BEHV). Natürliche Personen müssen sich nach Art. 22 Abs. 3 BEHV gegenüber einer Prüfgesellschaft schriftlich verpflichten, Kapitalkonten und Guthaben der unbeschränkt haftenden Gesellschafter nicht ohne Zustimmung der Prüfgesellschaft unter CHF 1.5 Mio. herabzusetzen. Alternativ kann die Finma gestatten, dass natürliche Personen eine Sicherheitsleistung in derselben Höhe erbringen (Art. 22 Abs. 4 BEHG). Im Übrigen hat die Finma die Kompetenz, in begründeten Einzelfällen einen anderen Betrag festzusetzen (Art. 22 Abs. 5 BEHV). Wie im vorangehenden Kapitel 14 (Institutionelle Erfassung von Hochfrequenzhändlern) erwähnt sieht Art. 38 des Entwurfs zum Finanzinstitutsgesetz (E-FINIG) vor, dass nur noch Handelsgesellschaften als Wertpapierhäuser – dem neuen Begriff für Effektenhändler – mit Sitz in der Schweiz zugelassen werden können und natürliche Personen damit nicht mehr in Betracht kommen.[76]

dd)   Fachkenntnisse und Gewähr

Gemäss Art. 10 Abs. 2 lit. c BEHG muss der Gesuchsteller nachweisen, dass er und seine verantwortlichen Mitarbeiter über die erforderlichen Fachkenntnisse verfügen. Nach Art. 10 Abs. 2 lit. d BEHG müssen der Gesuchsteller, seine verantwortlichen Mitarbeiter sowie die massgebenden Aktionäre zudem Gewähr für eine einwandfreie Geschäftstätigkeit bieten.[77] Art. 23 BEHV sowie die Wegleitung der Finma enthalten diverse Angaben, die ein Gesuchsteller in dieser

---

[74]   Hinten 640 ff.
[75]   Hinten 592, 607 f., 620 ff., 857 ff.
[76]   Vorn 536 ff.
[77]   Siehe *Nobel* (2010a), § 9 N 108, wonach die gleiche Gewähr wie nach dem Bankengesetz zu verlangen sei und Abweichungen in den Formulierungen materiell unbedeutsam sein dürften.

§ 15 Allgemeine Institutspflichten und Erforderlichkeit derselben

Hinsicht zu machen hat.[78] Als massgebend beteiligt gelten natürliche und juristische Personen, die direkt oder indirekt mindestens 10 Prozent des Kapitals oder der Stimmrechte eines Effektenhändlers halten oder dessen Geschäftätigkeit auf andere Weise massgebend beeinflussen können (Art. 23 Abs. 4 BEHV).

Die Gewähr verneint die Finma aus unterschiedlichen Gründen. Zu nennen sind schwerwiegende oder wiederholte Verstösse gegen die Rechtsordnung, namentlich gegen Verhaltenspflichten des Börsenrechts oder aber Strafbestimmungen wie Betrug (Art. 146 StGB), ungetreue Geschäftsbesorgung (Art. 158 StGB) oder Urkundendelikte (Art. 251 ff. StGB).[79] Zu denken ist ausserdem auch etwa an schwerwiegende oder wiederholte Verstösse gegen vertragliche Pflichten oder Standesregeln.[80]

ee)   Businessplan und Budget

In ihrer Wegleitung verlangt die Finma für Bewilligungsgesuche von Banken und Effektenhändlern weiter einen Businessplan sowie ein Budget für die ersten drei Geschäftsjahre.[81] Eine entsprechende Bewilligungsvoraussetzung ergibt sich weder direkt aus dem Gesetz noch aus der Börsenverordnung. Gemäss Finma soll der Businessplan zeigen, dass die Eigenmittel- und Risikoverteilungsvorschriften dauerhaft eingehalten werden können.[82] Die Verpflichtung zu ausreichenden Eigenmitteln ergibt sich aus Art. 12 Abs. 1 BEHG, jene zur angemessenen Verteilung von Risiken aus Art. 13 Abs. 1 BEHG. Diese Pflichten sind allerdings nicht direkt als Bewilligungsvoraussetzungen in Art. 10 Abs. 2 BEHG aufgeführt. Immerhin muss der Gesuchsteller gemäss Art. 17 Abs. 1 lit. g BEHV Angaben über die Eigenmittel und die Risikoverteilung im Bewilligungsgesuch machen. Mit Blick auf das Gesetz kann der Businessplan als Nachweis der gemäss Art. 10 Abs. 2 lit. a BEHG erforderlichen Betriebsorganisation verstanden werden, mit der die Erfüllung der Pflichten nach dem BEHG – also auch die Eigenmittel- und Risikoverteilungsvorschriften – sichergestellt werden soll. Ferner kann damit auch ein Nachweis der erforderlichen Fachkenntnisse im Sinne von lit. c sowie die Gewähr für eine einwandfreie Geschäftstätigkeit gemäss lit. d verbunden sein.

---

[78]   *Wegleitung «Bewilligungsgesuche Banken und Effektenhändler» 2012*, insb. Nr. 2.4-2.5 und Nr. 3.1-3.2.2.
[79]   Zu den Verhaltenspflichten sowie zum widerrechtlichem Verhalten gegenüber Kunden *A. Wyss* (2000), 46.
[80]   *A. Wyss* (2000), 46; *EBK-Bull. 25/1995*, 16 hinsichtlich schwerwiegender Verletzung vertraglicher Treuepflichten.
[81]   *Wegleitung «Bewilligungsgesuche Banken und Effektenhändler» 2012*, Nr. 5.
[82]   Siehe www.finma.ch/de/bewilligung/banken-und-effektenhaendler/neubewilligung/effektenhaendler.

ff) Prüfgesellschaften

Gemäss Art. 17 Abs. 1 lit. h BEHV hat ein Gesuchsteller Angaben zur Prüfgesellschaft zu machen. Die Finma verlangt konkreter, dass der Gesuchsteller eine schriftliche Annahmeerklärung des aufsichtsrechtlichen Prüfmandats (Art. 17 BEHG; Art. 18 Abs. 1 BankG) sowie des Mandats als Prüfgesellschaft im Bewilligungsverfahren einreicht.[83] Die Prüfgesellschaften haben dabei einen Fragebogen über Dienstleistungen zugelassener Prüfgesellschaften auszufüllen.[84] Es muss sich um unterschiedliche Prüfgesellschaften handeln, denn gemäss Art. 7 Abs. 2 FINMA-PV darf der Bewilligungsprüfer während drei Jahren nach Erteilung der Bewilligung für den betreffenden Beaufsichtigten keine Prüfung im Rahmen der laufenden Aufsicht vornehmen. Bei Neugründungen müssen Bewilligungsprüfer eine umfassende Stellungnahme zum Bewilligungsgesuch, zum Geschäftsplan und zu sämtlichen Bewilligungsvoraussetzungen abgeben.[85] Bei bestehenden Unternehmen, die sich in eine Bank oder einen Effektenhändler umwandeln wollen, ist ein aktueller aufsichtsrechtlicher Prüfbericht im Sinne von Art. 17 FINMA-PV einzureichen.[86]

gg) Zusatzerfordernisse

Zusatzerfordernisse existieren für ausländisch beherrschte Banken oder Effektenhändler sowie für im Finanzbereich tätige Gruppen. Für Einzelheiten wird auf die Wegleitung der Finma verwiesen.[87]

b) SIX

Das Handelsreglement der SIX enthält in Nr. 3 zusätzliche Voraussetzungen für die Zulassung als Teilnehmer. Sie verlangt:
- eine Bewilligung der Finma als Effektenhändler oder ausländischer Teilnehmer;
- die Teilnahme an einer Clearing- und Settlement-Organisation;
- allenfalls eine Kaution;[88]

---

[83] *Wegleitung «Bewilligungsgesuche Banken und Effektenhändler» 2012*, Nr. 6.1 und 7.1.
[84] *Wegleitung «Bewilligungsgesuche Banken und Effektenhändler» 2012*, Nr. 6.2 und 7.2.
[85] *Wegleitung «Bewilligungsgesuche Banken und Effektenhändler» 2012*, Nr. 7.3; vgl. *Wegleitung Prüfgesellschaften 2015*.
[86] *Wegleitung «Bewilligungsgesuche Banken und Effektenhändler» 2012*, Nr. 7.3; zu beachten sind neben *Wegleitung Prüfgesellschaften 2015* das Rundschreiben FINMA-RS 2008/41 (Prüfwesen).
[87] *Wegleitung «Bewilligungsgesuche Banken und Effektenhändler» 2012*, Nr. 8 und 9.
[88] Vgl. Nr. 6 SIX-Weisung 1 (Zulassung von Teilnehmern).

– technische und betriebliche Voraussetzungen für die Anbindung an das Börsensystem.[89]

Die Einzelheiten sind in der Weisung 1 (Zulassung von Teilnehmern) geregelt. Mit der Ausdehnung des Teilnehmerkreises nach Art. 34 Abs. 2 FinfraG auf weitere Beaufsichtigte wäre eine Lockerung dieser Voraussetzungen zu erwarten.[90] Die SIX hat jedoch bisher an ihnen festgehalten.

2. Effektenhändler- und Teilnehmerpflichten

a) Effektenhändlerpflichten

aa) Veränderungen der Bewilligungsvoraussetzungen sowie weitere Genehmigungsvorbehalte und Meldepflichten

Gemäss Art. 10 Abs. 6 BEHG ist die Bewilligung der Finma einzuholen, wenn sich die Bewilligungsvoraussetzungen nachträglich ändern. Etwas zurückhaltender ist Art. 25 Abs. 1 BEHV, wonach Effektenhändler Änderungen im Grundsatz lediglich melden müssen. Die Einzelheiten hat die Finma im Rundschreiben 2008/1 zu den Bewilligungs- und Meldepflichten bei Börsen, Banken, Effektenhändlern und Prüfgesellschaften geregelt.

Eine Genehmigungspflicht besteht ausdrücklich für Statuten- und Reglementsänderungen (Art. 25 Abs. 3 BEHV), die Aufhebung einer Zweigniederlassung durch einen ausländischen Effektenhändler (Art. 48 BEHV), den Übergang in eine ausländische Beherrschung und den Wechsel in der ausländischen Beherrschung (Art. 56 Abs. 3–4 BEHV), für verschiedene Tatbestände der Eigenmittelverordnung sowie im Zusammenhang mit der Überwachung und Revision.[91] Blosse Meldepflichten bestehen demgegenüber für die Errichtung einer Tochtergesellschaft, einer Zweigniederlassung oder einer Vertretung im Ausland (Art. 25 Abs. 1 lit. b BEHV), die Aufgabe oder jede wesentliche Änderung der Geschäftstätigkeit der Tochtergesellschaft, der Zweigniederlassung oder der Vertretung im Ausland (Art. 25 Abs. 1 lit. c BEHV), den Wechsel der Prüfgesellschaft oder der zuständigen ausländischen Aufsichtsbehörde für die Tochtergesellschaft, die Zweigniederlassung oder die Vertretung (Art. 25 Abs. 1 lit. d BEHV), die Mitgliedschaft bei schweizerischen und ausländischen Börsen

---

[89] Einzelheiten zur technischen Anbindung sind in der SIX-Weisung 2 (Technische Anbindung) geregelt.
[90] Zur Ausdehnung des Teilnehmerkreises analog zu MiFID vorn 524.
[91] Sämtliche bewilligungspflichtigen Tatbestände sind aufgelistet in FINMA-RS 2008/1 (Bewilligungs- und Meldepflichten), N 4.

(Art. 27 BEHV), die Unterschreitung der Mindesteigenmittel (Art. 42 ERV i.V.m. Art. 12 BEHG und Art. 29 Abs. 1 BEHV), den Eigenmittelnachweis an die Nationalbank (Art. 14 ERV) sowie für wesentliche Änderungen innerhalb des Risikomanagements.[92] Ein Wechsel der verantwortlichen Mitarbeiterinnen und Mitarbeiter muss gar nur der Prüfgesellschaft gemeldet werden (Art. 25 Abs. 2 BEHV).[93]

Eine besondere Regelung besteht für massgebende Aktionäre, die ja nach Art. 10 Abs. 2 lit. d BEHG ebenfalls Gewähr für eine einwandfreie Geschäftstätigkeit bieten müssen.[94] Gestützt darauf müssen Personen der Finma melden, wenn sie direkt oder indirekt eine massgebende Beteiligung an einem Effektenhändler erwerben oder veräussern (Art. 28 Abs. 1 Satz 1 BEHV). Massgebend ist eine Beteiligung wie im Abschnitt 1 (Bewilligungsvoraussetzungen) erwähnt grundsätzlich dann, wenn die Personen direkt oder indirekt mindestens 10 Prozent des Kapitals oder des Stimmrechts halten (Art. 23 Abs. 4 BEHV).[95] Die Meldepflicht besteht zudem auch bei Über- oder Unterschreiten der Schwellen von 20, 33 oder 50 Prozent (Art. 28 Abs. 1 Satz 1 BEHV). Zwar treffen diese Pflichten in erster Linie nicht die Effektenhändler, sondern deren Aktionäre; die Effektenhändler selbst trifft allerdings ebenfalls eine Meldepflicht, sobald sie von entsprechenden Personen Kenntnis erhalten (Art. 28 Abs. 3 BEHV). Ferner haben sie binnen 60 Tagen nach Abschluss des Geschäftsjahres eine Aufstellung der an ihnen massgeblich Beteiligten einzureichen (Art. 28 Abs. 4 BEHV).

Schliesslich haben Banken und Effektenhändler über ihre Risiken und ihre Eigenmittel die Öffentlichkeit zu informieren (Art. 16 Abs. 1 ERV). Die Einzelheiten sind im Rundschreiben 2008/22 zu den Offenlegungspflichten im Zusammenhang mit den Eigenmitteln und der Liquidität geregelt. Die Liquiditätsbestimmungen gelten jedoch wie erwähnt bis auf Weiteres grundsätzlich (noch) nicht für Effektenhändler.[96]

bb) *Journalführungspflicht*

Effektenhändler sind dazu verpflichtet, in einem Journal die eingegangenen Aufträge und die von ihnen getätigten Geschäfte mit allen Angaben aufzuzeichnen,

---

[92] Zu den Änderungen innerhalb des Risikomanagements siehe Art. 100 ff. ERV und im Detail FINMA-RS 2008/1, N 5 sowie FINMA-RS 2017/7 (Kreditrisiken), FINMA-RS 2008/20 (Marktrisiken) und FINMA-RS 2013/1 (anrechenbare Eigenmittel).
[93] Zum Ganzen FINMA-RS 2008/1, N 5 m.w.H.
[94] Vorn 565 f.
[95] Vorn 566.
[96] Siehe vorn 575; anders ist es in Art. 42 Abs. 1 E-FINIG geregelt, wonach auch Wertpapierhäuser über angemessene Liquidität verfügen müssen.

die für den Nachvollzug der Geschäfte und für die Beaufsichtigung der Effektenhändlertätigkeit erforderlich sind (Art. 15 Abs. 1 BEHG). Die Journalführungspflicht vereinfacht die Überwachung des Effektenhändlers durch die Finma, ermöglicht erst eine Prüfung durch die Prüfgesellschaft und erleichtert ferner die Amtshilfe.[97]

Die Journalführungspflicht wurde bisher in Art. 1 aBEHV-FINMA und gestützt auf Art. 1 Abs. 5 aBEHV-FINMA im Rundschreiben 2008/4 zur Führung des Effektenjournals präzisiert. Mit dem Inkrafttreten der Finanzmarktinfrastrukturverordnung (FinfraV) sowie der FinfraV-FINMA wurde die Börsenverordnung der Finma (BEHV-FINMA) aber aufgehoben[98] und mit Art. 30 BEHV eine neue Bestimmung zur Journalführungspflicht von Effektenhändlern geschaffen. Art. 30 Abs. 1 BEHV ist auf die Kernaussage beschränkt, dass Effektenhändler die erforderlichen Angaben über sämtliche bei ihnen eingegangene Aufträge und sämtliche Geschäfte mit Effekten aufzuzeichnen haben. Gemäss Art. 30 Abs. 2 BEHV gilt diese Pflicht auch für Derivate, die aus Effekten abgeleitet werden, die an einem Handelsplatz zum Handel zugelassen sind, was angesichts der Anwendungsbereiche der Marktmissbrauchstatbestände nachvollziehbar erscheint,[99] und Art. 30 Abs. 3 BEHV stellt klar, dass die Aufzeichnungspflicht sowohl für auf eigene Rechnung als auch für auf Rechnung der Kunden getätigte Geschäfte gilt. Im Übrigen richtete der Bundesrat einen Auftrag zur Regelung der Einzelheiten an die Finma (Art. 30 Abs. 4 BEHV), welche diesen primär mit Art. 1 FinfraV-FINMA erfüllte.

Neben der Journalführungspflicht für Effektenhändler gemäss Art. 15 Abs. 1 BEHG kennt Art. 38 FinfraG eine Aufzeichnungspflicht für Teilnehmer von Handelsplätzen (Börse oder MTF). Gemäss Art. 38 FinfraG müssen die an einem Handelsplatz zugelassenen Teilnehmer die Aufträge und die von ihnen getätigten Geschäfte mit allen Angaben aufzeichnen, die für deren Nachvollziehbarkeit und für die Beaufsichtigung ihrer Tätigkeit erforderlich sind. Die Aufzeichnungspflicht der Teilnehmer entspricht somit inhaltlich der Journalführungspflicht der Effektenhändler, was sich auch an den praktisch identischen Verordnungsbestimmungen Art. 36 FinfraV und Art. 30 BEHV zeigt. Entsprechend werden die Journalführungspflicht der Effektenhändler gemäss Art. 15 BEHG i.V.m. Art. 30 BEHV und die Aufzeichnungspflicht der Teilnehmer nach Art. 38 FinfraG i.V.m. Art. 36 FinfraV gemeinsam in Art. 1 FinfraV-FINMA präzisiert. Der Begriff der Journalführungspflicht soll in Zukunft gene-

---

[97] *Studer/Stupp* (2011), N 2 zu Art. 15 BEHG; *R. H. Weber* (2013), N 1 zu Art. 15 BEHG; *EBK-JB 1997*, 99 f.; vgl. Botschaft BEHG 1993, 1407.
[98] *EB FinfraV I 2015*, 3.
[99] Hierzu hinten 727 ff., 786 f., 812.

rell durch jenen der Aufzeichnungspflicht ersetzt werden, was sich an Art. 46 E-FINIG zeigt.

Abgesehen vom auf Teilnehmer erweiterten persönlichen Anwendungsbereich entspricht Art. 1 FinfraV-FINMA im Wesentlichen Art. 1 aBEHV-FINMA. Die aufzuzeichnenden Angaben sind im Detail in Art. 1 Abs. 2 und 3 FinfraV-FINMA aufgeführt. In sachlicher Hinsicht fällt allerdings auf, dass in Art. 1 Abs. 1 und Art. 1 Abs. 2 lit. a FinfraV-FINMA von Effekten und Derivaten die Rede ist, während Art. 1 Abs. 2 lit. a BEHV-FINMA auf Effekten beschränkt war. Im Erläuterungsbericht hielt die Finma fest, dass die Journalführungspflicht in Anlehnung an die erweiterte Meldepflicht auf Finanzinstrumente ausgedehnt werde, die eine Effekte als Basiswert aufweisen.[100] Mit Blick auf den mit der Aufzeichnungspflicht ausdrücklich verfolgten Zweck, die Beaufsichtigung der Effektenhändlertätigkeit zu ermöglichen, war eine Ausdehnung auf derivative Finanzinstrumente notwendig, selbst wenn diese nicht als Effekten qualifiziert werden. Nur so können Marktmissbrauchstatbestände angemessen überprüft und Gesetzesumgehungen verhindert werden.

cc)   Abschlussmeldung

Effektenhändler sind weiter dazu verpflichtet, die für die Transparenz des Effektenhandels erforderlichen Meldungen zu erstatten (Art. 15 Abs. 2 BEHG). Für diese Abschlussmeldungen gilt dasselbe wie für die Journalführungspflicht: Eine identische Meldepflicht besteht für Handelsplatzteilnehmer (Art. 39 Abs. 1 FinfraG i.V.m. Art. 37 FinfraV), und die Meldepflicht für Effektenhändler war früher in Art. 2 ff. aBEHV-FINMA geregelt, während auf den 1. Januar 2016 mit Art. 31 BEHV eine Bestimmung für Effektenhändler geschaffen wurde, die im Wesentlichen der Bestimmung für Teilnehmer in Art. 37 FinfraV entspricht.[101] Präzisiert wird die identische Meldepflicht für Effektenhändler und Teilnehmer ebenfalls gemeinsam in der Finanzmarktinfrastrukturverordnung der Finma (Art. 2 ff. FinfraV-FINMA).

Inhaltlich umfasst die Meldepflicht der Effektenhändler und Teilnehmer insbesondere (a) die Bezeichnung und die Zahl der erworbenen oder veräusserten Effekten, (b) Volumen, Datum und Zeitpunkt des Abschlusses, (c) den Kurs und (d) Angaben zur Identifizierung der Kunden (Art. 31 Abs. 1 BEHV; Art. 37 Abs. 1 FinfraV). Art. 31 Abs. 2 BEHV und Art. 37 Abs. 2 FinfraV sehen analog zur Regelung bei der Journalführungspflicht eine Ausdehnung auf Derivate vor

---

100 *EB FinfraV-FINMA 2015*, 11.
101 Im Übrigen ist anzumerken, dass das EFD versehentlich angab, sich an Art. 26 Abs. 3 MiFID II orientiert zu haben, aber Art. 26 MiFIR meinte, siehe *EB FinfraV I 2015*, 5.

mit einem Basiswert, der zum Handel an einem Handelsplatz zugelassen ist.[102] Die gesetzlichen Bestimmungen stehen dem nicht entgegen, fordern Art. 15 Abs. 2 BEHG und Art. 39 Abs. 1 FinfraG doch lediglich, dass Effektenhändler beziehungsweise Teilnehmer die für die Transparenz des Effektenhandels erforderlichen Meldungen zu erstatten haben. In den Absätzen 3 bis 5 von Art. 31 BEHV und Art. 37 Abs. 3 FinfraV finden sich weitere Präzisierungen zu den erfassten Geschäften, den Ausnahmen und der Delegation.[103]

Adressaten der Abschlussmeldung sind die Meldestellen der Handelsplätze (Art. 5 FinfraV-FINMA). Demgegenüber wird der Zeitpunkt der Meldung in den Verordnungen im Unterschied zu früher nicht weiter erwähnt. Art. 5 aBEHV-FINMA enthielt einen Verweis auf die Börsenreglemente. Bei der SIX sind Abschlüsse ausserhalb des Auftragsbuchs grundsätzlich umgehend, spätestens aber innert drei Minuten zu melden.[104]

Handelsplätze (Börsen und MTF) müssen ihrerseits chronologische Aufzeichnungen über sämtliche bei ihnen getätigten Aufträge und Geschäfte sowie über die ihnen gemeldeten Geschäfte führen (Art. 28 Abs. 2 FinfraG).[105] Eine analoge Pflicht besteht für Betreiber von OTF gemäss Art. 39 Abs. 2 FinfraV.[106] Im Rahmen der Nachhandelstransparenz haben die Handelsplätze und Betreiber von OTF sodann Informationen zu sämtlichen über den Handelsplatz getätigten und ihm gemeldeten Abschlüsse zu veröffentlichen (Art. 29 Abs. 2 FinfraG und Art. 46 Abs. 1 FinfraG). Indirekt finden Abschlussmeldungen von Effektenhändlern und Teilnehmern so den Weg an die Öffentlichkeit.

Besonders ist die Regelung in Art. 15 Abs. 4 BEHG, wonach der Bundesrat die Meldepflicht auch Personen und Gesellschaften auferlegen kann, welche Effekten gewerbsmässig, aber ohne Beizug eines Effektenhändlers kaufen und verkaufen, wenn der Gesetzeszweck dies verlangt. Der Bundesrat hat hiervon jedoch bisher soweit ersichtlich keinen Gebrauch gemacht. Potenziell infrage kämen Firmen, die hochfrequente algorithmische Strategien verfolgen, jedoch nicht als Effektenhändler oder Teilnehmer erfasst werden. Soweit Hochfrequenzhändler

---

[102] Ergänzend hierzu FINMA-RS 2018/2; *EB FinfraV-FINMA 2015*, 13; für das europäische Recht siehe Art. 26 Abs. 2 lit. b MiFIR.
[103] Vgl. Botschaft FinfraG, 7537, wonach eine solche Delegation aufgrund der technischen Materie sachgerecht erscheine.
[104] *SIX Meldereglement 2017*, Nr. 6.2.1; siehe auch Nr. 16 und 17 sowie Anhang C SIX-Weisung 3 (Handel) sowie Nr. 4.4 HR-SIX.
[105] Nach der Bestimmung sind der Zeitpunkt, die beteiligten Teilnehmer, Effekten, Stückzahl oder Nominalwert und der Preis zu erfassen; siehe auch die frühere Regelung in Art. 5 Abs. 2 aBEHG.
[106] Art. 44 FinfraG erscheint als gesetzliche Grundlage für diese Bestimmung derweil fraglich.

über Handelsplätze oder OTF handeln, verfügen diese allerdings ohnehin über die erforderlichen Informationen, die dann von den Aufsichtsbehörden aggregiert werden können.

dd) *Verhaltensregeln*

Die Verhaltensregeln der Effektenhändler gemäss Art. 11 Abs. 1 BEHG umfassen eine Informationspflicht, eine Sorgfaltspflicht sowie eine Treuepflicht. Nach dem Wortlaut der Bestimmung müssen Effektenhändler insbesondere (a) auf die mit einer bestimmten Geschäftsart verbundenen Risiken hinweisen, (b) sicherstellen, dass die Aufträge ihrer Kunden bestmöglich erfüllt werden und diese die Abwicklung ihrer Geschäfte nachvollziehen können sowie (c) sicherstellen, dass allfällige Interessenkonflikte ihre Kunden nicht benachteiligen. Während die Börsenverordnung keine Präzisierungen zu Art. 11 Abs. 1 BEHG enthält, hat die Schweizerische Bankiervereinigung Verhaltensregeln für Effektenhändler im Sinne von Standesregeln erlassen, die die Finma im Rundschreiben 2008/10 als Mindeststandard anerkannt hat.[107] Eine solche Anerkennung ist zwar nicht in Art. 11 BEHG vorgesehen, anders als in der analogen Bestimmung des Kollektivanlagerechts (Art. 20 Abs. 2 KAG); die Finma kann jedoch nach Art. 7 Abs. 3 FINMAG die Selbstregulierung unterstützen, im Rahmen ihrer Aufsichtsbefugnisse als Mindeststandard anerkennen und auch durchsetzen. Mit dem Finanzdienstleistungsgesetz (FIDLEG) sollen diese Verhaltensregeln nun präzisiert und ausgedehnt werden (Art. 8 ff. E-FIDLEG).[108]

Nach der herrschenden Ansicht und Rechtsprechung hat Art. 11 BEHG Doppelnormcharakter.[109] Demnach beschränkt sich die Bedeutung der Norm nicht auf das Aufsichtsrecht; vielmehr können auch Kunden privatrechtlich Forderungen auf Art. 11 BEHG stützen, selbst wenn der Vertrag mit dem Effektenhändler nicht auf diese Bestimmung verweist.[110] Mehrmals wurde bereits darauf hingewiesen, dass Hochfrequenzhändler in der Regel als Eigenhändler agieren.[111] Die Verhaltensregeln dürften daher für Hochfrequenzhändler grundsätzlich nicht direkt von Bedeutung sein. Da für einige von Hochfrequenzhändlern praktizierte Handelsstrategien allerdings unter anderem das Routing-Verhalten der Broker von Interesse ist und Investoren umgekehrt aufgrund solch antizipie-

---

[107] *SBV Verhaltensregeln 2008*; FINMA-RS 2008/10 (Selbstregulierung als Mindeststandard), N 10.
[108] Zu den Verhaltensregeln nach dem E-FIDLEG hinten 582 f.
[109] BGE 133 III 97 E. 5.2; *A. Wyss* (2000), 56; *Nobel* (2010a), § 9 N 134; *Burg* (2013), N 71; *Bühler/von der Crone* (2013), 167, 169; *Trautmann/von der Crone* (2013), 155.
[110] BGE 133 III 97 E. 5.2; *A. Wyss* (2000), 56 f.; *Nobel* (2010a), § 9 N 134; vgl. *Bühler/von der Crone* (2013), 569 f.; *Burg* (2013), N 71; *Trautmann/von der Crone* (2013), 155 f.
[111] Vorn 9.

render Verhaltensweisen geschädigt werden können, sind die Verhaltensregeln zumindest indirekt auch für den Hochfrequenzhandel von Interesse. Im Einklang mit der Sorgfaltspflicht dürften Broker im Sinne der Best-Execution-Regel dazu verpflichtet sein, bei der Ausführung von Grossaufträgen soweit möglich antizipierenden Praktiken von Hochfrequenzhändlern auszuweichen, um so die von den Aufträgen ausgehende Preisbeeinflussung möglichst gering zu halten. Dies gilt zumindest dann, wenn die möglichen Einsparungen den Aufwand übersteigen. An zu starren Best-Execution-Regeln dürften Grossinvestoren demgegenüber kein Interesse haben, da ihre Aufträge dadurch tendenziell einfacher aufgespürt werden können.[112] Die Treuepflicht wiederum ist für das Routen der Kundenaufträge von Bedeutung, wenn der Broker von den Handelsplätzen Rückvergütungen in der Form von Maker- oder Taker-Entschädigungen erhält und diese nicht den Kunden gutschreibt. Wie im Kapitel 2 (Marktmikrostruktur) gezeigt führen solche Entschädigungen grundsätzlich nur scheinbar zu einer besseren Auftragsausführung; tatsächlich aber sind sie Bestandteil des Spreads.[113]

ee) Eigenmittel

Die Eigenmittelverordnung enthält diverse Pflichten für Banken und Effektenhändler und bezweckt damit den Schutz der Gläubiger sowie der Stabilität des Finanzsystems.[114] Für Effektenhändler sind namentlich die folgenden Pflichten von Bedeutung:
- die Vorgaben zu den Eigenmitteln, die sich zusammensetzen aus (Art. 41 ERV):
    - Mindesteigenmitteln (Art. 42 ERV);
    - Eigenmittelpuffern (Art. 43 ERV);
    - antizyklischen Puffern und erweiterten antizyklischen Puffern (Art. 44 und Art. 44a ERV); sowie
    - zusätzlichen Eigenmitteln (Art. 45 ERV);
- die Höchstverschuldungsquote (*leverage ratio*; Art. 46 ERV);[115]
- die Obergrenzen für Klumpenrisiken (Art. 95 ff. und Art. 116 ERV) und mit Klumpenrisiken verbundene Meldepflichten (Art. 100 ff. ERV); sowie
- die Konsolidierungspflicht auf der Stufe der Finanzgruppe und des Finanzkonglomerats (Art. 7 ERV).

Die Eigenmittelpflichten sind eng mit dem Risikomanagement verknüpft: Zu den relevanten Risiken gehören Kreditrisiken (Art. 48 ff. ERV), nicht gegenpar-

---

[112] Siehe hierzu das amerikanische Beispiel der *Order Protection Rule* vorn 33 f., 418 f.
[113] Zu den Maker-Entschädigungen und dem ökonomischen Spread vorn 51 ff., 55.
[114] Vgl. Art. 1 Abs. 1 ERV; Art. 29 Abs. 1 BEHV hält entsprechend nochmals ausdrücklich fest, dass die Bestimmungen der Eigenmittelverordnung auch für Effektenhändler gelten.
[115] Die Bestimmung erteilt der Finma die Kompetenz, eine solche *leverage ratio* während einer Beobachtungsperiode zu erheben.

teibezogene Risiken (Art. 78 f. ERV), Marktrisiken (Art. 80 ff. ERV) und operationelle Risiken (Art. 89 ff. ERV). Ergänzend zur Eigenmittelverordnung enthält die Börsenverordnung in Art. 29 BEHV besondere Vorschriften für Effektenhändler. Gemäss Art. 29 Abs. 3 BEHV müssen die Eigenmittel bei nicht dem Bankengesetz unterstellten Effektenhändlern mindestens einen Viertel der jährlichen Vollkosten betragen, wenn (a) die Anforderungen nach Art. 42 und Art. 43 ERV geringer sind und (b) das harte Kernkapital nach Art. 21 ERV CHF 10 Mio. nicht erreicht wird. Der Begriff der Vollkosten wird in Art. 29 Abs. 4 BEHV präzisiert. Im Unterschied zu den Eigenmittelvorschriften gelten für Effektenhändler die Liquiditätsvorschriften der Liquiditätsverordnung zumindest nach aktuellem Recht grundsätzlich (noch) nicht.[116]

ff)   *Rechnungslegung*

Für die Rechnungslegung gelten gemäss Art. 16 Abs. 1 BEHG und Art. 29 Abs. 1 BEHV die Bestimmungen des Bankengesetzes (Art. 6 ff. BankG und Art. 25–42 BankV) sinngemäss auch für Effektenhändler. Effektenhändler sind daher grundsätzlich verpflichtet, für jedes Geschäftsjahr einen Geschäftsbericht bestehend aus einer Jahresrechnung, einem Lagebericht sowie gegebenenfalls einer Konzernrechnung zu erstellen (Art. 6 Abs. 1 BankG). Zusätzlich ist halbjährlich ein Zwischenabschluss vorgeschrieben (Art. 6 Abs. 2 BankG). Bestandteile der Jahresrechnung sind die Bilanz, die Erfolgsrechnung, der Eigenkapitalnachweis, die Geldflussrechnung und der Anhang (Art. 25 BankV). Der Bundesrat hat indes von der ihm in Art. 16 Abs. 2 BEHG eingeräumten Kompetenz Gebrauch gemacht und der Finma in Art. 29 Abs. 2 BEHV die Befugnis eingeräumt, in begründeten Einzelfällen Erleichterungen zu gewähren oder Verschärfungen anzuordnen. Effektenhändler mit an der SIX kotierten Aktien müssen Jahres- und Zwischenabschlüsse zusätzlich in Übereinstimmung mit einem vom *Regulatory Board* anerkannten Rechnungslegungsstandard erstellen (Art. 962 Abs. 1 Nr. 1 OR i.V.m. Art. 51 KR-SIX).

Effektenhändler können wählen zwischen einem statutarischen Einzelabschluss mit zuverlässiger Darstellung und einem statutarischen Einzelabschluss *True and Fair View* (Art. 25 Abs. 1 BankV). Bei letzterem kommen Bestimmungen des OR zu stillen Reserven – insb. Willkürreserven – nicht zur Anwendung (Art. 25 Abs. 2 BankV).[117] Gemäss Art. 25 Abs. 4 BankV können die in Art. 962

---

[116] Siehe insb. Art. 1 Abs. 1 und Art. 2 Abs. 1 LiqV; siehe auch Art. 12 BEHG, wo die Liquidität nicht erwähnt wird; im Gegensatz dazu siehe aber Art. 29a BEHV und inskünftig Art. 42 Abs. 1 E-FINIG; ausserdem vorn 562.

[117] Zu stillen Willkürreserven *von der Crone* (2014), § 9 N 22; *Handschin* (2016), N 854 f.; *HWP Buchführung und Rechnungslegung* (2014), 245; siehe auch FINMA-RS 2015/1, N 5 und N 259.

Abs. 2 OR genannten Personen (grundsätzlich Gesellschafter mit mindestens 20 Prozent am Grundkapital) eine Jahresrechnung nach dem True-and-Fair-View-Prinzip verlangen, wenn die Bank weder eine Konzernrechnung nach Art. 33 ff. BankV noch eine Konzernrechnung nach einem durch die Finma anerkannten internationalen Standard erstellt. Dieser nach Art. 25 Abs. 4 BankV gewünschte Abschluss kann durch einen statutarischen Einzelabschluss *True and Fair View* oder einen zusätzlichen Einzelabschluss *True and Fair View* erfolgen, wobei der statutarische Einzelabschluss für die Steuern massgebend bleibt.[118] Effektenhändler, die einen True-and-Fair-View-Abschluss nach einem anerkannten Standard erstellen (vgl. Art. 962 Abs. 1 OR), haben ebenfalls die Wahl zwischen einem statutarischen Einzelabschluss *True and Fair View* und einem zusätzlichen Einzelabschluss *True and Fair View*.[119] Als Standards akzeptiert die Finma dabei lediglich IFRS und US GAAP.[120]

gg)   *Prüfung*

Nach Art. 17 BEHG gelten für die Prüfung die Art. 18 und 23 BankG sinngemäss. Gemäss Art. 18 Abs. 1 BankG müssen demnach Effektenhändler eine von der Revisionsaufsichtsbehörde zugelassene Prüfgesellschaft mit einer Prüfung nach Art. 24 FINMAG beauftragen, und sie müssen nach Art. 18 Abs. 2 BankG ihre Jahresrechnung und gegebenenfalls ihre Konzernrechnung von einem staatlich beaufsichtigten Revisionsunternehmen nach den Grundsätzen der ordentlichen Revision (des Obligationenrechts) prüfen lassen. Ausserdem kann die Finma gemäss Art. 17 BEHG i. V. m. Art. 23 BankG und Art. 24 FINMAG direkt Prüfungen bei den Effektenhändlern vornehmen, wenn dies angesichts der wirtschaftlichen Bedeutung, der Komplexität des abzuklärenden Sachverhalts oder zur Abnahme interner Modelle notwendig ist. Einzelheiten zur Prüfung sind in der Finanzmarktprüfverordnung (FINMA-PV) geregelt.

b)   Teilnehmerpflichten

aa)   *Definition des Teilnehmers*

Als Teilnehmer werden wie im vorangehenden Kapitel bereits erwähnt all jene Personen definiert, die Dienstleistungen einer Finanzmarktinfrastruktur direkt in Anspruch nehmen (Art. 2 lit. d FinfraG).[121] Als Finanzmarktinfrastrukturen gelten unter anderem Börsen und MTF, nicht aber OTF (Art. 2 lit. a FinfraG).

---

[118] *EB Revision Rechnungslegung Banken 2013*, 8; vgl. FINMA-RS 2015/1, N 6.
[119] FINMA-RS 2015/1, N 7.
[120] Art. 6b Abs. 4 BankG i. V. m. FINMA-RS 2015/1, N 10.
[121] Vorn 524 f.; siehe auch 507 f.

Teilnehmer eines Handelsplatzes können zudem wie im Kapitel 14 (Institutionelle Erfassung von Hochfrequenzhändlern) erläutert nur Effektenhändler, weitere nach Art. 3 FINMAG Beaufsichtigte (bei Erfüllen gleichwertiger technischer und operativer Voraussetzungen), bewilligte ausländische Teilnehmer und die SNB sein (Art. 34 Abs. 2 FinfraG). Der Umstand, dass der Teilnehmer den Effektenhändler als Anknüpfungssubjekt für Pflichten zumindest teilweise abzulösen scheint, dürfte direkt in dieser in Anlehnung an Art. 42 Abs. 3 MiFID (Art. 53 Abs. 3 MiFID II) erfolgten Öffnung des Teilnehmerfeldes[122] ihren Ursprung haben. Teilnehmer von Handelsplätzen und Effektenhändler weisen entsprechend eine grosse Schnittmenge auf.

bb) *Grundsatz der Selbstregulierung*

Gemäss Art. 34 Abs. 1 FinfraG erlässt der Handelsplatz ein Reglement über die Zulassung, die Pflichten und den Ausschluss von Teilnehmern und beachtet dabei insbesondere den Grundsatz der Gleichbehandlung. Für die Teilnehmerpflichten gilt also der Grundsatz der Selbstregulierung.[123] Dieser wird allerdings durch einige gesetzliche Pflichten durchbrochen.

cc) *Aufzeichnungs- und Meldepflicht*

An einem Handelsplatz (Börse oder MTF) zugelassene Teilnehmer sind wie Effektenhändler zur Aufzeichnung von Aufträgen und Geschäften sowie zur Erstattung der für die Transparenz des Effektenhandels erforderlichen Meldungen verpflichtet (Art. 38 f. FinfraG i.V.m. Art. 36 f. FinfraV). Diese Pflichten wurden bereits bei den Effektenhändlerpflichten erläutert.[124]

dd) *Algorithmischer Handel und Hochfrequenzhandel*

Art. 31 FinfraV enthält diverse Pflichten für Teilnehmer, die algorithmischen Handel betreiben. Diese werden im nachfolgenden Kapitel 16 (Pflichten bei algorithmischem Handel) im Detail betrachtet.[125]

ee) *Teilnehmer mit einer besonderen Funktion*

Teilnehmer mit einer besonderen Funktion, namentlich solche, die eine Market-Making-Strategie verfolgen, sind gemäss Art. 30 Abs. 3 FinfraV indirekt dazu verpflichtet, mit den Handelsplätzen schriftliche Vereinbarungen abzuschlies-

---

122 *Botschaft FinfraG 2014*, 7535.
123 Siehe hierzu grundsätzlich *Weber/Baumann* (2012), 63 ff.
124 Vorn 569 ff., 571 ff.
125 Hinten 591 ff.

sen. Diese Verpflichtung wird weiter hinten in den Kapiteln 16 (Pflichten bei algorithmischem Handel) und 19 (Gewährleistung eines geordneten Handels) erläutert[126]

ff)   *Teilnehmer von zentralen Gegenparteien und Zentralverwahrern*

Für Teilnehmer von zentralen Gegenparteien und Teilnehmer von Zentralverwahrern gelten zusätzliche Pflichten wie namentlich die im Kapitel 11 (Systemische Risiken) erwähnte Pflicht zur Leistung von Sicherheiten und Ausfallfondsbeiträgen (Art. 49 Abs. 1 und Art. 64 FinfraG) sowie die besonderen Pflichten, wenn sie indirekten Teilnehmern einen Zugang zur Finanzmarktinfrastruktur ermöglichen (Art. 58 f. und Art. 73 FinfraG).[127]

c)   Pflichten für sämtliche Beaufsichtigten

Gewisse Pflichten treffen sämtliche Beaufsichtigten. Als Beaufsichtigte gelten gemäss Art. 3 FINMAG (a) sämtliche Personen, die nach den Finanzmarktgesetzen eine Bewilligung, eine Anerkennung, eine Zulassung oder eine Registrierung der Finanzmarktaufsichtsbehörde benötigen, sowie (b) die kollektiven Kapitalanlagen. Bewilligungspflichtig sind namentlich Banken, Finanzmarktinfrastrukturen (Börsen, MTF, zentrale Gegenparteien, Zentralverwahrer, Transaktionsregister und Zahlungssysteme), Privatversicherungen und Rückversicherungsunternehmen, Fondsleitungen und Verwalter von kollektiven Kapitalanlagen, Finanzintermediäre nach Art. 2 Abs. 3 GwG, Pfandbriefzentralen sowie Effektenhändler.[128] Entsprechend handelt es sich bei Pflichten für sämtliche Beaufsichtigte stets auch um Effektenhändlerpflichten. Ausserdem besteht eine beträchtliche Schnittmenge zwischen den Beaufsichtigten nach Art. 3 FINMAG und den Handelsplatzteilnehmern, da gemäss Art. 34 Abs. 2 FinfraG nur Beaufsichtigte, bewilligte ausländische Teilnehmer und die SNB Handelsplatzteilnehmer sein können.

Da der schweizerische Gesetzgeber erst in jüngerer Zeit von einem institutsbezogenen Regulierungsansatz zu einem integralen Ansatz überging, finden sich integrale Pflichten für sämtliche Beaufsichtigten nach aktuellem Recht vor allem im Finanzmarktaufsichtsgesetz. Eine der gewichtigsten dieser Pflichten ist die umfassende Auskunftspflicht gegenüber der Finma, gegenüber den von dieser eingesetzten Prüfungsbeauftragten oder Prüfgesellschaften sowie gegenüber dem Untersuchungsbeauftragten (Art. 25 Abs. 1, Art. 29 Abs. 1 FINMAG und

---

[126] Hinten 624 ff., 692 ff.
[127] Zu den Sicherheiten vorn 364.
[128] *Du Pasquier/Rayroux* (2011), N 17 ff. zu Art. 3 FINMAG; die Liste wurde angepasst gestützt auf Art. 4 i. V. m. Art. 2 lit. a FinfraG.

Art. 36 Abs. 3 FINMAG). Gegenstand der Auskunftspflicht sind alle Auskünfte und Unterlagen, die die Auskunftsadressaten zur Erfüllung ihrer Aufgaben benötigen (Art. 25 Abs. 1, Art. 29 Abs. 1 und Art. 36 Abs. 3 FINMAG) und dem Untersuchungsbeauftragten ist darüber hinaus Zutritt zu den Räumlichkeiten zu gewähren (Art. 36 Abs. 3 FINMAG). Die Kosten ihrer Prüfung tragen die Beaufsichtigten getreu dem Verursacherprinzip selbst (Art. 24 Abs. 5 und Art. 24a Abs. 3 FINMAG). Hinzu kommen weitere Gebühren und Aufsichtsabgaben (Art. 15 FINMAG).

Nicht nur eine Auskunfts-, sondern eine Meldepflicht besteht für sämtliche Vorkommnisse, die für die Aufsicht von wesentlicher Bedeutung sind (Art. 29 Abs. 2 FINMAG). Ferner gelten für diverse Beaufsichtigte die Organisationspflichten nach den Marktverhaltensregeln[129] und oftmals analoge Bewilligungsvoraussetzungen und Pflichten nach den verschiedenen Finanzmarkterlassen. Mit dem Finanzinstitutsgesetz und dem Finanzdienstleistungsgesetz sollen nun weitere integrale Finanzmarkterlasse geschaffen werden, die Bewilligungsvoraussetzungen und Pflichten für verschiedene Finanzinstitute gemeinsam regeln.[130]

Für sämtliche Finanzintermediäre gelten im Übrigen die folgenden Pflichten des Geldwäschereigesetzes:
- Sorgfaltspflichten:
    - Identifizierung der Vertragspartei (Art. 3 GwG);
    - Feststellung des wirtschaftlich Berechtigten (Art. 4 GwG);
    - erneute Identifizierung oder Feststellung der wirtschaftlich berechtigten Person bei Zweifeln (Art. 5 GwG);
    - Abklärung der Hintergründe und des Zwecks von Transaktionen und Geschäftsbeziehungen (Art. 6 GwG);
    - Dokumentations- und Aufbewahrungspflicht (Art. 7 GwG);
    - Pflicht zu organisatorischen Massnahmen (Art. 8 GwG);
- Sorgfaltspflichten der Händler (Art. 8a GwG);
- Pflichten bei Geldwäschereiverdacht:
    - Meldepflicht (Art. 9 GwG);
    - Ausführung von Kundenaufträgen bei Analysen nach Art. 23 GwG (Art. 9a GwG);
    - Vermögenssperre (Art. 10 GwG);
    - Informationsverbot (Art. 10a GwG);
- Herausgabe von Informationen (Art. 11a GwG);
- Bewilligungs- oder Anschlusspflicht (Art. 14 GwG);

---

[129] Hinten 592, 607 f., 620 ff., 857 ff.
[130] Hierzu hinten 580 ff.

– Prüfpflicht für Händlerinnen und Händler (Art. 15 GwG).

3. FINIG & FIDLEG

Ein Finanzinstituts- (FINIG) und ein Finanzdienstleistungsgesetz (FIDLEG) sollen einen neuen Rahmen für die Regulierung von Finanzinstituten und Finanzdienstleistungen schaffen. Gegenstand der Erlasse sind unter anderem die aktuell noch im Börsengesetz geregelten Zulassungsvoraussetzungen und Pflichten für Wertpapierhäuser – dem neuen Begriff für Effektenhändler. Beide Gesetze befinden sich zurzeit im Entwurfsstadium, wobei sich angesichts der parlamentarischen Beratungen erhebliche Änderungen abzeichnen.

a) Zulassungsvoraussetzungen

Wertpapierhäuser sind gemäss Art. 4 Abs. 1 i.V.m. Art. 2 Abs. 1 des Entwurfs für das Finanzinstitutsgesetz (E-FINIG) bewilligungspflichtig. In den Art. 8 ff. E-FINIG finden sich allgemeine Bewilligungsvoraussetzungen für Finanzinstitute und in den Art. 41 ff. E-FINIG besondere Voraussetzungen für Wertpapierhäuser. Bewilligungsvoraussetzungen in den folgenden Bereichen müssen sämtliche Finanzinstitute erfüllen:
– Organisation, Risikomanagement und Kontrollsystem (Art. 8 E-FINIG);
– Ort der Leitung (Art. 9 E-FINIG);
– Gewähr für eine einwandfreie Geschäftstätigkeit (inkl. Fachkenntnisse; Art. 10 E-FINIG);
– Schutz vor Verwechslung und Täuschung (Art. 12 E-FINIG).

Die folgenden besonderen Zulassungsvoraussetzungen sieht der Entwurf für Wertpapierhäuser vor:
– Mindestkapital und Sicherheiten (Art. 41 E-FINIG);
– Eigenmittel-, Liquiditäts- und Risikoverteilungsvorgaben (Art. 42 f. E-FINIG);
– Anforderungen an die Rechnungslegung (Art. 44 E-FINIG).

Die Voraussetzungen entsprechen im Wesentlichen jenen des Börsengesetzes. Bemerkenswert ist immerhin, dass Wertpapierhäuser neu aufsichtsrechtlich zur Einhaltung von Mindestliquiditätsanforderungen verpflichtet werden sollen (Art. 42 Abs. 1 E-FINIG). Zwar wäre schon unter dem geltenden Recht denkbar, solche Liquiditätsverpflichtungen indirekt aus den Regeln zum Risikomanagement abzuleiten;[131] eine solch indirekte Auferlegung von Liquiditätspflichten erschiene allerdings rechtsstaatlich fragwürdig, soll doch die Liquiditätsver-

---

[131] Vgl. FINMA-RS 2017/1, N 4, 12, 42, 48, 72.

ordnung ausdrücklich nicht für Effektenhändler gelten.[132] Ebenfalls bemerkenswert ist, dass dem Bundesrat eine umfassende Befugnis eingeräumt werden soll, zusätzliche Bewilligungsvoraussetzungen festzulegen, falls dies zur Umsetzung anerkannter internationaler Standards notwendig ist (Art. 6 Abs. 2 E-FINIG). Es wird sich zeigen, ob das Parlament eine solch weitgehende und mit Blick auf Art. 164 lit. c BV nicht unproblematische Gesetzesdelegation gutheissen wird.

b) Institutspflichten

Institutspflichten enthalten sowohl der Entwurf für ein Finanzinstitutsgesetz (E-FINIG) als auch jener für ein Finanzdienstleistungsgesetz (E-FIDLEG).

aa) E-FINIG

Gemäss Art. 7 E-FINIG sind Finanzinstitute verpflichtet, der Aufsichtsbehörde jegliche Änderungen von Tatsachen zu melden, die der Bewilligung zugrunde liegen; eine vorgängige Bewilligung der Aufsichtsbehörde wird nur bei Änderungen von wesentlicher Bedeutung benötigt. Zwar gilt trotz Art. 10 Abs. 6 BEHG eine entsprechende Regelung tendenziell schon nach aktuellem Recht; eine Klarstellung auf Gesetzesstufe ist jedoch zu begrüssen.[133]

Weiter enthält der Entwurf des Finanzinstitutsgesetzes die folgenden allgemeinen Pflichten:
- die Pflicht, die besonderen Voraussetzungen bei Übertragung von Aufgaben an Dritte einzuhalten (Art. 13 E-FINIG);
- eine Auskunfts- und Meldepflicht gemäss Art. 29 FINMAG bei Übertragung wesentlicher Funktionen (Art. 60 E-FINIG);
- Meldepflichten betreffend das Auslandsgeschäft (Art. 14 E-FINIG) bei:
  - Errichtung, Erwerb oder Aufgabe von Tochtergesellschaften, Zweigniederlassungen oder Vertretungen im Ausland;
  - Erwerb oder Aufgabe einer qualifizierten Beteiligung an einer ausländischen Gesellschaft.

Hinzu kommen die Aufzeichnungspflicht (Art. 46 E-FINIG) sowie die Pflicht zur Abschlussmeldung (Art. 47 E-FINIG) als besondere Wertpapierhauspflichten. Ferner bedürfen Finanzinstitute mit Sitz im Ausland einer Bewilligung der Aufsichtsbehörde[134], wenn sie die Errichtung einer Zweigniederlassung oder Vertretung in der Schweiz errichten wollen (Art. 48 Abs. 1 und Art. 54 Abs. 1

---

[132] Hierzu vorn 575.
[133] Vorn 568 f.
[134] Dabei kann es sich gemäss Art. 57 E-FINIG um die Finma oder eine Aufsichtsorganisation nach dem FINMAG handeln.

E-FINIG), und in den Art. 57 ff. E-FINIG finden sich besondere Regeln zur Aufsicht, die die folgenden Pflichten für Wertpapierhäuser enthalten:
- die Pflicht zur jährlichen Prüfung nach Art. 24 FINMAG durch eine zugelassene Prüfgesellschaft (Art. 59 Abs. 1 lit. a E-FINIG);
- die Pflicht zur Prüfung der Jahres- und gegebenenfalls der Konzernrechnung nach den Grundsätzen der ordentlichen Revision (Art. 59 Abs. 1 lit. b E-FINIG);
- eine Auskunfts- und Meldepflicht bei Übertragung wesentlicher Funktionen (Art. 60 E-FINIG);
- die Anwendung der Bestimmungen des Bankengesetzes über die Massnahmen bei Insolvenzgefahr und den Bankenkonkurs (Art. 63 Abs. 1 E-FINIG); und
- die Anwendung der Bestimmungen des Bankengesetzes über die Einlagensicherung und die nachrichtenlosen Vermögenswerte (Art. 63 Abs. 2 E-FINIG).

Der Vorentwurf enthielt ferner in Art. 11 VE-FINIG eine Pflicht, wonach ein Finanzinstitut bei der Annahme von Vermögenswerten zu überprüfen gehabt hätte, ob ein erhöhtes Risiko besteht, dass diese in Verletzung der Steuerpflicht unversteuert sind oder nicht versteuert werden. Diese Bestimmung wäre insofern eine Neuerung gewesen, als die Finma die Einhaltung ausländischen Rechts bisher nur mittelbar über das Risikomanagement überprüft hat.[135] Nach einer allgemein negativen Vernehmlassung wurde Art. 11 VE-FINIG allerdings gestrichen und die Banken im Übrigen ohnehin vom Anwendungsbereich des Gesetzes ausgenommen.[136]

bb) *E-FIDLEG*

Der Entwurf für das Finanzdienstleistungsgesetz (E-FIDLEG) enthält seinerseits namentlich die folgenden Pflichten für Finanzdienstleister:
- die Pflicht zur Kundensegmentierung (Art. 4 E-FIDLEG);
- die Pflicht zur Einhaltung von Mindeststandards betreffend die Aus- und Weiterbildung von Kundenberatern (Art. 6 f. E-FIDLEG);
- die Pflicht zur Einhaltung der Verhaltensregeln, die nach dem Entwurf diverse Teilpflichten wie namentlich eine Angemessenheits- sowie eine Eignungsprüfung beinhalten (Art. 8 ff. E-FIDLEG);
- besondere organisatorische Verpflichtungen (Art. 23 ff. E-FIDLEG);
- Pflichten im Zusammenhang mit der Erstellung und Veröffentlichung von Prospekten und Basisinformationsblättern (Art. 37 ff., Art. 60 ff. und Art. 67 ff. E-FIDLEG); sowie

---

[135] *Finma Positionspapier Rechtsrisiken 2010*; *Ender/von der Crone* (2010); *Zulauf* (2013), 16 f.
[136] Siehe stellvertretend die Vernehmlassungseingabe der schweizerischen Bankiervereinigung vom 31. Oktober 2014, abrufbar unter *www.swissbanking.org*.

– Pflichten im Zusammenhang mit der Werbung für Finanzinstrumente (Art. 71 E-FIDLEG).

Als Finanzdienstleister gelten nach der Legaldefinition Personen, die gewerbsmässig Finanzdienstleistungen in der Schweiz oder für Kunden in der Schweiz erbringen (Art. 3 lit. e E-FIDLEG). Wie bereits mehrfach erwähnt handeln Hochfrequenzhändler typischerweise für eigene Rechnung, sodass die Pflichten des Finanzdienstleistungsgesetzes für Hochfrequenzhändler von untergeordnetem Interesse sein dürften – dies zumindest soweit sich die Pflichten nicht auf die Verhaltensweisen der anderen Händler und damit auf die Handelsstrategien der Hochfrequenzhändler auswirken.

III. Kritische Würdigung

1. Nutzen

Eine kritische Würdigung der Regulierung der Effektenhändler sollte sich den Ausführungen im zweiten Teil folgend am Nutzen und den Kosten der Regulierung orientieren. Der Regulierungsnutzen ist dabei eng mit dem Regulierungszweck verknüpft. Die Bewilligungsvoraussetzungen und Pflichten für Effektenhändler finden sich in der Schweiz nach aktuellem Recht mehrheitlich im Börsengesetz und dieses bezweckt gemäss Art. 1 Abs. 2 BEHG in der aktuellen Fassung lediglich den Schutz der Anleger. Es könnte also argumentiert werden, dass als Nutzen der Regulierung von Effektenhändlern lediglich der Anlegerschutz betrachtet werden kann. Diese Ansicht scheint auf den ersten Blick durch den Umstand bestärkt, dass auf den Zeitpunkt des Inkrafttretens des Finanzmarktinfrastrukturgesetzes der Schutz der Funktionsfähigkeit der Effektenmärkte als Regulierungszweck aus dem Börsengesetz entfernt wurde. Bei genauerer Betrachtung zeigt sich jedoch, dass die Regulierung von Effektenhändlern keineswegs nur den Anlegerschutz bezweckt, denn gerade die Erfassung von Eigenhändlern als Effektenhändler lässt sich schwerlich direkt mit dem Anlegerschutz rechtfertigen. Die Aufsichtsbehörde erkannte dies schon früh und führte im Sinne einer teleologischen Reduktion der Effektenhändlerdefinition die Regel ein, dass Eigenhändler nur dann eine Bewilligung als Effektenhändler benötigen, wenn sie Effektengeschäfte im Umfang von mehr als CHF 5 Mrd. brutto pro Jahr tätigen.[137] Dieses Mindesthandelsvolumen begründete sie damit, dass sich eine Erfassung von Eigenhändlern nicht aus Gründen des Anlegerschutzes, sondern nur aus Gründen des Funktionsschutzes rechtfertige.[138] Das Entfernen des

---

[137] FINMA-RS 2008/5, N 23; hierzu vorn 529.
[138] FINMA-RS 2008/5, N 23.

§ 15 Allgemeine Institutspflichten und Erforderlichkeit derselben

Funktionsschutzes als Regulierungsziel erscheint daher unbefriedigend, dürfte aber an der Rechtslage nichts geändert haben, da die Effektenhändlerdefinition in gleicher Form beibehalten wurde.

Mit Blick auf die einzelnen Bestimmungen sind die verfolgten Zwecke vielfältig. Nebst dem Schutz der Anleger und dem Schutz der Funktion der Finanzmärkte (inklusive Systemschutz) kann der Schutz der Marktintegrität als weiteres Schutzziel ausgemacht werden. Hinsichtlich dieser drei Schutzziele können die Pflichten der Effektenhändler wie folgt zugeordnet werden:
- Anlegerschutz:
  - Verhaltensregeln gegenüber den Kunden;
- Anlegerschutz und Funktionsschutz:
  - Mindestkapital sowie weitere Eigenmittel- und Liquiditätsvorschriften;
  - Organisation und Risikomanagement;
- Anlegerschutz und Marktintegrität:
  - Marktverhaltensregeln;
  - Aufzeichnungspflicht;
- Anlegerschutz, Funktionsschutz und Marktintegrität:
  - Fachkenntnisse und Gewähr;
  - Funktionentrennung;
  - Abschlussmeldung;
  - Rechnungslegung;
  - Prüfung beziehungsweise Revision.

Im Detail lässt sich gewiss bei der Zuordnung der einzelnen Pflichten streiten, was unter anderem auch daher herrührt, dass der Zweck einzelner Pflichten von der Grösse des Effektenhändlers abhängt: Während etwa die Organisationspflichten und Eigenmittelvorschriften bei kleineren Effektenhändlern eher dem Kundenschutz dienen dürften, erlangt der Funktions- beziehungsweise Systemschutz mit zunehmender Grösse des Effektenhändlers grösseres Gewicht. Ausserdem lässt sich einwenden, dass der Schutz der Marktintegrität sowohl dem Funktionsschutz als auch dem Anlegerschutz zugeordnet werden kann.[139] Aufgrund der Besonderheit der Marktmissbrauchstatbestände erschien eine gesonderte Auflistung der Marktintegrität als Schutzziel dennoch angezeigt. Insgesamt zeigt sich an der Auflistung vor allem, dass der Anlegerschutz zwar bei der Regulierung von Effektenhändlern im Vordergrund zu stehen scheint, daneben aber auch der Funktionsschutz und die Marktintegrität von beträchtlicher Bedeutung sind.[140] Die Europäische Bankenaufsichtsbehörde (EBA) etwa hielt fest,

---

[139] Zu den mit den Marktmissbrauchstatbeständen verfolgten Zielen hinten 722 ff., 782 ff.
[140] Dies obwohl externe Vermögensverwalter nicht erfasst sind.

dass von Wertpapierfirmen Risiken nicht nur für Kunden und Gegenparteien, sondern auch für die Finanzmärkte und die Stabilität derselben ausgehen.[141]

Abgesehen von diesen Schutzzielen kann die Regulierung von Effektenhändlern weitere Zwecke erfüllen. Zu denken ist etwa an die Schaffung von Vertrauen. Schenken sich Handelspartner Vertrauen, so werden dadurch die Transaktionskosten in effizienter Weise reduziert.[142] Der berühmte Ökonom *Kenneth Arrow* führte in diesem Zusammenhang etwa aus:

> It is useful for individuals to have some trust in each other's word. In the absence of trust, it would become very costly to arrange for alternative sanctions and guarantees, and many opportunities for mutually beneficial cooperation would have to be foregone. Banfield (1958) has argued that lack of trust is indeed one of the causes of economic underdevelopment.[143]

Ferner können einheitliche Regeln gerade im grenzüberschreitenden Bereich zu einer Reduktion von Komplexität und damit zu einer Reduktion der von den Marktteilnehmern zu tragenden Kosten führen.

2. Kosten

Im zweiten Teil dieser Arbeit wurde die Senkung der Transaktionskosten als grundsätzliches Ziel der Finanzmarktregulierung formuliert.[144] Zugleich wurden die Transaktionskosten als Inbegriff des Marktversagens in Relation zu den mit dem Organisationsversagen verbundenen Organisationskosten gesetzt.[145] Beide Kostenpunkte sind zuzüglich der mit der Regulierung verbundenen Kosten (Staatsversagen) nicht nur dafür entscheidend, ob Unternehmen Güter über den Markt einkaufen oder selbst produzieren; die Summen geben nach den Kosten-Nutzen-Analysen im Sinne des Kaldor-Hicks-Kriteriums auch einen Richtwert dafür, wie optimal ein Zustand ist.[146]

Die unzähligen Vorschriften für Wertpapierfirmen (EU-Terminologie) beziehungsweise Effektenhändler (CH-Terminologie) generieren hohe Kosten sowohl für den Staat als auch für Private. Beim Staat äussern sich diese Kosten zunächst bei der Erarbeitung der Rechtsakte und später bei der Aufsicht über die Institutspflichten; bei den Instituten verursacht die Regulierung zunächst Im-

---

[141] *EBA Report Investment Firms 2014*, 6.
[142] Zum Vertrauen als Mechanismus zur Reduktion von Komplexität vorn 312 Fn. 182.
[143] *Arrow* (1969), 62 mit Verweis auf *Banfield* (1958).
[144] Vorn 170.
[145] Vorn 184 f.
[146] Zum Kaldor-Hicks-Kriterium vorn 172 f.

plementierungskosten und später Compliance-Kosten im weiteren Sinne.[147] Diese Kosten dürften zudem für kleine Unternehmen im Verhältnis zur Geschäftstätigkeit substanziell grösser sein als für grössere Unternehmen, sodass grössere Unternehmen einen Wettbewerbsvorteil erlangen und der Wettbewerb durch Konzentration gefährdet wird. Verbunden ist dieser Wettbewerbsvorteil mit der Gefahr eines Crowding-outs kleinerer bis mittelgrosser Wertpapierfirmen sowie erhöhten Markteintrittshürden.[148] Ausserdem dürften sowohl die Konzentration auf systemrelevante Institute als auch das durch die Regulierung bewirkte korrelierte Verhalten der Marktteilnehmer (Herding) die systemischen Risiken tendenziell erhöhen.

Im Sinne einer Übersicht können somit die folgenden mit der Regulierung verbundenen Regulierungskosten identifiziert werden:
– Staatliche Kosten:
  – Kosten für die Erarbeitung der Rechtsakte;
  – Aufsichtskosten abzüglich Gebühren;
– Direkte private Kosten:
  – Implementierungskosten;
  – Compliance-Kosten (im weiteren Sinne);
  – Gebühren;
– Indirekte Gesellschaftskosten durch Wettbewerbsnachteil kleiner und mittelgrosser Firmen:
  – Verminderung des Wettbewerbs und erhöhte Kosten für Investoren;
  – Erhöhung der Markteintrittshürden und damit eine zusätzliche Verminderung des Wettbewerbs und Steigerung der Kosten für Investoren;
  – Erhöhung systemischer Risiken durch Konzentration auf systemrelevante Institute;
  – Erhöhung systemischer Risiken durch korreliertes Verhalten der Marktteilnehmer, wenn diese die Regeln befolgen.

Der dritte Kostenpunkt ist sicher jener, der sich am schwierigsten quantifizieren lässt. Zugleich könnte dieser Kostenpunkt allerdings auch durch ein stärker abgestuftes System reduziert werden. Zwar wird durch ein solch abgestuftes System zusätzlich die Komplexität eines ohnehin schon sehr komplexen Finanzmarktrechts erhöht. Die Gefahren für kleinere und mittelgrosse Unternehmen sind allerdings beträchtlich, sodass diese Erleichterungen die Gesamtkosten mit grosser Wahrscheinlichkeit reduzieren dürften. Erleichterungen erscheinen insbesondere für das Regime der Kapitaladäquanzerlasse angezeigt, das auf systemrelevante Grossbanken ausgerichtet ist und nicht auf kleine bis mittelgrosse

---

[147] Siehe etwa *Eling/Pankoke* (2016), 530 ff., die einige weitere indirekte Kosten aufführen; *Elliehausen* (1998), 2 f.
[148] Allgemein zu direkten und indirekten Kosten siehe *Eling/Pankoke* (2016), 530 ff.

Wertpapierfirmen. Vor allem für Eigenhändler lassen sich entsprechende Bestimmungen auch nicht mit dem Anlegerschutz begründen. Gerade in dieser Hinsicht hat die Europäische Bankenaufsichtsbehörde in ihrem *Report on Investment Firms* vom Dezember 2014 denn auch Handlungsbedarf erblickt und festgehalten:

> [The CRD/CRR regime] has [...] created a situation where investment firms are required to go through the same complex calculations and processes as banks – at significant human resource and system cost – in order to calculate capital requirements for risks that are not important to their business models.[149]

Mit der Ausdehnung des Anwendungsbereichs des CRD/CRR-Regime durch MiFID II, dürfte sich der Handlungsbedarf nochmals erhöhen.

3. Fazit

Zusammengefasst bezweckt die Regulierung von Effektenhändlern nebst dem Schutz der Anleger auch den Schutz der Funktionsfähigkeit der Finanzmärkte sowie den Schutz der Marktintegrität. Diesem Regulierungsnutzen stehen hohe Regulierungskosten gegenüber, die sich beim Staat in Regulierungs- und Aufsichtskosten und bei Privaten in Implementierungs- und Compliance-Kosten äussern. Vor allem aber besteht die Gefahr eines Crowding-outs von kleineren und mittelgrossen Wertpapierfirmen, wodurch der Wettbewerb nicht nur direkt durch Konzentration, sondern auch indirekt durch erhöhte Markteintrittshürden gefährdet wird. Ferner können in der Konzentration auf systemrelevante Institute und das durch die detaillierten Vorgaben bewirkte korrelierte Verhalten der Marktteilnehmer neue systemische Risiken erblickt werden. Weitere Untersuchungen erscheinen in dieser Hinsicht angezeigt. Tendenziell aber dürfte sich eine Reduktion der Marktkonzentrationsrisiken durch Erleichterungen für kleine bis mittelgrosse Wertpapierfirmen erreichen lassen. Solche erscheinen insbesondere für das Regime der Kapitaladäquanzerlasse angezeigt, das auf systemrelevante Grossbanken ausgerichtet ist und nicht auf kleine bis mittelgrosse Wertpapierfirmen.

---

[149] EBA Report Investment Firms 2014, 6.

IV. Erforderlichkeit der Erfassung von Hochfrequenzhändlern

Im vorangehenden Abschnitt wurde gezeigt, dass die institutionelle Erfassung von Personen als Effektenhändler in erster Linie auf den Schutz der Anleger abzielt, Funktions- beziehungsweise Systemschutz und der Schutz der Marktintegrität aber ebenfalls von Bedeutung sind. Anlegerschutzpflichten im Allgemeinen und die Pflichten zur Vermeidung von Interessenkonflikten im Besonderen stehen für die in aller Regel als Eigenhändler agierenden Hochfrequenzhändler nicht im Vordergrund. Ebenfalls kaum bedeutsam erscheint in dieser Hinsicht die Mitgliedschaft in einem Anlegerentschädigungssystem, wie es nach europäischem Recht vorgeschrieben ist.[150] Demgegenüber sind jene Pflichten potenziell von Interesse, die auf den Schutz der Funktionsfähigkeit der Finanzmärkte und den Schutz der Marktintegrität abzielen. Zu nennen sind etwa das Anfangskapital, Eigenmittel- und Liquiditätsvorschriften, die Verschuldungsquote (*leverage ratio*) und die Bestimmungen zum Risikomanagement, die allgemeineren Governance-Regelungen, die Marktverhaltensregeln sowie die organisatorischen und persönlichen Anforderungen an die Leitungsorgane und das Aktionariat. Eine generelle Erfassung als Effektenhändler dürfte sich allerdings nur rechtfertigen lassen, sofern von Hochfrequenzhändlern Risiken für die Funktionsfähigkeit der Finanzmärkte oder die Marktintegrität ausgehen und eine Erfassung zur Minimierung dieser Risiken erforderlich und verhältnismässig erscheint.

Die Praxis der Finma, Eigenhändler grundsätzlich nur dann als Effektenhändler zu erfassen, wenn sie Effektengeschäfte im Umfang von mehr als CHF 5 Mrd. brutto pro Jahr tätigen, erscheint aus Funktionsschutzüberlegungen grundsätzlich überzeugend.[151] Dies gilt zumindest dann, wenn die Finma diesen Handelsumfang anhand der Verpflichtungsgeschäfte und nicht anhand der Verfügungsgeschäfte beurteilt.[152] Indes drängt sich die Frage auf, ob von Hochfrequenzhandelspraktiken nicht per se ausreichend hohe Risiken für die Funktionsfähigkeit der Finanzmärkte und die Marktintegrität ausgehen, sodass eine Erfassung als Effektenhändler gerechtfertigt erschiene, selbst wenn das Handelsvolumen die Schranke von CHF 5 Mrd. brutto pro Jahr nicht erreicht.

Im Kapitel 11 (Systemische Risiken) wurden mit dem Hochfrequenzhandel verbundene Risiken im Allgemeinen und systemische Risiken im Besonderen untersucht.[153] Während operationelle Risiken, Gegenparteirisiken und Marktinteg-

---

150 Vorn 549.
151 FINMA-RS 2008/5, N 23; hierzu vorn 529.
152 Hierzu vorn 530.
153 Vorn 339 ff.

IV. Erforderlichkeit der Erfassung von Hochfrequenzhändlern

ritätsrisiken augenscheinlich sind, wurde die Ansicht vertreten, dass der Hochfrequenzhandel als Trigger einer Systemkrise zwar nicht ausgeschlossen werden kann, die systemischen Risiken aber eher überschätzt werden.[154] Ferner wurde festgehalten, dass von Hochfrequenzhändlern ausgehende operationelle Risiken und Gegenparteirisiken vor allem für zentrale Gegenparteien von Bedeutung sind, für die bereits ein solides rechtliches Gefüge gilt bestehend aus einem Delivery-versus-Payment-Ansatz (für systemisch bedeutsame zentrale Gegenparteien), einem System von Sicherheiten mit Ersteinschusszahlungen (*Initial Margins*), Nachschusszahlungen (*Variation Margins*) und Beiträgen an den Ausfallfonds (*Default Fund*) sowie einer damit verbundenen Ausfallskaskade. Marktintegritätsrisiken lassen demgegenüber eine Prüfung der Gewähr der Leitungspersonen der Hochfrequenzhändler vor allem mit Blick auf strafrechtliche Verurteilungen angezeigt erscheinen.

Insgesamt erscheint entsprechend fraglich, ob die vom Hochfrequenzhandel ausgehenden operationellen Risiken und Marktintegritätsrisiken eine zwingende Erfassung als Effektenhändler mitsamt dem umfangreichen Normen-Cluster rechtfertigen. Die in erster Linie für systemische Fragen interessierenden Gegenparteirisiken jedenfalls lassen eine Abweichung vom allgemeinen Grundsatz eines Mindesthandelsvolumens von CHF 5 Mrd. nicht zwingend erscheinen. Besondere operationelle Pflichten hat der Bundesrat Teilnehmern, die algorithmischen Handel betreiben, mit Art. 31 FinfraV auferlegt. Für die von indirekten Teilnehmern ausgehenden operationellen Risiken und Marktintegritätsrisiken dürften die direkten Teilnehmer grundsätzlich verantwortlich sein, sodass eine zumindest eingeschränkte Gewährsprüfung durch die direkten Teilnehmer im Rahmen des Risikomanagements der Teilnehmer angezeigt erscheint.[155] Insofern gilt also auch für kleine Hochfrequenzhändler, die als indirekte Teilnehmer von Handelsplätzen agieren, ein System der indirekten Aufsicht durch direkte Teilnehmer. Diese Lösung erscheint dem Grundsatz der Verhältnismässigkeit folgend grundsätzlich überzeugend. Letztlich dürfte der grosse Vorteil der indirekten Aufsicht über die indirekten Handelsplatzteilnehmer darin liegen, dass die Markteintrittshürden für algorithmische Händler relativ niedrig gehalten werden, was dem Wettbewerb zugutekommt. Im Übrigen können hinsichtlich der operationellen Risiken und Marktintegritätsrisiken allenfalls auch die Handelsplätze und OTF insoweit als Cheapest Cost-Avoider betrachtet werden, als sie durch Handelsobergrenzen operationelle Probleme verhindern können und sämtliche für die Marktaufsicht massgeblichen Handelsinformationen aggregieren dürften, da auch kleine Hochfrequenzhändler kaum ausserhalb dieser Handelsplattformen handeln dürften.

---

[154] Vorn 396 ff.
[155] Zum Risikomanagement vorn 559 ff.; zu den impliziten Pflichten hinten 634 ff.

§ 16 Pflichten bei algorithmischem Handel

Dieses Kapitel ist den Institutspflichten bei algorithmischem Handel gewidmet. Bevor die Pflichten im Einzelnen erörtert werden, folgt zunächst ein Überblick über die Rechtsgrundlagen gefolgt von einer Auseinandersetzung mit den Anwendungsbereichen der massgeblichen Bestimmungen. Abschliessend soll die Legalität von Art. 31 FinfraV geprüft und der Pflichtenkatalog kritisch gewürdigt werden.

I. Rechtsgrundlagen

Auf europäischer Ebene sind die besonderen Pflichten für Wertpapierfirmen, die algorithmischen Handel betreiben, im Grundsatz in Art. 17 MiFID II geregelt. Gestützt auf Art. 17 Abs. 7 MiFID II hat die Europäische Kommission unter Mithilfe der Esma zwei technische Regulierungsstandards erlassen, die die Pflichten präzisieren: RTS 6 vom 19. Juli 2016 zur Festlegung der organisatorischen Anforderungen an Wertpapierfirmen, die algorithmischen Handel betreiben, und RTS 8 vom 13. Juni 2016 zu den Anforderungen an Market-Making-Vereinbarungen und -Systeme.[1] Für den Anwendungsbereich der Pflichten sind zudem nebst den Legaldefinitionen in MiFID II die präzisierenden Merkmale des algorithmischen Handels gemäss Art. 18 der delegierten Verordnung 2017/565 der Kommission vom 25. April 2016 massgeblich.[2] In dieser Verordnung finden sich im Übrigen auch Präzisierungen zu den Begriffen der hochfrequenten algorithmischen Handelstechnik (Art. 19) und des direkten elektronischen Zugangs (Art. 20).

Art. 48 Abs. 6 MiFID II enthält darüber hinaus Anforderungen an Mitglieder und Teilnehmer von Handelsplätzen[3] (nachfolgend Teilnehmer), die jenen von Art. 17 Abs. 1 und 2 MiFID II gleichen, aber nicht identisch sind. Die Europäische Kommission hat diese Pflichten in der delegierten Verordnung 2017/584 vom 14. Juli 2016 zur Festlegung der organisatorischen Anforderungen an Handelsplätze (RTS 7) präzisiert. Ferner nimmt etwa Art. 26 MiFIR im Zusammenhang mit der Abschlussmeldung Bezug zum algorithmischen Handel, und

---

[1] Eine Übersicht über sämtliche technischen Regulierungsstandards findet sich unter *https://ec.europa.eu/info/sites/info/files/mifid-mifir-its-rts-overview-table_en.pdf*; hierzu vorn 485 ff.
[2] Zur Definition des algorithmischen Handels vorn 491 ff.
[3] Art. 48 Abs. 6 MiFID II erwähnt lediglich geregelte Märkte; wie noch zu zeigen sein wird, gelten die Pflichten jedoch für sämtliche Handelsplätze, nach der europäischen Terminologie also auch für MTF und OTF; hierzu hinten 593 f.

schliesslich sind die im Zusammenhang mit dem algorithmischen Handel stehenden übrigen Pflichten der Handelsplätze gemäss Art. 48 MiFID II sowie die weiteren Durchführungsrechtsakte zu dieser Bestimmung indirekt auch für Handelsplatzteilnehmer und Wertpapierfirmen von Bedeutung.[4]

In der Schweiz sind für die Pflichten bei algorithmischem Handel in erster Linie Art. 31 und Art. 30 Abs. 3 FinfraV (teilweise i.V.m. Art. 40 f. FinfraV) sowie die Marktverhaltensregeln der Finma (FINMA-RS 2013/8) massgebend. Mit der im Jahr 2013 erfolgten Revision der Marktverhaltensregeln auferlegte die Finma den Beaufsichtigten, die algorithmischen Handel betreiben, erstmals zwei besondere Organisationspflichten: die Pflicht, wirksame Systeme und Risikokontrollen zur Verhinderung von Markmissbrauch zu implementieren, sowie eine Dokumentationspflicht mit Bezug auf die verfolgten Handelsstrategien.[5] Mit Art. 31 und Art. 30 Abs. 3 FinfraV schaffte der Bundesrat gestützt auf das Finanzmarktinfrastrukturgesetz Verpflichtungen, die weitgehend jenen von Art. 17 und Art. 48 Abs. 6 MiFID II entsprechen. Die schweizerischen Vorgaben waren gemäss Art. 129 Abs. 1 FinfraV spätestens ab dem 1. Januar 2018 zu erfüllen, also zwei Tage früher als die europäischen Verpflichtungen.[6] Da sich der schweizerische Regulator (ausdrücklich) an diesen europäischen Bestimmungen orientierte, können diese bei der Präzisierung der schweizerischen Regeln helfen,[7] weshalb die schweizerische und die europäische Rechtslage nachfolgend gemeinsam erörtert werden. Als gesetzliche Grundlage für die Artikel 30 und 31 FinfraV nannte der Bundesrat Art. 30 FinfraG, wonach Handelsplätze einen geordneten Handel gewährleisten müssen.[8] Ob diese Bestimmung als gesetzliche Grundlagen reicht, wird im Anschluss an die Erörterung der einzelnen Pflichten geprüft.[9]

---

[4] Hinten 669 ff.
[5] Bemerkenswert ist, dass die SIX mehr noch als andere Marktteilnehmer die Bezugnahme auf den Hochfrequenzhandel sowie die Pflichten kritisierte, siehe *AB FINMA-RS 2013/8*, 20, 35.
[6] Zum Umsetzungszeitpunkt der europäischen Vorgaben vorn 486 f.
[7] *EB FinfraV I 2015*, 5, 17 f.; hinzu kommen die «*Regulatory Issues Raised by the Impact of Technological Changes on Market Integrity and Efficiency*», siehe *IOSCO Report* «*Technological Impact on Market Integrity and Efficiency*» 2011; hierzu hinten 665.
[8] Art. 30 FinfraG ist unterhalb der Titel dieser Verordnungsbestimmungen aufgeführt.
[9] Hinten 640 ff.

II. Anwendungsbereiche

1. Europa

Die Pflichten gemäss Art. 17 Abs. 1 und 2 MiFID II gelten nach dem Wortlaut der Bestimmung für Wertpapierfirmen, die algorithmischen Handel betreiben. Ausserdem gelten sie – was möglicherweise nicht auf den ersten Blick ersichtlich ist – auch für Mitglieder und Teilnehmer von geregelten Märkten und multilateralen Handelssystemen, die gemäss Art. 2 Abs. 1 lit. a, e, i und j MiFID II keine Zulassung nach MiFID II benötigen (Art. 1 Abs. 5 MiFID II), sowie für Kreditinstitute, wenn diese eine oder mehrere Wertpapierdienstleistungen erbringen und/oder Anlagetätigkeiten ausüben (Art. 1 Abs. 3 lit. a MiFID II). Hinsichtlich der Pflichten nach Art. 17 Abs. 1 und 2 MiFID II ist selbstverständlich auch für Handelsplatzteilnehmer und Kreditinstitute vorauszusetzen, dass diese algorithmischen Handel betreiben.

Mit den Begriffen der Wertpapierfirma und des algorithmischen Handels wird der allgemeine Anwendungsbereich von Art. 17 Abs. 1 und 2 MiFID II durch zwei präzisierungsbedürftige Rechtsbegriffe bestimmt, die beide bereits erläutert wurden: der Begriff des algorithmischen Handels im Kapitel 13 (Europäische Rechtsquellen und Definitionen) und jener der Wertpapierfirma im Kapitel 14 (Institutionelle Erfassung von Hochfrequenzhändlern).[10] Ebenfalls bereits bei der institutionellen Erfassung von Hochfrequenzhändlern erläutert wurde der Begriff des Handelsplatzteilnehmers.[11] Für die Pflichten gemäss Art. 17 Abs. 3, 5 und 6 MiFID II gelten besondere Anwendungsbereiche, die im Oberabschnitt III bei der Erörterung der einzelnen Pflichten präzisiert werden.[12] Die Pflichten gemäss Art. 48 Abs. 6 und Abs. 10 MiFID II wiederum gelten vom Wortlaut her lediglich für Mitglieder und Teilnehmer von Handelsplätzen (nachfolgend Teilnehmer).[13] Da die einzelnen Pflichten stets an den algorithmischen Handel anknüpfen, dürften sie einschränkend lediglich für diejenigen Teilnehmer gelten, die selbst oder deren Kunden (über den Anschluss des Teilnehmers) algorithmischen Handel betreiben. Präziser formuliert werden die Teilnehmer, die algorithmischen Handel betreiben, nach Art. 48 MiFID II nur indirekt verpflichtet,

---

10 Zum Begriff des algorithmischen Handels vorn 491 ff.; zum Begriff der Wertpapierfirma vorn 512 ff.
11 Vorn 507 f.
12 Hinten 624 ff., 629 ff., 639 f.
13 In dieser Arbeit wird der Begriff des Teilnehmers als Oberbegriff für Mitglieder und Teilnehmer verwendet; zum historischen Hintergrund dieser Begrifflichkeiten vorn 507 f.; zum sachlichen Anwendungsbereich im Detail hinten 671 f.

denn die Normen sind an die Handelsplätze adressiert, die ihrerseits dafür sorgen müssen, dass ihre Teilnehmer die Anforderungen erfüllen.

2. Schweiz

a) Handelsplatzteilnehmer

Anders als der europäische Gesetzgeber auferlegte der schweizerische Gesetzgeber die Pflichten gemäss Art. 31 Abs. 2 FinfraV lediglich Handelsplatzteilnehmern, die algorithmischen Handel betreiben, und nicht generell algorithmischen Handel betreibenden Effektenhändlern und Banken. Demgegenüber dürften die Pflichten gemäss Art. 31 Abs. 1 FinfraV indirekt sämtlichen Personen obliegen, die algorithmischen Handel betreiben, und gewisse Pflichten werden Handelsplatzteilnehmer, wie noch zu zeigen sein wird, wohl auch für gewisse Kunden erfüllen müssen.[14]

Als Handelsplätze gelten nach schweizerischem Recht Börsen und multilaterale Handelssysteme (Art. 26 lit. a FinfraG). Vom Begriff des Handelsplatzes nicht erfasst sind demgegenüber im Unterschied zum europäischen Recht die organisierten Handelssysteme.[15] Gemäss Art. 40 f. FinfraV i. V. m. Art. 45 FinfraG gelten die Verpflichtungen nach Art. 30 Abs. 2 bis 4 und Art. 31 FinfraV aber auch für Betreiber von organisierten Handelssystemen und deren (direkte) Kunden. Daraus folgt, dass die Verpflichtungen nach Art. 31 FinfraV über die europäische Regulierung hinaus auch für Kunden von Handelssystemen gelten dürften, die nach europäischem Recht als systematische Internalisierer qualifiziert werden.[16] Ob sich der Bundesrat dessen bewusst war, ist derweil ebenso fraglich wie die Erforderlichkeit der Erfassung der Kunden von systematischen Internalisierern. Der Begriff des Handelsplatzteilnehmers wurde im Kapitel 14 (institutionelle Erfassung von Hochfrequenzhändlern) erläutert, sodass in dieser Hinsicht auf die Ausführungen vorn verwiesen werden kann.[17] Bedeutsam ist für die Pflichten nach Art. 31 FinfraV vor allem, dass Kunden von Teilnehmern, die über einen direkten elektronischen Zugang zum Handelsplatz verfügen, nicht als Handelsplatzteilnehmer gelten.[18]

---

14 Zum Anwendungsbereich der Pflichten nach Art. 31 Abs. 1 FinfraV hinten 598 ff.; zu den Pflichten, die Handelsplatzteilnehmer für gewisse Kunden erfüllen müssen, hinten 634 ff.
15 Siehe hierzu hinten 657 f.
16 Zum systematischen Internalisierer hinten 656; zur Erfassung derselben vom schweizerischen Begriff des organisierten Handelssystems hinten 657 f., 660 f.
17 Vorn 524 f.; siehe auch 507 f.
18 Vorn 525 ff.

Für den im Vergleich zum europäischen Recht abweichenden persönlichen Anwendungsbereich dürfte einerseits die Orientierung an Art. 48 Abs. 6 MiFID II und andererseits die enge Effektenhändlerdefinition des schweizerischen Rechts ursächlich gewesen sein.[19] Hätte der Bundesrat die Pflichten lediglich Effektenhändlern auferlegt, die algorithmischen Handel betreiben, wären andere Handelsplatzteilnehmer nicht erfasst worden. Allerdings besteht so die Gefahr, dass beaufsichtigte Institute wie etwa Banken, Effektenhändler oder Anlagefonds diese Pflichten umgehen, indem sie als Kunden von Teilnehmern, algorithmischen Handel betreiben. Eine solch wortlautgetreue Auslegung würde nicht nur dem Ziel einer äquivalenten Ausgestaltung des schweizerischen Rechts, sondern auch der Funktion der Bestimmung widersprechen.[20] Daher dürfte sich aus Art. 31 Abs. 2 FinfraV auch die Pflicht für Teilnehmer von Handelsplätzen ergeben, dass sie für die Einhaltung von Art. 31 Abs. 2 FinfraV durch gewisse Kunden sorgen. Für welche Kunden die Teilnehmer diese Pflicht trifft, wird hinten im Abschnitt III.4 zu den Pflichten bei Gewährung eines direkten elektronischen Zugangs untersucht.[21]

Bemerkenswert ist ferner, dass der schweizerische Gesetzgeber die Pflichten im Unterschied zum europäischen Gesetzgeber nicht direkt den Handelsplatzteilnehmern, sondern den Handelsplätzen auferlegte. Auch deshalb war eine Auferlegung der Pflichten auf die Teilnehmer – und nicht auf Effektenhändler – naheliegend. Bei der indirekten Auferlegung von Pflichten über die Betreiber von Handelsplätzen und organisierten Handelssystemen handelt es sich um ein Konzept der indirekten Aufsicht. Weshalb der schweizerische Regulator in dieser Hinsicht vom europäischen Vorbild abgewichen ist, lässt sich den Materialien nicht entnehmen und wurde in der Lehre bereits kritisiert.[22] Bemerkungen und Anregungen zu diesem Thema finden sich hinten in den Kapiteln 19 (Gewährleistung eines geordneten Handels) und 23 (Marktaufsicht).[23]

b) Algorithmischer Handel

In sachlicher Hinsicht gelten die besonderen Pflichten gemäss Art. 31 Abs. 2 FinfraV nur für Handelsplatzteilnehmer, die selbst oder deren Kunden algorithmischen Handel betreiben.[24] Der für die Schweiz massgebende Begriff des

---

19 Zur Effektenhändlerdefinition vorn 527 ff.
20 Zum Ziel einer äquivalenten Regelung *EB FinfraV I 2015*, 4 f., 18; *EB FinfraV II 2015*, 6 f., 21; zur Funktion, einen geordneten Handel zu gewährleisten, der als Kompetenznorm herangezogene Art. 30 FinfraG.
21 Hinten 629 ff., 634 ff.
22 *Contratto* (2014), 148.
23 Hinten 862 ff.
24 Siehe allerdings die impliziten Pflichten für Kunden hinten 634 ff.

algorithmischen Handels wurde bisher nicht erläutert. Im Unterschied zum europäischen Recht kennt das schweizerische Recht keine Legaldefinitionen für die Begriffe des algorithmischen Handels, der hochfrequenten algorithmischen Handelstechnik oder des direkten elektronischen Zugangs.[25] Daran änderten auch das Finanzmarktinfrastrukturgesetz und die Finanzmarktinfrastrukturverordnung nichts. Allerdings finden sich Ausführungen in den Materialien zur Gesetzgebung. Bei der Totalrevision der Marktverhaltensregeln im Jahr 2013 etwa hielt die Finma im Erläuterungsbericht fest:

> Beim algorithmischen Handel treffen Computeralgorithmen nach vorgegebenen Regeln eigenständig Anlageentscheide. Programme erteilen und löschen eine Vielzahl von Aufträgen in äusserst kurzen Zeitabständen. Man spricht dann in diesem Zusammenhang vom Hochfrequenzhandel.[26]

Diesen Ausführungen dürfte allerdings kaum Gewicht zukommen, denn die Finma vermischt hier offensichtlich die Begriffe des algorithmischen Handels und des Hochfrequenzhandels. Dennoch bemerkenswert ist, dass nach der Definition einzig der Einsatz von Computeralgorithmen für eigenständige Anlageentscheidungen als algorithmischer Handel bezeichnet wird. Würde allein auf die autonome Anlageentscheidung abgestellt, fielen gerade Ausführungsalgorithmen nicht unter den Begriff des algorithmischen Handels. Im Anhörungsbericht zu den Marktverhaltensregeln ging die Finma jedoch davon aus, dass beispielsweise ein VWAP-Ausführungsalgorithmus ebenfalls von der Dokumentationspflicht erfasst ist.[27]

Im Erläuterungsbericht zur Finanzmarktinfrastrukturverordnung hielt das Eidgenössische Finanzdepartement gestützt auf den Glossar der SIX (!) zum algorithmischen Handel fest, dieser basiere auf Computeralgorithmen, welche automatisch die Auslösung und die einzelnen Parameter eines Auftrags bestimmen (Zeit, Preis, Quantität etc.).[28] Sodann führte es mit Bezugnahme auf die Homepage der deutschen Bundesanstalt für Finanzdienstleistungsaufsicht (BaFin) aus, der Hochfrequenzhandel sei ein besonderer Fall des algorithmischen Handels, weise sehr niedrige Verzögerungen in der Auftragsübertragung sowie eine in der Regel kurzfristige Handelsstrategie auf und zeichne sich durch eine hohe Anzahl von Auftragseingaben, -änderungen oder -löschungen innerhalb von Mikrosekunden aus.[29] Ausserdem suchten Hochfrequenzhändler oftmals die unmittelba-

---

[25] Zu den europäischen Definitionen vorn 490 ff.
[26] *EB FINMA-RS 2013/8*, 17.
[27] *AB FINMA-RS 2013/8*, 36.
[28] *EB FinfraV I 2015*, 18; vgl. die ähnliche Definition in Art. 4 Abs. 1 Nr. 39 MiFID II; vorn 491 ff.
[29] *EB FinfraV I 2015*, 18; vgl. Art. 4 Abs. 1 Nr. 40 MiFID II; vorn 499 ff.

re Nähe zum Server eines Handelsplatzes, um durch den kurzen Weg der Signale Geschwindigkeitsvorteile zu erreichen.[30] Zu Art. 32 FinfraV hielt das Eidgenössische Finanzdepartement schliesslich fest, der automatisierte Handel sei nicht algorithmisch, wenn das betroffene System lediglich zur Weiterleitung von Aufträgen oder zur Bestätigung von Aufträgen verwendet werde, ohne dass ein Computeralgorithmus die Auslösung und die einzelnen Parameter der Aufträge bestimme.[31]

Da sich die Finma bei der Präzisierung der Marktverhaltensregeln ausdrücklich am europäischen Vorbild orientierte und sich auch in der Definition des EFD indirekt die europäische Definition wiederfindet, erscheint die Anwendung der europäischen Definition des algorithmischen Handels gestützt auf die subjektiv-historische Auslegungsmethode angezeigt.[32] Als algorithmischer Handel wird gemäss Art. 4 Abs. 1 Nr. 39 MiFID II der Handel mit einem Finanzinstrument bezeichnet, bei dem ein Computeralgorithmus die einzelnen Auftragsparameter automatisch bestimmt. Einzelheiten zu dieser Definition finden sich vorn im Kapitel 13 (Europäische Rechtsquellen und Definitionen).[33]

III. Die einzelnen Pflichten

Die Institutspflichten bei algorithmischem Handel lassen sich kategorisieren in (1) Informations- und Dokumentationspflichten, (2) besondere Organisationsvorschriften, (3) Pflichten bei Verfolgung von Market-Making-Strategien, (4) Pflichten bei Gewährung eines direkten elektronischen Zugangs und (5) besondere europäische Vorgaben.

1. Informations- und Dokumentationspflichten

Das schweizerische Recht nennt einige besondere Informations- und Dokumentationspflichten für Teilnehmer, die algorithmischen Handel betreiben, wie (a) die Pflicht zur Meldung des algorithmischen Handels, (b) auftragsspezifische Informationspflichten, (c) besondere Pflichten zur Aufzeichnung und Abschlussmeldung sowie (d) die Pflicht zur Dokumentation der algorithmischen Handelsstrategien. Darüber hinaus kennt das europäische Recht (e) besondere Auskunftspflichten.

---

[30] *EB FinfraV I 2015*, 18.
[31] *EB FinfraV I 2015*, 18 f.; zur sogenannten Co-Location vorn 287 f. und hinten 698 ff.
[32] Zur Vorbildfunktion *EB FINMA-RS 2013/8*, 6 f., 18.
[33] Genauer vorn 491 ff.

§ 16 Pflichten bei algorithmischem Handel

a) Pflicht zur Meldung des algorithmischen Handels

Gemäss Art. 31 Abs. 2 FinfraV müssen Handelsplätze von ihren Teilnehmern verlangen, dass diese melden, wenn sie algorithmischen Handel betreiben. Die SIX hat eine ensprechende Pflicht in Nr. 11.1.4 Abs. 1 des Handelsreglements verankert. Eine grundsätzlich identische Pflicht kennt das europäische Recht für algorithmischen Handel betreibende Wertpapierfirmen (siehe Art. 17 Abs. 2 Unterabs. 1 MiFID II). Allerdings sind die Wertpapierfirmen nach europäischem Recht nicht gegenüber dem Handelsplatz meldepflichtig, sondern gegenüber den zuständigen Behörden des Herkunftsmitgliedstaates und gegenüber den für den Handelsplatz zuständigen Behörden, als dessen Mitglied oder Teilnehmer sie algorithmischen Handel betreiben. Indirekte Teilnehmer sind nach dem Wortlaut von Art. 31 Abs. 2 FinfraV nicht meldepflichtig. Dasselbe gilt für indirekte Teilnehmer nach europäischem Recht, wenn diese nicht von der Definition der Wertpapierfirma erfasst sind. Wie noch zu zeigen sein wird, müssen allerdings auch indirekte Teilnehmer die durch algorithmischen Handel erzeugten Aufträge kennzeichnen, sodass die Handelsplätze dennoch davon erfahren, wenn indirekte Teilnehmer algorithmischen Handel betreiben.[34] Implizit geht mit einer solchen Kennzeichnung eine Meldung einher. Ebenfalls keine Meldepflicht besteht nach dem Wortlaut von Art. 31 Abs. 2 FinfraV für Teilnehmer von Handelsplätzen, die ihren Kunden einen direkten elektronischen Zugang oder Algorithmen für Anlageentscheidungen oder zur Auftragsausführung anbieten. Das teleologische Auslegungselement dürfte aber tendenziell eine Ausdehnung der Meldepflicht auf solche Teilnehmer gebieten, denn die von einem Teilnehmer ausgehenden Risiken dürften in diesem Fall mindestens so hoch sein wie wenn er die Algorithmen selbst verwendet.

b) Auftragsspezifische Informationspflichten

Gemäss Art. 31 Abs. 1 FinfraV müssen Handelsplätze in der Lage sein, Folgendes zu erkennen: (a) die durch algorithmischen Handel erzeugten Aufträge, (b) die verschiedenen für die Auftragserstellung verwendeten Algorithmen sowie (c) die Händler der Teilnehmer, die diese Aufträge im Handelssystem ausgelöst haben. Die Bestimmung entspricht im Wesentlichen Art. 48 Abs. 10 MiFID II; daneben besteht eine enge Verbindung zur Auskunftspflicht von Wertpapierfirmen über algorithmische Handelsstrategien gemäss Art. 17 Abs. 2 Unterabs. 2 MiFID II. Bemerkenswert ist, dass der europäische Gesetzgeber Art. 48 Abs. 10 MiFID II bislang soweit ersichtlich nicht weiter in technischen Regulierungsstandards präzisierte.

---

[34] Hinten 599.

III. Die einzelnen Pflichten

aa) Kennzeichnung der Aufträge (Flagging)

Handelsplätze müssen in der Lage sein, die durch den algorithmischen Handel erzeugten Aufträge zu erkennen (Art. 31 Abs. 1 lit. a FinfraV). In diesem Zusammenhang wird der englischen Fassung von MiFID II folgend auch vom *Flagging* gesprochen.[35] Müssen Handelsplätze in der Lage sein, sämtliche durch den algorithmischen Handel erzeugten Aufträge zu erkennen, so erstreckt sich der persönliche Anwendungsbereich der Kennzeichnungspflicht indirekt auf sämtliche Marktteilnehmer, die algorithmischen Handel betreiben. Zwar sind sowohl nach schweizerischem Recht (Art. 31 Abs. 2 FinfraV) als auch nach europäischem Recht (Art. 48 Abs. 10 FinfraV) die Mitglieder und Teilnehmer der Handelsplätze zuständig für die Kennzeichnung; dies dürfte aber nicht bedeuten, dass sie lediglich die eigenen Aufträge kennzeichnen müssen. Vielmehr dürfte es sich dabei lediglich um eine Zuständigkeitsregel handeln, wonach Teilnehmer dazu verpflichtet sind, auch die durch algorithmischen Handel erzeugten Aufträge von indirekten Teilnehmern und anderen Kunden zu kennzeichnen oder sicherzustellen, dass diese gekennzeichnet werden. Eine Bestimmung, die dies explizit festhält, wäre allerdings wünschenswert. Welche Aufträge zu kennzeichnen sind, hängt von der Reichweite des Begriffs des algorithmischen Handels ab.[36]

Bemerkenswert ist, dass Handelsplätze nach dem Wortlaut von Art. 48 Abs. 10 MiFID II die algorithmischen Aufträge kenntlich machen müssen, während sie die Aufträge nach Art. 31 Abs. 1 FinfraV lediglich erkennen können müssen. Anders als der schweizerische Wortlaut deutet also der europäische Wortlaut darauf hin, dass Handelsplätze die algorithmischen Aufträge im Rahmen der Vorhandelstransparenz gegenüber dem Publikum anzeigen müssen.[37] Dem ist jedoch nicht so, denn der englische Richtlinientext verwendet die folgende Formulierung: «*Member States shall require a regulated market to be able to identify, by means of flagging from members or participants, orders generated by algorithmic trading [...].*» Dieser klaren Formulierung folgend erscheint die deutsche Formulierung irreführend. Im Übrigen würden in erster Linie Hochfrequenzhändler davon profitieren, wenn Händler gegenüber dem Publikum algorithmisch erzeugte Aufträge kennzeichnen müssten, da antizipierende Handelsstrategien dadurch erleichtert werden.[38] Immerhin wäre denkbar, dass Hochfrequenzhändler dadurch ihr Risikomanagement verbessern könnten, was sich zumindest aus der Perspektive eines kleinen Händlers positiv auf die Marktqualität

---

35	Siehe etwa die englische Fassung von Art. 48 Abs. 10 MiFID II; *www.six-exchange-regulation.com/en/site/regulatory-changes/algorithm-flagging.html*; Contratto (2014), 157.
36	Vorn 491 ff., 595 ff.; zur SIX Nr. 11.1.4 Abs. 1 HR-SIX, Nr. 5.1.3 lit. h SIX-Weisung 3.
37	In diesem Sinne *Leisinger* (2017), N 8 zu Art. 30 FinfraG.
38	Zu den antizipierenden Handelsstrategien vorn 76 ff., 321 ff. und hinten 766 f., 771 f.

auswirken könnte.[39] Da Hochfrequenzhändler bei einer solchen Anzeige Grossaufträge von institutionellen Investoren tendenziell besser aufspüren können, dürfte sich aber die Marktqualität aus der Perspektive eines Grossinvestors eher verschlechtern.

bb)   Bezeichnung der verwendeten Algorithmen

Die Pflicht der Marktteilnehmer beschränkt sich nicht auf die Kennzeichnung des algorithmischen Handels. Gemäss Art. 31 Abs. 1 lit. b FinfraV müssen Handelsplätze in der Lage sein, die verschiedenen für die Auftragserstellung verwendeten Algorithmen zu erkennen, was die SIX in Nr. 11.1.4 Abs. 1 HR-SIX und Nr. 5.1.3 lit. h SIX-Weisung 3 umgesetzt hat. Damit ist wiederum indirekt eine Pflicht für sämtliche Marktteilnehmer verbunden, die von ihnen verwendeten Algorithmen zu bezeichnen, sofern die Teilnehmer diese Aufgabe nicht für ihre indirekten Teilnehmer und Kunden übernehmen. Bereits das Finma-Rundschreiben 2013/8 (Marktverhaltensregeln) enthielt eine Pflicht für Beaufsichtigte, die wesentlichen Merkmale ihrer algorithmischen Handelsstrategien auf für Dritte nachvollziehbare Art und Weise zu dokumentieren.[40] Art. 31 Abs. 1 lit. b FinfraV geht nun noch etwas weiter, indem erstens eine Verbindung eines jeden Auftrags mit einer Algorithmusbezeichnung erfolgen muss[41] und zweitens diese Informationen dem Handelsplatz mitgeteilt werden müssen. Art. 31 Abs. 1 lit. b FinfraV und die weitgehend identische Verpflichtung nach Art. 48 Abs. 10 MiFID II werfen die Frage auf, ob eine einfache Bezeichnung zur Unterscheidung der verschiedenen Algorithmen ausreicht oder ob ein Beschrieb der Handelsstrategie gestützt auf diese Bestimmungen erfolgen muss. Grundsätzlich dürften für diese Frage die von der Europäischen Kommission weiter präzisierten Bezeichnungsregeln für die Abschlussmeldungen gemäss Art. 26 MiFID II i. V. m. Art. 8 Abs. 3 RTS 22 zur Anwendung gelangen. Weitere Informationen hierzu finden sich hinten im Abschnitt zur Abschlussmeldung.[42]

cc)   Zuordnung

aaa)   Regulierungszweck

Nach Art. 31 Abs. 1 lit. c FinfraV muss ein Handelsplatz in der Lage sein, die Händler der Teilnehmer, die algorithmische Aufträge im Handelssystem ausgelöst haben, zu erkennen. Die Bestimmung ist insofern bemerkenswert, als die Zuordnung von vollautomatischen Aufträgen zu einem einzelnen Händler un-

---

39   Zu dieser Überlegung vorn 275.
40   FINMA-RS 2013/8, N 63; vorn 595 ff.
41   FINMA-RS 2013/8, N 63 war in dieser Hinsicht nicht ganz klar.
42   Hinten 605 f.

natürlich erscheint. Aus zwei Gründen könnte diese Regel dennoch gerechtfertigt sein: der eine ist vertragsrechtlicher, der andere aufsichtsrechtlicher Natur.

In vertragsrechtlicher Hinsicht mag es auf den ersten Blick für den Eintritt der Vertretungswirkungen angezeigt erscheinen, dass jeder Algorithmus einer Person mit einer ausreichenden Zeichnungsberechtigung zugeordnet wird.[43] Dieser Person werden die Handlungen des Algorithmus dann zugerechnet und über diese Person auch der Gesellschaft. Dabei wird sich allerdings kaum vermeiden lassen, dass diese Person nicht alle Details des Algorithmus kennt, sodass eine Berufung auf einen Willensmangel denkbar wäre. Das Dogma des Individualwillens erscheint jedoch angesichts komplexer Entscheidungsprozesse heute nicht mehr zeitgemäss. Vielmehr müssen auch kollektive Willensbildungen als tatsächliche Gegebenheit rechtlich (allenfalls als Gewohnheitsrecht) akzeptiert und zum Kollektiv nebst Menschen auch autonome Maschinen gezählt werden.[44] Die Berufung auf einen Willensmangel sollte daher in aller Regel fehlschlagen. Im Übrigen wurde ohnehin befürwortet, dass ein Handelsplatz von der gesetzlichen Irrtumsregelung abweichen und diese durch besondere Mistrade-Regeln ersetzen kann.[45] Aus diesen Gründen ist eine vertragsrechtliche Begründung der Zuordnung von Algorithmen zu einer einzelnen Person abzulehnen.

Aufsichtsrechtlich erscheint eine Zuordnung demgegenüber sinnvoll, damit eine Person für marktmissbräuchliche Verhaltensweisen (Marktmanipulation oder Insiderhandel) zur Verantwortung gezogen werden kann. Ist stets eine Person für jeden Algorithmus verantwortlich, hat diese Person ein grosses Interesse daran, dass es zu keinen solchen Verhaltensweisen kommt. Die Zuordnung der einzelnen Algorithmen zu Personen kann aus dieser Perspektive als geeignetes und verhältnismässiges Mittel zur Verhinderung marktmissbräuchlicher Verhaltensweisen betrachtet werden.

bbb) *Keine systematisch-teleologische Reduktion*

Zur Konkretisierung der Zuordnungspflicht nach Art. 48 Abs. 10 MiFID II ist die Berücksichtigung von Art. 26 MiFIR sowie der delegierten Verordnung der Europäischen Kommission für die Meldung von Geschäften an die zuständigen Behörden (RTS 22) in Betracht zu ziehen. Art. 26 MiFIR und die delegierte Verordnung regeln auf den ersten Blick lediglich die Abschlussmeldung. Bei genauerer Betrachtung zeigt sich aber, dass die Bestimmung die Angaben, die eine Wertpapierfirma bei der Übermittlung von Aufträgen zu machen hat, genau auf-

---

[43] Zur Problematik von elektronischen Willenserklärungen und künstlicher Intelligenz siehe *Kianička* (2012).
[44] Siehe hierzu auch vorn 497.
[45] Vorn 412 f.

führt (Art. 26 Abs. 4 i.V.m. Abs. 1–3 MiFIR). Für den vorliegenden Zusammenhang bedeutsam ist vor allem, dass eine Wertpapierfirma gemäss Art. 26 Abs. 4 i.V.m. Abs. 3 MiFIR bei der Auftragseingabe Angaben zu den Personen und Computeralgorithmen in der Wertpapierfirma machen muss, die für die Anlageentscheidung und Ausführung des Geschäfts verantwortlich sind. Gemäss Art. 4 Abs. 2 lit. g und Art. 8 f. RTS 22 sind Angaben zur Identifizierung einer Person oder eines Algorithmus zu machen, es handelt sich also um eine alternative Vorschrift, und in Art. 8 Abs. 3 RTS 22 sind die zu leistenden Angaben weiter präzisiert.[46]

Angesichts der detaillierten Regelung in Art. 26 MiFIR und RTS 22 wäre eine systematisch-teleologische Reduktion von Art 48 Abs. 10 MiFID II in der Form denkbar, dass nicht zwingend eine Person, sondern auch nur ein Algorithmus angegeben werden kann und der Algorithmus keiner Person zugeordnet werden muss. Eine identische teleologische Reduktion könnte ferner auch für Art. 31 Abs. 1 lit. c FinfraV in Betracht gezogen werden. Letztlich ist eine solche Auslegung aber vor allem aufgrund des aufsichtsrechtlichen Ziels der Verhinderung marktmissbräuchlicher Verhaltensweisen abzulehnen. Trotz der Bestimmungen zur Abschlussmeldung haben Teilnehmer Algorithmen einer natürlichen Person zuzuweisen, die dann vor allem für die Einhaltung der Marktmissbrauchsvorschriften verantwortlich ist.

ccc)   *Anwendungsbereich mit Bezug auf Kunden*

Personen, die algorithmisch handeln, sind nicht zwingend Teilnehmer eines Handelsplatzes, über den sie handeln. Dies gilt insbesondere für indirekte Teilnehmer mit einem geförderten Zugang, die Hochfrequenzhandelsstrategien verfolgen;[47] aber auch andere Kunden verwenden Algorithmen etwa zur Auftragsausführung, und häufig werden diese Algorithmen von den Teilnehmern als Broker angeboten.[48] Dennoch sind nach Art. 31 Abs. 1 lit. c FinfraV vom Wortlaut her nur Händler der Teilnehmer vom persönlichen Anwendungsbereich erfasst. Demgegenüber deutet der Wortlaut von Art. 48 Abs. 10 MiFID II eher darauf hin, dass die Teilnehmer sicherstellen müssen, dass auch die algorithmischen Aufträge ihrer Kunden einer natürlichen Person (des Kunden) zugeordnet werden müssen, denn nach dieser Bestimmung sind die (Mitglieder oder) Teilnehmer ganz allgemein dazu verpflichtet, die Personen kenntlich zu machen, die durch algorithmischen Handel erzeugte Aufträge initiiert haben. Ob es sich um eigene Händler oder Kunden handelt, erscheint für diese europäische Bestim-

---

[46]   Hierzu hinten 606.
[47]   Vorn 525 ff.
[48]   Zu solchen von Brokern angebotenen Algorithmen siehe bspw. *www.interactivebrokers.com/en/?f=4985&ib_entity=uk&ns=T.*

mung also unerheblich. Für das schweizerische Recht ist angesichts des Wortlauts von Art. 31 Abs. 1 lit. c FinfraV indes fraglich, ob sich eine derartige Auslegung vertreten lässt.

Das systematische Auslegungselement spricht entgegen dem Wortlaut für eine extensive Auslegung von Art. 31 Abs. 1 lit. c FinfraV im Sinne des europäischen Rechts, denn der Anwendungsbereich von Art. 31 Abs. 1 lit. a und b FinfraV erfasst sämtliche durch algorithmischen Handel erzeugten Aufträge. Zugleich wird dadurch auch das grammatikalische Auslegungselement relativiert, da Art. 31 Abs. 1 lit. c FinfraV ausdrücklich auf die vorerwähnten Aufträge verweist. Ausserdem deutet Art. 31 Abs. 1 FinfraV in subjektiv-historischer Hinsicht insgesamt darauf hin, dass der Bundesrat den gesamten algorithmischen Handel erfassen wollte. Bestärkt wird diese subjektiv-historische Auslegung dadurch, dass sich das Eidgenössische Finanzdepartement ausdrücklich an Art. 48 Abs. 10 MiFID II orientierte.[49] Dient die Bestimmung der wirksamen Marktaufsicht, so dürfte auch das teleologische Auslegungselement für eine solch extensive Auslegung sprechen. Müssen algorithmische Kundenaufträge nämlich nicht generell einem Kunden zugeordnet werden, so lassen sich etwa Spoofing-, Layering- und Quote-Stuffing-Praktiken nur schwerlich aufspüren. Die verschiedenen Auslegungselemente dürften also insgesamt für eine extensive Auslegung von Art. 31 Abs. 1 lit. c FinfraV in dem Sinne sprechen, dass algorithmisch erzeugte Kundenaufträge mit einer Kunden-ID und gegebenenfalls einer Händler-ID zu verbinden sind, wobei für die Kunden-ID die wirtschaftlich berechtigte Person massgeblich sein dürfte. Dies wäre dann insbesondere bei Kunden mit einem geförderten Zugang zu berücksichtigen.

Die Zuweisung einer Kunden-ID scheint nicht der Praxis der SIX zu entsprechen. Nach ihrer Weisung 3 (Handel) müssen Aufträge nur mit einer Member-ID und einer Händler-ID verbunden werden sowie eine Spezifikation enthalten, ob es sich um ein Eigengeschäft oder um ein Kundengeschäft handelt.[50] Immerhin muss im Falle eines geförderten Zugangs (*Sponsored Access*) die Identifikation des Nutzers des geförderten Zugangs (*Sponsored User*) gewährleistet sein.[51] Demgegenüber ist diese *Sponsored-User*-ID soweit ersichtlich nicht mit einer Händler-ID (des *Sponsored Users*) zu verbinden. Eine entsprechende Anfrage bei der SIX blieb jedenfalls unbeantwortet. Trotz der fehlenden Rechtspraxis dürfte die Zuweisung einer Kunden-ID (sowie gegebenenfalls einer Händler-ID des Kunden) die Rechtsstellung der Kunden nur geringfügig berühren, da bei den Abschlussmeldungen gemäss Art. 37 Abs. 1 lit. d FinfraV und Art. 31 Abs. 1 lit. d BEHV i. V. m. Art. 3 lit. k FinfraV-FINMA bei Kundengeschäften ohnehin

---

[49] *EB FinfraV I 2015*, 18.
[50] Nr. 5.1.3 lit. a, c und h Ziff. 3 SIX-Weisung 3 (Handel).
[51] Nr. 6 SIX-Weisung 7 (Sponsored Access).

mittels einer standardisierten Referenz die wirtschaftlich berechtigte Person anzugeben ist. Neu wäre insofern nur, dass schon die Aufträge und nicht erst die Abschlüsse mit einer solchen Referenz zu verbinden wären.

c) Besondere Aufzeichnungs- und Meldepflicht

aa) *Aufzeichnungs- und Aufbewahrungspflicht*

Mit den auftragsspezifischen Informationspflichten eng verknüpft ist die Aufzeichnungs- und Aufbewahrungspflicht. Abgesehen von der im Kapitel 15 (Allgemeine Institutspflichten und Erforderlichkeit derselben) erläuterten allgemeinen Aufzeichnungspflicht für Teilnehmer und Effektenhändler gemäss Art. 38 FinfraG i.V.m. Art. 36 FinfraV und Art. 1 FinfraV-FINMA sowie Art. 15 Abs. 1 BEHG i.V.m. Art. 30 BEHV und Art. 1 FinfraV-FINMA statuiert Art. 31 Abs. 2 FinfraV eine besondere Aufzeichnungs- und Aufbewahrungspflicht für Teilnehmer, die algorithmischen Handel betreiben. Gegenstand dieser Pflicht sind nach dem Wortlaut der Bestimmung alle gesendeten Aufträge einschliesslich Auftragsstornierungen. Die Aufzeichnungspflicht dürfte grundsätzlich der allgemeinen Aufzeichnungspflicht entsprechen, aber sich zusätzlich auf die Angaben gemäss Art. 31 Abs. 1 FinfraV erstrecken, also (a) die Kennzeichnung des algorithmischen Handels, (b) die Angaben zu den verwendeten Algorithmen und (c) die Zuordnung derselben zu einem Händler, der die Aufträge auslöste oder zumindest für den Algorithmus verantwortlich ist.

Das europäische Recht kennt nebst der allgemeinen Aufzeichnungspflicht (Art. 25 MiFIR) nicht nur eine besondere Aufzeichnungs- und Aufbewahrungspflicht für Wertpapierfirmen, die algorithmischen Handel betreiben (Art. 17 Abs. 2 Unterabs. 4 MiFID II), sondern auch besondere Vorschriften für Wertpapierfirmen, die eine hochfrequente algorithmische Handelstechnik anwenden (Art. 17 Abs. 2 Unterabs. 5 MiFID II). Ferner ergibt sich aus Art. 48 Abs. 10 MiFID II für die in dieser Bestimmung aufgeführten Informationen implizit eine Aufzeichnungspflicht für Handelsplatzteilnehmer, die algorithmischen Handel betreiben, und die delegierte Verordnung RTS 6 enthält einige besondere Vorschriften mit Bezug auf die Aufzeichnungspflicht.

Im Einzelnen lauten die Vorschriften wie folgt: Gemäss Art. 17 Abs. 2 Unterabs. 4 MiFID II müssen Wertpapierfirmen Aufzeichnungen zu den in diesem Absatz genannten Angelegenheiten aufbewahren und sicherstellen, dass diese ausreichend sind, um der zuständigen Behörde zu ermöglichen, die Einhaltung der Anforderungen der Richtlinie sicherzustellen, und nach Art. 17 Abs. 2 Unterabs. 5 MiFID II muss eine Wertpapierfirma, die eine hochfrequente algorithmische Handelstechnik anwendet, von allen von ihr platzierten Aufträgen (einschliesslich Auftragsstornierungen, ausgeführter Aufträge und Kursnotierungen an Handelsplätzen) in einer genehmigten Form zutreffende und chronologisch geordnete Aufzeichnungen aufbewahren und diese der zuständigen Behörde auf deren Anfrage hin zur Verfügung stellen. Gemäss Art. 5 Abs. 7 RTS 6 sind Wertpapierfirmen, die algorithmischen Handel betreiben, weiter auch dazu verpflichtet, sämtliche wesentlichen Änderungen an der für den algorithmischen Handel verwendeten Software aufzuzeichnen. Daraus muss gemäss Art. 5 Abs. 7 lit. a bis d RTS 6 hervorgehen, (a) wann eine Änderung vorgenommen wurde, (b) wer die Änderung vorgenommen hat, (c) wer die Änderung genehmigt hat und (d) worin die Änderung bestand. Weitere Vorschriften mit Bezug zur Aufzeichnungspflicht finden sich in Art. 5 Abs. 3, Art. 13 Abs. 9, Art. 17 Abs. 3, Art. 21 Abs. 5, Art. 26 Abs. 3 und Art. 28 RTS 6. In Art. 28 RTS 6 hat die Europäische Kommission schliesslich die Aufzeichnungspflicht der Hochfrequenzhändler präzisiert. Gemäss Art. 28 Abs. 1 RTS 6 haben Hochfrequenzhändler die Angaben in dem Format aufzuzeichnen, das in Anhang II zu RTS 6 in den Tabellen 2 und 3 vorgegeben ist. Die Tabelle 2 enthält 28 und die Tabelle 3 35 Punkte. Aktualisierungen sind gemäss Art. 28 Abs. 2 RTS 6 vorzunehmen, und die Aufbewahrungsdauer beträgt nach Art. 28 Abs. 3 RTS 6 fünf Jahre ab dem Datum, an dem der Auftrag zur Ausführung bei einem Handelsplatz oder einer anderen Wertpapierfirma eingereicht wurde.

bb)   Abschlussmeldung

Mit den auftragsspezifischen Informationspflichten ebenfalls eng verknüpft ist die Pflicht zur Abschlussmeldung. Die Schweiz kennt soweit ersichtlich keine besonderen Bestimmungen für die Abschlussmeldungen von algorithmischen Händlern, auch nicht im neuen Finma-Rundschreiben 2018/2, sodass die allgemeinen Bestimmungen zur Anwendung gelangen.[52] Auf europäischer Ebene ist die Meldepflicht in Art. 26 MiFIR geregelt, wonach Wertpapierfirmen generell dazu verpflichtet sind, der zuständigen nationalen Behörde die vollständigen und zutreffenden Einzelheiten von Geschäften mit Finanzinstrumenten so schnell wie möglich und spätestens am Ende des folgenden Arbeitstags zu melden (Art. 26 Abs. 1 MiFIR).[53] Beim in Art. 26 Abs. 3 MiFIR festgelegten Inhalt wird neu im Unterschied zum schweizerischen Recht explizit auf den algorithmischen Handel Bezug genommen. Meldungen müssen demnach die Angaben zu den Personen und Computeralgorithmen in der Wertpapierfirma enthalten, die für die Anlageentscheidung und Ausführung des Geschäfts verantwortlich sind (Art. 26 Abs. 3 MiFIR sowie zu den Regulierungsstandards Art. 26 Abs. 9 lit. c MiFIR). Bemerkenswert ist die Subjektivierung der Computeralgorithmen, die mit dieser Formulierung einhergeht, dürften Maschinen doch noch ein paar

---

[52] Vorn 571 ff.
[53] Zur zuständigen nationalen Behörde siehe Art. 4 Abs. 1 Nr. 26 und Art. 67 MIFID II.

Evolutionsschritte davon entfernt sein, Rechtssubjekte zu werden, sodass sie zur Verantwortung gezogen werden können. Präzisiert wird die Pflicht zur Abschlussmeldung wie erwähnt in der delegierten Verordnung der Europäischen Kommission für die Meldung von Geschäften an die zuständigen Behörden (RTS 22).[54] Einzelheiten zu den Angaben zu Computeralgorithmen finden sich in Art. 8 und 9 RTS 22.

Die delegierte Verordnung RTS 22 unterscheidet der Formulierung von Art. 26 Abs. 3 MiFIR folgend zwischen Algorithmen für Anlageentscheidungen und Algorithmen für die Auftragsausführung. Erstere regelt sie in Art. 8 RTS 22 und letztere in Art. 9 RTS 22. Die Angabe der für die Anlageentscheidung verantwortlichen Person folgt gemäss Art. 8 Abs. 1 RTS 22 der Vorgabe nach Feld 57 der Tabelle 2 in Anhang I zu RTS 22. In Art. 8 Abs. 3 RTS 22 sind die zu leistenden Angaben weiter präzisiert. Für den Fall, dass ein Computeralgorithmus in der Wertpapierfirma für die Anlageentscheidung verantwortlich ist, weist die Wertpapierfirma demnach dem Algorithmus eine Bezeichnung für dessen Identifizierung in einer Geschäftsmeldung zu. Nach dem zweiten Satz der Bestimmung muss die Bezeichnung die folgenden Voraussetzungen erfüllen:
- Sie ist eindeutig für jede Codeliste beziehungsweise Handelsstrategie, die den Algorithmus ausmacht, unabhängig von den Finanzinstrumenten oder den Märkten, auf die der Algorithmus Anwendung findet;
- nach ihrer Zuweisung zu dem Algorithmus wird sie durchgängig für den Algorithmus oder Versionen des Algorithmus verwendet; und
- sie ist über die Zeit hinweg eindeutig.

Art. 9 RTS 22 regelt wie bereits angesprochen die Abschlussmeldung bei Verwendung von Ausführungsalgorithmen. Wie nach Art. 8 Abs. 1 RTS 22 ist auch nach Art. 9 Abs. 1 RTS 22 das Feld 57 der Tabelle 2 in Anhang I entsprechend auszufüllen, und nach Art. 9 Abs. 3 RTS 22 hat die Wertpapierfirma dem Computeralgorithmus im Einklang mit Art. 8 Abs. 3 RTS 22 eine Bezeichnung für dessen Identifizierung zu geben. Bemerkenswert ist, dass Art. 9 Abs. 4 RTS 22 im Unterschied zu Art. 8 RTS 22 eine Regel enthält für den Fall, dass sowohl eine Person als auch ein Computeralgorithmus oder mehrere Personen oder Algorithmen an der Ausführung des Geschäfts beteiligt sind. Demnach bestimmt die Wertpapierfirma, welche Person oder welcher Computeralgorithmus vorrangig für die Ausführung des Geschäfts verantwortlich ist, wofür sie vorab Kriterien festzulegen hat.

---

[54] Vorn 601 f.

d) Pflicht zur Dokumentation der algorithmischen Handelsstrategien

Im Rundschreiben zu den Marktverhaltensregeln auferlegte die Finma den Beaufsichtigten die Pflicht, die wesentlichen Merkmale ihrer algorithmischen Handelsstrategien auf für Dritte nachvollziehbare Art und Weise zu dokumentieren.[55] Diese Pflicht ist eng verknüpft mit der Pflicht der Marktteilnehmer nach Art. 31 Abs. 1 lit. b FinfraV, die verschiedenen für die Auftragserstellung verwendeten Algorithmen zu bezeichnen, geht aber über die blosse Bezeichnung hinaus.[56] Eine ähnliche Bestimmung findet sich in Art. 17 Abs. 2 Unterabs. 2 MiFID II. Demnach kann die zuständige Behörde des Herkunftsmitgliedstaats der Wertpapierfirma unter anderem vorschreiben, regelmässig oder ad hoc eine Beschreibung ihrer algorithmischen Handelsstrategien vorzulegen, und die Behörde kann sich jederzeit weitere Informationen über den algorithmischen Handel und die für diesen Handel eingesetzten Systeme anfordern. Bei der europäischen Bestimmung handelt es sich allerdings um eine Kann-Vorschrift, sodass zu konstatieren ist, dass die Finma in dieser Hinsicht über die europäische Regelung hinausging.

Die Pflicht zur Dokumentation der wesentlichen Merkmale der algorithmischen Handelsstrategien wirft die Frage nach dem Detaillierungsgrad einer solchen Dokumentation auf. Gemäss Finma hat die Dokumentation insbesondere mit Blick auf einen allfälligen Marktmissbrauch zu erfolgen.[57] Es müsse nachvollziehbar sein, ob es um eine Arbitragestrategie geht oder ob ein VWAP-Algorithmus vorliegt, wobei sich die Dokumentation auf die wesentlichen Merkmale beschränken könne.[58] Dem folgend wird bei Verwendung von Standardalgorithmen eine Bezeichnung genügen. Wie bei den Marktverhaltensregeln kommen Bezeichnungen infrage wie TWAP (*time-weighted average price*), VWAP (*volume-weighted average price*), MVWAP (*moving volume-weighted average price*), PVol (*percentage of volume*), Smart-Order-Routing (sucht nach Liquidität und führt basierend darauf Aufträge aus) oder Benchmarking.[59]

Bei komplexeren Algorithmen werden Händler die Strategien kurz beschreiben müssen. Zur Kategorisierung kann hier die im Kapitel 3 (Handelsstrategien) erfolgte Unterscheidung zwischen Market-Making, News-Trading, deterministischer und statistischer Arbitrage sowie antizipierenden Strategien dienen. Selbstverständlich sind auch Kombinationen denkbar. Letztlich werden sich viele der

---

[55] FINMA-RS 2013/8, N 63.
[56] Hierzu vorn 600.
[57] *AB FINMA-RS 2013/8*, 36.
[58] *AB FINMA-RS 2013/8*, 36.
[59] Siehe etwa *Banks* (2014), 141 f. m.w.H.; *Natixis on Algorithmic Trading*; vorn 600.

verfolgten Strategien als statistische Arbitrage (StatArb) oder Market-Making beschreiben lassen. Die Eignung der Dokumentationspflicht zur Eindämmung des Marktmissbrauchs sollte daher sicher nicht überschätzt werden; sie dürfte aber grundsätzlich die erforderliche kriminelle Energie für marktmissbräuchliche Verhaltensweisen erhöhen.

e) Auskunftspflichten

Das europäische Recht räumt den zuständigen nationalen Behörden die Befugnis ein, von Wertpapierfirmen, die in einem Mitgliedstaat algorithmischen Handel betreiben, regelmässig oder ad hoc die folgenden Auskünfte anzufordern (Art. 17 Abs. 2 Unterabs. 2 MiFID II):
- eine Beschreibung ihrer algorithmischen Handelsstrategien;
- die Einzelheiten zu den Handelsparametern und Handelsobergrenzen, denen das System unterliegt;
- die wichtigsten Kontrollen, die die Wertpapierfirma zur Erfüllung der Vorgaben aus Art. 17 Abs. 1 MiFID II (wirksame Systeme und Risikokontrollen) eingerichtet hat;
- die Einzelheiten über ihre Systemprüfung; und
- die Aufzeichnungen gemäss Art. 17 Abs. 2 Unterabs. 5 MiFID II.[60]

Die Auflistung ist allerdings von eingeschränkter Bedeutung, da Art. 17 Abs. 2 Unterabs. 2 MiFID II eine Generalermächtigung zur Einforderung weiterer Informationen enthält, die den algorithmischen Handel sowie die hierfür eingesetzten Systeme betreffen. Denkbar wäre also namentlich die Offenlegung der Quellcodes der eingesetzten Algorithmen. Verhältnismässig erschiene eine solche Massnahme bei begründetem Verdacht auf marktmissbräuchliche Verhaltensweisen. Auf Verlangen der für die betroffenen Handelsplätze zuständigen Behörden müssen die zuständigen Behörden des Herkunftsmitgliedstaates der Wertpapierfirma diesen unverzüglich diese Informationen weiterleiten (Art. 17 Abs. 2 Unterabs. 3 MiFID).

Die Schweiz kennt keine besonderen Auskunftspflichten für Personen, die algorithmischen Handel betreiben. Allerdings gilt gegenüber der Finma die umfassende Auskunftspflicht gemäss Art. 29 Abs. 1 FINMAG, wonach die Beaufsichtigten, ihre Prüfgesellschaften und Revisionsstellen sowie qualifiziert oder massgebend an den Beaufsichtigten beteiligte Personen und Unternehmen der Finma alle Auskünfte erteilen und Unterlagen herausgeben müssen, die sie zur Erfüllung ihrer Aufgaben benötigt. Diese Auskunftspflicht dürfte sich grundsätzlich auf die oben angeführten Informationen erstrecken.

---

[60] Diese Verpflichtung ergibt sich direkt aus Art. 17 Abs. 2 Unterabs. 5 MiFID II und nicht aus Unterabs. 2.

2. Besondere Organisationsvorschriften

Zentraler Bestandteil der Regulierung des algorithmischen Handels im Allgemeinen und des Hochfrequenzhandels im Besonderen sind die Vorgaben betreffend die Implementierung verschiedener Vorkehrungen und Risikokontrollen. Hierbei handelt es sich in systematischer Hinsicht um besondere Organisationsvorschriften für Wertpapierfirmen (EU-Recht) und/oder Handelsplatzteilnehmer (EU- und CH-Recht), die algorithmischen Handel betreiben.[61]

a) Übersicht

Im Einzelnen müssen die Handelsplatzteilnehmer nach Art. 31 Abs. 2 FinfraV durch Vorkehrungen und Risikokontrollen sicherstellen, dass ihre Systeme den folgenden Anforderungen genügen:
– Sie sind belastbar und mit ausreichenden Kapazitäten für Spitzenvolumina an Aufträgen und Mitteilungen ausgestattet;
– sie unterliegen angemessenen Handelsschwellen und Handelsobergrenzen;
– sie verursachen keine Störungen auf Handelsplätzen und tragen auch nicht dazu bei;
– sie verhindern Verstösse gegen die Art. 142 und Art. 143 FinfraG (Insiderhandel und Marktmanipulation) wirksam; und
– sie unterliegen angemessenen Tests von Algorithmen und Kontrollmechanismen.[62]

Das europäische Recht enthält in den Artikel 17 Abs. 1 und 48 Abs. 6 MiFID II weitgehend identische Vorgaben, weshalb die europäischen und schweizerischen Vorschriften gemeinsam erörtert werden. Dies erscheint auch insofern sinnvoll, als das europäische Recht der Orientierung und teilweise auch der Präzisierung des schweizerischen Rechts dienen kann. Präzisierungen finden sich auf europäischer Ebene vor allem in den technischen Regulierungsstandards RTS 6 (betreffend die organisatorischen Anforderungen an Wertpapierfirmen, die algorithmischen Handel betreiben) und RTS 7 (betreffend die organisatorischen Anforderungen an Handelsplätze). Erfahrungsgemäss kann davon ausgegangen werden, dass die Finma zumindest bis zu einem gewissen Grad ähnliche Anforderungen stellen wird.

---

61 Im Vorschlag für MiFID II sprach denn auch die Europäische Kommission von verschärften organisatorischen Anforderungen, siehe *EC Vorschlag MiFID II 2011*, 9; die allgemeinen organisatorischen Anforderungen für Wertpapierfirmen sind in Art. 16 MiFID II geregelt und jene für Effektenhändler im Grundsatz in Art. 10 Abs. 2 lit. a BEHG; vorn 545 ff., 549 f., 557 ff.

62 Fast wörtlich Nr. 9 Abs. 1 SIX-Weisung 3; bei den übrigen Pflichten nach Art. 31 Abs. 2 lit. e FinfraV handelt es sich um Handelsplatzpflichten; zu diesen hinten 623 f., 687 ff.

609

Die Vorgaben lassen sich grob unterteilen in Pflichten, die das Risikomanagement betreffen, und Pflichten, die einen geordneten Handel im weiteren Sinne gewährleisten sollen. Dieser Abschnitt folgt zunächst dieser Unterteilung, bevor abschliessend die technischen Mittel gesondert aufgeführt werden, die das europäische Recht den Wertpapierfirmen zur Umsetzung der allgemeinen Vorgaben vorschreibt.

b) Risikomanagement

Zum Bereich des Risikomanagements gehören drei der besonderen Teilnehmerpflichten: die Verpflichtung zu belastbaren Systemen (Art. 31 Abs. 2 lit. a FinfraV), jene zu angemessenen Handelsschwellen und Handelsobergrenzen (Art. 31 Abs. 2 lit. b FinfraV) und jene zur Durchführung angemessener Tests von Algorithmen (Art. 31 Abs. 2 lit. e FinfraV). Entsprechende Vorgaben finden sich in den soeben erwähnten europäischen Rechtsquellen, worauf sich die nachfolgenden Ausführungen weitgehend stützen.

aa) Belastbarkeit der Systeme

Zur Sicherstellung der Belastbarkeit der Handelssysteme enthält die delegierte Verordnung RTS 6 im Wesentlichen drei allgemeine organisatorische Vorgaben: (a) die Pflicht zu einer jährlichen Selbstbeurteilung und Validierung, (b) die Pflicht zur Durchführung von Stresstests und (c) Vorschriften zum Umgang mit wesentlichen Änderungen in technischer Hinsicht. Die weiteren technischen Mittel gemäss Art. 12 ff. RTS 6 betreffen sowohl das Risikomanagement als auch den geordneten Handel und werden deshalb unter *litera d* erläutert.[63]

aaa) Jährliche Selbstbeurteilung und Validierung

In formeller Hinsicht sind Wertpapierfirmen, die algorithmischen Handel betreiben, auf europäischer Ebene dazu verpflichtet, jährlich einen Selbstbeurteilungs- und Validierungsprozess durchzuführen und auf dieser Grundlage einen Validierungsbericht zu erstellen (Art. 9 Abs. 1 RTS 6). Gegenstand dieses Berichts sind die folgenden Elemente:
- die algorithmischen Handelssysteme, Handelsalgorithmen und algorithmischen Handelsstrategien;
- die Unternehmensführung, die Rechenschaftspflichten und die Genehmigungsverfahren;
- die Notfallvorkehrungen; und

---

[63] Hinten 624.

– das Einhalten der Bestimmungen des Art. 17 MiFID II im Hinblick auf die Art, den Umfang und die Komplexität ihrer Geschäftstätigkeit.

Im Rahmen dieses Selbstbeurteilungsprozesses müssen die Wertpapierfirmen prüfen, ob die in Anhang I zu RTS 6 aufgeführten Kriterien eingehalten werden (Art. 9 Abs. 1 Unterabs. 2 RTS 6). Zuständig für die Erstellung des Validierungsberichts ist grundsätzlich die nach Art. 23 Abs. 2 der delegierten Verordnung 2017/565 eingerichtete Risikomanagementfunktion unter Beizug von Mitarbeitern, die über die erforderlichen technischen Kenntnisse verfügen (Art. 9 Abs. 2 Satz 1 RTS 6).[64] Im Validierungsbericht aufgeführte Mängel muss diese der Compliance-Funktion melden (Art. 9 Abs. 2 Satz 2 RTS 6), und die Wertpapierfirma ist dazu verpflichtet, diese Mängel zu beheben (Art. 9 Abs. 4 RTS 6). Geprüft wird der Bericht von der internen Auditfunktion – sofern die Firma über eine solche Funktion verfügt. Zuletzt muss der Bericht von der Geschäftsleitung der Wertpapierfirma genehmigt werden (Art. 9 Abs. 3 RTS 6).

bbb) Stresstests

Im Rahmen der jährlichen Selbstbeurteilung müssen die Wertpapierfirmen insbesondere überprüfen, ob ihre algorithmischen Handelssysteme und die Verfahren und Kontrollen zur Sicherstellung der Belastbarkeit (Art. 12 bis 18 RTS 6) einem erhöhten Auftragseingang oder Marktbelastungen standhalten (Art. 10 Satz 1 RTS 6). Mindestbestandteile dieser Prüfung sind (Art. 10 Satz 4 lit. a und b RTS 6):
– Tests mit hohen Mitteilungsvolumina unter Zugrundelegung der doppelten höchsten Anzahl an Mitteilungen, die in den vorangegangenen sechs Monaten bei der Wertpapierfirma eingegangen und von ihr ausgegangen sind;
– Tests mit hohen Handelsvolumina unter Zugrundelegung des doppelten höchsten Handelsvolumens, das die Wertpapierfirma in den vorangegangenen sechs Monaten erreicht hat.

Die Wertpapierfirmen müssen diese Tests nach Massgabe der Art ihrer Handelstätigkeit und ihrer Handelssysteme entwickeln (Art. 10 Satz 2 RTS 6). Ausserdem geht mit dieser Pflicht zu Stresstests die an sich selbstverständliche Pflicht einher, dass diese die Produktionsumgebung[65] der Wertpapierfirma nicht beeinträchtigen dürfen (Art. 10 Satz 3 RTS 6).

---

[64] Siehe Art. 9 Nr. 5 i.V.m. Art. 23 Nr. 2 der del. VO 2017/565/EU für den Fall, dass die Wertpapierfirma keine solche Risikomanagementfunktion eingerichtet hat.
[65] Als *Produktionsumgebung* wird gemäss Art. 7 Abs. 1 Unterabs. 2 RTS 6 die Umgebung bezeichnet, in der die algorithmischen Handelssysteme tatsächlich eingesetzt werden, und umfasst die von den Händlern verwendete Hardware und Software, die Weiterleitung von Aufträgen an Handelsplätze, die Marktdaten, die abhängigen Datenbanken, die Risiko-

ccc)   Umgang mit wesentlichen Änderungen

Weiter müssen Wertpapierfirmen, die algorithmischen Handel betreiben, gewisse Anforderungen zum Umgang mit wesentlichen Änderungen erfüllen. Wesentliche Änderungen an der Produktionsumgebung für den algorithmischen Handel müssen vorab von einem von der Geschäftsleitung der Wertpapierfirma benannten Mitarbeiter geprüft werden, wobei sich die Gründlichkeit dieser Überprüfung nach dem Umfang der Änderung richtet (Art. 11 Abs. 1 RTS 6). Ausserdem müssen Wertpapierfirmen Verfahren einführen, mit denen gewährleistet wird, dass jegliche Funktionsänderungen an ihren Systemen den für die Handelsalgorithmen zuständigen Händlern, der Compliance-Funktion sowie der Risikomanagementfunktion mitgeteilt werden (Art. 11 Abs. 2 RTS 6). Um Fehler wirksam zu verhindern, ist es unentbehrlich und offensichtlich, dass diese Mitteilung vor der Implementierung der Änderungen zu erfolgen hat.

bb)   Handelsschwellen und Handelsobergrenzen

Die Institutspflicht zu angemessenen Handelsschwellen und Handelsobergrenzen (Art. 31 Abs. 2 lit. b FinfraV und Art. 17 Abs. 1 MiFID II) hat die Europäische Kommission nur vage in Art. 8 RTS 6 präzisiert. Demnach legen Wertpapierfirmen vor der Einführung eines Handelsalgorithmus Obergrenzen fest für (a) die Anzahl der gehandelten Finanzinstrumente, (b) den Preis, den Wert und die Anzahl der Aufträge, (c) die strategischen Positionen und (d) die Anzahl der Handelsplätze, an die Aufträge geschickt werden. In einem engen Zusammenhang zu diesen Handelsobergrenzen stehen die Vorhandelskontrollen bei Auftragseingabe nach Art. 15 RTS 6. Durch diese Vorhandelskontrollen soll namentlich verhindert werden, dass Aufträge ausserhalb der festgelegten Preisbänder und Volumina zur Ausführung gelangen und Obergrenzen für Markt- und Kreditrisiken überschritten werden.[66] Inwiefern nebst Handelsobergrenzen auch Handelsschwellen gelten sollen, ist nicht ersichtlich. Möglicherweise haben die Regulatoren den Begriff der Handelsschwelle im Zusammenhang mit Markt- und Gegenparteirisiken für angemessener erachtet.[67]

cc)   Algo-Tests

Gemäss Art. 31 Abs. 2 lit. e FinfraV müssen Handelsplatzteilnehmer Algorithmen angemessenen Tests unterziehen. Auch diese Pflicht hat weder der Bundesrat noch die Finma bisher weiter präzisiert, weshalb die detaillierten europäi-

---

kontrollsysteme, die Datenerfassung, die Analysesysteme und die Verarbeitungssysteme für die Nachhandelsphase.

[66] Siehe insb. Art. 15 Nr. 1 und 4 RTS 6.
[67] Siehe etwa Art. 15 Nr. 5 RTS 6, wo der Begriff der Risikoschwellenwerte verwendet wird.

schen Vorgaben (Art. 5 ff. RTS 6 und Art. 9 f. RTS 7) herangezogen werden. Diese gelten selbstverständlich nicht direkt für die Schweiz; sie können aber als Beispiel für eine mögliche Umsetzung von Art. 31 Abs. 2 lit. e FinfraV dienen.

aaa)   Entwicklungs- und Testverfahren

Gemäss Art. 5 Abs. 1 RTS 6 müssen Wertpapierfirmen detaillierte Verfahren[68] für die Entwicklung und das Testen von algorithmischen Handelssystemen, Handelsalgorithmen und algorithmischen Handelsstrategien (nachfolgend Algorithmen) festlegen. Von Art. 5 Abs. 1 RTS 6 sind nach dem Wortlaut der Bestimmung sämtliche Algorithmen erfasst, während die weiteren Vorgaben gemäss Art. 5 Abs. 2 bis 5 RTS 6 nur für Algorithmen gelten, die zur Auftragsausführung führen (Art. 5 Abs. 6 RTS 6).[69] Dies bedeutet nicht, dass nur Ausführungsalgorithmen erfasst wären; vielmehr wollte die Kommission von den besonderen Testanforderungen nur solche Algorithmen ausnehmen, die ausschliesslich Anlageentscheidungen herbeiführen und Aufträge erzeugen, die durch nicht automatisierte Mittel mit menschlicher Beteiligung ausgeführt werden.[70] Algorithmen, die zunächst Anlageentscheidungen treffen und diese dann automatisch ausführen, sind also erfasst.

Für die Algorithmen, die zur Auftragsausführung führen, gelten gemäss Art. 5 Abs. 2–5 RTS 6 die folgenden zusätzlichen Vorgaben:
– Die Einführung und jede umfassende Aktualisierung muss durch eine von der Geschäftsleitung benannte Person genehmigt werden (Abs. 2);
– die Entwicklungs- und Testverfahren gemäss Abs. 1 betreffen die Ausgestaltung (Auslegungen; Design), die Leistung (Performanz), die Aufzeichnungen sowie die Genehmigung der Algorithmen und regeln die Zuständigkeiten, die Zuweisung ausreichender Ressourcen und die Verfahren zur Einholung von Anweisungen innerhalb der Wertpapierfirma (Abs. 3);
– die Wertpapierfirma muss gewährleisten, dass die Algorithmen (a) keine ausserplanmässigen Verhaltensweisen zeigen, (b) den Verpflichtungen entsprechen, die der Wertpapierfirma aufgrund der Verordnung (RTS 6) erwachsen, (c) den Regeln und Systemen der Handelsplätze entsprechen, zu denen die Wertpapierfirma Zugang hat sowie (d) nicht zur Entstehung marktstörender Handelsbedingungen beitragen, auch unter Stressbedingungen auf den Märkten effektiv funktionieren und – sofern unter solchen Bedingungen erforderlich – die Abschaltung des Algorithmus zulassen (Abs. 4);

---

[68]   Die deutsche Fassung spricht von *klar abgegrenzten Methodologien*, die englische Fassung von *clearly delineated methodologies*; der Ausdruck *detaillierte Verfahren* dürfte dem Sinngehalt der Bestimmung eher entsprechen.
[69]   Siehe hierzu auch die Erwägungsgründe 5 und 6 zu RTS 6; vorn 494 f.
[70]   Erwägungsgrund 6 zu RTS 6.

– schliesslich muss die Wertpapierfirma die Testverfahren an die Handelsplätze und Märkte anpassen, auf denen der Handelsalgorithmus verwendet wird, und zusätzliche Tests bei wesentlichen Änderungen des algorithmischen Handelssystems oder des Zugangs zum relevanten Handelsplatz vornehmen (Abs. 5).

bbb) *Konformitätstests im Besonderen*

Gemäss Art. 6 RTS 6 und Art. 9 RTS 7 sind Wertpapierfirmen und Mitglieder von Handelsplätzen im Besonderen dazu verpflichtet, ihre algorithmischen Handelssysteme, Handelsalgorithmen und Handelsstrategien Konformitätstests zu unterziehen.[71] Die Konformität mit dem System des Handelsplatzes ist gemäss Art. 6 Abs. 1 lit. a RTS 6 in den folgenden Situationen zu überprüfen:
– beim Zugang zum Handelsplatz als Mitglied (bzw. Teilnehmer; so auch Art. 9 Abs. 1 lit. a RTS 7);
– bei der erstmaligen Anbindung durch einen geförderten Zugang (*Sponsored Access*);[72]
– bei wesentlichen Änderungen an den Systemen des Handelsplatzes; und
– vor der Einführung oder einer umfassenden Aktualisierung eines Algorithmus (genauer des algorithmischen Handelssystems, des Handelsalgorithmus oder der algorithmischen Handelsstrategie).

Ausserdem müssen indirekte Teilnehmer die Konformität mit dem System des Bereitstellers des direkten Marktzugangs in den in Art. 6 Abs. 1 lit. b RTS 6 beschriebenen Situationen überprüfen.[73]

Der Inhalt der Konformitätstests ist in Art. 6 Abs. 2 RTS 6 und Art. 9 Abs. 2 und Abs. 3 RTS 7 geregelt. Gemäss Art. 6 Abs. 2 RTS 6 wird durch die Tests überprüft, ob die grundlegenden Bestandteile des algorithmischen Handelssystems oder des Handelsalgorithmus ordnungsgemäss funktionieren und den Anforderungen der Handelsplätze und gegebenenfalls des Bereitstellers eines direkten Marktzugangs[74] entsprechen. Hierzu müssen die Tests bestätigen, dass das algorithmische Handelssystem oder der Handelsalgorithmus (a) planmässig mit der Matching-Logik des Handelsplatzes interagiert und (b) die vom Handelsplatz heruntergeladenen Datenströme in angemessener Weise verarbeitet (in diesem Sinne auch Art. 9 Abs. 3 lit. a RTS 7). Gemäss Art. 9 Abs. 3 lit. b RTS 7 sind

---

[71] Die Handelsstrategien werden nur in Art. 9 Abs. 1 lit. b RTS 7 erwähnt; auch wenn Art. 9 RTS 7 anders gelesen werden könnte, dürften nur algorithmische Handelsstrategien erfasst sein.
[72] Zum geförderten Zugang vorn 288 f., 506 f.
[73] Zum direkten Marktzugang vorn 506 f.
[74] Zu beachten ist die Unterscheidung zwischen dem geförderten Zugang und dem direkten Marktzugang; hierzu vorn 506 f.

III. Die einzelnen Pflichten

weitere grundlegende Funktionen zu überprüfen wie die Übermittlung, Änderung oder Stornierung eines Auftrags oder einer Interessenbekundung, das Herunterladen von statistischen Daten und Marktdaten sowie der gesamte ein- und ausgehende Geschäftsdatenverkehr. Art. 9 Abs. 3 lit. c RTS 7 verpflichtet die Handelsplatzteilnehmer ferner zur Überprüfung der Konnektivität sowie der Mechanismen zur Wiederherstellung derselben, zur Wiederaufnahme der Handelstätigkeit bei einem Verbindungsabbruch und zum Umgang mit ausgesetzten Instrumenten. Für den Fall eines Verbindungsabbruchs müssen sie demnach einen Mechanismus zur Stornierung der Aufträge vorsehen (Cancel-on-Disconnect). Dasselbe dürfte gelten bei Verzögerungen oder einem Verlust der Verbindung zu Marktdatendiensten.[75] Für diese Konformitätstests müssen die Handelsplätze ihren Mitgliedern und Mitgliedsanwärtern eine – von der Produktionsumgebung getrennte – Umgebung für Konformitätstests zur Verfügung stellen, die verschiedenen Anforderungen zu genügen hat (Art. 9 Abs. 4 Abs. 7 RTS 7) und die Mitglieder verwenden müssen (Art. 9 Abs. 6 RTS 7).

ccc) *Testumgebung*

Art. 7 RTS 6 enthält besondere Anforderungen an die Testumgebung im Hinblick auf die in Art. 5 Abs. 4 lit. a, b und d RTS 6 festgelegten Kriterien. Da Art. 5 Abs. 4 RTS 6 nur bei Algorithmen zur Anwendung gelangt, die zur Auftragsausführung führen (Art. 5 Abs. 6 RTS 6), gelten auch die besonderen Anforderungen an die Testumgebung gemäss Art. 7 RTS 6 nur für solche Algorithmen.[76] Art. 7 RTS 6 bestimmt im Wesentlichen, dass die Tests im Hinblick auf die in Art. 5 Abs. 4 lit. a, b und d RTS 6 festgelegten Kriterien in einer von der Produktionsumgebung der Wertpapierfirma getrennten Umgebung erfolgen müssen, die eigens für das Testen und die Entwicklung von algorithmischen Handelssystemen und Handelsalgorithmen vorgesehen ist.[77] Für Einzelheiten wird auf den Verordnungstext verwiesen. Weitere Vorgaben für die von Handelsplätzen zur Verfügung zu stellenden Testumgebungen finden sich in Art. 9 Abs. 4 und 7 sowie in Art. 10 Abs. 2 und 3 RTS 7.

---

[75] Art. 9 Abs. 3 lit. c RTS 7 besagt dies allerdings nicht ausdrücklich.
[76] Hierzu vorn 613 f.
[77] Gemäss Art. 7 Nr. 1 Unterabs. 2 RTS 6 bezeichnet der Begriff *Produktionsumgebung* die Umgebung, in der die algorithmischen Handelssysteme tatsächlich eingesetzt werden, und umfasst die von den Händlern verwendete Hardware und Software, die Weiterleitung von Aufträgen an Handelsplätze, die Marktdaten, die abhängigen Datenbanken, die Risikokontrollsysteme, die Datenerfassung, die Analysesysteme und die Verarbeitungssysteme für die Nachhandelsphase; der wohl etwas unglückliche Begriff der Produktionsumgebung sollte also nicht mit der Entwicklungsumgebung verwechselt werden.; siehe auch Art. 9 Abs. 7 RTS 7.

ddd) Bescheinigung für Handelsplätze

Gemäss Art. 10 Abs. 1 RTS 7 müssen Handelsplatzteilnehmer[78] vor der Einführung oder umfassenden Aktualisierung eines Handelsalgorithmus oder einer Handelsstrategie eine Bescheinigung darüber vorlegen, dass der von ihnen verwendete Algorithmus getestet wurde. Dadurch soll vermieden werden, dass die Algorithmen zur Entstehung marktstörender Handelsbedingungen beitragen oder diese hervorrufen (Art. 10 Abs. 1 Teilsatz 2 RTS 7).

c) Geordneter Handel

Zum geordneten Handel im engeren Sinne zählen die Verpflichtungen nach Art. 31 Abs. 2 lit. c und d FinfraV. Demnach dürfen die Systeme von Teilnehmern, die algorithmischen Handel betreiben, keine Störungen auf den Handelsplätzen verursachen oder dazu beitragen, und sie müssen Verstösse gegen Art. 142 FinfraG (Insiderhandel) und Art. 143 FinfraG (Marktmanipulation) wirksam verhindern.

aa) Rechtsvergleich

Auf europäischer Ebene finden sich weitgehend identische Pflichten in Art. 17 Abs. 1 MiFID II, allerdings mit kleinen Abweichungen. Erstens müssen die Wertpapierfirmen nach dem Wortlaut der europäischen Bestimmung Marktmissbrauch nicht nur wirksam verhindern, sondern sicherstellen, dass die Handelssysteme nicht für einen Zweck verwendet werden können, der gegen die Marktmissbrauchsverordnung verstösst. Zweitens müssen Wertpapierfirmen über das schweizerische Recht hinaus zusätzlich sicherstellen, dass ihre Handelssysteme nicht für einen Zweck verwendet werden können, der gegen die Vorschriften des Handelsplatzes verstösst, und drittens sollen nach dem europäischen Wortlaut Störungen auf dem Markt (*disorderly market*) und nicht Störungen auf den Handelsplätzen verhindert werden. Während ein aufsichtsrechtliches Verbot von Verstössen gegen Handelsplatzvorschriften grundsätzlich vertretbar, wenn auch möglicherweise nicht erforderlich erscheint, dürfte die europäische Vorgabe insofern zu weit gehen, als sich marktmissbräuchliche Verhaltensweisen durch Händler und Programmierer kaum gänzlich verhindern lassen, sodass in dieser Hinsicht die schweizerische Wortwahl vorzuziehen ist, wonach die Handelsplatzteilnehmer Verstösse lediglich wirksam verhindern müssen.[79]

---

[78] Die Bestimmung verwendet den Begriff des Mitglieds; zu den Begriffen vorn 507 f.
[79] Siehe hierzu die Ausführungen von SIX, SBV und VAV nach *AB FinfraV 2015*, 7: «*Ein Teilnehmer könne nicht sicherstellen, dass seine Systeme es (technisch) gar nicht erst zulassen würden, unzulässige Verhaltensweisen auszuführen. Der Teilnehmer könne höchstens*

III. Die einzelnen Pflichten

Ob die dritte Abweichung betreffend die Markt- beziehungsweise Handelsplatzstörungen lediglich grammatikalischer Natur ist oder zu einer unterschiedlichen Auslegung der Bestimmungen führt, wird unter dem nachfolgenden Titel untersucht.

bb)   *Vermeidung von Störungen auf dem Handelsplatz*

Gemäss Art. 31 Abs. 2 lit. c FinfraV dürfen die Systeme von Teilnehmern, die algorithmischen Handel betreiben, keine Störungen auf den Handelsplätzen verursachen oder dazu beitragen. Die Bestimmung beruht direkt auf Art. 30 Abs. 2 FinfraG, wonach Handelsplätze wirksame Vorkehrungen treffen müssen, um Störungen in ihren Handelssystemen zu vermeiden.

Der Begriff der Störung kann sowohl in einem engen als auch in einem weiten Sinne verstanden werden und ist daher auslegungsbedürftig. In einem engen Sinne liegen Störungen vor, wenn die Systeme der Handelsplätze – etwa aufgrund eines sehr hohen Mitteilungsaufkommens – nicht ordnungsgemäss funktionieren und Aufträge nicht ordnungsgemäss zusammenführen oder verzögert den Handelsteilnehmern gegenüber anzeigen.[80] Die Bestimmung würde dann vor allem Quote-Stuffing-Praktiken adressieren.[81] In einem weiteren Sinne verstanden könnten auch irrationale Preisbewegungen durch vorsätzlich manipulative oder bloss fehlgeleitete Aufträge vom Begriff der Störung erfasst sein.[82] Der Erwägungsgrund 62 zu MiFID II betrifft diese Frage und lautet wie folgt:

> Doch diese Handelstechnologie [der algorithmische Handel] birgt auch eine Reihe potenzieller Risiken, wie die erhöhte Gefahr der Überlastung der Systeme von Handelsplätzen infolge großer Mengen an Aufträgen oder das Risiko, dass der algorithmische Handel zu doppelten oder irrtümlichen Aufträgen oder sonstigen Fehlleistungen führt, so dass es zu Störungen auf dem Markt kommen kann.[83]

Die Ausführungen des europäischen Gesetzgebers deuten entsprechend darauf hin, dass er den Begriff der Störung in einem weiten Sinne verstanden haben wollte. Wie bereits angedeutet verwendet der schweizerische Verordnungstext

---

sicherstellen, dass auf Grund der korrekten Eingabe von Parametern tatsächlich keine unzulässigen Verhaltensweisen erfolgen.»

[80]   Erfasst wären operationellen Risiken im engen Sinne; hierzu vorn 352.
[81]   Zum Quote-Stuffing vorn 90, hinten 756 ff.
[82]   Zu starken Preisbewegungen siehe insb. die Ausführungen zum Flash-Crash vom 6. Mai 2010 vorn 78, 373 ff.
[83]   Siehe auch die Erwägungsgründe 64 und 65 zu MiFID II; die Übermittlung fehlerhafter Aufträge soll nach Art. 17 Abs. 1 MiFID II ausdrücklich unterbunden werden.

die Formulierung *Störungen auf dem Handelsplatz* und weicht damit von der europäischen Formulierung *Störungen auf dem Markt* ab. Die schweizerische Verpflichtung dürfte also vom Wortlaut her eher weniger weit greifen als die europäische. Weshalb der schweizerische Bundesrat vom europäischen Richtlinientext abgewichen ist, geht nicht aus den Materialien hervor. Das Eidgenössische Finanzdepartement gab in dieser Hinsicht in den Erläuterungsberichten lediglich zu erkennen, dass es sich an Art. 17 und 48 MiFID II orientierte und auf eine äquivalente Regelung abzielte.[84] Möglicherweise ersetzte der Bundesrat den Begriff des Marktes mit jenem des Handelsplatzes, weil er die Teilnehmerpflichten gemäss Art. 31 FinfraV nicht direkt den Effektenhändlern oder Handelsplatzteilnehmern auferlegte, sondern den Handelsplätzen im Sinne einer indirekten Aufsicht. Denkbar ist auch, dass der Bundesrat davon ausging, dass sich die *Störungen auf dem Markt* auf den geregelten Markt, dem europäischen Äquivalent für die Börse nach der schweizerischen Terminologie, bezog und nicht auf den Markt in einem weiteren Sinne. Dann wäre nachvollziehbar, weshalb er den Begriff mit jenem des Handelsplatzes ersetzte. Die englische Wortwahl *disorderly market* deutet allerdings darauf hin, dass der europäische Gesetzgeber den Begriff in einem weiten Sinne verstanden haben wollte und nicht auf den geregelten Markt bezog.

Letztlich ist in grammatikalischer Hinsicht bedeutsam, dass auch die Formulierung *Störungen auf dem Handelsplatz* in einem engen oder weiten Sinne verstanden werden und nebst technischen Störungen auch irrationale Preisbewegungen erfassen kann, weshalb auch die schweizerische Bestimmung auszulegen ist. Dabei dürfte in subjektiv-historischer Hinsicht das erklärte Ziel einer äquivalenten Regelung vermutungsweise darauf hindeuten, dass der Begriff der Störung wie im europäischen Recht in einem weiten Sinne zu verstehen ist. Immerhin dürften irrationale Preisbewegungen nach schweizerischem Recht aber nur dann erfasst sein, wenn sie direkt oder indirekt Titel betreffen, die über einen Handelsplatz oder ein OTF[85] gehandelt werden.

In einem weiten Sinne verstanden ist die Pflicht, Störungen auf den Handelsplätzen zu verhindern, eng mit dem Risikomanagement der Institute verknüpft, da systeminterne Störungen nicht nur Risiken für die Institute bergen, sondern auch Störungen an den Handelsplätzen verursachen können, wie etwa das Unternehmen Knight Capital zeigte, als es aufgrund eines Programmierfehlers nicht nur hohe Verluste anhäufte, sondern zugleich über ein hohes Mitteilungsauf-

---

[84] *EB FinfraV I 2015*, 4 f., 18; *EB FinfraV II 2015*, 6 f., 21.
[85] Gemäss Art. 41 FinfraV gelten die Vorschriften nach Art. 31 auch für OTF; entsprechend dürfte in diesem Fall auch Art. 31 Abs. 2 lit. c FinfraV insofern weiter auszulegen sein, als auch keine Störungen auf dem OTF verursacht (oder Beiträge dazu geleistet) werden dürfen.

III. Die einzelnen Pflichten

kommen die Märkte stark bewegte.[86] Entsprechend sind die Ausführungen zum Risikomanagement unter *litera b* auch für die Pflicht zur Verhinderung von Störungen auf den Handelsplätzen von Bedeutung.[87] Einzelne der in RTS 6 aufgeführten Mittel zur Sicherstellung der Belastbarkeit der Systeme sollen denn auch nicht nur die Wertpapierfirmen, sondern vor allem auch die Handelssysteme der Handelsplätze schützen. Dies gilt namentlich für die Pflicht gemäss Art. 15 Abs. 1 lit. d RTS 6, wonach Wertpapierfirmen Obergrenzen für Mitteilungen einführen müssen, die verhindern, dass eine übermässige Anzahl Mitteilungen an die Auftragsbücher gesendet wird.[88] Dasselbe gilt für etliche weitere Pflichten; nicht ohne Grund hat der schweizerische Gesetzgeber die Pflicht der Handelsplätze zur Gewährleistung eines geordneten Handels als allgemeinen Aufhänger für sämtliche Pflichten nach Art. 30 und 31 FinfraV verwendet, denn dieser geordnete Handel ist ein Handel in Abwesenheit von Störungen im weiteren Sinne.

Die Erforderlichkeit der Verpflichtung nach Art. 31 Abs. 2 lit. c FinfraV erscheint derweil fraglich, sofern sie sich auf operationelle Störungen im engeren Sinne bezieht, ist es doch an den Handelsplätzen, zu verhindern, dass Teilnehmer Störungen auf dem Handelsplatz verursachen können. Darauf zielen auch die Anforderungen an die Handelsplatzsysteme gemäss Art. 30 Abs. 2 FinfraV ab.[89] Im Sinne des Cheapest-Cost-Avoider-Ansatzes ist es zudem geboten, Handelsplätze zu Systemen zu verpflichten, die den Marktteilnehmern nur einen Spielraum einräumen, der keine Störungen an den Handelsplätzen erlaubt.[90] Für operationelle Störungen im weiteren Sinne dürfte demgegenüber ein Restanwendungsbereich verbleiben. Zwar sind Handelsplätze gemäss Art. 30 Abs. 2 lit. d FinfraV dazu verpflichtet, Aufträge abzulehnen, die die im Voraus festgelegten Grenzen für Volumina und Kurse überschreiten oder eindeutig irrtümlich zustande kamen, und gemäss Art. 30 Abs. 2 lit. e FinfraV müssen sie in der Lage sein, den Handel vorübergehend einzustellen, wenn es kurzfristig zu einer erheblichen Preisbewegung kommt; der Handelsplatz kann aber anders als bezogen auf das Mitteilungsaufkommen nicht generell verhindern, dass fehlerhafte Algorithmen der Handelsplatzteilnehmer starke irrationale Preisbewegungen verursachen. Immerhin dürften fehlerhafte Algorithmen potenziell den aufsichtsrechtlichen Tatbestand der Marktmanipulation erfüllen, sodass auch aus diesem Grund die Erforderlichkeit von Art. 31 Abs. 2 lit. c FinfraV fraglich erscheint.[91] Grundsätzlich nicht als störend im Sinne dieser Bestimmungen sind

---

86   Zu diesem Sachverhalt vorn 358 f.
87   Vorn 610 ff.
88   Allgemein zu Handelsschwellen und Handelsobergrenzen vorn 612.
89   Hierzu hinten 675 ff.
90   Zum Cheapest-Cost-Avoider-Ansatz vorn 178 f., 305.
91   Hierzu hinten 775.

619

Handelsstrategien zu qualifizieren, bei denen Händler das Verhalten anderer Marktteilnehmer antizipieren und gestützt darauf Wertpapiere kaufen oder verkaufen (elektronisches Frontrunning).[92]

cc)   Verhinderung von Marktmissbrauch

Gemäss Art. 31 Abs. 2 lit. d FinfraV müssen Handelsplatzteilnehmer, die algorithmischen Handel betreiben, durch Vorkehrungen und Risikokontrollen sicherstellen, dass ihre Systeme Verstösse gegen die aufsichtsrechtlichen Marktmissbrauchsvorschriften (Art. 142 und 143 FinfraG) wirksam verhindern. Diese Verpflichtung ist eng verknüpft mit den in den Marktverhaltensregeln der Finma (Finma-Rundschreiben 2013/8) aufgeführten Organisationsvorschriften, wonach Beaufsichtigte, die algorithmischen Handel betreiben, durch wirksame Systeme und Risikokontrollen sicherstellen müssen, dass dadurch keine falschen oder irreführenden Signale für das Angebot, die Nachfrage oder den Kurs von Effekten erfolgen können.[93]

Zwischen der Pflicht nach Art. 31 Abs. 2 lit. d FinfraV und den in den Marktverhaltensregeln aufgeführten besonderen Organisationsvorschriften können im Wesentlichen drei Unterschiede ausgemacht werden:
- Erstens ist der Anwendungsbereich der besonderen Bestimmungen der Marktverhaltensregeln grösser, denn diese gelten für sämtliche Beaufsichtigten, die algorithmischen Handel betreiben, und nicht nur für Handelsplatzteilnehmer.[94]
- Zweitens ist die besondere Organisationsvorschrift der Marktverhaltensregeln auf die Marktmanipulation beschränkt, während jene nach Art. 31 Abs. 2 lit. d FinfraV auch den Insiderhandel umfasst.
- Drittens müssen vom Anwendungsbereich erfasste Personen nach Art. 31 Abs. 2 lit. d FinfraV Verstösse gegen Art. 142 und 143 FinfraG lediglich wirksam verhindern, während sie nach dem Wortlaut der Marktverhaltensregeln sicherstellen müssen, dass keine falschen oder irreführenden Signale für das Angebot, die Nachfrage oder den Kurs für Effekten erfolgen können. Da der Bundesrat mit Art. 31 Abs. 2 lit. d FinfraV vom europäischen Wortlaut abgewichen ist, da es sich dabei um eine neuere Vorschrift (*lex posterior*) handelt und da die strenge

---

[92] Zu antizipierenden Handelsstrategien vorn 76 ff.; zur Würdigung antizipierender Handelsstrategien unter dem Aspekt des Marktmissbrauchs hinten 321 ff., 766 f., 834 f.
[93] FINMA-RS 2013/8, N 62; weicher hört sich die Formulierung im Anhörungsbericht an, wo die Finma festhält, dass auch im Bereich der Marktmanipulation gegebenenfalls Vorkehrungen gegen marktmissbräuchliches Handeln getroffen werden müssen; *AB FINMA-RS 2013/8*, 37.
[94] FINMA-RS 2013/8, N 45 ff.; zum Anwendungsbereich der Pflichten nach Art. 31 FinfraV vorn 594 f.; zu den Marktverhaltensregeln hinten 857 ff.

Vorschrift der Marktverhaltensregeln illusorisch erscheint[95], sollte auch die besondere Vorschrift in den Marktverhaltensregeln entgegen dem Wortlaut im Sinne von Art. 31 Abs. 2 lit. d FinfraV ausgelegt werden. Beaufsichtigte, die algorithmischen Handel betreiben, sollten also lediglich dazu verpflichtet sein, Verstösse gegen den Tatbestand der Marktmanipulation durch Vorkehrungen und Risikokontrollen wirksam zu verhindern.

Die Organisationspflichten der Marktverhaltensregeln stützte die Finma einerseits auf die aufsichtsrechtlichen Verbote des Insiderhandels und der Marktmanipulation und andererseits auf die allgemeinen Vorschriften zur Organisation sowie zur Gewähr einer einwandfreien Geschäftstätigkeit.[96] Inhaltlich orientierte sie sich bei der Totalrevision im Jahr 2013 an den von der Esma veröffentlichten Leitlinien zu Systemen und Kontrollen für Handelsplattformen, Wertpapierfirmen und zuständige Behörden in einem automatisierten Handelsumfeld.[97] Allerdings wies die Finma darauf hin, dass sie einen prinzipienbasierten Ansatz verfolgte, indem sie die konkrete Ausgestaltung der Regeln in die Hände der Beaufsichtigten und der Prüfgesellschaften lege.[98] Die von der Esma veröffentlichten Leitlinien können aber, da sie als Inspirationsgrundlagen dienten, immerhin konsultationsweise herangezogen werden. Leitlinie 6 setzt organisatorische Anforderungen für Wertpapierfirmen zur Vorbeugung gegen Marktmissbrauch (insbesondere Marktmanipulation) in einem automatisierten Handelsumfeld.[99]

Im Sinne einer allgemeinen Leitlinie hielt die Esma mit Blick auf den automatisierten Handel fest, dass Wertpapierfirmen über Strategien und Verfahren verfügen müssen, um das Risiko, dass ihre automatisierte Handelsaktivität Anlass zu Marktmissbrauch (insbesondere Marktmanipulation) gibt, möglichst gering zu halten.[100] Hinsichtlich der in einem hochautomatisierten Umfeld problematischen Manipulationen verwies sie auf die Leitlinie 5, worin sie die folgenden Tätigkeiten ausdrücklich erwähnte: Ping-Aufträge, Quote-Stuffing, Momentum-Ignition, Layering und Spoofing.[101] Diese Praktiken wurden im Kapitel 3 (Handelsstrategien) erläutert und die Legalität derselben nach schweizerischem Recht wird im Kapitel 21 (Marktmanipulation) geprüft.[102] Zur Präzisierung der allgemeinen Leitlinie legte die Esma die folgenden Anforderungen fest, die Wertpapierfirmen bei ihren Strategien und Verfahren zu berücksichtigten haben: (a)

---

95   Hierzu vorn 616 f.
96   FINMA-RS 2013/8, N 2 und 45.
97   *EB FINMA-RS 2013/8*, 18.
98   *EB FINMA-RS 2013/8*, 18.
99   *Esma Leitlinien «Systeme und Kontrollen» 2012*, 22 ff.
100 *Esma Leitlinien «Systeme und Kontrollen» 2012*, 23.
101 *Esma Leitlinien «Systeme und Kontrollen» 2012*, 21.
102 Vorn 82 ff., 88 ff. und hinten 751 ff.

Kenntnisse, Fähigkeiten und Befugnisse der mit Compliance-Funktionen betrauten Mitarbeiter, (b) Schulung im Hinblick auf marktmissbräuchliche Verhaltensweisen, (c) die Überwachung von Handelstätigkeiten, (d) Vorkehrungen für das Erkennen und die Meldung verdächtiger Transaktionen und Aufträge, (e) die regelmässige Überprüfung und interne Prüfung der auf die Einhaltung der Vorschriften bezogenen Vorkehrungen und Verfahren sowie (f) häufig überprüfte Vorkehrungen zur Regelung des Zugangs von Personal zu Handelssystemen.[103]

Einige dieser Vorschriften hat die Europäische Kommission nun in RTS 6 zu MiFID II übernommen. Gemäss Art. 13 RTS 6 sind Wertpapierfirmen verpflichtet, alle mit ihren Handelssystemen ausgeführten Handelstätigkeiten – einschliesslich derjenigen ihrer Kunden – über ein automatisiertes Überwachungssystem auf Anzeichen für manipulative Verhaltensweisen zu überprüfen. Handelstätigkeiten, die gegen Richtlinien und Verfahren oder gegen aufsichtsrechtliche Verpflichtungen der Firma verstossen könnten, müssen die für die Überwachung zuständigen Mitarbeiter der Compliance-Funktion melden. Diese wiederum hat die Angaben zu prüfen und geeignete Massnahmen zu ergreifen. Ausserdem hat sie soweit erforderlich die Handelsplätze oder die zuständigen Behörden gemäss Art. 16 MAR (Marktmissbrauchsverordnung) zu informieren (Art. 13 Abs. 8 RTS 6). Die Schulungen zum Thema Marktmissbrauch werden nun ausserdem in Art. 3 Abs. 3 RTS 6 vorgeschrieben, und Art. 3 Abs. 4 lit. c RTS 6 sieht vor, dass Wertpapierfirmen sicherstellen müssen, dass die für die Risikomanagement- und die Compliance-Funktion des algorithmischen Handels zuständigen Mitarbeiter mit hinreichenden Befugnissen ausgestattet sind, um die für den algorithmischen Handel zuständigen Mitarbeiter zur Rechenschaft zu ziehen, wenn dieser Handel zu marktstörenden Handelsbedingungen führt oder zum Verdacht auf Marktmissbrauch Anlass gibt. Ferner müssen Clearing-Stellen potenzielle Clearing-Kunden einer Due-Diligence-Prüfung unterziehen, bei der gemäss Art. 25 Abs. 1 lit. h RTS 6 namentlich die Beteiligung an Verstössen gegen Marktmissbrauchsvorschriften zu prüfen ist.

Der deutsche Wortlaut von Art. 3 Abs. 4 lit. c RTS 6, wonach die für das Risikomanagement- und die Compliance-Funktion zuständigen Mitarbeiter die für den algorithmischen Handel zuständigen Mitarbeiter bei Verdacht auf Marktmissbrauch zur Rechenschaft ziehen müssen, deutet auf eine Sanktionierung hin. Eine solche Sanktionierung im Verdachtsfall erscheint insofern zweifelhaft, als die strafrechtliche Unschuldsvermutung zwar grundsätzlich nicht anwendbar ist auf vertragsrechtliche Disziplinarmassnahmen, die Beweislast für Verstösse aber

---

[103] *Esma Leitlinien «Systeme und Kontrollen»* 2012, 23 m.w.H.

zumindest in der Schweiz dennoch beim Arbeitgeber liegt.[104] Bei genauerer Betrachtung der Verordnung zeigt sich allerdings, dass Art. 3 Abs. 4 lit. c RTS 6 auch nicht derart auszulegen sein dürfte, denn der englische Wortlaut der Bestimmung deutet im Unterschied zum deutschen Wortlaut eher auf eine Untersuchungskompetenz hin; die verantwortlichen Mitarbeiter sind nicht zur Rechenschaft zu ziehen, sondern *herauszufordern (to challenge)*.[105] Mit anderen Worten ist eine interne Untersuchung durchzuführen.

dd) Gesetzgeberisches Versehen hinsichtlich der weiteren Vorkehrungen

Art. 31 Abs. 2 lit. e FinfraV enthält Verpflichtungen zu Order-to-Transaction-Ratios (OTRs), zur Verlangsamung des Auftragsaufkommens, wenn das Risiko besteht, dass die Systemkapazität erreicht wird, und zur Begrenzung und Durchsetzung der kleinstmöglichen Mindestpreisänderungsgrösse (Tick-Size). Nach dem Wortlaut der Bestimmung sind zu den Vorkehrungen nach Art. 31 lit. e FinfraV die Handelsplatzteilnehmer und nicht die Handelsplätze verpflichtet. Hierfür spricht auch die Aufführung der Verpflichtungen in Art. 31 FinfraV und damit das systematische Auslegungselement. Dennoch dürfte es sich bei der Ausgestaltung als Teilnehmerpflicht um ein redaktionelles Versehen handeln. Erstens sind Adressaten der analogen Verpflichtungen zu OTRs und zur Tick-Size nach europäischem Recht nicht die Handelsplatzteilnehmer, sondern die Handelsplätze.[106] Zweitens strebte der schweizerische Gesetzgeber eine im Vergleich zum europäischen Recht äquivalente Regulierung an.[107] Drittens verpflichtet Art. 31 Abs. 2 lit. e FinfraV zu Vorkehrungen zur Begrenzung des Verhältnisses nicht ausgeführter Handelsaufträge zu Geschäften, die von einem Teilnehmer in das System eingegeben werden können; wären die Teilnehmer die Adressaten dieser Verpflichtungen, so wären als Referenzgrösse nicht die Aufträge massgebend, die von einem Teilnehmer eingegeben werden können, sondern die Anzahl ausgeführter Aufträge. Viertens ist die Verpflichtung zur Begrenzung und Durchsetzung der Tick-Size eine klassische Handelsplatzpflicht, und fünftens bestehen entsprechende Verpflichtungen nicht schon nach Art. 30 FinfraV, sodass sie für die Handelsplätze fehlen würden. Als Handelsplatzpflichten werden die Verpflichtungen gemäss Art. 31 Abs. 2 lit. e Nr. 1 bis 3

---

[104] Hierzu *Rehbinder/Stöckli* (2010), N 45 zu Art. 321d OR.
[105] Der englische Wortlaut lautet wie folgt: «*An investment firm shall ensure that the staff responsible for the risk and compliance functions of algorithmic trading have [...] (c) sufficient authority to challenge staff responsible for algorithmic trading where such trading gives rise to disorderly trading conditions or suspicions of market abuse.*»
[106] Hierzu hinten 687 ff., 689 ff.
[107] *EB FinfraV I 2015*, 4 f., 18; *EB FinfraV II 2015*, 6 f., 21.

FinfraV hinten im Kapitel 19 (Gewährleistung eines geordneten Handels) erläutert.[108]

d) Mittel zur Sicherstellung des Risikomanagements und des geordneten Handels

Zur Sicherstellung des Risikomanagements und des geordneten Handels verpflichtet MiFID II Wertpapierfirmen, die algorithmischen Handel betreiben, zu den folgenden Mitteln beziehungsweise Instrumenten:
– einer Kill-Funktion zur Stornierung von Aufträgen (Art. 12 RTS 6);
– einem automatisierten Überwachungssystem für die Aufdeckung von Marktmanipulation (Art. 13 RTS 6);
– Notfallvorkehrungen für operationelle Störungen (Art. 14 RTS 6);
– Vorhandelskontrollen bei der Auftragseingabe zur Begrenzung der Preisabweichungen, Auftragsvolumina, Mitteilungen und Risiken sowie zur Unterbindung des Handels durch unbefugte Personen (Art. 15 RTS 6);
– einer Echtzeitüberwachung auf Anzeichen marktstörender Handelsbedingungen (Art. 16 RTS 6);
– Nachhandelskontrollen auf Unregelmässigkeiten im Allgemeinen und die Einhaltung der Risikovorgaben im Besonderen (Art. 17 RTS 6); sowie
– IT-Vorkehrungen für die Sicherheit und Zugangsbeschränkungen (Art. 18 RTS 6).

Diese Mittel sind im Übrigen zentral für die Due-Diligence-Prüfungen der Mitgliedsanwärter, zu denen Handelsplätze gemäss Art. 7 RTS 7 verpflichtet sind.[109] Für Einzelheiten wird auf die detaillierten Vorgaben in den jeweiligen Bestimmungen verwiesen.

3. Pflichten bei Verfolgung von Market-Making-Strategien

a) Allgemeine Verpflichtungen und Rechtsgrundlagen

Gemäss Art. 30 Abs. 3 FinfraV müssen Handelsplätze weiter über schriftliche Vereinbarungen mit allen Teilnehmern mit einer besonderen Funktion verfügen, namentlich mit solchen, die an dem Handelsplatz eine Market-Making-Strategie verfolgen. Ausserdem sind sie zu Systemen und Verfahren verpflichtet, die die Einhaltung der Regeln durch diese Teilnehmer gewährleisten. Die schweizerische Bestimmung ist angelegt an Art. 17 Abs. 3 und 4 sowie an Art. 48 Abs. 2

---

[108] Hinten 669 ff.
[109] Zu diesen Due-Diligence-Prüfungen hinten 676 f.

III. Die einzelnen Pflichten

und 3 MiFID II.[110] Diese europäischen Vorgaben hat die Europäische Kommission in der Zwischenzeit weiter in der delegierten Verordnung 2017/578 vom 13. Juni 2016 zur Angabe von Anforderungen an Market-Making-Vereinbarungen und -Systeme durch technische Regulierungsstandards (RTS 8) präzisiert. Im Unterschied zum schweizerischen Recht auferlegte der Europäische Gesetzgeber Wertpapierfirmen, die in Verfolgung einer Market-Making-Strategie algorithmischen Handel betreiben, mit Art. 17 Abs. 3 MiFID II direkt aufsichtsrechtliche Verpflichtungen. Für die Schweiz ergeben sich solche Verpflichtungen lediglich nach Massgabe der Regeln der Handelsplätze. Bei der SIX sind etwa Nr. 6 und 11.1.5 des Handelsreglements, Nr. 14.2 und 15.2 der Weisung 3 (Handel) sowie die Anhänge zur Wegleitung «Handelsparameter» massgebend. Denkbar ist jedoch, dass die Finma den Inhalt der Market-Making-Vereinbarungen in einem Rundschreiben festlegen wird.

b) Definition der Market-Making-Strategie

Market-Maker sind gemäss Art. 3 Abs. 4 BEHV Effektenhändler, die gewerbsmässig für eigene Rechnung kurzfristig mit Effekten handeln und öffentlich dauernd oder auf Anfrage Kurse für einzelne Effekten stellen. Nach Art. 17 Abs. 4 MiFID II verfolgt eine Wertpapierfirma, die algorithmischen Handel betreibt, eine Market-Making-Strategie, wenn sie Mitglied oder Teilnehmer eines Handelsplatzes ist und eine Strategie beim Handel auf eigene Rechnung beinhaltet, dass sie in Bezug auf ein oder mehrere Finanzinstrumente an einem einzelnen Handelsplatz oder an verschiedenen Handelsplätzen feste, zeitgleiche Geld- und Briefkurse vergleichbarer Höhe zu wettbewerbsfähigen Preisen stellt, sodass der Gesamtmarkt regelmässig und kontinuierlich mit Liquidität versorgt wird. Konkret verlangt die Europäische Kommission gemäss Art. 1 Abs. 1 RTS 8, dass die Wertpapierfirma während der Hälfte der Handelstage über einen Zeitraum von einem Monat bei der Umsetzung der Market-Making-Strategie (a) feste, zeitgleiche Geld- und Briefkursofferten vergleichbarer Höhe zu wettbewerbsfähigen Preisen stellt, und (b) für eigene Rechnung an einem Handelsplatz zumindest während 50 Prozent der täglichen Handelszeiten des fortlaufenden Handels an dem betreffenden Handelsplatz mit mindestens einem Finanzinstrument handelt, was keine Eröffnungs- und Schlussauktionen mit einschliesst.[111]

Obwohl die Definitionen nicht ganz deckungsgleich sind, dürfte sich die Definition in Art. 3 Abs. 4 BEHV gleich wie jene in Art. 17 Abs. 4 MiFID II auslegen lassen. Die Gewerbsmässigkeit dürfte gegeben sein, wenn der Gesamtmarkt re-

---

[110] Das EFD erwähnte diese Bestimmung ausdrücklich, siehe *EB FinfraV I 2015*, 17.
[111] Zu beachten ist, dass die deutsche Formulierung unglücklich ist; vorzuziehen ist die englische Formulierung der Bestimmung.

gelmässig und kontinuierlich mit Liquidität versorgt wird. Das Kriterium der Öffentlichkeit dürfte ebenfalls implizit in der Definition nach Art. 17 Abs. 4 MiFID II enthalten sein, und die Zweiseitigkeit lässt sich auch für die Definition des schweizerischen Rechts argumentieren. Abzulehnen ist das Erfordernis des Eigenhandels, das sich sowohl in der Börsenverordnung als auch in MiFID II findet. Dieses Erfordernis mag bei der Erfassung als Effektenhändler beziehungsweise Wertpapierfirma sinnvoll sein, wenn andere Händler ohnehin schon erfasst sind. Im Zusammenhang mit einer Verpflichtung, die einzig an das Market-Making anknüpft, kann das Erfordernis des Eigenhandels allerdings nicht sachlich begründet werden, denn es ist nicht ersichtlich, weshalb für Händler, die für fremde Rechnung eine Market-Making-Strategie verfolgen, nicht zumindest dieselben Pflichten gelten sollten. Vielmehr sollte bloss darauf abgestellt werden, ob eine Market-Making-Handlung vorliegt.

c) Institutspflichten gemäss Art. 17 Abs. 3 MiFID II

Gemäss Art. 17 Abs. 3 MiFID II obliegen Wertpapierfirmen, die in Verfolgung einer Market-Making-Strategie algorithmischen Handel betreiben, die folgenden drei zusätzlichen Pflichten:

- Erstens müssen sie das Market-Making während eines festgelegten Teils der Handelszeiten abgesehen von aussergewöhnlichen Umständen kontinuierlich betreiben, sodass der Handelsplatz regelmässig und verlässlich mit Liquidität versorgt wird (Art. 17 Abs. 3 lit. a MiFID II);
- zweitens müssen sie mit dem Handelsplatz eine rechtlich bindende schriftliche Vereinbarung abschliessen, in der die Verpflichtungen (und Rechte[112]) festgelegt werden (Art. 17 Abs. 3 lit. b MiFID II); und
- drittens müssen sie über wirksame Systeme und Kontrollen verfügen, die die Erfüllung der Verpflichtungen gewährleisten (siehe Art. 17 Abs. 3 lit. c MiFID II).

Für das europäische Recht ist – zumindest auf den ersten Blick[113] – entsprechend die Frage bedeutsam, wann aussergewöhnliche Umstände vorliegen, die eine Wertpapierfirma von der Verpflichtung zum kontinuierlichen Market-Making befreien. Gemäss Art. 17 Abs. 7 lit. c MiFID II handelt es sich um Zustände extremer Volatilität, politische und makroökonomische Gegebenheiten, systembedingte und operationelle Sachverhalte sowie Umstände, die verhindern, dass die Wertpapierfirma solide Risikomanagementverfahren (Art. 17 Abs. 1 MiFID II) verfolgen kann. Weitere Präzisierungen finden sich in Art. 3 RTS 8.

---

[112] Hierzu sogleich unter dem nächsten Titel.
[113] Auf den zweiten Blick zeigt sich, dass die Verpflichtung gemäss Art. 2 Nr. 1 lit. b RTS 8 ohnehin nicht so weit reicht.

d) Inhalt der Market-Making-Vereinbarungen

Der Europäische Gesetzgeber hat auch den Inhalt der Market-Making-Vereinbarungen weiter präzisiert. Gemäss Art. 48 Abs. 3 MiFID II sind in der schriftlichen Vereinbarung einerseits (a) die Verpflichtungen der Wertpapierfirma im Zusammenhang mit der Zuführung der Liquidität und andererseits (b) etwaige mit der Bereitstellung von Liquidität verbundene Anreize wie Rabatte aufzuführen.[114] Hinzu kommen gegebenenfalls weitere Rechte und Verpflichtungen im Zusammenhang mit Systemen zur Sicherstellung einer ausreichenden Anzahl Market-Maker.[115] Weitere Präzisierungen finden sich in Art. 2 lit. a bis g RTS 8.

e) Zweck und kritische Würdigung

Market-Maker-Verpflichtungen zielen darauf ab, dass Wertpapierfirmen, die in Verfolgung einer Market-Making-Strategie algorithmischen Handel betreiben, den Markt auch in angespannten Marktsituationen mit ausreichend Liquidität versorgen.[116] Hochfrequenzhändlern wurde verschiedentlich vorgeworfen, dass sie den Markt nur in Friedenszeiten mit Liquidität versorgen und in Krisenzeiten vom Markt zurücktreten.[117] Liquiditätskrisen können zu starken Kursbewegungen führen, wie der Flash-Crash vom 6. Mai 2010 zeigte, sodass Liquiditätsrisiken und Marktrisiken eng miteinander verknüpft sind.[118]

Im Kapitel 11 (Systemische Risiken) wurden Markt- und Liquiditätsrisiken untersucht mit dem Ergebnis, dass Hochfrequenzhändler die Marktrisiken sowohl erhöhen als auch reduzieren.[119] Soweit sie Market-Making- und Arbitragestrategien verfolgen, bewirken sie grundsätzlich einen gewissen Puffer und transferieren Liquidität von einem Handelsplatz zum anderen. Allerdings reagieren als Market-Maker agierende Hochfrequenzhändler äusserst sensitiv auf Handelsinformationen, sodass sie ihre Aufträge bei hohem Preisdruck zurückziehen oder gar stornieren. Dadurch kann die Absorption des Preisdrucks in einer rationalen Weise verringert und die transitorische Volatilität erhöht werden. Dasselbe gilt für antizipierende Strategien, wenn Hochfrequenzhändler aufgrund eines bestehenden Preisdrucks die verbliebene Liquidität konsumieren, um die Wertpapiere

---

[114] Der Begriff des Rabatts ist irreführend; hierzu hinten 699.
[115] Hierzu hinten 693.
[116] Siehe Erwägungsgrund 1 sowie die Begründung zu RTS 8 (MiFID II); vgl. *EB FinfraV I 2015*, 17.
[117] *Haldane* (2011), 6, 14; *Weller* (2013), 22; *Sornette/von der Becke* (2011), 7 f.; *Biais/Woolley* (2011), 14; *Cartea/Penalva* (2011), 10 f.; *Buchanan* (2015), 162; *Aebersold Szalay* (2013); *Stiglitz* (2014), 10; ähnlich *Brown* (2010), 113; hierzu vorn 216 ff., 388 ff.
[118] Zum Flash-Crash vorn 78, 373 ff.
[119] Vorn 370 ff., 388 ff.

dann zu einem niedrigeren Preis wieder zu verkaufen. Solche Strategien können sich auszahlen, wenn der transitorische Handelsdruck stärker ist als der fundamentale Preisdruck.[120]

Im Kapitel 12 (Regulierungsinstrumente) wurde geprüft, ob Market-Making-Verpflichtungen dazu geeignet sind, Markt- und Liquiditätsrisiken zu reduzieren, mit dem ernüchternden Ergebnis, dass dem zumindest bei grundsätzlich viel gehandelten Titeln kaum der Fall sein dürfte.[121] Bei einer milden Ausgestaltung dürften Market-Making-Verpflichtungen von vornherein ungeeignet sein, die Liquiditätsrisiken zu senken, und selbst bei einer strengen Ausgestaltung erscheint fraglich, ob gewöhnliche Investoren von der Bereitstellung von Liquidität in Extremsituationen profitieren würden, da den Investoren in der Regel Hochfrequenzhändler zuvorkommen dürften, die die Liquidität bei einem grossen Marktdruck vorab konsumieren und den Preis damit zum Marktstimmungsequilibrium hintreiben. Sicherlich aber würden die Risiken der Bereitsteller von Liquidität dadurch stark ansteigen, was nicht mit dem erklärten Regulierungsziel der Widerstandskraft der Marktteilnehmer zu vereinbaren ist, wird doch von Wertpapierfirmen (bzw. Effektenhändlern), Banken und Anlagefonds ein adäquates Risikomanagement verlangt.[122] Schliesslich bergen die Market-Making-Verpflichtungen mit Blick auf den Wettbewerb zwischen Bereitstellern von Liquidität auch das Risiko, dass oligopolistische Strukturen geschaffen werden, die sich nachteilig auf die Marktqualität auswirken; auf bestimmte Marktsituationen spezialisierte Market-Maker werden aus dem Markt verdrängt.

Bei der vom Europäischen Gesetzgeber gewählten Variante handelt es sich um eine milde Ausgestaltung der Market-Making-Verpflichtung. Verpflichtet sind nur Wertpapierfirmen, die während der Hälfte der Handelstage über einen Zeitraum von einem Monat bei der Umsetzung der Market-Making-Strategie (a) feste, zeitgleiche Geld- und Briefkursofferten vergleichbarer Höhe zu wettbewerbsfähigen Preisen stellen, und (b) für eigene Rechnung an einem Handelsplatz zumindest während 50 Prozent der täglichen Handelszeiten des fortlaufenden Handels an dem betreffenden Handelsplatz mit mindestens einem Finanzinstrument handeln (Art. 1 Abs. 1 RTS 8). Erfüllen sie diese Voraussetzungen, so sind sie verpflichtet, dem Markt während mindestens 50 Prozent der täglichen Handelszeiten für mindestens ein Finanzinstrument Liquidität zu wettbewerbsfähigen Preisen zur Verfügung zu stellen (Art. 2 Abs. 1 lit. b RTS 8). Dabei handelt es sich beinahe um einen Zirkelschluss: Etwas vereinfacht lautet die Verpflichtung, dass wer zu 50 Prozent der Zeit eine Market-Making-Strategie

---

120 Hierzu vorn 261.
121 Vorn 450 ff.
122 So gemäss Art. 17 Abs. 1 MiFID II insbesondere auch für Wertpapierfirmen, die algorithmischen Handel betreiben.

verfolgt, zu 50 Prozent eine Market-Making-Strategie verfolgen muss. Da die Verpflichtung zudem nur zu einem Market-Making zu 50 Prozent der täglichen Handelszeiten verpflichtet, dürften auch die aussergewöhnlichen Umstände im Falle kurzzeitiger starker Preisbewegungen von untergeordneter Bedeutung sein. Market-Maker werden auch ohne Art. 3 lit. a und lit. d RTS 8 nicht dazu verpflichtet, dem Markt während eines Flash-Crashs Liquidität bereitzustellen, sodass das eigentliche Ziel der Bestimmung verfehlt wird. Die Bestimmungen zur Market-Making-Verpflichtung bringen also nur Aufwand und keinen Nutzen beziehungsweise in den Worten der ökonomischen Analyse des Rechts ausgedrückt nur Staatsversagen, ohne Marktversagen zu beseitigen.[123] Eine strengere Ausgestaltung wäre aber aus den genannten Gründen ebenfalls abzulehnen.

4. Pflichten bei Gewährung eines direkten elektronischen Zugangs

Das europäische Recht kennt weiter diverse Pflichten für Wertpapierfirmen (und Kreditinstitute[124]), die ihren Kunden einen *direkten elektronischen Zugang*[125] zu einem Handelsplatz bieten (nachfolgend DEA-Bereitsteller und DEA-Kunden). Diese Pflichten gelten auch dann, wenn die DEA-Bereitsteller selbst keinen algorithmischen Handel betreiben.[126] Wie gezeigt bieten Teilnehmer von Handelsplätzen ihren Kunden direkte elektronische Zugänge vor allem an, damit auch diese Hochfrequenzhandelsstrategien verfolgen können.[127]

a) Konstituierung als Wertpapierfirma oder Kreditinstitut

Gemäss Art. 48 Abs. 7 Unterabs. 1 MiFID II dürfen nur Wertpapierfirmen oder nach dem Regime von CRR und CRD IV zugelassene Kreditinstitute ihren Kunden einen direkten elektronischen Zugang anbieten. Weitere Personen, die ein geregelter Markt nach 53 Abs. 3 MiFID II als Mitglied oder Teilnehmer zulassen darf, sind hierzu demzufolge nicht befugt. Trotz des Wortlauts der Bestimmung gelten die Pflichten gemäss Art. 17 Abs. 5 MiFID II wie erwähnt nach Art. 1 Abs. 3 lit. a MiFID II auch für Kreditinstitute.

---

123 Zum Marktversagen und Staatsversagen vorn 174 ff., 183 f.
124 Siehe Art. 1 Abs. 3 lit. a MiFID II, wonach namentlich Art. 17 MiFID II auch für Kreditinstitute gilt.
125 Der direkte elektronische Zugang wird in Art. 4 Abs. 1 Nr. 41 MiFID II definiert; siehe vorn 504 ff.
126 So ausdrücklich Erwägungsgrund 14 zur RTS 6.
127 Vorn 504.

b) Richtlinien, Verfahren und schriftliche Kundenvereinbarung

Um sicherzustellen, dass sie die in Art. 17 Abs. 5 MiFID II aufgeführten Anforderungen erfüllen, sind DEA-Bereitsteller gemäss Art. 19 RTS 6 zur Erstellung geeigneter Richtlinien und zur Einrichtung geeigneter Verfahren (*policies and procedures*) verpflichtet. Abgesehen von Art. 17 Abs. 5 MiFID II haben sich diese Richtlinien an Art. 19 ff. RTS 6 sowie den übrigen Bestimmungen der RTS 6 zu orientieren, die die in Art. 17 Abs. 5 MiFID II verankerten Pflichten präzisieren. Ausserdem haben Handelsplätze, die die Bereitstellung eines direkten elektronischen Zugangs über ihre Systeme gestatten, die Regeln und Bedingungen festzulegen, zu denen ihre Mitglieder den eigenen Kunden einen solchen Zugang gewähren dürfen (Art. 21 RTS 7), sodass sich DEA-Bereitsteller vorab an diesen Regeln orientieren können beziehungsweise müssen.[128] Ferner sind DEA-Bereitsteller dazu verpflichtet, mit ihren DEA-Kunden eine schriftlich bindende Vereinbarung im Hinblick auf die wesentlichen Rechte und Pflichten abzuschliessen (Art. 17 Abs. 5 Unterabs. 2 Satz 3 MiFID II).

c) Meldpflicht gegenüber Behörden und Genehmigung durch den Handelsplatz

DEA-Bereitsteller sind nach Art. 17 Abs. 5 Unterabs. 3 meldepflichtig. Adressaten der Meldung sind die zuständigen Behörden des Herkunftsmitgliedstaats und die zuständigen Behörden der Handelsplätze, an denen die DEA-Bereitsteller den direkten elektronischen Zugang anbieten (Art. 17 Abs. 5 Unterabs. 3 MiFID II). Gegenstand der Meldung ist nach dem Wortlaut der Bestimmung einzig der Umstand, dass ein direkter elektronischer Zugang angeboten wird. Implizit dürfte ferner auch der Handelsplatz anzugeben sein, an dem der Zugang gewährt wird. Für die Gewährung eines geförderten Zugangs[129] verlangt die Europäische Kommission ferner die vorherige Genehmigung durch den Handelsplatz, für die sie voraussetzt, dass die Aufträge der Firmen mindestens den in Art. 18 Abs. 3 lit. b RTS 7 erwähnten Vorhandels- und Nachhandelskontrollen unterliegen (Art. 22 Abs. 1 RTS 7).[130]

---

[128] Die Bestimmung verweist hinsichtlich der Anforderungen explizit auf Art. 22 RTS 7.
[129] Zu beachten ist, dass der geförderte Zugang lediglich eine von zwei Unterformen eines direkten elektronischen Zugangs darstellt; hierzu vorn 506 f.
[130] Zu den Vorhandels- und Nachhandelskontrollen vorn 624.

d) Sicherstellung der Compliance durch DEA-Kunden und Risikokontrollen

DEA-Betreiber müssen ferner sicherstellen, dass ihre DEA-Kunden die Anforderungen von MiFID II erfüllen und die Vorschriften des Handelsplatzes einhalten (Art. 17 Abs. 5 Unterabs. 2 Satz 1 MiFID II). Gemäss Art. 17 Abs. 5 Unterabs. 1 MiFID II sind DEA-Bereitsteller daher zu wirksamen Systemen und Kontrollen verpflichtet, durch die (a) eine ordnungsgemässe Beurteilung und Überprüfung der Eignung der Kunden gewährleistet ist, (b) sichergestellt wird, dass diese Kunden die angemessenen voreingestellten Handels- und Kreditschwellen nicht überschreiten können, (c) der Handel der Kunden ordnungsgemäss überwacht wird und (d) verschiedene Risiken für den DEA-Betreiber selbst und die Märkte unterbunden werden. Da die zwei letztgenannten Punkte sehr eng miteinander zusammenhängen, werden sie nachfolgend gemeinsam erörtert. Präzisierungen zu diesen Pflichten finden sich in Art. 17 Abs. 5 Unterabs. 2 und Art. 48 Abs. 7 MiFID II sowie in den Durchführungsrechtsakten RTS 6 und RTS 7.

aa) *Prüfung und Überprüfung der Eignung von DEA-Kunden*

Die Pflicht zur Prüfung potenzieller DEA-Kunden hat die Europäische Kommission weiter in Art. 22 f. RTS 6 präzisiert. Demnach sind potenzielle DEA-Kunden vorab einer Due-Diligence-Prüfung zu unterziehen (Art. 22 RTS 6) und danach jährlich zu überprüfen (Art. 23 RTS 6). Der Inhalt der Due-Diligence-Prüfungen ist detailliert in Art. 22 Abs. 2 RTS 6 aufgeführt. Demnach hat der DEA-Kunde namentlich Vorhandels- und Nachhandelskontrollen sowie eine Echtzeitüberwachung der Handelstätigkeiten einzurichten (Art. 22 Abs. 2 RTS 6), wofür die Vorschriften nach Art. 15 ff. RTS 6 gelten dürften. Art. 22 Abs. 3 RTS 6 stellt ausserdem klar, dass DEA-Bereitsteller, die ihren Kunden nachgeordnete Zugänge ermöglichen, vorab sicherstellen müssen, dass der Kunde über Due-Diligence-Verfahren verfügt, die mit den in Art. 22 Abs. 1 und 2 RTS 6 beschriebenen Verfahren mindestens gleichwertig sind. Die jährliche Überprüfung umfasst einerseits eine Überprüfung der im Rahmen ihrer Diligence vorgesehenen Bewertungsprozesse (Art. 23 Abs. 1 RTS 6) und andererseits eine risikobasierte Neubewertung der Angemessenheit der Systeme und Kontrollen ihrer DEA-Kunden (Art. 23 Abs. 2 RTS 6). Bei dieser Neubewertung sind besonders Änderungen zu berücksichtigen wie Änderungen der Art, des Umfangs und der Komplexität der Handelstätigkeiten und -strategien der DEA-Kunden, personelle Veränderungen, Änderungen ihrer Eigentumsstruktur, ihrer Handels- oder Bankkonten, ihres aufsichtsrechtlichen Status und ihrer finanziellen Lage (Art. 23 Abs. 2 RTS 6). Ausserdem ist zu berücksichtigen, ob der DEA-Kunde die Absicht geäussert hat, nachgeordnete Zugänge anzubieten (Art. 23 Abs. 2 RTS 6).

bb)   Einrichtung von Handels- und Kreditschwellen

DEA-Bereitsteller sind weiter zur Einrichtung angemessener Handels- und Kreditschwellen für die Kunden verpflichtet (Art. 17 Abs. 5 Unterabs. 1; Art. 48 Abs. 7 Unterabs. 2 MiFID II). Diese sind in erster Linie Gegenstand der Vorhandelskontrollen bei Auftragseingabe nach Art. 15 RTS 6, die DEA-Bereitsteller gemäss Art. 20 Abs. 1 RTS 6 auch für den Auftragsfluss ihrer DEA-Kunden einzurichten haben.[131] Die Obergrenzen für Kredite und Risiken hat der DEA-Bereitsteller gestützt auf die erstmalige Due-Diligence-Prüfung sowie die späteren Überprüfungen festzulegen (Art. 20 Abs. 3 RTS 6). Darüber hinaus schreibt Art. 20 Abs. 4 RTS 6 vor, dass die Parameter und Obergrenzen für die Kontrollen der DEA-Kunden, die über einen geförderten Zugang verfügen, ebenso streng sein müssen wie diejenigen für DEA-Kunden mit direktem Marktzugang.[132] Ausserdem hat der Handelsplatz Standards in Bezug auf Risikokontrollen und Schwellen für den Handel über einen direkten elektronischen Zugang festzulegen (Art. 48 Abs. 7 Unterabs. 2 MiFID II), sodass sich der DEA-Bereitsteller daran zu orientieren hat.

cc)   Überwachung des Auftragsflusses der DEA-Kunden und Risikokontrollen

Mit Bezug auf die Compliance durch DEA-Kunden sind DEA-Bereitsteller schliesslich dazu verpflichtet, die Geschäfte ihrer DEA-Kunden zu überwachen, um Verstösse gegen die Anforderungen von MiFID II und die Vorschriften des Handelsplatzes sowie marktstörende Handelsbedingungen und marktmissbräuchliche Verhaltensweisen zu erkennen (Art. 17 Abs. 5 Unterabs. 2 Satz 2 MiFID II) und durch wirksame Systeme und Kotrollen zu verhindern (Art. 17 Abs. 5 Unterabs. 1 MiFID II).[133] Ausserdem muss der DEA-Bereitsteller durch geeignete Risikokontrollen verhindern, dass durch den Handel der DEA-Kunden Risiken für die Wertpapierfirma selbst entstehen (Art. 17 Abs. 5 Unterabs. 1 MiFID II).

Die Überwachungspflicht hat die Europäische Kommission weiter in den Art. 20 und 21 RTS 6 präzisiert. Mit Bezug auf den Auftragsfluss der DEA-Kunden schreibt Art. 20 RTS 6 die Implementierung der folgenden Mittel vor:
– ein automatisiertes Überwachungssystem für die Aufdeckung von Marktmanipulationen gemäss Art. 13 RTS 6;

---

[131]   Siehe auch Art. 22 Abs. 1 i. V. m. Art. 18 Abs. 3 lit. b RTS 7.
[132]   Zur Unterscheidung des geförderten Zugangs und des direkten Marktzugangs vorn 506 f.
[133]   Genau genommen erwähnt Art. 17 Abs. 5 Unterabs. 1 MiFID II nicht, dass Verstösse gegen die Anforderungen von MiFID II verhindert werden müssen; siehe auch Art. 48 Abs. 7 Unterabs. 2 MiFID II.

III. Die einzelnen Pflichten

- Vorhandelskontrollen bei Auftragseingabe gemäss Art. 15 RTS 6;
- eine Echtzeitüberwachung gemäss Art. 16 RTS 6; und
- Nachhandelskontrollen gemäss Art. 17 RTS 6.

Diese Kontrollen erfolgen unabhängig von den Kontrollen und der Überwachung durch die DEA-Kunden selbst (Art. 20 Abs. 1 Satz 2 RTS 6). Ein geförderter Zugang, bei dem die Aufträge der DEA-Kunden die Vorhandelskontrollen nicht durchlaufen, ist entsprechend unzulässig.[134] Denkbar ist aber, dass die Handelsplätze oder Dritte anstelle der DEA-Betreiber diese Vorhandels- und Nachhandelskontrollen sowie die Echtzeitüberwachung gestützt auf die vom DEA-Betreiber angegebenen Parameter durchführen.[135] Die Verantwortung für die Wirksamkeit der Kontrollen verbleibt indes stets beim DEA-Bereitsteller (Art. 20 Abs. 2 Satz 2 RTS 6).

Art. 21 Abs. 1 RTS 6 enthält Spezifikationen für die Handelssysteme von DEA-Bereitstellern. DEA-Bereitstellern muss es demnach möglich sein, Aufträge unberechtigter Personen automatisch zu sperren oder zu stornieren (Art. 21 lit. b und c RTS 6). Dasselbe gilt für Kundenaufträge, die gegen die im Risikomanagementsystem festgelegten Schwellenwerte verstossen (Art. 21 lit. d RTS 6). Ausserdem müssen sie in der Lage sein, den Auftragsfluss von DEA-Kunden zu unterbrechen (Art. 21 lit. e RTS 6) und die DEA-Dienste gegenüber jedem beliebigen DEA-Kunden auszusetzen oder zu kündigen, wenn sie nicht überzeugt sind, dass der fortgesetzte Zugang mit ihren eigenen Regeln und Verfahren für die Gewährleistung eines fairen und ordnungsgemässen Handels sowie der Integrität des Markts vereinbar ist (Art. 21 lit. f RTS 6). Ferner müssen sie in der Lage sein, die internen Risikokontrollsysteme der DEA-Kunden jederzeit zu überprüfen (Art. 21 lit. g RTS 6).

Die Absätze 2 bis 5 von Art. 21 RTS 6 enthalten zusätzliche Vorgaben für DEA-Betreiber. Sie müssen über Verfahren zur Bewertung, Steuerung und Minderung von Marktstörungsrisiken und firmenspezifischen Risiken verfügen (Abs. 2), sie verwenden eindeutige Identifikationscodes, durch die sie zu jeder Zeit in der

---

[134] Vgl. Art. 20 Abs. 1 Satz 3 RTS 6, wonach die Aufträge eines DEA-Kunden insb. stets die Vorhandelskontrollen durchlaufen müssen, die vom DEA-Bereitsteller festgelegt und gesteuert werden.

[135] Siehe Art. 20 Abs. 2 Satz 1 RTS 6, wonach DEA-Bereitsteller auch durch einen Dritten bereitgestellte oder vom Handelsplatz angebotene Kontrollen sowie Echtzeitüberwachungen verwenden dürfen; gemäss Art. 20 Abs. 3 RTS 6 basieren die Obergrenzen der Vorhandelskontrollen für eingereichte Aufträge auf den Obergrenzen für Kredite und Risiken, die der DEA-Bereitsteller für die Handelstätigkeiten seiner DEA-Kunden anwendet, und diese Obergrenzen leitet er aus der Due-Diligence-Prüfung vor Aufnahme der Geschäftsbeziehung und den anschliessenden regelmässigen Überprüfungen ab.

Lage sind, ihre DEA-Kunden sowie deren Handelsabteilungen und Händler zu identifizieren, wenn diese über die Systeme des DEA-Bereitstellers Aufträge einreichen (Abs. 3), und sie können Nutzniesser nachgeordneter Zugänge unterscheiden, selbst wenn sie deren Identität nicht kennen (Abs. 4). Die Aufzeichnungspflicht gemäss Art. 21 Abs. 5 RTS 6 wird unter dem nachfolgenden Titel erläutert.

e)   Pflicht zu Aufzeichnung, Auskunft und Informationsaustausch

Wenig erstaunen dürfte, dass Wertpapierfirmen auch in den Angelegenheiten von Art. 17 Abs. 5 MiFID II eine Aufzeichnungspflicht obliegt (Art. 17 Abs. 5 Unterabs. 6 MiFID II). Art. 21 Abs. 5 RTS 6 präzisiert, dass DEA-Betreiber Aufzeichnungen über die von ihren DEA-Kunden eingereichten Aufträge führen und bei den Auftragsdaten auch Änderungen und Stornierungen, von ihren Überwachungssystemen erzeugte Warnmeldungen sowie Änderungen ihres Filterungsprozesses vermerken (Abs. 5). Gegenüber der zuständigen Behörde des Herkunftsmitgliedstaates sind sie zudem – sofern von dieser vorgeschrieben – dazu verpflichtet, regelmässig oder ad hoc eine Beschreibung der Systeme und Kontrollen gemäss Art. 17 Abs. 5 Unterabs. 1 MiFID II sowie Nachweise für ihre Anwendung vorzulegen (Art. 17 Abs. 5 Unterabs. 4 MiFID II). Auf Ersuchen der zuständigen Behörde des Handelsplatzes, zu dem ein DEA-Betreiber direkten elektronischen Zugang bietet, hat die zuständige Behörde des Herkunftsmitgliedstaats der Wertpapierfirma die in Unterabs. 4 erlangten Informationen unverzüglich weiterzuleiten (Art. 17 Abs. 5 Unterabs. 5 MiFID II).

f)   Implizite Pflichten nach schweizerischem Recht

Das schweizerische Recht kennt bislang keine ausdrücklichen Pflichten für Handelsplatzteilnehmer, die ihren Kunden einen direkten elektronischen Zugang anbieten.[136] Nach dem Finanzmarktinfrastrukturgesetz (FinfraG), der Finanzmarktinfrastrukturverordnung (FinfraV) und der Nationalbankenverordnung (NBV) obliegen lediglich den Finanzmarktinfrastrukturen sowie den Teilnehmern von zentralen Gegenparteien und Zentralverwahrern Pflichten bei indirekter Teilnahme.[137] Allerdings dürften sich gewisse Handelsplatzteilnehmerpflichten implizit aus Art. 31 FinfraV und den Risikomanagementvorschriften für Finanzmarktinfrastrukturen ergeben.

---

[136] Zur Definition des direkten elektronischen Zugangs vorn 504 ff.
[137] Siehe für Finanzmarktinfrastrukturen insb. Art. 33 NBV, Art. 9 Abs. 3 FinfraV sowie im Besonderen Art. 53 ff. und Art. 69 ff. FinfraG, für Teilnehmer von zentralen Gegenparteien Art. 58 f. FinfraG, Art. 45 Abs. 1 sowie Art. 51 FinfraV und für Teilnehmer von Zentralverwahrern Art. 73 FinfraG.

III. Die einzelnen Pflichten

aa)   *Pflichten gemäss Art. 31 Abs. 1 FinfraV*

Gemäss Art. 31 Abs. 1 FinfraV muss der Handelsplatz in der Lage sein, Folgendes zu erkennen: (a) die durch algorithmischen Handel erzeugten Aufträge, (b) die verschiedenen für die Auftragserstellung verwendeten Algorithmen und (c) die Händler der Teilnehmer, die diese Aufträge im Handelssystem ausgelöst haben. Entsprechend dem Auslegungsergebnis im Abschnitt II (Anwendungsbereiche) gelten diese Pflichten indirekt nicht nur für Handelsplatzteilnehmer, sondern für sämtliche Personen, die algorithmischen Handel betreiben und damit grundsätzlich auch für DEA-Kunden.[138] Teilnehmer werden daher sicherstellen müssen, dass ihre Kunden den algorithmischen Handel kennzeichnen, Algorithmen bezeichnen und einem Händler (oder Algorithmus) zuordnen. Bietet der Teilnehmer seinen Kunden Algorithmen an, so drängt es sich auf, dass der Teilnehmer die Aufträge selbst kennzeichnet, die für die Auftragserstellung verwendeten Algorithmen bezeichnet und den Kunden (oder den Händler des Kunden) angibt.

bb)   *Pflichten gemäss Art. 31 Abs. 2 FinfraV*

Die Vorschriften gemäss Art. 31 Abs. 2 FinfraV gelten im Unterschied zu den Vorschriften nach Art. 31 Abs. 1 FinfraV grundsätzlich nur für Handelsplatzteilnehmer, die algorithmischen Handel betreiben.[139] Allerdings handelt ein Handelsplatzteilnehmer (grundsätzlich) in eigenem Namen über den Handelsplatz, auch wenn er als Kommissionär Aufträge für Rechnung von Kunden ausführt.[140] Dasselbe dürfte für den direkten elektronischen Zugang im Allgemeinen und den geförderten Zugang im Besonderen gelten. Nr. 3 SIX-Weisung 7 (*Sponsored Access*) etwa stellt klar, dass eine Rechtsbeziehung ausschliesslich zwischen der Börse und ihren Teilnehmern besteht (Abs. 1) und die Bereitsteller eines geförderten Zugangs (*Sponsoring Participants*) dafür verantwortlich sind, dass die Kunden, die diesen Zugang nutzen (*Sponsored Users*), die Regeln des Handelsplatzes einhalten (Abs. 2).[141] Der Auftritt der Teilnehmer in eigenem Namen spricht dafür, dass einige der Pflichten nach Art. 31 Abs. 2 FinfraV auch für die

---

[138]   Vorn 594, 598 ff.
[139]   Vorn 594 f.
[140]   Siehe etwa *S. Bühler* (2016), N 594 und *Zobl/Kramer* (2004), N 1216, 1224 ff., wonach der Effektenhändler bei der Kommission als indirekter Stellvertreter handelt und in eigenem Namen, aber für Rechnung des Kunden einen Kauf- oder Verkaufsvertrag mit einer Gegenpartei am Markt abschliesst; tritt der Effektenhändler im Sinne eines Selbsteintritts ein, handelt er in eigenem Namen und für eigene Rechnung.
[141]   Siehe auch Art. 48 Abs. 7 Unterabs. 1 MiFID II, wonach die Verantwortung für Aufträge und Geschäfte, die über einen DEA-Anschluss abgeschlossen werden, in Bezug auf die Anforderungen von MiFID II beim DEA-Bereitsteller verbleiben muss.

Kunden des Teilnehmers von Bedeutung sind. Die Handelsplatzteilnehmer haben daher etwa nicht nur sicherzustellen, dass die algorithmischen Aufträge ihrer Kunden gekennzeichnet sind; soweit sie über ihre Systeme geleitet werden, dürften die Aufträge auch automatisch von der Aufzeichnungspflicht erfasst sein und den Handelsobergrenzen unterliegen.[142] Da auch Mitteilungen von *Sponsored Users* im Namen des Teilnehmers erfolgen, hat der Teilnehmer auch diese Mitteilungen in der Form von Aufträgen und Auftragsstornierungen aufzuzeichnen. Praktisch dürfte sich dies am besten umsetzen lassen, indem die Handelsplätze den DEA-Bereitstellern diese Informationen mittels einer Drop-Copy zur Verfügung stellen. Handelsobergrenzen für Kunden und laufende Drop-Copies bei Gewährung eines geförderten Zugangs dürften im Übrigen auch aufgrund der allgemeinen Risikomanagementvorgaben erforderlich sein.[143]

Fraglich erscheint demgegenüber, ob Teilnehmer (a) sicherstellen müssen, dass ihre Kunden keine Störungen auf dem Handelsplatz verursachen oder dazu beitragen, und (b) dazu verpflichtet sind, Verstösse gegen die aufsichtsrechtlichen Tatbestände der Marktmanipulation und des Insiderhandels durch Kunden wirksam zu verhindern (vgl. Art. 31 Abs. 2 lit. c und d FinfraV). In den Marktverhaltensregeln vom Jahr 2013 hat die Finma ausdrücklich festgehalten, dass eine systematische Überwachung und Abklärung der Effektengeschäfte von Kunden nicht verlangt ist.[144] Aus Art. 31 Abs. 2 FinfraV kann in dieser Hinsicht nun schwerlich ein Paradigmenwechsel abgeleitet werden. Im Übrigen erschiene es auch mit Blick auf ökonomische Überlegungen fraglich, ob eine doppelte Überprüfung durch den Handelsplatz und den Teilnehmer sinnvoll ist. Effizienter dürfte eine Überprüfung durch eine spezialisierte Stelle sein, die zunächst sämtliche relevanten Daten sammelt und dann auf marktmissbräuchliche Verhaltensweisen hin untersucht.[145] Eine Ausnahme vom Grundsatz, dass Kundenaufträge nicht systematisch auf marktstörende und marktmissbräuchliche Verhaltensweisen hin überwacht werden müssen, könnte allerdings für DEA-Kunden gelten. Nicht nur strebte der schweizerische Gesetzgeber eine im Vergleich zum europäischen Recht äquivalente Regelung an; bei DEA-Kunden dürfte es sich auch regelmässig um Hochfrequenzhändler handeln, von denen allein schon aufgrund des hohen Mitteilungsaufkommens erhöhte Risiken für den geordne-

---

[142] Vgl. insb. Art. 31 Abs. 2 lit. b FinfraV; die Aufzeichnungspflicht dürfte ferner auch für Aufträge von Nutzern eines geförderten Zugangs gelten, bei dem die Kundenaufträge nicht über die Systeme des Teilnehmers geleitet werden, der Teilnehmer aber vom Handelsplatz eine Drop-Copy für die Risikokontrollen erhält.
[143] Zu den allgemeinen Risikomanagementvorgaben vorn 559 ff.
[144] FINMA-RS 2013/8, N 47.
[145] Siehe hierzu hinten 862 ff.

III. Die einzelnen Pflichten

ten Handel ausgehen.¹⁴⁶ Zumindest erschiene es daher zulässig, wenn die Finma die Marktverhaltensregeln insoweit ergänzt, dass die DEA-Betreiber wirksam verhindern müssen, dass ihre DEA-Kunden (a) Störungen auf dem Handelsplatz verursachen oder dazu beitragen und (b) gegen die aufsichtsrechtlichen Tatbestände der Marktmanipulation und des Insiderhandels verstossen. Eine Pflicht zur Überwachung der über einen geförderten Zugang erteilten Aufträge hat die SIX denn auch *Sponsoring Participants* in Nr. 9 Abs. 2 SIX-Weisung 7 auferlegt. *Sponsoring Participants* stellt die SIX für den Auftragsfluss ihrer *Sponsored Users* spezifische Instrumente für die Risikokontrolle vor und zum Zeitpunkt des Abschlusses zur Verfügung.¹⁴⁷ Ausserdem verpflichtet sie die *Sponsoring Participants* dazu, diese Kontrollinstrumente zu konfigurieren und den Auftragsfluss der *Sponsored Users* in geeigneter Weise zu überwachen, wobei sie der Art und Komplexität des Auftragsflusses des *Sponsored Users* angemessen Rechnung zu tragen haben.¹⁴⁸ Ferner haben sie vom Börsensystem ausgelöste Mitteilungen und Warnungen zu beachten und gegebenenfalls Massnahmen zu ergreifen.¹⁴⁹

Weiter erscheint fraglich, ob DEA-Bereitsteller auch sicherstellen müssen, dass die Systeme der DEA-Kunden mit ausreichenden Kapazitäten für Spitzenvolumina an Aufträgen und Mitteilungen ausgestattet sind (vgl. Art. 31 Abs. 2 lit. a FinfraV) und angemessenen Tests von Algorithmen und Kontrollmechanismen unterliegen (vgl. Art. 31 Abs. 2 lit. e FinfraV). Zwar betreffen diese Bestimmungen primär das Risikomanagement der Teilnehmer; zugleich sollen sie aber in Verbindung mit Art. 31 Abs. 2 lit. c FinfraV auch den geordneten Handel gewährleisten.¹⁵⁰ Bei dieser Frage erscheinen ähnliche Überlegungen wie im vorangehenden Abschnitt bedeutsam. Sowohl das Ziel einer im Vergleich zum europäischen Recht äquivalenten Regelung als auch der in Art. 30 FinfraG formulierte Zweck der Sicherstellung eines geordneten Handels dürften dafür sprechen, dass die Systeme der DEA-Kunden die erwähnten Vorgaben nach Art. 31 Abs. 2 lit. a und e FinfraV einhalten müssen. Demgegenüber dürften keine entsprechende Pflichten gelten für nichtfinanzielle Kunden, die von Teilnehmern angebotene (Ausführungs-)Algorithmen verwenden; die Teilnehmer sind in diesem Fall für die ausreichenden Kapazitäten und die angemessenen Tests verantwort-

---

146 Zum Ziel einer äquivalenten Regelung *EB FinfraV I 2015*, 4 f., 18; *EB FinfraV II 2015*, 6 f., 21; zur Funktion, einen geordneten Handel zu gewährleisten, der als Kompetenznorm herangezogene Art. 30 FinfraG.
147 Nr. 8 Abs. 2 Satz 1 SIX-Weisung 7 (Sponsored Access).
148 Nr. 8 Abs. 2 Satz 3 SIX-Weisung 7; ausserdem hat der *Sponsoring Participant* nach Nr. 8 Abs. 5 Satz 1 die Pflicht, die Wirksamkeit der Risikomanagementkontrollen vor Gewährung eines geförderten Zugangs zu prüfen und später regelmässig zu überwachen sowie Massnahmen zur Behebung allfälliger Probleme unverzüglich einzuleiten.
149 Nr. 8 Abs. 2 Satz 4 SIX-Weisung 7.
150 Siehe vorn 609 ff.

lich. Wohl ebenfalls nicht erfasst sein dürften Kunden von Teilnehmern, selbst wenn diese eigene Algorithmen erstellen, die nicht vom Teilnehmer geprüft werden. Gewiss können von solchen Algorithmen Risiken für den geordneten Handel und die Marktintegrität ausgehen. Wollte der Bundesrat auch solche Händler erfassen, hätte er den Anwendungsbereich aber weiter wählen müssen. Im Unterschied zum vielleicht nicht auf den ersten Blick ersichtlichen Sonderfall von Hochfrequenzhandel betreibenden DEA-Kunden, musste für den Bundesrat ersichtlich sein, dass Kunden von Teilnehmern im Allgemeinen algorithmische Handelsstrategien verfolgen können.

Wie bereits angedeutet besteht allerdings die Gefahr, dass beaufsichtigte Institute wie etwa Banken, Effektenhändler und Anlagefonds die Pflichten gemäss Art. 31 Abs. 2 FinfraV umgehen, indem sie als Kunden von Teilnehmern, algorithmischen Handel betreiben.[151] Um dies zu verhindern, erschiene eine extensive Auslegung immerhin für solche Kunden angezeigt. Demzufolge müssten Teilnehmer also sicherstellen, dass ihre von der Finma oder einer ausländischen Finanzmarktaufsichtsbehörde beaufsichtigten Kunden die Anforderungen gemäss Art. 31 Abs. 2 FinfraV selbst einhalten, sofern sie algorithmischen Handel betreiben. Abgesehen vom Ziel der Vermeidung der Gesetzesumgehung spricht auch das Ziel einer im Vergleich zum europäischen Recht äquivalenten Regelung für eine solch extensive Auslegung, denn MiFID II verwendet einen weiten Begriff der Wertpapierfirma und auferlegt sämtlichen Wertpapierfirmen, die algorithmischen Handel betreiben, die in diesem Kapitel aufgeführten Pflichten.[152]

cc) Fazit

Zusammengefasst dürften die folgenden (indirekten) Anwendungsbereiche und Verpflichtungen für Kunden gelten:
- Für Art. 31 Abs. 1 FinfraV (Kennzeichnung, Bezeichnung der Algorithmen und Zuordnung):
  - Verpflichtung für alle Personen, die algorithmischen Handel betreiben (Teilnehmer oder Dritte können diese Aufgabe für Kunden übernehmen);
- Für Art. 31 Abs. 2 Teilsatz 1 FinfraV (Meldepflicht):
  - Verpflichtung nur für Teilnehmer, aber auch, wenn nur Kunden algorithmischen Handel betreiben;
- Für Art. 31 Abs. 2 Teilsatz 2 FinfraV (Aufzeichnungen) und lit. b (Handelsobergrenzen):

---

[151] Vorn 595.
[152] Zum Begriff der Wertpapierfirma vorn 512 ff.; siehe ferner Art. 1 Abs. 5 MiFID II, wonach Art. 17 Abs. 1–6 auch für Teilnehmer von geregelten Märkten und MTFs gelten, die nach Art. 2 Abs. 1 lit. a, e, i und j keine Zulassung gemäss MiFID II benötigen.

III. Die einzelnen Pflichten

- Verpflichtung der Teilnehmer für Aufträge aller Kunden, die algorithmischen Handel betreiben;
- Für Art. 31 Abs. 2 lit. a, c, d und e FinfraV (Belastbare Systeme, Verhinderung von Störungen und Marktmissbrauch, Algo-Tests):
  - Teilnehmer müssen sicherstellen, dass auch DEA-Kunden und beaufsichtigte Institute (Banken, Effektenhändler, Anlagefonds), die als Kunden algorithmischen Handel betreiben, diese Verpflichtungen erfüllen;
  - keine Verpflichtung besteht demgegenüber, wenn andere Kunden algorithmischen Handel betreiben.

Präzisierungen durch den Bundesrat oder zumindest die Finma erscheinen angezeigt.

5. Besondere europäische Vorgaben

Das europäische Recht enthält einige besondere Bestimmungen zur Organisation und zum Clearing, die das schweizerische Recht in dieser Form zum aktuellen Zeitpunkt nicht kennt.

a) Besondere Organisationsvorschriften

In den Art. 1 ff. RTS 6 finden sich die folgenden zusätzlichen organisatorischen Vorgaben für Wertpapierfirmen, die algorithmischen Handel betreiben:
- Sie werden zur Anwendung klarer und formalisierter Vorgaben bei der Einführung und Überwachung ihrer Handelssysteme und Handelsalgorithmen verpflichtet, einschliesslich Vorgaben zu (Art. 1 RTS 6):
  - klaren Hierarchien und Rechenschaftspflichten;
  - effektiven Verfahren für die Weiterleitung von Informationen innerhalb der Wertpapierfirma; sowie
  - zur Trennung der Aufgaben und Zuständigkeiten der Handelsabteilungen und der unterstützenden Funktionen;
- die Aufgaben der Compliance-Funktion werden aufgeführt (Art. 2 RTS 6);
- die Personalausstattung wird vorgeschrieben (Art. 3 RTS 6); und
- die Auslagerung und Beschaffung von IT-Dienstleistungen geregelt (Art. 4 RTS 6).

b) Besondere Vorgaben für das Clearing

Im Zusammenhang mit den Pflichten bei Gewährung eines direkten elektronischen Zugangs steht die in Art. 17 Abs. 6 MiFID II statuierte Pflicht, wonach ein allgemeines Clearing-Mitglied, das für andere Personen handelt, über wirksame Systeme und Kontrollen verfügen muss, um sicherzustellen, dass Clearing-Dienste nur für Personen angewandt werden, die dafür geeignet sind und eindeutige Kriterien erfüllen. Dieselbe Bestimmung schreibt weiter vor, dass diese Personen Anforderungen zur Verringerung der Risiken für die Wertpapierfirmen sowie den Markt genügen müssen, und die Wertpapierfirmen mit diesen Personen eine rechtlich bindende schriftliche Vereinbarung zu treffen haben, in der die wesentlichen Rechte und Pflichten festgelegt werden (Art. 17 Abs. 6 MiFID II). Präzisierungen zu diesen Pflichten finden sich in Art. 24 ff. RTS 6 mit Vorschriften zu Due-Diligence-Prüfungen potenzieller Clearing-Kunden (Art. 24 f. RTS 6), zu Positionslimits (Art. 26 RTS 6) und zur Offenlegung von Informationen über erbrachte Dienstleistungen (Art. 27 RTS 6). Die Schweiz kennt zwar keine besonderen Vorschriften für das Clearing im Zusammenhang mit dem algorithmischen Handel; es bestehen aber besondere Vorschriften für Teilnehmer von zentralen Gegenparteien und Zentralverwahrern für den Fall, dass diese indirekten Teilnehmern einen Zugang zur Finanzmarktinfrastruktur ermöglichen.[153]

IV. Legalität von Art. 31 FinfraV

Nachfolgend soll die Legalität von Art. 31 FinfraV geprüft werden, da die gesetzliche Grundlage dünn erscheint.[154]

1. Legalitätsprinzip

Nach dem für jeden Rechtsstaat zentralen Legalitätsprinzip ist das Recht Grundlage und Schranke staatlichen Handelns.[155] Es ist in der Schweiz allgemein in Art. 5 Abs. 1 BV verankert und bezweckt den Schutz der Rechtssicherheit, der Rechtsgleichheit sowie der Freiheit des Individuums vor staatlichen Eingriffen.[156] Dem dritten Schutzzweck folgend etwa dürfen Grundrechte im Allgemeinen und Freiheitsrechte im Besonderen nur gestützt auf eine gesetzliche Grundlage eingeschränkt werden und schwerwiegende Einschränkungen müssen im Gesetz selbst vorgesehen sein (Art. 36 Abs. 1 BV). Das Legalitätsprinzip

---

[153] Siehe für Teilnehmer von zentralen Gegenparteien Art. 58 f. FinfraG, Art. 45 Abs. 1 sowie Art. 51 FinfraV und für Teilnehmer von Zentralverwahrern Art. 73 FinfraG.

[154] So auch *Leisinger* (2017), N 7 zu Art. 30 FinfraG.

[155] Siehe Art. 5 Abs. 1 BV; *Häfelin/Müller/Uhlmann* (2016), N 325; *Gächter* (2011), N 101; siehe auch BGE 128 I 113 E. 3c, wonach das Legalitätsprinzip besage, dass ein staatlicher Akt sich auf eine materiellgesetzliche Grundlage stützen muss, die hinreichend bestimmt und vom staatsrechtlich hierfür zuständigen Organ erlassen worden ist.

[156] *Häfelin/Müller/Uhlmann* (2016), N 329 ff.; ähnlich *Gächter* (2011), N 101; siehe auch BGE 128 I 113 E. 3c, wonach es ferner dem demokratischen Anliegen der Sicherung der staatsrechtlichen Zuständigkeitsordnung diene.

gilt allerdings umfassend, also nicht bloss bei der Einschränkung von Grundrechten.[157]

2. Erfordernis des Rechtssatzes und der Gesetzesform

a) Allgemeine Bedeutung der Erfordernisse

Beim Legalitätsprinzip wird unterschieden zwischen dem Erfordernis des Rechtssatzes und dem Erfordernis der Gesetzesform.[158] Das Erfordernis des Rechtsaktes verlangt eine generell-abstrakte Norm und die genügende Bestimmtheit derselben.[159] Art. 31 FinfraV dürfte diesen Anforderungen grundsätzlich genügen, sodass vorliegend primär das Erfordernis der Gesetzesform von Interesse ist. Das Erfordernis der Gesetzesform verlangt, dass die wichtigen Rechtsnormen, auf denen die Verwaltungstätigkeit beruht, in einem Gesetz enthalten sein müssen, und erfüllt damit neben der rechtsstaatlichen auch eine demokratische Funktion.[160] Verlangt wird für diese bedeutenden Rechtsnormen (zumindest) ein Gesetz im formellen Sinn, das von einem (nationalen oder kantonalen) Parlament beschlossen wurde und normalerweise dem Referendum untersteht.[161]

b) Bedeutsamkeit des Eingriffs nach Art. 164 BV

Art. 164 Abs. 1 BV enthält eine Liste mit bedeutsamen rechtssetzenden Bestimmungen, die in der Form des Bundesgesetzes zu erlassen sind. Zu ihnen gehören namentlich die Einschränkung verfassungsmässiger Rechte (lit. b) sowie die Rechte und Pflichten von Personen (lit. c). Kaum zweifelhaft sein dürfte, dass Art. 31 FinfraV Personen Pflichten im Sinne von Art. 164 Abs. 1 lit. c BV auferlegt. Von den verfassungsmässigen Rechten tangiert Art. 31 FinfraV die Wirtschaftsfreiheit, denn diese schützt in sachlicher Hinsicht allgemein jede gewerbsmässig ausgeübte privatwirtschaftliche Tätigkeit, die der Erzielung eines Gewinns oder Erwerbseinkommens dient.[162] Teilgehalte der Wirtschaftsfreiheit

---

[157] BGE 131 II 562 E. 3.1; *Häfelin/Müller/Uhlmann* (2016), N 332; zum Legalitätsprinzip im Strafrecht etwa *Cohen* (2015), 9 ff.
[158] *Häfelin/Müller/Uhlmann* (2016), N 337 ff.; siehe auch *Gächter* (2011), N 103 ff, 107 ff.
[159] *Gächter* (2011), N 103 ff.
[160] *Häfelin/Müller/Uhlmann* (2016), N 350 f.; *Gächter* (2011), N 107.
[161] Zu den Ausnahmen BGE 132 I 157 E. 2.2; 126 I 180 E. 2a/aa; 124 I 216 E. 3a; 118 Ia 245 E. 3b.
[162] BGE 132 I 282 E. 3.2; 125 I 276 E. 3a; 118 Ia 175 E. 1; *Rhinow/Schmid/Biaggini/Uhlmann* (2011), § 5 N 28 ff.; *Vallender/Hettich/Lehne* (2006), § 5 N 22 ff.; *Müller/Schefer* (2008), 1053 f.; *Hänni/Stöckli* (2013), N 38 ff.; vorn 108 ff.

sind etwa die Freiheit der Berufswahl, die Freiheit der Berufsausübung, der freie Marktzugang, die Werbefreiheit sowie das Verbot der Ungleichbehandlung direkter Konkurrenten.[163] Art. 31 FinfraV tangiert sowohl die Freiheit der Berufsausübung als auch den freien Marktzugang für Personen, die Handelsstrategien algorithmisch verfolgen; bei Order-to-Transaction-Ratios dürfte ferner eine Ungleichbehandlung direkter Konkurrenten vorliegen, da reine Market-Maker grundsätzlich eine höhere Order-to-Transaction-Ratio aufweisen als Händler, die gemischte Strategien verfolgen, sodass letztere ohne sachlichen Grund privilegiert werden.[164]

Nicht jede Einschränkung von Grundrechten muss im Gesetz selbst vorgesehen sein; Art. 36 Abs. 1 Satz 2 BV hält ausdrücklich fest, dass dies nur für schwerwiegende Einschränkungen gilt. Ähnliches gilt nach der Lehre und Rechtsprechung für die übrigen in Art. 164 Abs. 1 BV aufgeführten Sachverhalte; sie verlangen eine gewisse Wichtigkeit der Rechtsnorm, wozu sie die folgenden Kriterien zur Beurteilung heranziehen: die Intensität des Eingriffs, die Zahl der von einer Regelung Betroffenen, die finanzielle Bedeutung und die Akzeptierbarkeit der Bestimmung.[165] Beispiele für schwere Eingriffe sind nach der Rechtsprechung des Bundesgerichts etwa der Warnungsentzug des Führerausweises, ein absolutes Rauchverbot in öffentlichen Räumen sowie die Entbündelung der Teilnehmeranschlüsse (letzte Meile).[166]

c) Prüfung der vier Kriterien

Die Intensität der Pflichten nach Art. 31 FinfraV erscheint auf den ersten Blick moderat. Der algorithmische Handel ist meldepflichtig, algorithmische Aufträge sind zu kennzeichnen und die verwendeten Algorithmen sowie die verantwortlichen Händler zu bezeichnen. Ferner müssen mit den Risikokontrollen und Systemen gemäss Art. 31 Abs. 2 FinfraV Organisationsvorgaben erfüllt werden, die sich für Aktiengesellschaften teilweise auch direkt aus Art. 716a OR ergeben könnten. Ob die Intensität der Pflichten tatsächlich moderat ist, wird allerdings letztlich massgeblich davon abhängen, wie weit die Finma die Vorgaben präzi-

---

[163] Art. 27 Abs. 2 BV, wonach die dortige Auflistung (freie Berufswahl und Ausübung sowie freier Zugang) nicht abschliessend ist; BGE 138 I 378 E. 6.1; 136 I 29 E. 3.2; *Vallender/Hettich/Lehne* (2006), § 5 N 27 ff.; auch *Rhinow/Schmid/Biaggini/Uhlmann* (2011), § 5 N 33 ff.; *Müller/Schefer* (2008), 1054 ff.; *Hänni/Stöckli* (2013), N 43 ff.
[164] Hierzu vorn 332, 463 ff.
[165] *Müller/Uhlmann* (2013), N 130; *Häfelin/Müller/Uhlmann* (2016), N 354 ff.; BGE 134 I 322 E. 2.6.3; 133 II 331 E. 7.2.1.
[166] BGE 134 I 322 E. 2.6.3 für das Rauchverbot in öffentlichen Räumen; BGE 133 II 331 E. 7.2.1 zum Warnungsentzug; BGE 131 II 13 E. 6.4 für die Entbündelung der Teilnehmeranschlüsse; zum Ganzen *Häfelin/Müller/Uhlmann* (2016), N 355 ff.

siert. Wird sie sich an den europäischen Durchsetzungsrechtsakten RTS 6 und RTS 7 orientieren, besteht durchaus eine hohe Intensität, denn Wertpapierfirmen, die algorithmischen Handel betreiben, wird darin wie gezeigt im Detail vorgegeben, wie sie ihr Geschäft zu betreiben haben.[167]

Die Zahl der Betroffenen erscheint auf den ersten Blick nicht besonders hoch. Betroffen sind primär Handelsplatzteilnehmer, die algorithmischen Handel betreiben. Allerdings dürfte die Zahl der indirekt Betroffenen ungleich höher sein, betreffen gewisse Pflichten doch sämtliche Personen, die algorithmischen Handel betreiben.[168] Soweit sich die Bestimmungen auf die Marktqualität auswirken, indem sie etwa das Market-Making verteuern, sind darüber hinaus sämtliche Investoren indirekt betroffen, die über schweizerische Handelsplätze handeln. Der hohe Detaillierungsgrad der Pflichten gemäss RTS 6 und RTS 7 dürfte bei Market-Makern und Handelsplätzen beträchtliche Kosten verursachen, und für diese Kosten müssen einerseits die Spreads und andererseits die Handelsplatzgebühren kompensieren, sodass erhöhte Transaktionskosten für Investoren wahrscheinlich sind.[169] Ausserdem führt etwa eine Order-to-Transaction-Ratio wie im Rahmen der ökonomischen Analyse erläutert zu höheren Risiken bei der Bereitstellung von Liquidität, woraus sich zusätzliche Kosten für automatisierte Market-Maker ergeben.[170]

Das dritte Kriterium, die finanzielle Bedeutung der Regeln, dürfte zweifellos erfüllt sein. Angesichts des bedeutenden Marktanteils des algorithmischen Handels von mindestens 40 Prozent der ausgeführten Aufträge in Europa bei einem Handelsvolumen an der SIX von rund CHF 1 279 Mrd. im Jahr 2016 dürfte Art. 31 FinfraV in Verbindung mit den europäischen Durchführungsrechtsakten hohe Kosten verursachen, selbst wenn sich die Prozesse weitgehend automatisieren lassen.[171] Unklar ist, ob die SIX beim jährlichen Handelsvolumen von CHF 1 279 Mrd. lediglich die nach Verrechnung der Positionen am Ende der Handelstage abgewickelten Geschäfte berücksichtigte. Falls ja, wäre das Handelsvolumen mit Bezug auf die Verpflichtungsgeschäfte bedeutend höher. Soweit sich die Regeln in der Form der europäischen Vorgaben wie angenommen negativ auf die Marktqualität auswirken, bewegen sich die zusätzlichen Kosten für Investoren daher selbst bei geringen zusätzlichen Transaktionskosten schnell im mehrstelligen Millionen- oder gar Milliardenbereich.

---

[167] Hierzu vorn 597 ff.
[168] Zum Anwendungsbereich vorn 594 ff., 598 ff.
[169] Hierzu vorn 63 ff.
[170] Vorn 463 ff.
[171] Zum Marktanteil des Hochfrequenzhandels vorn 12 f.; zum Handelsvolumen bei der SIX im Jahr 2016 siehe den Statistical Monthly Report vom Dezember 2016, abrufbar unter *www.six-swiss-exchange.com/statistics/monthly_data/overview/2016_de.html*.

Schliesslich erscheint auch die Akzeptierbarkeit der Regeln für die Betroffenen fraglich. Die SIX hat dies schon bei der Einführung der entsprechenden Organisationspflichten in den Marktverhaltensregeln deutlich gemacht, als sie vehement gegen diese Bestimmungen opponierte.[172] Ausserdem war die Erwähnung von Hochfrequenzhändlern in Art. 30 FinfraG im Parlament umstritten und wurde von der bürgerlichen Ratshälfte abgelehnt.[173] UBS und CS wiederum strebten an, dass Market-Maker vom Anwendungsbereich von Art. 31 FinfraV ausgeschlossen werden.[174] Dieses Gesuch kann als Fundamentalopposition gewertet werden, denn letztlich dürfte sich ein Grossteil der Handelstätigkeit von bedeutenden Finanzmarktteilnehmern – wenn nicht der gesamte Handel – als Market-Making qualifizieren lassen.

Bei Berücksichtigung aller vier Kriterien ist wohl zumindest dann von einem schweren Eingriff auszugehen, der eine Grundlage in einem Gesetz im formellen Sinn erfordert, wenn die Finma Art. 31 FinfraV im Sinne der europäischen Vorschriften (RTS 6 und RTS 7) umsetzt. Als eher moderat dürften die Pflichten demgegenüber bewertet werden, wenn die Umsetzung den Handelsplätzen überlassen wird und die Finma gegenüber letzteren keine strengen Anforderungen stellt.

3. Vollzugskompetenz

Der Bundesrat stützte Art. 31 FinfraV auf Art. 30 FinfraG. Im Unterschied zu Art. 31 FinfraV ist Art. 30 FinfraG in einem Gesetz im formellen Sinn verankert und würde damit das Erfordernis der Gesetzesform erfüllen. Da Art. 30 FinfraG keine Gesetzesdelegation enthält, stellt sich die Frage, ob die Auferlegung von Teilnehmerpflichten nach Art. 31 FinfraV noch von der allgemeinen Vollzugskompetenz erfasst ist.[175] Art. 157 FinfraG hält für das Finanzmarktinfrastrukturgesetz ausdrücklich fest, dass der Bundesrat das Gesetz vollzieht und die Ausführungsbestimmungen erlässt. Nach allgemeiner Ansicht benötigt der Bundesrat allerdings keine ausdrückliche Gesetzesgrundlage für die Präzisierung der finanzmarktrechtlichen Bestimmungen.[176] Auch müssen Vollziehungsverordnun-

---

[172] *AB FINMA-RS 2013/8*, 20, 35.
[173] Siehe etwa AB 2015 N 482 ff., 530 ff., 534; AB 2015 S 339 ff., 342 f.
[174] *AB FinfraV 2015*, 7.
[175] Gemäss Art. 182 Abs. 1 BV erlässt der Bundesrat rechtsetzende Bestimmungen in der Form der Verordnung, soweit er durch Verfassung oder Gesetz dazu ermächtigt ist. Nach Art. 182 Abs. 2 BV sorgt er ferner für den Vollzug der Gesetzgebung, der Beschlüsse der Bundesversammlung und der Urteile richterlicher Behörden des Bundes.
[176] *Müller/Uhlmann* (2013), N 406, 412; *Häfelin/Müller/Uhlmann* (2016), N 100; *Winzeler* (2011), N 6 zu Art. 7 FINMAG.

IV. Legalität von Art. 31 FinfraV

gen die Voraussetzungen der Gesetzesdelegation nicht erfüllen, sondern können sich direkt auf Art. 182 Abs. 2 BV stützen.[177]

Vollziehungsverordnungen präzisieren nach der Rechtsprechung des Bundesgerichts den Gedanken des Gesetzgebers durch Detailvorschriften, um auf diese Weise die Anwendbarkeit der Gesetze zu ermöglichen.[178] Sie dürfen das auszuführende Gesetz oder andere Gesetze weder aufheben noch abändern, sie müssen der Zielsetzung des Gesetzes folgen und dürfen lediglich die Regelung, die in grundsätzlicher Weise bereits im Gesetz Gestalt angenommen hat, aus- und weiterführen.[179] Insbesondere dürfen dem Bürger grundsätzlich keine neuen Pflichten auferlegt werden, selbst wenn diese vom Gesetzeszweck gedeckt wären.[180]

Art. 31 FinfraV enthält diverse Pflichten für Personen, die algorithmischen Handel betreiben. Diese Pflichten sind in Art. 30 FinfraG in keiner Weise vorgezeichnet; im Gegenteil, es findet sich nicht einmal ein Hinweis darauf, dass solchen Personen besondere Pflichten auferlegt werden sollen, sodass schon aus diesem Grund eine Vollzugskompetenz zur Auferlegung von Pflichten auf algorithmische Händler verneint werden muss. Adressaten von Art. 30 FinfraG sind die Handelsplätze: Gemäss Art. 30 Abs. 1 FinfraG müssen sie über Handelssysteme verfügen, die auch bei hoher Handelstätigkeit einen geordneten Handel gewährleisten, und nach Art. 30 Abs. 2 FinfraG treffen sie wirksame Vorkehrungen, um Störungen in seinem Handelssystem zu vermeiden. Immerhin dürften daher die echten Handelsplatzpflichten in Art. 30 FinfraV und Art. 31 Abs. 3 FinfraV (Gebührenkompetenz) von der Vollzugskompetenz erfasst sein, da sie an dieselben Adressaten gerichtet sind und den Gedanken von Art. 30 FinfraG fortführen. Ferner sind wohl auch die besonderen Handelsplatzpflichten gemäss Art. 31 Abs. 2 lit. e FinfraV (OTR, Verlangsamung des Auftragsaufkommens und Tick-Size) noch vom Gedanken von Art. 30 FinfraG getragen.[181] Für die übrigen Pflichten nach Art. 31 Abs. 1 und Abs. 2 FinfraV lässt sich demgegenüber dasselbe bei Berücksichtigung der Rechtsprechung des Bundesgerichts schwer-

---

[177] So ausdrücklich für das kantonale Recht BGE 121 I 22 E. 2c; nach der Rechtsprechung des Bundesgerichts muss eine Gesetzesdelegation vier Voraussetzungen genügen: Sie muss in einem formellen Gesetz enthalten sein, nicht durch die Verfassung ausgeschlossen sein, sich auf ein bestimmtes Gebiet beschränken und Grundzüge der Regelung selber enthalten, soweit die Stellung der Rechtsunterworfenen schwerwiegend berührt wird, siehe BGE 134 I 322 E. 2.4; 128 I 113 E. 3c; 118a 245 E. 3b.
[178] BGE 136 I 29 E. 3.3; 130 I 140 E. 5.1.
[179] BGE 136 I 29 E. 3.3; 130 I 140 E. 5.1.
[180] BGE 141 II 169 E. 4.3.1; 136 I 29 E. 3.3; 130 I 140 E. 5.1; 124 I 127 E. 3b.
[181] OTRs dürften allerdings gegen die Wirtschaftsfreiheit verstossen, weil sich ihr Nutzen nicht nachweisen lässt; allgemeine Hinweise zu dieser Begründen finden sich Kapitel 5; OTRs wurden ausserdem im Besonderen untersucht, siehe vorn 463 ff.

lich argumentieren, da die Bestimmung nur noch aufgrund der besonderen Konstruktion der indirekten Aufsicht die Handelsplätze adressiert, aber tatsächlich an die Marktteilnehmer gerichtet ist. Es ist denn auch bezeichnend, dass Art. 30 FinfraV denselben Titel trägt wie Art. 30 FinfraG (*Sicherstellung eines geordneten Handels*), während der Bundesrat für Art. 31 FinfraV einen anderen Titel wählte (*Algorithmischer Handel und Hochfrequenzhandel*).

Bemerkenswert erscheint ferner, dass etwa die Europäische Kommission dem Europäischen Parlament mit Art. 17 und Art. 48 MiFID II detaillierte Bestimmungen zur Regulierung des algorithmischen Handels zur Genehmigung unterbreitete, während der schweizerische Bundesrat dem Parlament keine entsprechenden Bestimmungen vorlegte, woraus ein Demokratiedefizit in der Schweiz und nicht etwa in Europa abgeleitet werden kann. Angesichts des Fehlens solcher Bestimmungen konnte denn auch davon ausgegangen werden, dass solche Regeln nicht auf Verordnungsstufe geschaffen werden. Zwar wies der Bundesrat schon in der Botschaft und später auch in den parlamentarischen Beratungen darauf hin, dass mit Art. 30 FinfraG eine Grundlage für die Regulierung des Hochfrequenzhandels geschaffen werden sollte.[182] Dennoch konnten keine besonderen Pflichten für algorithmische Händler, sondern lediglich Bestimmungen wie Art. 30 und Art. 31 Abs. 2 lit. e Nr. 1 bis 3 sowie Abs. 3 FinfraV erwartet werden, denn auch diese Bestimmungen adressieren den algorithmischen Handel und den Hochfrequenzhandel. Die Vorgehensweise des Bundesrates erweckt denn auch vielmehr den Eindruck, als ob er eine parlamentarische Debatte vermeiden wollte. Schliesslich war abzusehen, dass Pflichten für algorithmische Händler im Parlament einen schweren Stand haben würden. Die Mehrheit im Parlament hat sich denn auch gegen eine explizite Nennung des Hochfrequenzhandels ausgesprochen.[183] Diese demokratischen Aspekte sind insofern von grosser Bedeutung für das Erfordernis der Gesetzesform, als dieses Erfordernis wie erwähnt gerade eine demokratische Funktion erfüllt.[184] Die demokratischen Grundsätze mögen etwas weniger streng angewendet werden, wenn die Finma und Nationalbank ausserhalb eines Gesetzgebungsverfahrens auf neue Gefahren reagieren müssen. Gegenstand der vorliegenden Prüfung sind aber ein neues Gesetz sowie eine neue Verordnung, sodass erwartet werden konnte, dass der Bundesrat dem Parlament zumindest die Grundzüge der Pflichten für algorithmische Händler zur Genehmigung unterbreitet. Immerhin löst der algorithmische Handel den manuellen Handel zunehmend gänzlich ab, sodass letztlich sämtliche professionellen Händler betroffen sind.[185]

---

[182] *Botschaft FinfraG 2014*, 7485, 7533; Stellungnahme von BRin *Widmer-Schlumpf* im Nationalrat (AB 2015 N 484).
[183] Siehe AB 2015 N 482 ff., 530 ff., 534; AB 2015 S 339 ff., 342 f.
[184] Vorn 641.
[185] Siehe hierzu die Statistiken vorn 12 f.

4. Fazit

Zusammenfassend bedürfen Pflichten von Personen aufgrund des Legalitätsprinzips zumindest dann einer formell-gesetzlichen Grundlage, wenn sie eine gewisse Schwere aufweisen. Im Falle der Pflichten bei algorithmischem Handel muss diese Schwere zumindest dann bejaht werden, wenn die Finma Art. 31 FinfraV im Sinne der europäischen Vorschriften (RTS 6 und RTS 7) umsetzt. Ausserdem sprengen die Institutspflichten bei algorithmischem Handel den Rahmen der Vollzugskompetenz des Bundesrates, da Art. 30 FinfraG solche Pflichten nicht einmal dem Grundsatz nach erwähnt, sodass sich gestützt darauf lediglich die echten Handelsplatzpflichten nach Art. 30 und Art. 31 Abs. 2 lit. e Nr. 1 bis 3 sowie Abs. 3 FinfraV rechtfertigen lassen.

V. Kritische Würdigung

1. Erforderlichkeit und Detaillierungsgrad

Die Pflichten bei algorithmischem Handel entsprechen grundsätzlich dem, was von einer pflichtbewussten Wertpapierfirma, die algorithmischen Handel betreibt, im Rahmen des Risikomanagements erwartet werden kann. Dies gilt insbesondere für die Belastbarkeit der Systeme, die ausreichenden Kapazitäten für Spitzenvolumina, die Handelsschwellen und Handelsobergrenzen sowie auch die Durchführung angemessener Tests von Algorithmen. Insofern erscheint die Einführung besonderer aufsichtsrechtlicher Pflichten für algorithmische Händler grundsätzlich vertretbar, wenn auch möglicherweise nicht erforderlich, da die Händler ein beträchtliches Eigeninteresse an einem funktionierenden Risikomanagement haben. Abgesehen von der fragwürdigen Erforderlichkeit ist vor allem der Detaillierungsgrad, mit dem die Europäische Kommission diese Pflichten in den Durchführungsrechtsakten (insbesondere RTS 6, RTS 7 und RTS 8) präzisierte, kritikwürdig. Dadurch gibt der Regulator den Wertpapierfirmen letztlich im Detail vor, wie sie ihr Geschäft zu betreiben haben und übernimmt damit teilweise die Funktion des Verwaltungsrats dieser Firmen. Ausserdem müssen die Firmen den Aufsichtsbehörden gegenüber Rechenschaft über die verfolgten Handelsstrategien ablegen. Mit einer liberalen Wirtschaftspolitik hat diese Regulierung nicht mehr viel gemein, vor allem wenn bedacht wird, dass professionelle Marktteilnehmer stets Algorithmen einsetzen.

2. Vernachlässigung des Wesentlichen

In rechtsökonomischer Hinsicht ist bemerkenswert, dass die Regulatoren zwar eine grosse Anzahl Regeln aufgestellt und dadurch den Marktteilnehmern einige

Kosten auferlegt haben, dabei aber den ökonomischen Hauptkritikpunkt am Hochfrequenzhandel bisher nicht angingen. Das Hauptproblem des Hochfrequenzhandels dürfte wie ausführlich erläutert darin liegen, dass sich Hochfrequenzhändler in einem wohlfahrtsminimierenden Geschwindigkeitswettlauf befinden.[186] Bereitsteller von Liquidität müssen sich entscheiden, wie weit sie sich an diesem Geschwindigkeitswettlaufs beteiligen oder aber das erhöhte Risiko in Kauf nehmen, gegen einen informierten Händler zu handeln. Sowohl für die Kosten des Geschwindigkeitswettlaufs als auch für das Risiko, gegen einen informierten Händler zu handeln, muss der Spread entschädigen, weshalb eine Entschärfung des Geschwindigkeitswettlaufs die Transaktionskosten der Investoren verringern müsste. Als Instrument zur Entschärfung des Geschwindigkeitswettlaufs wurde im Kapitel 12 (Regulierungsinstrumente) eine Verzögerung der Market-Orders vorgeschlagen.[187] Weitere Untersuchungen erscheinen in diesem Zusammenhang allerdings angezeigt.

3. Ungeeignete Regulierungsinstrumente

In rechtsökonomischer Hinsicht ist ausserdem bemerkenswert, dass Order-to-Transaction-Ratios und Market-Making-Verpflichtungen Liquiditäts- und Marktrisiken kaum wie angestrebt reduzieren dürften. Diese Instrumente wurden ebenfalls im Kapitel 12 (Regulierungsinstrumente) untersucht mit dem Ergebnis, dass eher ein konträrer Effekt zu befürchten ist, weil sich Bereitsteller von Liquidität höheren Risiken ausgesetzt sehen und der Wettbewerb beeinträchtigt wird.[188] Ferner bestehen kaum Hinweise dafür, dass sich Mindestnotierungssprünge (Tick-Size) positiv auf die Marktqualität und Marktintegrität auswirken.[189] In der Schweiz dürften diese Regeln daher zumindest dann gegen die Wirtschaftsfreiheit verstossen, wenn das Äquivalenzziel verfehlt wird.[190] Diese Ergebnisse zeigen, dass die Regulatoren kaum dazu in der Lage sind, Markt- und Liquiditätsrisiken zu reduzieren. Immerhin ist denkbar, dass die Reduktion des Geschwindigkeitswettlaufs nicht nur generell die Liquidität erhöht, sondern im Sinne eines positiven Nebeneffekts auch die Liquiditäts- und Marktrisiken reduziert, da die Marktteilnehmer mehr Zeit für eine rationalere Entscheidungsfindung erhalten.[191]

---

[186] Vorn 279 ff.
[187] Vorn 403 ff., 413 f.
[188] Vorn 450 ff., 463 ff.
[189] Vorn 469 ff.
[190] Zur Wirtschaftsfreiheit und Beschränkungen derselben allgemein vorn 108 ff.
[191] Zu dieser Hypothese vorn 462.

4. Mangelhafte Regulierungstechnik

Abgesehen vom Inhalt der Regulierung verdient vor allem die Regulierungstechnik Kritik. Sowohl die Richtlinie MiFID II als auch die Durchführungsrechtsakte lesen sich eher wie Vertragsentwurfs-Markups als wie Gesetze. Gewiss dürfte hierfür die Vielzahl der beteiligten Staaten und möglicherweise auch die britische Rechtstradition mitursächlich gewesen sein. Jedenfalls hat der europäische Gesetzgeber dadurch eine Komplexität geschaffen, der er kaum noch Herr zu werden scheint. Dies zeigt sich auch bei den Durchführungsrechtsakten, die den Eindruck erwecken, als ob die eine Hand des Regulators nicht wisse, was die andere Hand tut. Konformitätstests etwa sind sowohl in Art. 6 RTS 6 als auch in Art. 9 RTS 7 geregelt, und zwar nicht deckungsgleich. Dasselbe gilt für die Testumgebungen, die sowohl in Art. 7 RTS 6 als auch in Art. 9 und Art. 10 RTS 7 geregelt sind. Der Schweizerische Bundesrat tat gut daran, dass er bei der Ausarbeitung von Art. 30 und Art. 31 FinfraV einen prinzipienbasierten Ansatz verfolgte und dabei die zentralen Aspekte der europäischen Regulierung auszusondern versuchte. Allerdings hätte er sich mehr Gedanken zum Anwendungsbereich der Pflichten machen sollen. Dann hätten sich einige der hier in diesem Kapitel erörterten Fragen nicht gestellt. Dass er sich von den europäischen Schachtelsätzen fehlleiten liess und die Pflichten gemäss Art. 31 Abs. 2 lit. e Nr. 1 bis 3 FinfraV den Handelsplatzteilnehmern anstatt den Handelsplätzen auferlegte, sei ihm demgegenüber verziehen. Immerhin weist Art. 48 Abs. 6 MiFID II, das europäische Hauptvorbild für Art. 31 Abs. 2 FinfraV, nicht weniger als 17 Kommas in einem einzigen Satz auf. Abstriche bei der Leserlichkeit und Mehrdeutigkeiten lassen sich bei einer solchen Satzstruktur kaum vermeiden. Gesamthaft sind es im Übrigen allein in Art. 17 MiFID II 118 Kommas und in Art. 48 MiFID II 148 Kommas, die der Europäische Gesetzgeber den Rechtsunterworfenen, der Lehre und der Judikatur aufbürdet.[192]

5. Rechtsstaats- und Demokratiedefizit

Abschliessend ist im Rahmen dieser Würdigung noch einmal zu bemängeln, dass die Pflichten für algorithmische Händler mit Blick auf das Legalitätsprinzip fragwürdig erscheinen.[193] Nicht nur dürften diese Institutspflichten den Rahmen der Vollzugskompetenz des Bundesrates sprengen, da Art. 30 FinfraG solche Pflichten nicht einmal im Grundsatz erwähnt; auch hält Art. 164 lit. b BV fest, dass die grundlegenden Bestimmungen über die Rechte und Pflichten von Personen in der Form des Bundesgesetzes zu erlassen sind. Zumindest wenn die

---

[192] Der Test lässt sich einfach durchführen, indem die Artikel in ein Worddokument kopiert werden und dort nach Kommas gesucht wird.
[193] Hierzu im Detail vorn 640 ff.

§ 16 Pflichten bei algorithmischem Handel

Finma diese Pflichten nach dem Vorbild der europäischen Durchführungsrechtsakte umsetzt, dürften die Pflichten eine Intensität erlangen, die eine grundsätzliche Regelung der Pflichten in einem Bundesgesetz erfordert.

Teil 5   Handelsplatzregulierung

In diesem fünften Teil werden die für den Hochfrequenzhandel bedeutsamen Aspekte der Handelsplatzregulierung einer genaueren Betrachtung unterzogen. Die Handelsplatzregulierung hat in der Schweiz durch das Finanzmarktinfrastrukturgesetz einen starken Wandel erfahren. Unter anderem wurde der Anwendungsbereich der Pflichten ausgedehnt, und die Börsen und börsenähnlichen Einrichtungen wurden als Anknüpfungsobjekte durch Handelsplätze und organisierte Handelssysteme (OTF) ersetzt. Im Kapitel 17 werden daher die neuen Handelsplatzkategorien nach schweizerischem und europäischem Recht kurz erörtert. Neue algorithmische Handelsformen wurden in den letzten Jahren vor allem von der IOSCO untersucht, die gestützt auf ihre Nachforschungen einige Empfehlungen für die Handelsplatzregulierung abgegeben hat. Im Kapitel 18 soll daher ein Überblick über diese internationalen Empfehlungen geschaffen werden. Den Kern dieses fünften Teils zur Handelsplatzregulierung bildet jedoch das Kapitel 19, in dem die im Zusammenhang mit dem algorithmischen Handel stehenden Handelsplatzpflichten zur Gewährleistung eines geordneten Handels nach schweizerischem und europäischem Recht erläutert und kritisch gewürdigt werden. Im abschliessenden Kapitel 20 wird noch die für den Hochfrequenzhandel bedeutsame Regulierung der Leerverkäufe kurz betrachtet und gewürdigt.

§ 17 Handelsplatzkategorien

I. Europa

Das europäische Recht sieht nach MiFID II drei Handelsplatzkategorien vor: geregelte Märkte, multilaterale Handelssysteme (MTF) und organisierte Handelssysteme (OTF; Art. 4 Abs. 1 Nr. 24 MiFID II). Mit den Handelsplätzen verwandt ist ausserdem die Kategorie der systematischen Internalisierer (SI).

1. Geregelte Märkte und multilaterale Handelssysteme

Als *geregelten Markt* bezeichnet das europäische Recht ein von einem Marktbetreiber betriebenes und/oder verwaltetes multilaterales System, das die Interessen einer Vielzahl Dritter am Kauf und Verkauf von Finanzinstrumenten innerhalb des Systems und nach seinen nichtdiskretionären Regeln in einer Weise zusammenführt oder das Zusammenführen fördert, die zu einem Vertrag in Bezug auf Finanzinstrumente führt, die gemäss den Regeln und/oder den Systemen des Marktes zum Handel zugelassen wurden, sowie eine Zulassung erhalten hat und ordnungsgemäss und gemäss Titel III von MiFID II funktioniert (Art. 4 Abs. 1 Nr. 21 MiFID II). Das *multilaterale Handelssystem* (MTF) wird definiert als ein von einer Wertpapierfirma oder einem Marktbetreiber betriebenes multilaterales System, das die Interessen einer Vielzahl Dritter am Kauf und Verkauf von Finanzinstrumenten innerhalb des Systems und nach nichtdiskretionären Regeln in einer Weise zusammenführt, die zu einem Vertrag gemäss dem Titel II von MiFID II führt (Art. 4 Abs. 1 Nr. 22 MiFID II).

Wenngleich sich die Definitionen für geregelte Märkte und multilaterale Handelssysteme nicht vollumfänglich decken, sind sie vom Tatbestand her weitgehend identisch konzipiert.[1] Zentrale Merkmale sowohl der geregelten Märkte als auch der multilateralen Handelssysteme sind die Multilateralität des Handels sowie der Geschäftsabschluss nach nichtdiskretionären Regeln. *Multilateral* ist ein System, wenn es die Interessen einer Vielzahl Dritter am Kauf und Verkauf von Finanzinstrumenten innerhalb des Systems zusammenführt.[2] *Nichtdiskretionär* ist der Handel, wenn der Systembetreiber keinen Ermessensspielraum im Hinblick auf den Vertragsabschluss hat.[3] Generell müssen sich multilaterale Sys-

---

[1] Siehe insb. *S. Bühler* (2016), N 460; *Loff* (2007), 237; *Podewils* (2007), 287 f.
[2] Zwar enthalten die aufgeführten Handelsplatzdefinitionen die Definition des multilateralen Systems gleich selbst; dennoch hat der europäische Gesetzgeber hierfür mit Art. 4 Abs. 1 Nr. 19 MiFID II eine eigene Legaldefinition geschaffen.
[3] Ähnlich Erwägungsgrund 6 zu MiFID I.

teme entweder als geregelter Markt, als MTF oder als OTF konstituieren (Art. 1 Abs. 7 Unterabs. 1 MiFID II). Ein MTF kann allerdings auch eine Zulassung als KMU-Wachstumsmarkt im Sinne von Art. 33 MiFID II beantragen. Die Betreiber oder Verwalter eines geregelten Marktes werden *Marktbetreiber* genannt (Art. 4 Abs. 1 Nr. 18 MiFID II). Betreiber eines multilateralen Handelssystems können sowohl Marktbetreiber als auch Wertpapierfirmen sein (Art. 4 Abs. 1 Nr. 22 MiFID). Der Begriff der Wertpapierfirma wurde vorn im Kapitel 14 (Institutionelle Erfassung von Hochfrequenzhändlern) erläutert.[4]

Das Kriterium des multilateralen Handels wirft einige Fragen auf. Ausschlaggebend für die Multilateralität des Handels ist nach dem Wortlaut der Bestimmung sowie der etablierten Ansicht in der Lehre die Vielzahl der beteiligten Interessen und nicht die Vielzahl der Vertragsparteien: Allein dadurch, dass der Systembetreiber im Rahmen des Clearings aufgrund des Erfüllungsrisikos als zentrale Gegenpartei auftritt, wird ein System nicht bilateral.[5] Der europäische Gesetzgeber hat allerdings in Erwägungsgrund 7 zu MiFID II mit der folgenden Formulierung für Verwirrung gesorgt: *«Die Begriffsbestimmungen [für den geregelten Markt und das MTF] sollten bilaterale Systeme ausschliessen, bei denen eine Wertpapierfirma jedes Geschäft für eigene Rechnung tätigt, auch wenn es als risikolose Gegenpartei zwischen Käufer und Verkäufer steht.»*[6] Damit dürfte er die Rechtslage aber kaum verändert haben, wie *Bühler* zeigte.[7] *Bilateral* ist ein System zumindest dann, wenn einzig der Systembetreiber selbst oder ein einziger Dritter als Gegenpartei im Rahmen eines Eigenhandels- (Proprietary Trading System; PTS) oder Market-Making-Systems auftritt und so die Liquidität des Marktes über seine Quotes herbeiführt (Single-Dealer-Plattform).[8] Lässt ein System mehrere Market-Maker zu (Multi-Dealer-Plattform), wird es zum multilateralen System, denn in diesen Fällen gibt es mehr als nur einen potenziellen Handelspartner auf jeder Seite, sodass das zentrale Kriterium eines bilateralen Systems fehlt.[9] Dies bedeutet, dass ein multilaterales System Aufträge nicht zwingend im Sinne einer Doppelauktion zusammenführen muss, sondern auch

---

4   Vorn 512 ff.
5   Erwägungsgrund 6 zu MiFID I; *Podewils* (2007), 26 und 284 f.; zur Unterscheidung der zwei unterschiedlichen Konzepte siehe *S. Bühler* (2016), N 519 ff.
6   In Erwägungsgrund 6 zu MiFID I hatte der europäische Gesetzgeber noch festgehalten: *«Die Begriffsbestimmungen sollten bilaterale Systeme ausschliessen, bei denen eine Wertpapierfirma jedes Geschäft für eigene Rechnung tätigt und nicht als risikolose Gegenpartei zwischen Käufer und Verkäufer steht»*; siehe auch *S. Bühler* (2016), N 470 ff., 519 ff.
7   *S. Bühler* (2016), N 470 ff., 519 ff.; jedenfalls dürfte es sicherlich nicht das Ziel des europäischen Gesetzgebers gewesen sein, dass die etablierten Börsen das Kriterium der Multilateralität nicht erfüllen.
8   *Podewils* (2007), 28 ff. m.w.H.; *Loff* (2007), 31; siehe auch *S. Bühler* (2016), N 461.
9   Siehe Erwägungsgrund 20 zu MiFIR; vgl. *Loff* (2007), 32 Fn. 8; *S. Bühler* (2016), N 480.

ein Market-Making-System (*quote-driven market*) implementieren kann, ohne dass es gleich zu einem bilateralen System würde.[10] Nach Art. 48 Abs. 3 lit. b MiFID II sind Handelsplätze ohnehin dazu verpflichtet sicherzustellen, dass sie mit einer ausreichenden Anzahl Wertpapierfirmen Market-Making-Vereinbarungen treffen, und Art. 18 Abs. 7 MiFID II schreibt MTF und OTF vor, dass sie über mindestens drei aktive Mitglieder oder Nutzer verfügen, die über die Möglichkeit verfügen, mit allen übrigen zum Zwecke der Preisbildung in Verbindung zu treten.

2. Organisierte Handelssysteme

Mit MiFID II führte der Europäische Gesetzgeber zusätzlich zu den bereits nach MiFID I regulierten geregelten Märkten, multilateralen Handelssystemen (MTF) und systematischen Internalisierern (SI) die organisierten Handelssysteme (OTF) als vierte Kategorie ein. Als OTF gilt nach der europäischen Terminologie[11] ein multilaterales System, das die Interessen einer Vielzahl Dritter am Kauf und Verkauf von Schuldverschreibungen, strukturierten Finanzprodukten, Emissionszertifikaten oder Derivaten innerhalb des Systems in einer Weise zusammenführt, die zu einem Vertrag gemäss Titel II der Richtlinie führt (Art. 4 Abs. 1 Nr. 23 MiFID II). Zugleich darf es sich beim System nicht schon um einen geregelten Markt oder ein MTF handeln; das heisst, das organisierte Handelssystem ist zu den übrigen Handelsplatzkategorien subsidiär.[12] Implizit setzt die Definition damit voraus, dass der Geschäftsabschluss bei einem OTF vorbehaltlich der Vorhandelstransparenzanforderungen sowie der Verpflichtung zur bestmöglichen Ausführung von Kundenaufträgen (Verpflichtung zur Best Execution) diskretionär erfolgt.[13] Diesen diskretionären multilateralen Handel wollte bemerkenswerterweise nicht die Europäische Kommission, sondern das Europäische Parlament nur bei Schuldverschreibungen, strukturierten Finanzprodukten, Emissionszertifikaten sowie Derivaten zulassen und nicht auch bei (liquiden) Aktien.[14] Auf europäischer Ebene sorgt für diesen Zwang die Plattformhandelspflicht gemäss Art. 23 Abs. 1 MiFIR, die Wertpapierfirmen dem Grundsatz nach vorschreibt, Handelsgeschäfte mit Aktien, die zum Handel an einem

---

10 Dies ergibt sich ebenfalls aus Erwägungsgrund 20 zu MiFIR; siehe auch *Loff* (2007), 32; vgl. *Podewils* (2007), 20; zur Unterscheidung zwischen auftragsgesteuerten (*order-driven*) Systemen und notierungsgesteuerten (*quotation-driven*) Systemen auch *Daeniker/Waller* (2011), N 21 zu Art. 2 lit. a–c aBEHG; *Schott/Winkler* (2017), N 7 zu Art. 26 FinfraG.
11 Zur abweichenden Begriffsverwendung im schweizerischen Recht siehe hinten 657 ff.
12 Dies ergibt sich ebenfalls direkt aus Art. 4 Abs. 1 Nr. 23 MiFID II.
13 *S. Bühler* (2016), N 477 m.w.H.; siehe vor allem auch Erwägungsgrund 9 zu MiFIR.
14 Siehe hierzu *S. Bühler* (2016), N 478 f., der darauf hinwies, dass diese Einschränkung durch das Europäische Parlament erfolgte mit dem Ziel, Schlupflöcher zu verhindern.

geregelten Markt zugelassen sind oder an einem Handelsplatz gehandelt werden, nur über einen geregelten Markt, ein MTF, (ein OTF) oder einen systematischen Internalisierer zu handeln.[15]

3. Systematische Internalisierer

Als *systematische Internalisierer* werden Wertpapierfirmen bezeichnet, die ausserhalb eines Handelsplatzes (geregelte Märkte, MTF und OTF) in organisierter und systematischer Weise häufig in erheblichem Umfang Handel für eigene Rechnung treiben, wenn sie Kundenaufträge ausführen (Art. 4 Abs. 1 Nr. 20 MiFID II). Der multilaterale Handel ist neu ausdrücklich ausgeschlossen, denn der Begriff soll bilaterale Systeme erfassen.[16] In den Erwägungsgründen zu MiFID II hielt die Europäische Kommission entsprechend fest, dass nur Single-Dealer-Plattformen als systematische Internalisierer gelten sollten, nicht aber Multi-Dealer-Plattformen.[17] Wie die Legaldefinition verdeutlicht, sind systematische Internalisierer nicht von der Definition des Handelsplatzes gemäss Art. 4 Abs. 1 Nr. 24 MiFID II erfasst. Die Auseinandersetzung mit den Single-Dealer-Plattformen und Multi-Dealer-Plattformen zeigt jedoch, dass sie den Handelsplätzen sehr ähnlich sind.

4. Eigenhandel und Matched Principal Trading

Als *matched principal trading* bezeichnet MiFID II Geschäfte, bei denen sich der Plattformbetreiber in einer Weise zwischen den Käufer und Verkäufer platziert, dass er sich zu keiner Zeit einem Marktrisiko ausgesetzt sieht, indem die zwei Transaktionen gleichzeitig ausgeführt werden (vgl. Art. 4 Abs. 1 Nr. 38 MiFID II).[18] Als weitere Begriffsvoraussetzung verlangt Art. 4 Abs. 1 Nr. 38 MiFID II, dass die Geschäfte zu einem Preis abgeschlossen werden, bei dem der Vermittler abgesehen von einer vorab offengelegten Provision, Gebühren oder sonstigen Vergütungen weder Gewinn noch Verlust macht. Wie bei anderen Definitionen auch lädt der europäische Gesetzgeber hier zu viel in die Definition und riskiert damit, dass die Erfassung von der Definition einfach vermieden werden kann.

---

15   Zur Plattformhandelspflicht für Derivate siehe Art. 28 MiFIR.
16   Siehe Art. 4 Abs. 1 Nr. 20 MiFID II und vgl. mit Art. 4 Abs. 1 Nr. 7 MiFID I.
17   Erwägungsgrund 20 zu MiFID II; zur Unterscheidung zwischen Single-Dealer-Plattformen und Multi-Dealer-Plattformen vorn 654 f.
18   Die deutsche Fassung sprich von der *Zusammenführung sich deckender Kundenaufträge* und ist damit missverständlich, weshalb der englische Begriff verwendet wird und sich auch die Definition am englischen Wortlaut orientiert.

Den Eigenhandel im Allgemeinen und das *matched principal trading* im Besonderen untersagt der europäische Gesetzgeber den Betreibern von geregelten Märkten und MTF (Art. 19 Abs. 5 MiFID II und Art. 47 Abs. 2 MiFID II). Mit anderen Worten wird diesen Plattformbetreibern der bilaterale Handel verboten. Demgegenüber dürfen Betreiber von OTF auf ihren Plattformen unter eingeschränkten Voraussetzungen Eigenhandel und *matched principal trading* betreiben. Das *matched principal trading* ist demnach zulässig, sofern (a) der Kunde dem Vorgang zustimmt, (b) keine Clearing-Pflicht nach Art. 5 EMIR besteht und (c) die Betreiber über Vorkehrungen verfügen, die sicherstellen, dass die Definition nach Art. 4 Abs. 1 Nr. 38 erfüllt ist (Art. 20 Abs. 2 MiFID II).[19] Der (übrige) Eigenhandel ist demgegenüber nur zulässig in Bezug auf öffentliche Schuldtitel, für die kein liquider Markt besteht (Art. 20 Abs. 3 MiFID II). Offenbar befürchteten die europäischen Staaten Finanzierungsschwierigkeiten für den Fall, dass sie den OTFs diese Form des Eigenhandels nicht ermöglichen.

II. Schweiz

1. Formen und Rechtsvergleich

Im Finanzmarktinfrastrukturgesetz wird in Anlehnung an die MIFID-Terminologie zwischen Börsen, multilateralen Handelssystemen (MTF) und organisierten Handelssystemen (OTF) unterschieden. Während die Ausgestaltung der Definitionen für Börsen und multilaterale Handelssysteme grundsätzlich dem europäischen Vorbild folgt, bestehen erhebliche Unterschiede bei der Ausgestaltung der organisierten Handelssysteme. Ausserdem kennt das schweizerische Recht keine systematischen Internalisierer. So bilden die organisierten Handelssysteme nach der schweizerischen Terminologie einen Behälter, in den sowohl die organisierten Handelssysteme als auch die systematischen Internalisierer nach der europäischen Terminologie fallen.[20] Mit der unterschiedlichen Ausgestaltung der organisierten Handelssysteme zusammenhängen dürfte der Umstand, dass der schweizerische Begriff des Handelsplatzes im Unterschied zur europäischen Terminologie (Art. 4 Abs. 1 Nr. 24 MiFID II) nur Börsen und multilaterale Handelssysteme umfasst, nicht aber organisierte Handelssysteme (Art. 26 lit. a FinfraG). Handelsplätze wiederum stellen eine Untergruppe der

---

[19] Teilweise kompensiert der europäische Gesetzgeber hier die zu enge Definition in Art. 4 Abs. 1 Nr. 38 MiFID II; keine Kompensation findet demgegenüber bei den Verboten für geregelte Märkte und MTF statt; immerhin dürfte der Begriff des Eigenhandels wohl auch das *matched principal trading* umfassen.

[20] Siehe die Grafik bei *S. Bühler* (2016), 185; siehe auch die Kritik bei *Schären/Dobrauz-Saldapenna/Liebi* (2016), 198 f.

Finanzmarktinfrastrukturen dar, zu welchen auch zentrale Gegenparteien, Zentralverwahrer, Transaktionsregister und Zahlungssysteme zählen (Art. 2 lit. a FinfraG).

2. Börsen und multilaterale Handelssysteme

Für Börsen und MTF gelten grundsätzlich dieselben Regeln, weshalb sie nachfolgend gemeinsam erörtert werden.

a) Definitionen

Börsen sind gemäss Art. 26 lit. b FinfraG Einrichtungen zum multilateralen Handel von Effekten, an denen Effekten kotiert werden und die den gleichzeitigen Austausch von Angeboten unter mehreren Teilnehmern sowie den Vertragsabschluss nach nichtdiskretionären Regeln bezwecken. *Multilaterale Handelssysteme* sind nach Art. 26 lit. c FinfraG Einrichtungen zum multilateralen Handel von Effekten, die den gleichzeitigen Austausch von Angeboten unter mehreren Teilnehmern sowie den Vertragsabschluss nach nichtdiskretionären Regeln bezwecken, ohne Effekten zu kotieren. Mit anderen Worten werden Börsen und multilaterale Handelssysteme wie im europäischen Recht im Wesentlichen identisch über den multilateralen Handel und die nichtdiskretionären Regeln definiert. Der einzige Unterschied liegt darin, dass Börsen Effekten kotieren.[21]

b) Multilateraler Handel und nichtdiskretionäre Regeln

Der *multilaterale Handel* wird in den Definitionen für die Börsen und multilateralen Handelssysteme gleich selbst weiter definiert. Multilateral ist der Handel demnach, wenn er den gleichzeitigen Austausch von Angeboten unter mehreren Teilnehmern ermöglicht. Art. 22 FinfraV hält nun fest, dass als multilateral der Handel gilt, der die Interessen einer Vielzahl von Teilnehmern am Kauf und Verkauf von Effekten innerhalb des Handelssystems zusammenführt. *Nichtdiskretionär* sind die Regeln des Handelsplatzes gemäss Art. 23 FinfraV dann, wenn sie ihm bei der Zusammenführung von Angeboten keinen Ermessensspielraum einräumen.[22] Ist der Handel bilateral oder werden Aufträge einer Vielzahl von Teilnehmern nach diskretionären Regeln zusammengeführt, so liegt ein organisiertes Handelssystem gemäss Art. 42 lit. a FinfraG vor.

---

[21] *Botschaft FinfraG 2014*, 7530.
[22] Dies kann auch im Umkehrschluss aus *Botschaft FinfraG 2014*, 7539 abgeleitet werden; vgl. auch *Favre/Kramer* (2017), N 30 f. zu Art. 42 FinfraG; FINMA-RS 2018/1, N 16.

Hinsichtlich des multilateralen Handels stellt sich die Frage, ob dieser Begriff identisch auszulegen ist wie die europäische Vorlage. Immerhin führte der Bundesrat in der Botschaft zum Finanzmarktinfrastrukturgesetz aus, dass der Handel bereits dann als multilateral gelte, wenn die Handelsteilnehmer gleichzeitig auf ein bestimmtes Angebot eintreten können, und für die Unterscheidung zwischen dem multilateralen und dem bilateralen Handel unerheblich sei, ob eine zentrale Gegenpartei in den Vertrag eintrete.[23] Als bilateral soll der Handel demgegenüber nur dann gelten, wenn die Handelsteilnehmer nicht gleichzeitig auf ein bestimmtes Angebot eintreten können, sondern ein bestimmtes Angebot nur einzelnen Handelsteilnehmern unterbreitet wird.[24] Sollte beim schweizerischen Recht tatsächlich darauf abgestellt werden, ob mehrere Handelsteilnehmer gleichzeitig auf ein bestimmtes Angebot eintreten können, würde sich die schweizerische Terminologie erheblich vom europäischen Vorbild unterscheiden, denn nach dem europäischen Recht gilt wie erläutert eine Plattform als bilateral, wenn der Plattformbetreiber oder ein einziger Dritter mit sämtlichen Marktteilnehmern im eigenen Interesse handelt (Single-Dealer-Plattform).[25] Nur Multi-Dealer-Plattformen und Auktionsmärkte, bei denen die Teilnehmer direkt miteinander interagieren können, werden als multilateral bezeichnet.[26] Mit der Formulierung in Art. 22 Abs. 1 FinfraV demonstrierte der Bundesrat nun aber, dass er dem europäischen Vorbild folgen wollte und nicht die Ausführungen in der Botschaft massgeblich sein sollten.[27] Dafür spricht im Übrigen auch der schon in der Botschaft bekundete grundsätzliche Wille, eine im Vergleich zum europäischen Recht äquivalente Regelung zu schaffen.[28]

c) Kotierung

Die Kotierung von Effekten ist wie erwähnt der einzige Unterschied zwischen einer Börse und einem multilateralen Handelssystem.[29] Kotierung bedeutet die Zulassung einer Effekte zum Handel an einer Börse nach einem standardisierten Verfahren, in dem von der Börse festgelegte Anforderungen an den Emittenten und an die Effekte geprüft werden (Art. 2 lit. f FinfraG).[30] Der Bundesrat hielt in der Botschaft zum FinfraG fest, dass Börsen Effekten in bestimmten Segmenten

---

[23] *Botschaft FinfraG 2014*, 7531; *EB FinfraV I 2015*, 14; siehe auch *Schott/Winkler* (2017), N 24 zu Art. 26 FinfraG.
[24] *Botschaft FinfraG 2014*, 7539 f.; vgl. *Favre/Kramer* (2017), N 25 ff. zu Art. 42 FinfraG.
[25] Vorn 653 ff.
[26] Vorn 653 ff.
[27] Im Ergebnis gl. M. *S. Bühler* (2016), N 508 ff.; vgl. auch FINMA-RS 2018/1, N 20 ff.
[28] *Botschaft FinfraG 2014*, 7496, 7512.
[29] Vorn 658; siehe auch *Schott/Winkler* (2017), N 35 zu Art. 26 FinfraG.
[30] *Botschaft FinfraG 2014*, 7530 verweist ausdrücklich auf diese Bestimmung; im Detail zum Begriff *Borens/Baumann* (2017), N 1 ff. zu Art. 2 lit. f FinfraG.

auch zum Handel zulassen können, ohne diese zu kotieren, und nannte als Beispiel hierfür das Sponsored-Segment der SIX.[31] Dies bedeutet auch für multilaterale Handelssysteme, dass diese Effekten zum Handel zulassen können, ohne dass mit dieser Zulassung eine Kotierung verbunden wäre und sie dadurch automatisch die Börsendefinition erfüllen. Für Aktiengesellschaften dürfte dies eine positive Nachricht sein, denn sie behalten die Kontrolle darüber, ob die von ihnen ausgegebenen Aktien als kotiert gelten. Bekanntlich obliegen Gesellschaften, deren Titel kotiert sind (Publikumsgesellschaften), einige zusätzliche Pflichten wie Berichterstattungs- und Transparenzpflichten sowie die Pflicht zur Ad-hoc-Publizität.[32] Demgegenüber stellt etwa das Insiderhandelsverbot darauf ab, ob die Effekten an einem Handelsplatz zum Handel zugelassen sind (Art. 2 lit. j FinfraG). Ob ein Insiderhandelsverbot bei fehlender Pflicht zur Ad-hoc-Publizität praktizierbar ist, wird die Zukunft zeigen. Jedenfalls besteht eine gewisse Gefahr der Dekotierung zur Vermeidung der mit der Kotierung verbundenen Pflichten, wenn sich Unternehmen über MTFs gleich wie über Börsen finanzieren können.[33]

3. Organisierte Handelssysteme

Gemäss Art. 42 FinfraG gilt als organisiertes Handelssystem eine Einrichtung (a) zum multilateralen Handel von Effekten oder anderen Finanzinstrumenten, die den Austausch von Angeboten sowie den Vertragsschluss nach diskretionären Regeln bezweckt, (b) zum multilateralen Handel von Finanzinstrumenten, die den Austausch von Angeboten sowie den Vertragsschluss nach nichtdiskretionären Regeln bezweckt sowie (c) zum bilateralen Handel von Effekten oder anderen Finanzinstrumenten, die den Austausch von Angeboten bezweckt. Das organisierte Handelssystem ist damit ein Auffangbecken für Einrichtungen zum Handel mit Finanzinstrumenten, die nicht als Börsen oder multilaterale Handelssysteme qualifiziert werden. Allerdings hat die Finma die Definition in ihrem Rundschreiben 2018/1 weiter eingeschränkt. Demnach liegt ein OTF nur vor, wenn (a) der Handel nach einem für die Benutzer verpflichtenden Regelwerk erfolgt, (b) der Vertragsabschluss innerhalb des Geltungsbereichs des Re-

---

31 *Botschaft FinfraG 2014*, 7530; siehe auch *Schott/Winkler* (2017), N 25 zu Art. 26 FinfraG.
32 Hierzu etwa *von der Crone* (2014), 857 ff.; siehe auch Art. 18 Abs. 8 MiFID II, wonach dem Emittenten eines zum Handel an einem geregelten Markt zugelassenen Wertpapieres keine Verpflichtungen in Bezug auf die erstmalige, laufende oder punktuelle Veröffentlichung von Finanzinformationen für das MTF oder das OTF entstehen, wenn das Wertpapier ohne die Zustimmung des Emittenten auch über diese Handelsplattform gehandelt wird.
33 Zur Dekotierungstendenz und den Gründen hierfür *S. Bühler* (2016), N 101 ff.

gelwerks erfolgt, und (c) die Initiative zum Vertragsabschluss von den Nutzern ausgeht oder ausgehen kann.[34]

Die Vorgaben für Betreiber von OTF finden sich in Art. 42 ff. FinfraG und Art. 38 ff. FinfraV. Im Unterschied zu den Börsen und MTF benötigen Betreiber von OTF keine besondere Bewilligung der Finma. Es genügt eine Bewilligung als Bank oder Effektenhändler oder die Anerkennung als Handelsplatz (Art. 43 Abs. 1 FinfraG). Ausserdem dürfen Betreiber von OTF bei Vertragsabschlüssen nach diskretionären Regeln sich deckende Kundenaufträge zusammenführen, auch wenn keine bestmögliche Erfüllung gewährt werden kann, sofern die betroffenen Kunden dem Vorgang zugestimmt haben (Art. 39 Abs. 3 FinfraV). Die Pflicht zur Best-Execution nach Art. 11 Abs. 1 lit. b BEHG wird in diesen Fällen also mit dem Einverständnis der Kunden negiert. Die Vorgaben auf Gesetzes- und Verordnungsstufe hat die Finma im Rundschreiben 2018/1 weiter präzisiert.[35]

4. Weitere Finanzmarktinfrastrukturen

Zu den Finanzmarktinfrastrukturen zählen nebst den Börsen und multilateralen Handelssystemen zentrale Gegenparteien, Zentralverwahrer, Transaktionsregister und Zahlungssysteme (Art. 2 lit. a FinfraG).

a) Zentrale Gegenparteien

Als zentrale Gegenparteien gelten Einrichtungen, die gestützt auf einheitliche Regeln und Verfahren zwischen Gegenparteien eines Effektenhandelsgeschäfts oder eines anderen Kontrakts über Finanzinstrumente treten. Beispiele für zentrale Gegenparteien sind die SIX x-clear, die LHC-Clearnet Ltd sowie die Eurex Clearing AG. Zentrale Gegenparteien erfüllen im Wesentlichen drei Zwecke: erstens vereinfachen sie das Risikomanagement, indem sie Liefer- und Zahlungsverpflichtungen garantieren (und dadurch das Risiko auf sich konzentrieren), zweitens wird dadurch die Anonymität der Handelsparteien gewährleistet und drittens können Geschäfte durch Konzentration aller Transaktionen bei der zentralen Gegenpartei durch Verrechnung effizienter abgerechnet werden.[36]

---

[34] FINMA-RS 2018/1, N 5 ff. m.w.H.
[35] Siehe insb. FINMA-RS 2018/1, N 20 ff., 26 ff.
[36] *Oleschak* (2009), 3 ff.

b) Zentralverwahrer

Als Zentralverwahrer gelten Betreiber einer zentralen Verwahrungsstelle oder eines Effektenabwicklungssystems (Art. 61 Abs. 1 FinfraG). Die Effektenabwicklungssysteme sind entsprechend neu über deren Betreiber, die Zentralverwahrer, in Art. 61 ff. FinfraG geregelt. Als zentrale Verwahrungsstellen gelten Einrichtungen, die gestützt auf einheitliche Regeln und Verfahren Effekten und andere Finanzinstrumente zentral verwahren (Art. 61 Abs. 2 FinfraG). Als Effektenabwicklungssystem gilt eine Einrichtung, die gestützt auf einheitliche Verfahren, Geschäfte mit Effekten und anderen Finanzinstrumenten abrechnet und abwickelt (Art. 61 Abs. 3 FinfraG). Beispiel für eine zentrale Verwahrungsstelle ist die SIX SIS, die zudem das Effektenabwicklungssystem SECOM führt und von der Nationalbank ebenfalls als systemrelevant qualifiziert wurde.[37]

c) Transaktionsregister

Als Transaktionsregister gelten Einrichtungen, die Daten zu Transaktionen mit Derivaten, welche ihr gemeldet werden, zentral sammelt, verwaltet und aufbewahrt (Art. 74 FinfraG). Nach Art. 104 FinfraG müssen Derivatgeschäfte einem Transaktionsregister gemeldet werden. Ausgenommen hat das Parlament in einem Kompromiss zwischen National- und Ständerat Geschäfte zwischen kleinen nichtfinanziellen Gegenparteien (Art. 104 Abs. 3 FinfraG).[38] Bei der Aufbereitung der Finanzkrise wurden die mit OTC-Derivaten verbundenen Gegenparteirisiken als systemisches Risiko identifiziert, weshalb die G20 im Jahr 2009 entschied, diesen Bereich zu regeln.[39] Im Zentrum der Reformen standen eine Abrechnungspflicht für standardisierte OTC-Derivatekontrakte über eine zentrale Gegenpartei, die Meldung von OTC-Derivatetransaktionen an ein Transaktionsregister, eine Plattformhandelspflicht für standardisierte OTC-Derivate sowie höhere Kapitalanforderungen für Derivatetransaktionen, die nicht über eine zentrale Gegenpartei abgewickelt werden.[40] Die Europäische Union hat diese

---

[37] Hierzu *www.snb.ch/de/iabout/finstab/finover/id/finstab_systems#t2*.
[38] Es handelte sich noch um Art. 103 Abs. 3 E-FinfraG; der Nationalrat wollte zunächst sämtliche nichtfinanziellen Gegenparteien ausschliessen und schlug dann als Kompromiss vor, nur kleine nichtfinanziell Gegenparteien auszuschliessen; siehe hierzu das Votum von *Andrea Caroni* im Nationalrat (AB 2015 N 1082) sowie die Annahme im Nationalrat (AB 2015 N 1090); der Ständerat stimmte dieser Bestimmung erst in der letzten Sitzung vor der Schlussabstimmung zu (AB 2015 S 627 f.).
[39] *FSB G20 Report 2009*, N 44 ff.; *Joint Report to the G20 on SIFIs 2009*, N 27; *Botschaft FinfraG 2014*, 7491 f.; *G20 Pittsburgh Statement 2009*, 9.
[40] *G20 Pittsburgh Statement 2009*, 9.

Reformen mit der *European Markets Infrastructure Regulation* (EMIR)[41] umgesetzt. Die Regelung in Art. 93 ff. FinfraG folgt diesen internationalen Vorgaben.[42]

d) Zahlungssysteme

Als Zahlungssysteme gelten Einrichtungen, die gestützt auf einheitliche Regeln und Verfahren Zahlungsverpflichtungen abrechnen und abwickeln (Art. 81 FinfraG). Zu den Zahlungssystemen gehören namentlich das von der SIX Interbank Clearing AG im Auftrag der Nationalbank betriebene Swiss Interbank Clearing (SIC).[43] Zahlungssysteme benötigen nur dann eine Bewilligung, wenn die Funktionsfähigkeit des Finanzmarkts oder der Schutz der Finanzmarktteilnehmer es erfordern und das Zahlungssystem nicht durch eine Bank betrieben wird (Art. 4 Abs. 2 FinfraG). Gerade die SIC wurde von der Nationalbank als systemisch bedeutsame Finanzmarktinfrastruktur qualifiziert.[44] Das Finanzmarktinfrastrukturgesetz enthält abgesehen von Bestimmungen zur Gültigkeit von Weisungen von Teilnehmern, gegen die Insolvenzmassnahmen angeordnet wurden (Art. 89 FinfraG), keine besonderen Pflichten für Zahlungssysteme. Gestützt auf Art. 82 FinfraG hat der Bundesrat Zahlungssystemen in den Art. 66 ff. FinfraV aber einige Pflichten auferlegt mit Bezug auf die Grundsätze der Abrechnung und Abwicklung, die einzufordernden Sicherheiten, die Erfüllung von Zahlungsverpflichtungen, die Eigenmittel sowie die Liquidität. Ausserdem gelten für systemisch bedeutsame Zahlungssysteme die besonderen Bestimmungen gemäss Art. 22 ff. FinfraG i.V.m. Art. 20 f. FinfraV sowie Art. 19 ff. NBG i.V.m. Art. 18 ff. NBV.

---

[41] VO 648/2012 des Europäischen Parlaments und des Rates vom 4. Juli 2012, AblEU v. 27.7.2012, L 201/1.
[42] *Botschaft FinfraG 2014*, 7492.
[43] Zur Systemrelevanz *www.snb.ch/de/iabout/finstab/finover/id/finstab_systems*; die Nationalbank hat nach Art. 5 Abs. 2 lit. c NBG die Aufgabe, das Funktionieren bargeldloser Zahlungssysteme zu erleichtern und sichern.
[44] Hierzu *www.snb.ch/de/iabout/finstab/finover/id/finstab_systems#t2*.

§ 18 Internationale Empfehlungen

I. Empfehlungen zur Marktintegrität und -effizienz

Die Internationale Organisation für Wertpapieraufsichtsbehörden (*International Organization for Securities Commissions*; IOSCO) befasste sich mit dem Hochfrequenzhandel schon im Jahr 2011 und verfasste einen Bericht mit dem Titel *Regulatory Issues Raised by the Impact of Technological Changes on Market Integrity and Efficiency*.[1] Zwar fiel die Bewertung der Auswirkungen des Hochfrequenzhandels auf die Marktqualität eher positiv aus; die IOSCO identifizierte aber auch Risiken, die sie mit fünf Regulierungsempfehlungen adressierte.[2] Mit Bezug auf die Regulierung der Handelsplätze empfahl sie, dass Handelsplatzbetreiber zur Gewährung des Marktzugangs zu fairen, transparenten und nichtdiskriminierenden Bedingungen zu verpflichten seien (Empfehlung 1).[3] Ausserdem sollten sie über belastbare Systeme mit ausreichenden Kapazitäten für Spitzenvolumina verfügen und zu Handelskontrollmechanismen zum Umgang mit volatilen Marktsituationen verpflichtet werden (Empfehlung 2).[4] Des Weiteren drängte die IOSCO darauf, dass (a) der Auftragsfluss von Marktteilnehmern ausreichenden Kontrollen unterliegt und (b) die Regulatoren Risiken von nicht regulierten direkten Handelsplatzteilnehmern identifizieren und denselben mit geeigneten Mitteln begegnen (Empfehlung 3).[5] Ferner empfahl sie den Regulatoren, die Auswirkungen von technologischen Entwicklungen auf die Marktintegrität, -effizienz und -stabilität sowie die Marktaufsichtsinstrumente regelmässig zu überprüfen und falls nötig geeignete Massnahmen zu ergreifen (Empfehlungen 4 und 5).[6]

II. Richtlinien für verdeckte Liquidität

Im selben Jahr befasste sich die IOSCO ausserdem auch mit verdeckter Liquidität (Dark Liquidity) und stellte gestützt auf ihre Untersuchungen mit ihren *Principles for Dark Liquidity* verschiedene Regulierungsrichtlinien auf. Zur Vorhandelstransparenz hielt sie fest, dass Aufträge grundsätzlich gegenüber der Öffentlichkeit angezeigt werden sollten, es den Regulatoren aber unbenommen

---

[1] *IOSCO Report «Technological Impact on Market Integrity and Efficiency» 2011*, 20 ff.
[2] *IOSCO Report «Technological Impact on Market Integrity and Efficiency» 2011*, 25 ff.; siehe hierzu auch vorn 195 ff. (Marktqualität) und 339 ff. (Systemische Risiken).
[3] *IOSCO Report «Technological Impact on Market Integrity and Efficiency» 2011*, 45.
[4] *Ibid.*
[5] *IOSCO Report «Technological Impact on Market Integrity and Efficiency» 2011*, 46.
[6] *IOSCO Report «Technological Impact on Market Integrity and Efficiency» 2011*, 47.

sei, Ausnahmen vorzusehen, deren Auswirkungen auf die Marktqualität sie indes prüfen sollten (Richtlinie 1).[7] Betreffend die Nachhandelstransparenz drängte sie darauf, dass Geschäftsabschlüsse generell der Öffentlichkeit angezeigt werden sollten, auch wenn am Geschäftsabschluss verdeckte Aufträge beteiligt sind (Richtlinie 2).[8] Des Weiteren empfahl sie den Regulatoren, Anreize für den Gebrauch von angezeigten Aufträgen zu schaffen wie ein Vorrang für transparente Aufträge gegenüber verdeckten Aufträgen bei demselben Preis (Richtlinie 3).[9] Ausserdem sollten die Regulatoren (bzw. Aufsichtsbehörden) über Instrumente verfügen, die ihnen den Zugang zu den Handelsinformationen betreffend den Handel in Dark Pools erlauben (Richtlinie 4).[10] Ferner forderte sie, dass Dark Pools und transparente Märkte, die verdeckte Aufträge anbieten, Marktteilnehmern ausreichend Informationen zur Verfügung stellen müssen, sodass diese in der Lage sind, die Art und Weise, wie die Aufträge behandelt und ausgeführt werden, zu verstehen (Richtlinie 5),[11] und schliesslich empfahl sie den Regulatoren, die Entwicklungen in ihren Jurisdiktionen zu beobachten und wenn nötig angemessen zu reagieren, sodass sich diese Entwicklungen nicht nachteilig auf die Preisbildung auswirken.[12]

III. Richtlinien für Finanzmarktinfrastrukturen

Im April 2012 stellte das Komitee für Zahlungs- und Abwicklungssysteme (*Committee on Payment and Settlement Systems*; CPSS) der Bank für Internationalen Zahlungsausgleich (*Bank for International Settlements*; BIS) gemeinsam mit dem technischen Komitee der IOSCO schliesslich 24 Richtlinien für Finanzmarktinfrastrukturen auf, die den Schweizer Gesetzgeber bei der Revision der Nationalbankenverordnung (NBV) sowie der Erarbeitung des Finanzmarktinfrastrukturgesetzes (FinfraG) leiteten.[13] Diese *Principles for financial market infrastructures* (PFMI) enthalten Regeln zur Rechtsgrundlage für die Tätigkeit von Finanzmarktinfrastrukturen, zur Governance, zum Risikomanagement, zur Abwicklung von Effektengeschäften, zu zentralen Effektenverwahrungsstellen, zum Umgang mit dem Ausfall eines Teilnehmers, zum Zugang zu den Infrastrukturen, zur Effizienz sowie zur Transparenz über die Funktionsweise der Finanzmarktinfrastrukturen und die Marktdaten.[14] Die Mehrheit der

---

7   *IOSCO Principles for Dark Liquidity 2011*, 26.
8   *IOSCO Principles for Dark Liquidity 2011*, 27 f. mit weiteren Bemerkungen.
9   *IOSCO Principles for Dark Liquidity 2011*, 28.
10 *IOSCO Principles for Dark Liquidity 2011*, 29.
11 *IOSCO Principles for Dark Liquidity 2011*, 30.
12 *IOSCO Principles for Dark Liquidity 2011*, 31.
13 *PFMI 2012*, 21 ff.
14 *PFMI 2012*, 21 ff.

Bestimmungen steht allerdings – ob direkt oder indirekt – in einem Zusammenhang mit dem Risikomanagement der Finanzmarktinfrastrukturen. Bemerkenswerteise wird weder der algorithmische Handel noch der Hochfrequenzhandel direkt erwähnt; immerhin betrifft aber der Umgang mit operationellen Risiken und indirekten Teilnehmern auch den Hochfrequenzhandel.[15]

IV. Empfehlungen zu Veränderungen in der Marktstruktur

Schliesslich untersuchte die IOSCO im Dezember 2013 Änderungen in der Marktstruktur und formulierte gestützt darauf weitere Empfehlungen.[16] Als Herausforderungen nannte sie (1) die Marktfragmentierung, die zu einer Erhöhung der Kosten, etwa Such- und Rechtskosten führe, (2) neue Handelsmethoden, die zu einer Verringerung der Effizienz führten und nicht im Interesse des Gesamtmarkts seien sowie (3) die Streuung der Liquidität, was zu einer geringeren Preisfindungsqualität und höheren Volatilität führen könne.[17] Zugleich hob die IOSCO aber auch die Vorteile des Wettbewerbs zwischen verschiedenen Handelsplattformen hervor.[18] Abschliessend formulierte sie fünf Empfehlungen betreffend (a) die Überwachung der Auswirkungen der Fragmentierung auf die Marktintegrität und -effizienz, (b) die Fähigkeit der Marktteilnehmer, Best-Execution- und Order-Handling-Bestimmungen zu erfüllen und (c) den Zugang zur Liquidität.[19] Ferner sollen ähnliche Anforderungen für verschiedene Handelsplätze sowie die konsolidierte Echtzeitverbreitung von Information – soweit technisch machbar – sichergestellt werden.[20] Zu diesen Argumenten der IOSCO wurde im Rahmen der Prüfung von verschiedenen Regulierungsinstrumenten im Kapitel 12 Stellung bezogen.[21]

---

[15] Zu operationellen Risiken vorn 352 ff.; zu indirekten Teilnehmern vorn 525 ff.
[16] *IOSCO Report «Changes in Market Structure» 2013*.
[17] *IOSCO Report «Changes in Market Structure» 2013*, 19.
[18] *Ibid.*
[19] *IOSCO Report «Changes in Market Structure» 2013*, 20 ff.
[20] *IOSCO Report «Changes in Market Structure» 2013*, 20 f.
[21] Vorn 401 ff.

§ 19 Gewährleistung eines geordneten Handels

I. Rechtsgrundlagen

Sowohl der europäische als auch der schweizerische Gesetzgeber reagierte auf die Automatisierung des Handels und schaffte besondere Handelsplatzpflichten, die unter dem Titel der Gewährleistung eines geordneten Handels zusammengefasst werden können. Auf europäischer Ebene finden sich diese Pflichten im Wesentlichen in der revidierten Richtlinie über Märkte für Finanzinstrumente (MiFID II) sowie einer Vielzahl von Durchführungsrechtsakten[1], in der Schweiz im Finanzmarktinfrastrukturgesetz (FinfraG) sowie der Finanzmarktinfrastrukturverordnung (FinfraV). Das Finanzmarktinfrastrukturgesetz sieht vor, dass sowohl Handelsplätze (Börsen und MTF) als auch OTF über Handelssysteme verfügen müssen, die auch bei hoher Handelstätigkeit einen geordneten Handel gewährleisten (Art. 30 Abs. 1 und Art. 45 Abs. 1 FinfraG). Ausserdem haben sie wirksame Vorkehrungen zu treffen, um Störungen in ihren Handelssystemen zu vermeiden (Art. 30 Abs. 2 und Art. 45 Abs. 2 FinfraG). Präzisierungen zu diesen sehr allgemein gehaltenen Gesetzesbestimmungen finden sich in den Art. 30 f. und Art. 40 FinfraV. Diese schweizerischen Vorschriften entsprechen weitgehend den europäischen Vorgaben in Art. 18, Art. 48 und Art. 49 MiFID II, die die Europäische Kommission gestützt auf Art. 48 Abs. 12 und Art. 49 Abs. 3 MiFID II in den technischen Regulierungsstandards (RTS) 7 bis 12 und im Durchführungsstandard (ITS) 19 präzisiert hat.[2] RTS 7 betrifft allgemein die organisatorischen Anforderungen an die Handelsplätze, RTS 8 die Market-Making-Vereinbarungen, RTS 9 die Order-to-Transaction-Ratios (OTRs), RTS 10 die Sicherstellung nichtdiskriminierender Kollokationsdienste und Gebührenstrukturen, RTS 11 die Tick-Grössen, RTS 12 die Benachrichtigungen über vorübergehende Handelseinstellungen und ITS 19 die Beschreibung der Funktionsweise von MTFs und OTFs. Während die europäischen Vorgaben grundsätzlich bis zum 3. Januar 2018 umzusetzen waren, mussten die massgebenden schweizerischen Vorgaben von den Handelsplätzen bis zum 1. Januar 2018 erfüllt werden.[3]

---

[1] Siehe insb. RTS 7 bis RTS 12 zu MiFID II.
[2] Darüber hinaus verpflichtet das europäische Recht geregelte Märkte zur Synchronisierung der Uhren (Art. 50 MiFID II).
[3] Dies gilt für Art. 30 Abs. 2 und 3 sowie für Art. 31 FinfraV, nicht aber für Art. 30 Abs. 1 FinfraV; für das schweizerische Recht siehe Art. 129 Abs. 1 FinfraV; für das europäische Recht siehe vorn 486 f.

II. Regulierungsziele

Hinsichtlich der verfolgten Regulierungsziele hielt der Bundesrat in seiner Botschaft zum Finanzmarktinfrastrukturgesetz ausdrücklich fest, dass bei Art. 30 FinfraG insbesondere an Massnahmen gegen negative Auswirkungen des algorithmischen Handels und des Hochfrequenzhandels zu denken sei.[4] Dies dürfte nicht nur für die Institutspflichten gemäss Art. 31 Abs. 1 und 2 FinfraV, sondern auch für die Handelsplatzpflichten gemäss Art. 30 und Art. 31 Abs. 3 FinfraV gelten. Im Zusammenhang mit den OTFs hielt der Bundesrat darüber hinaus fest, die Bestimmung diene vorab dem Kundenschutz.[5] Im Allgemeinen zielen die Bestimmungen aber vor allem darauf ab, die operationelle Funktionalität der Handelssysteme zu gewährleisten, sodass der Funktionsschutz im Allgemeinen und der Systemschutz im Besonderen gegenüber dem Anlegerschutz dominant erscheinen.[6] Funktionsschutz und Anlegerschutz dürften vorliegend allerdings ohnehin konvergieren, sodass die Frage nach dem dominierenden Schutzziel bedeutungslos erscheint.[7] Ausserdem verfolgte der Bundesrat mit den verschiedenen Bestimmungen unterschiedliche Ziele, sodass die Frage auch nicht allgemein beantwortet werden kann. Während einzelne Bestimmungen in erster Linie die operationelle Funktionsfähigkeit gewährleisten sollen, zielen andere Bestimmungen darauf ab, die Transparenz über die Funktionsweise, die Marktintegrität oder die Marktliquidität sicherzustellen. Die Struktur im nachfolgenden Oberabschnitt IV zu den einzelnen Handelsplatzpflichten basiert auf diesen unterschiedlichen Regulierungszielen. Mit dem Anlegerschutz und dem Funktionsschutz dürften im Übrigen in der Regel auch die Interessen der Handelsplätze konvergieren, sodass die Erforderlichkeit besonderer Vorschriften nicht auf den ersten Blick ersichtlich ist. Immerhin haben aber diverse Untersuchungen in den USA gezeigt, dass Handelsplätze ihre Funktionsweise regelmässig nicht sämtlichen Marktteilnehmern offenlegten und einzelnen Händlern privilegierte Informationen zukommen liessen, gerade auch mit Blick auf Auftragstypen, die einen Vorteil bei der Preis-Zeit-Priorität gewährten.[8] Angesichts dessen erscheint zumindest mit Blick auf die Transparenz über die Funktionsweise die Erforderlichkeit aufsichtsrechtlicher Vorgaben gegeben.

---

4   *Botschaft FinfraG 2014*, 7533, 7540.
5   Im Übrigen verweist er auf die Ausführungen zu Art. 30 FinfraG, siehe *Botschaft FinfraG 2014*, 7540.
6   Vgl. *Botschaft FinfraG 2014*, 7533; *Leisinger* (2017), N 2 zu Art. 30 FinfraG.
7   Zum Verhältnis zwischen Funktionsschutz und Individualschutz vorn 157 ff.
8   Als Beispiele sind insb. die PrimaryPegPlus-Orders der UBS (siehe *SEC Order agst. UBS ATS 2015*, N 14 ff.) sowie die Hide-not-slide-Orders der Direct-Edge-Plattformen (siehe *SEC Order agst. Direct Edge 2015*, N 21 ff.) zu nennen; siehe auch die Verfügung der SEC in Sachen ITG Posit (*SEC Order agst. ITG Posit 2015*); hinten 672 ff.

III. Anwendungsbereiche

Die Pflichten gemäss Art. 30 und Art. 31 FinfraV gelten nach dem Wortlaut der Bestimmungen für sämtliche Handelsplätze. Wie bereits mehrfach erwähnt fallen unter den Begriff des Handelsplatzes nach schweizerischem Recht – im Unterschied zum europäischen Recht – nur Börsen und multilaterale Handelssysteme, nicht aber organisierte Handelssysteme (Art. 26 lit. a FinfraG). Allerdings sorgen die Art. 40 und Art. 41 FinfraV i. V. m. Art. 45 FinfraG dafür, dass die Pflichten nach Art. 30 Abs. 2 bis 4 und Art. 31 FinfraV auch für Betreiber von organisierten Handelssystemen gelten. Ausserdem entspricht der Wortlaut von Art. 40 FinfraV praktisch jenem von Art. 30 Abs. 1 FinfraV, sodass die Pflichten für Betreiber von organisierten Handelssystemen auch in dieser Hinsicht identisch sein dürften. Im Erläuterungsbericht zur Finanzmarktinfrastrukturverordnung hielt denn auch das Eidgenössische Finanzdepartement fest, dass Art. 40 FinfraV die Regelung von Art. 30 FinfraV übernehme.[9] Angesichts dessen wäre ein vollumfänglicher Verweis angezeigt gewesen, denn auf den ersten Blick erweckt Art. 40 FinfraV in der aktuellen Form den Eindruck, als würden nur die Art. 30 Abs. 2 bis 4 FinfraV auch für Betreiber von organisierten Handelssystemen gelten.

Der Anwendungsbereich der europäischen Bestimmungen erscheint ebenfalls auf den ersten Blick enger, als er es tatsächlich ist, denn nach dem Wortlaut von Art. 48 und Art. 49 MiFID II gelten diese besonderen Vorschriften nur für geregelte Märkte. Art. 18 Abs. 5 MiFID II hält jedoch fest, dass auch Betreiber von MTF und OTF diese Bestimmungen einzuhalten haben. Mit anderen Worten gelten die Pflichten für sämtliche Handelsplätze im Sinne der europäischen Terminologie.[10] Den Rechtsunterworfenen, der Lehre und der Judikatur hätte der europäische Gesetzgeber sicherlich einen Dienst getan, wenn er dies gleich in den Art. 48 und Art. 49 MiFID II deutlich gemacht hätte.

Die besonderen Pflichten zur Gewährleistung eines geordneten Handels gelten also sowohl nach europäischem Recht als auch nach schweizerischem Recht nicht nur für Betreiber von geregelten Märkten (bzw. Börsen), sondern auch für Betreiber von MTF und OTF. Da der schweizerische Begriff des OTF jedoch weiter reicht und namentlich auch systematische Internalisierer im Sinne der europäischen Terminologie erfasst,[11] dürfte der Anwendungsbereich der schweizerischen Bestimmungen trotz des Fehlens einer allgemeinen Plattformhandels-

---

9   *EB FinfraV I 2015*, 21.
10 Zum Begriff des Handelsplatzes nach der europäischen Terminologie siehe Art. 4 Abs. 1 Nr. 24 MiFID II; vorn 653 ff.
11 Hierzu vorn 657 ff.

pflicht grösser sein als jener der europäischen Bestimmungen, denn systematischen Internalisierern auferlegte der europäische Gesetzgeber keine entsprechenden Pflichten.

IV. Die einzelnen Pflichten

Nachfolgend werden die einzelnen Handelsplatzpflichten im Detail beleuchtet. Der Aufbau folgt grundsätzlich der Struktur von Art. 30 FinfraV; soweit verschiedene Pflichten jedoch demselben Zweck dienen, wurde eine entsprechende Kategorie als Strukturelement geschaffen. Daraus resultierten fünf Unterabschnitte, die die folgenden Regulierungsbereiche abdecken: (1) die Pflicht zur Implementierung transparenter Regeln und Verfahren für einen fairen, effizienten und ordnungsgemässen Handel, (2) Vorgaben zur Begrenzung operationeller Risiken, (3) Vorgaben zur Verbesserung der Marktintegrität sowie der Marktliquidität, (4) die Pflicht zur Beaufsichtigung der Teilnehmer und (5) weitere europäische Vorgaben, die das schweizerische Recht zumindest auf den ersten Blick nicht kennt. Von Bedeutung ist dabei insbesondere die nicht abschliessende Auflistung von Pflichten in Art. 30 Abs. 2 FinfraV.[12]

1. Transparenz über die Funktionsweise

Gemäss Art. 30 Abs. 1 FinfraV müssen Handelsplätze über transparente Regeln und Verfahren für einen fairen, effizienten und ordnungsgemässen Handel verfügen und objektive Kriterien für die wirksame Ausführung von Aufträgen festlegen. Der Bundesrat orientierte sich bei dieser Bestimmung an Art. 18 Abs. 1 MiFID II, was insofern bemerkenswert ist, als diese Bestimmung nur Vorgaben für multilaterale und organisierte Handelssysteme enthält.[13] Für geregelte Märkte gelten allerdings (unter anderem) praktisch identische Vorgaben nach Art. 47 Abs. 1 lit. c und d MiFID II.[14] Im Sinne einer prinzipienorientierten Regulierung hat der schweizerische Bundesrat die Präzisierungen in Art. 18 Abs. 2 bis 6 MiFID II nicht übernommen, was zu begrüssen ist. Handelsplätze können sich jedoch bei der Umsetzung von Art. 30 Abs. 1 FinfraV an diesen Normen sowie an der Durchführungsverordnung der Europäischen Kommission vom 25. Mai 2016 betreffend die Beschreibung der Funktionsweise von MTFs und OTFs

---

[12] Dass die Auflistung nicht abschliessend ist, ergibt sich aus dem Wort *insbesondere*; siehe auch *Leisinger* (2017), N 5 zu Art. 30 FinfraG.
[13] *EB FinfraV I 2015*, 17; *EB FinfraV II 2015*, 19 f.
[14] Art. 47 Abs. 1 lit. c MiFID II enthält das zusätzliche Kriterium der Nichtdiskretionarität, das für OTF nicht gilt; zum Kriterium der Nichtdiskretionarität vorn 653.

(ITS 19)[15] orientieren. Ein zentraler Bestandteil der Regeln und Verfahren gemäss Art. 30 Abs. 1 FinfraV sollte die Transparenz über die Funktionsweise der Auftragstypen und Gebühren sein. Nur diese Transparenz erlaubt es den Teilnehmern, rational zu handeln und Kundenaufträge bestmöglich auszuführen. Im ersten Teil dieser Arbeit wurde gezeigt, dass diese Transparenz auch bei der SIX nicht immer gegeben ist, sodass in dieser Hinsicht Handlungsbedarf besteht.[16] Im Einzelnen wird sich zeigen, wie streng die Finma Art. 30 Abs. 1 FinfraV anwendet, denn gemäss Art. 27 Abs. 4 FinfraG müssen die Handelsplätze ihre Reglemente der Finma zur Genehmigung unterbreiten. Abgesehen von der Transparenz prüft sie dabei gemäss Art. 25 Abs. 1 FinfraV insbesondere, ob die Gleichbehandlung der Anleger sowie die Funktionsfähigkeit der Effektenmärkte gewährleistet sind.[17]

Die Pflicht zur Transparenz nach Art. 30 Abs. 1 FinfraV ist im Kontext der weiteren Bestimmungen zu sehen. Gemäss Art. 21 Abs. 1 FinfraG i.V.m. Art. 19 FinfraV sind Finanzmarktinfrastrukturen generell dazu verpflichtet, regelmässig alle für Teilnehmer, die Emittenten und die Öffentlichkeit wesentlichen Informationen zu veröffentlichen, und nach Art. 21 Abs. 2 FinfraG orientiert sie sich dabei an anerkannten internationalen Standards. Handelsplätze im Besonderen müssen ausserdem gemäss Art. 28 Abs. 1 FinfraG ein Reglement zur Organisation eines geordneten und transparenten Handels erlassen. Die Bestimmung dürfte allerdings primär die Handelstransparenz betreffen, wie Art. 26 FinfraV zeigt. Die Transparenzpflichten hängen ferner auch eng mit dem Diskriminierungsverbot für Finanzmarktinfrastrukturen nach Art. 18 Abs. 1 FinfraG sowie dem Gleichbehandlungsgebot für Handelsplätze nach Art. 34 Abs. 1 FinfraG zusammen.

Die Bedeutung von transparenten Regeln und Verfahren haben die zahlreichen Verfahren gegen Betreiber von Handelsplätzen in den USA aufgezeigt.[18] Da die Handelsplätze Hochfrequenzhändlern offenbar regelmässig besondere Vorteile einräumten, ohne dies den anderen Marktteilnehmern mitzuteilen, steht dieses Transparenzerfordernis auch in einem engen Zusammenhang mit dem Hochfrequenzhandel.[19] Beispiele für solche besonderen Vorteile sind die PrimaryPeg-Plus-Aufträge (PPP) der UBS sowie die Hide-not-slide-Aufträge von Direct

---

15   DVO 2016/824 der Kommission vom 25. Mai 2016, ABlEU v. 26.5.2016, L 137/10.
16   Vorn 86.
17   Zum Grundsatz der relativen Gleichbehandlung hinten 701 f.
18   Verfahren wurden etwa geführt gegen die UBS (UBS ATS), CS (Crossfinder), Bats Trading (EDGA und EDGX), ITG (Posit) sowie gegen Barclays; siehe die nachfolgenden Fussnoten.
19   Zur Relevanz für den Hochfrequenzhandel siehe *SEC Order agst. Direct Edge 2015*, N 21, 31, 43, 62; *SEC Order agst. UBS ATS 2015*, N 4, 19, 22, 26.

Edge.[20] Auch die Credit Suisse informierte laut den Verfügungen der SEC nicht ausreichend über die Funktionsweise ihrer Handelsplattformen Crossfinder und Light Pool.[21] Während die von den der UBS, von Bats und der ITG bezahlten Bussen von USD 14 bis 21 Mio. gering erscheinen im Vergleich zu den wohl aus diesen Praktiken auf Kosten der Anleger generierten Profiten, dürfte die Busse von USD 84.3 Mio., zu deren Bezahlung sich die Credit Suisse gegenüber den US-Behörden insgesamt verpflichtete, schon eher eine Verhaltenssteuerung bewirkt haben.[22]

Die Vielzahl von Verfahren in den USA wirft die Frage auf, ob eine aufsichtsrechtliche Verpflichtung zur Transparenz über die Funktionsweise ausreichend ist. Angesichts der weit gestreuten und schwer zu substanziierenden Verluste dürften die privatrechtlichen Durchsetzungsmechanismen sowie die aufsichtsrechtliche Einziehung der Gewinne gemäss Art. 35 FINMAG nicht geeignet sein, das Verhalten der Handelsplätze ausreichend zu steuern. Dasselbe gilt für die weiteren Massnahmen der Finma wie die Wiederherstellung des ordnungsgemässen Zustandes (Art. 31 FINMAG), die Feststellung der Pflichtverletzung (Art. 32 FINMAG), Berufsverbote (Art. 33 FINMAG), die Veröffentlichung einer Verfügung (Art. 34 FINMAG) sowie schliesslich der Bewilligungsentzug (Art. 37 FINMAG).[23] Gerade ein Bewilligungsentzug für ein Institut wie die SIX ist unrealistisch und ein Berufsverbot nur selten verhältnismässig. Bei funktionierendem Wettbewerb zwischen verschiedenen Handelsplätzen kann am ehesten noch der Reputationsschaden wirken, der von einer Feststellung der Pflichtverletzung ausgeht. Ebenso wenig greifen dürften in dieser Hinsicht die Strafbestimmungen gemäss Art. 147 ff. FinfraG. Die Strafbestimmung zum Schutz vor Verwechslung und Täuschung gemäss Art. 148 lit. a FinfraG etwa bezieht sich lediglich auf die Bezeichnung der Finanzmarktinfrastruktur (Art. 16 FinfraG). Im Übrigen wäre eine Busse von bis zu CHF 500 000 ohnehin kaum geeignet, das Verhalten des Gebüssten angemessen zu steuern. Immerhin könnten die Tatbestände der ungetreuen Geschäftsbesorgung (Art. 158 StGB) sowie des Betrugs (Art. 146 StGB) in gewissen Fällen erfüllt sein, wenn die Anleger systematisch über die Funktionsweise des Handelsplatzes getäuscht werden. Grundsätzlich dürfte jedoch ein aufsichtsrechtliches Verbot ausreichen, sofern der Finma für Verstösse gegen Art. 30 Abs. 1 FinfraV eine Bussenkompetenz

---

20 *SEC Order agst. UBS ATS 2015*, N 14 ff.; *SEC Order agst. Direct Edge 2015*, N 21 ff.
21 Siehe *SEC Order agst. CS Crossfinder 2016*; *SEC Order agst. CS Light Pool 2016*.
22 Zu den Bussen: Bats bezahlte 14 Mio. gemäss *SEC Order agst. Direct Edge 2015*, 24; die UBS bezahlte etwa 14.4 Mio. gemäss *SEC Order agst. UBS ATS 2015*, 15; die ITG bezahlte etwas mehr als USD 20 Mio gemäss *SEC Order agst. ITG Posit 2015*, 16; zu den von der Credit Suisse und Barclays bezahlten Bussen *SEC Medienmitteilung «Charges agst. Barclays & CS»* 2016.
23 Zu den Massnahmen der Finma *Zulauf et al.* (2014), 219 ff.

eingeräumt wird.[24] Dabei sollte aber die Bussenhöhe nicht zu niedrig bemessen werden, denn Bussen von bis zu CHF 100 Mio. erscheinen durchaus erforderlich, um die gewünschte Verhaltenssteuerung zu bewirken.

2. Operationelle Risiken

Einige der in Art. 30 und Art. 31 FinfraV aufgeführten Handelsplatzpflichten zielen auf die Reduktion der operationellen Risiken ab, die vornehmlich vom algorithmischen Handel sowie dem Hochfrequenzhandel ausgehen. Die Pflichten lassen sich unterteilen in (a) Vorgaben betreffend die Belastbarkeit der Handelssysteme, (b) Vorgaben betreffend Preislimits und Handelsunterbrüche bei erheblichen Preisbewegungen, (c) die notwendigen Befugnis der Stornierung, Änderung oder Berichtigung von Geschäften sowie (d) die Pflicht zur regelmässigen Prüfung der Handelssysteme.

a) Belastbare Systeme und Notfallvorkehrungen

aa) Allgemeine Vorgaben

Nach schweizerischem Recht müssen Handelsplätze über Vorkehrungen für die solide Verwaltung der technischen Abläufe und den Betrieb ihrer Systeme verfügen (Art. 30 Abs. 1 Satz 2 FinfraV) und durch wirksame Systeme, Verfahren und Vorkehrungen sicherstellen, dass ihre Handelssysteme (a) belastbar und mit ausreichenden Kapazitäten für Spitzenvolumina an Aufträgen und Mitteilungen ausgestattet sind (Art. 30 Abs. 2 lit. a FinfraV), (b) in der Lage sind, unter extremen Stressbedingungen auf den Märkten einen ordnungsgemässen Handel zu gewährleisten (Art. 30 Abs. 2 lit. b FinfraV), und (c) wirksamen Notfallvorkehrungen unterliegen, um im Fall von Störungen in ihren Handelssystemen die Wiederaufnahme des Geschäftsbetriebs zu gewährleisten (Art. 30 Abs. 2 lit. c FinfraV).

Während Art. 30 Abs. 1 Satz 2 FinfraV im Wesentlichen Art. 18 Abs. 1 Satz 2 und Art. 47 Abs. 1 lit. c MiFID II nachgebildet ist, orientierte sich der Bundesrat bei den Vorgaben nach Art. 30 Abs. 2 lit. a bis c FinfraV an Art. 48 Abs. 1 MiFID II.[25] Allerdings erscheint fraglich, ob Art. 30 Abs. 1 Satz 2 FinfraV nebst den Vorgaben in Art. 30 Abs. 2 FinfraV eine eigenständige Bedeutung zukommt. Art. 47 Abs. 1 lit. c MiFID II deutet eher auf eine Wiederholung hin, denn die Bestimmung nennt wirksame Notfallmassnahmen für den Fall eines

---

[24] Im Unterschied zu vielen ausländischen Aufsichtsbehörden kann die Finma keine finanziellen Sanktionen aussprechen, siehe *Zulauf et al.* (2014), 282 ff.
[25] *EB FinfraV I 2015*, 17; *EB FinfraV II 2015*, 19 f.

Systemzusammenbruchs, wie sie auch in Art. 48 Abs. 1 MiFID II beziehungsweise Art. 30 Abs. 2 lit. c FinfraV vorgeschrieben sind. Bemerkenswert ist ausserdem ein feiner Unterschied zwischen Art. 48 Abs. 1 MiFID II einerseits und Art. 47 Abs. 1 lit. c MiFID II sowie Art. 30 Abs. 2 lit. c FinfraV andererseits, denn nach der ersten Bestimmung muss der Betreiber der Handelsplattform nicht nur Notfallvorkehrungen für den Fall von Störungen (Art. 30 Abs. 2 lit. c FinfraV) oder Systemzusammenbrüchen (Art. 47 Abs. 1 lit. c MiFID II) vorsehen, sondern die Kontinuität seines Geschäftsbetriebs gewährleisten.

Nachdem die Esma schon im Jahr 2012 Leitlinien zu Systemen und Kontrollen in einer automatisierten Handelsumgebung entworfen hatte, präzisierte die Europäische Kommission die Vorgaben nach Art. 48 MiFID II nun mit der delegierten Verordnung vom 14. Juli 2016 betreffend die Festlegung der organisatorischen Anforderungen an Handelsplätze (RTS 7).[26] Mit den Artikeln 3 bis 8, 11 bis 17 sowie 23 stützte die Kommission einen Grossteil der Bestimmungen dieser delegierten Verordnung direkt auf Art. 48 Abs. 1 MiFID II. Das schweizerische Recht enthält zum aktuellen Zeitpunkt keine Präzisierungen in dieser Form. Denkbar ist aber, dass die Finma entsprechende Regeln in einem Rundschreiben verankern wird, und ausserdem können sich die Handelsplätze auch bei der Implementierung der schweizerischen Regeln an den europäischen Vorgaben im Sinne einer Inspirationsquelle orientieren.[27]

bb) *Präzisierungen der Europäischen Kommission*

Die Durchführungsverordnung RTS 7 enthält zunächst allgemeine organisatorische Vorgaben zur Unternehmensführung (Art. 3), zur Compliance-Funktion (Art. 4), zur Personalausstattung (Art. 5) und zur Auslagerung und Beschaffung (Art. 6). Von grösserem Interesse für die Belastbarkeit der Systeme sind demgegenüber die folgenden Bestimmungen (Art. 7 ff.), worin sich Vorgaben finden zur Prüfung der Mitglieder, zur Prüfung der Handelssysteme, zur Überwachung des Handels und Überprüfung der Kapazitäten, zu Notfallvorkehrungen, zu Mitteilungsmaxima sowie zur Sicherheit der IT-Systeme.

aaa) *Prüfung der Mitglieder*

Gemäss Art. 7 RTS 7 sind Handelsplätze dazu verpflichtet, ihre Mitgliedsanwärter einer Due-Diligence-Prüfung zu unterziehen, bei der sie einige Aspekte zu prüfen haben (Abs. 1 und Abs. 2). Hierzu zählen die Vorhandels- und Nachhandelskontrollen, Qualifikationsanforderungen für Mitarbeiter, technische und funktionelle Konformitätstests, Richtlinien für die Verwendung der Kill-Funk-

---

[26] Siehe *Esma Leitlinien «Systeme und Kontrollen»* 2012.
[27] Vgl. *Leisinger* (2017), N 3 zu Art. 30 FinfraG.

IV. Die einzelnen Pflichten

tion sowie gegebenenfalls die Bestimmungen über den direkten elektronischen Zugang (Abs. 1). Ausserdem müssen sie die Mitglieder jährlich neu bewerten und überprüfen, ob die Mitglieder als Wertpapierfirma eingetragen sind (Abs. 3), bei Bedarf weitere Bewertungen vornehmen (Abs. 4), Kriterien und Verfahren für Sanktionen festlegen wie die Sperrung des Zugangs sowie den Entzug der Mitgliedschaft (Abs. 5) und Aufzeichnungen fünf Jahre aufbewahren (Abs. 6).

bbb) Prüfung der Handelssysteme

Nach Art. 8 RTS 7 sind Handelsplätze weiter dazu verpflichtet, vor der Einführung und Aktualisierung eines Handelssystems Tests durchzuführen, sodass sichergestellt ist, dass (a) das Handelssystem keine ausserplanmässigen Verhaltensweisen zeigt, (b) die eingebetteten Kontrollen für die Compliance und das Risikomanagement einwandfrei funktionieren und automatische Fehlermeldungen erzeugen, und (c) das Handelssystem auch bei deutlich erhöhtem Mitteilungseingang effektiv weiterarbeitet (Abs. 1). Für diese Tests müssen die Handelssysteme vorab eindeutige Entwicklungs- und Testmethoden festlegen und zu jeder Zeit nachweisen können, dass sie alle angemessenen Vorkehrungen getroffen haben, um zu vermeiden, dass ihre Handelssysteme zur Entstehung marktstörender Handelsbedingungen beitragen (Abs. 1 und Abs. 2). Die nachfolgenden Artikel 9 und 10 RTS 7 regeln die bereits im Kapitel 16 zu den Teilnehmerpflichten bei algorithmischem Handel erläuterten Konformitätstests.[28] Art. 11 RTS 7 schreibt den Handelsplätzen sodann im Wesentlichen vor, dass ihre Handelssysteme über ausreichende Kapazitäten verfügen müssen, um ihre Funktionen auch dann ohne Systemstörungen, Systemausfälle und Matching-Fehler zu erfüllen, wenn im Vergleich zum Spitzenwert der letzten fünf Jahre mindestens doppelt so viele Mitteilungen pro Sekunde verarbeitet werden müssen (Abs. 1 und 2). Ausserdem sind für den Fall von Überschreitungen, Kapazitätserweiterungen und schwerwiegenden Handelsunterbrüchen besondere Regeln vorgesehen (Abs. 3 bis 5).

ccc) Überwachungs- und Überprüfungspflichten

Nach den Artikeln 12 und 13 RTS 7 obliegt den Handelsplätzen weiter eine Überwachungspflicht. Gegenstand dieser Überwachung sind die Gesamtanzahl der vom Handelssystem verarbeiteten Mitteilungen, die Auslastung der maximalen Mitteilungskapazität pro Sekunde in Prozent, die Zeit zwischen dem Eingang einer Mitteilung bei einem äusseren Gateway des Handelssystems und dem Ausgang einer auf sie bezogenen Mitteilung vom selben Gateway im Anschluss an die Verarbeitung sowie die Leistung der Matching-Funktion (*performance of*

---

[28] Vorn 614 f.

the matching engine). Die Überwachung hat in Echtzeit zu erfolgen, das System muss innert fünf Sekunden Warnmeldungen erzeugen, und die Probleme sind durch den Handelsplatz schnellstmöglich zu beheben. Gemäss Art. 14 RTS 7 sind die Leistung (Performanz) sowie die Kapazitäten der algorithmischen Handelssysteme ausserdem jährlich im Rahmen der nach Art. 2 vorzunehmenden Selbstbeurteilung zu überprüfen (Abs. 1). Bei dieser Überprüfung sind Stresstests durchzuführen (Abs. 2 bis 4) und ein unabhängiger Prüfer oder eine von der überprüften Funktion getrennte Abteilung des Handelsplatzes muss die Leistung und die Kapazitäten bewerten (Abs. 5). Aufgedeckte Mängel sind umgehend und wirkungsvoll zu beheben und Aufzeichnungen über die Überprüfung sowie die Abhilfemassnahmen fünf Jahre aufzubewahren (Abs. 6).

ddd)   Notfallvorkehrungen und Notfallplan

Die Artikel 15 bis 17 RTS 7 enthalten Bestimmungen zu Notfallvorkehrungen, die die Kontinuität des Geschäftsbetriebs sicherstellen sollen. Konkret müssen die Notfallvorkehrungen gewährleisten, dass die Stabilität der Systeme bei Störungen in hinreichendem Masse aufrechterhalten wird (Art. 15 Abs. 1 RTS 7), der Handel grundsätzlich innerhalb von zwei Stunden wieder aufgenommen werden kann und der Datenverlust bei allen IT-Diensten nahezu null beträgt (Art. 15 Abs. 2 RTS 7). Um dies sicherzustellen, müssen die Handelsplätze gemäss Art. 16 RTS 7 über einen Notfallplan verfügen, in dem die Verfahrensweisen und Vorkehrungen zur Bewältigung von Störungen beschrieben werden. Der Inhalt dieses Notfallplans ist im Detail in Art. 16 Abs. 2 lit. a bis h und Abs. 3 RTS 7 aufgeführt. Ausserdem müssen die Handelsplätze Folgenabschätzungen über die Risiken und Auswirkungen einer Störung vornehmen und regelmässig überprüfen (Art. 16 Abs. 4 RTS 7), und besondere organisatorische Anforderungen mit Bezug auf ihre Geschäftsleitung erfüllen (Art. 16 Abs. 5 RTS 7). Der Notfallplan muss ferner auch Verfahren für die Bewältigung von Störungen und Ausfällen ausgelagerter geschäftskritischer operativer Funktionen vorsehen (Art. 16 Abs. 6 RTS 7), und gemäss Art. 17 RTS 7 sind Handelsplätze verpflichtet, ihren Notfallplan im Rahmen ihrer jährlichen Selbstbeurteilung gemäss Art. 2 RTS 7 gestützt auf realistische Szenarien zu überprüfen.

eee)   Mitteilungsmaxima und Verteilung auf verschiedene Gateways

Nicht auf Art. 48 Abs. 1 MiFID II, sondern auf Art. 48 Abs. 4 bis 6 MiFID II stützte die Europäische Kommission Art. 18 RTS 7. Teilweise betrifft auch diese Bestimmung jedoch primär die Belastbarkeit der Handelssysteme. Gemäss Art. 18 Abs. 1 lit. a RTS 7 müssen Handelsplätze Obergrenzen für die Anzahl Aufträge festlegen, die ein Mitglied pro Sekunde senden kann. Ausserdem müssen Handelsplätze gemäss Art. 18 Abs. 2 lit. e RTS 7 in der Lage sein, den Auftragseingang zur Vermeidung überlastungsbedingter Ausfälle auf verschiedene

IV. Die einzelnen Pflichten

Gateways zu verteilen, sofern der Handelsplatz über mehr als ein Gateway verfügt, und gemäss Art. 18 Abs. 3 lit. g RTS 7 sind Handelsplätze dazu verpflichtet, Richtlinien und Vorkehrungen betreffend verschiedene Aspekte der Auftragsdrosselung festzulegen.

fff) *Sicherheit und Zugangsbeschränkungen*

Auf Art. 48 Abs. 1 MiFID II stützte die Europäische Kommission schliesslich auch Art. 23 RTS 7. Diese Bestimmung verpflichtet die Handelsplätze im Wesentlichen zur Gewährleistung der physischen und elektronischen Sicherheit durch Verfahren und Vorkehrungen, die ihre Systeme vor Missbrauch und unberechtigtem Zugriff schützen und die Integrität der in ihrem System enthaltenen oder verarbeiteten Daten wahren (Art. 23 Abs. 1 RTS 7). Konkret adressieren die vorgeschriebenen Vorkehrungen (a) den unberechtigten Zugriff, (b) durch Datenbefehle bewirkte schwere Behinderungen oder Störungen des Betriebs eines Informationssystems, (c) rechtswidrige Handlungen, durch die Daten gelöscht, verändert oder unzugänglich gemacht werden sowie (d) das Abfangen nichtöffentlicher Datenübermittlungen (Art. 23 Abs. 2 RTS 7). Über Missbräuche und unberechtigte Zugriffe ist die zuständige Behörde zu informieren, ebenso wie über die ergriffenen Massnahmen zur Vermeidung ähnlicher Vorfälle in der Zukunft (Art. 23 Abs. 3 RTS 7).

cc) *Präzisierungen in der Finanzmarktinfrastrukturverordnung*

Das schweizerische Recht enthält zum aktuellen Zeitpunkt wie erwähnt keine Präzisierungen in der Form der europäischen Durchführungsrechtsakte. Zwei besondere Regeln betreffen jedoch ebenfalls direkt die Belastbarkeit der Handelssysteme: die Verlangsamung des Handels gemäss Art. 31 Abs. 2 lit. e Nr. 2 FinfraV sowie die Kapazitätsgebühren nach Art. 31 Abs. 3 FinfraV.

aaa) *Verlangsamung des Auftragsaufkommens*

Gemäss Art. 31 Abs. 2 lit. e Nr. 2 FinfraV müssen Handelsplätze über Vorkehrungen zur Verlangsamung des Auftragsaufkommens verfügen, wenn das Risiko besteht, dass die Systemkapazität erreicht wird. Nach dem genauen Wortlaut der Bestimmung sind die Handelsplatzteilnehmer und nicht die Handelsplätze zu den Vorkehrungen nach Art. 31 lit. e FinfraV verpflichtet. Wie im Kapitel 16 (Pflichten bei algorithmischem Handel) gezeigt dürfte diese Wortwahl allerdings einem gesetzgeberischen Versehen entsprungen sein, weshalb die Bestimmung als Handelsplatzpflicht und nicht als Teilnehmerpflicht interpretiert wird.[29] An

---

[29] Vorn 623 f.

welcher europäischen Pflicht sich der schweizerische Gesetzgeber bei der Verfassung der Bestimmung orientierte, ist nicht auf den ersten Blick ersichtlich. Vermutlich wurde die Bestimmung einem Teil von Art. 48 Abs. 6 MiFID II nachempfunden, der sich allerdings auf die mit Order-to-Transaction-Ratios (OTRs) verbundenen Ziele bezieht und keine eigenständige Pflicht bildet.[30] Auch deshalb dürfte sich der Hinweis auf die Systemkapazität in Art. 31 Abs. 2 lit. e Nr. 2 FinfraV auf die Systeme des Handelsplatzes und nicht auf die Systeme der Wertpapierfirma beziehen, selbst wenn die Bestimmung als Teilnehmerpflicht interpretiert würde.[31] Die Verlangsamung des Mitteilungsaufkommens mag mit Blick auf operationelle Risiken legitim erscheinen; für die Teilnehmer führt sie aber zu einem unerwarteten Matching-Verhalten, und es besteht ein erhöhtes Risiko, dass Aufträge erst zu einem Zeitpunkt ausgeführt werden, zu dem sie fehlplatziert sind. Den Auftragsstornierungen sollte daher bei systemkritischen Mitteilungsaufkommen Priorität gewährt werden. Im Übrigen sollten systemkritische Mitteilungsaufkommen kaum je erreicht werden, wenn die Handelsplätze – wie gemäss Art. 11 Abs. 1 und 2 RTS 7 vorgeschrieben – über ausreichende Kapazitäten verfügen müssen, um ihre Funktionen auch bei einem im Vergleich zum Spitzenwert der letzten fünf Jahre mindestens doppelt so hohen Mitteilungsaufkommen zu erfüllen.

bbb)   Kapazitätsgebühren

In Art. 31 Abs. 3 FinfraV wird den Handelsplätzen die Befugnis eingeräumt, höhere Gebühren vorzusehen für (a) stornierte Aufträge, (b) Teilnehmer mit einer hohen Anzahl stornierter Aufträge und (c) Teilnehmer mit (1) einer Infrastruktur zur Minimierung von Latenzen, (2) einem System, das über die Einleitung, das Erzeugen, das Weiterleiten oder die Ausführung eines Auftrags entscheidet und (3) einem hohen untertägigen Mitteilungsaufkommen. Das Eidgenössische Finanzdepartement gab an, die Bestimmung entspreche Art. 48 Abs. 9 MiFID II und soll negativen Auswirkungen auf die Systemstabilität oder Marktintegrität begegnen.[32] Übereinstimmungen zum europäischen Recht be-

---

30 Bemerkenswert ist im Übrigen, dass Art. 15 Nr. 3 RTS 6 Wertpapierfirmen die Pflicht auferlegt, über Drosselungsmechanismen für wiederholte automatische Auftragsausführungen zu verfügen. Diese Drosselungsmechanismen dürften jedoch in erster Linie auf die Verhinderung von Flash-Crashes abzielen und nicht auf die Entlastung der Systemkapazität der Handelsplätze, sodass diese Bestimmung nicht zur Präzisierung von Art. 31 Abs. 2 lit. e Nr. 2 FinfraV herangezogen werden kann; für den Flahs Crash war nach dem heutigen Erkenntnisstand in erster Linie ein unlimitierter Ausführungsalgorithmus, der sich am Handelsvolumen orientierte, verantwortlich; hierzu vorn 373 ff.
31 Ausserdem sollen ja die erwähnten Stresstests sicherstellen, dass die Systemkapazität der wertpapierfirmainternen Systeme nicht erreicht wird; vorn 611.
32 *EB FinfraV I 2015*, 18; *EB FinfraV II 2015*, 21.

stehen allerdings nur teilweise, weshalb die europäische Gebührenbestimmung hinten im Abschnitt 5 (Weitere europäische Vorgaben und Rechtsvergleich) erläutert wird.[33]

Entsprechend der Regelung in Art. 31 Abs. 3 FinfraV behält sich die SIX zur Steuerung der operationellen Belastung das Recht vor, Kapazitätsgebühren zu erheben.[34] Dabei unterscheidet sie zwischen QPS-Kapazitätsgebühren (Quotes per Second), FTPS-Kapazitätsgebühren (FIX Transactions per Second) sowie OTPS-Kapazitätsgebühren (OUCH Transactions per Second).[35] Handelsplätze sind jedoch nach dem Wortlaut von Art. 31 Abs. 3 FinfraV nicht zu solchen Gebühren verpflichtet; den Handelsplätzen wird lediglich die Befugnis hierzu eingeräumt.

Sind die Gebühren nicht zwingend, so stellt sich die Frage nach der Erforderlichkeit von Art. 31 Abs. 3 FinfraV. Aus Gründen der Rechtssicherheit erscheint die Bestimmung jedoch dennoch angezeigt, denn sie schafft Klarheit darüber, dass solche Gebühren den finanzmarktrechtlichen Gleichbehandlungsgrundsatz (Art. 34 Abs. 1 FinfraG) nicht verletzen. Der Gleichbehandlungsgrundsatz dürfte diesen Gebühren jedoch ohnehin nicht entgegenstehen, denn derselbe gilt nicht absolut; liegen sachliche Gründe für eine Ungleichbehandlung vor, so lässt der Gleichbehandlungsgrundsatz eine Ungleichbehandlung gerade angezeigt erscheinen.[36] Als sachliche Gründe fallen nebst positiven Skaleneffekten bei hohen Transaktionsvolumen auch höhere Gebühren bei niedrigen Order-to-Transaction-Ratios in Betracht. Ist das Mitteilungsvolumen im Verhältnis zur Anzahl Transaktionen gross und werden nicht ohnehin Auftragsgebühren verrechnet, werden die Systeme im Verhältnis zu den generierten (Transaktions-)Gebühren nämlich stärker beansprucht. Transaktionsgebühren können allerdings ohnehin tendenziell als veraltete Form der Handelsplatzfinanzierung betrachtet werden, denn nebst dem Handelsvolumen dürften sich bei niedrigen Transaktionsgebühren auch die Erträge aus unterschiedlichen Anbindungen und aus dem Handel mit Finanzinformationen erhöhen lassen.[37]

Art. 31 Abs. 3 FinfraV wirft weiter die Frage auf, ob im Umkehrschluss andere Gebühren unzulässig sind. Indizien für eine derartige Auslegung können weder den Materialien zur Verordnung entnommen noch aus dem Zweck der Bestimmung abgeleitet werden. Den Handelsplätzen steht es daher grundsätzlich frei,

---

[33] Hinten 696 ff.
[34] Nr. 10 SIX-GebO Handel; vorn 58 f.
[35] Nr. 10.1–10.3 SIX-GebO Handel.
[36] Siehe *Botschaft BEHG 1993*, 1402; *Zobl/Kramer* (2004), N 67; *Truffer* (2011), N 8 zu Art. 7 aBEHG; vgl. *Borens/Baumann* (2017), N 11 zu Art. 34 FinfraG; hinten 701 f.
[37] Zu den unterschiedlichen Gebührenstrukturen allgemein vorn 51 ff.

andere Anknüpfungspunkte für Gebühren zu wählen. Allerdings müssen auch diese Gebührenstrukturen mit dem Grundsatz der relativen Gleichbehandlung vereinbar sein.

b) Preislimits und Handelsunterbrüche

aa) Rechtsgrundlagen

Zu den operationellen Risiken im weiteren Sinne können auch erhebliche irrationale Preisbewegungen gezählt werden.[38] Gemäss Art. 30 Abs. 2 lit. d FinfraV müssen Handelsplätze Aufträge ablehnen, wenn sie im Voraus festgelegte Grenzen für Volumina und Kurse überschreiten. Nach Art. 30 Abs. 2 lit. e FinfraV müssen Handelsplätze ausserdem über wirksame Systeme, Verfahren und Vorkehrungen verfügen, um sicherzustellen, dass ihre Handelssysteme in der Lage sind, den Handel vorübergehend einzustellen oder einzuschränken, wenn es kurzfristig zu einer erheblichen Preisbewegung bei einer Effekte auf diesem Markt oder einem benachbarten Markt kommt.

Die Preis- und Volumenlimits nach Art. 30 Abs. 2 lit. d FinfraV und die Circuit-Breakers nach Art. 30 Abs. 2 lit. e FinfraV sind Art. 48 Abs. 4 und 5 MiFID II nachgebildet.[39] Gemäss Art. 48 Abs. 4 MiFID II müssen Handelsplätze über wirksame Systeme (Verfahren und Vorkehrungen) verfügen, durch die Aufträge abgelehnt werden, die die im Voraus festgelegten Grenzen für Volumina und Kurse überschreiten oder eindeutig irrtümlich zustande kamen (Art. 48 Abs. 4 MiFID II), und nach Art. 48 Abs. 5 MiFID II müssen Handelsplätze im Falle erheblicher Preisbewegungen bei einem Finanzinstrument in der Lage sein, den Handel vorübergehend einzustellen oder einzuschränken. Ausserdem müssen sie in der Lage sein, in Ausnahmefällen jedes Geschäft zu stornieren, zu ändern oder zu berichtigen (Unterabs. 1). Weitere Vorschriften bestehen für das Setzen und Ändern der Parameter sowie für die Meldung derselben an die zuständigen Behörden (Art. 48 Abs. 5 Unterabs. 1 und Unterabs. 2 MiFID II). Auf der Stufe der Durchführungsrechtsakte finden sich Präzisierungen in den Art. 18 ff. RTS 7.

Die SIX hat besondere Situationen in Nr. 10.10 des Handelsreglements, in Nr. 11 und 12 der Weisung 3 (Handel) sowie in der Weisung 4 (Marktsteuerung) geregelt. Sie unterscheidet dabei zwischen ausserordentlichen Situationen und Notsituationen: Erstere umfassen etwa erhebliche Kursschwankungen, Spitzenvolumina und bevorstehende Veröffentlichungen von für den Markt bedeutsa-

---

[38] Vorn 354.
[39] *EB FinfraV I 2015*, 17.

men Informationen, letztere operative Ausfälle von Teilen der Börseninfrastruktur.[40] Vorhandelskontrollen im Sinne von Preis- und Volumenlimits sind in Nr. 11 SIX-Weisung 3 (Handel) und Nr. 2.8 SIX-Weisung 5 (Handel ohne Vorhandelstransparenz) vorgesehen. Für Einzelheiten wird auf die entsprechenden Bestimmungen verwiesen.

bb) *Regulierungsziel und kritische Würdigung*

Erklärtes Ziel von Preislimits und Circuit-Breakers ist es, fehlerhafte Marktentwicklungen zum Stillstand zu bringen, falls diese zu ungerechtfertigten Preisausschlägen oder gar zu einem Kollaps des Handels zu führen drohen.[41] Die Erwägungsgründe zu MiFID II stellen klar, dass die Bestimmungen vornehmlich gegen den algorithmischen Handel gerichtet sind, verweist der europäische Gesetzgeber doch ausdrücklich auf das Risiko, dass algorithmische Handelssysteme auf andere Marktereignisse überreagieren, was die Volatilität verschärfen könne, wenn es schon vorher ein Marktproblem gegeben habe.[42] An dieser Stelle dürfte der europäische Gesetzgeber implizit auf den Flash-Crash vom 6. Mai 2010 Bezug genommen haben, denn dieser ereignete sich zu einem Zeitpunkt erhöhter Marktspannungen.[43] Rückkopplungsschleifen, die durch automatisierte Verkaufsprogramme ausgelöst werden und über den antizipierenden Handel in einen irrationalen Flash-Crash münden, können durch Circuit-Breakers möglicherweise abgewendet werden. Abgesehen davon stellt sich allerdings die Frage, ob solche Circuit-Breakers die Märkte effektiv beruhigen und einen positiven Effekt auf die Preisbildung haben können. Die ökonomische Auseinandersetzung hat jedenfalls zu einem ernüchternden Ergebnis geführt: Erstens scheint von Preislimits in Übereinstimmung mit der Magnethypothese ein magnetischer Effekt auszugehen, der die Volatilität entgegen dem Regulierungsziel zumindest vor dem Erreichen des Preislimits erhöht, und zweitens bestehen kaum empirische Ergebnisse, die darauf hindeuten würden, dass der Handelsunterbruch die Märkte beruhigt.[44]

Sollen nur ungerechtfertigte Preisausschläge verhindert werden, so stellt sich ferner die Frage, ob Handelsplätze gerechtfertigte und ungerechtfertigte Kursausschläge unterscheiden können, denn extreme Kursbewegungen haben auch rationale Ursachen. Diese Fähigkeit muss den Handelsplätzen aber wohl abgesprochen werden, sodass zwangsläufig auch rationale Kursbewegungen unterbrochen werden, wie es im Übrigen auch rechtlich vorgesehen ist. So geschah es

---

40   Nr. 10.10.1 Abs. 3 und Nr. 10.10.2 Abs. 2 HR-SIX.
41   *EB FinfraV I 2015*, 17; weiterführend vorn 427 ff.
42   Erwägungsgrund 62 zu MiFID II.
43   Zum Flash-Crash vom 6. Mai 2010 vorn 78, 373 ff.
44   Vorn 429 ff.

auch etwa, als Monsanto im Sommer 2015 die Übernahmepläne betreffend Syngenta aufgab und die Syngenta-Aktie in der Folge um 18 Prozent einbrach.[45] Bemerkenswert ist, dass der Ruf nach Circuit-Breakers oft bei starken Kurskorrekturen laut wird, unabhängig davon, ob diese rational oder irrational sind. *Hans-Ole Jochumsen*, Vorsteher der Abteilung Global Trading der Nasdaq-OMX-Gruppe, etwa verlangte nach den Kurskorrekturen in China im Sommer 2015, dass China ebenfalls Circuit-Breakers wie die USA und die EU einführe, um panische Verkäufe zu verhindern.[46] Ob die Kurskorrektur auf den chinesischen Märkten nicht etwa aufgrund der negativen Wirtschaftsdaten durchaus rational war, war kein Thema.

cc)   *Preislimits im Besonderen*

Die von den Handelsplätzen zu implementierenden Preislimits sind das Pendant zu den von algorithmischen Teilnehmern (CH-Recht) beziehungsweise Wertpapierfirmen (EU-Recht) zu implementierenden Handelsschwellen und Handelsobergrenzen.[47] Gegenüber Circuit-Breakers im eigentlichen Sinne haben sie im Wesentlichen zwei Vorteile: Erstens kann der Handel grundsätzlich (im erlaubten Rahmen) fortgesetzt werden, und zweitens müssen keine Transaktionen storniert werden. Bei einer ausgedehnten Anwendung solcher Limits könnten also Unterbrüche gemäss Art. 30 Abs. 2 lit. e FinfraV vermieden werden. Hochfrequenzhändler etwa setzen sich für solche Preislimits und gegen Circuit-Breakers ein, bei denen Fehlabschlüsse (Mistrades) *ex post* rückabgewickelt werden.[48] Dies dürfte insofern nicht erstaunen, als sie irrationale Preisbewegungen eher erkennen und daher von diesen Bewegungen profitieren dürften. Dennoch erscheint das Anliegen, Fehlabschlüsse *ex ante* zu verhindern, berechtigt. Eine gute Prävention irrtümlicher Aufträge könnte ausserdem dadurch bewirkt werden, dass die Bindungswirkung solcher Aufträge geschützt wird.

Bei Preislimits kann unterschieden werden zwischen *reasonability limits* und *interval price limits*. Während *reasonability limits* Aufträge ausserhalb eines Preisbandes gar nicht erst zulassen, werden bei *interval price limits* lediglich keine Transaktionen ausserhalb eines gewissen Bandes ausgeführt und der Handel erst fortgesetzt, wenn sich der Marktpreis wieder in den vorgegebenen Rahmen bewegt oder sich umgekehrt der nach einer gewissen Zeit neu berechnete Rahmen

---

45 *Gillam* (2015); siehe auch den Beitrag auf NZZ Online, abrufbar unter *www.nzz.ch/wirtschaft/monsanto-wirft-das-handtuch-1.18602273*, wo von einem Handelsunterbruch die Rede ist.
46 *Schwartzkopff* (2015).
47 Hierzu vorn 612.
48 So ausdrücklich *Dave Cummings*, Begründer von Bats und Tradebot, siehe *CFTC Views of Dave Cummings 2010*.

IV. Die einzelnen Pflichten

zum Marktpreis hinbewegt.[49] Art. 30 Abs. 2 lit. d FinfraV und Art. 48 Abs. 4 MiFID II schreiben *reasonability limits* vor, während *interval price limits* nach dem Wortlaut der Bestimmungen nicht erlaubt sind. Mit *reasonability limits* sollen abgesehen von der Verhinderung irrationaler Kursbewegungen auch schlicht fehlerhafte Abschlüsse im Sinne von *fat finger trades* verhindert werden.[50] Es ist allerdings zu beachten, dass *reasonability limits* in dieser Form den Aufbau von Markttiefe ausserhalb der Preisbegrenzung verhindern, während *interval price limits* diesen Aufbau von Markttiefe zulassen. Angesichts dessen sollten *de lege ferenda* auch *interval price limits* erlaubt werden.

dd) Keine Anwendung von Art. 33 FinfraG

Art. 33 FinfraG enthält Regeln zur Einstellung des Handels. Stellt eine Börse den Handel mit einer an ihr kotierten Effekte ein, hat sie diesen Entscheid nach Art. 33 Abs. 1 FinfraG umgehend zu veröffentlichen, und die übrigen Handelsplätze haben den Handel mit dieser Effekte gemäss Art. 33 Abs. 2 FinfraG ebenfalls einzustellen. Diese Regeln gelten allerdings nach dem Willen des Bundesrates nicht für Handelsunterbrechungen infolge definierter Abweichungen von einem Referenzpreis oder Unterbrüche des Handels, die auf einen Ausfall des Systems einer Börse zurückzuführen sind.[51] Die Bestimmung gilt also nicht für die unter diesem Titel behandelten Preislimits und Circuit-Breakers.

c) Stornierungs- und Änderungsmöglichkeit (Mistrades)

Der Handelsplatz[52] muss nach Art. 30 Abs. 2 lit. f FinfraV weiter in der Lage sein, in Ausnahmefällen jedes Geschäft zu stornieren, zu ändern oder zu berichtigen. Im Idealfall sollte diese Regel die Handelsteilnehmer sowie die zentralen Gegenparteien vor operativen Störungen schützen.[53] Die SIX hat Mistrades in Nr. 6 ihrer Weisung 4 (Marktsteuerung) geregelt und setzt für eine Geschäftsstornierung voraus, dass (a) der Preis eines Abschlusses erheblich vom Marktpreis abweicht oder (b) faire, effiziente und ordnungsgemässe Marktverhältnisse nicht gewährleistet sind.[54] Ausgestaltet hat die SIX diese Vorschrift im Sinne einer Befugnis der Marktsteuerung der Börse. Dennoch sollte bei gegebenen Vo-

---

49 Zu den *reasonability limits* etwa *ICE RL & NCR 2016*, 7; *interval price limits* haben etwa die *Intercontinental Commodity Exchange* (ICE) und die *Chicago Mercantile Exchange* (CME) eingeführt; siehe *ICE Interval Price Limits 2016*; *CME Price Limit Guide 2017*; *ICE Interval Price Limits 2012*, 3 ff. m.w.H.; siehe auch *Aldridge* (2013), 238 f.
50 *ICE RL & NCR 2016*, 7.
51 *Botschaft FinfraG 2014*, 7535; vgl. *Borens/Baumann* (2017), N 14 zu Art. 33 FinfraG.
52 Nach dem Wortlaut der Bestimmung sind es seine Handelssysteme.
53 Zur Bedeutung für die zentralen Gegenparteien vorn 361 ff.
54 Nr. 6.2 SIX-Weisung 4 (Marktsteuerung).

raussetzungen aufgrund der Gleichbehandlungspflicht der Handelsplätze ein Anspruch auf Geschäftsstornierung bestehen.⁵⁵ Allerdings sind Geschäftsstornierungen für Ausnahmefälle bestimmt wie etwa den Fall, dass überlastete Handelssysteme Aufträge verzögert zusammenführen, denn Mistrades infolge erheblicher Preisabweichung sollten grundsätzlich *ex ante* durch *reasonability limits* im Sinne von Art. 30 Abs. 2 lit. d FinfraV verhindert werden und nicht *ex post*.

d) Regelmässige Prüfung

In operationeller Hinsicht sind Handelsplätze schliesslich zur regelmässigen Prüfung ihrer Handelssysteme verpflichtet, um zu gewährleisten, dass die Anforderungen nach Art. 30 Abs. 2 lit. a–f FinfraV erfüllt werden (Art. 30 Abs. 2 lit. g FinfraV). Während das europäische Recht eine jährliche Überprüfung im Rahmen der Selbstbeurteilung, eine Prüfung bei jeder Einführung und Aktualisierung der Handelssysteme sowie weitere Überwachungs- und Überprüfungspflichten vorsieht,⁵⁶ legt das schweizerische Recht zum aktuellen Zeitpunkt keine Frequenz fest, zu der die Handelssysteme zu prüfen wären. Die Bestimmung der Häufigkeit kann zumindest vorläufig den Handelsplätzen unter Berücksichtigung des eigenen Angebotes und des Risikoprofils überlassen werden.⁵⁷ Die Handelsplätze müssen jedoch sicherstellen, dass sie die Vorgaben nach Art. 30 FinfraG und Art. 30 f. FinfraV stets erfüllen.

Abgesehen von der Regelung in Art. 30 Abs. 2 lit. g FinfraV ist für eine Bewilligung als Handelsplatz nach der Wegleitung der Finma vom 16. Juni 2016 unter anderem darzustellen, dass die Pflicht zur Sicherstellung eines geordneten Handels gemäss Art. 30 FinfraG und Art. 30 f. FinfraV erfüllt wird,⁵⁸ und eine solche Darstellung kann sich an einer Selbstbeurteilung gemäss Art. 2 RTS 7 orientieren. Ausserdem sind der Finma nach Art. 7 Abs. 1 FinfraG jegliche Änderungen von Tatsachen, die der Bewilligung oder der Genehmigung zugrunde liegen, zu melden, und nach Art. 7 Abs. 2 FinfraG ist bei Änderungen von wesentlicher Bedeutung vorgängig die Bewilligung oder Genehmigung der Finma einzuholen. Zwar wird weder in Art. 7 FinfraG noch in der präzisierenden Ausführungsbestimmung Art. 5 FinfraV Bezug auf Art. 30 FinfraG oder Art. 30 f. FinfraV genommen; dennoch könnte die Finma aus diesen Bestimmungen ableiten, dass ihr Handelsplätze eine Meldung erstatten müssen, wenn sie ein neues Handelssys-

---

55 Zur Gleichbehandlungspflicht hinten 701 f.
56 Hierzu vorn 677 f. und hinten 696 f.
57 So auch *Leisinger* (2017), N 6 zu Art. 30 FinfraG.
58 *Wegleitung Handelsplatzbewilligung 2016*, 3; gemäss Art. 5 FinfraG hat Anspruch auf eine Bewilligung, wer die Voraussetzungen des Abschnitts und die für die einzelnen Finanzmarktinfrastrukturen anwendbaren zusätzlichen Voraussetzungen erfüllt; Art. 30 FinfraG ist entsprechend eine Bewilligungsvoraussetzung.

tem einführen. Denkbar ist auch, dass die Finma die Einführung des neuen Handelssystems gestützt auf Art. 7 Abs. 2 FinfraG von ihrer Genehmigung abhängig macht und hierfür erneut eine Darstellung der Konformität mit Art. 30 FinfraG und Art. 30 f. FinfraV verlangt.

3. Marktintegrität und Liquidität

Den Regulierungszielen der Marktintegrität und -liquidität zugeordnet werden können (a) die Order-to-Transaction-Ratio, (b) die Mindest-Tick-Size sowie (c) die Market-Maker-Vereinbarungen.[59]

a) Order-to-Transaction-Ratio

aa) OTR als Handelsplatzpflicht

Gemäss Art. 31 Abs. 2 lit. e Nr. 1 FinfraV müssen Handelsplätze über Vorkehrungen zur Begrenzung des Verhältnisses nicht ausgeführter Handelsaufträge zu Geschäften verfügen, die von einem Teilnehmer in das System eingegeben werden können. Nach dem genauen Wortlaut der Bestimmung sind die Handelsplatzteilnehmer und nicht die Handelsplätze zu dieser Order-to-Transaction-Ratio (OTR; auch *order-to-executed-transaction ratio*, *order-to-transaction ratio* oder *order-to-execution ratio*) verpflichtet. Wie im Kapitel 16 (Pflichten bei algorithmischem Handel) gezeigt dürfte diese Wortwahl allerdings einem gesetzgeberischen Versehen entsprungen sein, weshalb die Bestimmung als Handelsplatzpflicht und nicht als Teilnehmerpflicht zu verstehen ist.[60]

bb) Europäische Präzisierungen

Der Bundesrat orientierte sich bei Art. 31 Abs. 2 lit. e Nr. 1 FinfraV ausdrücklich an Art. 48 Abs. 6 MiFID II. Diese Bestimmung hat die Europäische Kommission weiter in den Art. 18 ff. der delegierten Verordnung 2017/584 betreffend die Festlegung der organisatorischen Anforderungen an Handelsplätze (RTS 7) sowie der delegierten Verordnung 2017/566 für das Verhältnis zwischen nicht ausgeführten Verträgen und Geschäften zur Verhinderung marktstörender Handelsbedingungen (RTS 9) präzisiert. In RTS 7 ist vor allem Art. 19 massgebend. Gemäss Art. 19 Abs. 1 RTS 7 müssen Handelsplätze jederzeit Mechanismen betreiben, mit denen der Handel automatisch eingestellt oder eingeschränkt werden kann. Art. 19 Abs. 2 RTS 7 enthält organisatorische Anforderungen,

---

59 Siehe *EB FinfraV I 2015*, 18, wo das EFD den Schutz der Marktintegrität und Marktliquidität ausdrücklich als Regulierungsziele der OTRs sowie der Mindest-Tick-Size nannte.
60 Vorn 623 f.

wonach (a) die Mechanismen bei Einführung derselben und bei jeder Überprüfung der Kapazitäten und der Leistung der Handelssysteme zu überprüfen sind, (b) ausreichende IT-Ressourcen und Personal bereitzustellen sind und (c) die Mechanismen kontinuierlich überwacht werden. Ferner müssen Handelsplätze Aufzeichnungen für diverse Sachverhalte führen (Abs. 3) und Verfahren für Situationen vorsehen, in denen Parameter manuell ausser Kraft gesetzt werden müssen, um einen ordnungsgemässen Handel aufrechtzuerhalten (Abs. 4). Die bei der Berechnung der OTRs anzuwendende Methodik wird in RTS 9 beschrieben.

cc) *Regulierungsziele und kritische Würdigung*

Gemäss dem Eidgenössischen Finanzdepartement sollen Order-to-Transaction-Ratios einer hohen Zahl von (hochfrequenten) Auftragsstornierungen entgegenwirken.[61] Hochfrequenzhändler weisen regelmässig eine sehr hohe Order-to-Transaction-Ratio auf, wodurch sie bei Marktbeobachtern und Regulatoren, die diese hohen Werte teilweise direkt mit manipulativen oder zumindest fragwürdigen Praktiken in Verbindung brachten, Misstrauen erweckten.[62] Auch warfen einige Exponenten Hochfrequenzhändlern vor, sie würden dem Markt keine echte Liquidität bereitstellen.[63] Insofern können als Ziele der Order-to-Transaction-Ratio die Steigerung der Marktintegrität, die Reduktion der Markt- und Liquiditätsrisiken sowie schliesslich auch die Reduktion der operationellen Risiken durch ein geringeres Mitteilungsaufkommen betrachtet werden.[64]

Order-to-Transaction-Ratios wurden im Kapitel 12 (Regulierungsinstrumente) auf ihre ökonomischen Folgen hin untersucht mit einem ernüchternden Ergebnis.[65] Die Auswirkungen einer Order-to-Transaction-Ratio hängen demnach wesentlich davon ab, wie streng diese ausgestaltet wird. Während eine milde Regelung kaum einen Einfluss auf die Liquidität sowie die operationellen Risiken, manipulativen Praktiken und antizipierenden Strategien haben dürfte, senkt eine strenge Regelung zwar das Mitteilungsaufkommen und unterbindet allenfalls auch gewisse manipulative Praktiken; gleichzeitig lässt sie aber auch einen signifikant negativen Einfluss auf die Liquidität sowie die Liquiditätsrisiken erwarten. Die betrachteten empirischen Untersuchungen deuten darauf hin, dass besonders die Markttiefe durch eine Order-to-Transaction-Ratio erheblich geschwächt wird, und zwar selbst noch bei einem Verhältnis von 100 zu 1, was hauptsächlich mit dem Risikomanagement der Market-Maker zusammenhängen

---

61 *EB FinfraV I 2015*, 18.
62 Siehe *Friedrich/Payne* (2015), 219; *Epstein* (2015); *Levine* (2015).
63 Zu diesem Vorwurf *Levine* (2015); vorn 216 f., 450 ff.
64 Hierzu vorn 463 ff.
65 Vorn 463 ff.

dürfte.⁶⁶ Ausserdem ist problematisch, dass OTRs spezialisierte Market-Maker gegenüber Händlern benachteiligen, die gemischte Strategien verfolgen, wofür sachliche Gründe fehlen, sodass ein Verstoss gegen das Gleichbehandlungsgebot (Art. 8 BV) sowie die aus der Wirtschaftsfreiheit (Art. 27 i. V. m. Art. 94 BV) abgeleitete Pflicht zur Gleichbehandlung direkter Konkurrenten vorliegen dürfte. Insgesamt wurde daher im Kapitel 12 (Regulierungsinstrumente) gefolgert, dass bei Order-to-Transaction-Ratios die Nachteile gegenüber den Vorteilen überwiegen.⁶⁷ Einer Normenkontrolle dürfte die Vorschrift nur dann standhalten, wenn das Hauptziel einer im Vergleich zum europäischen Recht äquivalenten Regelung erreicht wird.⁶⁸ Bemerkenswert ist, dass die Europäische Kommission die negativen Folgen einer solchen Bestimmung auf die Markteffizienz sowie die Liquidität erkannte, die Vorteile aber stärker gewichtete.⁶⁹

b) Mindest-Tick-Size

aa) Mindest-Tick-Size als Handelsplatzpflicht

Gemäss Art. 31 Abs. 2 lit. e Nr. 3 FinfraV sind Handelsplätze zur Begrenzung und Durchsetzung der kleinstmöglichen Mindestpreisänderungsgrösse (Notierungssprung; Tick-Size) verpflichtet. Für diese Bestimmung gilt dasselbe wie für die OTRs (Art. 31 Abs. 2 lit. e Nr. 1) und die Pflicht zur Verlangsamung des Auftragsaufkommens (Art. 31 Abs. 2 lit. e Nr. 2). Während der Wortlaut eher auf eine Teilnehmerpflicht hindeutet, dürfte es sich wie im Kapitel 16 (Pflichten bei algorithmischem Handel) gezeigt um eine Handelsplatzpflicht handeln.⁷⁰ Gerade die Mindest-Tick-Size lässt kaum Zweifel offen, dass es sich bei sämtlichen Vorgaben gemäss Art. 31 Abs. 2 lit. e Nr. 1 bis 3 FinfraV um Handelsplatzpflichten handeln muss, denn die Bestimmung der Tick-Size liegt einzig in der Macht der Handelsplätze und der Regulatoren.

bb) Europäische Präzisierungen

Der schweizerische Bundesrat orientierte sich bei Art. 31 Abs. 2 Nr. 3 FinfraV an Art. 48 Abs. 6 und Art. 49 MiFID II. Während Art. 48 Abs. 6 MiFID II im

---

66 Zum Risikomanagement der Market-Maker vorn 63 ff.
67 Grundsätzlich gl. M. *Farmer/Skouras* (2012a), 20, wonach die Massnahme keinen klaren wohlfahrtsökonomischen Nutzen aufweist; ähnlich *Brogaard* (2011), 15; implizit auch *Friedrich/Payne* (2015), 222 f. und *Friedrich/Payne* (2012), 19 f.
68 Zur Begründung siehe die Ausführungen im Kapitel 5 zur Wirtschaftsfreiheit als Regulierungsschranke, den Beweisregeln für Beschränkungen der Wirtschaftsfreiheit und dem Vorsorgeprinzip 108 ff., 113 ff., 128 ff.; zur Legalität von Art. 31 FinfraV hinten 640 ff.
69 *EC Regulierungsfolgenabschätzung MiFID II 2011*, 38, 129.
70 Vorn 623 f.

Wesentlichen der schweizerischen Regelung entspricht, finden sich in Art. 49 MiFID II präzisierende Vorschriften. In Art. 49 Abs. 1 MiFID II sind die Finanzinstrumente aufgelistet, für die Mindest-Tick-Grössen festzulegen sind, und Art. 49 Abs. 2 MiFID II enthält allgemeine Vorgaben für die Bemessung der Tick-Grössen. Die deutsche Fassung von Art. 49 Abs. 2 MiFID II ist allerdings ziemlich missglückt.[71] Nicht nur bezieht sich Art. 49 Abs. 2 MiFID II auf in Absatz 1 genannte Systeme, obwohl dort keine Systeme genannt werden; Art. 49 Abs. 2 lit. a MiFID II ist darüber hinaus auch reichlich unverständlich. Die englische Fassung von Art. 49 Abs. 2 MiFID II zeigt, dass sich die Bestimmung auf die in Absatz 1 erläuterten Regelungen für die Tick-Grössen beziehen soll. Gemäss Art. 49 Abs. 2 lit. a MiFID II müssen diese so austariert sein, dass sie das Liquiditätsprofil des Finanzinstruments in verschiedenen Märkten sowie den durchschnittlichen Spread widerspiegeln, wodurch stabile Preise erreicht werden sollen, ohne die Verkleinerung der Spreads übermässig zu beschränken. Art. 49 Abs. 2 lit. b MiFID II stellt darüber hinaus klar, dass die Tick-Grösse für jedes Finanzinstrument (einzeln) in geeigneter Weise festzulegen ist. Gestützt auf Art. 49 Abs. 3 MiFID II hat die Europäische Kommission die delegierte Verordnung 2017/588 vom 14. Juli 2016 betreffend das Tick-Grössen-System für Aktien, Aktienzertifikate und börsengehandelte Fonds (RTS 11) einschliesslich eines Anhangs erlassen, worin sich detaillierte Vorgaben zur Bestimmung der Tick-Grössen finden. Demnach hängt die Tick-Grösse von der durchschnittlichen täglichen Anzahl Geschäfte und vom Preissegment ab.

cc) *Regulierungsziele und kritische Würdigung*

Zur Begründung der Mindest-Tick-Size hielt die Europäische Kommission fest, diese hemme Arbitragestrategien von Hochfrequenzhändlern sowie einen nutzlosen Wettbewerb (*unsound competition*) zwischen Handelsplattformen, Liquidität durch lächerliche Unterschiede anzulocken.[72] Hochfrequenzhändlern wird verschiedentlich vorgeworfen, sie würden bei einer zu kleinen Tick-Size einfach vor die anderen Händler springen und die Zeitpriorität dadurch zu günstig kaufen können.[73] Dieses Vorspringen würde die menschlichen Händler nicht nur entmutigen, dem Markt Liquidität bereitzustellen, sondern bewirke auch, dass

---

[71] Art. 49 Abs. 1 MiFID II spricht von Aktien, Aktienzertifikaten, börsengehandelten Fonds, Zertifikaten und anderen vergleichbaren Finanzinstrumenten sowie anderen Finanzinstrumenten, für die technische Regulierungsstandards nach Art. 49 Abs. 4 MiFID II ausgearbeitet werden; gemäss Art. 49 Abs. 4 MiFID II kann die Esma Entwürfe für weitere, nicht erfasste Finanzinstrumente erarbeiten, sofern dies für das reibungslose Funktionieren der Märkte erforderlich ist.
[72] *EC Regulierungsfolgenabschätzung MiFID II 2011*, 129.
[73] *Schwartz* (2010), 394; *UK Regulierungsfolgenanalyse MiFID II 2012*, 29; auch *Tiefenbrun* (2011); zur Rebate Arbitrage vorn 65 ff.

IV. Die einzelnen Pflichten

die Liquidität bei einer geringeren Tick-Size aufgrund der unterminierten Zeitpriorität flüchtiger sei.[74] Entsprechend soll die Mindest-Tick-Size denn auch nach dem Eidgenössischen Finanzdepartement negative Auswirkungen algorithmischer Handelstechniken auf die Marktintegrität sowie die Marktliquidität verringern.[75]

Die Begründung erscheint auf den ersten Blick überzeugend. Gegner der Mindest-Tick-Size bringen im Wesentlichen vor, dass diese Massnahme einzig die Transaktionskosten erhöhe und Hochfrequenzhändler davon profitieren würden, dass der Preiswettbewerb einem Geschwindigkeitswettbewerb weiche.[76] Die US-amerikanischen Aufsichtsbehörden jedenfalls liessen sich von den Argumenten für eine Mindest-Tick-Size daher nicht restlos überzeugen, weshalb sie ein zweijähriges Pilotprogramm veranlassten, um die Auswirkungen auf Aktien mit niedrigerer Marktkapitalisierung zu prüfen.[77] In Europa wurde demgegenüber offenbar kein Bedarf nach einem solchen Erkenntnisgewinn gesehen.

Im Kapitel 12 (Regulierungsinstrumente) wurde die Regulierung der Tick-Grössen unter Berücksichtigung einer Vielzahl ökonomischer Studien untersucht mit dem Ergebnis, dass sich eine Mindest-Tick-Size nur schwerlich ökonomisch rechtfertigen lässt.[78] Nicht nur erscheint mehr als fraglich, dass sich die Mindest-Tick-Size positiv auf die Liquidität auswirkt; die übrigen Investoren dürften auch kaum einen Vorteil gegenüber Hochfrequenzhändlern erlangen. Ferner dürfte der Spread – sofern die Tick-Size diesen nicht künstlich erweitert – menschliche Investoren ohnehin nicht ausreichend für die mit der Bereitstellung von Liquidität verbundenen Risiken kompensieren, sodass menschliche Bereitsteller von Liquidität nicht schutzwürdig erscheinen.[79] Immerhin wurde die Tick-Size aber als mögliches Instrument zur Steuerung des Mitteilungsaufkommens anerkannt. Die Tick-Size kann mit anderen Worten der Reduktion operationeller Risiken dienen, und ausserdem wurde ebenfalls anerkannt, dass die Harmonisierung der Tick-Grössen Komplexitätskosten reduzieren kann. Tick-Grössen erfüllen also möglicherweise einen anderen als den vom Gesetzgeber angestrebten Zweck.

---

[74] *Schwartz* (2010), 394; *Crédit Agricole Cheuvreux* (2010), 34; *Tiefenbrun* (2011).
[75] *EB FinfraV I 2015*, 18; sehr seltsam ist, dass nur die Teilnehmer, nicht aber die Handelsplätze zur Mindestpreisänderungsgrösse verpflichtet werden.
[76] Zu den Bedenken hinsichtlich der Kosten *SEC Order «Tick Size Pilot» 2015*, 27515; zur Verschärfung des Geschwindigkeitswettbewerbs vorn 471 f.
[77] *SEC Order «Tick Size Pilot» 2015*; *SEC Medienmitteilung «Tick Size Pilot» 2015*; *Finra Tick Size Pilot Plan 2014*.
[78] Vorn 469 ff.
[79] Zur Begründung vorn 315 ff.

c) Market-Maker-Vereinbarungen

aa) Abschluss von Market-Making-Vereinbarungen

Gemäss Art. 30 Abs. 3 Satz 1 FinfraV müssen Handelsplätze des Weiteren über schriftliche Vereinbarungen mit allen Teilnehmern mit einer besonderen Funktion verfügen, namentlich mit solchen, die an dem Handelsplatz eine Market-Making-Strategie verfolgen. Die mit diesen Market-Maker-Vereinbarungen verbundenen Vorgaben betreffen die Handelsplätze und die Handelsplatzteilnehmer gleichermassen, weshalb sie schon bei den Institutspflichten im Kapitel 16 (Pflichten bei algorithmischem Handel) erläutert wurden.[80] Art. 30 Abs. 3 Satz 2 FinfraV und einzelne der in Art. 48 MiFID II aufgeführten Pflichten gelten jedoch nur für Handelsplätze und wurden daher im Teil 4 (Institutspflichten) noch nicht erwähnt. Art. 48 Abs. 2 MiFID II und Art. 30 Abs. 3 FinfraV knüpfen im Übrigen im Unterschied zu Art. 17 Abs. 3 MiFID II nicht an den algorithmischen Handel an, sondern gelten für sämtliche Market-Maker. Allerdings lassen sich Market-Making-Strategien zumindest in liquiden Märkten kaum noch anders als algorithmisch verfolgen, sodass dieser Unterschied von eingeschränkter Bedeutung sein dürfte.[81]

bb) Durchsetzung der Market-Making-Vereinbarungen

Gemäss Art. 30 Abs. 3 Satz 2 FinfraV sind Handelsplätze zu Systemen und Verfahren verpflichtet, die die Einhaltung der Regeln durch die besonderen Teilnehmer (also insbesondere die Market-Maker) gewährleisten. Zwar hält dies der Schweizerische Gesetzgeber nirgends ausdrücklich fest; er dürfte sich hier aber lose an Art. 48 Abs. 3 Unterabs. 2 MiFID II orientiert haben. Die Frage, welche Systeme und Verfahren nach Art. 30 Abs. 3 Satz 2 FinfraV zu implementieren sind, hängt von den in den Market-Making-Vereinbarungen aufgeführten Regeln ab. Da das schweizerische Recht diese Regeln im Unterschied zum europäischen Recht nicht vorgibt, lässt sich die Frage folglich auch nicht allgemein beantworten. Es kann aber davon ausgegangen werden, dass auch die schweizerischen Handelsplätze im Wesentlichen verlangen werden, dass die Market-Maker den Märkten regelmässig und verlässlich Liquidität zuführen,[82] und hierfür wird ein Handelsplatz Mindestvorgaben hinsichtlich der Präsenzdauer, der Auftragsgrössen und der Spreads aufstellen.[83]

---

[80] Vorn 624 ff.
[81] Zu dieser Entwicklung vorn 61 ff.
[82] Siehe Art. 17 Abs. 3 lit. a und Art. 48 Abs. 3 lit. a MiFID II; vorn 624 ff.
[83] Hinsichtlich des Inhalts der Market-Making-Vereinbarungen nach europäischem Recht siehe Art. 2 RTS 8 sowie vorn 626 f.

IV. Die einzelnen Pflichten

cc) *Weitere Vorgaben nach europäischem Recht*

aaa) *Market-Making-Systeme und Informationspflichten*

Abgesehen von der Verpflichtung zum Abschluss von Market-Making-Vereinbarungen (Art. 48 Abs. 2 lit. a MiFID II) und der damit verbundenen Überwachungs- und Durchsetzungspflicht (Art. 48 Abs. 3 Unterabs. 2 MiFID II), kennt das europäische Recht zwei weitere besondere Vorgaben für Handelsplätze im Zusammenhang mit den Market-Making-Vereinbarungen. Erstens müssen sie – sofern nach der Art und dem Umfang des Handels angemessen – Systeme implementieren, durch die sichergestellt wird, dass mit einer ausreichenden Anzahl Wertpapierfirmen solche Vereinbarungen geschlossen werden (Art. 48 Abs. 2 lit. b MiFID II),[84] und zweitens müssen sie der zuständigen Behörde den Inhalt der Vereinbarungen mitteilen sowie auf Anfrage sämtliche weiteren Informationen vorlegen, die für die Behörde erforderlich sind, um die Einhaltung der Verpflichtungen des geregelten Marktes im Zusammenhang mit dem Market-Making zu überprüfen (Art. 48 Abs. 3 Unterabs. 2 MiFID II).

bbb) *Market-Making-Systeme nur für illiquide Märkte*

Die Verpflichtung zur Einrichtung von Market-Making-Systemen nach Art. 48 Abs. 2 lit. b MiFID II besteht nach Art. 5 RTS 8 nur unter eingeschränkten Voraussetzungen. Keine Pflicht besteht grundsätzlich für Aktien und börsengehandelte Fonds, für die ein liquider Markt im Sinne von Art. 2 Abs. 1 Nr. 17 MiFIR besteht (Art. 5 Abs. 1 lit. a RTS 8), für Optionen und Terminkontrakte (Futures), die sich direkt auf die in Buchstabe a genannten Finanzinstrumente beziehen (Art. 5 Abs. 1 lit. b RTS 8), sowie für Aktienindex-Futures und Aktienindex-Optionen, für die ein liquider Markt im Sinne von Art. 9 Abs. 1 lit. c sowie Art. 11 Abs. 1 lit. c MiFIR und der einschlägigen Bestimmungen der delegierten Verordnung RTS 2 besteht (Art. 5 Abs. 1 lit. c RTS 8). Von der Pflicht zur Implementierung von Market-Making-Systemen wird der Handelsplatz jedoch in all diesen Fällen nur dann befreit, wenn er die aufgeführten Finanzinstrumente über ein Auftragsbuch im Sinne einer fortlaufenden (Doppel-)Auktion ohne menschliche Intervention handeln lässt (Art. 5 Abs. 1 und Abs. 2 RTS 8).[85]

---

[84] Ausgenommen sind Fälle, bei denen eine solche Anforderung aufgrund der Art und dem Umfang des Handels auf dem geregelten Markt im konkreten Fall nicht angemessen wäre.
[85] Für Einzelheiten siehe Art. 5 Abs. 2 RTS 8.

ccc)   Ungeschickte Begriffsverwendung

Der Ausdruck *Systeme* in Art. 48 Abs. 2 lit. b MiFID II wirkt eigenartig, da nicht ersichtlich ist, wie der Handelsplatz durch Systeme im Sinne von Vorkehrungen eine ausreichende Zahl an Market-Making-Vereinbarungen sicherstellen können soll. Anders als im Deutschen (*Systeme*) und Französischen (*systèmes*) wird im Englischen der Ausdruck *scheme* verwendet. Dieser Ausdruck kann besser als gross angelegter Plan oder Massnahmenkatalog verstanden werden.[86] Der Gegenstand dieses Massnahmenkatalogs wird in den Artikeln 6 und 7 RTS 8 präzisiert und betrifft vor allem Anreize, die nichtdiskriminierende Gewährung derselben sowie den offenen Zugang zur Tätigkeit als Market-Maker. Der Zugang zu den Anreizen kann jedoch weiterhin auf Firmen beschränkt werden, die vorgegebene Schwellenwerte erreichen (Art. 7 Abs. 4 RTS 8). Ausserdem gelten die Vorschriften ja grundsätzlich nicht für liquide Märkte.

4.   Beaufsichtigung der Teilnehmer

Wie sich teilweise schon bei den vorangehenden Erläuterungen zeigte, sind Handelsplätze des Weiteren zur Beaufsichtigung der Teilnehmer verpflichtet.[87] Diese Pflicht dürfte im schweizerischen Recht von grösserer Bedeutung sein als im europäischen Recht, da der schweizerische Gesetzgeber keine aufsichtsrechtlichen Institutspflichten im Sinne von Art. 17 MiFID II schaffte, sondern mit Art. 31 FinfraV ein System der indirekten Aufsicht kreierte, bei dem die Handelsplätze für die Beaufsichtigung des algorithmischen Handels zuständig sind.[88] Das europäische Recht kennt nebst den direkten aufsichtsrechtlichen Vorgaben gemäss Art. 17 MiFID II allerdings ebenfalls Aufsichtspflichten für Handelsplätze, die jenen des schweizerischen Rechts ähnlich sind (siehe Art. 48 Abs. 3 Unterabs. 2, Abs. 6 und Abs. 10 MiFID II).

Das System der indirekten Aufsicht bedeutet, dass Art. 31 FinfraV die Teilnehmer weder direkt aufsichtsrechtlich zur Kennzeichnung des algorithmischen Handels noch zu besonderen Vorkehrungen und Risikokontrollen verpflichtet; vielmehr müssen die Handelsplätze sicherstellen, dass eingehende algorithmische Aufträge im Sinne von Art. 31 Abs. 1 FinfraV gekennzeichnet werden und die Teilnehmer über wirksame Vorkehrungen und Risikokontrollen im Sinne

---

86 Hierzu der primäre Eintrag zu «*scheme*» im Oxford Dictionary: «*A large-scale systematic plan or arrangement for attaining some particular object or putting a particular idea into effect*», abrufbar unter www.oxforddictionaries.com.
87 Für das schweizerische Recht siehe Art. 31 Abs. 1 und Abs. 2 FinfraV; für das europäische Recht siehe insb. Art. 48 Abs. 3 Unterabs. 2, Abs. 6 und Abs. 10 MiFID II.
88 Hierzu vorn 595 und hinten 862.

von Art. 31 Abs. 2 FinfraV verfügen. Zwar sollte Art. 31 FinfraV also lediglich die Handelsplätze aufsichtsrechtlich binden; es ist jedoch nicht ausgeschlossen, dass die Finma gestützt auf den Gewährsartikel oder die aufsichtsrechtlichen Organisationsvorschriften Sanktionen gegen Finanzinstitute ergreifen wird, die gegen die Bestimmung verstossen. In ähnlicher Weise begründete sie ja auch schon aufsichtsrechtliche Massnahmen wegen Verstössen gegen ausländisches Recht.[89] Eine solche Vorgehensweise dürfte jedoch kaum noch mit dem Legalitätsprinzip vereinbar sein.[90]

Im Rahmen der Anhörung zur Finanzmarktinfrastrukturverordnung wurde dieses System der indirekten Aufsicht kritisiert und die Äquivalenz zum europäischen Recht in dieser Hinsicht infrage gestellt.[91] Dennoch hielt das Eidgenössische Finanzdepartement an diesem System fest, ergänzte aber den Erläuterungsbericht zur Finanzmarktinfrastrukturverordnung, indem es klarstellte, dass es dem Handelsplatz obliege, Verstösse gegen Art. 31 Abs. 2 FinfraV zu sanktionieren.[92] Zugleich wies das EFD auch auf die Marktmissbrauchstatbestände sowie die aufsichtsrechtlichen Pflichten hin, die den Beaufsichtigten, die algorithmischen Handel betreiben, aus den Marktverhaltensregeln der Finma erwachsen.[93] Sofern die Legalität der besonderen aufsichtsrechtlichen Vorgaben in den Marktverhaltensregeln bejaht wird, trifft es zu, dass sich diese teilweise mit den Teilnehmerpflichten nach Art. 31 FinfraV decken.[94] Abgesehen von der Verpflichtung nach Art. 31 Abs. 2 lit. d FinfraV, Verstösse gegen die aufsichtsrechtlichen Marktmissbrauchsvorschriften wirksam zu verhindern, bewegt sich auch die Pflicht nach Art. 31 Abs. 2 lit. c FinfraV, keine Störungen auf dem Handelsplatz zu verursachen oder dazu beizutragen, in der Nähe zu den aufsichtsrechtlichen Marktmissbrauchstatbeständen.[95] Damit soll jedoch nicht der Eindruck entstehen, dass für sämtliche Vorgaben nach Art. 31 FinfraV eine aufsichtsrechtliche Vorgabe in den Marktverhaltensregeln besteht.

---

[89] *Finma Positionspapier Rechtsrisiken 2010*, 2, 12.
[90] So *Monsch/von der Crone* (2015), 654; im Detail *Ch. Bühler* (2014), 30 ff.
[91] *Contratto* (2015), 4 ff.
[92] *EB FinfraV II 2015*, 21.
[93] *EB FinfraV II 2015*, 21; FINMA-RS 2013/8, N 62 f.
[94] Zur fraglichen Legalität von Art. 31 FinfraV vorn 640 ff.; ähnliche Gründe dürften auch gegen die Legalität der besonderen Vorgaben für algorithmischen Handel betreibende Beaufsichtigte in den Marktverhaltensregeln der Finma gelten; schliesslich handelt es sich hierbei lediglich um eine Vollziehungsverordnung; zur Qualifikation von Vollziehungsverodnungen siehe *Monsch/von der Crone* (2015), 654 f.
[95] Zum Tatbestand der Marktmanipulation hinten 721 ff.

5. Weitere europäische Vorgaben und Rechtsvergleich

a) Informationspflichten

Im Unterschied zum schweizerischen Recht verband der europäische Gesetzgeber die aufsichtsrechtlichen Vorgaben zur Gewährleistung eines geordneten Handels mit besonderen Informationspflichten gegenüber den Behörden (siehe Art. 48 Abs. 10 und 11 MiFID II). Handelsplätze sind demnach dazu verpflichtet, den zuständigen Behörden auf Ersuchen die im Rahmen der Kennzeichnung des algorithmischen Handels erlangten Informationen zu übermitteln (Abs. 10), und sie müssen ihnen auf Anfrage Auftragsbuchdaten zur Verfügung stellen oder[96] den Zugang zum Auftragsbuch geben, damit die Behörden in der Lage sind, die Geschäfte zu überwachen (Abs. 11). Für diese Auskünfte dürften nach schweizerischem Recht die allgemeine Auskunftspflicht gemäss Art. 29 Abs. 1 FINMAG sowie die Dokumentations- und Aufbewahrungspflicht nach Art. 19 FinfraG genügen.[97] Daher ist es zu begrüssen, dass der Bundesrat keine entsprechenden Bestimmungen schaffte, die die Finanzmarktinfrastrukturverordnung nur unnötig aufgebläht hätten.

b) Selbstbeurteilung

Nach Art. 2 Abs. 1 RTS 7 sind Handelsplätze zudem dazu verpflichtet, vor der Einführung eines Handelssystems und anschliessend mindestens einmal jährlich im Zuge einer Selbstbeurteilung zu überprüfen, ob sie die Vorgaben von Art. 48 MiFID II erfüllen. Dabei haben sie die Art, den Umfang und die Komplexität ihrer Geschäftstätigkeit zu berücksichtigen und sämtliche im Anhang zu RTS 7 aufgeführten Parameter zu überprüfen. Aufzeichnungen über diese Selbstbeurteilung sind mindestens fünf Jahre lang aufzubewahren (Art. 2 Abs. 2 RTS 7). Die Pflicht zur Selbstbeurteilung dürfte sich auf die in Art. 48 Abs. 1 MiFID II verankerte Pflicht zu vollständig geprüften Handelssystemen stützen. Die gewählte Art der Umsetzung begründete der europäische Gesetzgeber damit, dass nicht alle Handelsmodelle mit denselben Risiken verbunden seien.[98] Die Selbstbeurteilung soll also letztlich eine detaillierte Prüfung durch die Aufsichtsbehörden ersetzen. Dies erscheint grundsätzlich nicht nur im Sinne der Selbstver-

---

[96] Der in der deutschen Fassung verwendete Begriff «bzw.» ist missverständlich; die englische Fassung und die französische Fassung sind klar.
[97] Zur Auskunftspflicht siehe etwa *Zulauf et al.* (2014), 120 ff.; *Truffer* (2011), N 1 ff., 14 ff., N 17 zu Art. 29 FINMAG, wonach der Umfang der Auskunftspflicht im Rahmen des Ermessens der Behörde liegt; hierzu auch BGE 126 II 111 E. 3b; 108 Ib 196 E. 2a.
[98] Erwägungsgrund 5 zu RTS 7.

IV. Die einzelnen Pflichten

antwortung überzeugend, sondern auch aufgrund des für eine solche Prüfung erforderlichen Knowhows.

c) Direkter elektronischer Zugang

Das europäische Recht kennt darüber hinaus besondere Vorgaben für Handelsplätze, die ihren Teilnehmern die Einrichtung eines direkten elektronischen Zugangs gestatten. Diese Vorgaben stehen in einem direkten Zusammenhang zu den Vorgaben für Wertpapierfirmen (und Kreditinstitute), die ihren Kunden einen solchen Zugang gewähren (siehe Art. 17 Abs. 5 MiFID II).[99] Als direkter elektronischer Zugang (*direct electronic access*) wird eine Regelung bezeichnet, in deren Rahmen ein Teilnehmer eines Handelsplatzes einer anderen Person die Nutzung seines Handelscodes gestattet, damit diese Person Aufträge in Bezug auf Finanzinstrumente elektronisch direkt an den Handelsplatz übermitteln kann (Art. 4 Abs. 1 Nr. 41 MiFID II).[100] Vor allem die schnelle Variante dieser direkten elektronischen Zugänge, der geförderte Zugang (*Sponsored Access*), wird für Hochfrequenzhandelsstrategien verwendet.[101]

Gemäss Art. 48 Abs. 7 MiFID II müssen Handelsplätze, die ihren Teilnehmern die Einrichtung eines direkten elektronischen Zugangs gestatten, die folgenden Vorgaben erfüllen:
- Sie müssen über wirksame Systeme, Verfahren und Vorkehrungen verfügen, um sicherzustellen, dass:
  - nur im Einklang mit MiFID II zugelassene Wertpapierfirmen oder im Einklang mit der Eigenkapitalrichtlinie[102] zugelassene Kreditinstitute diese Dienstleistung erbringen;
  - angemessene Eignungskriterien für die Personen, die einen solchen Zugang erhalten, festgelegt und durchgesetzt werden;
  - die Verantwortung für Aufträge und Geschäfte, die über diesen Dienst abgeschlossen werden, bei dem Mitglied oder Teilnehmer verbleibt (Art. 48 Abs. 7 Unterabs. 1 MiFID II);
- sie müssen angemessene Standards in Bezug auf Risikokontrollen und Schwellen für den Handel über einen solchen Zugang festlegen (Art. 48 Abs. 7 Unterabs. 2 MiFID II);
- sie müssen zwischen Aufträgen der Mitglieder oder Teilnehmer einerseits sowie von deren Kunden mit einem direkten elektronischen Zugang andererseits un-

---

99 Vorn 629 ff.
100 Zum Begriff des direkten elektronischen Zugangs vorn 504 ff.
101 Vorn 506 f.
102 Es wird hier noch auf die alte Eigenkapitalrichtlinie 2006/48/EG verwiesen; zur aktuellen Rechtslage siehe vorn 521 ff.

terscheiden und den Handel wenn notwendig unabhängig voneinander einstellen können (Art. 48 Abs. 7 Unterabs. 2 MiFID II);[103]
– sie müssen über Vorkehrungen verfügen, um die Bereitstellung des DEA im Falle der Nichteinhaltung der Regeln in diesem Absatz auszusetzen oder einzustellen (Art. 48 Abs. 7 Unterabs. 3 MiFID II).

Weder das Finanzmarktinfrastrukturgesetz noch die Finanzmarktinfrastrukturverordnung enthält entsprechende Pflichten für den Fall, dass ein Teilnehmer seinen Kunden einen direkten elektronischen Zugang bietet. Allerdings hielt das Eidgenössische Finanzdepartement im Erläuterungsbericht zur Finanzmarktinfrastrukturverordnung mit Bezug auf Art. 30 Abs. 2 FinfraV ausdrücklich fest, dass die Anforderungen an die Handelssysteme erst recht gelten würden, wenn ein Handelsplatz einen direkten elektronischen Zugang bietet.[104] Ausserdem wurde im Kapitel 16 (Pflichten bei algorithmischem Handel) argumentiert, dass Handelsplatzteilnehmer einige Verpflichtungen gemäss Art. 31 Abs. 1 und 2 FinfraV auch für DEA-Kunden und beaufsichtigte Institute erfüllen müssen, die als Kunden von Teilnehmern algorithmischen Handel betreiben.[105] Letztlich ist es im Rahmen des Systems der indirekten Aufsicht an den Handelsplätzen sicherzustellen, dass ihre Teilnehmer diese Verpflichtungen für ihre Kunden erfüllen, sodass insofern durchaus Handelsplatzpflichten bei Gewährung eines direkten elektronischen Zugangs bestehen. Zwar decken sich diese Handelsplatzpflichten inhaltlich nicht mit jenen von Art. 48 Abs. 7 MiFID II; sie dürften aber den mit diesem indirekten Zugang verbundenen Risiken ebenfalls angemessen begegnen. Ausserdem kennt die SIX mit *Merril Lynch International* und der *Credit Suisse Securities (Europe) Ltd* nur zwei Teilnehmer, die ihren Kunden einen geförderten Zugang bieten.[106] Solange diesem Modell keine grössere Bedeutung zukommt, erscheint fraglich, ob eine generell-abstrakte Regelung dieses Sachverhalts in der Schweiz erforderlich ist.

d) Kollokationsdienste und Gebührenstrukturen

aa) Europäische Vorgaben

Das europäische Recht schreibt den Handelsplätzen weiter vor, dass ihre Bestimmungen zu den Kollokationsdiensten und Gebührenstrukturen transparent, gerecht und nichtdiskriminierend sind (Art. 48 Abs. 8 und Abs. 9 Unterabs. 1

---

[103] Der Teil zur Einstellung von Aufträgen ist in der deutschen Fassung etwas missverständlich; verständlicher ist die englische Fassung.
[104] *EB FinfraV I 2015*, 17; *EB FinfraV II 2015*, 20.
[105] Vorn 634 ff.
[106] Siehe www.six-swiss-exchange.com/participants/trading/sponsored_access/sponsoring_participants_de.html.

IV. Die einzelnen Pflichten

MiFID II). Die Gebührenstrukturen dürfen ausserdem keine Anreize für Aufträge und Geschäfte schaffen, die zu marktstörenden Handelsbedingungen oder Marktmissbrauch beitragen, und für gewährte Rabatte müssen die Handelsplätze ihren Teilnehmern Market-Making-Pflichten auferlegen (Art. 48 Abs. 9 Unterabs. 1 MiFID II). Der Begriff *Rabatt* dürfte insofern irreführend sein, als der Begriff *rebate* im Englischen in diesem Kontext in der Regel für Zahlungen verwendet wird, die ein Handelsplatz einem Teilnehmer bei einem Maker-Taker- oder einem Taker-Maker-Gebührensystem leistet, also nicht generell für Vergünstigungen steht.[107] Eine Market-Maker-Verpflichtung ist entsprechend nicht der einzige Grund für eine abweichende Gebühr. Handelsplätze haben etwa die Möglichkeit, ihre Gebühren für stornierte Aufträge an die Zeitspanne anzupassen, während der der jeweilige Auftrag aufrechterhalten wird (Art. 48 Abs. 9 Unterabs. 2 MiFID II). Ferner können die Mitgliedstaaten den Handelsplätzen erlauben, für drei Fälle höhere Gebühren zu verlangen: für später stornierte Aufträge, für Teilnehmer mit einem hohen Anteil stornierter Aufträge und für Teilnehmer, die eine hochfrequente algorithmische Handelstechnik anwenden (Art. 48 Abs. 9 Unterabs. 3 MiFID II). Wie noch zu zeigen sein wird, sind im Übrigen auch Mengenrabatte erlaubt.

Art. 48 Abs. 9 Unterabs. 2 MiFID II lässt vom Wortlaut her höhere Gebühren für länger gehaltene Aufträge zu. Eine solche Auslegung dürfte aber dem Ziel der Bestimmung widersprechen, welches darin besteht, eine verlässlichere Marktliquidität zu gewährleisten.[108] Folglich dürften nur höhere Gebühren für kürzer gehaltene Aufträge zulässig sein, denn nach allgemeiner Ansicht können Massnahmen dieser Art Liquiditäts- und Marktrisiken minimieren.[109] Im Kapitel 12 (Regulierungsinstrumente) wurde jedoch gezeigt, dass sich dieses Ziel mit einer solchen Massnahme kaum erreichen lässt und möglicherweise gar kontraproduktive Auswirkungen zu befürchten sind, da solche Gebühren für kurz gehaltene Aufträge die mit der Bereitstellung von Liquidität verbundenen Risiken erhöhen.[110] Dasselbe gilt für die Stornierungsgebühren gemäss Art. 48 Abs. 9 Unterabs. 3 MiFID II.[111]

Gestützt auf Art. 48 Abs. 12 Unterabs. 1 lit. d MiFID II hat die Europäische Kommission die Vorgaben für die Kollokationsdienste und die Gebührenstrukturen in der delegierten Verordnung 2017/573 vom 6. Juni 2016 zu den Anforderungen zur Sicherstellung gerechter und nichtdiskriminierender Kollokationsdienste und Gebührenstrukturen (RTS 10) präzisiert. Während die Artikel 1 und

---

[107] Zu den unterschiedlichen Gebührensystemen vorn 51 ff.
[108] Zu den Liquiditätsrisiken vorn 388 ff.
[109] Hierzu vorn 426 ff., 450 ff.
[110] Vgl. vorn 455 ff. zu Mindesthaltevorschriften.
[111] Vorn 460 ff.

2 RTS 10 die Kollokationsdienste betreffen, regeln die Artikel 3 bis 5 RTS 10 die Gebühren. Hinsichtlich der Kollokationsdienste sind die Handelsplätze dazu verpflichtet, allen Nutzern, die dieselben Kollokationsdienste abonniert haben, unter denselben Bedingungen Zugang zu ihrem Netzwerk zu gewähren (Art. 1 Abs. 2 RTS 10). Dies gilt nach der Bestimmung etwa für die Stellplätze, die Stromversorgung, die Klimaanlage, die Kabellänge, den Datenzugriff, die Marktkonnektivität, die Technologien, die technische Hilfe und die Art der Nachrichtenübertragung. Ausserdem müssen sie individuelle Kollokationsdienste anbieten, ohne dass hierfür gebündelte Dienste gekauft werden müssen (Art. 1 Abs. 4 RTS 10). Die Handelsplätze werden jedoch nicht dazu verpflichtet, hinsichtlich ihrer Kollokationskapazitäten über die Grenzen hinauszugehen, die ihnen in Bezug auf Stellplätze, Stromversorgung sowie Klima- oder ähnliche Anlagen zur Verfügung stehen, sondern können im eigenen Ermessen entscheiden, ob sie ihre Kollokationsflächen erweitern oder nicht (Art. 1 Abs. 1 RTS 10).[112] Art. 2 RTS 10 enthält eine Auflistung von Informationen, die die Handelsplätze auf ihren Webseiten zu veröffentlichen haben.

Hinsichtlich der Gebührenstrukturen werden die Handelsplätze grundsätzlich dazu verpflichtet, allen Nutzern derselben Dienste gestützt auf objektive Kriterien dieselbe Gebühr zu berechnen und dieselben Bedingungen vorzusehen (Art. 3 Abs. 1 RTS 10). Mengenrabatte sind für gewisse Referenzgrössen weiterhin zulässig, aber nur für Geschäfte, die nach Überschreitung des Schwellenwerts abgeschlossen werden (Art. 3 Abs. 1 lit. a i.V.m. Art. 5 RTS 10). Wer denkt, dadurch würde die verbreitete Praxis unterbunden, dass Teilnehmer mit einem grossen Handelsvolumen für sämtliche Abschlüsse günstigere Konditionen erhalten, dürfte aber wohl enttäuscht werden. Namentlich Market-Maker können generell von günstigeren Konditionen profitieren (siehe Art. 3 Abs. 1 lit. d RTS 10), und dabei dürfte es sich regelmässig um die grössten Marktteilnehmer handeln.[113] In den Durchführungsstandards wird den Handelsplätzen ausserdem vorgeschrieben, ihre Gebührenstrukturen detailliert auszugestalten, damit die Marktteilnehmer die voraussichtlich zu zahlenden Gebühren veranschlagen können (Art. 3 Abs. 2 RTS 10 m.w.H.). Ferner ist es Handelsplätzen untersagt, ihre Dienste zu bündeln (Art. 4 Abs. 3 RTS 10), und sie müssen objektive Kriterien für ihre Gebühren und Gebührenstrukturen sowie die weiteren Bedingungen gemäss Art. 3 RTS 10 zusammen mit Ausführungs- und Zusatzgebühren sowie positiven und negativen Anreizen in einem umfassenden und öffentlich zugänglichen Dokument auf ihrer Website publizieren (Art. 4 RTS 10).

---

[112] So explizit Art. 1 Abs. 1 RTS 10.
[113] Zur Definition des Market-Makers vorn 61 und 530 ff.; dieser kann dem Markt auch Liquidität entziehen.

IV. Die einzelnen Pflichten

bb)   Gleichbehandlung und Transparenz als Schweizerische Vorgaben

Teile von Art. 48 Abs. 9 MiFID II finden sich in Art. 31 Abs. 3 FinfraV wieder. Nach Art. 31 Abs. 3 FinfraV ist es jedoch vollumfänglich den Handelsplätzen überlassen, ob sie solche Gebühren vorsehen, sodass in dieser Hinsicht ein grundsätzlicher Unterschied zu Art. 48 Abs. 9 MiFID II besteht. Dennoch sind auch Handelsplätze in der Schweiz nicht gänzlich frei, wie sie ihre Kollokationsdienste ausgestalten und ihre Gebühren festlegen. Die Gleichbehandlungspflicht und die Transparenzpflicht setzen ihnen hierbei Schranken.

Gemäss Art. 18 Abs. 1 FinfraG sind Finanzmarktinfrastrukturen generell verpflichtet, einen diskriminierungsfreien und offenen Zugang zu ihren Dienstleistungen zu gewähren. Art. 34 Abs. 1 FinfraG wiederholt den Grundsatz der Gleichbehandlung im Zusammenhang mit einem von jedem Handelsplatz zu erlassenen Reglement über die Zulassung, die Pflichten und den Ausschluss von Teilnehmern. Ausserdem prüft die Finma bei der Genehmigung von Reglementen gemäss Art. 24 Abs. 1 FinfraV insbesondere, ob diese die Transparenz und die Gleichbehandlung der Anleger sicherstellen und die Funktionsfähigkeit der Effektenmärkte gewährleisten.

Art. 34 Abs. 1 FinfraG entspricht inhaltlich im Wesentlichen Art. 7 aBEHG.[114] Gemäss der Botschaft zum Finanzmarktinfrastrukturgesetz soll der Grundsatz der Gleichbehandlung einen diskriminierungsfreien Marktzugang aller Finanzmarktteilnehmer gewährleisten, sodass sämtliche zulassungsfähigen Unternehmen eine Teilnehmerschaft in Betracht ziehen können und keine Wettbewerbsverzerrungen geschaffen werden.[115] Die Handelsplätze sind insofern nicht frei bei der Ausgestaltung der Gebühren. Erforderlich ist allerdings auch im Finanzmarktrecht keine absolute, sondern eine relative Gleichbehandlung, wonach gleiche Teilnehmer nach Massgabe ihrer Gleichheit gleich zu behandeln sind.[116] Ungleichbehandlungen sind damit zulässig beziehungsweise sogar geboten, wenn sie sachlich gerechtfertigt und verhältnismässig sind.[117] Dies dürfte namentlich für Mengenrabatte gelten. Zur Gewährleistung des Grundsatzes der Gleichbehandlung sind allerdings objektive Kriterien unerlässlich.[118]

---

[114] *Botschaft FinfraG 2014*, 7535.
[115] *Ibid.*
[116] *Botschaft BEHG 1993*, 1402; der Begriff des Effektenhändlers wurde durch jenen des Teilnehmers ersetzt.
[117] *Zobl/Kramer* (2004), N 67; *Truffer* (2011), N 8 zu Art. 7 aBEHG; *Borens/Baumann* (2017), N 11 zu Art. 34 FinfraG.
[118] *PFMI 2012*, 3, Principle 18; *Contratto* (2006), 120.

§ 19 Gewährleistung eines geordneten Handels

Die Artikel 18 FinfraG und 17 FinfraV enthalten nunmehr bedeutende Präzisierungen, die bei der Ausgestaltung von Handelsplatzreglementen zu berücksichtigen sind. Beschränkungen sind gemäss Art. 18 Abs. 2 FinfraG zulässig, wenn dadurch die Sicherheit oder die Effizienz unter Einhaltung des Grundsatzes der Subsidiarität gesteigert wird oder wenn die Eigenschaften des möglichen Teilnehmers den Geschäftsbetrieb gefährden könnten. Nach Art. 17 Abs. 1 Satz 1 FinfraV ist der diskriminierungsfreie Zugang ausserdem insbesondere dann nicht gewährleistet, wenn zu hohe oder sachlich nicht gerechtfertigte Anforderungen oder überhöhte Preise für die Nutzung der angebotenen Dienstleistungen verlangt werden.

Der Gleichbehandlungsgrundsatz lässt damit zwar Mengenrabatte aufgrund positiver Skaleneffekte zu; die schnellsten Kollokationsdienste müssen aber grundsätzlich auch für kleinere Hochfrequenzhändler erschwinglich sein, die die Voraussetzungen für eine Teilnehmerschaft erfüllen, sofern der Handelsplatz nicht nachweisen kann, dass er höhere Kosten trägt. Daher kann eine Entbündelung der Dienstleistungen, wie sie das europäische Recht vorsieht, unter Umständen auch nach schweizerischem Recht erforderlich sein. Mit dieser Vorgabe schützt der Gleichbehandlungsgrundsatz im Übrigen den funktionierenden Wettbewerb auf der Handelsplattform. Wie noch zu zeigen sein wird, ergeben sich ähnliche Regeln ohnehin auch aus dem Insidertatbestand, der eine Mindestanzahl Personen mit einem schnellsten Zugang verlangt.[119]

Die Pflicht zur Transparenz über die Funktionsweise wurde im Abschnitt 1 erläutert und umfasst auch die Transparenz über angebotene Kollokationsdienstleistungen und die Gebührenstrukturen.[120] Gerade die detaillierte Wiedergabe der Gebührenstrukturen gehört nebst der detaillierten Beschreibung der Auftragstypen zu den wichtigsten, in diesem Zusammenhang zu veröffentlichenden Information, da erst diese Informationen ein rationales Verhalten der Teilnehmer ermöglichen. Eine Publikation auf der Website des Handelsplatzes ist erwünscht. Publizieren die Handelsplätze die Informationen nicht ohnehin auf ihrer Website, wäre eine entsprechende präzisierende Vorgabe der Finma angezeigt. Jedenfalls dürften sich aus den schweizerischen Transparenzvorgaben dieselben Pflichten ableiten lassen, wie sie das europäische Recht in dieser Hinsicht vorsieht.

---

[119] Hinten 836 f.
[120] Vorn 672 ff.

V. Kritische Würdigung

Zum Schluss dieses Kapitels folgt eine kritische Gesamtwürdigung der Handelsplatzpflichten. Bei der Erläuterung der einzelnen Pflichten fielen bereits einige kritische Bemerkungen. Wo dies der Fall war, soll sich die Würdigung in diesem Abschnitt auf die Kernpunkte beschränken.

1. Transparenz über die Funktionsweise

Positiv zu werten ist die Pflicht zur Transparenz über die Funktionsweise nach Art. 30 Abs. 1 FinfraV. Erst diese Transparenz erlaubt den Marktteilnehmern ein rationales Verhalten, wie es funktionierende Märkte voraussetzen. Ausserdem kann die Transparenz Investoren vor Übervorteilung schützen, indem diese etwa von Limit-Orders absehen, die aufgrund anderer Auftragstypen nur dann ausgelöst werden, wenn sie fehlplatziert sind.[121] Die Bedeutung der Transparenz über die Funktionsweise haben die zahlreichen Verfahren gegen Betreiber von Handelsplätzen in den USA aufgezeigt, bei denen sich Hochfrequenzhändler als Nutzniesser der mangelhaften Transparenz zeigten.[122] Angesichts der weit gestreuten und nur schwer zu substanziierenden Verlusten dürften die privatrechtlichen Durchsetzungsmechanismen kaum geeignet sein, das Verhalten der Handelsplätze ausreichend zu steuern. Diese Wirkung vermochten in den USA nicht einmal die Reputationsmechanismen sowie die drohenden Bussen zu erbringen. Eine aufsichtsrechtliche Pflicht im Sinne von Art. 30 Abs. 1 FinfraV ist daher geboten, aber allein nicht ausreichend. Die Finma hat bekanntlich keine allgemeine Bussenkompetenz und in den USA genügte zunächst nicht einmal diese Sanktionsmöglichkeit. Straftatbestände wie der Tatbestand der ungetreuen Geschäftsbesorgung (Art. 158 StGB) oder auch der Betrug (Art. 146 StGB) könnten bei einer systematischen Täuschung zwar ebenfalls in einzelnen Fällen erfüllt sein; diese Tatbestände reichen jedoch für eine allgemeine Erfassung des Problems nicht aus, und nur weil der Finma Sanktionsmechanismen fehlen, sollte kein besonderer Straftatbestand geschaffen werden. Vielmehr sollte der Finma zumindest für Verstösse gegen Art. 30 Abs. 1 FinfraV eine Bussenkompetenz eingeräumt werden, wobei die Bussenhöhe angesichts der potenziellen Gewinne der Handelsplätze ausreichend hoch zu bemessen ist.[123] Bussen von bis zu

---

[121] Zu diesem Problem vorn 45 f.
[122] Verfahren wurden geführt gegen die UBS (UBS ATS), die CS (Crossfinder), Bats Trading (EDGA und EDGX), ITG (Posit) sowie gegen Barclays; hierzu vorn 66 f., 672 ff.; zur Rolle der Hochfrequenzhändler siehe etwa *SEC Order agst. Direct Edge 2015*, N 21, 31, 43, 62; *SEC Order agst. UBS ATS 2015*, N 4, 19, 22, 26.
[123] Im Unterschied zu vielen ausländischen Aufsichtsbehörden kann die Finma keine finanziellen Sanktionen aussprechen, siehe *Zulauf et al.* (2014), 282 ff.

CHF 100 Mio. erscheinen durchaus erforderlich, um die gewünschte Verhaltenssteuerung zu bewirken.

2. Operationelle Risiken

Es wird kaum bestritten, dass die operationelle Funktionsfähigkeit von Handelsplätzen für die Volkswirtschaft von Bedeutung ist.[124] Fraglich ist demgegenüber, ob operationelle Vorgaben erforderlich sind, ist für Handelsplätze doch die Stabilität der von ihnen betriebenen Systeme von grösster Bedeutung. Dies gilt insbesondere dann, wenn Handelsplätze in einem Wettbewerbsverhältnis zueinander stehen und unzufriedene Marktteilnehmer auf andere Handelsplätze ausweichen können. Die Voraussetzung des Wettbewerbs dürfte in der Schweiz zumindest bis zu einem gewissen Grad erfüllt sein, da die Börsenpflicht weitgehend aufgehoben wurde und die SIX in Konkurrenz zu Handelsplätzen im Ausland steht (insb. Cboe Europe und Turquoise).[125] Verfügt kein Handelsplatz über ein Monopol, so ist die operationelle Funktionstüchtigkeit eines Handelsplatzes im Übrigen auch von geringerer Bedeutung in funktionaler Hinsicht, da die Funktionen einfach substituiert werden können.[126]

Ein Marktversagen könnte allenfalls in den von operationellen Problemen ausgehenden externen Effekten erblickt werden.[127] Treten bei einem Handelsplatz operationelle Probleme auf, können Forderungen und Eigentumsverhältnisse umstritten sein, woraus nicht nur den Privaten, sondern auch dem Staat hohe Kosten erwachsen können. Dies gilt vor allem dann, wenn die Privaten aufgrund der ungesicherten Rechtsverhältnisse die Gerichte anrufen, da die Kosten der Rechtsprechung erfahrungsgemäss nur teilweise von den Parteien getragen werden. Der ungeordnete Effektenhandel kann so zu kollektiven Kosten führen, die bei der Entscheidungsfindung der Handelsplätze und Marktteilnehmer nicht berücksichtigt werden. Ausserdem können operationelle Probleme auf dem Handelsplatz im Sinne eines weiteren negativen externen Effekts das Risikomanagement der zentralen Gegenpartei beeinträchtigen.[128] Die geordnete Funktionsweise des Handelsplatzes ist damit letztlich teilweise Garant für die Minimierung der Gegenparteirisiken der Teilnehmer. Für beide Fälle externer Effekte erscheint vor allem die Anwendung der Regel in Art. 30 Abs. 2 lit. f FinfraV gebo-

---

[124] Zu den Funktionen des Kapitalmarkts vorn 160 ff.
[125] Siehe *www.six-swiss-exchange.com/participants/trading/obligations/duty_de.html*; danach gilt sie namentlich für Blue-Chip-Aktien nicht; vgl. auch Nr. 4.5 Abs. 1 und 2 HR-SIX, wonach die Börsenpflicht zudem nur während der Handelszeit der Börse gilt und die Pflicht zur Best Execution vorgeht.
[126] Zur Bedeutung der Substituierbarkeit bei systemischen Risiken vorn 343 f.
[127] Zu den externen Effekten vorn 175 ff.
[128] So schon vorn 362 f.

ten, wonach der Handelsplatz in der Lage sein muss, in Ausnahmefällen jedes Geschäft zu stornieren, zu ändern oder zu berichtigen. Abgesehen von dieser Bestimmung könnte die Steuerung der operationellen Risiken aber wohl auch den Handelsplätzen überlassen werden, da die Anreize für die Belastbarkeit und Notfallvorkehrungen ausreichend sein dürften.

3. Marktintegrität und Liquidität

Order-to-Transaction-Ratios, die Mindest-Tick-Size und die Market-Making-Vereinbarungen wurden in den Kapiteln 12 (Regulierungsinstrumente) und 16 (Pflichten bei algorithmischem Handel) umfassend kritisiert, sodass in dieser Hinsicht auf die Ausführungen vorn verwiesen werden kann.[129] An dieser Stelle soll einzig wiederholt werden, dass die Massnahmen kaum geeignet sein dürften, die Regulierungsziele zu erreichen und teilweise gar konträre Effekte zu befürchten sind.

4. Beaufsichtigung

Der schweizerische Bundesrat hat in Art. 31 FinfraV ein System der indirekten Aufsicht durch die Handelsplätze implementiert. Dieses System wurde im Rahmen der Anhörung zur Finanzmarktinfrastrukturverordnung kritisiert und die Äquivalenz zum europäischen Recht in dieser Hinsicht infrage gestellt.[130] Aufgrund des offenkundigen Interessenkonflikts, der sich in den zahlreichen Verfahren gegen Handelsplätze in den USA zeigte, erscheint die Kritik am System der indirekten Aufsicht gerechtfertigt.[131] Der Gesetzgeber sollte daher die Finma mit der Beaufsichtigung der Vorgaben nach Art. 31 FinfraV beauftragen, sofern er denn solche Vorgaben überhaupt für erforderlich erachtet. Bei gleichen Kosten ist es volkswirtschaftlich ohnehin bedeutungslos, ob die Handelsplätze oder die Finma diese Kosten der Beaufsichtigung trägt. Im Sinne des Verursacherprinzips dürften diese Kosten auch bei einer Beaufsichtigung durch die Finma auf die Handelsplätze überwälzt werden, denn diese werden wiederum dafür sorgen, dass letztlich die Investoren für ihre Beaufsichtigung bezahlen. Die Kosten sind dann allerdings möglicherweise in Transaktions- oder Anschlussgebühren versteckt.

---

[129] Vorn 648.
[130] *Contratto* (2015), 4 ff.
[131] Zu den zahlreichen Verfahren in den USA vorn 66, 672 ff.

5. Weitere europäische Vorgaben

Hinsichtlich der weiteren europäischen Vorgaben hat sich gezeigt, dass die Unterschiede zum schweizerischen Recht kleiner sind, als sie auf den ersten Blick scheinen. Die zusätzlichen Informationspflichten dürften in der Schweiz von der allgemeine Auskunftspflicht gemäss Art. 29 Abs. 1 FINMAG sowie der Dokumentations- und Aufbewahrungspflicht gemäss Art. 19 FinfraG abgedeckt sein. Eine Selbstbeurteilung ist zwar nicht im Sinne von Art. 2 Abs. 1 RTS 7 vorgeschrieben; dennoch bestehen ähnliche Verpflichtungen bei einem Bewilligungsgesuch sowie bei Änderungen von Tatsachen, die der Bewilligung zugrunde liegen, und ausserdem müssen die Handelsplätze ohnehin sicherstellen, dass die Vorgaben nach Art. 30 FinfraG und Art. 30 f. FinfraV stets eingehalten werden. Besondere Handelsplatzpflichten bei Gewährung eines elektronischen Zugangs kennt das schweizerische Recht ebenfalls nicht; teilweise ergeben sich entsprechende Pflichten jedoch indirekt aus Art. 30 Abs. 2 FinfraV oder wie im Kapitel 16 (Pflichten bei algorithmischem Handel) argumentiert aus Art. 31 Abs. 1 und 2 FinfraV.[132] Schliesslich sind die Handelsplätze mit Blick auf die Ausgestaltung der Kollokationsdienste und Gebührenstrukturen auch in der Schweiz nicht gänzlich frei, da sie an die Gleichbehandlungspflicht und die Pflicht zur Transparenz über die Funktionsweise gebunden sind. Insgesamt ist zu konstatieren, dass der schweizerische Gesetzgeber ziemlich erfolgreich einen prinzipienbasierten Ansatz verfolgt. Einzig mit dem indirekten Zugang zum Handelsplatz dürfte sich der Bundesrat etwa vertiefter befassen, um bestehende Lücken zu schliessen.

6. Eine Regulierung nach Beseitigung des Marktversagens

Insgesamt zeigt sich im Finanzmarktinfrastrukturgesetz paradoxerweise eine Erhöhung der Regulierungsdichte zu einem Zeitpunkt, zu dem das Marktversagen beseitigt wird. Als Marktversagen konnte bis zu einem gewissen Grad das mittlerweile gefallene Börsenmonopol betrachtet werden. Nicht nur die Regulierung der operationellen Risiken, sondern auch die Gleichbehandlungspflicht könnte nunmehr mit dem Argument hinterfragt werden, dass die Handelsplätze ja heute in einem Wettbewerbsverhältnis zueinander stehen. Diskriminiert ein Handelsplatz gewisse Marktteilnehmer, steht es diesen grundsätzlich offen, einen anderen Handelsplatz zu wählen, und umgekehrt ist es attraktiv für einen Handelsplatz, in eine solche Nische zu springen. Ausserdem wirkt der Netzwerkeffekt wie im Kapitel 9 (Marktqualität) erläutert heute nicht mehr in gleichem Masse, weil Hochfrequenzhändler einen Handelsplatz zu niedrigen zusätzlichen Kosten mit Liquidität versorgen können. Ganz grundsätzlich ist zu

---

[132] Vorn 634 ff.

V. Kritische Würdigung

konstatieren, dass eine Gleichbehandlungspflicht für staatliche Akteure und Monopole erforderlich erscheint, nicht aber für Wettbewerber. Ein gewisses Marktversagen wie etwa bei der Transparenz über die Funktionsweise ist kaum zu verleugnen. Dennoch ist für viele Regeln nicht ersichtlich, welches Marktversagen diese rechtfertigt.

§ 20 Leerverkäufe

I. Hintergrund

Aufgrund der Besonderheit und Bedeutung der Leerverkaufsregulierung, wird diesem Thema ein eigenes Kapitel gewidmet. Bei der Aufarbeitung der Finanzkrise gerieten Leerverkäufe zunehmend in das Blickfeld der Regulatoren, die diese Handelspraktik für Abwärtsspiralen und manipulative Verhaltensweisen mitverantwortlich machten.[1] Die IOSCO prüfte das Phänomen, erachtete eine Regulierung für erforderlich und stellte in ihrem abschliessenden Bericht vom Juni 2009 vier Prinzipien für die Regulierung von Leerverkäufen auf.[2] Diese betreffen (1) Kontrollmassnahmen, (2) ein Reportingregime, (3) ein Compliance- und Durchsetzungsregime sowie (4) angemessene Ausnahmen.[3] In der Folge erliess die Europäische Union im Jahr 2012 die Leerverkaufsverordnung (*Short Selling Regulation*; SSR)[4], die sie durch eine delegierte Verordnung sowie technische Regulierungs- (RTS) und Durchführungsstandards (ITS) präzisierte.[5] Demgegenüber schaffte der schweizerische Bundesrat auf den 1. Januar 2016 hin lediglich eine Bestimmung, wonach Handelsplätze in ihren Reglementen vorsehen können, dass Teilnehmer Leerverkäufe in ihren Handelssystemen zu kennzeichnen haben (Art. 30 Abs. 4 FinfraV). De facto sind Leerverkäufe damit in der Schweiz im Unterschied zur EU nicht staatlich reguliert. Im Rahmen der Selbstorganisation hat die SIX allerdings im Kapitel VI ihrer Weisung 3 (Handel) Regeln für Leerverkäufe aufgestellt. Leerverkäufe sind demnach grundsätzlich erlaubt (Nr. 21 Abs. 1); spätestens mit dem Vollzug des Abschlusses nach Nr. 14.1 des Handelsreglements (T+2) ist der Leerverkauf jedoch abzuwickeln (Nr. 20 Abs. 2), und die SIX behält sich vor, in besonderen Situationen Regelungen betreffend Leerverkäufe zu erlassen (Nr. 22).

II. Bedeutung für den Hochfrequenzhandel

Die Regulierung von Leerverkäufen ist aus zwei Gründen von Bedeutung für den Hochfrequenzhandel: Erstens werden Hochfrequenzhändler durch die Re-

---

[1] Siehe Erwägungsgrund 1 zur Leerverkaufsverordnung (siehe nachfolgend Fn. 4); vgl. auch IOSCO Report «Short Selling» 2009, 4, 21.
[2] *IOSCO Report «Short Selling» 2009*, 6 ff.
[3] *Ibid.*
[4] Verordnung 236/2012/EU des Europäischen Parlaments und des Rates vom 14. März 2012, ABlEU v. 24.3.2012, L 86/1.
[5] Für eine Übersicht über die delegierten Rechtsakte siehe *www.esma.europa.eu/regulation/trading/short-selling*.

gulierung der Leerverkäufe potenziell in ihren Handelspraktiken eingeschränkt, und zweitens ist der Vorwurf der Verursachung von Abwärtsspiralen eng verknüpft mit den Flash-Crashes, für die Hochfrequenzhändler mitverantwortlich gemacht werden.[6] Bemerken Market-Maker im Allgemeinen und Hochfrequenzhändler im Besonderen einen Marktdruck, der etwa von einem grossen Verkaufsprogramm ausgeht, so ziehen sie ihre Aufträge zurück.[7] Diese Vorgehensweise ist Teil des ausgefeilten Risikomanagements von Bereitstellern von Liquidität und kann zu einer erhöhten Beeinflussung der Kurse führen, sei es durch Grossaufträge oder neue Informationen.[8] Zugleich führt dieses perfektionierte Risikomanagement aber auch zu kleineren Spreads in Friedenszeiten und einer schnelleren Reaktion auf neue Informationen.[9] Machen Hochfrequenzhändler einen ausreichend starken Marktdruck aus, so ziehen sie allerdings nicht nur ihre Limit Orders zurück, sondern konsumieren darüber hinaus die verbleibende Liquidität in Antizipation der Marktbewegung, wodurch sie eine Short-Position erlangen können.[10]

III. Definition des Leerverkaufs

Als Leerverkauf (Short-Selling) bezeichnet der Europäische Gesetzgeber den Verkauf von Wertpapieren, die sich zum Zeitpunkt der Verkaufsvereinbarung nicht im Eigentum des Verkäufers befinden (Art. 2 Abs. 1 lit. b SSR).[11] Diese sachenrechtliche Definition des Leerverkaufs ist jedoch teleologisch zu reduzieren.[12] Da die Verfügungsgeschäfte grundsätzlich erst am Ende eines Handelstages (oder spätestens T+2) erfolgen, würden sämtliche während des Handelstages getätigten Verkäufe als Leerverkäufe qualifiziert, wenn der Händler nicht schon am Anfang des Handelstages die entsprechenden Titel hält. Ein Leerverkauf würde also selbst dann vorliegen, wenn ein Händler während desselben Handelstages vor dem Verkauf schon Verpflichtungsgeschäfte mit einem Anspruch auf entsprechende Wertpapiere abgeschlossen hat, und die Lieferung der Wertpapiere von einer zentralen Gegenpartei zugesichert wird.[13] Ein Teil der Lehre vertritt daher grundsätzlich überzeugend einen schuldrechtlichen Ansatz, nach dem für

---

6 Zu den Ursachen des Flash-Crashs vorn 78, 373 ff.
7 Vorn 63 ff.
8 *Ibid.*
9 *Ibid.*
10 Siehe hierzu insb. die Ausführungen zu den antizipierenden Strategien vorn 76 ff.
11 Die genaue Definition variiert allerdings von Rechtsraum zu Rechtsraum, hierzu *IOSCO Report «Short Selling» 2009*, 7, 23.
12 So auch *Weick-Ludewig/Sajnovits* (2014), 1526.
13 In Art. 3 Abs. 2 lit. b der delegierten VO 918/2012 vom 5. Juli 2012, L 2714/1 hält die Europäische Kommission fest, dass dieser Fall nicht als Leerverkauf gilt.

die Qualifikation als Leerverkauf massgeblich sein soll, ob unter Berücksichtigung der bisherigen Position aus dem Leerverkauf eine offene wertvariable Verbindlichkeit im selben Wertpapier verbleibt.[14] Massgeblich ist demnach die schuldrechtliche Frage, ob der Verkäufer eines Wertpapiers mit seinem Verkäufer bereits einen festen Kaufpreis für dieses Wertpapier vereinbart hat; ist dem so, liegt kein Leerverkauf vor.[15] Die Autoren stellen mit anderen Worten auf die Verpflichtungs- und nicht auf die Verfügungsgeschäfte ab. Diese teleologische Reduktion ist gerade für Hochfrequenzhändler von Bedeutung, da diese die Handelstage wie bereits in Kapitel 1 (Hochfrequenzhandel) erwähnt gewöhnlich mit einem sehr geringen Inventar beenden, sodass andernfalls praktisch sämtliche Verkäufe als Leerverkäufe qualifiziert würden.[16]

Die Europäische Kommission hat den Begriff des Eigentums in Art. 3 Abs. 1 und jenen des Leerverkaufs in Art. 3 Abs. 2 der delegierten Verordnung vom 5. Juli 2012[17] präzisiert. Darin stellt sie unter anderem in weitgehender Übereinstimmung mit dem soeben erlangten Auslegungsergebnis klar, dass der Verkauf eines Finanzinstruments durch eine Person, die das Finanzinstrument vor dem Verkauf erworben, aber noch nicht empfangen hat, kein Leerverkauf darstellt, sofern das Finanzinstrument zu einem Zeitpunkt geliefert wird, der die fälligkeitsgerechte Abwicklung des Geschäfts gewährleistet (Art. 3 Abs. 2 lit. b VO 918/2012). Ausserdem erwähnt sie in impliziter Anlehnung an die englischen Trusts den Begriff des wirtschaftlichen Eigentums, der dem deutschen Verständnis des Eigentums fremd ist (vgl. Art. 3 Abs. 1 VO 918/2012). Über den Begriff des wirtschaftlichen Eigentums findet eine Annäherung an die hier vertretene teleologische Reduktion des Eigentumsbegriffs statt; allerdings stellen sich viele Einzelfragen, die hier nicht im Detail erörtert werden.[18] Bemerkenswert ist im Übrigen, dass Futures und Optionen ausdrücklich vom Begriff des Leerverkaufs ausgenommen sind, obwohl auch über diese Derivate eine Short-Position im Sinne einer offenen wertvariablen Verbindlichkeit geschaffen werden kann (vgl. Art. 2 Abs. 1 lit. b Nr. iii SSR).

IV. Pflichten

Das europäische Recht kennt im Wesentlichen zwei Kategorien von Vorgaben im Zusammenhang mit Leerverkäufen: Transparenzvorschriften bei signifikanten Netto-Leerverkaufspositionen sowie eine Beschränkung oder gar ein Verbot

---

14 *Trüg* (2010), 307; vgl. *Schlimbach* (2015), 10 f., 126.
15 *Ibid.*
16 Vorn 9.
17 VO 918/2012 vom 5. Juli 2012, L 2714/1.
18 Siehe etwa *Weick-Ludewig/Sajnovits* (2014), 1521 ff.

für ungedeckte Leerverkäufe in einzelnen Finanzinstrumenten. Gewisse Aktien und Tätigkeiten sind jedoch vom Anwendungsbereich der Bestimmungen ausgenommen.[19]

1. Transparenzvorschriften

In den Art. 5 ff. SSR finden sich Transparenzvorschriften für Netto-Leerverkaufspositionen. Als Netto-Leerverkaufsposition gilt ganz allgemein die Differenz zwischen der Short-Position und der Long-Position in einem Titel.[20] Ist die Short-Position grösser, so ist der Wert dieser Netto-Leerverkaufsposition positiv. Signifikante Netto-Leerverkaufspositionen sind nach den Art. 5 ff. SSR den zuständigen Behörden zu melden, sei es in Aktien (Art. 5 SSR), öffentlichen Schuldtiteln (Art. 7 SSR) oder ungedeckten Positionen in Credit Default Swaps (CDS) auf öffentlichen Schuldtiteln (sofern eine nationale Behörde von der Ausnahme nach Art. 14 Abs. 2 SSR Gebrauch gemacht hat; Art. 8 SSR). Bei Aktien liegt eine Meldeschwelle bei 0.2 Prozent und danach jeweils in Intervallen von 0.1 Prozent des ausgegebenen Aktienkapitals des betreffenden Unternehmens (Art. 5 Abs. 2 SSR). Darüber hinaus ist bei Aktien ab einer gewissen Schwelle die Öffentlichkeit zu informieren (Art. 6 Abs. 1 SSR). Die Offenlegungsschwelle liegt hier zunächst bei 0.5 Prozent und danach jeweils bei Intervallen von 0.1 Prozent des ausgegebenen Aktienkapitals des betreffenden Unternehmens (Art. 6 Abs. 2 SSR). Vorausgesetzt wird bei Aktien stets, dass diese zum Handel an einem Handelsplatz zugelassen sind (Art. 5 Abs. 1 SSR und Art. 6 Abs. 1 SSR). Das Melde- und Offenlegungsverfahren ist in Art. 9 SSR geregelt und der Anwendungsbereich desselben in Art. 10 SSR.

2. Verbot und Beschränkung ungedeckter Leerverkäufe

Der europäische Gesetzgeber unterscheidet weiter zwischen gedeckten und ungedeckten Leerverkäufen. Als gedeckte Leerverkäufe (*covered short sale*) werden Kaufverträge bezeichnet, bei denen der Verkäufer zum Zeitpunkt des Vertragsschlusses die fristgerechte Lieferung des Finanzinstruments bereits sichergestellt hat.[21] Hat der Verkäufer demgegenüber zum Zeitpunkt des Vertragsabschlusses die fristgerechte Lieferung noch nicht sichergestellt, so gilt der Leerverkauf als

---

19 Hinten 713 f.
20 Vgl. Art. 3 Abs. 4 SSR, wo sich allerdings eine etwa umständlichere Definition findet; weitere Präzisierungen zum Begriff der Netto-Leerverkaufsposition tätigte die Kommission in Art. 5 ff. VO 918/2012.
21 *Schlimbach* (2015), 11, der als Beispiele eine vorausgehende Wertpapierleihe (*securities lending*) oder die Zusage eines Dritten zur fristgerechten Lieferung (*locate agreement*) nennt.

ungedeckt oder nackt (*naked short sale*).[22] Ungedeckte Leerverkäufe in Aktien hat der europäische Gesetzgeber in den Art. 12 SSR de facto verboten. Zwar spricht die Überschrift bloss von einer Beschränkung von ungedeckten Leerverkäufen; die Bestimmung schreibt jedoch vor, dass die fristgerechte Lieferung – etwa durch Wertpapierleihe oder unbedingten Anspruch auf Übertragung – sichergestellt sein muss, wodurch das den ungedeckten Leerverkauf kennzeichnende Begriffselement fehlt.[23] Ungedeckte Leerverkäufe in öffentlichen Schuldtiteln sind nach Art. 13 Abs. 1 SSR ebenfalls grundsätzlich verboten. Gemäss Art. 13 Abs. 2 und 3 SSR gelten jedoch Ausnahmen für bestimmte Absicherungsgeschäfte (Hedging) sowie für den Fall, dass die Liquidität des Titels einen nach Art. 13 Abs. 4 SSR zu ermittelnden Schwellenwert unterschreitet und die zuständige Behörde ungedeckte Leerverkäufe daher erlaubt. Ungedeckte Leerverkäufe in Credit Default Swaps (CDS) schliesslich sind in noch grundsätzlicherer Weise verboten (Art. 14 Abs. 1 SSR); die zuständige Behörde kann aber unter gewissen Bedingungen für CDS auf öffentliche Schuldtitel eine vorübergehende Ausnahme anordnen (Art. 14 Abs. 2 SSR). In Art. 15 SSR wird schliesslich den zentralen Gegenparteien vorgeschrieben, wie sie vorzugehen haben, wenn Aktien nicht innerhalb von vier Tagen geliefert werden.

3. Ausnahmen und Eingriffsbefugnisse der Behörden

Die Leerverkaufsverordnung kennt vier bedeutende Ausnahmen: für Aktien eines Unternehmens, deren Haupthandelsplatz sich in einem Drittland befindet (Art. 16 SSR), für Market-Making-Tätigkeiten (Art. 17 Abs. 1, 2 und 5 SSR), für Primärmarkttätigkeiten (Art. 17 Abs. 3 SSR) und für Kursstabilisierungsmassnahmen (Art. 17 Abs. 4 SSR). Nicht alle Ausnahmen gehen gleich weit. Am bedeutendsten ist die Ausnahme für Market-Making-Tätigkeiten, die unter anderem auch ungedeckte Leerverkäufe in Aktien erlaubt (Art. 17 Abs. 1 SSR). Hochfrequenzhändler haben entsprechend ein Interesse daran, als Market-Maker zu gelten, um von dieser Ausnahme profitieren zu können. Die Leerverkaufsverordnung kennt eine eigene Definition dieser Market-Making-Tätigkeit in Art. 2 Abs. 1 lit. k SSR, folgt dabei aber grundsätzlich dem MiFID-Regime (siehe Art. 2 Abs. 1 lit. l MiFID bzw. Art. 4 Abs. 1 Nr. 7 MiFID II).[24] Bemerkenswert ist, dass gemäss Art. 2 Abs. 1 lit. k Nr. ii SSR bei Market-Makern selbst die im Rahmen ihrer normalen Tätigkeit und im eigenen Namen erfolgte Ausführung von Kundenaufträgen oder Aufträgen, die sich aus einem Handelsauftrag des Kunden ergeben, als Market-Making-Aktivität gilt. Hochfrequenzhändler dürften allerdings in der Regel nicht von dieser eher überraschenden

---

[22] *Schlimbach* (2015), 12 f.; vgl. auch *Trüg* (2010), 310 f.
[23] Siehe Art. 12 Abs. 1 lit. a bis c SSR.
[24] Zur Definition des Market-Makers vorn 61 und 530 ff.

Regel profitieren, sofern sie lediglich für eigene Rechnung handeln.[25] In den Art. 18 ff. SSR sind im Übrigen die Eingriffsbefugnisse der zuständigen Behörden und der Esma geregelt. Den zuständigen Behörden wird namentlich die Befugnis erteilt, Leerverkäufe und vergleichbare Transaktionen in Ausnahmesituationen zu verbieten und Transaktionen mit Credit Default Swaps auf öffentliche Schuldtitel zu beschränken (Art. 20 ff. SSR).

V. Kritische Würdigung

1. Höhere Transaktionskosten für Investoren

Leerverkäufe werden aus verschiedenen Gründen getätigt. Während die Befürworter von Leerverkaufsverboten vor allem spekulative Motive nennen, werden Leerverkäufe auch bei Market-Making- und Arbitrage-Strategien sowie zur Absicherung von Positionen (Hedging) eingesetzt.[26] Die ökonomischen Auswirkungen von Leerverkäufen werden kontrovers diskutiert. Die Europäische Kommission begründet die Regulierung wie erwähnt mit der Gefahr negativer Preisspiralen und Manipulationsrisiken.[27] Mit Blick auf die Marktqualitätsparameter kamen die meisten Autoren jedoch zum Schluss, dass ein Verbot von Leerverkäufen zu einer geringeren Preiseffizienz, einer Verminderung der Marktliquidität sowie einer Erhöhung der Volatilität führt.[28] Die Verminderung der Marktliquidität bedeutet für Investoren, dass sie höhere Transaktionskosten tragen.[29] Bemerkenswert ist, dass offenbar trotz der Ausnahme für Market-Maker selbst die EU befürchtet, dass ihre Massnahmen die Liquidität beeinträchtigen könnten. In Art. 13 Abs. 3 Unterabs. 1 SSR ist nämlich vorgesehen, dass die zuständigen nationalen Behörden im Bereich der öffentlichen Schuldtitel Schwellenwerte vorübergehend aufheben können, falls die Liquidität unter den nach Art. 13 Abs. 4 SSR zu ermittelnden Schwellenwert sinkt.

---

[25] Zur Natur des Hochfrequenzhändlers als Eigenhändler vorn 9.
[26] *Moloney* (2014), 539.
[27] Siehe Erwägungsgrund 1 zur Leerverkaufsverordnung; vgl. auch *IOSCO Report «Short Selling» 2009*, 4, 21.
[28] *Beber/Pagano* (2013), 379 f.; *Bohl/Klein/Siklos* (2013), 344; *Boehmer/Wu* (2013), 318 f.; *Grünewald/Wagner/Weber* (2010), 108 ff.; *Moloney* (2014), 539; *Saff/Sigurdsson* (2011), 821.
[29] Zum Verhältnis zwischen der Marktliquidität und den Transaktionskosten vorn 221 ff.

2. Förderung von Spekulationsblasen

Angesichts der beschriebenen direktionalen Strategien von Hochfrequenzhändlern ist es denkbar, dass ein strikt durchgesetztes Leerverkaufsverbot Liquiditäts- und Marktrisiken verkleinert.[30] Marktteilnehmer wären dann eher in der Lage, bei sinkenden Kursen ihre Long-Positionen abzubauen. Die Reduktion der Liquiditäts- und Marktrisiken dürfte bei einer strikten Handhabung aber auf Kosten der Informationseffizienz der Kurse sowie der Marktliquidität gehen, sodass der Preis für die verminderten Risiken hoch wäre. Letztlich stellt sich unter anderem die Frage, ob Marktteilnehmer ihre Positionen bei sinkenden Kursen abbauen können sollen, bewirken Hochfrequenzhändler durch die Leerverkäufe doch grundsätzlich nur, dass sich Kurse umgehend an die neue Informationslage anpassen. Anstatt einer kontinuierlichen Anpassung erfolgt die Kursänderung sprunghaft, was die Markteffizienzhypothese auch fordert.[31] Gewiss haben Kurse in der Vergangenheit schon überreagiert, bevor fundamentale Händler den Verkaufsdruck abfedern konnten.[32] Dadurch ergeben sich letztlich aber Gelegenheiten für Marktteilnehmer, die gestützt auf fundamentale Parameter handeln. So wird die Informationseffizienz der Kurse bei jeder sprunghaften Bewegung auf die Probe gestellt, was sich positiv auf die Informationseffizienz auswirken könnte. Wirken Leerverkäufe so der Bildung von Spekulationsblasen entgegen, ist zugleich auch die Gefahr negativer Preisspiralen tiefer. Umgekehrt dürfte ein Leerverkaufsverbot Spekulationsblasen eher begünstigen. Im Übrigen ist eine Überreaktion aufgrund der Unsicherheit bei neuen negativen Informationen bis zu einem gewissen Grad auch rational, da Investoren Risikoprämien verlangen müssen.[33]

3. Bekämpfung von Symptomen

Sollen die Liquiditäts- und Marktrisiken durch ein Leerverkaufsverbot minimiert werden, handelt es sich dabei um Symptombekämpfung. Aus einer ökonomisch-regulatorischen Perspektive erscheint es insgesamt überzeugender, bei einem Marktversagen anzusetzen, als mit einem Handelsverbot in einer Weise Symptombekämpfung zu betreiben, die sich negativ auf die Marktqualität auswirkt. Im Kapitel 10 (Marktversagen) wurde argumentiert, dass es sich beim Geschwindigkeitswettlauf zwischen Marktteilnehmern um ein Marktversagen handelt.[34] Der Geschwindigkeitswettlauf führt demnach zu erhöhten Transaktions-

---

30 Zu den Markt- und Liquiditätsrisiken vorn 370 ff., 388 ff.
31 Zur Markteffizienzhypothese vorn 198 ff.
32 Siehe etwa vorn 78, 373 ff.
33 Zu den Risikoprämien vorn 202 ff., 256 ff.
34 Vorn 279 ff.

kosten für Investoren zugunsten einer um Mikrosekunden schnelleren Preisfindung, wovon weder die Investoren noch die Volkswirtschaft profitieren dürften. Wie ebenfalls bereits argumentiert könnte sich eine Reduktion dieses Geschwindigkeitswettlaufs auch positiv auf die Preisfindungsqualität und die Marktrisiken auswirken, indem etwa Kursexzesse gehemmt werden.[35] Kursexzesse entstehen vor allem dann, wenn Marktteilnehmer neue Informationen noch nicht ausreichend rational einordnen können oder davon ausgehen, dass sie eine bedeutende neue Information noch nicht wahrgenommen haben.[36] Die Drosselung der Geschwindigkeit durch eine Verzögerung der Market-Orders gibt Bereitstellern von Liquidität mehr Zeit, neue Informationen zu verarbeiten, was sich entsprechend nicht nur positiv auf die Liquidität, sondern auch positiv auf die Preisfindungsqualität auswirken müsste. Bei der Drosselung der Geschwindigkeit dürfte es sich daher um ein geeigneteres Mittel gegen Liquiditäts- und Marktrisiken handeln als bei einem Leerverkaufsverbot.

4. Leerverkaufsprivileg für Grossbanken

Unabhängig von der Frage, ob ein Leerverkaufsverbot in der Theorie die Liquiditäts- und Marktrisiken zu reduzieren vermag, dürfte die Leerverkaufsverordnung in der aktuellen Form nicht dazu in der Lage sein. Die Europäische Kommission befürchtete zu Recht Liquiditätseinbussen und schaffe eine sehr weit reichende Market-Maker-Ausnahme (Art. 17 Abs. 1, 2 und 5 SSR i. V. m. Art. 2 Abs. 1 lit. k Nr. ii SSR).[37] Es kann davon ausgegangen werden, dass die grossen Finanzmarktakteure im Allgemeinen und die bedeutenden Hochfrequenzhändler im Besonderen sicherstellen, dass sie unter diese Ausnahme fallen. Da der Begriff des Market-Makings den Konsum von Liquidität nicht ausschliesst und die bedeutenden Marktteilnehmer somit weiterhin dem Markt Liquidität in Antizipation einer Kursbewegung entziehen können, dürfte das Verbot ungedeckter Leerverkäufe Liquiditätsrisiken in keiner Weise reduzieren, sondern lediglich ein Privileg für bedeutende Akteure schaffen, das sich sachlich nicht rechtfertigen lässt.

Im Übrigen könnten solche antizipierenden Verhaltensweisen auch deshalb möglich sein, weil Verträge über Futures oder Optionen gemäss Art. 2 Abs. 1 lit. b Nr. iii SSR nicht vom Leerverkaufsverbot erfasst sind. Mit einer gegenläufigen Position in Futures oder Optionen dürften dann unter Umständen auch Geschäfte in den Basiswerten nicht mehr als (ungedeckte) Leerverkäufe gelten,

---

35 Vorn 462.
36 Beim Flash-Crash vom 6. Mai 2010 argumentierten einzelne Marktteilnehmer so; siehe vorn 376 f.
37 Zur Begründung siehe Erwägungsgrund 26 zur Leerverkaufsverordnung.

V. Kritische Würdigung

sodass über Arbitragestrategien die Liquidität im Basiswert dennoch konsumiert werden kann, wenn die Kurse der Derivate aufgrund des Marktdrucks bewegt werden. Auch deshalb erscheint fraglich, ob das Verbot ungedeckter Leerverkäufe die Liquiditätsrisiken zu reduzieren vermag, selbst wenn ein positiver Effekt eines Leerverkaufsverbots auf die Marktqualität (insb. aufgrund der Liquiditätsrisiken) entgegen der hier vertretenen Ansicht grundsätzlich bejaht werden sollte. Das Leerverkaufsverbot könnte folglich lediglich zwei Zwecke erfüllen: es kann dafür sorgen, dass kleinere Marktteilnehmer ihren Lieferverpflichtungen eher nachkommen, und es kann Short Squeezes verhindern. Dafür erscheint die Massnahme jedoch unverhältnismässig; Lieferverpflichtungen können zentrale Gegenparteien absichern und Ereignisse wie ein Short Squeeze können durch adäquate Meldepflichten bei Übernahmen weitgehend unterbunden werden.

Teil 6   Marktregulierung

Hochfrequenzhändlern werden nicht selten marktmissbräuchliche oder zumindest fragwürdige Praktiken unterstellt. In diesem sechsten und letzten Teil der Arbeit sollen daher die im ersten Teil beschriebenen Handelspraktiken auf ihre Vereinbarkeit mit dem schweizerischen Marktaufsichtsrecht hin geprüft werden. Aufgrund der Vielzahl offener Rechtsfragen erwies sich diese Prüfung schwieriger als erwartet, weshalb die einzelnen Kapitel einige theoretische Ausführungen zu den Voraussetzungen der relevanten Tatbestände enthalten, bevor die Zulässigkeit der verschiedenen Praktiken geprüft wird. Der Teil ist wie folgt gegliedert: Das Kapitel 21 ist der Marktmanipulation gewidmet, das Kapitel 22 hat den Insiderhandel zum Gegenstand, und im abschliessenden Kapitel 23 soll nach Schwächen der Marktaufsicht mit Bezug auf den Hochfrequenzhandel gesucht werden. Die weiter gefassten aufsichtsrechtlichen Tatbestände stehen dabei stets im Vordergrund; einige Ausführungen betreffen allerdings auch die Straftatbestände.

§ 21 Marktmanipulation

I. Rechtsgrundlagen

Die Manipulation des Markts ist in der Schweiz sowohl aufsichtsrechtlich als auch strafrechtlich verboten. Die beiden Tatbestände in Art. 143 FinfraG und Art. 155 FinfraG gleichen sich; wie noch zu zeigen sein wird, bestehen jedoch erhebliche Unterschiede. Ein feiner Unterschied besteht vorab bei der Terminologie, denn im Aufsichtsrecht wird von der Marktmanipulation gesprochen, während im Strafrecht die Bezeichnung Kursmanipulation verwendet wird. Die Artikel 143 und 155 FinfraG entsprechen im Wesentlichen Art. 33f und Art. 40a aBEHG; der sachliche Anwendungsbereich wurde allerdings an die neue Terminologie der Finanzmarktinfrastrukturen angepasst und damit erweitert.[1] Präzisierungen und Organisationspflichten für Beaufsichtigte finden sich in den Marktverhaltensregeln der Finma (FINMA-RS 2013/8), wo an verschiedener Stelle auf den algorithmischen Handel Bezug genommen wird.[2] Bei diesen Marktverhaltensregeln handelt es sich allerdings genau genommen nicht um eine Rechtsquelle, sondern um eine Verwaltungsverordnung.[3] Ausnahmen vom Verbot der Marktmanipulation hat der Bundesrat gestützt auf Art. 143 Abs. 2 FinfraG in den Art. 119 ff. FinfraV verankert.

Abgesehen von den schweizerischen Rechtsquellen und der Vollzugspraxis der schweizerischen Behörden kann teilweise auch das europäische Recht bei der Präzisierung helfen, denn der Bundesrat erklärte bei der Schaffung des aufsichtsrechtlichen Verbots der Marktmanipulation ausdrücklich, dass eine Lücke im Vergleich zum europäischen Recht geschlossen werden solle.[4] Auf der europäischen Ebene sind für das Aufsichtsrecht die Marktmissbrauchsverordnung (MAR) und für das Strafrecht die Richtlinie über strafrechtliche Sanktionen bei Marktmissbrauch (MAD II; CRIM-MAD) sowie deren Durchführungsrechtsakte massgebend. Die materiellen Vorschriften der beiden Erlasse gelten seit dem 3. Juli 2016 und ersetzten die bis zu diesem Zeitpunkt hin geltende Marktmissbrauchsrichtlinie (MAD) vom 28. Januar 2003.[5]

---

[1] Hierzu sogleich 727 ff.
[2] FINMA-RS 2013/8, N 18, 62 f.
[3] BGE 128 I 167 E. 4.3; *Hettich* (2015), N 20.33; *Monsch/von der Crone* (2015), 655.
[4] *Botschaft BEHG 2011*, 6888; vgl. BGE 129 III 335 E. 6 zur rechtsvergleichenden Auslegung.
[5] Hierzu vorn 488 f.

II. Geschütztes Rechtsgut

1. Funktionsschutz und Anlegerschutz

Die Botschaft zum BEHG von 1993 und gestützt darauf ein grosser Teil der Lehre bezeichnen als geschütztes Rechtsgut der Manipulationstatbestände das Vertrauen der Investoren in einen sauberen, unverfälschten und chancengleichen Kapitalmarkt.[6] Dieses Schutzziel erscheint insofern verkürzt, als das Vertrauen der Investoren in die Funktionsfähigkeit des Kapitalmarkts von der Funktionsfähigkeit selbst abhängt und daher nur ein mittelbares Schutzziel darstellt; direktes Schutzziel ist vielmehr die Funktionsfähigkeit des Kapitalmarkts selbst.[7] In der Botschaft zur Änderung des BEHG von 2011 bezeichnete der Bundesrat denn auch die Sicherstellung der Funktionsfähigkeit des Kapitalmarkts und den Anlegerschutz im Sinne der Gewährleistung der Chancengleichheit als geschützte Rechtsgüter der Marktmissbrauchstatbestände.[8] Letztlich sind aber der Funktionsschutz und der Anlegerschutz eng miteinander verknüpft.[9]

2. Wohlfahrtsökonomische Aspekte

Der Funktionsschutz ist wie im Teil 2 (Kopplung von Recht und Ökonomie) gezeigt eng mit wohlfahrtsökonomischen Fragen verknüpft, die bei der rechtsdogmatischen Auseinandersetzung mit den Manipulationstatbeständen kaum Beachtung finden. Offenkundig erscheint, dass sich die Marktmanipulation negativ auf die Informationseffizienz der Kurse auswirkt.[10] Insofern lässt sich das Verbot der Marktmanipulation einfacher begründen als das Insiderhandelsverbot.[11] Aus verschiedenen Gründen dürfte die Marktmanipulation darüber hinaus die Transaktionskosten der Marktteilnehmer erhöhen. Erstens sehen sich Marktteilnehmer mit potenziell höheren Informationsbeschaffungs- und -verarbeitungskosten konfrontiert, wenn sie aufgrund der geringeren Informationseffizienz weniger in die Preise vertrauen können, und zweitens dürfte sich die Marktmanipulation negativ auf die Marktliquidität auswirken, was vielleicht weniger augenfällig ist. Dies liegt daran, dass sich Bereitsteller von Liquidität bei manipulierten Kursen zusätzlichen Risiken ausgesetzt sehen, sodass sie grössere

---

6   *Botschaft BEHG 1993*, 1428; *Leuenberger/Rüttimann* (2017), N 7 zu Art. 155 FinfraG; *Trippel/Urbach* (2011), N 3 zu Art. 161bis aStGB; *Petropoulos* (2009), 23; *Pflaum* (2013), 37 ff.; *Nobel* (2010a), § 15 N 36; *Werlen* (1994), 218 f.
7   *Pflaum* (2013), 40.
8   *Botschaft BEHG 2011*, 6886 f.
9   Vorn 158 f.
10 Zur Informationseffizienz vorn 197 ff.
11 Zu den Auswirkungen des Insiderhandels auf die Informationseffizienz hinten 784.

Spreads zur Kompensation dieser Risiken stellen müssen.[12] Da Investoren wie im Kapitel 10 (Marktversagen) gezeigt dazu gezwungen sind, die Spreads zu überqueren, führt diese verminderte Liquidität direkt zu höheren Transaktionskosten.[13] Ferner erhöhen manipulative Verhaltensweisen die irrationale Volatilität, was wiederum offenkundig sein dürfte. Soweit nicht nur die Volatilität der einzelnen Titel, sondern die Portfoliovolatilität erhöht wird, führt die Marktmanipulation zu höheren Anlagerisiken der Investoren und damit zu niedrigeren Anlagewerten, und niedrigere Anlagewerte wiederum erschweren die Finanzierung der Unternehmen.[14] All diese Aspekte zeigen, dass Investoren und Unternehmen mittelbar stärker durch Manipulationshandlungen geschädigt werden dürften, als dies zunächst zu erwarten wäre.

3. Vermögensschutz

Umstritten ist in der Lehre, ob das Vermögen der Investoren als individuelles Rechtsgut direkt mitgeschützt ist; der überwiegende Teil der Lehre spricht sich allerdings dagegen aus.[15] Die Frage ist für ausservertragliche Schadenersatzansprüche von Bedeutung, da diese bei reinen Vermögensschäden die Verletzung einer Schutznorm voraussetzen.[16] Für Hochfrequenzhändler ist diese Frage daher von erheblicher Bedeutung, könnten sie doch bei Bejahung einer Schutznorm potenziell haftbar gemacht werden bei Verstössen gegen die Manipulationstatbestände. Zu denken ist etwa an einen Programmierfehler, der zu einer Überschwemmung der Märkte mit Aufträgen führt, von denen falsche Signale für das Angebot oder die Nachfrage von Effekten ausgehen, sodass Stop-Loss-Aufträge von Investoren ausgelöst werden.[17]

---

[12] Zum Verhältnis zwischen den Market-Making-Risiken und der Liquidität vorn 63 ff.

[13] Investoren müssen den Spread überschreiten, da sie nicht ausreichend für die mit der Bereitstellung von Liquidität verbundenen Risiken entschädigt werden; hierzu vorn 315 ff.

[14] Zur Bewertung von Aktien vorn 197 ff.; zum Zusammenhang zwischen der Aktienbewertung und der Unternehmensfinanzierung vorn 162.

[15] Dafür etwa *Winzeler* (2000), 74; indirekt auch *Schenker* (2012), 25, da er Ansprüche aus Art. 41 OR ableitet; dagegen *Leuenberger/Rüttimann* (2017), N 8 zu Art. 155 FinfraG; *Pflaum* (2013), 39, jeweils mit einer Übersicht über die vertretenen Ansichten; *Dédeyan* (2015), 872; *M. K. Weber* (2013), 21 f., 175 ff.; *Nobel* (2010a), § 15 N 36; *Wicki* (2001), 20 f.; *Werlen* (1994), 218 ff.; *Zobl/Kramer* (2004), N 1038; *Trechsel/Jean-Richard-dit-Bressel* (2013), N 2 zu Art. 161bis aStGB; *Bärtschi* (2017), N 850, 858; letztere drei nehmen allerdings nicht direkt zur Streitfrage Stellung.

[16] So explizit *Wicki* (2001), 21, 103 f.

[17] Siehe hierzu jedoch hinten 775.

a) Schutzzwecknormen

Soweit der Schutzzweck einer einzelnen Norm nicht klar ist, könnte sich dieser aus den allgemeinen Schutzzwecknormen gestützt auf die systematisch-teleologische oder funktionale Auslegung herleiten lassen.[18] Nach Art. 1 Abs. 2 FinfraG bezweckt das Finanzmarktinfrastrukturgesetz die Gewährleistung der Funktionsfähigkeit und der Transparenz der Effekten- und Derivatemärkte, der Stabilität des Finanzsystems, des Schutzes der Finanzmarktteilnehmer sowie der Gleichbehandlung der Anleger. Während damit Finanzmarktteilnehmer allgemein geschützt werden sollen, erwähnte Art. 1 aBEHG lediglich die Gewährleistung von Transparenz und die Gleichbehandlung der Anleger als auf die Anleger bezogene Schutzziele.

In der Botschaft zum Finanzmarktinfrastrukturgesetz hielt der Bundesrat fest, dass der in Art. 1 aBEHG umschriebene Zweck weiterhin für die Bestimmungen über die Handelsplätze, die Offenlegung von Beteiligungen, die öffentlichen Kaufangebote, den Insiderhandel und die Marktmanipulation sowie die entsprechenden Strafbestimmungen gelte; bei den übrigen Bestimmungen stehe die Gewährleistung der Funktionsfähigkeit und der Stabilität des Finanzsystems sowie der Schutz der Finanzmarktteilnehmer im Vordergrund.[19] Im Zusammenhang mit dem Insiderhandel und der Marktmanipulation hielt der Bundesrat weiter fest, dass der Abschnitt des Börsengesetzes – abgesehen vom sachlichen Anwendungsbereich – materiell unverändert in das FinfraG übernommen werde.[20] Mit anderen Worten kann allein aus dem Finanzmarktinfrastrukturgesetz und dessen bezwecktem Schutz der Finanzmarktteilnehmer allein nicht abgeleitet werden, dass das Verbot der Marktmanipulation unter anderem auch das Vermögen von Investoren schützt und damit als Schutznorm bei ausservertraglichen Schadenersatzforderungen beigezogen werden kann.

Gestützt auf die frühere Zweckbestimmung des Börsengesetzes sowie die Botschaft aus dem Jahr 1993 wurde in der Lehre vertreten, dass dieses die Herstellung von Transparenz und die Gleichbehandlung der Anleger bezwecke, nicht aber den Schutz des Vermögens der Investoren.[21] Nach der Botschaft von 1993 soll der Anleger nämlich nicht als Inhaber einer Forderung, sondern als Kunde des börsenmässigen Handels beziehungsweise Dienstleistungsbezügers geschützt werden, sodass das Schutzziel im weitesten Sinne das Vertrauen des in-

---

[18] Zum Verhältnis zwischen der teleologischen oder funktionalen Auslegung vorn 154 ff.
[19] *Botschaft FinfraG 2014*, 7512 f.
[20] *Botschaft FinfraG 2014*, 7584 f.
[21] Siehe Art. 1 aBEHG und *M. K. Weber* (2013), 21.

dividuellen Anlegers in die Lauterkeit des Börsenmarktes sei.[22] Die Botschaft von 1993 ist allerdings in dieser Hinsicht insofern nicht widerspruchsfrei, als an anderer Stelle festgehalten wird, dass im Vordergrund werbepolizeiliche Schutzanliegen (Vermögensschutz) im Vordergrund lägen, die durch funktionsgerichtete Schutzanliegen (Funktionsfähigkeit der Börsen und des Kapitalmarktes) ergänzt würden.[23] Insgesamt kann daher kaum etwas aus den Zweckbestimmungen der relevanten Erlasse abgeleitet werden.

b) Historische Auslegungsmethode

Konkret bezogen auf die Kursmanipulation hielt der Bundesrat im Jahr 1993 fest, das Vermögen der Investoren stehe nicht als zu schützendes Rechtsgut im Vordergrund, sondern das Vertrauen der Investoren in einen sauberen, unverfälschten und chancengleichen Kapitalmarkt.[24] Diese Formulierung spricht eher gegen die Bejahung einer Schutznorm; allerdings schliesst sie eine solche Auslegung der Norm auch nicht zwingend aus. In der Botschaft zur Revision des Börsengesetzes vom 31. August 2011 bezeichnete der Bundesrat dann allgemein die Funktionsfähigkeit des Finanzmarkts und die Chancengleichheit der Anleger als die vom Insiderverbot und von der Kursmanipulation geschützten Rechtsgüter.[25] Auch diese Formulierung spricht gegen die Annahme einer Schutznorm. Weiter ging der Bundesrat allerdings bei den aufsichtsrechtlichen Marktmissbrauchstatbeständen, wo er festhielt, dass das Aufsichtsrecht den Schutz der Gläubiger, Anleger, Versicherten sowie den Schutz der Funktionsfähigkeit der Finanzmärkte bezwecke.[26] Gestützt darauf könnte argumentiert werden, dass den aufsichtsrechtlichen, nicht aber den strafrechtlichen Bestimmungen Schutznormcharakter zukommt. Dem wiederum könnte entgegengehalten werden, dass der Anlegerschutz lediglich *im Sinne der Gewährleistung der Chancengleichheit»* zu verstehen sei, wie es der Bundesrat bei den Straftatbeständen festhielt.[27] Insgesamt lassen daher auch die Materialien keine abschliessende Aussage zur Frage zu, ob die Bestimmungen zur Markt- und Kursmanipulation das Vermögen Privater mitschützen, sodass sich Private bei einer Schadenersatzklage nach Art. 41 OR darauf als Schutznorm zur Begründung der Widerrechtlichkeit stützen könnten.

---

22 *Botschaft BEHG 1993*, 1381; *M. K. Weber* (2013), 21 f., der auch darauf hinweist, dass eine Bestimmung im Börsengesetz, wonach das Gesetz Anleger schützen soll, bewusst fallengelassen wurde, um nicht den Eindruck zu erwecken, dass das Börsengesetz den Anleger umfassend schützen würde.
23 *Botschaft BEHG 1993*, 1383.
24 *Botschaft BEHG 1993*, 1428.
25 *Botschaft BEHG 2011*, 6880, 6886 f.
26 *Botschaft BEHG 2011*, 6888.
27 *Botschaft BEHG 2011*, 6886 f.

c) Stoffgleichheit

Ferner wird der fehlende Schutznormcharakter auch auf die fehlende Stoffgleichheit zurückgeführt.[28] Als Prinzip der Stoffgleichheit wird die Regel bezeichnet, dass der Schaden als Vermögensnachteil der Bereicherung als Vermögensvorteil zu entsprechen hat.[29] Nachdem das Bundesgericht das Kriterium der Stoffgleichheit beim Betrug wiederholt verworfen hatte, anerkannte es den Grundsatz schliesslich im Jahr 2008.[30] Bei der Marktmanipulation verursacht das Prinzip der Stoffgleichheit Schwierigkeiten, wenn auch nicht gesagt werden kann, dass es in keinem Fall erfüllt wäre.[31] Problematisch ist bei der Marktmanipulation, dass die Folgen komplex sind, da in der Regel eine Vielzahl von Marktteilnehmern durch eine einzige manipulative Handlung geschädigt wird und die manipulative Kursbeeinflussung die Kursentwicklung, wie sie ohnehin stattgefunden hätte, überlagert. Ausserdem minimieren Transaktionskosten des Manipulierenden sowie fundamentale Händler, die gegen den Manipulierenden zum Marktgleichgewicht hin handeln, dessen Gewinn. Der Gewinn aus einer manipulativen Handlung müsste daher regelmässig kleiner sein als der angerichtete Schaden bei anderen Marktteilnehmern. Es zeigt sich somit eine hohe Komplexität, der das Prinzip der Stoffgleichheit nicht gerecht wird. Vor allem aber verschärft das Kriterium der Stoffgleichheit letztlich die Voraussetzung eines adäquat kausal verursachten Schadens, indem der Schaden in eine Relation zum Gewinn des Schädigers gestellt wird. Eine solche zusätzliche Voraussetzung lässt sich aber weder Art. 41 OR noch einer anderen Norm entnehmen. Ferner sollte nicht allein aufgrund von (nicht unlösbaren) Schwierigkeiten bei der Substanziierung des Schadens sowie dem Nachweis eines natürlichen und adäquaten Kausalzusammenhangs auf den fehlenden Schutznormcharakter geschlossen werden. Das Kriterium der Stoffgleichheit ist bei der Frage nach dem Schutznormcharakter einer Norm daher abzulehnen.

d) Zusammenfassung und Würdigung

Zusammenfassend lassen weder die Gesetzesmaterialien noch das Prinzip der Stoffgleichheit einen eindeutigen Schluss hinsichtlich des Schutznormcharakters der Marktmissbrauchsbestimmungen zu; gestützt auf die Botschaft aus dem Jahr

---

[28] Siehe *Pflaum* (2013), 38; *Niggli/Wanner* (2013), N 8, 11 zu Art. 161bis aStGB; auch *Niggli* (1998), 401 ff., 407; siehe auch *Werlen* (1994), 218 Fn. 195.
[29] BGE 134 IV 210 E. 5.3 m.w.H.; bestätigt in BGer 6B_173/2014 vom 2. Juli 2015 E. 2.3.1; vgl. *Niggli* (1998), 402.
[30] Anerkennend in BGE 134 IV 210 E. 5.3 gestützt auf BGE 119 IV 210 E. 4b, wonach die Bereicherung beim Betrug die Kehrseite des beim Opfer eingetretenen Schadens ist; ablehnend in BGE 122 II 422 E. 3b/bb; 84 IV 89.
[31] Grundsätzlich verneinend *Niggli* (1998), 407.

1993 aber sollte der Schutznormcharakter eher verneint werden. Dieses Resultat dürfte grundsätzlich auch aus regulierungstheoretischen Gründen überzeugen. Zwar lässt sich gewiss zugunsten eines Schutznormcharakters vorbringen, dass die Finanzmarktaufsicht ein Interesse an einer funktionierenden privatrechtlichen Verhaltenssteuerung hat. Auch ist es richtig, dass der Bundesrat mit Blick auf den Schutz der Börsenmitglieder und der Kunden schon in der Botschaft zum BEHG von 1993 festhielt, dass der Staat nur so weit regulierend eingreife, als die Privaten nicht selber in der Lage sind, schutzwürdige Interessen der Rechtsgemeinschaft zu verwirklichen.[32] Letztlich besteht jedoch die Gefahr, dass manipulative Verhaltensweisen bei Bejahung einer Schutznorm aufgrund der breit gestreuten Schäden und den Schwierigkeiten bei der Schadenssubstanziierung sowie dem Nachweis eines natürlichen Kausalzusammenhangs hohe Gesellschaftskosten zur Folge haben. Im Sinne einer Vereinfachung erschiene es daher einfacher, bei manipulativen Verhaltensweisen einen Schaden der gesamten Volkswirtschaft anzunehmen, der durch eine Busse abzugelten ist. Damit eine angemessene Verhaltenssteuerung erreicht werden kann, muss eine solche Busse das Gewinnpotenzial ohnehin übersteigen. Eine Bussenkompetenz müsste der Finma allerdings erst noch eingeräumt werden.[33]

III. Anwendungsbereich

1. Persönlicher Anwendungsbereich

Beim Verbot der Marktmanipulation handelt es sich vom Wortlaut der Bestimmung her um einen gemeinen Tatbestand, den jede natürliche oder juristische Person erfüllen kann. Die Finma hat den persönlichen Anwendungsbereich in ihren Marktverhaltensregeln (*FINMA-RS 2013/08*) aber eingeschränkt auf Personen, «die hinsichtlich an schweizerischen Handelsplätzen zum Handel zugelassener Effekten als Marktteilnehmer auftreten».[34] Diese Einschränkung erscheint auf den ersten Blick gerechtfertigt, da in der Regel nur Marktteilnehmer ein Interesse an der Marktmanipulation haben. Da jedoch Fälle denkbar sind, bei denen aussenstehende Personen in Abstimmung mit Marktteilnehmern Märkte manipulieren, ist der von der Finma vertretene Geltungsbereich dennoch zu restriktiv.

---

32 *Botschaft BEHG 1993*, 1383.
33 Hierzu hinten 754 ff., 777 f.
34 FINMA-RS 2013/8, N 3; im Rundschreiben ist allerdings noch von Börsen oder börsenähnlichen Einrichtungen die Rede.

Unabhängig davon ist der von der Finma verwendete Begriff des Marktteilnehmers nicht mit dem Begriff des Teilnehmers von Finanzmarktinfrastrukturen gemäss Art. 2 lit. d FinfraG zu verwechseln, sondern denkbar weit zu verstehen.[35] Erfasst sind sämtliche Personen, die mit den erfassten Effekten handeln, sei es in eigenem oder fremdem Namen und auf eigene oder fremde Rechnung. Das Verbot gilt folglich auch für indirekte Teilnehmer (insb. *Sponsored User*), Kunden von Teilnehmern sowie *over the counter* (OTC) handelnde Personen, sofern die gehandelten Effekten an einem Handelsplatz in der Schweiz zum Handel zugelassen sind. Mit den aufsichtsrechtlichen Regeln zu Insiderhandel und Marktmanipulation wurden mit anderen Worten sämtliche Marktteilnehmer zu Teilbeaufsichtigten.[36]

Im Unterschied zum allgemeinen Verbot der Marktmanipulation gelten die Kapitel VI (Marktmissbrauch im Primärmarkt, mit ausländischen Effekten sowie in anderen Märkten) und VII (Organisationspflichten) der Marktverhaltensregeln nur für von der Finma beaufsichtigte Banken, Versicherungen, Handelsplätze[37], Effektenhändler, Fondsleitungen, SICAV, Kommanditgesellschaften für kollektive Kapitalanlagen, SICAF, Depotbanken und Vermögensverwalter kollektiver Kapitalanlagen (Beaufsichtigte).[38] Einzelne der im Kapitel VII aufgeführten Pflichten gelten sodann nur für Beaufsichtigte, die algorithmischen Handel betreiben. Diese besonderen Organisationsvorschriften wurden vorn im Kapitel 16 (Pflichten bei algorithmischem Handel) erläutert.[39]

2. Sachlicher Anwendungsbereich

a) Allgemeiner Anwendungsbereich

In sachlicher Hinsicht sind gemäss Art. 143 Abs. 1 lit. a und b FinfraG grundsätzlich sämtliche Effekten erfasst, die an einem Handelsplatz in der Schweiz zum Handel zugelassen sind. Effekten sind vereinheitlichte und zum massenweisen Handel geeignete Wertpapiere, Wertrechte, Derivate und Bucheffekten (Art. 2 lit. b FinfraG). Als Handelsplätze werden nach Art. 26 lit. a FinfraG –

---

[35] Zur Ausgestaltung des Straftatbestandes der Kursmanipulation als Gemeindelikt (noch unter Art. 161bis aStGB) siehe *Petropoulos* (2009), 85 ff.; *Pflaum* (2013), 42 ff.

[36] Siehe *von der Crone/Maurer/Hoffmann* (2011), 541.

[37] In FINMA-RS 2013/8, N 4 ist noch von Börsen und börsenähnlichen Einrichtungen die Rede; der neuen Terminologie folgend wurde der Geltungsbereich analog zu Art. 143 und Art. 155 FinfraG angepasst.

[38] FINMA-RS 2013/8, N 4; siehe auch die Spezialregelungen in N 5 (für Finanz- und Versicherungsgruppen und -konglomerate) sowie in N 6 (für direkt unterstellte Finanzintermediäre).

[39] Vorn 592, 607 f., 620 ff.

wie eingehend im Kapitel 17 (Handelsplatzkategorien) erläutert – Börsen und multilaterale Handelssysteme bezeichnet.[40] Die organisierten Handelssysteme (OTF) gelten demgegenüber in der Schweiz im Unterschied zur europäischen Terminologie nicht als Handelsplätze, sodass manipulative Verhaltensweisen betreffend Effekten, die nur zum Handel über ein OTF zugelassen sind, nicht vom Verbot der Marktmanipulation nach Art. 143 FinfraG erfasst sind.[41] Allerdings genügt die Zulassung zum Handel an einem Handelsplatz; nicht erforderlich ist, dass die tatbestandsmässige Handlung über einen Handelsplatz erfolgt.[42] Spoofing-Praktiken in einem OTF sind folglich erfasst, sofern die betroffenen Effekten auch zum Handel über eine Börse oder ein multilaterales Handelssystem zugelassen sind. Der Begriff des Handelsplatzes in Art. 143 FinfraG ersetzte jenen der Börse oder börsenähnlichen Einrichtung in Art. 33f aBEHG.[43] Angesichts der zurückhaltenden Praxis der Finma hinsichtlich börsenähnlicher Einrichtungen ist mit dem präziseren Begriff des multilateralen Handelssystems trotz der fehlenden Erfassung von OTF von einer Erweiterung des sachlichen Anwendungsbereichs auszugehen.

b) Erweiterter Anwendungsbereich für Beaufsichtigte

Die Finma hat den sachlichen Anwendungsbereich für Beaufsichtigte wie bereits angesprochen gestützt auf die Gewährsbestimmungen (Art. 10 Abs. 2 lit. d BEHG; Art. 3 Abs. 2 lit. c BankG; Art. 14 Abs. 1 lit. a KAG) erweitert.[44] Beaufsichtigten sind demnach auch manipulative Verhaltensweisen verboten mit Bezug auf (a) den Effektenhandel im Primärmarkt, (b) den Handel mit Effekten und daraus abgeleiteten Finanzinstrumenten, die nur an einem ausländischen Handelsplatz[45] zum Handel zugelassen sind, sowie (c) die Geschäftstätigkeit in anderen Märkten als dem Effektenhandel (bspw. Rohwaren-, Devisen- und Zinsmärkte), namentlich im Zusammenhang mit Benchmarks.[46] Mit der Berücksichtigung von Benchmarks wie dem Libor und dem Euribor reagierte die Finma unmissverständlich auf den Libor-Skandal. Die Ausweitung des sachlichen Anwendungsbereichs für Beaufsichtigte lässt sich allerdings in keiner Weise aus

---

40 Vorn 653 ff.
41 Zur europäischen Definition Art. 4 Abs. 1 Nr. 24 MiFID II.
42 Siehe hierzu *Pflaum* (2013), 52, 252, wonach dies schon unter der weniger präzisen alten Terminologie gegolten habe.
43 Siehe *Botschaft FinfraG 2014*, 7584; vorn 657 ff.
44 FINMA-RS 2013/8, N 5, 41 ff.
45 Hier wird man wohl die OTF nach europäischem Recht dazu zählen.
46 FINMA-RS 2013/8, N 41 ff.

Art. 143 FinfraG ableiten und dürfte daher das Legalitätsprinzip überstrapazieren, sodass nicht von der Gesetzmässigkeit dieser Regeln auszugehen ist.[47]

c) Einzelfragen

aa) Verbundene Finanzinstrumente

Der sachliche Anwendungsbereich der Marktmanipulation wirft Fragen mit Bezug auf derivative und weitere verbundene Finanzinstrumente sowie Waren auf. Vom Wortlaut von Art. 143 FinfraG eindeutig erfasst sind Derivate, wenn sie selbst die Definition der Effekte erfüllen und zum Handel an einem Handelsplatz in der Schweiz zugelassen sind. Im Unterschied zum Verbot des Insiderhandels (Art. 142 Abs. 1 lit. a und c FinfraG) werden abgeleitete Derivate bei der Marktmanipulation demgegenüber nicht ausdrücklich erwähnt. Die Finma nimmt in den Marktverhaltensregeln zwar Bezug auf verbundene Finanzinstrumente, führte aber nicht aus, dass diese generell erfasst wären.[48] Demgegenüber hielt der Bundesrat in der Botschaft fest, dass nicht nur Geschäfte in Effekten selbst, sondern auch Geschäfte und Aufträge in abgeleiteten Finanzinstrumenten (OTC-Produkten) oder Derivaten in den zugrundeliegenden Basiswerten erfasst seien, soweit dadurch falsche oder irreführende Signale für das Angebot, die Nachfrage oder den Kurs von Effekten erfolgten, die an einem Handelsplatz[49] in der Schweiz zum Handel zugelassen sind.[50] Aufgrund der Wirkungszusammenhänge zwischen miteinander logisch verbundenen Finanzinstrumenten erscheint diese Ansicht zutreffend. Diese Wirkungszusammenhänge bewirken nämlich, dass durch die Manipulation eines Finanzinstruments auch sämtliche mit diesem Finanzinstrument logisch verbundenen Titel manipuliert werden, was die im ersten Teil erläuterten Arbitragestrategien eindrücklich zeigen.[51]

bb) Waren

Einen Sonderfall stellen Waren dar. Mit Bezug auf Waren hält die Finma in den Marktverhaltensregeln ausdrücklich fest, dass die Beeinflussung der Rohwarenpreise erfasst ist, wenn dadurch falsche oder irreführende Signale für das Angebot und die Nachfrage nach Effekten (etwa in der Form von Warenderivaten)

---

[47] Zum Legalitätsprinzip vorn 640 ff.; für eine allgemeine Kritik siehe etwa *Ch. Bühler* (2014), 30 ff.; *Monsch/von der Crone* (2015), 654 f.
[48] So insb. in FINMA-RS 2013/8, N 43 zum erweiterten Anwendungsbereich für Beaufsichtigte.
[49] Die Terminologie wurde hier im Vergleich zur Botschaft angepasst.
[50] *Botschaft BEHG 2011*, 6903.
[51] Vorn 72 f.

gegeben werden sollen.⁵² Dabei stützte sie sich auf die bereits angesprochene Aussage des Bundesrates in der Botschaft zur Revision des Börsengesetzes im Jahr 2011, dass bei Derivaten auch die Manipulation in zugrundeliegenden Basiswerten erfasst sein soll.⁵³ SwissBanking, SwissHoldings, der Verband der Auslandbanken in der Schweiz, Raiffeisen sowie Baker & McKenzie hielten dem in der Anhörung entgegen, dass es an einer hinreichenden gesetzlichen Grundlage für die Erfassung der Beeinflussung der Rohwarenpreise mangle.⁵⁴ Diese Ansicht wird dadurch bestärkt, dass das Parlament einen Minderheitantrag für einen Straftatbestand zu Insiderhandel und Marktmanipulation bei Rohstoffen, Edelmetallen und Währungen ausdrücklich ablehnte.⁵⁵ Die Erfassung der manipulativen Beeinflussung von Rohwarenpreisen erscheint allerdings in Übereinstimmung mit den Ausführungen im vorangehenden Abschnitt konsequent, wirkt sich die Beeinflussung der Rohwarenpreise doch direkt auf die Derivatewerte aus. Angesichts dessen dürfte die Manipulation der Rohwarenpreise vom Wortlaut von Art. 143 FinfraG auch getragen sein, sodass entgegen der Ansicht der Branchenvertreter nicht ein Verbot, sondern eine Ausnahme für Waren oder Warenderivate vom Gesetzgeber ausdrücklich vorgesehen werden müsste.

IV. Tatbestand

1. Übersicht

Der aufsichtsrechtliche Tatbestand der Marktmanipulation setzt nach Art. 143 FinfraG Folgendes voraus:
– das öffentliche Verbreiten von Informationen;
– falsche oder irreführende Signale für das Angebot, die Nachfrage oder den Kurs von Effekten;
– in subjektiver Hinsicht, dass der Handelnde weiss oder wissen müsste, dass die Informationen falsche oder irreführende Signale für das Angebot, die Nachfrage oder den Kurs von Effekten geben; und schliesslich,
– dass kein Ausnahmetatbestand im Sinne von Art. 122 ff. FinfraV erfüllt ist.

---

52 FINMA-RS 2013/8, N 28.
53 *Botschaft BEHG 2011*, 6903; *AB FINMA-RS 2013/8*, 23.
54 *AB FINMA-RS 2013/8*, 23.
55 AB 2012 N 1148 ff.

2. Öffentliche Verbreitung von Informationen

a) Aufträge und Transaktionen als Information

Unzulässig handelt nach Art. 143 Abs. 1 lit. a FinfraG, wer Informationen öffentlich verbreitet, von denen er weiss oder wissen muss, dass sie falsche oder irreführende Signale für das Angebot, die Nachfrage oder den Kurs von Effekten geben, die an einem Handelsplatz in der Schweiz zum Handel zugelassen sind. Ebenfalls unzulässig handelt nach Art. 143 Abs. 1 lit. b FinfraG, wer Geschäfte oder Kauf- oder Verkaufsaufträge tätigt, von denen er weiss oder wissen muss, dass sie falsche oder irreführende Signale für das Angebot, die Nachfrage oder den Kurs von Effekten geben, die an einem Handelsplatz in der Schweiz zum Handel zugelassen sind.

Zwei Verhaltensweisen sind demnach verboten. In Anlehnung an das Strafrecht wird in der Regel von einem Informations- und einem Transaktionstatbestand gesprochen.[56] Diese Unterscheidung erscheint allerdings insofern nicht vollends überzeugend, als sich der Händler, der manipulative Geschäfte tätigt oder manipulative Kauf- oder Verkaufsaufträge stellt, letztlich ebenfalls die von dieser Tätigkeit ausgehende Information zunutze macht, sodass der Transaktionstatbestand als Unterfall des Informationstatbestandes betrachtet werden kann. Zumindest aufsichtsrechtlich erscheint damit eine Unterscheidung zwischen einem Informations- und einem Transaktionstatbestand entbehrlich, war doch bei der Schaffung der aufsichtsrechtlichen Norm eine Ausdehnung auf sämtliche Aufträge und echten Transaktionen beabsichtigt.[57] Werden auch Kauf- und Verkaufsaufträge erfasst, erscheint der Begriff des Transaktionstatbestandes im Übrigen noch dazu unpräzise. Exakter wäre es, von einem Auftrags- oder Auftragsbuchtatbestand zu sprechen. Dies würde der Erfassung von Transaktionen nicht entgegenstehen, schliesslich kommen Transaktionen ja durch übereinstimmende Aufträge zustande.

b) Begriff der Information

Mit der Ausdehnung auf Auftragsinformationen kann der Begriff der Information sehr weit verstanden werden. Erfasst sollten nicht nur Tatsachenbehauptungen und Auftragsinformationen sein, sondern grundsätzlich auch Gerüchte und Prognosen, damit manipulative Verhaltensweisen wirksam verhindert werden

---

[56] Üblicherweise wird zwischen dem Informations- und Transaktionstatbestand unterschieden; so auch *Druey/Druey Just/Glanzmann* (2015), § 16 N 78a; *Bärtschi* (2017), N 859 f.; *Pflaum* (2013), 253 ff.; *Pflaum/Wohlers* (2013), 525 f.
[57] Botschaft BEHG 2011, 6888.

können.[58] Bei Gerüchten und Prognosen müssen die übrigen Tatbestandselemente darüber entscheiden, ob die Verbreitung derselben manipulativ ist. Dies gilt insbesondere für das subjektive Tatbestandselement, wonach der Handelnde zumindest wissen müsste, dass von den Gerüchten oder Prognosen falsche oder irreführende Signale für das Angebot, die Nachfrage oder den Kurs von Effekten ausgehen. An diesem Kriterium dürfte es regelmässig fehlen, was aber nicht bedeutet, dass die Verbreitung von Gerüchten und Prognosen in keinem Fall manipulativ wäre.

Bei Prognosen erscheint für die Auslegung im Übrigen bedeutungsvoll, dass nach dem Willen des Bundesrats Vorhersagen den Tatbestand nur dann erfüllen können sollen, falls ihr Urheber wegen besonderer Kenntnisse oder seiner Position als qualifiziert erscheint.[59] Die Ausführungen bezogen sich allerdings auf die engere Strafnorm, sodass die Anwendung auf den weiteren Aufsichtstatbestand nicht zwingend erscheint. Ausserdem sollte grundsätzlich der Markt darüber entscheiden, ob der Urheber qualifiziert erscheint. Verhält sich der Markt signifikant anders, als er sich ohne die falsche oder irreführende Prognose verhalten würde, so sollte dies genügen.[60] Wird nicht auf die statistische Signifikanz abgestellt, so würde die Marktmanipulation mittels Prognosen durch scheinbar unqualifizierte Urheber grundsätzlich erlaubt. Damit aber wären zumindest zwischenzeitlich ineffiziente Preise verbunden und höhere Risiken für Bereitsteller von Liquidität und damit höhere Transaktionskosten für sämtliche Marktteilnehmer, was dem Zweck des Verbots der Marktmanipulation widersprechen würde.

c)   Öffentliches Verbreiten der Information

Der Informationstatbestand nach Art. 143 Abs. 1 lit. a FinfraG verlangt nicht nur eine Information, sondern auch die öffentliche Verbreitung derselben. Gemäss Finma fallen darunter insbesondere Bekanntmachungen über die in der Finanzbranche üblichen Informationskanäle, in den Medien allgemein sowie im Internet.[61] Das Kriterium sollte entsprechend nicht zu eng verstanden werden.

---

[58]   Siehe FINMA-RS 2013/8, N 21, wonach die Verbreitung falscher oder irreführender Informationen, Gerüchte oder Nachrichten, die geeignet sind, Effektenpreise zu beeinflussen, erfasst sind; vgl. *Leuenberger/Rüttimann* (2017), N 27 zu Art. 143 FinfraG; a.M. *Druey/Druey Just/Glanzmann* (2015), § 16 N 76, nach denen nur Falschangaben über Tatsachen der Vergangenheit und Gegenwart und daraus abgeleitete Schlüsse über zukünftige Entwicklungen darunter fallen.

[59]   *Botschaft BEHG 1993*, 1429; siehe auch *Nobel* (2010a), § 15 N 37.

[60]   Siehe auch hinten 735 ff.

[61]   FINMA-RS 2013/8, N 16; siehe auch *Leuenberger/Rüttimann* (2017), N 28 f. zu Art. 143 FinfraG.

Verhält sich der Markt anders, als er sich ohne die Information verhalten würde, kann dies als Indiz für die öffentliche Verbreitung der Information gewertet werden. Relativ einfach lässt sich dies bei Marktreaktionen zeigen, die durch die Information ausgelöst werden.[62] Reagiert der Markt, so kann ausserdem im Sinne der Signalwirkung der Preise nach *von Hayek* argumentiert werden, dass allein durch die Marktreaktion eine öffentliche Verbreitung der Information indirekt in konsolidierter Form erfolgt.[63] Die Irreführung einzelner Marktteilnehmer, die eine signifikante Veränderung des Preises bewirken, sollte entsprechend für das Kriterium der öffentlichen Verbreitung genügen.[64] Es ist allerdings zu berücksichtigen, dass die Eignung zur irreführenden Marktbeeinflussung genügt, das heisst, der Markt muss nicht tatsächlich beeinflusst werden.[65]

Im Unterschied zum Informationstatbestand fehlt beim Auftragstatbestand nach Art. 143 Abs. 1 lit. b FinfraG das Öffentlichkeitskriterium: Der Tatbestand verlangt weder das öffentliche Tätigen von Transaktionen noch das öffentliche Stellen von Aufträgen. Gerade dieser Bereich ist aber primär von Interesse für den Hochfrequenzhandel. Vermutlich ging der Gesetzgeber davon aus, dass die Aufträge und Abschlüsse ohnehin öffentlich eingesehen werden können, was jedoch bei Dark Pools nicht zutrifft. Grundsätzlich können Kurse auch durch das Setzen von Aufträgen in Dark Pools beeinflusst werden, soweit diese teilweise ausgeführt werden und die anderen Händler einen Grossauftrag vermuten.[66] Mit dem soeben aufgestellten weiten Öffentlichkeitskriterium sollte der Handel in Dark Pools allerdings ohnehin generell erfasst sein, selbst wenn für den Auftragstatbestand entgegen dem Wortlaut ebenfalls eine öffentliche Verbreitung gefordert würde.

---

[62] Typischerweise ist die Marktreaktion durch eine falsche oder irreführende Information lediglich temporär.

[63] *Hayek* (1952), 115 f.

[64] A. M. *Pflaum* (2013), 253 f., die sehr legitim den Standpunkt vertritt, dass eine solche Auslegung gegen das Legalitätsprinzip verstossen würde und daher eine Korrektur nur über eine Gesetzesrevision erfolgen könnte.

[65] Zur Kursbeeinflussungsabsicht nach dem Straftatbestand *Pflaum/Wohlers* (2013), 527; *Trippel/Urbach* (2011), N 28 zu Art. 161bis aStGB; in dieser Hinsicht – nicht aber generell – ist der Informationsbegriff des Manipulationstatbestandes gleich zu behandeln wie der Informationsbegriff des Insiderhandelstatbestandes. In Art. 2 lit. j FinfraG ist ausdrücklich festgehalten, dass die Eignung zur erheblichen (signifikanten) Beeinflussung des Preises genügt; zur Erheblichkeit der Insiderinformation hinten 736 ff., 809 f.

[66] Siehe hierzu insbesondere die Ausführungen zur Informationssuche in Dark Pools vorn 29, 82 ff.

3. Falsche oder irreführende Signale für das Angebot, die Nachfrage oder den Kurs von Effekten

Sowohl der Informationstatbestand nach Art. 143 Abs. 1 lit. a FinfraG als auch der Auftragstatbestand nach Art. 143 Abs. 1 lit. b FinfraG erfordern, dass die Informationen (inkl. Aufträge und Transaktionen) falsche oder irreführende Signale für das Angebot, die Nachfrage oder den Kurs von Effekten geben. Die Tatbestände verlangen damit zweierlei: einerseits ein Signal für das Angebot, die Nachfrage oder den Kurs von Effekten und andererseits, dass dieses Signal falsch oder irreführend ist.

a) Signal für das Angebot, die Nachfrage oder den Kurs

aa) Anwendung des Reasonable-Investor-Tests

Das Signal ist ein Transportträger zur Übermittlung von Information und damit begrifflich eng mit dem ersten Kriterium, der öffentlichen Verbreitung von Informationen verknüpft.[67] Verbunden mit dem Angebot, der Nachfrage und dem Kurs von Effekten kommt dem Begriff des Signals jedoch eine zusätzliche Bedeutung zu: Er impliziert, dass die übermittelte Information den Kurs zu beeinflussen vermag oder zumindest hierzu geeignet ist. Die Finma hält entsprechend in ihren Marktverhaltensregeln fest, dass ein Signal im Sinne des Aufsichtstatbestandes vorliege, wenn es das Marktverhalten eines verständigen und mit dem Markt vertrauten Marktteilnehmers zu beeinflussen vermag (Reasonable-Investor-Test),[68] und beeinflussen wird die Information einen verständigen Marktteilnehmer primär dann, wenn sie (a) eine signifikante Beeinflussung der Kurse erwarten lässt oder (b) eine erwartete Kursänderung unterbleibt.[69] Nebenbei bemerkt impliziert der Reasonable-Investor-Test, dass der verständige Anleger ausreichend schnell auf neue Informationen reagieren kann, ansonsten er ja nicht auf die neuen Informationen reagieren würde. Diese Bedingung dürfte zwar nur in den wenigsten Fällen erfüllt sein; sie soll beim Reasonable-Investor-Test aber als erfüllt fingiert werden.

---

[67] Zum Signal siehe etwa *Shannon/Weaver* (1949), 33 f.
[68] FINMA-RS 2013/8, N 17; siehe auch *Sethe/Fahrländer* (2017), N 58 f. zu Art. 2 lit. j FinfraG.
[69] Zum zweiten Fall siehe *Pflaum/Wohlers* (2013), 527; vgl. auch *AB FINMA-RS 2013/8*, 15 f.; bei der Insiderinformation wird denn auch teilweise dafürgehalten, dass der Markt ausschlaggebend ist, siehe *Sethe/Fahrländer* (2017), N 45 f. zu Art. 2 lit. j FinfraG.

bb)   Verknüpfung mit dem Kriterium der Erheblichkeit

Bemerkenswert ist die Ähnlichkeit zwischen dem aufsichtsrechtlichen Erfordernis eines Signals im Sinne des Reasonable-Investor-Tests und dem Straftatbestand der Kursmanipulation einerseits sowie dem Begriff der Insiderinformation andererseits, verlangt der Tatbestand der Kursmanipulation doch ausdrücklich die Absicht, den Kurs von Effekten erheblich zu beeinflussen (Art. 155 Abs. 1 FinfraG), und die Insiderinformation ist namentlich dadurch gekennzeichnet, dass sie geeignet ist, den Kurs von Effekten erheblich zu beeinflussen (Art. 2 lit. j FinfraG).[70] Es stellt sich daher die Frage, ob die vom aufsichtsrechtlichen Tatbestand der Marktmanipulation vorausgesetzte Signifikanz der Erheblichkeit entspricht, wie sie sowohl der Straftatbestand der Kursmanipulation als auch der Begriff der Insiderinformation voraussetzen. Wäre dem so, würde sich der aufsichtsrechtliche Tatbestand nicht so stark vom Straftatbestand der Kursmanipulation unterscheiden, wie es auf den ersten Blick den Anschein macht. Diese Frage ist im Übrigen insbesondere für den Hochfrequenzhandel von Bedeutung, da Hochfrequenzhändler in aller Regel auf die Erzielung von minimen Renditen pro Transaktion abzielen.

cc)   Auslegung des Begriffs der Erheblichkeit

Der Begriff der Erheblichkeit ist unklar und daher auslegungsbedürftig. Immerhin will die Lehre bei der strafrechtlichen Erheblichkeit der Preisbeeinflussungsabsicht gemäss Art. 155 FinfraG auf den bei der Insiderinformation (Art. 2 lit. j FinfraG) verwendeten Begriff der Erheblichkeit abstellen und die beiden Begriffe entsprechend identisch auslegen, wodurch die Auslegung vereinfacht wird.[71]

aaa)   Sprachgebrauch und subjektiv-historische Auslegung

Nach dem allgemeinen Sprachgebrauch ist die Intensität der (statistischen) Signifikanz tiefer als jene der Erheblichkeit. Diese Ansicht wird durch die Ausführungen des Bundesrats in der Botschaft von 1985 gestützt, wo dieser festhielt, dass Kursschwankungen in einem bestimmten Rahmen für den Börsenmarkt typisch und alltäglich seien; erheblich, das heisse aussergewöhnlich, seien sie indessen, wenn sie diesen gewohnten Rahmen sprengten.[72] Dem folgend setzt die Schweizer Lehre für eine erhebliche Beeinflussung bei Aktien mehrheitlich eine Beeinflussung von mindestens 5–20 Prozent voraus,[73] denn nach praktisch ein-

---

[70]   Hierzu sogleich cc) und hinten 809 f.
[71]   *Pflaum* (2013), 89; *Trippel/Urbach* (2011), N 29 zu Art. 161bis aStGB.
[72]   *Botschaft StGB 1985*, 82.
[73]   Für 5–10 Prozent *Ch. Peter* (2013), N 33 zu Art. 161 aStGB; für 10 Prozent *Hürlimann* (2005), 90; *Groner* (1999), 265; mehr als 5–10 Prozent forderten *Trippel/Urbach* (2011),

helliger Lehre sollen keine Bagatellfälle erfasst werden.[74] In diese Richtung deuten im Übrigen auch die Voten anlässlich der parlamentarischen Beratung.[75] Einen ganz anderen Beurteilungsmassstab wendet demgegenüber die Finma an. Ihren Marktverhaltensregeln zufolge ist die Frage, ob eine Information geeignet ist, den Kurs von Effekten erheblich zu beeinflussen, danach zu beurteilen, ob die Information das Anlageverhalten eines verständigen und mit dem Markt vertrauten Marktteilnehmers zu beeinflussen vermag.[76] Sie wendet also ebenfalls den im US-amerikanischen Recht entwickelten und im EU-Recht übernommenen Reasonable-Investor-Test an.[77] Das Kriterium der Erheblichkeit wäre damit mit der statistischen Signifikanz und der vom Aufsichtstatbestand letztlich verlangten Voraussetzung eines Signals für das Angebot, die Nachfrage oder den Kurs von Effekten identisch.

bbb)   *Relativierung der subjektiv-historischen Auslegung*

Es versteht sich von selbst, dass Werte von 5–20 Prozent von Hochfrequenzhändlern kaum je erreicht werden und auch nur schwerlich erreicht werden können. Daher ist nicht erstaunlich, dass der Straftatbestand der Kursmanipulation gemäss Art. 161bis aStGB offenbar nie zu einer Verurteilung führte.[78] Soll tatsächlich eine solche Grenze von 5–20 Prozent gelten, würde mit anderen Worten zumindest in strafrechtlicher Hinsicht viel Raum für manipulative Verhaltensweise verbleiben. Allerdings ist der Botschaft fünferlei entgegenzuhalten. Erstens hatte der Gesetzgeber den Insidertatbestand vor Augen und nicht die Kursmanipulation, zweitens betrafen seine Ausführungen das Strafrecht und nicht das Aufsichtsrecht, drittens ist das allgemeine Verständnis für die Pönali-

---

N 28 zu Art. 161bis aStGB; für 20 Prozent bei Aktien *Schmid* (1988), N 227; noch weiter ging *P. Böckli* (1989), 57 f.; für eine Betrachtung im Einzelfall *Pflaum* (2013), 90 f.; *A. Peter* (2015), N 324; entschieden a. M. *Fahrländer* (2015), N 464 sowie *Lorez* (2013), 57, die den Reasonable-Investor-Test anwenden wollen.

[74]   *Pflaum* (2013), 90; *Koenig* (2006), 172; *Schmid* (1988), N 220; *Forstmoser* (1988a), 22; wohl selbst *Leuenberger/Rüttimann* (2017), N 40 ff. zu Art. 155 FinfraG und *Leuenberger* (2010), 355, die diese Auslegung *de lege ferenda* allerdings ablehnen.

[75]   Siehe die Voten von *Grassi* (AB 1987 N 1374), *Hess* (AB 1987 N 1376) und *Uchtenhagen* (AB 1987 N 1383); siehe *Leuenberger* (2010), 354 Fn. 1462 m.w.H.; *Hürlimann* (2005), 89.

[76]   FINMA-RS 2013/8, N 10.

[77]   Zum EU-Recht Art. 7 Abs. 4 MAR; zum Reasonable-Investor- und Probability-Magnitude-Test *Leuenberger* (2010), 349 ff., 352 ff.; *Wohlers* (2013), N 48; *Lorez* (2013), 57; frühere Autoren haben allerdings schon ähnliche Argumente angeführt; gemäss *Groner* (1999), 265 ist der Handel mit Beteiligungsrechten erst ab einer Veränderung des Kurses von 5 Prozent lohnenswert; diese Aussage entspricht in keiner Weise mehr der heutigen Realität, insbesondere mit Blick auf Hebelinstrumente.

[78]   Hierzu hinten 749 ff.

sierung der Kursmanipulation heute bedeutend höher als vor gut 30 Jahren, was sich an der sukzessiven Ausdehnung des Tatbestandes zeigt, viertens waren Hochfrequenzhändler 1985 kein Thema, das den Gesetzgeber beschäftigte, und fünftens werden die Ausführungen des Bundesrates im Jahr 1985 durch die Botschaft zur Änderung des Börsengesetzes aus dem Jahr 2011 relativiert, da der Bundesrat dort etwa festhielt, dass mit der Revision Lücken im Vergleich zum europäischen Recht geschlossen werden sollten.[79]

ccc) *Europarechtskonforme Auslegung*

Mit seinen Ausführungen in der Botschaft aus dem Jahr 2011[80] lässt der Bundesrat eine europarechtskonforme Auslegung angezeigt erscheinen. Ein Blick auf das europäische Recht zeigt, dass der dort in der deutschen Fassung von Art. 7 Abs. 1 MAR ebenfalls verwendete Begriff der Erheblichkeit irreführend ist. Dies zeigt sich schon an der Präzisierung des Begriffs in Art. 7 Abs. 4 MAR, wo nicht mehr von der erheblichen Beeinflussung des Preises, sondern von einer spürbaren Beeinflussung die Rede ist. Dieser bedeutende Unterschied ist umso mehr irritierend, als auf Absatz 1 Bezug genommen und der Anschein eines wörtlichen Zitats erweckt wird. Wie dem europäischen Gesetzgeber diese offensichtliche Diskrepanz zwischen den Begriffen *erheblich* und *spürbar* – noch dazu in der Form eines scheinbar wörtlichen Zitats – bei der Verabschiedung der Marktmissbrauchsverordnung nicht auffallen konnte, ist geradezu unerklärlich.[81] Diese Ungenauigkeit deckt sich allerdings mit vielen weiteren Nachlässigkeiten, die an der Autorität der europäischen Rechtsakte sägen. Bei der Richtlinie über strafrechtliche Sanktionen bei Marktmanipulation (sic!) (CRIM-MAD) etwa hat der europäische Gesetzgeber gar den Titel falsch übersetzt, geht es doch um den *Marktmissbrauch*, der auch den Insiderhandel sowie die unrechtmässige Offenlegung von Insiderinformationen umschliesst, und nicht bloss um die *Marktmanipulation*.

Präziser ist die englische Fassung, in der konsequent die Wendung *significant effect* verwendet wird. Im Englischen erscheint insofern auch der Reasonable-Investor-Test überzeugend, wonach jede Information erfasst ist, die ein verständiger Anleger wahrscheinlich als Teil der Grundlage seiner Anlageentscheidungen nutzen würde (Art. 7 Abs. 4 MAR). Das Wort *erheblich* trifft diesen Gehalt nur ungenügend, was offenbar auch dem Übersetzer auffiel, der den Begriff bei der Präzisierung kurzerhand ersetzte. Die französische Fassung der Marktmiss-

---

[79] *Botschaft BEHG 2011*, 6888.
[80] *Ibid.*
[81] Die Diskrepanz bestand allerdings schon früher in Art. 1 Abs. 2 der der Definitionenrichtlinie der Kommission und wurde offenbar unbesehen übernommen, siehe RL 2003/124/EG der Kommission vom 22. Dezember 2003, ABlEG v. 24.12.2003, L 339/70.

brauchsverordnung spricht im Übrigen von einer Beeinflussung *de façon sensible*, also ebenfalls von einer spürbaren und nicht einer erheblichen Beeinflussung. Die weiteren Sprachfassungen stellen damit klar, dass es nicht darum geht, mit dieser Terminologie Bagatellfälle auszuschliessen, sondern darum, dass mit der Information die Eignung für eine statistische Signifikanz verbunden ist, denn nur bei gegebener statistischer Signifikanz kann eine gestützt auf diese Information verfolgte Anlagestrategie gewinnbringend sein.

ddd)   Relativierung des deutschen Wortlauts des Schweizer Rechts

Der im schweizerischen Recht verwendete deutsche Begriff der Erheblichkeit ist weiter insofern zu relativieren, als die französische und italienische Sprachfassung des schweizerischen Rechts bei der Auslegung mitzuberücksichtigen sind. Sowohl bei der Kursmanipulation als auch bei der Insiderinformation verwendet die französische Fassung den Begriff *notablement* und die italienische den Begriff *notavolmente*. Beide Begriffe können auch als bemerk- oder spürbar verstanden werden und lassen eine weniger restriktive Handhabung zu.[82] Ferner erfordert gerade das mit den Manipulationstatbeständen verbundene Ziel, das Vertrauen der Investoren in einen sauberen, unverfälschten und chancengleichen Kapitalmarkt zu gewährleisten, eine Auslegung im Sinne der Marktverhaltensregeln der Finma und entgegen der beinahe gesamten Lehre. Mit der Publikationswirkung der Finma-Richtlinie erscheint auch die Bedeutung des Wortlauts, die im Strafrecht besonders gross ist, nicht mehr von derselben Tragweite. Marktteilnehmer können sich schlecht auf ihren guten Glauben stützen, wenn die Finma ausdrücklich festhält, wann eine Insiderinformation erheblich ist und welche Verhaltensweisen manipulativ sind.

eee)   Fazit

Zusammenfassend ist der in Art. 2 lit. j und Art. 155 Abs. 1 FinfraG verwendete Begriff der Erheblichkeit extensiv im Sinne der statistischen Signifikanz auszulegen. Die aufsichtsrechtliche Voraussetzung eines Signals für das Angebot, die Nachfrage oder den Kurs von Effekten entspricht damit im Wesentlichen der Erheblichkeit, wie sie der Straftatbestand der Kursmanipulation sowie der Begriff der Insiderinformation erfordern.

dd)   Signifikanz von Information als Kern des Marktmissbrauchs

Die Signifikanz von Information (oder zumindest die Eignung hierzu) kann nach dem Gesagten geradezu als Kernbestandteil marktmissbräuchlicher Prakti-

---

[82]   Zur Bedeutung der französischen Begriffe siehe etwa *www.larousse.fr/dictionnaires/francais/notable/55041*.

ken bezeichnet werden, da manipulative Handelspraktiken und Insiderhandel nur bei gegebener Signifikanz gewinnbringend verfolgt werden können. Die statistische Signifikanz dürfte zudem heute näherungsweise ausreichend sein. Dies liegt daran, dass einerseits die Transaktionskosten heute sehr tief sind, und andererseits Hebelprodukte verwendet werden können, durch die die Gewinne aus dem statistisch signifikanten Effekt vervielfacht werden können. Mit anderen Worten würde Marktteilnehmern ein grosser Freiraum verbleiben, Insiderhandel zu betreiben und manipulative Praktiken zu verfolgen und dadurch die übrigen Investoren wie gezeigt indirekt zu schädigen, wenn nicht auf die statistische Signifikanz abgestellt wird.[83]

b) Falsch oder irreführend

aa) Präzisierungen nach der Botschaft

Gemäss Art. 143 FinfraG muss das Signal nicht nur statistisch signifikant, sondern darüber hinaus auch falsch oder irreführend sein, was der Präzisierung bedarf. Die Finma beschrieb in den Marktverhaltensregeln lediglich das Signal, nicht aber die Frage, wann dieses falsch oder irreführend ist, wofür sie von diversen Branchenvertretern im Rahmen der Anhörung kritisiert wurde.[84] Präzisierungen finden sich immerhin in der Botschaft zur Änderung des BEHG aus dem Jahr 2011. Demnach ist ein Signal falsch, wenn es den wahren Marktverhältnissen widerspricht;[85] irreführend ist es, wenn es einen verständigen und mit dem Markt des Finanzinstruments vertrauten Anleger zu täuschen vermag.[86] Nach dem zweiten Kriterium können mit anderen Worten auch wahre Informationen manipulativ sein, sofern sie geeignet sind, bei einem verständigen Anleger unzutreffende Schlussfolgerungen hervorzurufen.[87]

bb) Kritik an der Perspektive eines verständigen Anlegers

Die Perspektive des verständigen Anlegers erscheint bei der Beurteilung eines irreführenden Verhaltens fragwürdig, impliziert sie doch, dass weniger verständige Anleger getäuscht werden dürfen. Ausserdem richten auch verständige Anleger ihr Verhalten nach dem Verhalten der weniger verständigen Anleger, so-

---

[83] Zur Schädigung der Investoren vorn 722 ff.
[84] *AB FINMA-RS 2013/8*, 19 f.; vgl. FINMA-RS 2013/8, N 17.
[85] *Botschaft BEHG 2011*, 6903, wo allerdings von den «üblichen und wahren» Marktverhältnissen die Rede ist; hier auf die üblichen Marktverhältnisse zu verweisen, erscheint irreführend, weshalb hierauf verzichtet wurde; kritisch zu diesem Kriterium auch *Pflaum/Wohlers* (2013), 526.
[86] *Botschaft BEHG 2011*, 6903; siehe auch *Pflaum/Wohlers* (2013), 534 m.w.H.
[87] Zum Straftatbestand *Pflaum/Wohlers* (2013), 526.

dass sämtliche Händler auf die täuschende Handlung reagieren und der Marktpreis zumindest zwischenzeitlich beeinflusst wird, wodurch sich Profitmöglichkeiten für den Emittenten der irreführenden Informationen bei gleichzeitiger Beeinträchtigung der Marktqualität ergeben. Da solche Folgen dem Zweck des Verbots der Marktmanipulation widersprechen, sollte als Perspektive für die Beurteilung, ob ein Signal falsch oder irreführend ist, vielmehr jene des Marktes verwendet werden. Vermag eine Information den Markt transitorisch zu beeinflussen, so ist sie potenziell falsch oder irreführend; bei einer permanenten Beeinflussung dürfte sie tendenziell wahr sein.[88] Allerdings gilt es zu berücksichtigen, dass von vielen Informationen ein transitorischer Preisdruck ausgeht und dieser Preisdruck aufgrund der mit der Information verbundenen Unsicherheit auch rational ist. Dies gilt im Übrigen auch für den transitorischen Preisdruck, der von Aufträgen ausgeht. Daher sollte dennoch nicht zu schnell auf eine irreführende Information geschlossen werden. Ausserdem muss der Informationsemittent, wie noch zu zeigen sein wird, darüber hinaus auch wissen oder wissen müssen, dass die Information falsch oder irreführend ist.[89]

cc) *Präzisierung für den Auftragstatbestand*

Für den Hochfrequenzhandel ist primär der Auftragstatbestand von Interesse. Die Frage, wann von Aufträgen oder Geschäften falsche oder irreführende Signale ausgehen, lässt sich einfacher beantworten als die Frage, wann dies bei Informationen im Allgemeinen der Fall ist. Massgebend ist nach dem überzeugend geäusserten Willen des Bundesrates und der Finma nämlich, ob die Aufträge und Geschäfte einem echten Angebots- und Nachfrageverhalten entsprechen.[90] Ist dem so, sind die Aufträge und Geschäfte weder falsch noch irreführend. Spezifisch bezogen auf den Hochfrequenzhandel hielt die Finma denn auch im Erläuterungsbericht zu den Marktverhaltensregeln fest, dass allein der Umstand, dass Aufträge schnell eingegeben und gelöscht werden, für sich allein nicht gegen das aufsichtsrechtliche Verbot der Marktmanipulation verstösst, sofern es sich um ein echtes Angebots- und Nachfrageverhalten handelt.[91] Demgegenüber sollen Effektengeschäfte oder blosse Auftragseingaben, die den Anschein von Marktaktivität erwecken oder die Liquidität, den Börsenkurs oder die Bewertung von Effekten verzerren, vom Tatbestand der Marktmanipulation erfasst sein.[92] Ge-

---

[88] Zur permanenten Preisbeeinflussung durch den informierten Handel siehe etwa *Brogaard* (2010), 46 ff.; *Hendershott/Riordan* (2011), 3 f.; *Hendershott/Jones/Menkveld* (2011), 3; *Riordan/Storkenmaier* (2012), 421; *Carrion* (2013), 680 f.; *Boehmer/Fong/Wu* (2015), 14; *Brogaard/Hendershott/Riordan* (2014), 2267 ff.
[89] Hinten 742 ff.
[90] *Botschaft BEHG 2011*, 6903; *EB FINMA-RS 2013/8*, 18.
[91] *EB FINMA-RS 2013/8*, 18.
[92] *Botschaft BEHG 2011*, 6903.

stützt auf diese Überlegungen zählt die Botschaft als Beispiele für manipulative Handlungen die folgenden Praktiken auf: die bewusste Verursachung eines Überhangs an Verkaufs- oder Kaufaufträgen zur Liquiditäts- und Preisverzerrung (*Ramping, Camping, Pegging*), den Aufbau von grossen Positionen in der Absicht, den Markt zu verengen (*Squeeze oder Corner*) sowie das Platzieren von Scheinaufträgen für grosse Blöcke im Handelssystem in der Absicht, diese umgehend wieder zu löschen (*Spoofing*).[93] Die Finma hat diese Liste in den Marktverhaltensregeln ergänzt und zählt die folgenden Praktiken auf: *Painting the Tape, Wash Trades, Matched Orders* und *Daisy Chains, Cornering, Parking, Marking the Close, Ramping, Capping* beziehungsweise *Pegging* sowie *Spoofing* und *Layering*.[94]

4. Subjektiver Tatbestand

a) Ausgangslage

Bei der Schaffung der aufsichtsrechtlichen Marktmissbrauchsnormen hielt der Gesetzgeber fest, dass die aufsichtsrechtlichen Verbote im Unterschied zu den Straftatbeständen keinen Vermögensvorteil, keine Bereicherungsabsicht und kein subjektives Verschulden voraussetzten.[95] Diese Aussage erscheint insofern verkürzt, als beide Tatbestandsvarianten der Marktmanipulation verlangen, dass die fragliche Person weiss oder wissen müsste, dass die Informationen – beziehungsweise die Geschäfte und Aufträge – falsche oder irreführende Signale für das Angebot, die Nachfrage oder den Kurs von Effekten geben. Damit aber verlangt auch der aufsichtsrechtliche Tatbestand eine subjektive Vorwerfbarkeit, durch die das Verschulden gerade gekennzeichnet ist.[96] Nachfolgend soll daher geprüft werden, ob ein Unterschied zum Verschulden im Sinne von Vorsatz und Fahrlässigkeit besteht. Im Übrigen ist darauf hinzuweisen, dass die Aussage in der Botschaft auch insofern falsch ist, als der Straftatbestand keinen Vermögensvorteil, sondern lediglich eine Bereicherungsabsicht verlangt.

---

[93] *Botschaft BEHG 2011*, 6903.
[94] FINMA-RS 2013/8, N 19 ff.; siehe auch *Pflaum* (2013), 257 ff.
[95] *Botschaft BEHG 2011*, 6888.
[96] Zur subjektiven Vorwerfbarkeit *Huguenin* (2014), 892, 1970; *Schwenzer* (2016), N 22.03; gemäss *Gauch/Schluep/Schmid/Emmenegger* (2014), N 2963 muss es vom Durchschnittsverhalten abweichen.

b) Verschuldensbegriff

aa) Privatrechtlicher und strafrechtlicher Verschuldensbegriff

Im Aufsichtsrecht findet das Verschulden soweit ersichtlich kaum Beachtung, ganz anders als im Privat- und Strafrecht. Der privatrechtliche Verschuldensbegriff setzt einerseits die Urteilsfähigkeit und andererseits einen Vorsatz oder eine Fahrlässigkeit voraus.[97] Gewöhnlich wird in diesem Zusammenhang von der subjektiven und der objektiven Seite des Verschuldens gesprochen;[98] im Grunde genommen sind jedoch beides subjektive Elemente, die allerdings nach objektiven Kriterien zu beurteilen sind. Im Strafrecht sind Vorsatz und Fahrlässigkeit denn auch Teil des subjektiven Tatbestandes, und das Konzept der privatrechtlichen Urteilsfähigkeit findet sich etwas modifiziert bei der Schuldfähigkeit wieder.[99] Darüber hinaus sind Teil des subjektiven Tatbestandes gegebenenfalls besondere Absichten oder weitere subjektive Unrechtselemente, zu denen namentlich die Preisbeeinflussungsabsicht und die Bereicherungsabsicht zählen, wie sie der Tatbestand der Kursmanipulation (Art. 155 Abs. 1 FinfraG) erfordert.[100]

bb) Wissens- und Willenskomponente des Vorsatzes

Der Vorsatz wird sowohl im Privatrecht als auch im Strafrecht in eine Wissens- und eine Willenskomponente unterteilt.[101] Bezogen auf die Marktmanipulation müsste die fragliche Person wissen, dass von der Information falsche oder irreführende Signale in der vorn beschriebenen Art ausgehen, und sie müsste dies auch wollen oder zumindest in Kauf nehmen. Verlangt der aufsichtsrechtliche Tatbestand der Marktmanipulation, dass die fragliche Person von der manipulativen Natur der Information weiss oder wissen muss, enthält er mit Bezug auf den Vorsatz auf den ersten Blick lediglich das Wissens-, nicht aber das Willenselement. Dies lässt sich allerdings mit der Fahrlässigkeit begründen. Das Willenselement wird wohl deshalb nicht verlangt, weil es reicht, dass die manipulierende Person wissen müsste, dass die Information falsche oder irreführende Signale für das Angebot, die Nachfrage oder den Kurs der erfassten Effekten

---

[97] *Oftinger/Stark* (1995), § 5 N 40; *Huguenin* (2014), N 1970; *Gauch/Schluep/Schmid/Emmenegger* (2014), N 2963; *Schwenzer* (2016), N 22.03, 22.11; *Roberto* (2013), N 07.04.
[98] *Oftinger/Stark* (1995), § 5 N 40; *Huguenin* (2014), N 1970; *Schwenzer* (2016), N 22.03; *Roberto* (2013), N 07.04.
[99] Zu Vorsatz und Fahrlässigkeit *Stratenwerth* (2011), § 9 N 48 ff.; *Donatsch/Tag* (2013), 111 ff.; zur Urteilsfähigkeit *Stratenwerth* (2011), § 8 N 22 ff.; *Donatsch/Tag* (2013), 269 ff.
[100] *Stratenwerth* (2011), § 9 N 117 ff.; *Donatsch/Tag* (2013), 112.
[101] Für das Privatrecht *Oftinger/Stark* (1995), § 5 N 16 ff.; *Huguenin* (2014), N 1976; *Koller* (2009), § 48 N 48; *Schwenzer* (2016), N 22.12; *Roberto* (2013), N 07.22; für das Strafrecht Art. 12 Abs. 2 StGB; *Donatsch/Tag* (2013), 115 ff.; *Stratenwerth* (2011), § 9 N 65 ff., 93 ff.

aussendet.¹⁰² Weiss eine Person um den (möglichen) Erfolg, will sie diesen jedoch nicht herbeiführen, so handelt sie bewusst fahrlässig. Kann der Person bloss unterstellt werden, dass sie von der manipulativen Natur der Information hätte wissen müssen, handelt sie unbewusst fahrlässig. Die Regelung scheint damit grundsätzlich dem gewöhnlichen Verschuldenskriterium zu entsprechen. Die Fahrlässigkeit soll allerdings noch genauer betrachtet werden.

cc)   *Zur Fahrlässigkeit*

aaa)   *Fahrlässigkeit im Privatrecht*

Als Fahrlässigkeit wird im Privatrecht in der Regel die Missachtung der im Verkehr erforderlichen Sorgfalt bezeichnet.¹⁰³ Zur Beurteilung der Sorgfaltspflichtverletzung wird grundsätzlich ein objektiver Massstab verwendet, der sich am Durchschnittsverhalten als Mindeststandard orientiert.¹⁰⁴ Allerdings hat sich die Sorgfaltspflicht nach dem relevanten Verkehrskreis zu richten und es sind namentlich berufliche Sorgfaltspflichten zu berücksichtigen.¹⁰⁵ Dies gilt insbesondere für die von den Organisationspflichten der Marktverhaltensregeln erfassten Beaufsichtigten.¹⁰⁶ Durch die Berücksichtigung von Fachwissen erfolgt eine Annäherung an eine subjektive Betrachtungsweise.¹⁰⁷

Oftinger/Stark kritisierten diese übliche Auffassung zur erforderlichen Sorgfalt und legten dar, dass es einzig auf die Nichtbeachtung einer vorhersehbaren rechtswidrigen Schädigung eines Dritten ankomme.¹⁰⁸ «*Wo die Rechtsordnung das Verschulden als Haftungsvoraussetzung statuiert, erklärt sie damit, dass eine rechtswidrige Schädigung zur Haftpflicht führt, wenn sie mindestens als mögliche Folge des kausalen Verhaltens vorausgesehen wurde oder werden konnte.*»¹⁰⁹ Die fehlende Sorgfalt könne demnach in der fehlenden Voraussicht einer mögli-

---

102 Der fahrlässig Handelnde will gerade nicht; hierzu *Oftinger/Stark* (1995), § 5 N 48; *von Tuhr/Peter* (1979), 429.
103 *Gauch/Schluep/Schmid/Emmenegger* (2014), N 2968; *Kessler* (2015), N 48a zu Art. 41 OR; *Roberto* (2013), N 07.05; *Schwenzer* (2016), N 22.14; *von Tuhr/Peter* (1979), 429; teilweise wird die Fahrlässigkeit als objektiviert bezeichnet; daran stört sich *Koller* (2009), § 48 N 46, N 52, der meint, nicht die Fahrlässigkeit, sondern die Pflichtverletzung sei objektiviert; Pflichtverletzungen seien jedoch generell fahrlässig, wenn sie nicht vorsätzlich erfolgten.
104 *von Tuhr/Peter* (1979), 429; *Oftinger/Stark* (1995), § 5 N 83; *Huguenin* (2014), N 1978.
105 *Schwenzer* (2016), N 22.15; *Huguenin* (2014), N 1981; *von Tuhr/Peter* (1979), 429 f.
106 Zu den Organisationspflichten vorn 592, 607 f., 620 ff. und hinten 857 ff.
107 *Oftinger/Stark* (1995), § 5 N 70.
108 *Oftinger/Stark* (1995), § 5 N 51.
109 *Oftinger/Stark* (1995), § 5 N 57.

chen Entwicklung oder in deren Nichtbeachtung vorliegen.[110] Ähnlich unterschieden schon *von Tuhr/Peter* wohl in Anlehnung an das Strafrecht die bewusste von der unbewussten Fahrlässigkeit danach, ob die fragliche Person den rechtswidrigen Erfolg voraussieht oder nicht.[111] Unbewusst sei die Fahrlässigkeit, wenn die fragliche Person den Erfolg nicht voraussah, aber hätte voraussehen können und sollen.[112]

bbb)   Fahrlässigkeit im Strafrecht

Im Strafrecht handelt fahrlässig, wer die Folge seines Verhaltens aus pflichtwidriger Unvorsichtigkeit nicht bedenkt oder darauf keine Rücksicht nimmt (Art. 12 Abs. 3 Satz 1 StGB). Das Strafrecht kennt damit ausdrücklich die Unterscheidung zwischen bewusster und unbewusster Fahrlässigkeit.[113] Pflichtwidrig ist die Unvorsichtigkeit, wenn der Täter die Vorsicht nicht beachtet, zu der er nach den Umständen und nach seinen persönlichen Verhältnissen verpflichtet ist (Art. 12 Abs. 3 Satz 2 StGB). Es wird damit ebenfalls die Missachtung einer Sorgfaltspflicht gefordert, die aber wohl stärker subjektiviert ist als im Privatrecht.[114] Dies wird damit begründet, dass es im Privatrecht um die Kompensation von Schäden und im Strafrecht stärker um die Vorwerfbarkeit des Handelns geht.[115] Allerdings werden für die unterschiedliche Behandlung verschiedener Personen ähnliche Beispiele wie im Privatrecht angeführt.[116]

Gemäss Bundesgericht ist ein Verhalten im strafrechtlichen Sinne sorgfaltswidrig, wenn der Täter zum Zeitpunkt der Tat aufgrund der Umstände sowie seiner Kenntnisse und Fähigkeiten die damit bewirkte Gefährdung der Rechtsgüter des Opfers hätte erkennen können und müssen und wenn er zugleich die Grenzen des erlaubten Risikos überschritten hat.[117] Die Vorhersehbarkeit des Erfolgs (zumindest in den wesentlichen Zügen) bezeichnet das Bundesgericht als Grundvoraussetzung für das Bestehen einer Sorgfaltspflichtverletzung.[118] Damit der Eintritt des Erfolgs auf das pflichtwidrige Verhalten des Täters zurückzu-

---

110   *Oftinger/Stark* (1995), § 5 N 58, N 60 f.
111   *von Tuhr/Peter* (1979), 429.
112   *von Tuhr/Peter* (1979), 429; gemäss *Koller* (2009), 53 muss nicht der Erfolg, sondern die Gefahr eines solchen Erfolgs voraussehbar sein – wenn eine Verhaltenspflicht verletzt werde, sei diese Voraussetzung immer erfüllt.
113   *Donatsch/Tag* (2013), 340 f.
114   *Huguenin* (2014), N 1979; vgl. *Stratenwerth* (2011), § 16 N 8.
115   *Huguenin* (2014), N 1979.
116   Vgl. hierzu *Stratenwerth* (2011), § 16 N 8.
117   BGE 135 IV 56 E. 2.1.
118   *Ibid.*

führen sei, müsse der Erfolg darüber hinaus auch vermeidbar sein.[119] Gestützt auf die Rechtsprechung des Bundesgerichts bezeichnet *Stratenwerth* als die drei Voraussetzungen der Pflichtwidrigkeit beim fahrlässigen Erfolgsdelikt die Vorhersehbarkeit des Erfolges, die Vermeidbarkeit des Erfolges sowie ein unerlaubtes Risiko.[120]

ccc) *Würdigung*

Bei der Beurteilung der Fahrlässigkeit wird die zu erwartende Sorgfalt im Strafrecht und teilweise auch im Privatrecht über das Voraussehbare definiert, was insbesondere bei der Rechtsprechung des Bundesgerichts klar zum Ausdruck kommt. Das Voraussehbare, das von der Durchschnittsperson oder dem Experten nicht vorausgesehen wird, entspricht dem im Tatbestand verlangten *«wissen müssen»*. Hätte die fragliche Person wissen müssen, dass von der Information falsche oder irreführende Signale ausgehen, so handelte sie zumindest fahrlässig. Umgekehrt ist der Vorwurf der Fahrlässigkeit nicht angezeigt, wenn der fraglichen Person nicht vorgeworfen werden kann, sie hätte nicht um die Folgen ihres Handelns wissen müssen. In dieser Hinsicht gilt sicherlich ein strenger Massstab für beaufsichtigte Institute. Eine gewisse Strenge ist auch gegenüber weiteren Marktteilnehmern anzuwenden, insbesondere dann, wenn sie mit den betroffenen Effekten handeln. Ein milder Massstab muss demgegenüber gegenüber Aussenstehenden gelten, sofern diese überhaupt vom Anwendungsbereich des Tatbestandes erfasst werden.[121] Dies gilt namentlich für Journalisten und die von diesen gefällten Werturteilen gegenüber Unternehmen. Schliesslich muss bei Journalisten auch der Meinungsfreiheit Rechnung getragen werden, wonach jede Person das Recht hat, ihre Meinung ungehindert zu äussern und zu verbreiten (Art. 16 Abs. 2 BV).

Die zu erwartende Sorgfalt kann sodann nur verletzt werden, wenn der Erfolg beziehungsweise Schaden vermeidbar ist.[122] Zwar setzt der Tatbestand der Marktmanipulation die Vermeidbarkeit der Pflichtverletzung nicht ausdrücklich voraus; die Verbreitung falscher oder irreführender Informationen dürfte jedoch kaum je unvermeidbar sein, verlangt der Tatbestand doch grundsätzlich ein aktives Handeln des Informationsemittenten. Des Weiteren setzt die Fahrlässigkeit eine Missachtung der im Verkehrskreis erforderlichen Sorgfalt (Privatrecht) oder aber ein unzulässiges Risiko für fremde Rechtsgüter (Strafrecht) voraus. Zwar werden auch diese Kriterien beim Tatbestand der Marktmanipulation nicht erwähnt; mit dem vorausgesetzten *«wissen müssen»* wird allerdings bereits eine

---

[119] BGE 135 IV 56 E. 2.1.
[120] *Stratenwerth* (2011), § 16 N 7 ff.
[121] Hierzu vorn 728 ff.
[122] Soeben 745 f.

IV. Tatbestand

Subjektivierung nach dem Verkehrskreis vorgenommen, und es ist ein Kriterium der subjektiven Vorwerfbarkeit enthalten. Schliesslich verlangt das Verschuldenskriterium die Urteilsfähigkeit. Zwar wird auch die Urteilsfähigkeit bei der Marktmanipulation nicht ausdrücklich erwähnt; die Voraussetzung *«wissen oder wissen müssen»* dürfte jedoch implizit auch dieses Element enthalten, denn es verlangt, dass sich die Person der Folgen ihres Handelns bewusst ist oder der Person die Folgen zumindest bewusst sein müssten. Insgesamt sind damit kaum Unterschiede auszumachen zwischen der unbewussten privat- und strafrechtlichen Fahrlässigkeit einerseits und dem vom Tatbestand der Marktmanipulation verlangten *«wissen müssen»* mit Bezug auf die massgeblichen Tatbestandselemente andererseits.

c) Fazit

Die Aussage des Bundesrates, wonach der Tatbestand der Marktmanipulation kein subjektives Verschulden voraussetzt, erscheint verkürzt, verlangt der Tatbestand doch ebenfalls ein *«wissen oder wissen müssen»* mit Bezug auf die massgeblichen Tatbestandselemente.[123] In dieser Hinsicht hat die Auseinandersetzung mit den subjektiven Voraussetzungen von Art. 143 FinfraG ergeben, dass diese Anforderungen dem Verschulden im Sinne von Vorsatz und Fahrlässigkeit entsprechen dürften. Der Tatbestand der Marktmanipulation weicht allerdings vom Tatbestand der Kursmanipulation (Art. 155 FinfraG) insofern ab, als letzterer einerseits Vorsatz – und teilweise gar direkten Vorsatz[124] – und andererseits eine Bereicherungsabsicht verlangt.[125]

5. Ausnahmen (Safe Harbours)

Für gewisse Effektengeschäfte bestehen Ausnahmen vom Verbot der Marktmanipulation, die nach einhelliger Lehre auch für den Straftatbestand der Kursmanipulation gelten.[126] In der Botschaft aus dem Jahr 2011 nannte der Bundesrat exemplarisch gewisse Effektengeschäfte zur Preisstabilisierung oder Kurspflege, das Market-Making, Rückkaufprogramme für eigene Effekten sowie Nostro-Nostro-Inhouse-Crosses, wenn die gegenläufigen Geschäfte unabhängig vonei-

---

[123] Ein öffentliches Verbreiten von kursrelevanten Informationen ist nach dem hier vertretenen Verständnis undenkbar, ohne dass zugleich ein Signal vorliegt.
[124] Hierzu *Pflaum/Wohlers* (2013), 526; *Dédeyan* (2015), 883, wonach die Wortwahl *wider besseren Wissens* in Art. 155 Abs. 1 lit. a FinfraG (damals Art. 40a Abs. 1 lit. a aBEHG) einen direkten Vorsatz impliziert.
[125] Fraglich ist demgegenüber, ob der strafrechtlichen Kursbeeinflussungsabsicht eine eigenständige Bedeutung zukommt.
[126] *Lüthy/Schären* (2012), 504 m.w.H.

nander und ohne Absprache im Börsensystem zusammengeführt werden.[127] In Art. 33f Abs. 2 aBEHG und später in Art. 143 Abs. 2 FinfraG wurden jedoch lediglich Preisstabilisierungsmassnahmen sowie Rückkaufprogramme für eigene Effekten ausdrücklich vom Tatbestand der Marktmanipulation ausgenommen. Präzisierungen zu diesen Ausnahmetatbeständen finden sich in der Finanzmarktinfrastrukturverordnung (FinfraV), genauer in Art. 122 ff. und Art. 126 FinfraV. Darüber hinaus machte der Bundesrat auf der Verordnungsebene von der ihm in Art. 143 Abs. 2 FinfraG eingeräumten Kompetenz Gebrauch, weitere Ausnahmen vorzusehen. Gestützt darauf hat er Ausnahmen statuiert für Effektengeschäfte zur Umsetzung des eigenen Entschlusses zu denselben etwa im Hinblick auf eine Übernahme (Art. 127 Abs. 1 lit. a FinfraV) sowie für Effektengeschäfte, die im Rahmen öffentlicher Aufgaben und nicht zu Anlagezwecken getätigt werden (Art. 127 Abs. 1 lit. b FinfraV). Ferner sieht Art. 127 Abs. 2 FinfraV die Möglichkeit vor, dass gewisse ausländische öffentliche Einrichtungen ebenfalls ausgenommen werden können.

Von den genannten Beispielen dürfte es sich allerdings nur bei den Effektengeschäften zur Preisstabilisierung oder Kurspflege sowie bei den Effektengeschäften zur Erfüllung öffentlicher Aufgaben um echte Ausnahmen vom Verbot der Marktmanipulation handeln. Market-Making-Strategien etwa sind grundsätzlich nicht manipulativ; sie können aber in manipulativer Weise verfolgt werden. Eine Ausnahme für manipulative Verhaltensweisen von Market-Makern ist gerade nicht angezeigt, würde damit doch wie im Kapitel 20 (Leerverkäufe) gezeigt ein Privileg für grosse Finanzmarktteilnehmer geschaffen.[128] Daher ist es zu begrüssen, dass der Bundesrat auf Verordnungsebene keine allgemeine Ausnahme für Market-Maker schuf. Die Ausnahmen zur Preisstabilisierung und Kurspflege erscheinen im Übrigen ebenfalls entbehrlich, da keine Gründe dafür ersichtlich sind, weshalb die Suche nach dem Marktequilibrium nicht dem Markt überlassen werden kann. Ohnehin nicht unter den Tatbestand der Marktmanipulation fällt die Preisstabilisierung durch Market-Making-, Mean-Reversion- oder Stat-Arb-Strategien, handelt es sich dabei doch um echtes Nachfrageverhalten.

6. Ergebnisse zum Tatbestand

Im Sinne einer Kurzzusammenfassung der Ergebnisse setzt der Tatbestand der Marktmanipulation Folgendes voraus:
- Informationen (insb. auch Auftragsinformationen);[129]

---

[127] *Botschaft BEHG 2011*, 4978.
[128] Vorn 716 f.
[129] Der Auftragstatbestand (Art. 143 Abs. 1 lit. b FinfraG) wurde als Unterfall des Informationstatbestandes (Art. 143 Abs. 1 lit. a FinfraG) qualifiziert; vorn 732.

- die öffentliche Verbreitung der Informationen durch:
  - Medien; oder
  - eine Marktreaktion;
- ein Signal für den Kurs von Effekten, was im Sinne des Reasonable-Investor-Tests indirekt Folgendes erfordert:[130]
  - eine signifikante Beeinflussung der Kurse;
  - das Unterbleiben einer erwarteten Kursänderung; oder
  - zumindest eine (qualifizierte) Eignung für einen dieser Effekte;[131]
- die Information (bzw. das Signal) ist falsch oder irreführend:
  - Falsch ist die Information, wenn sie der Wahrheit widerspricht;[132]
  - Falsch ist das von Angeboten ausgehende Signal, wenn die Aufträge nicht ausgeführt werden sollen oder nur auf Scheingeschäfte abzielen;[133]
  - Irreführend ist die Information, wenn sie Anleger zu täuschen vermag und dadurch zu transitorischer Volatilität führt oder hierzu zumindest (qualifiziert) geeignet ist;[134]
- ein Verschulden (wissen oder wissen müssen):
  - Vorsatz; oder
  - Fahrlässigkeit;[135]
- kein Ausnahmetatbestand ist erfüllt.

V. Unterschiede zum Straftatbestand

Zwischen dem aufsichtsrechtlichen Verbot der Marktmanipulation (Art. 143 FinfraG) und dem Straftatbestand der Kursmanipulation (Art. 155 FinfraG) be-

---

[130] Angebot und Nachfrage werden nicht besonders aufgeführt, weil sie dem Kurs vorgelagert sind.
[131] Der Reasonable-Investor-Test präzisiert die Voraussetzung eines Signals für das Angebot, die Nachfrage oder den Kurs von Effekten; das Kriterium ist sehr eng mit der öffentlichen Verbreitung von Informationen verknüpft, sofern eine Marktreaktion für dieses Kriterium den Gedanken von *von Hayek* folgend genügt; hierzu vorn 310.
[132] Dabei handelt es sich nicht um eine epistemologische Wahrheit, sondern um eine Wahrheit im Rechtssinne, die durch die von den Parteien vorgebrachten Beweismittel und der gerichtlichen Beweiswürdigung zu ermitteln ist.
[133] In einem weiteren Sinne könnten Angebote falsch oder zumindest irreführend sein, wenn sie keinem echten Angebots- oder Nachfrageverhalten entsprechen; bei Ping-Aufträgen könnte hier eine Diskrepanz bestehen; hierzu hinten 767 ff.
[134] Gestützt auf die Kritik vorn wurde hier bewusst nicht die Perspektive des verständigen Anlegers, sondern jene des Marktes gewählt.
[135] Genau genommen verlangt der Tatbestand, dass der Informationsemittent weiss oder wissen muss, dass von den Informationen falsche oder irreführende Signale für das Angebot, die Nachfrage oder den Kurs von Effekten ausgehen; vorn wurde jedoch gefolgert, dass diese Voraussetzungen dem Verschulden, also Vorsatz oder Fahrlässigkeit, entsprechen.

stehen einige wesentliche Unterschiede. Insbesondere erfasst der Straftatbestand nach Art. 155 Abs. 1 lit. b FinfraG nur Scheingeschäfte im Sinne sogenannter *Wash Sales* und *Matched Orders*, nicht aber echte Transaktionen oder die Manipulation durch Aufträge.[136] Als *Wash Sales* werden Tätigkeiten bezeichnet, bei denen keine echte Verschiebung von Vermögenswerten stattfindet, da auf beiden Seiten der Transaktion wirtschaftlich betrachtet dieselbe Person steht.[137] *Matched Orders* liegen vor, wenn übereinstimmende Aufträge in Absprache zwischen verschiedenen Handelsteilnehmern erfolgen und dadurch abgeschlossene Geschäfte börslich oder ausserbörslich kompensiert werden.[138] Der Anwendungsbereich ist entsprechend eng und nicht auf manipulative Verhaltensweisen durch Hochfrequenzhändler zugeschnitten. Zwar wäre eine extensive Auslegung des Informationstatbestands nach Art. 155 Abs. 1 lit. a FinfraG in einer Weise denkbar, die eine Erfassung der Kursmanipulation durch Aufträge erlaubt; da jedoch der Bundesrat bisher ausdrücklich auf eine Ausdehnung des Straftatbestands verzichtet hat, dürfte eine solch weitgehende Auslegung nach geltendem Recht nicht zulässig sein.[139]

Des Weiteren setzt die Strafnorm in subjektiver Hinsicht Vorsatz voraus; Fahrlässigkeit genügt also nicht, anders als beim subjektiven Tatbestand der Marktmanipulation.[140] Der Informationstatbestand (Art. 155 Abs. 1 lit. a FinfraG) dürfte darüber hinaus gar einen direkten Vorsatz erfordern, was durch die Wortwahl *wider besseren Wissens* impliziert wird.[141] Ferner setzt die Strafnorm im Unterschied zur aufsichtsrechtlichen Norm zusätzlich eine Preisbeeinflussungs- und eine Bereicherungsabsicht voraus.[142] Die Bereicherungsabsicht unterscheidet den Straftatbestand erheblich vom Aufsichtstatbestand. Demgegenüber dürfte die Preisbeeinflussungsabsicht im Wesentlichen dem aufsichtsrechtlichen (direkten) Vorsatz mit Bezug auf das Signal für den Kurs von Effekten entsprechen, setzt dieses aufsichtsrechtliche Kriterium doch dem Grundsatz nach eine signifikante Beeinflussung der Kurse voraus.[143] Bei der Schaffung der aufsichts-

---

136 *Botschaft BEHG 2011*, 6888, 6903; *Lüthy/Schären* (2012), 504; *Pflaum/Wohlers* (2013), 524.
137 *Dédeyan* (2015), 877; *Pflaum* (2013), 103 ff.; *Petropoulos* (2009), 80 ff.
138 *Dédeyan* (2015), 877 f.; *Pflaum* (2013), 105 f.; *Petropoulos* (2009), 83 ff.
139 *Botschaft BEHG 2011*, 6886.
140 *Pflaum* (2013), 114, 257; *Dédeyan* (2015), 883; zum subjektiven Tatbestand der Marktmanipulation vorn 742 ff.
141 Hierzu *Pflaum/Wohlers* (2013), 526; *Dédeyan* (2015), 883; *Petropoulos* (2009), 94 ff.
142 Zur Bereicherungsabsicht etwa *Botschaft BEHG 2011*, 6902; *R. H. Weber* (2013), N 2 zu Art. 33f BEHG.
143 Vorn 735 ff.; ausserdem wurde gefolgert, dass *erheblich* nicht mehr als *statistisch signifikant* bedeutet; hierzu vorn 736 ff., 739; zur Frage, ob auch eine Eventualabsicht genügt *Pflaum* (2013), 86 ff., 266, die dies verneint.

rechtlichen Norm nannte der Gesetzgeber schliesslich wie erwähnt als weiteren Unterschied zwischen den beiden Tatbeständen, dass die aufsichtsrechtliche Norm keinen Vermögensvorteil erfordere.[144] Allerdings verlangt auch die strafrechtliche Kursmanipulation keinen (erheblichen) Vermögensvorteil, sondern bloss die Absicht hierzu. Dies führt zur fragwürdigen Gegebenheit, dass der Versuch der Kursmanipulation als vollendetes Delikt bestraft wird.

Die Anforderungen des Straftatbestandes sind entsprechend beträchtlich höher als jene des aufsichtsrechtlichen Tatbestandes. Dennoch erstaunt, dass der Vorgängertatbestand in Art. 161bis aStGB während seiner Existenz von 1997 bis 2013 nie zu einer Verurteilung führte und daher nur als *Türöffner für Rechtshilfeverfahren* praktische Bedeutung erlangte.[145] Mit der Revision des Tatbestands sowie der gestützt auf die Botschaft aus dem Jahr 2011 vertretenen europarechtskonformen Interpretation des Begriffs der Erheblichkeit, dürften die Voraussetzungen allerdings in der Zwischenzeit beträchtlich gemildert worden sein, sodass der Straftatbestand heute eher greift.

VI. Einzelne Praktiken

1. Allgemeine Bemerkungen zum algorithmischen Handel

Nachfolgend sollen verschiedene mit dem Hochfrequenzhandel in Verbindung gebrachte Praktiken auf ihre Vereinbarkeit mit dem Verbot der Marktmanipulation hin geprüft werden. In allgemeiner Hinsicht hielt die Finma in diesem Zusammenhang in ihren Marktverhaltensregeln fest, dass Marktmanipulationen auch bei Verwendung algorithmischer Handelsprogramme, insbesondere im Rahmen algorithmischen Hochfrequenzhandels, begangen werden können.[146] Dies dürfte selbstverständlich sein. Ebenfalls wenig überraschend erscheint die zweite Aussage, wonach das Anbieten von Liquidität durch algorithmischen Handel zulässig sei, solange mit den Auftragsbucheingaben und Abschlüssen

---

[144] *Botschaft BEHG 2011*, 6888.
[145] Siehe für Art. 161bis aStGB die vom Bundesamt für Statistik erstellte Tabelle mit einer Auflistung der Verurteilungen (für ein Verbrechen oder Vergehen) nach den Artikeln des Strafgesetzbuches, verfügbar unter *www.bfs.admin.ch*; keine Daten sind vorhanden zu den Verurteilungen nach dem Börsengesetz; zu den Gründen für die Bedeutungslosigkeit insb. *Pflaum/Wohlers* (2013), 523, 529 ff.
[146] FINMA-RS 2013/8, N 18; zur Kritik an der expliziten Erwähnung der Hochfrequenzhändler *AB FINMA-RS 2013/8*, 20.

keine irreführenden Signale für andere Marktteilnehmer erzeugt werden.[147] Bemerkenswert ist demgegenüber die dritte Aussage, wonach Personen, die algorithmischen Handel betreiben, keine falschen oder irreführenden Signale für das Angebot, die Nachfrage oder den Kurs für Effekten geben dürfen, denn im Unterschied zum gesetzlichen Tatbestand bleibt das subjektive Element *«wissen oder wissen müssen»* unerwähnt.[148]

SwissHolding und die SIX befürchteten aufgrund dieser Aussage der Finma eine Vermutung zulasten von Händlern, die algorithmischen Handel betreiben.[149] Da jedoch die Finma im Anhörungsbericht ausdrücklich festhielt, dass keine Vermutung zulasten dieser Händler aufgestellt werde, ist auch beim algorithmischen Handel in subjektiver Hinsicht ein Verschulden im dargelegten Sinne vorauszusetzen.[150] Zweifelsohne wird man bei Hochfrequenzhändlern allerdings einen relativ strengen Massstab ansetzen müssen hinsichtlich dessen, was sie *wissen müssen*. Dies gilt insbesondere für (direkt) beaufsichtigte Hochfrequenzhändler und namentlich für die explizit in den Marktverhaltensregeln erwähnten Praktiken Painting-the-Tape, Wash-Trades, Matched Orders und Daisy-Chains bei Koordination unter mehreren Parteien, Cornering, Parking, Marking the Close, Ramping, Capping und Pegging sowie Spoofing und Layering.[151] Darüber hinaus dürfte der Vorwurf des erforderlichen Wissens in der Regel wohl auch bei den weiteren im Erläuterungsbericht erwähnten Praktiken Quote-Stuffing und Momentum-Ignition gerechtfertigt sein.[152]

2. Spoofing und Layering

a) Begriff

Beim Spoofing platzieren Händler Aufträge mit dem Ziel, den Anschein eines Marktungleichgewichts zu erwecken, um den Preis zu beeinflussen und Geschäfte auf der anderen Marktseite zu tätigen.[153] In der Regel werden dabei die

---

[147] FINMA-RS 2013/8, N 34; interessant ist immerhin, dass lediglich von den Marktteilnehmern und nicht von den verständigen Marktteilnehmern die Rede ist; diese Aussage sollte jedoch nicht überinterpretiert werden; es gelten die allgemeinen Regeln.
[148] FINMA-RS 2013/8, N 18.
[149] *AB FINMA-RS 2013/8*, 20.
[150] *Ibid.*
[151] FINMA-RS 2013/8, N 19 ff.; siehe auch *Pflaum* (2013), 257 ff.
[152] *EB FINMA-RS 2013/8*, 11.
[153] Esma Leitlinien «Systeme und Kontrollen» 2012, 21; FINMA-RS 2013/8, N 30; *V. Müller* (2014), 393; *Biais/Woolley* (2012), 34; vgl. *IOSCO Report «Technological Impact on Market Integrity and Efficiency»* 2011, 30 Fn. 49; *EB FINMA-RS 2013/8*, 11; zum Einfluss der

VI. Einzelne Praktiken

zur Täuschung verwendeten Limit-Orders etwas abseits von den besten Aufträgen gesetzt, damit sie nach dem gewünschten Geschäftsabschluss wieder storniert werden können.[154] Als Layering wird gewöhnlich die Unterform des Spoofings bezeichnet, bei der die Limit-Orders einer Marktseite überlagert werden.[155] SEC, Esma sowie die Finma verwenden die Begriffe indes synonym.[156] Die unscharfe Verwendung der Begriffe erscheint insofern von eingeschränkter Bedeutung, als eine gleiche Behandlung der Praktiken aufgrund gleicher Mittel und Ziele angezeigt ist.

b) Aufsichtsrecht

Die Finma bezeichnet Spoofing- und Layering-Praktiken in ihren Marktverhaltensregeln ausdrücklich als aufsichtsrechtlich unzulässig.[157] Bezogen auf den Tatbestand der Marktmanipulation ist diese Qualifikation auch gerechtfertigt.[158] Die beim Spoofing und Layering gesetzten Aufträge stellen Kauf- oder Verkaufsverträge im Sinne von Art. 143 Abs. 1 lit. b FinfraG dar. Von angezeigten Aufträgen geht zudem generell ein Signal für das Angebot oder die Nachfrage von Effekten aus, wie es der Tatbestand erfordert. Ausserdem sind angezeigte Aufträge generell geeignet, den Markt signifikant zu beeinflussen, sodass von ihnen auch ein Signal für die Kurse der Effekten ausgeht; der Umstand, dass Händler Spoofing- und Layering-Praktiken verfolgen, ist gerade ein Beleg dafür.[159] Das von den zur Beeinflussung der Kurse gesetzten Aufträgen ausgehende Signal ist darüber hinaus auch falsch, da die Aufträge nach dem Willen des Händlers definitionsgemäss nicht ausgeführt werden sollen. Wer zu Spoofing- und Layering-Praktiken in der Lage ist, muss schliesslich grundsätzlich auch

---

Ungleichgewichte von 22 Prozent im Vergleich zu dem besten *bids* und *offers* sowie den Abschlüssen siehe *Cao/Hansch/Wang* (2009), 16.

[154] *Esma Leitlinien «Systeme und Kontrollen»* 2012, 21; FINMA-RS 2013/8, N 30; *V. Müller* (2014), 393; *CS Analysis HFT 2012*, 4; *Biais/Woolley* (2011), 9; so machte es auch *Sarao*, der die Aufträge gemäss *CFTC Complaint Sarao 2015*, 2 jeweils mindestens drei oder vier Preisschritte von den besten Aufträgen entfernt im Auftragsbuch platzierte, sodass die Aufträge in mehr als 99 Prozent der Fälle vor der Ausführung storniert wurden.

[155] *CS Analysis HFT 2012*, 4; *Gomber/Arndt/Lutat/Uhle* (2011), 48 Fn. 50; *Aldridge* (2013), 222 ff.; *V. Müller* (2014), 393; *CFTC Complaint Sarao 2015*, 2; vgl. *IOSCO Report «Technological Impact on Market Integrity and Efficiency»* 2011, 30 Fn. 49.

[156] *SEC Order Layering II 2014*, N 3; *SEC Order Layering I 2012*, N 2; *Esma Leitlinien «Systeme und Kontrollen»* 2012, 21; FINMA-RS 2013/8, N 30.

[157] FINMA-RS 2013/8, N 30; für das deutsche Recht *Kasiske* (2014), 1936.

[158] So auch *Leuenberger/Rüttimann* (2017), N 60 zu Art. 143 FinfraG; *Sethe/Fahrländer* (2017), N 73 zu Vor Art. 142 FinfraG.

[159] Siehe hierzu auch vorn 734.

wissen, dass er dadurch falsche Signale für das Angebot oder die Nachfrage gibt, sodass in aller Regel auch der subjektive Tatbestand erfüllt sein dürfte.

c)   Strafrecht

Im Unterschied zum Auftragsrecht sind Spoofing- und Layering-Praktiken vom Straftatbestand der Kursmanipulation nicht erfasst.[160] Nach Art. 155 Abs. 1 lit. b FinfraG genügen Auftragsinformationen nicht, lediglich Scheingeschäfte sind unter Strafe gestellt. Da sich der Gesetzgeber ausdrücklich dagegen entschied, den Straftatbestand auf echte Transaktionen (und Aufträge) auszudehnen,[161] wäre es unzulässig, den Begriff der Information in Art. 155 Abs. 1 lit. a FinfraG dahingehend auszulegen, dass auch Auftragsinformationen erfasst wären. Unabhängig von der Erfassung der Auftragsinformationen würde sich im Übrigen die Frage stellen, ob die mit dem Spoofing beabsichtigte Beeinflussung des Preises mit Blick auf den subjektiven Tatbestand erheblich ist. Spoofing- und Layering-Praktiken allein dürften kaum eine Beeinflussung des Preises um mindestens 5 Prozent erlauben, wie es die Lehre für eine erhebliche Beeinflussung fordert.[162] Allerdings wurde vorn vertreten, dass der Begriff *erheblich* lediglich *signifikant im statistischen Sinne* bedeutet.[163] Da Spoofing-Praktiken durchaus auf eine statistisch signifikante Preisbeeinflussung abzielen, wäre dieses Kriterium erfüllt. Nichtsdestotrotz sind Spoofing- und Layering-Praktiken nach aktuellem schweizerischem Recht nicht vom Straftatbestand der Kursmanipulation erfasst.

d)   Würdigung

Da Spoofing- und Layering-Praktiken nur aufsichtsrechtlich, nicht aber strafrechtlich verboten sind, stellt sich die Frage, ob eine ausreichende Verhaltenssteuerung erreicht wird. Um diese Frage zu beantworten, sind zunächst die Marktaufsichtsinstrumente zu ermitteln, die der Finma zur Verfügung stehen, denn in dieser Hinsicht bestehen auf den ersten Blick Unklarheiten. Gemäss Art. 145 FinfraG stehen der Finma nämlich bei Verstössen gegen die Artikel 120, 121, 124, 142 oder 143 FinfraG vom Wortlaut her nur die Instrumente nach den Artikeln 29 Abs. 1, 30, 32, 34 und 35 FINMAG zur Verfügung. Dies bedeutet jedoch nicht, dass Berufsverbote (Art. 33 FINMAG) und Bewilligungsentzüge (Art. 37 FINMAG) gegenüber Beaufsichtigten ausser Betracht fielen, denn nach dem Willen des Gesetzgebers richten sich die Aufsichtsinstrumente gegen-

---

[160] So auch *Leuenberger/Rüttimann* (2017), N 32 zu Art. 155 FinfraG; *Pflaum* (2013), 257 f., 262.
[161] *Botschaft BEHG 2011*, 6886.
[162] Siehe zur diesbezüglichen Lehre vorn 736 f.
[163] Vorn 736 ff., 739.

über Beaufsichtigten generell nach den Art. 29 ff. FINMAG und nicht nach Art. 145 FinfraG.[164] Die in Art. 145 FinfraG aufgelisteten Aufsichtsinstrumente betreffen mit anderen Worten nur die (grundsätzlich) nicht beaufsichtigten Personen, was auch insofern Sinn ergibt, als Berufsverbote im Sinne von Art. 37 FINMAG und Bewilligungsentzüge bei nicht beaufsichtigten Personen von vornherein ausser Betracht fallen.

Gegenüber nicht beaufsichtigten Personen verbleiben damit als Aufsichtsinstrumente die Auskunftspflicht (Art. 29 Abs. 1 FINMAG), die Anzeige der Eröffnung eines Verfahrens gegenüber den Parteien (Art. 30 FINMAG), der Erlass einer Feststellungsverfügung (Art. 32 FINMAG), die Veröffentlichung der Verfügung (*naming and shaming*, Art. 34 FINMAG) sowie das Einziehen von Gewinnen (Art. 35 FINMAG). Diese Instrumente dürften kaum eine ausreichende Verhaltenssteuerung bewirken, zumal die drei letztgenannten Aufsichtsinstrumente einen schwerwiegenden Verstoss gegen Aufsichtsvorschriften voraussetzen. Bei leichten Verstössen gegen das Verbot der Marktmanipulation wäre demnach nicht einmal das Einziehen von Gewinnen möglich, was irritiert. Zwar dürften immerhin zumindest vorsätzliche manipulative Verhaltensweisen generell als schwerwiegende Verstösse qualifiziert werden; allein die Gefahr eines möglichen Einziehens der Gewinne dürfte die Marktteilnehmer allerdings kaum wirksam von manipulativen Verhaltensweisen abhalten. Dasselbe gilt für die übrigen Aufsichtsinstrumente.

Hinsichtlich der Aufsichtsinstrumente ist weiter bemerkenswert, dass der Bundesrat das Tätigkeitsverbot gemäss Art. 35a BEHG im Börsengesetz beliess und nicht in das Finanzmarktinfrastrukturgesetz überführte. Damit fällt das Tätigkeitsverbot vom Wortlaut der Bestimmung her für die Sanktionierung marktmissbräuchlicher Verhaltensweisen heute ausser Betracht. Dies erscheint insofern fragwürdig, als das Tätigkeitsverbot mit seinem im Vergleich zum Berufsverbot weiteren Anwendungsbereich gerade auf die Sanktionierung marktmissbräuchlicher Verhaltensweisen abgezielt haben dürfte.[165] Aufgrund des klaren Wortlauts und der klaren Systematik ist eine Anwendung nach aktuellem Recht dennoch abzulehnen. Aber selbst wenn das Tätigkeitsverbot nach Art. 35a BEHG weiterhin auch für die Sanktionierung marktmissbräuchlicher Verhaltensweisen in Betracht fiele, sind vom Anwendungsbereich desselben noch immer nur Personen erfasst, die als verantwortliche Mitarbeiter eines Effektenhändlers den Effektenhandel betreiben. Für nicht beaufsichtigte Marktteilnehmer steht das Tätigkeitsverbot als Sanktionsinstrument damit ohnehin nicht zur Verfügung.

---

[164] *Botschaft BEHG 2011*, 6904.
[165] Vgl. *Botschaft FINMAG 2006*, 2882.

Privatrechtliche Durchsetzungsmechanismen dürften im Übrigen das Verhalten der Marktteilnehmer aus verschiedenen Gründen ebenfalls nicht ausreichend steuern. Erstens dürfte die Streuung der Schäden bei manipulativen Verhaltensweisen in der Regel gross sein, sodass kaum Verfahren angestrengt werden; zweitens wird mehrheitlich abgelehnt, dass Art. 143 FinfraG eine Schutznorm für private Geschädigte darstellt, sodass Geschädigte mit ihren Klagen kaum durchdringen dürften;[166] drittens wäre darüber hinaus auch die Substanziierung des Schadens äusserst schwierig; und viertens werden die Geschädigten im Übrigen ohnehin meist gar nie von der Manipulationshandlung erfahren.

Zusammenfassend müssen nicht beaufsichtigte Marktteilnehmer bei Verstössen gegen das aufsichtsrechtliche Verbot der Marktmanipulation kaum Sanktionen oder Ansprüche befürchten, sodass weder die privatrechtlichen Durchsetzungsmechanismen noch die aufsichtsrechtlichen Sanktionsinstrumente der Finma die gewünschte Verhaltenssteuerung bewirken dürften.[167] Dies liesse sich einfach ändern, indem der Finma eine Bussenkompetenz eingeräumt würde, zumindest für Verstösse gegen die aufsichtsrechtlichen Marktmissbrauchstatbestände.[168] Eine solche Bussenkompetenz ist jedoch bis auf Weiteres nicht absehbar.

3. Quote-Stuffing

a) Begriff

Als Quote-Stuffing wird die Verhaltensweise bezeichnet, bei der Händler die Märkte mit Aufträgen und Auftragsstornierungen überfluten mit dem Ziel, andere Marktteilnehmer (sowie die Handelssysteme der Handelsplätze) zu verlangsamen und die eigene Handelsstrategie zu verschleiern.[169] Im Unterschied zum Spoofing zielen Quote-Stuffing-Praktiken nicht zwingend auf die Beeinflussung der Kurse ab.[170] Händler versuchen etwa, den negativen Einfluss eigener

---

[166] Hierzu vorn 723 ff.; die Frage, ob Art. 143 FinfraG eine Schutznorm darstellt, wurde dort verneint.

[167] Hinsichtlich der Aufsichtsinstrumente gl. M. generell für echte Transaktionen *Pflaum* (2013), 265.

[168] Vgl. *von der Crone/Maurer/Hoffmann* (2011), 542, die ebenfalls der Ansicht sind, dass manipulative Verhaltensweisen mit Busse geahndet werden sollten.

[169] *EB FINMA-RS 2013/8*, 11 und 18; *Esma Technical Advice «Market Abuse» 2015*, Advice Nr. 9 lit. e (9), Analysis Nr. 25 (13); *Esma Leitlinien «Systeme und Kontrollen» 2012*, 21; *Biais/Woolley* (2011), 8; *Aldridge* (2013), 223; *V. Müller* (2014), 394, der auf weitere Zwecke hinweist; vgl. *Biais/Woolley* (2012), 34; allgemein *Eggington/B. van Ness/R. van Ness* (2016), 1.

[170] So aber *Hanslin* (2016), 55 Fn. 96, wonach das Quote-Stuffing zu einer Senkung der Preise führen soll.

Aufträge auf die Kurse durch die Überinformation zu minimieren, um dadurch die Ausführungsqualität zu verbessern oder antizipierende Strategien schneller als andere Hochfrequenzhändler zu verfolgen.[171]

b) Aufsichtsrecht

Erstaunlicherweise wird das Quote-Stuffing in den Marktverhaltensregeln im Unterschied zum Spoofing nicht ausdrücklich erwähnt. Demgegenüber bezeichnete die Finma das Quote-Stuffing im Erläuterungsbericht zu den Marktverhaltensregeln ausdrücklich als manipulativ, was sie damit begründete, dass dieses Verhalten nicht im Zusammenhang mit dem gewollten Kauf oder Verkauf einer Effekte stehe.[172] Diese Qualifikation erscheint gerechtfertigt.[173] Die im Rahmen einer Quote-Stuffing-Strategie gesetzten und stornierten Aufträge stellen Kauf- oder Verkaufsaufträge im Sinne von Art. 143 Abs. 1 lit. b FinfraG dar. Von angezeigten Aufträgen geht zudem generell ein Signal für das Angebot oder die Nachfrage von Effekten aus, das das Marktverhalten eines verständigen und mit dem Markt vertrauten Marktteilnehmers zu beeinflussen vermag (Reasonable-Investor-Test). Ausserdem sind angezeigte Aufträge generell geeignet, den Markt signifikant zu beeinflussen, sodass von ihnen auch ein Signal für die Kurse der Effekten ausgeht; bei Quote-Stuffing-Praktiken sollen andere Marktteilnehmer gerade von solchen Signalen überwältigt werden. Die Signale, die von den im Rahmen von Quote-Stuffing-Praktiken gesetzten Aufträgen ausgehen, sind darüber hinaus auch falsch, da diese nach dem Willen des Händlers wie beim Spoofing definitionsgemäss nicht ausgeführt werden sollen. Wer zu Quote-Stuffing-Praktiken in der Lage ist, muss schliesslich grundsätzlich auch wissen, dass er dadurch falsche Signale für das Angebot oder die Nachfrage gibt, sodass in aller Regel auch der subjektive Tatbestand erfüllt sein dürfte.

c) Strafrecht

In strafrechtlicher Hinsicht gilt dasselbe wie bei Spoofing- und Layering-Praktiken.[174] Da der Straftatbestand der Kursmanipulation gemäss Art. 155 Abs. 1 lit. b FinfraG nur Scheingeschäfte, nicht aber manipulative Verhaltensweisen durch Kauf- und Verkaufsaufträge verbietet, sind (reine) Quote-Stuffing-Praktiken vom Straftatbestand von vornherein nicht erfasst.

---

[171] Vgl. *Aldridge* (2013), 223; für weitere Zwecke *V. Müller* (2014), 394.
[172] *EB FINMA-RS 2013/8*, 11; so auch für das deutsche Recht *Kasiske* (2014), 1935.
[173] Vgl. *Leuenberger/Rüttimann* (2017), N 60 zu Art. 143 FinfraG; *Sethe/Fahrländer* (2017), N 73 zu Vor Art. 142 FinfraG.
[174] Vorn 754.

d) Würdigung

Hinsichtlich der Frage nach der Wirksamkeit des geltenden Rechts kann ebenfalls vollumfänglich auf die Ausführungen zum Spoofing und Layering verwiesen werden.[175] Die Sanktionsinstrumente der Finma sind nach dem geltenden Recht vor allem gegenüber nicht beaufsichtigten Marktteilnehmern ungenügend, sodass das Verbot der Marktmanipulation allein keine ausreichende Verhaltenssteuerung bewirken dürfte und Quote-Stuffing-Praktiken nur unzureichend unterbunden werden. Abgesehen davon wäre es zu begrüssen, wenn die Finma die Marktverhaltensregeln um die Quote-Stuffing-Praktiken ergänzen würde.

4. Momentum-Ignition

a) Begriff

Als Momentum-Ignition werden Praktiken bezeichnet, die darauf abzielen, Preisbewegungen auszulösen oder zu verschärfen.[176] Andere Teilnehmer sollen zum Kauf oder Verkauf von Wertpapieren veranlasst werden, damit der manipulierende Händler von der Preisbewegung profitieren kann.[177] Vor allem bedingte Aufträge wie Stop-Loss-Aufträge oder Percentage-of-Volume-Aufträge sind anfällig für solche Praktiken.[178]

b) Aufsichtsrecht

Für Momentum-Ignition-Strategien gilt dasselbe wie für die Quote-Stuffing-Praktiken. In den Marktverhaltensregeln erwähnt die Finma die Strategie nicht ausdrücklich, aber immerhin im Erläuterungsbericht zu denselben.[179] Die Qualifikation als marktmissbräuchliche Verhaltensweise erscheint ebenfalls gerechtfertigt, wenngleich eine ausdrückliche Nennung in den Marktverhaltensregeln erwünscht wäre.[180] Definitionsgemäss werden bei einer Momentum-Ignition-Strategie lediglich Aufträge und Abschlüsse verwendet, um Trends auszulösen oder zu verschärfen. Diese Aufträge und Abschlüsse sind vom Auftrags- beziehungsweise Transaktionstatbestand gemäss Art. 143 Abs. 1 lit. b FinfraG erfasst.

---

[175] Vorn 754 ff.
[176] *EB FINMA-RS 2013/8*, 11; *Esma Leitlinien «Systeme und Kontrollen» 2012*, 21; *IOSCO Report «Technological Impact on Market Integrity and Efficiency» 2011*, 30 Fn. 49; *SEC Concept Release on Equity Market Structure 2010*, 3609; *Miller/Shorter* (2016), 5.
[177] *Esma Leitlinien «Systeme und Kontrollen» 2012*, 21; vgl. *V. Müller* (2014), 393 f.
[178] Hierzu vorn 90 f.
[179] *EB FINMA-RS 2013/8*, 11.
[180] Vgl. *Leuenberger/Rüttimann* (2017), N 60 zu Art. 143 FinfraG.

Von angezeigten Aufträgen geht zudem generell ein Signal für das Angebot oder die Nachfrage von Effekten und von Abschlüssen ein Signal für die Kurse von Effekten aus. All diese Signale vermögen das Marktverhalten eines verständigen und mit dem Markt vertrauten Marktteilnehmers zu beeinflussen (Reasonable-Investor-Test). Sowohl die Aufträge als auch die Abschlüsse sind im Übrigen geeignet, die Kurse signifikant zu beeinflussen, ist doch die Beeinflussung definitionsgemäss gerade das Ziel. Dienen die Aufträge und Abschlüsse nur der Beeinflussung der Kurse, so ist das von ihnen ausgehende Signal zudem auch falsch oder zumindest irreführend, da die Aufträge nicht ausgeführt werden sollen (falsch) und die Abschlüsse darauf abzielen, Anleger zu täuschen, indem deren bedingte Aufträge ausgelöst werden (irreführend). Wer zu Momentum-Ignition-Praktiken in der Lage ist, muss schliesslich grundsätzlich auch wissen, dass er dadurch falsche oder irreführende Signale für das Angebot, die Nachfrage oder die Kurse von Effekten gibt, sodass in aller Regel auch der subjektive Tatbestand erfüllt sein dürfte. Zulässige spekulative Strategien und unzulässige Momentum-Ignition-Praktiken liegen allerdings vor allem bei Verwendung von Abschlüssen sehr eng beieinander, sodass sich solche Praktiken nur schwerlich identifizieren lassen. Spekuliert ein Händler auf eine bestimmte Kursentwicklung etwa aufgrund einer Vielzahl an Stop-Loss-Aufträgen, so sind in Antizipation dieser Kursentwicklung abgeschlossene Geschäfte durchaus zulässig.

c) Strafrecht

In strafrechtlicher Hinsicht kann grundsätzlich auf die Ausführungen zum Spoofing und Layering verwiesen werden. Kauf- und Verkaufsaufträge sowie echte Abschlüsse sind strafrechtlich nicht erfasst, sodass Momentum-Ignition-Strategien gewöhnlich den Straftatbestand der Kursmanipulation nicht erfüllen. Anders sind demgegenüber nach Art. 155 Abs. 1 lit. b StGB Scheingeschäfte wie *Wash Trades* und *Matched Orders* zu beurteilen, durch die sich bedingte Aufträge gut auslösen lassen, indem etwa ein hohes Volumen vorgespiegelt wird. Liegen die Transaktionskosten näherungsweise bei null, so können mit solchen Scheingeschäften daher auch PVol-Algorithmen ausgelöst werden, die sich am Gesamthandelsvolumen orientieren.

d) Würdigung

Hinsichtlich der Frage nach der Wirksamkeit des geltenden Rechts kann ebenfalls vollumfänglich auf die Ausführungen im Abschnitt 2 (Spoofing und Layering) verwiesen werden.[181] Die Sanktionsinstrumente der Finma sind nach dem geltenden Recht vor allem gegenüber nicht beaufsichtigten Marktteilnehmern

---

[181] Vorn 754 ff.

ungenügend, sodass das Verbot der Marktmanipulation allein keine ausreichende Verhaltenssteuerung bewirken dürfte und Momentum-Ignition-Praktiken nur unzureichend unterbunden werden. Allerdings erscheint nicht restlos geklärt, wie die Trends allein durch echte Abschlüsse gewinnbringend ausgelöst werden können, da grundsätzlich von einem starken Druck zum Marktgleichgewicht hin auszugehen ist. Das Risiko von Verlusten erscheint entsprechend gross. Ausgenommen sind Fälle, bei denen sich der Markt ohnehin schon sehr nah an einer typischen Stop-Loss-Schwelle befindet, wie dies etwa zu Beginn des Flash-Crashs vom 6. Mai 2010 der Fall war.[182]

5. Smoking

a) Begriff

Beim Smoking setzen Hochfrequenzhändler zunächst verlockende Limit-Orders, um andere Händler zur Platzierung von Market(able)-Orders zu verleiten.[183] In der Folge werden die Aufträge storniert, sodass die Market-Orders auf früher zu einem schlechteren Preis gesetzte Aufträge treffen.[184] Smoking-Praktiken dürften vor allem auf automatisierte Ausführungsprogramme gerichtet sein, die durch die Limit-Orders ausgelöst werden.[185] Aufgrund der dabei erforderlichen Geschwindigkeit, handelt es sich bei solchen Smoking-Praktiken grundsätzlich um Hochfrequenzhandelspraktiken.

b) Aufsichtsrecht

Smoking-Praktiken werden von der Finma weder im Rundschreiben zu den Marktverhaltensregeln noch im Erläuterungs- oder Anhörungsbericht zu denselben erwähnt.[186] Soweit die beim Smoking verwendeten Aufträge darauf abzielen, automatisierte Handelssysteme und bedingte Aufträge auszulösen, sind Smoking-Praktiken vergleichbar mit Momentum-Ignition-Praktiken. Entsprechend sind Smoking-Praktiken aufsichtsrechtlich auch gleich zu würdigen. Definitionsgemäss werden beim Smoking Aufträge im Sinne von Art. 143 Abs. 1 lit. b FinfraG verwendet. Von angezeigten Aufträgen geht zudem generell ein Signal für das Angebot oder die Nachfrage von Effekten aus, das das Marktverhalten eines verständigen und mit dem Markt vertrauten Marktteilnehmers zu beeinflussen vermag (*reasonable investor test*). Aufträge von anderen Marktteil-

---

[182] Zum Flash-Crash vorn 78, 373 ff.
[183] *Biais/Woolley* (2011), 8; *Biais/Woolley* (2012), 34; *Lu* (2012), 20.
[184] *Lu* (2012), 20; vgl. *Biais/Woolley* (2011), 8.
[185] *Lu* (2012), 20.
[186] Vgl. FINMA-RS 2013/8; *EB FINMA-RS 2013/8*; *AB FINMA-RS 2013/8*.

nehmern sollen durch das Scheinangebot bei Smoking-Praktiken gerade ausgelöst werden. Die Signale, die von den im Rahmen von Smoking-Praktiken gesetzten Aufträgen ausgehen, sind darüber hinaus auch falsch, da die Aufträge nach dem Willen des Händlers wie beim Spoofing oder Quote-Stuffing definitionsgemäss nicht ausgeführt werden sollen. Wer zu Smoking-Praktiken in der Lage ist, muss schliesslich grundsätzlich auch wissen, dass er dadurch falsche Signale für das Angebot oder die Nachfrage gibt, sodass in aller Regel auch der subjektive Tatbestand erfüllt sein dürfte. In Fällen, in denen Aufträge gesetzt werden, die nicht ausgeführt werden sollen, dürfte dies selbst dann gelten, wenn die Finma diese Praktik bisher nicht ausdrücklich erwähnt hat.

c) Strafrecht

Von der strafrechtlichen Kursmanipulation sind Smoking-Praktiken grundsätzlich nicht erfasst, da die verwendeten Aufträge weder unter den Begriff der Information nach Art. 155 Abs. 1 lit. a FinfraG fallen, noch zu den Scheingeschäften nach Art. 155 Abs. 1 lit. b FinfraG zu zählen sind. Vorbehalten bleiben exotische Smoking-Praktiken, bei denen Scheingeschäfte verwendet werden, die zugleich auf eine signifikante Beeinflussung der Kurse abzielen.

d) Würdigung

Mit Bezug auf die Wirksamkeit der Regulierung kann vollumfänglich auf die vorangehenden Ausführungen zu den Spoofing-, Layering-, Quote-Stuffing- und Momentum-Ignition-Praktiken verwiesen werden. Die Sanktionsinstrumente der Finma sind nach geltendem Recht vor allem gegenüber nicht beaufsichtigten Marktteilnehmern ungenügend.

6. Elektronisches Frontrunning

a) Begriff

Als elektronisches Frontrunning (*electronic frontrunning*) wird die Praktik bezeichnet, bei der Hochfrequenzhändler grosse Aufträge von institutionellen Investoren aufspüren und sich den von diesen Aufträgen ausgehenden Preisdruck zunutze machen.[187] Hierfür scannen sie die Märkte mit Computerprogrammen

---

[187] Bspw. *SEC Concept Release on Equity Market Structure 2010*, 3609; *Harris* (2015), 10, 43 ff.; *X. F. Zhang* (2010), 8 f.; *Durbin* (2010), 65 f.; *Miller/Shorter* (2016), 5 f.; siehe auch *Malinova/Park* (2015b), 3.

nach Anzeichen für Grossaufträge.[188] Zwar stückeln institutionelle Investoren ihre Aufträge oder verwenden besondere Auftragstypen, um die Kurse nicht zu stark zu beeinflussen.[189] Dabei lassen sie sich allerdings teilweise einfach durchschauen, sodass Hochfrequenzhändler die Grossaufträge dennoch antizipieren können.[190] Die Kenntnis von einem Grossauftrag können Händler auf den Derivatemärkten ausnutzen, indem sie Hebelprodukte verwenden; zugleich nutzen aber auch Market-Maker und weitere Bereitsteller von Liquidität dieses Wissen, indem sie ihre Limit-Orders beziehungsweise Quotes stornieren oder zumindest zurücksetzen.[191]

b) Anfangsverdacht

Da Händler, die elektronisches Frontrunning betreiben, die Kurse von Wertpapieren zuungunsten der Grossinvestoren bewegen, liegt der Vorwurf der Marktmanipulation nicht fern. Werden Grossaufträge aufgespürt, sehen die Investoren die Marktliquidität schwinden und zugleich ihre Transaktionskosten steigen sowie ihre Informationsrenditen sinken, sei es weil Market-Maker ihre Aufträge stornieren oder direktional agierende Händler den Preisdruck antizipieren. Dies kann für Investoren verständlicherweise frustrierend sein. Das elektronische Frontrunning und dessen Effekte gehören denn auch zu den Gründen, die *Brad Katsuyama* im Buch *Flash Boys* gemäss *Michael Lewis* zur Aussage verleiteten: «*The stock market at bottom was rigged. The icon of global was a fraud.*»[192]

Brad Katsuyama ist nicht irgendeine fiktive Person. Er war früher *Global Head of Electronic Sales and Trading* der Royal Bank of Canada, wo er mitunter auch für die Teams *electronic trading*, *algorithmic trading* und *market structure strategy* verantwortlich war.[193] Ausserdem ist er als Miterfinder des Patents *Thor* eingetragen.[194] Die mit diesem Patent geschützte Strategie dient gerade dazu, gewissen Praktiken von Hochfrequenzhändlern auszuweichen.[195] Schliesslich ist *Katsuyama* Mitgründer und CEO der IEX (*Investors Exchange*), die im Sommer 2016 in den USA trotz grossem Widerstand eine Zulassung als *National Ex-*

---

188 Vgl. *SEC Concept Release on Equity Market Structure 2010*, 3609; *Harris* (2015), 10, 43 ff.; *Miller/Shorter* (2016), 5 f.
189 Bspw. *Aldridge* (2013), 266 ff.; *Harris* (2015), 48 f.; *Durbin* (2010), 54 ff.
190 Hierzu vorn 76 ff.
191 Im Einzelnen vorn 76 ff.
192 *Lewis* (2014), 232.
193 Siehe www.iextrading.com/about.
194 US-Patent Nr. 8 489 747 vom 16. Juli 2013, *Synchronized processing of data by networked computing resources*; siehe auch *RBC Press Release «Thor» 2013*.
195 *RBC Press Release «Thor» 2013*; vorn 81 f.

change erlangte.¹⁹⁶ Sicherlich, gänzlich frei von Interessenkonflikten ist *Katsuyama* aufgrund seiner eigenen Positionen nicht; dennoch dürften seine Person der Aussage von *Lewis*, der börsliche Handel sei von Grund auf manipuliert, mehr Gewicht verleihen. *Katsuyama* hat diese Aussage im Übrigen in einer viel beachtenden TV-Debatte mit dem damaligen Präsidenten von Bats Global Markets auf CNBC selbst nach leichtem Zögern wiederholt.¹⁹⁷

Die Beschwerden von Investoren und der prominente Vorwurf der Manipulation erscheinen Grund genug, das elektronische Frontrunning auf seine Vereinbarkeit mit dem Tatbestand der Marktmanipulation zu prüfen. Im Kapitel 22 (Insiderhandel) wird das elektronische Frontrunning im Übrigen auch noch auf die Vereinbarkeit mit dem Insidertatbestand hin geprüft.¹⁹⁸

c) Aufsichtsrecht

Weder die Finma noch die Esma führen das elektronische Frontrunning in ihren Listen für manipulative Praktiken auf.¹⁹⁹ Die Esma erwähnt allerdings mit den Ping Orders und dem Phishing Verhaltensweisen, die im Zusammenhang mit Frontrunning-Strategien in Dark Pools stehen.²⁰⁰ Diese besonderen Fälle werden gesondert geprüft und sind damit nicht Gegenstand dieses Abschnitts.²⁰¹ Die Prüfung in diesem Abschnitt erfolgt in zwei Schritten: Zunächst wird der aktive Handel geprüft und sodann der Rückzug von Quotes durch Market-Maker.

aa) *Aktiver Handel*

Hochfrequenzhändler können das Wissen um bevorstehende Grossaufträge aktiv nutzen, indem sie etwa auf Derivatemärkten mit niedrigen Transaktionskosten und grosser Hebelwirkung Finanzinstrumente kaufen oder verkaufen.²⁰² Dabei handelt es sich grundsätzlich um Geschäfte im Sinne des Auftrags- und

---

[196] Zu *Katsuyama* siehe *www.iextrading.com/about*; zur Zulassung als *National Exchange* *www.sec.gov/news/pressrelease/2016-123.html*.
[197] Die Debatte ist abrufbar unter *www.cnbc.com/2014/04/01/katsuyama-vs-obrien--who-won-the-fight.html*.
[198] Hinten 834 f.
[199] Vgl. FINMA-RS 2013/8, N 19 ff.; *EB FINMA-RS 2013/8*, 11; *Esma Leitlinien «Systeme und Kontrollen» 2012*, 20 f.; *Esma Technical Advice «Market Abuse» 2015*.
[200] Zu den Ping Orders *Esma Leitlinien «Systeme und Kontrollen» 2012*, 21; *Esma Technical Advice «Market Abuse» 2015*, Empfehlung Nr. 6 lit. c (S. 16), N 25, Annex II N 66; zum Phishing *Esma Technical Advice «Market Abuse» 2015*, Empfehlung Nr. 6 lit. d (S. 16), Annex II N 66, Annex III N 30 f.
[201] Hinten 767 ff.
[202] Vorn 76 ff.

Transaktionstatbestandes gemäss Art. 143 Abs. 1 lit. b FinfraG.[203] Weiter geht von diesen Transaktionen auch ein Signal für das Angebot, die Nachfrage oder den Kurs von Effekten aus. Trittbrettfahrer, die zwar die Grossaufträge nicht direkt aufspüren, können diese Informationen allenfalls aus den getätigten Transaktionen ableiten. Allerdings sind Geschäfte und selbst Aufträge ohnehin generell geeignet, die Kurse von Effekten signifikant zu beeinflussen, sodass ein Signal schon deshalb vorliegt. Entscheidend ist damit die Frage, ob das von den Geschäften ausgehende Signal falsch oder irreführend ist. Diese Frage ist zu verneinen. Die von einem Hochfrequenzhändler bei einer antizipierenden Strategie verwendeten Aufträge sollen grundsätzlich ausgeführt werden, und bei den Abschlüssen handelt es sich nicht um blosse Scheingeschäfte. Geht der Grossauftrag von einem informierten Händler aus, so lässt sich die mit den Geschäften verbundene Preisbeeinflussung darüber hinaus auch durch fundamentale Gründe rechtfertigen. Geht der Grossauftrag nicht von einem informierten Händler aus, so müsste der Preisdruck transitorischer Natur sein. Dennoch dürften die Geschäfte nicht irreführend sein, da der institutionelle Anleger lediglich den Preisdruck erhält, den er aufgrund seines Angebots- oder Nachfrageverhaltens mit Blick auf die Risiken verdient, die anderen Händlern dadurch erwachsen. Letztlich sollte ausschlaggebend sein, dass die gesetzten Aufträge und getätigten Geschäfte bei einer solchen antizipierenden Strategie einem tatsächlichen Angebots- und Nachfrageverhalten entsprechen. Das aktive elektronische Frontrunning in Antizipation einer Preisbeeinflussung ist damit nicht vom Tatbestand der Marktmanipulation (Art. 143 FinfraG) erfasst.

bb) *Rückzug von Aufträgen*

Market-Maker und andere Bereitsteller von Liquidität können das Wissen um bevorstehende Grossaufträge auch bei passiven Handelsstrategien nutzen, indem sie ihre eigenen Limit-Orders stornieren oder zurückversetzen.[204] Investoren beklagen dann den sogenannten *order book fade* und vertreten deshalb die Ansicht, dass Hochfrequenzhändler dem Markt nur scheinbar Liquidität bereitstellen.[205] Da der Vorwurf eines Scheinangebots jenem der Marktmanipulation nahekommt, werden diese Market-Making-Quotes ebenfalls geprüft.

Die von Market-Makern platzierten Quotes stellen Kauf- oder Verkaufsaufträge im Sinne des Auftrags- und Transaktionstatbestandes gemäss Art. 143 Abs. 1 lit. b FinfraG dar. Von den Quotes geht zudem generell ein Signal für das Angebot oder die Nachfrage von Effekten aus, wie es der Tatbestand erfordert. Ent-

---

[203] Besondere Beachtung sollte dabei jedoch stets dem Anwendungsbereich geschenkt werden; hierzu vorn 727 ff.
[204] Vorn 76 ff.
[205] Siehe hierzu die Ausführungen im Abschnitt zu den Liquiditätsrisiken vorn 388 ff.

scheidend ist damit wie schon bei der vorangehenden Prüfung die Frage, ob das von den Quotes ausgehende Signal falsch oder irreführend ist. Werden die Quotes zurückgezogen, sobald ein Grossauftrag den Markt erreicht, erscheint auf den ersten Blick der Vorwurf verfänglich, dass die Aufträge keinem echten Angebots- oder Nachfrageverhalten entsprechen.[206] Dabei handelt es sich allerdings um eine einseitige Betrachtungsweise zugunsten von Grossinvestoren. Aus der Sicht der Market-Maker stellen solche Grossaufträge nämlich ein Risiko dar, das sie im Rahmen ihres Risikomanagements zu berücksichtigen haben. Stellen sie einem Investor, der einen Grossauftrag abwickelt, Liquidität bei einem kleinen Spread zur Verfügung, akkumulieren sie Verluste, wenn dieser gleich mehrere Ebenen des Auftragsbuchs konsumiert. Dies gilt umso mehr, wenn die Grossaufträge von einem informierten Händler stammen, der die Kurse permanent beeinflusst. Aus der Sicht der Maker-Maker ist es daher völlig legitim, dass sie Grossaufträge aufspüren und ihr Verhalten danach richten. Mit Blick auf das Verbot falscher oder irreführender Signale sollte damit einzig massgeblich sein, dass die gestellten Aufträge grundsätzlich ausgeführt werden sollen, solange sie platziert sind, sei es auch nur gegen Retail-Kunden.

Da der Spread in seine Risikokomponenten aufgeteilt wird, müssten im Übrigen wie gezeigt diejenigen Investoren profitieren, die lediglich mit kleinen Mengen handeln.[207] Je geringer das Risiko für Market-Maker, desto günstiger können diese Liquidität bereitstellen.[208] In dieser Hinsicht dürfte denn auch grundsätzlich der Vorwurf verfehlt sein, dass Hochfrequenzhändler Kleininvestoren schaden.[209] Im Gegenteil, für Market-Maker ist es äusserst attraktiv, kleinen, uninformierten Investoren Liquidität bereitzustellen, da sie sich damit einem geringeren Risiko ausgesetzt sehen.

d) Strafrecht

Da das elektronische Frontrunning vom aufsichtsrechtlichen Tatbestand der Marktmanipulation grundsätzlich nicht erfasst ist, erübrigt sich die Prüfung des engeren Tatbestandes der Kursmanipulation gemäss Art. 155 FinfraG. Der Transaktionstatbestand der Kursmanipulation im Sinne von Art. 155 Abs. 1 lit. b FinfraG verbietet im Übrigen ohnehin nur gewisse Scheingeschäfte, nicht aber manipulative Quotes.

---

[206] Zum Kriterium des echten Angebots- und Nachfrageverhalten *Botschaft BEHG 2011*, 6903; *EB FINMA-RS 2013/8*, 18; vorn 741.
[207] Zu den Risikokomponenten des Spreads vorn 63 ff., 227 ff.
[208] Das spezifische Risiko, um das es hier geht, ist das Informationsrisiko (*adverse selection risk*), das heisst das Risiko, einem informierten Händler Liquidität bereitzustellen; hierzu vorn 63 ff., 227 f., 299 ff.
[209] Zum Vorwurf *Lewis* (2014), 95.

e) Fazit und Würdigung

Zusammenfassend ist festzuhalten, dass das elektronische Frontrunning grundsätzlich weder vom aufsichtsrechtlichen Tatbestand der Marktmanipulation noch vom Straftatbestand der Kursmanipulation erfasst ist, sodass sich die Frage stellt, ob in dieser Hinsicht ein gesetzgeberischer Handlungsbedarf besteht.[210] Ein Verbot könnte namentlich damit begründet werden, dass antizipierende Handelsstrategien die Transaktionskosten der institutionellen Investors erhöhen. Allerdings hat sich in dieser Hinsicht gezeigt, dass Kleininvestoren aufgrund des verbesserten Risikomanagements der Bereitsteller von Liquidität von kleineren Spreads profitieren und die realisierten Spreads im Sinne der vorn im Kapitel 9 (Marktqualität) aufgestellten Marktsegmentierungshypothese lediglich die unterschiedlichen Risiken widerspiegeln, die von verschiedenen Händlerkategorien ausgehen.[211]

Sodann könnten antizipierende Strategien mit Hinweis auf Informationsasymmetrien verboten werden. Bei genauerer Betrachtung muss allerdings festgestellt werden, dass die Informationsasymmetrie gerade zugunsten des institutionellen Investors besteht. Der Investor selbst weiss, wie viele Wertpapiere er handeln möchte; gegenüber den anderen Händlern versucht er in der Regel gerade, diese Information durch Stückelung seiner Aufträge zu verbergen. Daher müssen Market-Maker und weitere Bereitsteller von Liquidität solche Aufträge überhaupt erst aufspüren, um ihre Informationsrisiken zu minimieren. Die Hochfrequenzhändler, welche aktive elektronische Frontrunning-Strategien auf Derivatemärkten verfolgen, sehen sich zwar selbst nicht direkt denselben Risiken ausgesetzt wie Market-Maker. Letztlich sorgen aber auch sie bloss dafür, dass von Investoren die Preisbeeinflussung ausgeht, die sie hätten, wenn sie von Beginn weg ihre Aufträge offenlegen würden. Verursacht das elektronische Frontrunning eine Überreaktion, ergeben sich im Übrigen wiederum gegenläufige Möglichkeiten, sodass auch diese Überreaktion minimiert werden müsste.

Schliesslich könnte gegen antizipierende Handelsstrategien vorgebracht werden, dass diese die Informationsrenditen der Investoren reduzieren. Die Reduktion der Informationsrenditen macht Fundamentalanalysen weniger attraktiv und könnte so zu weniger informationseffizienten Kursen führen.[212] In dieser Hinsicht unterstützen indes die empirischen Studien die Hypothese bislang nicht, dass der Hochfrequenzhandel zu weniger informationseffizienten Preisen führt; im Gegenteil, die Studien deuten eher auf eine höhere Informationseffizienz

---

[210] Siehe hierzu auch vorn 315 ff.
[211] Vorn 275.
[212] *Hirschey* (2016), 2, 6 f.; hierzu vorn 304 ff.

hin.²¹³ Ausserdem wurde vorn im Kapitel 10 (Marktversagen) die Ansicht vertreten, dass Informationen nicht nur zur Erzielung von Informationsrenditen, sondern auch zur Reduktion von Informationsrisiken von Market-Makern produziert werden (müssten) – eine Ansicht die in einem gewissen Gegensatz zum Grossman-Stiglitz-Paradoxon sowie zur österreichischen Schule der Nationalökonomie steht.²¹⁴ Die Informationseffizienz bestimmt sich demnach nicht nach den Informationsrenditen, sondern nach den Informationsrisikokosten (*adverse selection costs*). Soweit diese Hypothese Anerkennung findet, erscheint ein Verbot von antizipierenden Strategien gestützt auf die Verminderung der Informationsrenditen wenig überzeugend. Allenfalls müsste aus dieser Hypothese gar abgeleitet werden, dass es nicht mehr gerechtfertigt erscheint, dass Händler ihre Handelsabsichten nicht preisgeben müssen und dadurch hohe Kosten bei Market-Makern verursachen, denn letztlich dürfte sich dieses kostenintensive Versteckspiel wohlfahrtsökonomisch auch nur mit den erhöhten Anreizen zur Informationsproduktion rechtfertigen lassen. Bei der aktuellen Rechtslage handelt es sich mit anderen Worten um einen Mittelweg, da einerseits Investoren ihre Handelsabsichten grundsätzlich nicht kundtun müssen und andererseits Hochfrequenzhändler antizipierende Handelsstrategien verfolgen dürfen. Zwingende Gründe für eine Modifikation sind zum aktuellen Zeitpunkt nicht ersichtlich; dies kann sich allerdings in Zukunft ändern, und zwar sowohl in die eine als auch in die andere Richtung.

7. Pinging, Liquidity-Detection und Phishing

a) Begriffe

Als Ping Order werden kleine Aufträge bezeichnet, die (Hochfrequenz-)Händler verwenden, um sich ein Bild über die Auftragslage in Dark Pools zu verschaffen.²¹⁵ Von der Liquidity-Detection ist in diesem Zusammenhang vor allem dann die Rede, wenn gestützt auf die erlangten Informationen Aufträge ausgeführt werden sollen.²¹⁶ Beim Phishing werden die erlangten Informationen demgegenüber für antizipierende Strategien verwendet, sodass es sich dabei (in diesem Zusammenhang) um eine besondere Form des elektronischen Frontrun-

---

213 Hierzu vorn 206 ff.
214 Zum Grossman-Stiglitz-Paradoxon vorn 201, 304 ff.; zur Verfechtung der Informationsrenditen durch die österreichische Schule vorn 411 f.
215 *Esma Technical Advice «Market Abuse» 2015*, Empfehlung Nr. 6 lit. c (S. 16), N 25, Annex II N 66; *Esma Leitlinien «Systeme und Kontrollen» 2012*, 21; *Clark-Joseph* (2013); *X. F. Zhang* (2010), 9; *Brown* (2010), 113; für weitere Informationen vorn 82 ff.
216 Hierzu vorn 82 ff.

nings handelt, bei der die massgeblichen Informationen zunächst durch Ping Order gesammelt werden.[217]

b) Aufsichtsrecht

Sowohl Ping Orders als auch das Phishing bezeichnete die Esma in ihren technischen Durchführungsstandards als manipulative Verhaltensweisen im Sinne von Art. 12 Abs. 5 MAR.[218] Demgegenüber erwähnte die Finma weder in den Marktverhaltensregeln noch im Erläuterungsbericht zu denselben die eine oder andere Verhaltensweise.[219]

aa) *Sachlicher Anwendungsbereich*

Beim Handel in Dark Pools ist zunächst der sachliche Anwendungsbereich zu beachten, wonach nur Effekten erfasst sind, die an einem Handelsplatz in der Schweiz zum Handel zugelassen sind.[220] Effekten, die lediglich zum Handel über ein OTF zugelassen sind oder gar nicht über Handelsplattformen gehandelt werden, sind demnach nicht erfasst.[221] Entsprechend fällt der Handel in Dark Pools nicht zwingend in den Anwendungsbereich des Verbots der Marktmanipulation; immerhin aber dürften die sehr liquiden Titel, die vor allem für Hochfrequenzhandelsstrategien von Interesse sind, grundsätzlich erfasst sein.

bb) *Auftragsinformation und Signal*

Ping Orders stellen Kauf- und Verkaufsaufträge im Sinne von Art. 143 Abs. 1 lit. b FinfraG dar. Zwar setzt der Auftragstatbestand keine öffentliche Verbreitung der Aufträge voraus; das Kriterium des Signals erfordert aber doch zumindest einen potenziellen Empfänger. Nur wenn ein einzelner Auftrag wahrgenommen wird, kann er das Marktverhalten eines verständigen und mit dem Markt vertrauten Marktteilnehmers beeinflussen.[222] Bei Ping Orders ist daher zu

---

[217] *Esma Technical Advice «Market Abuse» 2015*, Empfehlung Nr. 6 lit. d (S. 16), Annex II N 66, Annex III N 30 f.; *Banks* (2014), 150 spricht in diesem Zusammenhang von einer Gaming-Strategie.
[218] Zu den Ping Orders *Esma Leitlinien «Systeme und Kontrollen» 2012*, 21; *Esma Technical Advice «Market Abuse» 2015*, Empfehlung Nr. 6 lit. c (S. 16), N 25, Annex N 66; zum Phishing *Esma Technical Advice «Market Abuse» 2015*, Empfehlung Nr. 6 lit. d (S. 16), Annex II N 66, Annex III N 30 f.
[219] Siehe FINMA-RS 2013/8 und *EB FINMA-RS 2013/8*.
[220] Zum sachlichen Anwendungsbereich vorn 728 ff.
[221] OTF sind nach schweizerischem Recht im Unterschied zum europäischen Recht keine Handelsplätze; hierzu vorn 653 ff., 657 ff.
[222] FINMA-RS 2013/8, N 17.

VI. Einzelne Praktiken

unterscheiden zwischen ausgeführten und nicht ausgeführten Aufträgen. Wird eine Ping Order nicht ausgeführt, so geht von dieser in Märkten ohne Vorhandelstransparenz von vornherein kein Signal aus, das andere Marktteilnehmer erreicht, sodass der Tatbestand der Marktmanipulation nicht erfüllt ist. Wird sie demgegenüber ausgeführt, erfährt zumindest der Handelspartner vom Auftrag, sodass vom Auftrag potenziell ein Signal ausgeht.

cc)   Falsch oder irreführend

Es stellt sich somit die Frage, ob von ausgeführten Ping Orders ein falsches oder irreführendes Signal für das Angebot, die Nachfrage oder den Kurs von Effekten ausgeht. Nach den Ausführungen im Abschnitt IV (Tatbestand) ist diese Frage insbesondere danach zu beurteilen, ob die ausgeführten Aufträge einem echten Angebots- oder Nachfrageverhalten entsprechen.[223] Gegen ein echtes Angebots- oder Nachfrageverhalten spricht, dass Ping Orders in erster Linie der Sammlung von Informationen dienen. Ping Orders bedürfen allerdings einer genaueren Betrachtung, bei der zu unterscheiden ist zwischen Ping Orders, die der Liquidity-Detection dienen, und Ping Orders, die für Phishing-Praktiken verwendet werden.

Ping Orders, die der Liquidity-Detection dienen, zielen auf die Auftragsausführung ab, sodass der Händler an der Ausführung der Ping Orders per se interessiert ist. Stossen die Ping Orders auf die Marktgegenseite, so dürften zusätzliche gleichgerichtete Aufträge folgen, sodass diese Ping Orders problemlos als echtes Angebots- oder Nachfrageverhalten qualifiziert werden können. Im Übrigen haben auch die Gegenparteien ein Interesse daran, dass ihre Aufträge durch (reine) Liquidity-Detection-Strategien gefunden werden.

Nicht so klar ist die Antwort bei Ping Orders, die Phishing-Zwecken dienen. Zwischen dem Phishing und dem allgemeinen elektronischen Frontrunning besteht gerade der wesentliche Unterschied, dass die Informationen nicht aus allgemein zugänglichen Quellen, sondern aktiv durch Aufträge gewonnen werden, bei denen fraglich ist, ob diese einem echten Angebots- oder Nachfrageverhalten entsprechen. Ping Orders enthalten insofern eine Täuschungskomponente, als andere Händler in der Regel nicht gegen diese Aufträge handeln würden, wenn sie sich bewusst wären, dass diese Ping Orders lediglich der Sammlung von Information dienen und sie entsprechend eine stärkere Beeinflussung des Preises zu befürchten haben. Grundsätzlich sollte bei der Frage, ob ein echtes Angebots- oder Nachfrageverhalten vorliegt, jedoch darauf abgestellt werden, ob Aufträge ausgeführt werden sollen oder nicht. Irreführend sind Aufträge, die wie beim Spoofing und Layering, Quote-Stuffing oder Smoking gar nicht ausge-

---

[223] Vorn 741.

führt werden sollen und damit keinem echten Angebots- oder Nachfrageverhalten entsprechen. Darüber hinaus liegt auch bei den Scheingeschäften kein echtes Angebots- oder Nachfrageverhalten vor, da wirtschaftlich betrachtet kein Handel stattfindet (*Wash Trades* und *Matched Orders*). Alle übrigen Strategien sollten demgegenüber zurückhaltend beurteilt werden. Wird lediglich darauf abgestellt, ob die gesetzten Aufträge ausgeführt werden sollen, so sind die von ausgeführten Ping Orders ausgehenden Signale weder falsch noch irreführend.

Der Vorwurf, dass andere Händler grundsätzlich nicht mit einer Ping Order handeln würden, wenn sie sich bewusst wären, dass es sich um eine Ping Order handelt, erscheint im Übrigen auch deshalb nicht vollends überzeugend, weil derselbe Vorwurf auch dem institutionellen Investor gemacht werden könnte. Dürfen Händler ihre Aufträge stückeln und verschiedene, auch intransparente Handelsplätze aufsuchen, legen sie ebenfalls nicht alle Informationen hinsichtlich ihrer persönlichen Absichten offen. Wüssten die anderen Marktteilnehmer von der Gesamtgrösse des Auftrags des institutionellen Investors, würden sie wohl ebenfalls nicht mit ihm handeln wollen, es sei denn, sie sind am Handel in derselben Grössenordnung interessiert. In dieser Hinsicht besteht ausserdem wie bereits bei der Würdigung des elektronischen Frontrunnings im Abschnitt 6 erwähnt eine Informationsasymmetrie nicht zugunsten des Hochfrequenzhändlers, der die Ping Orders stellt, sondern grundsätzlich zu dessen Ungunsten, denn er kennt die Gesamtgrösse des Auftrags nicht, selbst wenn er Ping Orders verwendet. Durch Ping Orders wird die Informationsasymmetrie also lediglich minimiert. Entsprechend sollten sie wohl als Teil des Spiels betrachtet werden.

Von Ping Orders dürften somit grundsätzlich weder falsche noch irreführende Signale ausgehen.[224] Kaum zu bezweifeln sein dürfte dieses Resultat bei Ping Orders, die im Sinne der Liquidity-Detection der Auftragsausführung dienen. Weniger eindeutig ist die Subsumtion bei Ping Orders, die für Phishing-Praktiken verwendet werden; letztlich dürften aber wohl auch solche Ping Orders nicht vom Verbot der Marktmanipulation erfasst sein.

dd) *Subjektiver Tatbestand*

Abgesehen von den übrigen Voraussetzungen müssen Händler grundsätzlich auch nicht wissen, dass von ihren Ping Orders irreführende Signale ausgehen. Da es sich nicht um eine klar manipulative Strategie handelt, wäre in dieser Hinsicht ein klares Statement der Finma vorauszusetzen. Immerhin könnte die Tatsache, dass die Finma Ping Orders im Unterschied der Esma nicht ausdrücklich erwähnt auch als qualifiziertes Schweigen verstanden werden.

---

[224] Im Ergebnis gl. M. für das europäische Recht *Zickert* (2016), 172 ff.

VI. Einzelne Praktiken

c) Strafrecht

In strafrechtlicher Hinsicht kann auf die vorgängig geprüften Praktiken, insbesondere das Spoofing und Layering, verwiesen werden.[225] Da der Transaktionstatbestand der Kursmanipulation nach Art. 155 Abs. 1 lit. b FinfraG nur Scheingeschäfte, nicht aber manipulative Aufträge verbietet, fallen Ping Orders von vornherein nicht unter diesen Straftatbestand, selbst wenn Ping Orders vom Tatbestand der Marktmanipulation erfasst sein sollten.

d) Fazit und Würdigung

Ping Orders dürften in der Schweiz in aller Regel weder vom aufsichtsrechtlichen Tatbestand der Marktmanipulation (Art. 143 FinfraG) noch vom Straftatbestand der Kursmanipulation (Art. 155 FinfraG) erfasst sein. Werden Ping Orders in Märkten ohne Vorhandelstransparenz nicht ausgeführt, so werden sie – Missbrauch vorbehalten – von anderen Händlern auch nicht wahrgenommen, sodass von ihnen kein Signal für das Angebot, die Nachfrage oder die Kurse von Effekten ausgeht. Werden die Ping Orders demgegenüber ausgeführt, so dürften die von ihnen ausgehenden Signale weder falsch noch irreführend sein, gerade weil die Aufträge ausgeführt werden und nicht etwa wie beim Spoofing, Layering, Quote-Stuffing oder Smoking nicht ausgeführt werden sollen. Vom Straftatbestand der Kursmanipulation sind Ping Orders in aller Regel schon deshalb nicht erfasst, weil der strafrechtliche Transaktionstatbestand (Art. 155 Abs. 1 lit. b FinfraG) nur Scheingeschäfte verbietet.

Aus einer ökonomischen Sicht erscheinen Pinging-Praktiken insofern problematisch, als sich nur Firmen mit einem grossen Handelsumsatz solche Verhaltensweisen leisten können. Die Fixkosten zur Erlangung der Information bilden eine Konstante, sodass die Informationen erst bei einem ausreichend grossen Handelsvolumen ertragswirksam verwendet werden können.[226] Entsprechend erhöht das Pinging grundsätzlich die Eintrittshürden für neue Marktteilnehmer im Market-Making-Bereich und könnte damit den Wettbewerb gefährden. Ansonsten gelten allerdings dieselben Überlegungen wie beim elektronischen Frontrunning.[227] Ein Verbot lässt sich nur schlecht mit erhöhten Transaktionskosten für institutionelle Investoren begründen, da Market-Maker durch Ping Orders die mit der Bereitstellung von Liquidität verbundenen Risiken und damit die Spreads minimieren können, wovon Händler, die kleinere Gesamtaufträge ausführen, profitieren. Ebenso wenig kann ein Verbot der Minimierung von Infor-

---

225 Vorn 754.
226 Siehe zur Durchbrechung des Grundsatzes der Gleichbehandlung aufgrund unterschiedlicher Transaktionskosten auch *Ruffner* (2000), 83 f.
227 Vorn 761 ff.

mationsasymmetrien dienen, da eine Informationsasymmetrie grundsätzlich zugunsten des Investors besteht, der zum Zweck der Ausführung eines Grossauftrags verdeckte Aufträge verwendet, kennt doch nur er die Gesamtgrösse des Auftrags. Schliesslich erscheint auch der Schutz der Informationsrenditen institutioneller Investoren als Rechtfertigungsgrund für ein Verbot nicht vollends überzeugend, wenn sich die Informationseffizienz wie in dieser Arbeit vertreten primär nach den Informationsrisikokosten (*adverse selection costs*) bei Bereitstellung von Liquidität bestimmt.[228] Ein Verbot von Ping Orders erscheint insofern nicht zwingend.

Im Sinne eines Mittelwegs wäre denkbar, Ping Orders für Market-Making-Strategien und die reine Liquidity-Detection zu erlauben, aber für das aktive elektronische Frontrunning zu verbieten. Immerhin könnte argumentiert werden, dass höhere Transaktionskosten für Grossanleger nur beim Frontrunning durch Market-Maker, nicht aber bei aggressiven Frontrunningstrategien gänzlich kompensiert werden. Selbst das elektronische Frontrunning auf Derivatemärkten hat allerdings immerhin insofern eine positive Seite, als es zu einer schnelleren angebots- und nachfrageadäquaten Preisentwicklung führt. Gewichtiger erscheint aber, dass bei einem derartigen Verbot schwierige Abgrenzungsfragen verbleiben würden, gerade auch weil viele Händler aggressive und passive Strategien zugleich verfolgen.[229] Diese Abgrenzungsschwierigkeiten führen zu einer hohen Komplexität, einer hohen Rechtsunsicherheit sowie hohen Rechtskosten bei den Marktteilnehmern und hohen Aufsichtskosten beim Staat. Angesichts dessen erscheint wahrscheinlich, dass ein solcher Mittelweg mehr Staatsversagen kreiert als Marktversagen beseitigt. Im Vergleich dazu wäre es einfacher, wenn die Marktteilnehmer ihr Verhalten im Sinne einer dezentralen Intelligenz von sich aus an die Marktgegebenheiten anpassen. Die notwendige Anpassung ist im Falle von Ping Orders gering, können institutionelle Investoren jene doch einfach durch Mindestausführgrössen vermeiden.[230] Broker sind im Rahmen ihrer Pflicht zur bestmöglichen Ausführung von Kundenaufträgen (Best Execution) ohnehin verpflichtet, solche Gegebenheiten bei der Auftragsausführung zu berücksichtigen. Mit anderen Worten müssten Ping Orders unerheblich sein für die Transaktionskosten der Grossanleger, wenn die Broker ihre Sorgfalts- und Treuepflicht (Art. 11 lit. b und c BEHG) erfüllen. Im Übrigen sind nach Art. 27 Abs. 4 FinfraV (teilweise i.V.m Art. 42 Abs. 1 FinfraV) nur noch gewisse Formen von Dark Pools zulässig.

---

[228] Dazu vorn 761 ff.
[229] Hierzu vorn 65, 84, 88.
[230] Hierzu vorn 40, 82 ff.

8. Camouflage-Praktiken

a) Begriff

Bei der Ausführung von Block-Transaktionen stehen Investoren vor dem Problem, dass sich die Kurse stark zu ihren Ungunsten bewegen, wenn sie grosse Limit- oder Market-Orders verwenden. Daher stückeln Händler ihre Aufträge und suchen Dark Pools auf, wo sie ihre Aufträge mit Mindestausführgrössen verbinden, um nicht von den erwähnten Ping Orders entdeckt zu werden.[231] Dieses Verhalten ist auch als *camouflage trading* bekannt.[232]

b) Anfangsverdacht

Da ein Händler mit der Stückelung von Aufträgen und der Verwendung verdeckter Aufträge die anderen Marktteilnehmer über die Grösse des Gesamtauftrags zu täuschen versucht, könnten auch diese Verhaltensweisen potenziell vom Tatbestand der Marktmanipulation erfasst sein.[233] Zwar erschiene eine Erfassung – zumindest zum aktuellen Zeitpunkt – realitätsfern und sowohl *von der Crone/Maurer/Hoffmann* als auch *Pflaum/Wohlers* kamen zum Ergebnis, dass diese Verhaltensweisen den Tatbestand der Marktmanipulation nicht erfüllen;[234] nachfolgend sollen diese Verhaltensweisen dennoch kurz geprüft werden.

c) Aufsichtsrecht

Bei den Teilaufträgen, die bei einer Stückelung von Grossaufträgen gesetzt werden, handelt es sich um Kauf- oder Verkaufsaufträge im Sinne von Art. 143 Abs. 1 lit. b FinfraG. Von diesen Aufträgen geht grundsätzlich auch ein Signal für das Angebot, die Nachfrage und die Kurse von Effekten aus, bis zu einem gewissen Grad selbst dann, wenn es sich um verdeckte Aufträge handelt.[235] Es stellt sich daher lediglich die Frage, ob das von den Aufträgen ausgehende Signal falsch oder irreführend ist. Diese Frage ist grundsätzlich zu verneinen, da die Aufträge tatsächlich ausgeführt werden sollen und es sich entsprechend um ein echtes Angebots- oder Nachfrageverhalten handelt.[236] Hinzu kommt, dass die

---

[231] Hierzu vorn 25 f., 76 ff.
[232] Siehe *Zickert* (2016), 174 ff.
[233] So schon *von der Crone/Maurer/Hoffmann* (2011), 541 f.
[234] *von der Crone/Maurer/Hoffmann* (2011), 541; *Pflaum/Wohlers* (2013), 534.
[235] Dies zumindest dann, wenn es sich nicht um verdeckte Aufträge im Sinne von Ping Orders handelt, die sofort oder gar nicht ausgeführt werden.
[236] So auch *Zickert* (2016), 177 f., der zu Recht darauf hinwies, dass aktive Camouflage-Praktiken, bei denen falsche und irreführende Signale in die entgegengesetzte Marktrichtung gesendet werden, manipulativ sind.

Kurse zwar (grundsätzlich) weniger stark beeinflusst werden, als wenn der gesamte Blockauftrag angezeigt würde; das von den Aufträgen ausgehende Signal zeigt jedoch in dieselbe Richtung, anders als dies etwa beim Spoofing und Layering der Fall ist. Eine Aufklärungspflicht hinsichtlich der Gesamtzahl Aufträge, die ausgeführt werden soll, besteht in der Schweiz – vielleicht abgesehen vom Pflichtangebot nach Art. 135 FinfraG – nicht.[237] Der Gesetzgeber hat dies auf das Jahr 2016 hin noch untermauert, indem er Dark Pools nicht generell verbot und noch dazu nach Art. 29 Abs. 3 lit. b FinfraG i.V.m. Art. 26 Abs. 4 lit. d FinfraV Einschränkungen von der Vorhandelstransparenz gerade für Aufträge mit grossem Volumen zuliess.[238] Im Übrigen sind gemäss Art. 124 Abs. 1 lit. a FinfraV Effektengeschäfte zur Umsetzung des eigenen Entschlusses, ein Effektengeschäft zu tätigen, ausdrücklich zulässig.[239] Nach dem Gesagten handelt es sich hierbei jedoch im Zusammenhang mit dem Tatbestand der Marktmanipulation – anders als beim Insidertatbestand – um eine unechte Ausnahme.[240]

d) Strafrecht

Da die Stückelung von Aufträgen und der Handel in Dark Pools schon nicht vom aufsichtsrechtlichen Tatbestand der Marktmanipulation erfasst sind, fällt eine Subsumtion unter den engeren Straftatbestand der Kursmanipulation ausser Betracht. Im Übrigen sind nach dem Transaktionstatbestand der Kursmanipulation wie schon mehrfach erwähnt nur Scheingeschäfte verboten.[241]

e) Fazit

Im Sinne eines Fazits kann somit festgehalten werden, dass Verhaltensweisen bei der Ausführung von Block-Transaktionen wie die Stückelung von Aufträgen und die Verwendung verdeckter Aufträge weder vom aufsichtsrechtlichen Tatbestand der Marktmanipulation noch vom Straftatbestand der Kursmanipulation erfasst sind.

---

237 So auch *Pflaum/Wohlers* (2013), 534.
238 Zu den Dark Pools vorn 17 ff.
239 Die Regelung entspricht Art. 55f lit. a aBEHV; die EU kennt beim Insidertatbestand eine entsprechende Regel in Art. 9 Abs. 5 MAR, wonach dieser nicht erfüllt ist, wenn eine Person ihr Wissen über den eigenen Beschluss, Finanzinstrumente zu erwerben oder zu veräussern, beim Erwerb oder der Veräusserung dieser Finanzinstrumente nutzt.
240 Zum Insidertatbestand hinten 850 f.
241 Bspw. vorn 749 f.

9. Fehlerhafte Algorithmen

Senden fehlerhafte Algorithmen Aufträge an die Handelsplätze, könnte der aufsichtsrechtliche Tatbestand der Marktmanipulation erfüllt sein, setzt dieser doch weder eine Bereicherungsabsicht noch Vorsatz voraus. Dass von fehlerhaften Algorithmen ein falsches oder irreführendes Signal für das Angebot oder die Nachfrage von Effekten ausgeht, das das Marktverhalten eines verständigen und mit dem Markt vertrauten Marktteilnehmers zu beeinflussen vermag (*reasonable investor test*), erscheint auf den ersten Blick schlüssig, denn einem echten Angebots- oder Nachfrageverhalten scheinen auf diese Weise produzierte Aufträge nicht zu entsprechen. Bei genauerer Betrachtung drängt sich jedoch eine Differenzierung auf. Werden die abgeschlossenen Geschäfte nicht storniert, so bleibt der fragliche Händler durch seine Aufträge vertraglich gebunden. Wird ausserdem ein substanzieller Anteil der Aufträge ausgeführt, kann dem Händler schwerlich unterstellt werden, seine Aufträge hätten keinem echten Angebots- oder Nachfrageverhalten entsprochen. Anders ist die Sachlage, wenn die Geschäfte storniert werden. In diesem Fall ist von den Aufträgen ein falsches Signal für das Angebot oder die Nachfrage von Effekten ausgegangen, und der Händler dürfte grundsätzlich den Tatbestand der Marktmanipulation erfüllen, da dem algorithmischen Händler in subjektiver Hinsicht in aller Regel unterstellt werden kann, er hätte wissen müssen, dass von den platzierten Aufträgen ein falsches Signal für das Angebot, die Nachfrage oder die Kurse von Effekten ausgeht. Gleiches gilt im Übrigen für Fat-Finger-Trades. Die Erfüllung des Tatbestandes der Marktmanipulation wird dadurch von der Anwendung der börslichen Mistrade-Regeln abhängig gemacht.[242] In dieser Hinsicht ist anzumerken, dass bei fehlerhaften Algorithmen und Fat-Finger-Trades zwar grundsätzlich ein Erklärungsirrtum vorliegt, vorn jedoch vertreten wurde, dass ein Handelsplatz durch Mistrade-Regeln von den allgemeinen Irrtumsbestimmungen abweichen kann, sodass sich Händler nicht auf die allgemeinen Irrtumsbestimmungen berufen können.[243] Nicht erfüllt ist bei fehlerhaften Algorithmen im Übrigen der Straftatbestand der Kursmanipulation, da es bei fehlerhaften Algorithmen definitionsgemäss an einer Kursbeeinflussungs- und Bereicherungsabsicht fehlt, ebenso wie am Vorsatz.

---

[242] Die Anwendung von Protection-Points oder *reasonability limits* dürfte demgegenüber nicht genügen; zu diesen Mechanismen vorn 427 f.
[243] Vorn 412 f.

10. High-Frequency-Spam

Eine grosse Anzahl Aufträge und ein hoher Anteil stornierter Aufträge sind die Kennzeichnungsmerkmale des Hochfrequenzhandels schlechthin.[244] Das europäische Recht erhob das hohe untertägige Mitteilungsaufkommen in Form von Aufträgen, Quotes oder Stornierungen gar zu einem der Definitionsmerkmale der hochfrequenten algorithmischen Handelstechnik.[245] Nicht nur aufgrund der damit verbundenen operativen Risiken erachten Marktbeobachter dieses grosse Mitteilungsvolumen für problematisch.[246] Da nur ein Bruchteil der Aufträge auch tatsächlich ausgeführt wird, sehen sich Hochfrequenzhändler mit dem Vorwurf konfrontiert, ihre Aufträge seien irreführend und brächten dem Markt keine echte Liquidität.[247] Teilweise ist daher auch vom High-Frequency-Spam die Rede.[248] Der Vorwurf irreführender Aufträge wirft die Frage auf, ob von diesen Aufträgen ein falsches Signal für das Angebot, die Nachfrage oder die Kurse von Effekten im Sinne des Tatbestands der Marktmanipulation ausgeht. Davon ging offenbar die französische *Autorité des marchés financiers* (AMF) aus, als sie *Virtu Financial Europe* und *Euronext Paris* eine Busse von EUR 5 Mio. auferlegte.[249] Ein manipulativer Charakter muss jedoch dem Grundsatz nach verneint werden: Allein aus dem Umstand, dass Hochfrequenzhändler eine grosse Anzahl Aufträge generieren, die dann mit einer grossen Wahrscheinlichkeit wieder storniert werden, kann nicht abgeleitet werden, dass es sich dabei um kein echtes Angebots- oder Nachfrageverhalten handelt und von den Aufträgen ein falsches oder irreführendes Signal für das Angebot, die Nachfrage oder die Kurse von Effekten ausgeht.[250] Gewiss existieren manipulative Praktiken wie beispielsweise Spoofing-, Layering- oder Quote-Stuffing-Praktiken, die durch eine grosse An-

---

[244] *Rojček/Ziegler* (2016), 1; *Hunsader* (2011).
[245] Siehe Art. 4 Abs. 1 Nr. 40 MiFID II.
[246] Hierzu vorn 352 ff.
[247] *Bill Gates* führte gemäss *Crippen* (2014) dazu aus «*It doesn't seem like it's much value-added because when you really need the liquidity it's not guaranteed to be there.*»; vgl. *Haldane* (2011), 6, 14; *Weller* (2013), 22; *Sornette/von der Becke* (2011), 7 f.; *Biais/Woolley* (2011), 14; *Cartea/Penalva* (2011), 10 f.; *Buchanan* (2015), 162; *Aebersold Szalay* (2013); *Stiglitz* (2014), 10; ähnlich *Brown* (2010), 113; vorn 216 f., 388 ff.
[248] *Rojček/Ziegler* (2016), 1; *Hunsader* (2011).
[249] *AMF Décision Euronext & Virtu 2015*, 13 ff.; *Kasiske* (2014), 1935 insinuiert, dass bei Strategien, bei denen mehr als 90 Prozent der Aufträge umgehend wieder storniert werden, ein manipulatives Verhalten regelmässig vorliegt; allein aus der prozentualen Anzahl der Stornierungen sollte jedoch kein manipulatives Verhalten abgeleitet werden, da gerade die kontinuierliche Neuverteilung von Aufträgen bei Market-Making-Strategien zu einem hohen Anteil stornierter Aufträge führt.
[250] Ähnlich *Kasiske* (2014), 1934 f.

zahl stornierter Aufträge gekennzeichnet sind.[251] Zugleich ist jedoch eine Anpassung der Limit-Orders an die sich ständig wandelnde Informationslage notwendiger Bestandteil eines optimalen Risikomanagements gerade beim Market-Making. Die hohe Stornierungsrate ist daher keineswegs zwingend ein Indiz für eine manipulative Tätigkeit, sondern vielmehr ein Merkmal der ständigen Suche nach der optimalen Verteilung von Aufträgen vor dem Hintergrund der sich ständig wandelnden Informationslage.

VII. Ergebnisse

1. Erfassung einzelner Praktiken

Die Prüfung verschiedener Praktiken, die mit dem Hochfrequenzhandel in Verbindung gebracht werden, hat ergeben, dass Spoofing-, Layering-, Quote-Stuffing-, Momentum-Ignition- und Smoking-Praktiken vom aufsichtsrechtlichen Tatbestand der Marktmanipulation erfasst sind, nicht aber antizipierende Strategien im Sinne des elektronischen Frontrunnings oder Vorgehensweisen wie die Stückelung von Aufträgen bei der Ausführung von Block-Transaktionen. Bei fehlerhaften Algorithmen wurde vertreten, dass diese grundsätzlich nur dann manipulativ sind, wenn die Abschlüsse im Nachhinein aufgrund der börslichen Mistrade-Regeln storniert werden. Einen Grenzfall bilden ausserdem auch sogenannte Ping Orders und Phishing-Praktiken in Dark Pools. Zwar wurde in dieser Arbeit vertreten, dass diese Verhaltensweisen den Tatbestand der Marktmanipulation zumindest dem Grundsatz nach nicht erfüllen; die Esma sieht dies jedoch für das europäische Recht anders. Eher überraschend hat sich ausserdem ergeben, dass keine zwingenden Gründe ersichtlich sind, die ein Verbot des elektronischen Frontrunnings, von Ping Orders und von Phishing-Praktiken in Dark Pools angezeigt erscheinen liessen. Bemerkenswert ist ferner, dass keine der geprüften Praktiken vom Straftatbestand der Kursmanipulation erfasst ist, weil der Transaktionstatbestand gemäss Art. 155 Abs. 1 lit. b FinfraG nur Scheingeschäfte im Sinne von sogenannten Wash Trades und Matched Orders verbietet, nicht aber manipulative Aufträge oder manipulative echte Transaktionen. Der Straftatbestand ist mit anderen Worten nicht auf manipulative Hochfrequenzhandelspraktiken der Gegenwart ausgerichtet.

2. Keine verhaltenssteuernden Sanktionen

Die fehlende strafrechtliche Erfassung der untersuchten manipulativen Praktiken warf die Frage auf, ob die Praktiken ausreichend sanktioniert sind, um eine

---

[251] Zum Spoofing und Layering vorn 89 f., 752 ff.; zum Quote-Stuffing vorn 90, 756 ff.

verhaltenssteuernde Wirkung zu entfalten. Diese Frage musste zumindest für (grundsätzlich) nicht beaufsichtigte Personen – zu denen auch Hochfrequenzhändler gehören können[252] – klar verneint werden. Die Aufsichtsinstrumente der Finma nach Art. 145 FinfraG wie der Erlass einer Feststellungverfügung (Art. 32 FINMAG), die Veröffentlichung der aufsichtsrechtlichen Verfügung (Art. 34 FINMAG) sowie die Einziehung der Gewinne (Art. 35 FINMAG) dürften diese Personen kaum von manipulativen Praktiken abhalten. Hinzu kommt, dass die Finma laut dem Wortlaut der Bestimmungen selbst auf diese zahnlosen Instrumente nur bei schwerwiegenden Verstössen zurückgreifen darf. Sinnvoll erschiene eine Ahndung mit Busse.[253] Ob der Finma eine allgemeine Bussenkompetenz eingeräumt wird oder die manipulativen Praktiken strafrechtlich erfasst werden, dürfte für die verhaltenssteuernde Wirkung gleichgültig sein. Bei einer Ahndung durch Busse müsste das aufsichtsrechtliche Verbot der Marktmanipulation wohl ohnehin zum Nebenstrafrecht gezählt werden.[254] Dies hätte zur Folge, dass etwa die Auskunftspflicht gemäss Art. 145 FinfraG i.V.m. Art. 29 Abs. 1 FINMAG problematisch erschiene mit Blick auf das strafrechtliche Aussageverweigerungsrecht und die Unschuldsvermutung.[255] Ausserdem wäre bei einer gleichzeitigen Erfassung durch den Aufsichtstatbestand und den Straftatbestand das Doppelbestrafungsverbot (Art. 4 des 7. Protokolls zur EMRK) zu beachten.

3. Tatbestandsübersicht

Aufgrund der noch immer erstaunlich grossen Ungewissheit über den Inhalt der einzelnen Tatbestandselemente war eine vertiefte Auseinandersetzung mit dem Tatbestand der Marktmanipulation erforderlich. Im Sinne einer Kurzdarstellung der Ergebnisse dieser Auseinandersetzung setzt der Tatbestand Folgendes voraus:
- Informationen (insb. auch Auftragsinformationen);[256]
- die öffentliche Verbreitung der Informationen durch:
  - Medien; oder
  - eine Marktreaktion;

---

252 Vorn 524 ff., 539 ff.
253 So auch *von der Crone/Maurer/Hoffmann* (2011), 542.
254 *von der Crone/Maurer/Hoffmann* (2011), 542.
255 Hierzu etwa *Raimondi* (2012), 97; *Graf* (2014), 1202; *Monsch/von der Crone* (2015), 661.
256 Der Auftragstatbestand (Art. 143 Abs. 1 lit. b FinfraG) wurde als Unterfall des Informationstatbestands (Art. 143 Abs. 1 lit. a FinfraG) qualifiziert; vorn 732.

– ein Signal für den Kurs von Effekten, was im Sinne des Reasonable-Investor-Tests indirekt Folgendes erfordert:[257]
  – eine signifikante Beeinflussung der Kurse;
  – das Unterbleiben einer erwarteten Kursänderung; oder
  – zumindest eine (qualifizierte) Eignung für einen dieser Effekte;[258]
– die Information (bzw. das Signal) ist falsch oder irreführend:
  – Falsch ist die Information, wenn sie der Wahrheit widerspricht;[259]
  – Falsch ist das von Angeboten ausgehende Signal, wenn die Aufträge nicht ausgeführt werden sollen oder nur auf Scheingeschäfte abzielen;[260]
  – Irreführend ist die Information, wenn sie Anleger zu täuschen vermag und dadurch zu transitorischer Volatilität führt oder hierzu zumindest (qualifiziert) geeignet ist;[261]
– ein Verschulden (wissen oder wissen müssen):
  – Vorsatz; oder
  – Fahrlässigkeit.[262]

4. Perspektivenwechsel vom Anleger zum Markt

Bei den Tatbestandselementen wurden einige Umdeutungen vorgenommen, die Gegenstand weiterer Debatten bilden dürften. Kernanliegen der Auseinandersetzung mit dem Tatbestand der Marktmanipulation ist ein Wechsel der Perspektive vom (verständigen) Anleger hin zum Markt. Diese Marktperspektive ist denn auch bei den einzelnen Voraussetzungen omnipräsent: Die Frage, ob eine Information öffentlich verbreitet wurde, soll sich grundsätzlich nach der Markt-

---

[257] Angebot und Nachfrage werden nicht besonders aufgeführt, weil sie dem Kurs vorgelagert sind.

[258] Der Reasonable-Investor-Test präzisiert die Voraussetzung des Signals für das Angebot, die Nachfrage oder den Kurs von Effekten; das Kriterium ist sehr eng mit der öffentlichen Verbreitung von Informationen verknüpft, sofern eine Marktreaktion für dieses Kriterium den Gedanken von *von Hayek* folgend genügt; hierzu vorn 310.

[259] Dabei handelt es sich nicht um eine epistemologische Wahrheit, sondern um eine Wahrheit im Rechtssinne, die durch die von den Parteien vorgebrachten Beweismittel und die gerichtliche Beweiswürdigung zu ermitteln ist.

[260] In einem weiteren Sinne könnten Angebote falsch oder zumindest irreführend sein, wenn sie keinem echten Angebots- oder Nachfrageverhalten entsprechen; zu diesem vorn 741.

[261] Gestützt auf die Kritik vorn wurde hier bewusst nicht die Perspektive des verständigen Anlegers, sondern jene des Marktes gewählt.

[262] Genau genommen verlangt der Tatbestand, dass der Informationsemittent weiss oder wissen muss, dass von den Informationen falsche oder irreführende Signale für das Angebot, die Nachfrage oder den Kurs von Effekten ausgehen; vorn wurde jedoch gefolgert, dass diese Voraussetzungen im Wesentlichen dem Verschulden, also Vorsatz oder Fahrlässigkeit entsprechen.

reaktion beurteilen, ebenso wie die Fragen, ob von der Information ein Signal für den Kurs von Effekten ausgeht (statistisch signifikante Beeinflussung) und ob dieses Signal falsch oder irreführend ist (transitorische Volatilität). Fälle der Marktmanipulation sollten demnach nicht primär abstrakt gestützt auf ein Anlegerleitbild, sondern konkret anhand der Beobachtung des Marktes beurteilt werden. Dies soll jedoch nicht bedeuten, dass nicht auch Fälle von Marktmanipulation denkbar sind, bei denen die Kurse trotz einer manipulativen Verhaltensweise nicht reagieren, denn der Tatbestand verlangt eine Marktreaktion nicht ausdrücklich. Umgekehrt impliziert eine transitorische Volatilität auch nicht zwingend eine irreführende Information, da neue Informationen bis zu einem gewissen Grad generell zu erhöhter Unsicherheit und damit zu transitorischer Volatilität führen. In den meisten Fällen dürfte die Perspektive des Marktes jedoch besser dazu geeignet sein, gesamtwohlfahrtsschädigende Verhaltensweisen zu identifizieren und zu sanktionieren.

5. Erkenntnisse zu einzelnen Tatbestandselementen

Mit Bezug auf die einzelnen Tatbestandselemente wurde festgestellt, dass die Voraussetzung eines Signals für das Angebot, die Nachfrage oder den Kurs der Effekte im Wesentlichen eine statistische Signifikanz oder zumindest eine (qualifizierte) Eignung hierzu erfordern dürfte. In einem direkten Zusammenhang hierzu steht, dass der Begriff der Erheblichkeit, wie er bei der Legaldefinition der Insiderinformation (Art. 2 lit. j FinfraG) sowie beim Straftatbestand der Kursmanipulation (Art. 155 FinfraG) verwendet wird, nach dem in diesem Kapitel erlangten Auslegungsergebnis ebenfalls lediglich eine statistische Signifikanz erfordert. Die Voraussetzung eines Signals für die Kurse entspricht mit anderen Worten dem Erfordernis der Eignung für eine erhebliche Kursbeeinflussung. Ferner wurde festgestellt, dass der Tatbestand der Marktmanipulation nur auf den ersten Blick kein Verschulden erfordert, die Voraussetzung, dass die fragliche Person von der manipulativen Natur der Information wusste oder hätte wissen müssen, aber im Wesentlichen dem Verschulden im Sinne von Vorsatz oder Fahrlässigkeit entsprechen dürfte, und schliesslich erscheint gerade für den Handel in Dark Pools bedeutsam, dass der Auftrags- und Transaktionstatbestand gemäss Art. 143 Abs. 1 lit. b FinfraG zwar keine öffentliche Verbreitung der Aufträge erfordert, das Erfordernis eines Signals aber ebenfalls zumindest eine Person voraussetzt, die die Aufträge wahrnehmen kann.

§ 22 Insiderhandel

Während die Relevanz der Marktmanipulation für den Hochfrequenzhandel offenkundig sein dürfte, gilt dasselbe nicht unbedingt für den Insiderhandel. Dies ist jedoch trügerisch, denn für den Hochfrequenzhandel ist von grosser Bedeutung, zu welchem Zeitpunkt genau Informationen nicht mehr als vertraulich gelten und verwendet werden dürfen. Nicht weniger als neun verschiedene Sachverhalte, die mit dem Hochfrequenzhandel in Verbindung stehen, sollen in diesem Kapitel auf ihre Vereinbarkeit mit den Insidernormen hin geprüft werden. Aufgrund der grossen Unklarheiten hat sich schnell gezeigt, dass für diese Prüfung vorgängig eine vertiefte Auseinandersetzung mit den einzelnen Tatbestandselementen unumgänglich ist.

I. Rechtsgrundlagen

Das schweizerische Recht verbietet Insiderhandlungen seit dem 1. Mai 2013 nicht mehr nur strafrechtlich, sondern auch aufsichtsrechtlich. Auf den 1. Januar 2016 wurden die Insidernormen des Börsengesetzes in das Finanzmarktinfrastrukturgesetz (FinfraG) überführt, sodass sich das aufsichtsrechtliche Verbot nun in Art. 142 FinfraG und das strafrechtliche in Art. 154 FinfraG findet. Beide Tatbestände verwenden den Begriff der Insiderinformation, der in Art. 2 lit. j FinfraG definiert ist. Ausnahmen vom Insidertatbestand hat der Bundesrat gestützt auf Art. 142 Abs. 2 FinfraG in den Artikeln 119 ff. der Finanzmarktinfrastrukturverordnung (FinfraV) verankert, und die Finma hat ihrerseits bedeutende Präzisierungen und besondere Organisationsvorgaben für Beaufsichtigte in ihren Marktverhaltensregeln (FINMA-RS 2013/8) statuiert. Im Unterschied zu den Ausführungen zur Marktmanipulation bezog sie sich dabei allerdings nicht ausdrücklich auf den Hochfrequenzhandel.[1]

Die Artikel 2 lit. j, 142 und 154 FinfraG entsprechen im Wesentlichen den Artikeln Art. 2 lit. f, 33e und 40 aBEHG. Kleine Veränderungen finden sich allerdings dennoch, und zwar sowohl beim Anwendungsbereich als auch bei den Insiderhandlungen. Vom sachlichen Anwendungsbereich sind neu sämtliche Effekten erfasst, die an einem Handelsplatz zum Handel zugelassen sind; die Artikel 142 und 154 Abs. 3 und 4 FinfraG verbieten neu ausdrücklich Insiderhandlungen mit Bezug auf Empfehlungen, die auf Insiderinformationen beruhen; und den Begriff der abgeleiteten Finanzinstrumente ersetzte der Gesetzgeber mit jenem der Derivate.[2] Da der Bundesrat bei der Schaffung des aufsichtsrechtlichen

---

[1] Zur Bezugnahme bei der Marktmanipulation vorn 721.
[2] Die letzte Änderung ist als Rückschritt zu betrachten; hierzu hinten 812.

Insidertatbestandes ausdrücklich erklärte, dass damit auch eine Lücke im Vergleich zum europäischen Recht geschlossen werden soll, kann bei der Auslegung der Bestimmungen zumindest teilweise auch das europäisches Recht beigezogen werden.[3]

II. Geschütztes Rechtsgut

1. Regulierungsziele und Schutznormcharakter

Sowohl das aufsichtsrechtliche als auch das strafrechtliche Verbot des Insiderhandels soll nach dem Willen des schweizerischen Gesetzgebers in erster Linie die Chancengleichheit der Anleger und die Funktionsfähigkeit des Finanzmarkts schützen.[4] Mehr noch als früher erscheint die Chancengleichheit der Anleger als Schutzziel angesichts des algorithmischen Handels allerdings illusorisch: Der Mensch dürfte heute kaum noch in der Lage sein, auf neue Information ausreichend schnell zu reagieren, sodass er mit Algorithmen konkurrieren und von den neuen Informationen profitieren könnte. Bei Auftragsinformationen gilt dies mehr noch als bei fundamentalen Informationen, was bei den einzelnen Voraussetzungen und der Würdigung von Sachverhalten im Zusammenhang mit dem Hochfrequenzhandel zu berücksichtigen ist.

Hinsichtlich der Frage, ob die Insidertatbestände als Schutznormen für das Vermögen von Investoren zu qualifizieren sind, kann grundsätzlich auf die Ausführungen zur Marktmanipulation verwiesen werden.[5] Nicht nur sprechen die Materialien eher gegen den Charakter einer Schutznorm;[6] auch beim Insiderhandel dürften die Schäden in der Regel breit gestreut, nur schwer zu substanziieren und nur schwer auf die Insiderhandlung zurückzuführen sein, weshalb bei Bejahung einer Schutznorm hohe Gesellschaftskosten zu befürchten wären.[7] Im Sinne einer Vereinfachung erschiene es daher auch beim Insidertatbestand einfacher, bei Insiderhandlungen einen Schaden der gesamten Volkswirtschaft anzunehmen, der durch eine Busse abzugelten ist.

---

[3] Zur Erklärung des Bundesrates *Botschaft BEHG 2011*, 6888; vgl. BGE 129 III 335 E. 6 zur rechtsvergleichenden Auslegung.
[4] *Botschaft BEHG 2011*, 6880, 6886 f.; *Bericht Expertenkommission Börsendelikte 2009*, 50; *M. K. Weber* (2013), 39 f., 61 f., 81 f.; ausführlich *Koenig* (2006), 16 ff., 84 ff.; siehe auch *Sethe/Fahrländer* (2017), N 4 f. zu Art. 142 FinfraG; *Bühler/Häring* (2009), 455.
[5] Vorn 723 ff.
[6] Im Ergebnis gl. M. *Koenig* (2006), 94; a. M. *Fahrländer* (2015), N 101.
[7] Vorn 726 f.

2. Ökonomische Erwägungen

a) Allgemeine Bemerkungen

Während die deutschsprachige Lehre das Insiderhandelsverbot in der Regel mit dem Anlegerschutz rechtfertigt, werden in der englischsprachigen Literatur auch ökonomische Gründe angeführt.[8] In ökonomischer Hinsicht wurden die folgenden Probleme identifiziert: ein Moral Hazard, zu risikoreiche Investitionen, mit dem Insiderhandel verbundene ineffiziente Kompensationszahlungen, Anreize für die verzögerte Offenlegung von Informationen und eine Verminderung der Marktliquidität.[9] Eine ökonomische Rechtfertigung des Insiderhandelsverbots erscheint vor allem auch deshalb erforderlich, weil der Schutz der Chancengleichheit der Anleger heute wie soeben erwähnt angesichts des algorithmischen Handels mehr noch als früher illusorisch erscheint.

b) Moral Hazard

Ist der Insiderhandel erlaubt, so besteht ein gefährlicher Moral Hazard insofern, als es Managern weitgehend gleichgültig sein kann, ob sie die Firma erfolgreich managen oder in den Bankrott führen, da sie in beiden Fällen durch Insidergeschäfte davon profitieren können.[10] Diese Fehlanreize sind eng mit der Befürchtung zu risikoreicher Geschäfte und dem Vorwurf ineffizienter Kompensationszahlungen verknüpft. Ist der Insiderhandel erlaubt, so sind risikoreiche Geschäfte besonders attraktiv, da diese zu einer grösseren Breite denkbarer zukünftiger Zustände führen und damit mehr Möglichkeiten für Profite aus Insidergeschäften bieten.[11] Ineffizient sind Kompensationszahlungen durch Insidergeschäfte, da nicht die Leistung des Managements entschädigt wird.[12] Die Leistungsunabhängigkeit der Insiderrenditen lässt das Argument der Befürworter des Insiderhandels, derselbe führe zu einem Nebenerwerb, der geringere Saläre erlaube, nur noch beschränkt überzeugend erscheinen.[13] Jedenfalls wäre eine effizientere Betätigung im Sinne des Unternehmens vorzuziehen.

Das mit dem Moral Hazard verbundene Marktversagen könnte möglicherweise kreativ beseitigt werden, indem der Insiderhandel nur einseitig verboten würde,

---

[8] Zur deutschsprachigen Literatur *Koenig* (2006), 16 ff.
[9] *Carlton/Fischel* (1983), 872; siehe auch *Posner* (2014), 572 f.; *Easterbrook* (1981), 331 ff., der ferner auf die Problematik von Handlungsrechten (*Property Rights*) des Unternehmens an Informationen hinweist.
[10] *Carlton/Fischel* (1983), 873; *Levmore* (1982), 149.
[11] *Carlton/Fischel* (1983), 875 f.; *Easterbrook* (1981), 332.
[12] *Levmore* (1982), 149; kritisch *Scott* (1980), 808 f. und *Carlton/Fischel* (1983), 878.
[13] *Posner* (2014), 573.

das heisst, das Ausnutzen positiver Insiderinformationen erlaubt bliebe. Zugleich müssen auch die erhöhten Risikopräferenzen des Managements nicht zwingend negativ gewertet werden; *Posner* etwa wies in diesem Zusammenhang darauf hin, dass erhöhte Risikopräferenzen gerade erwünscht sein könnten, da die Manager grundsätzlich risikoaverser als die Aktionäre seien.[14] Die grössere Risikoaversion des Managements lässt sich damit erklären, dass Aktionäre ihre Risiken diversifizieren können.[15] All diese Argumente ändern jedoch nichts daran, dass die für Insidergeschäfte aufgewendete Arbeit wohlfahrtsökonomisch betrachtet keinen Nutzen bringt und Manager von ihrer eigentlichen Aufgabe abgelenkt werden.

c) Informationseffizienz

Die Aussage, dass der Insiderhandel keinen wohlfahrtsökonomischen Nutzen bringt, lässt sich bestreiten, denn der Insiderhandel ist in dieser Hinsicht auf den ersten Blick insofern trügerisch, als er im Unterschied zur Marktmanipulation zumindest kurzfristig zu einer höheren Informationseffizienz führen dürfte; kursrelevante Informationen werden schneller durch die Kurse wiedergegeben.[16] Mittel- bis langfristig ist allerdings insofern ein negativer Effekt auf die Informationseffizienz zu erwarten, als Firmen zur Verzögerung der Offenlegung von Informationen verleitet werden, um dadurch die Informationsrenditen der Manager zu erhöhen.[17] Darüber hinaus kann der Insiderhandel möglicherweise gar zur Verdrängung von Analysten führen.[18] Der anfänglich positive Einfluss des Insiderhandels auf die Informationseffizienz dürfte dadurch ins Negative verkehrt werden.

d) Marktliquidität: Risikominimierung und Wettbewerbsschutz

Schliesslich werden negative Auswirkungen des Insiderhandels auf die Marktliquidität befürchtet, da sich uninformierte Personen vom Markt zurückziehen könnten.[19] Dem kann allerdings entgegengehalten werden, dass Anleger im Allgemeinen ohnehin kaum noch in der Lage sein dürften, News-Trading zu betreiben. Hinzu kommt, dass das Handelsvolumen und die Marktliquidität nur beschränkt zusammenhängen.[20] Risiko- und Wettbewerbsüberlegungen spre-

---

14 *Posner* (2014), 573; ähnlich die Begründung bei *von der Crone/Buff* (2015), 448 ff.
15 Vgl. *von der Crone/Buff* (2015), 449 f.
16 Dabei handelt es sich heute grundsätzlich um eine Selbstverständlichkeit; so aber bspw. *Carlton/Fischel* (1983), 866 ff.; *Koenig* (2006), 11 ff.; *Lorez* (2013), 12.
17 *Carlton/Fischel* (1983), 879; *Easterbrook* (1981), 333; *Levmore* (1982), 1249.
18 *Goshen/Parchomovsky* (2001), 1230 ff.; *Leuenberger* (2010), 98 ff.
19 *Carlton/Fischel* (1983), 879; auch *Posner* (2014), 573.
20 Vorn 219 f.

chen dennoch für einen negativen Effekt des Insiderhandels auf die Marktliquidität. Bereitsteller von Liquidität sehen sich als Teil ihres Geschäftsmodells mit dem Risiko konfrontiert, gegen informierte Personen zu handeln (*Adverse Selection*), wofür sie der Spread entschädigen muss.[21] Ist der Insiderhandel erlaubt, so ist dieses Risiko grösser; der Umstand, dass in diesem Fall auch Market-Maker Insiderinformationen verwenden, dürfte diese Risikoerhöhung nicht vollumfänglich kompensieren. Hinsichtlich des Wettbewerbs gewährleistet das Insiderhandelsverbot ähnliche Bedingungen für kleinere und grössere Bereitsteller von Liquidität, wodurch die positiven Skaleneffekte und die Markteintrittshürden minimiert werden. Das Insiderhandelsverbot schützt mit anderen Worten zwar nicht die Chancengleichheit der Anleger, aber die Chancengleichheit sophistizierter Händler, die Market-Making-Strategien verfolgen. Mittelfristig müsste sich auch dieser Wettbewerbsschutz positiv auf die Liquidität auswirken. Während sich die negativen Auswirkungen des Insiderhandels auf die Risiken der Bereitsteller von Liquidität durch ein Insiderhandelsprivileg für Bereitsteller von Liquidität beseitigen liessen, trifft dasselbe nicht zu für die negativen Auswirkungen auf den Wettbewerb.[22] Der Schutz der Marktliquidität gebietet daher eine generelles Insiderhandelsverbot.

e) Fazit

Zusammengefasst dürfte sich der Insiderhandel negativ auf die Marktliquidität und zumindest mittel- bis langfristig auch negativ auf die Informationseffizienz der Märkte auswirken. Darüber hinaus bewirkt der Insiderhandel Fehlanreize, gerade etwa weil Manager an einer negativen Entwicklung des Geschäftsverlaufs genauso ein Interesse haben wie an einem positiven Verlauf. Möglicherweise liessen sich Formen von Marktversagen durch kreative Lösungsansätze zumindest teilweise beseitigen, ohne dass der Insiderhandel gänzlich verboten würde; letztlich aber dürfte vor allem der fehlende wohlfahrtsökonomische Nutzen und das beschränkte Leistungsvermögen des Managements dennoch für ein generelles Verbot sprechen. Sind Insidergeschäfte verboten, so werden Manager weniger von ihrer eigentlichen Arbeit abgelenkt, wodurch sie ihre Zeit und Arbeit produktiver für das Unternehmen einsetzen können. Das zumindest wäre zu hoffen.

---

21   Zur adversen Selektion vorn 63 ff., 227 f., 299 ff.
22   Siehe hierzu auch hinten 838 ff.

III. Tatbestand

1. Übersicht

Der aufsichtsrechtliche Insidertatbestand setzt nach Art. 142 FinfraG Folgendes voraus:
- eine Insiderinformation oder darauf beruhende Empfehlungen;
- eine Insiderhandlung:
  - eine Insidergeschäft (Art. 142 Abs. 1 lit. a FinfraG);
  - die Verbreitung von Insiderinformationen (lit. b); oder
  - das Ausnutzen für eine Insiderempfehlung (lit. c);
- in subjektiver Hinsicht:
  - dass die handelnde Person weiss oder wissen müsste, dass es sich um eine Insiderinformation handelt oder die Empfehlung darauf beruht;
  - einen direkten Vorsatz, sofern die Insiderhandlung ein Ausnutzen der Informationen verlangt (umstritten);
- negativ, dass kein Ausnahmetatbestand erfüllt ist (Art. 142 Abs. 2 FinfraG i. V. m. 119 ff. FinfraV).

Bei der nachfolgenden Auseinandersetzung mit Sachverhalten, die im Zusammenhang mit dem Hochfrequenzhandel stehen, wird der Fokus auf das Vorliegen einer Insiderinformation gelegt.

2. Insiderinformation

Insiderinformationen sind gemäss Art. 2 lit. j FinfraG vertrauliche Informationen, deren Bekanntwerden geeignet ist, den Kurs von Effekten, die an einem Handelsplatz in der Schweiz zum Handel zugelassen sind, erheblich zu beeinflussen.

a) Sachlicher Anwendungsbereich

Vom sachlichen Anwendungsbereich der Insidertatbestände sind nach Art. 2 lit. j FinfraG Effekten erfasst, die an einem Handelsplatz in der Schweiz zum Handel zugelassen sind. Der sachliche Anwendungsbereich ist damit identisch mit jenem des Verbots der Marktmanipulation, sodass auf die dortigen Ausführungen verwiesen werden kann.[23] Art. 2 lit. j FinfraG nimmt keinen Bezug auf abgeleitete oder verbundene Finanzinstrumente; in dieser Hinsicht wurde allerdings im Kapitel 21 (Marktmanipulation) festgehalten, dass eine Information, die

---

[23] Vorn 728 ff.

ein abgeleitetes Finanzinstrument signifikant beeinflusst, in der Regel auch den Basiswert signifikant beeinflussen dürfte.[24] Vom sachlichen Anwendungsbereich nach Art. 2 lit. j FinfraG sollten daher grundsätzlich auch sämtliche mit diesen Effekten technisch zusammenhängenden Finanzinstrumente erfasst sein. Ausdrücklich hat der Gesetzgeber diese Frage mit Bezug auf die erfassten Insiderhandlungen geregelt: Nach Art. 142 Abs. 1 lit. a und lit. c sowie Art. 154 Abs. 1 lit. a und lit. c FinfraG sind auch Insiderhandlungen verboten, bei denen von Effekten abgeleitete Derivate eingesetzt werden. Diese Regel lässt allerdings keine Rückschlüsse auf Art. 2 lit. j FinfraG zu. Die Erfassung korrelierender Wertpapiere ist insofern im vorliegenden Zusammenhang von Bedeutung, als im Zusammenhang mit dem Hochfrequenzhandel die Befürchtung geäussert wurde, dass Broker Frontrunning in korrelierenden Märkten betreiben und dadurch die Ausführungsqualität ihrer Kunden aufgrund der Rückkorrelation beeinträchtigen.[25]

b) Informationsbegriff

aa) *Umstrittene Reichweite des Begriffs der Information*

Art. 2 lit. j FinfraG verlangt zunächst eine Information. Wie weit dieser Begriff der Information reicht, hat zu einigen Diskussionen Anlass gegeben. Umstritten ist insbesondere die Frage, ob auch unternehmensexterne Tatsachen erfasst sind, die nicht im Rahmen der Ad-hoc-Publizität veröffentlicht werden müssen.[26] Zu diesen unternehmensexternen Tatsachen zählen die im Zusammenhang mit dem Hochfrequenzhandel zentralen Auftragsinformationen.

Die Finma hat den Begriff der Information in den Marktverhaltensregeln präzisiert. Die Information muss sich demnach auf einen Sachverhalt beziehen, einschliesslich fester Absichten, noch nicht realisierter Pläne oder Aussichten.[27]

---

[24] Hierzu vorn 730; allein darauf dürfte es letztlich ankommen; der Umstand, dass die Finma es für sachlich falsch erachtete, bei der Definition der Insiderinformation auch abgeleitete Finanzinstrumente zu nennen, ändert nichts daran, da die Finma dies damit begründete, dass bei OTC-Derivaten keine erhebliche Kursrelevanz gegeben sein könne; hierzu *Vernehmlassungsantwort Börsendelikte 2010*, 4; *Fahrländer* (2015), N 259; diese Aussage aber dürfte in dieser Allgemeinheit nicht zutreffen.
[25] *Angel/Harris/Spatt* (2011), 7, 48 ff.; zur Erfassung des Frontrunnings hinten 831 ff.
[26] Dafür FINMA-RS 2013/8, N 8; *Sethe/Fahrländer* (2017), N 12 ff. zu Art. 2 lit. j FinfraG; *Fahrländer* (2015), N 337; *Zulauf et al.* (2014), 433; bereits unter dem alten Recht etwa *Leuenberger* (2010), 347; *Koenig* (2006), 163 f.; *Trippel/Urbach* (2011), N 31 zu Art. 161 aStGB; dagegen *Watter/Hoch* (2012), 503; *Bohrer et al.* (2013), 74 f.; tendenziell auch *Botschaft StGB 2006*, 445 zum alten Recht.
[27] FINMA-RS 2013/8, N 8.

Weiter stellte die Finma ausdrücklich klar, dass auch unternehmensexterne Sachverhalte wie beispielsweise das Wissen um eine zu publizierende Finanzanalyse, ein grosser Kundenauftrag, eine zu erteilende oder zu verweigernde Zulassung oder Genehmigung oder ein geplanter Terroranschlag als Informationen im Sinne des Tatbestandes gelten.[28] Die Information müsse allerdings genügend klar und sicher sein, um als Grundlage für eine Einschätzung der Kursentwicklung dienen zu können; Gerüchte und Spekulationen würden vom Informationsbegriff nicht erfasst.[29]

Die Umschreibung des Begriffs der Information in den Marktverhaltensregeln wurde von etlichen Anhörungsteilnehmern kritisiert.[30] Vorgebracht wurde insbesondere, die Qualifikation unternehmensexterner Sachverhalte als Insiderinformationen widerspreche der Botschaft zur Revision des Börsengesetzes, gemäss der sich der Begriff der vertraulichen Tatsache an Art. 161 aStGB anlehne, der sich lediglich auf unternehmensinterne Tatsachen bezogen habe.[31] Andere Anhörungsteilnehmer verlangten umgekehrt, dass Frontrunning-, Parallelrunning- und Afterrunning-Praktiken ausdrücklich genannt werden, wie es im Rundschreiben aus dem Jahr 2008 der Fall war.[32] Bezogen auf diese Praktiken hielt die Finma im Anhörungsbericht fest, dass diese lediglich erfasst würden, wenn die zugrunde liegende Information eine Insiderinformation darstelle, und dass auf die Nennung für diese wenigen Einzelfälle verzichtet werde.[33] Die Finma ging mit anderen Worten davon aus, dass Frontrunning-Praktiken nur in Einzelfällen vom Insidertatbestand erfasst sind. Bemerkenswert ist denn auch, dass der Insiderhandel bei der prominenten Untersuchung des Devisenhandelsgeschäfts der UBS keine Rolle spielte, obwohl unter anderem auch Frontrunning-Praktiken Gegenstand dieses Verfahrens waren.[34] Die Finma behält sich mit anderen Worten vor, in gewissen Fällen von Frontrunning auf Insiderhandel zu erkennen; sie wendet den Tatbestand aber nicht systematisch auf Frontrunning-Praktiken an, dies obwohl sie grundsätzlich der Ansicht ist, dass auch unternehmensexterne Informationen vom Begriff der Information nach Art. 2 lit. j FinfraG erfasst sind. Die Ausführungen der Finma werfen damit aber mehr Fragen auf, als sie beantworten.

---

28   FINMA-RS 2013/8, N 8.
29   FINMA-RS 2013/8, N 8; a.M. *Sethe/Fahrländer* (2017), N 24 ff. zu Art. 2 lit. j FinfraG.
30   *AB FINMA-RS 2013/8*, 11 ff.; später auch *Bohrer et al.* (2013), 74 f.
31   *AB FINMA-RS 2013/8*, 11 f.; so schon *Watter/Hoch* (2012), 503 mit Verweis auf die Regeln zur Ad-hoc-Publizität; vgl. *Botschaft StGB 2006*, 445.
32   *AB FINMA-RS 2013/8*, 17; vgl. FINMA-RS 2008/38, N 42.
33   *AB FINMA-RS 2013/8*, 17.
34   *Finma Untersuchung Devisenhandel UBS 2014*.

Angesichts der Bedeutung der Frage, ob Auftragsinformationen im Allgemeinen und grosse Kundenaufträge im Besonderen vom Begriff der Information nach Art. 2 lit. j FinfraG erfasst sind, soll dieser nachfolgend nach den Regeln des Methodenpluralismus ausgelegt werden.[35] Denkbar – wenn auch nicht unbedingt erwünscht – wäre, dass der Begriff aufsichtsrechtlich und strafrechtlich unterschiedlich auszulegen ist.

bb) Grammatikalische Auslegung

Der Wortlaut einer Bestimmung und die ihm zugemessene Bedeutung werden in der Regel als Ausgangspunkt der Auslegung bezeichnet.[36] Die grammatikalische Auslegung ist insofern gewichtig, als das Bundesgericht wiederholt festgehalten hat, dass vom klaren Wortlaut nur ausnahmsweise abgewichen werden darf, wenn triftige Gründe dafür vorliegen, dass der Wortlaut nicht den wahren Sinn der Bestimmung wiedergibt.[37]

Der Begriff der Information hat einen sehr weiten Wortsinn. Nach dem Fernmeldegesetz sind Informationen für Menschen, andere Lebewesen oder Maschinen bestimmte Zeichen, Signale, Schriftzeichen, Bilder, Laute und Darstellungen jeder anderen Art (Art. 3 lit. a FMG). Der Begriff der Information kann damit jede Auswahl bei einer grösseren Anzahl Möglichkeiten erfassen.[38] Nach dem grammatikalischen Auslegungsargument wären folglich auch unternehmensexterne Informationen wie Informationen zu Kundenaufträgen oder allgemein Auftragsinformationen vom Begriff der Information erfasst. Der in der Literatur zu findende Vorwurf, der Gesetzestext würde die Erfassung von Frontrunning nicht einmal im Ansatz widerspiegeln,[39] erscheint daher unbegründet. Im Gegenteil, der Wortlaut enthält gerade keine Einschränkung auf unternehmensinterne Informationen.[40]

cc) Historische Auslegung

Bei der historischen Auslegung wird zwischen der subjektiv-historischen, der objektiv-historischen und der geltungszeitlichen Auslegung unterschieden.[41] Die subjektiv-historische Auslegung orientiert sich am Willen des historischen Ge-

---

35   Zum Methodenpluralismus bspw. *E. Kramer* (2016), 57 ff.; *Emmenegger/Tschentscher* (2012), N 182 ff. zu Art. 1 ZGB.
36   *E. Kramer* (2016), 61; *Emmenegger/Tschentscher* (2012), N 206 zu Art. 1 ZGB.
37   BGE 140 II 415 E. 5.4; 140 II 129 E. 3.2; 139 V 66 E. 2.2; 138 V 86 E. 5.1; 115 V 347 E. 1c.
38   Zum Informationsbegriff vorn 787 ff.
39   *Watter/Hoch* (2012), 505 f.
40   So auch *Fahrländer* (2015), N 337.
41   *Emmenegger/Tschentscher* (2012), N 166 ff. zu Art. 1 ZGB; vgl. *E. Kramer* (2016), 125 ff.

setzgebers, bei der objektiv-historischen Auslegung ist die objektiv zuzumessende Bedeutung des Gesetzes zur Zeit der Entstehung massgebend und bei der geltungszeitlichen Auslegung primär der aus Wortlaut und Systematik hervortretende, dem Gesetz heute vernünftigerweise zugemessene Sinn.[42] Die Unterschiede zwischen der subjektiv-historischen und der objektiv-historischen Auslegung sind kleiner als möglicherweise anzunehmen wäre, da auch für die objektiv-historische Auslegung der in den Materialien erkennbare Wille der Hauptindikator für die Auslegung ist.[43] Während der subjektiv- und objektiv-historischen Auslegung vor allem bei jungen Normen besondere Beachtung geschenkt wird, kommt die geltungszeitliche Auslegung primär bei älteren Normen zum Tragen.[44] Die frühere Insiderstrafnorm Art. 161 aStGB trat auf den 1. Juli 1988 in Kraft und wurde seither mehrfach angepasst, zuletzt bei der Überführung ins Finanzmarktinfrastrukturgesetz auf den 1. Januar 2016.[45] Entsprechend stehen die subjektiv- und objektiv-historische Auslegung in historischer Hinsicht im Vordergrund.

Der Entwurf des Bundesrates zur Insiderstrafnorm von 1988 verwendete im Unterschied zum heutigen Begriff der Information den Begriff der Tatsache, der allerdings nicht näher definiert war.[46] In den parlamentarischen Beratungen wurde zum Entwurf die Legaldefinition Art. 161 Abs. 3 aStGB (1988) hinzugefügt, wonach als Tatsachen lediglich bevorstehende Emissionen neuer Beteiligungsrechte, eine Unternehmensverbindung oder ein ähnlicher Sachverhalt von vergleichbarer Tragweite gelten sollten.[47] Das Bundesgericht legte diesen Sachverhalt vergleichbarer Tragweite eng aus, sodass bloss Veränderungen der internen oder externen Struktur der Gesellschaft erfasst waren.[48] Auftragsinformationen fielen entsprechend abgesehen von Unternehmensübernahmen nicht unter den Begriff der Tatsache in der Fassung des Strafgesetzes von 1988.[49]

Auf den 1. Oktober 2008 hin wurde die Legaldefinition der Tatsache in Art. 161 Abs. 3 aStGB gestrichen, um den Anwendungsbereich der Bestimmung auszudehnen.[50] Damit gewann der sprachliche Wortsinn des Begriffs der Tatsache an

---

42 *E. Kramer* (2016), 126; *Emmenegger/Tschentscher* (2012), N 167 ff. zu Art. 1 ZGB.
43 *Emmenegger/Tschentscher* (2012), N 170 zu Art. 1 ZGB.
44 Vgl. BGE 135 III 59 E. 4.3; 115 V 347 E. 1c; zur geltungszeitlichen Auslegung siehe etwa BGE 141 E. 5.2.
45 *Botschaft StGB 2006*, 441.
46 *Botschaft StGB 1985*, 90.
47 *Botschaft StGB 2006*, 442.
48 BGE 118 Ib 547 E. 4e; BGer 1A.325/2000 vom 5. März 2001 E. 3a–3e; 2A.567/2001 vom 15. April 2002 E. 6.5.2; *Botschaft StGB 2006*, 442; siehe auch *Watter/Hoch* (2012), 502.
49 Zum Frontrunning *Koenig* (2010), 5; *Koenig* (2006), 216; *Hürlimann* (2005), 58 f. Fn. 266.
50 Zur Ausdehnung *Botschaft StGB 2006*, 444 f.

Bedeutung. Die Lehre verstand unter dem Begriff der Tatsache ein dem Beweis zugänglicher Sachverhalt tatsächlicher oder rechtlicher Natur.[51] Der Begriff der Tatsache fordert damit im Unterschied zu jenem der Information zwingend eine Übereinstimmung mit der objektiven – oder zumindest einer intersubjektiven – Wirklichkeit. Der Bundesrat hielt jedoch sowohl in der Botschaft von 1985, als er den Begriff der Tatsache wählte, als auch in der Botschaft von 2011, als er jenen der Information wählte, fest, dass die jeweilige Wahl nur redaktioneller und nicht inhaltlicher Natur sei.[52]

Mit der Ausdehnung des Anwendungsbereiches im Jahr 2008 akzentuierte sich die Bedeutung der Frage, ob vom Begriff der Tatsache auch unternehmensexterne Tatsachen erfasst wurden. Der sprachliche Wortsinn hätte für die Erfassung unternehmensexterner Tatsachen gesprochen. In der Botschaft aus dem Jahr 2006 verwies der Bundesrat in diesem Zusammenhang jedoch auf die Regeln der SIX zur Ad-hoc-Publizität.[53] Darauf stützte ein Teil der Lehre ihre Ansicht, dass nur Tatsachen mit einem Bezug zum Tätigkeitsbereich der Emittenten vom Begriff der Tatsache erfasst waren.[54] Ein anderer Teil der Lehre hielt demgegenüber schon damals dafür, dass unternehmensexterne Tatsachen ebenfalls erfasst sein konnten.[55] Dieser andere Teil stützte sich teilweise aber ebenfalls auf die Regeln der SIX zur Ad-hoc-Publizität, nach denen unternehmensexterne Tatsachen nur ausnahmsweise der Ad-hoc-Publizität unterliegen, und zwar dann, wenn sie eine direkte Innenwirkung auf den Geschäftsgang des Unternehmens haben.[56] Als Beispiele nennt die SIX aktuelle Entscheide einer Wettbewerbs- oder Aufsichtsbehörde oder eines Gerichts, die Kündigung eines bedeutsamen Vertrages durch einen wichtigen Vertragspartner, den Konkurs eines wichtigen Vertragspartners oder dessen Sanierungsbedürftigkeit sowie Übernahmeangebote.[57] Mit anderen

---

51 *Fahrländer* (2015), N 309; *M. K. Weber* (2013), 116; *Lorez* (2013), 53 f.; vgl. *Leuenberger* (2010), 344 ff.; *Trippel/Urbach* (2011), N 24 zu Art. 161 aStGB; der Duden bezeichnet als Tatsache jeden wirklichen, gegebene Umstand (*www.duden.de/rechtschreibung/Tatsache*).
52 *Botschaft StGB 1985*, 81; *Botschaft BEHG 2011*, 6873, 6885, 6899.
53 *Botschaft StGB 2006*, 445.
54 *Watter/Hoch* (2012), 503; *Bohrer et al.* (2013), 74 f.
55 *Leuenberger* (2010), 347; *Trippel/Urbach* (2011), N 24 zu Art. 161 aStGB; *Lorez* (2013), 54; letztere allerdings lediglich bezogen auf die Praxis der SIX zur Ad-hoc-Publizität; *Schmid* (1988), N 181 bereits zur Fassung von 1988, wonach von anderen Firmen unterbreitete Übernahmeangebote, die Niederlassung in Übersee, bedrohende Naturkatastrophen sowie Verstaatlichungsmassnahmen ebenfalls Insiderinformationen darstellen können; zu ignorieren scheinen dieses Kriterium auch *Bühler/Häring* (2009), 457 ff.
56 *Lorez* (2013), 54 und *SIX Kommentar RLAhP 2011*, N 41; *Leuenberger* (2010), 347 f. stützte sich nicht auf die Ad-hoc-Publizität, verlangte aber, dass die Information dem Insider ausschliesslich aufgrund seiner Insiderstellung zur Kenntnis gelangt ist.
57 *SIX Kommentar RLAhP 2011*, 41 ff.; gemäss *A. Peter* (2015), N 183 muss das Kriterium der im Tätigkeitsbereich des Emittenten liegenden Tatsachen auch Tatsachen umfassen,

Worten verlangte auch ein bedeutender Teil der Lehre, der unternehmensexterne Tatsachen zuliess, zumindest einen indirekten Bezug zum Tätigkeitsbereich des Unternehmens.[58] Auftragsinformationen waren entsprechend auch nach diesem Teil der Lehre grundsätzlich – das heisst abgesehen von Übernahmeangeboten – nicht erfasst.[59] Daher vertrat die herrschende Lehre denn auch, dass Frontrunning nicht vom Tatbestand des Insiderhandels erfasst war.[60]

Weniger als fünf Jahre nach der Anpassung des Tatbestandes im Jahr 2008 wurde der Insidertatbestand erneut auf den 1. Mai 2013 revidiert. Nach Ansicht der Expertenkommission *Börsendelikte und Marktmissbrauch* waren zum damaligen Zeitpunkt Frontrunning-Praktiken in aller Regel nicht vom allgemeinen Tatbestand erfasst, weshalb sie durch eine gesonderte Norm und im Rahmen der punktuellen Marktaufsicht erfasst werden sollten.[61] Die Mehrheit der Expertenkommission war ausserdem der Ansicht, dass dafür ein Tatbestand des Verwaltungsrechts und nicht des Verwaltungsstrafrechts geschaffen werden sollte.[62] Zu einer solchen Norm kam es in der Folge jedoch nicht, sodass das schweizerische Recht aktuell im Unterschied zur europäischen Marktmissbrauchsverordnung keine besondere Bestimmung kennt, die Frontrunning-Praktiken adressiert.[63] Zwar schaffte der Gesetzgeber immerhin einen allgemeinen aufsichtsrechtlichen Insidertatbestand und ersetzte den Begriff der Tatsache mit jenem der Information; hierzu erklärte der Bundesrat in der Botschaft jedoch, mit dieser begrifflichen Anpassung sei einzig eine Anpassung an die in der EU gebräuchliche Terminologie bezweckt worden – eine Ausdehnung des sachlichen Anwendungsbereichs der Strafnorm erfolge dadurch nicht.[64] Wird dieser Teil der Botschaft isoliert betrachtet, erscheint der Schluss naheliegend, dass Auftragsinformationen grundsätzlich nicht vom Begriff der Insiderinformation erfasst sind.

An anderer Stelle stellt die Botschaft indes klar, dass unternehmensexterne Informationen generell erfasst werden sollten. Wörtlich hält sie fest: «*Darüber*

---

die spezifisch den Emittenten und nicht den Markt und damit andere Emittenten in gleicher oder zumindest ähnlicher Art betreffen.
58   Vgl. *Fahrländer* (2015), N 310.
59   So im Ergebnis auch *Fahrländer* (2015), N 339, allerdings nicht mit Verweis auf die Ad-hoc-Publizitätspflicht, sondern mit Verweis auf die Treuepflicht gegenüber dem Unternehmen (was nur Primärinsider betreffen kann).
60   *Watter/Hoch* (2012), 503; *Fahrländer* (2015), N 310; so auch das Bezirksgericht Zürich in einem nicht publizierten Entscheid gemäss NZZ vom 6. September 2010, 24 (die entsprechende Onlineversion ist verfügbar auf *www.nzz.ch/praezedenz-urteil-gegen-insider-1.7469814*); Besprechung des Entscheids bei *Koenig* (2010).
61   *Bericht Expertenkommission Börsendelikte 2009*, 50.
62   *Ibid.*
63   Zum europäischen Recht siehe Art. 7 Abs. 1 lit. d MAR.
64   *Botschaft BEHG 2011*, 6885, 6899.

hinaus sind auch Fälle erfasst, in denen der Primärinsider Kenntnis von einer vertraulichen Information erhält, die Umstände ausserhalb des Unternehmens betrifft, die für den Aktienkurs des Unternehmens jedoch von Bedeutung sind, beispielsweise das Auffinden neuer oder das Versiegen vorhandener Rohstoffquellen.»[65] Beim aufsichtsrechtlichen Tatbestand führt sie sodann ausdrücklich Frontrunning-, Parallelrunning- und Afterrunning-Praktiken sowie das Scalping auf, obwohl keine eigenen Tatbestände für diese Praktiken geschaffen wurden.[66] Die Erfassung von Auftragsinformationen wird ferner dadurch bestärkt, dass die damalige Bundesrätin *Widmer-Schlumpf* im Nationalrat festhielt, dass der Begriff der Insiderinformation auch unternehmensexterne Informationen wie Informationen über Anlagestrategien erfasse.[67] So würde sich beispielsweise zukünftig eine Person, die ihre Kenntnisse von Kundenaufträgen zu vorgängigen, gleichlautenden Eigengeschäften ausnutze, ohne Ausnahme strafbar machen.[68] Die Parlamentarier waren also explizit über die Erfassung von Frontrunning-Praktiken informiert, und es hätte ihnen offengestanden, den Begriff der Information einzugrenzen, worauf sie aber verzichteten. Angesichts dessen kann aus historischer Sicht kaum noch vertreten werden, dass Auftragsinformationen vom Begriff der Information gemäss Art. 2 lit. j FinfraG nicht erfasst werden sollten.[69]

Die historische Auslegung unterstützt damit tendenziell die Erfassung von unternehmensexternen Informationen im Allgemeinen und von Auftragsinformationen im Besonderen.[70] Für die Kritiker dieser Auslegung sind die Materialien im besten Fall widersprüchlich. Das Bundesgericht aber hat in dieser Hinsicht wiederholt festgehalten, dass die Materialien dort nicht als Auslegungshilfe dienlich sind, wo sie keine klare Antwort geben.[71] Entsprechend kann aus den Materialien kaum etwas zugunsten einer Beschränkung auf unternehmensinterne Informationen abgeleitet werden.

---

65   *Botschaft BEHG 2011*, 6905.
66   *Botschaft BEHG 2011*, 6902; zur Rechtslage in Deutschland, wo der Bundesgerichtshof im BGH Urteil vom 6. November 2003, NJW 2004 302 ff., 303 ausdrücklich festgestellt hatte, dass das Frontrunning, nicht aber das Scalping, vom Insidertatbestand erfasst war; siehe *Ritz* (2015), N 74 f. zu § 14 WpHG.
67   Stellungnahme von *Widmer-Schlumpf* im Nationalrat (AB 2012 N 1139).
68   Stellungnahme von *Widmer-Schlumpf* im Nationalrat (AB 2012 N 1139).
69   *Fahrländer* (2015), N 341.
70   Im Ergebnis wohl gl. M. *Fahrländer* (2015), N 336, der festhält, dass der Gesetzgeber eine Beschränkung des Begriffs der Information im Gesetzestext hätte zum Ausdruck bringen müssen; wohl auch A. *Peter* (2015), N 328.
71   BGE 115 V 247 E. 1c; 111 V 279 E. 2b; 108 Ia 33 E. 3a; 100 II 57 E. 2a.

dd) Europarechtskonforme Auslegung

Die rechtsvergleichende Auslegung ist nach der Rechtsprechung des Bundesgerichts vor allem dann als Auslegungshilfe massgebend, wenn sich der schweizerische Gesetzgeber beim Erlass einer Norm an ausländischen Rechtsordnungen orientierte.[72] Diese Voraussetzung ist vorliegend erfüllt, war es doch nach der Botschaft aus dem Jahr 2011 ein erklärtes Ziel des Gesetzgebers, Lücken im Vergleich zum europäischen Recht zu schliessen.[73] Mit Bezug auf den Begriff der Information hielt der Bundesrat ausserdem wie erwähnt ausdrücklich fest, dass damit eine begriffliche Anpassung an die in der Europäischen Union gebräuchliche Terminologie bezweckt worden sei.[74]

Gemäss Art. 7 Abs. 1 lit. a der europäischen Marktmissbrauchsverordnung (MAR) fallen unter den Begriff der Insiderinformation nicht nur Informationen, die einen oder mehrere Emittenten betreffen, sondern auch Informationen, die ein oder mehrere Finanzinstrumente betreffen. Entsprechend sind auch unternehmensexterne Tatsachen erfasst.[75] Die überwiegende Lehre geht gar so weit, dass sie dem Tatbestandsmerkmal des Emittenten- oder Finanzinstrumentbezugs eine eigene Bedeutung abspricht.[76] Die europarechtskonforme Auslegung spricht daher für die Erfassung von unternehmensexternen Tatsachen im Allgemeinen und Auftragsinformationen im Besonderen.

Mit Bezug auf Auftragsinformationen hält Art. 7 Abs. 1 lit. d MAR im Übrigen ausdrücklich fest, dass der Begriff der Insiderinformation für Personen, die mit der Ausführung von Kundenaufträgen beauftragt sind, auch (präzise) Informationen über noch nicht ausgeführte Aufträge erfasst.[77] Frontrunning-Praktiken erfüllen mit anderen Worten grundsätzlich den europäischen Insidertatbestand. Selbst wenn es diese besondere Bestimmung nicht gäbe, fielen Auftragsinformationen, die Finanzinstrumente betreffen, jedoch nach dem Gesagten ohnehin unter den Begriff der Information gemäss Art. 7 Abs. 1 lit. a MAR. Daher kann nichts aus dem Umstand abgeleitet werden, dass der schweizerische Gesetzgeber

---

[72] So etwa BGE 129 III 335, E. 6: «*Da die Revision 1993 [‹Eurolex›] die Anpassung von Art. 333 OR an die Richtlinie 77/187 des EWG-Rates vom 14. Februar 1977 im Rahmen des so genannten autonomen Nachvollzugs des europäischen Rechts bezweckte [...], ist die EU-Rechtsordnung indessen als Auslegungshilfe beizuziehen.*»
[73] *Botschaft BEHG 2011*, 6888.
[74] *Botschaft BEHG 2011*, 6885, 6899.
[75] *Fahrländer* (2015), N 319 m.w.H.
[76] *Ibid*; a. M. wohl *Veil* (2014), 55 ff.
[77] Hier wurde die Bestimmung nur verkürzt wiedergegeben; siehe im Detail Art. 7 Abs. 1 lit. d MAR.

einen prinzipienbasierten Ansatz verfolgte und auf eine besondere Bestimmung für Frontrunning-Praktiken verzichtete.

ee) Systematische Auslegung

Im Anhörungsbericht zu den Marktverhaltensregeln hielt die Finma sinngemäss fest, dass die Praxis zum Begriff der Insiderinformation im Strafrecht und jene im Bereich der Regeln zur Ad-hoc-Publizität im Aufsichtsrecht zwar gegebenenfalls als Auslegungshilfe beigezogen werden könnten, eine identische Praxis im Aufsichtsrecht aber nicht zwingend sei.[78] Systematische Gründe sprechen dennoch für eine einheitliche Auslegung, schliesslich verwenden sowohl der aufsichtsrechtliche als auch der strafrechtliche Insidertatbestand den in Art. 2 lit. j FinfraG definierten Begriff der Insiderinformation.[79]

Hinsichtlich des Bedeutungsinhalts des Begriffs der Information erscheint in systematischer Hinsicht ein Blick auf die weiteren Marktmissbrauchstatbestände, das heisst die Markt- und Kursmanipulation, angezeigt, schliesslich verwenden auch diese in Art. 143 Abs. 1 lit. a und Art. 155 Abs. 1 lit. a FinfraG den Begriff der Information. Der Gliederung dieser Tatbestände folgend wird bei den Manipulationstatbeständen in der Lehre zwischen einem Informations- sowie einem Auftrags- oder Transaktionstatbestand unterschieden.[80] Diese Unterscheidung spricht gegen eine Auslegung des Informationsbegriffs in dem Sinne, dass er generell auch Auftragsinformationen erfasst. Vor allem der beim Straftatbestand der Kursmanipulation verwendete Begriff der Information ist restriktiv zu verstehen, da der strafrechtliche Transaktionstatbestand (Art. 155 Abs. 1 lit. b FinfraG) nur wenige Scheingeschäfte verbietet und sich der Gesetzgeber ausdrücklich gegen eine Ausdehnung auf echte Transaktionen und manipulative Aufträge aussprach.[81] Mit Bezug auf den Bedeutungsinhalt des Begriffs der Information ist in systematischer Hinsicht allerdings auch Art. 3 lit. a FMG beachtenswert. Nach dieser Bestimmung gelten wie erwähnt als Informationen sämtliche für Menschen, andere Lebewesen oder Maschinen bestimmte Zeichen, Signale, Schriftzeichen, Bilder, Laute und Darstellungen jeder anderen Art. Zwar ist diese Definition thematisch weiter entfernt von der Insiderinformation als die Manipulationstatbestände, sie entspricht allerdings nicht nur eher dem in Informationstheorie und Kybernetik verwendeten Informationsbegriff, sondern auch eher dem allgemeinen Sprachgebrauch.[82]

---

[78] *AB FINMA-RS 2013/8*, 11.
[79] So auch *M. K. Weber* (2013), 129; *Watter/Hoch* (2012), 505; a.M. wohl *Lorez* (2013), 61.
[80] Hierzu vorn 732.
[81] Hierzu vorn 750.
[82] Zur grammatikalischen Auslegung vorn 789.

In systematischer Hinsicht sind ferner nicht nur die Begriffe, sondern auch generell die Anwendungsbereiche der Manipulationstatbestände von Bedeutung. In dieser Hinsicht könnte die systematische Auslegung dafür sprechen, den Begriff der Information im Aufsichtsrecht weiter auszulegen als im Strafrecht; schliesslich sind Auftragsinformationen vom aufsichtsrechtlichen Verbot der Marktmanipulation gemäss Art. 143 Abs. 1 lit. b FinfraG ausdrücklich erfasst, nicht aber vom strafrechtlichen Verbot der Kursmanipulation.[83] Für eine unterschiedliche Auslegung sprechen auch historische Gründe, hat der Bundesrat das Frontrunning in der Botschaft beim aufsichtsrechtlichen Insidertatbestand doch ausdrücklich erwähnt, nicht aber beim Straftatbestand.[84] In systematischer Hinsicht dürfte aber letztlich dennoch der Umstand stärker ins Gewicht fallen, dass sowohl der aufsichtsrechtliche als auch der strafrechtliche Insidertatbestand den in Art. 2 lit. j FinfraG definierten Begriff der Insiderinformation verwenden, sodass eine einheitliche Auslegung angezeigt ist. Führt die Auslegung zum Ergebnis, dass Auftragsinformationen sowohl aufsichtsrechtlich als auch strafrechtlich generell erfasst sind, könnte sich allenfalls ein Konflikt mit den erhöhten Anforderungen des Legalitätsprinzips im Strafrecht ergeben. Ob dem so ist, soll weiter hinten bei der verfassungskonformen Auslegung geprüft werden.[85]

Die systematische Auslegung führt somit zum Ergebnis, dass der Begriff der Information aufsichtsrechtlich und strafrechtlich gleich ausgelegt werden sollte. Hinsichtlich des Bedeutungsinhalts lässt die systematische Auslegung demgegenüber keine klare Aussage zu.

ff)   Teleologische und ökonomische Auslegung

aaa)   Ökonomische Betrachtungsweise

Nach den Ausführungen im vorangehenden Oberabschnitt II (Geschütztes Rechtsgut) bezweckt das Insiderhandelsverbot die Beseitigung von Fehlanreizen, den Schutz der Marktliquidität, den Schutz des Wettbewerbs sowie mittelfristig auch den Schutz der Informationseffizienz der Märkte.[86] Sind die Zwecke einer Norm ökonomischer Natur, so ist die teleologische Auslegung zugleich eine ökonomische. Zentral ist bei einer ökonomischen Betrachtungsweise die Beurteilung von Sachverhalten und rechtlichen Interventionen anhand ihrer

---

[83]   Für eine unterschiedliche Auslegung *Lorez* (2013), 61; andere weisen auf die Möglichkeit hin, verwerfen sie aber, siehe *M. K. Weber* (2013), 129 und *Watter/Hoch* (2012), 505; zum unterschiedlichen Anwendungsbereich der Marktmissbrauchstatbestände mit Bezug auf die erfassten Informationen vorn 749 f.

[84]   Vgl. *Botschaft BEHG 2011*, 6899, 6902, 6906; vgl. *Lorez* (2013), 61.

[85]   So insb. *Watter/Hoch* (2012), 506; *M. K. Weber* (2013), 129; hinten 799 ff.

[86]   Vorn 785.

Folgen.[87] Daher erscheint der Hinweis von *A. Peter* zutreffend, wonach aus einer ökonomischen Sicht nicht der Ursprung, sondern die Auswirkungen der Insiderinformationen von Bedeutung sind.[88] Diese Ansicht ist auch mit Blick auf die Verhaltenssteuerung überzeugend: Sind vertrauliche Informationen dazu geeignet, Effektenkurse signifikant zu beeinflussen, und ist der Insiderhandel erlaubt, so werden die Informationen das Verhalten von Managern und weiteren Marktteilnehmern als rationale Individuen beeinflussen. Soweit aber das Verhalten der Marktteilnehmer durch vertrauliche Informationen beeinflusst wird, erfüllt das Insiderhandelsverbot die aufgeführten Zwecke nicht; für das Insiderhandelsverbot müsste daher aus einer teleologischen Sicht einzig massgebend sein, ob die vertraulichen Informationen geeignet sind, die Effektenkurse signifikant zu beeinflussen. Dem Informationsbegriff sollte mit anderen Worten keine eigene, von der Vertraulichkeit und der Kursrelevanz – das heisst der Auswirkung – unabhängige Selektionswirkung zukommen.[89] Bemerkenswert ist, dass das Insiderhandelsverbot dieser teleologischen Auslegung folgend zwar nicht den Schutz der Urheber der Grossaufträge bezweckt, aber einen solchen Schutz im Sinne eines externen Effekts dennoch gewährleistet.

bbb)   Insiderhandel und Ad-hoc-Publizität

Im Zusammenhang mit dem Insiderhandel wird regelmässig auf die Ad-hoc-Publizität verwiesen.[90] So tat es auch der Bundesrat in der Botschaft zur Streichung von Art. 161 Abs. 3 StGB.[91] Damit stellt sich aber unweigerlich die Frage, ob die mit dem Verbot des Insiderhandels und der Verpflichtung zur Ad-hoc-Publizität verfolgten Ziele überhaupt eine Gleichbehandlung rechtfertigen. Diese Ziele überschneiden sich zwar insofern, als die Ad-hoc-Publizität einerseits als Präventivmassnahme gegen Insiderhandel betrachtet werden kann und andererseits bei einem Insiderhandelsverbot die Informationsversorgung des Marktes gewährleistet;[92] die Ziele der beiden Tatbestände sind jedoch in verschiedenerlei Hinsicht nicht deckungsgleich.

---

87   Bspw. *Schäfer/Ott* (2012), 4 ff.
88   *A. Peter* (2015), N 181; siehe auch *Dédeyan* (2015), 704 f. mit Bezug auf Ad-hoc-Mitteilungen.
89   So überzeugend *Fahrländer* (2015), N 335; aus einer teleologischen Sicht müssten etwa auch Zinsbeschlüsse von Notenbanken oder vertrauliche Auftragsinformationen vom Insiderhandelsverbot erfasst sein.
90   Vorn 791.
91   *Botschaft StGB 2006*, 445.
92   *Dédeyan* (2015), 704; *A. Peter* (2015), N 319; zur Präventivmassnahme und der Substitution der Informationsversorgung *Hsu* (2000), 42 f., 49 ff.; *Fahrländer* (2015), N 528, der sich jedoch im Grundsatz für eine deckungsgleiche Auslegung ausspricht – nicht aber unter geltendem Recht.

Ein zentrales Ziel der Verpflichtung zur Ad-hoc-Publizität ist die Erhöhung der Informationseffizienz.[93] In dieser Hinsicht besteht eine Verbindung zum Insiderhandelsverbot lediglich insofern, als mit diesem Fehlanreize für eine verspätete Information unterbunden werden können; zumindest kurzfristig dürfte der Insiderhandel jedoch eher zu einer Erhöhung der Informationseffizienz führen.[94] Die Erhöhung der Informationseffizienz wird denn auch in der Regel nicht als Ziel des Verbots von Insidergeschäften bezeichnet.[95] Teilweise wird mit Blick auf die Regulierungsziele dafürgehalten, dass beim Insiderhandelsverbot die Chancengleichheit der Anleger im Vordergrund liege, während die Ad-hoc-Publizität dem Funktionsschutz diene.[96] Hierzu ist allerdings anzumerken, dass die Chancengleichheit der Anleger als Schutzziel ohnehin illusorisch ist, weshalb dieses im vorangehenden Abschnitt auch nicht als Schutzziel aufgeführt wurde.[97]

Ein weiterer bedeutender Unterschied besteht insofern, als bei der Ad-hoc-Publizität Unternehmen zu einem aktiven Tun verpflichtet werden, während der Insidertatbestand grundsätzlich auf ein weniger einschneidendes und kostenintensives Unterlassen einer Handlung abzielt – dies zumindest dann, wenn keine Organisationspflicht besteht.[98] Entsprechend erfordert die Ad-hoc-Publizität, dass das Ereignis im Machtbereich des verpflichteten Unternehmens liegt.[99] Auftragsinformationen liegen nicht im Machtbereich der Emittenten, sondern in jenem der Broker und Handelsplätze. Daher ist es kein Zufall, dass die Handelsplätze im Rahmen der Vorhandelstransparenz dem Grundsatz nach zur Offenlegung dieser Informationen verpflichtet sind (Art. 29 Abs. 1 FinfraG) und nicht die Emittenten.[100] Da das Insiderhandelsverbot jedoch – abgesehen von den Organisationspflichten – kein aktives Tun verlangt, ist der Machtbereich beim Insiderhandelsverbot grundsätzlich unbedeutend, sodass der Emittentenbezug auch nicht zwingend erscheint. Im Übrigen besteht ein weiterer Unterschied insofern, als bei der Pflicht zur Ad-hoc-Publizität anders als beim Insidertatbestand das berechtigte Interesse eines Emittenten zur Geheimhaltung von Geschäftsgeheimnissen zu berücksichtigen ist.[101]

---

93 *A. Peter* (2015), N 62 f.; *Dédeyan* (2015), 704 ff.
94 Hierzu vorn 783 ff.
95 Zu den Regulierungszielen und zum Schutzzweck vorn 782 ff.
96 *A. Peter* (2015), N 319.
97 Hierzu vorn 782.
98 Vgl. auch *A. Peter* (2015), N 320.
99 *A. Peter* (2015), N 103, 181; siehe auch *Ch. Bühler* (2009), N 1139.
100 Es existieren Ausnahmen von dieser Publizitätspflicht gemäss Art. 29 Abs. 3 lit. b FinfraG i. V. m. Art. 26 Abs. 4 und Art. 27 Abs. 2 FinfraV; zu den Dark Pools sowie zu den Ausnahmen von der Vorhandelstransparenz vorn 17 ff., 774; OTF sind generell nicht zur Vorhandelstransparenz verpflichtet (vgl. Art. 46 FinfraG).
101 *A. Peter* (2015), N 320.

Die Ziele der Ad-hoc-Publizität sind somit nur beschränkt mit den Zielen des Insiderhandelsverbots vergleichbar, weshalb es an der Grundlage für eine einheitliche Auslegung der Tatbestände weitgehend fehlt.

ccc)   Ergebnis der teleologischen Auslegung

Ökonomisch-teleologische Gründe sprechen für die Erfassung von vertraulichen unternehmensexternen Informationen im Allgemeinen und vertraulichen Auftragsinformationen im Besonderen. Der teleologischen Auslegung folgend dürfte dem Begriff der Information daher kaum eine eigene Selektionswirkung zukommen. Im Übrigen hat sich auch gezeigt, dass der Emittentenbezug als Voraussetzung der Ad-hoc-Publizität daher herrührt, dass die Ad-hoc-Publizität zu einem positiven Tun des Emittenten verpflichtet. Beim Insiderhandelsverbot lässt sich eine Beschränkung auf Informationen mit einem Emittentenbezug nicht in gleicher Weise begründen.

gg)   Verfassungs- und EMRK-konforme Auslegung

Systematische Gründe sprechen wie erläutert für eine einheitliche Auslegung des Begriffs der Insiderinformation in aufsichtsrechtlicher und strafrechtlicher Hinsicht, da sich beide Normen auf die gemeinsame Legaldefinition in Art. 2 lit. j FinfraG beziehen.[102] Im Strafrecht gelten jedoch aufgrund der Regel *keine Strafe ohne Gesetz* höhere Anforderungen an das Legalitätsprinzip, weshalb in der Lehre teilweise vertreten wird, dass eine Erfassung von Frontrunning-Praktiken rechtswidrig wäre.[103] Sollte sich eine Verletzung des strafrechtlichen Legalitätsprinzips manifestieren, wäre dies im Rahmen der verfassungs- und EMRK-konformen Auslegung des Begriffs der Insiderinformation zu berücksichtigen.

aaa)   Das Prinzip «keine Strafe ohne Gesetz»

Das Prinzip *keine Strafe ohne Gesetz (nulla poena sine lege)* ist in Art. 7 EMRK sowie in Art. 1 i. V. m. Art. 333 Abs. 1 StGB verankert. Darüber hinaus lässt es sich anerkanntermassen direkt aus dem Legalitätsprinzip (Art. 5 BV) ableiten, sodass dem Prinzip unabhängig von der Regelung im Strafgesetzbuch Verfassungsrang zukommt.[104] Unter dem alten Recht, das heisst vor der umfassenden Revision des Strafgesetzbuchs auf das Jahr 2007 hin, genügte nach überwiegender Lehre zumindest dem Grundsatz nach ein Gesetz im materiellen Sinn: Auch Verordnungsbestimmungen konnten mit anderen Worten strafrechtliche Sank-

---

[102] Hierzu vorn 795 f.
[103] So insb. *Watter/Hoch* (2012), 506; *M. K. Weber* (2013), 129.
[104] BGE 96 I 24 E. 4a; 103 Ia 95 E. 4; 112 Ia 107 E. 3a; *Stratenwerth* (2011), § 4 N 6 ff.; vgl. *Popp/Berkemeier* (2013), N 28 zu Art. 1 StGB.

tionen vorsehen.¹⁰⁵ Eine Strafe, die einen Freiheitsentzug mit sich brachte, bedurfte nach der Rechtsprechung des Bundesgerichts immerhin schon damals als schwerer Eingriff in die persönliche Freiheit einer klaren Grundlage in einem formellen Gesetz.¹⁰⁶ Seit dem 1. Januar 2007 stellt Art. 1 StGB klar, dass Strafen und Massnahmen generell einer ausdrücklichen gesetzlichen Grundlage bedürfen, sodass von einer Ausdehnung des Erfordernisses der Gesetzesform auszugehen ist.¹⁰⁷ Mit den Bestimmungen im Finanzmarktinfrastrukturgesetz liegt eine formell-gesetzliche Grundlage für Insiderhandlungen jedoch vor, sodass das Erfordernis der Gesetzesform erfüllt ist.

Mit dem Erfordernis der Gesetzesform geht das Erfordernis der genügenden Bestimmtheit der Norm einher.¹⁰⁸ Angesichts der Diskussionen um den Begriff der Information dürfte hier der Kern des Anstosses liegen. Das Kriterium der genügenden Bestimmtheit setzt nach der konstanten, an der Rechtsprechung des Europäischen Gerichtshofs für Menschenrechte orientierten Praxis des Bundesgerichts voraus, dass das Gesetz lediglich so präzise formuliert sein muss, damit die Bürger ihr Verhalten danach richten und die Folgen eines bestimmten Verhaltens mit einem den Umständen entsprechenden Grad an Gewissheit erkennen können.¹⁰⁹ Die Anforderungen würden unter anderem von der Vielfalt der zu ordnenden Sachverhalte, von der Komplexität und der Vorhersehbarkeit der im Einzelfall erforderlichen Entscheidung, von den Normadressaten, von der Schwere des Eingriffs in Verfassungsrechte und von der erst bei der Präzisierung im Einzelfall möglichen und sachgerechten Entscheidung abhängen.¹¹⁰ Das Bundesgericht stellte jedoch ebenfalls klar, dass der Gesetzgeber nicht darauf verzichten könne, allgemeine und mehr oder minder vage Begriffe zu verwenden, deren Auslegung und Anwendung der Praxis zu überlassen sei.¹¹¹ So hielt es im Zusammenhang mit einem Gesetz in Appenzell zum Verbot des Nacktwanderns fest, dass die Terminologie der groben Verletzung der öffentlichen Sitte und des Anstandes hinreichend bestimmt sei.¹¹² Abgesehen davon existieren auch weite bundesstrafrechtliche Tatbestände, die erst durch die Lehre und Rechtsprechung

---

105 *Stratenwerth* (2011), § 4 N 7 m.w.H.; vgl. *Popp/Berkemeier* (2013), N 29 zu Art. 1 StGB.
106 BGE 99 Ia 262 E. 5.
107 *Stratenwerth* (2011), § 4 N 8.
108 BGE 125 IV 35 E. 7b; 119 IV 242 E. 1c; 117 Ia 472 E. 4c, wo das Bundesgericht verlangt, dass eine Bestimmung ein Verhalten ausdrücklich unter Strafe stellt, hinreichend bestimmt ist und sich verfassungs- und konventionskonform auslegen lässt; *Stratenwerth* (2011), § 4 N 14 ff.
109 BGE 138 IV 13 E. 4.1; 119 IV 242 E. 1c; 117 Ia 472 E. 3e; 109 Ia 273 E. 4d.
110 BGE 138 IV 13 E. 4.1; 132 I 49 E. 6.2; 128 I 327 E. 4.2; Urteil des EGMR *Larissis Dimitrios gegen Griechenland* vom 24. Februar 1998, Recueil CourEDH 1998-I S. 362.
111 BGE 138 IV 13 E. 4.1.
112 BGE 138 IV 13 E. 4.2.

eingegrenzt wurden. Ein Beispiel für einen solchen Tatbestand ist die Nötigung (Art. 181 StGB).[113] Gerade im Wirtschaftsstrafrecht wird in der Lehre dafürgehalten, dass aufgrund der Dynamik Tatbestände mit einer gewissen Elastizität notwendig seien.[114] Die Eingrenzung eines allgemein gefassten Tatbestandes dürfte mit Blick auf das strafrechtliche Bestimmtheitsgebot sicherlich weniger problematisch sein als die über den Wortlaut hinausgehende extensive Auslegung desselben. Schliesslich kann auch der Rechtsirrtum (Art. 21 StGB) bei noch nicht vollzogener Präzisierung eines offen gehaltenen Straftatbestandes Anwendung finden.

bbb) Würdigung des Straftatbestandes

Die Insiderstrafnorm (Art. 154 FinfraG) und die Legaldefinition der Insiderinformation (Art. 2 lit. j FinfraG) sind nicht so unbestimmt, wie sie teilweise dargestellt werden. Für die Unklarheiten ist weniger der Wortlaut der Bestimmungen als vielmehr die Entstehungsgeschichte der Normen verantwortlich. Mit Bezug auf die Insiderstrafnorm ist jedoch ein weiterer besonderer Aspekt von Bedeutung, der sich erst bei Betrachtung der Aufsichtsnorm (Art. 142 FinfraG) zeigt. Der Aufsichtstatbestand verlangt nämlich, dass die fragliche Person weiss oder wissen muss, dass es sich bei einer Information um eine Insiderinformation handelt. Bei dieser Charakterisierung als Insiderinformation handelt es sich um eine Rechtsfrage, sodass dieses subjektive Element als Sonderfall eines Rechtsirrtums zu betrachten ist.[115] Aufgrund dieser besonderen Verankerung des Rechtsirrtums sollte die Praxis nicht gleich restriktiv sein wie bei Art. 21 StGB. Rechtlichen Unklarheiten kann dadurch bis zu einer gefestigten Rechtsprechung oder Behördenpraxis angemessen Rechnung getragen werden. Zwar kennt die Insiderstrafnorm anders als die aufsichtsrechtliche Norm keine besondere Rechtsirrtumsregelung; da jedoch für die Insiderstrafnorm gestützt auf die systematische und historische Auslegung bei keinem Tatbestandsmerkmal mildere Voraussetzungen gelten sollten, ist diese Spezialregel auch für das Strafrecht massgebend.[116]

Kernanliegen des Prinzips *keine Strafe ohne Gesetz* ist es wie erwähnt, dass das Normengefüge so präzise formuliert ist, dass der Bürger sein Verhalten danach ausrichten und die Folgen eines bestimmten Verhalten mit einem den Umständen entsprechenden Grad an Gewissheit erkennen kann.[117] Das Finanzmarktinfrastrukturgesetz sollte gemeinsam mit den Präzisierungen der Finma sowie der

---

113 Vgl. *Stratenwerth* (2011), § 4 N 15.
114 *Fahrländer* (2015), 385 Fn. 1118.
115 Hierzu hinten 819 ff.
116 Hierzu hinten 816, 819 ff.
117 BGE 138 IV 13 E. 4.1; 119 IV 242 E. 1c; 117 Ia 472 E. 3e; 109 Ia 273 E. 4d.

Sondernorm zum Rechtsirrtum grundsätzlich ausreichend gewährleisten, dass die Marktteilnehmer ihr Verhalten danach ausrichten können. Muss demgegenüber aufgrund der präzisierenden Ausführungen der Finma nicht auf ein aufsichtsrechtliches Verbot in Bezug auf eine Insiderhandlung geschlossen werden, so sollte auch der subjektive Tatbestand der Insiderstrafnorm in aller Regel nicht erfüllt sein, sodass kein Konflikt mit dem Prinzip *keine Strafe ohne Gesetz* hervortreten dürfte.

Die Finma hält in ihren Marktverhaltensregeln klar fest, dass als Information auch unternehmensexterne Sachverhalte gelten wie beispielsweise das Wissen um eine zu publizierende Finanzanalyse, einen grossen Kundenauftrag, eine zu erteilende oder zu verweigernde Zulassung oder Genehmigung oder einen geplanten Terroranschlag.[118] Da die Finma grosse Kundenaufträge ausdrücklich erwähnt, dürfte das Prinzip *keine Strafe ohne Gesetz* der Erfassung von Frontrunning-Praktiken nicht entgegenstehen und auch die besondere Rechtsirrtumsregelung dürfte in aller Regel nicht greifen.

ccc)   Würdigung des Aufsichtstatbestandes

Im Aufsichtsrecht ist der Grundsatz *keine Strafe ohne Gesetz* nur dann zu berücksichtigen, sofern dieses dem Nebenstrafrecht zugeordnet wird.[119] Diese Qualifikation erscheint für Beaufsichtigte angezeigt, die mit harten Sanktionen wie Berufsverboten rechnen müssen.[120] Das Bundesgericht ist dieser Ansicht in einem kürzlich ergangenen Entscheid allerdings nicht gefolgt.[121] Gegenüber den weiteren Marktteilnehmern dürften von vornherein griffige Sanktionsinstrumente fehlen, sodass eine Zuordnung zum Nebenstrafrecht kaum angezeigt erscheint.[122] Selbst wenn der Aufsichtstatbestand dem Nebenstrafrecht zugeordnet werden sollte, dürfte dieser das Prinzip *keine Strafe ohne Gesetz* allerdings ohnehin nicht verletzen, da er in subjektiver Hinsicht ebenfalls zumindest ein «wissen müssen» hinsichtlich der Qualifikation der fraglichen Information als Insiderinformation verlangt.

---

[118] FINMA-RS 2013/8, N 8.
[119] Zur Qualifikation als Nebenstrafrecht *von der Crone/Maurer/Hoffmann* (2011), 543.
[120] Hierzu *Graf* (2014), 1201 f. m.w.H.; *Monsch/von der Crone* (2015), 658; offenlassend *Hsu/Bahar/Flühmann* (2011), N 10 zu Art. 33 FINMAG; siehe auch BGer 1P.102/2000 vom 11. August 2000 E. 1c/aa und BGE 125 I 104 E. 2a zu Disziplinarmassnahmen; zum Warnungsentzug des Führerausweises BGE 121 II 22 E. 3 f.; vorn 117 f.
[121] BGE 142 II 243 E. 3.4.
[122] Allenfalls liesse sich dies gestützt auf die nicht zu unterschätzende Reputationsstrafe des *naming and shaming* dennoch begründen; siehe *von der Crone/Maurer/Hoffmann* (2011), 543; siehe auch BGE 75 I 209 E. 4–6, wo es um die Veröffentlichung des Führerausweisentzugs ging.

ddd) Ergebnis der verfassungs- und EMRK-konformen Auslegung

Zusammengefasst dürfte das Prinzip *keine Strafe ohne Gesetz* der Subsumtion von Frontrunning-Praktiken unter die Insidertatbestände nicht entgegenstehen. Das Prinzip legt allerdings nahe, dass das nach dem Aufsichtsrecht verlangte subjektive Element *«wissen oder wissen müssen»* mit Bezug auf die Qualifikation als Insiderinformation als Sonderbestimmung zum Rechtsirrtum (Art. 21 StGB) – und zur Parallelwertung in der Laiensphäre[123] – zu betrachten ist. Daher sollten auch beim Straftatbestand keine zu hohen Anforderungen an einen Rechtsirrtum gestellt werden.

hh) Auslegungsergebnis

Die Auslegung des Begriffs der Information hat ergeben, dass diesem keine eigene, über die Vertraulichkeit und die Kursrelevanz hinausgehende Selektionswirkung zukommen sollte. Demzufolge erfasst der Begriff auch unternehmensexterne Informationen im Allgemeinen und vertrauliche Auftragsinformationen im Besonderen.[124] Hierfür spricht nicht nur die grammatikalische, sondern auch die historische, die europarechtskonforme sowie die teleologische Auslegung. Schliesslich dürfte dieser Auslegung auch das Prinzip *keine Strafe ohne Gesetz* nicht entgegenstehen. Allerdings zeigt dieses auf, dass den Präzisierungen der Finma aufgrund der Sonderregelung zum Rechtsirrtum nicht nur im Aufsichtsrecht, sondern auch im Strafrecht eine besondere Bedeutung zukommt.

c) Vertraulichkeit

aa) Ausgangslage

Art. 2 lit. j FinfraG setzt die Vertraulichkeit der Information voraus. Gemäss Finma ist eine Information vertraulich, wenn sie nicht allgemein, sondern nur einem beschränkten Personenkreis zugänglich ist.[125] Dem Begriff der Vertraulichkeit setzt sie jenen der Öffentlichkeit gegenüber. Eine Information gelte als öffentlich, wenn sie von einem unbeteiligten Dritten aufgrund allgemein zugänglicher Quellen erlangt werden kann; ein Gerücht hebe die Vertraulichkeit grundsätzlich nicht auf.[126]

---

[123] Hierzu hinten 819 f.
[124] *Fahrländer* (2015), N 343, der explizit auch auf das Frontrunning hinwies.
[125] FINMA-RS 2013/8, N 9; so schon *EB Revision Börsendelikte 2010*, 8 f.; ähnlich *Bericht Expertenkommission Börsendelikte 2009*, 35.
[126] FINMA-RS 2013/8, N 9.

Im Unterschied zum schweizerischen Recht spricht das europäische Recht von einer nicht öffentlich bekannten Information beziehungsweise von einer Information «which has not been made public» (Art. 7 Abs. 1 lit. a MAR). Bei den bisherigen Revisionen des Insidertatbestandes hat der schweizerische Gesetzgeber von einer Anpassung der Terminologie an das europäische Recht abgesehen.[127] Die Expertenkommission Börsendelikte und das eidgenössische Finanzdepartement hielten den schweizerischen Begriff für klarer und präziser.[128] Die Wahl des Gesetzgebers wird in der Lehre jedoch mit Verweis auf das strafrechtliche Bestimmtheitsgebot kritisiert.[129] So impliziere der Begriff der Vertraulichkeit ein (Geschäfts-)Geheimnis; eine solch enge Auslegung werde jedoch nicht nur von der Lehre, sondern auch vom Gesetzgeber und der Rechtsprechung abgelehnt.[130] Die Finma setzt denn auch wie erwähnt den Begriff der Vertraulichkeit jenem der Öffentlichkeit gegenüber, folgt also letztlich der europäischen Terminologie.[131]

Das Bundesgericht führte in einem Rechtshilfeentscheid aus dem Jahr 1992 aus, eine Tatsache sei vertraulich, wenn das Börsenpublikum davon keine Kenntnis hat, sei es über offizielle Informationen oder andere Wege.[132] Habe ein grösserer Kreis von Börsenakteuren Kenntnis von der Tatsache erlangt, sei sie nicht mehr vertraulich.[133] Im Biber-Entscheid hielt das Bundesgericht dann aber fest, eine Information sei nicht vertraulich, wenn ein Dritter sie erlangen könne, wenn auch nur mit Anstrengung.[134] Dasselbe gelte für Erkenntnisse oder Folgerungen, welche Dritte aus öffentlich zugänglichen Informationen ziehen könnten.[135] Das Bundesgericht vollzog hier insofern eine Praxisänderung, als es nicht mehr auf die tatsächliche Kenntnisnahme abstellte, sondern auf die Möglichkeit zur

---

[127] Hierzu insb. *Botschaft BEHG 2011*, 6885, 6899; *EB Revision Börsendelikte 2010*, 29; *Bericht Expertenkommission Börsendelikte 2009*, 46 f.
[128] *Bericht Expertenkommission Börsendelikte 2009*, 47; *EB Revision Börsendelikte 2010*, 29.
[129] *Fahrländer* (2015), N 384, wonach der Begriff der Vertraulichkeit impliziere, dass nur Informationen erfasst seien, die ein (Geschäfts-)Geheimnis darstellen und bei denen ein berechtigtes Geheimhaltungsinteresse des Geheimnisherrn vorhanden ist.
[130] *EB Revision Börsendelikte 2010*, 8 f.; *Bericht Expertenkommission Börsendelikte 2009*, 35; BGE 118 Ib 448 E. 6b/aa; *Fahrländer* (2015), N 377; *Leuenberger* (2010), 356 f.; *Koenig* (2006), 168 ff.; *Lorez* (2013), 55 f.; *M. K. Weber* (2013), 109; *Hürlimann* (2005), 87; *Groner* (1999), 267; *Ch. Peter* (1991), 33.
[131] Vgl. FINMA-RS 2013/8, N 9.
[132] BGE 118 Ib 448 E. 6b/aa.
[133] BGE 118 Ib 448 E. 6b/aa.
[134] BGer 2A.230/1999 vom 2. Februar 2000 E. 6b mit Verweis auf *Forstmoser* (1988b), 122 ff. sowie die deutsche Lehre.
[135] BGer 2A.230/1999 vom 2. Februar 2000 E. 6b mit Verweis auf BGE 119 IV 38 E. 3a, woraus sich dies jedoch nicht klar ergibt.

Kenntnisnahme.[136] Implizit folgte das Bundesgericht damit dem in Deutschland verbreiteten Konzept der Bereichsöffentlichkeit, wonach eine Information bereits dann als öffentlich bekannt gilt, wenn das interessierte Anlegerpublikum die Möglichkeit hat, von der Information Kenntnis zu nehmen.[137]

bb) *Würdigung*

Dem Bundesgericht und der deutschen Lehre folgend erscheint es richtig, auf die Möglichkeit zur Kenntnisnahme und nicht auf die tatsächliche Kenntnisnahme abzustellen. Abzulehnen ist insbesondere die in der Lehre verbreitete Ansicht, wonach die Information erst dann nicht mehr vertraulich ist, wenn sie nach der Markteffizienzhypothese in ihrer mittelstrengen Form in den Börsenkurs eingeflossen ist.[138] Dies hätte zur Folge, dass gar niemand auf neue Informationen reagieren dürfte und die Markteffizienz gar nicht herbeigeführt werden könnte. Immerhin wäre denkbar, diese aus der Markteffizienzhypothese abgeleitete Regel auf Primärinsider anzuwenden.[139]

Des Weiteren stellt sich die persönlich-zeitliche Frage, wer die Möglichkeit zur Kenntnisnahme haben muss. Nach einem Teil der Lehre und dem Bundesgericht im Biber-Entscheid ist eine Information nicht mehr vertraulich, wenn Dritte Kenntnis von der Information erlangen könnten, wenn auch nur mit Anstrengung.[140] Demnach genügt es, wenn die Informationen über allgemein zugängliche elektronische Informationssysteme wie Reuters, Bloomberg oder SIX Financial Information zugänglich sind oder durch ausgedehnte Recherchen und Analysen zuerst beschafft werden müssen.[141] Nach einem anderen Teil der Lehre sowie dem Bundesgericht im bereits zitierten älteren Entscheid ist erforderlich, dass die Information für ein grosses Anlegerpublikum zugänglich (oder gar bekannt) ist.[142] Im Oberabschnitt II (Geschütztes Rechtsgut) wurde bereits festgehalten, dass die Tage gezählt sein dürften, bei denen vernünftige menschliche Investoren profitabel News-Trading betreiben können, da sie den Maschinen hin-

---

136   Zum Prinzip der Bereichsöffentlichkeit *Schröder* (2015), N 173.
137   *BaFin Emittentenleitfaden 2013*, 34, wo die BaFin von einem breiten Anlegerpublikum spricht; *Schröder* (2015), N 173 m.w.H.; a.M. wohl *Sethe/Fahrländer* (2017), N 32 zu Art. 2 lit. j FinfraG, die weiter differenzieren.
138   *Dédeyan* (2015), 828; *Leuenberger* (2010), 356 f.; *Koenig* (2006), 171.
139   Hierzu hinten 806 ff.
140   BGer 2A.230/1999 vom 2. Februar 2000 E. 6b; *P. Böckli* (1989), 68; *Groner* (1999), 267; *Leuenberger* (2010), 88; *Ch. Peter* (2013), N 32 zu Art. 161 aStGB, nach dem allerdings gegenüber dem (Primär-)Insider selbst eine längere Frist zu gelten habe.
141   *Groner* (1999), 267; *P. Böckli* (1989), 68; *Fahrländer* (2015), N 397.
142   BGE 118 Ib 448 E. 6b/aa; *Schmid* (1988), 217 f.; tendenziell auch *Stratenwerth/Jenny/Bommer* (2010), § 21 N 11; *Ch. Peter* (1991), 34.

sichtlich Rationalität und Geschwindigkeit unterlegen sind.[143] Dies gilt für neue fundamentale Informationen gleichermassen wie für Auftragsinformationen. Die Chancengleichheit zwischen Investoren erscheint vor diesem Hintergrund illusorisch. Zugleich aber erscheint ein Maschinenverbot aufgrund der Effizienzsteigerung weder erstrebenswert noch praktikabel, sodass diese Heterogenität zwischen Menschen und Maschinen als gegebenes Faktum hinzunehmen ist.

Schliesslich ist darauf hinzuweisen, dass die Vertraulichkeit in einem direkten Zusammenhang zur Kursrelevanz steht. Ist eine Information öffentlich bekannt, so dürfte ein erneutes Verbreiten derselben Information die Kurse von Effekten (zumindest in der Theorie) auch nicht mehr signifikant beeinflussen.

cc)   *Konzeptbildung*

Die vorangehenden Überlegungen verlangen nach einem neuen Konzept für die Beurteilung der Vertraulichkeit einer Information. Die Unterscheidung zwischen Auftragsinformationen und fundamentalen Informationen ist angezeigt. Angesichts des kurzen Zeitwerts von Auftragsinformationen dürften menschliche Händler heute nicht mehr in der Lage sein, gestützt auf diese Informationen eine Überrendite zu erzielen. Daher sollte bei diesen Informationen grundsätzlich nicht die Zugänglichkeit für ein grosses Anlegerpublikum, sondern die Zugänglichkeit für Hochfrequenzhändler in persönlicher Hinsicht ausreichend sein. Menschliche Investoren dürften im Übrigen grundsätzlich davon profitieren, wenn sich ein Handelsplatz über Hochgeschwindigkeitsanschlussgebühren und nicht über Transaktionsgebühren finanziert, da sie beim Geschwindigkeitsspiel ohnehin keine Rolle spielen. Welche Anforderungen das Insiderhandelsverbot aufgrund dieser Überlegungen an Co-Location-Systeme stellt, wird im Oberabschnitt VI (Sachverhalte) geprüft.[144]

Anders als bei Auftragsinformationen dürfte bei den fundamentalen Informationen grundsätzlich das gesamte interessierte Anlegerpublikum massgebend sein für die Beurteilung der Vertraulichkeit einer Information. In Anwendung des Konzepts der Bereichsöffentlichkeit ist vorauszusetzen, dass eine unbestimmte Anzahl Personen in der Lage ist, von der Information Kenntnis zu nehmen.[145] Schnellere Zugänge von Hochfrequenzhändlern zu diesen Informationen im Millisekundenbereich dürften jedoch ebenfalls unerheblich sein, da sie ohnehin ausserhalb des Reaktionsbereichs des menschlichen Investors agieren. Zu verlangen ist daher im Sinne eines Richtwerts, dass interessierte Investorenkreise sich maximal eine Aufnahme- und Reaktionszeit später Kenntnis von diesen In-

---

[143] Vorn 782 ff.
[144] Hinten 835 ff.
[145] *Fahrländer* (2015), N 393.

formationen verschaffen können. Die zugegebenermassen etwas arbiträre Reaktionszeit als Richtgrösse ist vom Zeitpunkt des Zugangs durch das Anlegerpublikum abzuziehen.

Des Weiteren ist nicht nur zwischen unterschiedlichen Informationen, sondern auch zwischen unterschiedlichen Akteuren zu differenzieren. Für den Zeitpunkt des Eintritts der Öffentlichkeit einer Information erscheint in zeitlicher Hinsicht ein späterer Zeitpunkt für Primärinsider angezeigt, da diese schon vor der Publikation ausrechnen können, wie stark sich die Effektenkurse aufgrund der publizierten Information verändern dürften.[146] Entsprechend ist bei Primärinsidern eine zusätzliche Reaktionszeit zu verlangen, die bei Fundamentalinformationen länger sein sollte als bei Auftragsinformationen, da letztere einfacher maschinell verarbeitet werden können und daher einen kürzeren Zeitwert aufweisen. Damit das Insiderhandelsverbot seine Zwecke erfüllt, sollten Primärinsider gar nicht erst auf die Idee kommen, die ihnen privilegiert zugänglichen Informationen für Anlageentscheidungen zu verwenden. Bei Primärinsidern lässt sich daher die Ansicht rechtfertigen, dass eine Information erst dann nicht mehr als vertraulich gilt, wenn sie nach der Markteffizienzhypothese in ihrer mittelstrengen Form in den Börsenkurs eingeflossen ist.[147] Der Begriff des Primärinsiders wird hier weiter verstanden als in Art. 154 Abs. 1 FinfraG und umfasst sämtliche Personen, die über einen privilegierten Kanal – aus welchen Gründen auch immer – vorabinformiert sind. Bei Auftragsinformationen ist ferner zu berücksichtigen, dass Investoren das Wissen über ausgeführte und geplante eigene Aufträge – nicht aber das Wissen über Aufträge von Kunden oder solche des Arbeitgebers – frei verwenden dürfen.[148]

Aus dem Gesagten ergeben sich in zeitlich-persönlicher Hinsicht die folgenden Anforderungen an das Kriterium der Vertraulichkeit:

	Auftragsinformationen		Fundamentale I.
	Eigene Aufträge	Kundenaufträge	
Grundsatz	Zugangsmöglichkeit für Hochfrequenzhändler		Zugangsmöglichkeit für interessierte Investoren - menschliche Reaktionszeit
Primärinsider	Frei	+ HF-Reaktion	Nach Kursanpassung

---

[146] Ähnlich *Ch. Peter* (2013), N 32 zu Art. 161 aStGB.
[147] So *Leuenberger* (2010), 356 f.; *Koenig* (2006), 171, allerdings allgemein und daher zu weit gehend.
[148] Hierzu vorn 773 f. und hinten 850 f.; siehe Art. 124 Abs. 1 lit. a FinfraV.

Zwar erscheint es aus einer systematischen Sicht fragwürdig, wenn eine Information für den einen Akteur noch als Insiderinformation gilt, während sie von einem anderen Akteur bereits verwendet werden darf. Aufgrund des Wissensvorsprungs des Primärinsiders ist diese Zweiteilung allerdings unumgänglich. Andere Lösungen wie die einheitliche Berücksichtigung einer Reaktionsdauer erscheinen nicht praktikabel. Eine Aussetzung des Handels dürfte abgesehen von Ausnahmen ebenfalls nicht praktikabel und noch dazu mit Blick auf die Funktionen des Kapitalmarkts auch nicht erwünscht sein.[149] Gewöhnliche Marktteilnehmer sollten zudem allgemein zugängliche Informationen verwenden dürfen, selbst wenn diese nicht in der korrekten Form veröffentlicht wurden.[150] Anders ist die Frage wiederum bei Primärinsidern zu beurteilen, die die Informationen nicht angemessen publiziert haben.

dd) Strafrechtliches Bestimmtheitsgebot

Fahrländer zufolge erfordert das strafrechtliche Bestimmtheitsgebot, dass potenzielle Insider den Zeitpunkt, von dem an sie gestützt auf eine Insiderinformation wieder Effektengeschäfte vornehmen dürfen, verlässlich bestimmen können.[151] Sowohl die Frage, wann eine Information die breite Öffentlichkeit erreicht hat, als auch die Frage, wann eine Information in den Börsenkurs eingeflossen ist, seien jedoch schwierig festzustellen.[152] Nach den Ausführungen zur verfassungskonformen Auslegung des Informationsbegriffs sollte die besondere Rechtsirrtumsregelung hinsichtlich des Vorliegens einer Insiderinformation sowie die Präzisierungen durch die Finma dem strafrechtlichen Bestimmtheitsgebot genügen, verlangt dieses doch primär, dass die Rechtsunterworfenen ihr Verhalten an der Norm ausrichten und die Folgen eines bestimmten Verhaltens mit einem den Umständen entsprechenden Grad an Gewissheit erkennen können.[153] Daher wäre es erwünscht, wenn die Finma den Begriff der Vertraulichkeit weiter präzisieren würde, ansonsten sie die Anwendung der Rechtsirrtumsregelung riskiert. Die in der amerikanischen Literatur empfohlene Faustregel von 24 Stunden erscheint als einfache, praktikable Regel für Primärinsider bei Fundamentalinformationen angezeigt.[154] Erfolgen Geschäfte früher, wäre dem-

---

149 Gl. M. *Fahrländer* (2015), N 391.
150 A. M. etwas überraschend wohl *Fahrländer* (2015), N 400 sowie mit Bezug auf die Ad-hoc-Publizität, wo diese Ansicht allerdings überzeugend ist, auch *Dédeyan* (2015), 714 f.
151 *Fahrländer* (2015), N 388.
152 *Fahrländer* (2015), N 389 f.
153 BGE 138 IV 13 E. 4.1; 119 IV 242 E. 1c; 117 Ia 472 E. 3e; 109 Ia 273 E. 4d; vorn 799 ff.
154 *Fahrländer* (2015), N 390 m. w. H.; die von ihm zitierte Studie mit Bezug auf die Inkorporation von Informationen innert zwei bis vier Tagen erscheint allerdings zu alt und dürfte nicht mehr der heutigen Realität entsprechen.

gegenüber zu untersuchen, ob sich die Effektenkurse bereits wieder eingependelt haben.[155]

ee) Informationsbarrieren

Durch Informationsbarrieren können potenzielle Primärinsider Abteilungen ausgrenzen, sodass für diese die allgemeinen Regeln der Vertraulichkeit einer Information zur Anwendung gelangen. Eine isolierte Market-Making-Abteilung sollte sich dann nicht darum kümmern müssen, ob die platzierten Limit-Orders von der Kundenabteilung stammen oder von anderen Händlern. Daher dürfte eine eher lange Frist für Primärinsider deren Handlungsspielraum auch nicht übermässig beschränken. Verwendet die Eigenhandelsabteilung zwar keine Insiderinformationen im Sinne von Art. 2 lit. j FinfraG, nutzt sie aber ein Sonderwissen hinsichtlich der Art und Weise, wie die Kundenabteilungen desselben Finanzinstituts Grossaufträge ausführen, so dürfte die Abteilung allerdings potenziell gegen die Verhaltensregeln der Effektenhändler (Art. 11 BEHG) sowie die vertraglichen Verpflichtungen gegenüber den Kunden verstossen. In gewissen Fällen kann ausserdem auch der Straftatbestand der ungetreuen Geschäftsbesorgung (Art. 158 StGB) erfüllt sein.

d) Kursrelevanz

Gemäss Art. 2 lit. j FinfraG muss das Bekanntwerden der vertraulichen Information geeignet sein, den Kurs der in den sachlichen Anwendungsbereich fallenden Effekten erheblich zu beeinflussen. Dieses Kriterium wurde im Kapitel 21 (Marktmanipulation) erörtert.[156] Zur Beurteilung der Erheblichkeit sollte demnach das Anlageverhalten eines verständigen Marktteilnehmers massgebend sein.[157] Prozentuale Erheblichkeitsschwellen wurden entsprechend verworfen; zu fordern ist vielmehr eine statistische Signifikanz der Information. dürfte sich damit weitgehend decken, wenn auch die erforderliche Kausalität berücksichtigt wird. Vertrauliche Auftragsinformationen sind generell geeignet, den Kurs von Effekten signifikant zu beeinflussen, sodass sämtliche vertraulichen Auftragsinformationen – und nicht bloss Grossaufträge – als Insiderinformationen qualifizieren. Diese Ansicht wird durch die Studie von *O'Hara/Yao/Ye* (2014) gestützt, nach der Odd Lots und Round Lot für 89 Prozent der Preisfindung verantwortlich sind.[158] Darin zeigt sich die Bedeutung kleiner Aufträge für die

---

155   *Fahrländer* (2015), N 390 mit Verweis auf amerikanische Gerichte, allerdings kritisch.
156   Vorn 736 ff.
157   FINMA-RS 2013/8, N 10.
158   *O'Hara/Yao/Ye* (2014), 2232; der Studie zufolge hat der Handel mit Round Lots einen Einfluss von 50 Prozent auf die Preisfindung, der Handel mit Odd Lots einen Einfluss

Preisfindung eindrücklich. Zwar dürfte hierfür auch der Umstand verantwortlich sein, dass Grossaufträge gestückelt werden; die Eignung zur signifikanten Kursbeeinflussung kann Kleinaufträgen aber wohl generell nicht abgesprochen werden.

e) Kein Emittenten- oder Wertpapierbezug und keine Präzision

Nach dem Auslegungsergebnis zum Informationsbegriff unter *litera b* ist weder ein Emittenten- oder Wertpapierbezug noch eine Präzision der Information zu verlangen, da diese Kriterien durch das Merkmal der Kursrelevanz geprüft werden.[159] Sind Informationen nicht in der Lage, den Kurs einer Effekte signifikant zu beeinflussen, so fehlt es entweder an einem Bezug der Information zum Emittenten oder Finanzinstrument oder an der Präzision der Information.[160]

f) Ergebnisse zur Insiderinformation

Die Insiderinformation setzt eine Information sowie deren Vertraulichkeit und Kurserheblichkeit voraus. Die Auslegung des Begriffs der Information hat allerdings ergeben, dass diesem kaum eine selektive Bedeutung zukommen sollte; insbesondere dürften auch unternehmensexterne Informationen im Allgemeinen und Auftragsinformationen im Besonderen vom Begriff erfasst sein. Demzufolge bestimmt sich die Insiderinformation einzig anhand der Merkmale der Vertraulichkeit und der Kurserheblichkeit. Da die Voraussetzung der Kurserheblichkeit nach den Ausführungen im Kapitel 21 (Marktmanipulation) lediglich die Eignung zur signifikanten Kursbeeinflussung verlangt und vertrauliche Auftragsinformationen generell geeignet sind, Effektenkurse signifikant zu beeinflussen, dürften sämtliche vertraulichen Auftragsinformationen als Insiderinformationen qualifizieren, sofern sie vom sachlichen Anwendungsbereich erfasste Effekten direkt oder indirekt betreffen.[161] Das Kriterium der Vertraulichkeit ist daher für die Qualifikation als Insiderinformation von zentraler Bedeutung. Bei der Präzisierung dieses Kriteriums hat sich gezeigt, dass die Unterscheidung zwischen Auftragsinformationen und fundamentalen Informationen einerseits sowie Primärinsidern und gewöhnlichen Marktteilnehmern andererseits unentbehrlich ist. Daher wurde ein Konzept entwickelt, bei dem der Zeitpunkt des Eintritts der Öffentlichkeit einer Information variabel ist. Dieses Konzept lässt sich am einfachsten mit der folgenden Tabelle darstellen:

---

von 39 Prozent; als Round Lot wird der Handel mit 100 Aktien, als Odd Lot der Handel mit weniger als 100 Aktien bezeichnet; vorn 79.
[159] Äusserst zutreffend *Fahrländer* (2015), N 334.
[160] Ähnlich *Fahrländer* (2015), N 334.
[161] A. M. für das europäische Recht *Veil* (2014), N 63.

	Auftragsinformationen		Fundamentale I.
	Eigene Aufträge	Kundenaufträge	
Grundsatz	Zugangsmöglichkeit für Hochfrequenzhändler		Zugangsmöglichkeit für interessierte Investoren - menschliche Reaktionszeit
Primärinsider	Frei	+ HF-Reaktion	Nach Kursanpassung

3. Insiderhandlung

a) Allgemeines

Die aufsichtsrechtlich verbotenen Insiderhandlungen sind in Art. 142 Abs. 1 lit. a–c FinfraG aufgeführt. Verboten sind Insidergeschäfte (lit. a), die Mitteilung von Insiderinformationen (lit. b) und Empfehlungen, die auf Insiderinformationen basieren (lit. c).[162] Für den Hochfrequenzhandel sind vor allem die Insidergeschäfte gemäss Art. 142 Abs. 1 lit. a FinfraG von Bedeutung. Demnach ist es Personen verboten, Insiderinformationen auszunutzen, um in den sachlichen Anwendungsbereich fallende Effekten zu erwerben, zu veräussern oder daraus abgeleitete Derivate einzusetzen. Nachfolgend sollen vier, für den Hochfrequenzhandel relevante Punkte untersucht werden: der Begriff des Ausnutzens, die Erfassung des Handels mit verbundenen Finanzinstrumenten, die Stornierung von Aufträgen sowie die Änderung derselben. Im Übrigen wird für Einzelheiten auf die einschlägige Literatur verwiesen.[163]

b) Ausnutzen

Der Begriff des Ausnutzens der Insiderinformationen erfordert in objektiver Hinsicht eine Kausalität zwischen der Kenntnis der Insiderinformation und dem Insidergeschäft.[164] Die Information muss zumindest mitursächlich für die Hand-

---

[162] Siehe auch Art. 154 Abs. 1 lit. a–c FinfraG.
[163] Bspw. *Fahrländer* (2015), 332 ff.; *Lorez* (2013), 58 ff.; *M. K. Weber* (2013), 128 f.; zum alten Recht *Koenig* (2006), 191 ff.; *Hürlimann* (2005), 91 ff.
[164] *Botschaft StGB 1985*, 81; *Sethe/Fahrländer* (2017), N 28 zu Art. 142 FinfraG; *Fahrländer* (2015), N 562; *Koenig* (2006), 192.

lung sein, damit von einem Ausnutzen gesprochen werden kann.[165] In subjektiver Hinsicht impliziert der Begriff, dass das Geschäft – beziehungsweise der Vermögensvorteil beim Straftatbestand – das eigentliche Handlungsziel ist, also mit anderen Worten einen direkten Vorsatz.[166] Aufgrund der Ausführungen des Bundesrates in der Botschaft ist eine solche Interpretation beim subjektiven Tatbestand des Aufsichtsrechts jedoch tendenziell abzulehnen.[167]

c) Verbundene Finanzinstrumente

Beim Hochfrequenzhandel ist der Einsatz derivativer Finanzinstrumente von grosser Bedeutung. In dieser Hinsicht ist bemerkenswert, dass der Einsatz abgeleiteter Derivate nach Art. 142 Abs. 1 lit. a und c FinfraG ebenfalls ausdrücklich verboten ist. Wäre dem nicht so, könnte das Insiderhandelsverbot einfach umgangen werden. Die Nichterfassung derivativer Geschäfte wäre mit anderen Worten geradezu sinnwidrig, sodass solche Geschäfte möglicherweise selbst dann erfasst wären, wenn sie nicht explizit aufgeführt würden.[168] Der Begriff des Derivats ist allerdings zu eng gewählt, denn es müssten Geschäfte mit sämtlichen Finanzinstrumenten verboten sein, die mit einem Finanzinstrument verbunden sind, also namentlich auch Aktien, Bonds oder Waren, wenn lediglich die Derivate als Effekten zum Handel an einem Handelsplatz zugelassen sind, sowie auch strukturierte Produkte beziehungsweise Zertifikate, die Basiswerte und Derivate als Komponenten aufweisen. Der Bundesrat hielt in der Botschaft zum Finanzmarktinfrastrukturgesetz im Zusammenhang mit dem Insidertatbestand sinngemäss fest, dass der Begriff «*daraus abgeleitete Finanzinstrumente*» durch «*daraus abgeleitete Derivate*» nicht aus materiellen, sondern aus redaktionellen Gründen ersetzt worden sei.[169] Die historische Auslegung spricht daher dafür, über den Begriff des Derivats hinaus auch Finanzinstrumente wie strukturierte Produkte mit einer derivativen Komponente zu erfassen. Demgegenüber dürften Insiderhandlungen auf Warenmärkten aufgrund des Wortlauts von Art. 142 FinfraG nicht erfasst sein. Im Übrigen ist darauf hinzuweisen, dass die Frage nach den erfassten Insiderhandlungen vom sachlichen Anwendungsbereich der Insiderinformation abzugrenzen ist.[170]

---

[165] *Sethe/Fahrländer* (2017), N 29 zu Art. 142 FinfraG; *Fahrländer* (2015), 562 ff., 633; *Koenig* (2006), 192; a. M. *P. Böckli* (1989), 75 ff., nach dem ein direkter Vorsatz ersten Grades erforderlich ist.
[166] Mehr dazu hinten 816 f.
[167] Hierzu hinten 816 f.
[168] Gl. M. *Leuenberger* (2010), 368 f.
[169] *Botschaft FinfraG 2014*, 7584.
[170] Zum sachlichen Anwendungsbereich der Insiderinformation vorn 786 f.

d) Stornieren von Aufträgen

Für Hochfrequenzhändler ist weiter von erheblicher Bedeutung, wie sie mit Aufträgen umzugehen haben, die ein Algorithmus vor der Kenntnisnahme einer Insiderinformation gesetzt hat. Dürfen sie diese stornieren oder sind sie gerade dazu verpflichtet? Das europäische Recht stellt in dieser Hinsicht klar, dass die *«Nutzung der Insiderinformationen in Form der Stornierung»* ebenfalls vom Verbot erfasst ist (Art. 8 Abs. 1 Satz 2 MAR; Art. 3 Abs. 4 CRIM-MAD). Dasselbe hält die Finma in den Marktverhaltensregeln fest.[171]

aa) Grundsatz

Der alte Art. 161 aStGB sprach bei der Tathandlung lediglich vom Ausnutzen einer Insiderinformation, sodass der Wortlaut der Bestimmung der Erfassung der Stornierung nicht im Wege stand. Dennoch vertrat die herrschende Lehre schon unter dem alten Recht, dass sich niemand strafbar machte, wer gestützt auf Insiderinformationen Effektentransaktionen unterliess,[172] und nach der überwiegenden Lehre war auch der Widerruf bereits gestellter Aufträge zulässig.[173] Die Bestimmungen Art. 142 Abs. 1 lit. a und Art. 154 Abs. 1 FinfraG halten nunmehr ausdrücklich fest, dass lediglich der Erwerb oder die Veräusserung von Effekten oder davon abgeleiteten Derivaten als Tathandlungen des Geschäftstatbestands infrage kommen. Der Wortlaut verlangt somit eine Transaktion und spricht daher klar gegen die Erfassung von Auftragsstornierungen. Entsprechend vertritt die schweizerische Lehre auch heute mehrheitlich, dass das Stornieren von Aufträgen nicht vom Straftatbestand des Ausnutzens einer Insiderinformation erfasst ist.[174] Dasselbe müsste für den Aufsichtstatbestand gelten.

Die weiteren Auslegungselemente dürften eine Auslegung entgegen dem Wortlaut kaum zulassen. Für eine extensive Auslegung spricht zwar, dass der schwei-

---

[171] FINMA-RS 2013/8, N 14; siehe auch *EB Revision Rechnungslegung Banken 2013*, 10, wonach dieser Grundsatz schon früher galt.

[172] *Fahrländer* (2015), 543, 558; *Koenig* (2006), 193 f.; *Lorez* (2013), 113; *M. K. Weber* (2013), 131 f.; *Leuenberger* (2010), 370 ff.; *Stratenwerth/Jenny/Bommer* (2010), § 21 N 18; auch *P. Böckli* (1989), 79 f.; wohl auch *Hürlimann* (2005), 92, der ein aktives Verhalten fordert; im Grundsatz auch *Schmid* (1988), 254 f.; allerdings müssen nach *Schmid* (1988), 257 f. Organe Insidergeschäfte von Mitarbeitern verhindern; zur europäischen Rechtslage siehe *Sethe* (2015), 80 ff.

[173] *Koenig* (2006), 194; *Lorez* (2013), 113; tendenziell auch *Schmid* (1988), N 255; *P. Böckli* (1989), 78 ff.; a. M. *M. K. Weber* (2013), 132.

[174] *Wohlers* (2013), N 52; *Fahrländer* (2015), N 558; wohl auch *Sethe/Fahrländer* (2017), N 25 f. zu Art. 142 FinfraG; a. M. *M. K. Weber* (2013), 132, nach dem die Handlung gegen den Sinn der Bestimmung verstösst.

zerische Gesetzgeber Lücken zum europäischen Recht schliessen wollte.[175] Abgesehen davon finden sich in den Materialien kaum Argumente für eine Erfassung von Auftragsstornierungen, stellte der Bundesrat doch klar, dass die Revision auf eine präzisere Formulierung der Tathandlung abzielte,[176] wodurch er den Wortlaut der Bestimmung bestärkte. Das strafrechtliche Bestimmtheitsgebot spricht ebenfalls gegen eine extensive Auslegung.[177] Massnahmen wie Berufsverbote lassen eine Anwendung dieses Bestimmtheitsgebots auch im Aufsichtsrecht angezeigt erscheinen.[178] Unabhängig davon sprechen systematische Gründe für eine identische Auslegung der wortidentischen Handlungen gemäss Art. 142 Abs. 1 lit. a–c und Art. 154 Abs. 1 lit. a–c FinfraG, sodass keine extensivere aufsichtsrechtliche Praxis verfolgt werden sollte. Teleologische Gesichtspunkte könnten teilweise für ein Verbot sprechen, dürften aber eine extensive Auslegung der Bestimmung allein kaum rechtfertigen. Für ein Verbot sprechen etwa der angestrebte Schutz des Wettbewerbs zwischen Bereitstellern von Liquidität sowie auch die Vorbeugung von Liquiditätskrisen. Abgesehen davon dürften sich Bereitsteller von Liquidität aber keinem erhöhten Risiko ausgesetzt sehen, gegen einen informierten Händler zu handeln, wenn Stornierungshandlungen erlaubt sind.[179] Stornierungshandlungen dürften sich insofern nicht direkt auf die Risiken von Bereitstellern von Liquidität, aber wohl dennoch negativ auf die Liquiditätsrisiken auswirken, wenn gleich mehrere Market-Maker die Information erlangen und ihre Aufträge beziehungsweise Quotes stornieren. Dennoch dürfte die Nichterfassung der Stornierung von Aufträgen nicht dermassen sinnwidrig sein, dass eine Auslegung entgegen dem klaren Wortlaut zulässig erschiene.[180] Eine andere Aufsichtspraxis der Finma sollte daher einer gerichtlichen Überprüfung nicht standhalten.

Teilweise wird in der Lehre vertreten, es handle sich hierbei um eine Strafbarkeitslücke.[181] Soweit das Verbot den Schutz des Wettbewerbs zwischen Bereit-

---

[175] *Botschaft BEHG 2011*, 6888.
[176] *Botschaft BEHG 2011*, 6885.
[177] Zum strafrechtlichen Bestimmtheitsgebot vorn 799 ff.
[178] Das Bundesgericht ist dieser Ansicht in einem kürzlich ergangenen Entscheid allerdings nicht gefolgt, siehe BGE 142 II 243 E. 3.4; hierzu vorn 118; selbst wenn das strafrechtliche Bestimmtheitsgebot im Aufsichtsrecht nicht angewendet wird, dürfte dies aufgrund der wortidentischen Ausgestaltung der Tatbestände am Auslegungsergebnis nichts ändern.
[179] Davor aber soll das (fragliche) Ziel der Chancengleichheit nach *Leuenberger* primär schützen, siehe *Leuenberger* (2010), 372.
[180] Gl. M. *Fahrländer* (2015), 343; wohl auch *Lorez* (2013), 113; grundsätzlich auch *Leuenberger* (2010), 372, der allerdings ein Verbot auch nicht für geboten erachtet; a.M. *M. K. Weber* (2013), 132, nach dem die Stornierung schon vom geltenden Tatbetand erfasst ist.
[181] *Fahrländer* (2015), 343; *Sethe/Fahrländer* (2017), N 26 zu Art. 142 FinfraG; *Lorez* (2013), 113; grundsätzlich auch *M. K. Weber* (2013), 132; a.M. *Leuenberger* (2010), 372.

stellern von Liquidität und den Schutz vor Liquiditätskrisen bezweckt, dürfte diese Ansicht zutreffen. Unabhängig davon drängen sich angesichts globalisierter Märkte einheitliche Marktaufsichtsregeln auf. Der Vereinheitlichung kommt angesichts der damit einhergehenden Reduktion der Komplexität und Minimierung von regulatorischer Arbitrage ein eigener Wert zu. Auch aufgrund dieses Mehrwerts der Vereinheitlichung erscheint eine Anpassung an das europäische Recht aus rechtsökonomischer Sicht angezigt.

bb)   Besondere Fälle

Um einen besonderen Fall handelt es sich, wenn ein Market-Maker, der zweiseitig Kurse stellt, Aufträge aufgrund der Insiderinformation nur einseitig storniert. Auf diese Weise versucht er mit den im Auftragsbuch belassenen Aufträgen, die Insiderinformationen im Sinne von Art. 154 Abs. 1 lit. a FinfraG auszunutzen, um Effekten zu erwerben oder zu veräussern. Storniert er sämtliche Aufträge, dürfte dies demgegenüber zulässig sein. Dasselbe gilt für den Fall, dass ein algorithmischer Market-Maker weiterhin Geschäfte ausführt, sofern dieser Market-Maker nicht mit den Insiderinformationen gespeist wird. In diesem Fall fehlt es an der Kausalität zwischen der Insiderinformation und den einzelnen Geschäften. Im Übrigen kann festgehalten werden, dass ein Händler auch nicht zur Stornierung der bereits gesetzten Aufträge verpflichtet ist. Gemäss Finma gelten Effektengeschäfte nicht als Insiderhandlungen, wenn sie trotz Kenntnis von vertraulichen preissensitiven Informationen nachweisbar nicht aufgrund derselben, sondern auch ohne diese durchgeführt worden wären.[182] Dieser Nachweis dürfte abgesehen von der einseitigen Stornierung grundsätzlich gelingen, wenn die Aufträge schon vor der Kenntnisnahme der Information gesetzt wurden.

cc)   Fazit

Das Stornieren von Aufträgen dürfte entgegen der Ansicht der Finma nach geltendem Recht weder aufsichtsrechtlich noch strafrechtlich als Tathandlung infrage kommen. Eine Ausnahme bildet das einseitige Stornieren von Aufträgen, da die verbleibenden Aufträge auf den Abschluss von Insidergeschäften abzielen. *De lege ferenda* wäre ein Verbot der Nutzung von Insiderinformationen zur Auftragsstornierung zum Schutz des Wettbewerbs zwischen Bereitstellern von Liquidität und zum Schutz vor Liquiditätskrisen allerdings erwünscht.

---

[182] FINMA-RS 2013/8, N 13.

e) Ändern von Aufträgen

Das europäische Recht stellt klar, dass nicht nur die Nutzung der Insiderinformationen in der Form der Auftragsstornierung, sondern auch die Nutzung in der Form der Änderung eines Auftrags vom Verbot erfasst ist (Art. 8 Abs. 1 Satz 2 MAR; Art. 3 Abs. 4 CRIM-MAD). Die Nutzung der Insiderinformation zur Änderung von Aufträgen ist zweifelsohne auch unter dem schweizerischen Recht erfasst, sofern eine Kausalität zwischen der Insiderinformation und der Änderung besteht. Die geänderten Aufträge sind wie neue Aufträge zu beurteilen, die aufgrund der Insiderinformation gesetzt wurden.

4. Subjektiver Tatbestand

In subjektiver Hinsicht verlangt Art. 142 FinfraG, dass der Insider weiss oder wissen müsste, dass es sich bei der fraglichen Information um eine Insiderinformation handelt. Der Bundesrat hielt hierzu in der Botschaft fest, dass auf das subjektive Verschulden beim aufsichtsrechtlichen Tatbestand verzichtet werde; damit das Verbot nicht zu weit greife, werde jedoch vorausgesetzt, dass die betroffene Person weiss oder wissen müsste, dass es sich um eine Insiderinformation handelt.[183] Da es sich bei der Qualifikation einer Information als Insiderinformation um eine Rechtsfrage handelt, sollte dieses subjektive Element mit Bezug auf das vorausgesetzte Wissen weniger als Anwendungsfall der Parallelwertung in der Laiensphäre, sondern vielmehr als Sonderfall des Rechtsirrtums (Art. 21 StGB) betrachtet werden.[184]

Hinsichtlich dessen, was eine Person wissen muss, ist gemäss Botschaft massgebend, was ein durchschnittlicher Marktteilnehmer bei pflichtgemässer Aufmerksamkeit wissen kann.[185] Dieser Massstab sollte jedoch lediglich für die unqualifizierten Marktteilnehmer gelten. Aufgrund des verfassungsrechtlichen Gleichbehandlungsgrundsatzes erscheint es gerade nicht angezeigt, in dieser Hinsicht professionelle Marktteilnehmer gleich zu behandeln wie durchschnittliche.[186] Von professionellen Marktteilnehmern im Allgemeinen und Hochfrequenzhändlern im Besonderen können vielmehr erhöhte Kenntnisse erwartet werden. Grundsätzlich dürften allerdings sowohl für die professionellen als auch für die übrigen Marktteilnehmer die Marktverhaltensregeln der Finma bestimmen, was Marktteilnehmer wissen müssen. Unklarheiten bei den Marktverhaltensregeln

---

[183] *Botschaft BEHG 2011*, 6901.
[184] Hierzu im Detail hinten 819 ff.
[185] *Botschaft BEHG 2011*, 6901.
[186] Im Ergebnis gl. M. *M. K. Weber* (2013), 154.

sollten daher zugunsten der Marktteilnehmer berücksichtigt werden. So entstehen auch keine Konflikte mit dem Prinzip *keine Strafe ohne Gesetz*.[187]

Über dieses subjektive Element hinaus verlangen die Tathandlungen gemäss Art. 142 Abs. 1 lit. a und lit. c FinfraG – nicht aber jene gemäss lit. b – ein Ausnutzen der Insiderinformation. Diese Wortwahl impliziert wie erwähnt einen direkten Vorsatz.[188] Aufgrund der Ausführungen des Bundesrates in der Botschaft sollte von einer solchen Auslegung des Begriffs des Ausnutzens jedoch in diesem Fall abgesehen werden. Allerdings verlangt dieser Begriff in objektiver Hinsicht noch immer eine Kausalität zwischen der Kenntnis der Insiderinformation und dem Insidergeschäft und ohne direkten Vorsatz dürfte eine solche Kausalität kaum je gegeben sein.[189]

5. Ausnahmetatbestände

Gestützt auf Art. 142 Abs. 2 FinfraG hat der Bundesrat in Art. 122 ff. FinfraV Ausnahmen vom Verbot des Insiderhandels festgelegt, namentlich für den Rückkauf eigener Beteiligungspapiere (Art. 123 ff. FinfraV), für Effektengeschäfte zur Preisstabilisierung nach öffentlicher Effektenplatzierung (Art. 126 FinfraV) sowie für Effektengeschäfte, die im Rahmen öffentlicher Aufgaben getätigt werden (Art. 127 Abs. 1 lit. b FinfraV).[190] Von Bedeutung ist im vorliegenden Zusammenhang vor allem die Bestimmung, wonach Effektengeschäfte zur Umsetzung des eigenen Entschlusses, ein Effektengeschäft zu tätigen, ausdrücklich zulässig sind (Art. 127 Abs. 1 lit. a FinfraV).

IV. Unterschiede zur Insiderstrafnorm

1. Übersicht

Im Unterschied zur aufsichtsrechtlichen Insidernorm unterscheidet die Insiderstrafnorm in persönlicher Hinsicht zwischen verschiedenen Insidertypen. Die Tathandlungen der Primärinsider gemäss Art. 154 Abs. 1 FinfraG sind grundsätzlich identisch mit jenen des Aufsichtstatbestandes (Art. 142 Abs. 1 FinfraG). Für die weiteren Insider gemäss Art. 154 Abs. 3 und Abs. 4 FinfraG sind demgegenüber nur Insidergeschäfte im Sinne von Art. 154 Abs. 1 lit. a FinfraG straf-

---

[187] Zum Prinzip vorn 799 ff.
[188] Vgl. hinten 822 f.; siehe auch *M. K. Weber* (2013), 153 f., der keine weiteren subjektiven Elemente verlangt, aber auch nicht auf das mögliche Problem hinweist.
[189] *Botschaft StGB 1985*, 81; *Koenig* (2006), 192; *Fahrländer* (2015), N 562.
[190] Hierzu vorn 747 f.

bar. Der Übertretungstatbestand Art. 154 Abs. 4 FinfraG gilt als Auffangtatbestand für sämtliche Personen, die nicht zu den Primär- und Sekundärinsidern nach den Absätzen 1 bis 3 gehören. Folglich können sich sämtliche Personen durch Insidergeschäfte strafbar machen, nicht aber durch Mitteilungen und Empfehlungen.

Im Unterschied zur aufsichtsrechtlichen Insidernorm setzt die Insiderstrafnorm sodann als Taterfolg einen (eigenen oder fremden) Vermögensvorteil voraus.[191] Ist ein Vermögensvorteil lediglich beabsichtigt, tritt der tatbestandsmässige Erfolg jedoch nicht ein, ist der Versuchstatbestand erfüllt.[192] Der Versuch ist allerdings nur bei den als Verbrechen oder Vergehen ausgestalteten Sonderdelikten (Art. 154 Abs. 1–3 FinfraG) strafbar, nicht aber beim als Übertretung ausgestalteten Auffangdelikt (Art. 154 Abs. 4 FinfraG).[193] In dieser Hinsicht unterscheidet sich der Insidertatbestand vom als Tätigkeitsdelikt ausgestalteten Straftatbestand der Kursmanipulation, der lediglich eine Bereicherungsabsicht verlangt, nicht aber einen Vermögensvorteil.[194]

Im Unterschied zum aufsichtsrechtlichen Insiderhandelsverbot setzt die Insiderstrafnorm als subjektives Element schliesslich nicht bloss ein *«wissen oder wissen müssen»* mit Bezug auf die Qualifikation als Insiderinformation, sondern Vorsatz mit Bezug auf sämtliche objektiven Tatbestandselemente voraus.[195] Hinsichtlich der konkreten Tatbestandsvoraussetzungen bestehen in der Lehre einige verschiedene Ansichten.[196] So ist mitunter strittig, ob Eventualvorsatz (stets) genügt.[197] Daher wird der subjektive Tatbestand nachfolgend genauer untersucht.

---

[191] Hierzu bspw. *Leuenberger* (2010), 390 ff.; *Fahrländer* (2015), 386 ff.; *M. K. Weber* (2013), 133 f.; *Hürlimann* (2005), 95 f.

[192] Zum vollendeten Versuch, bei dem der tatbestandsmässige Erfolg nicht eintritt, Art. 22 StGB.

[193] Gemäss Art. 105 Abs. 2 StGB werden Versuch und Gehilfenschaft bei Übertretungen nur in den vom Gesetz ausdrücklich bestimmten Fällen bestraft; zum Versuch im Allgemeinen *Stratenwerth* (2011), § 15.

[194] Zur Vermögensvorteilsabsicht beim Tatbestand der Kursmanipulation z. B. *Pflaum* (2013), 267 f.; vorn 750 f.

[195] Siehe *Botschaft BEHG 2011*, 6879, 6888, 6901; der Bundesrat hält zunächst zwar fest, dass das Ergreifen aufsichtsrechtlicher Massnahmen grundsätzlich kein persönliches Verschulden des Betroffenen voraussetze; dann aber führte er dennoch ein *«wissen oder wissen müssen»* mit Bezug auf das Vorliegen einer Insiderinformation ein.

[196] Für eine Übersicht verschiedener Lehrmeinungen *Leuenberger* (2010), 407 ff.

[197] Im Einzelnen hinten 822 f.

2. Subjektiver Tatbestand

a) Grundsätzliches

Bei Fehlen einer anders lautenden Bestimmung im Gesetz ist grundsätzlich nur strafbar, wer eine Straftat vorsätzlich begeht (Art. 12 Abs. 1 StGB). Diese Bestimmung gilt auch für das Neben- und Verwaltungsstrafrecht.[198] Ausserdem gilt die Bestimmung nicht nur für Verbrechen und Vergehen, sondern nach Art. 104 StGB auch für Übertretungen.[199] Entsprechend macht sich bei sämtlichen Tatbestandsvarianten des Art. 154 FinfraG – also auch bei dem als Übertretung ausgestalteten Gemeintatbestand nach Abs. 4 – nur strafbar, wer den Tatbestand vorsätzlich verübt.[200] Vorsätzlich handelt, wer die Tat mit Wissen und Willen bezüglich aller objektiven Tatbestandsmerkmale ausführt (Art. 12 Abs. 2 StGB).[201]

b) Wissensseite des Vorsatzes

Die Wissensseite des Vorsatzes betrifft beim Insidertatbestand primär die Insiderinformation. Bisher wurde in der Lehre wohl zu wenig hervorgehoben, dass es sich bei der Insiderinformation um ein mit einer rechtlichen Qualifikation verbundenes, das heisst normatives Tatbestandsmerkmal handelt.[202] Bei normativen Tatbestandselementen wie der Insiderinformation ist das Bewusstsein darüber erforderlich, welche Bedeutung und Funktion den im Tatbestand genannten Merkmalen im sozialen Leben zukommt.[203] Dem Bundesgericht genügt in diesen Fällen, dass der Täter den Tatbestand so verstanden hat, wie es der landläufigen Anschauung eines Laien entspricht (Parallelwertung in der Laiensphä-

---

[198] Nach Art. 333 Abs. 1 StGB gelten die allgemeinen Bestimmungen des StGB auch für Taten, die in andern Bundesgesetzen mit Strafe bedroht sind, sofern diese nicht über eigene derartige Bestimmungen verfügen; Art. 2 VStrR enthält eine entsprechende Bestimmung für das Verwaltungsstrafrecht.

[199] Beim strafrechtlichen Insidertatbestand (Art. 154 FinfraG) handelt es sich um Verbrechen (Abs. 2), Vergehen (Abs. 1 und Abs. 3) sowie eine Übertretung (Abs. 4); gemäss Art. 10 Abs. 2 StGB sind Verbrechen Taten, die mit Freiheitsstrafe von mehr als drei Jahren bedroht sind; Vergehen sind nach Art. 10 Abs. 3 StGB Taten, die mit Freiheitsstrafe bis zu drei Jahren oder mit Geldstrafe bedroht sind und Übertretungen sind nach Art. 103 StGB Taten, die mit Busse bedroht sind.

[200] Gl. M. *M. K. Weber* (2013), 134; noch zu Art. 161 StGB *Koenig* (2006), 206; *Leuenberger* (2010), 406; *Forstmoser* (1988a), 26.

[201] Vgl. *Donatsch/Tag* (2013), 115 ff.; *Stratenwerth* (2011), § 9 N 65 ff., N 93 ff.; zum Bezug auf die objektiven Tatbestandsmerkmale BGE 135 IV 12 E. 2.2.

[202] *Leuenberger* (2010), 411 Fn. 1707 nimmt am Rande Bezug auf die Parallelwertung in der Laiensphäre.

[203] Zum normativen Tatbestandsmerkmal BGE 99 IV 57 E. 1a; *Stratenwerth* (2011), 188.

re).²⁰⁴ Demnach handelt ein Täter mit Wissen²⁰⁵, wenn er die soziale Bedeutung des von ihm verwirklichten Sachverhalts versteht, selbst wenn er über die genaue rechtliche Qualifikation irrt.²⁰⁶ Bezogen auf die Insiderinformation würde es demnach genügen, dass der Täter den vertraulichen Charakter einer Information sowie die Bedeutung für den Kurs von Wertpapieren erkennt.²⁰⁷ Sicheres Wissen kann hinsichtlich Kursrelevanz nicht verlangt werden, da es sich um einen in der Zukunft liegenden Sachverhalt handelt.²⁰⁸

Nicht erforderlich wäre nach der Regel zur Parallelwertung in der Laiensphäre, dass sich der Täter bewusst ist, dass es sich bei der fraglichen Information um eine Insiderinformation im Rechtssinne handelt. Ist er sich dessen nicht bewusst, würde ein grundsätzlich unbeachtlicher Rechts- beziehungsweise Subsumtionsirrtum vorliegen.²⁰⁹ Mit Bezug auf die Insiderstrafnorm ist jedoch zu beachten, dass die aufsichtsrechtliche Insidernorm bewusst weiter gefasst wurde als die Strafnorm, um Lücken zu schliessen.²¹⁰ Selbst der aufsichtsrechtliche Tatbestand setzt nun aber voraus, dass die fragliche Person weiss oder wissen müsste, dass es sich bei der fraglichen Information um eine Insiderinformation handelt (Art. 142 Abs. 1 FinfraG).²¹¹ Mit diesem Tatbestandsmerkmal wird eine Wissenskomponente in Relation zur rechtlichen Qualifikation (der Qualifikation als Insiderinformation) gesetzt. Mit anderen Worten handelt es sich hierbei um einen Sonderfall zum allgemeinen Grundsatz der Unerheblichkeit des Subsumtionsirrtums.²¹² Daher ist auch im Strafrecht zu fordern, dass der Täter wusste oder zumindest hätte wissen müssen, dass es sich um eine Insiderinformation im Rechtssinne handelte.

Das subjektive Kriterium hinsichtlich der rechtlichen Qualifikation lässt auch in strafrechtlicher Hinsicht eine Ausrichtung an den Marktverhaltensregeln der Finma angezeigt erscheinen. Wer aufgrund der Marktverhaltensregeln nicht weiss und nicht wissen muss, dass die fragliche Information als Insiderinformation zu qualifizieren ist, der handelt demnach nicht vorsätzlich. Eine Berücksichtigung des Rechtsirrtums beim Vorsatz und nicht wie üblich bei der Schuld,

---

204 BGE 138 IV 130 E. 3.2.1; 99 IV 57 E. 1a.
205 Das Bundesgericht spricht direkt vom Vorsatz, was allerdings nicht präzise scheint.
206 BGE 138 IV 130 E. 3.2.1; 135 IV 12 E. 2.2; 129 IV 238 E. 3.2.2 m.w.H.
207 Vgl. BGE 129 IV 238 E. 3.2.2.
208 Vgl. *Fahrländer* (2015), N 631.
209 Zum Rechtsirrtum Art. 21 StGB sowie BGE 129 IV 238 E. 3.2.
210 *Botschaft BEHG 2011*, 6888.
211 Bei einer Empfehlung muss sie nach der Bestimmung wissen oder wissen müssen, dass diese auf einer Insiderinformation beruht.
212 Zwar hält Art. 21 StGB dem Grundsatz nach das Gegenteil fest; die Gerichte sind jedoch sehr streng.

IV. Unterschiede zur Insiderstrafnorm

erscheint nicht nur mit Blick auf den aufsichtsrechtlichen Tatbestand gerechtfertigt; Rechtsirrtum und subjektiver Tatbestand liegen naturgemäss nahe beieinander.

Die in der Zukunft liegenden Tatbestandselemente sind primär Gegenstand der Willensseite des Vorsatzes. Immerhin verlangt die Rechtsprechung aber auf der Wissensseite, dass der Täter bei Erfolgsdelikten die Tatbestandsverwirklichung zumindest für (ernsthaft) möglich hält.[213] Bezogen auf den Insidertatbestand ist also erforderlich, dass der Täter den Vermögensvorteil für ernsthaft möglich hält. Diesem Kriterium dürfte kaum eine Selektionswirkung zukommen, wenn die Willensseite des Tatbestandes erfüllt ist.

Des Weiteren verlangt die Wissensseite des Vorsatzes bei Erfolgsdelikten, dass der Täter eine Vorstellung über den Zusammenhang zwischen dem eigenen Handeln und dem Erfolg hat.[214] Dieser Zusammenhang wird beim Insidertatbestand durch das Kausalitätskriterium zum Ausdruck gebracht, das aus dem Begriff des *Ausnutzens* abgeleitet wird.[215] Verlangt wird demnach bei der Insiderstrafnorm nicht nur eine Kausalität zwischen der Insiderinformation und dem Insidergeschäft, sondern eine Kausalkette zwischen der Insiderinformation, dem Insidergeschäft und dem Vermögensvorteil.[216] Nach der Rechtsprechung des Bundesgerichts kann es bei Erfolgsdelikten genügen, wenn der Täter tatsächliche Gegebenheiten lediglich für möglich hält, wenn sein Wille auf den Erfolg gerichtet ist.[217] Eine solche Regel mag bei Tötungsdelikten angemessen erscheinen; beim Insiderdelikt kann allein die Möglichkeit des Vorliegens einer vertraulichen und kursrelevanten Information nicht genügen, ist das Anstreben von Vermögensvorteilen im Börsenhandel doch grundsätzlich völlig legitim.[218] Dies ergibt sich allerdings auch aus der bereits angesprochenen besonderen Rechtsirrtumsregelung, wonach zu fordern ist, dass der Täter zumindest hätte wissen müssen, dass eine Insiderinformation vorlag.[219]

---

[213] BGE 130 IV 58 E. 8.1; 125 IV 242 E. 3c; 103 IV 65 E. I.2.; siehe auch *Stratenwerth* (2011), § 9 N 75; *Leuenberger* (2010), 411 f.
[214] BGE 130 IV 58 E. 8.1.
[215] Zum Kausalitätskriterium vorn 811 f.
[216] Vgl. vorn 811 f.
[217] BGE 130 IV 58 E. 8.1.
[218] Ähnlich die Argumentation von *Stratenwerth/Jenny/Bommer* (2010), § 21 N 23, wonach Wertpapiertransaktionen als solche alles andere als verboten sind.
[219] So ausdrücklich der aufsichtsrechtliche Insidertatbestand in Art. 142 Abs. 1 FinfraG; vorn 801 f.

c) Willensseite des Vorsatzes

Zwischen dem Wissens- und dem Willenselement besteht insofern ein wesentlicher Unterschied, als sich ersteres auf bestehende Gegebenheiten bezieht, während letzteres auf die Zukunft gerichtet ist.[220] Die Willensseite des Vorsatzes betrifft entsprechend primär den Geschäftsabschluss als Insiderhandlung und den Vermögensvorteil als tatbestandsmässigen Erfolg. Bei der Vertraulichkeit und der Kurserheblichkeit einer Information handelt es sich demgegenüber um Gegebenheiten, die für das Willenselement nicht von Bedeutung sein dürften. Zwar enthält die Kurserheblichkeit ein Prognoseelement; es wird jedoch lediglich die Eignung zur signifikanten Beeinflussung des Kurses verlangt und (bei diesem Kriterium) nicht, dass der Kurs auch tatsächlich beeinflusst wird. Die in der Lehre strittige Frage, ob hinsichtlich der Vertraulichkeit und Kursrelevanz der Information direkter Vorsatz erforderlich ist,[221] ist daher meines Erachtens falsch gestellt; diese Frage bezieht sich vielmehr auf die Wissensseite des Vorsatzes, wo das Prinzip der Parallelwertung in der Laiensphäre unter Berücksichtigung der Rechtsirrtumsregelung im Aufsichtsrecht anzuwenden ist. Die Gegebenheit der Kurserheblichkeit einer Information sollte nicht mit dem tatbestandsmässigen Erfolg des Vermögensvorteils vermischt werden. Anzumerken ist in dieser Hinsicht, dass der Vorsatz mit Bezug auf den Vermögensvorteil sowie ein durchgeführtes Geschäft darauf hindeuten können, dass die beschuldigte Person um die Vertraulichkeit und Kursrelevanz der Information wusste.

Ebenfalls umstritten ist die Frage, ob mit Bezug auf den Vermögensvorteil entgegen der Grundregel ein direkter Vorsatz zu verlangen ist.[222] Der Begriff des *Ausnutzens* verbunden mit dem in objektiver Hinsicht erforderlichen Vermögensvorteil impliziert einen direkten Vorsatz. Für diese enge Auslegung sprechen auch systematische Gründe: Sowohl der Tatbestand des Betrugs als auch jener der Kursmanipulation verlangen eine Bereicherungsabsicht und eine solche Bereicherungsabsicht erfordert nach der Rechtsprechung des Bundesgerichts ei-

---

[220] Allgemein *Stratenwerth* (2011), § 9 N 65 ff.
[221] Bejahend *Schmid* (1988), N 280; *P. Böckli* (1989), 65 f.; *Stratenwerth/Jenny/Bommer* (2010), § 21 N 17; *Trippel/Urbach* (2011), N 36 zu Art. 161 aStGB; verneinend *Koenig* (2006), 206 f.; *Leuenberger* (2010), 417; *M. K. Weber* (2013), 135; *Fahrländer* (2015), N 631, der darauf hinweist, dass das neue Recht den Ausdruck der Kenntnis nicht mehr verwendet; *Sethe/Fahrländer* (2017), N 163 zu Art. 154 FinfraG; differenzierend *Hürlimann* (2005), 97.
[222] Bejahend *P. Böckli* (1989), 77; *Stratenwerth/Jenny/Bommer* (2010), § 21 N 23; *Stratenwerth/Wohlers* (2013), Art. 161 N 8; verneinend *Schmid* (1988), N 282; *Hürlimann* (2005), 100 f.; *Leuenberger* (2010), 417; *Leuenberger* (2010), 418; *M. K. Weber* (2013), 135; *Fahrländer* (2015), 632 f.; *Sethe/Fahrländer* (2017), N 164 f. zu Art. 154 FinfraG.

nen *dolus directus* ersten Grades.²²³ Der Vermögensvorteil muss mit anderen Worten dem eigentlichen Handlungsziel entsprechen,²²⁴ sodass es demnach nicht einmal genügt, wenn der Vermögensvorteil als notwendige, dem Täter vielleicht sogar unerwünschte Nebenfolge im Sinne des *dolus directus* zweiten Grades zu betrachten ist.²²⁵ Zwar erscheint diese Rechtsprechung mit Bezug auf den direkten Vorsatz zweiten Grades zu streng; eine Eventualabsicht dürfte jedoch weder beim Betrug noch bei der Kursmanipulation genügen. Da diese Tatbestände ansonsten insofern strenger als der Insidertatbestand ausgestaltet sind, als sie den Vermögensvorteil als Erfolg gerade nicht verlangen, ist in systematischer Hinsicht nicht ersichtlich, weshalb für den Insidertatbestand strengere Regeln gelten sollten. Da ausserdem davon ausgegangen werden kann, dass der Gesetzgeber mit Bezug auf den subjektiven Tatbestand kaum strenger sein wollte als bei der Kursmanipulation und beim Betrug, dürften schliesslich auch historische Gründe tendenziell für eine Einschränkung auf den direkten Vorsatz sprechen.

d) Fazit

Während die Wissensseite des Vorsatzes primär die Vertraulichkeit und Kursrelevanz der Information betrifft, bezieht sich die Willensseite primär auf die Insiderhandlung und den Vermögensvorteil als Erfolg. Daher stellt sich die in der Lehre diskutierte Frage gar nicht, ob mit Bezug auf die Qualifikation als Insiderinformation Eventualvorsatz genügt. In dieser Hinsicht ist im Sinne der Parallelwertung in der Laiensphäre vielmehr zu verlangen, dass der Täter den vertraulichen Charakter einer Information sowie die Bedeutung für den Kurs von Wertpapieren erkennt. Zudem muss ihm in Anwendung der Grenze des aufsichtsrechtlichen Tatbestandes zumindest unterstellt werden können, dass er hätte wissen müssen, dass es sich um eine Insiderinformation im Rechtssinne handelte. Hierfür dürften wie bei der aufsichtsrechtlichen Insidernorm die Ausführungen der Finma in den Marktverhaltensregeln massgebend sein. Hinsichtlich der Erlangung eines Vermögensvorteils ist aus grammatikalischen, systematischen und wohl auch historischen Gründen entgegen der Grundregel (Art. 12 Abs. 2 Satz 2 StGB) ein direkter Vorsatz zu verlangen.

V. Verhältnis zum Berufsgeheimnis

Das finanzmarktrechtliche Berufsgeheimnis ist für Banken in Art. 47 BankG, für Effektenhändler in Art. 43 BEHG, für Fondsleitungen in Art. 148 Abs. 1 lit. k–l

---

223 BGE 105 IV 330 E. 2c; 101 IV 177 E. II.8.
224 *Stratenwerth* (2011), § 9 N 123.
225 BGE 105 IV 330 E. 2c.

§ 22 Insiderhandel

KAG und für Finanzmarktinfrastrukturen in Art. 147 FinfraG geregelt. Gelten Auftragsinformationen als Insiderinformationen, stellt sich die Frage, wie der Insidertatbestand zu den Berufsgeheimnis-Tatbeständen steht.

1. Täterkreis: Geheimnisträger und weitere Personen

Der Täterkreis hängt beim finanzmarktrechtlichen Berufsgeheimnis von der Tathandlung ab. Das Offenbaren von Geheimnissen wurde zunächst nur sogenannten Geheimnisträgern verboten, also Personen, denen das Geheimnis in ihrer Eigenschaft als Organ, Angestellter, Beauftragter oder Liquidator einer der erwähnten Körperschaften (Bank, Effektenhändler, Fondleitung oder Finanzmarktinfrastruktur) anvertraut worden ist oder das sie in ihrer dienstlichen Stellung beziehungsweise in dieser Eigenschaft wahrgenommen haben (Art. 43 Abs. 1 lit. a BEHG; Art. 47 Abs. 1 lit. a BankG; Art. 148 Abs. 1 lit. k KAG; Art. 147 Abs. 1 lit. a FinfraG).[226] Als Geheimnisträger kommen ausserdem auch Organe und Angestellte von Prüfgesellschaften infrage.[227] Seit dem 1. Juli 2015 ist es nun allerdings auch weiteren Personen ausdrücklich untersagt, ein ihnen von einem Geheimnisträger offenbartes Geheimnis anderen Personen zu offenbaren (Art. 43 Abs. 1 lit. c BEHG; Art. 47 Abs. 1 lit. c BankG; Art. 148 Abs. 1 lit. l KAG; Art. 147 Abs. 1 lit. c FinfraG). Das Offenbarungsdelikt nähert sich damit einem Gemeindelikt.

Den Personen, die das Geheimnis aus zweiter Hand kennen, ist es nach den aufgeführten Bestimmungen ausserdem strafrechtlich untersagt, das Geheimnis für sich oder einen auszunutzen. Bemerkenswert ist, dass kein entsprechendes Verbot für die Geheimnisträger selbst gilt, sodass der mögliche Täterkreis klein ist.[228] Die Verleitung zur Berufsgeheimnisverletzung (Art. 43 Abs. 1 lit. b BEHG; Art. 47 Abs. 1 lit. b BankG; Art. 147 Abs. 1 lit. b FinfraG) ist schliesslich als Gemeindelikt ausgestaltet.

Keinen direkten strafrechtlichen Schutz geniessen Geheimnisse, die nicht (direkt) beaufsichtigten externen Vermögensverwaltern anvertraut werden. Immerhin besteht jedoch grundsätzlich eine auftragsrechtliche Geheimhaltungspflicht, die aus der auftragsrechtlichen Treuepflicht (Art. 398 Abs. 2 OR) abgeleitet wird.[229] Zudem kann bei einer Geheimnisoffenbarung der Tatbestand der Ver-

---

[226] Das allgemeine Berufsgeheimnis gilt für Geistliche, Rechtsanwälte, Verteidiger, Notare, Patentanwälte, nach Obligationenrecht zur Verschwiegenheit verpflichtete Revisoren, Ärzte, Zahnärzte, Chiropraktoren, Apotheker, Hebammen, Psychologen und ihre Hilfspersonen (Art. 321 Nr. 1 StGB).
[227] Siehe Art. 43 Abs. 1 lit. a BEHG und Art. 47 Abs. 1 lit. a BankG.
[228] Hierzu hinten 827 f.
[229] Burg (2013), 216 ff.; Fellmann (1992), N 43 zu Art. 398 OR.

letzung des Geschäftsgeheimnisses (Art. 162 StGB) oder jener der ungetreuen Geschäftsbesorgung (Art. 158 StGB) erfüllt sein.

2. Tatobjekt: Berufsgeheimnis

Vom Berufsgeheimnis sind nach dem Wortlaut der Bestimmungen sämtliche Geheimnisse erfasst, die den Organen, Angestellten, Beauftragten oder Liquidatoren des jeweiligen Instituts anvertraut worden sind oder die sie in dieser Eigenschaft wahrgenommen haben.[230] Das Bundesgericht bezeichnet als Geheimnis Tatsachen, die nur einem begrenzten Personenkreis bekannt oder zugänglich sind, die der Geheimnisherr geheim halten will und an deren Geheimhaltung er ein berechtigtes Intereses hat.[231] Bei Auftragsinformationen kann grundsätzlich davon ausgegangen werden, dass ein Kunde diese geheim halten will, bis sie an einem transparenten Handelsplatz platziert werden.[232] Verlangt der Kunde eine Platzierung in einem Dark Pool, so ist der Geheimhaltungswille explizit. Der Geheimhaltungswille gilt insbesondere für grosse Aufträge, die den Kurs stärker beeinflussen, würde der gesamte Auftrag schon vor der Ausführung bekannt. Entsprechend hat der Kunde auch ein berechtigtes finanzielles Interesse an der Geheimhaltung, was insbesondere durch die Best-Execution-Regel in Art. 11 Abs. 1 lit. b BEHG zum Ausdruck gebracht wird. Eine Bezugnahme der Information auf einen Geheimnisherrn sollte bei Auftragsinformationen nicht erforderlich sein.[233] Auftragsinformationen stellen daher grundsätzlich Geheimnisse im Sinne der Berufsgeheimnistatbestände dar. Dadurch wird der vertrauliche Charakter der Information im Sinne des Insidertatbestandes akzentuiert; ein Geheimnis im Rechtssinn verlangt der Insidertatbestand allerdings nicht.

---

[230] Für weitere Hinweise zum Geheimnisbegriff nach Art. 43 BEHG bspw. *Nater* (2001), 174 ff.; *Lebrecht* (2011), N 14 ff. zu Art. 43 BEHG; zum Geheimnisbegriff nach Art. 47 BankG *Stratenwerth* (2013), N 13 f. zu Art. 47 BankG; zum Geheimnisbegriff nach Art. 321 StGB BGE 101 Ia 10 E. 5c; 112 Ib 606 E. b; siehe auch BGE 133 IV 107 E. 2.3; zum Geheimnisbegriff nach Art. 320 StGB insb. BGE 127 IV 122 E. 1.
[231] BGE 127 IV 122 E. 1.
[232] Siehe allgemein *Burg* (2013), N 218, wonach aufgrund der Umstände der Auftragserteilung grundsätzlich davon ausgegangen werden muss, dass an den mitgeteilten Informationen ein Diskretionsinteresse besteht und eine explizite Erklärung daher entbehrlich ist; *Fellmann* (1992), N 43 zu Art. 398 OR; *Livschitz* (2017), N 10 zu Art. 147 FinfraG.
[233] Die Interessen des Geheimnisherrn würden sonst nur unzureichend geschützt; ausserdem verlangt etwa Art. 147 FinfraG auch keinen solchen Bezug; a.M. offenbar *Livschitz* (2017), N 11 zu Art. 147 FinfraG, der seine Aussage in N 12 allerdings relativiert.

3. Tathandlungen

a) Offenbaren

Als Tathandlung ist in erster Linie das Offenbaren des Geheimnisses unter Strafe gestellt (Art. 43 Abs. 1 lit. a BEHG, Art. 47 Abs. 1 lit. a BankG, Art. 148 Abs. 1 lit. k KAG, Art. 147 Abs. 1 lit. a FinfraG). Offenbart wird ein Geheimnis, wenn es Unberufenen zugänglich gemacht wird.[234] Durch das auftragsgemässe Setzen von Teilaufträgen in transparenten Handelsplätzen wird das Geheimnis über einen grösseren Gesamtauftrag schrittweise offenbart. Diese Offenbarung entspricht allerdings grundsätzlich dem Willen des Kunden, sodass der Geheimhaltungswille und das Geheimhaltungsinteresse wegfallen. Entspricht die Vorgehensweise dem Vertrag und handelt der Effektenhändler nach den allgemeinen Regeln der Kunst des Ausführens grosser Aufträge, ist die Offenbarung unbedenklich. Anders sind Aufträge zu beurteilen, die nach dem Willen des Kunden als Dark Orders ausgeführt werden sollen. Bei diesen Aufträgen bleibt der Geheimhaltungswille auch nach dem Setzen der Aufträge erhalten. Nun könnte argumentiert werden, dass eine Offenbarung erfolgt, wenn andere Händler durch Ping Orders den Grossauftrag aufspüren können. Der Broker müsste *de lege artis* den Kundenauftrag mit einer Mindestausführgrösse verbinden, sodass kleine Ping Orders den Grossauftrag nicht aufspüren können. Eine solche Auslegung würde allerdings wohl zu weit gehen, wenn der Kunde nicht ausdrücklich eine Mindestausführgrösse wünscht. Die Begründung dafür liegt weder primär darin, dass der Dritte die Gesamtgrösse des Auftrags nur erahnen kann, noch darin, dass der Kunde nicht ausdrücklich eine Mindestausführgrösse verlangt hat. Vielmehr erschiene dieses Verhalten des Brokers allenfalls etwas ungeschickt, aber grundsätzlich noch nicht strafwürdig. Immerhin kann der Broker auch argumentieren, dass bei einer Dark Order ohne Mindestausführgrösse mehr Liquidität erreicht werden kann und diese Vorgehensweise daher im Interesse des Kunden liegt – was allerdings mehr als fraglich ist. Im Sinne einer Grundregel sollte den Brokern ein ausreichend grosser Handlungsspielraum belassen bleiben, damit deren Verhalten für Hochfrequenzhändler nicht allzu durchschaubar wird. Anzumerken ist, dass sich grundsätzlich auch strafbar macht, wer fahrlässig handelt (Art. 43 Abs. 2 BEHG, Art. 47 Abs. 2 BankG, Art. 148 Abs. 2 KAG, Art. 147 Abs. 3 FinfraG). Daher könnte die fehlende Strafbarkeit eines unachtsamen Brokers nicht einfach damit begründet werden, er habe das Aufspüren des Grossauftrags durch Hochfrequenzhändler nicht gewollt.

---

[234] *Stratenwerth* (2013), N 15 zu Art. 47 BankG; ähnlich *Nater* (2001), 173; *Lebrecht* (2011), N 20 zu Art. 43 BEHG; *Livschitz* (2017), N 14 zu Art. 147 FinfraG.

b) Verleiten

Strafbar ist nach ausdrücklicher gesetzlicher Vorschrift auch, wer jemanden zu einer Verletzung des Berufsgeheimnisses zu verleiten sucht (Art. 43 Abs. 1 lit. b BEHG, Art. 47 Abs. 1 lit. b BankG, Art. 147 Abs. 1 lit. b FinfraG). Die Handlung ist jener der (versuchten) Anstiftung ähnlich. Die versuchte Anstiftung ist jedoch grundsätzlich lediglich bei Verbrechen strafbar (Art. 24 Abs. 2 StGB). Zudem ist der Begriff des versuchten Verleitens wohl weiter zu verstehen als jener der Anstiftung.[235] Erfasst sein sollen sämtliche Einwirkungen auf den Geheimnisträger, durch die dieser veranlasst werden soll, den Tatbestand der Verletzung des Berufsgeheimnisses objektiv – nicht zwingend subjektiv – zu erfüllen.[236] Hochfrequenzhändler könnten diesen Tatbestand erfüllen, wenn sie Handelsplätze um Auftragsinformationen ersuchen, die (noch) als Geschäftsgeheimnisse zu qualifizieren sind.

c) Ausnutzen

Auf den 1. Juli 2015 hin wurden die Tatbestände ergänzt, sodass sich seither auch strafbar macht, wer ein ihm offenbartes Geheimnis weiteren Personen offenbart oder für sich oder einen anderen ausnutzt (Art. 43 Abs. 1 lit. c BEHG, Art. 47 Abs. 1 lit. c BankG, Art. 148 Abs. 1 lit. l KAG, Art. 147 Abs. 1 lit. c FinfraG). Hinsichtlich des Begriffs des Offenbarens kann auf die Ausführungen vorn verwiesen werden.[237] Fragen wirft der Begriff des Ausnutzens auf. Der Wortlaut der Bestimmung impliziert, dass für Personen, die ein Geheimnis aus zweiter Hand erfahren, strengere Regeln gelten als für Geheimnisträger selbst, denn diesen ist lediglich das Offenbaren des Geheimnisses strafrechtlich untersagt. Der Gesetzgeber hat damit eine Inkohärenz geschaffen, die sich nicht mit sachlichen Gründen rechtfertigen lässt. Weshalb ein Angestellter nicht bestraft werden soll, wenn er ein Berufsgeheimnis für sich oder einen anderen ausnutzt, ein Dritter, dem er ein solches Geheimnis mitgeteilt hat, jedoch schon, ist nicht ersichtlich. Aufgrund des strafrechtlichen Bestimmtheitsgebots kann nicht einfach auch das Ausnutzen von Geheimnissen durch Geheimnisträger unter Strafe gestellt werden ohne eine Revision der Bestimmungen.[238] Eine Konformität mit dem Gleichbehandlungsgrundsatz kann lediglich hergestellt werden, indem der Begriff des Ausnutzens so eng ausgelegt wird, dass er lediglich Sachverhalte erfasst, die für den Geheimnisträger selbst in aller Regel nicht von Interesse sind.

---

[235] So *Stratenwerth* (2013), N 17 zu Art. 47 BankG; vgl. auch *Lebrecht* (2011), N 52 zu Art. 43 BEHG.
[236] *Stratenwerth* (2013), N 17 zu Art. 47 BankG; *Lebrecht* (2011), N 52 zu Art. 43 BEHG.
[237] Vorn 826.
[238] Zum strafrechtlichen Bestimmtheitsgebots vorn 799 ff.

So ist beispielsweise das Ausnutzen von Kundeninformationen für die Arrestlegung in aller Regel lediglich für ausgewählte Dritte von Interesse. Dasselbe gilt für den Fall, dass die Informationen in Gerichtsprozessen im Ausland verwendet werden. Beide Beispiele haben allerdings gemein, dass zugleich eine Offenbarung des Geheimnisses erfolgt.

Ein Ausnutzen ohne gleichzeitige Offenbarung des Geheimnisses erfolgt beispielsweise beim Frontrunning. Wird also nicht bloss das Offenbaren eines Geheimnisses unter Strafe gestellt, sondern auch das Ausnutzen desselben, könnte allenfalls auch das Frontrunning vom Tatbestand der Verletzung des Berufsgeheimnisses erfasst sein. Mit der Schaffung der Tathandlung des Ausnutzens bezweckte der Gesetzgeber allerdings nicht die Verfolgung des Frontrunnings, sondern primär die Bestrafung des Verkaufs von Kundendaten und die Nutzung derselben im Zusammenhang mit den verkauften Steuer-Datenträger.[239] Schon deshalb erscheint die Erfassung des Frontrunnings fraglich. Hätte der Gesetzgeber auch an das Frontrunning gedacht, so hätte er wohl auch Geheimnisträgern das Ausnutzen des Berufsgeheimnisses verboten. Schliesslich haben nicht nur auserwählte Dritte ein Interesse an der Nutzung der Auftragsinformationen, sondern genauso die Angestellten. Typischerweise erfüllen den Tatbestand des Frontrunnings denn auch Angestellte und nicht Dritte. All diese Gründe sprechen gegen die Erfassung des Frontrunnings.

Im Ergebnis ist der Tatbestand des Ausnutzens des Berufsgeheimnisses aufgrund des Gleichbehandlungsgrundsatzes eng auszulegen und sollte daher keine Handlungen erfassen, an denen Geheimnisträger in der Regel ein ebenso grosses Interesse haben wie Dritte. Entsprechend dürfte das Frontrunning grundsätzlich nicht erfasst sein, selbst wenn es von Personen betrieben wird, die das Geheimnis von einem Geheimnisträger offenbart erhalten. Um dies zu ändern, müsste der Gesetzgeber generell das Ausnutzen von Berufsgeheimnissen durch Angestellte und Organe unter Strafe stellen.

4. Konkurrenz

Sind sowohl der Insidertatbestand als auch der Tatbestand der Verletzung des Berufsgeheimnisses durch dieselbe Handlung erfüllt, so stellt sich die Frage nach der Konkurrenz zwischen den verschieden Bestimmungen. Die unterschiedlichen primären Schutzzwecke der Normen sprechen für ein Verhältnis der echten Idealkonkurrenz.[240] Während das börsenrechtliche Berufsgeheimnis primär

---

[239] *NR Kommissionsbericht «Verkauf von Bankkundendaten» 2014*, 6233.
[240] So im Ergebnis auch *Livschitz* (2017), N 35 zu Art. 147 FinfraG; zu den Begriffen *Stratenwerth* (2011), 1 ff., 4; von einer Idealkonkurrenz wird gesprochen, wenn der Täter

die individuellen Geheimhaltungsinteressen der Anleger schützt, soll das Verbot des Insiderhandels demgegenüber primär die Funktionsfähigkeit des Kapitalmarkts sowie allenfalls die Chancengleichheit der Anleger gewährleisten.[241] Für ein Verhältnis der echten Konkurrenz spricht ausserdem, dass es sich beim Tatbestand der Verletzung des Berufsgeheimnisses grundsätzlich um ein in persönlicher Hinsicht beschränktes Sonderdelikt handelt, beim Insiderhandel demgegenüber zumindest bei der Tatbestandsvariante nach Art. 154 Abs. 4 FinfraG um ein Gemeindelikt. Angesichts dessen dürfte kaum zweifelhaft sein, dass der Insidertatbestand und der Tatbestand der Verletzung des Berufsgeheimnisses in echter Konkurrenz zueinander stehen.

5. Fazit

Im Ergebnis ist festzuhalten, dass Auftragsinformationen nicht nur als Insiderinformationen, sondern grundsätzlich auch als Berufsgeheimnisse qualifizieren. Dies gilt für transparente Aufträge, bis sie im Auftragsbuch platziert werden, für von Kunden gewünschte Dark Orders über diesen Zeitpunkt hinaus. Allein der Umstand, dass eine grosse Dark Order nicht mit einer Mindestausführgrösse verbunden wird und so durch Ping Orders aufgespürt werden kann, sollte allerdings noch nicht dazu führen, dass der Tatbestand der Verletzung des Berufsgeheimnisses erfüllt ist, es sei denn, der Kunde habe die Mindestausführgrösse ausdrücklich gewünscht.

Der neu eingeführte Begriff des Ausnutzens von Insiderinformationen sollte nach dem Grundsatz der verfassungskonformen Auslegung eng ausgelegt werden. Für die nach dem Wortlaut implizierte Schlechterstellung von Dritten, die das Geheimnis von einem Geheimnisträger offenbart erhalten, gegenüber Geheimnisträgern selbst fehlen sachliche Gründe, sodass bei einer Wortlautauslegung der Gleichbehandlungsgrundsatz verletzt würde. Der Gesetzgeber hat zudem nicht ausdrücklich erklärt, dass Dritte einem strengeren Regime unterstellt sein sollten. Eine Ausdehnung des Tatbestandes durch eine strafrechtliche Sanktionierung der Ausnutzung von Berufsgeheimnissen durch Geheimnisträger ohne Offenbarung derselben wäre zudem nicht mit dem strafrechtlichen Bestimmtheitsgebot und (damit) dem verfassungsrechtlichen Legalitätsprinzip vereinbar. Daher sollten Handlungen nicht erfassen sein, an denen Geheimnisträger

---

durch eine Handlung mehrere Tatbestände erfüllt, von denen keiner den Unrechtsgehalt der Tat ganz erfasst.

[241] Zum geschützten Rechtsgut der Verletzung des Berufsgeheimnisses *Nater* (2001), 174 ff.; *BR Stellungnahme «Verkauf von Bankkundendaten» 2014*, 6243 f., wonach indirekt auch das Vertrauen des Kunden in das Institut sowie den Finanzmarkt Schweiz geschützt sind; zum geschützten Rechtsgut des Insidertatbestandes vorn 782 ff.

in der Regel ein ebenso grosses Interesse haben wie Dritte. Das Frontrunning sollte demzufolge selbst dann nicht den Tatbestand der Verletzung des Berufsgeheimnisses erfüllen, wenn es von Dritten betrieben wird, die das Geheimnis von einem Geheimnisträger offenbart erhalten.

Sind sowohl der Insidertatbestand als auch der finanzmarktrechtliche Tatbestand der Verletzung des Berufsgeheimnisses durch dieselbe Handlung erfüllt, so stehen die Tatbestände aufgrund der unterschiedlichen primären Schutzzwecke in echter Idealkonkurrenz zueinander. Ein Täter kann aufgrund derselben Handlung wegen beider Tatbestände bestraft werden.

VI. Sachverhalte

1. Allgemeiner Hinweis

Nachfolgend werden verschiedene Sachverhalte untersucht, die im Zusammenhang mit dem Hochfrequenzhandel von Bedeutung sind. Zunächst erscheint jedoch der allgemeine Hinweis angebracht, dass der Insidertatbestand für den Hochfrequenzhandel nur bei einer extensiven Auslegung der Begriffe der Information und der Erheblichkeit von Belang ist. Der Gewinn pro Geschäft ist bei Hochfrequenzhändlern in der Regel klein, denn die Rentabilität ergibt sich aus der grossen Anzahl Transaktionen (sowie dem Einsatz von Hebelprodukten).[242] Wird das Kriterium der Erheblichkeit im Sinne der in der Lehre oft vertretenen Erheblichkeitsschwellen von 5 bis 20 Prozent interpretiert, so würde dem Insidertatbestand im Zusammenhang mit dem Hochfrequenzhandel kaum eine Bedeutung zukommen.[243] Dasselbe gilt für den Fall, dass nur Informationen mit einem Bezug zum Tätigkeitsbereich eines Unternehmens erfasst würden. Das Kriterium der Erheblichkeit ist nach den Ausführungen im vorangehenden Kapitel 21 (Marktmanipulation) jedoch lediglich dahingehend zu verstehen, dass die Information geeignet sein muss, den Kurs von Effekten statistisch signifikant zu beeinflussen,[244] und dem Informationsbegriff kommt nach der hier vertretenen Ansicht kaum eine über die Vertraulichkeit und Kursrelevanz hinausgehen-

---

[242] Vorn 9 f.
[243] Für 5–10 Prozent *Ch. Peter* (2013), N 33 zu Art. 161 aStGB; für 10 Prozent *Hürlimann* (2005), 90; *Groner* (1999), 265; mehr als 5–10 Prozent forderten *Trippel/Urbach* (2011), N 28 zu Art. 161bis aStGB; für 20 Prozent bei Aktien *Schmid* (1988), N 227; noch weiter ging *P. Böckli* (1989), 57 f.; für eine Betrachtung im Einzelfall *Pflaum* (2013), 90 f.; für eine Betrachtung im Einzelfall und kritisch *A. Peter* (2015), N 324; entschieden a. M. *Fahrländer* (2015), N 464 sowie *Lorez* (2013), 57, die den Reasonable-Investor-Test anwenden wollen; vorn 736 ff., 809 f.
[244] Zu diesem Kriterium vorn 739 f., 809 f.

de Selektionswirkung zu.[245] Daher dürfte das Insiderhandelsverbot auch für den Hochfrequenzhandel von Bedeutung sein.

2. Frontrunning, Parallelrunning und Afterrunning

Die Basler Ständerätin *Anita Fetz* erklärte in den Beratungen des Ständerats zum Finanzmarktinfrastrukturgesetz, der Hochfrequenzhandel sei eine Methode, *«um Front Running zu betreiben, also Insiderhandel»*.[246] Dieser Vorwurf soll in den folgenden zwei Abschnitten geprüft werden. Gegenstände dieses Abschnitts sind klassische Frontrunning-, Parallelrunning- und Afterrunning-Praktiken; das von Hochfrequenzhändlern betriebene elektronische Frontrunning wird im nachfolgenden Abschnitt untersucht.

a) Begriffe

Als (klassisches) Frontrunning wird die Praktik bezeichnet, bei der ein Broker das Wissen um bevorstehende (grosse) Kundenaufträge für einen eigenen (oder fremden) Vorteil ausnutzt, indem er vorab selbst Wertpapiere kauft oder verkauft, um vom Preisdruck zu profitieren, der vom Kundenauftrag ausgeht.[247] Beim Parallelrunning nutzt der Broker das Wissen gleichzeitig, beim Afterrunning kurz nach Abschluss der Transaktion.[248]

b) Allgemeine rechtliche Erfassung

aa) Frontrunning

Abgesehen von der denkbaren Erfassung durch den Insidertatbestand sind andere rechtliche Bestimmungen für Frontrunning-Praktiken von Bedeutung. Aufsichtsrechtlich sind diese nicht mit den Verhaltensregeln der Effektenhändler nach Art. 11 Abs. 1 lit. b und c BEHG vereinbar, da der Broker durch Frontrunning-Praktiken in aller Regel die Ausführungsqualität des Kunden beeinträchtigt und dadurch seine Sorgfalts- und Treuepflicht gegenüber diesem verletzt.[249] Fol-

---

[245] Vorn 803.
[246] Votum der Basler Ständerätin *Anita Fetz* im Ständerat (AB 2015 S 341).
[247] *Pflaum* (2013), 271; *M. K. Weber* (2013), 129; *A. Wyss* (2000), 237; *Koenig* (2006), 215 f.
[248] *Watter/Hoch* (2012), 501; *Botschaft BEHG 2011*, 6902; siehe auch *SBV Verhaltensregeln 2008*, Art. 11, wonach als Afterrunning lediglich das Dazwischenschieben von Eigengeschäften zwischen einzelne Tranchen von Kundenaufträgen bezeichnet wird; diese Verhaltensweise wird hier unter den Begriff des klassischen Frontrunnings gefasst, weil das Wissen um weitere zukünftige Tranchen genutzt wird.
[249] *Watter/Hoch* (2012), 502; *Koenig* (2006), 216; *Bericht Expertenkommission Börsendelikte 2009*, 50.

gerichtig erscheint daher die Praxis der Finma, wonach Frontrunning-Praktiken nicht mit der Gewähr für eine einwandfreie Geschäftstätigkeit vereinbar sind.[250] Vermögensverwalter dürften zudem regelmässig den Straftatbestand der ungetreuen Geschäftsbesorgung erfüllen.[251] Daher müssen nicht nur Banken und Effektenhändler, sondern auch externe Vermögensverwalter ohne Effektenhändlerbewilligung mit Sanktionen rechnen, wenn sie Frontrunning betreiben. Ausserdem haben die Schweizerische Bankiervereinigung (SBV) sowie der Verband Schweizerischer Vermögensverwalter (VSV) Frontrunning-, Parallelrunning- und Afterrunning-Praktiken in ihren Standesregeln untersagt,[252] und die Finma hat diese Standesregeln in Anwendung von Art. 7 Abs. 3 FINMAG als Mindeststandards anerkannt, sodass sie im Rahmen ihrer Aufsichtsbefugnisse anwendbar sind.[253] Kunden können darüber hinaus zivilrechtliche Ansprüche aus Frontrunning-Tatbeständen ableiten.[254] Vertragsrechtlich dürften sich Kunden in der Regel auf eine Verletzung der aufsichtsrechtlichen Sorgfalts- und Treuepflicht (Art. 398 Abs. 2 OR) stützen können. Für Personen, die ihr Vermögen verwalten lassen, stellt Art. 158 StGB zudem eine Schutznorm für ausservertragliche Ansprüche dar. Demgegenüber wurde eine Erfassung des Frontrunnings durch das finanzmarktrechtliche Berufsgeheimnis (Art. 47 BankG, Art. 43 BEHG, Art. 148 Abs. 1 lit. k und lit. l KAG, Art. 147 FinfraG) aus primär verfassungsrechtlichen Gründen abgelehnt.[255] Frontrunning-Praktiken sind im Übrigen auch nicht von den Tatbeständen der Markt- und Kursmanipulation erfasst, da von diesen Praktiken in aller Regel keine falschen oder irreführenden Signale für das Angebot, die Nachfrage oder den Kurs von Effekten ausgehen.[256]

bb)   Parallel- und Afterrunning

Parallel- und Afterrunning-Praktiken erscheinen auf den ersten Blick weniger gravierend als Frontrunning-Praktiken, sofern die Ausführungsqualität der

---

250   *Finma Untersuchung Devisenhandel UBS 2014*, 17 f.; *Watter/Hoch* (2012), 502; *Bericht Expertenkommission Börsendelikte 2009*, 50.
251   *Bericht Expertenkommission Börsendelikte 2009*, 50 f.; OGer-ZH SB110028 vom 9. Juli 2012, E. III.3; siehe auch zu einem Urteil des Bezirksgerichts Zürich gemäss *www.nzz.ch/praezedenz-urteil-gegen-insider-1.7469814*; *Watter/Hoch* (2012), 502.
252   *SBV Verhaltensregeln 2008*, Art. 11; *VSV Standesregeln 2014*, Art. 4 Nr. 8.
253   FINMA-RS 2008/10 (Selbstregulierung als Mindeststandard), N 10, 30.
254   *Bericht Expertenkommission Börsendelikte 2009*, 51.
255   Vorn 828.
256   Zum engeren Tatbestand der Kursmanipulation *Watter/Hoch* (2012), 502; etwas irritierend BGer 6B_782/2014 vom 22. Dezember 2014 E. 2.3; siehe auch *Niggli/Wanner* (2013), N 28 zu Art. 161bis aStGB, die allerdings ausdrücklich festhielten, dass die Praktik nicht erfasst sei; vgl. vorn 761 ff.

Kunden nicht beeinträchtigt wird.[257] Dasselbe gilt für besondere Frontrunningstrategien, bei denen der Broker Limit-Orders platziert und für den Kunden Market-Orders verwendet, sofern die Limit-Orders um weniger als eine Reaktionszeit der anderen Hochfrequenzhändler vor den Market-Orders gesetzt werden, sodass die übrigen Händler nicht darauf reagieren können. Solche Praktiken liessen sich möglicherweise lediglich bei einer Erfassung durch den Insidertatbestand sanktionieren. Bei der Qualifikation als Parallel- oder Afterrunning ist allerdings stets zu beachten, dass grosse Kundenaufträge in aller Regel örtlich und zeitlich in Tranchen ausgeführt werden. Daher kann lediglich dann von einem Parallel- oder Afterrunning gesprochen werden, wenn das Parallelrunning mit einer letzten Market-Order (etwa auf einem anderen Markt) und das Afterrunning nach Ausführung des letzten Teilauftrags erfolgt.[258] Ausserdem müssten auch diesen Praktiken die *Chinese Walls* im Wege stehen, die Banken und Effektenhändler zur Vorbeugung von Interessenkonflikten gegenüber ihren Kunden nach Art. 11 Abs. 1 lit. c BEHG implementieren müssen, und abgesehen davon haben die Schweizerische Bankiervereinigung (SBV) sowie der Verband Schweizerischer Vermögensverwalter (VSV) wie erwähnt nicht nur das Frontrunning, sondern auch Parallelrunning- und Afterrunning-Praktiken in ihren Standesregeln untersagt.[259]

c) Frontrunning als Insiderhandel

Inwieweit Frontrunning-Praktiken und die verwandten Tatbestände des Parallel- und Afterrunnings die Insidertatbestände erfüllen, hängt weitgehend von der Auslegung der Begriffe der Information und der Erheblichkeit ab. In der Lehre wird entsprechend vertreten, dass Frontrunning-Praktiken nicht[260], nur im Ausnahmefall[261], oder stets[262] den Insiderstraftatbestand erfüllen. Die Begriffe der In-

---

[257] Anders wäre es, wenn man das Afterrunning verstehen würde als Dazwischenschieben von Eigengeschäften zwischen verschiedene Tranchen, siehe *SBV Verhaltensregeln 2008*, Art. 11.

[258] Zu beachten ist allerdings, dass die SBV als Afterrunning das Dazwischenschieben von Eigengeschäften zwischen einzelne Tranchen von Kundenaufträgen bezeichnet, siehe *SBV Verhaltensregeln 2008*, Art. 11; nach der hier vertretenen Ansicht liegt in diesem Fall allerdings ein Fall klassischen Frontrunnings vor.

[259] *SBV Verhaltensregeln 2008*, Art. 11; *VSV Standesregeln 2014*, Art. 4 Nr. 8; vorn 832.

[260] *Watter/Hoch* (2012), 506.

[261] *M. K. Weber* (2013), 130; so wohl auch *AB FINMA-RS 2013/8*, 17, da die Finma von Einzelfällen spricht.

[262] *Fahrländer* (2015), 355 ff.; *Sethe/Fahrländer* (2017), N 38 zu Art. 142 FinfraG und N 126 zu Art. 154 FinfraG; so auch die Stellungnahme von *Widmer-Schlumpf* im Nationalrat (AB 2012 N 1139; selbst für das Strafrecht); zur Rechtslage in Deutschland *Ritz* (2015), 74 f. zu § 14 WpHG; der deutsche Bundesgerichtshof (BGH) stellte mit Bezug auf die

formation und der Erheblichkeit wurden im Detail ausgelegt mit dem Ergebnis, dass sämtliche vertraulichen Kundenaufträge Insiderinformationen darstellen müssten.[263] Daher dürften Frontrunning-Praktiken sowohl vom aufsichtsrechtlichen als auch vom strafrechtlichen Insidertatbestand in aller Regel erfasst sein.[264]

Anzumerken ist, dass das Bundesgericht in einem neueren Entscheid mit Verweis auf die deutsche Literatur festhielt, das Frontrunning werde als Insidergeschäft definiert.[265] Angesichts der unterschiedlichen Rechtslage und dem Lehrstreit in der Schweiz erscheint diese Bemerkung ungeschickt. Etwas kurz ist sodann auch der Hinweis darauf, dass das Frontrunning nach der Literatur nicht unmittelbar strafrechtlich erfasst sei.[266] Dieser Bundesgerichtsentscheid hatte allerdings die üble Nachrede zum Gegenstand, sodass den Äusserungen des Bundesgerichts kein zu grosses Gewicht zugemessen werden sollte.

Mit Bezug auf Parallelrunning- und Afterrunning-Praktiken ist der Zeitpunkt von Bedeutung, zu dem die Vertraulichkeit eines Kundenauftrags aufgehoben wird. In dieser Hinsicht kann auf das Konzept verwiesen werden, das im Oberabschnitt III (Tatbestand) entwickelt wurde.[267] Für Primärinsider ist demnach bei Auftragsinformationen nicht schon der Zeitpunkt der Zugänglichkeit für andere Händler massgebend; vielmehr müssen Primärinsider auch noch eine Reaktionszeit von Hochfrequenzhändlern abwarten. Dies bedeutet, dass auch Parallel- und Afterrunning-Praktiken unzulässig sind, soweit der Broker aufgrund seines Sonderwissens schneller als die übrigen (Hochfrequenz-)Händler reagiert. Andere Händler dürfen die Auftragsinformationen demgegenüber sofort verwenden, sobald sie zugänglich sind.

3. Elektronisches Frontrunning

Als elektronisches Frontrunning (*electronic frontrunning*) wird die im Kapitel 3 (Handelsstrategien) ausführlich erläuterte Praktik bezeichnet, bei der ein Hochfrequenzhändler grosse Aufträge von institutionellen Investoren aufspürt und sich den von diesen Grossaufträgen ausgehenden Preisdruck zunutze macht.[268]

---

deutsche Rechtslage im Urteil vom 6. November 2003, NJW 2004 302 ff., 303 ausdrücklich klar, dass das Frontrunning, nicht aber das Scalping, vom Insidertatbestand erfasst ist.
[263] Siehe auch vorn 753, wonach Aufträge generell geeignet sind, den Markt signifikant zu beeinflussen.
[264] Gl. M. *Fahrländer* (2015), 355 ff.; *Widmer-Schlumpf* im Nationalrat (AB 2012 N 1139); a. M. *Watter/Hoch* (2012), 506; *M. K. Weber* (2013), 130.
[265] BGer 6B_782/2014 vom 22. Dezember 2014 E. 2.3.
[266] *Ibid.*
[267] Vorn 806 ff.
[268] Bspw. *X. F. Zhang* (2010), 8 f.; im Einzelnen vorn 76 ff., 761 ff.

Dieses Sonderwissen kann er sowohl aktiv nutzen, indem er etwa Hebelprodukte verwendet, oder passiv, indem er die Risiken des Market-Makings minimiert. Spürt der Händler die Grossaufträge lediglich über allgemein zugängliche Quellen auf, so nutzt der Händler keine vertraulichen Informationen. Nach dem im Oberabschnitt III (Tatbestand) entwickelten Konzept zur Vertraulichkeit von Informationen dürfen Informationen grundsätzlich verwendet werden, sobald sie zugänglich sind.[269] Besonderheiten gelten lediglich für Primärinsider, die von den Aufträgen über andere Kanäle vorzeitig erfahren, sodass sie die zu erwartende Beeinflussung des Preises vorgängig berechnen können. Sammelt der Hochfrequenzhändler die Informationen über allgemein zugängliche Quellen, so profitiert er lediglich von seiner Geschwindigkeit bei der Verarbeitung der Informationen. Hinsichtlich der Auftragsinformationen wurde vorn festgehalten, dass grundsätzlich die Zugänglichkeit für andere Hochfrequenzhändler genügen muss, da menschliche Händler bei der Verarbeitung von Auftragsinformationen nicht ernsthaft mit Hochfrequenzhändlern konkurrieren können.[270] Informationen, die von fundamentaler Bedeutung für den Kurs von Effekten sind, müssen demgegenüber mindestens eine Reaktionszeit später für eine unbestimmte Anzahl Personen zugänglich sein.[271] Wie unterschiedliche Zugangsgeschwindigkeiten zu den Informationen zu beurteilen sind, wird im nachfolgenden Abschnitt 4 untersucht.

4. Anschlüsse (Co-Location)

Handelsplätze verfügen weltweit über eine grosse Anzahl unterschiedlicher Anschlüsse, wobei die schnellste Anbindung an die Handelssysteme über sogenannte Co-Location-Dienstleistungen erfolgt.[272] Unterschiedliche Geschwindigkeiten beim Zugang zu Auftragsinformationen sind demzufolge in der Rechtswirklichkeit allgegenwärtig; dennoch könnte diese Praxis aufgrund des Insiderhandelsverbots sowie des finanzmarktrechtlichen Gleichbehandlungsgrundsatzes problematisch sein.[273]

---

[269] Zum Konzept zur Vertraulichkeit vorn 806 ff.
[270] Vorn 806 ff.
[271] Vorn 806 ff.
[272] Für einen Überblick über unterschiedliche Anbindungsmöglichkeiten bei der SIX siehe *www.six-swiss-exchange.com/participants/participation/connectivity/types_connectivity_de.html*; die Anschlüsse hat die SIX in ihrer SIX-Weisung 2 (Technische Anbindung) geregelt.
[273] Zu beachten ist, dass dieser Grundsatz nur für Handelsplätze, nicht aber für OTF gilt; Art. 7 aBEHG enthielt bereits eine entsprechende Regel zur Gleichbehandlung von Effektenhändlern; siehe hierzu auch *Zickert* (2016), 137 ff.

§ 22 Insiderhandel

a) Insidertatbestand

Der Insidertatbestand verlangt nach dem im Oberabschnitt III (Tatbestand) erarbeiteten Konzept zur Vertraulichkeit, dass die Auftragsinformationen zumindest für andere Hochfrequenzhändler zugänglich sind.[274] Allein die unterschiedlichen Anbindungsmöglichkeiten verstossen damit nicht gegen den Insidertatbestand, wenn eine genügende Anzahl Hochfrequenzhändler gleichzeitig Zugang zur Information erhält. Allerdings verfügen Handelsplätze über die Festsetzung der Anschlussgebühren einen grossen Einfluss auf die Anzahl Händler, die sich einen solchen Anschluss leisten können und tatsächlich auch leisten. Entsprechend können sie die Anzahl Händler relativ einfach steuern, sodass sich die Frage stellt, wie viele Händler über einen schnellsten Zugang verfügen müssen. Den Zielen des Insidertatbestandes folgend sollte die Anzahl ausreichend gross sein, damit ein funktionierender Wettbewerb zwischen Bereitstellern von Liquidität gewährleistet wird und keine oligopolistischen Strukturen hervorgerufen werden.[275] Eine möglichst grosse Anzahl ist ausserdem vorliegend auch aufgrund der geringen Suchkosten sowie der Homogenität der Güter angezeigt.[276] Nach dem klassischen Modell von *Cournot* sind die Margen der Wettbewerber proportional zur Funktion $1/n$, wobei n für die Anzahl Wettbewerber steht.[277] Die Vergrösserung der Anzahl Firmen führt also zu einer Reduktion der Margen und damit zu einer Erhöhung der Marktliquidität. Auch wenn der Sekundärmarkt für Wertpapiere insofern besonders ist, als die Anzahl verfügbarer Güter fix ist, dürfte das Wirkungsverhältnis dem Grundsatz nach dasselbe sein. Da ausserdem die Gefahr von Absprachen zwischen Market-Makern mit der Reduktion der Anbieter erhöht wird, erscheint eine Mindestanzahl von zehn Firmen mit demselben Hochgeschwindigkeitsanschluss angezeigt.[278] Aufgrund des Insiderhandelsverbotes müssen Handelsplätze somit Preise danach ausrichten, dass zumindest zehn Händler über die schnellste Verbindung zu den Handelssystemen verfügen. Dadurch wird der Geschwindigkeitswettlauf, der oligopolistische Strukturen begünstigt, auf der Ebene der Handelsplätze nicht zusätzlich gefördert. Die hier aus dem Insidertatbestand abgeleitete Regel impliziert dieselben Kabellängen in den Serverräumen zwischen den einzelnen Servern und dem

---

[274] Vorn 806 ff.
[275] Vorn 784 f.
[276] Bei hohen Suchkosten könnte auch eine geringere Anzahl erwünscht sein, siehe *Stiglitz* (1987), 1042.
[277] *Vives* (2008), 57 f.; *Gabaix et al.* (2016), 3; siehe auch *Kreps/Scheinkman* (1983); *Haskel/Martin* (1994), wonach die Kapazitätsbegrenzung eine Rolle bei der Wahl des Cournot- oder Bertrand-Modells spielt.
[278] Zum Odd-eighth-Skandal, als Market-Maker ungerade Achtel vermieden, siehe *The Economist* (1998); zur Untersuchung der Weko wegen Absprachen auf den Edelmetallmärkten siehe *Weko Medienmitteilung «Absprachen bei Edelmettalen»* 2015.

Handelssystem. So schafft der Insidertatbestand letztlich zwar nicht eine illusorische Chancengleichheit (*level playing field*) zwischen sämtlichen Investoren, aber eine Chancengleichheit zwischen Hochfrequenzhändlern. Für rationale menschliche Investoren ist der Handel gestützt auf Auftragsinformationen ohnehin wenig sinnvoll, da sie in dieser Hinsicht den Maschinen schlicht unterlegen sind.[279] Daher müssten sie grundsätzlich davon profitieren, wenn sich Handelsplätze über solche Anschlussgebühren und nicht über Transaktionsgebühren finanzieren.

b) Gleichbehandlungsgrundsatz

Der finanzmarktrechtliche Gleichbehandlungsgrundsatz (Art. 18 Abs. 1 und Art. 34 Abs. 1 FinfraG i.V.m. Art. 17 und Art. 24 Abs. 1 FinfraV) wurde im Kapitel 19 (Gewährleistung eines geordneten Handels) erläutert, sodass an dieser Stelle auf die dortigen Ausführungen verwiesen werden kann.[280] Diesen Ausführungen zufolge setzt auch der Gleichbehandlungsgrundsatz den Handelsplätzen Schranken bei der Ausgestaltung der Gebühren für Co-Location-Anschlüsse: Erstens müssen objektive Kriterien festgelegt werden, die für sämtliche Teilnehmer gelten,[281] und zweitens dürfen die Gebühren für Co-Location-Anschlüsse nach Art. 17 Abs. 1 FinfraV auch für kleinere Hochfrequenzhändler nicht prohibitiv hoch sein. Sachlich geboten erscheinen Differenzierungen nach der angebotenen Bandbreite sowie allenfalls nach dem abgewickelten Handelsvolumen. Da rationale natürliche Personen kein Interesse an einem Co-Location-Anschluss haben, müssen diese Akteure bei der Festsetzung der Gebühren für Co-Location-Dienstleistungen nicht berücksichtigt werden. Ausserdem sind auch Mengenrabatte zulässig.[282]

c) Fazit

Zusammenfassend wurden aus dem Insidertatbestand und dem Gleichbehandlungstatbestand die folgenden Regeln für Co-Location-Anschlüsse abgeleitet:
- Erstens müssen die Zulassungsgebühren aufgrund des Insidertatbestandes grundsätzlich so festgelegt werden, dass mindestens zehn Akteure über den schnellsten Anschluss verfügen und (etwa durch gleiche Kabellängen) gleichzeitig Zugang zu Auftragsinformationen erhalten; und

---

[279] Vorn 99 f.
[280] Vorn 701 f.
[281] Zum alten Recht siehe *Botschaft BEHG 1993*, 1402; *Zobl/Kramer* (2004), N 67; *Truffer* (2011), N 8 zu Art. 7 aBEHG; *Contratto* (2006), 120; *PFMI 2012*, 3, Principle 18.
[282] Vorn 701 f.

– zweitens müssen die Anschlussgebühren aufgrund des finanzmarktrechtlichen Gleichbehandlungsgrundsatzes nach objektiven Kriterien festgelegt werden und auch für kleinere Hochfrequenzhändler nicht prohibitiv hoch sein.

5. Market-Maker

a) Keine Ausnahme für Market-Maker

Vor allem in der deutschen Lehre ist die Ansicht verbreitet, dass für Market-Maker das Verbot des Insiderhandels nicht gelte.[283] Diese Ansicht erstaunt, fehlt es doch sowohl im deutschen als auch im schweizerischen Recht an einer rechtlichen Grundlage für eine solche Ausnahme. Teilweise wird zur Begründung angeführt, bei Market-Makern fehle die Kausalität zwischen der Insiderinformation und den Geschäften.[284] Die Aussage mag zutreffen, wenn einem algorithmischen Market-Maker die Insiderinformationen nicht gespeist werden. Selbstverständlich gegeben ist die Kausalität demgegenüber, wenn Market-Maker die Insiderinformationen bei der Platzierung der Aufträge berücksichtigen.[285] Abgesehen von der Kausalität wird die Ausnahme für Market-Maker teilweise auch damit begründet, dass Anbieter von Liquidität aufgrund ihrer Tätigkeit regelmässig über handelsbezogene Insiderinformationen verfügten, da sie privilegierte Einblicke in das Handelsgeschehen sowie die Auftragslage hätten, sodass Market-Maker ohne die Ausnahme ihre Tätigkeit faktisch nicht mehr ausführen könnten.[286] Diese Begründung überzeugt ebenso wenig: Weder ist ersichtlich, weshalb Market-Maker ihre Tätigkeit aufgrund des Insiderhandelsverbots faktisch nicht ausführen können sollen, noch kann allein der Umstand, dass jemand regelmässig privilegierte Einblicke in das Handelsgeschehen hat, dazu führen, diesen vom Verbot des Insiderhandels auszunehmen. Führt das Insiderhandelsverbot tatsächlich dazu, dass Market-Maker ihre Tätigkeit nicht ausführen können, muss der Insidertatbestand zuvor zu extensiv ausgelegt worden sein. Schliesslich wird zur Begründung der Ausnahme für Market-Maker angeführt, diese fördere die Funktionsfähigkeit des Kapitalmarkts, da Market-Maker an-

---

283 *Sethe/Fahrländer* (2017), N 124 zu Art. 154 FinfraG; *Fahrländer* (2015), N 577; *Sethe* (2015), N 99; *Assmann* (2012), N 53 zu § 14 WpHG; *Hopt* (2011), N 54; *Caspari* (1994), 543 f.
284 Hierzu *Sethe* (2015), N 99; *Hilgendorf* (2013), N 143; *Schwark/Kruse* (2010), N 21 zu § 14 WpHG; *Caspari* (1994), 543 f.
285 Im Ergebnis gl. M. *Fahrländer* (2015), N 577; ähnlich *Schwark/Kruse* (2010), N 21 zu § 14 WpHG; *Hilgendorf* (2013), N 143.
286 *Fahrländer* (2015), N 576 f.; *Schwark/Kruse* (2010), N 21 zu § 14 WpHG; ähnlich *Assmann* (2012), N 53 zu § 14 WpHG; *Hopt* (2011), N 54.

dernfalls weniger Finanzinstrumente anbieten und die Geld-Brief-Spanne erhöhen würden.[287] Diese Begründung bedarf einer genaueren Betrachtung.

Das Insiderhandelsverbot bezweckt unter anderem den Schutz der Liquidität.[288] Tatsächlich könnte eine Ausnahme vom Insiderhandelsverbot für Market-Maker damit begründet werden, dass Bereitsteller von Liquidität durch Verwendung von Insiderinformationen ihre Risiken vermindern und so Liquidität zu günstigeren Konditionen anbieten können.[289] Mit dieser Argumentation müssten allerdings generell Limit-Orders gestützt auf Insiderinformationen zulässig sein, denn es fehlen sachliche Gründe, weshalb Market-Maker gegenüber anderen Liquiditätsbereitstellern privilegiert behandelt werden sollten. Hinzu kommt, dass es sich bei den Aufträgen von Market-Makern auch um Market-Orders handeln kann.[290] Werden nun aber auch Market-Orders erlaubt, die auf Insiderinformationen basieren, würden die Risiken der Bereitsteller von Liquidität gerade erhöht und damit die Marktliquidität reduziert. Im Übrigen würde eine Ausnahme für Market-Maker letztlich einem Insiderhandelsprivileg für Grossbanken und Hochfrequenzhändler entsprechen.[291]

Eine generelle Ausnahme für Limit-Orders ist aufgrund der übrigen Schutzziele des Insiderhandelsverbots ebenfalls abzulehnen.[292] Erstens würden dadurch aufgrund der mit Insiderinformationen verbundenen positiven Skaleneffekte oligopolistische Strukturen begünstigt, sodass mittelfristig eine Abnahme der Marktliquidität zu erwarten wäre. Zweitens ist mittel- bis langfristig aufgrund der verzögerten Offenlegung von Informationen und der Verdrängung von Analysten auch eine Abnahme der Informationseffizienz zu befürchten, und drittens bleiben die übrigen mit dem Insiderhandel verbundenen Fehlanreize bei einem Insiderhandelsprivileg für Limit-Orders unberücksichtigt. Handelsstrategien können im Übrigen in der Regel sowohl aggressiv mit Market-Orders als auch passiv mit Limit-Orders verfolgt werden. Gerade Händler, die ihre Informationsrendite maximieren wollen, verwenden vorzugsweise Limit-Orders, um den Kurs nicht zu stark zu beeinflussen.[293] Würde der Insiderhandel mit Limit-Orders zugelassen, wäre er mit anderen Worten weitgehend erlaubt.

---

[287] *Fahrländer* (2015), N 577; vgl. *Hilgendorf* (2013), N 143.
[288] Vorn 784 f.
[289] Zu den Risiken beim Market-Making vorn 63 ff.
[290] Vorn 65.
[291] Siehe hierzu vorn 716.
[292] Zu den übrigen Schutzzielen vorn 782 ff.
[293] Von Market-Orders geht gemäss *Hautsch/Ruihong* (2012), 515 ein viermal grösserer Preisdruck aus als von Limit-Orders.

Im Ergebnis ist festzuhalten, dass für Market-Maker die allgemeinen Voraussetzungen der Insidernormen gelten, da weder eine gesetzliche Grundlage noch sachliche Gründe für eine Ungleichbehandlung bestehen. Nach den allgemeinen Regeln qualifizieren Auftragsinformationen dann nicht als Insiderinformationen, wenn sie für andere Hochfrequenzhändler gleichzeitig zugänglich sind.[294] Liegt eine Insiderinformation vor und wird ein algorithmischer Market-Maker mit dieser gespeist, so darf vermutet werden, dass die vom Market-Maker abgeschlossenen Geschäfte zumindest teilweise auf Insiderinformationen beruhen. Fehlt es demgegenüber an einer Speisung, so fehlt es auch an der Kausalität zwischen der Insiderinformation und den ausgeführten Geschäften.

b) Zulässigkeit des Abschaltens eines algorithmischen Market-Makers

Das Abschalten eines algorithmischen Market-Makers müsste nach aktuellem Recht zulässig sein, selbst wenn Insiderinformationen für den Abschaltentscheid ursächlich sind. Da der Geschäftstatbestand des Insiderhandelsverbots den Abschluss eines (Verpflichtungs-)Geschäfts verlangt, verstösst allein das Absehen von Geschäftsabschlüssen nach der herrschenden Lehre nicht gegen die Insidernormen.[295] Das Abschalten eines algorithmischen Market-Makers dürfte daher nach aktuellem schweizerischem Recht – anders als nach europäischem Recht – selbst dann zulässig sein, wenn bereits platzierte Aufträge storniert werden. Nicht zulässig wäre es demgegenüber, die Aufträge nur teilweise zu stornieren.[296] Immerhin kann das Wiederanstellen des algorithmischen Market-Makers unter Umständen vom Insiderhandelsverbot erfasst sein, allerdings nur dann, wenn die fragliche Insiderinformation zum Zeitpunkt des Wiederanstellens noch immer vertraulich ist.

Das Abschalten von automatisierten Market-Makern und das Stornieren von Aufträgen sind Verhaltensweisen, die funktional problematisch sind, da sie Liquiditätskrisen und Phänomene wie Flash-Crashes begünstigen.[297] Im Vergleich dazu wäre gar denkbar, dass die Speisung der Insiderinformation dem Abschalten des automatisierten Market-Makers in funktionaler Hinsicht vorzuziehen wäre. All diese Verhaltensweisen widersprechen jedoch den Schutzzielen des Insiderhandelsverbots, weshalb die Insidertatbestände *de lege ferenda* auch in der Schweiz auf diese Verhaltensweisen ausgedehnt werden sollten. Nicht nur das Stornieren von Aufträgen, sondern auch das Abschalten von automatisierten

---

[294] Eine Ausnahme gilt für Primärinsider; hierzu vorn 806 ff.; siehe auch 835 ff.
[295] Vorn 813 f.
[296] Hierzu vorn 815.
[297] Zum Flash-Crash und dessen Ursachen vorn 78, 373 ff.

Market-Makern gestützt auf Insiderinformationen sollte daher verboten werden. Dem Abschalten aus anderen Gründen sollte das Insiderhandelsverbot demgegenüber selbstverständlich auch *de lege ferenda* nicht entgegenstehen.[298]

6. Dark Orders

Dark Orders sind Limit-Orders, die im Auftragsbuch nicht angezeigt werden.[299] Wer Informationen über Dark Orders – etwa an Hochfrequenzhändler – weitergibt oder ausnutzt, könnte dadurch das Berufsgeheimnis verletzen oder gegen die Insidernormen verstossen.

a) Berufsgeheimnis

Gemäss Art. 147 Abs. 1 lit. a FinfraG macht sich strafbar, wer ein Geheimnis offenbart, das ihm in seiner Eigenschaft als Organ, Angestellter, Beauftragter oder Liquidator einer Finanzmarktinfrastruktur anvertraut worden ist oder das er in dieser Eigenschaft wahrgenommen hat. Analoge Bestimmungen existieren für Banken (Art. 47 BankG), Effektenhändler (Art. 43 BEHG) und Fondsleitungen (Art. 148 Abs. 1 lit. k und lit. l KAG).[300]

Als Tatobjekt verlangen die Tatbestände der Berufsgeheimnisverletzung ein (Berufs-)Geheimnis.[301] Als Geheimnis gelten nach der Rechtsprechung des Bundesgerichts Tatsachen, die nur einem begrenzten Personenkreis bekannt oder zugänglich sind, die der Geheimnisherr geheim halten will und an deren Geheimhaltung er ein berechtigtes Interesse hat.[302] Dark Orders sind nur einem beschränkten Personenkreis bekannt und zugänglich, bis sie ausgeführt werden und im Rahmen der Nachhandelstransparenz als Teil der Abschlussinformationen veröffentlicht werden. Verwendet ein Investor Dark Orders, so bekundet er damit ausserdem einen expliziten Geheimhaltungswillen.[303] Dasselbe gilt für Broker, die im Interesse ihrer Kunden solche Dark Orders verwenden. Schliesslich kann auch davon ausgegangen werden, dass ein Geheimhaltungsinteresse besteht, da der Investor oder Broker sich dadurch eine bessere Ausführungsqualität verspricht und er sonst keine solchen Aufträge verwenden würde. Dark Orders stellen daher grundsätzlich Geheimnisse im Sinne der Berufsgeheim-

---

298 Siehe insb. Art. 17 Abs. 3 lit. a i.V.m. Abs. 7 lit. c MiFID II, wonach Market-Maker bei extremer Volatilität von der Bereitstellung von Liquidität absehen können.
299 Vorn 49 ff.
300 Vorn 823 f.
301 Hierzu vorn 825.
302 BGE 127 IV 122 E. 1.
303 Vorn 825.

nistatbestände dar, sei es für Finanzmarktinfrastrukturen oder für beaufsichtigte Broker.

Tathandlungen sind das Offenbaren des Geheimnisses durch den Geheimnisträger selbst, das (versuchte) Verleiten zur Offenbarung und das Offenbaren sowie das Ausnutzen durch einen Dritten, der das Geheimnis vom Geheimnisträger offenbart erhält (Art. 147 Abs. 1 FinfraG; Art. 43 Abs. 1 BEHG; Art. 47 Abs. 1 BankG). Offenbart wird ein Geheimnis, wenn es Unberufenen zugänglich gemacht wird.[304] Jede Weitergabe von Dark-Order-Informationen, die nicht dem Kundeninteresse dient, gilt damit grundsätzlich als Offenbaren des Geheimnisses. Widerrechtlich handeln daher namentlich Angestellte eines Handelsplatzes, die Dark-Order-Informationen ohne gültiges Einverständnis der Kunden an Banken oder Hochfrequenzhändler weitergeben. Dasselbe gilt für Angestellte von beaufsichtigten Brokern nach Art. 43 BEHG und Art. 47 BankG, nicht aber für Angestellte von nicht beaufsichtigten Vermögensverwaltern.

Verwenden Hochfrequenzhändler oder Banken als Dritte die von einem Handelsplatz erhaltenen Informationen für eigene oder fremde Zwecke, so wäre auf den ersten Blick anzunehmen, dass sie die Geheimnisse im Sinne von Art. 142 Abs. 1 lit. c FinfraG ausnutzen und sich daher ebenfalls strafbar machen. Die Bestimmung ist jedoch nach der hier vertretenen Ansicht[305] nicht auf Frontrunning-Praktiken anwendbar, weshalb eine Erfassung durch Art. 142 Abs. 1 lit. c FinfraG oder die analogen Bestimmungen des Banken- und Börsengesetzes abzulehnen ist. Bezahlen sie für die Informationen und initiierten sie das Geschäft mit dem Broker, dürften sie dadurch allerdings die Tathandlung des Verleitens zu einer Verletzung des Berufsgeheimnisses im Sinne von Art. 142 Abs. 1 lit. b FinfraG vollziehen. Keine Verletzung des Berufsgeheimnisses dürfte im Übrigen vorliegen, wenn die Geheimnisträger selbst die Dark-Order-Informationen ausnutzen, indem sie Geschäfte abschliessen.

b)   Frontrunning und Insiderhandel

Nutzen Organe oder Angestellte eines Handelsplatzes oder eines Brokers Dark-Order-Informationen von Kunden aus, ohne diese zugleich weiterzugeben, so verletzen sie dadurch zwar nicht das Berufsgeheimnis; sie erfüllen jedoch grundsätzlich die Insidertatbestände, da sie nichts anderes als Frontrunning betreiben.[306] Darüber hinaus müssen sie mit den weiteren rechtlichen Konsequenzen

---

[304] *Stratenwerth* (2013), N 15 zu Art. 47 BankG; ähnlich *Nater* (2001), 173; *Lebrecht* (2011), N 20 zu Art. 43 BEHG; vorn 826.
[305] Vorn 828.
[306] Zum Frontrunning vorn 831 ff.

des Frontrunnings rechnen.[307] Mit Bezug auf die Insidertatbestände ist die Weitergabe (bzw. der Verkauf) dieser Dark-Order-Informationen dem Ausnutzen derselben durch Geschäftsabschlüsse meist gleichgestellt (Art. 142 Abs. 1 lit. b und Art. 154 Abs. 1 lit. b FinfraG). Ausserdem verletzt der Broker seine Sorgfalts- und Treuepflichten gegenüber dem Kunden grundsätzlich in gleicher Weise, wenn er die Informationen einem Dritten verkauft. Das Frontrunning im engeren Sinne wird dann einfach durch den Dritten betrieben und nicht durch den Broker selbst. Der Dritte wiederum erfüllt zwar nicht den klassischen Frontrunningtatbestand, da er mit den Auftraggebern in der Regel nicht in einem Vertragsverhältnis steht; er dürfte jedoch grundsätzlich noch immer die Insidertatbestände erfüllen, wenn er die Informationen dazu ausnutzt, um vom sachlichen Anwendungsbereich erfasste Effekten zu erwerben, zu veräussern oder daraus abgeleitete Derivate einzusetzen. Mit Bezug auf die Insidertatbestände dürfte zudem eine Einwilligung des Kunden anders als bei der Verletzung des Berufsgeheimnisses unerheblich sein, da das Insiderhandelsverbot den Schutz der Funktionsfähigkeit der Effektenmärkte und nicht den Schutz der Kunden bezweckt.

c) Fazit

Offenbaren Organe oder Angestellte eines Handelsplatzes oder eines beaufsichtigter Brokers einem unberufenen Dritten Dark-Order-Informationen, verletzen sie dadurch grundsätzlich das Berufsgeheimnis, den aufsichtsrechtlichen Insidertatbestand sowie allenfalls auch die Insiderstrafnorm. Nutzen sie oder die Dritten die Informationen durch den Kauf oder Verkauf von Effekten aus, betreiben sie Frontrunning, sodass sie grundsätzlich – abgesehen von den weiteren rechtlichen Konsequenzen – auch gegen die Insidernormen verstossen. Das Berufsgeheimnis dürften demgegenüber nach der hier vertretenen Ansicht selbst diejenigen Dritten nicht verletzen, die gestützt auf die Dark-Order-Informationen Effekten kaufen oder verkaufen. Mit Bezug auf die Insidertatbestände dürfte eine Einwilligung des Kunden im Übrigen aufgrund der unterschiedlichen Zwecke anders als bei der Verletzung des Berufsgeheimnisses unerheblich sein.

7. Flash-Orders

Flash-Orders sind Aufträge, die Handelsplätze einem in der Regel eingeschränkten Teilnehmerkreis für wenige Millisekunden zeigen, wenn die Aufträge nicht direkt als Marketable Orders ausgeführt werden können.[308] Während der kurzen

---

307 Hierzu vorn 831 ff.
308 *Harris/Namvar* (2011), 1; *SEC Proposed Rule re Flash Orders 2009*, 48632 f., 48635; vorn 85 f., 474 f.

Zeitspanne können Hochfrequenzhändler entscheiden, ob sie einen korrespondierenden Auftrag stellen, sodass die Flash-Order direkt ausgeführt werden kann.[309] Flash-Orders könnten sowohl aufgrund des Tatbestandes der Verletzung eines Berufsgeheimnisses im Sinne von Art. 147 FinfraG als auch aufgrund der Insidertatbestände problematisch sein.

a) Berufsgeheimnis

Gemäss Art. 147 Abs. 1 lit. a FinfraG macht sich, wie im Oberabschnitt V (Verhältnis zum Berufsgeheimnis) erläutert, strafbar, wer ein Geheimnis offenbart, das ihm in seiner Eigenschaft als Organ, Angestellter, Beauftragter oder Liquidator einer Finanzmarktinfrastruktur anvertraut worden ist oder das er in dieser Eigenschaft wahrgenommen hat.[310] Bei Flash-Orders stellt sich mit Bezug auf diesen Tatbestand primär die Frage, ob die Handelsplätze davon ausgehen müssen, dass die Personen, die Flash-Orders verwenden, ihre Aufträge geheim halten wollen. Diese Frage ist anhand des Vertrauensprinzips zu beantworten. Kann eine Person davon ausgehen, dass die anderen Händler ihre Marketable Orders nicht sehen, wenn sie nicht ausgeführt werden, bleibt der Auftrag nach der Platzierung vertraulich. Die Weitergabe von Informationen über diesen Auftrag durch den Handelsplatz würde in objektiver Hinsicht gegen das Berufsgeheimnis (Art. 147 Abs. 1 lit. a FinfraG) verstossen.

Bestimmt sich die Vertraulichkeit einer Information nach dem Vertrauensprinzip, hängt die Vertraulichkeit eines Auftrags wesentlich von der Beschreibung der Auftragstypen durch den Handelsplatz ab. Bei Limit-Orders weiss jeder Händler, dass diese für andere Händler sichtbar sind. Anders sind *Immediate-or-Cancel-* sowie *Fill-or-Kill-*Aufträge zu beurteilen. Gemäss Nr. 5.1.3 lit. g (1) und (2) SIX-Weisung 3 (Handel) werden nicht ausgeführte Aufträge beziehungsweise Teile davon ohne Aufnahme ins Auftragsbuch gelöscht. Bei einem solchen Beschrieb dürfen Händler grundsätzlich davon ausgehen, dass die anderen Händler diese Aufträge nicht sehen. Sie sind daher vertraulich im Sinne von Art. 147 FinfraG. Lassen es die Organe eines Handelsplatzes zu, dass andere Händler – etwa aufgrund eines direkten Zugangs zu den Handelssystemen – von diesen Aufträgen Kenntnis erlangen, verletzen sie dadurch das Berufsgeheimnis.

Nutzen die Dritten diese Informationen, so wäre denkbar, dass sie sich nach Art. 147 Abs. 1 lit. c FinfraG strafbar machen, da sie ein ihnen unter Verletzung von lit. a offenbartes Geheimnis ausnutzen. Allerdings wurde vorn vertreten, dass dieser Tatbestand verfassungskonform zu reduzieren ist, sodass er keine

---

[309] *SEC Proposed Rule re Flash Orders 2009*, 48633 f.; *Foucault/Pagano/Röell* (2013), 212; vgl. *Aldridge* (2013), 69.
[310] Zum Berufsgeheimnis vorn 823 ff.

Frontrunning-Praktiken erfasst.[311] Nutzen Hochfrequenzhändler Flash-Order-Informationen, dürften sie daher nicht gegen Art. 147 Abs. 1 lit. c FinfraG verstossen, selbst wenn den Investoren die fehlende Vertraulichkeit der von ihnen verwendeten Aufträge nicht bewusst ist und auch nicht bewusst sein muss. Eine Verleitungshandlung im Sinne von Art. 147 Abs. 1 lit. b FinfraG könnte jedoch vorliegen, wenn ein Hochfrequenzhändler den Handelsplatz zur Schaffung solch intransparenter Flash-Orders veranlasst.

b) Insiderinformation

Ist die Auftragsinformation vertraulich im Sinne von Art. 147 FinfraG, erscheint naheliegend, auch die Vertraulichkeit im Sinne des Insidertatbestandes anzunehmen. Immerhin wird die Vertraulichkeit – beziehungsweise die fehlende öffentliche Bekanntheit – beim Insidertatbestand grundsätzlich schneller angenommen als bei der Verletzung des Berufsgeheimnisses.[312] Die Anzeige des Auftrags dürfte dann gegen Art. 142 Abs. 1 lit. b FinfraG und allenfalls auch gegen Art. 154 Abs. 1 lit. b FinfraG verstossen. Interessanter ist jedoch die Frage, ob Hochfrequenzhändler, die diese Information nutzen, ebenfalls gegen eine Insidernorm verstossen. Nach dem im Oberabschnitt III (Tatbestand) entwickelten Konzept zur Vertraulichkeit ist bei Auftragsinformationen massgebend, dass eine ausreichende Anzahl Hochfrequenzhändler (inkl. der algorithmischen Market-Maker) Zugang zur Information hat.[313] Kann eine ausreichend grosse Anzahl Händler mit einem Co-Location-Anschluss und direkten Zugang zum On-Book-Matcher die Flash-Order gleichzeitig abrufen, liegt nach diesem Kriterium keine Insiderinformation vor. Auch der erwähnte Zweck der Chancengleichheit zwischen Hochfrequenzhändlern und Market-Makern lässt eine Qualifikation als Insiderinformation nicht zwingend erscheinen. Dass natürliche Personen Flash-Orders nicht sehen, dürfte im Übrigen kaum ins Gewicht fallen, da natürliche Personen in liquiden Märkten vernünftigerweise nicht gestützt auf Auftragsinformationen handeln. Schliesslich haben Hochfrequenzhändler Auftragsinformationen längst verarbeitet, bis eine natürliche Person auf diese reagieren kann. Kern des Problems erscheint hier denn auch nicht die fehlende Transparenz der Flash-Orders, sondern die allenfalls fehlende Transparenz der Handelsplätze über ihre Funktionsweise.[314] Wissen Investoren nicht, dass Market-Maker und Hochfrequenzhändler ihre Aufträge sehen, und müssen sie auch nicht davon ausgehen, so wird ihre Ausführungsqualität durch die Nutzung der

---

311 Vorn 828.
312 Hierzu vorn 804.
313 Vorn 806 ff., 835 ff.
314 Immerhin könnte die fehlende Anzeige dieser Aufträge allenfalls nicht mit der Verpflichtung zur Vorhandelstransparenz vereinbar sein.

Aufträge potenziell beeinträchtigt. Diese Investoreninteressen werden jedoch durch das Berufsgeheimnis und nicht durch den Insidertatbestand geschützt.

c) Fazit

Flash-Orders stellen vertrauliche Informationen im Sinne von Art. 147 FinfraG dar, wenn die Investoren nicht davon ausgehen müssen, dass andere Händler die von ihnen platzierten Aufträge sehen. Hochfrequenzhändler, die diese Informationen nutzen, dürften sich demgegenüber nach der hier vertretenen Ansicht nicht nach Art. 147 Abs. 1 lit. c FinfraG strafbar machen, da dieser Tatbestand verfassungskonform zu reduzieren ist. Eine Verleitungshandlung im Sinne von Art. 147 Abs. 1 lit. b FinfraG könnte jedoch vorliegen, wenn ein Hochfrequenzhändler den Handelsplatz zur Schaffung solch intransparenter Flash-Orders verleitet. Mit Blick auf die Insidertatbestände dürften Flash-Orders vor der Anzeige Insiderinformationen darstellen, sodass die Anzeige des Auftrags gegen Art. 142 Abs. 1 lit. b FinfraG und allenfalls auch gegen Art. 154 Abs. 1 lit. b FinfraG verstösst. Die Nutzung der Flash-Order-Informationen durch Hochfrequenzhändler dürfte demgegenüber mit Blick auf die Insidertatbestände vielleicht überraschend eher unproblematisch sein, sofern diese Informationen für einen ausreichend grossen Kreis an Hochfrequenzhändlern gleichzeitig zugänglich sind. Die angestrebte Chancengleichheit zwischen Market-Makern und Hochfrequenzhändlern lässt die Unterstellung im Übrigen auch nicht zwingend erscheinen. Allerdings sind Flash-Orders aufgrund der Verpflichtung zur Vorhandelstransparenz nicht unproblematisch, wenn sie für eine gewisse Zeit in den Systemen verbleiben, ohne angezeigt zu werden, und ausserdem liesse sich ein Verbot von Flash-Orders wohl auch mit der damit verbundenen Reduktion von Komplexität rechtfertigen.

8. Pinging, Liquidity-Detection und Phishing

Als Ping Orders werden kleine Aufträge bezeichnet, die (Hochfrequenz-)Händler verwenden, um sich ein Bild über die Auftragslage in Dark Pools zu verschaffen.[315] Von der Liquidity-Detection ist in diesem Zusammenhang vor allem dann die Rede, wenn gestützt auf die erlangten Informationen Aufträge ausgeführt werden sollen.[316] Beim Phishing werden die erlangten Informationen demgegenüber für antizipierende Strategien verwendet, sodass es sich dabei um eine besondere Form des elektronischen Frontrunnings handelt, bei der die massge-

---

[315] *Esma Technical Advice «Market Abuse» 2015*, Empfehlung Nr. 6 lit. c (S. 16), N 25, Annex II N 66; *Esma Leitlinien «Systeme und Kontrollen» 2012*, 21; *Clark-Joseph* (2013); *X. F. Zhang* (2010), 9; *Brown* (2010), 113; für weitere Informationen siehe vorn 82 ff.

[316] Hierzu vorn 82 ff.

blichen Informationen zunächst durch Ping Orders gesammelt werden.³¹⁷ Im Kapitel 21 (Marktmanipulation) wurde ein manipulativer Charakter dieser Verhaltensweisen grundsätzlich verneint.³¹⁸ Eine Erfassung dieser Verhaltensweisen durch den Insidertatbestand wäre allerdings ebenfalls denkbar, da die Händler Dark Pools Informationen entziehen, über die andere Personen nicht verfügen. Zudem kann auch nicht von vornherein eine Verletzung des Berufsgeheimnisses ausgeschlossen werden.

Auftragsinformationen sind nach der hier vertretenen Ansicht grundsätzlich kurserheblich, sodass sich einzig die Frage stellt, ob die durch Ping Orders erlangten Informationen auch vertraulich sind.³¹⁹ Nach dem im Oberabschnitt III (Tatbestand) entwickelten Konzept sind Auftragsinformationen nicht vertraulich, wenn sie für eine ausreichend grosse Anzahl anderer Market-Maker und Hochfrequenzhändler zugänglich sind.³²⁰ Sind Ping Orders grundsätzlich erlaubt, so stehen sie jedem (Hochfrequenz-)Händler offen. Informationen zu Dark Orders, die durch Ping Orders erlangt werden können, sind damit für die interessierten Kreise allgemein zugänglich und somit nicht vertraulich im Sinne des Tatbestandes. Daher dürften die durch Ping Orders oder Liquidity-Detection erlangten Informationen grundsätzlich keine Insiderinformationen darstellen. Bereits im Oberabschnitt V (Verhältnis zum Berufsgeheimnis) wurde festgehalten, dass der Broker, der seine Dark Orders nicht mit Mindestausführgrössen verbindet, kein Berufsgeheimnis offenbart, wenn diesen Aufträgen durch Pinging-Praktiken Informationen entzogen werden können.³²¹ Entsprechend nutzt ein Händler, der solche Informationen verwendet, auch keine Offenbarung eines Berufsgeheimnisses aus im Sinne der neu eingeführten Tathandlungen.³²² Im Ergebnis ist festzuhalten, dass Handelspraktiken wie Ping Orders, Liquidity-Detection oder Phishing nach aktuellem schweizerischem Recht wohl weder gegen den Insidertatbestand noch gegen den Tatbestand der Verletzung des Berufsgeheimnisses verstossen. Andere Ansichten sind jedoch vertretbar.

---

317 *Esma Technical Advice «Market Abuse» 2015*, Empfehlung Nr. 6 lit. d (S. 16), Annex II N 66, Annex III N 30 f.; *Banks* (2014), 150 spricht in diesem Zusammenhang von einer Gaming-Strategie.
318 Vorn 767 ff.
319 A.M mit Bezug auf die Kurserheblichkeit für das deutsche Recht *Kasiske* (2014), 1938 f.; zur grundsätzlichen Kurserheblichkeit von Aufträgen vorn 753.
320 Vorn 803 ff.
321 Vorn 826.
322 Zu den neuen Tatbeständen der Ausnutzung durch Sekundärinsider siehe für Banken Art. 47 Abs. 1 lit. c BankG, für Effektenhändler Art. 43 Abs. 1 lit. c BEHG, für Fondsleitungen Art. 148 Abs. 1 lit. l KAG und für Finanzmarktinfrastrukturen Art. 147 Abs. 1 lit. c FinfraG.

§ 22 Insiderhandel

9. Intransparente Funktionsweise von Handelsplätzen

a) Hintergrund

In den USA wurden verschiedene Aufsichts- und teilweise auch Strafverfahren gegen Handelsplätze geführt, die sich im Wesentlichen auf die mangelnde Transparenz über deren Funktionsweise stützten.[323] Dabei zeigte sich ein Muster: Die Handelsplätze führten in der Regel auf Wunsch von Hochfrequenzhändlern Auftragstypen ein, um diesen einen Vorteil bei der Preis-Zeit-Priorität zu verschaffen, ohne die übrigen Kunden darüber zu informieren; so zumindest lautet jeweils der Vorwurf der Behörden.[324] Finanzmarktinfrastrukturen im Allgemeinen und Handelsplätze im Besonderen sind in der Schweiz zur Transparenz über die Funktionsweise verpflichtet.[325] Es stellt sich allerdings die Frage, ob sich auch Händler aufsichts- oder strafrechtlich unzulässig verhalten, wenn sie gestützt auf solche besonderen Informationen über die Funktionsweise handeln. Denkbar wäre ein Verstoss gegen die Insidernormen.

b) Erfassung

Eine Insiderinformation ist im Wesentlichen gekennzeichnet durch die Kriterien der Vertraulichkeit und der Kurserheblichkeit. Nach dem im Oberabschnitt III (Tatbestand) entwickelten Konzept zur Vertraulichkeit ist zwischen Auftragsinformationen und fundamentalen Informationen zu unterscheiden.[326] Informationen über die Funktionsweise der Handelsplätze zählen nun aber zu einer dritten Kategorie von Informationen, sodass dieses Konzept nicht direkt angewendet werden kann. Anders als bei Auftragsinformationen sind diese Informationen grundsätzlich für sämtliche Investoren von Bedeutung. Entsprechend erscheint es angezeigt, als Regel zur Bestimmung der Vertraulichkeit wie bei fundamentalen Informationen die Zugänglichkeit der Information für sämtliche interessierten Marktteilnehmer zu verlangen. Verfügen lediglich einzelne Hochfrequenzhändler über Informationen zu besonderen Auftragstypen, handelt es sich daher um eine vertrauliche Information. Ausnahmen mögen bestehen für Information mit einer stark zeitsensitiven, technischen Natur, die nur für gewisse Händler von Bedeutung sind.

---

[323] Zu den Verfahren gegen die UBS (UBS ATS), CS (Crossfinder), Bats Trading (EDGA und EDGX), ITG (Posit) sowie Barclays vorn 66, 672 ff.
[324] Siehe zu den PrimaryPegPlus-Orders der UBS *SEC Order agst. UBS ATS 2015*, N 14 ff. sowie zu den Hide-not-slide-Orders von Direct Edge *SEC Order agst. Direct Edge 2015*, N 21 ff.
[325] Hierzu vorn 672 ff.
[326] Vorn 806 ff.

Anders als bei Auftragsinformationen erscheint bei Informationen über die Funktionsweise der Handelssysteme demgegenüber die Kurserheblichkeit fraglich. Nach dem von der Finma verwendeten Reasonable-Investor-Test ist die Kurserheblichkeit danach zu beurteilen, ob die Informationen das Anlageverhalten eines verständigen Marktteilnehmers zu beeinflussen vermögen.[327] Informationen über Auftragstypen sind durchaus geeignet, das Anlageverhalten eines verständigen Marktteilnehmers zu beeinflussen. Existieren Auftragstypen, die einen Vorteil bei der Preis-Zeit-Priorität gewähren, wird ein verständiger Investor allenfalls von der Verwendung gewöhnlicher Limit-Orders absehen und diese besonderen Aufträge einsetzen. Möglicherweise wird er ausserdem auf Market-Orders oder andere Handelsplätze ausweichen. Dennoch dürfte gerade dieses Beispiel zeigen, dass der Reasonable-Investor-Test allein nicht ausreicht für die Begründung der Kurserheblichkeit. Im Kapitel 21 (Marktmanipulation) wurde nämlich dargelegt, dass nicht nur eine Beeinflussung der Verhaltensweise, sondern zumindest die Eignung zu einer signifikanten Beeinflussung der Kurse zu fordern ist, verlangt dies Art. 2 lit. j FinfraG doch explizit.[328] Angesichts des Wortlauts und der Entstehungsgeschichte dieser Norm lässt sich eine extensivere Auslegung kaum rechtfertigen.[329] Im Normalfall führen die zwei Kriterien zwar zum gleichen Ergebnis, denn in aller Regel beeinflusst eine Information das Anlageverhalten eines verständigen Marktteilnehmers, wenn sie geeignet ist, den Kurs von Wertpapieren signifikant zu beeinflussen; der vorliegende Fall stellt in dieser Hinsicht jedoch eine Ausnahme dar. Durch vertrauliche Informationen über die Funktionsweise von Handelsplätzen wird das Anlageverhalten von verständigen Marktteilnehmern beeinflusst, ohne dass die Informationen in der Regel geeignet sind, die Kurse von Effekten signifikant zu beeinflussen.

Aufgrund der fehlenden Kurserheblichkeit dürften Informationen über die Funktionsweise von Handelsplätzen somit in aller Regel nicht als Insiderinformationen qualifizieren. Gleichwohl kann eine Qualifikation als Insiderinformation im Einzelfall nicht ausgeschlossen werden; schliesslich sind die Gebührenordnungen der Handelsplätze und die Kurse der Effekten eng miteinander verknüpft, sodass beim ökonomischen Spread stets auch die Gebührenordnung zu berücksichtigen ist.[330] Ausserdem können Informationen zur Funktionsweise von Handelsplätzen Insiderinformationen darstellen, wenn die Aktien des Handelsplatzbetreibers selbst über einen Handelsplatz gehandelt werden. Dies gilt insbesondere dann, wenn der Betreiber bei Bekanntwerden der Informationen

---

[327] FINMA-RS 2013/8, N 10.
[328] Vorn 736 ff.
[329] Zur Entstehungsgeschichte vorn 789 ff.
[330] Zum ökonomischen Spread und dem Maker-Taker-Gebührenmodell vorn 51 ff., 55.

mit Sanktionen und einem Vertrauensverlust bei den Händlern rechnen muss, die sich negativ auf das Betriebsergebnis auswirken.

c) Fazit

Im Ergebnis stellen vertrauliche Informationen über die Funktionsweise von Handelsplätzen nach schweizerischem Recht und der hier vertretenen Ansicht in aller Regel keine Insiderinformationen im Sinne von Art. 2 lit. j FinfraG dar, da es grundsätzlich an der Kurserheblichkeit der Informationen fehlt. Zwar zielen etwa Art. 21 FinfraG und Art. 30 Abs. 1 FinfraV auf die Gewährleistung der Transparenz über die Funktionsweise von Handelsplätzen ab; wie im Kapitel 19 (Gewährleistung eines geordneten Handels) gezeigt erscheint jedoch fraglich, ob die aufsichtsrechtlichen Mittel genügen, um eine ausreichende Verhaltenssteuerung zu bewirken.[331] Daher wurde eine besondere Sanktionierung der fehlenden Transparenz über die Funktionsweise befürwortet.

10. Vorgehensweisen bei Block-Transaktionen

Bei der Ausführung grosser Transaktionen versuchen Investoren verständlicherweise, die Effektenkurse so wenig wie möglich zu beeinflussen.[332] Hierzu stückeln sie die Aufträge und verwenden mitunter auch Dark Orders, um ihre Transaktionsabsichten zu verschleiern. Im Kapitel 21 (Marktmanipulation) wurde diese Vorgehensweise bereits auf die Manipulationstatbestände hin überprüft und eine Erfassung durch dieselben verneint.[333] Eine Erfassung durch die Insidernormen könnte ebenfalls in Betracht gezogen werden, wäre da nicht Art. 124 Abs. 1 lit. a FinfraV, wonach Effektengeschäfte zur Umsetzung des eigenen Entschlusses, ein Effektengeschäft zu tätigen, ausdrücklich zulässig sind.[334] In der Schweiz wird diese Regel gewöhnlich mit dem von *Forstmoser* geprägten Ausspruch in Verbindung gebracht, wonach niemand sein eigener Insider sein könne.[335] Zumindest für eigene Kaufentschlüsse ist dieser in seiner

---

[331] Vorn 672 ff.
[332] Vorn 25 f.
[333] Vorn 773 f.
[334] Die Regelung entspricht Art. 55f lit. a aBEHV.
[335] *Forstmoser* (1988a), 23, wo er den Ausdruck «Niemand kann sein eigener Insider sein» prägte; vgl. BGer 1A.110/2002 vom 26. November 2002 E. 4.4; *M. K. Weber* (2013), 159; *Schmid* (1988), N 243; *Groner* (1999), 269 ff.; *Hürlimann* (2005), 131; *P. Böckli* (1989), 96; a. M. im Grundsatz *Fahrländer* (2015), 347 ff., der Art. 55f lit. a aBEHV als echte Ausnahme betrachtete; *Koenig* (2006), 213 ff. mit Verweis auf die amerikanische und europäische Rechtslage; sie zeigte sich aber insofern einverstanden, als der Grundsatz mit Bezug auf die vorliegend relevanten eigenen Transaktionsentscheidungen gilt; differenzierend *Büh-*

Reichweite umstrittene Grundsatz allgemein anerkannt.[336] Die EU kennt im Übrigen eine entsprechende Regel, wonach der Insidertatbestand nicht erfüllt ist, wenn eine Person ihr Wissen über den eigenen Beschluss, Finanzinstrumente zu erwerben oder zu veräussern, beim Erwerb oder der Veräusserung dieser Finanzinstrumente nutzt (Art. 9 Abs. 5 MAR).[337] Informationen zu einem fremden Geschäftsentschluss können demgegenüber selbstverständlich Insiderinformationen darstellen. Nutzen etwa Mitarbeiter einer Gesellschaft die Kaufentscheidung der Gesellschaft für eigene Rechnung aus, dürften sie die Insidernormen verletzen, soweit die weiteren Voraussetzungen erfüllt sind.[338]

VII. Ergebnisse

1. Vom Mythos der Chancengleichheit der Anleger zum Wettbewerbsschutz als Normziel

Bei den Insidernormen existieren Mythen, die ein falsches Bild über die Reichweite der Normen vermitteln. Ein Mythos wurde bereits im vorangehenden Kapitel 21 (Marktmanipulation) erwähnt, als gezeigt wurde, dass die Insiderinformation nicht geeignet sein muss, den Kurs von Effekten um ausserordentlich hohe fünf bis zehn Prozent zu beeinflussen, sondern die Eignung für eine statistisch signifikante Beeinflussung genügt. Wohl noch grundlegender, tief sitzender und verbreiteter ist der Mythos, dass die Insidernormen die Chancengleichheit der Anleger bezwecken. Angesichts des algorithmischen Handels ist die Chancengleichheit der Anleger als Regulierungsziel jedoch heute mehr noch als früher illusorisch; der Mensch dürfte heute kaum noch in der Lage sein, auf neue Information ausreichend schnell zu reagieren, sodass er mit Algorithmen konkurrieren und von den neuen Informationen profitieren könnte. Bei Auftragsinformationen gilt dies mehr noch als bei Medieninformationen, was bei den einzelnen Voraussetzungen der Insidertatbestände und der Würdigung von Sachverhalten im Zusammenhang mit dem Hochfrequenzhandel zu berücksichtigen ist.

---

ler/Häring (2009), die sich eingehend mit der Frage beschäftigen und die Frage ebenfalls mit Bezug auf eigene Transaktionsentscheidungen bejahen.

336   Im Detail *Bühler/Häring* (2009); so selbst *Fahrländer* (2015), N 349; *Koenig* (2006), 215, die den allgemeinen Grundsatz ablehnen.

337   Ausgenommen sind nach Art. 9 Abs. 6 MAR Fälle, bei denen sich ein rechtswidriger Grund hinter den Wertpapiergeschäften verbirgt.

338   Vgl. BGer 1A.110/2002 vom 26. November 2002 E. 4.4; a. M. offenbar *Groner* (1999), 273.

Abgesehen von ihrer Unerreichbarkeit ist die verklärte Chancengleichheit als Regulierungsziel noch aus einem ganz anderen Grund grotesk: Der Begriff der Chance impliziert nämlich, dass es Investoren möglich sein soll, gestützt auf neue Informationen eine Überrendite zu erzielen. Chancen bei neuen Informationen setzen jedoch stets einen Handelspartner voraus, der seine Aufträge nicht ausreichend schnell anpassen konnte. Bezwecken die Insidernormen die Chancengleichheit der Anleger, so bezwecken sie mit anderen Worten den irrtumsbehafteten Vertragsschluss.[339] Damit geht das zusätzliche Problem einher, dass sich Bereitsteller von Liquidität bei vorhandenen Chancen erhöhten Risiken ausgesetzt sehen, weshalb im Kapitel 12 (Regulierungsinstrumente) ein System (ohne Chancen) befürwortet wurde, bei dem Market-Orders leicht verzögert werden;[340] diese Regel zielt gerade auf die Minimierung der Risiken und Chancen zur Erhöhung der Liquidität ab. Die Insidernormen schützen folglich nicht die Chancengleichheit der Anleger, sondern den Wettbewerb zwischen spezialisierten Bereitstellern von Liquidität. Dadurch sollen sie die Liquidität der Märkte erhöhen und darüber hinaus auch mit dem Insiderhandel verbundene Fehlanreize beseitigen, die sich negativ auf die Unternehmensführung und die Informationsversorgung der Märkte auswirken können.

2. Vom Mythos des Bezugs zur Unternehmenstätigkeit

Ein weiterer Mythos, der sich hartnäckig hält, besteht in der Annahme, dass Insiderinformationen einen Bezug zur Geschäftstätigkeit des Emittenten aufweisen müssen; Auftragsinformationen und wohl auch Zinsentscheidungen von Nationalbanken kämen demnach nicht als Insiderinformationen infrage. Eng damit verbunden ist der Mythos, wonach die Insiderinformation und die kursrelevante Tatsache der Ad-hoc-Publizität gleich auszulegen wären. Nicht nur der Wortlaut der Legaldefinition der Insiderinformation, sondern auch die übrigen Auslegungsargumente sprechen jedoch gegen einen Bezug zur Geschäftstätigkeit des Emittenten, sodass sich heute ein solches zusätzliches Kriterium kaum (noch) rechtfertigen lässt. Dem Informationsbegriff sollte daher kaum eine über die Vertraulichkeit und Kurserheblichkeit hinausgehende Selektionswirkung zukommen. Dieses Ergebnis ist für den Hochfrequenzhandel von besonderer Bedeutung, da im Zusammenhang mit demselben vor allem Sachverhalte von Interesse sind, bei denen es um Auftragsinformationen geht.

---

[339] Zu Informationsasymmetrien und Irrtum vorn 410 ff.
[340] Vorn 403 ff., 413.

3. Die Relativität der Vertraulichkeit

Da Auftragsinformationen generell kurserheblich sind, kommt dem Kriterium der Vertraulichkeit in diesem Kontext eine besondere Bedeutung zu. Bei der Präzisierung desselben hat sich gezeigt, dass die Unterscheidung zwischen Auftragsinformationen und fundamentalen Informationen einerseits sowie Primärinsidern und gewöhnlichen Marktteilnehmern andererseits unentbehrlich ist. Dies liegt daran, dass allein die Zugänglichkeit von Informationen für Primärinsider nicht massgeblich sein kann, da die Informationsverarbeitung, das heisst die Rationalität, Zeit benötigt und Auftragsinformationen – zumindest zum aktuellen Zeitpunkt noch – bedeutend schneller verarbeitet werden können als fundamentale Informationen. Würde auch bei Primärinsidern allein auf die Zugänglichkeit der Information abgestellt, hätten diese daher einen entscheidenden zeitlichen Vorteil gegenüber den übrigen Händlern. Ansätze, die von einem einheitlichen Zeitpunkt der Auflösung der Vertraulichkeit ausgehen, sind daher zum Scheitern verurteilt, weshalb ein Konzept entwickelt wurde, bei dem der Zeitpunkt des Eintritts der Öffentlichkeit einer Information variabel ist. Dieses Konzept lässt sich am einfachsten mit der folgenden Tabelle darstellen:

	Auftragsinformationen		Fundamentale I.
	Eigene Aufträge	Kundenaufträge	
Grundsatz	Zugangsmöglichkeit für Hochfrequenzhändler		Zugangsmöglichkeit für interessierte Investoren - menschliche Reaktionszeit
Primärinsider	Frei	+ HF-Reaktion	Nach Kursanpassung

4. Erfassung einzelner Sachverhalte

Schliesslich wurden verschiedene Sachverhalte, die in einem Zusammenhang zum Hochfrequenzhandel stehen, auf ihre Vereinbarkeit mit den Insidernormen geprüft. Die Ergebnisse dieser Prüfung lassen sich wie folgt zusammenfassen:

a) Keine Erfassung des elektronischen Frontrunnings

Frontrunning-, Parallelrunning- und Afterrunning-Praktiken im klassischen Sinne dürften entgegen vereinzelt anderer Ansichten in der Lehre von den schweizerischen Insidernormen erfasst sein. Beim Afterrunning hängt die Erfassung massgeblich von der soeben dargestellten Relativität der Vertraulichkeit ab, die von Primärinsidern das Abwarten einer zusätzlichen Reaktionszeit abverlangt. Nicht erfasst sein dürften demgegenüber elektronische Frontrunning-

§ 22 Insiderhandel

Praktiken, wie sie von Hochfrequenzhändlern betrieben werden, sofern die Händler lediglich Informationen verwenden, die für andere Hochfrequenzhändler im Sinne der Mindestanforderungen an Co-Location-Anschlüsse gleichzeitig zugänglich sind.

b) Mindestanforderungen an Co-Location-Anschlüsse

Kommen Auftragsinformationen als Insiderinformationen infrage, stellen die Insidernormen Mindestanforderungen an die Co-Location-Anschlüsse: Eine Mindestanzahl (Hochfrequenz-)Händler muss über den schnellsten Zugang verfügen und gleichzeitig Zugang zu den Auftragsinformationen erhalten. Im Sinne einer Richtgrösse dürfte erforderlich, aber auch ausreichend sein, dass etwa zehn Händler gleichzeitig Zugang zu Auftragsinformationen erhalten. Nicht erforderlich ist demgegenüber, dass diese Informationen für das grosse Anlegerpublikum ebenfalls gleichzeitig zugänglich sind, da gewöhnliche Anleger ohnehin nicht annähernd gleich schnell wie Hochfrequenzhändler auf Auftragsinformationen reagieren können und das Ziel der Chancengleichheit insofern illusorisch ist. Im Übrigen müssen die Anschlussgebühren aufgrund des finanzmarktrechtlichen Gleichbehandlungsgrundsatzes nach objektiven Kriterien festgelegt werden und auch für kleinere Hochfrequenzhändler nicht prohibitiv hoch sein.

c) Kein Insiderhandelsprivileg für Market-Maker

Verbreitet ist die Ansicht, dass für Market-Maker eine ungeschriebene Ausnahme vom Insiderhandelsverbot gelten soll. Diese Ansicht lässt sich nicht mit den Zielen der Insidernormen rechtfertigen und hätte letztlich ein Insiderhandelsprivileg für Grossbanken und Hochfrequenzhändler zur Folge, da diese Akteure einen Grossteil ihrer Handelstätigkeit dem Market-Making zuordnen können. Eine Ausnahme für Market-Maker ist daher entschieden abzulehnen.

d) Zulässigkeit der Auftragsstornierung und des Abschaltens algorithmischer Market-Maker

Das Abschalten eines algorithmischen Market-Makers müsste nach aktuellem schweizerischem Recht zulässig sein, selbst wenn Insiderinformationen für die Abschaltentscheidung ursächlich sind. Nach schweizerischem Recht dürfte dies – anders als nach europäischem Recht – selbst dann gelten, wenn bereits platzierte Aufträge storniert werden. Nicht zulässig ist demgegenüber die teilweise Stornierung von Aufträgen, und ausserdem kann das Wiederanstellen des algorithmischen Market-Makers unter Umständen das Insiderhandelsverbot tangieren. Da das Abschalten von automatisierten Market-Makern und das Stornieren von Aufträgen gestützt auf Insiderinformationen Verhaltensweisen sind, die den Zielen der Insidernormen widersprechen und zudem auch insofern funktional problematisch sind, als sie Liquiditätskrisen und Phänomene wie Flash-Crashes begünstigen, sollten sie *de lege ferenda* verboten werden.

e) Insiderhandlungen im Zusammenhang mit Dark Orders

Offenbaren Organe oder Angestellte eines Handelsplatzes oder eines beaufsichtigten Brokers einem unberufenen Dritten Informationen zu verdeckten Aufträgen (Dark Orders), dürften sie dadurch in der Regel das Berufsgeheimnis, die aufsichtsrechtlichen Insidernorm sowie allenfalls auch die Insiderstrafnorm verletzen. Nutzen sie die Informationen durch ein Insidergeschäft aus, betreiben sie Frontrunning, sodass sie – abgesehen von den weiteren rechtlichen Konsequenzen – grundsätzlich ebenfalls gegen die Insidernormen verstossen. Dasselbe gilt für Dritte, die diese Informationen von Primärinsidern kaufen und für eigene oder fremde Rechnung ausnutzen. Das Berufsgeheimnis dürften demgegenüber nach der hier vertretenen Ansicht selbst diejenigen Dritten nicht verletzen, die gestützt auf die Dark-Order-Informationen Insidergeschäfte tätigen. Schliesslich erscheint in diesem Zusammenhang bedeutsam, dass eine Einwilligung des Kunden für die Insidernormen unerheblich sein dürfte.

f) Differenzierte Beurteilung von Flash-Orders

Flash-Orders sind differenziert zu beurteilen: Sie vermitteln nur dann vertrauliche Informationen im Sinne von Art. 147 FinfraG, wenn die Investoren, die die Flash-Orders verwenden, gestützt auf das Vertrauensprinzip nicht davon ausgehen müssen, dass andere Händler die von ihnen platzierten Aufträge sehen. Dies kann etwa bei *Immediate-or-Cancel-* oder *Fill-or-Kill-*Aufträgen der Fall sein. Hochfrequenzhändler, die diese Informationen nutzen, dürften sich demgegenüber nach der hier vertretenen Ansicht nicht nach Art. 147 Abs. 1 lit. c FinfraG strafbar machen, da dieser Tatbestand verfassungskonform zu reduzieren ist. Eine Verleitungshandlung im Sinne von Art. 147 Abs. 1 lit. b FinfraG könnte jedoch vorliegen, wenn ein Hochfrequenzhändler den Handelsplatz zur Schaffung solch intransparenter Flash-Orders ermutigt. Hinsichtlich der Insidertatbestände dürften Flash-Orders vor der Anzeige Insiderinformationen darstellen, sodass die Anzeige des Auftrags gegen Art. 142 Abs. 1 lit. b FinfraG und allenfalls auch gegen Art. 154 Abs. 1 lit. b FinfraG verstösst. Die Nutzung der Flash-Order-Informationen durch Hochfrequenzhändler dürfte demgegenüber – zumindest was die Insidernormen betrifft – vielleicht überraschend eher unproblematisch sein, sofern diese Informationen für eine ausreichend grosse Anzahl Hochfrequenzhändler gleichzeitig zugänglich sind. Der angestrebte Schutz des Wettbewerbs zwischen Bereitstellern von Liquidität lässt die Unterstellung im Übrigen auch nicht zwingend erscheinen. Allerdings sind Flash-Orders aufgrund der Verpflichtung zur Vorhandelstransparenz nicht unproblematisch, wenn sie für eine gewisse Zeit in den Systemen verbleiben, ohne angezeigt zu werden, und ausserdem liesse sich ein Verbot von Flash-Orders mit der damit verbundenen Reduktion der Komplexität rechtfertigen.

g) Keine Erfassung von Pinging-Praktiken

Ping Orders sowie Liquidity-Detection- und Phishing-Praktiken dürften nach aktuellem schweizerischem Recht wohl nicht gegen die Insidernormen verstossen. Informationen zu Dark Orders, die durch Ping Orders erlangt werden können, sind für Hochfrequenzhändler allgemein zugänglich. Ein Broker, der seine Dark Orders nicht mit Mindestausführgrössen verbindet, dürfte ausserdem kein Berufsgeheimnis offenbaren, wenn diesen Aufträgen durch Pinging-Praktiken Informationen entzogen werden können. Daher nutzt ein Händler, der solche Informationen verwendet, auch keine Offenbarung eines Berufsgeheimnisses im Sinne der neu eingeführten Tathandlungen. Allerdings erscheinen andere Ansichten vertretbar.

h) Kein Insiderhandel bei Verwendung vertraulicher Informationen über die Funktionsweise von Handelsplattformen

Vertrauliche Informationen über die Funktionsweise von Handelsplätzen dürften nach schweizerischem Recht und der hier vertretenen Ansicht in aller Regel keine Insiderinformationen im Sinne von Art. 2 lit. j FinfraG darstellen. Das Beispiel zeigt, dass der Reasonable-Investor-Test unvollständig ist, da der Tatbestand die Eignung zur signifikanten Kursbeeinflussung erfordert. Daran dürfte es bei vertraulichen Informationen über die Funktionsweise in der Regel fehlen. Im Übrigen zielen zwar etwa Art. 21 FinfraG und Art. 30 Abs. 1 FinfraV auf die Gewährleistung der Transparenz über die Funktionsweise von Handelsplätzen ab; wie im Kapitel 19 (Gewährleistung eines geordneten Handels) gezeigt erscheint jedoch fraglich, ob die aufsichtsrechtlichen Mittel genügen, um eine ausreichende Verhaltenssteuerung zu bewirken. Daher wurde eine besondere Sanktionierung der fehlenden Transparenz über die Funktionsweise befürwortet.

§ 23 Marktaufsicht

Abschliessend soll der Blick auf die Marktaufsicht gerichtet werden, um Probleme des Hochfrequenzhandels in dieser Hinsicht zu identifizieren und die für eine funktionierende Marktaufsicht erforderlichen Elemente zu ermitteln.

I. Pfeiler der schweizerischen Marktaufsicht

Die wichtigsten Pfeiler der schweizerischen Aufsicht über die Marktmissbrauchsnormen sind (1) die Marktverhaltensregeln für Marktteilnehmer im Allgemeinen und Beaufsichtigte im Besonderen, (2) die Handelsüberwachung durch die Handelsplätze sowie (3) die Aufsichtsinstrumente der Finma.

1. Marktverhaltensregeln

a) Übersicht

In der Vergangenheit wurden in der Schweiz die von der Finma im Rundschreiben 2013/8 präzisierten Verpflichtungen der Marktteilnehmer im Zusammenhang mit den Marktmissbrauchstatbeständen als Marktverhaltensregeln bezeichnet. Nunmehr enthält das Finanzmarktinfrastrukturgesetz (FinfraG) einen eigenen Titel zum Marktverhalten (Art. 93 ff. FinfraG), der Bestimmungen zum Handel mit Derivaten in Anlehnung an die europäische EMIR-Verordnung (Art. 93 ff. FinfraG), zu Positionslimits für Warenderivate (Art. 118 f. FinfraG), zur Offenlegung von Beteiligungen (Art. 120 ff. FinfraG), zu den öffentlichen Kaufangeboten (Art. 125 ff. FinfraG), zu Insiderhandel und Marktmanipulation (Art. 142 f. FinfraG) sowie zu Instrumenten der Marktaufsicht (Art. 144 ff. FinfraG) enthält. Vorliegend ist jedoch nur die Aufsicht über die Marktmissbrauchsnormen von Interesse. Für diese sind noch immer in erster Linie die Bestimmungen im Rundschreiben 2013/8 der Finma von Bedeutung.

b) Rechtsgrundlagen und Geltungsbereich

Die besonderen Vorschriften in ihrem Rundschreiben stützte die Finma primär auf die aufsichtsrechtlichen Verbote des Insiderhandels und der Marktmanipulation[1] sowie sekundär auf die Gewährs- und Organisationsvoraussetzungen für

---

[1] Damals Art. 33e und Art. 33f BEHG, heute Art. 142 und Art. 143 FinfraG sowie die ausführenden Bestimmungen der Börsenverordnung (Art. 55a ff. BEHV damals, Art. 119 ff. FinfraV heute).

die Beaufsichtigten.[2] Die einzelnen Vorgaben sind an einen unbestimmten Adressatenkreis gerichtet und gelten grundsätzlich für sämtliche natürlichen und juristischen Personen, die hinsichtlich an schweizerischen Handelsplätzen[3] zum Handel zugelasser Effekten als Marktteilnehmer auftreten.[4] Im Unterschied dazu gelten die Kapitel VI (Marktmissbrauch im Primärmarkt, mit ausländischen Effekten sowie in anderen Märkten) und VII (Organisationspflichten) wie bereits im Kapitel 21 (Marktmanipulation) erwähnt nur für von der Finma beaufsichtigte Banken, Versicherungen, Börsen und börsenähnliche Einrichtungen, Effektenhändler, Fondsleitungen, SICAV, Kommanditgesellschaften für kollektive Kapitalanlagen, SICAF, Depotbanken und Vermögensverwalter kollektiver Kapitalanlagen.[5]

c) Organisationsvorgaben

Das Rundschreiben 2013/8 enthält die folgenden allgemeinen Organisationspflichten für Beaufsichtigte mit Bezug auf die folgenden Handlungen:
- die Abklärung der Hintergründe bei Verdacht auf marktmissbräuchliche Verhaltensweisen und gegebenenfalls die Verweigerung der Mitwirkung;[6]
- die Meldung marktmissbräuchlicher Geschäfte, die sich wesentlich auf die Risiken eines Beaufsichtigten oder Finanzplatzes auswirken könnten, an die Finma;[7]
- die Implementierung von Informationsbarrieren und Vertraulichkeitsbereichen zur Verhinderung von aufsichtsrechtlich unzulässigem Marktverhalten;[8]
- die Überwachung von Mitarbeitergeschäften;[9]
- das Führen von *Watch Lists* mit Angaben über die beim Beaufsichtigten vorhandenen Insiderinformationen sowie von *Restricted Lists* zur Mitteilung von Verboten oder Beschränkungen von Geschäftsaktivitäten;[10]
- eine Pflicht zur Aufzeichnung verdächtiger Geschäfte, externer und interner Telefongespräche aller im Effektenhandel tätigen Mitarbeiter (inkl. von Mobiltele-

---

[2] FINMA-RS 2013/8, N 2.
[3] Der Begriff der Börsen oder börsenähnlichen Einrichtungen wurde gestützt auf Art. 2 lit. j FinfraG durch den Begriff der Handelsplätze ersetzt; hierzu vorn 651 ff.
[4] FINMA-RS 2013/8, N 3; siehe hierzu die Kritik vorn 727.
[5] FINMA-RS 2013/8, N 4; siehe auch die Spezialregelungen in N 5 (für Finanz- und Versicherungsgruppen und -konglomerate) sowie in N 6 (für direkt unterstellte Finanzintermediäre).
[6] FINMA-RS 2013/8, N 47.
[7] FINMA-RS 2013/8, N 48.
[8] FINMA-RS 2013/8, N 49 ff.
[9] FINMA-RS 2013/8, N 53 ff.
[10] FINMA-RS 2013/8, N 56 ff.

fonen) sowie der elektronischen Korrespondenz (inkl. weiterer exponierter Mitarbeiter) während mindestens zwei Jahren;[11]
- ein Verbot von Kommunikationsmitteln, bei welchen die Aufzeichnung nicht sichergestellt werden kann;[12] und
- Aushändigungspflichten gegenüber der Finma.[13]

Besondere Vorgaben gelten für Personen, die algorithmischen Handel betreiben. Diese Vorgaben finden sich in den Marktverhaltensregeln sowie in Art. 31 der Finanzmarktinfrastrukturverordnung (FinfraV) und wurden vorn im Kapitel 16 (Pflichten bei algorithmischem Handel) erläutert.[14]

Die Organisationspflichten müssen die Beaufsichtigten nach Massgabe ihrer Risikosituation (spezifische Geschäftstätigkeit, Grösse und Struktur) erfüllen.[15] Die Risiken müssen sie einmal jährlich sowie zusätzlich im Bedarfsfall analysieren und gestützt darauf die erforderlichen organisatorischen Massnahmen definieren.[16] Die Risikoeinschätzung und Massnahmen müssen von den geschäftsleitenden Organen genehmigt werden.[17] Ausserdem sind die Organisationspflichten Gegenstand der Prüfung nach Massgabe der Finma-Richtlinie 13/3 zum Prüfwesen und bei Börsen der gemäss Art. 17 BEHG beauftragten Prüfgesellschaften.[18]

2. Handelsüberwachung durch die Handelsplätze

Für die Überwachung des Handels sind in der Schweiz primär die Handelsplätze zuständig (Art. 31 Abs. 1 FinfraG), die für diesen Zweck eine Handelsüberwachungsstelle einzurichten haben (Art. 31 Abs. 2 FinfraG). Bei Verdacht auf Gesetzesverletzungen (oder sonstigen Missständen) ist diese zur Meldung an die Finma sowie gegebenenfalls an die zuständige Strafverfolgungsbehörde verpflichtet (Art. 31 Abs. 2 FinfraG).

Nach Art. 32 FinfraV gelten zusätzliche Anforderungen an die Handelsüberwachungsstellen. Demnach müssen diese über angemessene Systeme und Ressourcen verfügen (Abs. 1), die Funktion der Handelsüberwachungssysteme muss auch bei erhöhtem Datenvolumen ohne Einschränkung gewährleistet sein

---

[11] FINMA-RS 2013/8, N 59 ff.
[12] FINMA-RS 2013/8, N 60.
[13] FINMA-RS 2013/8, N 60 f.
[14] Insb. FINMA-RS 2013/8, N 62 f. und Art. 31 Abs. 2 lit. d FinfraV; vorn 620 ff.
[15] FINMA-RS 2013/8, N 45.
[16] FINMA-RS 2013/8, N 46.
[17] FINMA-RS 2013/8, N 46.
[18] FINMA-RS 2013/8, N 64.

(Abs. 2), und die Überwachung muss marktmissbräuchliche Verhaltensweisen unabhängig davon aufdecken können, ob sie auf manuellen, automatisierten oder algorithmischen Handel zurückzuführen sind (Abs. 3). Die präzisierenden Bestimmungen sollen mit anderen Worten gerade eine effektive Überwachung des algorithmischen Handels gewährleisten.[19]

Von Bedeutung für eine wirksame Überwachung ist Art. 32 Abs. 1 FinfraG, wo der kostenlose gegenseitige Austausch von Handelsdaten geregelt ist. Dieser Austausch soll nicht nur dann erfolgen, wenn identische Effekten zum Handel zugelassen sind (lit. a), sondern auch dann, wenn Effekten zum Handel zugelassen sind, die die Preisfindung von Effekten, die am anderen Handelsplatz zugelassen sind, beeinflussen (lit. b).[20] Nicht erfasst sind demgegenüber vom Wortlaut her verbundene Finanzinstrumente, die nicht als Effekten zu qualifizieren sind. Des Weiteren dürfen Handelsplätze nach Art. 32 Abs. 3 FinfraG den gegenseitigen Informationsaustausch mit ausländischen Handelsüberwachungsstellen vereinbaren; sie sind jedoch nicht dazu verpflichtet. Ferner ist in Art. 31 Abs. 3 FinfraG der Informationsaustausch zwischen den Behörden untereinander sowie mit den Handelsüberwachungsstellen geregelt.

3. Aufsichtsinstrumente der Finma

Erfährt die Finma von einer möglichen Verletzung der Marktmissbrauchsvorschriften, kann sie gestützt auf Art. 24 Abs. 1 FINMAG und Art. 84 Abs. 3 FinfraG selbst die notwendigen Untersuchungen durchführen oder Prüf- und Untersuchungsbeauftragte einsetzen.[21] Stellt sie eine marktmissbräuchliche Verhaltensweise durch einen Beaufsichtigten fest, so stehen ihr die allgemeinen aufsichtsrechtlichen Instrumente nach Art. 29 ff. FINMAG zur Verfügung.[22] Für die übrigen Personen kann die Finma nach Art. 145 FinfraG die Aufsichtsinstrumente nach den Artikeln 29 Abs. 1, 30, 32, 34 und 35 FINMAG anwenden; Berufsverbote (Art. 33 FINMAG), die Einsetzung eines Untersuchungsbeauftragten (Art. 36 FINMAG) und der Bewilligungsentzug (Art. 37 FINMAG) fallen als Massnahmen ausser Betracht.[23] Eine allgemeine Bussenkompetenz fehlt der Finma.[24]

---

19 Vgl. auch *EB FinfraV I 2015*, 18 f.
20 Zum Begriff des verbundenen Finanzinstruments vorn 730.
21 Vgl. *EB FinfraV I 2015*, 19; *EB FinfraV II 2015*, 22; zur Einsetzung eines Prüf- und Untersuchungsbeauftragten siehe Art. 24a und 36 FINMAG.
22 Hierzu vorn 674 f., 754 f.
23 Hierzu vorn 754 f.
24 Vorn 754 ff., 777 f.

II. Empfehlungen der IOSCO

Die Internationale Organisation der Wertpapieraufsichtsbehörden (*International Organization of Securities Commissions*; IOSCO) schloss im Jahr 2013 eine Untersuchung ab zu technologischen Herausforderungen für eine effektive Marktüberwachung und regulatorische Werkzeuge.[25] Dabei wies sie insbesondere auf die Herausforderungen hin, die der Hochfrequenzhandel an die Marktaufsicht stellt, insbesondere mit Bezug auf die Verarbeitung des generierten Datenvolumens und mit Bezug auf Hochgeschwindigkeits-Quoting-Strategien.[26] Gestützt darauf gab sie die folgenden acht Empfehlungen ab:[27]

- Marktaufsichtsbehörden sollten über die Ressourcen verfügen, die zur wirksamen Überwachung der Handelsplätze – insbesondere hinsichtlich marktmissbräuchlicher Verhaltensweisen – erforderlich sind (Empfehlung 1);
- Marktaufsichtsbehörden sollten ihre Aufsichtsressourcen einschliesslich der verwendeten Systeme, Werkzeuge und Mitarbeiter regelmässig überprüfen und verbessern (Empfehlung 2);
- Marktaufsichtsbehörden sollten einen ausreichenden Zugang zu den Daten haben, die ihnen die Aufsicht ermöglichen (Empfehlung 3);
- Marktaufsichtsbehörden müssen die Fähigkeit haben, jeden Auftrag und jedes Geschäft einem spezifischen Kunden oder Marktteilnehmer zuweisen zu können (Empfehlung 4);
- Marktaufsichtsbehörden sollten verlangen, dass ihnen die Daten in einem brauchbaren Format übermittelt werden (Empfehlung 5);
- Marktaufsichtsbehörden sollten geeignete Schutzmechanismen einrichten, um den Schutz der ihnen übermittelten Daten sicherzustellen (Empfehlung 6);
- Marktaufsichtsbehörden sollten die Handelsplätze und Teilnehmer innerhalb ihrer Jurisdiktion zur Synchronisierung von Uhren verpflichten (Empfehlung 7);
- Marktaufsichtsbehörden sollten zumindest den Umfang ihrer grenzüberschreitenden Überwachungsmöglichkeiten festlegen, mit anderen Aufsichtsbehörden zusammenarbeiten und ihre grenzüberschreitenden Überwachungsmöglichkeiten stärken (Empfehlung 8).

---

[25] *IOSCO Report «Challenges to Market Surveillance» 2013*.
[26] *IOSCO Report «Challenges to Market Surveillance» 2013*, 12, 30.
[27] *IOSCO Report «Challenges to Market Surveillance» 2013*, 32 ff.

III. Kritische Würdigung

1. Interessenkonflikte bei Handelsplätzen

Hinsichtlich des Gesamtkonzepts der schweizerischen Marktaufsichtsregulierung erscheint fraglich, ob eine Überwachung des Handels durch die Handelsplätze eine effektive Marktaufsicht gewährleisten kann. Zu Recht wies namentlich *Contratto* darauf hin, dass ein weitgehender Interessengleichlauf zwischen Handelsplatzbetreibern und Hochfrequenzhändlern besteht.[28] Die unzähligen Verfahren gegen verschiedene Handelsplätze in den USA dürften daran kaum Zweifel offenlassen.[29] Dasselbe gilt selbstredend für die Überwachung der Kundengeschäfte durch die Beaufsichtigten. Daher sollte eine Stelle der Finma mit der Handelsüberwachung beauftragt werden.

2. Unzureichende Daten

Einer der wichtigsten Teilbestandteile einer funktionierenden Marktaufsicht ist die Datensammlung. Sind die Daten unvollständig oder falsch, können marktmissbräuchliche Verhaltensweisen nicht effektiv aufgespürt werden. Die Datensammlung dürfte aktuell in verschiedenerlei Hinsicht unzureichend sein.

a) Unzureichende Zuordnung der Aufträge

Nach Art. 31 Abs. 1 FinfraG überwacht der Handelsplatz die Kursbildung sowie die am Handelsplatz getätigten Abschlüsse und untersucht zudem die ihm gemeldeten oder anderweitig zur Kenntnis gebrachten, ausserhalb des Handelsplatzes getätigten Abschlüsse. Der Fokus dieser Bestimmung liegt klar auf den Abschlüssen, während für manipulative Hochfrequenzhandelspraktiken in erster Linie die Auftragsdaten interessieren. Insofern erstaunt nicht, dass eine allgemeine Bestimmung zur Zuordnung von Aufträgen zu einem wirtschaftlich Berechtigten fehlen; eine solche Zuordnung findet soweit ersichtlich nur bei Abschlüssen statt (siehe Art. 3 lit. k FinfraV-FINMA zur Abschlussmeldung). Zwar hat der Regulator mit Bezug auf den algorithmischen Handel reagiert; nach Art. 31 Abs. 1 lit. c FinfraV müssen Handelsplätze jedoch lediglich in der Lage sein, die Händler der Teilnehmer, die durch algorithmischen Handel erzeugte Aufträge im Handelssystem ausgelöst haben, zu erkennen; eine Zuordnung zu einem Kunden oder zu einem wirtschaftlich Berechtigten ist demnach

---

[28] *Contratto* (2014), 148; so auch *Humbel* (2017), 374; siehe ausserdem auch *Weber/Baumann* (2012), 123 mit Bezug auf die Instanzen der SIX.
[29] Vorn 66, 672 ff.

nicht erforderlich.³⁰ Daher erscheint fraglich, ob die Zuordnung von Aufträgen zu Personen zum aktuellen Zeitpunkt ausreichend ist. Ist die Zuordnung unzureichend, widerspricht dies Empfehlung 4 der IOSCO, wonach die Überwachungsstelle jeden Auftrag und jedes Geschäft einem spezifischen Kunden oder Marktteilnehmer zuweisen können sollte.

b) Unzureichender Datenaustausch

Abgesehen von der Zuordnung der Daten dürfte zum aktuellen Zeitpunkt auch der Datenaustausch (noch) unzureichend sein. Zwar sind inländische Handelsüberwachungsstellen nach Art. 32 Abs. 1 FinfraG verpflichtet, den kostenlosen gegenseitigen Austausch von Handelsdaten vertraglich zu regeln und dies auch mit Bezug auf verbundene Effekten; Art. 32 Abs. 3 FinfraG enthält jedoch keine Pflicht zum gegenseitigen Informationsaustausch mit ausländischen Handelsüberwachungsstellen, obwohl eine effektive Marktaufsicht ohne diese Daten nicht möglich ist. Schliesslich werden an der SIX kotierte Effekten zu einem wesentlichen Teil in London gehandelt (etwa über die Cboe Europe oder Turquoise) und von SIX-Titeln abgeleitete Derivate an der Eurex in Frankfurt (bzw. Eschborn).³¹ Können gleiche und verbundene Finanzinstrumente auf verschiedenen Plattformen in verschiedenen Staaten gehandelt werden, so lassen sich auch manipulative Verhaltensweisen (unter Nutzung von Arbitrage-Mechanismen) einfach grenzüberschreitend und über verschiedene Finanzinstrumente verfolgen, da diese Plattformen durch den Hochfrequenzhandel miteinander verbunden sind.³² Ist der grenzüberschreitende Datenaustausch unzureichend, sind die Empfehlungen 3 und 8 der IOSCO unzureichend umgesetzt.

c) Synchronisierung der Uhren

Schliesslich ist mit Bezug auf die Datensammlung die Synchronisierung der Uhren von herausragender Bedeutung, was der europäische Gesetzgeber auch erkannte (vgl. Art. 50 MiFID II). Handelsstrategien im Milli-, Mikro- und Nanosekundenbereich erfordern eine Synchronisierung der Uhren in diesem Bereich. Handelsplatzübergreifende Spoofing-Praktiken etwa lassen sich schwerlich aufspüren, wenn die Uhren nicht auf die Mikrosekunde genau synchronisiert sind. Schon eine Abweichung um ein paar Mikrosekunden minimiert den Wert der zusammengetragenen Daten erheblich.

---

30 Allerdings wurde diese Bestimmung vorn mit Bezug auf direkte elektronische Zugänge extensiv ausgelegt, siehe vorn 602 ff.
31 Hierzu vorn 287.
32 Hierzu vorn 100.

3. Unzureichende Aufsichtsinstrumente

Abschliessend ist nochmals darauf hinzuweisen, dass die Aufsichtsinstrumente der Finma vor allem gegenüber nicht direkt beaufsichtigten Marktteilnehmern unzureichend sind und daher keine ausreichende Verhaltenssteuerung bewirken dürften.[33] Dies gilt insbesondere für die im Zusammenhang mit dem Hochfrequenzhandel relevanten manipulativen Praktiken, bei denen Aufträge eingesetzt werden, da diese Praktiken nicht von der Strafnorm der Kursmanipulation erfasst sind.[34] Eine Bussenkompetenz der Finma wäre zur Sanktionierung marktmissbräuchlicher Verhaltensweisen angezeigt.[35]

IV. Elemente einer funktionierenden Marktaufsicht

Gestützt auf die Überlegungen in diesem Kapitel soll abschliessend versucht werden, die zentralen Elemente einer funktionierenden Aufsicht über die Marktmissbrauchsnormen übersichtsweise aufzuführen:
- *Datensammlung:* Elementar ist in einem ersten Schritt die Sammlung sämtlicher relevanten Daten, damit diese später nach marktmissbräuchlichen Verhaltensweisen durchforstet werden können. Gegenstand dieser Sammlung sind insbesondere die folgenden Daten:
  - sämtliche Aufträge und Abschlüsse mit Effekten unter Zuweisung an Teilnehmer, Händler, Kunden und wirtschaftlich Berechtigte sowie unter Angabe sämtlicher Parameter (Preis, Menge, Zeit, Auftragstyp etc.);
  - sämtliche Aufträge und Abschlüsse zu mit Effekten verbundenen Finanzinstrumenten;
  - idealerweise entsprechende Daten auch aus dem Ausland;
  - die wichtigsten handelsexternen Informationen, die die Kurse von Effekten beeinflussen.
- *Synchronisierung:* Damit die Daten brauchbar sind, müssen die verschiedenen Handelsplätze ihre Uhren im Mikro- bis Nanosekundenbereich synchronisieren, da Hochfrequenzhändler auch in diesem Zeitbereich Handelsstrategien verfolgen;
- *Abhängigkeiten:* Sämtliche Korrelationen zwischen verschiedenen Wertpapieren, Währungen und Rohstoffen sowie sämtliche Verbindungen zwischen verschiedenen natürlichen und juristischen Personen im Sinne des Geldwäschereigesetzes sind zu ermitteln;

---

[33] Vorn 754 ff., 777 f.
[34] Vorn 777 f.
[35] So schon vorn 754 ff., 777 f.

IV. Elemente einer funktionierenden Marktaufsicht

- *Programme:* Die Datenmengen können nur mit Programmen durchforstet werden. Dies gilt insbesondere für Auftragsdaten von Hochfrequenzhändlern; in dieser Hinsicht erkannte schon *Alan Turing* bei der Dechiffrierung von Enigma, dass von Maschinen erstellte Codes nur durch Maschinen innert nützlicher Frist entziffert werden können;
- *Zusammenarbeit:* Bei der Entwicklung und Verbesserung von Programmen zur Aufspürung marktmissbräuchlicher Verhaltensweisen ist die Zusammenarbeit zwischen verschiedenen Aufsichtsbehörden und Handelsplätzen grundlegend, nicht nur bei der Zusammentragung von Daten, sondern auch zur Vermeidung von Doppelspurigkeiten;
- *Aufsicht:* Die Durchforstung von Marktdaten zur Aufspürung marktmissbräuchlicher Verhaltensweisen ist eine Aufgabe der Finanzmarktaufsichtsbehörde (oder eines von dieser eingesetzten unabhängigen Dritten) und nicht der Handelsplätze; die Handelsplätze erfüllen dabei ihre Funktion, wenn sie die Daten an die Finanzmarktaufsichtsbehörde weiterleiten;
- *Digitalisierung:* das Ziel einer kostengünstigen Marktaufsicht verlangt die gesamtheitliche Digitalisierung der Prozesse des Zusammentragens der Daten, der Identifikation von Korrelationen sowie des Durchforstens der Daten.

Schlussbetrachtung

I. Kapitalmarkt im Umbruch

1. Digitale Revolution und soziale Umschichtung

Der Hochfrequenzhandel hat die Finanzmärkte seit den 1990er Jahren grundlegend verändert. Maschinen verdrängten die Menschen im Zuge der digitalen Revolution zunehmend, da sie diesen in vielerlei Hinsicht überlegen waren. Im Zuge dieses Prozesses verloren viele Händler ihre Arbeit und die verbliebenen Stellen wurden mit Informatikern, Mathematikern, Physikern und dergleichen besetzt. Daher ist nicht erstaunlich, dass der Hochfrequenzhandel für Unmut und Misstrauen in der Bevölkerung sorgt.

2. Altbewährte Strategien und neue Möglichkeiten

Bei genauerer Betrachtung entsprechen die Handelsstrategien, die Hochfrequenzhändler praktizieren, weitgehend den Strategien, die Menschen früher verfolgten. Dies gilt für Market-Making- und Arbitrage-Strategien ebenso wie für direktionale News-Trading- und Momentum-Strategien. Zugleich eröffneten die neuen Datenverarbeitungsgeschwindigkeiten aber auch neue Möglichkeiten: Market-Maker reagieren heute ungleich sensitiver auf Risiken und Grossaufträge lassen sich kaum noch vor den Augen und den Fühlern algorithmischer Händler verbergen, die antizipierende Strategien im Sinne des «elektronischen Frontrunnings» betreiben.

3. Oligopolisierung von Information

Mit den neuen Möglichkeiten des algorithmischen Handels ging eine Oligopolisierung von Information einher. Während der informierte Handel spezialisierten algorithmischen Händlern vorbehalten bleibt, stehen den übrigen Marktteilnehmern nur noch passive Handelsstrategien offen. Diese Situation ist nicht neu; sie gleicht der Situation, wie sie Anfang des 19. Jahrhunderts vor der Verbreitung des Telegraphen vorherrschte, als Händlergruppen über Informationsnetzwerke verfügten, die ihnen einen schnelleren Zugriff auf neue Informationen ermöglichten. Die neuerliche Entdemokratisierung von Information ist jedoch weder umkehrbar, noch wäre eine Rückkehr in nicht-automatisierte Zeiten wohlfahrtsökonomisch erwünscht. Letztlich ist sie ein Spezialisierungsprozess, wie er für die arbeitsteilige Gesellschaft typisch ist.

II. Ökonomische Folgen des Hochfrequenzhandels

1. Wohlfahrtsgewinn und Marktversagen

a) Wohlfahrtsfördernde Aspekte des algorithmischen Handels

Der mit dem algorithmischen Handel verbundene Automatisierungs- und Spezialisierungsprozess bringt einige Vorteile mit sich: Die reduzierten Informationsverarbeitungskosten und das verbesserte Risikomanagement führen zu kleineren Spreads und damit grundsätzlich zu liquideren Märkten und geringeren Transaktionskosten für Marktteilnehmer. Hinzu kommt, dass algorithmische Händler den Netzwerkeffekt entschärfen, da sie einen Handelsplatz von einem Tag auf den anderen günstig mit Liquidität versorgen können, wodurch sie die Schaffung neuer Handelsplätze sowie den Wettbewerb unter diesen begünstigen und die Transaktionskosten handelsplatzübergreifend zusätzlich senken. Diese Fragmentierung dürfte sich ausserdem nicht negativ auf die Marktqualität auswirken, da algorithmische Market-Maker und Arbitrageure die verschiedenen Märkte zusammenhalten, indem sie einen Überschuss von Liquidität auf dem einen Markt auf andere Handelsplätze transferieren; dadurch geht vom algorithmischen Handel eine puffernde Wirkung aus und er sorgt trotz der Vielzahl von Handelsplätzen für einen einheitlichen Markt. Ferner dürfte es sich bei algorithmischen Händlern im Vergleich zu menschlichen Händlern letztlich um die schlicht rationaleren Marktteilnehmer handeln, die dem Leitbild des rationalen Nutzenmaximierers bedeutend näherkommen und dadurch eine höhere Informationseffizienz erwarten lassen. Insofern kann der algorithmische Handel gewissermassen als postume Replik von *John von Neumann* auf die Kritik an diesem Leitbild seiner Spieltheorie begriffen werden, schliesslich war er auch in wesentlichem Masse an der Entwicklung des Computers, wie wir ihn heute kennen, beteiligt.[1] Begriffe wie die Von-Neumann-Computerarchitektur oder der Von-Neumann-Zyklus zeugen davon.[2]

b) Der Geschwindigkeitswettlauf als Marktversagen

Nicht alle Aspekte des algorithmischen Handels sind wohlfahrtsfördernd. Das gewichtigste Marktversagen dürfte darin bestehen, dass sich Hochfrequenzhändler miteinander in einem wohlfahrtminimierenden Geschwindigkeitswettlauf befinden. Ein realökonomischer Nutzen einer schnelleren Preisfindung im Mikrosekundenbereich ist nicht ersichtlich, weshalb das technologische Wett-

---

[1] Siehe etwa *von Neumann* (1945); zur Kritik bereits *Wiener* (1948), 159 f.
[2] Es ist allerdings umstritten, ob *von Neumann* diese Konzepte entwickelt hat.

rüsten auf Überinvestitionen in die Geschwindigkeit hindeutet. Zwar sind immerhin gewisse positive externe Effekte bei der Forschung zu erwarten; der Geschwindigkeitswettlauf dürfte sich jedoch negativ auf die Marktqualität auswirken und dadurch den Investoren zusätzliche Kosten aufbürden. Der Grund hierfür liegt in den Risiken, denen sich (Hochfrequenz-)Händler ausgesetzt sehen, die dem Markt Liquidität bereitstellen. Händler, die Market-Making-Strategien verfolgen, können sich entscheiden, wie weit sie sich am Geschwindigkeitswettlauf beteiligen oder aber das erhöhte Risiko in Kauf nehmen, gegen einen informierten Händler zu handeln. Sowohl für die Kosten des Geschwindigkeitswettlaufs als auch für das Risiko, gegen einen informierten Händler zu handeln, muss der Spread entschädigen. Hervorzuheben ist, dass sich der Hochfrequenzhandel nicht per se negativ auf die Marktqualität auswirkt, sondern lediglich der Geschwindigkeitswettlauf zwischen Bereitstellern von Liquidität und Händlern, die dem Markt Liquidität entziehen. Daher dürfte sich der Hochfrequenzhandel insgesamt gesehen, wie die Vielzahl ökonomischer Studien zeigt, auch eher positiv auf die Marktqualität auswirken. Allerdings wird nicht das ganze Potenzial des Hochfrequenzhandels ausgeschöpft und die Marktqualität könnte durch die Entschärfung des Geschwindigkeitswettlaufs weiter gesteigert werden.

c) Die Investoren tragen die Kosten des Wettlaufs

Die Überlegenheit der Hochfrequenzhändler beim Risikomanagement hat zur Folge, dass der Spread langsame Händler nicht ausreichend für ihre Risiken entschädigt, wenn sie Limit-Orders verwenden. Sie müssten daher grundsätzlich besser gestellt sein, wenn sie Market-Orders wählen. Verwenden sie Market-Orders, sind es letztlich aber auch sie, die den Geschwindigkeitswettlauf indirekt finanzieren, da sich die Kosten des Geschwindigkeitswettlaufs direkt im Spread niederschlagen. Durch eine Entschärfung des Geschwindigkeitswettlaufs dürften Investoren daher etliche Milliarden US-Dollar einsparen.

2. Marktsegmentierung und Informationsrenditen

a) Marktsegmentierungshypothese

Zwar reduziert der Hochfrequenzhandel die quotierten und effektiven Spreads; dennoch sind die Auswirkungen des Hochfrequenzhandels auch abgesehen von den möglichen Einsparungen durch eine Entschärfung des Geschwindigkeitswettlaufs nicht für alle Investoren positiv. Da Hochfrequenzhändler Aufträge von Grossinvestoren aufspüren und gestützt darauf antizipierende Strategien verfolgen, können sie die realisierten Spreads für Grossinvestoren erhöhen, wenn diese nicht in der Lage sind, ihre Handelsabsichten zu verbergen. Dadurch aber bewirken Hochfrequenzhändler letztlich eine Zweiteilung des Marktes mit grösseren realisierten Spreads für Grossinvestoren und kleineren realisierten Spreads für Kleinanleger. Diese Zweiteilung dürfte grundsätzlich gerechtfertigt sein, da von den verschiedenen Investoren je nach dem beabsichtigten Handelsvolumen auch unterschiedliche Risiken für Bereitsteller von Liquidität ausgehen. Konsumiert ein Grossinvestor gleich mehrere Ebenen aus dem Auftragsbuch, ist das Verlustrisiko für Market-Maker gross.

b) Zwischen Fama und Grossman-Stiglitz

Wenngleich die Zweiteilung des Markts aufgrund der Risiken gerechtfertigt erscheint, wirft sie die Frage auf, ob Hochfrequenzhändler Informationsrenditen nicht allzu sehr verringern und dadurch auch die Informationseffizienz der Märkte – obwohl sie rationalere Akteure sind – im Sinne von *Grossman/Stiglitz* und der neuen österreichischen Schule der Nationalökonomik. Dem wurde in der vorliegenden Arbeit die Hypothese entgegengestellt, dass die Informationseffizienz heute weniger auf den Informationsrenditen, sondern stärker auf den Informationsrisikokosten (*adverse selection costs*) gründet, denen sich Bereitsteller von Liquidität ausgesetzt sehen. Informationsrenditen durch Arbitragegewinne sind für die Preisfindungsqualität demnach nicht zwingend; die Gefahr der Arbitrage reicht aus. Die Bereitsteller von Liquidität sehen sich allein schon durch die Gefahr der Arbitrage gezwungen, ihre Quotes anzupassen und führen so zur Preisfindung bei niedrigeren Risiken. Irrtümliche Transaktionen sind demnach nicht zwingend erforderlich, aber es muss ein Risiko hierzu bestehen, das der Gesetzgeber durch die Rückabwicklung irrtümlicher Transaktionen nicht vollständig eliminieren sollte. Abgesehen davon senkt die Digitalisierung der Finanzanalysen die Kosten der Informationsproduktion auf einen Bruchteil des früheren Betrags.

3. Geschwindigkeit und Rationalität

a) Beschränkte Rationalität und Flash-Crashes

Systemische Risiken dürften im Zusammenhang mit dem Hochfrequenzhandel tendenziell eher überbewertet werden. Allerdings kann der Hochfrequenzhandel durch das sehr sensitive Risikomanagement gerade beim Market-Making einerseits und durch antizipierende Strategien im Sinne des elektronischen Frontrunnings andererseits die transitorische Volatilität einzelner Titel und teilweise auch ganzer Märkte erhöhen. Haupttreiber dieser Volatilität ist die durch die Geschwindigkeit induzierte beschränkte Rationalität: Zwar können algorithmische Händler Informationen viel schneller verarbeiten als Menschen; auch sie benötigen jedoch Zeit für die Informationsverarbeitung. Müssen Entscheidungen schnell gefällt werden, so sind diese Entscheidungen auch bei Maschinen zunächst wenig komplex. Das Risikomanagement kann es verlangen, Limit-

Orders im Zweifelsfall zu stornieren oder zumindest rückzuversetzen, wenn die Ursache für ein stark erhöhtes Angebots- oder Nachfrageverhalten noch unklar ist. Irrationale Stop-Loss-Aufträge und Momentum-Strategien können dann den transitorischen Preisdruck noch zusätzlich verstärken und ein Flash-Crash kann die Folge sein, da die rationale Abfederung dieses Preisdrucks Zeit benötigt; schliesslich wollen Händler eine rationale Ursache in den fundamentalen Parametern für die starke Preisbewegung soweit möglich ausschliessen können. Starke Preisbewegungen können daher als Zeichen erhöhter Rationalität zumindest eines Teils der Marktteilnehmer gewertet werden.

b) Triebwerkhypothese

Die Überlegungen zur beschränkten Rationalität führen zur Verhaltenshypothese für Hochfrequenzhändler. Diese wurde als Triebwerkhypothese bezeichnet und besagt, dass intelligente Bereitsteller von Liquidität über verschiedene «Gänge» verfügen. Für den Umgang mit neuen Informationen dürfte zunächst eine unmittelbare Reaktion erforderlich sein, um den Informationsrisiken angemessen zu begegnen. Auf eine erhöhte Rationalität muss bei einer solchen Reflexreaktion verzichtet werden, da die Informationsverarbeitung Zeit kostet. Als Folge dieser Reflexreaktion sind Stornierungen von Limit-Orders zu erwarten, um das Risiko fehlplatzierter Limit-Orders (*Stale Quotes*) zu minimieren, was auch Phänomene wie Flash-Crashes einfach erklärt. Erst in einem zweiten Schritt dürfte der intelligente Hochfrequenzhändler die Information rationaler verarbeiten, nach möglichen Gründen für einen gestiegenen Preisdruck suchen und den neuen (oder allenfalls auch alten) Gleichgewichtspreis ermitteln. Komplette intelligente Hochfrequenzhändler müssen verschiedene unterschiedlich komplexe Algorithmen also sinnvollerweise parallel schalten, um mit neuen Informationen sachgerecht umgehen zu können.

4. Der Mensch als systemisches Risiko

Da Maschinen Auftragsinformationen, fundamentale Parameter und Abhängigkeiten weit besser und schneller verarbeiten als Menschen, verursachen letztere mit Bezug auf die Markteffizienz vor allem *Noise*. Sind Maschinen die rationaleren Marktteilnehmer, stellt sich daher letztlich die Frage, ob nicht allenfalls von menschlichen Händlern aufgrund ihrer Irrationalität die grösseren systemischen Risiken ausgehen als von Maschinen. Damit verbunden wird sich früher oder später die Folgefrage stellen, ob noch verantwortet werden kann, dass Menschen Wertpapierhandel betreiben. Ganz ähnliche Fragen stellen sich im Zusammenhang mit selbstfahrenden Fahrzeugen; verursachen dieselben weniger Tote, dürfte es die Gesellschaft angesichts der gemäss WHO 1.25 Mio. Verkehrstoten pro Jahr³ wohl irgendwann nicht mehr gutheissen, dass Menschen Auto fahren. Der Vergleich zeigt, dass Maschinen denn auch nicht perfekt sein müssen, solange sie besser sind als Menschen, und dies ist bei vielen Tätigkeiten keine allzu hohe Hürde. Insofern kann im algorithmischen Handel eine Chance erblickt werden. Ein Verbot des Wertpapierhandels durch Menschen würde im Übrigen das weitgehende Ende der Verhaltensökonomik im Finanzmarkt bedeuten. Allerdings könnten Hochfrequenzhändler durch ihre Überlegenheit schon heute einen Paradigmenwechsel bewirken, der nicht unerwünscht ist. Investoren dürften sie jeglicher Illusion entziehen, dass sie aus einem fallenden Markt abspringen können. Dieser Umstand könnte letztlich stabilitätserhöhend wirken, da er langsamen opportunistischen Händlern entgegenwirkt, die einen Nährboden für schnelle opportunistische Händler bilden.

III. Regulierung und Regulierungsversagen

1. Allgemeine Kritikpunkte

Die Regulierung des Hochfrequenzhandels ist in verschiedenerlei Hinsicht kritikwürdig. Während die operationellen Vorgaben weitgehend dem entsprechen, was von einem pflichtbewussten algorithmischen Händler erwartet werden kann, sind die Abklärungen der Regulierenden mit Bezug auf die Regulierungsfolgen nach wie vor ungenügend; einzig die Untersuchungen der britischen Behörden sind seriös, und diese lassen die europäischen, im Zuge von MiFID II eingeführten Marktmikrostrukturmassnahmen fragwürdig erscheinen. Angesichts des mangelhaften und von politischen Sachzwängen beeinflussten Vorgehens der Regulatoren erstaunt nicht, dass diese zwar eine grosse Anzahl Regeln schafften und dadurch hohe Kosten für staatliche und private Akteure verursachten, dabei aber weder den Geschwindigkeitswettlauf noch die Liquiditätsrisiken als Hauptprobleme des Hochfrequenzhandels entschärften. Vielmehr wurden Bestimmungen zu *Order-to-Transaction-Ratios*, Market-Making-Verpflichtungen oder Mindestnotierungssprüngen erlassen, die bezogen auf die anvisierten Ziele nachweislich weitgehend ungeeignet sind und teilweise gar konträre Effekte befürchten lassen, da sich Bereitsteller von Liquidität höheren Risiken ausgesetzt sehen und der Wettbewerb beeinträchtigt wird. Die Regulatoren betreiben mit anderen Worten Symptombekämpfung und schaffen Staatsversagen, ohne Marktversagen zu beseitigen. Darüber hinaus ist auch die Regulierungstechnik teilweise mangelhaft. Während der europäische Gesetzgeber eine Komplexität schafft, der er selbst kaum noch Herr wird, übersah der schweizerische Gesetzgeber bedeutsame Fragen und verursachte dadurch unnötige

---

3 *WHO Report «Road Safety» 2015*, 2, 55.

III. Regulierung und Regulierungsversagen

Unklarheiten. Immerhin ist dem schweizerischen Gesetzgeber zugutezuhalten, dass er die Komplexität der europäischen Regulierung zumindest teilweise erfolgreich reduzierte und einen prinzipienbasierten Ansatz verfolgte. Dass er sich von den europäischen Schachtelsätzen fehlleiten liess und die Pflichten gemäss Art. 31 Abs. 2 lit. e Nr. 1 bis 3 FinfraV den Handelsplatzteilnehmern anstatt den Handelsplätzen auferlegte, sei ihm angesichts der europäischen Vorlage verziehen. Unverzeihlich erscheint demgegenüber die Vorgehensweise des Bundesrates beim Erlass von Art. 31 FinfraV, erweckt diese doch den Eindruck, als ob der Bundesrat parlamentarische Beratungen zum Thema verhindern wollte. Das Zustandekommen der schweizerischen Bestimmungen zeugt entsprechend – anders als die europäischen Vorgaben – von einem Demokratie- und Rechtsstaatsdefizit. Zumindest bei einer Umsetzung im Sinne der europäischen Vorgaben dürften die Pflichten gemäss Art. 31 FinfraV eine Intensität erreichen, die eine grundsätzliche Regelung in einem Bundesgesetz erfordert, andernfalls ein Verstoss gegen das Legalitätsprinzip zu bejahen ist.

2. Institutsregulierung

a) Keine zwingende institutionelle Erfassung von Hochfrequenzhändlern

Hochfrequenzhändler könnten aus zwei Gründen dazu verpflichtet sein, sich als Effektenhändler (bzw. als Wertpapierfirma nach EU-Recht) oder als anderes Finanzinstitut zu konstituieren: entweder aufgrund der Ausgestaltung des Begriffs des betreffenden Instituts oder aufgrund einer Beschränkung des Zugangs zu den Handelsplätzen. Die zweite Möglichkeit rührt daher, dass zumindest die schnellsten Hochfrequenzhändler zur Ausübung ihrer Praktiken einen direkten Zugang zur elektronischen Infrastruktur eines Handelsplatzes benötigen. Wie sich gezeigt hat, ist weder auf schweizerischer noch auf europäischer Ebene sichergestellt, dass sich Hochfrequenzhändler als Effektenhändler (bzw. Wertpapierfirma) oder anderes Finanzinstitut konstituieren müssen: Hochfrequenzhändler können die Infrastruktur eines Teilnehmers über einen direkten elektronischen Zugang ohne Geschwindigkeitsverlust benutzen und sind nicht zwingend von Legaldefinitionen der Finanzinstitute erfasst.

b) Indirekte Beaufsichtigung durch Handelsplatzteilnehmer

Zwar müssen sich Hochfrequenzhändler in der Schweiz nicht zwingend als Effektenhändler konstituieren und hat der schweizerische Gesetzgeber anders als der europäische Gesetzgeber bisher auf die Regulierung direkter elektronischer Zugänge verzichtet; dennoch besteht aus verschiedenen Gründen auch in der Schweiz ein System der indirekten Aufsicht durch die Handelsplatzteilnehmer:

Erstens hat die SIX eine eigene Weisung zu geförderten Zugängen mit verschiedenen Teilnehmerpflichten erlassen; zweitens werden direkte Handelsplatzteilnehmer durch die Aufträge ihrer Kunden grundsätzlich selbst dann gebunden, wenn die Aufträge nicht über ihre Systeme geleitet werden, sodass sie ein natürliches Interesse an der Beaufsichtigung ihrer Kunden haben; und drittens ergeben sich aus den Vorgaben gemäss Art. 31 FinfraV implizit einige Teilnehmerpflichten mit Bezug auf indirekte Teilnehmer.

c) Keine generelle Erforderlichkeit einer direkten Aufsicht

Eine direkte Beaufsichtigung von Hochfrequenzhändlern dürfte nicht in jedem Fall erforderlich sein. Die Lösung der indirekten Beaufsichtigung durch Handelsplatzteilnehmer erscheint dem Prinzip der Verhältnismässigkeit folgend grundsätzlich überzeugend, vor allem weil die Markteintrittshürden für algorithmische Händler dadurch relativ niedrig gehalten werden können, was dem Wettbewerb zugutekommt. Die Praxis der Finma, Eigenhändler nur dann als Effektenhändler zu erfassen, wenn sie Effektengeschäfte im Umfang von mehr als CHF 5 Mrd. brutto pro Jahr tätigen, erscheint aus Funktionsschutzüberlegungen grundsätzlich auch für Hochfrequenzhändler ausreichend. Allerdings sollte die Finma bei der Berechnung auf die Verpflichtungsgeschäfte und nicht auf die Verfügungsgeschäfte abstellen: Da Hochfrequenzhändler Wertpapiere kaum über die Handelstage hinaus halten, sind sie kaum an Verfügungsgeschäften beteiligt, sodass das Handelsvolumen bei einem Abstellen auf die Verfügungsgeschäfte ungleich geringer ist als bei einem Abstellen auf die Verpflichtungsgeschäfte. Im Übrigen können hinsichtlich der operationellen Risiken und Marktintegritätsrisiken allenfalls auch die Handelsplätze und OTF insoweit als *Cheapest Cost-Avoider* betrachtet werden, als sie durch Handelsobergrenzen operationelle Probleme verhindern können und sämtliche für die Marktaufsicht massgeblichen Handelsinformationen aggregieren (sollten).

d) Der Staat als algorithmischer Händler

Die Teilnehmerpflichten bei algorithmischem Handel entsprechen wie bereits angesprochen grundsätzlich dem, was von einer pflichtbewussten Wertpapierfirma, die algorithmischen Handel betreibt, im Rahmen des Risikomanagements erwartet werden kann. Dies gilt insbesondere für die Belastbarkeit der Systeme, die ausreichenden Kapazitäten für Spitzenvolumina, die Handelsschwellen und Handelsobergrenzen sowie auch die Durchführung angemessener Tests von Algorithmen. Kritikwürdig ist insofern nicht primär der Umstand, dass algorithmischen Händlern diese Pflichten auferlegt werden, sondern vielmehr der Detaillierungsgrad, mit dem die Europäische Kommission diese Pflichten in den Durchführungsrechtsakten (insbesondere RTS 6, RTS 7 und RTS 8) präzisierte. Dadurch gibt der Regulator den Wertpapierfirmen letztlich im Detail vor, wie sie ihr Geschäft zu betreiben haben und übernimmt damit teilweise die Funktion des Verwaltungsrats dieser Firmen. Ausserdem müssen die Firmen den Aufsichtsbehörden gegenüber Rechenschaft über die verfolgten Handelsstrategien ablegen. Mit einer liberalen Wirtschaftspolitik im Sinne von Art. 94 BV hat diese Regulierung nicht mehr viel gemein, vor allem wenn bedacht wird, dass sämtliche professionellen Marktteilnehmer Algorithmen einsetzen.

3. Handelsplatzregulierung

a) Fragwürdiger Regulierungseifer nach Beseitigung des Hauptmarktversagens

Mit Bezug auf die Handelsplatzregulierung gelten grundsätzlich dieselben Kritikpunkte wie bei der Institutsregulierung. Besonders paradox erscheint bei der Handelsplatzregulierung, dass die Normdichte für Handelsplätze zu einem Zeitpunkt zunimmt, zu dem das zentrale Marktversagen, das Börsenmonopol, weitgehend beseitigt wurde. Nicht nur die Regulierung der operationellen Risiken, sondern auch die Gleichbehandlungspflicht erscheint nicht mehr gleich überzeugend, da die Handelsplätze heute in einem Wettbewerbsverhältnis zueinander stehen. Diskriminiert ein Handelsplatz gewisse Marktteilnehmer, steht es diesen grundsätzlich frei, einen anderen Handelsplatz zu wählen, und umgekehrt ist es attraktiv für einen Handelsplatz, in eine solche Nische zu springen. Ausserdem wirkt der Netzwerkeffekt wie gezeigt heute nicht mehr in gleichem Masse, weil Hochfrequenzhändler einen Handelsplatz zu niedrigen zusätzlichen Kosten mit Liquidität versorgen können.

b) Negative externe Effekte bei operativen Störungen

Ein wettbewerbsunabhängiges Marktversagen kann immerhin in den von operativen Störungen ausgehenden externen Effekten erblickt werden. Treten bei einem Handelsplatz operative Störungen auf, können Forderungen und Eigentumsverhältnisse umstritten sein, woraus nicht nur den Privaten, sondern auch dem Staat hohe Kosten erwachsen können. Der ungeordnete Effektenhandel kann zu kollektiven Kosten führen, die bei der Entscheidungsfindung der Handelsplätze und Marktteilnehmer nicht berücksichtigt werden. Ausserdem können operative Störungen im Sinne eines weiteren negativen externen Effekts das Risikomanagement der zentralen Gegenpartei beeinträchtigen. Die geordnete Funktionsweise der Handelssysteme ist damit letztlich teilweise Garant für die Minimierung der Gegenparteirisiken der Teilnehmer. Für beide Fälle externer Effekte erscheint vor allem die Anwendung der Regel in Art. 30 Abs. 2 lit. f FinfraV geboten, wonach der Handelsplatz in der Lage sein muss, in Ausnahmefällen jedes Geschäft zu stornieren, zu ändern oder zu berichtigen. Abgesehen von dieser Bestimmung könnte die Steuerung der operationellen Risiken aber wohl auch den Handelsplätzen überlassen werden, da die Anreize für die Belastbarkeit und Notfallvorkehrungen ausreichend sein dürften.

c) Transparenz über die Funktionsweise

Kaum geleugnet werden kann ein Marktversagen im Zusammenhang mit der Transparenz über die Funktionsweise von Handelsplätzen. Die Untersuchungen der US-Behörden haben gezeigt, dass eine Vielzahl von Handelsplätzen einzelnen Marktteilnehmern, insbesondere Hochfrequenzhändlern, besondere Vorteile wie etwa besondere Auftragstypen gewährten und diese besonderen Funktionsmechanismen dem Publikum gegenüber nicht offenlegten. Weder drohende Sanktionen noch privatrechtliche Ansprüche oder Vertrauens- und Reputationsmechanismen konnten sie davon abhalten. Daher erscheint die entsprechende aufsichtsrechtliche Pflicht erforderlich, schliesslich erlaubt erst diese Transparenz den Marktteilnehmern ein rationales Verhalten, wie es funktionierende Märkte voraussetzen.

d) Leerverkaufsregulierung

Zur Gänze unnütz ist die europäische Leerverkaufsregulierung. Soweit ersichtlich schaffte der europäische Regulator damit bloss Regulierungsversagen wie etwa Privilegien für Grossbanken und Hochfrequenzhändler, ohne Marktversagen zu beseitigen. Der schweizerische Gesetzgeber tat gut daran, diese Regeln nicht zu übernehmen.

4. Marktregulierung

a) Prinzipien und Mythen

Hinsichtlich der Marktmissbrauchsregulierung ist der prinzipienbasierte Ansatz grundsätzlich positiv zu werten, da dieser die Erfassung neuer Praktiken zulässt, wie sich anhand des Hochfrequenzhandels zeigt. Allerdings ist die Dogmatik zu den Normen teilweise von Mythen geprägt. Zu diesen Mythen zählen etwa die Chancengleichheit der Anleger als Regulierungsziel, der Bezug der Insiderinformation zur Unternehmenstätigkeit sowie die Erheblichkeitsschwellen von fünf bis zehn Prozent. Abgesehen davon hat sich auch gezeigt, dass ein relativer Massstab für die Beurteilung der Vertraulichkeit einer Information unentbehrlich ist, da der Zugang zur Information für Primärinsider aufgrund der für die Informationsverarbeitung benötigten Zeit nicht massgeblich sein kann. Ansätze, die von einem einheitlichen Zeitpunkt der Auflösung der Vertraulichkeit ausgehen, sind daher zum Scheitern verurteilt, weshalb ein Konzept entwickelt wurde, bei dem der Zeitpunkt des Eintritts der Öffentlichkeit variabel ist. Im Übrigen erscheint hinsichtlich der einzelnen Tatbestandselemente ein grundsätzlicher Perspektivenwechsel vom Anleger zum Markt hin angezeigt.

b) Einzelne Praktiken und Sachverhalte

Die Prüfung verschiedener Praktiken und Sachverhalte, die mit dem Hochfrequenzhandel in Verbindung gebracht werden, hat ergeben, dass Spoofing-, Layering-, Quote-Stuffing-, Momentum-Ignition- und Smoking-Praktiken sowie unter Umständen auch fehlerhafte Algorithmen vom aufsichtsrechtlichen Tatbestand der Marktmanipulation erfasst sind. Nicht erfasst sind diese Praktiken demgegenüber vom Straftatbestand der Kursmanipulation, weil der Transaktionstatbestand gemäss Art. 155 Abs. 1 lit. b FinfraG nur Scheingeschäfte im Sinne sogenannter Wash-Trades und Matched Orders verbietet. Weder gegen den Tatbestand der Marktmanipulation noch gegen die Insidernormen verstossen dürften antizipierende Strategien im Sinne des elektronischen Frontrunnings, Ping Orders und Phishing-Praktiken (im Sinne des Fischens von Grossaufträgen in Dark Pools), Vorgehensweisen wie die Stückelung von Aufträgen bei der Ausführung von Block-Transaktionen oder die Verwendung vertraulicher Informationen über die Funktionsweise von Handelsplattformen. Ping Orders und Phishing-Praktiken in Dark Pools bilden allerdings einen Grenzfall sowohl mit Bezug auf die Marktmanipulation als auch mit Bezug auf die Insidernormen; die Esma geht für das europäische Recht denn auch von einem Verbot aus. Eher überraschend hat sich jedoch ergeben, dass zum aktuellen Zeitpunkt keine zwingenden Gründe ersichtlich sind, die ein Verbot des elektronischen Frontrunnings, von Ping Orders und von Phishing-Praktiken in Dark Pools *de lege ferenda* angezeigt erscheinen liessen. Die aufsichtsrechtlichen Marktmissbrauchsnormen dürften daher zumindest dem Grundsatz nach ausreichend sein; der Straftatbestand der Kursmanipulation ist demgegenüber nicht auf manipulative Hochfrequenzhandelspraktiken der Gegenwart ausgerichtet und sollte angepasst werden.

Weitere Sachverhalte, die im Zusammenhang mit dem Hochfrequenzhandel von Bedeutung sind, wurden auf ihre Vereinbarkeit mit den Insidernormen geprüft. Dabei hat sich gezeigt, dass aus den Insidernormen Mindestanforderungen an *Co-Location*-Anschlüsse abzuleiten sind: Eine Mindestanzahl Hochfrequenzhändler muss über den schnellsten Zugang verfügen und gleichzeitig Zugang zu den Auftragsinformationen erhalten; nicht erforderlich ist demgegenüber, dass diese Informationen für das grosse Anlegerpublikum ebenfalls gleichzeitig zugänglich sind, da gewöhnliche Anleger ohnehin nicht annähernd so schnell wie Hochfrequenzhändler auf Auftragsinformationen reagieren können und das Ziel der Chancengleichheit insofern illusorisch ist. Die Insidernormen schützen nach der hier vertretenen Ansicht denn auch nicht die Chancengleichheit der Anleger, sondern vielmehr den Wettbewerb zwischen sophistizierten Bereitstellern von

Liquidität. Ferner ist die Verwendung von *Dark-Order*-Informationen in aller Regel und die Verwendung von *Flash-Order*-Informationen unter gewissen Umständen von den Insidernormen erfasst. Ein Insiderhandelsprivileg für Market-Maker, wie es vor allem in der deutschen Lehre vielfach vertreten wird, ist entschieden abzulehnen; die Auftragsstornierung und das Abschalten algorithmischer Market-Maker wurde allerdings nach aktuellem schweizerischem Recht für zulässig befunden, sodass in dieser Hinsicht regulatorischer Handlungsbedarf besteht.

c) Fehlen verhaltenssteuernder Sanktionen

Die fehlende strafrechtliche Erfassung der untersuchten manipulativen Praktiken warf die Frage auf, ob die Praktiken ausreichend sanktioniert sind, um eine verhaltenssteuernde Wirkung zu entfalten. Diese Frage musste zumindest für (grundsätzlich) nicht beaufsichtigte Personen – zu denen auch Hochfrequenzhändler gehören können – klar verneint werden. Die Aufsichtsinstrumente der Finma gemäss Art. 145 FinfraG wie der Erlass einer Feststellungverfügung (Art. 32 FINMAG), die Veröffentlichung der aufsichtsrechtlichen Verfügung (Art. 34 FINMAG) sowie das Einziehen der Gewinne (Art. 35 FINMAG) dürften diese Personen kaum von manipulativen Praktiken abhalten. Hinzu kommt, dass die Finma selbst auf diese zahnlosen Instrumente nur bei schwerwiegenden Verstössen zurückgreifen darf. Ob die aufsichtsrechtliche Pflicht eine ausreichende Verhaltenssteuerung bewirkt, dürfte angesichts der Vielzahl von Verfahren in den USA ausserdem auch bei der Pflicht zur Transparenz über die Funktionsweise fraglich sein. Sinnvoll erschiene in beiden Fällen eine Ahndung mit Busse oder aber die Erfassung durch einen Straftatbestand. Eine Bussenkompetenz müsste der Finma erst noch eingeräumt werden. Mit Bezug auf die Transparenz erscheinen Bussen von bis zu CHF 100 Mio. durchaus erforderlich, um die gewünschte Verhaltenssteuerung zu bewirken.

IV. Verzögerung von Market-Orders als Lösungsvorschlag

Zur Beseitigung von mit dem Hochfrequenzhandel verbundenem Marktversagen wurde im Kapitel 12 eine Vielzahl von Regulierungsinstrumenten geprüft, darunter etwa verschiedene Variationen von periodischen Doppelauktionen sowie eine symmetrische Verzögerung von Aufträgen, wie sie von Ökonomen und anderen Marktbeobachtern zur Entschärfung des Geschwindigkeitswettlaufs vorgeschlagen werden. Die Resultate fielen mässig aus: Zwar dürfte ein periodisches Matching den Geschwindigkeitswettlauf je nach Ausgestaltung hemmen; zugleich birgt es jedoch zusätzliche Risiken für Bereitsteller von Liquidität, die sich stark auf Handelsinformationen stützen, sodass sich die Massnahme letzt-

IV. Verzögerung von Market-Orders als Lösungsvorschlag

lich kaum positiv auf die Transaktionskosten der Marktteilnehmer auswirken dürfte. Die symmetrische Verzögerung sämtlicher Aufträge entschärft den Geschwindigkeitswettlauf von vornherein nicht; die Massnahme bietet sich jedoch für Referenzkurssysteme an, da diese dadurch sicherstellen können, dass sie Aufträge nicht gestützt auf veraltete Informationen zusammenführen, was von Hochfrequenzhändlern ausgenutzt werden kann.

Gestützt auf diese Überlegungen wurde mit der asymmetrischen Verzögerung von Market-Orders ein eigenes Konzept[4] zur Entschärfung des Geschwindigkeitswettlaufs und der Informationsasymmetrien (im Sinne von Vorwissen im Mikrosekundenbereich) entwickelt. Das Konzept basiert auf der Überlegung, dass durch die einseitige Verzögerung von Market-Orders verhindert werden kann, dass Arbitrageure fehlplatzierte Aufträge von (ebenfalls schnellen) Bereitstellern von Liquidität auflesen können, sodass sich diese geringeren Informationsrisiken (*adverse selection costs*) ausgesetzt sehen. Der Geschwindigkeitswettlauf zwischen Bereitstellern von Liquidität und Händlern, die dem Markt Liquidität entziehen, dürfte dadurch beträchtlich entschärft werden. Die geringeren Infrastrukturkosten und Informationsrisiken der Bereitsteller von Liquidität müssten nicht nur die Spreads, sondern auch die Transaktionskosten der Investoren verringern. Allenfalls könnte die asymmetrische Verzögerung der Market-Orders mit einer Pro-rata-Ausführung von Limit-Orders verbunden werden, die innerhalb eines bestimmten Zeitraums zum besten Preis gestellt wurden, um den Geschwindigkeitswettlauf zusätzlich zu hemmen und den langen Kolonnen auf den verschiedenen Tick-Stufen entgegenzuwirken.

Die Verzögerung von Market-Orders ist keine Massnahme, die gegen antizipierende Verhaltensweisen von Bereitstellern von Liquidität gerichtet ist. Auf den ersten Blick mag die Massnahme daher eine Erhöhung der Liquiditätsrisiken befürchten lassen. Dabei dürfte es sich kontraintuitiv jedoch um einen Irrtum handeln, da die Massnahme das Rationalitätsproblem von Bereitstellern von Liquidität entschärft. Dies zeigte sich bei der Prüfung der Massnahmen, mit denen Liquiditätskrisen nach verbreiteter Ansicht verhindert werden sollen: den Market-Making-Verpflichtungen, Mindesthaltevorschriften sowie Stornierungsgebühren. Zwar können die zwei letztgenannten Instrumente einzelne missbräuchliche Praktiken verhindern; insgesamt fiel die Regulierungsfolgenanalyse jedoch negativ aus und dies insbesondere mit Bezug auf das eigentliche Ziel der Reduktion der Liquiditätsrisiken. Der Grund hierfür liegt hauptsächlich darin, dass die Massnahmen die Risiken der Bereitsteller von Liquidität erhöhen, sodass diese dem Markt gerade bei erhöhter Unsicherheit weniger Liquidität bereitstellen. Daher dürften die Massnahmen nicht nur unnütz, sondern kontraproduktiv

---

[4] Die Idee ist nicht neu, aber sie wird lediglich nebenbei als Möglichkeit erwähnt.

sein. Diese Erkenntnis ist jedoch mit Blick auf mögliche Massnahmen zum Schutz vor Liquiditätskrisen insofern wertvoll, als sie impliziert, dass zur Verhinderung derselben genau das Gegenteil getan werden sollte. Die asymmetrische Verzögerung von Market-Orders gegenüber Limit-Orders kann im Wesentlichen als das Gegenteil einer Mindesthaltevorschrift betrachtet werden. Sie gibt den Bereitstellern von Liquidität mehr Zeit, eine rationale Entscheidung hinsichtlich der Handelsinformationen und fundamentalen Werte zu treffen, sodass sich eher ausreichend Liquidität für die Absorption des Marktdrucks finden lässt. Möglicherweise können mit der asymmetrischen Verzögerung daher zwei Probleme auf einmal gelöst werden: der Geschwindigkeitswettlauf und die mit dem Rationalitätsproblem verbundenen Liquiditäts- und Marktrisiken.

Literaturverzeichnis

Abegg, Andreas (2017), § 2 Übersicht über die Erscheinungsformen der Regulierung, in: Abegg/Bärtschi/Dietrich (Hrsg.), Prinzipien des Finanzmarktrechts, 2. Aufl., Zürich/Basel/Genf 2017, 56–59

Ackert, Lucy F. (2012), The impact of circuit breakers on market outcomes, Foresight (UK Government Office for Science) project «Future of computer trading», EIA9 (2012)

Ackert, Lucy F./Church, Bryan/Jayaraman, Narayanan (2001), An experimental study of circuit breakers: The effects of mandated market closures and temporary halts on market behavior, Journal of Financial Markets 4 (2001), 185–2008

Adams, Michael (1986), Irrtümer und Offenbarungspflichten im Vertragsrecht, AcP 186 (1986), 453–489

Aebersold Szalay, Claudia (2013), Deutsches Gesetz zum Hochfrequenzhandel, Die Bändigung der Maschinen, NZZ, Online-Beitrag vom 1. Februar 2013 (verfügbar unter *www.nzz.ch*)

Aït-Sahalia, Yacine/Saglam, Mehmet (2014), High Frequency Traders: Taking Advantage of Speed, Working Paper vom 15. Mai 2014 (verfügbar unter *www.tinbergen.nl*)

Aït-Sahalia, Yacine/Saglam, Mehmet (2016), High Frequency Market Making, Working Paper vom 28. Oktober 2016 (verfügbar unter *https://papers.ssrn.com*)

Akerlof, George A. (1970), The Market for "Lemons": Quality Uncertainty and the Market Mechanism, The Quarterly Journal of Economics 84 (1970), 488–500

Akyıldırım, Erdinç/Altarovici, Albert/Ekinci, Cumhur (2015), Effects of Firm-Specific Public Announcments on Market Dynamics: Implications for High-Frequency Traders, in: Gregoriou (Hrsg.), Handbook of High Frequency Trading, London/San Diego/Waltham MA 2015, 305–326

Aldridge, Irene (2013), High-Frequency Trading, A Practical Guide to Algorithmic Strategies and Trading Systems, 2nd ed., Hoboken NJ 2013

Alexander, Kern (2012), Market Structures, Technology and European Securities Regulation, in: Strebel-Aerni (Hrsg.), Finanzmärkte im Banne von Big Data, Zürich/Basel/Genf 2012, 33–44

Alexander, Kern (2014), Teil 4: Finanzinnovationen und Marktregulierung, Kapitel 1: Marktstrukturen, Innovation und Europäische Wertpapierregulierung, in: Möslein (Hrsg.), Finanzinnovation und Rechtsordnung, Zürich/Basel/Genf 2014, 291–303

Alexander, Kern/Dhumale, Rahul/Eatwell, John (2006), Global Governance of Financial Systems, Oxford 2006

Alexander, Kern/Schmidt, Alexandra (2012), The Market in Financial Instruments Directive and Switzerland, GesKR 2012, 45–54

Allen, David E./McAleer, Michael J./Singh, Abhay K. (2015), Machine News and Volatility: The Dow Jones Industrial Average and the TRNA Real-Time High-Frequency Sentiment Series, in: Gregoriou (Hrsg.), Handbook of High Frequency Trading, London/San Diego/Waltham MA 2015, 327–344

Allen, Hilary J. (2013), A New Philosophy For Financial Stability Regulation, Loyola University Chicago Law Journal 45 (2013), 173–231

Altunata, Serhan/Rakhlin, Dmitry/Waelbroeck, Henri (2010), Adverse Selection vs. Opportunistic Savings in Dark Aggregators, The Journal of Trading 5 (2010), 16–28

Amihud, Yakov (2002), Illiquidity and stock returns: cross-section and time-series effects, Journal of Financial Markets 5 (2002), 31–56

Amihud, Yakov/Mendelson, Haim (1980), Dealership Market, Market-Making with Inventory, Journal of Financial Economics 8 (1980), 31–53

Amihud, Yakov/Mendelson, Haim (1986), Asset Pricing and the Bid-Ask Spread, Journal of Financial Economics 17 (1986), 223–249

Angel, James/Harris, Lawrence/Spatt, Chester S. (2011), Equity Trading in the 21st Century, Quarterly Journal of Finance 1 (2011), 1–53

Andreotti, Fabio Andrea/Schmidiger Julia V. (2017), Die komplexe Balance zwischen Prävention und Freiheit auf Finanzmärkten und in Finanzkrisen, Eine theoretische und historische Analyse, in: Coninx/Ege/Mausbach (Hrsg.), Prävention und freiheitliche Rechtsordnung, Analysen und Perspektiven von Assistierenden des Rechtswissenschaftlichen Instituts der Universität Zürich, Zürich/St. Gallen 2017, 277–311

Arnuk, Sal/Saluzzi, Joseph (2012), Broken Markets, How High Frequency Trading and Predatory Practices on Wall Street Are Destroying Investor Confidence and Your Portfolio, Upper Saddle River NJ 2012

Arrow, Kenneth J. (1962), Economic Welfare and the Allocation of Resources for Invention, in: National Bureau of Economic Research (Hrsg.), The Rate and Direction of Inventive Activity; Economic and Social Factors, Princeton 1962, 609–625

Arrow, Kenneth J. (1963), Social Choice and Individual Values, 2nd ed., New York/London/Sidney 1963

Arrow, Kenneth J. (1969), The Organization of Economic Activity: Issues Pertinent to the Choice of Market versus Nonmarket Allocation, in: Joint Economic Committee of the Congress of the United States (Hrsg.), The Analysis and Evaluation of Public Expenditures: the PPB System, A Compendium of Papers submitted to the Subcommittee on Economy in Government, Washington D.C. 1969, 47–64

Arrow, Kenneth J./Debreu, Gerard (1954), Existence of an Equilibrium for a Competitive Economy, Econometrica 22 (1954), 265–290

Assmann, Heinz-Dieter (2012), Kommentar zu § 14 WpHG, in: Assmann/Schneider (Hrsg.), Kommentar zum Wertpapierhandelsgesetz, 6. Aufl., Köln 2012

Auer, Benjamin/Rottmann, Horst (2015), Statistik und Ökonometrie für Wirtschaftswissenschaftler, 3. Aufl., Wiesbaden 2015

Auer, Christoph (2008), Kommentar zu Art. 12 VwVG, in: Auer/Müller/Schindler (Hrsg.), Kommentar zum Bundesgesetz über das Verwaltungsverfahren (VwVG), Zürich/St. Gallen 2008

Automated Trader (2013), The Future of HFT? More Risk and Fewer Easy Pickings, Medienmitteilung vom 12. Februar 2013 (verfügbar unter *http://www.automatedtrader.net*)

Aydin, Nezir (2012), Sampling based progressive hedging algorithms for stochastic programming problems, Detroit 2012

Back, Kerry (1993), Insider Trading in Continuous Time, The Review of Financial Studies 5 (1993), 387–409

Back, Kerry/Cao, C. Henry/Willard, Gregory A. (2000), Imperfect Competition among Informed Traders, The Journal of Finance 55 (2000), 2117–2155

Badura, Peter (1967), Die Rechtsprechung des Bundesverfassungsgerichts zu den verfassungsrechtlichen Grenzen wirtschaftspolitischer Gesetzgebung im sozialen Rechtsstaat, AöR 92 (1967), 382–407

Bagehot, Walter (1971), The Only Game in Town, Financial Analysts Journal 27 (1971), 12–14 u. 22

Bahar, Rashid/Stupp, Eric (2013), Kommentar zu Art. 1 BankG, in: Watter/Vogt/Bauer/Winzeler (Hrsg.), Basler Kommentar zum Bankengesetz, 2. Aufl., Basel 2013

Baisch, Rainer/Baumann, Simone/Weber, Rolf H. (2014), «Shades of grey» in Dark Pools, GesKR 2014, 183–198

Baltagi, Badi H./Li, Dong/Li, Qi (2006), Transaction tax and stock market behavior: evidence from an emerging market, Empirical Economics 31 (2006), 393–408

Banfield, Edward C. (1958), The Moral Basis of a Backward Society, New York 1958

Banks, Erik (2014), Dark Pools, Off-Exchange Liquidity in an Era of High Frequency, Program and Algorithmic Trading, 2nd ed., Basingstoke UK/New York 2014

Barclay, Michael J./Christie, William G./Harris, Jeffrey H./Kandel, Eugene/ Schultz, Paul H. (1999), Effects of Market Reform on the Trading Costs and Depths of Nasdaq Stocks, The Journal of Finance 54 (1999), 1–34

Baron, Matthew/Brogaard, Jonathan/Kirilenko, Andrei (2014), Risk and Return in High Frequency Trading, Working Paper vom April 2014 (verfügbar unter *www.cftc.gov*)

Bärtschi, Harald (2007), Reputation zur Überwindung von Informationsasymmetrien, in: s. n. (Hrsg.), Vertrauen – Vertrag – Verantwortung, Festschrift für Hans Caspar von der Crone zum 50. Geburtstag, Zürich/Basel/Genf 2007, 23–42

Bärtschi, Harald (2017), § 7 Missbrauchsbekämpfung, in: Abegg/Bärtschi/Dietrich (Hrsg.), Prinzipien des Finanzmarktrechts, 2. Aufl., Zürich/Basel/Genf 2017, 237–296

Bator, Francis M. (1958), The Anatomy of Market Failure, The Quarterly Journal of Economics 72 (1958), 351–379

Battalio, Robert/Hatch, Brian/Jennings, Robert (2004), Toward a National Market System for U.S. Exchange-listed Equity Options, The Journal of Finance 59 (2004), 933–962

Beber, Alessandro/Pagano, Marco (2013), Short-Selling Bans Around the World: Evidence from the 2007–2009 Crisis, The Journal of Finance 68 (2013), 343–381

Becchetti, Leonardo/Ferrari, Massimo/Trenta, Ugo (2014), The impact of the French Tobin tax, Journal of Financial Stability 15 (2014), 127–148

Beder, Tanya S./Marshall, Cara M. (2011), Financial Engineering, The Evolution of a Profession, Hoboken NJ 2011

Benicke, Christoph (2006), Wertpapiervermögensverwaltung, Tübingen 2006 (= BaöRV 84)

Benston, George J./Kaufman, George G. (1995), Is the Banking and Payments System Fragile, Journal of Financial Services Research 9 (1995), 209–240

Bentham, Jeremy (1823), An introduction to the priniciples of morals and legislation, a new edition – corrected by the author, Vol. I, London 1823

Berg, Wilfried (1980), Die verwaltungsrechtliche Entscheidung bei ungewissem Sachverhalt, Berlin 1980 (= SÖR 381)

Bernales, Alejandro (2014), Algorithmic and High Frequency Trading in Dynamic Limit Order Markets, Working Paper vom 28. Mai 2014 (verfügbar unter *http://papers.ssrn.com*)

Bernanke, Ben S. (1990), Clearing and Settlement during the Crash, The Review of Financial Studies 3 (1990), 133–151

Bernstein, Peter L. (1996), Against the Gods, The Remarkable Story of Risk, New York u. a. 1996, Nachdruck 1998

Berta, Nathalie/Julien, Ludovic A./Tricou, Fabrice (2012), On Perfect Competition: Definitions, Usages and Foundations, Cahiers d'Économie Politique 63 (2012), 7–24

Biais, Bruno/Foucault, Thierry (2014), HFT and Market Quality, Bankers, Markets & Investors 128 (2014), 5–18

Biais, Bruno/Foucault, Thierry/Moinas, Sophie (2015), Equilibrium Fast Trading, Journal of Financial Economics 116 (2015), 292–313

Biais, Bruno/Hombert, Johan/Weill, Pierre-Olivier (2010), Trading and Liquidity with Limited Cognition, NBER Working Paper Nr. 16628 vom Dezember 2010 (verfügbar unter *www.nber.org*)

Biais, Bruno/Woolley, Paul (2011), High Frequency Trading, Working Paper vom März 2011 (verfügbar unter *www.eifr.eu*)

Biais, Bruno/Woolley, Paul (2012), The flip side: high frequency trading, Financial World vom Februar 2012, 34 f.

Bigler-Eggenberger, Margrith/Schweizer, Rainer J. (2014), Kommentar zu Art. 41 BV, in: Ehrenzeller/Schindler/Schweizer/Vallender (Hrsg.), St. Galler Kommentar zur schweizerischen Bundesverfassung (Art. 1–80 BV), 3. Aufl., Zürich/St. Gallen 2014

Binding, Karl/Hoche, Alfred (1922), Die Freigabe der Vernichtung lebensunwerten Lebens: ihr Mass und ihre Form, 2. Aufl., Leipzig 1922

Black, Fischer (1971), Toward a Fully Automated Stock Exchange, Financial Analysts Journal 27 (1971), 28–44

Black, Fischer (1972), Capital market equilibrium with restricted borrowing, The Journal of Business 45 (1972), 444–455

Black, Fischer (1986), Noise, The Journal of Finance 41 (1986), 529–543

Blaug, Mark (2007), The Fundamental Theorems of Modern Welfare Economics, Historically Contemplated, History of Political Economy 39 (2007), 185–207

Bloomfield, Robert/O'Hara, Maureen/Saar, Gideon (2015), Hidden Liquidity: Some New Light on Dark Trading, The Journal of Finance 70 (2015), 2227–2273

Böckli, Peter (1989), Insiderstrafrecht und Verantwortung des Verwaltungsrates, Zürich 1989 (= SSHW 120)

Böckli, Peter/Böckli, Martin (2015), «Bail-in»: Bankenrettung durch Gläubigeropfer, in: Waldburger/Sester/Peter/Baer (Hrsg.), Law & Economics, Festschrift für Peter Nobel zum 70. Geburtstag, Bern 2015, 322–347

Bodek, Haim (2013), Präsentation über «TradeTech on HFT and his Controversial Findings» vom 14. Juni 2013 (verfügbar unter *www.zerohedge.com*)

Bodek, Haim/Shaw, Mark (2012), Introduction to HFT Scalping Strategies, November 2012 (verfügbar unter *www.smallake.kr*)

Bodie, Zvi/Kane, Alex/Marcus, Alan J. (2014), Investments, 10th ed., New York 2014

Boehmer, Ekkehart/Fong, Kingsley/Wu, Julie (2015), International Evidence on Algorithmic Trading, AFA 2013 San Diego Meetings Paper vom 17. September 2015 (verfügbar unter *https://papers.ssrn.com*)

Boehmer, Ekkehart/Wu, Julie (2013), Short Selling and the Price Discovery Process, The Review of Financial Studies 26 (2013), 287–322

Bohl, Martin T./Klein, Arne C./Siklos, Pierre L. (2013), Are short sellers positive feedback traders? Evidence from the global financial crisis, Journal of Financial Stability 9 (2013), 337–346

Bohrer, Andreas/Harsch, Sebastian/Rehm, Christian/Huggenberger, Eric/Spiegel, Dirk (2013), Finanzmarktrecht – Entwicklungen 2013, Bern 2014

Bond, Steve/Hawkins, Mike/Klemm, Alexander (2005), Stamp Duty on Shares and its Effect on Share Prices, FinanzArchiv 61 (2005), 275–297

Boni, Leslie/Brown, David C./Leach, J. Chris (2013), Dark Pool Exclusivity Matters, Working Paper vom 19. Dezember 2013 (verfügbar unter *https://papers.ssrn.com*)

Bonneau, Thierry (2012), Régulation bancaire et financière européenne et internationale, Bruxelles 2012

Borens, Philippe/Baumann, Phil (2017), Kommentar zu Art. 2 lit. d, e und f, Art. 33 sowie Art. 34 FinfraG, in: Sethe et al. (Hrsg.), Kommentar zum Finanzmarktinfrastrukturgesetz FinfraG, Zürich/Basel/Genf 2017

Borkovec, Milan/Domowitz, Ian/Tyurin, Konstantin (2011), Trading Patterns, Liquidity, and the Citigroup Split, Working Paper vom 16. Mai 2011 (verfügbar unter *http://itg.com*)

Boulatov, Alex/George, Thomas J. (2013), Hidden and Displayed Liquidity in Securities Markets with Informed Liquidity Providers, The Review of Financial Studies 26 (2013), 2095–2137

Bradley, Harold (2010), Man Vs. Machine: Commentary – How the SEC Helps Underwrite High Frequency Trading, CNBC, Online-Beitrag vom 1. Oktober 2010 (verfügbar unter *www.cnbc.com*)

Breckenfelder, H.-Johannes (2013), Competition between High-Frequency Traders, and Market Quality, Working Paper vom 1. November 2013 (verfügbar unter *https://papers.ssrn.com*)

Brennan, Michael J./Chordia, Tarun/Subrahmanyam, Avanidhar (1998), Alternative factor specifications, security characteristics, and the cross-section of expected stock returns, Journal of Financial Economics 49 (1998), 345–373

Brennan, Michael J./Subrahmanyam, Avanidhar (1996), Market microstructure and asset pricing: On the compensation for illiquidity in stock returns, Journal of Financial Economics 41 (1996), 441–464

Brogaard, Jonathan (2010), High Frequency Trading and its Impact on Market Quality, Working Paper vom 16. Juli 2010 (verfügbar unter *www.fia.org*)

Brogaard, Jonathan/Carrion, Al/Moyaert, Thibaut/Riordan, Ryan/Shkilko, Andriy/Sokolov, Konstantin (2016), High-Frequency Trading and Extreme Price Movements, Working Paper vom Dezember 2016

Brogaard, Jonathan/Hendershott, Terrence/Hunt, Stefan/Ysusi, Carla (2014), High-Frequency Trading and the Execution Costs of Institutional Investors, The Financial Review 49 (2014), 345–369

Brogaard, Jonathan/Hendershott, Terrence/Riordan, Ryan (2014), High-Frequency Trading and Price Discovery, The Review of Financial Studies 27 (2014), 2267–2306

Brogaard, Jonathan A. (2011), Minimum quote life and maximum order message-to-trade ratio, Foresight (UK Government Office for Science) project «Future of computer trading», EIA1 (2011)

Brown, Brian R. (2010), Chasing the Same Signals, Singapur 2010

Buchanan, Mark (2015), Physics in finance: Trading at the speed of light, Nature 518 (2015), 161–163

Budish, Eric/Cramton, Peter/Shim, John (2014), Implementation Details for Frequent Batch Auctions: Slowing Down Markets to the Blink of an Eye, American Economic Review 104 (2014), 418–424

Budish, Eric/Cramton, Peter/Shim, John (2015), The High-Frequency Trading Arms Race: Frequent Batch Auctions as a Market Design Response, The Quarterly Journal of Economics 130 (2015), 1547–1621

Buffett, Warren (2015), Brief an die Aktionäre von Berkshire Hathaway Inc. vom 27. Februar 2015 (verfügbar unter *www.berkshirehathaway.com*)

Bühler, Christoph (2009), Regulierung im Bereich der Corporate Governance, Habil. Zürich 2009

Bühler, Christoph (2014), Gewährsartikel: Regulierung der FINMA an der Grenze von Rechtsetzung und Rechtsanwendung, SJZ 110 (2014), 25–34

Bühler, Christoph/Häring, Daniel (2009), Die selbstgeschaffene Insiderinformation, Transaktionen aufgrund eigener Planung im Lichte des Insiderhandelsverbots, GesKR 2009, 453–462

Bühler, Simon (2016), OTC-Handel mit nichtkotierten Aktien, Diss. Zürich 2016 (= ZStPrR 270)

Bühler, Simon/von der Crone, Hans Caspar (2013), Trennung zwischen dem Zivilverfahren und dem Verfahren der Finanzmarktaufsicht, SZW 85 (2013), 563–575

Bunge, Jacob (2011), Direct Edge to Stop 'Flashing' Orders on Monday, The Wall Street Journal, Online-Beitrag vom 25. Februar 2011 (verfügbar unter *www.wsj.com*)

Bunge, Jacob (2013), High-Speed Traders Pulled Back, Not Out, After Fake Tweet, The Wall Street Journal, Online-Beitrag vom 24. April 2013 (verfügbar unter *www.wsj.com*)

Bunge, Jacob/Tadena, Nathalie (2013), KCG Mulls Selling Stake in Combined BATS-Direct Edge, The Wall Street Journal, Online-Beitrag vom 30. Oktober 2013 (verfügbar unter *www.wsj.com*)

Burg, Benedict (2013), Kundenschutz bei externer Vermögensverwaltung, Diss. Zürich 2013 (= SSFM 107)

Burton, Katherine (2014), Citadel Fund Said to Quadruple With High-Frequency Trades, Bloomberg, Online-Beitrag vom 11. April 2014 (verfügbar unter *www.bloomberg.com*)

Buti, Sabrina/Rindi, Barbara/Werner, Ingrid M. (2011a), Dark Pool Trading Strategies, AFA 2012 Chicago Meetings Paper vom Oktober 2011 (verfügbar unter *www.aidaf-ey.unibocconi.it*)

Buti, Sabrina/Rindi, Barbara/Werner, Ingrid M. (2011b), Diving Into Dark Pools, Working Paper vom 17. November 2011 (verfügbar unter *https://papers.ssrn.com*)

Buti, Sabrina/Rindi, Barbara/Werner, Ingrid M. (2017), Dark Pool Trading Strategies, Market Quality and Welfare, Journal of Financial Economics 124 (2017), 244–265

Bydlinski, Franz (1991), Juristische Methodenlehre und Rechtsbegriff, 2. Aufl., Wien/New York 1991

Calabresi, Guido (1965), The Decision for Accidents: An Approach to Nonfault Allocation of Costs, Harvard Law Review 78 (1965), 713–745

Calabresi, Guido (1970), The costs of accidents, A legal and economic analysis, New Haven/London 1970

Calabresi, Guido (1991), The Pointlessness of Pareto: Carrying Coase Further, The Yale Law Journal 100 (1991), 1211–1237

Calliess, Christian (2009), Das Vorsorgeprinzip und seine Auswirkungen auf die Nanotechnologie, in: Hendler/Marburger/Reiff/Schröder (Hrsg.), Nanotechnologie als Herausforderung für die Rechtsordnung, 24. Trierer Kolloquium zum Umwelt- und Technikrecht, Berlin 2009, 21–56

Calliess, Christian (2012), Finanzkrisen als Herausforderung der internationalen europäischen und nationalen Rechtsetzung, VVDStRL 71 (2012), 113–182

Calomiris, Charles W./Gorton, Gary (1991), The Origins of Banking Panics: Models, Facts, and Bank Regulation, in: Hubbard (Hrsg.), Financial Markets and Financial Crises, Chicago 1991, 109–173

Campbell, John Y./Lo, Andrew W./MacKinlay, Craig (1997), The Econometrics of Financial Markets, Second printing with corrections, Princeton NJ 1997

Cao, Charles/Hansch, Oliver/Wang, Xiaoxin (2009), The Information Content of an Open Limit-Order Book, The Journal of Futures Markets 29 (2009), 16–41

Carlton, Dennis W./Fischel, Daniel R. (1983), The Regulation of Insider Trading, Stanford Law Review 35 (1982–1983), 857–895

Carrion, Allen (2013), Very fast money: High-frequency trading on the NASDAQ, Journal of Financial Markets 16 (2013), 680–711

Cartea, Álvaro/Jaimungal, Sebastian/Penalva, José (2015), Algorithmic and High-Frequency Trading, Cambridge UK 2015

Cartea, Álvaro/Penalva, José (2011), Where is the Value in High Frequency Trading?, Banco de España Documentos de Trabajo Nr. 1111, 2011

Caspari, Karl-Burkhard (1994), Die geplante Insiderregelung in der Praxis, ZGR 23 (1994), 530–546

CFA Institute (2009), Market Microstructure, The Impact of Fragmenation under the Markets in Financial Instruments Directive 2009 (verfügbar unter *www.cfapubs.org*)

Chaboud, Alain P./Chiquoine, Benjamin/Hjalmarsson, Erik/Vega, Clara (2014), Rise of the Machines: Algorithmic Trading in the Foreign Exchange Market, The Journal of Finance 69 (2014), 2045–2084

Chaboud, Alain P./Hjalmarsson, Erik/Vega, Clara (2015), The Need for Speed: Minimum Quote Life Rules and Algorithmic Trading, Working Paper vom 4. Mai 2015 (verfügbar unter *http://docplayer.net*)

Chakravarty, Sugato/Jain, Pankaj K./Upson, James/Wood, Robert (2012), Clean Sweep: Informed Trading through Inermarket Sweep Orders, Journal of Financial and Quantitative Analysis 47 (2012), 415–435

Chan, Kalok (1992), A Further Analysis of the Lead-Lag Relationship between the Cash Market and Stock Index Futures Market, The Review of Financial Studies 5 (1992), 123–152

Chan, Soon Huat/Kim, Kenneth A./Rhee, S. Ghon (2005), Price limit performance: evidence from transaction data and the limit order book, Journal of Empirical Finance 12 (2005), 269–290

Chaudhuri, Kamalika/Freund, Yoav/Hsu, Daniel (2010), A Parameter-free Hedging Algorithm, Working Paper vom 18. Januar 2010 (verfügbar unter *https://arxiv.org*)

Cherng, Ming-Shiou (2001), Verbote mit Erlaubnisvorbehalt im Rechte der Ordnungsverwaltung 2001

Chesini, Giusy (2010), Consolidation in the Stock Exchange Industry, in: Bottiglia/Gualandri/Mazzosocco (Hrsg.), Consolidation in the European Financial Industry, Basingstoke UK/New York 2010, 164–181

Chiyachantana, Chiraphol N./Jain, Pankaj K. (2009), Institutional Trading Frictions, Working Paper vom 29. Mai 2009

Cho, David D./Russell, Jeffrey/Tiao, George C./Tsay, Ruey (2003), The magnet effect of price limits: evidence from high-frequency data on Taiwan Stock Exchange, Journal of Empirical Finance 10 (2003), 133–168

Chordia, Tarun/Huh, Sahn-Wook/Subrahmanyam, Avanidhar (2009), Theory-Based Illiquidity and Asset Pricing, The Review of Financial Studies 22 (2009), 3629–3668

Chou, Robin K./Wang, George H.K. (2006), Transaction Tax and Market Quality of the Taiwan Stock Index Futures, The Journal of Futures Markets 26 (2006), 1195–1216

Christie, William G./Schultz, Paul H. (1994), Why do NASDAQ Market Makers Avoid Odd-Eighth Quotes?, The Journal of Finance 49 (1994), 1813–1840

Ciallella, Giuseppe (2015), Describing and Regulating High-Frequency Trading: A European Perspective, in: Gregoriou (Hrsg.), Handbook of High Frequency Trading, London/San Diego/Waltham MA 2015, 95–110

Cicero, Marcus Tullius (44 v. Chr.), De officiis, Vom pflichtgemässen Handeln, hrsg. und übersetzt v. Rainer Nickel, Düsseldorf 2008 (Original aus dem Jahr 44 v. Chr.)

Cioni, Raffaello/Bertagnini, Antonaella/Santacroce, Roberto/Andronico, Daniele (2008), Explosive activity and eruption scenarios at Somma-Vesuvius (Italy): Towards a new classification scheme, Journal of Volcanology and Geothermal Research 178 (2008), 331–346

Clark-Joseph, Adam D. (2013), Exploratory Trading, Working Paper vom 13. Januar 2013 (verfügbar unter *www.nanex.net*)

Cliff, Dave (2011), The impact of technology developments, in: Foresight, UK Government Office for Science (Hrsg.), The Future of Computer Trading in Financial Markets, Working Paper vom September 2011, 40–54

Cliff, Dave/Northrop, Linda (2012), The Global Financial Markets: An Ultra-Large-Scale Systems Perspective, in: Calinescu/Garlan (Hrsg.), Large-Scale Complex IT-Systems, Development, Operation and Management, Berlin/Heidelberg 2012, 29–70

Coase, Ronald H. (1937), The Nature of the Firm, Economica 4 (1937), 386–405

Coase, Ronald H. (1960), The Problem of Social Cost, The Journal of Law and Economics 3 (1960), 1–44

Cohen, Emanuel M. A. (2015), Im Zweifel für die Strafe?, Der Umgang mit dem Legalitätsprinzip im materiellen Strafrecht unter besonderer Berücksichtigung des Bestimmtheitsgebotes und des Analogieverbotes, Diss. Zürich 2015 (= ZStStR 84)

Colby, Robert L. D./Sirri, Erik R. (2010), Consolidation and competition in the US equity markets, Capital Markets Law Journal 5 (2010), 169–196

Cole, Brittany/Daigle, Jonathan/van Ness, Bonnie F./van Ness, Robert A. (2015), Do High Frequency Traders Care about Earnings Announcements? An Analysis of Trading Activity before, during, and after Regular Trading Hours, in: Gregoriou (Hrsg.), Handbook of High Frequency Trading, London/San Diego/Waltham MA 2015, 255–270

Coleman, Jules L. (1988), Markets, Morals and the Law, Cambridge MA u.a. 1988

Coleman, Jules L. (1992), Risks and Wrongs, Cambridge MA 1992

Colliard, Jean-Edouard/Foucault, Thierry (2012), Trading Fees and Efficiency in Limit Order Markets, The Review of Financial Studies 25 (2012), 3389–3421

Colliard, Jean-Edouard/Hoffmann, Peter (2016), Financial Transaction Taxes, Market Composition, and Liquidity, The Journal of Finance Forthcoming (zitiert in der Entwurfsfassung vom 14. Oktober 2016, verfügbar unter *https://papers.ssrn.com*)

Comerton-Forde, Carole/Frino, Alex/Mollica, Vito (2005), The impact of limit order anonymity on liquidity: Evidence from Paris, Tokyo and Korea, Journal of Economics and Business 57 (2005), 528–540

Comerton-Forde, Carole/Putniņš, Tālis J. (2011), Measuring Closing Price Manipulation, Journal of Financial Intermediation 20 (2011), 135–158

Comerton-Forde, Carole/Putniņš, Tālis J. (2015), Dark trading and price discovery, Journal of Financial Economics 118 (2015), 70–92

Contratto, Franca (2006), Konzeptionelle Ansätze zur Regulierung von Derivaten im schweizerischen Recht, Diss. Freiburg i. Ü., Zürich/Basel/Genf 2006 (= AISUF 251)

Contratto, Franca (2013), Das Anlegerleitbild im Wandel der Zeiten, in: Sethe/Hens/von der Crone/Weber (Hrsg.), Anlegerschutz im Finanzmarktrecht kontrovers diskutiert, Zürich 2013 (= SSFM 108), 47–83

Contratto, Franca (2014), Hochfrequenzhandel und systemische Risiken, GesKR 2014, 143–160

Contratto, Franca (2015), Anhörung zur Finanzmarktinfrastrukturverordnung (FinfraV), Stellungnahme vom 25. September 2015 (verfügbar unter *www.finreg.uzh.ch*)

Cookson, Clive (2013), Time is money when it comes to microwaves, Financial Times Magazine, Online-Beitrag vom 10. Mai 2013 (verfügbar unter *www.ft.com*)

Cooter, Robert/Ulen, Thomas (2012), Law & Economics, 6th ed., Boston u. a. 2012

Copeland, Thomas E./Galai, Dan (1983), Information Effects on the Bid-Ask Spread, The Journal of Finance 38 (1983), 1457–1469

Costa, Antonio/Folch, Arnau/Macedonio, Giovanni/Giaccio, Biagio/Isaia, Roberto/Smith, Victoria C. (2012), Quantifying volcanic ash dispersal and impact of the Campanian Ignimbrite super-eruption, Geophysical Research Letters 39 (2012)

Cover, Thomas M. (1991), Universal Portfolios, Mathematical Finance 1 (1991), 1–29

CPSS (2008): Committee on Payment and Settlement Systems (CPSS) of the Bank for International Settlement (BIS), The interdependencies of payment and settlement systems, Juni 2008 (verfügbar unter *www.bis.org*)

Crédit Agricole Cheuvreux (2010), Navigating Liquidity, 5. Dezember 2010 (verfügbar unter *www.atmonitor.co.uk*)

Crippen, Alex (2014), Buffett, Gates and Munger criticize high-frequency trading, Interview auf CNBC Online vom 5. Mai 2014 (verfügbar unter *www.cnbc.com*)

Crotty, James/Epstein, Gerald (2009), Regulating the US Financial System to Avoid Another Meltdown, Economic and Political Weekly 44 (2009), 87–93

Cumming, Douglas (2014), Don't lose sight of the benefits of high-frequency trading by focusing on the abuses, Financial Post, Online-Beitrag vom 2. April 2014 (verfügbar unter *http://business.financialpost.com*)

Cumming, Douglas/Zhan, Feng/Aitken, Michael (2013), High Frequency Trading and End-of-Day Price Dislocation, Working Paper vom 28. Oktober 2013

Cummings, Dave (2011), Q&A with BATS Founder, Tradebot Chairman Dave Cummings, InformationWeek, Online-Beitrag vom 28. April 2011 (verfügbar unter *www.wallstreetandtech.com*)

Cvitanic, Jaksa/Kirilenko, Andrei (2010), High Frequency Traders and Asset Prices, Working Paper vom 11. März 2010 (verfügbar unter *https://papers.ssrn.com*)

Dabrou, Halim/Silem, Ahmed (2014), Price Limit and Financial Contagion: Protection or Illusion? The Tunisian Stock Exchange Case, International Journal of Economics and Financial Issues 4 (2014), 54–70

Daeniker, Daniel/Waller, Stefan (2011), Kommentar zu Art. 2 lit. a–c aBEHG, in: Watter/Vogt (Hrsg.), Basler Kommentar zum Börsengesetz, 2. Aufl., Basel 2011

Daniëls, Tijmen R./Dönges, Jutta/Heinemann, Frank (2013), Crossing network versus dealer market: Unique equilibrium in the allocation of order flow, European Economic Review 62 (2013), 41–57

Danielsson, Jon/Zer, Ilknur (2012), Systemic risk arising from computer based trading and connection to the empirical literature on systemic risk, Foresight (UK Government Office for Science) project «Future of computer trading», DR29 (2012)

Datar, Vinay T./Naik, Narayan Y./Radcliffe, Robert (1998), Liquidity and stock returns: An alternative test, Journal of Financial Markets 1 (1998), 203–219

Datta-Chaudhuri, Mrinal (1990), Market Failure and Government Failure, The Journal of Economic Perspective 4 (1990), 25–39

Davda, Atish/Mittal, Parshant (2008), NLP and Sentiment Driven Automated Trading, University of Pennsylvania SEAS Project Senior Design 2007–08 (verfügbar unter *www.seas.upenn.edu*)

Davis, Kenneth C. (1942), An Approach to Problems of Evidence in the Administrative Process, Harvard Law Review 55 (1942), 364–425

de Jong, Frank/Donders, Monique W. M. (1998), Intraday Lead-Lag Relationships Between the Futures-, Options and Stock Market, European Finance Review 1 (1998), 337–359

Dédeyan, Daniel (2007), Die rechtliche Konstruktion der Reputation, in: s.n. (Hrsg.), Vertrauen – Vertrag – Verantwortung, Festschrift für Hans Caspar von der Crone zum 50. Geburtstag, Zürich/Basel/Genf 2007, 3–21

Dédeyan, Daniel (2015), Regulierung der Unternehmenskommunikation, Aktien- und Kapitalmarktrecht auf kommunikationstheoretischer Grundlage, Habil. Zürich 2015

Degryse, Hans (2009), Competition between financial markets in Europe: what can be expected from MiFID?, Financial Markets and Portfolio Management 23 (2009), 93–103

Degryse, Hans/de Jong, Frank/van Kervel, Vincent (2015), The Impact of Dark Trading and Visible Fragmentation on Market Quality, Review of Finance 19 (2015), 1587–1622

Degryse, Hans/van Achter, Mark/Wuyts, Gunther (2006), Crossing Networks: Competition and Design, TILEC Discussion Paper Nr. 2006-015 vom Juni 2006 (verfügbar unter *https://papers.ssrn.com*)

Degryse, Hans/van Achter, Mark/Wuyts, Gunther (2009), Dynamic order submission strategies with competition between a dealer market and a crossing network, Journal of Financial Economics 91 (2009), 319–338

Demos, Telis/Makan, Ajay (2011), 'Dark Pools' lose out to exchanges, Financial Times, Online-Beitrag vom 27. September 2011 (verfügbar unter *www.ft.com*)

Demsetz, Harold (1968), The Cost of Transacting, The Quarterly Journal of Economics 82 (1968), 33–53

Demsetz, Harold (1969), Information and Efficiency: Another Viewpoint, The Journal of Law and Economics 12 (1969), 1–22

Di Fabio, Udo (1994), Risikoentscheidungen im Rechtsstaat, Zum Wandel der Dogmatik im öffentlichen Recht, insbesondere am Beispiel der Arzneimittelüberwachung, Habil. Bonn 1993, Tübingen 1994 (= JusPubl 8)

Diasakos, Theodoros M. (2013), Complexity and Bounded Rationality in Individual Decision Problems, University of St Andrews, School of Economics and Finance Discussion Paper Nr. 1314 vom 7. Oktober 2013 (verfügbar unter *www.st-andrews.ac.uk*)

Diaz, David/Theodoulidis, Babis (2012), Financial Markets Monitoring and Surveillance: A Quote Stuffing Case Study, Working Paper vom 10. Januar 2012 (verfügbar unter *https://papers.ssrn.com*)

Dichev, Ilia D./Huang, Kelly/Zhou, Dexin (2012), The Dark Side of Trading, Working Paper vom 3. Januar 2012 (verfügbar unter *https://papers.ssrn.com*)

Dietrich, Andreas/Bienert, Horst (2017), § 1 Theorien des Finanzmarkts, I. Ökonomische Theorie(n) der Finanzintermediation und ihrer Regulierung, in: Abegg/Bärtschi/Dietrich (Hrsg.), Prinzipien des Finanzmarktrechts, 2. Aufl., Zürich/Basel/Genf 2017, 1–45

Ding, Shengwei/Hanna, John/Hendershott, Terrence (2014), How Slow Is the NBBO? A Comparison with Direct Exchange Feeds, The Financial Review 49 (2014), 313–332

Donatsch, Andreas/Tag, Brigitte (2013), Strafrecht I, Verbrechenslehre, 9. Aufl., Zürich/Basel/Genf 2013

Drew, Richard (2012), Getco and Knight Capital to Merge in $ 1.4 Billion Deal, CNBC, Online-Beitrag vom 19. Dezember 2012 (verfügbar unter *www.cnbc.com*)

Druey, Jean Nicolas/Druey Just, Eva/Glanzmann, Lukas (2015), Gesellschafts- und Handelsrecht, Begründet von Theo Guhl, 11. Aufl., Zürich 2015

Druey, Jean Nicolas/Vogel, Alexander (1999), Das schweizerische Konzernrecht in der Praxis der Gerichte, Zürich 1999

Du Pasquier, Shelby/Rayroux, François (2011), Kommentar zu Art. 3 FINMAG, in: Watter/Vogt (Hrsg.), Basler Kommentar zum Finanzmarktaufsichtsgesetz, 2. Aufl., Basel 2011

Dunis, Christian/Giorgioni, Gianluigi/Laws, Jason/Rudy, Jozef (2014), Statistical Arbitrage and High-Frequency Data with an Application to Eurostoxx 50 Equities, Alternative Investment Analyst Review 2 (2014), 35–57

Durbin, Michael (2010), All About High-Frequency Trading, New York u. a. 2010

Easley, David/Hvidkjaer, Soeren/O'Hara, Maureen (2002), Is Information Risk a Determinant of Asset Returns, The Journal of Finance 57 (2002), 2185–2221

Easley, David/López de Prado, Marcos M./O'Hara, Maureen (2012), Flow Toxicity and Liquidity in a High-frequency World, The Review of Financial Studies 25 (2012), 1457–1493

Easley, David/O'Hara, Maureen (1987), Price, Trade Size, and Information in Securities Markets, Journal of Financial Economics 19 (1987), 69–90

Easterbrook, Frank H. (1981), Insider Trading, Secret Agents, Evidentiary Privileges, and the Production of Information, The Supreme Court Review 1981, 309–365

Edwards, Franklin R. (1988a), Does Futures Trading Increase Stock Market Volatility?, Financial Analysts Journal 44 (1988), 63–69

Edwards, Franklin R. (1988b), Futures Trading and Cash Market Volatility: Stock Index and Interest Rate Futures, The Journal of Futures Markets 8 (1988), 421–439

Eggington, Jared F./van Ness, Bonnie F./van Ness, Robert A. (2016), Quote Stuffing, Working Paper vom 22. März 2016 (verfügbar unter *http://papers.ssrn.com*)

Ehrenzeller, Bernhard (2014), Kommentar zur Präambel und zu Art. 2 BV, in: Ehrenzeller/Schindler/Schweizer/Vallender (Hrsg.), St. Galler Kommentar zur schweizerischen Bundesverfassung (Art. 1– 80 BV), 3. Aufl., Zürich/St. Gallen 2014

Eicke, Rolf (2009), Tax Planning with Holding Companies – Repatriation of US Profits from Europe, Cocepts, Strategies, Structures, Austin TX u. a. 2009

Eling, Martin/Pankoke, David (2016), Costs and Benefits of Financial Regulation: An Empirical Assessment for Insurance Companies, The Geneva Papers on Risk and Insurance 41 (2016), 529–554

Elliehausen, Gregory (1998), The Cost of Bank Regulation: A Review of the Evidence, The Federal Reserve Board Staff Studies Nr. 171 vom April 1998

Emch/Renz/Arpagaus, Das Schweizerische Bankgeschäft, 7. Aufl., Zürich 2011

Emmenegger, Susan (2004), Bankorganisationsrecht als Koordinationsaufgabe, Habil. Freiburg i. Ü., Bern 2004 (= ASR 691)

Emmenegger, Susan/Tschentscher, Axel (2012), Kommentar zu Art. 1 ZGB, in: Hausheer/Walter (Hrsg.), Berner Kommentar zu den Einleitungsartikeln des ZGB (Art. 1–9), Bern 2012

Ende, Bartholomäus/Gomber, Peter/Lutat, Marco (2009), Smart Order Routing Technology in the New European Equity Trading Landscape, in: Godart/Gronau/Sharma/Canals (Hrsg.), Software Services for e-Business and e-Society, Berlin 2009, 197–209

Ender, Tiffany/von der Crone, Hans Caspar (2010), Die Risiken des grenzüberschreitenden Dienstleistungsverkehrs aus dem Blickwinkel des schweizerischen Aufsichtsrechts, SZW 82 (2010), 506–517

Eng, Edward M./Frank, Ronald/Lyn, Esmeralda O. (2014), Finding Best Execution in the Dark: Market Fragmentation and the Rise of Dark Pools, Journal of International Business & Law 12 (2014), 39–50

Epstein, Jennifer (2015), Hillary Clinton to Propose High-Frequency Trading Tax, Volcker Rule Changes, Bloomberg, Online-Beitrag vom 8. Oktober 2015 (verfügbar unter *www.bloomberg.com*)

EPA (2013): Europäisches Patentamt (EPA), Patente für Software?, Rechtsgrundlagen und Praxis in Europa, München 2013 (verfügbar unter *www.epo.org*)

Fabozzi, Frank J./Modigliani, Franco (2009), Capital Markets, 4th ed., Upper Saddle River NJ 2009

Fahrländer, Lukas (2015), Der revidierte schweizerische Insiderstraftatbestand, Diss. Zürich 2015 (= SSFM 120)

Fama, Eugene F. (1963), Mandelbrot and the Stable Paretian Hypothesis, The Journal of Business 36 (1963), 420–429

Fama, Eugene F. (1965), The Behavior of Stock-Market Prices, The Journal of Business 38 (1965), 34–105

Fama, Eugene F. (1970), Efficient Capital Markets: A Review of Theory and Empirical Work, The Journal of Finance 25 (1970), 383–417

Fama, Eugene F. (1980), Agency Problems and the Theory of the Firm, Journal of Political Economy 88 (1980), 288–307

Fama, Eugene F./French, Kenneth R. (1992), The Cross-Section of Expected Stock Returns, The Journal of Finance 47 (1992), 427–465

Fama, Eugene F./Jensen, Michael C. (1983), Separation of Ownership and Control, The Journal of Law and Economics 26 (1983), 301–325

Farmer, J. Doyne/Skouras, Spyros (2012a), Minimum resting times and transaction-to-order ratios: review of Amendment 2.3.f and Question 20, Foresight (UK Government Office for Science) project «Future of computer trading», EIA2 (2012)

Farmer, J. Doyne/Skouras, Spyros (2012b), Review of the benefits of a continuous market vs. randomised stop auctions and of alternative Priority Rules (policy options 7 and 12), Foresight (UK Government Office for Science) project «Future of computer trading», EIA11 (2012)

Favre, Olivier/Kramer, Stefan (2017), Kommentar zu Art. 42 FinfraG, in: Sethe et al. (Hrsg.), Kommentar zum Finanzmarktinfrastrukturgesetz FinfraG, Zürich/Basel/Genf 2017

Fedele, Francesco G./Giaccio, Biagio/Hajdas, Irka (2008), Timescales and cultural process at 40,000 BP in the light of the Campanian Ignimbrite eruption, Western Eurasia, Journal of Human Evolution 55 (2008), 834–857

Fellmann, Walter (1992), Der einfache Auftrag, Art. 394–406 OR, Berner Kommentar, Band VI/2/4, Bern 1992

Ferguson, Niall (1998a), The House of Rothschild, Band 1, Money's Prophets 1798–1848, London 1998, Nachdruck 2000

Ferguson, Niall (1998b), The House of Rothschild, Band 2, The World's Banker 1849–1998, London 1998, Nachdruck 2000

Ferrarini, Guido/Saguato, Paolo (2015), Chapter 19: Regulating Financial Market Infrastructures, in: Moloney/Ferran/Payne (Hrsg.), The Oxford Handbook of Financial Regulation, Oxford 2015, 568–595

Field, Jonathan/Large, Jeremy (2012), Pro-Rata Matching in One-Tick Markets, Working Paper vom 15. März 2012 (verfügbar unter *www.cass.city.ac.uk*)

Finma (2009), Finanzmarktkrise und Finanzmarktaufsicht, Bericht vom 14. September 2009 (verfügbar unter *www.finma.ch*)

Fleckner, Andreas M. (2015), Chapter 20: Regulating Trading Practices, in: Moloney/Ferran/Payne (Hrsg.), The Oxford Handbook of Financial Regulation, Oxford 2015, 596–630

Fleischer, Holger (2001), Informationsasymmetrie im Vertragsrecht, Habil. Köln 1999, München 2001 (= SIAWUK 85)

Foley, Sean/Malinova, Katya/Park, Andreas (2013), Dark Trading on Public Exchanges, Working Paper vom 15. Februar 2013 (verfügbar unter *https:// papers.ssrn.com*)

Foley, Sean/Putniņš, Talis J. (2016), Should we be afraid of the dark? Dark trading and market quality, Journal of Financial Economics 122 (2016), 456–481

Forstmoser, Peter (1988a), Das neue schweizerische Insider-Recht, Zürich 1988

Forstmoser, Peter (1988b), Insiderstrafrecht, Die neue schweizerische Strafnorm gegen Insider-Transaktionen, SAG 96 (1988), 122–133

Foucault, Thierry (1999), Order flow composition and trading costs in a dynamic limit order market, Journal of Financial Markets 2 (1999), 99–134

Foucault, Thierry (2012a), Pricing Liquidity in Electronic Markets, Foresight (UK Government Office for Science) project «Future of computer trading», DR18 (2012)

Foucault, Thierry (2012b), A central limit order book for European stocks, Foresight (UK Government Office for Science) project «Future of computer trading», EIA 13 (2012)

Foucault, Thierry/Hombert, Johan/Roşu, Ioanid (2016), News Trading and Speed, The Journal of Finance 71 (2016), 335–382

Foucault, Thierry/Kozhan, Roman/Tham, Wing Wah (2016), Toxic Arbitrage, Working Paper vom September 2016 (verfügbar unter *https://papers.ssrn.com*)

Foucault, Thierry/Moinas, Sophie/Theissen, Erik (2007), Does Anonymity Matter in Electronic Limit Order Markets?, The Review of Financial Studies 20 (2007), 1707–1747

Foucault, Thierry/Pagano, Marco/Röell, Alisa (2013), Market Liquidity, Theory, Evidence, and Policy, Oxford 2013

Fraser, John R. S./Simkins, Betty J./Narvaez, Kristina (2015), Implementing Enterprise Risk Management, Hoboken NJ 2015

Freixas, Xavier/Laeven, Luc/Peydró, José-Luis (2015), Systemic Risk, Crises, and Macroprudential Regulation, Cambridge MA/London 2015

Frey, Carl Benedikt/Osborne, Michael A. (2013), The Future of Employment: How Susceptible are Jobs to Computerisation?, Working Paper vom 17. September 2013 (verfügbar unter *www.oxfordmartin.ox.ac.uk*)

Friedrich, Sylvain/Payne, Richard (2012), Order to trade ratios and their impact on Italian stock market quality, Foresight (UK Government Office for Science) project «Future of computer trading», EIA18 (2012)

Friedrich, Sylvain/Payne, Richard (2015), Order-to-trade ratios and market liquidity, Journal of Banking & Finance 50 (2015), 214–223

Frino, Alex/Gerace, Dionigi/Lepone, Andrew (2008), Limit order book, anonymity and market liquidity: evidence from the Sydney Futures Exchange, Accounting and Finance 48 (2008), 561–573

Fritsch, Michael (2014), Marktversagen und Wirtschaftspolitik, 9. Aufl., München 2014

Gabaix, Xavier/Laibson, David/Li, Deyuan/Li, Hongyi/Resnick, Sidney/de Vries, Casper G. (2016), The impact of competition on prices with numerous firms, Journal of Economic Theory 165 (2016), 1–24

Gächter, Thomas (2011), § 30 Allgemeine Grundrechtslehren, in: Biaggini/Gächter/Kiener (Hrsg.), Staatsrecht, Zürich/St. Gallen 2011, 410–439

Gai, Jiading/Yao, Chen/Ye, Mao (2013), The Externalities of High-Frequency Trading, Working Paper vom 7. August 2013 (verfügbar unter *https:// papers.ssrn.com*)

Garcia, Eric (2014), Two mini-flash crashes rock stock market Tuesday, MarketWatch vom 25. November 2014 (verfügbar unter *www.marketwatch.com*)

Gauch, Peter/Schluep, Walter R./Schmid, Jörg/Emmenegger, Susan (2014), Schweizerisches Obligationenrecht Allgemeiner Teil, Bände I und II, 10. Aufl., Zürich/Basel/Genf 2014

Geier, Bernd M./Schmitt, Christian (2013), MiFID-Reform: der neue Anwendungsbereich der MiFID II und MiFIR, WM 67 (2013), 915–920

Geisst, Charles R. (2012), Wall Street – A History, Updated ed., Oxford 2012

George, Thomas J./Kaul, Gautam/Nimalendran, Mahendrarajah (1991), Estimation of the Bid-Ask Spread and Its Components: A New Approach, The Review of Financial Studies 4 (1991), 623–656

Gerig, Austin (2012), High-Frequency Trading Synchronizes Prices in Financial Markets, Working Paper vom 8. November 2012 (verfügbar unter *https:// arxiv.org*)

Gerig, Austin/Michayluk, David (2014), Automated Liquidity Provision, Working Paper vom 1. Dezember 2014 (verfügbar unter *https://papers.ssrn.com*)

Ghemawat, Pankaj (2003), The Forgotten Strategy, Harvard Business Review vom November 2003, 76–84

Giffords, Bob (2007), No news is bad news, The Trade 13 (2007), 101–106

Gillam, Carey (2015), Monsanto drops pursuit of Swiss agribusiness rival Syngenta, Reuters, Online-Beitrag vom 26. August 2015 (verfügbar unter *www.reuters.com*)

Glode, Vincent/Green, Richard C./Lowery, Richard (2002), Financial Expertise as an Arms Race, The Journal of Finance 67 (2002), 1723–1759

Glosten, Lawrence R. (1987), Components of the Bid-Ask Spread and the Statistical Properties of Transaction Prices, The Journal of Finance 42 (1987), 1293–1307

Glosten, Lawrence R./Milgrom, Paul R. (1985), Bid, Ask and Transaction Prices in Specialist Market with Heterogeneously Informed Traders, Journal of Financial Economics 14 (1985), 71–100

Goldstein, Michael A. (2015), Circuit Breakers, Trading Collars, and Volatility Transmission Across Markets: Evidence from NYSE Rule 80A, The Financial Review 50 (2015), 459–479

Goldstein, Michael A./Evans, Joan E./Mahoney, James M. (1998), Circuit Breakers, Volatility, and the U.S. Equity Markets: Evidence from Rule 80A, An der Second Joint Central Bank Research Conference on Risk Measurement and Systemic Risk vom 17. November 1998 präsentiertes Paper, 385–405 (verfügbar unter *www.imes.boj.or.jp*)

Goldstein, Michael A./Kavajecz, Kenneth A. (2004), Trading strategies during circuit breakers and extrem market movements, Journal of Financial Markets 7 (2004), 301–333

Goldstein, Michael A./Kumar, Pavitra/Graves, Frank C. (2014), Computerized and High-Frequency Trading, The Financial Review 49 (2014), 177–202

Golovanova, Liubov V./Doronichev, Vladimir B./Cleghorn, Naomi E./Koulkova, Marianna A./Sapelko, Tatiana V./Shackley, M. Steven (2010), Significance of Ecological Factors in the Middle to Upper Paleolithic Transition, Current Anthropology 51 (2010), 655–691

Golub, Anton/Keane, John/Poon, Ser-Huang (2012), High Frequency Trading and Mini Flash Crashes, Working Paper vom 29. November 2012 (verfügbar unter *https://arxiv.org*)

Gomber, Peter/Arndt, Björn/Lutat, Marco/Uhle, Tim (2011), High-Frequency Trading, von der deutschen Börse in Auftrag gegebene Studie, Frankfurt a.M. 2011 (verfügbar unter *https://deutsche-boerse.com*)

Gomber, Peter/Haferkorn, Martin/Zimmermann, Kai (2016), Securities Transaction Tax and Market Quality – the Case of France, European Financial Management 22 (2016), 313–337

Gomez, Isabel (2014), Schweizer Börsenchef: «Hochfrequenzhändler sind nicht unproblematisch», The Wall Street Journal, Online-Beitrag vom 9. April 2014 (verfügbar unter *www.wsj.de*)

Gomolka, Johannes (2011), Algorithmic Trading, Analyse von computergesteuerten Prozessen im Wertpapierhandel unter Verwendung der Multifaktorenregression, Diss. Potsdam 2011

Goshen, Zohar/Parchomovsky, Gideon (2001), On Insider Trading, Markets, and "Negative" Property Rights in Information, Virginia Law Review 87 (2001), 1230–1277

Gossen, Hermann H. (1854), Entwickelung der Gesetze des menschlichen Verkehrs und der daraus fliessenden Regeln für menschliches Handeln, Braunschweig 1854

Gottinger, Hans W. (1980), Elements of Statistical Analysis, Berlin/New York 1980

Gozluklu, Arie E. (2016), Pre-trade Transparency and Informed Trading: Experimental Evidence on Undisclosed Orders, Journal of Financial Markets 28 (2016), 91–115

Graf, Damian K. (2014), Berufsverbote für Gesellschaftsorgane: das Sanktionsregime im Straf- und Finanzmarktrecht, AJP 23 (2014), 1195–1206

Graf, Patrick/Mayer, Benjamin (2016), Fintech in der Schweiz – eine Würdigung der bundesrätlichen Regulierungsvorschläge, GesKR 2016, 470–477

Grant, Jeremy (2009), LSE buys Turquoise share trading platform, Financial Times, Online-Beitrag vom 21. Dezember 2009 (verfügbar unter *www.ft.com*)

Greenwald, Bruce C./Stein, Jeremy C. (1991), Transactional Risk, Market Crashes, and the Role of Circuit Breakers, The Journal of Business 64 (1991), 443–462

Gresser, Uwe (2016), Praxishandbuch Hochfrequenzhandel, Band 1, BASIC: Analysen, Strategien, Perspektiven, Wiesbaden 2016

Griffel, Alain (2015), Umweltrecht, Zürich/St. Gallen 2015

Groner, Roger (1999), Aspekte des Insidertatbestands (Art. 161 StGB), in: Ackermann (Hrsg.), Strafrecht als Herausforderung, Zürich 1999, 261–274

Groner, Roger (2011), Beweisrecht, Beweise und Beweisverfahren im Zivil- und Strafrecht, Bern 2011

Gross-Klussmann, Alex/Hautsch, Nikolaus (2011), When Machines Read the News: Using Automated Text Analytics to Quantify High-Frequency News-Implied Market Reaction, Journal of Empirical Finance 18 (2011), 321–340

Grossman, Sanford J./Stiglitz, Joseph E. (1980), On the Impossibility of Informationally Efficient Markets, The American Economic Review 70 (1980), 393–408

Gruber, Michael (2014), Leerverkäufe, EU-Leerverkaufs-Verordnung – Level 2-Verordnungen der Kommission, Wien 2014

Grünewald, Seraina N. (2013), Bail-in: Zaubertrank oder Pandorabüchse der Bankensanierung?, SZW 85 (2013), 554–562

Grünewald, Seraina N. (2014), The Resolution of Cross-Border Banking Crises in the European Union, A Legal Study from the Perspective of Burden Sharing, Diss. Zürich 2012, Den Haag 2014 (= IBFL 23)

Grünewald, Seraina N./Wagner, Alexander F./Weber, Rolf H. (2010), Short Selling Regulation after the Financial Crisis – First Principle Revisted, International Journal of Disclosure and Governance 7 (2010), 108–135

Guilbaud, Fabien/Pham, Huyên (2015), Optimal High-Frequency Trading in a Pro Rata Microstructure with Predictive Information, Mathematical Finance 25 (2015), 545–575

Gusy, Christoph (2004), Gewährleistung von Freiheit und Sicherheit im Lichte unterschiedlicher Staats- und Verfassungsverständnisse, VVDStRL 63 (2004), 151–213

Gut, Susanna (2014), Schiedsgerichtsbarkeit: Eine Streitbeilegungsmethode für Anlegerstreitigkeiten, Diss. Zürich 2014 (= SSFM 116)

Guyan, Peter (2013), Kommentar zu Art. 157 ZPO, in: Spühler/Tenchio/Infanger (Hrsg.), Basler Kommentar zur Schweizerischen Zivilprozessordnung (ZPO), 2. Aufl., Basel 2013

Gygi, Fritz (1983), Bundesverwaltungsrechtspflege, 2. Aufl., Bern 1983

Habermeier, Karl/Kirilenko, Andrei A. (2003), Securities Transaction Taxes and Financial Markets, IMF Staff Papers 50 (2003), 165–180 (verfügbar unter *www.imf.org*)

Haene, Philipp (2009), Das Effektenabwicklungssystem SECOM, Bern 2009 (verfügbar unter *www.snb.ch*)

Haene, Philipp/Sturm, Andy (2009), Optimal Central Counterparty Risk Management, Swiss National Bank Working Paper Nr. 2009/7 (verfügbar unter *www.snb.ch*)

Häfelin, Ulrich/Haller, Walter/Keller, Helen/Thurnherr, Daniela (2016), Schweizerisches Bundesstaatsrecht, 9. Aufl., Zürich/Basel/Genf 2016

Häfelin, Ulrich/Müller, Georg/Uhlmann, Felix (2016), Allgemeines Verwaltungsrecht, 7. Aufl., Zürich/St. Gallen 2016

Hagströmer, Björn/Nordén, Lars (2013), The diversity of high-frequency traders, Journal of Financial Markets 16 (2013), 741–770

Haldane, Andrew G. (2011), The race to zero, Rede am 16. Weltkongress der International Economic Association in Peking vom 8. Juli 2011 (verfügbar unter *www.bis.org*)

Handschin, Lukas (2016), Rechnungslegung im Gesellschaftsrecht, SPR VIII/9, 2. Aufl., Basel 2016

Hangartner, Yvo/Looser, Martin E. (2014), Kommentar zu Art. 190 BV, in: Ehrenzeller/Schindler/Schweizer/Vallender (Hrsg.), St. Galler Kommentar zur schweizerischen Bundesverfassung (Art. 81–197 BV), 3. Aufl., Zürich/St. Gallen 2014

Hanke, Michael/Huber, Jürgen/Kirchler, Michael/Sutter, Matthias (2010), The economic consequences of a Tobin Tax – An experimental analysis, Journal of Economic Behavior & Organization 74 (2010), 58–71

Hänni, Peter/Stöckli, Andreas (2013), Schweizerisches Wirtschaftsverwaltungsrecht, Bern 2013

Hanslin, Marc (2016), Marktmanipulation nach Art. 143 FinfraG, GesKR 2016, 45–60

Harris, Larry (2015), Trading and Electronic Markets: What Investment Professionals Need to Know, Charlottesville VA 2015

Harris, Lawrence/Namvar, Ethan (2011), The Economics of Flash Orders and Trading, Working Paper vom 15. Januar 2011 (verfügbar unter *http://papers.ssrn.com*)

Hartmann-Wendels, Thomas/Pfingsten, Andreas/Weber, Martin (2015), Bankbetriebslehre, 6. Aufl., Berlin/Heidelberg 2015

Hasbrouck, Joel (2015), High Frequency Quoting: Short-Term Volatility in Bids and Offers, Working Paper vom Januar 2015 (verfügbar unter *https://papers.ssrn.com*)

Hasbrouck, Joel/Saar, Gideon (2013), Low-latency trading, Journal of Financial Markets 16 (2013), 646–679

Hasbrouck, Joel/Sofianos, George (1993), The Trades of Market Makers: An Empirical Analysis of NYSE Specialists, The Journal of Finance 48 (1993), 1565–1593

Hasenböhler, Franz (2016), Kommentar zu Art. 157 ZPO, in: Sutter-Somm/Hasenböhler/Leuenberger (Hrsg.), Kommentar zur Schweizerischen Zivilprozessordnung (ZPO), 3. Aufl., Zürich/Basel/Genf 2016

Haskel, Jonathan/Martin, Christopher (1994), Capacity and Competition: Empirical Evidence on UK Panel Data, The Journal of Industrial Economics 42 (1994), 23–44

Hatch, Brian C./Johnson, Shane A. (2002), The impact of specialist firm acquisitions on market quality, Journal of Financial Economics 66 (2002), 139–167

Hautsch, Nikolaus/Ruihong, Huang (2012), The market impact of a limit order, Journal of Economic Dynamics & Control 36 (2012), 501–522

Hayek, Friedrich A. (1952), Individualismus und wirtschaftliche Ordnung, Erlenbach-Zürich 1952

Hayek, Friedrich A. (1960), The Constitution of Liberty, Chicago 1960, Nachdruck 1978

Hazlitt, Henry (1964), The Foundations of Morality, New York 1964, Nachdruck 1994

Heinemann, Andreas (2015), Recht, Ökonomie und Realität, in: Waldburger/ Sester/ Peter/Baer (Hrsg.), Law & Economics, Festschrift für Peter Nobel zum 70. Geburtstag, Bern 2015, 21–41

Heinig, Hans Michael (2008), Der Sozialstaat im Dienst der Freiheit, Habil. Heidelberg, Tübingen 2008 (= JusPubl 175)

Heizmann, Reto (2015), Strafe im schweizerischen Privatrecht, Phänomenologie und Grenzen gesetzlich begründeter Strafsanktionen des Privatrechts, Bern 2015 (= ASR 811)

Held, Jürgen (1984), Der Grundrechtsbezug des Verwaltungsverfahrens, Berlin 1984 (= SÖR 462)

Hendershott, Terrence/Jones, Charles M. (2005), Trade-through prohibitions and market quality, Journal of Financial Markets 8 (2005), 1–23

Hendershott, Terrence/Jones, Charles M./Menkveld, Albert J. (2011), Does Algorithmic Trading Improve Liquidity?, The Journal of Finance 66 (2011), 1–33

Hendershott, Terrence/Mendelson, Haim (2000), Crossing Networks and Dealer Markets: Competition and Performance, The Journal of Finance 55 (2000)

Hendershott, Terrence/Menkveld, Albert J. (2014), Price Pressures, Journal of Financial Economics 114 (2014), 405–423

Hendershott, Terrence/Riordan, Ryan (2011), Algorithmic Trading and Information, Working Paper vom 21. Juni 2011 (verfügbar unter *http://faculty bio.haas.berkeley.edu*)

Hendershott, Terrence/Riordan, Ryan (2013), Algorithmic Trading and the Market for Liquidity, Journal of Financial and Quantitative Analysis 48 (2013), 1001–1024

Herdegen, Matthias (2003), Informalisierung und Entparlamentarisierung politischer Einscheidungen als Gefährdungen der Verfassung, VVDStRL 62 (2003), 7–36

Hess, Martin (2004), Die zentrale Gegenpartei im Effektenhandel – rechtliche Aspekte des Clearing, AJP 13 (2004), 687–703

Hettich, Peter (2003), Wirksamer Wettbewerb, Theoretisches Konzept und Praxis, Diss. St. Gallen, Bern/Stuttgart/Wien 2003 (= SSPHW 40)

Hettich, Peter (2013), Finanzierungsquellen für KMU im Zeitalter von Crowdfunding, GesKR 2013, 386–397

Hettich, Peter (2014), Kommentar zu Art. 98 BV, in: Ehrenzeller/Schindler/Schweizer/Vallender (Hrsg.), St. Galler Kommentar zur schweizerischen Bundesverfassung (Art. 81–197 BV), 3. Aufl., Zürich/St. Gallen 2014

Hettich, Peter (2014), Kooperative Risikovorsorge, Habil. St. Gallen, Zürich/Basel/Genf 2014

Hettich, Peter (2015), Kapitel 20: Handlungsformen, in: Biaggini/Häner/Saxer/Schott (Hrsg.), Fachhandbuch Verwaltungsrecht, Zürich 2015, 823–857

Hicks, John R. (1939), The Foundations of Welfare Economics, The Economic Journal 49 (1939), 696–712

Hilgendorf, Eric (2013), Kommentar zu Teil 3, Kapitel 3 (Insiderdelikte), in: Park (Hrsg.), Kapitalmarktstrafrecht, Handkommentar, 3. Aufl., Baden-Baden 2013, 284–368

Hills, Bob/Rule, David/Parkinson, Sarah/Young, Chris (1999), Central counterparty clearing houses and financial stability, Financial Stability Review vom Juni 1999, 122–134

Hirschey, Nicholas (2016), Do High-Frequency Traders Anticipate Buying and Selling Pressure?, Working Paper vom 26. Mai 2016 (verfügbar unter *https://papers.ssrn.com*)

Hirshleifer, Jack (1971), The Private and Social Value of Information and the Reward to Inventive Activity, The American Economic Review 61 (1971), 561–574

Ho, Kin-Yip/Shi, Yanlin/Zhang, Zhaoyong (2015), High-Frequency News Flow and States of Asset Volatility, in: Gregoriou (Hrsg.), Handbook of High Frequency Trading, London/San Diego/Waltham MA 2015, 359–383

Ho, Thomas S. Y./Stoll, Hans R. (1983), The Dynamics of Dealer Markets Under Competition, The Journal of Finance 38 (1983), 1053–1074

Hochstrasser, Thomas (2016), Dark Pools im Spannungsfeld zwischen Transparenz und Anonymität, AJP 25 (2016), 305–314

Hofmann, Mathias (2009), Management von Refinanzierungsrisiken in Kreditinstituten, Wiesbaden 2009

Hofstetter, David (2014), Das Verhältnismässigkeitsprinzip als Grundsatz rechtsstaatlichen Handelns (Art. 5 Abs. 2 BV), Diss. Zürich 2014 (= ZSÖR 216)

Holler, Manfred J./Illing, Gerhard (2009), Einführung in die Spieltheorie, 7. Aufl., Leipzig 2009

Holley, Elliott (2014), Perseus Telecom launches 'trans-Atlantic' microwave service, banking technology vom 26. März 2014 (verfügbar unter *www.bankingtech.com*)

Hopt, Klaus J. (2011), § 107 Insider- und Ad-hoc-Publizitätsprobleme, in: Schimansky/Bunte/Lwowski (Hrsg.), Bankrechts-Handbuch, 4. Aufl., München 2011, 1120–1168

Hsu, Peter Ch. (2000), Ad-hoc-Publizität, Zürich 2000 (= SSHW 194)

Hsu, Peter Ch./Bahar, Rashid/Flühmann, Daniel (2011), Kommentar zu Art. 33 FINMAG, in: Watter/Vogt (Hrsg.), Basler Kommentar zum Finanzmarktaufsichtsgesetz, 2. Aufl., Basel 2011

Hu, Shing-yang (1998), The effects of the stock transaction tax on the stock market – Experiences from Asian markets, Pacific-Basin Finance Journal 6 (1998), 347–364

Huang, Roger D./Stoll, Hans R. (1996), Dealer versus auction markets: A paired comparison of execution costs on NASDAQ and the NYSE, Journal of Financial Economics 41 (1996), 313–357

Huang, Roger D./Stoll, Hans R. (1997), The Components of the Bid-Ask Spread: A General Approach, The Review of Financial Studies 10 (1997), 995–1034

Huang, Roger D./Stoll, Hans R. (2001), Tick Size, Bid-Ask Spreads, and Market Structure, Journal of Financial and Quantitative Analysis 36 (2001), 503–522

Huber, Philippe A./Hsu, Peter (2011), Kommentar zu Art. 2 lit. d und Art. 10 BEHG, in: Watter/Vogt (Hrsg.), Basler Kommentar zum Börsengesetz, 2. Aufl., Basel 2011

Hughes, Jennifer/Lewis, Leo/Martin, Katie (2016), Why did the pound fall so fast?, Financial Times, Online-Beitrag vom 7. Oktober 2016 (verfügbar unter *www.ft.com*)

Huguenin, Claire (2014), Obligationenrecht, Allgemeiner und Besonderer Teil, 2. Aufl., Zürich/Basel/Genf 2014

Humbel, Claude (2017), Beyond human response time – Prävention und Freiheitlichkeit im Hochfrequenzhandel, in: Coninx/Ege/Mausbach (Hrsg.), Prävention und freiheitliche Rechtsordnung, Analysen und Perspektiven von Assistierenden des Rechtswissenschaftlichen Instituts der Universität Zürich, Zürich/St. Gallen 2017, 355–380

Hummler, Konrad (2015), Die Reduktion der Informations- und Transaktionskosten als ökonomische, sozialpolitische und rechtliche Herausforderung, in: Waldburger/Sester/Peter/Baer (Hrsg.), Law & Economics, Festschrift für Peter Nobel zum 70. Geburtstag, Bern 2015, 43–63

Hunsader, Eric (2011), Improving Academic Research into HFT & Fighting High Frequency Spam, The Trading Mesh Interview vom 26. Oktober 2011 (verfügbar unter *www.thetradingmesh.com*)

Hürlimann, Silvan (2005), Der Insiderstraftatbestand, Rechtsvergleichende Studie der schweizerischen und der US-amerikanischen Regelung unter Berücksichtigung der EU-Richtlinien und der aktuellen Entwicklungen im Finanzmarktrecht, Diss. Zürich 2005 (= ZStStR 44)

HWP Buchführung und Rechnungslegung (2014): Treuhand-Kammer (Hrsg.), Schweizer Handbuch der Wirtschaftsprüfung, Band «Buchführung und Rechnungslegung», Zürich 2014

Iati, Rob, Partner of The TABB Group (2009), The Real Story of Trading Software Espionage, WallStreet & Technology, Online-Beitrag vom 10. Juli 2009 (verfügbar unter *http://old.wallstreetandtech.com*)

Isard, Walter/Anderton, Charles H. (1992), Economics of Arms Reduction and the Peace Process, Amsterdam 1992

Ismail, Netty I./Mnyanda, Lukanyo (2016), Flash Crash of the Pound Baffles Traders With Algorithms Being Blamed, Bloomberg Markets, Online-Beitrag vom 7. Oktober 2016 (verfügbar unter *www.bloomberg.com*)

Jakobs, Michael Ch. (1985), Der Grundsatz der Verhältnismäßigkeit, Diss. Osnabrück 1984, Köln u. a. 1985 (= ORWA 3)

Jarrow, Robert A./Protter, Philip (2012), A Dysfunctional Role of High Frequency Trading in Electronic Markets, International Journal of Theoretical and Applied Finance 15 (2012), 1250022-1–1250022-15

Jaskulla, Ekkehard M. (2012), Angemessenheit und Grenzen börslicher Mistrade-Regeln in Zeiten des Hochfrequenzhandels am Beispiel der Eurex Deutschland, WM 66 (2012), 1708–1715

Jaskulla, Ekkehard M. (2013), Das deutsche Hochfrequenzhandelsgesetz – eine Herausforderung für Handelsteilnehmer, Börsen und Multilaterale Handelssysteme (MTF), BKR 2013, 221–233

Jegadeesh, Narasimhan/Titman, Sheridan (2001), Profitability of Momentum Strategies: An Evaluation of Alternative Explanations, The Journal of Finance 56 (2001), 699–720

Jensen, Michael C./Meckling, William H. (1976), Theory of the Firm: Managerial Behavior, Agency Costs and Ownership Structure, Journal of Financial Economics 3 (1976), 305–360

Jevons, William Stanley (1866), The Coal Question, 2nd ed., London 1866

Jiang, Christine/McInish, Thomas/Upson, James (2012), Market Fragmentation and Information Quality: The Role of TRF Trades, Working Paper vom März 2012 (verfügbar unter *https://papers.ssrn.com*)

Jiang, George J./Lo, Ingrid/Valente, Giorgio (2014), High-frequency Trading around Macroeconomic News Announcements: Evidence from the US Treasury Market, Bank of Canada Working Paper Nr. 2014-56 vom Dezember 2014 (verfügbar unter *www.bankofcanada.ca*)

Johnson, Neil/Zhao, Guannan/Hunsader, Eric/Qi, Hong/Johnson, Nicholas/ Meng, Jing/Tivnan, Brian (2013), Abrupt rise of new machine ecology beyond human response time, Nature Scientific Reports 3 (2013), Artikel Nr. 2627 (verfügbar unter *www.nature.com*)

Jones, Charles M./Seguin, Paul J. (1997), Transaction Costs and Price Volatility: Evidence from Commission Deregulation, The American Economic Review 87 (1997), 728–737

Jordan, Thomas J. (2010), Systemic Risk and Regulation: Managing the Challenges, Rede am 5. jährlichen Meeting des Swiss Finance Institute vom 3. November 2010 (verfügbar unter *www.snb.ch*)

Jovanovic, Boyan/Menkveld, Albert J. (2016), Middlemen in Limit Order Markets, Working Paper vom 20. Juni 2016 (verfügbar unter *https://papers.ssrn.com*)

Jucker, Beat (2015), Beweisvereitelung in der aktienrechtlichen Verantwortlichkeit, Diss. Basel 2015 (= BSRW-A 122)

Kaldor, Nicholas (1939), Welfare Propositions in Economics and Interpersonal Comparisons of Utility, The Economic Journal 49 (1939), 549–552

Kalss, Susanne/Oppitz, Martin/Zollner, Johannes (2015), Kapitalmarktrecht, System, 2. Aufl., Wien 2015

Kang, Jangkoo/Shin, Jeongwoo (2012), The Role of High Frequency Traders in Electronic Limit Order Markets, Working Paper vom Januar 2012 (verfügbar unter *www.iksa.or.kr*)

Kant, Immanuel (1784), Beantwortung der Frage: Was ist Aufklärung?, Berlinische Monatsschrift vom Dezember 1784, 481–494

Kant, Immanuel (1786), Grundlegung zur Metaphysik der Sitten, 2. Aufl., Riga 1786, Holzinger-Ausgabe, 2. Aufl., Berlin 2013

Kaplow, Louis/Shavell, Steven (2002), Fairness versus Welfare, Cambridge MA/ London 2002, ed. 2006

Kaplow, Louis/Shavell, Steven (2003), Fairness versus Welfare: Notes on the Pareto Principle, Preferences, and Distributive Justice, The Journal of Legal Studies 32 (2003), 331–362

Karn, Arodh L./Chao You, Wang/Karna, Rakshha K. (2015), High frequency trading: A seek to deemphasize speed as a key to trading success, IJBFMR 3 (2015), 60–70

Kasiske, Peter (2014), Marktmissbräuchliche Strategien im Hochfrequenzhandel, WM 68 (2014), 1933–1940

Kaufman, George G. (2000), Banking and Currency Crises and Systemic Risk: A Taxonomy and Review, Financial Markets, Institutions & Instruments 9 (2000), 69–131

Kaufman, George G./Scott, Kenneth E. (2003), What Is Systemic Risk, and Do Bank Regulators Retard or Contribute to It?, The Independent Review 7 (2003), 371–391

Kaufman, Perry J. (2013), Trading Systems and Methods, 5th ed., Hoboken NJ 2013

Kaufmann, Christine (2009), SNB und FINMA in neuen Rollen?, SZW 81 (2009), 418–427

Kawaller, Ira G./Koch, Paul D./Koch, Timothy W. (1987), The Temporal Price Relationship between S&P 500 Futures and the S&P 500 Index, The Journal of Finance 42 (1987), 1309–1329

Kawaller, Ira G./Koch, Paul D./Koch, Timothy W. (1993), Intraday Market Behavior and the Extent of Feedback Between S&P 500 Futures Prices and the S&P 500 Index, The Journal of Financial Research 16 (1993), 107–121

Kearns, Michael/Nevmyvaka, Yuriy (2013), Machine Learning for Market Microstructure and High Frequency Trading, Ausschnitt aus Easley/Lopez de Prado/O'Hara (Hrsg.), High Frequency Trading – New Realities for Traders, Markets and Regulators, Risk Books, London 2013 (verfügbar unter *www.cis.upenn.edu*)

Keim, Donald B./Madhavan, Ananth (1996), The Upstairs Market for Large-Block Transactions: Analysis and Measurement of Price Effects, The Review of Financial Studies 9 (1996), 1–36

Kelly, Jason (2007), The Ultimate Money Machine, Bloomberg Markets, Heft vom Juni 2007, 36–48

Kessler, Martin A. (2015), Kommentar zu Art. 41 OR, in: Honsell/Vogt/Wiegand (Hrsg.), Basler Kommentar zum Obligationenrecht I (Art. 1–529 OR), 6. Aufl., Basel 2015

Keynes, John M. (1936), The General Theory of Employment, Interest, and Money 1936

Kianička, Michael Martin (2012), Die Agentenerklärung, Elektronische Willenserklärungen und künstliche Intelligenz als Anwendungsfall der Rechtsscheinhaftung, Diss. Zürich 2012 (= ZStPrR 252)

Kick, Thomas/Pausch, Thilo/Ruprecht, Benedikt (2015), The Winner's Curse, Evidence on the Danger of Aggressive Credit Growth in Banking, Bundesbank Discussion Paper Nr. 32/2015 vom (verfügbar unter *https://papers.ssrn.com*)

Kiener, Regina/Rütsche, Bernhard/Kuhn, Mathias (2012), Öffentliches Verfahrensrecht, Zürich/St. Gallen 2012

Kilgus, Sabine (2007), Effektivität von Regulierung im Finanzmarktrecht, Habil. Zürich 2006, Zürich/St. Gallen 2007

Kim, Yong H./Yang, J. Jimmy (2004), What Makes Circuit Breakers Attractive to Financial Markets? A Survey, FMII 13 (2004)

Kindermann, Jochen/Coridaß, Benedikt (2014), Der rechtliche Rahmen des algorithmischen Handels inklusive des Hochfrequenzhandels, ZBB 2014, 178–185

Kinsella, N. Stephan (2003), A Libertarian Theory of Contract: Title Transfer, Binding Promises, and Inalienability, The Journal of Libertarian Studies 17 (2003), 11–37

Kinsella, N. Stephan (2004), Reply to Van Dun: Non-Aggression and Title Transfer, The Journal of Libertarian Studies 18 (2004), 55–64

Kirilenko, Andrei/Kyle, Albert S./Samadi, Mehrdad/Tuzun, Tugkan (2014), The Flash Crash: The Impact of High Frequency Trading on an Electronic Market, Working Paper vom 5. Mai 2014 (verfügbar unter *www.cftc.gov*)

Kirilenko, Andrei/Kyle, Albert S./Samadi, Mehrdad/Tuzun, Tugkan (2017), The Flash Crash: The Impact of High Frequency Trading on an Electronic Market, The Journal of Finance 72 (2017), 967–998

Kirzner, Israel M. (1979), Perception, Opportunity, and Profit, Chicago 1979

Kissell, Robert (2014), The Science of Algorithmic Trading and Portfolio Management, Amsterdam u. a. 2014

Kistner, Peter (2015), Das Recht der Freiheit und das Recht der Autorität, Berlin 2015 (= TKS 16)

Kley, Andreas (2004), Teleologische und deontologische Ethik: Utilitarismus und Menschenrechte, in: Mastronardi (Hrsg.), Das Recht im Spannungsfeld utilitaristischer und deontologischer Ethik, München 2004, 55–70

Knott, Raymond/Mills, Alastair (2002), Modelling risk in central counterparty clearing houses: a review, Financial Stability Review, Heft vom Dezember 2002, 162–174

Kobbach, Jan (2013), Regulierung des algorithmischen Handels durch das neue Hochfrequenzhandelsgesetz: Praktische Auswirkungen und offene rechtliche Fragen, BKR 2013, 233–239

Koenig, Daniela (2006), Das Verbot von Insiderhandel, Eine rechtsvergleichende Analyse des schweizerischen Rechts und der Regelungen der USA und der EU, Diss. Zürich 2005, Zürich/Basel/Genf 2006 (= SSHW 249)

Koenig, Daniela (2010), Frontrunning zahlt sich nicht aus – oder: die Ersten werden die Letzten sein, Besprechung eines Urteils des Bezirksgerichts Zürich vom 3. September 2010, Jusletter vom 6. Dezember 2010, 1–9

Kohler, Alexander/von Wyss, Rico (2012), Fragmentation in European Equity Markets and Market Quality – Evidence from the Analysis of Trade-Throughs, USG Working Papers on Finance Nr. 2012/10 vom Oktober 2012 (verfügbar unter *www.alexandria.unisg.ch*)

Köhler, Christian (2014), § 21 Derivate, in: Schwintowski (Hrsg.), Bankrecht, 4. Aufl., Köln 2014, 929–1021

Kokott, Juliane (1992), Beweislastverteilung und Prognoseentscheidungen bei der Inanspruchnahme von Grund- und Menschenrechten, Habil. Heidelberg, Berlin u. a. 1992 (= BaöRV 110)

Koller, Alfred (2009), Schweizerisches Obligationenrecht Allgemeiner Teil, 3. Aufl., Bern 2009

Kramer, Ernst A. (2016), Juristische Methodenlehre, 5. Aufl., Bern 2016

Kreiner, Paul (2013), Der unsichtbare Supervulkan, Stuttgarter Zeitung, Online-Beitrag vom 19. Januar 2013 (verfügbar unter *www.stuttgarter-zeitung.de*)

Kreps, David M./Scheinkman, Jose A. (1983), Quantity Precommitment and Bertrand Competition Yield Cournot Outcomes, The Bell Journal of Economics 14 (1983), 326–337

Kronman, Anthony T. (1978), Mistake, Disclosure, Information, and the Law of Contracts, The Journal of Legal Studies 7 (1978), 1–34

Krotsch, Steffen (2006), Industrialisierung in der Abwicklungs- und Transformationsfunktion von Banken, Ein stochastisches Modell, Wiesbaden 2006

Krugman, Paul (2009), How Did Economists Get It So Wrong?, The New York Times Magazine, Online-Beitrag vom 2. September 2009 (verfügbar unter *www.nytimes.com*)

Kuhn, Betsey A./Kuserk, Gregory J./Locke, Peter (1991), Do Circuit Breakers Moderate Volatility? Evidence from October 1989, Review of Futures Markets 10 (1991), 136–179

Kuhn, Hans (2014), Der gesetzliche Bail-in als Instrument zur Abwicklung von Banken nach schweizerischem Recht, GesKR 2014, 443–462

Kull, Andrew (1992), Unilateral Mistake: The Baseball Card Case, Washington University Law Review 70 (1992), 57–84

Kumar, Sunil (2015), The Changing Face of Trade Surveillance and the Role of Analytics, White Paper 2015 (verfügbar unter *www.tcs.com*)

Kumpan, Christoph (2006), Die Regulierung außerbörslicher Wertpapierhandelssysteme im deutschen, europäischen und US-amerikanischem Recht, Diss. Hamburg, Berlin 2006 (= BrV 26)

Kupiec, Paul H. (1996), Noise Traders, Excess Volatility, and a Securities Transaction Tax, Journal of Financial Services Research 10 (1996), 115–129

Kurer, Peter (2015), Legal and Compliance Risk, A Strategic Response to a Rising Threat for Global Business, Oxford 2015

Kwan, Amy/Masulis, Ronald/McInish, Thomas (2015), Trading rules, competition for order flow and market fragmentation, Journal of Financial Economics 115 (2015), 230–248

Kyle, Albert S. (1985), Continuous Auctions and Insider Trading, Econometrica 53 (1985), 1315–1336

Landmesser, Detlev (2015), Die Stop-Loss-Order – gewusst wie, ARD, Online-Beitrag vom 4. August 2015 (verfügbar unter *boerse.ARD.de*)

Lardelli, Flavio (2014), Kommentar zu Art. 8 ZGB, in: Honsell/Vogt/Geiser (Hrsg.), Basler Kommentar zum Zivilgesetzbuch I (Art. 1– 456 ZGB), 5. Aufl., Basel 2014

Larenz, Karl/Canaris, Claus-Wilhelm (1995), Methodenlehre der Rechtswissenschaft, 3. Aufl., Berlin/Heidelberg 1995

Laughlin, Gregory/Aguirre, Anthony/Grundfest, Joseph (2014), Information Transmission between Financial Markets in Chicago and New York, The Financial Review 49 (2014), 283–312

Lauterbach, Beni/Ben-Zion, Uri (1993), Stock Market Crashes and the Performance of Circuit Breakers: Empirical Evidence, The Journal of Finance 48 (1993), 1909–1925

Lebrecht, André E. (2011), Kommentar zu Art. 43 BEHG, in: Watter/Vogt (Hrsg.), Basler Kommentar zum Börsengesetz, 2. Aufl., Basel 2011

Lee, Charles M.C./Ready, Mark J./Seguin, Paul J. (1994), Volume, Volatility, and New York Stock Exchange Trading Halts, The Journal of Finance 49 (1994), 183–214

Lehmann, Bruce N. (1989), Commentary: Volatility, Price Resolution, and the Effectiveness of Price Limits, Journal of Financial Services Research 3 (1989), 205–209

Leis, Diego (2012), High Frequency Trading: Market Manipulation and Systemic Risk from an EU Perspective, Working Paper vom 29. Februar 2012 (verfügbar unter *http://papers.ssrn.com*)

Leisinger, Bernjamin (2017), Kommentar zu Art. 30 FinfraG, in: Sethe et al. (Hrsg.), Kommentar zum Finanzmarktinfrastrukturgesetz FinfraG, Zürich/Basel/Genf 2017

Leland, Hayne E. (2011), Leverage, Forced Asset Sales, and Market Stability: Lessons from Past Market Crises and the Flash Crash, Foresight (UK Government Office for Science) project «Future of computer trading», DR9 (2011)

Lerche, Peter (1961), Übermass und Verfassungsrecht, Zur Bindung des Gesetzgebers an die Grundsätze der Verhältnismässigkeit und der Erforderlichkeit, 2. Aufl. (Nachdruck der Habilitation aus dem Jahr 1961 mit neuer Einleitung des Autors), Goldbach (bei Aschaffenburg) 1999

Leuenberger, Christian (2010), Die materielle kapitalmarktstrafrechtliche Regulierung des Insiderhandels de lege lata und de lege ferenda in der Schweiz, Unter Berücksichtigung verschiedener moraltheoretischer und ökonomischer Konzepte sowie eines Vergleichs mit dem US-amerikanischen Bundesrecht, Zürich/St. Gallen 2010

Leuenberger, Christian/Rüttimann, Andrea (2017), Kommentar zu Art. 143 und Art. 155 FinfraG, in: Sethe et al. (Hrsg.), Kommentar zum Finanzmarktinfrastrukturgesetz FinfraG, Zürich/Basel/Genf 2017

Levine, Matt (2015), Why Do High-Frequency Traders Cancel So Many Orders?, Bloomberg View, Online-Beitrag vom 8. Oktober 2015 (verfügbar unter *www.bloombergview.com*)

Levmore, Saul (1982), Securities and Secrets: Insider Trading and the Law of Contracts, Virginia Law Review 68 (1982), 117–160

Lewis, Michael (2014), Flash Boys, New York 2014

Lhabitant, François-Serge/Gregoriou, Greg N. (2015), High-Frequency Trading: Past, Present, and Future, in: Gregoriou (Hrsg.), Handbook of High Frequency Trading, London/San Diego/Waltham MA 2015, 155–166

Li, Su (2013), Multiple Insiders with Long Lived Flow of Private Information, and High Frequency Competition, Working Paper vom Dezember 2013 (verfügbar unter *http://papers.ssrn.com*)

Linder-Lehmann, Monika (2001), Regulierung und Kontrolle von Banken, Prinzipal-Agenten-Konflikte bei der Kreditvergabe, Wiesbaden 2001

Linnainmaa, Juhani T./Saar, Gideon (2012), Lack of Anonymity and the Inference from Order Flow, The Review of Financial Studies 25 (2012), 1414–1433

Lintner, John (1965), The valuation of risk assets and the selection of risky investments in stock portfolios and capital budgets, Review of Economics and Statistics 47 (1965), 13–47

Litzenberger, Robert/Castura, Jeff/Gorelick, Richard (2012), The Impacts of Automation and High Frequency Trading on Market Quality, Annual Review of Financial Economics 4 (2012), 59–98

Liu, Shinhua/Zhu, Zhen (2009), Transaction Costs and Price Volatility: New Evidence from the Tokyo Stock Exchange, Journal of Financial Services Research 36 (2009), 65–83

Livschitz, Mark (2017), Kommentar zu Art. 147 FinfraG, in: Sethe et al. (Hrsg.), Kommentar zum Finanzmarktinfrastrukturgesetz FinfraG, Zürich/Basel/Genf 2017

Lo, Andrew W./MacKinlay, Craig (1990), When are contrarian Profits Due to Stock Market Overreaction?, The Review of Financial Studies 3 (1990), 175–205

Loacker, Leander D. (2015), Informed Insurance Choice?, The Insurer's Pre-Contractual Information Duties in General Consumer Insurance, Cheltenham UK/Northampton MA 2015

Loff, Detmar (2007), Alternative Handelssysteme, Probleme des Zulassungs- und Aufsichtsrechts der Betreiber alternativer Handelssysteme in Deutschlad unter Berücksichtigung europarechtlicher Regelungen, Diss. Giessen 2006, Köln 2007 (= EW-JMS 6)

Löper, Tim (2015), Die rechtlichen Rahmenbedingungen des Hochfrequenzhandels in Deutschland, Eine rechtsökonomische Analyse des Hochfrequenzhandelsgesetzes, Aachen 2015

Lorez, Karin (2013), Insider Dealing in Takeovers, Developments in Swiss and EU regulation and legislation, Diss. Zürich 2013 (= SSFM 105)

Lou, Xiaoxia/Shu, Tao (2016), Price Impact or Trading Volume: Why is the Amihud (2002) Illiquidity Measure Priced?, Working Paper vom August 2016

Lowe, John/Barton, Nick/Blockley, Simon/Bronk Ramsey, Christopher/Cullen, Victoria L., et al. (2012), Volcanic ash layers illuminate the resilience of Neanderthals and early modern humans to natural hazards, PNAS 109 (2012), 13532–13537

Lu, Cheng (2012), High Frequency Trading: Price Dynamics Models and Market Making Strategies, University of California at Berkley, Electrical Engineering and Computer Sciences, Technischer Bericht Nr. UCB/EECS-2012-144 vom 31. Mai 2012

Luhmann, Niklas (1988), Die Wirtschaft der Gesellschaft, Frankfurt a. M. 1988, Taschenbuch 1994

Luhmann, Niklas (1991), Soziale Systeme, Grundriss einer allgemeinen Theorie, 4. Aufl., Frankfurt a. M. 1991

Luhmann, Niklas (1993), Das Recht der Gesellschaft, Frankfurt a. M. 1993, Taschenbuch 1995

Luhmann, Niklas (2000), Vertrauen, 4. Aufl., Stuttgart 2000

Lüthy, Roland/Schären, Simon (2012), Neuerungen im Kapitalmarktstrafrecht, AJP 21 (2012), 499–505

Lutter, Marcus/Bayer, Walter/Schmidt, Jessica (2012), Europäisches Unternehmens- und Kapitalmarktrecht, 5. Aufl., Berlin/Boston 2012

Ma, Christopher K./Rao, Ramesh P./Sears, R. Stephen (1989), Volatility, Price Resolution, and the Effectiveness of Price Limits, Journal of Financial Services Research 3 (1989), 165–199

MacIntosh, Jeffrey G. (2013), High Frequency Traders: Angels or Devils?, C. D. Howe Institute Commentary Nr. 391 vom Oktober 2013

MacIntosh, Jeffrey G. (2015), Revisioning Revisionism: A Glance at HFT's Critics, in: Gregoriou (Hrsg.), Handbook of High Frequency Trading, London/San Diego/Waltham MA 2015, 123–153

Madhavan, Ananth (1992), Trading Mechanisms in Securities Markets, The Journal of Finance 47 (1992), 607–641

Malinova, Katya/Park, Andreas (2015a), Subsidizing Liquidity: The Impact of Make/Take Fees on Market Quality, The Journal of Finance 70 (2015), 509–536

Malinova, Katya/Park, Andreas (2015b), Liquidity Provision and Market Making by HFTs, Bericht für die Investment Industry Regulatory Organization of Canada vom 8. September 2015

Malinova, Katya/Park, Andreas/Riordan, Ryan (2013), Do retail traders suffer from high frequency traders?, Working Paper vom 18. November 2013 (verfügbar unter *cafin.ucsc.edu*)

Mandelbrot, Benoit (1963), The Variation of Certain Speculative Prices, The Journal of Business 36 (1963), 394–419

Mankiw, N. Gregory (2015a), Principles of Economics, 7th ed., Stamford CT (USA) 2015

Mankiw, N. Gregory (2015b), Principles of Microeconomics, 7th ed., Stamford CT (USA) 2015

Mankiw, N. Gregory (2016), Macroeconomics, 9th ed., New York 2016

Markham, Jerry W. (2015), Law Enforcement and the History of Financial Market Manipulation, London/New York 2015

Markoff, John (2011), Armies of Expensive Lawyers, Replaced by Cheaper Software, The New York Times, Online-Beitrag vom 4. März 2011 (verfügbar unter *www.nytimes.com*)

Markowitz, Harry (1952), Portfolio Selection, The Journal of Finance 7 (1952), 77–91

Marti, Ursula (2011), Das Vorsorgeprinzip im Umweltrecht, Am Beispiel der internationalen, europäischen und schweizerischen Rechtsordnung 2011

Martinez, Victor/Roşu, Ioanid (2011), Informed Traders, News and Volatility, Working Paper vom 12. Mai 2011 (verfügbar unter *http://faculty.baruch.cuny.edu*)

Massachusetts Historical Society (2008), United States Continental Loan Office, Massachusetts Receipts, 1786–1792 (verfügbar unter *www.masshist.org*)

Massoudi, Arash/Stafford, Philip (2014), Fierce competition forces 'flash' HFT firms into new markets, Financial Times, Online-Beitrag vom 3. April 2014 (verfügbar unter *www.ft.com*)

Matheson, Thornton (2010), Taxing Financial Transactions: Issues and Evidence, in: Claessens/Keen/Pazarbasioglu (Hrsg.), Financial Sector Taxation: The IMF's Report to the G-20 and Background Material, Washington D.C. 2010, 144–187

Mattig, Daniel (2014), Kurze Leitungswege für den Handel in Milli- und Mikrosekunden – Zu den latenzminimierenden Infrastrukturen an Börsen und multilateralen Handelssystemen, WM 68 (2014), 1940–1946

Mauchle, Yves (2014), Systemrisiko aus dem Hypothekargeschäft, in: von der Crone/Rochet (Hrsg.), Finanzstabilität: Status und Perspektiven, Zürich/Basel/Genf 2014 (= SSFM 112), 291–336

Maurenbrecher, Benedikt/Eckert, Fabrice (2015), Aktuelle vertragsrechtliche Aspekte von Negativzinsen, GesKR 2015, 367–380

Mayer, Franz C. (2005), Europäisches Sprachenverfassungsrecht, Der Staat 44 (2005), 367–401

McGowan, Michael J. (2010), The Rise of Computerized High Frequency Trading: Use and Controversy, Duke Law & Technology Review 16 (2010), 1–25

McInish, Thomas/Upson, James/Wood, Robert A. (2014), The Flash Crash: Trading Aggressiveness, Liquidity Supply, and the Impact of Intermarket Sweep Orders, The Financial Review 49 (2014), 481–509

McKean, Roland N. (1970), Product Liability: Trends and Implications, The University of Chicago Law Review 38 (1970), 3–63

Meier, Isaak (2010), Schweizerisches Zivilprozessrecht, eine kritische Darstellung aus der Sicht von Praxis und Lehre, Zürich/Basel/Genf 2010

Mendelson, Haim (1987), Consolidation, Fragmentation, and Market Performance, Journal of Financial and Quantitative Analysis 22 (1987), 189–207

Menkveld, Albert J. (2013), High frequency trading and the new market makers, Journal of Financial Markets 16 (2013), 712–740

Menkveld, Albert J. (2014), High Frequency Traders and Market Structure, The Financial Review 49 (2014), 333–344

Menkveld, Albert J./Yueshen, Bart Zhou/Zhu, Haoxiang (2017), Shades of Darkness: A Pecking Order of Trading Venues, Journal of Financial Economics 124 (2017), 503–534

Merton, Robert C. (1973), An Intertemporal Capital Asset Pricing Model, Econometrica 41 (1973), 867–887

Meßerschmidt, Klaus (2012), The Race to Rationality Review and the Score of the German Federal Constitutional Court, Legisprudence 6 (2012), 347–378

Meulemann, Heiner (2004), Sozialstruktur, soziale Ungleichheit und die Bewertung der ungleichen Verteilung von Ressourcen, in: Berger/Schmidt (Hrsg.), Welche Gleichheit, welche Ungleichheit?, Wiesbaden 2004, 115–136

Meyer, Gregory/Massoudi, Arash (2015), Casualties mount in high-speed trading arms race, Financial Times, Online-Beitrag vom 22. Januar 2015 (verfügbar unter *www.ft.com*)

Meyer, Stephan/Wagener, Martin/Weinhardt, Christof (2015), Politically Motivated Taxes in Financial Markets: The Case of the French Financial Transaction Tax, Journal of Financial Services Research 47 (2015), 177–202

Miao, George J. (2014), High Frequency and Dynamic Pairs Trading Based on Statistical Arbitrage Using a Two-Stage Correlation and Cointegration Approach, International Journal of Economics and Finance 6 (2014), 96–110

Mihm, Stephen (2014), High-Speed Trading Used to Mean Carrier Pigeons, Bloomberg View, Online-Beitrag vom 2. April 2014 (verfügbar unter *www.bloombergview.com*)

Mill, John S. (1836), On the definition of political economy and on the method of philosophical investigation in that science, London and Westminster Review vom Oktober 1836, Nachdruck als Essay V in: Mill (Hrsg.), Essays on Some Unsettled Questions of Political Economy, 2nd ed., London 1874

Mill, John S. (1862), A System of Logic, Ratiocinative and Inductive, Vol II, London 1862

Mill, John S. (1863), Utilitarianism, London 1863

Miller, Rena S./Shorter, Gary (2016), High Frequency Trading: Overview of Recent Developments, CRS-Bericht vom 4. April 2016

Minsky, Hyman P. (1992), The Financial Instability Hypothesis, Levy Economics Institute of Bard College Working Paper Nr. 74 vom Mai 1992 (verfügbar unter *www.levyinstitute.org*)

Mishkin, Frederic S. (1991), Asymmetric Information and Financial Crises: A Historical Perspective, in: Hubbard (Hrsg.), Financial Markets and Financial Crises, Chicago 1991, 69–108

Moglia, Marianna (2011), Die Patentierbarkeit von Geschäftsmethoden, Diss. München 2011 (= RFE 776)

Moinas, Sophie (2010), Hidden limit orders and liquidity in order driven markets, TSE Working Paper Nr. 10-147 vom März 2010 (verfügbar unter *econpapers.repec.org*)

Moldenhauer, Felix (2011), Forecasting Exchange Rate Correlations Using Options and High-Frequency Data, Diss. St. Gallen, Bamberg 2011

Moloney, Niamh (2014), EU Securities and Financial Markets Regulation, 3rd ed., Oxford 2014

Monsch, Martin/von der Crone, Hans Caspar (2015), Verfassungsrechtliche Erwägungen zu Informationsverboten der Finanzmarktaufsicht, SZW 87 (2015), 651–667

Moosa, Imad/Ramiah, Vikash (2015), The Profitability of High-Frequency Trading: Is It for Real?, in: Gregoriou (Hrsg.), Handbook of High Frequency Trading, London/San Diego/Waltham MA 2015, 25–45

Morgan, David (2011), Navigating dark and lit venues using algorithms and smart order routing, in: The Trade (Hrsg.), Algorithmic Trading & Smart Order Routing, 4th ed. 2011, 83–89

Mottaghy, Darius/Schellenschmidt, Rüdiger/Popov, Yuri/Clauser, Christoph/Kukkonen, Ilmo/Nover, Georg/Milanovsky, Svet/Romushkevich, Raisa A. (2005), New heat flow data from the immediate vicinity of the Kola superdeep borehole: Vertical variation in heat flow confirmed and attributed to advection, Tectonophysics 401 (2005), 119–142

Müller, Georg/Uhlmann, Felix (2013), Elemente einer Rechtssetzungslehre, 3. Aufl., Zürich/Basel/Genf 2013

Müller, Jörg Paul/Schefer, Markus (2008), Grundrechte in der Schweiz, 4. Aufl., Bern 2008

Müller, Jürg (1992), Der Grundsatz der freien Beweiswürdigung im Strafprozess (nach den Strafprozessordnungen des Bundes und des Kantons Zürich), Diss. Zürich 1992

Müller, Markus (2013), Verhältnismässigkeit, Gedanken zu einem Zauberwürfel, Bern 2013

Müller, Vaïk (2014), La réglementation du trading à haute fréquence: état des lieux, GesKR 2014, 387–395

Mulvey, John M./Vladimirou, Hercules (1991), Applying the Progressive Hedging Algorithm to Stochastic Generalized Networks, Annals of Operations Research 31 (1991), 399–424

Narang, Rishi K. (2014), The Truth About High-Frequency Trading, Hoboken NJ 2014

Nater, Marc Sven (2001), Die Strafbestimmungen des Bundesgesetzes über die Börsen und den Effektenhandel (Börsengesetz, BEHG), Diss. Zürich 2000, Zürich 2001 (= SSBR 62)

Neslen, Arthur (2015), Final decision on financial transaction tax expected in June, The Guardian, Online-Beitrag vom 8. Dezember 2015 (verfügbar unter *www.theguardian.com*)

Nierhaus, Michael (1989), Beweismaß und Beweislast – Untersuchungsgrundsatz und Beteiligtenmitwirkung im Verwaltungsprozeß, Habil. Köln 1988, München 1989 (= SÖR 42)

Niggli, Marcel Alexander (1998), Kursmanipulation als Betrug? Tatsachen, Täuschung und Stoffgleichheit am Beispiel von BGE 122 II 422, AJP 7 (1998), 395–408

Niggli, Marcel Alexander/Wanner, Marianne (2013), Kommentar zu Art. 161bis aStGB, in: Niggli/Wiprächtiger (Hrsg.), Basler Kommentar zum Strafrecht II (Art. 111–392 StGB), 3. Aufl., Basel 2013

Nikolaou, Kleopatra (2009), Liquidity (Risk) Concepts, Definitions and Interactions, ECB Working Paper Nr. 1008 vom Februar 2009

Nimalendran, Mahendrarajah/Ray, Sugata (2014), Informational linkages between dark and lit trading venues, Journal of Financial Markets 17 (2014), 230–261

Nobel, Peter (2010a), Schweizerisches Finanzmarktrecht und internationale Standards, 3. Aufl., Bern 2010

Nobel, Peter (2010b), Institutionen und Systemstabilität, SZW 82 (2010), 446–458

Nobel, Peter/Zimmermann, Heinz (2011), Entwicklung und Struktur von Effektenmärkten, SZW 83 (2011), 511–532

Norris, Floyd (2012), A Computer Lesson Still Unlearned, The New York Times, Online-Beitrag vom 18. Oktober 2012 (verfügbar unter *www.nytimes.com*)

Nozick, Robert (1974), Anarchy, State, and Utopia, Oxford 1974, Nachdruck 1999

O'Donoghue, Shawn M. (2015), The Effect of Maker-Taker Fees on Investor Order Choice and Execution Quality in U.S. Stock Markets, Kelley School of Business Research Paper Nr. 15-44 vom 23. Januar 2015 (verfügbar unter *people.stern.nyu.edu*)

Oftinger, Karl/Stark, Emil W. (1995), Schweizerisches Haftpflichtrecht, Band I: Allgemeiner Teil, 5. Aufl., Zürich 1995

O'Hara, Maureen (2014), High-Frequency Trading and Its Impact on Markets, Financial Analysts Journal 70 (2014), 18–27

O'Hara, Maureen/Yao, Chen/Ye, Mao (2014), What's Not There: Odd Lots and Market Data, The Journal of Finance 69 (2014), 2199–2236

O'Hara, Maureen/Ye, Mao (2011), Is market fragmentation harming market quality?, Journal of Financial Economics 100 (2011), 459–474

Oleschak, Robert (2009), Die Zentrale Gegenpartei SIX x-clear, Bern 2009 (verfügbar unter *www.snb.ch*)

Omarova, Saule T. (2012), License to Deal: Mandatory Approval of Complex Financial Products, Washington University Law Review 90 (2012), 63–140

O'Neill, Ben (2012), Natural Law and the Liberal (Libertarian) Society, The Journal of Peace, Prosperity and Freedom 1 (2012), 29–50

Oppenheimer, Clive (2003), Climatic, environmental and human consequences of the largest known historic eruption: Tambora volcano (Indonesia) 1815, Progress in Physical Geography 27 (2003), 230–259

Overdahl, James/McMillan, Henry (1998), Another Day, Another Collar: An Evaluation of the Effects of NYSE Rule 80A on Trading Costs and Intermarket Arbitrage, The Journal of Business 71 (1998), 27–53

Pagnotta, Emiliano/Philippon, Thomas (2013), Competing on Speed, Working Paper vom November 2013 (verfügbar unter *http://cafin.ucsc.edu*)

Pagnotta, Emiliano/Philippon, Thomas (2016), Competing on Speed, Working Paper vom 13. September 2016 (verfügbar unter *https://papers.ssrn.com*)

Pareto, Vilfredo (1906), Manuale di Economica Politica, Milano 1906

Pasquale, Frank (2015), Law's Acceleration of Finance: Redefining the Problem of High-Frequency Trading, Cardozo Law Review 36 (2015), 2085–2127

Patterson, Scott (2012), Dark Pools, The rise of A.I. trading machines and the looming threat to Wall Street, New York/London 2012

Patterson, Scott (2014), BATS Forced to Correct Statements by President O'Brien on How Its Exchanges Work, The Wall Street Journal, Online-Beitrag vom 3. April 2014 (verfügbar unter *www.wsj.com*)

Peake, Junius W. (2007), Entropy and the National Market System, Brooklyn Journal of Corporate, Financial & Commercial Law 1 (2007)

Peter, Anna (2015), Die kursrelevante Tatsache, Ein Beitrag zur Ad-hoc-Publizitätspflicht im Kapitalmarktrecht, Diss. Zürich 2014, Zürich/St. Gallen 2015 (= SSHW 325)

Peter, Christoph (1991), Aspekte der Insiderstrafnorm, Diss. Zürich, Chur/Zürich 1991 (= Reihe Strafrecht 16)

Peter, Christoph (2013), Kommentar zu Art. 161 aStGB, in: Niggli/Wiprächtiger (Hrsg.), Basler Kommentar zum Strafrecht II (Art. 111–392 StGB), 3. Aufl., Basel 2013

Petersen, Niels (2015), Verhältnismäßigkeit als Rationalitätskontrolle, Eine rechtsempirische Studie verfassungsrechtlicher Rechtsprechung zu den Freiheitsgrundrechten, Habil. Bonn, Tübingen 2015 (= JusPubl 238)

Peterson, Martin (2015), The Prisoner's Dilemma, Cambridge UK 2015

Petropoulos, Vasileios (2009), Der strafrechtliche Schutz des Kapitalmarkts vor Manipulationshandlungen nach schweizerischem und EU-Recht, Diss. Zürich 2008, Zürich 2009

Peukert, Wolfgang (2009), Kommentar zu Art. 6 EMRK, in: Frowein/Peukert (Hrsg.), Europäische MenschenRechtsKonvention, EMRK-Kommentar, Kehl am Rhein 2009

Peyer, Martin (2010), Entwicklungen im Finanzmarktaufsichtsrecht, Aktuelle Praxis der FINMA und der Gerichte, AJP 19 (2010), 768–788

Pflaum, Sonja (2013), Kursmanipulation, Art. 161bis StGB / Art. 40a BEHG, Diss. Zürich 2013 (= ZStStR 105)

Pflaum, Sonja/Wohlers, Wolfgang (2013), Kurs- und Marktmanipulation, GesKR 2013, 523–540

Pigou, Arthur C. (1946), The Economies of Welfare, 4th ed., London 1946

Pindyck, Robert S./Rubinfeld, Daniel L. (2013), Microeconomics, 8th ed., Boston u. a. 2013

Pisani, Bob (2015a), What happened during the Aug 24 'flash crash', CNBC, Online-Beitrag vom 25. September 2015 (verfügbar unter *www.cnbc.com*)

Pisani, Bob (2015b), Why will the NYSE stop accepting stop orders?, CNBC, Online-Beitrag vom 18. November 2015 (verfügbar unter *www.cnbc.com*)

Podewils, Felix (2007), Wertpapier-Auftragsausführungssysteme im Wettbewerb, Börsen, Geregelte Märkte und Internalisierer, Diss. Göttingen, Hamburg 2007 (= StRw 208)

Poledna, Tomas (1994), Staatliche Bewilligungen und Konzessionen, Habil. Bern 1994

Pomberger, Gustav/Dobler, Heinz (2008), Algorithmen und Datenstrukturen, Eine systematische Einführung in die Programmierung, München 2008

Pomeranets, Anna/Weaver, Daniel (2013), Securities Transaction Taxes and Market Quality, Bank of Canada Working Paper Nr. 2011-26 vom 8. Februar 2013 (verfügbar unter *http://papers.ssrn.com*)

Popp, Peter/Berkemeier, Anne (2013), Kommentar zu Art. 1 StGB, in: Niggli/Wiprächtiger (Hrsg.), Basler Kommentar zum Strafrecht I (Art. 1–110 StGB und Jugendstrafgesetz), 3. Aufl., Basel 2013

Popper, Nathaniel (2012a), Flood of Errant Trades Is a Black Eye for Wall Street, The New York Times, Online-Beitrag vom 1. August 2012 (verfügbar unter *www.nytimes.com*)

Popper, Nathaniel (2012b), Knight Capital Says Trading Glitch Cost It $440 Million, The New York Times, Online-Beitrag vom 2. August 2012 (verfügbar unter *www.nytimes.com*)

Popper, Nathaniel (2012c), High-speed trading no longer hurtling forward, The New York Times, Online-Beitrag vom 14. Oktober 2012 (verfügbar unter *www.nytimes.com*)

Portmann, Matthias (2013), Best execution im Spannungsfeld neuer Finanzmarktphänomene, Diss. Zürich 2013 (= SSFM 113)

Posner, Richard A. (1979), Utilitarianism, Economics, and Legal Theory, The Journal of Legal Studies 8 (1979), 103–140

Posner, Richard A. (2014), Economic Analysis of Law, 9th ed., New York 2014

Pragma Securities (2012), HFT and the Hidden Cost of Deep Liquidity 2012 (verfügbar unter *www.pragmatrading.com*)

Pyle, David M. (1995), Mass and energy budgets of exlosive volcanic eruptions, Geophysical Research Letters 22 (1995), 563–566

Radevic, Borislav/Lekpek, Ahmedin (2010), Credit Risk Transfer as a Mechanism of Protection against Risks, Economics and Organization 7 (2010), 385–393

Raimondi, Christophe H. L. (2012), Praxis zum Finanzmarktaufsichtsrecht, GesKR 2012, 90–104

Rasch, Michael (2015a), SNB-Entscheid zum Franken: Ein Desaster für Schweizer Anleger, NZZ, Online-Beitrag vom 18. Januar 2015 (verfügbar unter *www.nzz.ch*)

Rasch, Michael (2015b), Markanter Marktanteilsgewinn, Die Schweizer Börse schlägt zurück, NZZ, Online-Beitrag vom 2. März 2015 (verfügbar unter *www.nzz.ch*)

Rasmusen, Eric/Ayres, Ian (1993), Mutual and Unilateral Mistake in Contract Law, The Journal of Legal Studies 22 (1993), 309–343

Rawls, John (1971), A Theory of Justice, Cambridge MA 1971

Rawls, John (2001), Justice as Fairness, A Restatement, Cambridge MA 2001

Ray, Sugata (2010), A Match in the Dark: Unterstanding Crossing Network Liquidity, Working Paper vom 14. März 2010 (verfügbar unter *https://papers.ssrn.com*)

Ready, Mark J. (2010), Determinants of volume in dark pools, Working Paper vom 8. Oktober 2010 (verfügbar unter *www.q-group.org*)

Ready, Mark J. (2014), Determinants of Volume in Dark Pool Crossing Networks, Working Paper vom 16. April 2014 (verfügbar unter *https://papers.ssrn.com*)

Redhead, Keith (2008), Personal Finance and Investments, Abingdon UK 2008

Rehbinder, Manfred/Stöckli, Jean-Fritz (2010), Berner Kommentar, der Arbeitsvertrag, Einleitung und Kommentar zu den Art. 319–330b OR, Bern 2010

Reich, Johannes (2012), «Schutz der Kinder und Jugendlichen» als rechtsnormatives und expressives Verfassungsrecht – Rechtsnatur und Normgehalt von Art. 11 Abs. 1 der Bundesverfassung, ZSR 131 (2012) I, 363–387

Rhinow, René/Schmid, Gerhard/Biaggini, Giovanni/Uhlmann, Felix (2011), Öffentliches Wirtschaftsrecht, 2. Aufl., Basel 2011

Riesenhuber, Karl (2015), § 10 Die Auslegung, in: Riesenhuber (Hrsg.), Europäische Methodenlehre, 3. Aufl., Berlin/München/Boston 2015, 199–224

Riordan, Ryan/Park, Andreas (2012), Maker/taker pricing and high frequency trading, Foresight (UK Government Office for Science) project «Future of computer trading», EIA12 (2012)

Riordan, Ryan/Storkenmaier, Andreas (2012), Latency, liquidity and price discovery, Journal of Financial Markets 15 (2012), 416–437

Riordan, Ryan/Storkenmaier, Andreas/Wagener, Martin/Zhang, S. Sarah (2013), Public information arrival: Price discovery and liquidity in electronic limit order markets, Journal of Banking & Finance 37 (2013), 1148–1159

Rioult, Christian/Zweifel, Linus (2014), Aktuelle Entwicklungen in der Regulierung des Hochfrequenzhandels, in: Brändli/Harasgama/Schister/Tamò (Hrsg.), Mensch und Maschine – Symbiose oder Parasitismus, Bern 2015, 73–99

Rippe, Klaus Peter (2002), Vorsorge als umweltethisches Leitprinzip, Gutachten im Auftrag der Eidgenössischen Ethikkommission für den ausserhumanen Bereich (EKAH), 2002 (verfügbar unter *www.ekah.admin.ch*)

Ritz, Corinna (2015), Kommentar zu § 14 WpHG, in: Just/Voß/Ritz/Becker (Hrsg.), Wertpapierhandelsgesetz (WpHG), München 2015

Robbins, Lionel (1932), An Essay on the Nature and Significance of Economic Science, London u. a. 1932

Roberto, Vito (2013), Haftpflichtrecht, Bern 2013

Rochet, Jean-Charles (2004), Market Discipline in Banking: Where Do We Stand?, in: Borio/Hunter/Kaufman/Tsatsaronis (Hrsg.), Market Discipline across Countries and Industries, Cambridge MA 2004, 55–68

Rochet, Jean-Charles (2010), Systemic Risk: Changing the Regulatory Perspective, International Journal of Central Banking 6 (2010), 259–276

Rojček, Jakub/Ziegler, Alexandre (2016), High-Frequency Trading in Limit Order Markets: Equilibrium Impact and Regulation, Swiss Finance Institute Research Paper Nr. 15-23 vom 9. März 2016 (verfügbar unter *https://papers.ssrn.com*)

Roll, Richard (1984), A Simple Implicit Measure of the Effective Bid-Ask-Spread in an Efficient Market, The Journal of Finance 39 (1984), 1127–1139

Roll, Richard (1989), Price Volatility, International Market Links, and Their Implications for Regulatory Policies, Journal of Financial Services Research 3 (1989), 211–246

Ropohl, Günter (2009), Allgemeine Technologie, Eine Systemtheorie der Technik, 3. Aufl., Karlsruhe 2009

Ross, Stephen A. (1989), Commentary: Using Tax Policy To Curb Speculative Short-Term Trading, Journal of Financial Services Research 3 (1989), 117–120

Roşu, Ioanid (2016a), Liquidity and Information in Order Driven Markets, Working Paper vom 25. Februar 2016 (verfügbar unter *https://papers.ssrn.com*)

Roşu, Ioanid (2016b), Fast and Slow Informed Trading, Working Paper vom 24. April 2016 (verfügbar unter *https://papers.ssrn.com*)

Rothbard, Murray N. (1982), The Ethics of Liberty, Atlantic Highlands NJ 1982, Nachdruck mit neuer Einführung von H.-H. Hoppe, New York/London 1998

Ruffner, Markus (2000), Die ökonomischen Grundlagen eines Rechts der Publikumsgesellschaft, Zürich 2000

Rühl, Tobias R./Stein, Michael (2014), The impact of financial transaction taxes: Evidence from Italy, Economics Bulletin 34 (2014), 25–33

Rustem, Berç/Howe, Melendres (2002), Algorithms for Worst-Case Design and Applications to Risk Management, Princeton 2002

Saff, Pedro A. C./Sigurdsson, Kari (2011), Price Efficiency and Short Selling, The Review of Financial Studies 24 (2011), 821–852

Salmon, Ian (2010), Dark pools and internal crossing engines, in: The Trade (Hrsg.), Accessing fragmented liquidity, 2010, 35–41 (verfügbar unter *http://fragmentation.fidessa.com*)

Samuelson, Paul A./Nordhaus, William D. (2010), Economics, 19th ed., New York 2010

Saporta, Victoria/Kan, Kamhon (1997), The effects of stamp duty on the level and volatility of UK equity prices, Bank of England Working Paper Nr. 71 vom Oktober 1997 (verfügbar unter *http://papers.ssrn.com*)

Schäfer, Daniel (2014), High-frequency traders flee investment banks, Financial Times, Online-Beitrag vom 10. August 2014 (verfügbar unter *www.ft.com*)

Schäfer, Hans-Bernd (1990), Ökonomische Analyse von Aufklärungspflichten, in: Ott/Schäfer (Hrsg.), Ökonomische Probleme des Zivilrechts, Berlin u. a. 1990, 117–141

Schäfer, Hans-Bernd/Ott, Claus (2012), Lehrbuch der ökonomischen Analyse des Zivilrechts, 5. Aufl., Berlin/Heidelberg 2012

Schäfer, Michael (2013), Stop-Loss-Aufträge, Nie ohne Sicherheitsgurt, NZZ, Online-Beitrag vom 9. Oktober 2013 (verfügbar unter *www.nzz.ch*)

Schaller, Jean-Marc (2013), Handbuch des Vermögensverwaltungsrechts, Zürich 2013

Schapiro, Mary L., Chairman of the SEC (2010), Testimony Concerning the Severe Market Disruption on May 6, 2010 vom 11. Mai 2010 (verfügbar unter *www.sec.gov*)

Schären, Simon/Dobrauz-Saldapenna/Liebi, Martin (2016), Organisierte Handelssysteme im neuen FinfraG – Versuch einer regulatorischen Kategorisierung, SZW 88 (2016), 194–201

Schefer, Markus (2006), Die Beeinträchtigung von Grundrechten: zur Dogmatik von Art. 36 BV, Bern 2006

Schenker, Urs (2012), Kapitel 1: Die rechtliche Position des Kunden, in: Heim (Hrsg.), Suitability & Appropriateness, Zürich/Basel/Genf 2012, 1–37

Schlimbach, Friedrich (2015), Leerverkäufe, Die Regulierung des gedeckten und ungedeckten Leerverkaufs in der Europäischen Union, Diss. Halle-Wittenberg 2014, Tübingen 2015 (= SchrUKmR 18)

Schluep, Walter R. (1994), Über Funktionalität im Wirtschaftsrecht, in: Walder/Jaag/Zobl (Hrsg.), Aspekte des Wirtschaftsrechts, Festgabe zum Schweizerischen Juristentag 1994, Zürich 1994, 139–180

Schmid, Niklaus (1988), Schweizerisches Insiderstrafrecht, Ein Kommentar zu Art. 161 des Strafgesetzbuches: Ausnützen der Kenntnis vertraulicher Tatsachen, Bern 1988

Schott, Ansgar/Winkler, Markus (2017), Kommentar zu Art. 26 FinfraG, in: Sethe et al. (Hrsg.), Kommentar zum Finanzmarktinfrastrukturgesetz FinfraG, Zürich/Basel/Genf 2017

Schröder, Christian (2015), Handbuch Kapitalmarktstrafrecht, 3. Aufl., Köln 2015

Schultheiß, Tilman (2013), Die Neuerungen im Hochfrequenzhandel, WM 67 (2013), 596–602

Schwarcz, Steven L. (2008), Systemic Risk, The Georgetown Law Journal 97 (2008), 193–249

Schwarcz, Steven L. (2012), Controlling Financial Chaos: The Power and Limits of Law, Wisconsin Law Review 2012, 815–840

Schwark, Eberhard/Kruse, Dominik (2010), Kommentar zu § 14 WpHG, in: Schwark/Zimmer (Hrsg.), Kapitalmarktrechts-Kommentar, 4. Aufl., München 2010

Schwartz, Robert A. (2010), Micro Markets, A Market Structure Approach to Microeconomic Analysis, Hoboken NJ 2010

Schwartzkopff, Frances (2015), Nasdaq Executive Urges China Authorities to Use Circuit Breakers, Bloomberg, Online-Beitrag vom 26. August 2015 (verfügbar unter *www.bloomberg.com*)

Schweizer, Rainer J. (2014), Kommentar zu Art. 36 BV, in: Ehrenzeller/Schindler/Schweizer/Vallender (Hrsg.), St. Galler Kommentar zur schweizerischen Bundesverfassung (Art. 1–80 BV), 3. Aufl., Zürich/St. Gallen 2014

Schwenzer, Ingeborg (2016), Schweizerisches Obligationenrecht, Allgemeiner Teil, 7. Aufl., Bern 2016

Schwert, G. William/Seguin, Paul J. (1993), Securities Transaction Taxes: An Overview of Costs, Benefits and Unresolved Questions, Financial Analysts Journal 49 (1993), 27–35

Scott, Kenneth E. (1980), Insider Trading: Rule 10b-5, Disclosure and Corporate Privacy, The Journal of Legal Studies 9 (1980), 801–818

Seiler, Hansjörg (1997), Recht und technische Risiken, Grundzüge des technischen Sicherheitsrechts, Polyprojekt Risiko und Sicherheit, Dokument Nr. 18, Zürich 1997

Sen, Amartya (1970), The Impossibility of a Paretian Liberal, Journal of Political Economy 78 (1970), 152–157

Senk, Christian (2014), Durch Governance zu optimierten Bankprozessen, Hamburg 2014

Sethe, Rolf (2005), Anlegerschutz im Recht der Vermögensverwaltung, Habil. Tübingen 2002, Köln 2005

Sethe, Rolf (2011), Die funktionale Auslegung des Bankaufsichtsrechts am Beispiel der Vermögensverwaltung im Treuhandmodell, Festschrift für Uwe H. Schneider zum 70. Geburtstag, Köln 2011, 1239–1260

Sethe, Rolf (2012), Die Pflicht zum Risikomanagement im Gesellschafts-, Konzern- und Bankaufsichtsrecht, ZBB 2012, 357–363

Sethe, Rolf (2015), § 8 Insiderrecht, in: Assmann/Schütze (Hrsg.), Handbuch des Kapitalanlagerechts, 4. Aufl., München 2015, 453–531

Sethe, Rolf/Fahrländer, Lukas (2017), Kommentar zu Art. 2 lit. j, Vor Art. 142, Art. 142 und Art. 154 FinfraG, in: Sethe et al. (Hrsg.), Kommentar zum Finanzmarktinfrastrukturgesetz FinfraG, Zürich/Basel/Genf 2017

Sève, Margot (2013), La régulation financière face à la crise, Bruxelles 2013

Shannon, Claude, E./Weaver, Warren, The Mathematical Theory of Communication, Urbana/Chicago 1949, Neudruck 1998

Sharpe, William F. (1964), Capital asset prices: a theory of market equilibrium under conditions of risk, The Journal of Finance 19 (1964), 425–442

Shavell, Steven (1994), Acquisition and Disclosure of Information Prior to Sale, RAND Journal of Economics 25 (1994), 20–36

Shiller, Robert J. (1988), Portfolio Insurance and Other Investor Fashions as Factors in the 1987 Stock Market Crash, in: Fischer (Hrsg.), NBER Macroeconomics Annual 1988, Volume 3, Cambridge MA 1988, 287–295

Shiller, Robert J. (2012), Finance and the Good Society, Princeton 2012

Shkilko, Andriy V./van Ness, Bonnie F./van Ness, Robert A. (2008), Locked and crossed markets on NASDAQ and the NYSE, Journal of Financial Markets 11 (2008), 308–337

Shorter, Gary/Miller, Rena S. (2014a), High-Frequency Trading: Background, Concerns, and Regulatory Developments, CRS-Bericht vom 19. Juni 2014 (verfügbar unter *https://fas.org*)

Shorter, Gary/Miller, Rena S. (2014b), Dark Pools in Equity Trading: Policy Concerns and Recent Developments, CRS-Bericht vom 26. September 2014 (verfügbar unter *https://fas.org*)

Sidgwick, Henry (1907), The Methods of Ethics, 7th ed., London 1907

Smith, Adam (1776), An Inquiry into the Nature and Causes of the Wealth of Nations, London 1776

Sornette, Didier/von der Becke, Susanne (2011), Crashes and High Frequency Trading, Foresight (UK Government Office for Science) project «Future of computer trading», DR 7 (2011)

Spencer, Herbert (1895), The Principles of Ethics, Vol. II, New York 1895

Staehelin, Adrian/Staehelin, Daniel/Grolimund, Pascal (2013), Zivilprozessrecht, 2. Aufl., Zürich/Basel/Genf 2013

Staehelin, Luzius (2012), Bankinsolvenzrechtliche Finalität bei der systemischen Abwicklung von Zahlungen und Effektentransaktionen, Diss. Zürich 2011, Zürich/Basel/Genf 2012 (= SSFM 100)

Stein, Jeremy C. (1989), Efficient Capital Markets, Inefficient Firms: A Model of Myopic Corporate Behavior, The Quarterly Journal of Economics 104 (1989), 655–669

Stigler, George J. (1961), The Economics of Information, Journal of Political Economy 69 (1961), 213–225

Stiglitz, Joseph E. (1987), Competition and the Number of Firms in a Market: Are Duopolies More Competitive than Atomistic Markets?, Journal of Political Economy 95 (1987), 1041–1061

Stiglitz, Joseph E. (1989), Using Tax Policy To Curb Speculative Short-Term Trading, Journal of Financial Services Research 3 (1989), 101–115

Stiglitz, Joseph E. (2014), Tapping the Brakes: Are Less Active Markets Safer and Better for the Economy?, Präsentation bei der Federal Reserve Bank of Atlanta, 2014 Financial Markets Conference vom 15. April 2014 (verfügbar unter *www.frbatlanta.org*)

Stoll, Hans R. (1978), The Supply of Dealer Services in Securities Markets, The Journal of Finance 33 (1978), 1133–1151

Stoll, Hans R. (1989), Inferring the Components of the Bid-Ask-Spread: Theory and Empirical Tests, The Journal of Finance 44 (1989), 115–134

Stoll, Hans R./Whaley, Robert E. (1990), The Dynamics of Stock Index and Stock Index Futures Returns, Journal of Financial and Quantitative Analysis 25 (1990), 441–468

Stout, Lynn A. (1988), The Unimportance of Being Efficient: An Economic Analysis of Stock Market Pricing and Securities Regulation, Michigan Law Review 87 (1988), 613–709

Stratenwerth, Günter (2011), Schweizerisches Strafrecht, Allgemeiner Teil I: Die Straftat, 4. Aufl., Bern 2011

Stratenwerth, Günter (2013), Kommentar zu Art. 47 BankG, in: Watter/Vogt/Bauer/Winzeler (Hrsg.), Basler Kommentar zum Bankengesetz, 2. Aufl., Basel 2013

Stratenwerth, Günter/Jenny, Guido/Bommer, Felix (2010), Schweizerisches Strafrecht, Besonderer Teil I: Straftaten gegen Individualinteressen, 7. Aufl., Bern 2010

Stratenwerth, Günter/Wohlers, Wolfgang (2013), Schweizerisches Strafgesetzbuch, Handkommentar, 3. Aufl., Bern 2013

Strupczewski, Jan (2015), Ten EU countries agree on aspects of a financial-transaction tax, Reuters, Online-Beitrag vom 8. Dezember 2015 (verfügbar unter *www.reuters.com*)

Studer, Ueli/Stupp, Eric (2011), Kommentar zu Art. 15 BEHG, in: Watter/Vogt (Hrsg.), Basler Kommentar zum Börsengesetz, 2. Aufl., Basel 2011

Sturm, Andy/Thier, Ursula (2017), Kommentar zu Art. 48 FinfraG, in: Sethe et al. (Hrsg.), Kommentar zum Finanzmarktinfrastrukturgesetz FinfraG, Zürich/Basel/Genf 2017

Subrahmanyam, Avanidhar (1994), Circuit Breakers and Market Volatility: A Theoretical Perspective, The Journal of Finance 49 (1994), 237–254

Subrahmanyam, Avanidhar (2012), Stock market circuit breakers, Foresight (UK Government Office for Science) project «Future of computer trading», EIA4 (2012)

Summers, Lawrence H./Summers, Victoria P. (1989), When Financial Markets Work Too Well: A Cautious Case For a Securities Transactions Tax, Journal of Financial Services Research 3 (1989), 261–286

Swan, Peter L./Westerholm, Joakim (2001), The Impact of Transaction Costs on Turnover and Asset Prices; The Cases of Sweden's and Finland's Security Transaction Tax Reductions, CEIS Working Paper Nr. 144 vom Mai 2001 (verfügbar unter *https://art.torvergata.it*)

Swoboda, Uwe (2000), Direct Banking, Wie virtuelle Institute das Bankgeschäft revolutionieren, Wiesbaden 2000

Taylor, George R. (1950), Hamilton and the National Debt, Washington D.C. 1950

Teall, John L. (2013), Financial Trading and Investing, Oxford u. a. 2013

Teigelack, Lars (2014), § 14 Marktmanipulation, in: Veil (Hrsg.), Europäisches Kapitalmarktrecht, 2. Aufl., Tübingen 2014, 243–275

Temporale, Ralf (2015), Europäische Finanzmarktregulierung, Handbuch zu EMIR, MiFID II/MiFIR, PRIIPs, MAD/MAR, OTC-Derivaten und Hochfrequenzhandel, Stuttgart 2015

Teubner, Gunther (1989), Recht als autopoietisches System, Frankfurt a. M. 1989

Thaler, Richard H. (1988), Anomalies: The Winner's Curse, Journal of Economic Perspectives 2 (1988), 191–202

Thayer, James B. (1893), The Origin and Scope of the American Doctrine of Constitutional Law, Harvard Law Review 7 (1893), 129–156

The Economist (1998), Collusion in stockmarket, Beitrag vom 15. Januar 1998 (verfügbar unter *www.economist.com*)

The Economist (2014), The third great wave, Beitrag vom 4. October 2014 (verfügbar unter *www.economist.com*)

Thiel, Markus (2011), Die «Entgrenzung» der Gefahrenabwehr, Grundfragen von Freiheit und Sicherheit im Zeitalter der Globalisierung, Habil. Düsseldorf 2010, Tübingen 2011 (= JusPubl 205)

Thier, Andreas (2013), Beobachtungen zur Geschichte des Anlegerschutzes, in: Sethe/Hens/von der Crone/Weber (Hrsg.), Anlegerschutz im Finanzmarktrecht kontrovers diskutiert, Zürich 2013 (= SSFM 108), 25–45

Thouvenin, Florent (2010), Computerimplementierte Erfindungen: Status quo im Europäischen Patentrecht, Entscheidung der Grossen Beschwerdekammer des Europäischen Patentamtes vom 12. Mai 2010 (G 3/08), sic! 2010, 808–821

Thouvenin, Florent (2013), Kommentar zu Art. 8 UWG, in: Hilty/Arpagaus (Hrsg.), Basler Kommentar zum Bundesgesetz gegen den unlauteren Wettbewerb (UWG), Basel 2013

Tiefenbrun, Natan (2011), Size Matters..., Blog vom 27. Januar 2011 (verfügbar unter *http://tradeturquoise.blogspot.ch*)

Tobin, James (1978), A Proposal for International Monetary Reform, Eastern Economic Journal 4 (1978), 153–159

Tooma, Eskandar A. (2011), The Magnetic Attraction of Price Limits, International Journal of Business 16 (2011), 35–50

Toscano, Paul (2013), Berkshire's Munger: High-Frequency Trading – Basically Evil', CNBC, Online-Beitrag vom 3. Mai 2013 (verfügbar unter *www.cnbc.com*)

Trautmann, Matthias/von der Crone, Hans Caspar (2013), Die Know-Your-Customer-Rule im Vermögensverwaltungsauftrag, in: Sethe/Hens/von der Crone/Weber (Hrsg.), Anlegerschutz im Finanzmarktrecht kontrovers diskutiert, Zürich 2013 (= SSFM 108), 133–168

Trebilcock, Michael (1993), The Limits of Freedom of Contract, Cambridge MA 1993

Trechsel, Stefan/Jean-Richard-dit-Bressel, Marc (2013), Kommentar zu Art. 161bis aStGB, in: Trechsel (Hrsg.), Schweizerisches Strafgesetzbuch, Praxiskommentar, 2. Aufl., Zürich/St. Gallen 2013

Trichet, Jean-Claude (2009), Systemic Risk, Text der «Clare Distinguished Lecture in Economics and Public Policy» vom 10. Dezember 2009 (verfügbar unter *www.bis.org*)

Trippel, Michael/Urbach, Guido (2011), Kommentar zu Art. 161 und Art. 161bis aStGB, in: Watter/Vogt (Hrsg.), Basler Kommentar zum Börsengesetz, 2. Aufl., Basel 2011

Truffer, Roland (2011), Kommentar zu Art. 29 FINMAG, in: Watter/Vogt (Hrsg.), Basler Kommentar zum Finanzmarktaufsichtsgesetz, 2. Aufl., Basel 2011

Truffer, Roland (2011), Kommentar zu Art. 7 aBEHG, in: Watter/Vogt (Hrsg.), Basler Kommentar zum Börsengesetz, 2. Aufl., Basel 2011

Trüg, Gerson (2010), Finanzkrise, Wirtschaftsrecht und Moral – am Beispiel von Leerverkäufen, in: Kempf/Lüderssen/Volk (Hrsg.), Tagungsband der Tagung Finanzkrise, Wirtschaftsstrafrecht und die Moral, Berlin/New York 2010, 290–326

Tucker, Albert W. (1983), The Mathematics of Tucker: A Sampler, The Two-Year College Mathematics Journal 14 (1983), 228–232

Tuttle, Laura (2013), Alternative Trading Systems: Description of ATS Trading in National Market System Stocks, Paper vom Oktober 2013

Umlauf, Steven R. (1993), Transaction taxes and the behavior of the Swedish stock market, Journal of Financial Economics 33 (1993), 227–240

Vallender, Klaus A. (2014a), Kommentar zu Art. 27, in: Ehrenzeller/Schindler/Schweizer/Vallender (Hrsg.), St. Galler Kommentar zur schweizerischen Bundesverfassung (Art. 1–80 BV), 3. Aufl., Zürich/St. Gallen 2014

Vallender, Klaus A. (2014b), Kommentar zu Art. 94 BV, in: Ehrenzeller/Schindler/Schweizer/Vallender (Hrsg.), St. Galler Kommentar zur schweizerischen Bundesverfassung (Art. 81–197 BV), 3. Aufl., Zürich/St. Gallen 2014

Vallender, Klaus A./Hettich, Peter/Lehne, Jens (2006), Wirtschaftsfreiheit und begrenzte Staatsverantwortung, 4. Aufl., Bern 2006

van Kervel, Vincent/Menkveld, Albert J. (2016), High-Frequency Trading around Large Institutional Orders, WFA Paper 2016 vom 29. Januar 2016 (verfügbar unter *https://papers.ssrn.com*)

Varian, Hal R. (2014), Intermediate Microeconomics, 9th ed., New York/London 2014

Veil, Rüdiger (2014), § 13 Insiderrecht, in: Veil (Hrsg.), Europäisches Kapitalmarktrecht, 2. Aufl., Tübingen 2014, 185–241

Veld-Merkoulova, Yulia V. (2003), Price limits in futures markets: effects on the price discovery process and volatility, International Review of Financial Analysis 12 (2003), 311–328

Vest, Hans (2014), Kommentar zu Art. 32 BV, in: Ehrenzeller/Schindler/Schweizer/Vallender (Hrsg.), St. Galler Kommentar zur schweizerischen Bundesverfassung (Art. 1–80 BV), 3. Aufl., Zürich/St. Gallen 2014

Vierhaus, Hans-Peter (2011), Beweisrecht im Verwaltungsprozess, München 2011

Vives, Xavier (2008), Information and Learning in Markets, The Impact of Market Microstructure, Princeton 2008

von Danwitz, Thomas (2008), Europäisches Verwaltungsrecht, Berlin/Heidelberg 2008

von der Crone, Hans Caspar (1988), Rechtliche Aspekte der direkten Zahlung mit elektronischer Überweisung (EFTPOS), Diss. Zürich 1988 (= SSHW 109)

von der Crone, Hans Caspar (1993), Rahmenverträge, Habil. Zürich 1993

von der Crone, Hans Caspar (2000), Verantwortlichkeit, Anreize und Reputation in der Corporate Governance der Publikumsgesellschaft, ZSR 119 (2000) II, 238–275

von der Crone, Hans Caspar (2004), Risiko und Corporate Governance, in: von der Crone/Forstmoser/Weber/Zäch (Hrsg.), Aktuelle Fragen des Bank- und Finanzmarktrechts, Festschrift für Dieter Zobl zum 60. Geburtstag, Zürich/Basel/Genf 2004, 553–562

von der Crone, Hans Caspar (2014), Aktienrecht, Bern 2014

von der Crone, Hans Caspar/Beeler, Lukas (2012), Die Regulierung von systemrelevanten Finanzinstituten nach schweizerischem Recht, ZBB 2012, 12–20

von der Crone, Hans Caspar/Buff, Felix (2015), Ist die aktienrechtliche Verantwortlichkeit noch zeitgemäss?, SZW 87 (2015), 444–458

von der Crone, Hans Caspar/Bühler, Simon (2014), Aktuelle Entwicklungen im Bereich der Finanzstabilität, in: von der Crone/Rochet (Hrsg.), Finanzstabilität: Status und Perspektiven, Zürich/Basel/Genf 2014 (= SSFM 112), 1–43

von der Crone, Hans Caspar/Maurer, Matthias/Hoffmann, Jan Hendrik (2011), Revision Börsendelikte und Marktmissbrauch, SZW 83 (2011), 533–546

von der Crone, Hans Caspar/Wegmann, Paul Felix (2007), Wille und Willensreferenz im Vertragsrecht, ZSR 126 (2007) I, 111–135

von Jhering, Rudolf (1904), Der Zweck im Recht, Band I, 4. Aufl., Leipzig 1904, Nachdruck 1970

von Müller, Camillo (2012), Regulating High Frequency Trading, A Micro-Level Analysis of Spatial Behavior, Optimal Choices, and Pareto-Efficiency in High Speed Markets, Working Paper vom Februar 2012 (verfügbar unter *www.alexandria.unisg.ch*)

von Müller, Camillo (2015), Game Theoretical Aspects of Colocation in High-Speed Financial Markets, in: Gregoriou (Hrsg.), Handbook of High Frequency Trading, London/San Diego/Waltham MA 2015, 75–94

von Neumann, John (1945), First Draft of a Report on the EDVAC, University of Pennsylvania 1945

von Tuhr, Andreas/Peter, Hans (1979), Allgemeiner Teil des Schweizerischen Obligationenrecht, Band I, 3. Aufl., Zürich 1979

von Wyss, Rico (2004), Measuring and Predicting Liquidity in the Stock Market, Diss. St. Gallen 2004

Wagner Pfeifer, Beatrice (2009), Umweltrecht I, 3. Aufl., Zürich/Basel/Genf 2009

Wah, Elaine/Wellman, Michael P. (2013), Latency Arbitrage, Market Fragmentation, and Efficiency: A Two-Market Model, in: Association for Computing Machinery (Hrsg.), EC'13: proceedings of the 14th ACM Conference on Electronic Commerce, Philadelphia 2013, 855–872

Walter, Hans Peter (2012), Kommentar zu Art. 8 ZGB, in: Hausheer/Walter (Hrsg.), Berner Kommentar zu den Einleitungsartikeln des ZGB (Art. 1–9), Bern 2012

Wang, George H. K./Yau, Jot (2000), Trading Volume, Bid-Ask Spread, and Price Volatility in Futures Markets, The Journal of Futures Markets 20 (2000), 943–970

Wang, Jiang (1993), A Model of Intertemporal Asset Prices Under Asymmetric Information, Review of Economic Studies 60 (1993), 249–282

Wang, Zhaodong/Zheng, Weian (2015), High-Frequency Trading and Probability Theory, ECNU Scientific Report, Vol. 1, Singapur 2015

Waschkeit, Indre (2007), Marktmanipulation am Kapitalmarkt, Diss. Hamburg 2005, Baden-Baden 2007 (= SHAW 117)

Watter, Rolf (1996), Die Regulierung der Effektenhändler (und der Banken), in: Zobl (Hrsg.), Aktuelle Fragen des Kapitalmarktrechts, Zürich 1996, 67–96

Watter, Rolf/Hoch, Mariel (2012), Ist Frontrunning Insiderhandel?, GesKR 2012, 501–506

Watter, Rolf/Kägi, Urs (2011), Kommentar zu Art. 5 aBEHG, in: Watter/Vogt (Hrsg.), Basler Kommentar zum Börsengesetz, 2. Aufl., Basel 2011

Weaver, Daniel (2012), Minimum obligations of market makers, Foresight (UK Government Office for Science) project «Future of computer trading», EIA8 (2012)

Weaver, Daniel (2014), The Trade-At Rule, Internalization, and Market Quality, Working Paper vom 17. April 2014 (verfügbar unter *https://papers.ssrn.com*)

Weber, Martin Karl (2013), Informationsmissbrauch im Finanzmarkt, Diss. Luzern, Zürich/Basel/Genf 2013 (= SSFM 111)

Weber, Rolf H. (1986), Wirtschaftsregulierung in wettbewerbspolitischen Ausnahmebereichen, Habil. Zürich, Baden-Baden 1986 (= Wirtschaftsrecht und Wirtschaftspolitik 86)

Weber, Rolf H. (2013), Kommentar zu Art. 2, Art. 15 und Art. 33f BEHG, in: Weber (Hrsg.), Kommentar zum Börsenrecht, Börsengesetz (BEHG) mit weiteren Erlassen, 2. Aufl., Zürich 2013

Weber, Rolf H. (2015), Gedanken zum Regulierungsprozess im Finanzmarktrecht, in: Waldburger/Sester/Peter/Baer (Hrsg.), Law & Economics, Festschrift für Peter Nobel zum 70. Geburtstag, Bern 2015, 457–470

Weber, Rolf H./Baisch, Rainer (2016), Regulierung von Robo-Advice, Neue Herausforderungen für Finanzintermediäre und Finanzmarktaufsichtsbehörden im Kontext der digitalen Anlageberatung und Vermögensverwaltung, AJP 25 (2016), 1065–1078

Weber, Rolf H./Baumann, Simone (2012), Neukonzeption der Rechtsprechungsordnung im Börsenwesen, Zürich/Basel/Genf 2012 (= SSFM 103)

Weber, Rolf H./Baumann, Simone (2015), FinTech – Schweizer Finanzmarktregulierung im Lichte disruptiver Technologien, Jusletter vom 21. September 2015 (verfügbar unter *jusletter.weblaw.ch*)

Weick-Ludewig, Verena/Sajnovits, Alexander (2014), Der Leerverkaufsbegriff nach der Verordnung (EU) Nr. 236/2012 (EU-LVVO), WM 68 (2014), 1521–1528

Welge, Martin K./Eulerich, Marc (2014), Corporate-Governance-Management, Theorie und Praxis der guten Unternehmensführung, 2. Aufl., Wiesbaden 2014

Weller, Brian M. (2013), Fast and Slow Liquidity, Working Paper vom 7. Dezember 2013 (verfügbar unter *www.researchgate.net*)

Werlen, Thomas (1994), Konzeptionelle Grundlagen des schweizerischen Kapitalmarktrechts, Diss. Zürich 1994 (= SSBR 23)

Westbrook, Jesse/Mamudi, Sam/Kishan, Saijel/Leising, Matthew (2014), High-Frequency Traders Find Microwaves Suit Their Need for Speed, Bloomberg Business, Online-Beitrag vom 24. Juli 2014 (verfügbar unter *www.bloomberg.com*)

Westerholm, Joakim (2003), The Impact of Transaction Costs on Turnover, Asset Prices and Volatility: The Cases of Sweden's and Finland's Security Transaction Tax Reductions, LTA 52 (2003), 213–241

Whitcomb, David K. (2002), Testimony at the SEC Roundtable on Market Structure, Washington D.C. vom 29. Oktober 2002 (verfügbar unter *www.sec.gov*)

Wicki, Jodok (2001), Market Making und Kurspflege kotierter eigener Aktien durch Effektenhändler, Zürich 2001

Wiener, Norbert (1948), Cybernetics: or Control and Communication in the Animal and the Machine, Cambridge MA 1948

Wiener, Norbert (1961), Cybernetics: or Control and Communication in the Animal and the Machine, 2nd ed., Cambridge MA 1961

Williamson, Olivier E. (1971), The Vertical Integration of Production: Market Failure Considerations, The American Economic Review 61 (1971), 112–123

Williamson, Olivier E. (1981), The Economics of Organization: The Transaction Cost Approach, American Journal of Sociology 87 (1981), 548–577

Williamson, Olivier E. (1985), The Economic Institutions of Capitalism, New York 1985

Williamson, Olivier E. (1996), The Mechanisms of Governance, New York/Oxford 1996

Winston, Clifford (2006), Government Failure versus Market Failure, Microeconomics Policy Research and Government Performance, Washington D.C. 2006

Winzeler, Christoph (2000), Banken- und Börsenaufsicht, Aspekte des öffentlichen Bank- und Kapitalmarktrechts in der Schweiz, Basel/Genf/München 2000

Winzeler, Christoph (2011), Kommentar zu Art. 7 FINMAG, in: Watter/Vogt (Hrsg.), Basler Kommentar zum Finanzmarktaufsichtsgesetz, 2. Aufl., Basel 2011

Winzeler, Christoph (2013), Kommentar zu Art. 3 BankG, in: Watter/Vogt/Bauer/Winzeler (Hrsg.), Basler Kommentar zum Bankengesetz, 2. Aufl., Basel 2013

Wohlers, Wolfgang (2013), § 14 Finanz- und Kapitalmarktstrafrecht, in: Ackermann/Heine (Hrsg.), Wirtschaftsstrafrecht der Schweiz, Bern 2013, 355–405

Wyss, Alexander (2000), Verhaltensregeln für Effektenhändler, Diss. Zürich 1999, St. Gallen 2000

Yang, J. Jimmy (2003), A Market Stabilization Mechanism – Circuit Breaker: Theory and Evidence 2003

Yao, Chen/Ye, Mao (2015), Tick Size Constraints, High-Frequency Trading, and Liquidity, Working Paper vom 20. Januar 2015 (verfügbar unter *www.utahwfc.org*)

Ye, Gewei (2011), High-Frequency Trading Models, Diss. Baltimore (John Hopkins University), Hoboken NJ 2011

Ye, Mao (2011), A Glimpse into the Dark: Price Formation, Transaction Costs, and Market Share in the Crossing Network, Working Paper vom 9. Juni 2011 (verfügbar unter *https://papers.ssrn.com*)

Yongyang, Su/Zheng, Lan (2011), The Impact of Securities Transaction Taxes on the Chinese Stock Market, Emerging Markets Finance and Trade 47 (2011), Suppl. 1, 32–46 (verfügbar unter *www.tandfonline.com*)

Zhang, S. Sarah (2013), Need for Speed: An Empirical Analysis of Hard and Soft Information in a High Frequency World, Working Paper vom 4. Februar 2013 (verfügbar unter *https://papers.ssrn.com*)

Zhang, X. Frank (2010), High-Frequency Trading, Stock Volatility, and Price Discovery, Working Paper vom Dezember 2010 (verfügbar unter *https://papers.ssrn.com*)

Zhu, Haoxiang (2014), Do Dark Pools Harm Price Discovery, The Review of Financial Studies 27 (2014), 747–789

Zickert, Pierre G. (2016), Regulierung des Hochfrequenzhandels in US- und EU-Aktienmärkten, Diss. München 2015, Frankfurt a. M. 2016 (= EHS-II 5811)

Zierke, Katayun (2015), Die Steuerungswirkung der Darlegungs- und Beweislast im Verfahren vor dem Gerichtshof der Europäischen Union, Diss. Göttingen 2013, Tübingen 2015 (= JusIntEu 102)

Zigrand, Jean-Pierre/Cliff, Dave/Hendershott, Terrence (2011), Financial stability and computer based trading, in: Foresight, UK Government Office for Science (Hrsg.), The Future of Computer Trading in Financial Markets, Working Paper vom September 2011, 6–23

Zigrand, Jean-Pierre/Shin, Hyun Song/Beunza, Daniel (2011), Feedback effects and changes in the diversity of trading strategies, Foresight (UK Government Office for Science) project «Future of computer trading», DR2 (2011)

Zobl, Dieter/Kramer, Stefan (2004), Schweizerisches Kapitalmarktrecht, Zürich/Basel/Genf 2004

Zubulake, Paul/Lee, Sang (2011), The High Frequency Game Changer: How Automated Trading Strategies Have Revolutionized the Markets, Hoboken NJ 2011

Zulauf, Urs (2013), «Weissgeldstrategie» für das Schweizer Private Banking?, in: Isler/Cerutti (Hrsg.), Vermögensverwaltung VI, Zürich/Basel/Genf 2013, 7–40

Zulauf, Urs/Wyss, David/Tanner, Kathrin/Kähr, Michel/Fritsche, Claudia M./Eymann, Patric/Ammann, Fritz (2014), Finanzmarktenforcement, 2. Aufl., Bern 2014

Zwahlen, Stephan A. (2010), Kosten-/Nutzenanalyse mit Regulatory Scorecards – am Beispiel der Finanzmarktregulierung, Diss. St. Gallen 2009, Bern/Stuttgart/Wien 2010 (= BfwF 393)

Materialienverzeichnis

AB FinfraV 2015: Eidgenössisches Finanzdepartement (EFD), Bericht über die Anhörung zur Finanzmarktinfrastrukturverordnung (FinfraV), 25. November 2015 (verfügbar unter *www.admin.ch*)

AB FINMA-RS 2013/8: Finma, FINMA-Rundschreiben 2013/08 «Marktverhaltensregeln», Bericht der FINMA über die Anhörung vom 27. März bis zum 13. Mai 2013 zum totalrevidierten Rundschreiben «Marktverhaltensregeln», 29. August 2013 (verfügbar unter *www.finma.ch*)

AFME Market Analysis OTC 2011: Association for Financial Markets in Europe (AFME), Market Analysis, The Nature and Scale of OTC Equity Trading in Europe, London 2011 (verfügbar unter *www.afme.eu*)

AMF Décision Euronext & Virtu 2015: Autorité des Marchés Financiers (AMF), Désision de la Commission des Sanctions à l'Égard des Sociétés Euronext Paris SA et Virtu Financial Europe Ltd, 4. Dezember 2015 (verfügbar unter *www.amf-france.org*)

BaFin Emittentenleitfaden 2013: Bundesanstalt für Finanzdienstleistungsaufsicht (BaFin), Emittentenleitfaden, 4. Aufl., 22. Juli 2013 (verfügbar unter *www.bafin.de*)

Bats BYX Fees 2017: Bats, Bats BYX Exchange Fee Schedule, 3. Januar 2017 (verfügbar unter *www.bats.com*)

Bats BZX Fees 2017: Bats, Bats BZX Exchange Fee Schedule, 3. Januar 2017 (verfügbar unter *www.bats.com*)

Bats BZX Rules 2017: Bats, Rules of Bats BZX Exchange, Inc., 3. Januar 2017 (verfügbar unter *www.bats.com*)

Bats Connectivity Manual 2016: Bats, US Equities/Options Connectivity Manual, Version 8.5.6, 1. Dezember 2016 (verfügbar unter *www.bats.com*)

Bats EDGA Fees 2017: Bats, Bats EDGA Exchange Fee Schedule, 3. Januar 2017 (verfügbar unter *www.bats.com*)

Bats EDGX Fees 2017: Bats, Bats EDGX Exchange Fee Schedule, 3. Januar 2017 (verfügbar unter *www.bats.com*)

Bats EDGX Rules 2016: Bats, Rules of Bats EDGX Exchange, Inc., 3. Januar 2016 (verfügbar unter *www.bats.com*)

Bats Europe FIX Specification 2016: Bats, Bats Europe FIX Specification, Version 2.89, 8. November 2016 (verfügbar unter *www.bats.com*)

Bats Order Type Guide: Bats, Order Type Guide (verfügbar unter *www.bats.com*)

Bats Statistik Ordertypen 2016: Bats, Order Type Usage Summary, Dezember 2016 (verfügbar unter *www.bats.com*)

Bericht Expertenkommission «Too big to fail» 2010: Expertenkommission zur Limitierung von volkswirtschafltichen Risiken durch Grossunternehmen, Schlussbericht vom 30. September 2010 (verfügbar unter *www.sif.admin.ch*)

Bericht Expertenkommission Börsendelikte 2009: Expertenkommission «Börsendelikte und Marktmissbrauch», Bericht vom 29. Januar 2009 (verfügbar unter *www.admin.ch*)

BIS Principles «Liquidity Risk» 2008: Basel Committee on Banking Supervision (BIS), Principles for Sound Liquidity Risk Management and Supervision, Basel 2008 (verfügbar unter *www.bis.org*)

BIS Revision «Market Risk» 2009: Basel Committee on Banking Supervision (BIS), Revision to the Basel II market risk framework, Basel 2009 (verfügbar unter *www.bis.org*)

Botschaft BEHG 1993: Botschaft des Bundesrates zu einem Bundesgesetz über die Börsen und den Effektenhandel (Börsengesetz, BEHG) vom 24. Februar 1993, BBl 1993 I 1369

Botschaft BEHG 2011: Botschaft des Bundesrates zur Änderung des Börsengesetzes (Börsendelikte und Marktmissbrauch) vom 31. August 2011, BBl 2011 6873

Botschaft BV 1996: Botschaft des Bundesrates über eine neue Bundesverfassung vom 20. November 1996, BBl 1997 I 1

Botschaft FIDLEG/FINIG 2015: Botschaft des Bundesrates zum Finanzdienstleistungsgesetz (FIDLEG) und zum Finanzinstitutsgesetz (FINIG) vom 4. November 2015, BBl 2015 8901

Botschaft FinfraG 2014: Botschaft des Bundesrates zum Finanzmarktinfrastrukturgesetz (FinfraG) vom 3. September 2014, BBl 2014 7483

Botschaft FINMAG 2006: Botschaft des Bundesrates zum Bundesgesetz über die Eidg. Finanzmarktaufsicht (Finanzmarktaufsichtsgesetz; FINMAG) vom 1. Februar 2006, BBl 2006 2829

Botschaft NBG 2002: Botschaft über die Revision des Nationalbankgesetzes vom 26. Juni 2002, BBl 2002 6097

Botschaft StGB 1985: Botschaft des Bundesrates über die Änderung des Schweizerischen Strafgesetzbuches (Insidergeschäfte) vom 1. Mai 1985, BBl 1985 II 69

Botschaft StGB 2006: Botschaft zur Änderung des Schweizerischen Strafgesetzbuches (Streichung von Art. 161 Ziff. 3 StGB) vom 8. Dezember 2006, BBl 2007 439

BR Richtlinien Regulierungsfolgen 1999: Richtlinien des Bundesrates für die Darstellung der volkswirtschaftlichen Auswirkungen von Vorlagen des Bundes vom 15. September 1999 (verfügbar unter *www.seco.admin.ch*)

BR Stellungnahme «Verkauf von Bankkundendaten» 2014: Stellungnahme des Bundesrates vom 13. August 2014 zum Bericht der Kommission für Wirtschaft und Abgaben des Nationalrats zur Parlamentarischen Initiative «Den Verkauf von Bankkundendaten hart bestrafen», BBl 2014 6241

Cboe Circular RG15-050: Chicago Board Options Exchange (Cboe), Regulatory Circular RG15-050, 27. März 2015 (verfügbar unter *www.cboe.com*)

CESR Technical Advice MiFID 2010: Committee of European Securities Regulators (CESR), CESR Technical Advice to the European Commission in the Context of the MiFID Review and Responses to the European Commission Request for Additional Information, Equity Markets, 29. Juli 2010 (verfügbar unter *www.esma.europa.eu*)

CFTC Complaint Sarao 2015: CFTC, Complaint for injuctive relief, civil monetary penalties, and other equitable relief against Nav Sarao Futures Limited PLC and Navinder Singh Sarao before the United States District Court for the Northern District of Illinois, 17. April 2015 (Eingangsdatum beim Gericht) (verfügbar unter *www.cftc.gov*)

CFTC Medienmitteilung Sarao 2015: U.S. Commodity Futures Trading Commission (CFTC), CFTC Charges U.K. Resident Navinder Singh Sarao and His Company Nav Sarao Futures Limited Plc with Price Manipulation and Spoofing, Medienmitteilung PR7156-15 vom 21. April 2015 (verfügbar unter *www.cftc.gov*)

CFTC Views of Dave Cummings 2010: U.S. Commodity Futures Trading Commission (CFTC), Biography and Summary of Views of Dave Cummings to the Flash Crash of May 6, 2010 (verfügbar unter *www.cftc.gov*)

CME Order Types: Chicago Mercantile Exchange (CME), Order Types for Futures and Options (verfügbar unter *www.cmegroup.com*)

CME Price Limit Guide 2017: Chicago Mercantile Exchange (CME), Price Limit Guide, 9. Januar 2017 (verfügbar unter *www.cmegroup.com*)

CS Analysis HFT 2012: Credit Suisse, AES Analysis, High Frequency Trading – Measurement, Detection and Response, 6. Dezember 2012 (verfügbar unter *https://edge.credit-suisse.com*)

EB EBK-RS 08/1: Eidgenössische Bankenkommission (EBK), EBK-Rundschreiben Marktverhaltensregeln, Erläuterungsbericht für Anhörung, November 2007 (verfügbar unter *www.finma.ch*)

EB FinfraV I 2015: Eidgenössisches Finanzdepartement (EFD), Erläuterungsbericht zur Verordnung über die Finanzmarktinfrastrukturen und das Marktverhalten im Effekten- und Derivatehandel (Finanzmarktinfrastrukturverordnung, FinfraV), 20. August 2015 (verfügbar unter *www.admin.ch*)

EB FinfraV II 2015: Eidgenössisches Finanzdepartement (EFD), Erläuterungsbericht zur Verordnung über die Finanzmarktinfrastrukturen und das Marktverhalten im Effekten- und Derivatehandel (Finanzmarktinfrastrukturverordnung, FinfraV), 25. November 2015 (verfügbar unter *www.admin.ch*)

EB FinfraV-FINMA 2015: Finma, Erläuterungsbericht zur Finanzmarktinfrastrukturverordnung-FINMA, 20. August 2015 (verfügbar unter *www.finma.ch*)

EB FINMA-RS 2013/8: Finma, Rundschreiben 2013/xy «Marktverhaltensregeln», Erläuterungsbericht (Totalrevision des FINMA-RS 08/38) (verfügbar unter *www.finma.ch*)

EB NBV 2013: Schweizerische Nationalbank (SNB), Erläuterungsbericht zur Revision der Nationalbankenverordnung, 10. Juni 2013 (verfügbar unter *www.snb.ch*)

EB Revision Börsendelikte 2010: Eidgenössisches Finanzdepartement (EFD), Erläuternder Bericht zur Änderung des Bundesgesetzes über die Börsen und den Effektenhandel (Börsendelikte und Marktmissbrauch) (verfügbar unter *www.admin.ch*)

EB Revision Rechnungslegung Banken 2013: Finma, Erläuterungsbericht zur Revision Rechnungslegung Banken, 19. Oktober 2013 (verfügbar unter *www.finma.ch*)

EB VE-FIDLEG/FINIG 2014: Eidgenössisches Finanzdepartement (EFD), Erläuternder Bericht zur Vernehmlassungsvorlage zu einem Bundesgesetz über die Finanzdienstleistungen (FIDLEG) und einem Bundesgesetz über die Finanzinstitute (FINIG), 25. Juni 2014 (verfügbar unter *www.admin.ch*)

EB VE-FinfraG 2013: Eidgenössisches Finanzdepartement (EFD), Erläuternder Bericht zur Vernehmlassungsvorlage zu einem Bundesgesetz über die Finanzmarktinfrastruktur (FinfraG) 29. November 2013 (verfügbar unter *www.newsd.admin.ch*)

EBA Q&A Small Business Derogation 2014: European Banking Authority (EBA), Single Rulebook Q&A, Question 2014_1367 to Regulation (EU) No. 575/2013 (CRR) concerning the derogation for small trading book business, 28. November 2014 (verfügbar unter *www.eba.europa.eu*)

EBA Report Investment Firms 2014: European Banking Authority (EBA), Report on Investment Firms, Response to the Commission's Call for Advice, EBA/Op/2015/20, Dezember 2014, (verfügbar unter *www.eba.europa.eu*)

EBK-Bull. 25/1995: Eidgenössische Bankenkommission (EBK), Bulletin Heft 25, 1995 (verfügbar unter *www.finma.ch*)

EBK-JB 1997: Eidgenössische Bankenkommission (EBK), Jahresbericht 1997 (verfügbar unter *www.finma.ch*)

EBK-Mitteilung «Snake Trader» 1998: Eidgenössische Bankenkommission (EBK), «Snake Trader»-Aktivitäten an der Schweizer Börse, Mitteilung 9/1998 Beilage 3d vom 11. Dezember 1998 (verfügbar unter *www.finma.ch*)

EC Analyse FTT Frankreich 2014: European Commission, Did the new French tax on financial transactions influence trading volumes, price levels and/or volatility on the taxed market segment? A trend analysis, 2014 (verfügbar unter *http://ec.europa.eu*)

EC Regulierungsfolgenabschätzung FTT 2013: European Commission, Commission Staff Working Document, Impact Assessment, Accompanying the document Proposal for a Council Directive implementing enhanced cooperation in the area of financial transaction tax Analysis of policy options and impacts, 14. Februar 2013 (verfügbar unter *http://ec.europa.eu*)

EC Regulierungsfolgenabschätzung MiFID II 2011: European Commission, Commission Staff Working Paper, Impact Assessment, Accompanying the document Proposal for MiFID II, 20. Oktober 2011 (verfügbar unter *http://ec.europa.eu*)

EC Review MiFID 2010: European Commission, Public consultation, Review of the Markets in Financial Instruments Directive (MiFID), 8. Dezember 2010 (verfügbar unter *http://ec.europa.eu*)

EC Vorschlag FTT 2013: European Commission, Proposal for a Council Directive implementing enhanced cooperation in the area of financial transaction tax, 14. Februar 2013 (verfügbar unter *http://ec.europa.eu*)

EC Vorschlag MiFID II 2011: Europäische Kommission, Vorschlag für eine Richtlinie des Europäischen Parlaments und des Rates über Märkte für Finanzinstrumente zur Aufhebung der Richtlinie 2004/39/EG des Europäischen Parlaments und des Rates, 20. Oktober 2011 (verfügbar unter *http://ec.europa.eu*)

ECB/CESR Standards «Clearing & Settlement» 2004: European Central Bank (ECB)/Committee of European Securities Regulators (CESR), Standards for Securities Clearing and Settlement in the European Union, September 2004 (verfügbar unter *www.ecb.europa.eu*)

EDGX Einführung MEIP 2012: EDGX Exchange, Notice of Filing and Immediate Effectiveness of Proposed Rule Change Relating to Amendments to the EDGX Exchange, Inc. Fee Schedule, Federal Register 77 (2012), 35439–35442

EDGX Aufgabe MEIP 2012: EDGX Exchange, Notice of Filing and Immediate Effectiveness of Proposed Rule Change Relating to Amendments to the EDGX Exchange, Inc. Fee Schedule, Federal Register 77 (2012), 56907 f.

EPTA Position Paper «Capital Requirement» 2015: European Principal Traders Association (EPTA) der Futures Industry Association (FIA), Position Paper – Capital Requirements for Proprietary Traders, Juni 2015 (verfügbar unter *https://epta.fia.org*)

Esma Consultation Paper MiFID II/MiFIR 2014: European Securities and Markets Authority (Esma), Consultation Paper MiFID II/MiFIR, ESMA/2014/549, 22. Mai 2014 (verfügbar unter *www.esma.europa.eu*)

Esma Guidelines «Automated Trading» 2015: European Securities and Markets Authority (Esma), Automated Trading Guidelines, ESMA peer review among National Competent Authorities, ESMA/2015/592, 18. März 2015 (verfügbar unter *www.esma.europa.eu*)

Esma Guidelines «Systems and Controls» 2011: European Securities and Markets Authority (ESMA), Guidelines on systems and controls in an automated trading environment for trading platforms, investment firms and competent authorities, Final Report, ESMA/2011/456, 21. Dezember 2011 (verfügbar unter *www.esma.europa.eu*)

Esma Leitlinien «Systeme und Kontrollen» 2012: European Securities and Markets Authority (Esma), Leitlinien, Systeme und Kontrollen für Handelsplattformen, Wertpapierfirmen und zuständige Behörden in einem automatisierten Handelsumfeld, ESMA/2012/122 (DE), 24. Februar 2012 (verfügbar unter *www.esma.europa.eu*)

Esma Report Draft RTS & ITS 2015: European Securities and Markets Authority (Esma), Draft Regulatory and Implementing Technical Standards for MiFID II/MiFIR, Final Report, 28. September 2015 (verfügbar unter *www.esma.europa.eu*)

Esma Report HFT 2014: European Securities and Markets Authority (Esma), High-frequency trading activity in EU equity markets, Economic Report No. 1, 2014 (verfügbar unter *www.esma.europa.eu*)

Esma Technical Advice «Market Abuse» 2015: European Securities and Markets Authority (Esma), ESMA's technical advice on possible delegated acts concerning Market Abuse Regulation, Final Report, ESMA/2015/224, 3. Februar 2015 (verfügbar unter *www.esma.europa.eu*)

Eurex Market-Making-Programme 2015: European Exchange (Eurex), Market-Making-Programme, 2. Februar 2015 (Datum der Inkraftsetzung) (verfügbar unter *www.eurexchange.com*)

European Financial Stability Report 2013: European Comission, European Financial Stability and Integration Report 2013, April 2014 (verfügbar unter *http://ec.europa.eu*)

FIA Annual Volume Survey 2015, Futures Industry Association (FIA), Annual Volume Survey, Futures Industry Magazine vom März 2015, 16–24

Finma FAQ Vermögensverwaltung 2009: Finma, FAQ Vermögensverwaltung, 1. Dezember 2009 (verfügbar unter *www.vqf.ch*)

Finma Positionspapier Rechtsrisiken 2010: Finma, Positionspapier der FINMA zu den Rechts- und Reputationsrisiken im grenzüberschreitenden Finanzdienstleistungsgeschäft, 22. Oktober 2010 (verfügbar unter *www.finma.ch*)

Finma Regulierungsleitlinien 2013: Finma-Leitlinien zur Finanzmarktregulierung vom 3. Juli 2013 (verfügbar unter *www.finma.ch*)

Finma Untersuchung Devisenhandel UBS 2014: Finma, Devisenhandelsgeschäft der UBS AG: Untersuchung der Finma, Bericht vom 12. November 2014 (verfügbar unter *www.finma.ch*)

Finra ATS Data 2017: Financial Industry Regulatory Authority (Finra), ATS Transparency Data, ATS Data, Weekly Report vom 30. Oktober 2017 (verfügbar unter *https://otctransparency.finra.org*)

Finra Tick Size Pilot Plan 2014: Financial Industry Regulatory Authority (Finra), Plan to Implement a Tick Size Pilot Program Submitted to the SEC, 25. August 2014 (verfügbar unter *www.finra.org*)

Foresight HFT Final Report 2012: Foresight (UK Government Office for Science), The Future of Computer Trading in Financial Markets, Final Project Report, London 2012 (verfügbar unter *www.gov.uk*)

FSB G20 Report 2009: Financial Stability Board (FSB), Improving Financial Regulation, Report of the Financial Stability Board to G20 Leaders, 25. September 2009 (verfügbar unter *www.financialstabilityboard.org*)

G20 Pittsburgh Statement 2009: G20, Leaders' Statement – The Pittsburgh Summit, 24. bis 25. September 2009 (verfügbar unter *http://ec.europa.eu*)

Global Financial Stability Report 2010: International Monetary Fund (IMF), Global Financial Stability Report, April 2010 (verfügbar unter *www.imf.org*)

HRT Letter SEC re IEX 2016: Hudson River Trading LLC, Letter to the SEC regarding IEX Form 1 Application 7. Januar 2016 (verfügbar unter *www.sec.gov*)

ICE Interval Price Limits 2012: Intercontinental Exchange (ICE), ICE Circuit Breakers, (IPS) Interval Price Limits, März 2012 (verfügbar unter *www.theice.com*)

ICE Interval Price Limits 2016: Intercontinental Exchange (ICE), Interval Price Limit Functionality, 6. Juni 2016 (verfügbar unter *www.theice.com*)

ICE RL & NCR 2016: Intercontinental Exchange (ICE) Futures U.S., Reasonability Limits and No Cancellation Ranges, 20. Oktober 2016 (verfügbar unter *www.theice.com*)

IEX Form ATS 2017: Investors Exchange (IEX), Form ATS, gültig bis 30. April 2017 (verfügbar unter *https://www.iextrading.com/policy*)

IEX Letter SEC re its Application 2015: Investors Exchange (IEX), Letter to the SEC regarding its Application for Registration as a National Securities Exchange (Release No. 34-75925; File No. 10-222), 23. November 2015 (verfügbar unter *www.sec.gov*)

IOSCO Consultation Report «Dark Liquidity» 2010: IOSCO, Issues Raised by Dark Liquidity, Consultation Report 05/10 vom Oktober 2010 (verfügbar unter *www.iosco.org*)

IOSCO Principles for Dark Liquidity 2011: IOSCO, Principles for Dark Liquidity, Final Report 06/11 vom Mai 2011 (verfügbar unter *www.iosco.org*)

IOSCO Report «Challenges to Market Surveillance» 2013: IOSCO, Technological Challenges to Effective Market Surveillance Issues and Regulatory Tools, Final Report 04/13 vom April 2013 (verfügbar unter *www.iosco.org*)

IOSCO Report «Short Selling» 2009: IOSCO, Regulation of Short Selling, Final Report vom Juni 2009 (verfügbar unter *www.iosco.org*)

IOSCO Report «Technological Impact on Market Integrity and Efficiency» 2011: IOSCO, Regulatory Issues Raised by the Impact of Technological Changes on Market Integrity and Efficiency, Final Report 09/11 vom Oktober 2011 (verfügbar unter *www.iosco.org*)

IOSCO Report «Changes in Market Structure» 2013: IOSCO, Regulatory Issues Raised by Changes in Market Structure, Final Report 13/13 vom Dezember 2013 (verfügbar unter *www.iosco.org*)

ISE Fees 2017: International Securities Exchange (ISE), Schedule of Fees, 3. Januar 2017 (verfügbar unter *www.ise.com*)

ITG Global Cost Review Q4/2015: Investment Technology Group (ITG), Global Cost Review Q4/2015 vom 20. April 2016 (verfügbar unter *www.itg.com*)

Joint Report «Flash Crash» 2010: CFTC/SEC, Findings Regarding the Market Event of May 6, 2010, Joint Report vom 30. September 2010 (verfügbar unter *www.sec.gov*)

Joint Report «Treasury Flash Rally» 2015: U.S. Department of the Treasury/ Board of Governors of the Federal Reserve System/Federal Reserve Bank of New York/SEC/CFTC, The U.S. Treasury Market on October 15, 2014, Joint Report vom 13. Juli 2015 (verfügbar unter *www.treasury.gov*)

Joint Report to the G20 on SIFIs 2009: FSB/IMF/BIS, Report to the G-20 Finance Ministers and Central Bank Governors, Guidance to Assess the Systemic Importance of Financial Institutions, Markets and Instruments: Initial Considerations – Background Paper Oktober 2009 (verfügbar unter *www. imf.org*)

Key Aspects of Macroprudential Policy 2013: International Monetary Fund (IMF), Key Aspects of Macroprudential Policy, 10. Juni 2013 (verfügbar unter *www.imf.org*)

LSE Creation Baikal 2008: London Stock Exchange (LSE), London Stock Exchange to Create Pan-European Non-Display Trading Platform in Partnership with Lehman Brothers, Medienmitteilung vom 26. Juni 2008 (verfügbar unter *www.borsaitaliana.it*)

LSE Media Release «Acquisition of Turquoise» 2009: London Stock Exchange (LSE), Acquisition of Turquoise and merger with Baikal, Medienmitteilung vom 21. Dezember 2009 (verfügbar unter *http://www.borsaitaliana.it*)

LSE Trading System Guide 2016: London Stock Exchange (LSE), MIT201 – Guide to the Trading System, Issue 14, 24. Oktober 2016 (Inkrafttreten) (verfügbar unter *www.lseg.com*)

Nasdaq Access 2016: Nasdaq, Wireless Connectivity, Metro Millimeter Wave Offering, 2016 (verfügbar unter *www.nasdaqtrader.com*)

Nasdaq BX Fees: Nasdaq, Nasdaq BX U.S. Equities Pricing List (verfügbar unter *www.nasdaqtrader.com*)

Nasdaq Equity Rules 2017: Nasdaq, Equity Rules 2017 (verfügbar unter *http:// nasdaq.cchwallstreet.com*)

Nasdaq Fees: Nasdaq, Price List – U.S. Equities, The Nasdaq Stock Market (verfügbar unter *www.nasdaqtrader.com*)

Nasdaq Letter to the SEC re the application of IEX 2015: Nasdaq, Letter to the SEC regarding the IEX Application for Registration as a National Securities Exchange, 10. November 2015 (verfügbar unter *www.sec.gov*)

Nasdaq Letter to the SEC re the Application of IEX 2016: Nasdaq, Letter to the SEC regarding the IEX Application for Registration as a National Securities Exchange, 29. Januar 2016 (verfügbar unter *www.sec.gov*)

Nasdaq OMX Order Types 2014: Nasdaq OMX, Order Types and Modifiers, 2014 (verfügbar unter *www.nasdaqtrader.com*)

Nasdaq OMX Price Sliding 2012: Nasdaq OMX, Price Sliding on Nasdaq OMX Markets, 2012 (verfügbar unter *www.nasdaqtrader.com*)

Nasdaq PHLX Fees 2016: Nasdaq, Nasdaq PHLX LLC Pricing Schedule, 1. Mai 2016 (verfügbar unter *www.nasdaqtrader.com*)

Nasdaq Post-only Order 2014: Nasdaq OMX, Post-Only Order, 2014 (verfügbar unter *www.nasdaqtrader.com*)

Natixis on Algorithmic Trading: Natixis, Global Execution Services, Algorithmic Trading (verfügbar unter *https://equity.natixis.com*)

NR Kommissionsbericht «Verkauf von Bankkundendaten» 2014: Bericht der Kommission für Wirtschaft und Abgaben des Nationalrats vom 19. Mai 2014 zur Parlamentarischen Initiative «Den Verkauf von Bankkundendaten hart bestrafen», BBl 2014 6231

NYSE Arca Fees 2017: The NYSE Arca Equities, Inc., NYSE Arca Equities Schedule of Fees and Charges for Exchange Services, 1. Januar 2017 (verfügbar unter *www.nyse.com*)

NYSE Fees 2017: The New York Stock Exchange (NYSE), Price List 2017 (verfügbar unter *www.nyse.com*)

PFMI 2012: Committee on Payment and Settlement Systems (CPSS) of the Bank for International Settlement (BIS)/IOSCO, Principles for financial market infrastructures, April 2012 (verfügbar unter *www.bis.org*)

RBC Press Release «Thor» 2013: Royal Bank of Canada (RBC), RBC Capital Markets receives Notice of Allowance for its Thor Patent from the U.S. Patent and Trademark Office, 13. Juni 2013 (verfügbar unter *www.rbc.com*)

Regulierungsfolgenabschätzung FIDLEG/FINIG 2015: Eidgenössisches Finanzdepartement (EFD), Regulierungsfolgenabschätzung zum Finanzdienstleistungsgesetz FIDLEG und zum Finanzinstitutsgesetz FINIG, 4. November 2015 (verfügbar unter *www.sif.admin.ch*)

Regulierungskostenanalyse FIDLEG 2015: Andreas Bergmann/Sandro Fuchs/Gabriel Trinkler, Regulierungskostenanalyse zum Finanzdienstleistungsgesetz (FIDLEG), 10. Juli 2015 (verfügbar unter *www.sif.admin.ch*)

Regulierungskostenanalyse FINIG 2014: Andreas Bergmann/Sandro Fuchs/Iris Rauskala/Sandra Fuhrimann/Christoph Kley/Avni Asani, Regulierungskostenanalyse zum Finanzinstitutsgesetz (FINIG), 6. Mai 2014 (verfügbar unter *www.sif.admin.ch*)

Rio-Deklaration 1992: United Nations Conference on Environment and Development, Rio Declaration on Environment and Development, Rio 1992 (verfügbar unter *www.unep.org*)

Rosenblatt Dark Liquidity Tracker 2015: Anish Puaar/Justin Schack/Alex Kemmsies, Let There Be Light, Rosenblatt's Monthly Dark Liquidity Tracker – European Edition, 23. Juni 2015 (verfügbar unter *www.rblt.com*)

SBV Verhaltensregeln 2008: Schweizerische Bankiervereinigung (SBV), Verhaltensregeln für Effektenhändler bei der Durchführung des Effektenhandelsgeschäftes, Basel 2008 (verfügbar unter *www.swissbanking.org*)

SEC Broker-Dealer Registration Guide 2016: SEC, Guide to Broker-Dealer Registration, 12. Dezember 2016 (letztes Änderungsdatum) (verfügbar unter *www.sec.gov*)

SEC Complaint «Pump-and-Dump I» 2014: SEC, Complaint agst. Anthony J. Thompson Jr., Jay Fung, and Eric van Nguyen (Defendants) and John Babikian and Kendall Thompson (Relief Defendants), Civil Action No. 1:14-cv-09126-KBF vom 17. November 2014 (verfügbar unter *www.sec.gov*)

SEC Complaint «Pump-and-Dump II» 2014: SEC, Complaint agst. Matthew Carley, Civil Action No. 1:14-CV-01643 vom 4. Dezember 2014 (verfügbar unter *www.sec.gov*)

SEC Description of ECNs 2013: SEC, Electronic Communication Networks (ECNs), 25. September 2013 (verfügbar unter *www.sec.gov*)

SEC Description of Pump-and-Dumps 2013: SEC, "Pump-and-Dumps" and Market Manipulations, 25. Juni 2013 (verfügbar unter *www.sec.gov*)

SEC Literature Review on Market Fragmentation 2013: SEC, Equity Market Structure Literature Review, Part I: Market Fragmentation, 7. Oktober 2013 (verfügbar unter *www.sec.gov*)

SEC Medienmitteilung «Charges agst. Barclays & CS» 2016: SEC, Barclays, Credit Suisse Charged With Dark Pool Violations, Medienmitteilung 2016-16 vom 31. Januar 2016 (verfügbar unter *www.sec.gov*)

SEC Medienmitteilung «Charges agst. Direct Edge» 2015: SEC, SEC Charges Direct Edge Exchanges With Failing to Properly Describe Order Types, Medienmitteilung 2015-2 vom 12. Januar 2015 (verfügbar unter *www.sec.gov*)

SEC Medienmitteilung «Tick Size Pilot» 2015: SEC, SEC Approves Pilot to Assess Tick Size Impact for Smaller Companies, Medienmitteilung 2015-82 vom 6. Mai 2015 (verfügbar unter *www.sec.gov*)

SEC Memo «Maker-Taker Fees» 2015: SEC, Maker-Taker Fees on Equities Exchanges, Memorandum der Division «Trading and Markets» der SEC vom 20. Oktober 2015 (verfügbar unter *www.sec.gov*)

SEC Memo Rule 611 2015: SEC, Division of Trading and Markets, Rule 611 of Regulation NMS, Memorandum vom 30. April 2015 (verfügbar unter *www.sec.gov*)

SEC Order agst. Barclays LX 2016: SEC, Order agst. Barclays Capital Inc. Instituting Administrative and Cease-and-Desist Proceedings, Pursuant to Section 8A of the Securities Act of 1933 and Sections 15(b) and 21C of the Securities Exchange Act of 1934, Making Findings, and Imposing Remedial Sanctions and a Cease-and-Desist Order, Adminstrative Proceeding No. 3-17077 vom 31. Januar 2016 (verfügbar unter *www.sec.gov*)

SEC Order agst. CS Crossfinder 2016: SEC, Order agst. Credit Suisse Securities (USA) LLC Instituting Administrative and Cease-and-Desist Proceedings, Pursuant to Section 8A of the Securities Act of 1933, and Sections 15(b) and 21C of the Securities Exchange Act of 1934, Making Findings, and Imposing Remedial Sanctions and a Cease-and-Desist Order, Adminstrative Proceeding No. 3-17078 vom 31. Januar 2016 (verfügbar unter *www.sec.gov*)

SEC Order agst. CS Light Pool 2016: SEC, Order agst. Credit Suisse Securities (USA) LLC Instituting Administrative and Cease-and-Desist Proceedings, Pursuant to Section 8A of the Securities Act of 1933 and Sections 15(b) and 21C of the Securities Exchange Act of 1934, Making Findings, and Imposing Remedial Sanctions and a Cease-and-Desist Order, Adminstrative Proceeding No. 3-17079 vom 31. Januar 2016 (verfügbar unter *www.sec.gov*)

SEC Order agst. Direct Edge 2015: SEC, Order agst. EDGA Exchange, Inc, and EDGX Echange, Inc., Instituting Administrative and Cease-and-Desist Proceedings Pursuant to Sections 19(h) and 21C of the Securities Exchange Act of 1934, Making Findings, and Imposing Remedial Sanctions and a Cease-and-Desist Order, Adminstrative Proceeding No. 3-16332 vom 12. Januar 2015 (verfügbar unter *www.sec.gov*)

SEC Order agst. ITG Posit 2015: SEC, Order agst. ITG and Alternet Securities Instituting Administrative and Cease-and-Desist Proceedings, Pursuant to 8a of the Securities Act of 1933, and Sections 15(b) and 21C of the Securities Exchange Act of 1934, Making Findings and Imposing Remedial Sanctions and a Cease-and-Desist Order, Administrative Proceeding No. 3-16742 vom 12. August 2015 (verfügbar unter *www.sec.gov*)

SEC Order agst. Knight Capital 2013: SEC, Order agst. Knight Capital Americas LLC Instituting Administrative and Cease-and-Desist Proceedings, Pursuant to Sections 15(b) and 21C of the Securities Exchange Act of 1934, Making Findings, and Imposing Remedial Sanctions and a Cease-and-Desist Order, Administrative Proceeding No. 3-15570 vom 16. Oktober 2013 (verfügbar unter *www.sec.gov*)

SEC Order agst. Latour Trading 2015: SEC, Order agst. Latour Trading LLC Instituting Cease-and-Desist Proceedings Pursuant to Sections 21C of the Securities Exchange Act of 1934, Making Findings, and Imposing Remedial Sanctions and a Cease-and-Desist Orders, Administrative Proceeding No. 3-16851 vom 30. September 2015 (verfügbar unter *www.sec.gov*)

SEC Order agst. UBS ATS 2015: SEC, Order agst. UBS Securities LLC Institution Administrative and Cease-and-Desist Proceedings Pursuant to Section 8A of the Securities Act of 1933 and Sections 15(b) and 21C of the Securities Exchange Act of 1934, Making Findings, and Imposing Remedial Sanctions and a Cease-and-Desist Order, Administrative Proceeding No. 3-16338 vom 15. Januar 2015 (verfügbar unter *www.sec.gov*)

SEC Order Layering I 2012: SEC, Order agst. Hold Brothers On-Line Investment a. o. Instituting Administrative and Cease-and-Desist Proceedings Pursuant to Sections 15(b) and 21C of the Securities Exchange Act of 1934 and Section 9(b) of the Investment Company Act of 1940, Making Findings, and Imposing Remedial Sanctions and Cease-and-Desist Orders, Administrative Proceeding No. 3-15046 vom 25. September 2012 (verfügbar unter *www.sec.gov*)

SEC Order Layering II 2014: SEC, Order agst. Visionary Trading LLC a. o. Instituting Administrative and Cease-and-Desist Proceedings Pursuant to Sections 15(b) and 21C of the Securities Exchange Act of 1934 and Section 9(b) of the Investment Company Act of 1940, Making Findings, and Imposing Remedial Sanctions and Cease-and-Desist Orders, Administrative Proceeding No. 3-15823 vom 4. April 2014 (verfügbar unter *www.sec.gov*)

SEC Final Rule Reg ATS 1998: SEC, 17 CFR Parts 202, 240, 242 and 249, Regulation of Exchanges and Alternativ Trading Systems, Final Rules, Federal Register 63 (1998), 70844–70951

SEC Final Rule Reg NMS 2005: SEC, 17 CFR Parts 200, 201, et al., Regulation NMS, Final Rule, Federal Register 70 (2005), 37495–37644

SEC Proposed Rule re Flash Orders 2009: SEC, 17 CFR Part 242, Elimination of Flash Order Exception From Rule 602 of Regulation NMS, Proposed Rule, Federal Register 74 (2009), 48632–48645

SEC Concept Release on Equity Market Structure 2010: SEC, 17 CFR Part 242, Concept Release on Equity Market Structure, Proposed Rule, Federal Register 75 (2010), 3594–3614

Nasdaqs proposed delay of market orders 2012: SEC, Nasdaq OMX PHLX LLC, Notice of Filing of Proposed Rule Change to Modify Exchange Rule 3307 to Institute a Five Millisecond Delay in the Execution Time of Marketable Orders, Federal Register 77 (2012), 51073–51076

SEC Order «Tick Size Pilot» 2015: SEC, Order Approving the National Market System Plan to Implement a Tick Size Pilot Program by [list of exchanges], as Modified by the Commission, For a Two-Year Period, Federal Register 80 (2015), 27514–27553

SIX Geschäftsbericht 2015: SIX, Geschäftsbericht 2015 vom 27. April 2016 (verfügbar unter *www.six-group.com*)

SIX Kommentar RLAhP 2011: SIX, Kommentar zur Ad hoc-Publizitäts-Richtlinie (Kommentar zur RLAhP), 1. November 2011 (verfügbar unter *www.six-exchange-regulation.com*)

SIX Meldereglement 2017: SIX, Reglement der Meldestelle für die Erfüllung der gesetzlichen Meldepflichten durch Effektenhändler vom 20. Oktober 2016, in Kraft seit dem 1. Januar 2017 (verfügbar unter *www.six-swiss-exchange.com*)

SIX Mitteilung Nr. 09/2013: SIX Swiss Exchange, Progressive Usage Fee, Mitteilung Nr. 09/2013 vom 20. März 2013 (verfügbar unter *www.six-swiss-exchange.com*)

SIX Sponsored Access Description 2016: SIX, Sponsored Access Service Description vom 9. Mai 2016 (verfügbar unter *www.six-swiss-exchange.com*)

SIX Statistischer Monatsbericht November 2016: SIX Swiss Exchange, Statistical Monthly Report – November 2016 (verfügbar unter *www.six-swiss-exchange.com*)

SIX Tick Sizes 2016: SIX, Price Step Overview (Tick Sizes), 1. März 2016 (verfügbar unter *www.six-swiss-exchange.com*)

SNB Bericht zur Finanzstabilität 2011: Schweizerische Nationalbank (SNB), Bericht zur Finanzstabilität, Zürich 2011 (verfügbar unter *www.snb.ch*)

SNB Bericht zur Finanzstabilität 2013: Schweizerische Nationalbank (SNB), Bericht zur Finanzstabilität, Zürich 2013 (verfügbar unter *www.snb.ch*)

TABB Equity Digest 2/2017: Valerie Bogard, TABB Equity Digest Q2-2017 vom 28. August 2017 (verfügbar unter *https://research.tabbgroup.com*)

Task Force «Market Mechanisms» 1988: Report of the Presidential Task Force on Market Mechanisms submitted to the President of the United States, the Secretary of the Treasury and the Chairman of the Federal Reserve Board, Washington D.C. 1988 (verfügbar unter *https://archive.org*)

Thomson Reuters Medienmitteilung «Market Data Frequency» 2015: Thomson Reuters, Thomson Reuters increases Matching venue market data frequency for selected currency pairs, Medienmitteilung vom 13. August 2015 (verfügbar unter *http://thomsonreuters.com*)

UK Regulierungsfolgenanalyse MiFID II 2012: Foresight (UK Government Office for Science), What is the economic impact of the MiFID rules aimed at regulating high-frequency trading, London 2012 (verfügbar unter *www.gov.uk*)

Vernehmlassungsantwort Börsendelikte 2010: Finma, Vernehmlassungsantwort zur Änderung des Bundesgesetzes über die Börsen und den Effektenhandel (Börsendelikte und Marktmissbrauch), 29. April 2010 (verfügbar unter *www.finma.ch*)

VSV Standesregeln 2014: Verband Schweizerischer Vermögensverwalter (VSV), Schweizerische Standesregeln für die Ausübung der unabhängigen Vermögensverwaltung 1. Januar 2014 (Inkrafttreten) (verfügbar unter *www.finma.ch*)

WBF Handbuch Regulierungsfolgen 2013: Eidgenössisches Departement für Wirtschaft, Bildung und Forschung (WBF), Regulierungsfolgenabschätzung – Handbuch, März 2013 (verfügbar unter *www.seco.admin.ch*)

Wegleitung «Bewilligungsgesuche Banken und Effektenhändler» 2012: Finma, Wegleitung für Bewilligungsgesuche von Banken und Effektenhändlern vom 20. August 2012 (verfügbar unter *www.finma.ch*)

Wegleitung Handelsplatzbewilligung 2016: Finma, Wegleitung für Gesuche betreffend die Bewilligung als Handelsplatz vom 16. Juni 2016 (verfügbar unter *www.finma.ch*)

Wegleitung Prüfgesellschaften 2015: Finma, Wegleitung für der Finma einzureichende Bestätigungen der Prüfgesellschaften zu Gesuchen betreffend die Bewilligung als Bank, Effektenhändler, Zweigniederlassung einer ausländischen Bank oder eines ausländischen Effektenhändlers und als Personen nach Art. 13 des Kollektivanlagegesetzes («Insitutsbewilligungen»), Ausgabe vom 12. Januar 2015 (verfügbar unter *www.finma.ch*)

Weko Medienmitteilung «Absprachen bei Edelmettallen» 2015: Wettbewerbskommission (Weko), WEKO eröffnet Untersuchung wegen möglicher Absprachen im Handel mit Edelmetallen, Medienmitteilung vom 28. September 2015 (verfügbar unter *www.weko.admin.ch*)

WHO Report «Road Safety» 2015: World Health Organization (WHO), Global Status Report on Road Safety 2015 (verfügbar unter *www.who.int*)

Xetra Marktmodell Aktien 2015: Xetra, Marktmodell Aktien, Release 16.0 vom 21. September 2015 (verfügbar unter *www.xetra.com*)

Abkürzungsverzeichnis

Allgemein

a. M.	andere Meinung; am Main
a. o.	and others
AB	Anhörungsbericht
ABlEG	Amtsblatt der Europäischen Gemeinschaft
ABlEU	Amtsblatt der Europäischen Union
Abs.	Absatz
ACM	Association for Computig Machinery
AES	Advanced Execution Services (Dienstleistung der Credit Suisse)
AMF	Autorité des Marchés Financiers (Frankreich)
AOR	Automated Order Router
AP	Associated Press
APA	Approved Publication Arrangement
Art.	Artikel
ATS	Alternative Trading System
Aufl.	Auflage
BaFin	Bundesanstalt für Finanzdienstleistungsaufsicht (Deutschland)
Bats	Better Alternative Trading System
BBl.	Bundesblatt
BCN	Broker Crossing Network
BGBl.	Bundesgesetzblatt (Deutschland)
BGE	Entscheidungen des Schweizerischen Bundesgerichts (publizierte Entscheidungen)
BGer	Bundesgericht (nicht publizierte Entscheidungen)
BGH	Bundesgerichtshof (Deutschland)
BIS	Bank for International Settlement
BIZ	Bank für Internationalen Zahlungsausgleich
Broker-ID	Broker Identification
BX	Boston Exchange
BYX	Handelsplattform von Bats
BZX	Handelsplattform von Bats
Cap	Capitalization
CAPM	Capital Asset Pricing Model
CBA	Cost-Benefit Analysis
Cboe	Chicago Board Options Exchange
CBOT	Chicago Board of Trade (Terminbörse der CME in Chicago)
CDP	Continuous Dark Pool
CDS	Credit Default Swap

CEIS	Centre for Economic and International Studies
CEO	Chief Executive Officer
CESR	Committee of European Securities Regulators
CFA	Chartered Financial Analyst
CFR	Code of Federal Regulations
CFTC	U.S. Commodity Futures Trading Commission
Chap.	Chapter
CHF	Schweizer Franken
CLOB	Central Limit Order Book
CME	Chicago Mercantile Exchange
CNBC	Consumer News and Business Channel
CPSS	Committee on Payment and Settlement Systems (CPSS) of the Bank for International Settlement (BIS)
CQS	Consolidated Quote System
CRO	Chief Risk Officer
CRS	Congressional Research Service (USA)
CS	Credit Suisse
CTO	Chief Technology Officer
CTS	Consolidated Trade System
DEA	Direct Electronic Access
del.	delegiert(e)
Diss.	Dissertation
DMA	Direct Market Access
DMM	Designated Market Maker
DR	Driver Review
DTI	Dept-to-Income Ratio
DVP	Delivery versus Payment
E.	Erwägung
EB	Erläuterungsbericht
EBA	European Banking Authority
EBK	Eidgenössische Bankenkommission
EBK-RS	Rundschreiben der Eidg. Bankenkommission
EC	European Commission; Electronic Commerce
ECB	European Central Bank
ECN	Electronic Communication Network
ECNU	East China Normal University
EDGA	von Bats betriebene Handelsplattform, vormals von Direct Edge
EDGX	von Bats betriebene Handelsplattform, vormals von Direct Edge
EDVAC	Electronic Discrete Variable Automatic Computer
EFD	Eidg. Finanzdepartement
EFTPOS	Electronic Funds Transfer at Point of Sale

EG	Europäische Gemeinschaft
EGMR	Europäischer Gerichtshof für Menschenrechte
EIA	Economic Impact Assessment
Eidg.	Eidgenössisch
EKAH	Eidgenössischen Ethikkommission für den ausserhumanen Bereich
EPA	Europäisches Patentamt
EPTA	European Principal Traders Association
Esma	European Securities and Markets Authority (Europäische Wertpapier- und Marktaufsichtsbehörde)
et al.	et alii, et alieae, et alia
ETF	Exchange Traded Fund
EU	Europäische Union
EuGH	Gerichtshof der Europäischen Union
EUR	Euro
f./ff.	und folgende (Seite/Seiten)
FIA	Futures Industry Association
Finma	Eidg. Finanzmarktaufsicht
FINMA-RS	Rundschreiben der Finma
Finra	Financial Industry Regulatory Authority (USA)
FIX	Protokoll
FLITE	Protokoll
FLOAT	Peg-Order-Strategie
Fn.	Fussnote
FOK	Fill-or-Kill (Auftragstyp)
FSB	Financial Stability Board
FTPS	FIX Transactions per Second
FTT	Financial Transaction Tax
gl. M	gleiche Meinung
Habil.	Habilitation
HFT	high-frequency trading
i. Ü.	im Üechtland
i. V. m.	in Verbindung mit
ibid.	ibidem (ebenda)
ICE	Intercontinental Exchange
IEX	Investors Exchange
IFRS	International Financial Reporting Standards
IKS	Internes Kontrollsystem
IMF	International Monetary Fund
IMI	ITCH Market Data Interface
Inc.	Incorporated
insb.	insbesondere
IOC	Immediate-or-Cancel (Auftragstyp)

IOSCO	International Organization of Securities Commissions
IS	Implementation Shortfall
ISE	International Securities Exchange
ISO	Intermarket Sweep Order
ITCH	Protokoll
ITG	Investment Technology Group
ITS	Implementing Technical Standards
Kap.	Kapitel
KCG	Knight Capital Group
LCR	Liquidity Coverage Ratio
lit.	litera
LLC	Limited Liability Company
LMM	Lead Market Maker
LOB	Limit Order Book
LSE	London Stock Exchange
Ltd.	Limited (Kapitalgesellschaft)
LTV	Loan-to-Value Ratio
m. w. H.	mit weiteren Hinweisen
MA	Massachussetts
MEIP	Message Efficiency Incentive Program (Nasdaq)
MPID	Market Participant Identifier
MTF	Multilateral Trading Facility (Multilaterales Handelssystem)
N	Randnummer; Nationalrat
Nasdaq	National Association of Securities Dealers Automated Quotations
NBBO	National Best Bid and Offer
NBER	National Bureau of Economic Research (USA)
NJ	New Jersey
NLP	neuro-linguistic programming
No.	number
NR	Nationalrat
Nr.	Nummer
NSFR	Net Stable Funding Ratio
NYSE	New York Stock Exchange
NZZ	Neue Zürcher Zeitung
OH	Ohio
OTC	Over the Counter
OTF	Organised Trading Facility (Organisiertes Handelssystem)
OTPS	OUCH Transactions per Second
OTR	Order-to-Trade Ratio
OUCH	Protokoll
PDP	Periodic Dark Pool
PFMI	Principles for Financial Market Infrastructures

PHLX	Philadelphia Stock Exchange
PNAS	Proceedings of the National Academy of Sciences of the United States of America
POV	Percent-of-Volume (Algorithmus)
PPB	Planning-Programming-Budgeting
PR	Press Release
PVol	Percent-of-Volume (Algorithmus)
Q	Quartal
QIX	Protokoll
QPS	Quotes per Second
RAND	Research and Development (Forschungsorganisation in den USA)
RASH	Protokoll
RBC	Royal Bank of Canada
re	regarding
rev.	revidiert
RFA	Regulierungsfolgenabschätzung
RL	Richtlinie
RS	Rundschreiben
RTS	Regulatory Technical Standards
S&P	Standard & Poor's
S.	Seite
s.	siehe
s. n.	sine nomine
SA	Sponsored Access
SBV	Schweizerische Bankiervereinigung
SEAS	School of Engineering and Applied Science
SEC	U.S. Securities and Exchange Commission
SECOM	von der SIX SIS AG betriebenes Effektenabwicklungssystem
SI	Systematischer Internalisierer
SIC	SIX Interbank Clearing
SICAF	Société d'Investissement à Capital Fixe
SICAV	Société d'Investissement à Capital Variable
SIF	Staatssekretariat für Internationale Finanzfragen
SIFI	Systemically important financial institution
SIP	Security Information Processor
SLS	SIX Swiss Exchange Liquidnet Service (Dark Pool, den die SIX in Partnerschaft mit Liquidnet betreibt)
SNB	Schweizerische Nationalbank
sog.	sogenannt
SOR	Smart Order Router
SR; S	Ständerat
StatArb	Statistical Arbitrage

STT	Securities Transaction Tax
TBTF	Too big to fail
TRF	Trade Reporting Facility
TRNA	Thomson Reuters News Analytics
TSE	Toulouse School of Economics
TWAP	Time-Weighted Average Price (Algorithmus)
TX	Texas
u.	und
u.a.	und andere
UK	United Kingdom
Unterabs.	Unterabsatz
USA	United States of America
USC	U.S. Code
USD	US-Dollar
USG	Universität St. Gallen
US-GAAP	United States Generally Accepted Accounting Principles
v.	vom
v.Chr.	vor Christus
VA	Virginia
vgl.	vergleiche
VO	Verordnung
Vol.	Volume
vs.	versus
VSV	Verband Schweizerischer Vermögensverwalter
VWAP	Volume-Weighted Average Price (Algorithmus)
WBF	Eidg. Departement für Wirtschaft Bildung und Forschung
Weko	Wettbewerbskommission
WFA	Western Finance Association
WHO	World Health Organization
Ziff.	Ziffer

Zeitschriften und Schriftenreihen

AcP	Archiv für die civilistische Praxis
AISUF	Arbeiten aus dem iuristischen Seminar der Universität Freiburg Schweiz
AJP	Aktuelle Juristische Praxis
AöR	Archiv des öffentlichen Rechts
ASR	Abhandlungen zum Schweizerischen Recht
BaöRV	Beiträge zum ausländischen öffentlichen Recht und Völkerrecht
BfwF	Bank und finanzwirtschaftliche Forschungen

BKR	Zeitschrift für Bank- und Kapitalmarktrecht
BrV	Schriftenreihe der Bankrechtlichen Vereinigung
BSRW-A	Basler Studien zur Rechtswissenschaft, Reihe A: Privatrecht
EHS-II	Europäische Hochschulschriften, Reihe II: Rechtswissenschaft
EW-JMS	Europäisches Wirtschaftsrecht – Jean-Monnet-Schriftenreihe
FMII	Financial Markets, Institutions & Instruments
GesKR	Gesellschafts- und Kapitalmarktrecht (Zeitschrift)
IBFL	International banking and finance law series
IJBFMR	International Journal of Business and Finance Management Research
JusIntEu	Jus Internationale et Europaeum
JusPubl	Jus Publicum
LTA	Liiketaloudellinen aikakauskirja – Finnish Journal of Business Economics
ORWA	Osnabrücker Rechtswissenschaftliche Abhandlungen
RFE	Rechtswissenschaftliche Forschung und Entwicklung
SAG	Schweizerische Aktiengesellschaft
SchrUKmR	Schriften zum Unternehmens- und Kapitalmarktrecht
SHAW	Studien zum Handels-, Arbeits- und Wirtschaftsrecht
SIAWUK	Schriften des Instituts für Arbeits- und Wirtschaftsrecht der Universität zu Köln
sic!	Zeitschrift für Immaterialgüter-, Informations- und Wettbewerbsrecht
SJZ	Schweizerische Juristen-Zeitung
SÖR	Schriften zum Öffentlichen Recht
SSBR	Schweizer Schriften zum Bankrecht
SSFM	Schweizer Schriften zum Finanzmarktrecht
SSHW	Schweizer Schriften zum Handels- und Wirtschaftsrecht
SSPHW	St. Galler Studien zum Privat-, Handels- und Wirtschaftsrecht
StRw	Studien zur Rechtswissenschaft
SZW	Schweizerische Zeitschrift für Wirtschafts- und Finanzmarktrecht
TKS	Tübinger Kirchenrechtliche Studien
VVDStRL	Veröffentlichungen der Vereinigung der Deutschen Staatsrechtslehrer
WM	Wertpapier-Mitteilungen: Zeitschrift für Wirtschafts- und Bankrecht
ZBB	Zeitschrift für Bankrecht und Bankwirtschaft
ZGR	Zeitschrift für Unternehmens- und Gesellschaftsrecht
ZSÖR	Zürcher Studien zum Öffentlichen Recht
ZSR	Zeitschrift für Schweizerisches Recht
ZStPrR	Zürcher Studien zum Privatrecht
ZStStR	Zürcher Studien zum Strafrecht

Regularien

aBEHV-FINMA: ehem. VO der Eidg. Finanzmarktaufsicht über die Börsen und den Effektenhandel (Börsenverordnung-FINMA) vom 25. Oktober 2008 (in Kraft bis 31. Dezember 2015)

AIFMD: RL 2011/61/EU des Europäischen Parlaments und des Rates vom 8. Juni 2011 über die Verwalter alternativer Investmentfonds […], ABlEU v. 1.7.2011, L 174/1 (*Alternative Investment Fund Manager Directive*)

Anlegerentschädigungsrichtlinie: RL 97/9/EG des Europäischen Parlaments und des Rates vom 3. März 1997 über Systeme für die Entschädigung der Anleger, ABlEG v. 26.3.1997, L 84/22

AuG: BG über die Ausländerinnen und Ausländer (Ausländergesetz) vom 16. Dezember 2017 (SR 142.20)

Bank Company Act of 1956 (12 USC 1841–1852)

BankG: BG über die Banken und Sparkassen (Bankengesetz) vom 8. November 1934 (SR 952.0)

BankV: VO über die Banken und Sparkassen (Bankenverordnung) vom 30. April 2014 (SR 952.02)

Basel III: Basler Ausschuss für Bankenaufsicht der BIZ, Ein globaler Regulierungsrahmen für widerstandfähigere Banken und Bankensysteme, Dezember 2010 (rev. Juni 2011)

BEG: BG über Bucheffekten (Bucheffektengesetz) vom 3. Oktober 2008 (SR 957.1)

BEHG: BG über die Börsen und den Effektenhandel (Börsengesetz) vom 24. März 1995 (SR 954.1)

BEHV: VO über die Börsen und den Effektenhandel (Börsenverordnung) vom 2. Dezember 1996 (SR 954.11)

Benchmark-VO: VO 2016/1011 des Europäischen Parlaments und des Rates vom 8. Juni 2016 über Indizes, die bei Finanzinstrumenten und Finanzkontrakten als Referenzwert oder zur Messung der Wertentwicklung eines Investmentfonds verwendet werden […], ABlEU v. 29.6.2016, L 171/1

BV: Bundesverfassung der Schweizerischen Eidgenossenschaft vom 18. April 1999 (SR 101)

BZP: BG über den Bundeszivilprozessrecht vom 4. Dezember 1947 (SR 273)

CRD IV: RL 2013/36/EU des Europäischen Parlaments und des Rates vom 26. Juni 2013 über den Zugang zur Tätigkeit von Kreditinstituten und die Beaufsichtigung von Kreditinstituten und Wertpapierfirmen […], ABlEU v. 27.6.2013, L 176/338 (*Capital Requirements Directive*)

CRIM-MAD: RL 2014/57/EU des Europäischen Parlaments und des Rates vom 16. April 2014 über strafrechtliche Sanktionen bei Marktmanipulation [recte: Marktmissbrauch], ABlEU v. 12.6.2014, L 173/179 (*Market Abuse Directive*; MAD II)

CRR: VO 575/2013 des Europäischen Parlaments und des Rates vom 26. Juni 2013 über Aufsichtsanforderungen an Kreditinstitute und Wertpapierfirmen [...], ABlEU v. 27.6.2013, L 176/1 (*Capital Requirements Regulation*)

CSDR: VO 909/2014 des Europäischen Parlaments und des Rates vom 23. Juli 2014 zur Verbesserung der Wertpapierlieferungen und -abrechnungen in der Europäischen Union und über Zentralverwahrer [...], ABlEU v. 28.8.2014, L 257/1 (*Central Securities Depositories Regulation*)

Definitionenrichtlinie (MAD): RL 2003/124/EG der Europäischen Kommission vom 22. Dezember 2003 zur Durchführung der RL 2003/6/EG betreffend die Begriffsbestimmung und die Veröffentlichung von Insider-Informationen und die Begriffsbestimmung der Marktmanipulation, ABlEG v. 24.12.2003, L 339/70

Dodd-Frank Act: U.S. Dodd-Frank Wall Street Reform and Consumer Protection Act of 2010 (12 USC 5301–5641)

E-FIDLEG: Entwurf zum BG über die Finanzdienstleistungen (Finanzdienstleistungsgesetz), BBl 2015 9093

E-FINIG: Entwurf zum BG über die Finanzinstitute (Finanzinstitutsgesetz), BBl 2015 9139

EBK-RS 08/1: Rundschreiben der EBK «Aufsichtsregeln zum Marktverhalten im Effektenhandel (Marktverhaltensregeln)» vom 19. März 2008, nicht mehr in Kraft

EMIR: VO 648/2012 des Europäischen Parlaments und des Rates vom 4. Juli 2012 über OTC-Derivate, zentrale Gegenparteien und Transaktionsregister, ABlEU v. 27.7.2012, L 201/1 (*European Markets Infrastructure Regulation*)

EMRK: Konvention zum Schutze der Menschenrechte und Grundfreiheiten (Europäische Menschenrechtskonvention) vom 4. November 1950 (SR 0.101)

EPÜ: Europäisches Patentübereinkommen, revidiert in München am 29. November 2000

ERV: VO über die Eigenmittel und Risikoverteilung für Banken und Effektenhändler (Eigenmittelverordnung) vom 1. Juni 2012 (SR 952.03)

Eurex-RS 231/15: Rundschreiben der Eurex zur Verlängerung des Market-Making-Programms bei EURIBOR-Optionen vom 23. Dezember 2015

FinfraG: BG über die Finanzmarktinfrastrukturen und das Marktverhalten im Effekten- und Derivatehandel (Finanzmarktinfrastrukturgesetz) vom 19. Juni 2015 (SR 958.1)

FinfraV: VO über die Finanzmarktinfrastrukturen und das Marktverhalten im Effekten- und Derivatehandel (Finanzmarktinfrastrukturverordnung) vom 25. November 2015 (SR 958.11)

FinfraV-FINMA: VO der Eidg. Finanzmarktaufsicht über die Finanzmarktinfrastrukturen und das Marktverhalten im Effekten- und Derivatehandel (Finanzmarktinfrastrukturverordnung-FINMA) vom 3. Dezember 2015 (SR 958.111)

FINMAG: BG über die Eidg. Finanzmarktaufsicht (Finanzmarktaufsichtsgesetz) vom 22. Juni 2007

FINMA-PV: Finanzmarktprüfverordnung vom 5. November 2014 (SR 956.161)

FINMA-RS 2008/1: Rundschreiben der Finma «Bewilligungs- und Meldepflichten Banken» vom 20. November 2008, in Kraft seit dem 1. Januar 2009

FINMA-RS 2008/5: Rundschreiben der Finma «Effektenhändler, Erläuterungen zum Begriff Effektenhändler» vom 20. November 2008, in Kraft seit dem 1. Januar 2009

FINMA-RS 2008/6: Rundschreiben der Finma «Zinsrisiken Banken» vom 20. November 2008, in Kraft seit dem 1. Januar 2009

FINMA-RS 2008/10: Rundschreiben der Finma «Selbstregulierung als Mindeststandard» vom 20. November 2008, in Kraft seit dem 1. Januar 2009

FINMA-RS 2008/20: Rundschreiben der Finma «Marktrisiken Banken» vom 20. November 2008, in Kraft seit dem 1. Januar 2009

FINMA-RS 2008/21: Rundschreiben der Finma «Operationelle Risiken – Banken» vom 20. November 2008, in Kraft seit dem 1. Januar 2009, zuletzt aktualisiert am 22. September 2016

FINMA-RS 2008/22: Rundschreiben der Finma «Offenlegung Banken» vom 20. November 2008, in Kraft seit dem 1. Januar 2009

FINMA-RS 2008/23: Rundschreiben der Finma «Risikoverteilung Banken» vom 20. November 2008, in Kraft seit dem 1. Januar 2009

FINMA-RS 2008/41: Rundschreiben der Finma «Prüfwesen» vom 20. November 2008, In Kraft seit dem 1. Januar 2009

FINMA-RS 2013/1: Rundschreiben der Finma «Anrechenbare Eigenmittel Banken» vom 1. Juni 2012, in Kraft seit dem 1. Januar 2013

FINMA-RS 2013/3: Rundschreiben der Finma «Prüfwesen» vom 6. Dezember 2012, in Kraft seit dem 1. Januar 2013

FINMA-RS 2013/8: Rundschreiben der Finma «Marktverhaltensregeln» vom 29. August 2013, in Kraft seit dem 1. Oktober 2013

FINMA-RS 2015/1: Rundschreiben der Finma «Rechnungslegung Banken» vom 27. März 2014, in Kraft seit dem 1. Januar 2015

FINMA-RS 2015/2: Rundschreiben der Finma «Liquiditätsrisiken Banken» vom 3. Juli 2014, in Kraft seit dem 1. Januar 2015

FINMA-RS 2015/3: Rundschreiben der Finma «Leverage Ratio» vom 29. Oktober 2014, in Kraft seit dem 1. Januar 2015

FINMA-RS 2017/1: Rundschreiben der Finma «*Corporate Governance* – Banken» vom 22. November 2016, in Kraft ab dem 1. Juli 2017

FINMA-RS 2017/7: Rundschreiben der Finma «Kreditrisiken – Banken» vom 7. November 2016, in Kraft seit dem 1. Januar 2017

FINMA-RS 2018/1: Rundschreiben der Finma «Organisierte Handelssysteme» vom 25. Januar 2017, in Kraft ab dem 1. Januar 2018

FINMA-RS 2018/2: Rundschreiben der Finma «Meldepflicht – Effektengeschäfte» vom 25. Januar 2017, in Kraft ab dem 1. Januar 2018

FMG: Fernmeldegesetz vom 30. April 1997 (SR 784.10)

FZA: Abkommen zwischen der Schweizerischen Eidgenossenschaft einerseits und der Europäischen Gemeinschaft und ihren Mitgliedstaaten andererseits über die Freizügigkeit (Freizügigkeitsabkommen) vom 21. Juni 1999 (SR 0.142.112.681)

GWG: BG über die Bekämpfung der Geldwäscherei und der Terrorismusfinanzierung (Geldwäschereigesetz) vom 10. Oktober 1997 (SR 955.0)

HRegV: Handelsregisterverordnung vom 17. Oktober 2007 (SR 221.411)

HR-SIX: Handelsreglement der SIX vom 9. November 2017, in Kraft seit dem 1. Januar 2018

IDD: RL 2016/97 des Europäischen Parlaments und des Rates vom 20. Januar 2016 über Versicherungsvertrieb, ABlEU v. 2.2.2016, L 26/19 (*Insurance Distribution Directive*)

IMD: RL 2002/92/EG des Europäischen Parlaments und des Rates vom 9. Dezember 2002 über Versicherungsvermittlung, ABlEG v. 15.1.2003, L 9/3 (*Insurance Mediation Directive*)

Investment Company Act of 1940 (15 USC 80a-1–80a-64)

ITS 19 (MiFID II): DVO 2016/824 der Europäischen Kommission vom 25. Mai 2016 zur Festlegung technischer Durchführungsstandards in Bezug auf den Inhalt und das Format der Beschreibung der Funktionsweise multilateraler Handelssysteme und organisierter Handelssysteme sowie die Benachrichtigung der Europäischen Wertpapier- und Marktaufsichtsbehörde gemäß der RL 2014/65/EU (MiFID II), ABlEU v. 26.5.2016, L 137/10

KAG: BG über die kollektiven Kapitalanlagen (Kollektivanlagengesetz) vom 23. Juni 2006 (SR 951.31)

KR-SIX: Kotierungsreglement der SIX vom 1. Mai 2017

KWG: Deutsches Gesetz über das Kreditwesen (Kreditwesengesetz) vom 9. September 1998 (BGl. 1998 I 2776)

LiqV: VO über die Liquidität der Banken (Liquiditätsverordnung) vom 30. November 2012 (SR 952.06)

LVVO: VO 236/2012/EU des Europäischen Parlaments und des Rates vom 14. März 2012 über Leerverkäufe und bestimmte Aspekte von Credit Default Swaps, ABlEU v. 24.3.2012, L 86/1 (Leerverkaufsverordnung)

MAD II: Siehe CRIM-MAD

MAD: RL 2003/6/EG des Europäischen Parlaments und des Rates vom 28. Januar 2003 über Insider-Geschäfte und Marktmanipulation, ABlEG v. 12.4. 2003, L 96/16, geändert durch RL 2008/26/EG des Europäischen Parlaments und des Rates vom 11.03.2008, ABlEG v. 20.3.2008, L 81/42, und die RL 2010/78/EU des Europäischen Parlaments und des Rates vom 24.11. 2010, ABlEU v. 15.12.2010, L 331/120 (Marktmissbrauchsrichtlinie; *Market Abuse Directive*)

MAR: VO 596/2014 des Europäischen Parlaments und des Rates vom 16. April 2014 über Marktmissbrauch [...], ABlEU v. 12.6.2014, L 173/1 (Marktmissbrauchsverordnung; *Market Abuse Regulation*)

MiFID II: RL 2014/65/EU des Europäischen Parlaments und des Rates vom 15. Mai 2014 über Märkte für Finanzinstrumente [...], ABlEU v. 12.6.2014, L 173/349 (*Markets in Financial Instruments Directive II*)

MiFID: RL 2004/39/EG des Europäischen Parlaments und des Rates vom 21. April 2004 über Märkte für Finanzinstrumente [...], ABlEG v. 30.4.2004, L 145/1, geändert durch die Richtlinien RL 2006/31/EG vom 5. April 2006, ABlEG v. 27.4.2006, L 114/60, RL 2007/44/EG vom 5. September 2007, ABlEG v. 21.9.2007, L 247/1, RL 2008/10/EG vom 11. März 2008, ABlEG v. 19.3.2008, L 76/33 und RL 2010/78/EU vom 24. November 2010, ABlEU v. 15.12.2010, L 331/120 (*Markets in Financial Instruments Directive*)

MiFIR: VO 600/2014 des Europäischen Parlaments und des Rates vom 15. Mai 2014 über Märkte für Finanzinstrumente [...], ABlEU v. 12.6.2014, L 173/84 (*Markets in Financial Instruments Regulation*)

NBG: BG über die Schweizerische Nationalbank (Nationalbankgesetz) vom 3. Oktober 2003 (SR 951.11)

NBV: VO zum BG über die Schweizerische Nationalbank (Nationalbankverordnung) vom 18. März 2004 (SR 951.131)

Notierungsrichtlinie: RL 2001/34/EG des Europäischen Parlaments und des Rates vom 27. Mai 2001 über die Zulassung von Wertpapieren zur amtlichen Börsennotierung und über die hinsichtlich dieser Wertpapiere zu veröffentlichenden Informationen, ABlEG v. 6.7.2001, L 184/1

OGAW-RL: Siehe UCITS V

OR: BG betreffend die Ergänzung des Schweizerischen Zivilgesetzbuches (Fünfter Teil: Obligationenrecht) vom 30. März 1911 (SR 220)

Prospektrichtlinie: RL 2003/71/EC des Europäischen Parlaments und des Rates vom 4. November 2003 betreffend den Prospekt, der beim öffentlichen Angebot von Wertpapieren oder bei deren Zulassung zum Handel zu veröffentlichen ist [...], ABlEG v. 31.12.2003, L 345/64, geändert durch RL 2010/73/EU des Europäischen Parlaments und des Rates vom 24. November 2010, ABlEU v. 11.12.2010, L 327/1

RAG: BG über die Zulassung und Beaufsichtigung der Revisorinnen und Revisoren (Revisionsaufsichtsgesetz) vom 16. Dezember 2005 (SR 221.302)

Reg ATS: U.S. Regulation of Exchanges and Alternative Trading Systems vom 22. Dezember 1998, 17 CFR Parts 202, 240, 242 and 249, Federal Register 63 (1998), 70844–70951

Reg NMS: U.S. Regulation National Market System vom 29. Juni 2005, 17 CFR Parts 200, 201, et al., Federal Register 70 (2005), 37496–37644

Risikokapitalfondsverordnung: VO 345/2013 des Europäischen Parlaments und des Rates vom 17. April 2013 über Europäische Risikokapitalfonds, ABlEU v. 25.4.2013, L 115/1

RL 2003/87/EG des Europäischen Parlaments und des Rates vom 13. Oktober 2003 über ein System für den Handel mit Treibhausgasemissionszertifikaten in der Gemeinschaft [...], ABlEG v. 25.10.2003, L 275/32

RL 2003/124/EG der Europäischen Kommission vom 22. Dezember 2003 betreffend die Begriffsbestimmung und die Veröffentlichung von Insider-Informationen und die Begriffsbestimmung der Marktmanipulation, ABlEG v. 24.12.2003, L 339/70

RL 2003/125/EG der Europäischen Kommission vom 22. Dezember 2003 betreffend die sachgerechte Darbietung von Anlageempfehlungen und die Offenlegung von Interessenkonflikten, ABlEG v. 22.12.2003, L 339/73

RL 2004/72/EG der Europäischen Kommission vom 29. April 2004 betreffend zulässige Marktpraktiken, die Definition von Insider-Informationen in Bezug auf Warenderivate, die Erstellung von Insider-Verzeichnissen, die Meldung von Eigengeschäften und die Meldung verdächtiger Transaktionen [...], ABlEG v. 30.4.2004, L 162/70

RL 2016/1034 des Europäischen Parlaments und des Rates vom 23. Juni 2016 zur Änderung der RL 2014/65/EU, ABlEU v. 30.6.2016, L 175/8

RRD: RL 2014/59/EU des Europäischen Parlaments und des Rates vom 15. Mai 2014 zur Festlegung eines Rahmens für die Sanierung und Abwicklung von Kreditinstuten und Wertpapierfirmen [...], ABlEU v. 12.6.2014, L 173/190 (*Recovery and Resolution Directive*)

RTS 2 (MiFID II): Delegierte VO 2017/583 der Europäischen Kommission vom 14. Juli 2016 zur Ergänzung der VO 600/2014 (MiFIR) durch technische Regulierungsstandards zu den Transparenzanforderungen für Handelsplätze und Wertpapierfirmen in Bezug auf Anleihen, strukturierte Finanzprodukte, Emissionszertifikate und Derivate, ABlEU v. 31.3.2017, L 87/229

RTS 6 (MiFID II): Delegierte VO 2017/589 der Europäischen Kommission vom 19. Juli 2016 zur Ergänzung der RL 2014/65/EU (MiFID II) durch technische Regulierungsstandards zur Festlegung der organisatorischen Anforderungen an Wertpapierfirmen, die algorithmischen Handel betreiben, ABlEU v. 31.3.2017, L 87/417

RTS 7 (MiFID II): Delegierte VO 2017/584 der Europäischen Kommission vom 14. Juli 2016 zur Ergänzung der RL 2014/65/EU (MiFID II) durch technische Regulierungsstandards zur Festlegung der organisatorischen Anforderungen an Handelsplätze, ABlEU v. 31.3.2017, L 87/350

RTS 8 (MiFID II): Delegierte VO 2017/578 der Europäischen Kommission vom 13. Juni 2016 zur Ergänzung der RL 2014/65/EU (MiFID II) durch technische Regulierungsstandards zur Angabe von Anforderungen an Market-Making-Vereinbarungen und -Systeme, ABlEU v. 31.3.2017, L 87/183

RTS 9 (MiFID II): Delegierte VO 2017/566 der Europäischen Kommission vom 18. Mai 2016 zur Ergänzung der RL 2014/65/EU (MiFID II) durch technische Regulierungsstandards für das Verhältnis zwischen nicht ausgeführten Verträgen [recte: Aufträgen] und Geschäften zur Verhinderung marktstörender Handelsbedingungen, ABlEU v. 31.3.2017, L 87/84

RTS 10 (MiFID II): Delegierte VO 2017/573 der Europäischen Kommission vom 6. Juni 2016 zur Ergänzung der RL 2014/65/EU (MiFID II) durch technische Regulierungsstandards für Anforderungen zur Sicherstellung gerechter und nichtdiskriminierender Kollokationsdienste und Gebührenstrukturen, ABlEU v. 31.3.2017, L 87/145

RTS 11 (MiFID II): Delegierte VO 2017/588 der Europäischen Kommission vom 14. Juli 2016 zur Ergänzung der RL 2014/65/EU (MiFID II) durch technische Regulierungsstandards für das Tick-Größen-System für Aktien, Aktienzertifikate und börsengehandelte Fonds, ABlEU v. 31.3.2017, L 87/411

RTS 12 (MiFID II): Delegierte VO 2017/570 der Europäischen Kommission vom 26. Mai 2016 zur Ergänzung der RL 2014/65/EU (MiFID II) durch technische Regulierungsstandards zur Bestimmung des in Bezug auf die Liquidität maßgeblichen Markts hinsichtlich Benachrichtigungen über vorübergehende Handelseinstellungen, ABlEU v. 31.3.2017, L 87/124

RTS 22 (MiFIR): Delegierte VO 2017/590 der Europäischen Kommission vom 28. Juli 2016 zur Ergänzung der VO 600/2014 (MiFIR) durch technische

Regulierungsstandards für die Meldung von Geschäften an die zuständigen Behörden, ABlEU v. 31.3.2017, L 87/449

RTVG: BG über Radio und Fernsehen (SR 784.40)

SBG: BG über Glücksspiele und Spielbanken (Spielbankengesetz) vom 18. Dezember 1998 (SR 935.52)

Scoach-Weisung 7: ehemalige Weisung der Scoach zu Gebühren und Kosten vom 20. Oktober 2016, in Kraft seit dem 1. Januar 2017

Securities Act of 1933 (15 USC 77a–77aa)

Securities Exchange Act of 1934 (15 USC 78a–78qq.)

SIX-GebO Handel: Gebührenordnung Handel der SIX vom 1. Juni 2017, in Kraft seit dem 23. Oktober 2017

SIX-Weisung 1: Weisung der SIX zur Zulassung von Teilnehmern vom 24. August 2017, in Kraft seit dem 23. Oktober 2017

SIX-Weisung 2: Weisung der SIX zur technischen Anbindung vom 8. Juni 2017, in Kraft seit dem 23. Oktober 2017

SIX-Weisung 3: Weisung der SIX zum Handel vom 12. Oktober 2017, in Kraft seit dem 1. Januar 2018

SIX-Weisung 4: Weisung der SIX zur Marktsteuerung vom 8. Juni 2017, in Kraft seit dem 23. Oktober 2017

SIX-Weisung 5: Weisung der SIX zum Handel ohne Vorhandelstransparenz vom 12. Oktober 2017, in Kraft seit dem 1. Januar 2018

SIX-Weisung 7: Weisung der SIX zum Sponsored Access vom 8. Juni 2017, in Kraft seit dem 1. Januar 2018

SSR: *Short Selling Regulation*, siehe LVVO

StG: Bundesgesetz über die Stempelabgaben vom 27. Juni 1973 (SR 641.10)

StGB: Schweizerisches Strafgesetzbuch vom 21. Dezember 1937 (SR 311.0)

StPO: Schweizerische Strafprozessordnung (Strafprozessordnung) vom 5. Oktober 2007 (SR 312.0)

Transparenzrichtlinie: RL 2004/109/EG des Europäischen Parlaments und des Rates vom 15. Dezember 2004 zur Harmonisierung der Transparenzanforderungen in Bezug auf Informationen über Emittenten, deren Wertpapiere zum Handel auf einem geregelten Markt zugelassen sind […], ABlEG v. 31.12.2004, L 390/38

UCITS V: RL 2009/65/EG des Europäischen Parlaments und des Rates vom 13. Juli 2009 zur Koordinierung der Rechts- und Verwaltungsvorschriften betreffend bestimmte Organismen für gemeinsame Anlagen in Wertpapieren, ABlEG v. 17.11.2009, L 302/32, geändert durch die RL 2014/91/EU des Europäischen Parlaments und des Rates vom 23. Juli 2014, ABlEU v. 28.8.

2014, L 257/186 (Undertakings for the Collective Investment in Transferable Securities; auch OGAW-Richtlinie)

USG: BG über den Umweltschutz (Umweltschutzgesetz) vom 7. Oktober 1983 (SR 814.01)

UWG: BG gegen den unlauteren Wettbewerb vom 19. Dezember 1986 (SR 241)

VE-FINIG: Vorentwurf zum BG über die Finanzinstitute (Finanzinstitutsgesetz)

VO 2273/2003 der Europäischen Kommission vom 22.12.2003 betreffend die Ausnahmeregelungen für Rückkaufprogramme und Kursstabilisierungsmassnahmen, ABlEG v. 22.12.2003, L 336/33

VO 918/2012 der Europäischen Kommission vom 5. Juli 2012 zur Ergänzung der LVVO im Hinblick auf die Begriffsbestimmungen, die Berechnung von Netto-Leerverkaufsposition etc., ABlEU v. 9.10.2012, L 274/1

VO 346/2013 des Europäischen Parlaments und des Rates vom 17. April 2013 über Europäische Fonds für soziales Unternehmertum, ABlEU v. 25.4.2013, L 115/18

VO 2017/565: Delegierte VO der Europäischen Kommission vom 25. April 2016 zur Ergänzung der RL 2014/65/EU in Bezug auf die organisatorischen Anforderungen an Wertpapierfirmen und die Bedingungen für die Ausübung ihrer Tätigkeit sowie in Bezug auf die Defintion bestimmter Begriffe für die Zwecke der genannten RL

VO 2016/1033 des Europäischen Parlaments und des Rates vom 23. Juni 2016 zur Änderung der VO 600/2014 […], ABlEU v. 30.6.2016, L 175/1

VwVG: BG über das Verwaltungsverfahren (Verwaltungsverfahrensgesetz) vom 20. Dezember 1968 (SR 172.021)

WpHG: Deutsches Gesetz über den Wertpapierhandel (Wertpapierhandelsgesetz) vom 9. September 1998 (BGBl. 1998 I 2708)

ZGB: Schweizerisches Zivilgesetzbuch vom 10. Dezember 1907 (SR 210)

ZPO: Schweizerische Zivilprozessordnung (Zivilprozessordnung) vom 19. Dezember 2008 (SR 272)

Stichwortverzeichnis

Die Verweise beziehen sich auf Seitenzahlen. Allfällige Hauptstellen sind *kursiv* gedruckt.

A

Abkühlungshypothese, s. Circuit-Breakers
Abschlussmeldung, 605 f.
Abwärtswettlauf, 368
Ad-hoc-Publizität, 787, 791, 795, *797 ff.*, 852
adverse selection costs, s. Informationsrisiken
Adverse Selektion, s. Informationsrisiken oder Negativauslese
Afterrunning, 788, 793, *831 ff.*, 853
Agency-Problematik, 57 f., 324 ff., 414 ff., 477 f.
– Ergebnisse, 337, 477 f.
– Finanzdienstleister als Agenten, 326 f.
– Gebührensysteme, 57 f., 326 f.
– Grundlagen, 324 f.
– HFT als Agenten, 325 f.
– Kontrollwirkung durch Vertrauen und Reputation, 414 f.
– Regulierungsinstrumente, 414 ff., 477 f.
– Vereinfachung der rationalen Entscheidungsfindung, 415 f.
Akerlof, *299*, 311, 314
Akteure des Hochfrequenzhandels, s. Hochfrequenzhandel
algorithmische Handelstechnik, 499 f.
algorithmischer Handel
– Ausführungsalgorithmen, 77 f., 92 f., 377 f., 385 ff., 397 f., 596, 606, 613
– Begriffsmerkmale, 491 ff.
– Definition Europa, 10, *491 ff.*
– Definition Schweiz, 595 ff.
– Hedging, 87, *93*, 522, 562, 713 f.
– Portfoliorebalancierung, 10, 93, 199
– weitere Formen, 10
Algorithmus, 493 ff.
– Begriff, 493 f.
– für Anlageentscheidungen, 494 f.
– für die Auftragsausführung, 494 f.
Algo-Tests, 612 ff.
– Bescheinigung, 616
– Entwicklungs- und Testverfahren, 613 f.
– Konformitätstests, 614 f.
– Testumgebung, 615
Allokationseffizienz, 197
Allokationsfunktion, 162
alternative trading system (ATS), 15 f.
Amihud-Massstab, *225 f.*, 236, 253
Ändern von Aufträgen, s. Insiderhandlung
Änderungsmöglichkeit, 685 f.
Anfangskapital (EU), 549
Anlegerentschädigungssystem, 549
Anlegerschutz, s. Individualschutz
Anschlüsse, 835 ff., s. auch Co-Location
– Fazit, 837 f., 854, 877
– Gebühren, 58 f.
– Gleichbehandlungsgrundsatz, 837
– Insidertatbestand, 836 f.
antizipierende Strategien, 76 ff., s. auch elektronisches Frontrunning und Pinging
– Begriff, 76 f.
– Flash-Crash, 373 f.
– geeignete Märkte, 96 f.
– Iceberg-Aufträge, 79
– Identifikation von Händlern, 79 f.
– Informationssuche in Dark Pools, 82 ff.
– Insiderhandel, 834 f.

- Kommissionen und Routing-Verhalten, 80
- Marktintegritätsrisiken, 393 f., 463 f.
- Marktmanipulation, 761 ff.
- Markttiefe, 231, 235, 238 ff.
- oligopolistische Strukturen, 295 f.
- Preisbildung, 209 f.
- Transaktionssteuern, 444 f.
- transparente Ausführungsalgorithmen, 77 f.
- Volatilität, 259
- Vorgehensweise, 77 ff.
- weitere Praktiken, 85 ff.
- Würdigung, 322 f., 394 f., 766 f.

Anwendungsbereich
- Effektenhändler, 528
- Handelsplatzpflichten, 671 f.
- Insiderinformation, 786 f.
- Institutspflichten bei algorithmischem Handel, 593 ff.
- Marktmanipulationstatbestand
    - Einzelfragen des sachlichen Anwendungsbereichs, 730 f.
    - persönlicher Anwendungsbereich, 727 f.
    - sachlicher Anwendungsbereich, 728 ff.
- Marktverhaltensregeln, 727 f.
- Zuordnung von Algorithmen mit Bezug auf Kunden, 602 ff.

AOR, s. Automated-Order-Routing

Arbitrage, 70 ff.
- deterministische, 70 ff.
- Kontroverse, 74 f.
- Latency-, 74
- Linked, 72 f., 287
- statistische, 73 f.

arms race, s. Wettrüsten

asymmetrische Verzögerung, 403 ff., 878 ff.

ATS, s. *alternative trading system*

Aufbau, 5

Aufbewahrungspflicht, 604 f., 696

Aufsichtsinstrumente der Finma, *754 ff.*, 777 f., 860

Auftragsparameter (Begriff), 492 f.

Auftragstypen, 36 ff.
- bedingte Aufträge, 47 ff., 496 ff.
- Dark Midpoint-Peg-Orders, 50 f.
- Dark Orders, s. dort
- Hidden Orders, s. Dark Orders
- Iceberg-Orders, 39, *49 f.*, 79, 81, 249
- klassische Aufträge, 37 f.
- Kontroverse, 45 ff.
- Limit-Order, 37
- Marketable Order, 38
- Market-Order, 37
- Non-displayed Orders, s. Dark Orders
- Peg-Orders, *48 ff.*, 74 f., 92, 253, 403, 413, 422, 493, 496 ff.
- Reserve-Orders, 50
- Stop-Orders, *48 f.*, 90 f., 378 f., 385 ff., 398, 432, 496 ff., 723, 758 ff., 871

Auftragsverarbeitungskosten, *63 ff.*, 196, 223, *228 ff.*, 238 f., 295, 455, 467

Auftragszusätze, 38 ff.
- *fill-or-kill*, *39 f.*, 71, 86, 405, 492, 844, 855
- Gültigkeitsdauer, 39 f.
- *immediate-or-cancel*, *39 f.*, 71, 86, 405, 492, 844, 855
- Intermarket-Sweep-Order, s. dort
- Mindestausführgrössen, *40*, 83, 773, 826, 829, 847, 856
- post-only, 40 ff., 83, 493

Aufzeichnungspflicht, 577, 604 f., 634

Ausfallfonds, *364 f.*, 369, 396, 426, 479, 578, 589

Ausfallrisiko, 365 f.

Ausfallskaskade bei Ausfall eines Teilnehmers, *365 ff.*, 396, 425 f., 479, 589

Ausführungsqualität, 415 ff.
- Agency-Problematik, 326

970

- Berechnung, 415 f.
- Broker-ID, 254
- Crossing-Systeme, 26
- Dark Pools, 25, 249, 416 f.
- Flash-Trading, 85, 474 f.
- Frontrunning, s. dort
- Gewinnbeteiligung, 417
- Kosten der Transparenz, 416
- Maker-Taker-Modell, 52, 56
- Peg-Orders, 48
- Quote-Stuffing, 90
- Routingverhalten (*Order Protection Rule*), 35 f.
- technische Anpassungen, 417 ff.
- Transparenz über die, 415

Ausführungszeit (als Parameter für die Marktliquidität), 220 f., 232 f.
ausgenommene Firmen (CRR), 521 ff.
Ausstiegsrecht, 166
Autokorrelation von Renditen, 204, 214, 249
Automated-Order-Routing, 495 f., 505
automatische Bestimmung (Begriffsmerkmal des algorithmischen Handels), 493
automatisierte Anlageberatung, s. Robo-Advice
Automatisierung, *93 ff.*, 99 f., 112, 492 f., 498 f., 501, 613, 840 f., 868

B

Bankwesen, 105 ff.
BCN, s. Crossing-System
bear raid, 91 f.
Beaufsichtigte, Definition (FINMAG), 578
Beaufsichtigung der Teilnehmer, s. auch Marktaufsicht und indirekte Beaufsichtigung
- Allgemeines, 694 f., 857 ff.
- kritische Würdigung, 705, 862 ff.

Bedeutsamkeit des Eingriffs (Legalitätsprinzip), 641 ff.

bedingte Aufträge, s. Auftragstypen
belastbare Systeme, s. operationelle Risiken (Handelsplatzpflichten)
Benchmark-Verordnung, 489 f.
Berufsgeheimnis, *823 ff.*, 841 f., 844 f.
- Ausnutzen, 827 f.
- Dark Orders, 841 f.
- Fazit, 829 f.
- Flash-Orders, 844 f.
- Geheimnisträger, 824 f.
- Konkurrenz, 828 f.
- Offenbaren, 826
- Täterkreis, 824 f.
- Tathandlungen, 826 ff.
- Tatobjekt, 825
- Verleiten, 827

beschränkte Rationalität, 302 f., 870 f.
Beschreibung des Geschäftsbereichs (Effektenhändler), 557 f.
Bestimmtheitsgebot (Strafrecht), 808 f.
Beweislast für Grundrechtsbeschränkungen, 119 ff.
Beweismass für Grundrechtsbeschränkungen, 116 ff.
Beweisregeln für Grundrechtsbeschränkungen, 113 ff.
Bewertungseffizienz, 197
Bewilligungsentzug (EU), 550 f.
Bewilligungsvoraussetzungen, s. Zulassungsvoraussetzungen
Bezug zur Unternehmenstätigkeit (Insiderhandel), 852
bid-ask bounce, 226
bilateraler Handel, 15, *654 ff.*, 658 ff.
Blockhandel, *25*, 28, 79, 214, 240 f., 244, 254, 273, 315, *321 ff.*, 420, *773 f.*, 850 f., 877
Block-Trader, 321 ff.
Börsendefinition, 658
Börsennetzwerk, 100
Börsenwesen, 105 ff.
Brady Commission, 379
Brieftauben, 281 f., 285

971

broker crossing network (BCN), s. Crossing-System
Broker-ID, 21, 79, 213, 246 f., 251, 254, 277
Buffett, Warren, 217, 237, 330, 337, 346, 361, 374, 406, 421, 424, 460
Businessplan (Effektenhändler), 566

C

Camouflage-Praktiken (Marktmanipulation), 773 f.
- Anfangsverdacht, 773
- Aufsichtsrecht, 773 f.
- Begriff, 773
- Fazit, 774
- Strafrecht, 774

cancel-back, 42
capital asset pricing model (CAPM), *203*, 256
CAPM, s. *capital asset pricing model*
CDP, s. Dark Pool, *continuous*
central limit order book (CLOB), s. zentralisiertes Auftragsbuch
Chancengleichheit, 143 ff., 153
Charakteristiken des Hochfrequenzhandels, s. Hochfrequenzhandel
Cheapest Cost-Avoider, 178 f.
Cicero, 151, 280
Circuit-Breakers, 427 ff., 682 ff.
- Abkühlungshypothese, 431 f.
- Analyse der Regulierungsfolgen, 429 ff.
- Begriff, 427
- kritische Würdigung, 683 f.
- Magnethypothese, 430
- Rechtsgrundlagen, 682 f.
- Regulierungsziel, 683
- Zweck, 429

Clearing, 639 f.
CLOB, s. zentralisiertes Auftragsbuch
Coase-Theorem, 172 f., 177 f.
Co-Location, s. auch Anschlüsse
- Allgemeines, 287 f.

- Handelsplatzpflichten (CH), 701 f.
- Handelsplatzpflichten (EU), 698 ff.
- hochfrequente algorithmische Handelstechnik, 500
- Insiderhandel, 835 ff.

Crash von 1987, 61 f., 200, *379*
critical-mass effect, s. Effekt der kritischen Masse
crossed markets, 33, 40 ff.
Crossing-System, *19 f.*, 26, 211 f., 243 ff., 265 f.
Crowding-out, 393 ff., 445, 586 f.

D

Dark Liquidity, 17
Dark Orders, 17, *49 ff.*, 841 ff., s. auch Dark Trade und Dark Pools
- Allgemeines, 17, *49 ff.*
- Berufsgeheimnis, 841 f.
- Fazit, 843
- Frontrunning, 842 f.
- Insiderhandel, *842 f.*, 855

Dark Pools, *17 ff.*, 82 ff., 211 ff., 242 ff., 265 ff., 275 ff., 472 f., s. Dark Orders und Dark Trade
- Auftragsausführung in, 83 f.
- Auswirkungen
  - auf die Marktliquidität, 242 ff.
  - auf die Marktvolatilität, 265 ff.
  - auf die Preisbildung, 211 ff.
- Bedeutung für den Hochfrequenzhandel, 29
- Beweggründe für den Handel in, 25 f.
- *continuous* (CDP), 20
- Dark Trade über Börsen, 22 f.
- Definition, 17
- einseitige und zweiseitige, 18 f.
- Ergebnisse zu den Auswirkungen auf die Marktqualität, 275 ff.
- Erscheinungsformen, 18 ff.
- exogene oder endogene Preisbestimmung, 18 f.
- Informationssuche in, 82 ff.

972

- kontinuierliches oder periodisches Matching, 20 f.
- Kontroverse, 26 ff.
- Marktanteil, 23 ff.
- *periodic* (PDP), 20
- Phishing in, 84
- Tick-Size, 472 f.
- Transparenzgrade, 21 f.

Dark Trade, *17*, 21 ff., 214 ff., 246 ff., 265 ff., 277 f., s. Dark Orders und Dark Pools

Datenaustausch, 863

default fund, s. Ausfallfonds

Definition des Hochfrequenzhandels, s. Hochfrequenzhandel

delivery versus payment (DVP), *363 ff.*, 369, 396, 425, 589

Demokratisierung und Entdemokratisierung von Information, 282 f., 285, 867

Differenzierung nach Grundrecht, 126

digitale Revolution, 1, 99, 867

direct market access, s. direkter Marktzugang

direkter elektronischer Zugang, *500 f.*, 504 ff., 697 f.
- Bedeutung für den Hochfrequenzhandel, 504
- Handelsplatzpflichten, 697 f.
- Infrastruktur zur Minimierung von Latenzen, 500 f.
- Institutspflichten, s. direkter elektronischer Zugang (Institutspflichten)
- Legaldefinition, 504
- Mitglieder, Teilnehmer und Kunden, 507 f.
- Unterformen, 506 f.

direkter elektronischer Zugang (Institutspflichten), 629 ff.
- Aufzeichnung, Auskunft und Informationsaustausch, 634
- Compliance, 631
- Genehmigung, 630

- Handels- und Kreditschwellen, 632
- implizite Pflichten nach schweizerischem Recht, 634 ff.
- Konstituierung als Wertpapierfirma oder Kreditinstitut, 629
- Meldepflicht, 630
- Prüfung von DEA-Kunden, 631
- Richtlinien, Verfahren und Kundenvereinbarung, 630
- Risikokontrollen, 631
- Überwachung des Auftragsflusses, 632 ff.

direkter Marktzugang, 500 f., *506 f.*

direktionale Strageien, 67 ff.

diskretionärer Handel, 15, *655*, *658 ff.*

display-price sliding, 41 f.

Dokumentationspflichten, s. Informationspflichten

Doppelauktion, s. Matchingmechanismen

Doppelnorm, 573

double batch auctions, 405 ff.
- Auswirkungen auf die Marktqualität, 406 f.
- Auswirkungen auf operationelle Risiken, 407 f.
- Bewertung durch die Europäische Kommission, 408 f.
- Ergebnis, 409 f.
- frequent randomized pro-rata sealed bid call auctions, 410
- Marktmodell, 405 f.

DVP, s. *delivery versus payment*

E

ECN, s. *electronic communication network*

Effekt der kritischen Masse, 243

Effektenhändler, 524 ff., 527 ff.
- Bewilligungsvoraussetzungen, 566 ff.
- Definition, 527 ff.
- Eigenhändler, 528 ff.
- erfasste Tätigkeiten, 528 ff.
- Fazit, 534 f.

– Gewerbsmässigkeit, s. dort
– Kundenhändler, 532 f.
– Market-Maker, 530 ff.
– persönlicher Anwendungsbereich, 528
– Pflichten, 568 ff.
Effektenhändlerpflichten, 568 ff.
– Abschlussmeldung, 571 ff.
– Eigenmittel, 574 f.
– Journalführung, 569 ff.
– Prüfung, 576
– Rechnungslegung, 575 f.
– Veränderungen der Bewilligungsvoraussetzungen, 568 f.
– Verhaltensregeln, 573 f., 831
Effizienzbegriffe, 197 f.
Effizienzkriterien, 171 ff.
egalitärer Liberalismus, 152 f.
Eigenhandel, 11, 359 f., 369, *512 ff.*, 517 f., *528 ff.*, 588, *656 f.*
Eigenmittel (CH), s. Effektenhändlerpflichten
Eigenmittelanforderungen (EU), 552 f.
electronic communication network, 15 f.
electronic frontrunning, s. elektronisches Frontrunning und antizipierende Strategien
elektronisches Frontrunning (Insiderhandel), 834 f., 853 f.
elektronisches Frontrunning (Marktmanipulation), 761 ff., s. auch antizipierende Strategien
– Anfangsverdacht, 762 f.
– Aufsichtsrecht, 763 ff.
– Begriff, 761 f.
– Fazit und Würdigung, 766 f.
– Strafrecht, 765
Emittentenbezug (Insiderinformation), 798 f., 810
endogene Preisbestimmung, 15, 18 f.
Engel-Kriterien, 117 f.
Entmaterialisierung, 282 f.
Erfordernis der Gesetzesform, 641 ff.

Erfordernis des Rechtssatzes, 641
erhebliche Preisveränderungen, s. Marktrisiken
Erheblichkeit (Marktmissbrauch)
– Auslegung des Begriffs, 736 ff.
– europarechtskonforme Auslegung, 738 f.
– Fazit, 739
– subjektiv-historische Auslegung, 736 ff.
Ersteinschusszahlungen, *364*, 396, 589
europäische Definitionen, 485 ff.
europäische Rechtsquellen, 485 ff.
Event-Arbitrage, 68
exchange hosting, s. Co-Location
exogene Preisbestimmung, 15, 18 f.
externe Effekte, *175 ff.*, 335, 875 f.
– als Marktversagen, 176 f.
– Begriff, 175 f.
– Internalisierung, 176 f.
– marktexterne, 176
– marktinterne, 176
– operative Störungen, 875 f.
– Reziprozität des Problems, 177 f.

F
Fachkenntnisse (Effektenhändler), 565 f.
Fahrlässigkeit, 744 ff.
– im Privatrecht, 744 f.
– im Strafrecht, 745 f.
– Würdigung, 746 f.
falsche Signale (Marktmanipulation), 740 ff.
fehlerhafte Algorithmen (Marktmanipulation), 775
Fernzweck einer Norm, 155 f.
FIDLEG, s. Finanzdienstleistungsgesetz
Finanzdienstleistungen, 107
Finanzdienstleistungsgesetz (FIDLEG), 582 f.
Finanzinstitutsgesetz (FINIG), 536 ff., 580 ff.
Finanzmarktinfrastrukturen, 661 ff.

Finanztransaktionssteuern, s. Transaktionssteuern
FINIG, s. Finanzinstitutsgesetz
Flagging, s. Informationspflichten, Kennzeichnung der Aufträge
Flash-Crash, 371 ff.
- Abkühlungshypothese, 431 f.
- algorithmisches Verkaufsprogramm, 78, 373
- antizipierende Strategien von Hochfrequenzhändlern, 373 f.
- beschränkte Rationalität, 870
- Handelsunterbrüche, 683
- Herdenverhalten, 377
- Inventarrisiken, 376 f.
- Liquidität und Risiko, 375 ff.
- Market-Maker-Vereinbarungen, 452 f.
- Momentum-Ignition, 377 f.
- operationelle Risiken, 375
- Rechtsrisiken, 376
- Resilienz, 237 f.
- Sarao, Navinder Singh, 380
- Spoofing und Layering, 380
- Stop-Loss-Aufträge, 378 f.
- Triebwerkhypothese, 242
- Ursachen, 373 ff.
- Volatilität, 255
- Zusammenfassung, 380
Flash-Orders, s. Flash-Trading
Flash-Order-Verbot, 474 f.
Flash-Trading, 85 f., 843 ff.
- Allgemeines, 85 f.
- Berufsgeheimnis, 844 f.
- Fazit, 846
- Insiderhandel, 845 f., 855 f.
FOK, s. Auftragszusätze, *fill-or-kill*
Forschungsstand, 2 ff.
Fragestellung, 4 f.
Fragmentierung, 75, 100, 209, 211, 215, 250 f., 267, 271, 275 f., *327 ff.*, 337, 372, 420, 667, 868
- Bewertung, 329 ff.

- Entwicklung, 327 ff.
- Rolle der Hochfrequenzhändler, 100, *327 ff.*
Free Riding, 316, *331 f.*, 337
frequent double batch auctions, s. *double batch auctions*
Fristentransformation, 165, 344 f.
Frontrunning, 831 ff., s. auch elektronisches Frontrunning und antizipierende Strategien
- allg. rechtliche Erfassung, 831 f.
- als Insiderhandel, 833 f.
- Begriff, 76 f., 831
- Berufsgeheimnis, 828
- in Dark-Pools, 331, 842 f., 855
- in Upstairs-Märkten, 27
- Informationsbarrieren, 558 f.
- Informationsbegriff, 787 ff., 792 ff., 799
Funding Act of 1790, 280 f.
funktionale Auslegung, 154 ff.
Funktionentrennung (Effektenhändler), 558 f.
Funktionsschutz, *157 ff.*, 722
Funktionstransparenz, s. Transparenz über die Funktionsweise von Handelsplätzen

G

Gebührenmodelle, *51 ff.*, 80, 252, s. auch Maker-Taker-Modell
- Alternative Finanzierung, 59
- antizipierende Strategien, 80
- europäische Vorgaben für Gebührenstrukturen, 698 ff.
- Fehlerquellen für empirische Studien, 252
- inverted exchange, 53
- Kapazitätsgebühren, s. dort
- Maker-Taker-Modell, s. dort
- Probleme, 55 ff.
- schweizerische Vorgaben für Gebührenstrukturen, 701 f.

- Taker-Maker-Modell, 53 ff.
- Transaktionsgebühren, 51 ff.
- weitere Gebühren, 58 f.

geeignete Märkte für Hochfrequenzhandelsstrategien, 95 ff.
- aggressive Strategien, 96 f.
- manipulative Praktiken, 97
- passive Strategien, 96

Gefahr (Begriff), 134 ff.
Gefangenendilemma, 290 ff.
- Hochfrequenzhändler im, 229, *290 f.*
- Modell, 290
- Wettbewerb als, 291
- Wohlfahrtseffekte, 291 ff.

geförderter Zugang, s. *Sponsored Access*
Gegenparteirisiko, *357 ff.*, 425 f., 479 f.
- als systemisches Risiko, 359 ff.
- Begriff, 357 f.
- Ergebnisse, 368 ff., 479 f.
- Hochfrequenzhändler als, 358 f.
- Regulierungsinstrumente, 425 f., 479 f.

Geldwäscherei, 579 f.
Geltungsbereich MiFID II, 512 ff.
gemischte Strategien, 88
generische Tatsachen, 114 f., 126 f., 130, 140 f., 183, 190
geordneter Handel, s. Gewährleistung eines geordneten Handels und Handelsplatzpflichten
geregelte Märkte, 510 f.
geregelte Märkte, 653 ff.
geschlossene und überkreuzte Märkte, 33, 40 ff.
Geschwindigkeitswettlauf, 279 ff., 335 ff., 402 ff., 477
- als Marktversagen, 868 f.
- Analyse, 290 ff.
- Ergebnisse, 296 f., 335 ff., 477
- Geografie, 285 ff.
- Geschichte, 279 ff.
- Kosten, 294 ff.
- Nutzen, 293 f.

- Regulierungsinstrumente, 402 ff., 477

Getreide für Rhodos, 280
Gewähr (Effektenhändler), 565 f.
Gewährleistung eines geordneten Handels durch Handelsplätze, s. Handelsplatzpflichten
Gewährleistung eines geordneten Handels durch Teilnehmer, 616 ff.
- Mittel, 624
- Rechtsvergleich, 616 f.
- Verhinderung von Marktmissbrauch, 620 ff.
- Vermeidung von Störungen, 617 ff.
- weitere Vorkehrungen, 623 f.

Gewerbsmässigkeit, 533 f.
Gleichbehandlung, 46, 332, 468 f., 673, 681, 689, 702, 816, 827 ff., 837 f., 854
Governance-Regelungen (EU), 545 ff.
- allgemeine Anforderungen, 546
- Bestimmungen zum Leitungsorgan, 546 f.
- Überwachung, 556

Grosskredite, Überwachung (EU), 553 f.
Grossman-Stiglitz-Paradoxon, 201, 870
Grundlagen des Hochfrequenzhandels, s. Hochfrequenzhandel
Grundlagenirrtum, 411 f.
gruppeninterne Wertpapierdienstleistungen, 517 f.

H

Handel
- Begriff, 491 f.
- für eigene Rechnung, 512 ff.
- für fremde Rechnung, 516
- in eigenem Namen für Rechnung Dritter, 516 f.

Handelsentscheidungen durch das System, 501
Handelsobergrenzen, 612
Handelsplätze, 653 ff.
- Definition Europa, 653

- Definition Schweiz, 657 f.
Handelsplatzkategorien, 653 ff.
Handelsplatzpflichten, 669 ff.
- Anwendungsbereiche, 671 f.
- einzelne Pflichten, 672 ff.
- kritische Würdigung, 703 ff.
- Rechtsgrundlagen, 669
- Regulierungsziele, 670
Handelsplatzregulierung, 651 ff.
Handelsschwellen, s. Handelsobergrenzen
Handelsstrategien, 61 ff.
Handelssysteme, s. auch Handelsplätze
- Anzahl, 16
- Dark Pools, s. dort
- Kategorisierung, 15 f., 653 ff.
- Marktanteile, 23 ff.
- Terminologie, 15 f., 653 ff.
Handelsüberwachung, 859 f.
Handelsunterbrüche, s. Circuit-Breakers
Handelsvolumen (als Parameter für die Marktliquidität), 219 f., 232 f.
Handlungssystem (systemtheoretisches Modell), 493
Hayek, 310 f.
Hedgefonds, 11, 359, 368, 488
Heterogenität, 94 f.
Hide-not-slide-Orders, 44 f.
High-Frequency-Spam (Marktmanipulation), 776 f.
Hirshleifer, 305 ff., 314
hochfrequente algorithmische Handelstechnik (Begriff), 499 ff.
Hochfrequenzhandel
- Akteure, 11 f.
- Charakteristiken, 9 f.
- Definition, 9 f., 499 ff.
- Grundlagen, 7 ff.
- Hochfrequenzhandelsstrategien, s. dort
- Kosten, 97
- Marktanteil, 12 f.

- ökonomische Folgen, s. Marktqualität, Marktversagen und systemische Risiken
Hochfrequenzhandelsstrategien, 61 ff.
hot potato effect, 254 f., 377

I

Illiquiditätskosten, *221 ff.*, 246
Implementation-Shortfall, 93, 225
in dubio pro auctoritate, 123 ff.
in dubio pro libertate, 119 ff.
- Begründung, 120
- gesetzgeberische Gestaltungsfreiheit, 122 f.
- Grundrechte Dritter, 121 f.
- Kritik, 120 f.
- Prinzip, 119
- Risikopräferenzen als politische Entscheidung, 123
in dubio pro securitate, 123 ff.
indication of interest, 492
indirekte Beaufsichtigung, 694 f., 698, 705, 859 f., 873 f.
indirekte Teilnehmer, s. Teilnehmer, indirekte
Individualschutz, 157 ff.
Informationen, s. Informationsbegriff
- Entdeckungen, 305 ff.
- Kategorisierung, 305 ff.
- Käufer- und Verkäuferwissen, 309
- produktive, 307 f.
- redistributive, 307 f.
- Vorwissen, 305 ff.
- Zufalls-, 310
Informationsarbitrage, 311
Informationsasymmetrien, 298 ff., 335 ff., 402 ff., 477
- Begriff, 298
- beim Hochfrequenzhandel, 315 ff.
- Ergebnisse, 323 f., 335 ff., 477
- Information als Vertragszweck, 303
- Informationsparadoxon, 302
- Marktversagen, 299 ff.

977

- ökonomische Grundlagen, 298 ff.
- Rechtswirklichkeit, 302 f.
- Regulierungsinstrumente, 402 ff., 477
- Spezialistenwissen, 303
- Thesen, 314 f., 323 f.
- Vertragsgegenstand, 302
- Wertpapierhandel, 300 f.

Informationsbarrieren, 558 f., 809
Informationsbegriff
- Insiderhandel, 787 ff.
- Marktmanipulation, 732 f.

Informationseffizienz, 161 f., 179, 195 ff., 384, 784, s. Preisbildung
Informationskosten, 162, 179, 201, 221 f., 302, 312 ff., 323, 411
informationsorientierte Modelle, 268 f.
Informationsparadoxon, s. Informationsasymmetrien
Informationspflichten (bei algorithmischem Handel; Teilnehmer), 597 ff.
- auftragsspezifische, 598 ff.
- Auskunftspflichten, 608
- besondere Aufzeichnungs- und Meldepflicht, 604 ff.
- Bezeichnung der verwendeten Algorithmen, 600
- Dokumentation der algorithmischen Handelsstrategien, 607 f.
- Kennzeichnung der Aufträge, 599 f.
- Meldung des algorithmischen Handels, 598
- über die Funktionsweise von Algorithmen, 475 f.
- Zuordnung, 600 ff.

Informationspflichten (Handelsplätze; EU), 697
Informationsproduktion, 201, 206, 304 ff., 767, 870
Informationsrenditen, 25, 206, 209, 216, 304 ff., 336 f., 762, 766 f., 869
Informationsrisiken, 63 ff., 74 f., 79 f., 175, 223, 227 ff., 238 ff., 254, 266 f., 272 f., 295 ff., 315 ff., 402 ff., 409, 460 ff., 766 f., 870 f., 879

Informationsrisikokosten, s. Informationsrisiken
Informationstatbestand (Marktmanipulation), 732
Infrastruktur zur Minimierung von Latenzen, 500 f.
initial margins, s. Ersteinschusszahlungen
Insiderhandel, 781 ff.
- Ergebnisse, 851 ff.
- geschütztes Rechtsgut, 782 ff.
- ökonomische Erwägungen, 783 ff.
- Rechtsgrundlagen, 781 f.
- Regulierungsziele, 782
- Sachverhalte, 830 ff., 853 ff., 877 f.
- Schutznormcharakter, 782 ff.
- Tatbestand, s. dort

Insiderhandlung, 811 ff.
- Allgemeines, 811
- Ändern von Aufträgen, 816
- Ausnutzen, 811 f.
- Stornieren von Aufträgen, 813 ff.
- verbundene Finanzinstrumente, s. dort

Insiderinformation, 786 ff.
- Ergebnisse, 810 f.
- Informationsbegriff, s. dort
- Kursrelevanz, s. dort
- sachlicher Anwendungsbereich, 786 f.
- Vertraulichkeit, s. dort

institutionelle Effizienz, 197
institutionelle Erfassung von Hochfrequenzhändlern, 509 ff.
- anderes Institut, 538 f.
- Effektenhändler, 524 ff.
- Erforderlichkeit, 588 f.
- Ergebnisse, 539 ff.
- lückenhafte, 519 ff., 534 f., 539 ff.
- Wertpapierfirma, 509 ff.

Institutspflichten (allgemein)
- Europa, 551 ff.
- Schweiz, 568 ff.

Institutspflichten (zukünftiges Recht)
- nach E-FIDLEG, 582 f.
- nach E-FINIG, 581 f.

Institutspflichten bei algorithmischem Handel, 591 ff.
- Anwendungsbereich, 593 ff.
    - Europa, 593 f.
    - Schweiz, 594 ff.
- bei Gewährung eines direkten elektronischen Zugangs, 629 ff.
- besondere europäische Vorgaben, 639 f.
- Informations- und Dokumentationspflichten, 597 ff.
- kritische Würdigung, 647 ff.
- Organisationsvorschriften, 609 ff.
- Rechtsgrundlagen, 591 f.
- Risikomanagement, 610 ff.

Institutsregulierung, 483 ff., 873 ff.
integrale Betrachtung, 107 f.
Interessenkonflikte, 28, 100, 158, 169, 393 ff., 546, 549, 551, 559 f., 573, 588, 705, 763, 833, 862
Intermarket-Sweep-Order, 34, *38 f.*, 54, 81, 322, 372, 374
internationale Empfehlungen, 665 ff.
- zu Veränderungen der Marktstruktur (IOSCO), 667
- zur Marktintegrität und -effizienz (IOSCO), 665

internationale Richtlinien, 665 ff.
- für Finanzmarktinfrastrukturen (BIS), 666 f.
- für verdeckte Liquidität (IOSCO), 665 f.

intransparente Funktionsweise von Handelsplätzen (Insiderhandel), 848 ff., 856
Inventarkosten, *63 f.*, 223, 238, 376 f.
inventory cost model, 223
Investmentfonds, 373, 488
IOC, s. Auftragszusätze, *immediate-or-cancel*

irreführende Signale (Marktmanipulation), 740 ff.
ISO, s. Intermarket-Sweep-Order

J
Jhering, 155, 189

K
Kaldor-Hicks-Kriterium, *172 f.*, 182, 585
Kapazitätsgebühren, 59, 467, *680 ff.*
Kapitalmarkt im Wandel, *99 ff.*, 867
Kapitalmarktfunktionen, *160 ff.*, 169 f.
- Bewertungsfunktion, 163 f., s. auch Bewertungseffizienz
- Marktfunktion, 161 ff.
- Transformationsfunktionen, 164 ff.

keine Strafe ohne Gesetz (*nulla poena sine lege*), 799 ff.
kollektive Vernunft, 163, *310 f.*
Kollokationsdienste, s. Co-Location
Kompetenz zur Regulierung, s. Regulierungskompetenz
Komplexität, 58, *101 f.*, *333 ff.*, 338, 422 f., 478
- als Folge des Hochfrequenzhandels, 101 f., 333
- Bewertung, 333 f.
- Ergebnisse, 338, 478
- Gebührensysteme, 58
- Komplexitätskosten, 333
- Regulierungsinstrumente, 422 f., 478

kontinuierliches Matching, 20 f., 30 f.
Koordinationsfunktion, 161
Kosten-Nutzen-Analyse, 138 f., *181 ff.*, *293 ff.*
Kotierung, 659 f.
Kreditinstitute
- CRR und CRD IV, 521
- MiFID II und MiFIR, 514

Kreditrisiken, Forderungen aus (EU), 554
Krisenzeiten, 217, 236, 389, 457, 627

979

Kursrelevanz (Insiderinformation), 809 f., s. auch 736 ff.

L

Layering, s. Spoofing
Leerverkäufe, 709 ff.
- Ausnahmen, 713 f.
- Bedeutung für den Hochfrequenzhandel, 709 f.
- covered short sales, s. gedeckte
- Definition, 710 f.
- Eingriffsbefugnisse der Behörden, 713 f.
- gedeckte, 712 f.
- Hintergrund, 709
- kritische Würdigung, 714 ff.
- Leerverkaufsprivileg, 716 f.
- Leerverkaufsverordnung, s. dort
- *naked short sales*, s. ungedeckte
- Pflichten, 711 ff.
- Transparenzvorschriften, 712
- ungedeckte, 712 f.
- Verbot und Beschränkung ungedeckter, 712 f.

Leerverkaufsverordnung, 489 f., 709 ff.
Legalität von Art. 31 FinfraV, 640 ff.
Legalitätsprinzip, *640 f.*, 647, 649, 695, 729 f., 796, 799, 829, 873
legislative facts, s. generische Tatsachen
leverage ratio, s. Verschuldungsquote
Liberalismus, s. egalitärer Liberalismus
Libertarismus, 153 f.
Liquidität (Handelspflichten), s. Marktintegrität und Liquidität
Liquidität, s. Marktliquidität
Liquiditätsanforderungen (EU), 554 f.
Liquiditätsdeckungsverhältnis (EU), 554 f.
Liquiditätskrisen, s. Liquiditätsrisiken
liquiditätsorientierte Modelle, 269 f.
Liquiditätsrisiken, 388 ff., 450 ff., 480 f.
- als systemisches Risiko, 390 f.
- Alternativen, 462
- Begriff, 388
- Ergebnisse, 391 f., 462, 480 f.
- Hochfrequenzhandel als Quelle, 389 f.
- Market-Making, 67
- Mindesthaltedauer, s. dort
- Regulierungsinstrumente, 450 ff., 480 f.

Liquiditätstransformation, 165
liquidity coverage ratio, 350 f., 554 f.
liquidity rebate, *51*, 63, 65 ff., 699
Liquidity-Detection (Marktmanipulation), s. Pinging
Liquidity-Detection, 82 f., 393 f., 767 ff., 846 f., 856
Liquidity-Trader, 315 ff.
locked markets, 33, 40 ff.
lokale Firmen, 521 ff.
Losgrössentransformation, 164

M

Magnethypothese, s. Circuit-Breakers, Magnethypothese
Maker-Taker-Modell, 47, *51 ff.*, 63, 65, 80, 252, 316, 326, 420 ff., 466, 478, 699
makroprudentielle Regulierung, 350 f.
Margin-Call, 345, 363 f., 366
market for lemons, 299
Market-Making, 61 ff.
- Begriff, 61
- Effektenhändlerbegriff, 530 ff.
- Entwicklung, 61 ff.
- Geschäftsmodell, 63 ff.
- Handelplatzpflichten, 692 f., s. auch Market-Making-Verpflichtung
- Informationsasymmetrien, 319 ff.
- Insiderhandel, 838 ff., 854
  - keine Ausnahme, 838 ff., 854
  - Zulässigkeit des Abschaltens eines algorithmischen Market-Makers, 840 f., 854 f.
- Institutspflichten, s. Market-Making (Institutspflichten)
- Kontroverse, 65 ff.

- Market-Making-Verpflichtung, s. dort
- Order-to-Transaction-Ratio, 465 ff.

Market-Making-Verpflichtung, 450 ff., 530 ff., 624 ff, 692 f.
- als Handelsplatzpflicht, 692
- Analyse der Regulierungsfolgen, 451 ff.
- Durchsetzung der Vereinbarungen, 692
- Erforderlichkeit, 451
- Ergebnis, 454
- Hintergrund, 450 f.
- Informationspflichten, 693
- Market-Making-Systeme, 693
- milde Variante, 452
- nur für illiquide Märkte, 693
- Pflichten bei Verfolgung von Market-Making-Strategien, 530 ff., *624 ff.*
- strenge Variante, 452 f.
- weitere Vorgaben nach europäischem Recht, 693 f.
- Wettbewerb, 453 f.

Market-Making (Institutspflichten), 624 ff.
- allgemeine Pflichten, 624 ff.
- Definition, 625 f.
- Inhalt, 627
- kritische Würdigung, 627 ff.
- Zweck, 627

Marktanteil des Hochfrequenzhandels, s. Hochfrequenzhandel

Marktaufsicht, 857 ff.
- Aufsichtsinstrumente der Finma, s. dort
- Datenaustausch, s. dort
- Elemente einer funktionierenden Marktaufsicht, 864 f.
- Empfehlungen der IOSCO, 861
- Handelsüberwachung, s. dort
- kritische Würdigung, 862 ff.
- Pfeiler, 857 ff.
- Synchronisierung der Uhren, s. dort

Marktbetreiber, 653

Markteffizienzhypothese, 198 ff.
- Begriff, 198 ff.
- Finanztransaktionssteuer, 436
- Funktionen der Finanz- und Kapitalmärkte, 161, 163
- Insiderhandel, 805, 807
- kollektive Vernunft, 310
- Leerverkäufe, 715
- Momentum-Strategien, 70
- News-Trading, 68
- Relativierung, 200 ff.

Marktintegrität und Liquidität (Handelsplatzpflichten), *687 ff.*, 705

Marktintegritätsrisiken, 392 ff.
- als systemisches Risiko, 395
- Begriff, 392
- Ergebnis, 395 f., 481
- Hochfrequenzhandel als Quelle, 393 ff.
- Regulierungsinstrumente, 463 ff., 481

Marktliquidität, 216 ff., 375 ff., 687 ff.
- Bedeutung, 218 f.
- Befürchtungen, 216 ff.
- Begriff, 218
- Bemessung, 219 ff.
- empirische Studien
  - Dark Pools, 247 ff.
  - Hochfrequenzhandel, 232 ff.
- Ergebnisse, 272 ff., 276 f.
- Handelsplatzpflichten, 687 ff., 705
- Insiderhandel, 784
- Liquiditätskrisen, s. Liquiditätsrisiken
- Liquiditätsrisiken, s. dort
- Marktqualitätsparameter, 179 f.
- Marktrisiken, 375 ff.
- Modelle
  - Dark Pools, 242 ff.
  - Hochfrequenzhandel, 227 ff.
- ökonomische Grundlagen, 218 ff.
- Würdigung
  - Dark Pools, 251 ff.
  - Hochfrequenzhandel, 238 ff.

Marktmanipulation, 88 ff., *721 ff.*

- Anwendungsbereich, 727 ff.
- einzelne Praktiken, 88 ff., *751 ff.*, 777, 877
- Ergebnisse, 777 ff.
- geschütztes Rechtsgut, 722 ff.
- Rechtsgrundlagen, 721
- Schutzzwecknormen, 724 f.
- Tatbestand, s. Tatbestand (Marktmanipulation)
- Vermögensschutz, 723 ff.
- wohlfahrtsökonomische Aspekte, 722 f.

Marktmikrostruktur, 15 ff.
Marktmissbrauch (Begriff), 488 f., s. auch Marktregulierung
Marktmissbrauchsregulierung, s. Marktregulierung
Marktqualität, 195 ff.
Marktqualitätsparameter, 179 ff.
- Ergebnisse, 186 f.
- Parameter, 179 f.
- Verhältnis zu den externen Effekten, 180
- Verhältnis zu den systemischen Risiken, 180 f.

Marktregulierung, *719 ff.*, 876 ff.
Marktrisiken, *370 ff.*, 426 ff., 480
- als systemisches Risiko, 381 ff.
- Begriff, 370 f.
- Ergebnisse, 386 ff., 449 f., 480
- erhebliche Preisveränderungen, 371
- Frequenz von Extremereignissen, 382 ff.
- Informationseffizienz, 384 f.
- mögliche Risiken des Hochfrequenzhandels, 371 ff.
- Regulierungsinstrumente, 426 ff., 480
- Retail-Kunden, 385 ff.
- Risikozyklen, 383 f.
- Ursachen, 371 ff.

Marktsegmentierungshypothese, 264 f., 275, 766, 869 f.
Marktteilnehmer (Begriff), 508

Markttiefe, 179, *223 f.*, 231 f., 236 f., 240 ff., 272 f.
Marktverhaltensregeln
- Anwendungsbereich, 727 f.
- Geltungsbereich, 857 f.
- Kundenüberwachung, 636 f.
- Organisationspflichten, 620 ff., 858 f.
- Pflicht zur Dokumentation der algorithmischen Handelsstrategien, 607 f.
- Rechtsgrundlagen, 857 f.
- Übersicht, 857

Marktversagen, 174 ff., *279 ff.*, 402 ff.
- Begriff, 174
- beim Hochfrequenzhandel, 279 ff.
- Ergebnisse, 186 ff., 335 ff.
- Erscheinungsformen, 174 f.
- externe Effekte, s. dort
- Informationsasymmetrie als, 299 ff.
- Regulierungsinstrumente, 402 ff.

Marktvolatilität, 179 f., *254 ff.*, 274 f., 277 f.
- Befürchtungen, 254 ff.
- effiziente, 259
- empirische Studien
  - Dark Pools, 267 f.
  - Hochfrequenzhandel, 262 ff.
- Ergebnisse, 274 f., 277 f.
- kurzzeitige, 259 f.
- langfristige, 259 f.
- Marktqualitätsparameter, 179 f.
- Marktrisiken, s. dort
- Modelle
  - Dark Pools, 265 ff.
  - Hochfrequenzhandel, 260 ff.
- ökonomische Grundlagen, 256 ff.
- Risikomass, 256 f.
- transitorische, 259
- Würdigung
  - Dark Pools, 268 ff.
  - Hochfrequenzhandel, 264 f.

matched orders, 750
matched principal trading, 656 f.
Matchingmechanismen, 30 ff.

- kontinuierliche und periodische Doppelauktion, 30 f., 405 ff.
- Preis-Zeit-Priorität, *31 ff.*, 41 f., 45 ff., 66 f., 89, 316, 405 ff., 418 f., 670, 848 f.
- Pro-rata-Ausführung, *31 ff., 405 ff.*, 410, 879

Methode, 4 f.
mikroprudentielle Regulierung, 350
Mindesthaltedauer, 455 ff.
- Ergebnis, 460
- Folgen für die Liquidität, 455 f.
- Geschwindigkeitswettlauf, 459
- Hintergrund, 455
- Liquiditätsrisiken, 456 ff.
- Marktintegrität, 458 f.
- operationelle Risiken, 458 f.

Mindestkapital (Effektenhändler), 565
Mindest-Tick-Size, s. Tick-Size
minimum resting time, s. Mindesthaltedauer
Mistrades, 3, 58 f., 413 f., 477, 601, *684 ff.*, *775*, *777*
Mitteilungsaufkommen, 352 f., 407, 467, *501 ff.*, 679
- Anzahl Mitteilungen, 502
- hohes untertägiges, 501 ff.
- Informationspflicht für Handelsplätze, 504
- Marktmanipulation (*high-frequency spam*), 776
- operationelle Risiken, 352 f., 407, 467
- Verlangsamung des (Handelsplatzpflicht), 679 f.
- zu berücksichtigende Mitteilungen, 502 ff.

Mitteilungsmaxima, 678 f.
Mitteilungspflichten (EU), 548
Mittelsmänner, 217, 237, 330, 337, 346, 361, 374, 406, 421, 424, 460
Momentum-Ignition, 49, 90 f., 377, *758 ff.*
- Aufsichtsrecht, 758 f.

- Begriff, 90 f., 758
- Flash-Crash, 377
- Strafrecht, 759
- Würdigung, 759 f.

Momentum-Strategien, 70
Moral Hazard, 175, 200, 300, 325, 783 f.
MQL, s. Mindesthaltedauer
MTF, s. multilaterales Handelssystem
multilateral trading facility, s. multilaterales Handelssystem
multilateraler Handel, 15, *653 ff.*, *658 f.*
multilaterales Handelssystem, 15 f., 510 f., 524 ff., 653 ff., 658 ff.
- Definition
  - Europa, 653 ff.
  - Schweiz, 658 ff.
- Zugang
  - Europa, 510 f.
  - Schweiz, 524 ff.

Myopia-Effekte, 200 f.

N

Nachhandelstransparenz, 17, 22, 571 ff.
Nachschusszahlungen, *364*, 396, 589
Nahzweck einer Norm, 155 f.
National Best Bid or Offer (NBBO), *33 ff.*, 38, 41, 48, 52 ff., 74, 85, 374, 403, *418*
natural language processing, 69
NBBO, s. *National Best Bid or Offer*
Negativauslese, 299 ff., 314
- beim Wertpapierhandel, 300 f.
- Marktversagen, 299
- Thesenbildung, 314
- Voraussetzungen, 300

Negativsummenspiel, *292*, 294
net stable funding ratio, 350 f.
Netzwerkeffekt, 243, 248, 253, 277, 328, 706, 868, 875
News-Trading, 68 ff.
nichtdiskretionärer Handel, 15, *653 f.*, *658*
No-Arbitrage-Band, *71*, 96, 202, 211, 215, 219, 275, 330, 438 f., 444, 447

983

Notfallvorkehrungen, s. operationelle Risiken (Handelsplatzpflichten)
nulla poena sine lege, s. keine Strafe ohne Gesetz
Nullsummenhypothese, 55
Nullsummenspiel, *292*, 297, 307, 381

O

öffentliches Verbreiten, s. Tatbestand (Marktmanipulation)
ökonomische Analyse des Hochfrequenzhandels, 193 ff.
ökonomische Kontrolle, 189 ff.
Oligopolisierung von Information, 687
oligopolistische Strukturen, *295 ff.*, 454, 628, 836, 839
Online-Brokerage, s. Online-Vermittlung
Online-Vermittlung, 505
operationelle Effizienz, 197
operationelle Kosten, 221
operationelle Risiken, *352 ff.*, 424 f., 675 ff.
– als systemisches Risiko, 354 f.
– Begriff, 352
– double batch auction, s. dort
– Ergebnis, 356 f., 479
– Flash-Crash, s. dort
– Handelsplatzpflichten, 675 ff., s. auch operationelle Risiken (Handelsplatzpflichten)
– Hochfrequenzhändler als Quelle, 352 ff.
– Mindesthaltedauer, s. dort
– Order-to-Transaction-Ratio, s. dort
– Regulierungsbedürftigkeit, 355 f.
– Regulierungsinstrumente, 424 f., 479
– Tick-Size, s. dort
– Würdigung der Handelsplatzregulierung, 704 f.
operationelle Risiken (Handelsplatzpflichten), 675 ff.
– belastbare Systeme, 675 ff.
– Kapazitätsgebühren, s. dort
– kritische Würdigung, 704 f.

– Mitteilungsmaxima, 678 f.
– Notfallplan, 678
– Notfallvorkehrungen, 675 ff.
– Prüfung der Handelssysteme, 677
– Prüfung der Mitglieder, 676 f.
– Sicherheit und Zugangsbeschränkungen, 679
– Stornierungsmöglichkeit, s. dort
– Überwachung und Überprüfung, 677 f.
– Verlangsamung des Auftragsaufkommens, 679
order book fade, *80 ff.*, 231, 240, 322, 764
Order Protection Rule, *33 ff.*, 38, 47, 52 f., 56, 81, 85, 102, 326, 333, 372, 374, 403, 410, *418 f.*, 474, 478
order-processing costs, s. Auftragsverarbeitungskosten
Order-to-Transaction-Ratio (OTR), 463 ff., 687 ff.
– als Handelsplatzpflicht, 687
– Analyse der Folgen, 463 ff.
– antizipierende Strategien, 463 f.
– Ergebnis, 468 f.
– europäische Präzisierungen, 687 f.
– Hintergrund, 463
– kritische Würdigung, 688 f.
– Liquidität, 465 ff.
– manipulative Praktiken, 463 ff.
– operationelle Risiken, 467 f.
– Regulierungsziele, 688
Organisationsversagen, *184 ff.*, 221, 585
Organisationsvorschriften bei algorithmischem Handel (Teilnehmer)
– Gewährleistung eines geordneten Handels, s. dort
– Risikomanagement, s. dort
– Übersicht, 609 f.
organisatorische Anforderungen (Effektenhändler), 557 ff.
organisatorische Anforderungen (Wertpapierfirmen; EU), 550 f.

organised trading facility, s. organisiertes Handelssystem
organisiertes Handelssystem, 15 f., 511, 655 f., 660 f.
– Definition
  – Europa, 655 f.
  – Schweiz, 660 f.
– Zugang, 511
OTC, s. *over the counter*
OTC-Derivate, 167, 366, 446, 485, 662 f.
OTF, s. organisiertes Handelssystem
over the counter, 16, 22, 105, 728

P

Parallelrunning, 788, 793, *831 ff.*, 853
Paretokriterium, 149, 152, 168, *171 ff.*, 179, 186, 205
Paternalismus, 159 f.
PDP, s. Dark Pool, *periodic*
Percent-of-Volume-Algorithmus, 77, 373, 607, 758
periodisches Matching, 20 f., 30 f.
persönliche Anforderungen (Zulassungsvoraussetzungen für Wertpapierfirmen nach EU-Recht)
– an Aktionäre und Gesellschafter, 548
– an das Leitungsorgan, 544 f.
Perspektivenwechsel vom Anleger zum Markt, 779 f.
Pflichten bei algorithmischem Handel, s. Institutspflichten bei algorithmischem Handel
Pflichten bei Gewährung eines direkten elektronischen Zugangs, s. direkter elektronischer Zugang
Pflichten bei Verfolgung von Market-Making-Strategien, s. Market-Making-Strategien
Pflichten für sämtliche Beaufsichtigten, 578 ff.
Phishing, s. Pinging
Pilotprogramme, 140 f.

Pinging, Liquidity-Detection und Phishing (Insiderhandel), 82 ff., *846 f.*, 856
Pinging, Liquidity-Detection und Phishing (Marktmanipulation), 82 ff., *767 ff.*
– Aufsichtsrecht, 768 ff.
– Begriffe, 82 ff., 767 f.
– Fazit und Würdigung, 771 f.
– Strafrecht, 771
Polizeirechtsdogmatik, 133 f., 136 f.
portfolio insurances, 379
Preisbeeinflussung, 79, 92, 205, *224 ff.*, 231 f., 247 ff., 262, 269, 328, 405, 443, 574, 736 ff., 750 f.
Preisbildung, 195 ff., s. auch Informationseffizienz
– Befürchtungen, 195 ff.
– Dark Pools, 211 ff.
– empirische Studien
  – Dark Pools, 213 ff.
  – Hochfrequenzhandel, 206 ff.
– Ergebnisse, 271, 275 f.
– Hochfrequenzhandel, 204 ff.
– Modelle
  – Dark Pools, 211 ff.
  – Hochfrequenzhandel, 204 ff.
– ökonomische Grundlagen, 197 ff.
– Würdigung
  – Dark Pools, 215 f.
  – Hochfrequenzhandel, 209 ff.
Preisbildungsfunktion, 161 f.
Preisdruck, 208, 216, 259, 263
Preislimits, 427 f., 682 ff.
– Analyse der Folgen, 433 f.
– interval price limits, 427
– kritische Würdigung, 683 f.
– reasonability limits, 427 f.
– Rechtsgrundlagen, 682
– Regulierungsziel, 683
Preisveränderungen, s. Marktrisiken
price impact, s. Preisbeeinflussung
price pressures, s. Preisdruck

price-adjust, 42
price-to-comply, 42 f.
price-to-display, 42 f.
prisoner's dilemma, s. Gefangenendilemma
prop shops, 11
protection points, 37, *428*, 449 f., 480
Proximity-Hosting, 500
Prüfgesellschaften, 567
pump-and-dump, 91 f.
PVol, s. Percent-of-Volume-Algorithmus

Q

Quote-Matching, 87
Quote-Stuffing, 90, 756 ff.
– Aufsichtsrecht, 757
– Begriff, 90, 756 f.
– Strafrecht, 757
– Würdigung, 758

R

race to the bottom, s. Abwärtswettlauf
Rationalität, beschränkte, 302 f., 241 f., 398, 870 f., s. auch Triebwerkhypothese
Reasonable-Investor-Test, *735 ff.*, 749, 757 ff., 849, 856
Rebate-Arbitrage, 65 ff.
Rechnungslegung, s. Effektenhändlerpflichten, Rechnungslegung
Rechtstatsachen, 114
Regulation NMS, 33 ff.
– Besonderheiten, 33 ff.
– Flash-Trading, 85, 474
– Komplexität, 102
– Kontroverse, 35 f., 56
– technische Anpassung, 418 f.
Regulierung der Effektenhändler
– Effektenhändlerpflichten, s. dort
– Fazit, 587
– Kosten, 585 ff.
– kritische Würdigung, 583 ff.

– Nutzen, 583 ff.
– Zulassungsvoraussetzungen, s. dort
Regulierungsfolgenanalyse, 181 ff.
– Begriff, 181
– Market-Making-Verpflichtung, 451 ff.
– rechtliche Dimension, 182 f., *401 f.*
– technische Instrumente zur Marktintervention, 429 ff.
Regulierungsinstrumente, 401 ff.
Regulierungskompetenz, 105 ff.
Regulierungsversagen, s. Staatsversagen
Regulierungsvorgaben, 103 ff.
Regulierungsziele (allgemein), 143 ff., 154 ff., 168 f.
Reise zum Mittelpunkt der Erde, 284
repeated game, 171, 290, *312 f.*
Reputation, 157 f., 300, 303, *312 f.*, 325, 395, 414 f., 674, 703, 876
Request for Quote, 492
Resilienz, 224, 232, 237 ff., 241, 273
resolvability, 350
Revolutionsschuld der USA, 280 f.
Risiken
– firmenspezifische, 256, 342, 633
– idiosynkratische, 342
– Informations-, s. dort
– systematische, 203, 256, 342
– systemische, s. dort
Risikobegriff, 134 f., 339
Risikomanagement (bei algorithmischem Handel; Teilnehmer)
– Algo-Tests, s. dort
– Belastbarkeit der Systeme, 610 ff.
– Handelsschwellen und Handelsobergrenzen, s. Handelsobergrenzen, 612
– Mittel, 624
– Selbstbeurteilung, 610 f.
– Stresstests, 611
– Umgang mit wesentlichen Änderungen, 612
Risikomanagement (EU), 555

Risikomanagement und Kontrolle (Effektenhändler), 559 ff.
- interne Revision, 563
- internes Kontrollsystem, 563
- Marktverhaltensregeln, 565
- Ort der Leitung, 563 f.
- Wegleitung der Finma, 564 f.
- Zuständigkeiten, 560 f.

Risikominimierung als öffentliches Interesse, 133 ff.
Risikoprämie, 202 ff., 223, 256 ff., 715
Risikotransformation, 165 f.
Robo-Advice, 498 f.
Roll-Massstab, 226
Rothschild, 281 f., 284 f.

S

Safe Harbours (Marktmanipulation), 747 f.
Schlussbetrachtung, 867 ff.
security information processor (SIP), 34 ff.
Selbstbeurteilung (Handelsplätze; EU), 697 f.
selbstlernende Maschinen, 94
Selbststeuerung, 171 ff.
Sicherheitsleistung (Effektenhändler), 565
Signal für das Angebot, die Nachfrage oder den Kurs (Marktmanipulation), 735 ff.
Signalfunktion der Preise, 310 ff.
Signifikanz von Information, 739 f.
singuläre Tatsachen, 114 f.
SIP, s. *security information processor*
SIX Swiss Exchange at Midpoint, s. SwissAtMid
SIX Swiss Exchange Liquidnet Service, s. SLS
slippage, 222, *230*, 240, 273
SLS, 22, 24 f., 40
Smart-Order-Routing, 29 *f.*, 92, 250, 495 f., 505, 607
Smoking, 91, *760 f.*
- Aufsichtsrecht, 760 f.

- Begriff, 91, 760
- Strafrecht, 761
- Würdigung, 761

Snake-Trading, 87 f.
Sniper, 220, 229, 233, 290, 295
SOR, s. Smart-Order-Routing
soziale Umschichtung, 99 f., 867
speed bump, s. symmetrische Verzögerung
Spekulationsblasen, 384, 434 f., 447, 715
spieltheoretische Überlegungen, 290 ff.
Sponsored Access, 288 f., 500 f., 506 f.
Sponsored User, 288 f., 507, 525 ff., 635 ff.
Sponsoring Participant, 288 f., 507, 525 ff., 635 ff.
Spoofing, 89 f., 380, *752 ff.*
- Aufsichtsrecht, 753 f.
- Begriff, 89 f., 752 f.
- Flash-Crash, 380
- Strafrecht, 754
- Würdigung, 754 ff.

Spread Networks, 283
Spread, 222 f., 227, 233 ff., 238 ff.
- effektiver, 222, 233 ff.
- empirische Erkenntnisse, 233 ff.
- Ergebnisse, 272
- Komponenten, 223
- Modelle, 227
- quotierter, 222, 233 ff.
- realisierter, 222, 235
- Volatilität, 258
- Würdigung, 238

Spread-Scalping, 65 ff.
Staatsversagen, *183 ff.*, 332, 585, 629, 772, 872 ff.
Stale Quotes, 199, 227 ff., 234, 241 f., 274, 290 f., 316, 319, 374, 390, 403 f., 412 f., 457, 477, 871
Stoffgleichheit, 726
Stoll, 63, 222
Stop-Loss-Aufträge, s. Auftragstypen, Stop-Orders
Stornieren von Aufträgen, s. Insiderhandlung

987

Stornierungsgebühren, *440 f.*, 460 ff.
Stornierungsmöglichkeit, 685 f.
subjektiver Tatbestand
- Insiderhandel, 816 f.
- Insiderstrafnorm, 819 ff.
- Marktmanipulation, 742 ff.

Subsidiarität von Banken und Kapitalmärkten, 166 f.
Substitution, 99 f., 166 f., 343 f.
Suchkosten, 58, 75, 162, 246, 316, 318, 329 f., 333 f., 338, 411, 415, 439, 448, 667, 836
sweep risk, *80 ff.*, 102, 321 f., 374
SwissAtMid, 22, 40
symmetrische Verzögerung, 402 f.
Synchronisierung der Uhren, 861, 863 f.
systematische Internalisierer, 15, 511, *656*
systemische Risiken, *339 ff.*, 424 ff.
- Begriff, 339 f.
- Ergebnisse, 396 ff.
- Feedback-Loops, s. Systemkrise, Feedback-Loops
- institutionelle, 344 ff.
- korrelierende Risiken, 342 f.
- Legaldefinitionen, 347 ff.
- Mensch als systemisches Risiko, 398, 871 f.
- rechtliche Erfassung, 347 ff.
- Regulierungsinstrumente, 424 ff.
- Risikobeherrschung, 346 f.
- Risikobewertung, 351 ff.
- Risikoidentifikation, 351
- systemische Marktrisiken, 345 f.
- theoretische Grundlagen, 339 ff.

Systemkrise, 341 ff.
- *contagion*, 342 f.
- Feedback-Loops, 342 f.
- Funktionsausfall, 343 f.
- Initialereignis, 341 f.
- Substitutionskosten, 343 f.
- Verlauf, 341 ff.

Systemrelevanz, 348 f.
- Banken, 349

- Finanzmarktinfrastrukturen, 348
- Handelsplätze, 349
- rechtliche Folgen, 349 f.

Systemschutz, *157 f.*, 339 f., 387, 584, 588, 670, s. auch systemische Risiken

T

Tatbestand (Insiderhandel), 786 ff.
- Ausnahmetatbestände, 817
- Insiderhandlung, s. dort
- Insiderinformation, s. dort
- subjektiver, 816 f.
- Übersicht, 786
- Unterschiede zur Insiderstrafnorm, 817 ff.

Tatbestand (Marktmanipulation), 731 ff.
- Ausnahmen (Safe Harbours), 747 f.
- Ergebnisse, 748 f., 780
- falsche oder irreführende Signale, 735 ff.
- öffentliche Verbreitung von Informationen, 732 ff.
- subjektiver, 742 ff.
- Übersicht, 731, 778 f.
- Unterschiede zum Straftatbestand, 749 ff.

technische Pannen, s. operationelle Risiken
Teilnehmer
- allgemeine Pflichten, s. Teilnehmerpflichten
- Begriff EU, 507 f.
- Begriff Schweiz, 524 f., 576 f.
- indirekte, 525 ff.
- Pflichten bei algorithmischem Handel, s. Institutspflichten bei algorithmischem Handel

Teilnehmerpflichten (CH), 576 ff.
- Aufzeichnungspflicht, 577
- Grundsatz der Selbstregulierung, 577
- Meldepflicht, 577
- Pflichten bei algorithmischem Handel, s. Institutspflichten bei algorithmischem Handel

Stichwortverzeichnis

- Teilnehmer mit einer besonderen Funktion, 577 f.
- Teilnehmer von zentralen Gegenparteien und Zentralverwahrern, 578

Tick-Size, 469 ff., 689 ff.
- als Handelsplatzpflicht, 689
- Begriff, 469
- Biodiversität der Händler, 471 f.
- Ergebnis, 473 f.
- europäische Präzisierungen, 689 f.
- Folgen der Mindest-Tick-Size, 470 ff.
- Handel in Dark Pools, 472 f.
- kritische Würdigung, 690 f.
- Liquidität, 470 f.
- operationelle Risiken, 473
- Regulierungsziele, 690 f.
- Regulierungszweck, 469 f.

time-in-force, s. Mindesthaltedauer
time-weighted average price (TWAP), 92, 607
Tobin, 436, 438, 447, 480
trade-through, *33*, 410, *418 f.*
Transaktionskosten, 162 f., *221 ff.*, 294 f., 302, 714
- Aufgliederung, 221 f.
- Begriff, 221
- Geschwindigkeitswettlauf, 294 f.
- Informationsasymmetrien, 302
- Konkretisierung, 222 ff.
- Leerverkäufe, 714
- Statistik, 225

Transaktionsregister, 662 f.
Transaktionssteuern, 434 ff.
- Argumente dafür, 435 f.
- Argumente dagegen, 437 ff.
- Aspekte der Implementierung, 446 ff.
- Auswirkungen auf den Hochfrequenzhandel, 444 f.
- Auswirkungen auf die Marktqualität, 435 ff.
- empirische Studien, 440 ff.
- Ergebnisse, 447 f.
- Handelsvolumen, 440 f.
- Hintergrund, 434 f.
- Marktliquidität, 437 f., 443 f.
- Marktverzerrung, 439 f.
- Preisfindungsqualität, 439
- Regulierungsarbitrage, 447
- Transaktionskosten, 437 f.
- Volatilität, 441 f.
- Wertpapierpreise und Kapitalkosten, 438 f., 442

Transaktionstatbestand (Marktmanipulation), 732
Transparenz über die Funktionsweise der Handelsplätze, 423 f., 478, *672 ff.*, 703 f., 876
Triebwerkhypothese, *241 f.*, *273 f.*, 871
TWAP, s. *time-weighted average price*

U

Überfragmentierung, 296, *327 ff.*, 337
Umsatzabgabe, s. Transaktionssteuern
Umweltrecht, s. Vorsorgeprinzip, Umweltrecht
Ungleichbehandlung, 109, 152, *332*, 337, 424, 478
Unterinvestitionshypothese, 304
Untersuchungsgegenstand, 1 f.
Utilitarismus, 145 ff.
- Grenznutzen, 147
- Grundsätzliches, 145 f.
- Individual- und Naturrechte, 150 f.
- individueller Nutzen und Nutzenfunktion, 146 f.
- kardinaler Nutzen, 146
- Kritik, 148 ff.
- ordinaler Nutzen, 146
- Wohlfahrtsfunktion, 147 f.

V

variance ratio, 204, 214
variation margins, s. Nachschusszahlungen
Verbindungen zwischen Handelsplätzen, 72 f., 285 ff.

989

verbundene Finanzinstrumente
- Insiderhandel, 812
- Marktmanipulation, 730.

Verhaltensregeln, s. Effektenhändlerpflichten

Verhaltenssteuerung, 395, 426, 674 f., 704, 727, 754 ff., *777 f.*, 878

Verhältnismässigkeit, *113 f.*, 130 ff., 138 f., 182 f., 189 ff., 588 f., 874

Verlangsamung des Auftragsaufkommens, 679

Vermutung der Verfassungsmässigkeit von Gesetzen, 125 f.

Verschmelzen von Börsen und Banken, 101

Verschuldensbegriff, 743 ff.

Verschuldungsquote (EU), 555

verständiger Anleger, s. Reasonable-Investor-Test

Vertrauen, 197, 260, 300 ff., *312 f.*, 325, 335, 355, 395, 414 f., 585, 722 ff., 876

Vertraulichkeit (Insiderinformation), 803 ff., 853
- Ausgangslage, 803 ff.
- Konzeptbildung, 806 ff.
- Relativität der, 853
- Würdigung, 805 f.

Verzögerung von Market-Orders, s. asymmetrische Verzögerung

viability, 350

Volatilität, s. Marktvolatilität

Volcker Rule, 11 f., 360

Vollzugskompetenz, 644 ff.

Volumenlimits, 682 f.

volume-weighted average price (VWAP), 77, 92, 226, 596, 607

Vorgehensweise bei Block-Transaktionen (Insiderhandel), 850 f.

Vorhandelstransparenz, 16 f., 21 ff., s. auch Dark Pools

Vorsatz, 743 f., *819 ff.*
- Willensseite, 743 f., *822 f.*
- Wissensseite, 743 f., *819 ff.*

Vorsorgeprinzip, 112, 128 ff.
- Entscheidungsregel für den Fall der Ungewissheit, 129 f.
- Finanzmarktrecht, 132 f.
- Inhalt, 128 f.
- Kontextualisierung, 128
- Legalität, 130 ff.
- Umweltrecht, 131 f.
- Wirtschaftsfreiheit, 112, 130 ff.

VWAP, s. *volume-weighted average price*

W

Waren (Marktmanipulation), 730 f.

Wartekosten, 219, *224 f.*, 230

wash sales, 750

Waterloo, 281 f.

Wertpapierbezug (Insiderhandel), 810

Wertpapierfirma, 512 ff.
- Begriffe, 512 ff.
- CRR und CRD IV, 521 ff.
- Erfassung von Hochfrequenzhändlern, 512 ff.
- MiFID II und MiFIR, 512 ff.
- Pflichten, 551 ff.
- Zulassungsvoraussetzungen, 543 ff.

Wertpapierhaus
- Begriff, 541 f.
- Zulassungsvoraussetzungen, 580 f.

Wettbewerbsschutz, 784 f., 851 f.

Wettrüsten, 292

Wiederbeschaffungsrisiko, 362 ff.

Willensmängel, 311, *410 ff.*
- Börsenordnung als Rahmenordnung, 412 f.
- Ergebnis, 413 f.
- Grundsätzliches, 410 f.
- Mistrades, s. dort
- ökonomische Betrachtung, 311, *411 f.*

Williamson, 175, 184 ff., 221, 300, 324 f.

winner's curse, *368*, 370, 399, 426

Wirtschaftsfreiheit, *108 ff.*, 130 f., 173, 189 f., 332, 640 ff.

- Bedeutung für den Hochfrequenzhandel, 112
- Beschränkungen, 110 ff.
- Funktionen, 108 f.
- grundsatzkonform und grundsatzwidrig, 110 ff.
- Kosten-Nutzen-Analyse, 183
- Legalität von Art. 31 FinfraV, 640 ff.
- ökonomische Kontrolle, 189 f.
- Pareto-Kriterium, 173
- Schutzbereich, 109 f.
- Ungleichbehandlung, 332
- Vorsorgeprinzip, 130 f.

wirtschaftsideologischer Konsens, 143 ff.
Wohlfahrtsökonomie, 143 ff., 168, 868 f.
Wohlfahrtstheoreme, 171 f.

Z

Zahlungssystem, 663
zentrale Gegenpartei, *361 ff.*, 661
- Ausfall, 365
- Begriff, 361, 661
- Gefährdung, 365
- Handel ohne, 361
- Risiken, 362 f.
- Risikobewältigung, 363 f.
- systemische Bedeutung, 365 f.
- zugeordnete Eigenmittel, 364

zentralisiertes Auftragsbuch, 419 ff.
- Grundkonzept, 419
- Probleme, 420 f.
- technische Einzelheiten, 419 f.
- Zusammenfassung, 421 f.

Zentralverwahrer, 662
Zielrealisierung, 171 ff.
Zugang zu Handelsplätzen
- Europa, 509 ff.
- Schweiz, 524 ff.

zukünftiges Recht, 536 ff.
Zulassungsvoraussetzungen
- Effektenhändler (CH), 556 ff.
- Wertpapierfirmen (EU), 543 ff.

Zweckbestimmungen, 154 ff.

Schweizer Schriften zum Finanzmarktrecht
Etudes suisses de droit des marchés financiers

104 **Regulierung und Aufsicht über kollektive Kapitalanlagen für alternative Anlagen**
von Dr. Lukas Lezzi
2012. XXXVI, 282 Seiten, broschiert, CHF 87.–

105 **Insider Dealing in Takeovers**
Developments in Swiss and EU regulation and legislation
von Dr. Karin Lorez
2013. XXXVIII, 210 Seiten, broschiert, CHF 79.–

106 **Internationale Standards über Finanzkonglomerate und das chinesische Aufsichtsrecht**
von Dr. Jun Liang
2013. XLVI, 236 Seiten, broschiert, CHF 82.–

107 **Kundenschutz bei externer Vermögensverwaltung**
Geltendes Recht, Schwachstellen und Handlungsbedarf
von Dr. Benedict Burg
2013. LXII, 322 Seiten, broschiert, CHF 92.–

108 **Anlegerschutz im Finanzmarktrecht kontrovers diskutiert**
von Prof. Dr. Rolf Sethe/Prof. Dr. Thorsten Hens/Prof. Dr. Hans Caspar von der Crone/
Prof. Dr. Rolf H. Weber (Hrsg.)
2013. XII, 348 Seiten, broschiert, CHF 92.–

109 **Sovereign Wealth Funds**
Governance and Regulation
von Dr. Guanglong Shi
2013. XXXVIII, 262 Seiten, broschiert, CHF 82.–

110 **Regelung der Werbung im Bank- und Kapitalmarktrecht**
von Dr. Martin Brenncke
2013. CXX, 1290 Seiten, broschiert, CHF 148.–

111 **Informationsmissbrauch im Finanzmarkt**
Eine Untersuchung des börsenrechtlichen Systems zur Ahndung und Abwehr von
Informationsmissbrauch im schweizerischen Finanzmarkt
von Dr. Martin Karl Weber
2013. LXVIII, 272 Seiten, broschiert, CHF 89.–

112 **Finanzstabilität: Status und Perspektiven**
von Prof. Dr. Hans Caspar von der Crone/Prof. Dr. Jean-Charles Rochet (Hrsg.)
2014. VIII, 356 Seiten, broschiert, CHF 94.–

113 **Best execution im Spannungsfeld neuer Finanzmarktphänomene**
von Dr. Matthias Portmann
2013. LXVIII, 226 Seiten, broschiert, CHF 85.–

114 **Too Big to Fail and Structural Reforms**
A comparative look at structural banking reforms in Switzerland and the UK and the
underlying legal and economic background
von Dr. Urs Hofer
2014. LX, 546 Seiten, broschiert, CHF 108.–

115 **Financial Assistance bei LBO-Transaktionen**
Eine Gläubigerschutzanalyse unter Berücksichtigung postakquisitorischer Umstrukturierungen
von Dr. Stephan Weibel
2013. L, 334 Seiten, broschiert, CHF 92.–

116 **Schiedsgerichtsbarkeit: Eine Streitbeilegungsmethode für Anlegerstreitigkeiten**
von Dr. Susanna Gut
2014. L, 248 Seiten, broschiert, CHF 85.–

117 **Crowdinvesting im Finanzmarktrecht**
von Dr. Simone Baumann
2014. LXVIII, 234 Seiten, broschiert, CHF 85.–

118 **Obligations et responsabilité du dépositaire de placements collectifs**
Analyse juridique comparée de l'activité de dépositaire en droit suisse et français
von Dr. Vaïk Müller
2014. XXXVIII, 360 Seiten, broschiert, CHF 94.–

119 **International Regulatory Cooperation: An Analysis of Standard Setting in Financial Law**
von Dr. Stefan A. Wandel
2014. L, 208 Seiten, broschiert, CHF 82.–

120 **Der revidierte schweizerische Insiderstraftatbestand**
von Dr. Lukas Fahrländer
2015. LXX, 400 Seiten, broschiert, CHF 98.–

121 **Die Gewähr für eine einwandfreie Geschäftstätigkeit**
Eine Betrachtung des schweizerischen Finanzmarktrechts im Lichte internationaler Standards und des Rechts der Europäischen Union
von Dr. Elias Bischof
2016. LXXII, 368 Seiten, broschiert, CHF 96.–

122 **Private Investments in Public Equity (PIPEs)**
Recht – Corporate Finance – Economics – Trading
von Dr. Martin Liebi
2017. XXVI, 174 Seiten, broschiert, CHF 78.–

123 **Clearing OTC Derivatives**
An analysis of the post-crisis policy reform on systemic risk
von Dr. Alexandra Gabrielle Balmer
2017. LVII, 220 Seiten, broschiert, CHF 79.–

124 **Selbstregulierung im Finanzmarktrecht**
Grundlagen, verwaltungsrechtliche Qualifikationen und rechtsstaatlicher Rahmen
von Dr. Pascal Zysset
2017. XCIV, 350 Seiten, broschiert, CHF 98.–

125 **Der Anlegerschutz im Finanzdienstleistungsgeschäft**
Eine Untersuchung zum Informationszugang und zur Rechtsdurchsetzung des Anlegers
von Dr. David Jost
2018. LXXIV, 584 Seiten, broschiert, CHF 108.–